김헌경
탄탄 지역사회간호
15개년
기출문제집

PREFACE 머리말

전국에 계신 간호직 공무원 수험생 여러분 안녕하십니까?

지역사회간호는 다양한 간호 현장에서 간호사가 전문성을 갖출 수 있도록 영역 전반을 포괄하는 내용으로, 간호직 공무원에게 업무의 기준을 제시하며 지침이 되어 주는 학문입니다. 과거부터 이어 오는 기본적인 이론과 지침은 물론 최근 보건 의료 환경의 다양한 이슈까지 담고 있어 간호직 공무원을 준비하는 수험생들에게는 기본적인 학습 내용이면서도 중간중간 나오는 역학 및 보건 관련 용어들로 인해 어렵고 낯설다는 인식이 있을 수 있는 과목이기도 합니다.

이에 '공부에 왕도는 없지만 전략과 전술은 있다.'라는 기본 방침 아래 수험생들의 입장에서 고민하고 생각하여 정리한 기출문제집을 만들기 위해 최선을 다하였습니다. 본 교재의 특성은 아래와 같이 몇 가지로 나눌 수 있습니다.

① 기출문제를 본격적으로 풀기 전에 '표 하나로 정리하는 콕콕 핵심 내용'과 '마인드맵'을 통해 기본적인 단원별 핵심 개념을 머릿속에 쉽게 떠올리도록 하였습니다.

② 각 영역별로 서울시와 지방직(2024~2020년)의 최근 5개년 출제 경향을 분석하여 한눈에 확인할 수 있도록 하였고, 지난 18개년 출제 경향을 세부 영역별로 분석하여 다빈도 출제 내용을 스스로 확인할 수 있도록 하였습니다.

③ 각 영역별 기출문제를 가장 최근 연도부터 단원별, 연도별, 지역별로 구분함으로써 수험생 스스로 출제 경향에 대한 감을 잡을 수 있도록 전략적으로 구성하였으며, 답가지 중심의 해설을 통해 수험생의 이해도를 높이고자 하였습니다.

④ 최근 공시된 기출문제뿐만 아니라 과거 수험생을 중심으로 복원된 기출문제들도 수정·보완하여 수험 준비에 있어 기초를 탄탄하게 다질 수 있도록 하였습니다.

⑤ 공무원 시험에서 최신 개정 법령과 정책의 적용은 효율적인 학습을 위한 필수 요소이기에 기출문제라고 하여도 현재 시점의 법령이 반영된 문제로 수정·보완하였습니다.

⑥ 해설을 대폭 강화하고 교재를 2도화하여 가독성을 높이고 효율적으로 학습할 수 있도록 편집하였습니다.

오랫동안 꿈을 그리는 자는 그 꿈을 닮아 간다고 합니다. 간호직 공무원 시험을 준비하면서, 혼자 터널에 갇힌 것처럼 두렵고 외로운 시간을 가졌던 여러분이 이제는 꿈꾸는 삶에 가까워질 수 있기를 응원합니다.

끝으로 《2025 탄탄 지역사회간호 15개년 기출문제집》이 발간되기까지 최선을 다해 도와주신 편집부와 관계자 분들에게 진심으로 감사를 드리며, 무엇보다도 간호관리학을 공부하는 수험생들이 이 책을 통해 기본을 탄탄히 하기를, 그리고 이 책이 공무원 시험 합격을 향한 지름길이 되기를 다시 한번 진심으로 기원합니다.

2024년
편저자 김현경

CONTENTS 차례

단원별 핵심 요약 한눈에 콕콕

PART 01 지역사회 간호학 서론 ········· 006
　표 하나로 정리하는 콕콕 핵심 내용 ··· 006
　MIND MAP ································· 014

PART 02 지역사회 보건행정 ············· 016
　표 하나로 정리하는 콕콕 핵심 내용 ··· 016
　MIND MAP ································· 025

PART 03 지역사회 간호과정 ············· 028
　표 하나로 정리하는 콕콕 핵심 내용 ··· 028
　MIND MAP ································· 039

PART 04 가족간호 ·························· 041
　표 하나로 정리하는 콕콕 핵심 내용 ··· 041
　MIND MAP ································· 045

PART 05 환경보건과 재난관리 ·········· 046
　표 하나로 정리하는 콕콕 핵심 내용 ··· 046
　MIND MAP ································· 055

PART 06 지역사회 간호사업 ············· 057
　표 하나로 정리하는 콕콕 핵심 내용 ··· 057
　MIND MAP ································· 068

PART 07 건강증진과 보건교육 ·········· 071
　표 하나로 정리하는 콕콕 핵심 내용 ··· 071
　MIND MAP ································· 080

PART 08 역학 및 질병관리 ··············· 082
　표 하나로 정리하는 콕콕 핵심 내용 ··· 082
　MIND MAP ································· 087

단원별 기출문제

PART 01 지역사회 간호학 서론 ········· 094

PART 02 지역사회 보건행정 ············· 164

PART 03 지역사회 간호과정 ············· 256

PART 04 가족간호 ·························· 346

PART 05 환경보건과 재난관리 ·········· 410

PART 06 지역사회 간호사업 ············· 462

PART 07 건강증진과 보건교육 ·········· 620

PART 08 역학 및 질병관리 ··············· 724

2025 김현경 탄탄 지역사회간호 15개년 기출문제집

단원별 핵심 요약
한눈에 콕콕

PART 01 지역사회 간호학 서론

지역사회 유형 ☆☆

표 하나로 정리하는 콕콕 핵심 내용

구분		종류		예
구조적 지역사회	집합체	'집합' 그 자체에만 모인 이유있는 상관없음		위험노출 집단, 미혼모 집단, 노숙자 집단, 광산촌
	대면 공동체	서로 얼굴을 대하는 공동체로, 소식이 쉽게 전달되어 친근감과 공동의식을 소유하고 구성원들 간의 교류가 빈번한 공동체		가족, 이웃, 교민회 등
	생태학적 공동체	지리적 특성, 기후 등과 같은 동일한 생태학적 문제를 내포하고 있는 집단		산림피해, 산성비, 대기오염, 수질오염, 토양오염 등의 문제가 있는 공동체
	지정학적 공동체	법적·지리적 경계로 정의된 지역사회로, 합법적인 지리적 경계를 기준으로 하는 행정적 관할구역 단위의 집단		보건소, 특별시, 광역시, 시, 군, 구, 읍, 면 등
	조직	특정 목표를 추구하며 일정한 환경 속에서 일정한 구조를 가진 사회단위		보건소, 병원, 학교, 산업장 등 공식조직, 서비스조직, 공제조직 등
	문제 해결 공동체	문제를 확인하고 공유하며 해결할 수 있는 범위 내의 구역으로, 문제를 가지고 있는 지역뿐 아니라 문제 해결 지지 여부를 갖는 정부기관도 포함		오염지역과 오염문제 해결을 위한 정부기관
기능적 지역사회	동일한 요구를 지닌 공동체	일반적으로 공통의 문제 및 요구에 기초하여 나타나는 공동체		산업폐수 오염지역과 동일한 영향을 받은 인근지역, 장애아동 집단, 모자보건 대상 집단
	자원 공동체	지리적인 경계를 벗어나 어떤 문제를 해결하기 위한 자원의 활용 범위로 모인 공동체		경제력 인력, 물자 등 자원의 활용범위로 모인 집단
감정적 지역사회	소속 공동체	자기가 속한 장소가 어디인가 하는 관점에서 구분되는 공동체		고향(지연), 종친회(혈연), 동문회(학연) 등
	특수흥미 공동체	특수 분야에 동일한 요구와 관심을 가지고 있는 공동체		대한간호협회, 낚시회, 독서회, 산악회 등

지역사회 기능

경제적 기능	사회화 기능	사회통제 기능	사회통합 또는 참여 기능	상부상조 기능
• 지역사회 주민들의 일상생활을 영위하는 데 필요한 물자와 서비스를 생산·분배·소비하는 과정과 관련된 기능 • 지역사회 차원으로 특산품을 개발하거나 기업을 유치한다든가 하는 자립을 위한 활동 등이 포함	• 지역사회가 공유하는 일반적인 지식, 사회적 가치, 행동양상들을 새로이 창출하고 유지·전달하는 기능 • 과정을 통하여 사회구성원들이 다른 지역사회 구성원들과 구별되는 생활양식을 터득	• 지역사회 구성원들이 사회의 규범에 순응하게 하는 기능 • 정부기관에서 강제력을 가지고 집행할 수 있는 통제 이외에도, 지역사회 스스로 규칙이나 사회규범을 형성하여 구성원들의 행동을 통제하는 활동	• 하나의 체계로 지역사회 구성원이나 조직들 간의 관계로 관련되는 기능 • 지역사회가 유지되기 위하여 결속력과 사기를 높이고 주민공동의 문제해결을 위하여 공동으로 노력하는 활동	• 지역사회 내의 질병, 재해, 사망, 실업 등 경조사나 도움이 필요한 상황에 대하여 상호 간에 지지해 주고 조력해 주는 기능

PART 01 지역사회 간호학 서론

보건간호 vs 지역사회간호

표 하나로 정리하는 콕콕 핵심 내용

구분	보건간호	지역사회간호
철학	지역사회의 인구집단의 건강 관리에 중점	지역사회의 개인, 가족, 집단의 건강관리에 중점
명칭 변경	공중보건사업 → 보건간호 → 지역사회 보건간호 → 지역사회간호	
사업 목적	질병예방과 건강보호	건강유지·증진, 삶의 질 제고 (지역사회의 적정기능수준을 향상)
운영 주체	정부	정부, 지역사회주민 및 기관
재정(재원조달)	국비, 지방비(수혜자)	국비, 지방비, 지역사회기금
접근방식	하향식·수직적·수동적 전달(정부 → 지역사회)	상향식·수평적·능동적 전달(지역사회 → 정부 및 기관)
사업 대상	건강문제가 있는 인구집단(선택된 집단, 고위험 집단)	건강문제가 있는 개인, 가족, 집단, 지역사회, 건강한 대상
사업운영 방법	• 정부정책 지원사업 • 지역단위에 의한 보건사업	대상과 요구에 근거한 지역보건사업
지역사회개발	격리상태	지역사회개발의 일환
간호체계	보건사업체계	건강관리사업체계(개별적 간호서비스 전달)
실무	건강수준, 의료요구 사정	포괄적, 일반적
실무적용 현장	지역사회, 기관단체, 정부기관	지역사회기관, 가정, 직장, 학교, 일부 정부기관, 일부 기관 단체

PART 01 지역사회 간호학 서론

표 하나로 정리하는 족족 핵심 내용

건강 패러다임의 변화

생의학적 모델

- 16세기경부터 데카르트(Descartes)의 신체 - 정신 이원론에 따라 살아있는 생물체를 하나의 기계로 보고 모든 것을 수학적 법칙에 맞게 이해하려고 하였다. 생의학적 모델은 이런 현대의학의 기초
- 신체 일부분이 기능장애가 큰 질병이며 그 으로 인해 기계가 망가지므로 기계를 수선하는 것이라고 여긴다. 이로 인해 인체의 장기나 부분에만 초점을 맞추는 결과를 낳게 되었다.

생태학적 모델

- 숙주, 병인체, 환경이 3요소가 그 균형을 이룰 때 건강을 유지하게 되고, 균형이 깨질 때 불건강이 초래된다고 하였으며, 위 3가지 요소 중 가장 중요한 것은 환경적 요소라고 하였다.

사회생태학적 모델⭐

- 개인의 행동은 자신이 처한 사회환경 속에서 형성된다는 이론
- 사회생태학적 모델은 개인의 및 집단의 건강을 증진시키는 모형으로 다양한 차원에 맞는 적절한 중재방법을 모색할 수 있고, 건강증진의 장애물을 조정하여 건강을 저해하는 요인을 개인의 환경과 분리하여 찾을 수 있으므로 건강증진을 설명하는 데 적합한 이론이다.

영역	설명	실제 전략
개인수준(차원)	개인에게 영향을 줄 수 있는 특성을 가진 변수로 이, 교육정도, 연령 성향, 결혼상태, 질병에 대한 민감도, 자아존중감	• 교육 • 행태개선훈련 • 직접서비스 제공(예방접종, 검진, 진료, 재활, 방문 간호 등) • 유인 제공

개인 간 수준(차원)	사회적 동질성을 가질 수 있고 지지해 주는 가족, 친구, 이웃의 지지	• 기존 네트워크의 활용
		• 새로운 네트워크의 개발
		  - 멘토 활용
		  - 동료(buddy) 활용
		• 자조집단(동아리)의 형성
		• 자생적인(비공식적) 지도자의 활용

조직수준(차원)	개인, 공공, 조직 등 개인의 행동에 영향을 미치는 조직으로 학교 등	• 근무환경 • 서비스의 신뢰성 • 시설 및 환경 • 인력물적자원(지도력, 조직, 구조, 상부기관의 지지)
지역사회 수준(차원)	개인 · 그룹 · 조직이 공식적 · 비공식적으로 존재하는 곳	• 이벤트 • 매체 홍보 • 사회마케팅 • 지역사회 역량강화
정책수준(차원)	개인의 행동에 영향을 주는 법, 정책 등	• 옹호 / 정책개발 • 건강증진 시설 이용 보장 • 건강과 관련된 이벤트 법적 추진

PART 01 지역사회 간호학 서론

표 하나로 정리하는 꼭꼭 핵심 내용

지역사회 간호학 서론

☆☆

- 보건소 관련 발달사

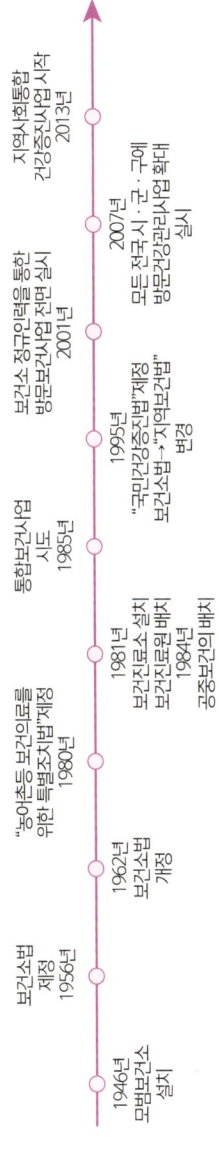

1946년 모범보건소 설치

보건소법 제정 1956년

1962년 보건소법 개정

"농어촌 등 보건의료를 위한 특별조치법"제정 1980년

1981년 보건진료소 설치 보건진료원 배치
1984년 공중보건의 배치

통합보건사업 시도 1985년

1995년 "국민건강증진법"제정 보건소법→"지역보건법" 변경

보건소 정규인력을 통한 방문보건사업 전면 실시 2001년

2007년 모든 전국시·군·구에 방문건강관리사업 확대 실시

지역사회통합 건강증진사업 시작 2013년

- 간호사 역할변화 발달사

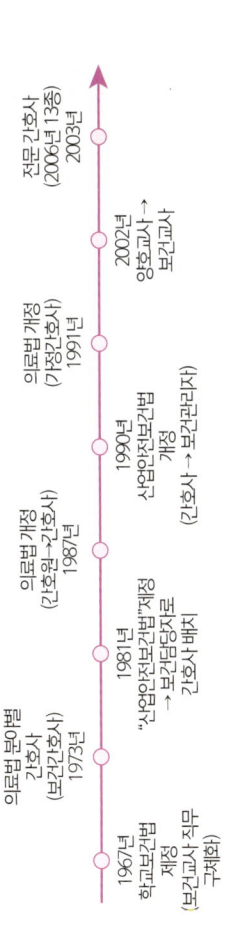

1967년 학교보건법 제정 (보건교사 직무 구체화)

의료법 분법 간호사 (보건간호사) 1973년

1981년 "산업안전보건법"제정 보건담당자로 간호사 배치

의료법 개정 (간호원→간호사) 1987년

1990년 산업안전보건법 개정 (간호사 → 보건관리자)

의료법 개정 (가정간호사) 1991년

2002년 양호교사 → 보건교사

전문 간호사 (2006년 13종) 2003년

- 의료보장제도 발달사

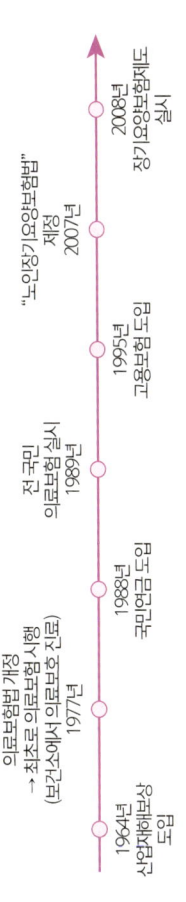

1964년 산업재해보상 도입

의료보험법 개정 → 최초로 의료보험 시행 (보건소에서 의료보호 진료) 1977년

1988년 국민연금 도입

전국민 의료보험 실시 1989년

1995년 고용보험 도입

"노인장기요양보험법" 제정 2007년

2008년 장기요양보험제도 실시

PART 01 지역사회 간호학 세론

표 하나로 정리하는 초록 초록 핵심 내용

지역사회 관련 이론

기획이론

기획의 필요성
① 각종 요구와 희소자원의 배분
② 이해대립의 조정과 결정
③ 변화하고 발전하는 지식과 기술개발에 따른 적용
④ 합리적인 의사결정 수단의 제공

```
보건현황         우선순위              계획의 작성 → 사업의 수행 → 평가 및 재계획
분석      →    결정과 각종       →
              사업별의 연구
                                    ← 환류 ←
```

체계이론

- 체계이론은 하나의 체계와 그 주변의 체계와의 상호관계, 그리고 하나의 체계에서 일어나서 투입과 산출이 계속적인 과정을 설명해 주는 이론
- **주요 개념**
  ① 엔트로피(entropy): '무질서의 에너지'로 일로 전환될 수 없는 체계 내 에너지이며, 체계에 혼란과 비조직을 조장하는 에너지
  ② 네겐트로피(negentropy): '자유 에너지'로 체계에 질서를 증가시키는 에너지. 즉 체계에 의해 사용되는 일할 수 있는 에너지
  ③ **항상성**: '생성과 파괴가 일어나는 미도 변화하지 않고 체계 내 요소가 균형상태를 유지하려는 자기조절 능력에 의해 안정상태를 이루는 것
  ④ 균등종결성: 개방체계의 특성으로 시작상태와 과정에 상관없이 장애가 있어도 동일한 목표에 도달하는 것

교환이론

- 인간의 행동을 타인과의 '대가(cost) - 보수(reward)'의 교환과정으로 취급하는 이론으로서, 1950년대에 시작한 사회이론 중 하나
- 지역사회간호에의 적용
  ① 교환이론은 간호수행 시 가장 많이 적용되는 이론이다. 교환과정은 간호과정 중 수행단계에서 가장 잘 이루어진다.
  ② 보건의료서비스와 지역사회 사이에 교환이 잘 이루어지도록 교환과정을 위한 조정자 기준을 확립해야 한다.
  ③ 교환과정에서 지역사회간호사는 지역사회 주민과 서로 대등한 위치에서 접근하고 상호 작용한다.
  ④ 교환된 결과에 대하여 훗날 이루어져 다음 과정에 참고하여야 한다.

적응이론 ☆

- 로이(Callista Roy)가 개발한 적응이론은 간호의 주요 현상인 인간은 주위 환경으로부터 끊임없이 자극을 받고 있으며 이러한 자극에 대하여 내부의 대처기전을 활용하여 적응 양상을 나타내는데, 이때 자극에 대해 긍정적으로 반응하기 위해서 인간 스스로가 환경 변화에 효과적으로 대응해야 한다고 보았다.

- **자극의 종류**
  ① 초점자극(focal stimuli): 변화가 요구되는 즉각적이고 직접적인 사건이나 상황(국가고시, 임신 등)
  ② 관련자극(연관자극, contextual stimuli): 초점자극이 주어졌을 때 개인에게 영향을 주는 초점자극 이외 모든 자극(현재 상태에 영향을 주는 즉정될 수 있는 자극(피로, 소화불량 등)
  ③ 잔여자극(residual stimuli): 현재의 상황에 영향을 줄 수 있는 인간의 특성으로 측정하기 어려운 자극(인간행동에 간접적인 영향을 줄 수 있는 과거의 경험, 개인의 신념, 태도, 성품 등)

PART 01 지역사회 간호학 서론

표 하나로 정리하는 꼭꼭 핵심 내용

건강관리체계이론 ☆☆☆

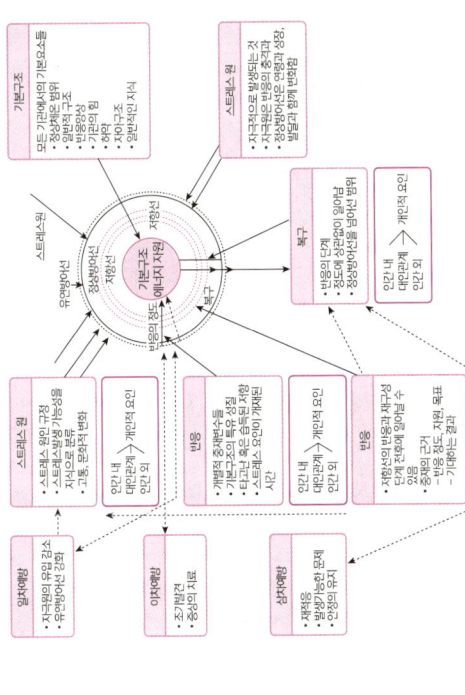

기본 구조	• 대상자의 생존요인, 유전적 특성, 강점 및 약점이 모두 포함되어 있는 생존에 필요한 에너지 자원을 나타내며, 이 구조에 이상이 생기면 사망을 의미한다. • 생리적·심리적·사회·문화적·발달적·영적 변수들이 방어선에 영향을 준다. • 정상방어선의 저항을 유지하기 위한 기본, 유전구조, 기본구조의 가장 가까운 곳이 자아구조 등 예 체온유지의 체온조절기전
저항선	• 기본구조를 보호하는 3개의 선 중 가장 내면적인 힘으로, 기본구조에 가장 가까운 내부 요인이다(신체면역체계 등). • 대상 체계가 스트레스원에 의해 기본구조가 손상되는 것을 방지하기 위한 내부 저항요소 • 저항선 파괴의 예: 부적절한 건강관리 등, 주민들이 낮은 삶의 질, 낮은 경제적 수준 및 교육 수준을 가질 수 있음
정상 방어선	• 저항성 방어선에 존재하며 개인에게 인상 유지해 오던 상태, 대상 체계가 오랫동안 유지해 온 균형 상태로 어떤 외적 자극이나 스트레스원에 대해 나타나는 정상 반응의 범위 • 외적 자극이나 스트레스원에 대해 나타나는 정상 반응의 범위, 유연방어선이 파괴되었을 때 나타나는 반응, 신체적 상태, 지적 배경, 사회적 역할, 발달단계, 유전적 특성 등 문제해결능력과 대처능력 • 개인의 일상적인 대처유형, 삶의 유형 단계 증가 등, 부적절한 주거환경, 높은 사고율, 이혼율, 질병관리 인식 및 접근 해결 능력 부족 등
유연 방어선	• 기본구조를 둘러싸고 있는 선 중 가장 바깥쪽에 위치하여 외생변수에 방어할 수 있도록 완충 역할을 가지고 환경과 상호작용하여 수시로 변화시키는 1차 방어선, 외부자극으로부터 대상체계를 보호하는 쿠션과 같은 기능을 한다. • 스트레스원이 정상방어선을 침범하지 못하도록 완충 역할을 하면 다른 사람의 도움 없이 직접 자가간호를 수행할 수 있는 요구 예 의료체계, 부적절한 보건의료전달체계 등

자가간호이론 ☆

• Orem은 다음 3가지 중심으로 간호를 기술
① 인간이 가진 제한점으로 인해 자가간호의 수행이 어려울 때 간호가 필요하게 된다(자가간호 결핍).
② 성숙한 성인은 의도적으로 자신의 생존을 보호하고, 삶의 질을 추구하며, 안녕하기 위한 행위를 학습하고 수행한다(자가간호이론).
③ 간호활동을 돕는 간호체계: 간호사는 이것을 가지고 간호대상을 이용하여 환자의 자가간호 요구를 충족하도록 돕고 그들이 이전의 자가간호 능력을 개발할 수 있도록 도와준다(간호체계이론).

자가간호요구

일반적 자가간호요구	• 모든 인간이 공통적으로 가진 자가간호요구 • 인간의 구조, 기능을 유지하기 위한 내적·외적 조건과 관련된 요구 • 공기, 물, 음식, 배설, 활동과 휴식, 고립과 사회적 상호작용, 위험으로부터 예방, 정상적인 상태 등
발달적 자가간호요구	• 인간의 발달과정이나 생의주기의 다양한 단계에서 필요한 발달과업과 관련된 자가간호 요구 • 임신, 미숙아 출생, 배우자 또는 부모의 사망 등
건강이탈 자가간호요구	• 질병이나 상해 시에 자가간호로서 자아상의 정립, 일상생활과정의 변화, 건강이탈로 인한 진단이나 치료에 대처하거나 새로운 생활의 적응과 관련되어 나타나는 것

간호체계

전체적 보상체계	• 개인이 자가간호활동을 거의 수행하지 못할 때 • 간호사가 전적으로 환자를 위하여 모든 것을 해주거나 활동을 도와주는 경우 • 산소공급, 영양공급, 배설, 개인위생, 신체운동 및 감각자극 등의 모든 자가간호를 충족시키기 위해 활동하거나 조정하는 경우
부분적 보상체계	• 개인 자신의 일반적인 자가간호요구는 충족시킬 수 있으나 건강이탈요구를 충족시키기 위해 도움이 필요한 경우 • 간호사와 대상자가 함께 건강을 위한 간호를 수행 • 최근 수술환자의 구강위생이나 배변, 기동 등을 돕는 경우, 경장관 수술 후 colostomy를 한 환자에게 가장방을 통하여 해당 부위의 파부간호를 하는 등 식이교육을 실시하는 것
교육적 보상체계	• 대상자가 자가간호요구를 충족시키는 자원을 가지고 있으나 의사결정, 행위 조절, 지식이나 기술을 획득하는 데 간호사의 도움이 필요한 경우 • 대상자가 간호사의 도움을 받으면서 자가간호를 학습하고 실천하는 보상체계 • 대상자가 간호사의 자가간호를 배워 다른 사람의 도움을 받지 않고 직접 자가간호를 수행할 수 있는 상황

PART 01 지역사회 간호학 서론

표 하나로 정리하는 꼭꼭 핵심내용

지역사회 간호사의 역할 (1) ☆☆☆

대상자 중심의 역할	**직접간호제공자**	**교육자**	**상담자**
	① 간호과정을 적용하여 간호문제를 해결한다.	① 대상자의 교육요구를 사정하여 보건교육을 실시한다.	① 지역사회 주민의 건강문제에 대해 전문적인 지식과 기술을 기반으로 상담해준다.
	② 개인, 가족을 포함한 지역사회의 다양한 대상자들의 요구를 파악하고 필요한 간호를 제공한다.	② 대상자 스스로를 돌볼 수 있도록 건강에 관련된 습관, 생활, 의사소통, 관찰과 행정 등 가필요한 사항들에 대한 교육을 한다.	② 가족이나 개인 등 대상자가 자신의 건강문제를 유리한 방향으로 결정하도록 돕는다.
	③ 면담, 상담, 의사소통, 관찰과 행정 영향 기법 등의 기술이 필요하다.	③ 대상자의 건강문제와 관련된 결정에 필요한 지식 (정보)을 제공한다.	③ 대상자가 선택한 해결방법을 스스로 확인·평가하는 것을 돕는다.
	④ 치료적인 문제 해결만 추구했던 간호제공자가 아니라 질병예방과 최적의 건강수준을 성취할 수 있는 간호 제공에 중점을 둔다.	④ 질병에 대한 인식을 돕는다.	④ 대상자가 문제 해결 과정을 알 수 있도록 한다.
			⑤ 대상자가 해결해야 할 문제를 확인하고 이해한다.
	대변자/옹호자	**일차간호제공자**	**사례관리자**
	① 간호대상자가 자신의 이익을 위한 활동을 할 수 있도록 보호한다.	① 일차간호란 모든 사람들이 보편적으로 이용 가능한 기본적인 건강관리서비스이다.	① 사례관리자는 오래전부터 지역사회간호사의 역할을 통합한 구성요소로 많은 대상자 중심의 역할을 하고 있는 포괄적인 역할이다.
	② 간호대상자가 좀 더 독립적으로 역할을 수행하도록 대변하거나 옹호한다.	② 지역사회 내에서 각 개인이나 가족에서 필수적인 보건의료서비스를 제공한다.	② 지역사회간호사는 지역사회의 다양한 보건의료 서비스를 조정하여 유용하게 연계시키는 관리자로서의 역할을 담당한다.
	③ 지역사회의 개인이나 집단이 이익을 위해 행동하거나 그들의 입장에서 의견을 제시하는 역할을 수행한다.	③ 일차간호가 가능한 장기간의 선천간호사정, 건강한 영유아 보호, 예방접종, 빈혈과 실사 같은 아주 경미한 건강문제의 해결 등이 간호중재로서 증진하고 예방하는 것이다.	③ 지역사회간호사는 지역사회에 거주하고 있는 유병률을 발견하여 대상자의 문제를 사정, 계획, 수행, 평가하고 지역사회 내의 다양한 보건의료서비스로 연계시켜 주는 역할을 담당한다.
	④ 대상자가 마땅히 가져야 할 보건의료 수혜의 권리를 스스로 찾고 가질 수 있게 유용한 보건의료를 충분히 설명하고 안내한다.		
	⑤ 지역사회 취약계층이 인간적 권리를 찾도록 그들의 입장에서 의견을 제시하고 대상자의 유익을 위해 행동한다.		
	자원의뢰자(알선자)		**관리자**
	① 대상자의 문제가 스스로 해결할 수 있는 범위에서 벗어난 경우 유용한 기관에 의뢰한다.		① 가족간호를 비롯하여 지역사회 내에서 제공되는 모든 간호활동을 관리한다.
	② 대상자의 문제가 전문적인 조치를 필요로 한다고 인식되는 경우 유용한 기관이나 자원에 의뢰한다.		② 유용한 건강관리나 보건사업을 운영하거나 시행되고 있는 보건사업을 기획·수립하는 역할을 한다.
	③ 지역사회 자원에 대한 정보를 수집한다.		③ 지역사회간호사는 관리자의 역할을 수행하기 위해서 계획, 조직화, 조정가능을 이용한다.
	④ 의뢰의 요구와 적합성을 결정한다.		

PART 01 지역사회 간호학 서론

지역사회 간호사의 역할 (2) ☆☆☆

표 하나로 정리하는 꼭꼭 핵심내용

		조정자	협력자	교섭자/연락관
건강관리전달 중심의 역할		① 조정이란 가능한 최대의 유효한 방법으로 대상자의 요구를 충족시키는 최선의 서비스를 조직하고 통합하는 과정을 말한다. ② 사례관리자와는 다르게 조정자는 다른 건강관리 전문가가 수행한 간호를 계획하지 않는다. ③ 지역사회간호사는 대상자 건강관리의 조정자로서 다양한 기능을 수행한다. • 대상자에게 건강관리를 제공할 사람, 중복되는 서비스, 부족한 서비스가 이루어지고 있는 곳을 결정한다. • 대상자의 상태와 요구에 대해 타 부서의 요원들과 의사소통을 한다. • 간호사, 대상자, 서비스를 제공하는 타 영역의 제공자들과 필요시 사례 연구 모임을 준비한다.	① 다른 건강요원들과 영향한 의사소통을 한다. ② 공통적인 의사결정에 참여한다. ③ 대상자의 문제 해결을 위한 공동 활동에 참여한다.	① 대상자의 기관이 처음 접촉하는 단계에서 도움을 준다. ② 대상자와 기관의 직원들 간의 의사소통을 원활하게 해준다. ③ 필요시 대상자의 상태에 따라서 옹호자와 같은 도움을 준다.
		사례발견자	지도자	변화촉진자	건강관리책임자
인구중심의 역할		① 건강 관련 상태와 기여 요인이 있는 징후와 증상에 대한 지식을 발전시킨다. ② 질병과 이에 관련된 상태의 사례를 확인하는 진단 과정을 이용한다. ③ 확인된 사례를 추후 관리한다.	① 활동과 지도력에 대한 요구를 확인한다. ② 지지자들이 지도력의 요구를 사정한다. ③ 지지자들과 그 상황에 적합한 지도력의 유형을 선정하고 수행한다.	① 동기부여에 조력하여 변화의 수행을 돕는다. ② 대상자의 행동을 바람직한 방향으로 변화하도록 촉진한다. ③ 변화 상황에 작용하는 촉진요인과 방해요인을 확인한다.	① 지역사회의 건강수준을 진단한다. ② 확인된 건강문제의 해결방향을 구축한다. ③ 건강문제를 충족하기 위해 지역사회를 준비시킨다. ④ 건강관리전달을 평가한다.

PART 01 지역사회 간호학 서론 — MIND MAP

국내역사

- 1923 동대문부인병원 간호원장 로선복(로젠버그): 태화여자관에 보건사업 실시
- 1946 서울 및 각 도의 대도시에 모범(시범)보건소 설치
- 1956 「보건소법」이 제정 → 1962년 전면 개정: 전국적인 차원에서 보건사업부 구체화
- 1967 「학교보건법」제정: 보건교사 직무 구체화
- 1973 「의료법」의 분야별 보건간호사 포함
- 1980 「농어촌 등 보건의료를 위한 특별조치법」: 보건진료소 설치 및 보건진료원 배치
- 1985 통합보건사업 시도
- 1990 「산업안전보건법」개정: 산업장의 간호사 → 보건관리자로 개정
- 1995 「국민건강증진법」제정 / 「보건소법」을 「지역보건법」으로 명칭 변경
- 2002 양호교사가 보건교사로 개칭
- 2003 「의료법」개정에 따라 10개 분야 전문간호사 영역 신설(보건·마취·정신·가정·감염관리·산업·응급·노인·중환자·호스피스) → 추후 2006년 개정된 전문간호사 자격인정 등에 관한 규칙에 따라 종양·임상·아동분야 추가 → 13개 전문간호사분야로 확대

	방문 간호시대
	보건 간호시대
	지역사회 보건간호시대

국외역사

비숍교구의 힐만의 방문간호 사업
윌리엄 라스본 (William Rathbone, 1819~1902)

- 1859년 영국의 Liverpool에서 윌리엄 라스본(William Rathbone)이 조직화된 방문간호사업의 최초로 시행
- 가난한 사람들을 돕기 위하여 간호사들을 채용하였으며 훈련된 간호사들을 18개의 Liverpool 구역으로 구분하여 간호와 동시에 교육자 + 사회개혁자로서의 역할도 수행
- 나이팅게일의 영향력을 받아 1859년에 채권적인 후원을 받아 구역공중보건 간호협회를 조직

미국의 릴리안 왈드 (Lillian Wald, 1867~1940)

- 동료인 Mary Brewster와 함께 1893년 미국 뉴욕시 헨리가 빈민 구호소에서 방문간호사업 시작
- 가난한 사람을 간호 + 생활향상을 위해 직업교육, 아동문제, 경제적인 문제 등을 지원 → 경제활동으로 인한 사망률을 감소
- 1912년에는 공중보건간호사회를 발족
- 구제사업소를 통해서 지역주민의 가장 문제되는 건강문제를 높이고 유료 방문하여 간호를 제공한 서비스를 무료로 받고 있는 간호 실시(간호비용지 불제도)

지역사회 간호학 서론 1

지역사회의 3가지 속성
① 지리적 영역의 공유 ② 사회적 상호작용 ③ 공동 유대감

지역사회 유형(분류)

구분	종류	내용
구조적 지역사회	집합체	사람 그 자체에 모여 이루어지는 상호없는 유대노출 집단, 미혼모 집단, 노숙자 등
	대면 공동체	서로 얼굴을 대하는 공동체로, 소식이 쉽게 전달되어 친근감과 공동의식을 소유하고 있는 특성이 반영되는 공동체 가족, 이웃, 교민회 등
	생태학적 공동체	지리적 특성, 기후 등과 같이 동일한 생태학적 문제를 내포하고 있는 집단 산림파괴, 산성비, 대기오염, 수질오염, 토양오염 등이 있는 공동체
기능적 지역사회	자원에 지역사회	문제·지역을 해결하는 공식이 있는 지리적 범위를 벗어나 어떤 문제해결 지지역 구조를 가진 공동체 보건소, 병원 등, 학교, 산업장, 시·군·읍·면 등
	조직	특정 목표를 추구하며 일정한 환경 속에서 일정한 구조를 가진 사회단위
문제해결 공동체		문제를 확인하고 공유하며 해결할 수 있는 범위 내의 구역으로 기존 지리적인 제한을 벗어나 문제해결 지지 당함
기능적 지역사회	동일한 요구의 공동체	일반자원으로 공동의 문제 및 요구에 기초하여 나타나는 공동체 산불재해 오염지역 동일한 영향을 받은 인근지역, 장애아동재활 집단, 모자보건 대상 집단
	자원 공동체	지리적인 경계를 벗어나 어떤 문제를 해결하기 위한 자원의 활용 범위를 토대로 모인 공동체
감정적 지역사회	소속 공동체	자기가 속한 장소가 어디인가 하는 관점에서 구분되는 공동체 고향(지연), 출신학교(학연), 종친회(혈연) 등
	특수 공동체	동일한 취미나 관심을 가지고 모이는 집단 대한간호협회, 낚시회, 독서회, 산악회 등

지역사회간호 개념틀

지역사회간호대상
지역사회체계 (개인, 가족, 학교, 사업장, 지역사회)

지역사회간호과정
1. 사정
   - 지역사회건강진단
   - 지역사회간호사업 기준선
2. 계획
   - 목표 및 목표달성
   - 목표달성을 위한 방법 및 수단 선택
   - 집행계획
   - 평가계획
3. 수행
4. 평가 및 재계획

지역사회간호활동(행동)
1. 간호제공
2. 보건교육
3. 관리

지역사회간호수단
1. 건강관리실 활동
2. 방문활동
3. 자원활용 및 의뢰
4. 집단지도
5. 상담 및 면접
6. 의사소통을 위한 매체 활용
7. 간호기록 및 보고

지역사회간호목표
적정기능 수준 향상 (자기건강 관리기능)

<능력인속지표>

PART 01 지역사회 간호학 서론
MIND MAP

지역사회 간호사의 역할 (한눈에 쏙쏙 표 참조)

① 직접간호 제공자　② 교육자
③ 상담자　　　　　④ 자원의뢰자/알선자
⑤ 역할모델　　　　⑥ 대변자·옹호자
⑦ 일차간호제공자　⑧ 사례관리자
⑨ 관리자

- 대상자 중심
- 건강관리전달 중심
- 인구 중심

Orem의 자가간호이론 (한눈에 쏙쏙 표 참조)

① 간호의 대상을 인간 개인 중심으로 하여 개발
　→ 지역사회에 적용하기 위해서는 요구에 맞게 수정 필요
② 간호사는 대상자 자신이 삶, 건강, 안녕을 위해 자가간호를 유지하도록 하는 데 간호의 목표를 두어야 함

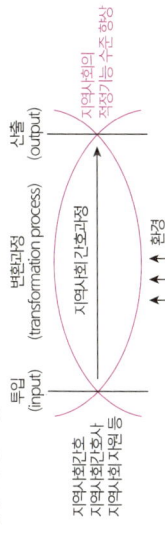

- 사정
  - 1단계 사정
    - 자료 자가간호요구사정
      - 일반적 자가간호요구
      - 발달적 자가간호요구
      - 건강이탈 자가간호요구
  - 2단계 사정
    - 자가간호역량 사정
- 간호진단
- 간호계획
  - 적절한 간호 체계결정 및 효과중재방법 선택
- 수행
  - 자료의 자가간호요구 충족
  - 환자의 자가간호역량 증진
  - 자가간호능력의 한계점 보완
- 평가

Roy의 적응이론 (한눈에 쏙쏙 표 참조)

① 적응이론은 개인을 주 대상으로 하여 적응 기전을 중심으로 개발된 이론
　→ 지역사회 내 환자나 중심을 주심으로 하는 개인 접근에 쉽게 적용
② 자극의 유형

초점자극	변화가 요구되고 즉각적이고 직접적인 시간이나 상황
관련자극	현재 상태에 영향을 주는 내외적 세계에 존재하는 자극
잔여자극	인간행동에 간접적으로 영향을 주는 과거의 경험, 개인의 신념 · 태도 · 성품

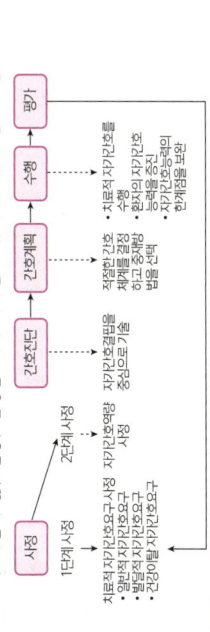

- 투입
  - 자극
  - 적응수준
- 과정
  - 〈대처기전〉
    - 조절기전
    - 인지기전
- 영향요인
  - 〈적응양상〉
    - 생리적 기능
    - 자아개념
    - 역할기능
    - 상호의존
- 산출
  - 적응과
  - 비효율적 반응
- 환류

체계이론

하나의 체계와 그 주변의 체계로 이루어지는 상호작용. 그리고 하나의 체계에 있어서 투입과 산출이 계속적인 과정을 설명해주는 이론

- 투입 (input)
  - 지역사회간호
  - 지역사회간호사
  - 지역사회자원 등
- 변환과정 (transformation process)
  - 지역사회 간호과정
- 산출 (output)
  - 지역사회의 적정기능 수준 향상
- 환경

교환이론

인간의 행동을 타인과의 '대가(cost) - 보수(reward)' 의 교환 과정으로 취급
① 간호 수행 시 가장 많이 적용되는 이론
② 교환과정에서 지역사회 간호사는 지역사회 주민과 서로 대등한 위치에 접근하고 상호작용한다.

Newman의 건강관리체계이론 (한눈에 쏙쏙 표 참조)

다른 이론과 달리 간호활동을 예방을 위한 개념으로 설명하여 지역사회 영역에서 많이 활용

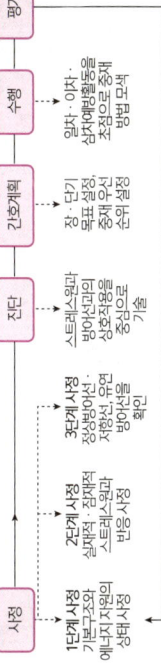

- 사정
  - 1단계 사정
    - 기본구조와 에너지자원의 상태 사정
  - 2단계 사정
    - 실제적·잠재적 스트레스와의 반응 사정
  - 3단계 사정
    - 1, 2차 예방선의 저항선, 유연방어선 확인
  - 스트레스원과 방어선과의 상호작용 중심으로 기술
- 진단 ← 간호 목표 참조
- 간호계획
  - 장·단기 목표 설정 중재우선 순위 설정
- 수행
  - 일차·이차·삼차예방활동을 상호작용 중재로 병합 모색
- 평가

지역사회 간호학 서론 2

PART 02 지역사회 보건행정

표 하나로 정리하는 국목 핵심 내용

보건의료전달체계 유형 (1)

	자유방임형		사회보장형		사회주의형	
프라이 (J. Fry) 분류 ☆☆	① 의료서비스의 제공이 민간부문에 의하여 이루어지는 형태로 정부의 통제나 간섭이 최소화되고, 소비자가 스스로 판단하여 의료기관을 자유롭게 이용할 수 있는 체계로 '무체계'라고도 한다. ② 미국을 중심으로 독일, 프랑스, 한국, 일본 등이 이 유형에 속한다.		① 개인의 자유를 존중하되, 정부가 보건의료서비스를 기획, 총괄하여 보건의료자원의 효율적 활용을 유도하고 의료기능이 분담되어 있는 방식으로 국민 전체에게 조세에 의한 의료서비스를 제공하므로 누구나 의료서비스를 받을 수 있다. ② 영국, 호주, 뉴질랜드, 북유럽 국가 등이 이에 속하며 국가가 치료하기보다는 예방을 중시한다.		① 개인의 의료서비스 이용의 선택이 제한되고, 보건의료자원의 배분을 중앙정부가 직접 관여하여 형평성을 높이는 방식으로 보건의료서비스를 중요한 복지로 근사주의 국가에서 채택하고 있다.	
	장점	**단점**	**장점**	**단점**	**장점**	**단점**
	• 국민이 자유롭게 의사와 의료기관을 선택 • 공급자측의 경쟁에 따른 의료서비스 수준의 향상을 기대 • 의료기관 간의 자유경쟁에 따른 효율성 운영 • 의료인의 재량권을 보장하여 의료서비스의 질 향상	• 지역 및 의료수준의 불균형적인 분포로 지역에 따라 의료의 질이 상이 • 정부 간섭과 통제의 한계로 의료인의 비효율적인 활용과 중복에 따른 자원의 낭비 • 의료비 상승에 따른 의료서비스 이용의 제한과 국가의 의료비 부담 가중	• 보건의료서비스의 혜택을 국민 전체에게 균등하게 보장하여 공공재로서 보건의료 보장성 개선 • 자유경쟁으로 인한 자원낭비와 의료비 상승을 방지와 의료이용과 의료비 통제 가능	• 의료수준의 저하 및 효율성 저하 • 행정적 경직성과 복지병의 주의가 생김 • 조세를 통한 의료서비스 제공으로 국가 재정상태에 따라 국가 재정상태 변동에 따라 부담 증가	• 효율적인 의료자원의 독점부로 의료남용 방지 • 보건의료서비스 이용의 차별 및 경제적 근간성 제거 • 중앙집권적으로 의료체제에 대한 관리와 통제의 용이	• 국민의 보건의료서비스 이용의 자유선택권 박탈 • 의료수준 전체 및 의료의 질 저하

	공적부조형(공공부조형)	건강보험형	국민보건서비스형
테리스 분류	• 저소득 인구계층에게 정부가 일반 재정에서 의료서비스 이용을 보장하는 방식 • 아시아, 아프리카, 남미의 저개발국가 등에서 채택	• 병이 정한 대상자는 모두 강제적으로 가입하고 보험료라는 비용을 부담하는 것 • 한국, 독일, 프랑스, 일본 등에서 채택	• 조세로 재원을 충당하여 모든 국민이 의료서비스를 무료로 이용하는 것 • 정부가 모든 병원을 통제·관리하여 체계화된 의원급 외래진료를 보편화하는 것 • 영국, 스웨덴, 뉴질랜드, 사회주의 국가 등이 채택

PART 02 | 지역사회 보건행정

보건의료전달체계 유형 (2)

표 하나로 정리하는 꼭꼭 핵심 내용

밀턴 로머 (Milton I. Roemer, 1991)의 분류 (매트릭스형) ☆

자유기업형	복지지향형
• 민간의료시장이 매우 강력하고, 정부개입이 미미하고, 보건의료비 지출이 절반 이상이 환자 개인 책임이다. • 정부의 보건의료 프로그램 보장성이 낮고, 공공의료가 취약하다. • 미국, 태국, 필리핀, 남아프리카공화국 등	• 정부나 제3자불입자들이 다양한 방법으로 민간의료시장에 개입한다. • 국가에 의해 의료자원 및 의료비 관리와 통제가 이루어지며 사회보험 또는 조세에 의해 재원을 조달한다. • 주로 공공주도의 의료보험제도를 실시하고 있다. • 독일, 프랑스, 일본, 한국, 캐나다, 브라질, 인도 등
포괄적보장형	**사회주의형 (사회주의 계획형)**
• 복지지향형보다 시장개입의 정도가 더 심하다. • 보건의료의 재원을 중앙정부와 지방정부의 조세를 통해 조달하고 있다. • 전 국민이 안전한 보건의료서비스를 무상으로 받게 되며, 채원이 조달되는 한 허락되는 모든 보건의료재원은 전 국민에게 공평하게 배분되도록 하자는 정치적 의지가 강하다. • 영국, 뉴질랜드, 이스라엘, 쿠웨이트 등	• 민간의료시장을 완전히 제거하고, 보건의료서비스 제공이 형평성에 중점을 두며 보건의료서비스를 국가가 전적으로 책임진다. • 정부에 의한 시장개입이 가장 심하다. • 구소련, 체코, 쿠바, 북한, 중국 등

국가보건의료체계 하부구조의 주요 구성요소 ☆☆

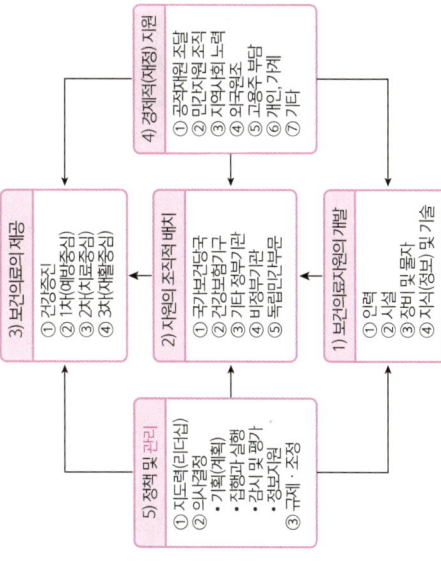

PART 02 지역사회 보건행정

일차보건의료 ☆☆☆

	개념	알마아타 선언	일차보건의료의 핵심적 특성(WHO)
일차보건의료	일차보건의료는 지역사회의 개인, 가족이 일차적으로 쉽게 이용할 수 있으며 지역사회가 수용할 수 있는 방법으로, 그들의 적극적인 참여하에 그들의 지불능력에 맞는 보건의료수가로 그들에게 제공되는 필수적인 보건의료이다. 또한, 국가의 핵심 보건의료전달체계이자 그 지역사회의 전반적인 사회·경제 개발의 구성요소이다.	1978년 세계보건기구(WHO)와 UNICEF는 구소련 알마아타에서 공동으로 국제회의를 개최하여 '건강은 인간의 기본권이고, 건강의 향상은 사회개발의 중요한 목표이며, 이러한 목표는 일차보건의료를 통해 달성되어야 한다'라는 '건강을 수용할 수 있는 건강문제 해결을 위한 접근으로 지역사회가 수용할 수 있는 방법으로 새병으로 제공해주어야 한다.'이라는 슬로건을 걸고 결의하고 'Health for All by the Year 2000'이라는 슬로건을 목표로 선언 **알마아타 선언에서 밝힌 일차보건의료의 내용** ① 만연한 보건의료 문제에 대한 교육과 그 문제의 예방과 관리 ② 식량공급과 영양증진 ③ 안전한 식수 제공과 기본 환경위생 관리 ④ 가족계획을 포함한 모자보건 ⑤ 주요 감염병에 대한 면역수준 증강(예방접종) ⑥ 그 지역 지방병(풍토병) 예방과 관리 ⑦ 흔한 질병과 상해에 대한 적절한 치료(통상질환에 대한 기초적 진료) ⑧ 필수의약품의 공급 ⑨ 정신보건의 증진 모든 신심장애자의 사회의학적 재활(추후에 추가된 항목)	① 접근성(accessible): 지역적·지리적·경제적·사회적으로 지역주민이 이용하는 데 차별이 있어서는 안 되며 개인이나 가족 단위의 모든 주민이 시간적으로나 장소적으로 보건의료서비스를 쉽게 이용할 수 있어야 한다. ② 수용가능성(acceptable): 주민이 수용할 수 있는 건강문제 해결을 위한 접근으로 지역사회가 쉽게 받아들일 수 있는 방법으로 새병으로 제공하여야 한다. ③ 주민참여(available): 일차보건의료는 지역사회개발정책의 일환으로, 이를 위해서는 지역 내 보건의료 활동은 위한 지역주민의 참여가 무엇보다도 중요하다. ④ 지불부담능력(affordable): 보건의료사업은 국가나 지역사회가 재정적으로 부담할 수 있는 방법으로 지역사회의 지불 능력에 맞는 보건의료수가로 제공돼야 한다. ⑤ 포괄성(comprehensiveness): 모든 사람에게 필요한 기본적인 건강관리서비스를 제공해야 한다. ⑥ 유용성(유용성): 일차보건의료 서비스는 지역주민들에게 필요하고 유용한 서비스이어야 한다. ⑦ 지속성(continuity): 필요한 보건의료서비스를 지속적으로 제공하여 기본적인 건강상태를 유지할 수 있게 해야 한다. ⑧ 상호협조성(coordination): 일차보건의료 관련 부서가 서로 협조하여 의료체계를 구축하여야 한다. ⑨ 균등성(equality): 누구나 필요로 할 때면 어떤 여건에서도 필요한 만큼의 서비스를 동등히 받을 수 있어야 한다.

건강검진

	대상
일반건강검진	지역가입자: 직장가입자, 세대주인 지역가입자, 20세 이상인 지역가입자 및 20세 이상인 피부양자, 의료급여법에 따른 의료급여 수급권자 중 19세부터 64세까지 세대주 및 세대원
암검진	'암관리법' 시행령 별표 1의 암의 종류별 검진주기와 연령 기준 등에 해당하는 사람
영유아건강검진	영유아건강검진: 6세 미만의 가입자 및 피부양자

건강검진	암의 종류	검진주기	암 검진연령
	위암	2년	40세 이상의 남·여
	간암	6개월	40세 이상의 남·여 중 간암 발생 고위험군
	대장암	1년	50세 이상의 남·여
	유방암	2년	40세 이상 여성
	자궁경부암	2년	20세 이상 여성
	폐암	2년	54세 이상 74세 이하의 남·여 중 폐암 발생 고위험군

* "간암 발생 고위험군"이란 간경변증, B형간염 항원 양성, C형간염 항체 양성, B형 또는 C형간염 바이러스에 의한 만성 간질환 환자를 말한다.
* "폐암 발생 고위험군"이란 30갑년[하루 평균 담배소비량(갑)×흡연기간(년)] 이상의 흡연력(吸煙歷)을 가진 현재 흡연자와 폐암 검진의 필요성이 높아 보건복지부장관이 정하여 고시하는 사람을 말한다.

PART 02 지역사회 보건행정

사회보장제도 ☆☆

표 하나로 정리하는 꼭꼭 핵심내용

사회보장의 구조	국민건강보험		
건강보험의 특징	① 강제 가입 및 적용(대상의 보편주의 원칙) ② 부담능력에 따른 보험료의 차등부담(보험료 부과의 재산·소득 비례 원칙, 형평부과) ③ 보험급여의 균등한 수혜(급여의 획일화) ④ 단기적 성격의 보험(예산의 균형성) ⑤ 수익자 부담 원칙 ⑥ 급여우선의 원칙 ⑦ 적정급여의 원칙 ⑧ 사후치료의 원칙 ⑨ 3자 지불의 원칙 ⑩ 발생주의 원칙 ⑪ 보험료 부담 원칙 ⑫ 현물급여의 원칙		

의료급여

대상자		
	1종 수급권자	2종 수급권자
	• 국민기초생활보장법 수급자: 근로무능력 가구, 희귀난치성질환 중증질환(암환자, 중증화상환자만 해당) 등록자, 시설수급자 • 행려환자 • 타법적용자: 이재민, 의상자 및 의사자, 입양아동(18세미만), 국가유공자, 국가무형문화재보유자, 북한이탈주민(새터민), 5.18 민주화운동 관련자, 노숙인	• 국민기초생활보장대상자 중 1종 수급 대상이 아닌 가구

건강보험과 의료급여 비교

구분	건강보험	의료급여
기본 성격	질병 및 부상·치료, 출산 사망 관련 보험급여	일정 수준 이하의 저소득층에게 모든 질병이나 의료혜택 부여
관리 대상	전 국민	의료급여 대상자(주로 저소득층)
부담 주체	근로자, 고용주, 정부, 세대원	정부
보험료 부과 기준	임금, 재산, 소득 등	-
급여 내용	요양급여, 건강검진, 요양비, 장제비, 본인부담금보상금, 본인부담금상한, 장애인보조기구, 본인부담금환급금 등	의료급여, 요양비, 건강검진

요양급여 항목(국민건강보험법 제41조)

① 가입자와 피부양자의 질병, 부상, 출산 등에 대하여 다음 각 호의 요양급여를 실시한다.
1. 진찰·검사
2. 약제(藥劑)·치료재료의 지급
3. 처치·수술 및 그 밖의 치료
4. 예방·재활
5. 입원
6. 간호
7. 이송(移送)

요양기관(국민건강보험법 제42조)

1. 「의료법」에 따라 개설된 의료기관
2. 「약사법」에 따라 등록된 약국
3. 「약사법」 제91조에 따라 설립된 한국희귀·필수의약품센터
4. 「지역보건법」에 따른 보건소·보건의료원 및 보건지소
5. 「농어촌 등 보건의료를 위한 특별조치법」에 따라 설치된 보건진료소

사회보장의 구조

```
              사회보장
    ┌───────────┼───────────┐
  사회보험     공공부조     사회서비스
  ┌──┴──┐    ┌──┴──┐        │
소득보장 의료보장 소득보장 의료보장   소득보장
• 산재보험 • 건강보험 기초생활 의료급여  • 노인복지
 (산재보험) • 산재보험  보장              • 아동복지
• 연금보험 • 노인장기                     • 장애인복지
• 고용보험  요양보험                      • 가정복지
```

PART 02 지역사회 보건행정

법령 속 기관별 업무 내용

표 하나로 정리하는 국~국 핵심 내용

국민건강보험공단	건강보험심사평가원
1. 가입자 및 피부양자의 자격 관리 2. 보험료와 그 밖에 이 법에 따른 징수금의 부과·징수 3. 보험급여의 관리 4. 가입자 및 피부양자의 질병의 조기발견·예방 및 건강관리를 위하여 요양급여 실시 현황과 건강검진 결과 등을 활용하여 실시하는 예방사업으로서 대통령령으로 정하는 사업 "대통령령으로 정하는 사업"이란 다음 각 호의 사업을 말한다. 1. 가입자 및 피부양자의 건강관리를 위한 전자적 건강정보시스템의 구축·운영 2. 생애주기별·성별·연령별 특성을 고려한 건강관리 프로그램 또는 서비스의 개발 및 제공 3. 영양·식생활·신체활동 등 주요 건강위험요인별 정보 수집, 분석·연구 및 관리방안 개발 4. 고혈압·당뇨 등 주요 만성질환의 예방 및 관리를 위한 정보 제공 및 건강관리 지원 5. "지역보건법" 제2조제1호에 따른 지역보건의료기관과의 연계·협력을 통한 지역별 건강관리 사업 지원 6. 그 밖에 제1호부터 제5호까지에 준하는 사업으로서 가입자 및 피부양자의 건강관리를 위하여 보건복지부장관이 특히 필요하다고 인정하는 사업 5. 보험급여 비용의 지급 6. 자산의 관리·운영 및 증식사업 7. 의료시설의 운영 8. 건강보험에 관한 교육훈련 및 홍보 9. 건강보험에 관한 조사연구 및 국제협력 10. 이 법에서 공단의 업무로 정하고 있는 사항 11. "국민연금법", "고용보험 및 산업재해보상보험의 보험료징수 등에 관한 법률", "임금채권보장법" 및 "석면피해구제법"(이하 "징수위탁근거법"이라 한다)에 따라 위탁받은 업무 12. 그 밖에 이 법 또는 다른 법령에 따라 위탁받은 업무 13. 그 밖에 건강보험과 관련하여 보건복지부장관이 필요하다고 인정한 업무	1. 요양급여비용의 심사 2. 요양급여의 적정성 평가 3. 심사기준 및 평가기준의 개발 4. 제1호부터 제3호까지의 규정에 따른 업무와 관련된 조사연구 및 국제협력 5. 다른 법률에 따라 지급되는 급여비용의 심사 또는 의료의 적정성 평가에 관하여 위탁받은 업무 6. 그 밖에 이 법 또는 다른 법령에 따라 위탁받은 업무 7. 건강보험과 관련하여 보건복지부장관이 필요하다고 인정한 업무 8. 그 밖에 보험급여 비용의 심사와 보험급여의 적정성 평가와 관련하여 대통령령으로 정하는 업무 ① 요양급여비용의 심사청구와 관련된 보험급여의 적정성 평가에 대한 소프트웨어의 개발·공급·검사 등 전산 관리 ② 요양급여 중 보건복지부령으로 정하는 기관에서 받은 요양에 대한 심사 ③ 요양급여의 적정성 평가 결과의 공개 ④ 1~6까지 및 ①~③까지의 업무를 수행하기 위한 환자 분류체계의 개발·관리 ⑤ 1~6까지 및 ①~④까지의 업무와 관련된 교육·홍보

PART 02 지역사회 보건행정

진료비 지불 보상 제도 (1) ☆☆☆☆

표 하나로 정리하는 꼭꼭 핵심 내용

행위별 수가제

① 제공된 진료내용과 진료의 양에 따라 진료보수가 결정되는 방식으로, 제공된 의료서비스의 단위당 가격당 단위서비스의 양을 곱한 만큼 보상하는 방식
② 자유경쟁 시장주의 국가인 한국, 미국, 일본 등에서 채택하고 있다.
③ 행위별수가제의 장·단점

장점	단점
• 의료서비스의 양과 질이 확대 • 의료인의 재량권 및 자율권 보장 • 첨단 의학 및 과학기술의 발달 유도 • 의료수가 결정에 편리 • 환자와 의사와 원만한 관계 유지 • 의사의 생산성 증가	• 의사의 행위가 수입과 직결되므로 과잉진료 및 의료남용 우려 • 과잉진료를 막기 위해 심사, 감사 등의 방법이 동원되어 행정적으로 복잡하고 문제 발생 • 의료인과 보험자 간의 갈등 • 기술 지상주의로 예방보다는 치료에 집중 • 상급병원으로 후송을 기피하여 지역의료 발전 저해

인두제

① 등록환자수 또는 실이용자 수를 기준으로 일정액을 보상받는 방식
② 서비스의 내용과 수가는 관련이 없다.
③ 지역사회 등 1차 진료기관에 적합하며, 영국, 덴마크, 이탈리아 등에서 채택
④ 인두제의 장·단점

장점	단점
• 진료의 계속성 증대 • 치료보다는 예방에 치중 • 행정적 절차가 간편함 • 의료남용을 줄일 수 있고 상대적으로 저렴 • 의료인 수입의 평준화 가능	• 환자의 선택권 제한 • 과소치료의 경향 • 상급병원으로 환자를 후송, 의뢰 증가 경향 • 고위험·고비용 환자를 기피 • 고도의 전문의에게는 적용이 어려움

봉급제

① 서비스의 양이나 제공받는 사람의 수에 상관없이 일정 기간에 따라 보상받는 방식이다.
② 사회주의나 공산주의 국가에서 채택하는 방식이며 자유경쟁 체제의 병원급에서도 기본보수 지불방식으로 주로 이용된다.
③ 봉급제의 장·단점

장점	단점
• 의사의 수입이 안정 • 불필요한 경쟁 억제 • 행정적 관리가 용이하여 조직의료에 적합	• 진료의 형식화 및 관료화 우려 • 낮은 생산성과 서비스의 양이 줄어드는 경향 • 의료인의 자율성 저하

PART 02 지역사회 보건행정

표 하나로 정리하는 국시 핵심내용

진료비 지불 보상 제도 (2) ☆☆☆

포괄수가제

① 환자 1종류당 포괄보수단가를 설정하여 보상하는 방식으로, 질병별·요양일수별·환자 1인당 정해진 단가에 의해 경제적인 진료가 이루어지도록 유도한다.
② 의료기관의 생산성을 증대시키며 행정상 절차가 간편하다는 장점이 있다.
③ 우리나라에서 적용하는 포괄수가제 질병군으로 4개 진료과의 7개 질병군으로 병의원에 입원하여 수술을 받거나 분만한 경우에 적용

안과	수정체 수술(백내장 수술)
이비인후과	편도 및 아데노이드 수술
일반외과	항문 및 항문 주위 수술(치질 수술), 서혜 및 대퇴부 탈장 수술, 충수절제술(맹장염 수술)
산부인과	자궁 및 자궁부속기 수술(악성종양 제외), 제왕절개분만

④ 포괄수가제의 장·단점

장점	단점
• 진료수행을 경제적으로 유도 • 병원업무 및 진료의 표준화 • 예산 통제 가능성과 병원 생산성 증가 • 부분적으로 적용 가능 • 진료비 청구 및 지불심사의 간소화	• 서비스 최소화·규격화 • 행정적 간섭으로 의료행위의 자율성 감소 • 과소진료 및 합병증 발생 시 적용 곤란 • 의학적 신기술에 적용 어려움

총액계약제

① 지불자 측과 진료자 측이 진료보수 총액에 대한 계약을 사전에 체결하고, 계약된 총액 범위 내에서 의료서비스를 이용하는 제도이다.
② 독일 등에서 채택하는 방식으로 보험자와 계약을 체결한 병원은 의료서비스 제공 후 계약에 따라 보험자가 지불한 금액에 대해 각 의사들에게 진료량에 비례하여 배분한다.
③ 총액계약제의 장·단점

장점	단점
• 과잉진료 및 과잉청구 감소 • 진료비 심사 및 조정과 관련된 공급자 불만 감소 • 의료비 지출의 사전 예측 가능 • 보험재정의 안정적 운영 • 의료공급자의 자율적 규제 가능	• 보험자 및 의사단체 간 계약 체결의 어려움 • 의료공급자단체의 독점으로 인한 폐해 • 전문과목별, 요양기관별로 진료비 배분 시 갈등 발생 • 신기술개발 및 도입, 의료의 질 향상을 위한 동기 저하 • 의료 질 관리의 어려움 • 과소진료의 가능성

PART 02 지역사회 보건행정

공공보건의료기관 ☆☆

표 하나로 정리하는 공공 행정내용

공공보건의료 조치

구분	설치기준	근거법령
보건소	• 지역주민의 건강을 증진하고 질병을 예방·관리하기 위하여 1개소의 보건소(보건의료원을 포함)를 설치. 다만, 시·군·구의 인구가 30만 명을 초과하는 등 지역주민의 보건의료를 위하여 특별히 필요하다고 인정되는 경우에는 대통령령으로 정하는 기준에 따라 해당 지방자치단체의 조례로 보건소를 추가로 설치할 수 있다. • 시·군·구별로 1개씩 설치 • 보건소를 추가로 설치하려는 경우에는 「지방자치법 시행령」제73조에 따른다. 이 경우 해당 지방자치단체의 장은 보건복지부장관과 미리 협의하여야 한다.	
보건의료원	병원의 요건을 갖춘 보건소	지역보건법
보건지소	• 보건소의 업무수행을 위하여 필요하다고 인정되는 경우에는 대통령령으로 정하는 기준에 따라 해당 지방자치단체의 조례로 보건소의 지소를 설치 • 읍·면(보건소가 설치된 읍·면은 제외)마다 1개씩 설치	
건강생활 지원센터	• 보건소의 업무 중에서 특별히 지역주민의 만성질환 예방 및 건강한 생활습관 형성을 지원하는 건강생활지원센터를 대통령령으로 정하는 기준에 따라 해당 지방자치단체의 조례로 설치 • 읍·면·동(보건소가 설치된 읍·면·동은 제외한다)마다 1개씩 설치	
보건 진료소	의료취약지역을 인구 500명 이상(도서지역은 300명 이상) 5천 명 미만을 기준으로 구분한 하나 또는 여러 개의 리·동을 관할구역으로 하여 보건진료 전담공무원으로 하여금 의료행위를 하게 하기 위하여 시장·군수가 설치·운영하는 보건의료시설	농어촌 등 보건의료를 위한 특별조치법

보건소의 기능 및 업무

① 건강 친화적인 지역사회 여건의 조성
② 지역보건의료정책의 기획, 조사·연구 및 평가
③ 보건의료인 및 「보건의료기본법」 제3조제4호에 따른 보건의료기관 등에 대한 지도·관리·육성과 국민보건 향상을 위한 지도·관리
   • 지역보건의료계획 등 보건의료 및 건강증진에 관한 중장기 계획 및 실행계획의 수립·시행 및 평가에 관한 사항
   • 지역사회 건강실태조사 등 보건의료 및 건강증진에 관한 조사·연구에 관한 사항
   • 보건의료인 및 보건의료기관 등에 대한 지도·관리·육성과 국민보건 향상을 위한 지도·관리
   • 의료인 및 의료기관에 대한 지도 등에 관한 사항
   • 의료기사·보건의료정보관리사 및 안경사에 대한 지도 등에 관한 사항
   • 응급의료에 관한 사항
   • 「농어촌 등 보건의료를 위한 특별조치법」에 따른 공중보건의사, 보건진료 전담공무원 및 보건진료소에 대한 지도 등에 관한 사항
   • 약사에 관한 사항과 마약·향정신성의약품의 관리에 관한 사항
   • 공중위생 및 식품위생에 관한 사항
④ 보건의료 관련기관·단체, 학교, 직장 등과의 협력체계 구축
⑤ 지역주민의 건강증진 및 질병예방·관리를 위한 다음 각 목의 지역보건의료서비스의 제공
   • 국민건강증진·구강건강·영양관리사업 및 보건교육
   • 감염병의 예방 및 관리
   • 모성과 영유아의 건강유지·증진
   • 여성·노인·장애인 등 보건의료 취약계층의 건강유지·증진
   • 정신건강증진 및 생명존중에 관한 사항
   • 지역주민에 대한 진료, 건강검진 및 만성질환 등의 질병관리에 관한 사항
   • 가정 및 사회복지시설 등을 방문하여 행하는 보건의료사업
   • 난임의 예방 및 관리

PART 02 지역사회 보건행정

공공보건의료직의 인력

표 하나로 정리하는 쏙쏙 핵심 내용

지역사회 보건행정 ☆☆

보건소장	① 보건소에 보건소장(보건의료원의 경우에는 원장) 1명을 두되, 의사 면허가 있는 사람 중에서 보건소장을 임용 ② 의사 면허가 있는 사람 중에서 임용하기 어려운 경우: 「의료법」 제2조제2항에 따른 치과의사·한의사·간호사·조산사, 「약사법」 제2조제2호에 따른 약사 또는 보건소에서 실제로 보건 등과 관련된 업무를 하는 공무원으로서 자격을 갖춘 사람을 보건소장을 대통령령으로 정하는 자격을 갖춘 사람을 보건소장으로 임용할 수 있다.
보건진료전담공무원	자격	① 간호사·조산사 면허를 가지고 보건복지부장관이 실시하는 24주 이상의 직무교육을 받은 사람 ② 보건진료 전담공무원은 지방공무원으로 하며, 특별자치시장·특별자치도지사·시장·군수 또는 구청장이 근무지역을 지정하여 임용
	직무 교육	① 이론교육과정(10주): 지역사회 보건관리, 모자보건, 가정간호관리, 보건사업 운영관리 및 수행에 관한 과목 ② 임상실습과정(10주): 환자의 치료에 필요한 기본적인 임상실습 ③ 현지실습과정(6주): 지역사회 적응 방법, 기존 보건기관과의 연계 방법 등 보건의료활동의 실습
	업무	① 보건진료 전담공무원의 의료행위 • 질병·부상 상태를 판별하기 위한 진찰·검사 • 환자의 이송 • 외상 등 흔히 볼 수 있는 환자의 치료 및 응급조치가 필요한 환자에 대한 응급처치 • 질병·부상의 악화 방지를 위한 처치 • 만성병 환자의 요양지도 및 관리 • 정상분만 시의 분만 도움 • 예방접종 • 의료행위에 따르는 의약품의 투여 ② 의료행위 외에 업무 • 환경위생 및 영양개선에 관한 업무 • 질병예방에 관한 업무 • 모자보건에 관한 업무 • 주민의 건강에 관한 업무를 담당하는 사람에 대한 교육 및 지도에 관한 업무 • 그 밖에 주민의 건강증진에 관한 업무

전문인력 교육

「지역보건법 시행령」 제19조(교육훈련의 대상 및 기간)
1. 기본교육훈련: 해당 직급의 공무원으로서 필요한 능력과 자질을 배양할 수 있도록 신규로 임용되는 전문인력을 대상으로 하는 3주 이상의 교육훈련
2. 직무분야별 전문교육훈련: 보건소에서 현재 담당하고 있거나 담당할 직무 분야에 필요한 전문적인 지식과 기술을 습득할 수 있도록 재직 전문인력을 대상으로 하는 1주 이상의 교육훈련

PART 02 지역사회 보건행정

MIND MAP

지역사회 보건행정 1

진료비 지불보상제도

- **행위별 수가제**
  - 제공된 진료내용과 진료의 양에 따라 진료보수가 결정되는 방식
  - 자유경쟁 시장주의 국가인 한국, 미국, 일본 등에서 채택

- **인두제**
  - 등록환자수 또는 실이용자 수를 기준으로 일정액을 보상받는 방식
  - 지역사회 등 1차 진료기관에 적용하며, 영국, 덴마크, 이탈리아 등에서 채택

- **봉급제**
  - 서비스의 양이나 제공받는 사람의 수에 상관없이 일정 기간에 따라 보상받는 방식
  - 사회주의나 공산주의 국가에서 채택

- **포괄수가제**
  - 질병별·요양일수별·환자 1인당 정해진 단가에 의해 경제적인 진료가 이루어지도록 유도

- **총액계약제**
  - 지불자 측과 진료자 측이 진료보수 총액에 대한 계약을 사전에 체결하고, 계약된 총액 범위 내에서 의료서비스를 이용하는 제도

우리나라 보건의료체계 특징 & 문제점

① 국민의료비의 지속적인 증가
② 공공 보건의료의 취약과 민간 위주의 의료공급체계
③ 제약 없이 환자가 의료공급자를 선택
④ 보건의료공급의 불형평
⑤ 포괄적인 의료서비스의 부재
⑥ 의료기관 및 의료인력의 지역 간 불균형 분포
⑦ 공공의료부문의 다양화

적정보건의료의 요건

① 접근용이성
② 질적 적정성
③ 지속성
④ 효율성

보건의료 서비스의 사회·경제적 특성

① 소비자의 무지
② 수요의 불확실성·불규칙성(건강보험)
③ 공급의 법적 독점 및 비탄력성
④ 외부효과(external effect) → 예방접종
⑤ 우량재(merit goods, 가치재)
⑥ 생활필수품으로서의 보건의료
⑦ 비영리성
⑧ 수요와 공급의 시간적 불일치
⑨ 공급의 시간적 불일치
⑩ 공공재(public goods)적 성격
⑪ 소비재 요소와 투자적 요소의 혼존
⑫ 노동집약적인 인적 서비스
⑬ 공동생산물로서의 보건의료와 교육

보건의료전달체계의 유형

- **자유방임형**
  - 의료서비스의 제공이 민간부문에 의하여 자율적으로 이루어지는 형태로 정부의 통제나 간섭이 최소화되고, 소비자가 스스로 판단하여 의료기관을 선택할 수 있는 체계
  - 미국을 중심으로 독일, 프랑스, 한국, 일본 등

- **사회보장형**
  - 개인의 자유는 존중하되 정부나 건강보험조직이 보건의료서비스를 기획, 통합하여 보건의료자원이 효율적으로 활용될 수 있도록 방식으로 국민 전체에게 의한 의료서비스를 무료로 제공하는 의료기관이 중심이 되어 지역단위로 운영되는 보건의료서비스 분담이 되어 있는 국가
  - 영국, 호주, 뉴질랜드, 북유럽 국가 등

- **사회주의형**
  - 개인의 의료서비스 이용의 선택이 제한되고, 보건의료자원의 배분, 기획을 중앙정부가 직접 관여
  - 구소련, 북한 등 공산주의 국가

학자들에 의한 국가보건의료체계 유형 분류

맥킨레이의 분류
① 자유기업형: 민간의료시장이 매우 강력하고 소득·인구계층에 대해서만 정부가 일반 재정에서 의료서비스를 제공하는 방식
  - 저소득 이상의 환자·개인 개인 책임
② 복지지향형: 국가에 의해 이루어지며 사회보험을 포함한 관리와 통제에 의해 재정확보가 이루어지는 조직에 의해 재원조달
  - 포괄적 보장성: 보지서비스보다 시장지향
③ 포괄적 보장형: 정도가 더 심화
④ 사회주의형: 보건의료서비스 제공의 형평성에 전체적으로 책임지는 국가

테리스의 분류
① 공적부조형
  - 저소득 인구계층을 중심으로만 정부가 일반 재정에서 비스의 이용을 보장하는 방식
  - 아시아, 아프리카
② 건강보험형
  - 법이 정한 대상자는 모두 강제적으로 가입하고 보험료라는 별도의 세금에 의해 재원을 부담하는 방식
  - 한국, 독일, 프랑스, 일본 등에서 채택
③ 국민보건서비스형
  - 조세로 재원을 충당하여 모든 국민이 의료서비스를 무료로 이용하는 것으로 정부가 모든 병원을 통제·관리하는 체계화된 의료제공 외래진료를 체계화하고 사회주의 국가 등 채택
  - 영국, 뉴질랜드, 스웨덴 등

PART 02 지역사회 보건행정

MIND MAP

사회보장

질병·장애·노령·실업·사망 등이 사회적 위험으로부터 모든 국민을 보호하고 빈곤을 해소하며 국민생활의 질을 향상시키기 위하여 제공되는 사회보험·공공부조·사회서비스 및 사회복지서비스 및 관련 복지제도

지역사회 보건행정 2

사회보장
- 사회보험
  - 소득보장
    - 산재보험 (산재연금)
    - 연금보험
    - 고용보험
  - 의료보장
    - 건강보험
    - 산재보험
    - 노인장기요양보험
- 공공부조
  - 소득보장
    - 기초생활보장
  - 의료보장
    - 의료급여
- 사회서비스
  - 소득보장
    - 노인복지
    - 아동복지
    - 장애인복지
    - 가정복지

국민의료비

개인, 가계, 기업 및 정부의 직접 의료 지출을 모두 합치 국민이 예방·치료·재활 보건의료서비스 이용에 지출한 총액을 의미

국민의료비 증가 요인
① 노령화로 인한 노인 인구 증가
② 핵가족화로 인한 사회부담 증가
③ 소득 증가 및 건강보험 확대로 인한 서비스량 증가
④ 전문주의 강화로 전문가집단의 정치력 확대
⑤ 의료기술의 발전 → 첨단 고가 의료장비 도입 확대

보건의료조직

- 중앙보건행정조직
  - 보건복지부는 지방보건행정조직에 대한 인사권, 예산집행권이 없으며, 정책결정기관으로서 기술지원만 담당
- 지방보건행정조직
  - 보건소, 보건지소, 보건진료소

UN의 새천년개발목표(2002~2015)

(1) 새천년개발목표: 2000년 9월 뉴욕 국제연합 본부에서 개최된 밀레니엄 정상회의(Millenium Summit)에서 채택되 반근 국제연합 관한 범세계적인 의제
(2) 새천년개발목표 8가지
  ① 절대빈곤과 기아 퇴치
  ② 초등교육의 확대와 보장
  ③ 남녀평등과 여성 권익 신장
  ④ 유아 사망률 감소
  ⑤ 임산부 건강 개선(모성보건의 개선)
  ⑥ HIV/에이즈, 말라리아, 기타 질병 퇴치
  ⑦ 지속가능한 환경 보호
  ⑧ 개발을 위한 전 세계적 협력 구축

지속가능한 발전목표(2016~2030)

- 2016~2030년간 추진될 목표를 2015년 9월 25일 뉴욕 유엔개발 정상회의에서 최종 승인
- 17개의 목표 제시

일차보건의료

일차보건의료

지역사회의 개인, 가족이 일반적으로 쉽게 이용할 수 있으며 지역사회 주민들이 받아들일 수 있는 사업방법으로 지역사회의 적극적인 참여에 의해서 그들의 지불능력에 맞게 필수적인 보건의료 서비스를 지역사회의 보건의료체계에 제공되는 필수적인 보건의료

일차보건의료	일차보건의료 내용
1978년 알마아타 선언	① 만연한 보건의료 문제에 대한 교육과 그 문제의 예방과 관리
	② 식량공급과 영양증진
	③ 안전한 식수 제공과 기본환경위생 관리
	④ 가족계획을 포함한 모자보건
	⑤ 주요 감염병에 대한 면역수준 증가(예방접종)
	⑥ 그 지역 지방병(풍토병) 예방과 관리
	⑦ 흔한 질병과 상해에 대한 적절한 치료
	⑧ 필수(기본)의약품의 공급
	⑨ 정신보건의 증진 또는 심신장애자의 사회의학적 치료

핵심적 특성
① 접근성
② 수용가능성
③ 주민참여
④ 지불부담능력
⑤ 포괄성
⑥ 유용성
⑦ 지속성
⑧ 상호협조성
⑨ 균등성

PART 02 | 지역사회 보건행정

MIND MAP

지역사회 보건행정 3

보건소

(1) 보건소의 일반적인 기능
  ① 보건기획과 평가 기능
  ② 행정규제와 지원 기능
  ③ 지역보건사업 전개 기능
(2) 보건소의 기능 및 업무 (한눈에 쏙쏙 표 참조)
(3) 보건진료전담공무원

자격	간호사·조산사 면허를 가지고 보건복지부장관이 실시하는 24주 이상의 직무교육을 받은 사람
직무교육	① 이론교육과정(10주): 지역사회보건관리, 모자건강·가정간호관리, 보건사업 운영관리 및 기술지도, 그 밖에 통상질병관리 및 소양에 관한 사항 ② 임상실습과정(10주): 환자의 치료에 필요한 기본적인 임상실습 ③ 현지실습과정(6주): 지역사회 적응훈련, 기존보건기관과의 연계방법, 그 밖에 지역주민에 대한 보건의료 서비스 제공 방법 등 → 각 교육과정의 기간은 최소 4주 이상
보수교육	매년 21시간 이상으로 하고, 보수교육의 내용은 보건진료 전담공무원의 업무에 관한 사항

지역보건의료계획

특별시장·광역시장·도지사 또는 특별자치시장·특별자치도지사·시장·군수·구청장은 지역주민의 건강 증진을 위하여 4년마다 수립

(1) 제출시기

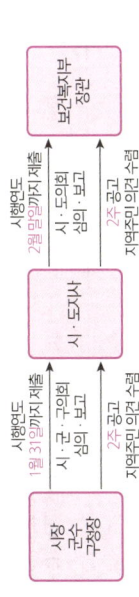

(2) 공통사항
  ① 보건의료 수요의 측정
  ② 지역보건의료서비스에 관한 장기·단기 공급대책
  ③ 인력·조직·재정 등 보건의료자원의 조달 및 관리
  ④ 지역보건의료서비스의 제공을 위한 전달체계 구성 방안
  ⑤ 지역보건의료에 관련된 통계의 수집 및 정리

국민건강보험

건강보험의 주요 기능
① 건강보험의 사회연대성
② 소득재분배의 기능
③ 위험 분산 기능의 수행

우리나라건강보험의 특징
① 강제 가입 및 적용(대상의 보편주의 원칙)
② 부담능력에 따른 보험료의 차등부담(보험료 부과의 재산·소득 비례 원칙, 형평부과)
③ 보험급여의 균등한 수혜(급여의 획일성)
④ 단기적 성격의 보험(예산의 균형성)
⑤ 수익자 부담 원칙
⑥ 급여우선의 원칙
⑦ 적정급여의 원칙
⑧ 사후치료의 원칙
⑨ 3자 지불의 원칙
⑩ 발생주의 원칙
⑪ 보험료 부담 원칙
⑫ 현물급여의 원칙

건강보험제도의 발전과정

의료보험법(1963) → 국민의료보험법 → 국민건강보험법으로 명칭 변경

PART 03 지역사회 간호과정

표 하나로 정리하는 콕콕 핵심 내용

지역사회 사정 (1) ☆☆

SWOT:
조직 내부의 강점과 약점(SW)/
조직 외부의 기회와 위협(OT)을
분석 ☆☆☆

구분	전략	내용
	SO전략	• 강점요인을 바탕으로 기회요인에 활용하는 전략(공격 전략) • 사업구조, 사업영역, 사업대상을 확대하는 내용의 전략 수립
	ST전략	• 강점요인을 활용하여 위협요인에 대응하는 전략(다각화 전략) • 신사업, 신기술, 신공정, 새로운 소비자층 개발 등 내용으로 전략 수립
	WO전략	• 약점요인을 보완하고 기회요인을 활용하는 전략(국면전환 전략) • 구조조정, 혁신운동 등을 내용으로 전략 수립
	WT전략	• 약점요인을 극복하며 위협요인을 회피하는 전략(방어적 전략) • 사업의 축소, 사업의 철수/폐지 등을 내용으로 전략 수립

포괄적 사정	① 포괄적 사정은 방법론에 근거하여 1차 자료를 생성하여 지역사회 관련 자료 전부를 찾아내는 방법 ② 포괄적 사정은 기존의 연구자료와 현재 지역사회에 있는 전체 자료를 검토 ③ 포괄적 사정은 전체 지역사회를 대상으로 하기 때문에 시간과 비용이 과다하게 소요되고, 다른 방법들과 중복되는 경우가 많아 거의 사용하지 않는다.
친밀화 사정	① 친밀화 사정은 신뢰도를 높이기 위해 관련 건강기관, 사업장, 정부기관 등을 이용한 필요한 자료를 수집하는 방법 ② 지역사회 업무 지식을 얻기 위해서 이용 가능한 자료를 연구하고 임상적 자료만 직접 수집하는 방법
문제중심 사정	① 문제중심 지역사회 전체 지역사회와 관련되지만 지역사회에게 초점을 두고 문제에 초점을 두고 사정하는 방법으로 전체 지역사회와 관련된다는 점에서 하위체계 사정과 차이가 있다. ② 아동보호, 정신보건, 노인문제, 성인병, 영양관리 등 지역사회의 특정 문제를 중심으로 파악하는 방법
하위체계 사정	① 하위체계 사정은 지역사회의 어떤 하위체계에게 초점을 두고 사정하는 방법으로 지역사회 전체를 사정하는 것이 아니라 지역사회의 특정 부분이나 일면을 한정적으로 조사하는 것 ② 교육기관, 종교기관, 보호기관 등의 역할에 대한 사정 등이 여기에 해당

지역사회 간호과정

표 하나로 정리하는 콕콕 핵심 내용

지역사회 사정 (2) ☆☆

		자료수집 방법
1차 자료 (직접법)	차창 밖 조사	• 지역사회를 두루 다니며 지역사회의 특성을 관찰하는 방법이며, 지역사회 전반에 대한 사항을 가장 신속하게 관찰할 수 있는 방법 • 지역사회의 특성, 주택, 쓰레기 처리 상태, 위생 상태 등 환경적 특성, 지역주민의 특성, 지리적 경계, 교통 상태, 주요 기관의 위치 등을 파악
	정보원면담	• 지역사회의 공식·비공식 지역지도자와의 면담을 통해 자료를 수집하는 방법 • 지역사회 보건의료사업에 영향을 줄 수 있는 지역유지, 행정기관장, 종교기관장, 지역사회단체장(부녀회장), 청년회장, 정치지도자 등을 이용
	지역조사	• 조사대상자의 가정, 시설 및 기관 등을 직접 찾아가 대상자와 직접 면담하여 자료를 얻는 방법 (설문지를 이용) • 다른 방법들보다 시간과 비용이 많이 들어 비효율적이지만 지역사회의 특수한 문제를 규명하는 데에는 적합한 방법
	참여관찰	• 참여관찰은 해당 지역에서 진행되는 행사에 직접 참여하여 관찰하는 방법 • 지역사회의 가치, 규범, 신념, 권력구조, 문제 해결과정 등에 대한 정보를 수집하는 데 적합
	지역공청회	• 지역사회의 건강과 관련된 주요 사안이나 갈등이 소지가 있는 문제는 공청회를 통해 지역사회 주민들에게 널리 알리고, 의견을 수렴
2차 자료 (간접법)		① 기존 자료의 수집 및 활용은 간접 자료 수집, 2차 자료 수집에 해당 ② 공공기관의 보고서, 인구센서스, 생정통계자료, 공식적인 통계자료, 회의록, 조사자료, 지방자치단체의 통계자료, 건강보험자료, 의료기관의 건강기록, 연구논문 등을 이용하는 것으로, 지역사회의 문제를 규명하기 위한 경제적이며 효율적인 자료 수집 방법

PART 03 지역사회 간호과정

지역사회 간호진단 우선순위 (1) ☆☆☆

표 하나로 정리하는 콕콕 핵심 내용

Bryant 결정기준	BPRS(Basic Priority Rating System)	PATCH (Planned Approach To Community Health)	스탠호프와 랭카스터 기준
① 주로 감염성 질환 관리 사업에서 적용되었던 기준으로 결핵, 나병, 성병, AIDS, 간염 등이 감염성 질환을 선정하기 위하여 사용되어 왔으며 문제의 심각도는 긴급성, 심각성, 경제적 손실, 잠재적 영향 등을 세부적으로 평가된다. ② 우선순위 결정기준 - 문제의 크기 - 문제의 심각도 - 사업의 해결 가능성 - 주민의 관심도	① 핸론(Hanlon)과 피켓(Pickett)이 개발하였기 때문에 Hanlon/Pickett Method라고도 불린다. 보건사업의 우선순위 결정기준으로 보건소 등에서 가장 널리 사용되는 방법(절대적 기준) ② BPRS 공식 BPRS = (A + 2B) × C ・A: 건강문제의 크기(10점 만점) ・B: 건강문제의 심각도(10점 만점) ・C: 보건사업의 효과성(10점 만점) ・BPRS는 300점 만점이다. [∵ (10 + 2 × 10) × 10 = 300점] ㉠ 건강문제의 크기: 건강문제의 크기(size)는 만성질환의 유병률, 급성질환의 발생률을 이용하여 점수를 부여 ㉡ 건강문제의 심각도 ・긴급성/중증도/경제적 손실/타인에 의한 영향 ・사업의 효과성: 사업의 효과에 대해 미리 예측하는 것은 불가능하지만 전문가의 도움과 선행연구를 통한 만족스런 노력 등을 통해 효과를 추정하여 점수를 부여 ③ 우선순위 결정기준의 보완 - PEARL ㉠ PEARL은 주로 BPRS의 계산 후 사업의 실행가능성 여부를 판단하는 기준으로 사용. 장기계획이나 사업의 우선순위가 쉽게 결정되지 않는 경우에 활용하여 해야 모두 다섯 가지 평가항목을 이용하여 평가를 시행 ㉡ PEARL-0 또는 1(P×E×A×R×L) ・Propriety(적절성): 해당 기관의 업무범위에 해당되는가? ・Economic feasibility(경제적 타당성): 문제를 해결하는 것이 경제적으로 의미가 있는가? ・Acceptability(수용성): 지역사회나 대상자들이 사업을 수용하는가? ・Resources(자원의 이용가능성): 사업에 사용할 재원이나 자원이 있는가? ・Legality(적법성): 범적으로 문제가 없는가?	・미국의 질병관리본부(CDC: Centers for Disease Control and Prevention)가 지역보건요원의 보건사업 기획 지침으로 개발한 기준 ・"건강문제의 중요성"과 "변화가능성"을 건강문제의 우선순위를 결정하는 두 가지 기준으로 사용 ・PATCH의 수행 5단계 ① 제1단계: 지역사회 전체 지원의 조직화 ② 제2단계: 자료 수집 및 자료 분석 ③ 제3단계: 우선순위결정과 대상 집단 선정 ④ 제4단계: 포괄적인 중재계획 개발 ⑤ 제5단계: 평가	① 건강문제에 대한 지역사회의 인식(awareness) ② 건강문제를 해결을 위한 지역사회 동기부(motivation) ③ 건강문제를 해결할 수 있는 간호사의 능력(influence) ④ 건강문제를 해결을 위한 전문가의 이용 가능성(expertise) ⑤ 건강문제가 해결되지 않았을 때 나타나는 결과의 심각성(severity) ⑥ 건강문제 해결에 소요되는 시간(speed)

PART 03 지역사회 간호과정

표 하나로 정리하는 꼭꼭 핵심 내용

지역사회 간호진단 우선순위 (2) ☆☆☆

MATCH	MAPP

• 1980년대 후반에 사이먼스와 모튼(Simons & Morton)이 개발한 모형으로 지역사회 보건사업 전략을 생태학적인 여러 차원에서 단계적으로 영향을 주도록 고안된 모형(지역사회 보건 다단계 접근방법)
• **목적/목표 설정 → 중재 계획 → 프로그램 개발 → 실행 → 평가**의 5단계
① 목적/목표 설정
  ㉠ 건강상태에 관한 목적(목표) 설정
  ㉡ **우선순위 인구집단 선정**
  ㉢ 건강행위요인과 관련된 목적(목표) 선정
  ㉣ 환경요인과 관련된 목적(목표) 선정
② 중재 계획
  ㉠ 중재 목표 파악: 중재활동의 목표가 되는 중재 대상 결정
  ㉡ 중재 목표 선정
  ㉢ 중재 목표를 이루기 위한 매개변인(지식, 태도, 기술 등) 파악
  ㉣ 중재 접근방법 선정
③ 프로그램 개발: 각 프로그램의 내용적인 구성요소 등 프로그램 개발과 관련된 내용을 상세하게 기술하는 단계
④ 실행
⑤ 평가: 과정/영향/결과평가
	• MAPP란 공공-민간 협력을 통한 건강증진전략을 말한다.
	• 미국의 NACCHO(전국지방건강증진공무원협회)와 CDC(질병관리센터)에 의해 함께 개발된 지역보건사업기획지침이다.
	• MAPP모형은 지역사회을 중심으로 구성된 지역보건체계가 중재적 체계사고를 통해 해당 지역사회의 보건현황을 파악하고, 보건문제에 대응하는 역량개발에 초점을 맞추고 있다.
	• MAPP의 과정
	① 1단계: **조직화와 파트너십(협력체계) 개발**
	② 2단계: **비전의 제시**
	③ 3단계: 4개 영역 사정(지역현황 분석)
	  ㉠ 지역사회 특성 및 강점 사정: 지역사회 역량, 주민 의식, 지역사회에 대한 관심 등
	  ㉡ 지역사회 보건의료체계 사정: 지역 공중보건 체계의 역량 파악
	  ㉢ 지역건강수준 사정: 삶의 질 수준, 건강 수준, 지역보건체계의 건강문제
	  ㉣ 변화 가능성(역량, 원동력) 사정: 지역사회나 공공보건체계에 영향을 미칠 수 있는 역량에 대한 파악도
	④ 4단계: **전략적 이슈 확인**
	⑤ 5단계: 목표와 전략 수립
	⑥ 6단계: 순환적 수행(실행 - 행동 - 기획, 중재(활동), 평가의 순환)

PART 03 지역사회 간호과정

표 하나로 정리하는 쏙쏙 핵심 내용

오마하진단 분류체계 ☆☆

구성	영역	문제(진단)	1. 대상자	수정인자 II. 심각도	증상/징후
문제 분류틀	1. 환경	4종	• 개인 • 가족 • 집단 • 지역사회	• 건강증진 • 잠재적 결핍/손상 • 실제적 결핍/손상	• 문제의 증상-(주관적 증거) • 문제의 징후-(객관적 증거)
	2. 심리사회	12종			
	3. 생리	18종			
	4. 건강 관련 행위	8종			
중재틀	1. 범주: 1) 건강교육, 상담, 안내 2) 처치와 시술 3) 사례관리 4) 감독 2. 중심내용: 간호중재와 활동내용(62개 목록) 3. 대상자에 대한 구체적 정보				
결과	• 서비스 전 과정을 통하여 대상자의 발전과정을 측정 • 5점 Likert 척도로 점수가 높을수록 대상자가 양호한 상태를 나타냄				

PART 03 지역사회 간호과정

목표분류 ☆☆

투입-산출-결과 모형에 따른 목표분류

투입목표 (input objective)	투입(input)은 사업기반 조성에 관한 지표로서, 사업에 투입하는 인력, 시간, 돈, 장비, 시설, 장소 등의 자원을 가리킨다.	**금연사업의 예** • 시설: 금연 클리닉을 2개소 설치한다. • 인력: 전담인력을 ○명 확보한다(읍·면 통합보건요원을 포함). • 장비: 흡연 측정 2종을 확보한다. • 예산: 금연사업에선 1,000만 원을 확보한다. • 시간: 매년 3~5월을 집중금연캠페인 기간으로 잡는다.
산출목표 (output objective)	산출(output)은 활동이나 수단으로서의 의미를 가지며 사업의 결과 나타나는 활동, 이벤트, 서비스, 생산물, 의도하는 사업양 등을 가리킨다.	**금연사업의 예** • 보건소 내 청소년 보건교육을 월 1회 실시한다. • 공공시설 100개소의 금연구역을 지정한다. • 금연이동상담실을 6거월간 8개 지역에 운영한다. • 금연 캠페인을 월 1회 실시한다. • 금연이동상담실 연간 참여인원을 200명으로 한다.
결과목표 (outcome objective)	결과(outcome)는 활동의 결과로서 활동 목표가 도달하게 될 목표(목표량) 해결결과물이라는 이미를 가지며 사업의 결과로 나타나는 건강수준이나 건강결정요인의 변화를 가리킨다.	**금연사업의 예** • 청소년 흡연율을 7%에서 6%로 낮춘다. • 성인 흡연율을 40%에서 35%로 낮춘다.

목표 달성에 필요한 시간에 따른 분류

장기목표	목표 달성에 5~10년이 소요되는 목표. 보건사업의 최종목표를 달성하기 위해 필요한 변화를 측정한다. 보건기획에서는 보통 10년 이상을 잡는다. 예) 당뇨관리 사업에서 "당뇨환자들의 임종 감소, 당뇨합병증 감소, 하지절단 감소, 시력 상실 감소, 건강 관련 삶의 질 향상" 등 최종목표
중기목표	서비스 이용의 변화 정도, 행동의 변화에 대한 목표이다. 보건기획에서는 보통 5년 내외이다. 예) 당뇨관리 사업에서 "당뇨환자의 의료서비스이용률 증가, 방문사·인검사 등 검사율 증가, 두눈 및 폐쇄 장기예방용품 증가, 당뇨관리하는 환자 증가"
단기목표	2~3개월에서 2년 이내의 결과 변화에 대한 목표이다. 보건기획에서는 보통 1년 내외이다. 예) 당뇨관리 사업에서 "보건의료기관의 당뇨관리사업의 강화" 등

PART 03 지역사회 간호과정

수행단계에서 요구되는 활동 ☆

표 하나로 정리하는 국국 핵심 내용

조정	요원들이 분담된 업무활동을 수행함에 있어 업무가 중복이나 결핍이 오지 않도록 요원들 간의 관계를 명확히 하고, 업무를 분담하며 그때그때의 결정사항에 대해 의사소통을 통한 조정을 시행한다.
감시	• 감시는 목적 달성을 위해 사업이 계획대로 진행되고 있는지를 확인하는 것이다. • 업무의 감시는 감독 일지, 보고서, 물품 또는 차림의 점검이 요원 및 지역사회와의 토의 등이 있다. • 업무활동의 표준을 유지하기 위한 것으로 투입, 과정, 결과에 대한 감시를 분류한다.
감독	• 감독은 감독계획을 만들어 정기적으로 지역사회를 방문하여 실시하는 것으로, 목표 진행 정도의 평가, 주어진 업무수행 수준의 관찰, 사업진행 동안 발생한 문제와 개선점을 토의하고 필요시 조언을 수행하는 복합적인 활동을 말한다. • 직원들에게 관심을 갖고 직원의 활동을 지지 및 격려하며 학습의 기회를 마련한다. • 사업의 목적, 수행, 지원, 인력의 차원 등을 감독하는 최종 차원은 목적의 단순임에 있다. **감독활동의 내용** ① 목표가 계획대로 잘 진행되고 있는지 요원들이 기록한 기록부를 확인한다. ② 주어진 업무활동(도구소독, 물품비품, 생명징후, 보건교육)을 어떻게 수행하고 있는지 관찰한다. ③ 주민의 요구와 주어진 사업이 잘 부합되는지 지역사회 주민들과 대화를 통해 확인하고, 사업수행에 대한 이해와 요구를 파악한다. ④ 지역사회 간호사가 발견한 문제점과 개선사항에 대해 요원들과 토의한다. ⑤ 다음 방문 날짜를 재확인한다.

PART 03 지역사회 간호과정

지역사회 간호사업 평가 범주 ★★★

표 하나로 정리하는 목록 핵심 내용

	투입된 자원(노력)에 대한 평가	사업진행 정도에 대한 평가	목표달성 정도에 대한 평가
지역사회 간호사업의 평가 범주	• 보건교육사업에 투입된 자원으로는 보건교육을 담당자를 비롯한 인력 자원과 물적 자원, 사회적 자원들을 들 수 있다. • 인력·물적 소비량을 보는 것으로 담당자가 사업을 위해 어느 정도 노력했는가를 측정하는 것 • 예산보다는 간호사업을 위해 제공된 시간이나 가정방문 횟수, 자원 동원 횟수 등을 말한다.	• 내용 및 일정을 계획단계에서 마련된 진행계획을 기준으로 평가하는 것 • 평가결과 차질이 있는 것으로 나타나면 원인을 분석하여 계획을 변경하거나 원인을 제거	• 설정된 목표가 제한된 기간 동안에 어느 정도 달성되었는지 구체적으로 목표 성취 여부를 평가한다. • 설정된 목표가 제한된 기간에 어느 정도 도달되었는지 구체적으로 파악하는 것으로 측정 가능한 용어나 숫자로 제시하면 편리하다. • 목표에 실제 도달하였는지, 아주 아래있는지, 도달하지 못하였는지를 분석하고 각각의 목표별로 그 정도의 달성을 이루게 된 원인을 규명한다.
	사업의 효율성에 대한 평가		**사업의 적합성에 대한 평가**
	• 사업의 수행에 투입된 노력, 즉 인적 자원, 물적 자원 등을 비용으로 환산하여 그 사업의 단위 목표량에 대한 투입된 비용이 어느 정도인지를 산출하는 것이다. • 최소의 비용으로 최대의 효과를 얻는 것이 가장 바람직하다.		• 투입된 노력에 대한 결과로 모든 사업을 실적을 산출하고 그 산출된 자료와 사업대상자의 요구량과의 비율을 계산한다. • 사업의 적합성에 대한 평가는 인적 자원, 물적 자원의 충족 여부가 평가된다. • 사업의 적합성(적절성)에 대한 평가는 "지역진단 결과와 사업목표 달성 수준 간의 비교"라고도 표현함

평가시기에 따른 분류

현황분석	기획 과정에서 사업을 시작하기 전에 지역사회의 건강문제를 분석하여 사업의 시행 가능성을 검토하는 과정이다.
과정평가	사업의 수행 상태를 파악하고, 개선방안을 검토하는 평가로, 사업의 실행 과정 중에 이루어진다.
결과평가	사업의 종료된 이후에 사업의 개선사항과 지속 여부 등을 결정하기 위한 평가이다.
진단평가 (사전평가)	대상자들의 교육에 대한 이해 정도를 파악하고 교육 계획을 수립할 때 무엇을 교육할지를 알아보기 위해 실시
형성평가	교수-학습활동이 진행되는 동안 주기적으로 학습의 진행 정도를 파악하여 교육 방법이나 내용 향상을 위해 실시
총합평가 (총괄)	일정한 교육이 끝난 후에 목표 도달 여부를 알아보는 것

PART 03 지역사회 간호과정

지역사회 간호과정 — 표 하나로 정리하는 꼭꼭 핵심 내용

평가성과에 초점을 둔 분류 ☆☆

과정평가	• Process evaluation • 개인의 행동변화를 지향하는 보건교육 프로그램을 평가할 경우에는 "보건사업(프로그램)이 어떻게 시행되었는가"를 평가하는 것이다. • 지도자의 훈련 수준과 관련된 사업의 외적 특징 등 <u>과정의 적절성, 난이성, 과정의 수, 각 과정의 진행 시간, 참석자의 수, 대상자의 참여율</u> 등이 포함될 수 있다. • 과정평가는 프로그램이 계획한 대로 시행되었는지를 평가하여 프로그램을 관리하는 데 필요한 기초정보와 평가의 영향 또는 성과적 결과를 해석하는 기초를 마련한다. • 시행된 사업이 다른 환경에서도 적용할 수 있는 실현 가능성(feasibility)과 일반화, 프로그램의 확산에 관한 판단의 실마리를 제공한다.
영향평가	• Impact evaluation • 프로그램을 투입한 결과로 대상자의 <u>지식, 태도, 신념 가치관, 기술, 행동 또는 실천 양상에 일어난 변화</u>를 사정하려는 데에 목적이 있다. • <u>위험요인의 감소, 효과적인 대처</u> 등이 영향평가의 지표에 해당된다. • 보건사업을 투입한 결과로 단기적으로 나타난 바람직한 변화를 평가한다. • 예 금주에 대한 보건교육 프로그램을 평가한다면, 대상자의 알코올 소비에 관련된 지식, 신념, 행동 등이 측정된다.
성과평가	• Outcome evaluation • 프로그램을 시행한 결과 얻은 <u>건강 또는 사회적 요인의 개선점</u>을 측정한다. • 보건사업을 통해 나타난 바람직한 변화가 시간이 흐름에 따라 긍정적으로 나타난 <u>장기적 효과</u>를 평가한다. • 성과평가는 평가되는 보건사업의 당위성과 필요성을 설명하는 중요한 수단이 되기 때문에, 연구자들은 성과평가를 수행하도록 노력해야야 한다. • 예 금주에 대한 보건교육 프로그램을 평가한다면, 음주 때문에 발생한 이환율이나 사망률이 얼마나 감소하였는지를 사정하는 것이다.

PART 03 지역사회 간호과정

가정방문활동 VS 건강관리실 운영

표 하나로 정리하는 꼭꼭 핵심 내용

가정방문활동

가정방문활동의 우선순위(중요도)

① 개인보다는 집단을, 건강한 인구 집단보다는 취약한 인구 집단을 우선으로 한다.
② 감염성 질환을 우선으로 해야 하나, 하루에 여러 곳을 방문해야 할 경우에는 비감염성 질환, 면역력이 낮은 집단 대상자부터 우선 방문한다.
③ 급성질환과 만성질환은 매는 급성질환을 우선으로 한다.
④ 문제가 있는 대상자와 의심이 가는 대상자 중 의심이 가는 대상자를 우선으로 한다.
⑤ 가정을 방문해야 하는 급성질환인 경우에는 감염이 우려가 있기 때문에 나중에 방문해야 한다.
⑥ 대상자의 생활수준과 교육 수준이 낮을수록 취약하므로 우선순위가 높다.
⑦ 신환자와 구환자 간에는 신환자를 우선으로 한다.
⑧ 수발증이나 합병증 우려가 있는 자는 기왕증이 있는 자를 우선으로 한다.
⑨ 가급적이면 신체로 접촉되어 감염되어 있는 곳을 우선으로 한다.

장점

- 대상자의 방문을 통해 전체적인 상황 파악이 가능하며, 각 가족의 상황에 맞는 간호를 제공할 수 있다.
- 거동이 불편한 대상자에게 서비스 제공이 가능해 접근성을 높일 수 있고 가정의 전반적인 정보를 포괄적으로 수집할 수 있다.
- 건강관리실에 비해 긴장감이 덜하고, 가정이라는 편안한 분위기에서 서비스를 받을 수 있다.
- 대상자는 자신의 건강결정권과 건강통제력을 향상시킬 수 있는 계기가 되며, 지역사회간호사와 우호적인 관계를 증진시킬 수 있다.
- 가족의 자원을 활용하여 서비스 보수가 있어서 효과적이다.

단점

- 집집마다 방문해야 하기 때문에 시간과 비용이 많이 든다.
- 가정을 방문하는 것에 대해 대상자가 부담을 가질 수 있고, 교육 및 상담을 할 때 주변 가족들로 인해 산만하거나 혼란스러운 분위기가 될 수 있다.
- 같은 문제를 가진 대상자들끼리 서로 정보를 나누는 등의 해결해 볼 기회를 갖지 못한다.
- 간호 제공 시 건강관리실의 물품이나 기구들을 충분히 활용하지 못한다.
- 방문 간호사 이외에 다른 전문요원의 서비스를 받을 수 없다.

건강관리실 운영

(1) 건강관리실의 유형

① 고정 건강관리실: 보건소의 모자보건실, 가족계획실, 영유아실, 진료실, 예방접종실과 경로당, 학교의 건강관리실 등
② 이동 건강관리실: 배(섬 지역 보건교육 및 상담) 또는 버스(헌혈이동차, 금연버스) 등을 이용하여 간호서비스를 제공하는 것

(2) 건강관리실 활동의 장단점

장점

- 방문활동에 비해 지역사회간호사의 시간과 비용을 절약할 수 있다.
- 건강관리실에 비치된 다양한 물품과 기구를 사용이 가능하다.
- 한정된 공간에서 건강관리가 이루어지므로 대부환경이 영향을 덜 받는다.
- 같은 문제를 가진 대상자들끼리 서로 경험을 나누고 자신들에게 해결된 방법을 나눌 수 있다.
- 특별한 상담 및 의뢰 활동을 즉각적으로 실시할 수 있다.

단점

- 대상자가 건강관리실 운영 시간 내에 방문하지 못할 가능성이 있다.
- 건강관리실을 방문하는 것이 불가능한 대상자들에는 해당 받지 못한다.
- 대상자가 심리적으로 긴장할 경우 자신의 문제를 솔직히 드러내지 않는다.
- 대상자와 가족의 실제 생활을 파악하는 것이 어렵고 상황에 맞는 교육과 상담, 시범을 제공하는 데 한계가 있다.

PART 03 지역사회 간호과정

표 하나로 정리하는 꼭꼭 핵심 내용

사례관리 ☆

사례관리의 원칙

지속성 (연속성, continuity)	• 장기간에 걸쳐 서비스 제공 • 복잡하고 다양한 문제 해결을 위해 필요한 서비스의 지속적 제공 • 대상자와 환경에 대한 사후관리, 지지적 관계, 재평가가 연속적으로 이루어짐
포괄성 (comprehensiveness)	• 복합적인 욕구와 문제를 가진 취약계층을 위한 서비스 • 대상자의 다양한 요구에 반응 • 지역사회 개인의 서비스 제공
통합성 (integration)	• 다양하게 분리된 전달체계 내에서 서비스를 통합하여 연결시켜 주는 것 • 대상자의 다양한 욕구가 하나의 통합된 방법으로 성취될 만큼 조정되었는지, 서비스와 지지가 중복되지 않았는지 등을 살피고, 공식 사례관리 서비스가 대상자의 보호능력을 감소시키지 않도록 보장하는 동시에 사회망이 늘어도 감소되지 않도록 보장하는 것
개별성 (individualization)	• 대상자의 욕구와 환경에 맞게 개별적으로 사례관리가 이루어져야 함 • 대상자의 건강문제를 개별적으로 사정하여 적절한 서비스를 제공하는 것
책임성 (responsibility)	• 대상자에 대한 무한적인 책임을 지는 것 • 지원망 내에서 사례관리가 제대로 이루어지고 있는지에 대한 책임, 서비스 지원이 효과적으로 보장되고 필요한 자원이 동원되어 사례관리 과정 전반에 걸쳐서 변화하는 대상자의 욕구에 대한 책임, 대상자의 자기결정에 대한 존중 • 상호 간의 자기결정에 관한 책임

사례관리의 과정

단계	사례관리 과정	세부 내용
1단계 대상자 선정 및 등록		• 사례발견, 사전심사, 대상자 등록이 행해진다. ① 대상자 선정 ② 전화로 안내 및 방문 등 일정 약속 ③ 방문건강관리 대상자로 등록(관리에 동의한 경우)
2단계 요구사정		• 전체적인 다학제적인 관점에서 대상자의 여러 종류의 문제점이나 요구를 사정한다. ① 안내문 발송 후 전화 또는 방문 ② 문제 및 요구 탐색
3단계 목표 설정 및 관리계획 수립		• 사정자료를 근거로 한정된 요구를 충족시킬 수 있도록 사례관리계획을 수립하고, 목표, 목적, 행동을 결정하는 과정이다. • 목표의 우선순위를 설정하고 서비스의 계획이 자원배치를 하게 된다. • 확인된 문제의 해결을 위한 구체적이고 개별 계획과 평가계획을 세운다.
4단계 개입 및 실행 (중재 및 수행)		• 전문인력의 판단과 팀 구성에 따라 대상자에게 건강관리서비스 내용이 조정된다. • 문제의 우선순위에 따라 실제 대상자에게 필요한 다양한 자원을 연계ㆍ활용한다. • 지역사회 자원을 이용한 새로운 사회적 지지망을 구축한다. • 서신발송, 전화, 방문, 내소, 자원연계 실시
5단계 점검 및 재사정		• 사례관리자가 대상자와 함께 결정성을 지속적으로 파악하고 재사정을 하여 3단계에 목표 달성여부를 파악하는 단계이다. • 중재(개입)의 적절성을 지속적으로 파악하고 필요시 재사정을 하여 3단계에 수립한 계획 수립이 단계로 되돌아가 중재계획을 수정하기도 한다.
6단계 평가 및 종결		• 평가는 사례관리의 마지막 단계로 목표가 제대로 달성되었는지를 확인하는 과정이다. ① 사례관리 대상자 요구ㆍ성과 지표 적용 ② 종결기준 충족 시 종결 및 퇴록 ③ 종결기준 미 충족 시 재평가 등을 통해 추후관리 시행 ④ 대상자 평가 후 건강위험요인 및 건강문제가 없거나 목표 달성 시 종결 ⑤ 지역사회와의 협력 구축

PART 03 지역사회 간호과정

MIND MAP

지역사회 간호진단 우선순위 결정기준

Bryant 결정기준
- 문제의 크기
- 문제의 심각도
- 사업의 해결 가능성
- 주민의 관심도

PATCH
① 1983년 미국의 질병예방통제센터(CDC)가 지방정부의 보건 및 지역사회단체들과 함께 개발한 기획모형
② '건강문제의 중요성과 "변화가능성"'

MATCH
- 지역사회보건사업 전략을 생태학적인 여러 차원에서 단계적으로 영향을 주도록 고안된 모형

NIBP
① 캐나다의 토론토시 보건위원회가 개발한 보건사업기획모형
② 건강문제의 크기(need)와 해결방법의 효과(impact)

MAPP
- 미국의 NACCHO(전국지방보건공무원연합회)와 CDC(질병관리센터)에 의해 함께 개발된 지역보건사업기획지침(공중보건 협력을 통한 건강증진단)

지역사회 간호진단 분류체계

북미간호진단체계(NANDA)
- 구성간호진단이의 초점 (로저스 간호이론)
- 인간의 반응 양상 고려 / 5단계

오마하진단분류체계
- 지역사회보건간호 실무영역에 적용
- 대상자의 안녕에 실제적·잠재적으로 불건강한 문제를 진단
- 4단계 분류

가정간호분류체계(HHCCS)
- 가정간호서비스 제공이 요구되는 차원을 결정하기 위해 대상자를 사정·분류
- 보완·수정

국제간호실무 분류체계(ICNP)
- 1989 ICN 사용중회에서 필요성 제기
- 1996 합의, 1999 수정·보완
- 간호현상분류는 7가지 다축구조로 구성
- 간호실무를 기술하는 데 국제적으로 통용될 수 있는 공통의 언어와 분류체계 개발

BPRS(Basic Priority Rating System)
① 핸론(Hanlon)과 피켓(Pickett)이 개발/절대적 결정기준
② 보건사업의 우선순위 결정기준으로 보건소 등에서 가장 널리 사용되는 방법
③ BPRS = (A + 2B) × C
- A: 건강문제의 크기
- B: 건강문제의 심각도
- C: 보건사업의 효과성

황금다이아몬드 모델 - 상대적 결정 기준
- 미국 메릴랜드 주에서 보건지표의 상대적 크기와 변화의 경향(trend)을 이용하여 우선순위를 결정하는 방법

스탠호프와 랜카스터(Stanhope & Lancaster, 1995)
① 건강문제에 대한 지역사회의 인식(awareness)
② 건강문제 해결을 위한 지역사회의 동기부여(motivation)
③ 건강문제 해결할 수 있는 지역간호사의 능력(influence)
④ 건강문제 해결을 위한 전문가의 이용가능성(expertise)
⑤ 건강문제가 해결되지 않았을 때 나타나는 결과의 심각성(severity)
⑥ 건강문제 해결에 소요되는 시간(speed)

지역사회 간호과정 1

사정을 위한 자료수집

SWOT 분석 (한눈에 목록 표 참조)
조직 외부에 있는 기회(opportunities)와 위협(threats) 요인을 살펴보기 위해 이들 환경을 중심으로 장래의 변화되는 대응, 경쟁자, 사회문화적, 정치적, 기술적, 경제적 환경 등의 변화를 분석하는 동시에, 조직 내의 강점(strengths)과 약점(weaknesses)을 파악하는 것

자료 수행에 따른 사정

① 포괄적인 사정: 기존의 연구자료와 현재 지역사회에 있는 모든 자료를 검토, 시간과 비용이 많이 소요
② 친숙화 사정: 지역사회와의 친밀도를 높이기 위해 관련 건강정보, 기존 자료들을 이용하고 필요한 자료를 수집
③ 문제중심 사정: 전체 지역사회와 관련되지만 지역사회의 중요 문제에 초점을 두고 사정
④ 하위체계 사정: 지역사회 특정 하위부분이 이용하는 한정하여 조사하는 것 다양한 영역에 대한 사정 실시, 역동성을 고려하여 실시

자료수집 방법

차창 밖 조사	지역사회를 두 다니며 지역사회 전반에 대한 특성을 관찰하는 방법으로, 지역사회 전반에 대한 정보를 신속하게 관찰할 수 있는 방법
정보원 면담	해당 지역사회에서 진행되는 행사에 직접 참여하여 관찰하는 방법
지역조사	지역사회의 공식·비공식 지역지도자의 면담을 통해 자료를 수집하는 방법
참여관찰	조사대상자의 가정, 시설 및 기간 등의 직접 찾아가 대면하여 직접 면담하여 자료를 얻는 방법
지역공청회	지역사회의 건강과 관련된 주요 사안에나 갈등이 소지가 있는 문제를 널리 알리고 의견을 수렴하는 방법

사정자료 분석

자료의 분류 단계 → 자료의 요약 단계 → 자료의 확인·비교단계 → 자료의 결론 단계

PART 03 지역사회 간호과정

> MIND MAP

지역사회간호활동 및 수단

가정방문활동 (한눈에 목표 표 참조)

(1) 우선순위의 중요도
① 개인보다는 집단, 건강한 인구집단보다는 취약한 인구집단을 우선으로 한다.
② 감염성 질환을 우선으로 해야 하나, 하루에 여러 곳을 방문해야 할 경우에는 비감염성 질환, 영유아를 먼저 방문하고 감염병 환자는 나중에 방문한다.
③ 급성질환과 만성질환을 간호할 때는 급성질환을 우선으로 한다.
④ 문제가 있는 대상자와 의심이 가는 대상자 중 의심이 가는 대상자를 우선으로 한다.
⑤ 대상자의 생활수준과 교육수준이 낮을수록 가족 취약가족이므로 우선순위가 높다.
⑥ 신환자와 구환자 간에는 신환자를 우선으로 한다.
⑦ 산발적이나 하루에 우선가 있는 곳에 기관들이 있다면 자출 우선으로 한다.
⑧ 가능하면 산재로 장해되어 있는 곳을 우선으로 한다.

(2) 가정방문활동과정
① 방문 전 활동
  - 기록과 일지 확인 / 연락+약속
  - 방문에 필요한 장비, 준비 등
  - 방문 중 활동
② 방문 중 활동
  ⓐ 시도단계: 이름 / 소속 소개 &
     방문목적 토의
  ⓑ 중재단계: 건강사정 수행 / 건
     강교육 / 의료 / 상담 토의
  ⓒ 종결단계: 방문목적 요약 / 다
     음 계획 토의 / 연락처 남기기
③ 방문 후 활동
  - 기록 / 의뢰 / 평가 / 보고

건강관리실 운영

① 고정건강관리실: 보건소의 모자보건실, 가족계획실, 영유아실, 가족건강실, 결핵실, 진료실, 예방접종실과 학교의 보건실
② 이동건강관리실: 배/섬 지역 보건교육 및 상담) 또는 버스 (헌혈버스) 등을 이용하여 간호서비스를 제공하는 것

장점
- 방문활동에 비해 지역사회 간호사의 시간과 비용을 절감할 수 있다.
- 건강관리실에 비치된 다양한 물품과 기구를 사용이 가능하다.
- 한곳에 모아두어서 건강관리상 이루어지므로 외부환경이 영향을 덜 받는다. → 산만X
- 같은 문제를 가진 대상자들끼리 서로 경험을 나누어 자신감과 서로를 해결할 방법을 찾을 수 있다.
- 대상자 스스로가 자신의 건강문제에 적극성을 가지고 해결하려는 노력을 갖게 할 수 있다.
- 특별한 상담 의료활동을 즉각적으로 실시할 수 있다.

단점
- 대상자가 처한 상황을 파악하기 곤란하다.
- 대상자가 건강관리실 운영 시간 내에 방문하지 못할 수 있다.
- 건강관리실을 방문하는 것이 불가능한 대상자들도 있을 수 있다.
- 거동이 불편한 대상자의 경우 심리적으로 긴장할 경우 자신의 문제를 솔직히 드러내지 않는다.
- 대상자와 가족의 실제 상황을 파악하는 것이 어려우므로 상황에 맞는 교육과 상담, 시범을 제공하는 데 한계가 있다.

지역사회 자원 활용 및 의뢰

① 의뢰 여부 결정은 반드시 대상자 본인이 하게 한다.
② 의뢰하는 기관과 그 담당자를 사전에 접촉하며, 의뢰하기 전에 관련되는 모든 사람들과 의논한다.
③ 가능하면 먼저 여락처들에 개인적으로 방문수도 적절한 의뢰서와 필요한 정보를 기재한 후 개인, 가족에게 전달하여 직접 그 기관으로 가게 한다.
④ 개인이나 가족에게 의뢰하는 기관에 대해 설명하고 필요한 정보를 제공한다.
⑤ 의뢰는 가능한 한 개인을 가는 것이 좋다. 담당자와 만날 시간과 장소를 정확하게 알려준다.
⑥ 의뢰 직전에 대상자의 상태를 한 번 더 확인하여, 의뢰 여부를 대상자 자신이 최종 결정하도록 해야 한다.

사례관리 (한눈에 목표 표 참조)

목적과 목표 설정

SMART 목표 설정기준
① 구체성(Specific) ② 측정가능성(Measurable) ③ 적극성(Aggressive) & 성취가능성(Achievable)
④ 연관성(Relevant) ⑤ 기한(Time limited)

간호방법 및 수단의 선택 시 고려사항
① 기술적 타당성: 기술적으로 가능-효과
② 사회적 타당성: 사업대상자들의 수용도
③ 경제적 타당성: 경제적 측면의 효과
④ 정치적 타당성: 정부정책, 적법성
⑤ 법률적 타당성: 경계가중의 지지도

지역사회 평가계획

평가범주
① 투입된 자원(노력)에 대한 평가: 인력, 물적 소비량을 수량화하는 것
   어느 정도 노력했는가를 측정하는 것
② 사업 진행 정도에 대한 평가: 내용 및 일정에 맞도록 수행되었는지 또는 되고 있는지를 파악하는 것
③ 목표 달성 정도(성과도)에 대한 평가: 설정된 목표가 제한된 기간에 어느 정도 도달되었는지 구체적으로 파악하는 것에 숫자로 제시
④ 사업의 효율성에 대한 평가: 최소의 비용으로 효과를 얻는 것
⑤ 사업의 적합성(적정성)에 대한 평가: 지역사회의 결과와 지역사회 목표 달성 수준 간의 비교

지역사회 간호평가

평가시기에 따른 분류
현황분석	기록과 문서에서 사업을 시작하기 전에 지역사회의 건강문제를 분석하여 사업의 필요성을 검토하는 과정
과정평가	사업의 중간에 사업의 수행(진행)상태를 파악하고, 잘못된 부분이 있는지 평가
결과평가	사업의 수행이 이루어진 그 결과를 평가, 사업의 중료된 이후에 사업의 개선사항과 지속여부 등을 결정하기 위한 평가

투입-산출 모형(사업과정)에 따른 평가 유형
구조평가	사업의 투입(input)되는 자원이 충분하고 적절한지를 평가하는 것
과정평가	사업의 투입된 인력, 물적 자원이 계획대로 시행되고, 일정대로 진행되고 있는지를 평가하는 과정
결과평가	사업의 종료 시 사업 효과를 측정하기 위한 것

지역사회간호수행
조정, 감시, 감독

PART 04 가족간호

가족발달단계

표 하나로 정리하는 꼭 꼭 핵심 내용

단계	기간	발달과업
신혼기 가족	결혼에서 첫 자녀 출생 전까지	• 결혼에 적응 • 만족한 부부관계의 수립 • 부부의 경제성 확립 • 임신과 부모됨에 대한 결정과 준비 • 가족계획(자녀출생에 대비) • 친밀한 부모됨(민첩한) 부부관계에 대한 만족 • 성적 양립성, 독립성과 의존성의 조화 • 친척에 대한 이해와 관계 수립·증진 • 생활수준 향상
양육기 가족	첫 자녀의 출생~30개월	• 부모의 역할과 기능, 책임에 대한 적응 • 안정되고 만족스러운 부부관계 유지 • 각 가족 구성원의 갈등이 되는 역할의 조정 • 산아 제한, 임신, 자녀 양육에 대한 배우자 간의 동의 • 모자보건서비스 요구 증가 • 가족구성원에게 만족스러운 가정 형성 • 조부모 등이 포함된 확대가족과 관계의 확장
학령전기 가족	첫 자녀가 30개월~6세	• 자녀들의 사회화 교육 및 영양관리(자녀들의 사회화 및 양육) • 자녀의 성장과 발달 촉진 • 가족구성원의 다양한 요구 충족 • 안정된 결혼(부부) 관계의 유지 • 부모간, 부모와 자녀 간, 가족 외부 사람과의 관계 대처 • 자녀들의 경쟁 및 불균형된 자녀와의 관계 대처
학령기 가족	첫 자녀가 6~13세	• 자녀들의 사회화 • 학업성취의 증진(자녀들의 교육적 성취를 격려) • 가정의 전통과 관습의 전승 • 가족 내 규칙과 규범의 확립 • 만족스러운 부부관계의 유지 • 자녀들의 긍정적인 방향의 공동체 및 사회화 활동

단계	기간	발달과업
10대 (청소년기) 가족	첫 자녀가 13~19세	• 안정된 결혼관계(부부관계) 유지 • 직업(수입)의 안정화 • 부모-자녀 간 개방적인 의사소통 유지 • 10대의 자유와 책임감 증가에 균형을 맞춤 • 자녀들의 독립성 증가에 따른 자유와 책임의 조화 • 자녀들의 성문제 대처 • 세대 간의 충돌 대처 • 부모-자녀 사이의 성숙과 새로운 관심사 찾기
진수기 가족	첫 자녀 결혼 (독립)~막내 결혼(독립) 까지	• 부부관계의 재조정 • 늙어가는 부모들의 부양과 지지 • 자녀들의 출가에 따른 부모의 역할 적응 • 성인이 된 자녀와 자녀의 배우자와의 관계 확립, 재배열
중년기 가족	자녀들이 집을 떠난 후 은퇴할 때까지	• 경제적 풍요 • 부부관계의 재확립 • 출가한 자녀가족과의 유대관계 유지 • 새로운 흥미의 개발과 참여
노년기 가족	은퇴 후~사망	• 만족스러운 생활 유지 • 건강문제에 대한 대처 • 은퇴에 대한 대처 • 사회적 지위 및 경제적 소득 감소에 대처 • 배우자의 죽음에 적응 • 권위의 이양, 의존과 독립의 전환 • 부부의 이망과 가족의 중흥에 대한 이해

PART 04 가족간호

가족간호이론

표 하나로 정리하는 꼭꼭 핵심 내용

가족간호이론 ☆☆

가족체계이론	구조기능주의	상징적 상호작용이론
• 체계이론은 환경과의 가족, 속으로의 가족, 위기에 처한 가족, 특별한 문제가 있는 가족 등을 연구하는 데 이용되며 특히 스트레스에 반응하는 가족의 변화, 개인의 변화는 가족 전체에 영향을 미친다고 본다. • 가족체계이론의 장점과 한계	• 구조-기능이론은 전체 가족구조뿐 아니라 가족이 하부구조로서 영향하는 조, 권력구조, 가치구조, 의사소통구조 등에 중점을 두며 이러한 하부구조들이 연관성이 가족 전체 기능에 어떻게 영향을 주는지를 평가한다. • 구조-기능이론의 장점과 한계	• 인간은 인간이 사물에 대해 가지고 있는 의미에 근거하여 행동하며 이러한 의미는 인간이 인간이 동료들과 관계를 형성하고 있는 사회적 상호작용으로부터 나온다. • 상호작용의 결과보다는 근거하는 과정에 같은 현상에 본질의 아동·청소년 아동중독, 알코올 중독 가족 근친상간과 같은 현상을 이해하며, 가족을 건강하게 하는 인간 행위 탐구에 유용한 이론

장점	한계
• 가족 내외의 상호작용을 이해하기 위한 수단을 제공한다. • 정상가족과 가족의 문제를 포괄적으로 이해하는 데 가장 큰 영향을 준 이론이다.	많은 개념들이 애매하고 추상적이어서 조작화하기 어렵다.

장점	한계
가족 구성원 간의 다양한 내적인 관계뿐만 아니라 가족과 더 큰 사회체계와의 관계를 중시한다.	• 가족 간의 상호작용 과정보다는 구조 자체와 상호작용 결과에만 관심을 두고 있다. • 가족 구성원이 가족구조를 이루는 배열뿐이며 가족 구성원 구조 속에서만 기능한다고 보았다.

PART 04 가족간호

가족사정도구 (1) ☆☆☆

표 하나로 정리하는 국시 핵심내용

가족 사정의 기본 원칙

① 가족 전체와 더불어 문제가 있는 가족 구성원을 대상으로 자료를 수집한다.
② 가족을 대함에 있어 일반적인 고정관념을 배제하고 가족의 다양성과 변화성에 대한 인식을 가지고 접근한다.
③ 가족의 문제점뿐만 아니라 강점도 사정한다.
④ 가족이 함께 사정에서부터 간호과정에 참여함으로써 간호사와 대상자가 함께 진단을 내리고 중재 방향을 결정하도록 한다.
⑤ 가족 구성원 한 사람에게 의존하지 않고 가족 전체, 친척, 이웃, 통장, 반장, 의료기관 등 지역사회 및 기존 자료를 바탕으로 자료를 수집할 수 있다.
⑥ 다면적 정보에 의존하지 않고 복합적인 정보의 수집 및 정확한 해석을 통해 판단한다.
⑦ 대부분의 가족사정 자료들은 질적 자료가 도구이므로, 가족사정도구 점검표를 사용하는 경우라도 심층면접을 할 수 있도록 영역별로 충분한 시간을 할애하여야 한다.
⑧ 한 번의 면접에서 너무 무리하게 많은 자료를 얻으려고 해서는 안 된다. 중요한 시간을 갖고 지속적인 면담을 통해 자료를 보강하는 것이 중요하다.
⑨ 1회 면담시간은 될 수 있으면 30분을 넘지 않도록 한다.
⑩ 수집된 자료 가운데 의미 있는 자료를 선별하여 범주화해야 한다.

가족사정도구

가족구조도(가계도)

- 도식화하여 3세대 이상에 걸친 가족 구성원에 관한 정보와 그들 간의 관계 도표로 기록하는 방법
- 도식화된 그림을 통해 가족 전체의 구성과 구조를 한눈에 파악할 수 있다.
- 가족 구성원이 스스로에 대해 새로운 관점으로 볼 수 있게 해주어서 가족이 치료에 참여함을 유도할 수 있다.

가족밀착도

- 가족을 이해함에 있어 가족의 구조뿐만 아니라 구조를 구성하고 있는 관계의 본질을 파악
- 가족 구성원 간의 밀착 관계와 상호 관계를 그림으로 도식화하는 것

외부체계도(생태도)

- 가족과 외부와의 다양한 상호작용을 한눈에 파악할 수 있도록 한 것.
- 가족체계를 둘러싼 외부체계와 가족 구성원과의 상호작용을 통해 가족에게 유용한 체계나 스트레스, 갈등이 발생되는 외부체계를 파악할 수 있다.

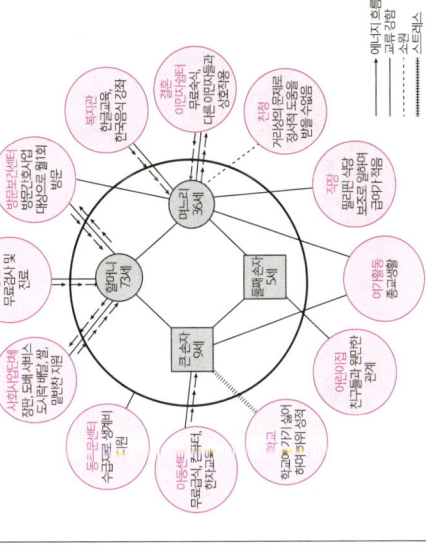

PART 04 가족간호

표 하나로 정리하는 콕콕 핵심 내용

가족사정도구 (2) ★★★★

가족사정도구

가족연대기	사회지지도	생의 변화 질문지(Life change questionnaire)
• 가족의 역사 중에서 중요한 사건을 순서대로 열거하여 그러한 사건들이 가족 구성원에게 어떤 영향을 미쳤는가를 파악하는 것이다. • 특히 건강 문제가 발생했을 때 시간과의 관련성을 파악하여 매우 유용하다.	• 가족 중 가장 취약한 구성원을 중심으로 부모형제 관계, 친족 관계, 친구와 직장동료 등 이웃관계, 그 외 지역사회와의 관계를 그려봄으로써 취약한 구성원의 가족 하위체계뿐 아니라 가족 외부 체계와의 상호작용을 파악할 수 있다. (그림: 사회지지도 - 개인을 중심으로 동심원에 딸, 할머니, 손녀, 교회, 사회복지단체, 친척, 손자, 이웃, 복지관, 병원, 친구, 동료들, 첫째아들, 보건소 등이 배치된 원형도표)	• 질병을 일으킬 수 있는 스트레스가 되는 생의 사건 목록에 점수를 부여하여 질병을 앓을 위험에 있는 사람들을 파악하기 위해 이용하는 사정도구이다. • 최근 1년 동안 가족이 경험한 사건들을 생의 사건 단위로 합산하여 질병 발생 가능성을 예측한다.

가족기능 평가도구(family APGAR)

• 가족의 문제에 대처하여 해결해 나가는 데 있어서 가족 자가관리능력과 가족기능 수준을 사정하는 것을 말한다.
• 가족기능 영역 5가지 평가항목(G. Smilkstein)
  ① 가족의 적응능력(Adaptation): 가족위기 때 문제 해결을 위한 내·외적 가족자원 활용 능력 정도
  ② 가족 간의 협력(Partnership): 가족 구성원끼리 동반자 관계에서 의사결정을 하고 서로 지지하는 정도
  ③ 가족 간의 성숙도(Growth): 가족 구성원 간의 상호지지와 지도를 통한 신체적·정서적 중만감을 달성하는 정도
  ④ 가족 간의 애정 정도(Affection): 가족 구성원 간의 돌봄과 애정적 관계
  ⑤ 가족의 문제 해결능력(Resolve): 가족 구성원들이 다른 구성원의 신체적·정서적 지지를 위해 서로 시간을 내어주는 정도

프리드만(Friedman)의 가족사정모델

• 가족을 체계로 보고 가족의 발달단계 –기능적인 구조 –기능적인 관점으로 가족사정도구를 개발하였다.
• 가족발달 단계, 구조요인, 기능요인, 대처요인 등에 대한 면담 결과를 기록한다.

PART 04 가족간호

MIND MAP — 가족간호

가족의 특징
① 가족은 일차적 집단이다.
② 가족은 공동사회 집단이다.
③ 가족은 폐쇄적 집단(closed group)이다.
④ 가족은 형식적 집단(formal group)이다.
⑤ 가족은 혈연 집단이다.
⑥ 가족은 이질적 집단으로 이루어진 집단이다.
⑦ 가족은 스스로 성장·발달한다.
⑧ 가족은 고유의 문화를 창조하며, 건강생활에의 기본단위이다.

Duvall의 가족생활주기와 발달과업
(한눈에 쏙쏙 표 참조)

(1) 특징
① 부모와 자녀로 구성된 핵가족을 중심으로 한다.
② 발달단계에 <u>첫 자녀의 나이와 학년에 의해</u> 구분된다.
③ 각 발달단계에 따라 가족이 <u>완수해야 할 특정 발달과업</u>이 있다.
④ 각 발달단계에 완수해야 할 발달과업은 가족마다 차이가 없다.
⑤ 남녀의 경우에 두 시기에 두 사람이 사망 후 가족이 소멸될 때까지의 일대기를 다룬다.
⑥ 함께 자녀가 없는 <u>부부</u>나, 확대가족에는 적용이 곤란하다.

(2) 발달단계
① 신혼기 가족: 결혼 ~ 첫 자녀 출생 전까지
② 양육기 가족: 첫 자녀 출생 ~ 30개월까지
③ 학령전기 가족: 첫 자녀 30개월 ~ 6세
④ 학령기 가족: 첫 자녀 6~13세
⑤ 10대(청소년기) 가족: 첫 자녀 13~19세
⑥ 진수기 가족: 첫 자녀 독립 ~ 막내 자녀의 독립까지
⑦ 중년기 가족: 자녀들 독립 후 ~ 은퇴 전까지
⑧ 노년기 가족: 은퇴 후 사망

가족간호이론

가족체계이론
- 가족체계에서는 구성원의 한 부분의 변화하면 가족 전체 체계에 영향을 미치며 스트레스에 반응하는 가족의 능력을 특히 강조하며, 변화, 개인의 반응과 전체의 영향을 미친다고 본다.

구조기능주의이론
- 가족 구성원의 사회화, 상호작용하면서 사회 전체에 어떻게 기여하는지에 관심을 가지고 있다.
- 사회 전체의 요구에 가족이 어떻게 사회적 기능의 정도를 부응하는지를, 가족이 사회화를 잘 수행하고 있는지의 여부로 평가한다.
- 가족은 하나의 사회체계로서 사회체계의 상호작용, 사회구조가 개인의 영향과 역할기대에 따라 상호 작용을 중심으로 살펴보고 있다.

가족발달이론
- 가족생활주기별 발달과업을 어느 정도 성취했느냐를 중심으로 가족 건강을 규명하는 것.

가족상호작용이론
- 가족의 외부환경과의 관계보다 가족 내 상호작용에 중점을 둔 이론.
- 가족은 상호작용하는 인격체로서 내적인 집단으로 정의하고, 이해하려면 가족 구성원 개인의 인식과 해석이 중요하다고 본다.

상징적 상호작용이론
- 상호작용 과정 속에 있는 가족 구성원의 행위자의 상징이 맞는 의미로 초점을 두고 있다.
- 가족 간의 상호작용이 어떻게 시작되는지 그리고 가족생활에 어떤 상호작용 지속되는지 그리고 가족행동이 전체 사회에 어떤 영향을 미치는지를 이해하는 것에 관심이 있다.
- 가족 내 개인의 역할과 역할기대에 따른 상호작용을 중심으로 하는 미시적 접근을 사용하는 이론이다.

가족위기이론
- 가족의 위기는 고유한 문제가 있으며 어떤 잠재성이 발생할 수 있는 가족 구성원의 행위를 어떻게 초점을 두고 있다.
- 위기의 종류
  - 상황적 위기
  - 발달적 위기

취약가족간호

취약가족의 종류

구조적으로 취약한 가족	가족 구성원의 구조적 결손에 의한 취약가족 **예** 한부모 가족, 이혼 가족, 조손 가족, 새부 가족
기능적으로 취약한 가족	가족구성원의 경제적 결핍이나 만성질환, 장애 등에 의한 취약가족 **예** 저소득층 가족, 취업모 가족, 만성질환자 가족, 장애인 가족
가족 내 상호작용이 취약한 가족	가족 내 상호작용의 단절로 인한 탄성, 비행, 약물중독 등에 의한 취약가족 **예** 폭력 가족, 비행청소년 가족, 알코올중독자 가족
발달단계에 취약한 가족	생애주기 발달단계에 미숙으로 적응이 곤란한 가족 **예** 미혼모 가족, 미숙아 가족

가족사정도구

가계도(가족구조도)
- 가족구조를 도식화하여 3세대 이상에 걸친 가족구성원에 관한 정보와 그들 간의 관계를 도표로 기록하는 방법

가족생활사건도구
- 가족이 경험하는 건강에 관련된 문제들을 찾는 것으로 71문항으로 가족이 경험한 생활사건의 스트레스 축적을 측정하는 도구로 설계되었다.

가족밀착도
- 가족을 이해함에 있어 가족 중의 구성원이 아닌 가족 전체를 구성하고 있는 관계의 본질을 파악

사회지지도
- 가족 중 가장 취약한 구성원을 중심으로 부모형제관계, 친척관계, 친구와 동료, 이웃관계 및 지역사회와의 관계 그림으로써 취약가족의 문제를 해결하기 위한 전반적 가족 외부와의 상호작용을 파악

외부체계도(생태도)
- 가족과 외부와의 다양한 상호작용을 한눈에 파악할 수 있도록 한 것

가족기능 평가도구
- 가족기능 영역 5가지 평가영역(G. Smilkstein)
① 가족의 적응능력(Adaptation)
② 가족 간 협력(Partnership)
③ 가족 간 성숙도(Growth)
④ 가족 간 애정 정도(Affection)
⑤ 가족 간 문제 해결능력(Resolve)

가족연대기
- 가족의 역사 중에서 중요하다고 생각되는 사건들을 순서대로 열거하고 그러한 사건들이 어떤 영향을 미쳤는지 가족을 이해하는 것

생의 변화 설문지
- 최근 1년 동안 가족이 경험한 사건들을 점수로 삼아 위기를 경험하는 가능성을 예측

가족사정의 원칙

① 가족의 문제점뿐만 아니라 강점도 사정한다.
② 가족이보다는 가족 전체에 초점을 맞춘다.
③ 정상가족이라는 일반적인 고정관념을 버리고 가족의 다양한 변화상에 대한 인식을 가지고 접근한다.
④ 가족이 함께 사정에서부터 간호과정에 참여함으로써 간호자와 대상자가 함께 방법을 경험하도록 한다.
⑤ 가족 구성원 한 사람에게 의존하지 않고 가족 전체, 친족, 이웃, 통장, 반장, 의료기관 및 기관 자료를 바탕으로 자료를 수집한다.
⑥ 가족이 정보를 부탁하다하도 가족에게 다양한 종류에서 얻은 자료는 서로 보완하여 정확히 한 것만 이용한다면 수집된 자료는 직접 수집한 자료도 정보를 정확하고 할 수 없으며 충분한 시간을 갖고 지속적인 면담을 통해 자료를 보충하는 것이 중요하다.
⑦ 1회 면담시간을 30분 이상을 넘지 않도록 한다.
⑧ 수집된 자료 가운데 의미있는 자료를 선택하여 기록하고 범주화한다.

PART 05 환경보건과 재난관리

표 하나로 정리하는 꼭꼭 씹어 먹는 핵심 내용

오존경보단계별 조치사항 ☆

구분	발령 기준	해제 기준	주민행동요령
주의보	기상조건 등을 고려하여 해당 지역의 대기자동측정소 오존농도가 0.12ppm 이상일 때	주의보가 발령된 지역의 기상조건 등을 고려하여 대기자동측정소의 오존농도가 0.12ppm 미만일 때	주민의 실외활동 및 자동차 사용의 자제 요청 등
경보	기상조건 등을 고려하여 해당 지역의 대기자동측정소 오존농도가 0.3ppm 이상일 때	경보가 발령된 지역의 기상조건 등을 고려하여 대기자동측정소의 오존농도가 0.12ppm 이상 0.3ppm 미만일 때에는 주의보로 전환	주민의 실외활동 제한 요청, 자동차 사용의 제한명령 및 사업장의 연료 사용량 감축 권고 등
중대 경보	기상조건 등을 고려하여 해당 지역의 대기자동측정소 오존농도가 0.5ppm 이상일 때	중대경보가 발령된 지역의 기상조건 등을 고려하여 대기자동측정소의 오존농도 0.3ppm 이상 0.5ppm 미만일 때에는 경보로 전환	주민의 실외활동 금지 요청, 자동차의 통행금지 및 사업장의 조업시간 단축 명령 등

미세먼지 경보단계별 기준 (「대기환경보전법 시행규칙」 별표 7)

대상물질	경보단계	발령기준	해제기준
미세먼지 (PM-10)	주의보	기상조건 등을 고려하여 해당 지역의 대기자동측정소 PM-10 시간당 평균 농도가 150μg/m³ 이상 2시간 이상 지속일 때	주의보가 발령된 지역의 기상조건 등을 검토하여 대기자동측정소의 PM-10 시간당 평균 농도가 100μg/m³ 미만일 때
미세먼지 (PM-10)	경보	기상조건 등을 고려하여 해당 지역의 대기자동측정소 PM-10 시간당 평균 농도가 300μg/m³ 이상 2시간 이상 지속일 때	경보가 발령된 지역의 기상조건 등을 검토하여 대기자동측정소의 PM-10 시간당 평균 농도가 150μg/m³ 미만일 때에는 주의보로 전환
미세먼지 (PM-2.5)	주의보	기상조건 등을 고려하여 해당 지역의 대기자동측정소 PM-2.5 시간당 평균 농도가 75μg/m³ 이상 2시간 이상 지속일 때	주의보가 발령된 지역의 기상조건 등을 검토하여 대기자동측정소의 PM-2.5 시간당 평균 농도가 35μg/m³ 미만일 때
미세먼지 (PM-2.5)	경보	기상조건 등을 고려하여 해당 지역의 대기자동측정소 PM-2.5 시간당 평균 농도가 150μg/m³ 이상 2시간 이상 지속일 때	경보가 발령된 지역의 기상조건 등을 검토하여 대기자동측정소의 PM-2.5 시간당 평균 농도가 75μg/m³ 미만일 때에는 주의보로 전환

PART 05 환경보건과 재난관리

대표적인 스모그 사건(대기오염) ☆

항목	런던형 스모그	로스앤젤레스형 스모그
발생 시의 온도	-1~4℃	24~32℃
발생 시의 습도	85% 이상	70% 이하
기온역전의 종류	복사성 역전	침강성 역전
풍속	무풍	5m/sec 이하
스모그 최성시의 시계	100m 이하	1.6~0.8km 이하
가장 발생하기 쉬운 달	12월, 1월	8월, 9월
주된 사용연료	석탄과 석유계	석유계
주된 성분	SO_x, CO, 입자상 물질	O_3, NO_2, CO, 유기물
반응유형	열적	광화학적, 열적
화학적 반응	환원	산화
최다 발생시간	이른 아침	낮
인체에 대한 영향	기침, 가래, 흉부기계 질환	눈의 자극

상수의 정수과정

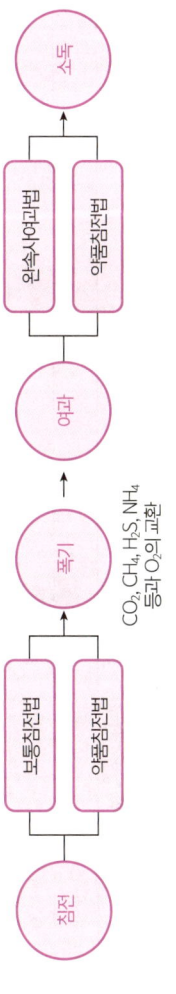

침전 → 보통침전법/약품침전법 → 폭기 (CO_2, CH_4, H_2S, NH_4 등과 O_2의 교환) → 여과 → 완속사여과법/급속여과법 → 소독

PART 05 환경보건과 재난관리

표 하나로 정리하는 꼭꼭 핵심 내용

먹는 물의 수질 기준 ☆☆

항목	기준
납	0.01mg/L를 넘지 아니할 것
비소	0.01mg/L를 넘지 아니할 것(샘물·염지하수의 경우 0.05mg/L)
벤젠	0.01mg/L를 넘지 아니할 것
수은	0.001mg/L를 넘지 아니할 것
암모니아성 질소	0.5mg/L를 넘지 아니할 것
포름알데히드	0.5mg/L를 넘지 아니할 것
크롬	0.05mg/L를 넘지 아니할 것
카드뮴	0.005mg/L를 넘지 아니할 것
톨루엔	0.7mg/L를 넘지 아니할 것
불소	1.5mg/L(샘물·먹는샘물, 염지하수·먹는염지하수의 경우 2.0mg/L)를 넘지 아니할 것
유리잔류염소	4.0mg/L를 넘지 아니할 것
질산성질소	10mg/L를 넘지 아니할 것
수소이온농도	pH 5.8 이상 pH 8.5 이하
색도	5도를 넘지 아니할 것
탁도	1NTU를 넘지 아니할 것
일반세균	1mL 중 100CFU를 넘지 아니할 것
총대장균군	100mL(샘물·먹는샘물, 염지하수·먹는염지하수 및 먹는해양심층수의 경우 250mL)에서 검출되지 아니할 것

환경보건과 재난관리

수질오염 측정지표 ☆

구분	내용
용존산소 (DO: Dissolved Oxygen)	• 물속에 용해되어 있는 산소량을 말하며 공기 중의 산소가 물속으로 녹아들어 가는 비율 • 오염된 물에는 미생물 등으로 인해서 산소소비량이 많아지므로 용존산소가 낮다. **용존산소의 증가와 감소** **용존산소를 증가시키는 조건** • 수온이 낮을수록 • 유속이 빠를수록 • 기압이 높을수록 • 염분이 낮을수록 • 수심이 얕을수록 • 공기방울이 작을수록 • 하천바닥이 거칠수록 • 하천의 경사가 급할수록 **용존산소가 감소되는 경우** • 조류가 호흡을 할 경우 • 염류농도가 높을수록 • 하천바닥의 침전물이 용출될 경우 • 오염물질의 농도가 높고 유량이 적을 때 • 분해성 유기물질(오탁물)이 많이 존재할 경우
생화학적 산소요구량 (BOD: Biochemical Oxygen Demand)	• 물속의 유기물질이 호기성 미생물에 의해 20℃에서 5일간 생화학적으로 분해되어 안정화되는 데 필요한 산소의 양이며 ppm으로 표시 • BOD가 높다는 것은 분해 가능한 유기물질이 수중에 많이 포함되어 있다는 것으로 오염도가 높음을 의미한다.
화학적 산소요구량 (COD: Chemical Oxygen Demand)	• 물속의 유기물질과 황화물 등 산화될 무기물질을 산화제(과망간산칼륨이나 중크롬산칼륨)에 의하여 화학적으로 산화시킬 때 소비되는 산소요구량으로 ppm으로 표시 • 화학적 산소요구량은 생화학적 · 화학적으로 분해가 되지 않는 공장폐수나 염도가 높은 해수, 그리고 이끼가 많이 있는 경우에 물의 오염도를 측정하기 유용한 지표이다. • COD 값이 클수록 오염물질이 많이 들어 있어 수질이 나쁨을 의미한다.
부유물질 (SS: Suspended Solid)	• 부유물질은 유기물과 무기물 두 가지로 2mm 이하의 고형 입자 물질이다. • 유기성 부유물은 기온, 일폐 등에 의해 부패하여 메탄가스와 황화수소 등의 가스를 발생시킨다. • 부유물질은 물의 탁도를 증가시키고 수질검사의 지표로 널리 사용된다.
수소이온농도(pH)	pH가 5.8~8.5가 적합한 농도이며 수소이온농도는 외부에서 산성이나 알칼리 물질이 유입되면 쉽게 변화되므로 오염 여부를 판단하는 지표가 된다.
세균과 대장균군	• 수질오염의 지표로서 일반 세균수는 생화학적으로 분해 가능한 유기물질의 농도를 알 수 있는 지표이다. • 수질오염의 지표로서 대장균군은 분변성 오염의 지표로 사용되며 대장균군이 검출은 병원성이 낮지만 세균 오염으로 수인성 전염병이 간접적인 지표가 된다.

PART 05 환경보건과 재난관리

세균성 식중독 ☆☆

표 하나로 정리하는 꼭꼭 핵심 내용

구분		원인균	잠복기 (시간)	증상	원인식품	특징	예방
감염형	살모넬라 식중독 (한국에서 가장 흔함)	Salmonella typhimurium Sal. enteritidis Sal. cholerasuis Sal. newport	6~48 (평균 24)	위장염 증세: 복통, 설사, 구토, 급격한 발열	간종 육류, 우유(milk)	발열증상(38~40℃) 치명률 0.03% 발병시기(5~10월) 발병률 75% 이상	60℃, 20분 가열하여 끓여 식품. 생식 금지, 도축장 위생관리, 식품취급 장소 위생관리
	장구균 식중독 streptococcal poisoning	Streptococcal fecalis	4~5	위장 증세: 설사, 복통, 구토, 발열 (2~3일 내에 쉽게 회복)	치즈, 소시지, 햄		
	호염균 식중독 halophilism (장염비브리오 식중독)	Vibrio parahemolyticus	8~20 (평균 12)	설사, 복통, 구토, 발열, 발열, 콜레라와 유사한 증상	해산물, 오징어, 바닷고기 등의 회나 소금절임	치명률 0.01% 발병시기(5~10월) 여름철 집중 발생	60℃, 2분 가열
	병원성대장균 식중독	Bacteria, E.coli 등	10~30 (평균 12)	심한 설사(장액성), 농, 발열, 복통	보균자나 동물의 대변에 의해 1차, 2차적으로 오염된 식품(우유)	2차감염이 있어(특히 어린 이에게 급속히 확산)	
	캠필로박터 식중독 (봄·가을에 흔함)	Campylobacter jejuni	48~120	복통, 발열, 설사 또는 혈변, 두통 및 근육통		• 오염된 손이나 주방기구에 의해 2차 감염 • 특별한 치료 없이 1주일 내 회복	• 고기는 충분히 가열해서 먹고, 익는 덜 익었고, 물이 가능한 한 끓여 마실 것 • 조리도구(칼, 도마) 반드시 세척할 것
독소형	포도상구균 식중독 Staphylococcal intoxication	포도상구균이 생성하는 장독소 (enterotoxin)로 열에 내성이 강함	0.5~6 (평균 3)	구역질, 복통, 구토, 설사 등 열(-)/열(+), 농지 않음	가공식품(김밥 등) 유제품(아이스크림, 케이크 등)	치명률 0.006% 발병시기 (봄·가을에 흔함)	화농성 질환자의 음식 취급 금지. 5℃ 이하로 식품보관, 시기 엄금
	보툴리누스 식중독 botulism botulinus intoxication	Clostridium botulinum의 생성하는 외독소(exotoxin)	18~98 (평균 24)	신경성 증상(연하곤란, 언어장애, 시력저하, 복시, 안검하수, 동공확대) 근육통을 경한 경련, 호흡곤란	소시지, 육류, 통조림식품, 밀봉식품	치명률 6.7%	독소는 아포를 형성하므로 고온에서 15분간 가열. 병조림과 통조림은 그 안정이 열린 등의 위생적 관리 필요
	Welchii균 식중독	Clostridium welchi A, O, F형의 균주가 분비하는 외독소(exotoxin)	12~18	복통, 설사, 두통	식육가공품, 어패류 조리 식품 등. 단백질 식품	발병률 50~60%	식품이 오염방지

PART 05 환경보건과 재난관리

재난분류

표 하나로 정리하는 콕콕 핵심 내용

재난분류	
자연재난	• 태풍, 홍수, 호우(豪雨), 강풍, 풍랑, 해일(海溢), 대설, 낙뢰, 가뭄, 지진, 황사(黃砂), 조류(藻類) 대발생, 조수(潮水), 화산활동 •「우주개발 진흥법」에 따른 자연우주물체의 추락·충돌, 그 밖에 이에 준하는 자연현상으로 발생하는 재해
사회재난	• 화재·붕괴·폭발·교통사고(항공사고 및 해상사고를 포함)·화생방사고·환경오염사고·다중운집인파사고 등으로 인하여 발생하는 대통령령으로 정하는 규모 이상의 피해 • 국가핵심기반의 마비 •「감염병의 예방 및 관리에 관한 법률」에 따른 감염병 •「가축전염병예방법」에 따른 가축전염병의 확산 •「미세먼지 저감 및 관리에 관한 특별법」에 따른 미세먼지 •「우주개발 진흥법」에 따른 인공우주물체의 추락·충돌 등으로 인한 피해
해외재난	대한민국의 영역 밖에서 대한민국 국민의 생명·신체 및 재산에 피해를 주거나 줄 수 있는 재난으로서 정부차원에서 대처할 필요가 있는 재난

PART 05 환경보건과 재난관리

재난관리 4단계 ☆☆

표 하나로 정리하는 독특 핵심 내용

구분		재난관리활동
재난 발생 전	예방·완화	• 재난관리책임기관의 장의 재난 예방조치 • 특정관리대상지역의 지정 및 관리 • 재난안전 분야 종사자 교육 • 재난예방을 위한 안전조치 • 재해 예방 및 장기계획 수립 • 개발규제나 건축기준, 안전기준 등 법규의 마련 • 재난보험제도나 재난 피해보상제도의 마련 • 재난발생 시 지원체계의 구축, 홍보 및 예방 활동	• 국가기반시설의 지정 및 관리 • 재난방지시설의 관리 • 재난예방을 위한 긴급 안전점검 • 재난관리체계 등에 대한 평가 • 재난 발생 시 관련 부처 및 기관 협조 대책 수립 • 위험성 분석 및 위험 지도 작성 • 재난관리조직, 비상활동계획, 자원관리
	준비(대비)·계획	• 재난관리(대응)자원의 비축·관리(구호물자 확보 및 비축) • 국가 재난관리 기준의 제정·운용 등 • 재난분야 위기관리 매뉴얼 작성·운용 • 재난대비훈련 기본계획 수립 • 재난관련 홍보(교육) • 재난 대피소 지정	• 재난현장 긴급통신수단의 마련 • 이재민 수용 시설의 지정 및 관리 • 기능별 재난대응 활동계획의 작성·활용 • 재난안전통신망의 구축·운영, 비상경보체계 구축 • 재난대비훈련(교육훈련 및 연습) 실시
재난 발생 후	대응	• 재난사태 선포, 대책본부 가동 • 위기경보의 발령(경보·비상방송) • 위험구역의 설정 • 통행제한, 질서유지 • 재난대응 적용, 재해진압·구조 구난 • 피해자 보호 및 관리(관리) • 현장수습 및 관리 • 희생자 탐색 구조와 응급의료지원(부상자 중증도 분류)	• 임시대피소 마련(환자 수용, 간호, 보호 및 후송) • 응급조치, 응급의료체계 운영(환자 수용, 간호, 보호 및 후송) • 동원명령, 대피명령 • 강제대피명령 • 긴급구조 • 대응기관 간 협조 및 조정 • 피해상황 파악 및 응급 복구 • 의약품과 구호물자 전달
	복구	• 잔해물 제거, 감염 예방, 이재민 지원 • 재난피해 신고 및 조사(피해규모 및 상황 파악) • 재난복구계획의 수립·시행 • 긴급지원 물품 제공 및 보상 지원 • 특별 재난지역의 선포 및 지원 • 이재민 심리상담 및 전문치료 의뢰	• 임시 거주지 마련, 시설 복구 • 생존자에 대한 구조 및 구급활동 • 복구지원 유관기관 업무 협조 • 피해 유발 책임자 및 책임기관의 법적 처리 • 안전문화 진흥 • 지역경제 재건

PART 05 환경보건과 재난관리

표 하나로 정리하는 국가별 해심 내용

국가재난단계

구분	판단기준	비고
관심 (Blue)	• 해외의 신종 전염병 발생 • 국내의 원인불명 감염환자 발생 • 태풍·집중호우 발생 기상 정보	징후 감시 활동
주의 (Yellow)	• 해외 신종 전염병의 국내 유입 • 국내에서 신종 전염병 발생 • 지역별 제출혈 전염병 발생 • 대규모 취수지역 및 수인성 전염병 발생	협조체계 가동
경계 (Orange)	• 해외 신종 전염병의 국내 유입 후 타 지역으로 전파 • 국내 신종 전염병이 타 지역으로 전파 • 제출혈 전염병이 타 지역으로 전파 • 수인성 전염병이 타 지역으로 전파	대비계획 점검
심각 (Red)	• 해외 신종 전염병의 전국적 확산 징후 • 국내 신종 전염병의 전국적 확산 징후 • 제출혈 전염병의 전국적 확산 징후 • 수인성 전염병의 전국적 확산 징후	즉각 대응태세 돌입

PART 05 환경보건관과 재난관리

표 하나로 정리하는 꼭꼭 핵심내용

응급환자 분류

구분		해당 내용
긴급환자	적색(red) 우선순위 1등급	• 치명적이거나 사지절단의 위험이 있는 손상 • 부상이 심각하지만 최소한의 응급처치로 자연으로 치료될 수 있으며 치료 후 생존할 것으로 예상되는 환자 • 수분 혹은 수시간 이내 응급처치가 필요한 중증 환자 • 개방성 흉부열상, 긴장성 기흉, 순수상태로 수축기 혈압(수축기) 80mmHg 이하인 쇼크 • 대량출혈, 매우 낮은 혈압(수축기), 순수상태로 두부손상, 경추손상 의심 • 개방성 복부열상, 광범위한 골절을 동반한 두부손상 • 기도화상을 동반한 중증의 화상 또는 안면화상, 50% 이상의 2~3도 신체화상 • 염부위에서 맥박이 촉지되지 않는 골절 • 심장병, 저체온증, 지속적인 천식 또는 경련, 인슐린 쇼크 저혈당
응급환자	노란색(yellow) 우선순위 2등급	• 최종적인 치료가 필요하지만 초기 처치가 지연되어도 악화되지 않는 상태 • 부상이 심하지만 방병성 발병성 위험성 없이 치료가 지연되어도 괜찮은 환자 • 수시간 내 치료가 필요한 중증 환자 • 중증 화상, 경추를 제외한 척추손상, 중증 출혈, 다발성 골절, 안구돌출성 외상, 감전화상 • 정추한 관찰이 필요하며, 소수 등이 증상을 보일 시 우선순위 1등급으로 재분류될 수 있음
비응급환자 (경증환자)	녹색(green) 우선순위 3등급	• 이송이 필요 없고 현장에서 처치 후 귀가할 수 있는 상태 • 부상이 크지 않고 치료를 기다릴 수 있는 환자로 대부분 보행이 가능한 환자 • 구조적 합병증을 동반하지 않는 최소한의 부상을 가진 자 • 치료 없이 위험하지 않고 2시간 이상을 견딜 수 있는 상태 • 소량의 출혈, 탄좌, 골절, 동상, 정신과적 장애, 경증 열상, 단순골절, 경증 화상, 타박상 등
지연환자	검정색(black) 사망함	• 생존 가능성이 희박한 중증 손상상태 • 심폐소생술을 시도해도 효과가 없다고 판단되는 경우 • 30분 이상 심장과 호흡이 정지가 확인된 경우 • 머리나 가슴이 짓눌린 압착 부상(crushing injuries) 같은 심각한 부상을 가진 자로서 최선의 환경을 제공하여도 생존 가능성이 없는 상태

PART 05 환경보건과 재난관리

환경보건과 재난관리 | MIND MAP

대기와 건강

법령 속 대기 환경 기준 지표

항목	기준
아황산가스 (SO_2)	연간 평균치 0.02ppm 이하 24시간 평균치 0.05ppm 이하 1시간 평균치 0.15ppm 이하
일산화탄소 (CO)	8시간 평균치 9ppm 이하 1시간 평균치 25ppm 이하
이산화질소 (NO_2)	연간 평균치 0.03ppm 이하 24시간 평균치 0.06ppm 이하 1시간 평균치 0.10ppm 이하
미세먼지 (PM-10)	연간 평균치 0μg/m³ 이하 24시간 평균치 100μg/m³ 이하
초미세먼지 (PM-2.5)	연간 평균치 15μg/m³ 이하 24시간 평균치 35μg/m³ 이하
오존 (O_3)	8시간 평균치 0.06ppm 이하 1시간 평균치 0.1ppm 이하
납 (Pb)	연간 평균치 0.5μg/m³ 이하
벤젠	연간 평균치 5μg/m³ 이하

<u>오존경보단계별 조치사항</u> (한눈에 쏙쏙 표 참조)

<u>미세먼지 정보단계별 기준</u> (한눈에 쏙쏙 표 참조)

<u>스모그 사건</u> (한눈에 쏙쏙 표 참조)

환경보건의 이해

국제환경협약의 역사

주제	협약명	개최연도	내용
인간환경보호 지속가능발전	유엔인간환경회의 (스톡홀름회의)	1972년	스톡홀름에서 113개국 정상들이 '인간환경선언' 선포, '단 하나뿐인 지구(The Only One Earth)'를 보전하자는 공동인식
	유엔환경개발회의 (리우회의)	1992년	리우데자네이루에서 개최, '리우선언', '의제21' 채택
	지속가능발전 세계정상회의	2002년	요하네스버그에서 개최, '리우 + 10회의'라고도 불림
해양오염	런던협약	1972년	방사성폐기물 등의 해양투기로 인한 해양오염 방지
오존층 파괴	빈협약 (비엔나 협약)	1985년	오존층 파괴방지, 냉매규제
	몬트리올의정서	1987년	오존층 파괴방지, 냉매규제, 무역연계(수출입규제)
	리우회의	1992년	지구온난화의 공동대응을 위한 기후변화협약 (UNFCCC)채택
지구 온난화 (기후 변화)	교토의정서	1997년	지구온난화 방지, 온실가스 배출량 감축목표 설정
	코펜하겐협정	2009년	제15차 유엔기후변화협약 당사국 총회에서 지구평균기온 상승폭을 산업혁명 이전 대비 2℃ 이내로 제한
	파리협약	2015년	지구평균기온 상승폭을 산업화 이전 대비 2℃보다 훨씬 낮게 유지하고 더 나아가 1.5℃까지 제한
유해 폐기물	바젤협약	1989년	유해 폐기물의 국가 간 수출입과 그 처리 규제
	CITES (워싱턴협약)	1973년	위성턴에서 개최, 멸종위기 야생동식물 거래 규제
생물 멸종위기	생물다양성협약	1992년	유엔환경개발회의(리우회의)에서 채택, 생물다양성의 보전, 생물자원의 지속가능한 이용 등 함의
	나고야의정서	2010년	생물학적 유전자원의 접근 및 이익 공유에 대한 국제적인 강제이행사항을 규정하고 있는 의정서
습지보호	람사르협약	1971년	물새 서식지인 습지의 보호와 지속가능한 이용에 관한 국제 조약
사막화 방지	사막화방지협약	1994년	파리에서 채택, 사막화 방지를 통한 지구환경 보호

PART 05 환경보건과 재난관리 — MIND MAP

재난관리

재난의 법적 수습체계
① 행정안전부장관은 국가 및 지방자치단체가 행하는 재난 및 안전관리 업무를 총괄·조정
② 재난사태 선포: 행정안전부장관
③ 특별재난지역 선포: 대통령

재난의 분류 (한눈에 콕콕 표 참조)
자연재난 / 사회재난 / 해외재난으로 분류

국가재난단계/재난관리의 단계 (한눈에 콕콕 표 참조)

응급환자 중증도 분류 (한눈에 콕콕 표 참조)

환경보건과 재난관리 2

물과 건강

수질오염현상

부영양화	• 가정의 생활하수나 가축의 배설물, 가중 공장폐수 등이 하천에 한꺼번에 많이 유입되어 물속에서 호기성균의 증식이 되는 현상 • 질소나 인 등이 무기물이 지나치게 많으면 조류가 과다하게 증식하여 중식하여 죽음의 물고기가 고갈되어 물고기가 죽게 된다.
적조현상	• 질소(N)와 인(P)을 과다 함유하고 있는 생활하수나 비료성분이 유입되면 플랑크톤이 일시에 많이 번식하여 바다나 호수가 붉게 변하게 되는 것을 적조현상이라 한다. • 플랑크톤도 자체의 독성 또는 플랑크톤의 외부를 감싸고 있는 점액질이 물고기의 아가미를 덮어 호흡을 방해함으로써 어패류가 죽거나 수질이 악화된다.
녹조현상	• 영양염류의 과다로 호수에 녹조류 등이 다량으로 번식하면서 생긴 녹색으로 변하는 것을 녹조현상이라고 한다. • 녹조현상을 막으려면 생활하수를 충분히 정화하여 영양염류가 바다나 호수로 유입되지 않게 해야 한다.

수질오염
• 발생량 기준: 생활하수 > 산업폐수 > 축산폐수
• 생물학적 산소요구량 기준: 산업폐수 > 생활하수 > 축산폐수

식품과 건강

감염형 식중독과 독소형 식중독의 비교

구분	감염형	독소형
정의	세균이 체내에서 대량으로 증식한다. 개체의 균이 소화기에 작용해서 작용이 일어나는 식중독	세균이 증식할 때 발생하는 체외독소가 소화기에 작용하여 일어나는 식중독
독소	균체외독소	균체외독소
잠복기	길다.	짧다.
균의 생사와 발병의 관계	균이 사멸하면 식중독이 발생하지 않는다.	생균이 전혀 없어도 발생할 가능성이 있다.
가열요리에 의한 예방효과	효과 있다.	효과 없는 경우가 많다.

PART 06 지역사회 간호사업

표 하나로 정리하는 꼭꼭 핵심 내용

가정간호 VS 방문간호 ☆

구분	의료기관 가정간호	보건소 방문건강관리	노인장기요양보험 방문간호
법적근거	「의료법」	「지역보건법」	「노인장기요양보험법」
운영주체	의료기관	보건소, 보건지소	장기요양기관(방문간호센터)
제공장소	가정	가정	가정
대상자	• 병원입원 후 조기 퇴원환자 • 가정에서 계속적인 치료와 관리가 필요하다고 인정된 자	독거노인과 장애인 등 의료취약계층 및 등급외 자	• 65세 이상자, 노인성 질병자 • 장기요양 등급판정(6등급)
사업목적	재가 환자에게 입원대체서비스	포괄적 보건의료서비스 제공	거동이 불편한 노인의 보건의료서비스 접근성 제고
이용절차	진료담당의사가 환자와 협의 후 의뢰 → 가정전문간호사가 서비스 제공 및 관리	관할 보건소에서 대상자 등록 후 서비스 제공 및 관리	의사가 방문간호지시서 발급 대상자는 방문간호기관과 서비스 계약
구비서류	가정간호의뢰서	없음	방문간호지시서
제공인력	가정전문간호사	간호사, 의사, 물리치료사, 사회복지사 등 다학제적 접근	• 2년 이상 임상경력 있는 간호사 • 3년 이상 경력과 700시간 교육 이수한 간호조무사 • 구강위생 제공 시: 치과위생사 1명 이상 배치
서비스 내용	가정전문간호사 독자적 판단 및 수행: 기본간호, 교육·훈련, 상담, 의뢰 의사·한의사의 처방 필요: 치료적 간호, 검사, 투약, 주사	• 거동불편자: 운동요법, 욕창관리, 개인위생, 투약 등 • 독거노인 또는 노인부부: 상담, 개인위생, 의뢰 등 • 기타질환자: 상담, 투약, 의뢰	건강상태 확인 및 관리, 건강(증상) 간호 및 처치, 영양관리, 배뇨관리, 호흡관리, 상처관리, 욕창간호 등(위관영양, 요도관, 기관절개관 관리, 인슐린 주사 등), 건강교육, 요양에 대한 상담
재원	국민건강보험 체험 및 조세	조세	노인장기요양보험 체험 및 조세
비용부담	• 기본방문료, 개별행위료: 본인 부담 20% • 의료급여 1종: 무료 (방문간호수가=기본방문료+행위별수가)	무료	• 본인부담 15% • 본인부담경감자 6%, 9% • 기초생활수급자 무료
수가	• 방문간호수가=기본방문료+행위별수가 • 기본방문료는 방문당 수가 • 개별행위료는 행위별수가	-	방문시간당 수가

PART 06 지역사회 간호사업

방문건강관리 사업 대상자 군 분류 (1)

구분		내용
집중 관리군	대상자 특성	건강위험요인 및 건강문제가 있고 증상조절이 안 되는 경우
	관리횟수	3개월 이내 8회 이상 건강관리 서비스 실시
	판정기준	[고혈압 기준] • 수축기압 140mmHg 이상 또는 이완기압 90mmHg 이상 • 수축기압 140mmHg 이상 또는 이완기압 90mmHg 이상이고, 흡연[1] · 고위험 음주[2] · 비만[3] · 신체활동 미실천[4] 중 2개 이상의 건강행태 개선 필요 [당뇨 기준] • 당화혈색소 7.0% 이상 또는 공복혈당 126mg/dL 이상 또는 식후혈당 200mg/dL 이상 • 당화혈색소 7.0% 이상 또는 공복혈당 126mg/dL 이상 또는 식후혈당 200mg/dL 이상이고, 흡연 · 고위험 음주 · 비만 · 신체활동 미실천 중 2개 이상의 건강행태 개선 필요 [기타 질환] • 관절염, 뇌졸중, 암 등록자로 흡연 · 고위험 음주 · 비만 · 신체활동 미실천 중 2개 이상의 건강 행태 개선 필요 [대상 특성별 관리사항] • 임부 또는 분만 8주 이내 산부, 출생 4주 이내 신생아, 영유아, 다문화가족 • 만 65세 이상 노인 중 허약판정점수가 4~12점인 자 • 북한 이탈주민으로 감염성 질환이 1개 이상이거나, 흡연 · 고위험 음주 · 비만 · 신체활동 미실천 중 2개 이상의 건강행태 개선 필요 ※ 암 대상자로 암 치료 종료 후 5년이 경과되지 아니한 경우

1) 흡연(현재흡연여부): 평생 담배 5갑(100개비) 이상 피웠고 현재 담배를 피우는 경우
2) 고위험 음주(고위험음주량): 1회 평균 음주량이 남자는 7잔 이상이며, 여자는 5잔 이상이며, 주 2회 이상 음주하는 경우
3) 비만(비만유형률): 체질량지수 25kg/m² 이상인 경우
4) 신체활동 미실천(경기실천율): 최근 1주일 동안 걷기를 1일 총 10분 이상, 1일 총 30분 이상 주 5일 이상 실천한 경우

	대상자 특성	건강위험요인 및 건강문제가 있고 증상이 있으나 조절이 되는 경우
정기 관리군	관리횟수	3개월마다 1회 이상 건강관리 서비스 실시
	판정기준	[고혈압 기준] • 수축기압 120~139mmHg 또는 이완기압 80~89mmHg • 수축기압 120~139mmHg 또는 이완기압 80~89mmHg이고, 흡연 · 고위험 음주 · 비만 · 신체활동 미실천 중 1개 이상의 건강행태 개선 필요 [당뇨 기준] • 공복혈당이 100~125mg/dL 또는 식후혈당이 140~199mg/dL • 공복혈당이 100~125mg/dL 또는 식후혈당이 140~199mg/dL이고, 흡연 · 고위험 음주 · 비만 · 신체활동 미실천 중 1개 이상의 건강행태 개선 필요 [기타 질환] • 관절염, 뇌졸중, 암 등록자로 흡연 · 고위험 음주 · 비만 · 신체활동 미실천 중 1개의 건강행태 개선 필요 [대상 특성별 관리사항] • 북한이탈주민으로 흡연 · 고위험 음주 · 비만 · 신체활동 미실천 중 1개 이상의 건강행태 개선 필요 ※ 암 대상자로 암 치료 종료 후 5년이 경과되지 아니한 경우

PART 06 지역사회 간호사업

지역사회 간호사업
표 하나로 정리하는 꼭꼭 핵심내용

방문건강관리 사업 대상자 군 분류 (2) ★

	자가 역량 지원군	
대상자 특성	건강위험요인 및 건강문제가 있으나 증상이 없는 경우	
관리횟수	6개월마다 1회 이상 건강관리서비스	
판정기준	[고혈압 기준] • 수축기/이완기 혈압이 120mmHg 미만이고, 이완기압이 80mmHg 미만 • 수축기/이완기 혈압이 120mmHg 미만이고, 이완기압이 80mmHg 미만이고 흡연·고위험 음주·비만·신체활동 미실천 중 1개 이상의 건강행태 개선이 필요 [당뇨 기준] • 당화혈색소가 7.0% 미만 또는 공복혈당 100mg/dL 미만 또는 식후혈당 140mg/dL 미만 • 당화혈색소가 7.0% 미만 또는 공복혈당 100 mg/dL 미만 또는 식후혈당 140mg/dL 미만이고, 흡연·고위험 음주·비만·신체활동 미실천 중 1개 이상의 건강행태 개선이 필요 [기타 질환] • 질환은 없으나, 흡연·고위험 음주·비만·신체활동 미실천 중 1개 이상의 건강행태 개선이 필요 ※ 기타 집중관리군과 정기관리군에 해당되지 않는 경우	

PART 06 지역사회 간호사업

노인장기요양보험제도 ☆☆☆

표 하나로 정리하는 꼭꼭 핵심내용

• 장기요양급여: 재가급여(15% 본인이 부담), 시설급여(20% 본인이 부담), 특별현금급여

급여종류		내용
재가급여	방문요양	장기요양요원이 수급자의 가정 등을 방문하여 신체활동 및 가사활동 등을 지원하는 장기요양급여
	방문목욕	장기요양요원이 목욕설비를 갖춘 장비를 이용하여 수급자의 가정을 방문하여 목욕을 제공하는 장기요양급여
	방문간호	장기요양요원인 간호사 등이 의사, 한의사 또는 치과의사의 방문간호지시서에 따라 수급자의 가정 등을 방문하여 간호, 진료의 보조, 요양에 관한 상담 또는 구강위생 등을 제공하는 장기요양급여
	주·야간보호	수급자를 하루 중 일정한 시간 동안 장기요양기관에 보호하여 신체활동 지원 및 심신기능의 유지·향상을 위한 교육·훈련 등을 제공하는 장기요양급여
	단기보호	• 수급자를 보건복지부령으로 정하는 범위 안에서 일정 기간 동안 장기요양기관에 보호하여 신체활동 지원 및 심신기능의 유지·향상을 위한 교육·훈련 등을 제공하는 장기요양급여 • 급여를 받을 수 있는 기간은 월 9일 이내로 한다. 다만, 가족의 여행, 병원치료 등의 사유로 수급자를 돌볼 가족이 없는 경우 등 보건복지부장관이 정하여 고시하는 사유에 해당하는 경우에는 1회 9일 이내의 범위에서 연간 4회까지 연장할 수 있다.
	기타재가급여	수급자의 일상생활·신체활동 지원 및 인지기능의 유지·향상에 필요한 용구를 제공하거나 가정을 방문하여 재활에 관한 지원 등을 제공하는 것
시설급여		장기요양기관이 운영하는 「노인복지법」에 따른 노인의료복지시설 등에 장기간 동안 입소하여 신체활동 지원 및 심신기능의 유지·향상을 위한 교육·훈련 등을 제공하는 장기요양급여
특별현금급여	가족요양비	도서·벽지 등 장기요양기관이 현저히 부족한 지역, 천재지변, 수급자의 신체·정신 또는 성격상의 사유로 인하여 가족으로부터 방문요양에 상당한 장기요양급여를 받은 때 지급되는 현금급여
	특례요양비	수급자가 장기요양기관이 아닌 노인요양시설 등의 기관 또는 시설에서 재가급여 또는 시설급여에 상당한 장기요양급여를 받은 경우 수급자에게 지급되는 현금급여
	요양병원간병비	수급자가 요양병원에 입원한 때 지급되는 현금급여

PART 06 지역사회 간호사업

생정 통계 지표 ☆☆☆

표 하나로 정리하는 꼭꼭 핵심 내용

- 출생/사망 지표(×100은 백분율, ×1000은 천분율, ×10000은 인구수로 두 가지를 모두 사용 가능)

	출생지표	
조출생률	특정 인구 집단의 출생수준을 나타내는 기본 지표	조출생률 = $\dfrac{\text{연 중 출생아 수}}{\text{연 중앙인구(그해 7월1일 현재의 총인구수)}} \times 1,000$
일반출생률	임신이 가능한 연령(15~44세, 15~49세)의 여자 인구 1,000명당 출생률	일반출생률 = $\dfrac{\text{당해 연도의 출생아 수}}{\text{당해 연도의 15~49세의 가임연령 여성인구}} \times 1,000$
연령별 출생률	해당 연령 여자가 낳은 정상출생아수	연령별 출생률 = $\dfrac{\text{해당 연령 여자가 낳은 정상출생아수}}{\text{특정 연도의 특정 연령층 여성인구 수}} \times 1,000$
합계출산율	한 여자가 가임기간(15~49세) 동안 낳을 것으로 예상되는 평균 출생아 수	합계출생률 = $\sum \dfrac{\text{그 연령층에서의 연간 출생 수}}{\text{가임연령층 중 한 연령의 여성인구}} \times 100$
재생산율	한 여성이 일생동안 여아를 몇 명 낳는지에 대한 지수	총재생산율 = 합계출생률 × $\dfrac{\text{여아 출생수}}{\text{총 출생수}}$ 순재생산율 = 합계출생률 × $\dfrac{\text{여아 출생수}}{\text{총 출생수}} \times \dfrac{\text{가임연령 시 생존수}}{\text{여아 출생수}}$

	사망지표	
신생아 사망률		• 초생아 사망률 = $\dfrac{\text{출생 후 7일 이내의 신생아 사망수}}{\text{1년 간 출생수}} \times 1,000$ • 신생아 사망률 = $\dfrac{\text{출생 후 28일 이내의 신생아 사망수}}{\text{1년 간 출생수}} \times 1,000$ • 후기신생아 사망률 = $\dfrac{\text{출생 후 28일부터 1년 미만의 신생아 사망수}}{\text{1년 간 출생수}} \times 1,000$
영아 사망률	생후 12개월 내 사망한 영아 수	영아 사망률 = $\dfrac{\text{생후 12개월 내 사망한 영아 수}}{\text{특정 연도의 총 출생수}} \times 1,000$
모성사망률	• 모성사망률과 모성사망비를 구분하지 않는 것이 다수의 입장 • 모성사망률(같은 연도의 임신, 분만, 산욕 합병증으로 사망한 모성수로 당해연도 연간 총 출생수)	모성사망률 = $\dfrac{\text{모성 사망수(같은 연도의 임신, 분만, 산욕 합병증으로 사망한 모성수)}}{\text{당해연도 연간 총 출생수}} \times 100,000$
	※ 모성사망률과 모성사망비를 구분하는 입장	• 모성사망비 = $\dfrac{\text{연간 모성사망수}}{\text{연간 출생아 수}} \times 100,000$ • 모성사망률 = $\dfrac{\text{연간 모성사망수}}{\text{연간 가임기여성 수}} \times 100,000$
주산기 사망률	산모의 건강 상태뿐만 아니라 태아의 건강 상태를 파악할 수 있는 모자보건 분야의 대표적인 지표	주산기 사망률 = $\dfrac{\text{임신 28(23)주 이후 사산수 + 생후 1주 이내의 신생아 사망수}}{\text{1년 간 출생아 수(출생 + 사산)}} \times 1,000$
유아 사망률	1~4세 사망자수	유아 사망률 = $\dfrac{\text{1~4세 사망자수}}{\text{그해 연앙인구의 1~4세 인구수}} \times 1,000$
사산율		사산율 = $\dfrac{\text{임신 28주 이후의 사산아수}}{\text{특정연도 총출생아 수(출생 + 사산)}} \times 1,000$
α-Index	영아 사망과 신생아 사망의 관련지표로서 α-Index가 1에 근접할수록 영아기간 중 사망이 신생아 고유 질환에 의한 사망뿐이라는 의미를 갖기 때문에 그 지역의 건강수준이 높은 것을 의미	α-Index = $\dfrac{\text{같은 연도의 영아 사망수}}{\text{특정 연도의 신생아 사망수}}$
사망원인별 사망률	같은 해 특정 원인에 의해 사망한 사람들의 분율	사망원인별 사망률 = $\dfrac{\text{특정 연도의 어떤 원인에 의한 1년간 총사망수}}{\text{특정 연도의 연 중앙인구}} \times 100,000$
비례사망률 (PMR)	전체 사망자 중 50세 이상의 사망자 분율 그 연도의 특정질환에 의한 사망 수	비례사망률 = $\dfrac{\text{50세 이상의 사망수}}{\text{연간 총사망수}} \times 100$
조사망률	같은 해 1년 간 총사망수	조사망률 = $\dfrac{\text{같은 해 1년 간 총사망수}}{\text{특정 연도의 연 중앙인구}} \times 1,000$
연령별 사망률	그 연령군의 연간 총사망수	연령별 사망률 = $\dfrac{\text{그 연령군의 연간 총사망수}}{\text{어떤 연령군의 연 중앙인구}} \times 1,000$

PART 06 지역사회 간호사업

인구 통계 / 인구 유형 ☆☆

표 하나로 정리하는 콕콕 핵심 내용

인구 통계

구분	내용
성비	**성비의 구분** ① 1차 성비(primary sex ratio): 태아의 성비 ② 2차 성비(secondary sex ratio): 출생 시의 성비 ③ 3차 성비(tertiary sex ratio): 현재 인구의 성비 $$성비 = \frac{남자수}{여자수} \times 100$$
부양비	• 경제활동 연령인구(생산가능인구, 15~64세)에 대한 비경제활동 연령 인구의 비 $$총부양비 = \frac{15세\ 미만\ 인구(0{\sim}14세)\ 인구\ +\ 65세\ 이상\ 인구}{15{\sim}64세\ 인구} \times 100$$ $$유소년\ 부양비 = \frac{15세\ 미만\ 인구(0{\sim}14세)\ 인구}{15{\sim}64세\ 인구} \times 100$$ $$노년\ 부양비 = \frac{65세\ 이상\ 인구}{15{\sim}64세\ 인구} \times 100$$
노령화 지수	• 소년층 인구(0~14세)에 대한 노년층 인구(노년인구)의 비 $$노령화지수 = \frac{65세\ 이상\ 인구(노년인구)}{0{\sim}14세\ 인구(유년인구)} \times 100$$

인구 구조의 유형

	피라미드형	종형	항아리형	별형

(그림: 피라미드형, 종형, 항아리형, 호로형, 별형 - 각 유형별 인구구조 그래프, 50 및 15 기준선 표시)

	피라미드형	종형	항아리형
	① 저개발국가의 인구구조 유형이며 다산다 사형으로 출생률과 사망률이 모두 높다. ② 유소년 부양비의 증가 및 아동복지와 교육에 대한 정책이 필요하며 0~14세 인구가 65세(50세) 이상의 2배를 넘는다. ③ 출생률도, 고출생·고사망을 보여주는 인구증가형으로 출생률이 조절되지 않고 국가가 계속 증가하는 단계에 있는 국가의 인구층이다.	① 선진국의 인구구조 유형이며 출생률·사망률이 모두 낮다. ② 0~14세 인구가 65세(50세) 이상 인구의 2배가 되며 정체 인구가 되는 단계로 인구 정지형으로 본다. ③ 인구의 노령화 현상이 나타나 노인복지 문제가 대두된다.	① 인구가 감소하는 인구조 유형으로 출생률이 사망률보다 매우 낮다. ② 일부 선진국가들이 여기에 속하며 0~14세 인구가 65세(50세) 이상 인구의 2배에 미치지 못한다. ③ 유소년층의 비율이 낮고 청장년층의 비율이 높게 나타나 국가나 국가경쟁력 약화가 우려된다. (프랑스, 스웨덴, 일본, 싱가포르, 캐나다, 영국, 방주형)

	호로형	별형
	기타형, 표주박형, 농촌형, 유출형 ① 생산연령 인구의 유출이 큰 농촌형 인구구조 유형이라고도 한다. ② 청장년층의 유출에 의한 출산력 저하로 유소년층의 비율이 낮고 15~49세 인구가 전체 인구의 50% 미만이다.	스타형, 성형, 도시형, 유입형 ① 생산연령의 인구 비율이 높은 도시형 인구구조라고도 한다. ② 출산연령에 해당하는 청장년층의 비율이 높기 때문에 유소년층의 비율이 높고 15~49세 인구가 전체 인구의 50%를 넘는다.

PART 06 지역사회 간호사업

학교보건사업

표 하나로 정리하는 콕콕 핵심 내용

학교보건인력의 직무 ☆☆☆

학교의사
① 학교보건계획의 수립에 관한 자문
② 학교환경위생의 유지 및 개선에 관한 자문
③ 학생과 교직원의 건강진단과 건강평가
④ 각종 질병의 예방처치 및 보건지도
⑤ 학생과 교직원의 건강상담
⑥ 그 밖에 학교보건관리에 관한 지도

학교약사
① 학교보건계획의 수립에 관한 자문
② 학교환경위생의 유지 및 개선에 관한 자문
③ 학교에서 사용하는 의약품 및 독극물의 관리에 관한 자문
④ 학교에서 사용하는 의약품 및 독극물의 실험·검사
⑤ 그 밖에 학교보건관리에 관한 지도

보건교사
① 학교보건계획의 수립
② 학교 환경위생의 유지·관리 및 개선에 관한 사항
③ 학생과 교직원에 대한 건강진단의 준비와 실시에 관한 협조
④ 각종 질병의 예방 처치 및 보건지도
⑤ 학생과 교직원의 건강 관찰과 학교 의사의 건강상담, 건강평가 등의 실시에 관한 협조
⑥ 신체가 허약한 학생에 대한 보건지도
⑦ 보건지도를 위한 학생 가정 방문
⑧ 교사의 보건교육 협조와 필요시의 보건교육
⑨ 보건실의 시설·설비 및 약품 등의 관리
⑩ 보건교육자료의 수집·관리
⑪ 학생건강기록부의 관리
⑫ 다음의 의료행위 ㉠ 외상 등 흔히 볼 수 있는 환자의 치료 ㉡ 응급을 요하는 자에 대한 응급처치 ㉢ 부상과 질병의 악화를 방지하기 위한 처치 ㉣ 건강진단결과 발견된 질병자의 요양지도 및 관리 ㉤ ㉠~㉣의 의료행위에 따르는 의약품의 투여
⑬ 그 밖에 학교의 보건관리

PART 06 지역사회 간호사업

학교건강검사

표 하나로 정리하는 꼭꼭 해당 내용

구성			내용
신체발달상황			키, 몸무게, 비만도(BMI) - 매학년도 체크하기 말까지 실시
신체능력	필수평가	심폐 지구력	왕복오래달리기, 오래달리기-걷기, 스텝검사
		유연성	앉아윗몸앞으로굽히기, 종합유연성검사
		근력 · 지구력	팔굽혀펴기(남), 팔굽혀매달리기(여), 윗몸말아올리기, 악력
		순발력	50미터 달리기, 제자리멀리뛰기
		비만	체질량지수(BMI)
	선택평가		심폐지구력정밀검사, 비만검사, 자기신체평가, 자세평가
	① 대상 : 초등학교 5, 6학년/중학교 및 고등학교 학생		
	② 필수평가는 체력요소별로 1개의 검사항목을 선택하여 매 학년도 해당 조에 실시, 선택평가는 학교의 장이 해당 학교의 여건을 고려하여 검사항목, 검사대상, 검사주기 등을 자율적으로 결정하여 실시		
건강조사	① 병력, 식생활 및 건강습관 등에 대하여 실시 → 매학년도 체크하기 말까지 실시		
	② 검사기간에서 건강검진을 받지 않은 학년인 초등학교 2·3·5·6학년, 중학교 2·3학년, 고등학교 2·3학년을 대상으로 한다.		
정신건강상태검사	① 정신건강상태검사는 설문조사 등의 방법으로 한다.		
	② 학교의 장은 정신건강 상태 검사를 실시하는 경우 정신건강 상태 검사 등의 시행에 그 결과 처리에는 "초·중등교육법, 제30조의4에 따른 교육정보시스템을 통하여 할 수 있다.		
	③ 학교의 장은 정신건강 상태 검사를 실시할 때 필요한 경우에는 학부모의 동의 없이 실시할 수 있다. 이 경우 학교의 장은 지체 없이 해당 학부모에게 해당 사실을 통보하여야 한다)에는 검사와 관련한 구체적인 내용을 학부모에게 미리 알려야 한다.		
건강검진	① 초등학교 1, 4학년(구강검진은 전 학년에 대하여 실시), 중1, 고1(3년마다)		
	② 학교의 장은 학생의 건강검사를 실시하기 위하여 2개 이상의 검진기관을 선정(다만, 검진기관을 2개 이상 선정할 수 없는 경우에는 당해 교육감의 승인을 얻어 1개의 검진기관만 선정할 수 있다.)		
	③ 검사 세부 특이사항		
	㉠ 혈액검사 - 초4, 중1, 고1 학생 중 "비만"인 학생 / 혈색소검사 - 고1 여학생		
	㉡ 결핵(흉부 X선) 검사 - 중1, 고1		
결과관리	① 고등학교의 장은 소속 학생이 고등학교를 졸업할 때 학생건강기록부를 해당 학생에게 교부		
	② 학생이 중학교 또는 고등학교에 진학하지 아니하거나 휴학 또는 퇴학 등으로 고등학교를 졸업하지 못한 경우 그 학생이 최종적으로 재학하였던 학교는 학생건강기록부를 비롯한 건강검사 등을 실시한 결과를 학생이 최종적으로 재학한 날부터 5년간 보존		

PART 06 지역사회 간호사업

근로자 건강관리 ☆☆☆

근로자 건강진단

근로자 건강진단 체계도 (요약):
- 건강진단종류: 일반건강진단, 특수건강진단, 배치전건강진단, 수시건강진단, 임시건강진단
- 정기건강진단: 정기검사, 사무직 2년에 1회, 비사무직 연 1회
- 특수건강진단: 유해인자 취급부서 배치전 실시, 신규기준 작업전환자
- 배치전건강진단: 유해인자 취급부서 종사자
- 수시건강진단: 작업관련 증상을 호소하는 자, 피부질환, 천식증상 기타 건강장해 호소자
- 임시건강진단: 직업병 유소견자 다수발생 시 동일부서 근로자
- 별도체계: 직업병, 직업병 유소견자 → 요양·보상·재활, 발생빈도, 일반 의료체계, 일반질환
- 필수항목(선택항목) (연차적으로 1항목 설치)
- 건강구분 A/B/C1/C2/D1/D2
- 업무적합성평가
- 사후관리 (추적검사, 직업병진단의뢰안내·보조치 등)

표 하나로 정리하는 국시 핵심 내용

건강관리구분 사후관리 내용 및 업무적합성 평가

건강관리 구분		사후관리조치판정		업무수행 적합여부 내용(질병유소견자에 대하여 구분함)	
A	건강한 근로자 또는 경미한 이상소견이 있는 근로자	0	필요없음	가	건강관리상 현재의 조건하에서 작업이 가능한 경우
C1	직업성 질병으로 진전될 우려가 있어 추적검사 등 관찰이 필요한 근로자 (직업병 요관찰자)	1	건강상담		
		2	보호구지급 및 착용지도	나	일정한 조건(환경개선, 개인보호구 착용, 건강진단의 주기를 앞당기는 경우 등)하에서 현재의 작업이 가능한 경우
C2	일반질병으로 진전될 우려가 있어 추적관찰이 필요한 자(일반질병 요관찰자)	3	추적검사		
		4	근무중 치료		
CN	질병으로 진전될 우려가 있어 야간작업 시 추적관찰이 필요한 근로자(요관찰자)	5	근로시간단축	다	건강장해가 우려되어 한시적으로 현재의 작업을 할 수 없는 경우(건강상 또는 근로조건상의 문제를 해결한 후 작업복귀 가능)
		6	작업전환		
D1	직업성 질병의 소견이 있는 근로자(직업병 유소견자)	7	근로 제한 및 금지		
D2	일반 질병의 소견이 있는 근로자(일반질병 유소견자)	8	신체요양신청서 작성 지도 등 해당 근로자에 대한 병 확진 의뢰 안내	라	건강장해의 악화 혹은 영구적인 장해 발생으로 현재의 작업을 해서는 안 되는 경우
DN	질병의 소견을 보여 야간작업 시 사후관리가 필요한 근로자(유소견자)	9	기타		
R	건강진단 1차 검사 결과 건강수준의 평가가 곤란하거나 질병이 의심되는 근로자(제2차 건강진단 대상자)				

PART 06 지역사회 간호사업

지역환경관리 VS 산업재해지표 ☆☆

작업환경관리 VS 산업재해지표

작업환경관리

- 독성이 적은 물질로 대처하는 방법으로 가장 효과적인 위생대책의 근본적 방법
  ① 시설의 변경: 공정을 변경할 수 있는 상황이면 안 되면, 사용하고 있는 위험시설이나 기구를 바꾸는 것
  ② 공정의 변경: 유해한 과정을 안전하고 효율적인 공정 과정으로 변경하는 것
  ③ 물질의 변경: 유사한 화학구조를 갖고 있는 다른 물질로 대치하는 것으로 가장 사용빈도가 높은 대처방법

대치

격리
- 물체, 거리, 시간과 같은 장벽(barrier)을 통하여 작업자와 유해인자를 분리하는 것
  ① 격리 저장: 격리하여 저장할 필요가 있는 물질은 섞이지 않도록 보관한다.
  ② 위험시설의 격리
  ③ 차폐: 뜨거운 물체를 다루는 공정 과정의 경우 기구를 대치
  ④ 공정과정의 격리: 가장 비용이 많이 들지만 유용한 대책으로 사용되고 있는 방법으로, 특별히 회학공정에서 많은 유해인자와 작업자를 격리시키는 데 개인보호구 착용

환기
① 전체환기: 작업장의 유해물질 희석환기라고도 한다. 주로 고온과 다습을 조정하기 위해 사용하여 희석환기를 한다. 희석하는 데에도 이용되나 근본적인 대책으로는 부적절하다.
② 국소환기: 유해물질 발생원 가까이에 유해물질을 빨아들여서 밖으로 배출시키는 장치를 설치하여 근로자가 유해물질을 흡입하지 않도록 방지하여 주는 것이다.

산업재해 지표

도수율(빈도율)
① 발생상황을 파악하기 위한 표준적인 지표로서, 연 100만 작업시간당 재해발생건수를 의미한다.
② 도수율 = 재해건수/연근로시간수 × 1,000,000

건수율
① 조사기간 중의 산업체 종업원 1,000명당 재해발생건수를 표시하는 것으로 발생률이라고도 한다.
② 산업재해 발생상황을 총괄적으로 파악하는 데 적합하나, 작업시간이 고려되지 않는 결점이 있다.
③ 건수율 = 재해건수/평균실근로자수 × 1,000

강도율
① 연 1,000 작업시간당 작업손실일수로서 재해의 경중 (강도)이 재해에 의한 손상의 정도를 나타내는 것을 말한다.
② 강도율 = 손실작업일수/연근로시간수 × 1,000

평균손실일수(중독률)
① 재해건수당 평균작업손실 규모가 어느 정도인지를 나타내는 지표이다.
② 평균손실일수 = 손실작업일수/재해건수

유해물질 허용기준

시간가중 평균노출기준
① 주당 40시간 하루 8시간 작업 동안에 폭로된 평균 농도의 상한치로, 이 수준에는 대부분의 작업자가 매일 노출되어도 건강상 영향이 없을 것으로 여겨지는 수치이다.
② 1일 8시간 작업을 기준으로 하여 유해인자의 측정치에 발생시간을 곱하여 8시간으로 나눈 값을 말한다.

단시간노출기준
① 시간가중 평균노출기준(TWA)에 대한 보완기준으로 단시간 동안 유해요인에 노출되는 경우의 기준으로 한다.
② 1회에 노출 지속시간이 15분 미만이어야 하고, 이러한 상태의 노출이 1일 4회까지만 허용되며, 각 노출의 간격은 60분 이상이어야 한다.
③ 이 노출기준 이하에서는 만성중독이나 고농도에서 급성중독을 초래하는 급성장해를 일으키지 않는 유해물질에 적용된다.

최고노출기준
① 천정값이라고 하며, 1일 작업시간 동안 잠깐이라도 노출되어서는 안 되는 기준으로 최고 수준의 농도를 의미한다. 시간가중 평균농도 앞에 'C'로 표시한다.
② 8시간 작업 후 16시간의 휴식을 취하는 작업조건과 자극성 가스나 독작용이 빠른 물질에 적용된다.
③ 실제로 순간 농도 측정은 불가능하므로 보통 15분간 측정한다.
④ 독성이나 위험이 상대적으로 적은 자료로 사용할 수 없다.

PART 06 지역사회 간호사업

표 하나로 정리하는 꼭꼭 핵심내용

☆ 산업재해보상

급여	조건	비고
요양급여	• 근로자가 업무상의 사유로 부상을 당하거나 질병에 걸린 경우에 그 근로자에게 지급 • 부상 또는 질병이 3일 이내의 요양으로 치유될 수 있으면 요양급여를 지급하지 아니한다.	요양비 전액
휴업급여	업무상 사유로 부상을 당하거나 질병에 걸린 근로자에게 요양으로 취업하지 못한 기간에 대하여 지급하되, 취업하지 못한 기간이 3일 이내이면 지급하지 아니한다.	1일당 지급액은 평균임금의 100분의 70에 상당하는 금액
장해급여	• 근로자가 업무상의 사유로 부상을 당하거나 질병에 걸려 치유된 후 신체 등에 장해가 있는 경우 • 장해급여는 장해등급(1~14등급)에 따라 장해보상연금 또는 장해보상일시금으로 하되, 그 장해등급의 기준은 대통령령으로 정한다.	장해보상연금: 수급권자가 신청하면 그 연금의 최초 1년분 또는 2년분의 2분의 1에 상당하는 금액
간병급여	요양급여를 받은 자 중 치유 후 의학적으로 상시 또는 수시로 간병이 필요하여 실제로 간병을 받는 자에게 지급	
유족급여	근로자가 업무상의 사유로 사망한 경우에 유족에게 지급	• 유족보상일시금: 100분의 50에 상당하는 금액 • 유족보상연금: 100분의 50을 감액하여 지급
상병보상연금	근로자가 요양을 시작한 지 2년이 지난 날 이후에 다음 각 호의 요건 모두에 해당하는 상태가 계속되면 휴업급여 대신 지급 ㉠ 그 부상이나 질병이 치유되지 아니한 상태일 것 ㉡ 그 부상이나 질병에 따른 폐질(廢疾)의 정도가 대통령령으로 정하는 중증요양상태등급 기준에 해당할 것 ㉢ 요양으로 인하여 취업하지 못하였을 것	
직업재활급여	• 장해급여 또는 진폐보상연금을 받은 자 중 자나 장해급여를 받을 것이 명백한 자로서 대통령령으로 정하는 자 중 취업을 위하여 직업훈련이 필요한 자에 대하여 실시하는 직업훈련에 드는 비용 및 직업훈련수당 • 업무상의 재해가 발생할 당시의 사업에 복귀한 장해급여자에 대하여 사업주가 고용을 유지하거나 직장적응훈련 또는 재활운동을 실시하는 경우에 각각 지급하는 직장복귀지원금, 직장적응훈련비 및 재활운동비	
장비비(장의비)	근로자가 업무상의 사유로 사망한 경우에 지급	평균임금의 120일분에 상당하는 금액

PART 06 지역사회 간호사업

MIND MAP

지역사회 재활사업

장애의 개념
- 장애인: 신체적, 정신적 장애로 오랫동안 일상생활이나 사회생활에 상당한 제약을 받는 자

재활간호의 목적
① 근본적 목적은 장애인이 기능을 회복과 최대한 독립성을 증진시키므로 장애인으로 사회생활에 사회통합함이다.
② 잠재적 기능을 극대화하여 지금의 수준에서 성장함을 돕게한다.
③ 변화된 삶에 적응하고 수용하여 안정된 상태를 유지할 수 있게 한다.
④ 수용된 삶의 질을 성취하게 한다.
⑤ 자신의 삶을 인정하고 가정과 지역사회에 복귀할 수 있게 한다.
⑥ 교육과 상담을 통해 환자와 가족에게 생활에 대해 이해하고 최고가 될 수 있도록 돕는다.
⑦ 신체적 장애의 한계 내에서 모든 심신의 상태가 최고가 될 수 있도록 돕는다.

노인장기요양보험

개념
- 고령이나 노인성 질병 등의 사유로 일상생활을 혼자서 수행하기 어려운 노인 등에게 신체활동 또는 가사활동 지원 등의 장기요양급여를 사회적 연대원리에 따라 제공하는 사회보험
- 2007년 4월 27일 「노인장기요양보험법」제정 → 2008년 7월 1일부터 제도 시행

대상
① 65세 이상의 노인 또는 65세 미만의 자로서 치매·뇌혈관성질환 등 대통령령이 정하는 노인성 질병(알츠하이머병, 지주막하출혈, 뇌내출혈, 뇌경색증, 뇌졸중, 뇌전증막의 폐쇄 및 협착, 다발성경화증, 파킨슨병, 중풍후유증, 진전) 을 가진 자
② 6개월 이상의 기간 동안 일상생활(ADL: Activities of Daily Living)을 혼자서 수행하기 어렵다고 인정되는 경우(6등급 보유)

노인인구의 변화
노인인구가 2000년에 이미 7%를 넘어 고령화 사회에 진입. 2017년 8월 말에는 14%를 넘어 고령 사회, 2025년에는 20%를 넘어 초고령 사회가 될 것으로 예측 → 2024년 기준 19.2%

노인복지시설의 종류

구분	종류	구분	종류
노인주거복지시설	양로시설 노인공동생활가정 노인복지주택	노인의료복지시설	노인요양시설 노인요양공동생활가정
노인여가복지시설	노인복지관 경로당 노인교실	재가노인복지시설	방문요양서비스 주·야간 보호서비스 단기 보호서비스
노인보호전문기관	노인보호전문기관	노인일자리지원기관	노인일자리지원기관
학대피해노인전용쉼터	—		노인취업알선기관

지역사회 간호사업 1

가정간호사업

대상
- 의사나 한의사가 의료기관 외의 장소에서 계속적인 치료와 관리가 필요하다고 판단하여 가정전문간호사에게 치료나 관리를 의뢰한 자에 대해서만 실시

의료법상 가정간호 범위
① 간호 ② 검체의 채취 및 운반 ③ 투약 ④ 주사 ⑤ 응급처치 등에 대한 교육 및 훈련 ⑥ 상담 ⑦ 다른 보건의료기관 등에의 건강관리에 관한 의뢰(②~⑥는 의사 or 한의사의 처방 필요)
- 의사 및 한의사의 처방의 유효기간은 90일/가정전문간호 기록 보관은 5년
- 가정간호를 실시하는 의료기관의 장은 가정 전문간호사를 2명 이상 두어야 함.

가정간호수가
가정간호비용 = 가정간호 기본방문료(급여) + 진료행위별 수가(급여)

방문건강관리사업
가족과 지역주민의 자가건강관리능력을 개선하여 건강수준을 향상시켜주는 포괄적인 사업(국민건강증진법에 근거)

방문건강관리사업의 추진 배경
① 취약계층을 위한 보건의료 이용의 형평성 제고
② 고령사회의 도래에 따른 대응
③ 건강생활 실천 유도 등 선진적인 만성질환 예방 및 관리활동 필요
④ 국민의료비 절감
⑤ 방문요양보험제도 도입

방문건강관리사업
(1) 비전: 건강형평성 제고와 취약계층 건강수명 연장
(2) 목적
① 취약계층 건강인식 제고
② 취약계층 자가건강관리능력 향상
③ 취약계층 건강상태 유지 및 개선
(3) 서비스 제공과정
대상자 발굴 → 대상자 등록 & 군분류 → 군별 관리 → 대상자 평가
(집중관리군, 정기관리군, 자기역량지원군)

PART 06 지역사회 간호사업

MIND MAP

지역사회 간호사업 2

사망지표

신생아 사망률
- 신생아 사망률 = $\dfrac{\text{출생 후 28일 이내의 신생아 사망수}}{\text{1년간 출생아 수}} \times 1,000$

영아 사망률
- 국가나 지역사회 보건수준(위생상태, 경제적 수준, 보건서비스)을 나타내는 대표적인 지표
- 영아 사망률 = $\dfrac{\text{일정기간 중 생후 12개월 이내 사망한 영아 수}}{\text{일정 기간의 총 출생아 수}} \times 1,000$

유아 사망률
- 유아 사망률 = $\dfrac{1 \sim 4\text{세 사망자수}}{\text{그 해 중앙시점의 } 1 \sim 4\text{세 인구수}} \times 1,000$

모성 사망률
- 모성사망률과 모성사망비를 구별하지 않는 것이 다수의 입장
- 모성사망률 = $\dfrac{\text{같은 연도의 임신·산후 합병증으로 사망한 모성수}}{\text{당해년도 연간 총 출생아 수}} \times 100,000$
- ※ 모성사망률과 모성사망비를 구별하는 입장
- 모성사망률 = $\dfrac{\text{연간 모성사망수}}{\text{연간 출생아 수}} \times 100,000$
- 모성사망비 = $\dfrac{\text{연간 모성사망수}}{\text{연간 가임여성 수}} \times 100,000$

α-Index
- 영아 사망과 신생아 사망의 관련지표로서 α-Index가 1에 근접할수록 영아기간 중의 사망이 신생아 고유 질환에 의한 사망뿐이라는 의미를 가져, 지역이 건강수준이 높은 것을 의미
- α-Index = $\dfrac{\text{같은 연도의 영아 사망수}}{\text{같은 연도의 신생아 사망수}}$

조사망률
- 조사망률 = $\dfrac{\text{같은 해 1년 간 총 사망수}}{\text{특정 연도의 1년 간 총인구}} \times 1,000$

연령별 사망률
- 연령별 사망률 = $\dfrac{\text{그 연령군의 연간 총 사망수}}{\text{어떤 연령군의 연 중앙인구}} \times 1,000$

사망원인별 사망률
- 사망원인별 사망률 = $\dfrac{\text{같은 해 특정 원인에 의한 1년 간 총사망수}}{\text{특정 연도의 연 중앙인구}} \times 1,000$

지역사회 정신건강사업

"정신건강증진 및 정신질환자 복지 서비스 지원에 관한 법률"의 기본이념
① 모든 국민은 정신질환으로부터 보호받을 권리를 가진다.
② 모든 정신질환자는 인간으로서의 존엄과 가치를 보장받고, 최적의 치료를 받을 권리를 가진다.
③ 모든 정신질환자는 정신질환이 있다는 이유로 부당한 차별대우를 받지 아니한다.
④ 미성년자인 정신질환자는 특별히 치료, 보호 및 교육을 받을 권리를 가진다.
⑤ 정신질환자에 대해서는 입원 또는 입소가 최소화되도록 지역 사회 중심의 치료가 우선적으로 고려되어야 하며, 정신질환자 자신의 의지에 따라 입원 또는 입소가 권장되어야 한다.
⑥ 정신질환자는 원칙적으로 자신에게 영향을 미치는 사람과 관련된 결정 과정에 참여할 권리를 가진다.
⑦ 정신질환자는 자신과 관련된 정보를 제공받을 권리를 가진다.
⑧ 정신질환자는 자신에게 정신건강증진을 위한 정보에 접근할 수 있는 권리를 가진다.

지역사회 정신건강사업의 10가지 원칙(G. Caplan, 1967)
① 지역주민의 참여
② 치료의 지속성을 유지
③ 일차, 이차, 삼차 예방
④ 정신보건전문가의 자문
⑤ 정신과 주민의 대한 책임
⑥ 정신보건사업의 평가와 연구
⑦ 여러 전문 인력 간의 팀 접근
⑧ 환자의 가정과 가까운 곳에서 진료
⑨ 보건의료서비스와 사회복지서비스의 연계
⑩ 치료뿐 아니라 예방과 정신건강증진을 포함한 포괄적 서비스 보장

모자보건사업

임산부의 정기건강검진

바람직한 산전관리(WHO)
- 임신 7개월까지: 4주마다 1회
- 임신 8~9개월: 2주마다 1회
- 임신 10개월: 1주마다 1회

「모자보건법」에 의한 산전관리
(모자보건법 시행규칙 제5조 제1항)
- 임신 28주까지(7개월): 4주마다 1회
- 임신 29~36주까지(8~9개월): 2주마다 1회
- 임신 36주 이후(10개월): 1주마다 1회

모자보건 생정 통계지표

출생지표

조출생률	• 특정 인구 집단의 출산수준을 나타내는 기본 지표 • 조출생률 = $\dfrac{\text{연간 총 출생아 수}}{\text{연 중앙인구(그 해 7월 1일 현재의 총인구수)}} \times 1,000$
일반 출생률	• 임신이 가능한 연령(15~44세, 15~49세)의 여자 인구 1,000명당 출생률 • 일반출생률 = $\dfrac{\text{같은 해 총 출생아 수}}{\text{당해 연도의 15~49세 가임연령 여성인구}} \times 1,000$
연령별 출생률	• 해당 연령 여자가 낳은 총 정상출생아 수 • 연령별출생률 = $\dfrac{\text{해당 연령 여자가 낳은 총 정상출생아 수}}{\text{특정 연도의 특정 연령층 여성인구 수}} \times 1,000$

출생지표

합계 출산율	• 한 여자가 가임기간(15~49세) 동안 낳아 놓을 것으로 예상되는 평균 출생아 수 • 합계출산율 = $\sum \dfrac{\text{그 연령층에서의 연간 출생아 수}}{\text{가임연령 중 한 연령의 여성인구}} \times 100$
재생산율	• 한 여성이 일생동안 여아를 몇 명 낳는가에 대한 지수 • 총재생산율 = 합계출산율 × $\dfrac{\text{여아 출생수}}{\text{총 출생수}}$ • 순재생산율 = 합계출산율 × $\dfrac{\text{여아 출생수}}{\text{총 출생수}}$ × $\dfrac{\text{가임여성 시 생존수}}{\text{여아 출생수}}$

PART 06 지역사회 간호사업 MIND MAP

지역건강간호사업

근로자 건강진단

- 건강진단종류
  - 일반건강진단 — 정기검진 — 사무직 2년에 1회 / 비사무직 연1회
  - 배치전건강진단 — 유해인자 취급하기 전에 실시
  - 특수건강진단 — 유해인자 취급하는 근로자
  - 수시건강진단 — 직업관련 증상을 호소할때
  - 임시건강진단 — 직업성 유소견자 다수발생시 등
- 건강진단시기
- 건강진단대상
- 건강진단결과
- 산업역학평가

필수항목/선택항목 (임의적으로 1항목 실시)

건강구분 A/B/C1/C2/D1/D2

업무적합성평가

사후관리 (추적검사, 작업환경개선건의조치 등)

산업재해 지표

도수율 (발생률, 천인율, 만인율)	① 발생상황을 파악하기 위한 표준적인 지표로서, 연 100만 작업시간당 재해발생건수를 말한다. ② 도수율 = 재해건수/연근로시간수 × 1,000,000
건수율 (발생률, 천인율, 만인율)	① 조사기간 중의 산업체 종업원 1,000명당 재해발생건수를 표시하는 것으로 천인율 또는 발생률이라고도 한다. ② 건수율 = 재해건수/평균실근로자수 × 1,000
강도율	① 연 1,000 작업시간당 재해로 인한 근로손실일수로서 재해에 의한 손상의 정도를 나타낸다. ② 강도율 = 손실작업일수/연근로시간수 × 1,000
평균 손실일수 (중독률)	① 재해건수당 평균작업손실 규모가 어느 정도인지를 나타내는 지표이다. ② 평균손실일수 = 손실작업일수/재해건수 × 1,000

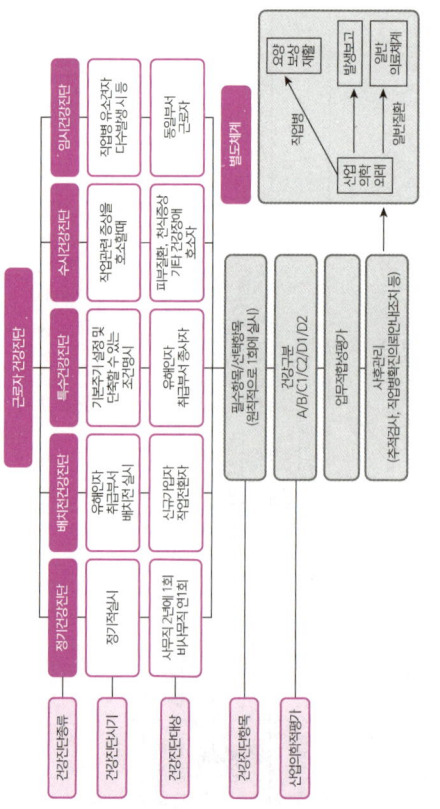

발병체계

직업병 ← 산업의료 ← 요양 보상 재활
일반의료 ← 일반질환 ← 발생보고 일반 의료체계

지역사회 간호사업 3

학교보건사업

학교보건인력의 직무

보건교사	학교의사

① 학교보건계획의 수립
② 학교 환경위생의 유지·관리 및 개선에 관한 사항
③ 학생과 교직원에 대한 건강진단의 준비와 실시에 관한 협조
④ 각종 질병의 예방처치 및 보건지도
⑤ 학생과 교직원의 건강관찰과 학교의사의 건강상담, 건강평가 등의 실시에 관한 협조
⑥ 신체가 허약한 학생에 대한 보건지도
⑦ 보건지도를 위한 학생가정 방문
⑧ 교사의 보건교육 협조와 필요시의 보건교육
⑨ 보건실의 시설·설비 및 약품 등의 관리
⑩ 보건교육자료의 수집·관리
⑪ 학생건강기록부의 관리
⑫ 다음의 의료행위(간호사 면허를 가진 사람만 해당)
  ㉠ 외상 등 흔히 볼 수 있는 환자의 치료
  ㉡ 응급을 요하는 자에 대한 응급처치
  ㉢ 부상과 질병의 악화를 방지하기 위한 처치
  ㉣ 건강진단결과 발견된 질병자의 요양지도 및 관리
  ㉤ ~㉣의 의료행위에 따르는 의약품 투여
⑬ 그 밖에 학교의 보건관리
	① 학교보건계획의 수립에 관한 자문
	② 학교환경위생의 유지·관리 및 개선에 관한 자문
	③ 학생과 교직원의 건강진단과 건강평가
	④ 각종 질병의 예방처치 및 보건지도
	⑤ 학생과 교직원의 건강상담
	⑥ 그 밖에 학교보건관리에 관한 지도

	학교약사
	① 학교보건계획의 수립에 관한 자문 ② 학교환경위생의 유지·관리 및 개선에 관한 자문 ③ 학교에서 사용하는 의약품 및 독극물의 관리에 관한 자문 ④ 학교에서 사용하는 의약품 및 독극물의 실험·검사 ⑤ 그 밖에 학교보건관리에 관한 지도

교육환경 보호구역

절대보호구역	학교출입문으로부터 직선거리로 50미터까지인 지역 (학교설립예정지의 경우 학교경계로부터 직선거리 50미터까지인 지역)
상대보호구역	학교경계등으로부터 직선거리로 200미터까지인 지역 중 절대보호구역을 제외한 지역
관리	① 교육감은 학교설립예정지가 통보된 날부터 30일 이내에 교육환경보호구역을 설정·고시·공고 해야 한다. ② 상급 학교 간에 보호구역이 서로 중복되는 경우에는 해당 학교의 장 ③ 같은 급의 학교 간에 보호구역이 중복되는 경우에는 그 상급학교의 장. 다만, 하급학교가 유치원인 경우에는 그 상급학교의 장 ④ 학교 간의 보호구역이 서로 중복되는 경우로서 그 중복되는 보호구역이 연접한 학교 상호간 보호구역이 서로 중복되는 경우에는 학생 수가 많은 학교의 장 ⑤ 상·하급 학교 간에 보호구역이 서로 중복될 경우로서 상대보호구역과 절대보호구역이 서로 중복되는 경우에는 절대보호구역이 설정된 학교의 장

> 지역별 추가로 꼭 공부할 것!
통합건강증진사업은 방문건강관리 노트안에서 일부 설명됨

PART 07 건강증진과 보건교육

제1차 국제건강증진 회의 - 오타와 국제회의 ☆☆

건강증진의 3대 원칙

옹호(advocacy)	건강에 대한 관심을 불러일으키고, 보건의료의 수요를 충족할 수 있는 건강한 보건정책을 수립해야 한다.
역량강화(empowerment)	개인과 가족의 건강권을 인정하고, 그들 스스로 건강관리에 적극 참여하여 자신의 행동에 책임을 느끼게 하도록 해야 한다.
연합(alliance)	모든 사람들이 건강하도록 관련 전문가들이 연합해야 한다.

건강증진의 5대 활동 요소

① 건강한 공공정책의 수립: 건강증진의 개념은 개인의 행위에 국한되지 않고 다른 모든 영역의 정책입안자들이 정책결정의 결과가 건강에 미치는 영향을 인식하게 하고, 자신들이 결정한 국민건강에 대해 책임이 있음을 받아들이게 한다.

② 지지적 환경의 조성: 우리 사회는 복잡하고 서로 밀접하게 관련을 맺고 있기 때문에 건강 또는 다른 목표들과 분리되도록 생각할 수 없다. 자연적 · 인공적 환경이나 천연자원의 보존은 건강증진전략에서 기본이 되어야 할 활동이다.

③ 지역사회 활동의 강화: 건강증진사업의 목적을 달성하기 위해서는 우선순위와 활동범위를 결정하여 전략적 기획과 실천방법을 모색하고 구체적이고 효과적인 지역사회활동을 통해 실천되어야 한다.

④ 개인 기술의 개발(자기건강 돌보기 육성): 건강증진활동을 통해 개개인은 건강과 환경에 대한 통제력을 향상시키고, 건강에 유익한 선택을 할 수 있는 능력을 갖게 된다. 생의 주기에 따른 건강증진활동으로 전 생애의 각 단계를 준비할 수 있고 만성질환이나 상해, 위기에 대처할 수 있는 능력을 개발해야 한다.

⑤ 보건의료서비스의 방향 재설정(보건의료서비스의 개혁): 보건의료의 역할은 건강증진 방향으로 전환되어야 한다.
  ㉠ 이용자의 필요와 요구에 알맞은 서비스의 개발
  ㉡ 전문인력의 훈련과정에 건강증진에 대한 교육 포함
  ㉢ 건강과 다른 분야와의 의사소통 통로를 여는 것

PART 07 건강증진과 보건교육

표 하나로 정리하는 꼭꼭 핵심 내용

건강증진 이론 (1) ☆☆☆

건강신념(믿음)모형

- 사람들이 질병예방 프로그램에 참가하지 않는 이유를 설명하기 위하여 개발
- 건강신념모형은 예방적 행위를 하지 않는 사람들의 질병예방 행위를 실천할 수 있도록 중재를 제공하는 데 유용
- 주요개념: 초기모델에서는 5가지 개념을 설계(지각된 민감성, 지각된 심각성, 지각된 유익성, 지각된 장애, 행위의 계기), 최근에는 지각된 위협감과 자기효능감이 추가

지각된 민감성 (Perceived susceptibility)	- 자신이 어떤 질병에 걸릴 위험이 있다는 가능성에 대한 인지 정도이며, 질병에 대한 민감성은 인구학적 특성, 사회심리학적 특성, 환경 등에 의해 개인마다 차이가 있다. - 지각된 민감성이 높을수록 건강행위 가능성이 높아진다.	
지각된 심각성 (Perceived severity)	- 질병에 심각성을 인지하는 정도로, 죽음, 불구, 통증 같은 의학적 결과나 가족생활과 같은 사회적 결과를 포함한다. - 지각된 심각성이 높을수록 건강행위 가능성이 높아진다.	
지각된 유익성 (Perceived benefits)	- 특정 행위를 함으로써 오는 혜택과 유익에 대한 인지 정도로, 건강을 위한 행위를 하면 자신에게서 유익할 것이라고 생각할수록 관련 행위를 할 가능성이 높아진다.	
지각된 장애성 (Perceived barriers)	- 특정 건강행위에 대한 부정적 인지 정도로, 이것은 건강행위의 방해요소로 작용한다. - 행위의 효용성에 반하여 그 행위를 하였을 때 비용 부담, 위험성, 통증, 불편함, 시간 소비, 습관의 변화 등에 대해 무의식적으로 이루어지는 비용-효과분석에 의해 발생된다. - 지각된 장애가 낮을수록 건강행위 가능성이 높아진다.	
행위의 계기 (Cue to action)	- 질병에 대한 지각된 위협성에 영향을 주는 요소로 사람들에게 특정 행동에 참여하도록 자극을 주는 중재를 말한다. - 질병에 대한 인지의 감수성이 낮은 사람일수록 강하고 효과적인 중재를 주어야 특정행위에 참여할 가능성이 커진다. - 건강상담이나 보건교육을 통해 특정 행위를 장려하거나 설득할 수도 있고, 이웃이나 보내는 안내 엽서나 팜플렛을 통한 홍보활동도 행위에 계기가 될 수 있다. - 중재의 효과가 강도가 높을수록 건강행위 가능성이 높아진다.	
질병에 대한 지각된 위협성	- 특정 행위에 대한 자신의 제도가 중 자신에게 나타난 증상이나 이웃의 병에 대해 질병을 인식하는 정도이다. - 지각된 민감성과 지각된 심각성을 통하여 지각된 위협감(위협성)이라 한다. 여기서 인지된 위협 또한, 가깝게 위협이 아니라 주관적 상상이다.	
자기효능감	반두라(Albert Bandura)가 제시한 개념으로 인간은 자신이 잘 해낼 수 있다는 확신이 있을 때 행동하게 된다는 것으로, 장기간에 걸친 생활양식의 변화를 통해 얻어진 자신감에 따라 행동 여부가 결정된다고 본다.	

건강증진모형

- Pender의 건강증진모형은 건강증진 행위를 통제를 통제하는 데에 있어서 인지의 조정 과정의 중요함을 강조한 사회인지(학습)이론과 건강신념모형을 기초로 하여 개발
- 중요한 특징은 건강증진에 인지 지각 요인이 미치는 영향이 크다는 것을 강조하는 것이다. 특히 이러한 인지 지각을 변화시켜 건강증진 행위를 촉진할 수 있다는 점이 있다.
- 이 이론은 지나치게 많은 변수들을 고려함으로써 실제적인 적용에 어려움, 이론으로서의 간결성이 부족하다는 지적을 받고 있다.

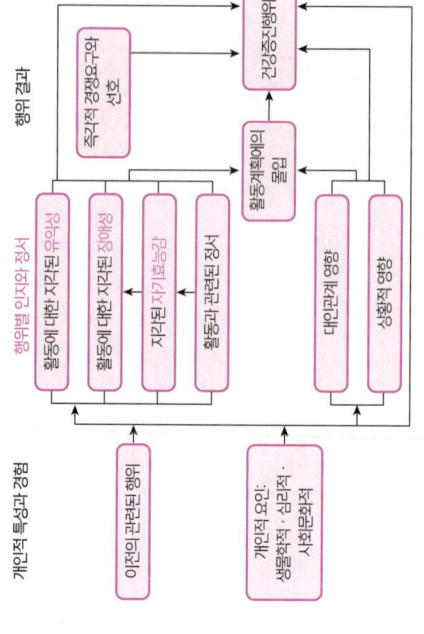

개인적 특성과 경험 / 행위별 인지와 정서 / 행위 결과

이전의 관련된 행위

개인적 요인:
생물학적·심리적·
사회문화적

활동에 대한 지각된 유익성
활동에 대한 지각된 장애성
지각된 자기효능감
활동과 관련된 정서

대인관계 영향
상황적 영향

활동계획에의 몰입

즉각적 경쟁요구와 선호

건강증진행위

PART 07 건강증진과 보건교육

건강증진 이론 (2) ☆☆☆

PRECEDE – PROCEED 모형

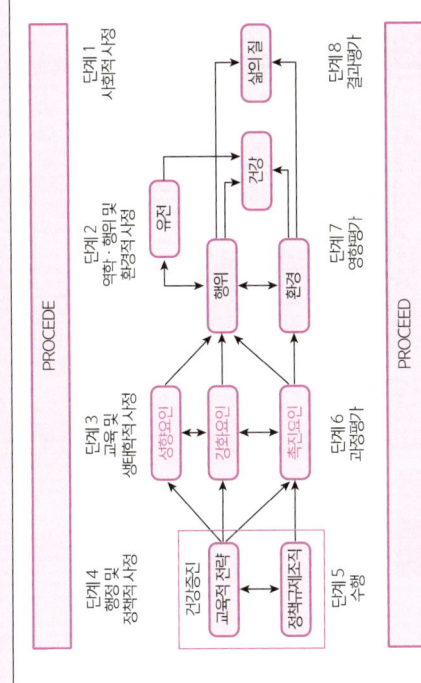

① 성향요인(소인요인, Predisposing factors): 행위의 근거나 동기를 제공하는 인지적·정서적 요인으로 지식, 태도, 신념, 가치, 자기효능 등이 중재전략을 세우거나 보건교육 계획시 매우 유용

② 촉진요인(가능요인, 가용요인, Enabling factors): 개인이나 조직의 건강행위 수행을 가능하게 도와주는 요인으로 보건의료 및 지역사회 자원의 이용 가능성, 접근성, 시간적 여유 체공성과 개인의 기술, 개인의 자원 및 지역사회 자원 등

③ 강화요인(Reinforcing factors): 보상, 칭찬, 처벌 등과 같이 행위가 지속되거나 없어지게 하는 요인으로 사회적 유익성, 신체적 유익성, 대리보상, 사회적 지지, 친구의 영향, 충고, 보건의료 제공자에 의한 긍정적·부정적 반응 등

범이론적 모형

• 범이론적 모형은 행위 변화 과정과 행위 변화 단계를 핵심으로 개인·집단이 문제 행위를 어떻게 수정하고 긍정적 행위를 선택하는가에 대한 행위 변화를 설명하는 이론

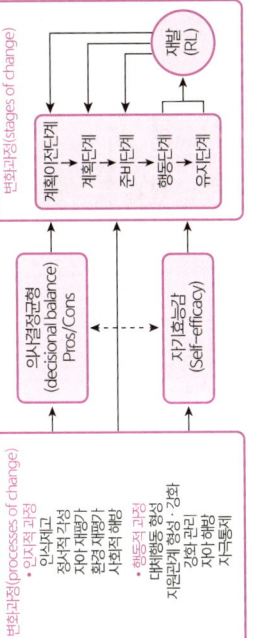

① 계획 전 단계(무관심단계): 6개월 이내에 행동 변화의 의지가 없는 단계로 자신의 문제를 인지하지 못하거나 과소평가, 회피가 나타난다.

② 계획단계(관심단계): 문제를 인식하고 6개월 이내에 문제를 해결하고자 하는 의도는 있으나 구체적인 계획은 없다.

③ 준비단계: 행위 변화 의도와 행동을 결합시킨 단계로 구체적인 실행계획이 잡혀 있는 단계로 1개월 내에 건강행동을 하겠다는 의도가 있다.

④ 실행(행동)단계: 행동 시작 후 6개월 이내로 행동 변화가 실행되는 단계

⑤ 유지단계: 실행단계에서 시작한 행위 변화를 최소한 6개월 이상 지속하여 생활의 일부분으로 정착하는 단계

PART 07 건강증진과 보건교육

제5차 국민건강증진종합계획 ☆☆

표 하나로 정리하는 국시 핵심 내용

비전: 모든 사람이 평생 건강을 누리는 사회

총괄목표: 건강수명 연장과 건강형평성 제고

기본원칙
1. 국가와 지역사회의 모든 정책 수립에 건강을 우선적으로 반영한다.
2. 보편적인 건강수준의 향상과 건강형평성 제고를 함께 추진한다.
3. 모든 생애과정과 생활터에 적용한다.
4. 건강친화적인 환경을 구축한다.
5. 누구나 참여하여 함께 만들고 누릴 수 있도록 한다.
6. 관련된 모든 부문이 연계하고 협력한다.

사업분야

건강생활실천	정신건강 관리	비감염성 질환 예방관리	감염 및 기후변화성 질환 예방관리	인구집단별 건강관리	건강친화적 환경 구축
금연 절주 영양 신체활동 구강건강	자살예방 치매 중독 지역사회 정신건강	암 심뇌혈관질환 비만 손상	감염병 예방 및 관리 감염병 위기대비·대응 기후변화성 질환	영유아 아동·청소년 여성노인 장애인/근로자 군인	건강친화적 법제도 개선 건강정보 이해력 제고 혁신적 정보기술의 적용 재원마련 및 운용 지역사회 자원 확충 및 거버넌스 구축

PART 07 건강증진과 보건교육

표 하나로 정리하는 꼭꼭 핵심 내용

제5차 국민건강증진종합계획의 대표지표 ☆☆

해당사업		대표지표
건강생활실천	금연	성인남성 현재흡연율 / 성인여성 현재흡연율
	절주	성인남성 고위험음주율 / 성인여성 고위험음주율
	영양	식품 안정성 확보 가구분율
	신체활동	성인남성 유산소 신체활동 실천율 / 성인여성 유산소 신체활동 실천율
	구강건강	영구치(12세) 우식 경험률
정신건강관리	자살예방	자살사망률(인구 10만 명당) / 남성 자살사망률(인구 10만 명당) / 여성 자살사망률(인구 10만 명당)
	치매	치매안심센터의 치매환자 등록·관리율(전국 평균)
	중독	알코올 사용장애 정신건강 서비스 이용률
	지역사회 정신건강	정신건강 서비스이용률
비감염성 질환 예방관리	암	성인남성(20~74세) 암 발생률(인구 10만 명당) / 성인여성(20~74세) 암 발생률(인구 10만 명당)
	심뇌혈관 질환	성인남성 고혈압 유병률 / 성인여성 고혈압 유병률 / 성인남성 당뇨병 유병률 / 성인여성 당뇨병 유병률 / 급성 심근경색증 환자의 발병 후 3시간 미만 응급실 도착 비율
	비만	성인남성 비만 유병률 / 성인여성 비만 유병률
	손상	손상사망률(인구 10만 명당)
감염 및 기후변화성 질환	감염병 예방 및 관리	신고 결핵 신환자율(인구 10만 명당)
	감염병 위기 대비대응	MMR 완전접종률
	기후 변화성 질환	기후보건영향평가 평가체계 구축 및 운영
인구집단별 건강관리	영유아	영아사망률(출생아 1천 명당)
	아동·청소년	고등학교 남학생 현재흡연율 / 고등학교 여학생 현재흡연율
	여성	모성사망비(출생아 10만 명당)
	노인	노인 남성의 주관적 건강인지율 / 노인 여성의 주관적 건강인지율
	장애인	성인 장애인 건강검진 수검률
	근로자	연간 평균 노동시간
	군인	군 장병 흡연율
건강 친화적 환경구축	건강정보 이해력 제고	성인남성 적절한 건강정보이해능력 수준 / 성인여성 적절한 건강정보이해능력 수준

PART 07 건강증진과 보건교육

학습이론 ☆☆

표 하나로 정리하는 꼭꼭 핵심 내용

행동주의

- 인간의 학습 현상을 행동과 그 행동을 발생 시킬 수 있는 외부환경에 초점을 두고 설명하는 이론으로, 목표한 행동의 변화가 일어나면 학습이 이루어졌다고 본다.
  ① 행동은 보상, 칭찬, 처벌 등과 같은 강화에 의해 증가된다.
  ② 행동은 이전의 경험에 의해 영향을 받으며, 다음에 올 결과에 의해 더 큰 영향이 있다.
  ③ 처벌은 행동을 억제한다. 처벌의 효과가 지속되면 행동의 변화는 증가하는 경향이 있다.
  ④ 반복적인 행동으로 강화가 이루어지며 강화를 통해 학습을 증진시킨다.
  ⑤ 명백하게 행동과 연결된 보상이나 벌이 행동에 상응하는 적절한 보상 제공이 학습을 증진시킨다.

인지주의

- 학습은 본질적으로 내적인 사고과정의 변화이기에 개인이 환경으로부터 받은 자극이나 정보를 어떻게 지각하고 해석하고 저장하는가에 관심을 두었다.
  ① 주의집중은 학습을 증가시킨다.
  ② 정보자료를 조직화할 때 학습을 증가시킨다.
  ③ 정보를 관련지음으로써 학습유형은 다양하다.
  ④ 개개인의 학습유형은 다양하다.
  ⑤ 우선적인 것은 정보의 저장에 영향을 준다.
  ⑥ 새로이 학습한 내용을 다양한 배경에서 적용하는 것은 그 학습의 일반화를 돕는다.
  ⑦ 모방은 하나의 학습방법이다.
  ⑧ 신기함이나 새로움은 정보의 저장에 영향을 준다.

인본주의

- 인본주의는 심리학에 근원을 두고 있으며 학습은 개인이 주위 환경과의 능동적인 상호작용을 통하여 자아성장과 자아실현을 이루는 과정이다.
  ① 학습은 학습자가 긍정적 자아개념을 갖도록 도와주는 것이다.
  ② 학습자들에게 자유 선택의 기회를 부여하며 그들이 최선의 것을 선택한다.
  ③ 학습자의 조화로운 발달을 도모하며 학습자 중심으로 이루어져야 효과적이다.
  ④ 학습은 학습자로 하여금 그들이 신념과 태도와 가치를 분명히 의식하여 행동하도록 돕는 것이다.
  ⑤ 학습은 자기실현을 할 수 있도록 개인의 잠재력을 발달시키는 것이다.

구성주의

- 구성주의 학습은 자신의 개인적인 경험에 근거해서 개인적인 해석을 내리는 능동적이며 개인적인 과정을 의미하는 학습이론
- 구성주의는 지식이란 인간이 처한 상황의 맥락 안에서 사전 경험에 의해 개개인의 마음에 재구성하는 것이라고 주장하였다.
- 구성주의는 문제중심학습(PBL: Problem Based Learning)의 철학적 배경이 되고 있다.
  "알아가기 이론"이라고도 하고 이해하고 간주하는 학습방법이다.
- 학습자들이 환경적 맥락에서 자신이 구성한 의미를 사용함으로써 실생활에서 마주하는 실질적인 문제에 지식을 적용할 수 있는 능력을 기르는 것이다.

PART 07 건강증진과 보건교육

Bloom의 학습목표 ★★★

인지적 영역	정의적 영역	심리운동적(심동적) 영역
• 인지적 영역은 자신의 증가와 이를 활용하는 능력 • 행동의 복합성에 따라 낮은 수준의 지식 습득부터 가장 높은 수준의 평가로 분류	• 정의적 영역은 느낌이나 정서의 내면화가 깊어짐에 따라 대상자의 성격과 가치체계에 통합되어 가는 과정	• 심리운동 영역의 학습은 관찰 가능하기 때문에 학습목표 확인과 측정이 쉽다. • 복합성의 수준이 증가함에 따라 심리운동 영역의 수준도 증가한다(심리운동 영역의 수준이 높아질수록 신체적 기술을 좀 더 효과적으로 수행할 수 있다).

인지적 영역의 예(금연)

수준	대상자의 행동
지식	대상자들은 흡연의 피해를 열거할 수 있다.
이해	대상자들은 니코틴의 작용을 말할 수 있다.
적용	대상자들은 심장질환과 니코틴의 작용을 관련지어 말할 수 있다.
분석	대상자들은 흡연으로 인한 증상과 자신에게서 나타나는 증상을 비교한다.
종합	대상자들은 금연방법을 참고하여 자신의 금연계획을 작성한다.
평가	대상자들은 자신들이 계획한 금연계획을 실천 가능성에 따라 평가한다.

정의적 영역의 예(가족계획)

수준	대상자의 행동
감수(수용)	가족계획 강의에 관심을 보인다.
반응	다양한 방법의 장단점을 토론한다.
가치화	사용할 방법을 선택한다.
내적 일관성	자녀를 갖는 것에 대한 책임을 이해하고 받아들인다.
채택	임신 시도를 계속해서 실천한다.

심리운동적 영역의 예(노인 근력운동)

수준	대상자의 행동
지각	노인들은 운동시범자가 보이는 근력운동을 관찰한다.
태세	노인들은 운동을 하기 위해 필요한 고무밴드를 하나씩 집어든다.
지시에 따른 반응	노인들은 운동시범자의 지시에 따라 고무밴드를 이용한 운동을 따라 한다.
기계화	노인들은 음악에 들으며 스스로 운동을 한다.
복합 외적 반응	노인들은 집에서 텔레비전을 보면서 고무밴드를 이용한 운동을 능숙하게 실행한다.
적응	노인들은 고무밴드가 없는 노인회관에서 고무밴드 대신 긴 타월을 이용하여 운동을 한다.

PART 07 건강증진과 보건교육

표 하나로 정리하는 콕콕 핵심 내용

보건교육방법 (1) ☆☆☆

보건교육방법		내용
강의 (강연회, lecture)		교육자가 학습자에게 학습내용을 직접 언어로 전달하는 가장 전통적이고 보편적인 교육 방법으로 지식을 주입하는 데 적합하다. • 주로 대상자가 교육 주제에 대한 기본 지식이 없을 때 많이 이용되는 교수 주도의 교육 방법이다. • 인원이 많고 학습자가 별도의 준비 없이도 진행이 가능하다.
	장점	• 집단의 구성원이 많아서 토론에 참가하기가 곤란한 경우 시간에 충분한 지식을 가진 사람 중 선정된 각기 생반되는 의견을 가진 전문가 4~7명이 사회자의 안내에 따라 토의를 진행하는 방법이다. • 정해진 시간 동안 전문가들이 발표한 후 청중과 질의응답으로 전체 토의가 진행된다.
배심토의 (패널 토의, panel discussion)	장점	• 제한된 시간에 특정 주제에 대해 많은 전문가로부터 다각도로 의견을 들을 수 있다. • 타인의 의견에 대한 비판 능력이 배양될 수 있다. • 어떤 주제를 다각도로 분석하고 향후 전망을 예측할 수 있다.
	단점	• 전문가의 선정이 쉽지 않다. • 전문가 초방에 따른 경제적 부담이 있다. • 사회자의 토의 진행 기술에 따라 성패가 좌우될 수 있다. • 청중이 관련 지식이 없을 때에는 토론의 내용을 이해하기 힘들다.
심포지엄 (symposium)		동일한 주제에 대해 전문적인 지식을 가진 전문가 2~5명을 초청하여 각자 10~15분씩 의견을 발표하게 한 후 발표 내용을 중심으로 사회자가 청중을 공개 참여시키기는 방법이다.
	장점	• 특별한 주제에 대한 임도 있는 접근이 가능하다. • 다채롭고 창조적이고 변화 있게 깊이를 진행할 수 있다. • 청중이 알고자 하는 문제 파악이 가능하다.
	단점	• 연사의 발표 내용에 중복이 있을 수 있다. • 청중이 주제에 대한 정확한 윤곽을 형성하지 못했을 때에는 비효과적이다.
분단토의 (buzz session, 와글와글 학습법, 6.6토의)		전체를 몇 개의 분단으로 나누어서 토의하게 하고 다시 전체회의에서 종합하는 방법으로, 각 분단은 6~8명이며 각 분단마다 의견을 교환 후에는 전체 의견을 종합하여 보고하도록 한다.
	장점	• 참석 인원이 많아도 진행이 가능하다. • 전체가 각자의 의견을 제시할 수 있다. • 교육대상자에게 참여 기회가 주어진다. • 다른 분단과 비교되어 반성적 사고능력과 사회성이 길러진다.
	단점	• 소수의 의견이 그룹 전체의 의견이 될 수 있다. • 적극적이지 못한 사람은 의견 개진의 기회가 적을 수 있다. • 참가자들이 준비가 되지 않을 때에는 토론의 성과를 거둘 수 없다.

PART 07 건강증진과 보건교육

표 하나로 정리하는 단원별 핵심 내용

보건교육방법 (2) ☆☆

보건교육방법		
브레인스토밍 (brainstorming)	• '모아 차상법' 또는 '번갯불회의'라고도 하며 번갯불처럼 마음속에 떠오르는 기발한 생각을 참 포착해낸다는 뜻을 내포하고 있다. 구성원이 가능한 한 많은 아이디어를 기록하여 목록화하고 가장 최상의 아이디어를 선택하는 방법이다. • 12~15명의 참여자가 한 그룹이 되어 10~15분의 단기 토의를 진행해야 하며 모든 구성원이 자유로운 분위기에서 우수하고 다양한 의견이 나올 수 있도록 유도할 수 있는 사회자를 정하는 것이 중요하다.	
	장점	**단점**
	• 어떤 문제든지 토론의 주제로 삼을 수 있다. • 별도의 장비가 준비되지 않아도 회의가 진행될 수 있다.	• 토론이 제대로 유도되지 않으면 시간을 낭비할 수 있다. • 대상자들이 즉흥적이고 계속적으로 아이디어를 제시해야 하는 부담감이 있다.
집단토론 (group discussion)	참가자들이 특정 주제에 대하여 자유롭게 의견을 상호 교환하고 결론을 내리는 방법을 말한다. 효과적인 토론을 위해서는 모든 토론의 목적을 이해하고 참여하여야 하므로 참가자 수가 적어지므로 10명 내외가 적당하다.	
	장점	**단점**
	• 대상자들의 능동적인 참여를 통해 상호 활동력, 협동성, 민주적 회의 능력을 기를 수 있다. • 각자의 의견을 표현하므로 자신의 의사를 올바르게 전달하는 능력이 배양된다. • 타인의 의견을 존중하고 반성적 사고능력이 생긴다. • 다수의 의견에 소수가 양보하고 협력하는 사회성이 길러진다. • 학습자 스스로 지식과 경험을 활용함으로 학습의욕이 높아진다.	• 많은 대상자가 참여할 수 없고 초면에는 벗어나는 시간이 많아서 오래 걸릴 수 있다. • 지배적인 참여자와 소극적인 참여자가 있을 수 있다.
플립러닝 (Flipped Learning)	'거꾸로 학습', '거꾸로 교실', '역전 학습', '반전 학습', '역진행 수업 방식' 등으로 번역된다. 다만 블렌디드 러닝의 한 가지 형태이다. 플립 러닝은 블렌디드 러닝의 한 가지 형태이다.	온라인을 통한 선행학습 이후 오프라인 강의에서 교수와 토론식 강의를 진행하는 '역진행 수업 방식'을 말한다.
시뮬레이션 (Simulation)	학습자에게 실제와 유사한 상황이나 요소만을 제공하여 재구성하는 것으로 실제 상황에서 접근하기 어렵고 안전하지 않은 환경에서 유사한 상황을 적용한 후 디브리핑(debriefing)을 통해 학습자와 함께 상황에 대해 분석하고 토론하는 것이 필요하다.	실제 상황과 유사한 온라인과 오프라인 강의의 경험에 선행 학습의 개념이 추가된 것으로 볼 수 있다.
블렌디드 러닝 (Blended Learning)	정규 교육 프로그램 중 부분적으로 온라인 디지털 미디어나 디지털을 통해 학습 내용과 지도 내용이 전달되는 방식으로, 학생 자신이 언제, 어디서, 어떤 순서와 속도로 학습을 진행할 것인지에 대해 결정하는 학습 형태이다. 학습효과를 극대화하기 위해 온라인과 오프라인 학습을 경험하는 학습 형태이다.	
프로젝트 학습 (Project-Based Learning)	교육대상자(학습참가자)에게 학습목표를 제시하고 목표 달성을 위해 대상자 스스로 계획하고 자료를 수집하고 수행하게 함으로써 지식, 기술을 포괄적으로 습득하게 하는 교육방법이다.	

PART 07 건강증진과 보건교육

MIND MAP

PRECEDE-PROCEED모형

- PRECEDE과정: 보건교육사업의 우선순위 결정 및 목적설정을 보여주는 진단단계
- PROCEED과정: 정책수립 및 보건교육사업 수행과 사업평가에서의 대상 및 그 기준을 제시하는 건강증진 계획의 개발단계

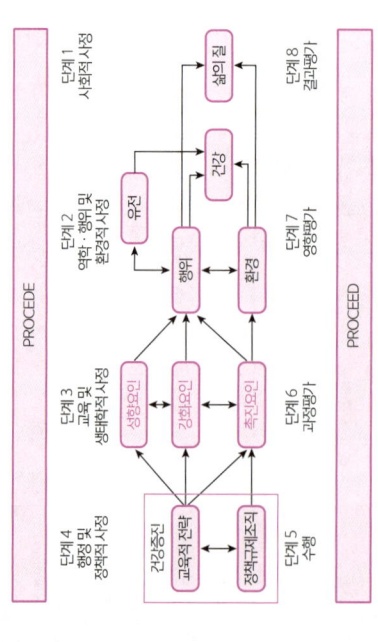

PROCEDE
- 단계 4 행정 및 정책적 사정
- 단계 3 교육 및 생태학적 사정
- 단계 2 역학·행위 및 환경적 사정
- 단계 1 사회적 사정

건강증진
- 교육규제조치
- 정책규제조치

- 단계 5 수행
- 단계 6 과정평가

성향요인 → 행위
강화요인
촉진요인 → 환경
→ 유전
→ 건강
→ 삶의 질

- 단계 7 영향평가
- 단계 8 결과평가

PROCEED

건강신념모형

사람들이 질병 예방 프로그램에 참여하거나 않는 이유를 설명

개인의 지각
- 질병에 대한
  - 지각된 민감성
  - 지각된 심각성
- 질병에 대한 지각된 위협성

수정요인
- 인구학적 변수(연령·성별·인종 등)
- 사회심리적 변수(성격, 사회적 지위, 동료의 압력 등)
- 구조적 변수(질병지식, 선행경험 등)

행위의 계기
- 대중매체 캠페인
- 다른사람의 조언
- 의료진의 수독카드
- 가족이나 친구의 질병
- 신문이나 잡지

행위가능성
- 예방적 행위에 대한
  - 지각된 유익성
  - 지각된 장애성
- 예방적 건강행위의 수행가능성

건강증진을 위한 국제회의

회차	개최년도	개최장소	슬로건	주요 내용
1차	1986년	캐나다 오타와	새로운 공중보건을 위하여	오타와 헌장, 건강증진 3대 전략, 5대 활동요소
2차	1988년	호주 애들레이드	건강한 공동체	여성건강증진, 건강한 공공정책 수립 집중 토의
3차	1991년	스웨덴 선즈볼	건강을 위한 지지적 환경	지지적 환경 조성 집중 토의
4차	1997년	인도네시아 자카르타	새로운 시대의 새로운 파트너-21세기 건강증진으로	자카르타 선언, 건강증진인 가치 있는 투자
5차	2000년	멕시코 멕시코시티	건강증진: 평등의 격차 간 연결하기	건강불평등 해소 집중토의
6차	2005년	태국 방콕	산업화 된 정책과 파트너십	방콕 헌장
7차	2009년	케냐 나이로비	수행역량격차 해소를 통한 건강증진과 개발	나이로비 선언, 아프리카의 날
8차	2013년	핀란드 헬싱키	'건강을 모든 정책의 목표로'(Health in All Policy)	헬싱키 선언
9차	2016년	중국 상하이	지속가능한 건강증진-모두를 위한 건강과 건강을 위한 모든 것	상하이 건강증진 선언문 채택
10차	2021년	스위스 제네바(온라인)	웰빙(well-being society)	웰빙 society/평등한 경제 설계/공공정책 수립/보편적 건강보장 달성/디지털 혁신/환경(지구) 보존

건강증진과 보건교육 1

PART 07 건강증진과 보건교육 MIND MAP

건강증진과 보건교육 2

보건교육의 단계별 활동

- **도입단계**
  - 학습의욕을 환기시켜 학습을 효과적으로 이끌어가도록 학습자의 학습동기와 흥미를 유발하는 준비단계
  - 사전 경험이나 학습과 관련짓기, 이전에 배운 것과 앞으로 배울 내용의 관계를 지어준다.

- **전개단계**
  - 계획에 따라 학습을 전개시켜 나가는 학습의 중심 부분으로 학습활동의 대부분은 이 단계에서 이루어진다.
  - 학습내용의 제시와 다양한 학습방법 및 매체 사용으로 학습자들의 참여를 유도한다.

- **요약 및 정리단계**
  - 전개단계에서 수행한 활동을 종합하여 설정된 목표를 성취해 나아가는 단계
  - 학습한 전체 내용을 종합적으로 요약하거나 중요한 부분을 학습자에게 질문하고 토의함으로써 정리하고 결론을 내린다.

블룸(Bloom)의 학습목표 분류

- **인지적 영역**
  - 지식의 증가와 이를 활용하는 능력
  - 지식 → 이해 → 적용 → 분석 → 종합 → 평가

- **정의적 영역**
  - 느낌이나 정서의 내면화가 깊어짐에 따라 대상자의 성격과 가치체계에 통합되어 가는 과정
  - 감수(수용) → 반응 → 가치화 → 내적 일관성(조직화) → 채택(성격화)

- **심동적(심리운동적) 영역**
  - 관찰 가능하기 때문에 학습목표의 확인과 측정이 쉽다.
  - 지각 → 태세 → 지시에 따른 반응 → 기계화 → 복합외현반응 → 적응 → 창조

보건교육 요구의 4가지 유형

- **규범적 요구**: 보건의료전문가에 의해 정의되는 요구
- **내면적 요구**: 언행으로 드러나지는 않으나 학습자가 바라는 대로 정의되는 요구
- **외향적 요구**: 자신의 건강문제를 다른 사람에게 호소하거나 행동으로 나타내는 요구
- **상대적 요구**: 다른 대상자와의 비교를 통해 나타나는 요구

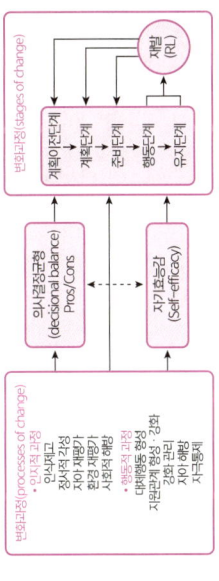

범이론적 모형

- 변화과정(processes of change)
  - 인식제고
  - 정서적 각성
  - 환경 재평가
  - 자아 재평가
  - 사회적 해방
  - **행동적 과정**
    - 대체행동 형성
    - 지원관계 형성 강화
    - 강화 관리
    - 자극 통제
    - 자기 해방

- 의사결정균형 (decisional balance) Pros/Cons
- 자기효능감 (Self-efficacy)

- 변화과정(stages of change)
  - 계획이전단계
  - 계획단계
  - 준비단계
  - 행동단계
  - 유지단계
  - 재발(R/L)

우리나라 국민건강증진사업(HP2030)

비전: 모든 사람이 평생 건강을 누리는 사회

목표: 건강수명 연장과 건강형평성 제고
- ❶ 국가와 지역사회의 모든 정책 수립에 건강을 우선적으로 반영한다.
- ❷ 보편적인 건강수준의 향상과 건강형평성 제고를 함께 추진한다.
- ❸ 모든 생애과정과 생활터에 적용한다.
- ❹ 건강친화적인 환경을 구축한다.
- ❺ 누구나 참여하여 함께 만들고 누릴 수 있도록 한다.
- ❻ 관련된 모든 부문이 연계하고 협력한다.

사업분야:
- 건강생활 실천
  - 금연
  - 절주
  - 영양
  - 신체활동
  - 구강건강
- 정신건강 관리
  - 자살예방
  - 치매
  - 중독
  - 지역사회 정신건강
- 비감염성 질환 예방관리
  - 암
  - 심뇌혈관질환
  - 비만
  - 손상
- 감염 및 기후변화성 질환 예방관리
  - 감염병 예방 및 관리
  - 감염병위기 대비·대응
  - 기후변화성 질환
- 인구집단별 건강관리
  - 영유아
  - 아동·청소년
  - 여성
  - 노인
  - 장애인
  - 근로자
  - 군인
- 건강친화적 환경구축
  - 건강친화적 법제도 개선
  - 건강정보이해력 제고
  - 혁신적 정보기술의 적용
  - 재원마련 및 운용
  - 지역사회자원 확충 및 거버넌스 구축

학습이론

- **인지주의**: 학습은 보전적으로 내적인 사고과정의 변화이기에 개인이 환경으로부터 받은 자극이나 정보를 어떻게 지각하고 해석하고 저장하는가에 관심을 두었다.
- **행동주의**: 인간의 학습 현상을 행동과 그 행동의 발생 원인이 되는 외부환경에 초점을 두고 설명하는 이론으로 관찰 가능한 행동의 변화가 이루어졌다고 본다.
- **인본주의**
  - 인본주의는 학습은 개인이 주위환경과의 능동적인 상호작용을 통하여 자아성장과 자아실현을 이루는 과정이다.
  - 인본주의 학습은 심리학에 근거를 두고 학습자의 개인적인 경험에서 비롯되는 개인적인 인식을 해석을 바탕으로 한다.
- **구성주의**
  - 구성주의는 학습자 자신이 지식을 개인적인 경험에 근거해서 독특하고 개인적인 해석을 내리는 능동적이며 개인적인 과정을 의미하는 학습이론
  - 구성주의는 문제중심학습(PBL: Problem Based Learning)의 철학적 배경이 되며 '이해하기 위한 학습' 또는 '알아가기 이론'이라고도 하고 의미하기나 간호현장의 학습상황으로 도입되고 있다.

PART 08 역학 및 질병관리

질병의 자연사 예방 단계
표 하나로 정리하는 꼭꼭 핵심내용

단계	상태	예방활동
1단계 비병원성기	질병 발생 이전(병원체, 숙주, 환경요인의 상호작용)	건강증진(적극적 예방)을 위한 예방접종, 환경위생개선, 영양상담, 교육활동 등(1차 예방)
2단계 초기병원성기	질병 발병기의 첫 단계로, 병인이 숙주 체내에 영향을 주기 시작하나, 아직 생리적 변화만을 초래하고 병리적 변화가 없는 시기(병인/지극의 향상)	예방적 치료, 환경개선, 영양섭취, 안전관리, 건강증진 예방접종 등(1차 예방)
3단계 불현성 감염기	잠복기로 병의 증상이 나타나지 않는 시기(숙주의 반응)	진단검진과 조기방견과 조기치료활동(2차 예방)
4단계 발현성 감염기	병의 증상이 구체적으로 나타나는 시기(질병)	불능을 최소화하고 장애(감소) 사회화원적 적응훈련을 하는 2차 예방 활동
5단계 회복기	병이 회복되거나 만성화되어 사회에 복귀하거나 사망하여 질병이 종료되는 시기(회복/사망)	재활의 단계로 환자에게 질병으로 인한 신체적·정신적 후유증이나 불구를 최소화시키고 잔여기간을 최대한으로 재생시켜 활용할 수 있도록 도와주는 단계(3차 예방)

PART 08 역학 및 질병관리

감염성질환의 발생과정

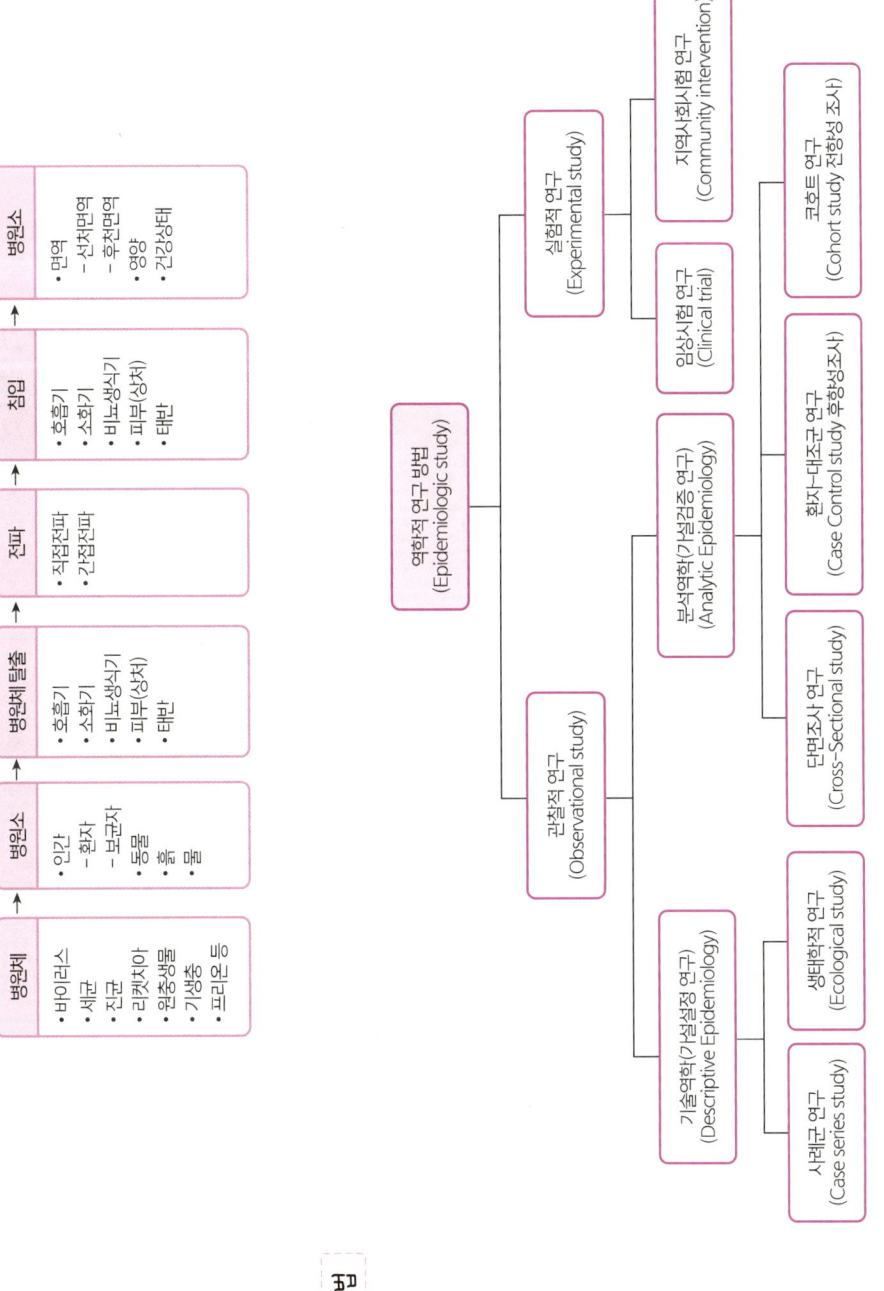

역학적 연구 방법

PART 08 역학 및 질병관리

역학 연구방법 비교 ☆☆

표 하나로 정리하는 꼭꼭 핵심 내용

연구방법	개념	장점	단점
생태학적 연구	다른 목적을 위해 생성된 기존 자료 중 질병에 대한 연구 집단 통계자료와 해당 질병의 요인에 대한 인구 집단 통계 자료를 이용하여 상관분석을 시행	• 기존의 자료를 이용함 수 있다. • 비교적 단시간 내에 결과를 얻을 수 있다. • 비교적 비용이 적게 든다.	• 시간적 선후관계에 의한 오류가 있을 수 있다. • 생태학적 오류가 발생할 수 있다.
단면 연구	일정한 인구 집단을 대상으로 특정한 시점이나 일정한 기간 내에 질병을 조사하고 각 질병과 그 집단의 관련성을 보는 방법	• 해당 질병의 유병률을 구할 수 있다. • 동시에 여러 종류의 질병과 요인의 관련성을 연구할 수 있다. • 비용과 시간적 측면에서 경제적이다. • 질병의 자연사나 규모를 모를 때 첫 번째 연구로 시행할 수 있다. • 지역사회 건강평가를 통해 보건사업의 우선순위를 정하는 데 도움이 된다. • 질병 발생 시점이 분명하거나 진단까지의 시간이 많이 걸리는 질병에 적합하다.	• 질병과 관련 요인이 선후관계가 불분명하다. • 복잡한 요인들 중에서 질병만을 찾아내기 어렵다. • 유병률이 낮은 질병과 노출률이 낮은 요인의 연구는 어렵다. • 연구대상이 연구 시점에 만날 수 있는 환자로 제한되므로 기간이 긴 환자가 더 많이 포함될 가능성이 있어 문제가 된다. • 치명률이 높은 질병 연구에 적합하지 않다.
환자-대조군 연구	질병에 이환된 환자군과 질병이 없는 대조군을 선정하여 질병 발생과 관련 있다고 의심되는 요인들과 질병 발생 원인관계를 규명하는 연구	• 교차비를 구할 수 있다. • 중증도 연구에 비해 비교적 경제적이다. • 필요한 연구대상자의 숫자가 적다. • 단기간 내에 연구를 수행할 수 있다. • 희귀한 질병 및 잠복기간이 매우 긴 질병에 대한 연구가 가능하다. • 한 질병과 관련 있는 여러 위험요인을 동시에 조사할 수 있다. • 연구를 위해 피연구자가 새로운 위험에 노출되는 윤리적 문제가 없다.	• 위험요인과 질병 간의 시간적 선후관계가 불명확하다. • 위험요인에 대한 노출이 드문 경우 수행하기 어렵다. • 과거 노출에 대한 정보수집에 제한되어 있다. • 적절한 대조군 선정에 어려움이 있을 수 있다. • 위험도의 직접적인 산출이 어렵다.
코호트 연구	연구하고자 하는 질병(또는 사건)이 발생하기 전에 연구대상에 대하여 원인으로 의심되는 요인들을 조사해 놓고 장기간 관찰하여 질병 발생한 후, 발생한 질병의 크기와 의심되는 요인과의 상관성을 체계화하는 연구	• 위험요인 노출에서부터 질병 진행의 전 과정을 관찰할 수 있다. • 위험요인 노출의 수준을 여러 번 측정할 수 있다. • 위험요인과 질병 간의 시간적 선후관계가 비교적 분명하다. • 질병의 발생률과 비교위험도(상대위험비), 귀속위험도(기여위험도)를 구할 수 있다. • 노출과 관련된 많은 질병 연관성을 볼 수 있다. • 위험요인에 대한 노출이 드문 경우에도 연구가 가능하다.	• 비용(경비, 노력, 시간)이 많이 든다. • 장기간 계속 관찰하여야 한다. • 추적 불능이 연구대상자가 많아지면 연구 결과에 영향을 줄 수 있다. • 진단 방법과 기준, 질병 분류 방법이 변경될 가능성이 있다. • 질병 발생률이 낮은 경우에는 연구의 어려움이 있다.

PART 08 역학 및 질병관리

역학적 지표 (1) ☆☆☆

- 역학 및 질병관리 ×1,000인 경우는 인구수, ×100은 비율(%)이 중점을 둔 것

표 하나로 정리하는 꼭꼭 핵심 내용

	감염이나 발병과 관계되는 병원체의 특성		질병 통계
감염력	감염을 성공시키는 데 필요한 최저 병원체 수 감염력 = $\dfrac{\text{불현성 감염자수 + 현성 감염자수}}{\text{폭로자수(감수성자 총수)}} \times 100$	**발생률**	• 일정한 기간 동안에 대상 인구 집단에서 질병에 걸릴 가능성 모든 위험이 나타내는 것 발생률 = $\dfrac{\text{일정 기간 해당 지역에서 발생한 환자 수}}{\text{그 지역의 연(중앙) 인구수}} \times 100$ 평균 발생률 = $\dfrac{\text{일정 지역에서 일정 기간내 질병이 새롭게 발생한 환자 수}}{\text{인년(일정 기간 노출된 사람 수 – 이미 발병한 사람수)}}$
병원력	병원성은 병원체가 임상적으로 질병을 일으키는 능력으로 병원력이라고도 하며, 감염된 숙주 중 현성 감염을 나타내는 수준을 의미 병원성 = $\dfrac{\text{발병자수(현성 감염자수)}}{\text{총 감염자수}} \times 100$	**발병률**	• 어떤 집단이 한정된 기간에 한해서만 어떤 질병에 걸릴 위험에 놓여 있을 때 전체 인구 중 주어진 집단 내에서 새로 발병한 총수의 비율 발병률 = $\dfrac{\text{발병자수}}{\text{유행기간내 발병위험에 폭로된 인구수}} \times 100$
독력	발병된 증상의 심각한 정도를 나타내는 미생물의 능력으로, 현성 감염으로 인한 사망이나 후유증을 나타내는 정도 독력 = $\dfrac{\text{중환자수 + 사망자수}}{\text{총 발병자수(현성감염자 수)}} \times 100$	**이차 발병률**	• 감염병 일차 환자(primary case)에 노출된 감수성자 중 해당 질병의 잠복기 동안에 발병한 사람의 비율 • 감염성 질환에서 병원체의 감염력과 전염력을 측정하는 데 유용 이차 발병률 = $\dfrac{\text{환자와의 접촉으로 인하여 이차적으로 발병한 사람 수}}{\text{환자와 접촉한 사람 수(초 발병자와 면역자 제외)}} \times 1,000$
치명률	어떤 병에 걸린 전체 환자 중에서 그 병으로 사망한 환자의 비율 치명률 = $\dfrac{\text{사망자수}}{\text{발병자수}} \times 100$	**유병률**	• 유병률은 발병시기와 관계없이 일정 시점에서 존재하는 모든 환자의 비율을 의미하는 것으로 시점 유병률과 기간 유병률이 있다. • 유병률은 발생률과 이환기간의 두가지 요인에 의하여 영향을 받는다. 발생률이 높거나 이환기간이 이 길거나 죽지 발생률이 높은 동시에 이환 기간이 길면 유병률은 높아진다. • **시점 유병률**(point prevalence rate): 어느 시점에서 일정한 집단 내에 질병에 걸린 환자 수가 몇 명인지를 나타내는 비율 시점 유병률 = $\dfrac{\text{그 시점의 환자수}}{\text{일정 시점의 인구수}} \times 1,000$ • **기간 유병률**(period prevalence rate): 이미 질병에 이환된 사람은 물론 포함하며 발생률이 높거나 이환이 길거나 죽지 발생률이 높은 동시에 이환 기간도 길면 유병률은 높아진다. 기간 유병률 = $\dfrac{\text{그 기간 내에 존재한 환자수}}{\text{특정 기간 동안의 중앙인구}} \times 1,000$

PART 08 역학 및 질병관리

표 하나로 정리하는 꼭꼭 핵심 내용

역학적 지표 (2) ☆☆☆☆

질병의 위험도

구분		질병		계
		유(환자군)	무(대조군)	
요인	노출(유)	a	b	a + b
	무(비)노출	c	d	c + d
계		a + c	b + d	a + b + c + d

- **상대위험비 (RR: Relative Risk 비교위험도)**
  - 특정 위험요인에 노출된 사람들이 발생률과 노출되지 않은 사람들의 발생률을 비교하는 것
  - 상대위험비가 1에 가까울수록 의심되는 위험요인과 질병과의 연관성은 ↓
  - 코호트 연구에서 적용
  - 상대위험비 = $\dfrac{\text{위험요인에 노출된 군에서의 질병 발생률}}{\text{비노출군에서의 질병 발생률}} = \dfrac{a/(a+b)}{c/(c+d)}$

- **기여위험도 (AR: Attributable Risk, 귀속위험도)**
  - 노출군과 비노출군의 차이
  - 요인과 질병 발생의 관련성을 나타내는 지표의 하나
  - 귀속위험도 = 노출군에서의 질병 발생률 − 비노출군에서의 질병 발생률
  - 귀속위험 백분율 = $\dfrac{\text{귀속 위험도}}{\text{노출군에서의 질병 발생률}} \times 100$

- **교차비 (대응위험도 OR: odds ratio)** ☆☆☆
  - 특정 질병이 있는 집단에서 노출되어 있는 사람과 그렇지 않은 사람의 비, 질병이 없는 집단에서의 위험요인에 노출되어 있는 사람과 그렇지 않은 사람의 비를 구하고, 이들 두 비 간의 비를 구한 것
  - 발병률이 아주 낮은 질병이나 환자-대조군 연구에서 요인과 질병과의 관계를 알아보고자 할 때 사용
  - 교차비 = $\dfrac{\text{환자군에서의 특정 요인에 노출된 사람과 노출되지 않은 사람의 비}}{\text{대조군에서의 특정 요인에 노출된 사람과 노출되지 않은 사람의 비}}$
  - = $\dfrac{a/c}{b/d} = \dfrac{a \times d}{b \times c}$

검사방법의 정확도와 신뢰도

구분		확진에 의한 결과		계
		질병(유)	질병(무)	
검사 결과	양성	a 민감도, 진양성	b 가(위)양성	a + b
	음성	c 가(위)음성	d 특이도, 진음성	c + d
계		a + c	b + d	a + b + c + d

진단기준 ↑ ↓ (한계치)

유병률 →

- 질환에 걸린 사람에게 검사를 통해 양성으로 진단하여 질병이 있다고 확진할 수 있는 확률
  - 민감도 = (검사 양성수 / 총환자수) × 100 = (a / a + c) × 100
- 질환에 걸리지 않은 사람에게 검사를 통해 음성으로 진단하여 질병이 없다고 확진할 수 있는 확률
  - 특이도 = (검사 음성수 / 한사람이 아닌 사람수) × 100 = (d / b + d) × 100

- **민감도 ☆☆☆ & 특이도 ☆☆**
- 가(위)양성률: 질병이 없는 사람을 양성으로 잘못 판정하는 확률 = b / b + d
- 가(위)음성률: 질병이 있는 사람을 음성으로 잘못 판정하는 확률 = c / a + c
- 진단기준을 높일 때: 민감도 ↓, 특이도 ↑
- 진단기준을 낮출 때: 민감도 ↑, 특이도 ↓
- 이해 tip) 표의 공 중 실선을 진단 기준으로 보고 선의 이동에 따라 해당 영역의 공간이 좁아지면 ↓, 공간이 넓어지면 ↑
  - 특이도 ↑: 양성예측률
  - 민감도 ↑: (←→서로 영향을 미치지 않음---) 특이도 ↑

- **예측도**
  - **양성예측도/중감사**: 검사 결과 양성수인 사람이 질병자로 확진될 확률을 받을 확률을 예측
    - 환자수 / 총검사 양성수 × 100 = (a / a + b) × 100
  - **음성예측도/중감사**: 검사 결과 음성수인 사람이 비질병자로 확진될 확률을 받을 확률
    - 환자 아닌 사람 수 / 총검사 음성수 × 100 = (d / c + d) × 100
  - 유병률 ↑: 양성예측도, 음성예측도 ↑
  - 유병률 ↓: 양성예측도, 음성예측도 ↓
  - 이해 tip) 표의 공 중 점선을 유병률로 보고 선의 이동에 따라 해당 영역의 공간이 넓어지면 ↑, 공간이 좁아지면 ↓

PART 08 역학 및 질병관리

MIND MAP

역학 및 질병관리 1

지역사회 건강수준 측정

- **교차비(대응위험도, OR: odds ratio)**
  ① 특정 질병이 있는 집단에서 위험요인에 노출된 사람과 그렇지 않은 사람과 비, 특정 질병이 없는 집단에서의 위험요인에 노출된 사람과 그렇지 않은 사람과의 비를 구한 것, 이들 두 비 간의 비를 구함
  ② 짧은 연구기간이나 누적 발생률을 계산할 수 없는 환자-대조군 연구에서 질병과의 관련성을 알아보고자 할 때 사용

  교차비 = 환자군에서의 특정 요인에 노출된 사람과 노출되지 않은 사람의 비 / 대조군에서의 특정 요인에 노출된 사람과 노출되지 않은 사람의 비

- **민감도**: 질병이 있는 환자 중 검사 결과가 양성으로 진단되는 비율, 질병이 있는 사람을 환자로 확진할 수 있는 능력

  민감도 = (검사 양성수 / 총환자수) × 100

- **특이도**: 질병에 걸리지 않은 사람에게 검사를 통해 음성으로 진단하여 질병이 없다고 확진할 수 있는 능력

  특이도 = (검사 음성수 / 환자가 아닌 사람수) × 100

질병의 자연사

단계	상태	예방활동
1단계 비병원성기	질병 발생 이전	건강증진을 위한 예방접종, 환경위생개선, 영양섭취, 교육활동 등(1차 예방)
2단계 초기병원성기	질병 발생의 첫 단계로, 병인이 숙주 체내에 영향을 주기 시작하나, 아직 생리적 변화는 초래하지 않는 시기	예방적 치료, 환경개선, 영양섭취, 안전관리, 수동면역(소극적) 예방접종 등 (1차 예방)
3단계 불현성 감염기	잠복기로 병의 증상이 나타나지 않는 시기	집단검진과 조기발견과 조기치료활동(2차 예방)
4단계 발현성 감염기	임상적 증상이 구체적으로 나타나는 시기	병을 조기 최소화하고 사회적 중증신경을 하는 2차 예방 활동
5단계 회복기	병이 회복되거나 만성화되어 사회생활에 복귀하거나 사망하여 종료되는 시기	재활의 단계로, 환자에게 질병을 줄이면서 인간 신체·정신적 후유증으로 남을 발달을 최소화시키고, 정신적인 초기단계 재활시켜 사회에 복귀할 수 있도록 도와주는 단계(3차 예방)

면역

선천면역		인제가 태어날 때부터 체내에 가지고 있는 자연면역
후천면역		출생 이후 항원노출로 숙주 스스로 생성하는 것이나 인공적으로 따라 능동면역과 수동면역으로 나뉜다.
	능동면역	병원체 모두 독소에 의하여 숙주 체내에 항체가 생성되어 생기는 면역으로서 효과가 느리나 나타나지만 장기간 지속된다
	자연능동면역	감염 후 자연적으로 생기는 면역 • 두창, 홍역, 수두 등
	인공능동면역	예방접종으로 얻어지는 면역 • 백신과 독소
수동면역		감염자 자신이 아닌 다른 숙주가 생성이 만든 항체를 이용한 면역으로 효과가 빠르게 나타나지만 지속 기간이 짧아서 치료 및 응급 처치용으로 사용한다.
	자연수동면역	태어날 때 모체로부터 받은 면역 • 경태반 면역(홍역, 소아마비, 디프테리아 등)
	인공수동면역	공이 유행 시 예방접종을 받지 못한 사람들에게 투여하는 항체 면역 글로불린처럼 긴급하게 주입하는 면역 • B형간염 면역글로불린, 파상풍 항독소 등

역학연구방법

- **생태학적 모형**
(역학적 삼각형 모형)
  - 고든(John Gordon)의 지렛대 이론(lever theory)이 병원체와 숙주 사이의 상호작용에 따라 결정된다는 것
  - 환경계: 질병 발생이 병인이 병원체로 명확하게 인체가 감염되어 발생하는 질환에는 적용되나, 선천성 질환 등 유전적 소인이 있는 질환에는 비교적 설명 되기가 어려움

- **수레바퀴 모형**
  - 인간 숙주를 중심으로 인간의 유전적 소인과 생물학적·물리·사회경제적 환경과의 상호작용에 의하여 질병이 발생한다고 보는 모형

- **거미줄 모형**
  - 맥마흔(MacMahon)이 제시한 모형으로 다양한 모형·원인망 모형이라고도 하며 질병의 발생은 한 가지 원인에 의해서 이루어지는 것이 아니고 사람이 내부와 외부의 여러 환경이 서로 연결되어 발생됨을 설명하는 모형
  - 질병의 예방대책 수립 및 비교적 설명하는 모형 때문에 질병 예방 및 이해에 효과적인 모형

역학 연구방법
(Epidemiologic study)

- 관찰적 연구 (Observational study)
  - 기술역학(기술연구)
(Descriptive study)
  - 생태학적 연구
(Ecological study)
  - 사례연구
(Case series study)
  - 분석역학 연구
(Analytic study)
  - 단면조사 연구
(Cross-Sectional study)
  - 환자-대조군 연구
(Case Control study)
  - 코호트 연구
(Cohort study, 추적조사)

- 실험적 연구
(Experimental study)
  - 임상시험 연구
(Clinical trial)
  - 지역사회시험 연구
(Community intervention)

PART 08 역학 및 질병관리 — MIND MAP

역학 및 질병관리 2

검역감염병의 감시 또는 격리기간

- 콜레라: 5일
- 페스트: 6일
- 황열: 6일
- 중증급성호흡기증후군(SARS): 10일
- 동물인플루엔자 인체감염증: 10일
- 중동 호흡기 증후군(MERS): 14일
- 에볼라바이러스병: 21일
- 신종인플루엔자감염증 및 외국에서 발생하여 국내로 들어올 우려가 있거나 우리나라에서 발생하여 외국으로 번질 우려가 있어 질병관리청장이 긴급검역조치가 필요하다고 인정하는 감염병: 검역전문위원회에서 정하는 최대 잠복기간

긴급검역조치가 필요하다고 인정하는 감염병

- 급성출혈열증상, 급성호흡기증상, 급성설사증상, 급성황달증상 또는 급성신경증상을 나타내는 신종감염증후군
- 세계보건기구가 공중보건위기관리 대상으로 선포한 감염병

지정감염병의 구분과 종류

구분	특성	질환	신고주기
제1급 감염병	생물테러감염병 또는 치명률이 높거나 집단 발생의 우려가 커서 발생 또는 유행 즉시 신고하여야 하고, 음압격리와 같은 높은 수준의 격리가 필요한 감염병	가. 에볼라바이러스병 나. 마버그열 다. 크리미안콩고출혈열 라. 남아메리카출혈열 마. 리프트밸리열 바. 두창 사. 페스트 아. 탄저 자. 보툴리눔독소증	발생 또는 유행 즉시
		차. 야토병 카. 신종감염병증후군 타. 중증급성호흡기증후군(SARS) 파. 중동호흡기증후군(MERS) 하. 동물인플루엔자 인체감염증 거. 신종인플루엔자 너. 디프테리아	
제2급 감염병	전파가능성을 고려하여 발생 또는 유행 시 24시간 이내에 신고하여야 하고, 격리가 필요한 감염병	가. 결핵(結核) 나. 수두(水痘) 다. 홍역(紅疫) 라. 콜레라 마. 장티푸스 바. 파라티푸스 사. 세균성이질 아. 장출혈성대장균감염증 자. A형간염 차. 백일해(百日咳) 카. 유행성이하선염(流行性耳下腺炎)	24시간 이내
		타. 풍진(風疹) 파. 폴리오 하. 수막구균 감염증 거. b형헤모필루스인플루엔자 너. 폐렴구균 감염증 더. 한센병 러. 성홍열 머. 반코마이신내성황색포도알균(VRSA)감염증 버. 카바페넴내성장내세균목(CRE)감염증 서. E형간염	

구분	특성	질환	신고주기
제3급 감염병	그 발생을 계속 감시할 필요가 있어 발생 또는 유행 시 24시간 이내에 신고하여야 하는 감염병 (다만, 갑작스런 국내 유입 또는 유행이 예견되어 긴급한 예방·관리가 필요하여 질병관리청장이 보건복지부장관과 협의하여 지정하는 감염병을 포함–엠포스)	가. 파상풍(破傷風) 나. B형간염 다. 일본뇌염 라. C형간염 마. 말라리아 바. 레지오넬라증 사. 비브리오패혈증 아. 발진티푸스 자. 발진열(發疹熱) 차. 쯔쯔가무시증 카. 렙토스피라증 타. 브루셀라증 파. 공수병(恐水病) 거. 신증후군출혈열(腎症候群出血熱) 너. 후천성면역결핍증(AIDS)	24시간 이내
		더. 크로이츠펠트-야콥병(CJD) 및 변종 크로이츠펠트-야콥병(vCJD) 러. 황열 머. 뎅기열 버. 큐열(Q열) 서. 웨스트나일열 어. 라임병 저. 진드기매개뇌염 처. 유비저(類鼻疽) 커. 치쿤구니야열 터. 중증열성혈소판감소증후군(SFTS) 퍼. 지카바이러스 감염증 허. 매독(梅毒)	
제4급 감염병	제1급~제3급감염병까지의 감염병 외에 유행 여부를 조사하기 위하여 표본감시 활동이 필요한 감염병 (다만, 질병관리청장이 지정하는 감염병을 포함–코로나19)	가. 인플루엔자 나. 삭제〈2023. 8. 8.〉 다. 회충증 라. 편충증 마. 요충증 바. 간흡충증 사. 폐흡충증 아. 장흡충증 자. 수족구병 차. 임질 카. 클라미디아감염증 타. 연성하감 파. 성기단순포진 하. 첨규콘딜롬	가. 반코마이신내성장알균(VRE) 감염증 나. 메티실린내성황색포도알균(MRSA) 감염증 다. 다제내성녹농균(MRPA) 감염증 라. 다제내성아시네토박터바우마니균(MRAB)감염증 마. 장관감염증 바. 급성호흡기감염증 사. 해외유입기생충감염증 아. 엔테로바이러스감염증 자. 사람유두종바이러스 감염증	7일 이내

MEMO

2025 김현경 탄탄 지역사회간호 15개년 기출문제집

단원별 기출문제

PART 01	지역사회 간호학 서론
PART 02	지역사회 보건행정
PART 03	지역사회 간호과정
PART 04	가족간호
PART 05	환경보건과 재난관리
PART 06	지역사회 간호사업
PART 07	건강증진과 보건교육
PART 08	역학 및 질병관리

PART 01
지역사회 간호학 서론

핵심 키워드

지역사회 유형	구조적 지역사회	기능적 지역사회
감정적 지역사회	지역사회 간호	건강권
건강형평성	건강결정요인	지역사회 간호 역사
윌리엄 라스본	릴리안 왈드	체계이론
건강관리체계이론	자가간호이론	적응이론
잔여자극	지역사회 간호사의 역할	사회생태학적 모델
초점자극	문화적 민감성	지역사회 기능
보상체계	횡문화사정모형	자가간호요구
유연방어선	정상방어선	저항선

최근 5개년 영역별 평균출제빈도 (2024~2020년)

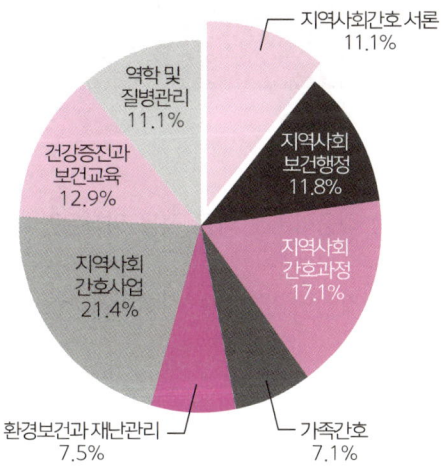

최근 18개년 영역별 세부 출제내용 분석 (2024~2007년)

세부내용			문항 수	출제비율
지역사회 간호의 이해 (28)	지역사회 유형(분류)		8	7.9%
	지역사회 기능		1	1.0%
	지역사회개념틀		3	3.0%
	건강형평성		1	1.0%
	단계별 예방 서비스(9)	1차예방	2	2.0%
		2차예방	5	5.0%
		3차예방	2	2.0%
	지역사회간호 기본원칙		1	1.0%
	사회생태학적 모형		3	3.0%
	건강결정요인(라론드보고서)		2	2.0%
지역사회 간호의 역사(16)	우리나라의 역사		13	12.9%
	외국의 역사		2	2.0%
	전반적인 내용		1	1.0%
지역사회 간호 관련 이론(28)	체계이론		2	2.0%
	뉴만의 건강관리체계이론		16	15.8%
	오렘의 자가간호이론		6	5.9%
	로이의 적응이론		4	4.0%
지역사회 간호사의 역할(26)	다양한 역할 [(변화촉진자(5) / 옹호자(5) / 사례관리자(3) / 상담자(2) / 의뢰자(2) / 관리자(1) / 협력자(2) / 교육자(2) / 조정자(1)]		23	22.8%
	전문간호사		3	3.0%
문화적 다양성(3)	문화적 민감성		2	2.0%
	횡문화사정모형		1	1.0%
Total			101	100.0%

PART 01 지역사회 간호학 서론

탄탄 지역사회간호

회독 점검 ① ② ③

001 ★★★ 다음 사례에 해당하는 로이(Roy) 적응이론에 따른 적응 양상은? [24]

> A 씨는 본인의 외모에 만족하고, 자신이 가치 있는 사람이라고 생각한다.

① 생리적 기능 양상
② 자아개념 양상
③ 역할기능 양상
④ 상호의존 양상

해설
문제에 제시된 사례에서는 자신의 외모에 대한 주관적인 생각, 자신의 가치에 대해 평가하고 있으므로 이는 정신적 통합성을 유지하기 위한 적응 양상인 "자아개념 양상"에 해당된다.

로이의 적응이론

로이(Callista Roy)가 개발한 적응이론은 간호의 대상인 인간은 주위 환경으로부터 끊임없이 자극을 받고 있으며 이러한 자극에 대하여 내부의 대처기전을 활용하여 적응 양상을 나타내는데, 이때 자극에 대해 긍정적으로 반응하기 위해서 인간 스스로가 환경 변화에 효과적으로 대응해야 한다고 보았다.

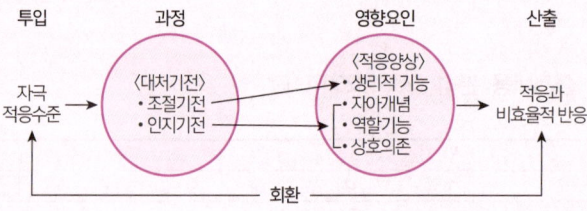

자극의 유형(투입)

인간의 행동과 발달에 영향을 주는 모든 상황인 주위 여건이나 인간 내부에서 일어나는 상태 변화를 의미한다.

초점자극 (focal stimuli)	개인이 직면하는 변화가 요구되는 즉각적이고 직접적인 사건이나 상황으로 자극 중에서 인간의 행동유발에 가장 큰 영향을 미친다(국가고시, 임신 등).
관련자극 (연관자극, contextual stimuli)	• 초점자극이 주어졌을 때 개인에게 영향을 주는 초점자극 외의 모든 자극을 말한다. • 현재 상태에 영향을 주는 측정될 수 있는 내·외적 세계에 존재하는 자극이다(피곤, 소화불량 등).
잔여자극 (residual stimuli)	• 현재의 상황에 영향을 미치거나 측정하기 어려운 자극이다. • 초점자극에 대한 현재 반응에 영향을 줄 과거의 경험이나 신념가치의 결과를 가리킨다. • 인간행동에 간접적인 영향을 줄 수 있는 개인의 신념, 태도, 성품 등을 말한다.

대처기전(과정)

조절기전 (조정기전, regulation)	• 자극이 투입되었을 때 중추신경, 자율신경계 및 호르몬계에서 자율적으로 반응하는 대처기전이다. • 자동적이고 무의식적인 반응, 생리적 적응 양상과 관련된다.
인지기전 (cognition)	• 자극이 투입되었을 때 인지적 정보처리과정, 학습, 판단, 정서과정을 통한 대처기전이다. • 사회 심리적 반응을 관장하는 기전으로서 후천적 습득이 가능하다. • 자아개념, 역할기능, 상호의존 적응 양상과 관련된다.

적응 양상(영향요인): 대처기전으로 나타나는 반응

생리적 양상	인간이 환경의 자극에 신체적으로 반응하는 양상으로 수분과 전해질, 활동과 휴식, 배설, 영양, 감각, 체온 등
자아개념 양상	정신적 통합성을 유지하기 위하여 일어나는 적응 양상으로 신체적 자아와 개인적 자아로 구분된다. ㉠ 신체적 자아: 자신의 신체에 대한 주관적인 생각으로 감각과 신체상이 포함 ㉡ 개인적 자아: 자신의 성격, 기대, 가치에 대한 평가로서 자아일관성, 자아이상 기대, 도덕적·윤리적 자아로 구성
역할기능 양상	사회적 통합성에 대한 적응 양상으로 환경 내의 다른 사람과 상호작용을 하고 적합한 행동역할을 수행하는 것
상호의존 양상	사회적 통합성 중에서도 특히 상호작용에 초점을 둔 적응 양상으로 타인이나 지지체계와의 관계, 사랑, 존경, 가치를 주고받는 것과 관련이 있으며, 상호의존이란 독립심과 의존심 사이의 균형을 의미한다.

반응(산출): 자극에 대한 대처기전의 활동결과

적응 반응	인간의 통합성을 증진시키는 생존, 성장, 성숙 등의 긍정적 반응
비효율적 반응	통합성 증진에 방해가 되거나 도움을 주지 못하는 반응

---

002 우리나라 지역사회 간호의 발달사에 대한 설명으로 가장 옳은 것은?

[23 서울]

① 1956년 「보건소법」이 제정되면서 읍·면 단위의 무의촌에 보건진료소가 설치되었다.
② 1981년 「산업안전보건법」이 제정되면서 산업장간호사가 보건관리자가 되었다.
③ 1995년 「국민건강증진법」이 제정되고 「보건소법」이 「지역보건법」으로 개정되었다.
④ 「노인장기요양보험법」이 2008년에 제정되었다.

해설

① 1980년 「농어촌 등 보건의료를 위한 특별조치법」이 제정되면서 읍·면 단위의 무의촌에 보건진료소가 설치되었다.
② 1990년 「산업안전보건법」이 제정되면서 산업장간호사가 보건관리자가 되었다.
④ 「노인장기요양보험법」이 2007년에 제정되었다.

정답 001 ② 002 ③

003 국가 암 관리 사업에서 2차 예방 수준의 지역사회 간호중재에 대한 설명으로 가장 옳은 것은?
[23 서울]

① 의료 급여 수급권자가 무료로 국가 암 검진을 받도록 안내한다.
② 초등학생을 대상으로 간접흡연의 유해성을 교육한다.
③ 중학교 여학생에게 무료 자궁경부암 예방접종 사업 캠페인을 실시한다.
④ 암 환자를 위한 가정방문형 호스피스 사업을 추진한다.

해설
① 2차 예방
②, ③ 1차 예방
④ 3차 예방

단계별 간호서비스

일차 예방	• 건강문제의 발생 이전에 행하는 행동으로, 건강증진과 건강보호의 영역이다. • 최적의 건강증진을 위하여 혹은 특별한 질병을 일으키는 원인으로부터 인간을 보호하기 위해 고안된 방법이다. • 질병예방 및 건강유지 · 증진, 건강저해인자의 제거 및 건강증진 활동, 특수질환에 대한 예방, 지역사회간호의 영역 • 규칙적인 운동, 스트레스 관리, 균형 잡힌 식이, 보건교육, 예방접종 등
이차 예방	• 건강문제의 조기 발견과 조기 치료를 위한 영역이다. • 건강문제를 조기에 해결하여 심각한 결과를 초래하는 것을 예방한다. • 조기진단, 조기치료, 진단, 치료 및 신체손상 최소화(합병증 예방), 병원중심의 서비스 단계로 임상간호 영역 • 집단검진 및 조기 진단, 현존하는 질환의 치료
삼차 예방	• 건강문제의 재발을 예방하고 불구된 기능을 재활시켜 사회에 잘 적응할 수 있도록 하는 영역이다. • 건강이 더 악화되는 것을 방지하고 최고의 건강수준으로 회복시키는 것이다. • 기능의 회복, 장애의 최소화, 사회복귀, 재활 및 만성질환으로 인한 장애 치료 등, 재활간호 및 지역사회간호의 영역 • 사회 재적응 훈련, 자조 집단

정답 003 ①

004 ⟨보기⟩에서 설명하고 있는 지역사회간호사의 주된 역할로 가장 옳은 것은?

[23 서울]

⟨보기⟩

A보건소의 방문건강관리팀은 당뇨병을 앓고 있는 독거노인을 대상으로 혈당 관리, 복약지도, 영양상담 등의 서비스를 제공하는 프로그램을 추진하기 위해 방문간호사, 의사, 약사, 영양사, 사회복지사 등의 보건·의료 전문가들과 건강관리 서비스의 내용과 제공과정을 결정하는 회의를 시행하였다.

① 교육자(educator)
② 조정자(coordinator)
③ 협력자(collaborator)
④ 사례관리자(case manager)

해설

⟨보기⟩에 제시된 주요한 문구는 "방문간호사, 의사, 약사, 영양사, 사회복지사 등의 보건·의료 전문가들과 건강관리 서비스의 내용과 제공과정을 결정하는 회의를 시행"이다. 이는 다른 건강요원들과 의사소통 및 협력적 업무 추진을 하는 "협력자"의 사례이다.

지역사회 간호사 역할

(1) 대상자 중심의 역할

직접간호 제공자	교육자(educator)	상담자 (counselor, consultant)
• 지역사회에 있는 다양한 대상자의 건강상태를 사정한다. • 간호과정을 적용하여 간호문제를 해결한다. • 개인, 가족을 포함한 지역사회의 다양한 대상자들의 요구를 파악하고 필요한 간호를 제공한다. • 치료적인 문제 해결에 국한된 간호 제공이 아니라 질병예방과 최적의 건강수준을 성취할 수 있는 간호 제공에 중점을 둔다.	• 대상자의 교육요구를 사정하여 보건교육의 계획 및 수행, 결과를 평가한다. • 대상자 스스로를 돌볼 수 있도록 건강에 관련된 습관, 건강증진 행위 등에 필요한 사항을 교육한다. • 문제 발생 시 스스로 건강정보와 적절한 보건의료자원을 이용할 수 있는 능력을 갖도록 교육한다. • 대상자의 건강문제와 관련된 결정에 필요한 지식을 제공한다. • 질병에 대한 인식을 돕는다.	• 지역사회 주민의 건강문제에 대해 전문적인 지식과 기술을 기반으로 상담해 준다. • 가족이나 개인 등 대상자가 자신의 건강문제를 유리한 방향으로 결정하도록 돕는다. • 대상자가 해결해야 할 문제를 확인하고 이해한다. • 대상자 스스로가 문제를 확인하도록 돕는다. • 대상자가 문제 해결의 범위를 정하도록 돕는다. • 대상자가 선택한 해결방법을 스스로 확인·평가하는 것을 돕는다. • 대상자가 문제 해결 과정을 알도록 한다.
의뢰자(refer agent) / 알선자	역할모델	대변자 / 옹호자(advocator)
• 문제 해결을 위해 대상자를 적절한 지역사회 자원이나 기관에 연결해 준다. • 대상자의 문제가 전문적인 조치를 필요로 한다고 인식되는 경우 유용한 기관이나 자원에 의뢰한다. • 지역사회자원에 대한 정보를 수집한다. • 의뢰의 요구와 적합성을 결정한다. • 의뢰 수행, 의뢰에 대한 추후관리를 한다.	• 다른 사람들이 비슷한 역할을 수행할 수 있도록 의식적·무의식적으로 어떤 행동에 대해 시범을 보여주는 것이다. • 지역사회 간호사는 접촉하고 간호하는 다양한 대상자들에게 역할모델이 된다. • 지역사회 간호사의 행동은 다른 사람에게 영향을 미치며 학생간호사의 교육적 준비과정에서도 역할모델이 된다.	• 간호대상자가 좀 더 독립적으로 역할을 수행하도록 대변하거나 옹호한다. • 가족의 경우 건강관리체계를 이용할 수 있도록 해당 기관 및 전문가와 연결한다. • 지역사회의 개인이나 집단의 이익을 위해 행동하거나 그들의 입장에 서서 의견을 제시하는 역할을 수행한다. • 대상자가 마땅히 가져야 할 보건의료 수혜의 권리를 스스로 찾고 가질 수 있게 유용한 보건의료를 충분히 설명하고 안내한다. → 의뢰자와 역할이 중복될 수 있다. • 지역사회 취약계층이 인간적 권리를 찾도록 그들의 입장에서 의견을 제시하고 대상자의 유익을 위해 행동한다.

일차간호제공자	사례관리자(case manager)	관리자(manager)
• 일차간호란 모든 사람들이 보편적으로 이용 가능한 기본적인 건강관리서비스이다. • 지역사회 내에서 각 개인이나 가족이 보건의료서비스에 접근이 용이하도록 필수적인 건강관리서비스를 제공한다.	• 지역사회 간호사는 지역사회에 거주하고 있는 고위험군을 발굴하여 대상자의 문제를 사정, 계획, 수행, 평가하고 지역사회 내의 다양한 보건의료서비스로 연계시켜 주는 역할을 담당한다. • 대상자의 욕구를 충족시키고 자원을 비용-효과적으로 사용하도록 유도하는 역할이다. — 다른 사람이 수행한 간호를 감독하기도 한다.	• 건강관리실 또는 보건실을 운영하거나 실행되고 있는 보건사업을 기획·수립하는 역할을 한다. • 대상자의 요구에 충족되는 최선의 서비스를 기획, 조직, 통합하고 사업활동을 감독, 통제하며 인력을 배치한다.

(2) 건강관리 전달 중심의 역할

조정자(coordinator)	협력자(collaborator)	교섭자 / 연락관(liaison)
• 조정이란 가능한 최대의 유효한 방법으로 대상자의 요구를 충족시키는 최선의 서비스를 조직하고 통합하는 과정을 말한다. ㉠ 대상자에게 건강관리를 제공할 사람, 중복되는 서비스, 불충분한 서비스가 이루어지고 있는 곳을 결정한다. ㉡ 대상자의 상태와 요구에 대해 타 부서의 요원들과 의사소통을 한다. ㉢ 간호사, 대상자, 서비스를 제공하는 타 영역의 제공자들과 필요시 사례연구모임을 준비하여 정보를 교환하고 서비스를 조정하기도 한다.	• 다른 건강요원들과 원활한 의사소통과 협력적 업무추진을 한다. • 합리적인 공동의사결정에 참여한다. • 대상자의 문제 해결을 위한 공동 활동에 참여한다. • 관련된 타 보건의료인력과 상호유기적이며 동반자적 관계를 유지한다.	• 대상자와 기관이 처음 접촉하는 단계에서 도움을 준다. • 대상자와 기관의 직원들 간의 의사소통을 원활하게 해 준다. • 필요시 대상자의 상태에 따라서 옹호자와 같은 도움을 준다. • 제공자의 추천사항을 설명하고 강화한다.

(3) 인간 중심의 역할

사례발견자(사례발굴자)	지도자(leader)	변화촉진자
• 지역사회 인구 집단 중 서비스가 필요한 개인 및 특정 질환 이환자를 발견하는 역할이다. • 건강 관련 상태와 기여 요인의 징후와 증상에 대한 지식을 발전시킨다. • 질병과 이에 관련된 상태의 사례를 확인하는 진단적 과정을 이용한다. • 확인된 사례의 추후 관리를 제공한다.	• 활동과 지도력에 대한 요구를 확인한다. • 지지자들의 지도력의 요구를 사정한다. • 지지자들과 그 상황에 적합한 지도력의 유형을 선정하고 수행한다.	• 동기부여에 조력하여 변화의 수행을 돕는다. • 대상자의 행동을 바람직한 방향으로 유도·변화하도록 촉진한다. • 변화 상황에 작용하는 촉진요인과 방해요인을 확인한다. • 대상자의 의사결정과정에 영향력을 행사하여 건강문제에 대처하는 능력을 증진시킨다.

건강관리 책임자 (General management)	연구자(Researcher)	
• 지역사회의 건강수준을 진단한다. • 확인된 건강문제의 해결방법을 구축한다. • 건강문제를 충족하기 위해 지역사회를 준비시킨다. • 건강관리 전달을 평가한다.	• 문제를 발견하고 탐색하며 문제 해결을 위한 방법을 제시하고 분석하는 역할을 담당한다. • 연구 결과를 실무에 적용, 연구문제 확인, 연구 결과를 보급한다. • 건강관리 전달 중심의 역할을 수행한다.	

정답 004 ③

005 ★★★ 다음 지역사회간호 활동에서 적용한 간호이론은? [23 지방]

- 기본 구조와 에너지 자원의 상태를 사정한다.
- 실제적·잠재적 스트레스원과 반응을 사정한다.
- 저항선, 정상방어선, 유연방어선을 확인한다.
- 스트레스원과 방어선과의 상호작용을 중심으로 간호진단을 기술한다.
- 1차·2차·3차 예방활동을 초점으로 중재방법을 모색한다.

① 건강관리체계이론　② 자가간호이론
③ 교환이론　　　　　④ 적응이론

해설

문제에 제시된 내용 중 가장 확실하고 특징적인 것은 "저항선, 정상방어선, 유연방어선"이다. 이는 뉴만의 건강관리체계이론의 핵심 용어이다.

뉴만의 건강관리체계이론

건강관리체계이론에서 간호대상자는 기본구조와 이를 둘러싼 3가지 방어선, 즉 저항선, 정상방어선, 유연방어선으로 형성된 체계이다. 또한 인간은 환경과 상호작용하는 개방체계이며 대상자는 개인, 가족, 지역사회 또는 집단이 되므로 지역사회간호 대상자를 모두 포함하고 있다.

(1) 기본 개념

기본 구조	• 대상자의 생존요인, 유전적 특징, 강점 및 약점이 모두 포함되어 있는 생존에 필요한 에너지 자원 • 생리적·심리적·사회 문화적·발달적·영적 변수들이 역동적으로 구성되어 개인의 고유한 특성을 나타내며 외부 스트레스원에 대한 방어선에 영향을 줌
저항선	• 저항선은 기본구조를 보호하는 3개의 선 중 가장 내면적인 힘으로, 기본구조에 가장 가까운 곳에 자리 잡고 있음 • 대상 체계가 스트레스원에 의해 기본구조가 손상되는 것을 방지하기 위한 내적 요인(신체면역체계 등)
정상 방어선	• 저항선 바깥에 존재하며 개인의 안녕 상태나 적응 상태, 대상 체계가 유지해 온 평형 상태로 어떤 외적 자극이나 스트레스원에 대해 나타나는 정상 반응의 범위 • 개인의 일상적인 대처 유형, 삶의 유형, 발달단계와 같은 행위적 요인의 복합물
유연 방어선	• 기본구조를 둘러싸고 있는 선 중 가장 바깥에 위치하여 외적변화에 방어할 잠재력을 가지고 환경과 상호작용. 외부자극으로부터 대상체계를 일차로 보호하는 쿠션과 같은 기능 • 스트레스원이 정상방어선을 침범하지 못하도록 완충적 역할을 하며 환경과 상호작용하면서 수시로 변하는 역동적 구조
스트레스원	• 환경의 일부로 불균형의 원인이 되거나 긴장을 야기하는 자극으로서 인간의 개체 내부와 외부환경에 존재 • 스트레스원은 대상체계가 균형이나 평형을 유지하는 데 방해가 되는 요인. 대상체계에 긴장을 일으키는 유무형의 모든 자극으로 정의 　㉠ 개체 내에서 발생하는 스트레스원(내적요인): 개체 내에서 일어나는 것으로서, 대상체계에 영향을 줄 수 있는 자극. 통증, 상실, 분노 등 개체 내에서 일어나는 신체적·정신적 자극 　㉡ 개체 간에 발생하는 스트레스원(대인적 요인): 개체 간에 일어나는 자극요인. 예를 들면, 사람과 사람 사이의 역할 기대와 역할갈등 등 　㉢ 개체 외부에서 발생하는 스트레스원(외적요인): 대상자의 경계 밖에 있는 외적 환경의 변화요인으로 관습의 변화, 실직, 경제상태, 재난 등

(2) 1·2·3차 예방의 사정

예방단계	구분	사정 예
3차 예방	기본 구조	• 개인 또는 지역의 고유의 특성(생리적, 심리적, 사회문화적, 발달적, 영적 변수)을 반영 • 지역사회 재활 사업 제공, 발생가능한 문제 예방을 위한 재교육, 새로운 삶의 양식에 적응하기 위한 재교육
2차 예방 (저항선 강화)	저항선	• 지역사회 주민의 건강에 대한 태도, 가치관, 신념, 결속을 사정 • 지역사회 문제의 조기발견, 지역사회 문제 해결을 위한 자원 활용 및 의뢰 • 저항선 파괴의 예: 부적당한 건강관리 행위, 주민들의 낮은 삶의 만족도, 낮은 경제적 수준 및 교육 수준
1차 예방 (유연방어선 강화, 정상방어선 보호)	정상 방어선	• 지역사회 주민의 건강수준과 경제수준, 지역사회 교통 및 통신상태와 물리적 환경 • 정상방어선 파괴의 예: 만성질환 유병률 증가, 감염성 질환 발생 증가, 부적합한 주거환경, 높은 사고의 위험성, 건강문제 인식 및 문제 해결능력 부족
	유연 방어선	• 가족의 다른 스트레스 유무, 가족의 융통성 • 지역주민의 건강교육, 지역사회 내 위험요인 감소 및 제거 • 지역사회의 보건의료체계와 의료기관의 양과 질 • 유연방어선 파괴의 예: 의료체계 부족, 부적절한 보건의료전달체계

006 ★★★ 다음은 지역사회간호사업 체계모형이다. (가)에 해당하는 것은? [23 지방]

투입 → 변환 → (가)
↑↑↑
환경

① 지역사회주민
② 지역사회간호과정
③ 지역사회 적정기능 수준 향상
④ 지역사회 물적 자원

해설
① 투입(대상)
② 변환과정
③ 산출(목표)
④ 투입(자원)

체계이론
(1) 체계이론의 개요
① 체계이론은 하나의 체계와 그 주변의 체계와의 상호관계, 그리고 하나의 체계에 있어서 투입과 산출의 계속적인 과정을 설명해 주는 이론으로, 생물학자인 버틀란피(Bertalanffy, 1968)가 발표한 '일반체계이론(general system theory)' 이래 여러 학문 분야에서 논의되고 적용되어 왔기 때문에 그 범위가 대단히 광범위하다.
② 체계는 상위체계와 두 개 이상의 하위체계로 구성되어 있는 계층적 구조를 가지고 있다. 이들은 구조 내에서 각 부분들이 상호 관련되어 있으며, 역동적인 상호작용으로 통합된 전체로서 기능하고, 이렇게 통합된 전체는 각 부분들의 합보다 크다.
③ 일반체계이론(general system theory)은 간호이론개발에 가장 많이 활용되었다.

(2) **체계이론의 지역사회간호에의 적용**
지역사회도 하나의 체계이며 건강에 대한 목표가 있고 지역사회라는 경계가 있으며 지역사회 구성물인 지역사회 주민과 인적, 물적, 사회·환경적 지역사회 자원들이 있다. 이들 간에 상호작용을 하여 건강의 목표를 달성하고자 노력한다. 그러므로 지역사회는 체계가 갖추어야 할 5가지 요소(구성물, 자원, 상호작용, 목표, 경계)를 갖고 있다.
체계이론을 지역사회간호에 적용하면 다음과 같다.
① 목표: 적정기능수준의 향상, 건강의 유지·증진, 삶의 질 향상
② 경계: 도시의 행정구역과 같은 지역사회의 경계
③ 구성물: 지역사회 주민 → 지역은 주민, 학교는 학생 및 교직원, 사업장은 근로자가 대상
④ 자원: 지역사회 내에 건강과 관련된 인적, 물적, 사회·환경적 자원
⑤ 상호작용: 지역사회 주민과 인적, 물적, 사회·환경적 자원과의 상호작용
  ㉠ 투입: 구성물과 자원이 체계 속으로 들어가는 것이다. 지역사회 간호사, 지역사회 주민, 지역사회 자원
  ㉡ 변환: 체계 속에 들어온 구성물과 자원이 상호작용을 하는 일련의 현상이다. 사정, 계획, 실행, 평가와 같은 지역사회 간호과정
  ㉢ 산출(목표): 구성물과 자원이 상호작용을 하여 만들어낸 결과를 의미한다. 지역사회간호의 목표인 적정기능수준의 향상, 건강의 유지·증진, 삶의 질 향상
⑥ 환경(제약요인): 정치적·제도적·행정적·기술적·사회적·문화적 환경과 같은 제약요인을 말한다.

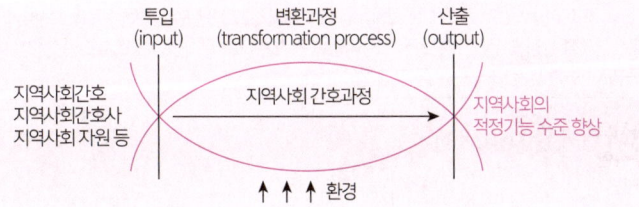

007 지역사회간호의 역사적 사건들을 이른 것부터 순서대로 바르게 나열한 것은?
[22 지방(6월)]

ㄱ. 「학교보건법」 제정
ㄴ. 「농어촌 등 보건의료를 위한 특별조치법」 제정
ㄷ. 전 국민 의료보험(현 국민건강보험) 시행
ㄹ. 노인장기요양보험제도 시행

① ㄱ → ㄴ → ㄷ → ㄹ
② ㄱ → ㄴ → ㄹ → ㄷ
③ ㄴ → ㄱ → ㄷ → ㄹ
④ ㄴ → ㄱ → ㄹ → ㄷ

해설
ㄱ. 「학교보건법」 제정 (1967년)
ㄴ. 「농어촌 등 보건의료를 위한 특별조치법」 제정 (1980년)
ㄷ. 전 국민 의료보험(현 국민건강보험) 시행 (1989년)
ㄹ. 노인장기요양보험제도 시행 (2008년)

008 다음 내용은 가이거와 다비드하이저(Giger & Davidhizar)가 개발한 횡문화사정 모형(Transcultural Assessment Model)에서 어떤 문화현상을 사정한 것인가?

[22 지방(6월)]

- 억양과 발음을 확인한다.
- 침묵을 사용하는 경향을 파악한다.
- 터치하였을 때 불편감을 느끼는 정도를 파악한다.

① 환경통제
② 사회조직
③ 의사소통
④ 생물학적 차이

해설

문제에 제시된 "억양과 발음, 침묵, 터치" 등은 의사소통을 의미한다.

가이기와 다비드하이저(Giger와 Davidhizer)의 문화사정 모형(1990)

가이거와 다비드하이저(Giger와 Davidhizer)의 문화사정 모형은 문화적 변수들과 그 변수가 건강과 질병행위에 미치는 영향을 평가하는 실제적 사정 도구이다. 문화적으로 다양한 간호는 모든 문화집단에 의사소통, 공간, 사회조직, 시간, 환경 통제, 생물학적 차이 등의 여섯 가지 문화적 현상을 고려해야 한다.

	문화적으로 독특한 개인	1. 출생지 2. 문화적 정의 3. 인종 4. 그 나라에 머문 기간	
의사소통	1. 목소리의 특징	a. 강하고 낭랑한 b. 부드러운 c. 보통 d. 날카로운	
	2. 억양과 발음	a. 명확한 b. 불분명한 c. 사투리	
	3. 침묵 사용	a. 드물게 b. 자주 c. 길이: 짧게, 보통, 길게, 관찰 못함	
	4. 비언어적 의사소통 사용	a. 손짓 b. 눈짓 c. 몸짓 d. 동작(자세, 표정, 발의 위치)	
	5. 접촉	a. 접촉했을 때 움츠러들거나 뒤로 뺌 b. 불편함 없이 접촉을 받아들임 c. 불편함 없이 다른 사람과 접촉함	
	6. 그 외 사정에 필요한 질문	a. 다른 사람에게 당신 의견을 어떻게 전달하는가? b. 친구, 가족이나 아는 사람과 이야기하기를 좋아하는가? c. 질문을 받았을 때, 보통 반응을 하는가?(말이나 몸짓 혹은 둘 다) d. 가족과 논의해야 할 중요한 일이 있을 때, 어떤 방법으로 가족에게 접근하는가?	
공간	1. 편안한 정도	a. 공간 침범을 당했을 때 움직임 b. 공간 침범을 당했을 때 움직이지 않음	
	2. 대화의 거리	a. 1~45cm(1~18inch) b. 45~90cm(18inch~3feet) c. 90cm 이상(3feet 이상)	
	3. 공간의 정의	a. 다른 사람과 이야기하거나 가까이 서 있을 때 친밀감과 편안함 정도를 설명함 b. 환경 안의 물건들(예 가구)이 당신의 공간감에 어떻게 영향을 주는가?	

공간	4. 그 외 사정에 필요한 질문	a. 가족과 이야기할 때 얼마나 가까이 서 있는가? b. 동료와 다른 아는 사람과 대화를 나눌 때 얼마나 가까이 서 있는가? c. 낯선 사람이 당신에게 접촉했을 때, 어떻게 반응하고 느끼는가? d. 사랑하는 사람과 접촉한다면, 어떻게 반응하고 느끼는가? e. 지금 우리 사이의 거리는 편안한가?
사회조직	1. 건강상태	a. 나쁨 b. 양호 c. 좋음 d. 아주 좋음
	2. 결혼상태	
	3. 자녀수	
	4. 부모가 생존하는지 혹은 사망했는지?	
	5. 그 외 사정에 필요한 질문	a. 사회활동을 어떻게 정의하는가? b. 당신을 즐겁게 하는 활동들은 무엇인가? c. 취미가 무엇인가? 혹은 시간이 있을 때 무엇을 하는가? d. 신을 믿는가? e. 신을 어떻게 숭배하는가? f. 가족 내에서 무슨 역할을 하는가(무엇을 하는가)? g. 가족 내에서 당신의 위치는 어떠한가? h. 어릴 때 당신에게 가장 영향을 미친 것은? 혹은 사람은? I. 부모와 형제와의 관계는 어떠한가? j. 일하는 것은 당신에게 어떤 의미가 있는가? k. 당신의 과거, 현재, 미래 직업을 설명하시오. l. 당신의 정치적 견해는? m. 당신의 정치적 견해가 건강과 질병에 대한 당신의 태도에 영향을 주는가?
시간	1. 시간 관념	a. 과거 중심 b. 현재 중심 c. 미래 중심
	2. 시간 관점	a. 사회적 시간 b. 시계 중심
	3. 시간에 대한 물리화학적 반응	a. 밤에 적어도 8시간은 잔다. b. 일정한 계획에 따라서 자고 일어난다. c. 계획대로 약을 먹고 치료받는 것의 중요성을 이해한다.
	4. 그 외 사정에 필요한 질문	a. 시간을 어떤 종류의 시계로 확인하는가? b. 오후 2시에 약속을 했을 때, 몇 시에 도착하는 것이 괜찮은가? c. 간호사가 '30분 정도'에 약을 받을 수 있다고 한다면, 실제로 간호사실에서 부르기 전까지 어느 정도 시간을 용납할 수 있는가?
환경통제	1. 통제위	a. 내적 통제위(변화하게 하는 힘이 내부에 있다고 믿는 것) b. 외적 통제위(운명, 운, 기회가 어떤 것을 변화하는 데 상당한 역할을 한다고 믿는 것)
	2. 가치관념	a. 초자연적인 힘을 믿는다. b. 변화하기 위해서 마술, 기도에 의존한다. c. 초자연적인 힘을 믿지 않는다. d. 변화하기 위해서 마술, 기도에 의존하지 않는다.
	3. 그 외 사정에 필요한 질문	a. 당신의 집에 방문객은 얼마나 자주 오는가? b. 갑자기 방문객이 왔을 때 수용할 수 있는가? c. 어렸을 때 부모님이나 다른 사람이 당신 병을 치료하려고 어떤 방식을 사용했는가? d. 당신이나 주위에 가까운 사람들이 당신 아플 때 사용하는 민간요법이 있는가? e. 어떤 민간요법을 사용하였는가? 앞으로 당신도 그 요법을 사용할 것인가? f. 건강하다는 것에 대한 정의는 무엇인가? g. 병이나 건강이 나쁘다는 것에 대한 정의는 무엇인가?

생물학적 차이	1. 완전한 신체사정을 한다.	a. 신체구조(작음, 보통, 혹은 큰 체형) b. 피부색 c. 색다른 피부 특징 d. 모발 색과 숱 e. 다른 신체 특징(켈로이드, 기미 등) f. 체중 g. 신장 h. 검사에서 혈색소, 헤마토크리트, 겸상적혈구 등의 변화 점검
	2. 그 외 사정에 필요한 질문	a. 당신 가족에게 일반적인 질환이나 질병이 있는가? b. 당신 가족에게 특정 질병에 유전적으로 취약한 것이 있는가? c. 가족이 아플 때 당신 가족의 전형적인 행동은? d. 화가 나면 어떻게 반응하는가? e. 어려울 때 누구에게 도움을 청하는가? f. 당신과 가족이 좋아하는 음식은? g. 어떤 특이한 것을 갈구한 적이 있는가?(백색이나 붉은 점토/ 세탁풀) h. 어릴 때, 어떤 유형의 음식을 먹었나? I. 가족이 좋아하는 음식이나 전통 음식은?

009 〈보기〉에서 설명하고 있는 지역사회간호사의 역할로 가장 옳은 것은?

[22 서울(6월)]

〈보기〉

A시 지역사회간호사는 복합적인 건강문제를 가진 기초 생활 수급권자의 문제해결을 위하여 다학제적 팀 구성원 간의 협력적 활동을 계획하고 모니터링하였다. 보건소의 여러 가지 사업을 통합적으로 분석하여 서비스 제공에 중복, 결핍이 없는지를 확인하였다.

① 상담자(counselor)
② 변화촉진자(facilitator)
③ 옹호자(advocator)
④ 조정자(coordinator)

해설

〈보기〉에 제시된 사례 중에서 초점은 "다학제 팀 구성원 간의 협력적 활동"과 "중복, 결핍이 없는지"이다. 이는 건강관리 전달 중심의 지역사회간호사 역할로 "조정자"에 해당된다.

조정자(coordinator)
(1) 조정이란 가능한 최대의 유효한 방법으로 대상자의 요구를 충족시키는 최선의 서비스를 조직하고 통합하는 과정을 말한다.
(2) 사례관리자와는 다르게 조정자는 다른 건강관리 전문가가 수행한 간호를 계획하지 않는다.
(3) 지역사회 간호사는 대상자 건강관리의 조정자로서 다양한 기능을 수행한다.
  ① 대상자에게 건강관리를 제공할 사람, 중복되는 서비스, 불충분한 서비스가 이루어지고 있는 곳을 결정한다.
  ② 대상자의 상태와 요구에 대해 타 부서의 요원들과 의사소통을 한다.
  ③ 간호사, 대상자, 서비스를 제공하는 타 영역의 제공자들과 필요시 사례연구모임을 준비하여 정보를 교환하고 서비스를 조정하기도 한다.

정답 008 ③ 009 ④

010 1920년대 전국 각지의 선교회에서 본격적인 간호사업이 시작되었다. 태화여자관에 보건사업부를 설치하여 보건사업을 이끌었던 인물과 중심사업으로 옳게 짝지어진 것은? [22 서울(6월)]

① 로젠버거(Rosenberger), 모자보건사업
② 페베(Pheobe), 방문간호사업
③ 윌리엄 라스본(William Rathbone), 구역간호사업
④ 릴리안 왈드(Lillian Wald), 통합보건간호사업

해설

① 로젠버거(Rosenberger), 모자보건사업 – 1923년 대한민국
② 페베(Pheobe), 방문간호사업 – 초기기독교시대
③ 윌리엄 라스본(William Rathbone), 구역간호사업 – 1859년 영국
④ 릴리안 왈드(Lillian Wald), 통합보건간호사업 – 1893년 미국

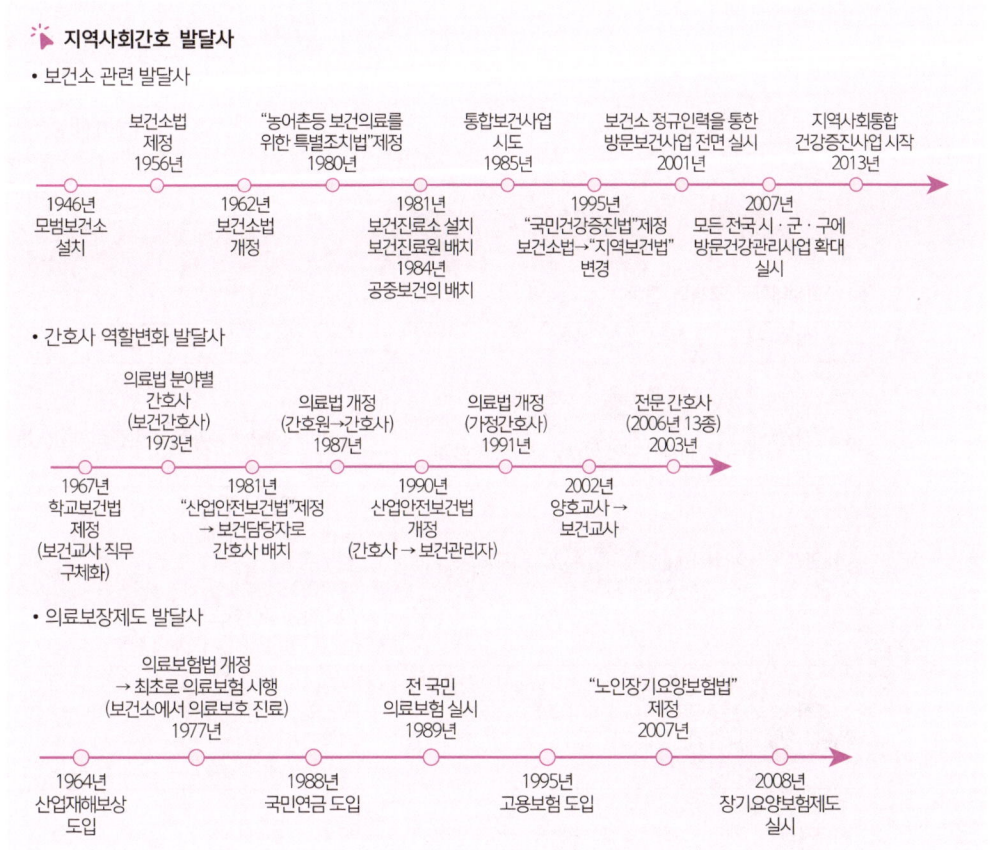

정답 010 ①

011 ⭐⭐⭐ 금연 사업에서 사회생태학적 모형(social ecological model)에 따른 수준별 중재의 예로 옳지 않은 것은?

[22 지방(4월)]

① 개인 수준 - 금연 멘토링 시행
② 조직 수준 - 금연 사업장 운영
③ 지역사회 수준 - 금연 캠페인 시행
④ 정책 수준 - 담뱃세 인상

해설

사회생태학적 모형은 개인의 행동은 자신이 처한 사회환경 속에서 형성된다고 본다. 사회생태적 모형은 개인 및 집단의 건강을 증진시키는 모형으로 수준(차원)에 따른 적절한 중재방법을 모색할 수 있고, 건강증진의 장애물을 조정하여 건강을 저해하는 요인을 개인과 환경을 분리하여 찾을 수 있으므로 건강증진을 설명하는 데 적합한 이론이다. **개인수준(차원)**은 개인에게 영향을 줄 수 있는 특성을 가진 변수로 수입, 교육정도, 연령, 결혼상태, 질병에 대한 심각도, 질병에 대한 민감도, 자아존중감이다. 멘토링 시행은 "**개인간 수준**"에 해당된다.

사회생태학적 모형의 전략

영역	개념	실제 전략
개인 수준(차원)	개인에게 영향을 줄 수 있는 특성을 가진 변수로 수입, 교육정도, 연령, 결혼상태, 질병에 대한 심각도, 질병에 대한 민감도, 자아존중감이다.	• 교육 • 행태개선훈련 • 직접서비스 제공(예방접종, 검진, 진료, 재활, 방문간호 등) • 유인 제공

개인간 수준(차원)	사회적 동질성을 가질 수 있고 지지해 주는 가족, 친구, 이웃의 지지이다.	• 기존 네트워크의 활용
		• 새로운 네트워크의 개발
		  - 멘토 활용
		  - 동료(buddy) 활용
		  - 자조집단(동아리)의 형성
		• 자생적인(비공식적)지도자의 활용

조직 수준(차원)	개인, 공공, 조직 등 개인의 행동에 영향을 미치는 조직으로 학교 등이다. 조직이 보유한 자원에 대한 접근성과 질은 조직에 속한 대상자에게 영향을 준다.	• 근무환경 • 서비스의 신뢰성 • 시설 및 환경 • 인적물적자원(지도력, 조직, 구조, 상부기관의 지지)
지역사회 수준(차원)	개인·그룹·조직이 공식적·비공식적으로 존재하는 곳이다.	• 이벤트 • 매체 홍보 • 사회마케팅 • 지역사회 역량강화
정책 수준(차원)	개인의 행동에 영향을 주는 법, 정책 등이다.	• 옹호/정책개발 • 건강증진 시설 이용비용 • 건강과 관련된 입법화 추진

정답 011 ①

012 다음에서 건강형평성 수준을 판단하기 위해 활용할 수 있는 지표만을 모두 고르면? [22 지방(4월)]

> ㄱ. 지역별 암 발생률
> ㄴ. 소득수준별 건강수명
> ㄷ. 직업유형별 심뇌혈관 유병률
> ㄹ. 교육수준별 유산소운동 실천율

① ㄱ, ㄷ
② ㄱ, ㄴ, ㄹ
③ ㄴ, ㄷ, ㄹ
④ ㄱ, ㄴ, ㄷ, ㄹ

해설

건강형평성은 '사회적, 경제적, 인구학적 혹은 지역적으로 구분된 인구집단 사이에 구조적이고 교정가능한 건강수준의 차이는 존재하지 않는 상태'를 의미한다. 따라서, 건강형평성을 판단하는 지표는 '사회적, 경제적, 인구학적 혹은 지역적으로 구분된 인구집단에서 발생하는 통계'로 판단할 수 있다. 문제에서 제시된 내용 중 "지역별, 소득수준별, 직업유형별, 교육수준별"은 바로 위의 구분을 위한 지표라고 볼 수 있다.

013 다음에서 설명하는 로이(Roy) 적응이론의 자극 유형은? [22 지방(4월)]

> • 현재 상태에 영향을 미치는 개인의 신념, 태도, 성격, 과거 경험 등과 같은 특성을 의미한다.
> • 인간 행동에 간접적으로 영향을 미치는 요인이며, 대부분 측정이 어렵다.

① 초점자극
② 연관자극
③ 잔여자극
④ 조절자극

해설

로이의 적응이론

로이(Callista Roy)가 개발한 적응이론은 간호의 대상인 인간은 주위 환경으로부터 끊임없이 자극을 받고 있으며 이러한 자극에 대하여 내부의 대처기전을 활용하여 적응 양상을 나타내는데, 이때 자극에 대해 긍정적으로 반응하기 위해서 인간 스스로가 환경 변화에 효과적으로 대응해야 한다고 보았다. 로이의 적응이론에서 자극은 인간의 행동과 발달에 영향을 주는 모든 상황인 주위 여건이나 인간 내부에서 일어나는 상태 변화를 의미한다.

초점자극 (focal stimuli)	개인이 직면하는 변화가 요구되는 즉각적이고 직접적인 사건이나 상황으로 자극 중에서 인간의 행동유발에 가장 큰 영향을 미친다(국가고시, 임신 등).
관련자극 (연관자극, contextual stimuli)	• 초점자극이 주어졌을 때 개인에게 영향을 주는 초점자극 외의 모든 자극을 말한다. • 현재 상태에 영향을 주는 측정될 수 있는 내·외적 세계에 존재하는 자극이다(피곤, 소화불량 등).
잔여자극 (residual stimuli)	• 현재의 상황에 영향을 미치는 측정하기 어려운 자극이다. • 초점자극에 대한 현재 반응에 영향을 줄 과거의 경험이나 신념가치의 결과를 가리킨다. • 인간행동에 간접적인 영향을 줄 수 있는 개인의 신념, 태도, 성품 등을 말한다.

정답 12 ④   13 ③

014 〈보기〉에서 설명하는 지역사회 기능으로 가장 옳은 것은? [22 서울(2월)]

해설
〈보기〉에서의 초점은 "구성원 상호 간 결속력과 사명감이 필요하며 주민 공동의 문제해결을 위하여 공동으로 노력하는 활동"이다. 지역사회 기능 중 "사회통합 기능"에는 지역사회가 유지되기 위하여 결속력, 사기를 높이는 활동과 주민 공동의 문제해결을 위하여 함께 협력하는(공동으로 노력하는) 활동들이 포함된다.

〈보기〉
- 사회를 구성하는 조직원 간에 관련된 기능으로 지역사회가 유지되기 위하여 사회의 구성원 사이에 서로가 믿음과 신뢰를 바탕으로 상호 존중한다.
- 구성원 상호 간 결속력과 사명감이 필요하며 주민 공동의 문제해결을 위하여 공동으로 노력하는 활동이 포함된다.

① 경제적 기능
② 사회화 기능
③ 사회통제 기능
④ 사회통합 기능

지역사회 기능

경제적 기능	지역사회 주민들이 일상생활을 영위하는 데 필요한 물자와 서비스를 생산·분배·소비하는 과정과 관련된 기능으로서, 지역사회 차원으로 특산품을 개발한다든가 기업을 유치한다든가 하는 등 자립을 위한 활동이 포함된다.
사회화 기능	지역사회가 공유하는 일반적인 지식, 사회적 가치, 행동양상들을 새로이 창출하고 유지·전달하는 기능으로, 과정을 통하여 사회구성원은 다른 지역사회 구성원들과 구별되는 생활양식을 터득하게 된다.
사회통제 기능	지역사회 구성원들이 사회의 규범에 순응하게 하는 기능으로, 정부기관에서 강제력을 가지고 집행할 수 있는 통제력 이외에도, 지역사회 스스로 규칙이나 사회규범을 형성하여 구성원들의 행동을 통제하는 활동이다.
사회통합 기능	비통합적인 상태에 있는 사회 내 집단이나 개인이 서로 적응함으로써 단일의 집합체로서 통합되어가는 과정을 말한다. 지역사회가 유지되기 위하여 결속력, 사기를 높이는 활동과 주민 공동의 문제해결을 위하여 함께 협력하는(공동으로 노력하는) 활동들이 포함된다.
상부상조 기능	지역사회 내의 질병, 사망, 실업 등 경조사나 도움이 필요한 상황에 대하여 상호 간에 지지해 주고 조력해 주는 기능이다.

정답 014 ④

015 ★★★ 지역사회간호사가 방문간호 대상자에게 오렘(Orem)의 자가간호이론을 적용하고자 할 때 〈보기〉에서 대상자의 간호요구는? [22 서울(2월)]

해설
〈보기〉의 김 씨는 실제 건강문제(두통, 어지러움, 높은 혈압 측정)로 인해 진단(고혈압)을 받고 처방도 받은 상태에서 호전이 없는 상태이므로 질병에 요구되는 자가간호요구로서 "건강이탈 자가간호요구"가 있다.

〈보기〉
김 씨(71세, 여성)는 독거노인으로 6개월 전 고혈압 진단을 받아 혈압약을 처방받았다. 현재 혈압이 180/100mmHg, 체질량지수(BMI)가 25이며, 가끔씩 두통과 어지러움을 호소하고 있으나 증상이 있을 때만 약을 복용하고 있으며, 식이요법이나 운동 등을 실천하지 않고 있다.

① 일반적 자가간호요구
② 발달적 자가간호요구
③ 보상체계적 자가간호요구
④ 건강이탈 자가간호요구

오렘의 자가간호이론

오렘의 이론에서 간호가 궁극적으로 도달하여야 할 목표, 즉 건강상태는 대상자가 자가간호를 잘 수행하는 상태를 의미한다. 이를 위하여 간호사가 해야 하는 활동은 자가간호요구를 저하시키거나 자가간호역량을 증진시켜 자가간호결핍을 감소시키는 것이다.

(1) 자가간호요구

일반적 자가간호요구	• 모든 인간이 공통적으로 가진 자가간호요구 • 인간의 구조, 기능을 유지하기 위한 내적·외적 조건과 관련된 요구 • 공기, 물, 음식, 배설, 활동과 휴식, 고립과 사회적 상호작용, 위험으로부터의 예방, 정상적인 삶 등
발달적 자가간호요구	• 인간의 발달과정이나 생애주기의 다양한 단계에서 필요한 발달과업과 관련된 자가간호요구 • 임신, 미숙아 출생, 배우자 또는 부모의 사망 등
건강이탈 자가간호요구	• 질병이나 상해 시에 요구되는 자가간호요구로서 자아상의 정립, 일상생활과정의 변화, 건강이탈로 인한 진단이나 치료에 대처하거나 새로운 생활의 적응과 관련되어 나타나는 것 • 일반적 자가간호요구는 충족시킬 수 있지만 건강이탈 자가간호요구를 충족시키기 위해서는 간호사의 도움이 필요한 경우이므로 부분적 보상체계에 해당 • 건강이탈 결과에 적응하는 활동

(2) 간호체계

전체적 보상체계	• 개인이 자가간호활동을 거의 수행하지 못할 때 • 간호사가 전적으로 환자를 위하여 모든 것을 해주거나 활동을 도와주는 경우 • 산소공급, 영양공급, 배설, 개인위생, 신체운동 및 감각자극 등의 모든 욕구 충족을 위해 활동하거나 조력하는 경우
부분적 보상체계	• 개인 자신이 일반적인 자가간호요구는 충족시킬 수 있으나 건강이탈요구를 충족시키기 위해 도움이 필요한 경우 • 간호사와 대상자가 함께 건강을 위한 간호를 수행 • 최근 수술환자의 구강위생이나 배변, 기동 등을 돕는 경우, 결장암 수술 후 colostomy를 한 환자에게 가정방문을 통하여 해당 부위의 피부간호와 가스형성 감소를 위한 식이교육을 실시하는 것
교육적 보상체계	• 대상자가 자가간호요구를 충족시키는 자원을 가지고 있으나 의사결정, 행위 조절, 지식이나 기술을 획득하는 데 간호사의 도움이 필요한 경우 • 대상자가 간호사의 도움을 받으면서 자가간호를 학습하고 실천하는 보상체계 • 대상자는 자가간호를 배워 다른 사람의 도움을 받지 않고 직접 자가간호를 수행할 수 있는 상황

(3) **자가간호역량**: 자가간호를 수행할 수 있는 개인의 능력
(4) **자가간호결핍**: 자가간호역량 부족 현상
(5) **간호역량**: 결정된 필요에 따라 간호체계를 설계, 제공하는 간호사들의 복합적인 능력

정답 015 ④

016 뉴만(Neuman B.)의 건강관리체계이론에서 〈보기〉가 설명하는 개념으로 가장 옳은 것은?

[21 서울]

〈보기〉
- 신체의 면역체계를 예로 들 수 있음
- 기본구조를 둘러싸고 있는 몇 개의 점선원
- 효과적으로 작동하면 대상체계는 유지되나 비효과적으로 작동하면 사망할 수 있음
- 대상자가 스트레스원에 저항하여 기본구조를 지킬 수 있도록 돕는 자원이나 내적요인

① 저항선
② 정상방어선
③ 유연방어선
④ 에너지 자원

해설

뉴만의 건강관리체계이론

기본 구조	• 대상자의 생존요인, 유전적 특징, 강점 및 약점이 모두 포함되어 있는 생존에 필요한 에너지 자원 • 생리적·심리적·사회 문화적·발달적·영적 변수들이 역동적으로 구성되어 개인의 고유한 특성을 나타내며 외부 스트레스원에 대한 방어선에 영향을 준다. • 예: 정상범위의 체온 유지를 위한 기전, 유전구조, 신체기관의 구조, 자아구조 등
저항선	• 기본구조를 보호하는 3개의 선 중 가장 내면적인 힘으로, 기본구조에 가장 가까운 곳에 자리 잡고 있다. • 대상 체계가 스트레스원에 의해 기본구조가 손상되는 것을 방지하기 위한 내적 요인이다(신체면역체계 등). • 저항선 파괴의 예: 부적당한 건강관리 행위, 주민들의 낮은 삶의 만족도, 낮은 경제적 수준 및 교육 수준 등
정상 방어선	• 저항선 바깥에 존재하며 개인의 안녕 상태나 적응 상태, 대상 체계가 유지해 온 평형 상태로 어떤 외적 자극이나 스트레스원에 대해 나타나는 정상 반응의 범위 • 개인의 일상적인 대처 유형, 삶의 유형, 발달단계와 같은 행위적 요인의 복합물 • 정상방어선 파괴의 예: 만성질환 유병률 증가, 감염성 질환 발생 증가, 부적합한 주거환경, 높은 사고의 위험성, 건강문제 인식 및 문제해결능력 부족 등
유연 방어선	• 기본구조를 둘러싸고 있는 선 중 가장 바깥에 위치하여 외적변화에 방어할 잠재력을 가지고 환경과 상호작용하며, 외부자극으로부터 대상체계를 일차로 보호하는 쿠션과 같은 기능을 한다. • 스트레스원이 정상방어선을 침범하지 못하도록 완충적 역할을 하며 환경과 상호작용하면서 수시로 변하는 역동적 구조이다. • 유연방어선 파괴의 예: 의료체계 부족, 부적절한 보건의료전달체계 등

정답 016 ①

017 사회생태학적 모형에서 제시하는 건강결정요인 중 〈보기〉에 해당하는 것은?

[21 서울]

〈보기〉

개인이 소속된 학교나 직장에서의 구성원의 행동을 제약하거나 조장하는 규칙이나 규제

① 개인 요인(Intrapersonal factors)
② 개인 간 요인(Interpersonal factors)
③ 조직 요인(Institutional factors)
④ 지역사회 요인(Community factors)

해설

사회생태학적 모형은 개인의 행동은 자신이 처한 사회환경 속에서 형성된다고 본다. 사회생태적 모형은 개인 및 집단의 건강을 증진시키는 모형으로 차원에 따른 적절한 중재방법을 모색할 수 있고, 건강증진의 장애물을 조정하여 건강을 저해하는 요인을 개인과 환경으로 분리하여 찾을 수 있으므로 건강증진을 설명하는 데 적합한 이론이다.
문제에서 강조하는 것은 "**조직차원**"이다.

사회생태학적 모형

영역	설명	구성이론
개인차원(수준)	개인에게 영향을 줄 수 있는 특성을 가진 변수로 수입, 교육정도, 연령, 결혼상태, 질병에 대한 심각도, 질병에 대한 민감도, 자아존중감이다.	건강신념이론
개인간차원(수준)	사회적 동질성을 가질 수 있고 지지해 주는 가족, 친구, 이웃의 지지이다.	지지체계이론
조직차원(수준)	개인, 공공, 조직 등 개인의 행동에 영향을 미치는 조직으로 학교 등이다.	조직자원이론
지역사회차원(수준)	개인·그룹·조직이 공식적·비공식적으로 존재하는 곳이다.	지역사회모형
정책차원(수준)	개인의 행동에 영향을 주는 법, 정책 등이다.	사회마케팅이론

정답 017 ③

018 지역사회간호활동 중 2차 예방에 대한 설명으로 옳은 것은? [21 지방]

① 보건교사가 여성 청소년의 자궁경부암 예방접종률을 높이기 위해 가정통신문 발송
② 보건소 간호사가 결핵환자에게 규칙적인 결핵약 복용 지도
③ 방문건강관리 전담공무원이 재가 뇌졸중 환자의 재활을 위해 운동요법 교육
④ 보건소 간호사가 지역주민을 대상으로 흡연이 신체에 미치는 영향에 대해 교육

해설

이차예방은 건강문제의 조기 발견과 조기 치료를 위한 영역이다. 집단검진 및 조기 진단, 현존하는 질환의 치료가 포함된다.
①, ④ 일차예방
③ 삼차예방

단계별 간호서비스

일차 예방	• 건강문제의 발생 이전에 행하는 행동으로, 건강증진과 건강보호의 영역이다. • 최적의 건강증진을 위하여 혹은 특별한 질병을 일으키는 원인으로부터 인간을 보호하기 위해 고안된 방법이다. • 질병예방 및 건강유지·증진, 건강저해인자의 제거 및 건강증진 활동, 특수질환에 대한 예방, 지역사회간호의 영역 • 규칙적인 운동, 스트레스 관리, 균형 잡힌 식이, 보건교육, 예방접종 등
이차 예방	• 건강문제의 조기 발견과 조기 치료를 위한 영역이다. • 건강문제를 조기에 해결하여 심각한 결과를 초래하는 것을 예방한다. • 조기진단, 조기치료, 진단, 치료 및 신체손상 최소화(합병증 예방), 병원중심의 서비스 단계로 임상간호 영역 • 집단검진 및 조기 진단, 현존하는 질환의 치료
삼차 예방	• 건강문제의 재발을 예방하고 불구된 기능을 재활시켜 사회에 잘 적응할 수 있도록 하는 영역이다. • 건강이 더 악화되는 것을 방지하고 최고의 건강수준으로 회복시키는 것이다. • 기능의 회복, 장애의 최소화, 사회복귀, 재활 및 만성질환으로 인한 장애 치료 등, 재활간호 및 지역사회간호의 영역 • 사회 재적응 훈련, 자조 집단

정답 **018** ②

019 다음에 해당하는 오렘(Orem) 이론의 자가간호요구는? [21 지방]

> 당뇨로 진단받아 투약 중인 대상자가 식후 혈당이 420g/dl였고, 합병증 예방 및 식이조절에 대하여 궁금해하고 있다.

① 생리적 자가간호요구
② 건강이탈 자가간호요구
③ 발달적 자가간호요구
④ 일반적 자가간호요구

해설

문제에서의 초점은 "당뇨로 진단받아"라는 부분으로 건강 이탈된 상태에서 그에 따른 대처를 언급하고 있으므로 "건강이탈 자가간호요구"에 해당된다.

오렘의 자가간호이론

오렘의 이론에서 간호가 궁극적으로 도달하여야 할 목표, 즉 건강상태는 대상자가 자가간호를 잘 수행하는 상태를 의미한다. 이를 위하여 간호사가 해야 하는 활동은 자가간호요구를 저하시키거나 자가간호역량을 증진시켜 자가간호결핍을 감소시키는 것이다.

(1) 자가간호요구

일반적 자가간호 요구	• 모든 인간이 공통적으로 가진 자가간호요구 • 인간의 구조, 기능을 유지하기 위한 내적·외적 조건과 관련된 요구 • 공기, 물, 음식, 배설, 활동과 휴식, 고립과 사회적 상호작용, 위험으로부터의 예방, 정상적인 삶 등
발달적 자가간호 요구	• 인간의 발달과정이나 생애주기의 다양한 단계에서 필요한 발달과업과 관련된 자가간호요구 • 임신, 미숙아 출산, 배우자 또는 부모의 사망 등
건강이탈 자가간호 요구	• 질병이나 상해 시에 요구되는 자가간호요구로서 자아상의 정립, 일상생활과정의 변화, 건강이탈로 인한 진단이나 치료에 대처하거나 새로운 생활의 적응과 관련되어 나타나는 것 • 일반적 자가간호요구는 충족시킬 수 있지만 건강이탈 자가간호요구를 충족시키기 위해서는 간호사의 도움이 필요한 경우이므로 부분적 보상체계에 해당 • 건강이탈 결과에 적응하는 활동

(2) 간호체계

전체적 보상체계	• 개인이 자가간호활동을 거의 수행하지 못할 때 • 간호사가 전적으로 환자를 위하여 모든 것을 해주거나 활동을 도와주는 경우 • 산소공급, 영양공급, 배설, 개인위생, 신체운동 및 감각자극 등의 모든 욕구 충족을 위해 활동하거나 조력하는 경우
부분적 보상체계	• 개인 자신이 일반적인 자가간호요구는 충족시킬 수 있으나 건강이탈요구를 충족시키기 위해 도움이 필요한 경우 • 간호사와 대상자가 함께 건강을 위한 간호를 수행 • 최근 수술환자의 구강위생이나 배변, 기동 등을 돕는 경우, 결장암 수술 후 colostomy를 한 환자에게 가정방문을 통하여 해당 부위의 피부간호와 가스형성 감소를 위한 식이교육을 실시하는 것
교육적 보상체계	• 대상자가 자가간호요구를 충족시키는 자원을 가지고 있으나 의사결정, 행위 조절, 지식이나 기술을 획득하는 데 간호사의 도움이 필요한 경우 • 대상자가 간호사의 도움을 받으면서 자가간호를 학습하고 실천하는 보상체계 • 대상자는 자가간호를 배워 다른 사람의 도움을 받지 않고 직접 자가간호를 수행할 수 있는 상황

(3) **자가간호역량**: 자가간호를 수행할 수 있는 개인의 능력
(4) **자가간호결핍**: 자가간호역량 부족 현상
(5) **간호역량**: 결정된 필요에 따라 간호체계를 설계, 제공하는 간호사들의 복합적인 능력

정답 019 ②

020 지역사회 유형 분류에서 지리적 경계에 상관 없이 비슷한 문제가 발생하여 이를 해결하기 위해 노력하는 공동체는?
[21 경기추채]

① 생태학적 공동체
② 지정학적 공동체
③ 대면공동체
④ 조직

해설

생태학적 공동체~생태학적 문제, 즉 지리적 특성, 기후, 환경 변화 등에 의한 영향이 동일하게 작용하는 집단을 말한다. 지리적 경계를 넘어 간혹 문제해결을 위해 노력하는 공동체이다.

→ 구조적 지역사회에서 생태학적 공동체와 문제해결공동체가 비슷한 의미로 쓰이기도 하므로 이에 대한 부분을 주의해서 답가지를 확인한 후 답하자.

지역사회 유형분류

구분	종류	내용
구조적 지역사회 (시간적·공간적인 관계에 의해서 모여진 공동체)	집합체	• '집합' 그 자체이며 모인 이유와는 상관없음 • 위험노출 집단, 미혼모 집단, 노숙자 집단, 광산촌
	대면 공동체	• 서로 얼굴을 대하는 공동체로, 소식이 쉽게 전달되어 친근감과 공동의식을 소유하고 구성원 간의 교류가 빈번한 공동체 • 가족, 이웃, 교민회 등
	생태학적 공동체	• 지리적 특성, 기후 등과 같은 동일한 생태학적 문제를 내포하고 있는 집단 • 삼림파괴, 산성비, 대기오염, 수질오염, 토양오염 등의 문제가 있는 공동체
	지정학적 공동체	• 법적·지리적 경계로 정의된 지역사회 • 특별시, 광역시, 시, 군, 구, 읍, 면 등, 보건소 설립 기준
	조직	• 특정 목표를 추구하며 일정한 환경 속에서 일정한 구조를 가진 사회단위 • 보건소, 병원, 학교, 산업장 등 공익조직, 서비스조직, 공제조직 등
	문제 해결 공동체	• 문제를 확인하고 공유하며 해결할 수 있는 범위 내의 구역으로, 문제를 가지고 있는 지역뿐 아니라 문제 해결 지지 업무를 갖는 정부기관도 포함 • 오염지역과 오염 문제 해결을 위한 정부기관
기능적 지역사회 (공동의 문제해결과 목표성취)	동일한 요구를 지닌 공동체	• 일반적으로 공통의 문제 및 요구에 기초하여 나타나는 공동체 • 산업폐수 오염지역과 동일한 영향을 받은 인근 지역, 장애아동 집단, 모자보건 대상 집단
	자원 공동체	자원 공동체는 지리적인 경계를 벗어나 어떤 문제를 해결하기 위한 자원의 활용 범위를 토대로 모인 공동체
감정적 지역사회 (정서·취미, 유대관계 중심)	소속 공동체	• 자기가 속한 장소가 어디인가 하는 관점에서 구분되는 공동체 • 고향(지연), 출신학교(학연), 종친회(혈연) 등
	특수흥미 공동체	• 동일한 취미나 관심을 가지고 모이는 집단 • 대한간호협회, 낚시회, 독서회, 산악회 등

정답 020 ①

021 뉴만의 건강관리체계 이론 중 유연방어선의 파괴에 해당되는 내용은?

[21 경기추채]

① 낮은 경제 수준
② 건강문제의 인식 부족
③ 부적당한 건강관리 행위
④ 보건의료체계의 부족

해설

①, ③ 저항선 파괴의 예
② 정상방어선 파괴의 예
④ 유연방어선 파괴의 예

뉴만의 건강관리체계이론

건강관리체계이론에서 간호대상자는 기본구조와 이를 둘러싼 3가지 방어선, 즉 저항선, 정상방어선, 유연방어선으로 형성된 체계이다. 또한 인간은 환경과 상호작용하는 개방체계이며 대상자는 개인, 가족, 지역사회 또는 집단이 되므로 지역사회간호 대상자를 모두 포함하고 있다.

예방단계	구분	사정 예
3차 예방	기본 구조	• 개인 또는 지역의 고유의 특성(생리적, 심리적, 사회문화적, 발달적, 영적 변수)을 반영 • 지역사회 재활 사업 제공, 발생가능한 문제 예방을 위한 재교육, 새로운 삶의 양식에 적응하기 위한 재교육
2차 예방 (저항선 강화)	저항선	• 지역사회 주민의 건강에 대한 태도, 가치관, 신념, 결속을 사정 • 지역사회 문제의 조기발견, 지역사회 문제 해결을 위한 자원 활용 및 의뢰 • 저항선 파괴의 예: 부적당한 건강관리 행위, 주민들의 낮은 삶의 만족도, 낮은 경제적 수준 및 교육 수준
1차 예방 (유연방어선 강화, 정상방어선 보호)	정상 방어선	• 지역사회 주민의 건강수준과 경제수준, 지역사회 교통 및 통신상태와 물리적 환경 • 정상방어선 파괴의 예: 만성질환 유병률 증가, 감염성 질환 발생 증가, 부적합한 주거 환경, 높은 사고의 위험성, 건강문제 인식 및 문제 해결능력 부족
	유연 방어선	• 가족의 다른 스트레스 유무, 가족의 융통성 • 지역주민의 건강교육, 지역사회 내 위험요인 감소 및 제거 • 지역사회의 보건의료체계와 의료기관의 양과 질 • 유연방어선 파괴의 예: 의료체계 부족, 부적절한 보건의료전달체계

정답 021 ④

022 다음에서 설명하는 지역사회간호사의 역할은?

[21 경기추채]

- 대상자의 건강문제와 관련된 결정에 필요한 지식을 제공한다.
- 대상자 스스로를 돌볼 수 있도록 건강에 관련된 습관, 건강증진 행위 등에 필요한 사항을 교육한다.

① 대변자 ② 교육자
③ 관리자 ④ 조정자

해설

교육자(educator)
(1) 대상자의 교육요구를 사정하여 보건교육의 계획 및 수행, 결과를 평가한다.
(2) 대상자 스스로를 돌볼 수 있도록 건강에 관련된 습관, 건강증진 행위 등에 필요한 사항을 교육한다.
(3) 문제 발생 시 스스로 건강정보와 적절한 보건의료자원을 이용할 수 있는 능력을 갖도록 교육한다.
(4) 대상자의 건강문제와 관련된 결정에 필요한 지식을 제공한다.
(5) 질병에 대한 인식을 돕는다.

지역사회 간호사 역할

(1) 대상자 중심의 역할

직접간호 제공자	교육자(educator)	상담자(counselor, consultant)
• 지역사회에 있는 다양한 대상자의 건강상태를 사정한다. • 간호과정을 적용하여 간호문제를 해결한다. • 개인, 가족을 포함한 지역사회의 다양한 대상자들의 요구를 파악하고 필요한 간호를 제공한다. • 치료적인 문제 해결에 국한된 간호 제공이 아니라 질병예방과 최적의 건강수준을 성취할 수 있는 간호 제공에 중점을 둔다.	• 대상자의 교육요구를 사정하여 보건교육의 계획 및 수행, 결과를 평가한다. • 대상자 스스로를 돌볼 수 있도록 건강에 관련된 습관, 건강증진 행위 등에 필요한 사항을 교육한다. • 문제 발생 시 스스로 건강정보와 적절한 보건의료자원을 이용할 수 있는 능력을 갖도록 교육한다. • 대상자의 건강문제와 관련된 결정에 필요한 지식을 제공한다. • 질병에 대한 인식을 돕는다.	• 지역사회 주민의 건강문제에 대해 전문적인 지식과 기술을 기반으로 상담해 준다. • 가족이나 개인 등 대상자가 자신의 건강문제를 유리한 방향으로 결정하도록 돕는다. • 대상자가 해결해야 할 문제를 확인하고 이해한다. • 대상자 스스로가 문제를 확인하도록 돕는다. • 대상자가 문제 해결의 범위를 정하도록 돕는다. • 대상자가 선택한 해결방법을 스스로 확인·평가하는 것을 돕는다. • 대상자가 문제 해결 과정을 알도록 한다.
의뢰자(refer agent) / 알선자	**역할모델**	**대변자 / 옹호자(advocator)**
• 문제 해결을 위해 대상자를 적절한 지역사회 자원이나 기관에 연결해 준다. • 대상자의 문제가 전문적인 조치를 필요로 한다고 인식되는 경우 유용한 기관이나 자원에 의뢰한다. • 지역사회자원에 대한 정보를 수집한다. • 의뢰의 요구와 적합성을 결정한다. • 의뢰 수행, 의뢰에 대한 추후관리를 한다.	• 다른 사람들이 비슷한 역할을 수행할 수 있도록 의식적·무의식적으로 어떤 행동에 대해 시범을 보여주는 것이다. • 지역사회 간호사는 접촉하고 간호하는 다양한 대상자들에게 역할모델이 된다. • 지역사회 간호사의 행동은 다른 사람에게 영향을 미치며 학생간호사의 교육적 준비과정에서도 역할모델이 된다.	• 간호대상자가 좀 더 독립적으로 역할을 수행하도록 대변하거나 옹호한다. • 가족의 경우 건강관리체계를 이용할 수 있도록 해당 기관 및 전문가와 연결한다. • 지역사회의 개인이나 집단의 이익을 위해 행동하거나 그들의 입장에 서서 의견을 제시하는 역할을 수행한다. • 대상자가 마땅히 가져야 할 보건의료수혜의 권리를 스스로 찾고 가질 수 있게 유용한 보건의료를 충분히 설명하고 안내한다. → 의뢰자와 역할이 중복될 수 있다. • 지역사회 취약계층이 인간적 권리를 찾도록 그들의 입장에서 의견을 제시하고 대상자의 유익을 위해 행동한다.

일차간호제공자	사례관리자(case manager)	관리자(manager)
• 일차간호란 모든 사람들이 보편적으로 이용 가능한 기본적인 건강관리서비스이다. • 지역사회 내에서 각 개인이나 가족이 보건의료서비스에 접근이 용이하도록 필수적인 건강관리서비스를 제공한다.	• 지역사회 간호사는 지역사회에 거주하고 있는 고위험군을 발굴하여 대상자의 문제를 사정, 계획, 수행, 평가하고 지역사회 내의 다양한 보건의료서비스로 연계시켜 주는 역할을 담당한다. • 대상자의 욕구를 충족시키고 자원을 비용-효과적으로 사용하도록 유도하는 역할이다. - 다른 사람이 수행한 간호를 감독하기도 한다.	• 건강관리실 또는 보건실을 운영하거나 실행되고 있는 보건사업을 기획·수립하는 역할을 한다. • 대상자의 요구에 충족되는 최선의 서비스를 기획, 조직, 통합하고 사업 활동을 감독, 통제하며 인력을 배치한다.

(2) 건강관리 전달 중심의 역할

조정자(coordinator)	협력자(collaborator)	교섭자 / 연락관(liaison)
• 조정이란 가능한 최대의 유효한 방법으로 대상자의 요구를 충족시키는 최선의 서비스를 조직하고 통합하는 과정을 말한다. ㉠ 대상자에게 건강관리를 제공할 사람, 중복되는 서비스, 불충분한 서비스가 이루어지고 있는 곳을 결정한다. ㉡ 대상자의 상태와 요구에 대해 타 부서의 요원들과 의사소통을 한다. ㉢ 간호사, 대상자, 서비스를 제공하는 타 영역의 제공자들과 필요시 사례연구모임을 준비하여 정보를 교환하고 서비스를 조정하기도 한다.	• 다른 건강요원들과 원활한 의사소통과 협력적 업무추진을 한다. • 합리적인 공동의사결정에 참여한다. • 대상자의 문제 해결을 위한 공동 활동에 참여한다. • 관련된 타 보건의료인력과 상호유기적이며 동반자적 관계를 유지한다.	• 대상자와 기관이 처음 접촉하는 단계에서 도움을 준다. • 대상자와 기관의 직원들 간의 의사소통을 원활하게 해 준다. • 필요시 대상자의 상태에 따라서 옹호자와 같은 도움을 준다. • 제공자의 추천사항을 설명하고 강화한다.

(3) 인간 중심의 역할

사례발견자(사례발굴자)	지도자(leader)	변화촉진자
• 지역사회 인구 집단 중 서비스가 필요한 개인 및 특정 질환 이환자를 발견하는 역할이다. • 건강 관련 상태와 기여 요인의 징후와 증상에 대한 지식을 발전시킨다. • 질병과 이에 관련된 상태의 사례를 확인하는 진단적 과정을 이용한다. • 확인된 사례의 추후 관리를 제공한다.	• 활동과 지도력에 대한 요구를 확인한다. • 지지자들의 지도력의 요구를 사정한다. • 지지자들과 그 상황에 적합한 지도력의 유형을 선정하고 수행한다.	• 동기부여에 조력하여 변화의 수행을 돕는다. • 대상자의 행동을 바람직한 방향으로 유도·변화하도록 촉진한다. • 변화 상황에 작용하는 촉진요인과 방해요인을 확인한다. • 대상자의 의사결정과정에 영향력을 행사하여 건강문제에 대처하는 능력을 증진시킨다.
건강관리 책임자 (General management)	연구자(Researcher)	
• 지역사회의 건강수준을 진단한다. • 확인된 건강문제의 해결방법을 구축한다. • 건강문제를 충족하기 위해 지역사회를 준비시킨다. • 건강관리 전달을 평가한다.	• 문제를 발견하고 탐색하며 문제 해결을 위한 방법을 제시하고 분석하는 역할을 담당한다. • 연구 결과를 실무에 적용, 연구문제 확인, 연구 결과를 보급한다. • 건강관리 전달 중심의 역할을 수행한다.	

023 뉴만의 건강관리체계이론을 지역사회간호에 적용할 때 유연방어선에 해당하는 내용으로 옳은 것은? [20 광주추채]

① 환경과 상호작용하면서 끊임없이 변하는 역동적 구조이다.
② 개인의 고유한 특성을 나타내며 외부 스트레스원에 대한 방어선에 영향을 준다.
③ 대상체계가 스트레스원에 의해 기본구조가 손상되는 것을 방지하기 위한 요인이다.
④ 스트레스원에 대해 일상적으로 정상으로 판단되는 적응상태를 유지하기 위한 기능이다.

해설
② 기본구조
③ 저항선
④ 정상방어선

뉴만의 건강관리체계이론

건강관리체계이론에서 간호대상자는 기본구조와 이를 둘러싼 3가지 방어선, 즉 저항선, 정상방어선, 유연방어선으로 형성된 체계이다. 또한 인간은 환경과 상호작용하는 개방체계이며 대상자는 개인, 가족, 지역사회 또는 집단이 되므로 지역사회간호 대상자를 모두 포함하고 있다.

기본구조	• 대상자의 생존요인, 유전적 특징, 강점 및 약점이 모두 포함되어 있는 생존에 필요한 에너지 자원 • 생리적·심리적·사회 문화적·발달적·영적 변수들이 역동적으로 구성되어 개인의 고유한 특성을 나타내며 외부 스트레스원에 대한 방어선에 영향을 줌
저항선	• 저항선은 기본구조를 보호하는 3개의 선 중 가장 내면적인 힘으로, 기본구조에 가장 가까운 곳에 자리 잡고 있음 • 대상 체계가 스트레스원에 의해 기본구조가 손상되는 것을 방지하기 위한 내적 요인 (신체면역체계 등)
정상 방어선	• 저항선 바깥에 존재하며 개인의 안녕 상태나 적응 상태, 대상 체계가 유지해 온 평형 상태로 어떤 외적 자극이나 스트레스원에 대해 나타나는 정상 반응의 범위 • 개인의 일상적인 대처 유형, 삶의 유형, 발달단계와 같은 행위적 요인의 복합물
유연 방어선	• 기본구조를 둘러싸고 있는 선 중 가장 바깥에 위치하여 외적변화에 방어할 잠재력을 가지고 환경과 상호작용, 외부자극으로부터 대상체계를 일차로 보호하는 쿠션과 같은 기능 • 스트레스원이 정상방어선을 침범하지 못하도록 완충적 역할을 하며 환경과 상호작용하면서 수시로 변하는 역동적 구조
스트레스원	• 환경의 일부로 불균형의 원인이 되거나 긴장을 야기하는 자극으로서 인간의 개체 내부와 외부환경에 존재 • 스트레스원은 대상체계가 균형이나 평형을 유지하는 데 방해가 되는 요인. 대상체계에 긴장을 일으키는 유무형의 모든 자극으로 정의 ㉠ 개체 내에서 발생하는 스트레스원(내적요인): 개체 내에서 일어나는 것으로서, 대상체계에 영향을 줄 수 있는 자극. 통증, 상실, 분노 등 개체 내에서 일어나는 신체적·정신적 자극 ㉡ 개체 간에 발생하는 스트레스원(대인적 요인): 개체 간에 일어나는 자극요인. 예를 들면, 사람과 사람 사이의 역할 기대와 역할갈등 등 ㉢ 개체 외부에서 발생하는 스트레스원(외적요인): 대상자의 경계 밖에 있는 외적 환경의 변화요인으로 관습의 변화, 실직, 경제상태, 재난 등

정답 023 ①

024 다음의 상황에서 지역사회 간호사에게 요구되는 역할은? [20 광주추채]

> 김 씨는 최근 암 진단을 받았다. 현재 자신은 경제적 상황이 여유롭지 않은 상황인데 앞으로 어떻게 살아가야 할지 막막하다. 지역사회 간호사는 김 씨에게 질병 치료를 위해 해당 질환 등록을 통해 치료비 지원을 받을 수 있는 방법을 설명하고 안내한다.

① 옹호자
② 관리자
③ 지도자
④ 교육자

해설

제시된 답가지의 내용 중 옹호자와 교육자 모두 정보를 제공하는 역할과 관련이 있으나 기본적인 차이가 있다. 제시된 사례에서는 "대상자의 입장에서의 정보 제공"을 언급하고 있다.

- **옹호자**: 대상자가 마땅히 가져야 할 보건의료 수혜의 권리를 스스로 찾고 가질 수 있게 유용한 보건의료를 충분히 설명하고 안내한다.
  → 대상자의 입장에서 정보 제공
- **교육자**: 문제 발생 시 스스로 건강정보와 적절한 보건의료자원을 이용할 수 있는 능력을 갖도록 교육한다.
  → 주로 건강문제를 스스로 해결하기 위한 정보와 기술

025 다문화 사회에서 대상자를 간호하고 이해하기 위해 간호사에게 요구되는 것 중 가장 중요한 것은? [20 경기추채]

① 문화 인식
② 문화에 대한 지식
③ 문화 관련 기술
④ 문화적 민감성

해설

다문화 사회에서 간호사가 대상자를 간호하기 위해 특히 요구되는 것은 문화적 차이를 고려하는 것으로 이를 위해서는 문화적 민감성을 갖추고 있어야 한다.

정답 024 ① 025 ④

026 다음은 지역사회 간호사가 가정방문을 통해 대상자의 상태를 사정한 결과이다. 뉴만의 건강관리체계 체계이론을 적용하였을 때, 해당하는 방어선은 무엇인가?

[20 경기추채]

> 지역사회에 혼자 거주하는 65세 노인이 고혈압 약을 꾸준히 복용 중으로 혈압은 120/80mmHg으로 유지되고 있고, 전반적인 건강상태도 양호한 편이다.

① 기본구조
② 저항선
③ 정상방어선
④ 유연방어선

해설

해당 사례에서 대상자는 만성질환(고혈압) 관리를 위한 투약을 성실히 이행하고 있으며 그 결과 건강 상태가 양호함을 보여준다. 따라서 증상이 이미 나타났을 때(정상방어선의 붕괴: 혈압 상승) 중재가 이루어져 더 악화되지 않도록 문제 해결을 위한 개입(고혈압 약 꾸준히 복용)이 이루어진 상태이므로 저항선과 관련이 있다.

각 예방의 사정

예방단계	구분	사정 예
3차 예방	기본 구조	• 개인 또는 지역의 고유의 특성(생리적, 심리적, 사회문화적, 발달적, 영적 변수)을 반영 • 지역사회 재활 사업 제공, 발생가능한 문제 예방을 위한 재교육, 새로운 삶의 양식에 적응하기 위한 재교육
2차 예방 (저항선 강화)	저항선	• 지역사회 주민의 건강에 대한 태도, 가치관, 신념, 결속을 사정 • 지역사회 문제의 조기발견, 지역사회 문제 해결을 위한 자원 활용 및 의뢰 • 저항선 파괴의 예: 부적당한 건강관리 행위, 주민들의 낮은 삶의 만족도, 낮은 경제적 수준 및 교육 수준
1차 예방 (유연방어선 강화, 정상방어선 보호)	정상 방어선	• 지역사회 주민의 건강수준과 경제수준, 지역사회 교통 및 통신상태와 물리적 환경 • 정상방어선 파괴의 예: 만성질환 유병률 증가, 감염성 질환 발생 증가, 부적합한 주거환경, 높은 사고의 위험성, 건강문제 인식 및 문제 해결능력 부족
	유연 방어선	• 가족의 다른 스트레스 유무, 가족의 융통성 • 지역주민의 건강교육, 지역사회 내 위험요인 감소 및 제거 • 지역사회의 보건의료체계와 의료기관의 양과 질 • 유연방어선 파괴의 예: 의료체계 부족, 부적절한 보건의료전달체계

정답 026 ②

027 〈보기〉에 나타난 지역사회간호사의 역할로 가장 옳은 것은? [20 서울]

〈보기〉

코로나19(COVID-19) 사태에서 사회적 약자들이 방치되는 것을 방지하기 위해 지역사회의 차상위계층, 기초생활수급자, 독거노인, 신체장애인에 전화를 걸어 호흡기 등의 건강상태와 정신건강 상태를 확인하였다.

① 상담자
② 사례관리자
③ 교육자
④ 변화촉진자

해설

〈보기〉에 제시된 사례에서는 취약계층의 건강상태를 사정하는 부분이 강조되므로 "사례관리자"이다. 사례관리자는 지역사회에 거주하고 있는 고위험군을 발굴하여 대상자의 문제를 사정, 계획, 수행, 평가하고 지역사회 내의 다양한 보건의료서비스로 연계시켜 주는 역할을 담당한다.

028 〈보기〉에 제시된 우리나라 지역사회간호 관련 역사를 시간순으로 바르게 나열한 것은? [20 서울]

〈보기〉

(가) 「산업안전보건법」의 제정으로 보건담당자인 간호사가 상시 근로자 300명 이상인 사업장에 배치되었다.
(나) 「노인장기요양보험법」의 제정으로 노인장기요양사업이 활성화되었다.
(다) 「국민건강증진법」이 제정되어 지역사회 간호사의 역할이 더욱 확대되는 계기가 되었다.
(라) 「의료법」의 개정으로 전문간호사 영역이 신설되어 가정, 보건, 노인, 산업 등의 지역사회 실무가 강화되었고, 이후 13개 분야로 확대되었다.

① (가) - (나) - (다) - (라)
② (가) - (다) - (라) - (나)
③ (나) - (다) - (라) - (가)
④ (다) - (가) - (라) - (나)

해설

(가) 1981년
(다) 1995년
(라) 2003년
(나) 2007년

정답 027 ② 028 ②

029 고혈압에 대한 2차 예방 활동으로 가장 옳은 것은? [20 서울]

① 금연
② 체중조절
③ 직장 복귀
④ 고혈압 검진

해설
2차예방은 건강문제를 조기에 해결하여 심각한 결과를 초래하는 것을 예방하는데, 집단검진 및 조기진단, 현존하는 질환의 치료가 포함된다.
①, ② 1차 예방
③ 이미 질병을 앓고 복귀하는 경우라면 3차 예방에 가깝다.
④ 2차 예방

단계별 간호서비스

일차 예방	• 건강문제의 발생 이전에 행하는 행동으로, 건강증진과 건강보호의 영역이다. • 최적의 건강증진을 위하여 혹은 특별한 질병을 일으키는 원인으로부터 인간을 보호하기 위해 고안된 방법이다. • 질병예방 및 건강유지·증진, 건강저해인자의 제거 및 건강증진 활동, 특수질환에 대한 예방, 지역사회간호의 영역 • 규칙적인 운동, 스트레스 관리, 균형 잡힌 식이, 보건교육, 예방접종 등
이차 예방	• 건강문제의 조기 발견과 조기 치료를 위한 영역이다. • 건강문제를 조기에 해결하여 심각한 결과를 초래하는 것을 예방한다. • 조기진단, 조기치료, 진단, 치료 및 신체손상 최소화(합병증 예방), 병원중심의 서비스 단계로 임상간호 영역 • 집단검진 및 조기 진단, 현존하는 질환의 치료
삼차 예방	• 건강문제의 재발을 예방하고 불구된 기능을 재활시켜 사회에 잘 적응할 수 있도록 하는 영역이다. • 건강이 더 악화되는 것을 방지하고 최고의 건강수준으로 회복시키는 것이다. • 기능의 회복, 장애의 최소화, 사회복귀, 재활 및 만성질환으로 인한 장애 치료 등, 재활간호 및 지역사회간호의 영역 • 사회 재적응 훈련, 자조 집단

030 지역사회간호사의 역할에 대한 설명으로 옳지 않은 것은? [20 지방]

① 조정자(coordinator) - 대상자의 행동이 바람직한 방향으로 변화되도록 유도하는 역할
② 의뢰자(refer agent) - 문제해결을 위해 대상자를 적절한 지역사회 자원이나 기관에 연결해주는 역할
③ 사례관리자(case manager) - 대상자의 욕구를 충족시키고 자원을 비용-효과적으로 사용하도록 유도하는 역할
④ 사례발굴자(case finder) - 지역사회 인구 집단 중 서비스가 필요한 개인 및 특정 질환 이환자를 발견하는 역할

해설
대상자의 행동이 바람직한 방향으로 변화되도록 유도하는 역할은 "변화촉진자"의 역할이다.
조정자의 역할은 다음과 같다.
(1) 대상자에게 건강관리를 제공할 사람, 중복되는 서비스, 불충분한 서비스가 이루어지고 있는 곳을 결정한다.
(2) 대상자의 상태와 요구에 대해 타 부서의 요원들과 의사소통을 한다.
(3) 간호사, 대상자, 서비스를 제공하는 타 영역의 제공자들과 필요시 사례 연구 모임을 준비하여 정보를 교환하고 서비스를 조정하기도 한다.

정답 029 ④ 030 ①

031 베티 뉴만(Betty Neuman)의 건강관리체계이론에 대한 설명으로 옳은 것은?

[20 지방]

① 역할 기대는 스트레스원 중 외적 요인에 해당한다.
② 저항선은 유연방어선보다 바깥에 위치하면서 대상 체계를 보호한다.
③ 유연방어선을 강화시키는 활동은 일차예방에 해당한다.
④ 정상방어선은 기본구조 내부에 위치하면서 대상 체계를 보호한다.

해설
① 역할 기대는 스트레스원 중 대인 요인에 해당한다.
② 저항선은 유연방어선보다 안쪽에 위치하면서 대상 체계를 보호한다.
④ 정상방어선은 기본구조 외부에 위치하면서 대상 체계를 보호한다.

뉴만의 건강관리체계이론

기본 구조	• 대상자의 생존요인, 유전적 특징, 강점 및 약점이 모두 포함되어 있는 생존에 필요한 에너지 자원 • 생리적・심리적・사회 문화적・발달적・영적 변수들이 역동적으로 구성되어 개인의 고유한 특성을 나타내며 외부 스트레스원에 대한 방어선에 영향을 줌
저항선	• 저항선은 기본구조를 보호하는 3개의 선 중 가장 내면적인 힘으로, 기본구조에 가장 가까운 곳에 자리 잡고 있음 • 대상 체계가 스트레스원에 의해 기본구조가 손상되는 것을 방지하기 위한 내적 요인(신체면역체계 등)
정상 방어선	• 저항선 바깥에 존재하며 개인의 안녕 상태나 적응 상태, 대상 체계가 유지해 온 평형 상태로 어떤 외적 자극이나 스트레스원에 대해 나타나는 정상 반응의 범위 • 개인의 일상적인 대처 유형, 삶의 유형, 발달단계와 같은 행위적 요인의 복합물
유연 방어선	• 기본구조를 둘러싸고 있는 선 중 가장 바깥에 위치하여 외적변화에 방어할 잠재력을 가지고 환경과 상호작용. 외부자극으로부터 대상체계를 일차로 보호하는 쿠션과 같은 기능 • 스트레스원이 정상방어선을 침범하지 못하도록 완충적 역할을 하며 환경과 상호작용하면서 수시로 변하는 역동적 구조
스트레스원	• 환경의 일부로 불균형의 원인이 되거나 긴장을 야기하는 자극으로서 인간의 개체 내부와 외부환경에 존재 • 스트레스원은 대상체계가 균형이나 평형을 유지하는 데 방해가 되는 요인. 대상체계에 긴장을 일으키는 유무형의 모든 자극으로 정의 ㉠ 개체 내에서 발생하는 스트레스원(내적요인): 개체 내에서 일어나는 것으로서, 대상체계에 영향을 줄 수 있는 자극. 통증, 상실, 분노 등 개체 내에서 일어나는 신체적・정신적 자극 ㉡ 개체 간에 발생하는 스트레스원(대인적 요인): 개체 간에 일어나는 자극요인. 예를 들면, 사람과 사람 사이의 역할기대와 역할갈등 등 ㉢ 개체 외부에서 발생하는 스트레스원(외적요인): 대상자의 경계 밖에 있는 외적 환경의 변화요인으로 관습의 변화, 실직, 경제상태, 재난 등

뉴만의 건강관리체계모형의 예방단계

일차예방	• 간호중재를 통해 스트레스원을 줄이거나 제거하는 활동을 한다. • 스트레스 자체를 약화시키거나 중재할 수 없는 종류일 경우에는 유연방어선을 강화함으로써 스트레스원이 정상방어선을 침범하지 못하게 보호한다.
이차예방	• 스트레스원이 정상방어선을 침입하여 이에 대한 반응(증상)이 이미 나타났을 때 저항선을 강화시키는 활동을 한다. • 신체의 적정기능에 영향을 미치거나 미칠 수 있는 위험요인과 악화요인 및 악화된 상황을 감소시키거나 최소화하는 것이다.
삼차예방	• 기본구조가 무너졌을 때 합리적인 적응 정도를 유지하는 것으로 재구성 과정을 돕는 중재활동을 한다. • 스트레스원에 의하여 대상 체계의 균형이 깨진 상태에서 체계의 균형 상태를 재구성함으로써 바람직한 안녕 상태로 되돌리기 위한 중재를 의미한다(재적응).

정답 031 ③

032 〈보기〉의 우리나라 공공보건사업의 발전 순서를 바르게 나열한 것은?

[19 서울]

〈보기〉

ㄱ. 보건소 기반 전국 방문건강관리사업 시행
ㄴ. 우리나라 전 국민을 위한 의료보험 실행
ㄷ. 「국민건강증진법」 제정으로 바람직한 건강행태 고취를 위한 토대 마련
ㄹ. 「농어촌 보건의료를 위한 특별조치법」 제정으로 일차 보건의료서비스 제공

① ㄱ → ㄴ → ㄷ → ㄹ
② ㄹ → ㄴ → ㄷ → ㄱ
③ ㄴ → ㄷ → ㄱ → ㄹ
④ ㄹ → ㄴ → ㄱ → ㄷ

해설

ㄱ. 보건소 기반 전국 방문건강관리사업 시행 - 2001년
ㄴ. 우리나라 전 국민을 위한 의료보험 실행 - 1989년
ㄷ. 「국민건강증진법」 제정으로 바람직한 건강행태 고취를 위한 토대 마련 - 1995년
ㄹ. 「농어촌 보건의료를 위한 특별조치법」 제정으로 일차 보건의료서비스 제공 - 1980년

지역사회간호 발달사

- 보건소 관련 발달사

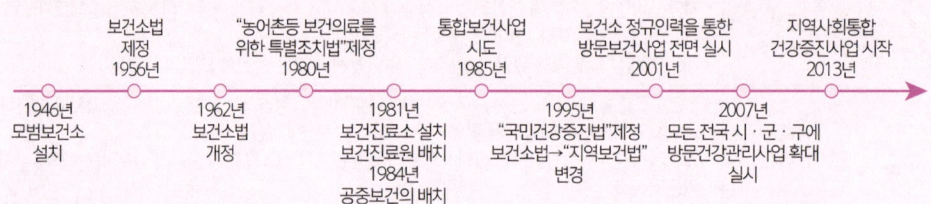

- 간호사 역할변화 발달사

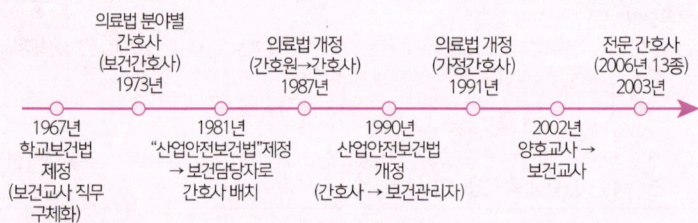

- 의료보장제도 발달사

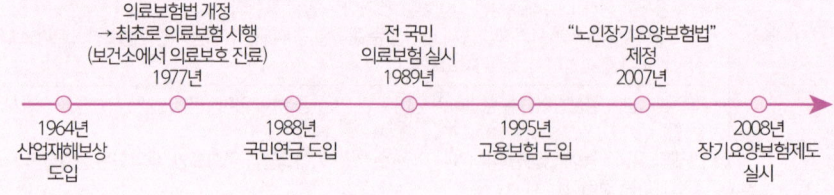

정답 032 ②

033 다음 글에 해당하는 오렘(Orem)의 간호체계는?

[19 지방]

- 가정전문간호사는 오렘(Orem)의 이론을 적용하여 수술 후 조기 퇴원한 노인 대상자에게 간호를 제공하려고 한다.
- 노인 대상자는 일반적인 자가간호요구는 충족할 수 있으나 건강이탈시의 자가간호요구를 충족하기 위한 도움이 필요한 상태이다.

① 전체적 보상체계 ② 부분적 보상체계
③ 교육적 체계 ④ 지지적 체계

해설

오렘(Orem)의 간호체계

전체적 보상체계	• 개인이 자가간호활동을 거의 수행하지 못할 때 • 간호사가 전적으로 환자를 위하여 모든 것을 해주거나 활동을 도와주는 경우 • 산소공급, 영양공급, 배설, 개인위생, 신체운동 및 감각자극 등의 모든 욕구 충족을 위해 활동하거나 조력하는 경우
부분적 보상체계	• 개인 자신이 일반적인 자가간호요구는 충족시킬 수 있으나 건강이탈요구를 충족시키기 위해 도움이 필요한 경우 • 간호사와 대상자가 함께 건강을 위한 간호를 수행 • 최근 수술환자의 구강위생이나 배변, 기동 등을 돕는 경우, 결장암 수술 후 colostomy를 적용한 환자에게 가정방문을 통하여 해당 부위의 피부간호와 가스형성 감소를 위한 식이교육을 실시하는 것
교육적 보상체계	• 대상자가 자가간호요구를 충족시키는 자원을 가지고 있으나 의사결정, 행위 조절, 지식이나 기술을 획득하는 데 간호사의 도움이 필요한 경우 • 대상자가 간호사의 도움을 받으면서 자가간호를 학습하고 실천하는 보상체계 • 대상자는 자가간호를 배워 다른 사람의 도움을 받지 않고 직접 자가간호를 수행할 수 있는 상황

정답 033 ②

034 Betty Neuman의 건강관리체계이론의 구성요소 중 '유연방어선'에 대한 설명으로 가장 옳은 것은?

[19 서울추채]

① 대상체계가 스트레스원에 의해 기본구조가 침투되는 것을 보호하는 내적요인들이다.
② 개인의 일상적인 대처유형, 삶의 유형, 발달단계와 같은 행위적 요인과 변수들의 복합물이다.
③ 저항선 바깥에 존재하며, 대상자의 안녕상태 혹은 스트레스원에 대해 정상범위로 반응하는 상태를 말한다.
④ 외적변화에 방어할 잠재력을 가지고 환경과 상호작용하며, 외부자극으로부터 대상체계를 일차로 보호하는 쿠션과 같은 기능을 한다.

해설
① 저항선
②, ③ 정상방어선
④ 유연방어선

뉴만의 건강관리체계이론

건강관리체계이론에서 간호대상자는 기본구조와 이를 둘러싼 3가지 방어선, 즉 저항선, 정상방어선, 유연방어선으로 형성된 체계이다. 또한 인간은 환경과 상호작용하는 개방체계이며 대상자는 개인, 가족, 지역사회 또는 집단이 되므로 지역사회간호대상자를 모두 포함하고 있다.

기본구조	• 대상자의 생존요인, 유전적 특징, 강점 및 약점이 모두 포함되어 있는 생존에 필요한 에너지 자원 • 생리적·심리적·사회 문화적·발달적·영적 변수들이 역동적으로 구성되어 개인의 고유한 특성을 나타내며 외부 스트레스원에 대한 방어선에 영향을 줌
저항선	• 저항선은 기본구조를 보호하는 3개의 선 중 가장 내면적인 힘으로, 기본구조에 가장 가까운 곳에 자리 잡고 있음 • 대상 체계가 스트레스원에 의해 기본구조가 손상되는 것을 방지하기 위한 내적 요인(신체면역체계 등)
정상방어선	• 저항선 바깥에 존재하며 개인의 안녕 상태나 적응 상태, 대상 체계가 유지해 온 평형 상태로 어떤 외적 자극이나 스트레스원에 대해 나타나는 정상 반응의 범위 • 개인의 일상적인 대처 유형, 삶의 유형, 발달단계와 같은 행위적 요인의 복합물
유연방어선	• 기본구조를 둘러싸고 있는 선 중 가장 바깥에 위치하여 외적변화에 방어할 잠재력을 가지고 환경과 상호작용, 외부자극으로부터 대상체계를 일차로 보호하는 쿠션과 같은 기능 • 스트레스원이 정상방어선을 침범하지 못하도록 완충적 역할을 하며 환경과 상호작용하면서 수시로 변하는 역동적 구조
스트레스원	• 환경의 일부로 불균형의 원인이 되거나 긴장을 야기하는 자극으로서 인간의 개체 내부와 외부환경에 존재 • 스트레스원은 대상체계가 균형이나 평형을 유지하는 데 방해가 되는 요인. 대상체계에 긴장을 일으키는 유무형의 모든 자극으로 정의 ㉠ 개체 내에서 발생하는 스트레스원(내적요인): 개체 내에서 일어나는 것으로서, 대상체계에 영향을 줄 수 있는 자극. 통증, 상실, 분노 등 개체 내에서 일어나는 신체적·정신적 자극 ㉡ 개체 간에 발생하는 스트레스원(대인적 요인): 개체 간에 일어나는 자극요인. 예를 들면, 사람과 사람 사이의 역할 기대와 역할갈등 등 ㉢ 개체 외부에서 발생하는 스트레스원(외적요인): 대상자의 경계 밖에 있는 외적 환경의 변화요인으로 관습의 변화, 실직, 경제상태, 재난 등

정답 **034** ④

035
지역사회간호사의 역할 중 지역사회의 포괄적인 보건사업을 이끌어 개인, 가족, 지역사회가 건강을 위해 적합한 의사결정을 내리도록 도와주는 역할에 해당하는 것은?   [19 서울추채]

① 변화촉진자
② 지도자
③ 교육자
④ 옹호자

해설
사례에서 "건강을 위해 적합한 의사결정을 내리도록 도와주는"이 초점이 되므로 바람직한 방향으로 결정을 내리도록 돕는 역할 중 답가지에 제시된 "변화촉진자"가 적절하다.

036 ★★★
다음의 내용에 근거한 지역사회간호사의 주요 역할은?   [18 서울]

> ○○도 ○○군 보건소의 A간호사는 관할지역에 결혼 이민자 여성의 출산율이 타 지역보다 높고 지속적으로 증가함에도 관할지역 내에 산부인과 병원이 없음을 확인하였다. 절차에 따라 결혼이민자 여성의 임산부 건강관리를 위한 '찾아가는 산부인과 서비스'의 필요성을 보고하였다.

① 협력자
② 옹호자
③ 변화촉진자
④ 직접간호제공자

해설
사례는 결혼이민자 여성(대상자)의 입장에서 서비스를 확인하고 그 필요성을 요청하였으므로 옹호자의 역할이다.

지역사회 간호사 역할

(1) 대상자 중심의 역할

직접간호 제공자	교육자(educator)	상담자 (counselor, consultant)
• 지역사회에 있는 다양한 대상자의 건강상태를 사정한다. • 간호과정을 적용하여 간호문제를 해결한다. • 개인, 가족을 포함한 지역사회의 다양한 대상자들의 요구를 파악하고 필요한 간호를 제공한다. • 치료적인 문제 해결에 국한된 간호 제공이 아니라 질병예방과 최적의 건강수준을 성취할 수 있는 간호 제공에 중점을 둔다.	• 대상자의 교육요구를 사정하여 보건교육의 계획 및 수행, 결과를 평가한다. • 대상자 스스로를 돌볼 수 있도록 건강에 관련된 습관, 건강증진 행위 등에 필요한 사항을 교육한다. • 문제 발생 시 스스로 건강정보와 적절한 보건의료자원을 이용할 수 있는 능력을 갖도록 교육한다. • 대상자의 건강문제와 관련된 결정에 필요한 지식을 제공한다. • 질병에 대한 인식을 돕는다.	• 지역사회 주민의 건강문제에 대해 전문적인 지식과 기술을 기반으로 상담해 준다. • 가족이나 개인 등 대상자가 자신의 건강문제를 유리한 방향으로 결정하도록 돕는다. • 대상자가 해결해야 할 문제를 확인하고 이해한다. • 대상자 스스로가 문제를 확인하도록 돕는다. • 대상자가 문제 해결의 범위를 정하도록 돕는다. • 대상자가 선택한 해결방법을 스스로 확인·평가하는 것을 돕는다. • 대상자가 문제 해결 과정을 알도록 한다.

의뢰자(refer agent) / 알선자	역할모델	대변자 / 옹호자(advocator)
• 문제 해결을 위해 대상자를 적절한 지역사회 자원이나 기관에 연결해 준다. • 대상자의 문제가 전문적인 조치를 필요로 한다고 인식되는 경우 유용한 기관이나 자원에 의뢰한다. • 지역사회 자원에 대한 정보를 수집한다. • 의뢰의 요구와 적합성을 결정한다. • 의뢰 수행, 의뢰에 대한 추후관리를 한다.	• 다른 사람들이 비슷한 역할을 수행할 수 있도록 의식적·무의식적으로 어떤 행동에 대해 시범을 보여주는 것이다. • 지역사회 간호사는 접촉하고 간호하는 다양한 대상자들에게 역할모델이 된다. • 지역사회 간호사의 행동은 다른 사람에게 영향을 미치며 학생간호사의 교육적 준비과정에서도 역할모델이 된다.	• 간호대상자가 좀 더 독립적으로 역할을 수행하도록 대변하거나 옹호한다. • 가족의 경우 건강관리체계를 이용할 수 있도록 해당 기관 및 전문가와 연결한다. • 지역사회의 개인이나 집단의 이익을 위해 행동하거나 그들의 입장에 서서 의견을 제시하는 역할을 수행한다. • 대상자가 마땅히 가져야 할 보건의료 수혜의 권리를 스스로 찾아 가질 수 있게 유용한 보건의료를 충분히 설명하고 안내한다. → 의뢰자와 역할이 중복될 수 있다. • 지역사회 취약계층이 인간적 권리를 찾도록 그들의 입장에서 의견을 제시하고 대상자의 유익을 위해 행동한다.

일차간호제공자	사례관리자(case manager)	관리자(manager)
• 일차간호란 모든 사람들이 보편적으로 이용 가능한 기본적인 건강관리서비스이다. • 지역사회 내에서 각 개인이나 가족이 보건의료서비스에 접근이 용이하도록 필수적인 건강관리서비스를 제공한다.	• 지역사회 간호사는 지역사회에 거주하고 있는 고위험군을 발굴하여 대상자의 문제를 사정, 계획, 수행, 평가하고 지역사회 내의 다양한 보건의료서비스로 연계시켜 주는 역할을 담당한다. • 대상자의 욕구를 충족시키고 자원을 비용-효과적으로 사용하도록 유도하는 역할이다. – 다른 사람이 수행한 간호를 감독하기도 한다.	• 건강관리실 또는 보건실을 운영하거나 실행되고 있는 보건사업을 기획·수립하는 역할을 한다. • 대상자의 요구에 충족되는 최선의 서비스를 기획, 조직, 통합하고 사업 활동을 감독, 통제하며 인력을 배치한다.

(2) 건강관리 전달 중심의 역할

조정자(coordinator)	협력자(collaborator)	교섭자 / 연락관(liaison)
• 조정이란 가능한 최대의 유효한 방법으로 대상자의 요구를 충족시키는 최선의 서비스를 조직하고 통합하는 과정을 말한다. ㉠ 대상자에게 건강관리를 제공할 사람, 중복되는 서비스, 불충분한 서비스가 이루어지고 있는 곳을 결정한다. ㉡ 대상자의 상태와 요구에 대해 타 부서의 요원들과 의사소통을 한다. ㉢ 간호사, 대상자, 서비스를 제공하는 타 영역의 제공자들과 필요시 사례연구모임을 준비하여 정보를 교환하고 서비스를 조정하기도 한다.	• 다른 건강요원들과 원활한 의사소통과 협력적 업무추진을 한다. • 합리적인 공동의사결정에 참여한다. • 대상자의 문제 해결을 위한 공동 활동에 참여한다. • 관련된 타 보건의료인력과 상호유기적이며 동반자적 관계를 유지한다.	• 대상자와 기관이 처음 접촉하는 단계에서 도움을 준다. • 대상자와 기관의 직원들 간의 의사소통을 원활하게 해 준다. • 필요시 대상자의 상태에 따라서 옹호자와 같은 도움을 준다. • 제공자의 추천사항을 설명하고 강화한다.

(3) 인간 중심의 역할

사례발견자(사례발굴자)	지도자(leader)	변화촉진자
• 지역사회 인구 집단 중 서비스가 필요한 개인 및 특정 질환 이환자를 발견하는 역할이다. • 건강 관련 상태와 기여 요인의 징후와 증상에 대한 지식을 발전시킨다. • 질병과 이에 관련된 상태의 사례를 확인하는 진단적 과정을 이용한다. • 확인된 사례의 추후 관리를 제공한다.	• 활동과 지도력에 대한 요구를 확인한다. • 지지자들의 지도력의 요구를 사정한다. • 지지자들과 그 상황에 적합한 지도력의 유형을 선정하고 수행한다.	• 동기부여에 조력하여 변화의 수행을 돕는다. • 대상자의 행동을 바람직한 방향으로 유도·변화하도록 촉진한다. • 변화 상황에 작용하는 촉진요인과 방해요인을 확인한다. • 대상자의 의사결정과정에 영향력을 행사하여 건강문제에 대처하는 능력을 증진시킨다.
건강관리 책임자 (General management)	연구자(Researcher)	
• 지역사회의 건강수준을 진단한다. • 확인된 건강문제의 해결방법을 구축한다. • 건강문제를 충족하기 위해 지역사회를 준비시킨다. • 건강관리 전달을 평가한다.	• 문제를 발견하고 탐색하며 문제 해결을 위한 방법을 제시하고 분석하는 역할을 담당한다. • 연구 결과를 실무에 적용, 연구문제 확인, 연구 결과를 보급한다. • 건강관리 전달 중심의 역할을 수행한다.	

정답 35 ① 36 ②

037 다음 ㉠에 해당하는 지역사회 유형은?

[18 지방]

> 「지역보건법 시행령」 제8조【보건소의 설치】
> ① 법 제10조에 따른 보건소는 (㉠)별로 1개씩 설치한다. 다만, 지역주민의 보건의료를 위하여 특별히 필요하다고 인정되는 경우에는 필요한 지역에 보건소를 추가로 설치·운영할 수 있다.

① 생태학적 문제의 공동체
② 특수흥미공동체
③ 지정학적 공동체
④ 자원 공동체

해설

지정학적 공동체는 법적·지리적 경계로 정의된 지역사회로 보건소 설립 기준이 여기에 속한다(시·군·구별로 1개소씩).

지역사회 유형분류

구분	종류	내용
구조적 지역사회 (시간적·공간적인 관계에 의해서 모여진 공동체)	집합체	• '집합' 그 자체이며 모인 이유와는 상관없음 • 위험노출 집단, 미혼모 집단, 노숙자 집단, 광산촌
	대면 공동체	• 서로 얼굴을 대하는 공동체로, 소식이 쉽게 전달되어 친근감과 공동의식을 소유하고 구성원 간의 교류가 빈번한 공동체 • 가족, 이웃, 교민회 등
	생태학적 공동체	• 지리적 특성, 기후 등과 같은 동일한 생태학적 문제를 내포하고 있는 집단 • 삼림파괴, 산성비, 대기오염, 수질오염, 토양오염 등의 문제가 있는 공동체
	지정학적 공동체	• 법적·지리적 경계로 정의된 지역사회 • 특별시, 광역시, 시, 군, 구, 읍, 면 등, 보건소 설립 기준
	조직	• 특정 목표를 추구하며 일정한 환경 속에서 일정한 구조를 가진 사회단위 • 보건소, 병원, 학교, 산업장 등 공익조직, 서비스조직, 공제조직 등
	문제 해결 공동체	• 문제를 확인하고 공유하며 해결할 수 있는 범위 내의 구역으로, 문제를 가지고 있는 지역뿐 아니라 문제 해결 지지 업무를 갖는 정부기관도 포함 • 오염지역과 오염 문제 해결을 위한 정부기관
기능적 지역사회 (공동의 문제해결과 목표성취)	동일한 요구를 지닌 공동체	• 일반적으로 공통의 문제 및 요구에 기초하여 나타나는 공동체 • 산업폐수 오염지역과 동일한 영향을 받은 인근 지역, 장애아동 집단, 모자보건 대상 집단
	자원 공동체	자원 공동체는 지리적인 경계를 벗어나 어떤 문제를 해결하기 위한 자원의 활용 범위를 토대로 모인 공동체
감정적 지역사회 (정서·취미, 유대관계 중심)	소속 공동체	• 자기가 속한 장소가 어디인가 하는 관점에서 구분되는 공동체 • 고향(지연), 출신학교(학연), 종친회(혈연) 등
	특수흥미 공동체	• 동일한 취미나 관심을 가지고 모이는 집단 • 대한간호협회, 낚시회, 독서회, 산악회 등

정답 037 ③

038 다음과 같은 지역사회간호의 시대적 흐름과 관련된 설명으로 옳은 것은?

[18 지방]

> (가) 1900년 이전: 방문간호시대
> (나) 1900년~1960년: 보건간호시대
> (다) 1960년 이후: 지역사회간호시대

① (가) - 한국에서 로선복(Rosenberger)이 태화여자관에 보건사업부를 설치하여 모자보건사업을 실시하였다.
② (나) - 라론드(Lalonde) 보고서의 영향을 받아 건강생활실천을 유도하는 건강증진사업이 활성화되었다.
③ (나) - 릴리안 왈드(Lillian Wald)가 가난하고 병든 사람들을 간호하기 위하여 뉴욕 헨리가에 구제사업소를 설립하였다.
④ (다) - 미국에서 메디케어(Medicare)와 메디케이드(Medicaid)의 도입 이후 가정간호가 활성화되었다.

해설
제시된 시대구분과 답가지의 내용 관련 시기가 일치하는지를 확인하는 문제이다.
① 1923년 → 방문간호시대(한국)
② 1974년 → 지역사회간호시대(다)
③ 1893년 → 방문간호시대(가)
④ 1965년 이후 → 지역사회간호시대(다)

039 (가), (나)에 해당하는 지역사회간호사의 역할은?

[17 지방추채]

> (가) 간호직 공무원 A씨는 지체장애인 B씨의 대사증후군 관리 방안을 수립하기 위해 영양사, 운동치료사와 팀회의를 실시하였다. 회의 결과, B씨는 복부비만, 고혈압, 당뇨가 심각한 수준이지만 장애로 인해 보건소 방문이 어려우므로 가정방문을 실시하기로 하였다.
> (나) 가정방문을 실시한 A씨는 B씨에게 식이조절을 포함한 대사증후군 관리 방법을 설명하였다.

	(가)	(나)		(가)	(나)
①	협력자	교육자	②	협력자	의뢰자
③	연구자	의뢰자	④	연구자	교육자

해설
사례에서 (가)의 경우 다른 건강요원들과 원활한 의사소통을 하고 있으므로 협력자, (나)의 경우 식이조절 교육이 이루어졌으므로 교육자가 적합하다.

정답 038 ④ 039 ①

040 베티 뉴만(Betty Neuman)의 건강관리체계이론에서 일차예방에 해당하는 것은?

[17 지방추채]

① 저항선을 강화함으로써 기본구조를 보호하는 활동
② 기본구조가 파괴되었을 때 발생 가능한 문제를 예방하기 위한 재교육
③ 스트레스원을 제거하거나 유연방어선을 강화하기 위한 보건교육
④ 스트레스원이 정상방어선을 침입하여 증상이 나타났을 때 문제의 조기발견

해설

건강관리체계이론에서 일차예방은 유연방어선을 강화하고 정상방어선을 보호하며, 이차예방은 저항선을 강화한다. 삼차예방은 기본구조의 파괴 시 재활과 관련이 있다.
①, ④ 이차예방
② 삼차예방
③ 일차예방

뉴만의 건강관리체계모형의 예방단계

일차예방	• 간호중재를 통해 스트레스원을 줄이거나 제거하는 활동을 한다. • 스트레스 자체를 약화시키거나 중재할 수 없는 종류일 경우에는 유연방어선을 강화함으로써 스트레스원이 정상방어선을 침범하지 못하게 보호한다.
이차예방	• 스트레스원이 정상방어선을 침입하여 이에 대한 반응(증상)이 이미 나타났을 때 저항선을 강화시키는 활동을 한다. • 신체의 적정기능에 영향을 미치거나 미칠 수 있는 위험요인과 악화요인 및 악화된 상황을 감소시키거나 최소화하는 것이다.
삼차예방	• 기본구조가 무너졌을 때 합리적인 적응 정도를 유지하는 것으로 재구성 과정을 돕는 중재활동을 한다. • 스트레스원에 의하여 대상 체계의 균형이 깨진 상태에서 체계의 균형 상태를 재구성함으로써 바람직한 안녕 상태로 되돌리기 위한 중재를 의미한다(재적응).

041 다음의 내용을 설명하고 있는 이론은?

[17 서울]

• 간호의 목표는 개인의 안녕상태가 평형을 유지하여 안정적으로 되는 것이다.
• 간호대상자는 기본구조와 이를 둘러싼 3가지 방어선, 즉 정상방어선, 유연방어선, 저항선으로 형성된 체계이다.
• 외부의 스트레스는 방어선의 활동으로 차단할 수 있다.

① 로이의 적응이론
② 버틀란피의 체계이론
③ 오렘의 자가간호이론
④ 뉴만의 건강관리체계이론

해설

뉴만(Neuman)은 간호대상인 인간을 총체적 인간으로 접근하여, 생리적·심리적·사회문화적·발달적 그리고 영적 변수로 구성된 하나의 체계로서 생존의 필수요소인 기본구조와 이를 둘러싼 3가지 방어선으로 구성되어 있다고 보았다.

정답 040 ③ 041 ④

042 사회생태학적 모형을 적용한 건강증진사업에서 건강 영향 요인별 전략의 예로 옳지 않은 것은?

[17 지방]

① 개인적 요인 – 개인의 지식·태도·기술을 변화시키기 위한 교육
② 개인간 요인 – 친구, 이웃 등 사회적 네트워크의 활용
③ 조직 요인 – 음주를 감소시키기 위한 직장 회식문화 개선
④ 정책 요인 – 지역사회 내 이벤트, 홍보, 사회 마케팅 활동

해설

건강과 관련된 **사회생태적 모델**은 인간과 환경에 통합적으로 접근하여 건강에 영향을 주는 요인을 파악함으로써 **사회적 맥락에서 긍정적인 건강행위의 변수를 설명**할 수 있다. 정책 요인 개인의 행동에 영향을 미치는 법, 제도, 정책 등이 해당된다.

사회생태적 모델

개인 및 집단의 건강을 증진시키는 모형으로 차원에 따른 적절한 중재방법을 모색할 수 있고, 건강증진의 장애물을 조정하여 건강을 저해하는 요인을 개인과 환경을 분리하여 찾을 수 있으므로 건강증진을 설명하는 데 적합한 이론이다.

사회생태학적 모형의 전략

영역	개념	실제 전략
개인 수준(차원)	개인에게 영향을 줄 수 있는 특성을 가진 변수로 수입, 교육정도, 연령, 결혼상태, 질병에 대한 심각도, 질병에 대한 민감도, 자아존중감이다.	• 교육 • 행태개선훈련 • 직접서비스 제공(예방접종, 검진, 진료, 재활, 방문간호 등) • 유인 제공
개인간 수준(차원)	사회적 동질성을 가질 수 있고 지지해 주는 가족, 친구, 이웃의 지지이다.	• 기존 네트워크의 활용 • 새로운 네트워크의 개발 　– 멘토 활용 　– 동료(buddy) 활용 　– 자조집단(동아리)의 형성 • 자생적인(비공식적)지도자의 활용
조직 수준(차원)	개인, 공공, 조직 등 개인의 행동에 영향을 미치는 조직으로 학교 등이다. 조직이 보유한 자원에 대한 접근성과 질은 조직에 속한 대상자에게 영향을 준다.	• 근무환경 • 서비스의 신뢰성 • 시설 및 환경 • 인적물적자원(지도력, 조직, 구조, 상부기관의 지지)
지역사회 수준(차원)	개인·그룹·조직이 공식적·비공식적으로 존재하는 곳이다.	• 이벤트 • 매체 홍보 • 사회마케팅 • 지역사회 역량강화
정책 수준(차원)	개인의 행동에 영향을 주는 법, 정책 등이다.	• 옹호/정책개발 • 건강증진 시설 이용비용 • 건강과 관련된 입법화 추진

정답 042 ④

043 다음 중 우리나라 지역사회 간호의 역사적 사건으로 옳은 것은?

[16 서울]

① 1990년 「보건소법」이 「지역보건법」으로 개정되면서 지역보건의료계획이 수립되어 포괄적인 보건의료사업이 수행되었다.
② 부분적이고 지역적인 수준에서 시행되던 보건간호사업이 1960년 「보건소법」이 제정되면서 보건소를 중심으로 전국적인 차원에서 이루어지게 되었다.
③ 국민의 의료에 대한 욕구가 증가하여 1989년 우리나라 최초로 의료보험이 시행되었다.
④ 1985년 정부는 군 단위 보건소를 대상으로 보건간호인력 한 명이 세분화된 보건사업을 통합하여 제공하는 통합보건사업을 시도하였다.

해설

① 「보건소법」 → 「지역보건법」(1995년)
② 1956년 「보건소법」 제정 → 1962년 「보건소법」 전면 개정으로 보건간호사업이 보건소를 중심으로 전국적인 차원으로 실시 확대
③ 1963년 12월 「의료보험법」이 제정됐고, 이후 1977년 최초로 의료보험 실시를 거쳐 1989년에 전 국민 의료보험이 실현됐다.

---

044 향우회와 같은 집단은 어떤 지역사회 유형에 해당되는가?

[16 서울]

① 기능적 지역사회
② 경제적 지역사회
③ 구조적 지역사회
④ 감정적 지역사회

해설

감정적 공동체 중 소속공동체는 자기가 속한 장소가 어디인가 하는 관점에서 구분되는 공동체이다. 이는 출신지가 어디인가 하는 의미로 장소라는 구조를 의미하는 것이 아니라 고향과 같은 것이다. 종친회, 동창회, 향우회, 지연, 학연 등 고향을 중심으로 한 공동체는 감정적인 측면에서의 집단을 말한다.

감정적 지역사회

소속 공동체	• 자기가 속한 장소가 어디인가 하는 관점에서 구분되는 공동체 • 고향(지연), 출신학교(학연), 종친회(혈연) 등
특수흥미 공동체	• 동일한 취미나 관심을 가지고 모이는 집단 • 대한간호협회, 낚시회, 독서회, 산악회 등

정답 043 ④   044 ④

045
로이(Roy)는 적응이론에서 환경에 대처하기 위한 개인의 능력에 영향을 주는 자극을 3가지로 분류하였다. 다음 중 A씨의 상황에서 잔여자극에 해당하는 것은?
[16 지방]

① A씨는 당뇨병을 진단받았다.
② A씨는 당뇨식이의 유익성에 대한 신념이 부족하다.
③ A씨는 혈당 측정에 대한 근심으로 불면증을 호소한다.
④ A씨는 장기간의 투병으로 재정적 어려움이 크다고 호소한다.

해설
로이의 적응이론에서 잔여자극은 현재의 상황에 영향을 미치거나 측정하기 어려운 자극으로, 인간행동에 간접적인 영향을 줄 수 있는 과거의 경험, 개인의 신념 등을 의미한다.
① 초점자극
③, ④ 관련(연관) 자극

로이의 적응이론
로이(Callista Roy)가 개발한 적응이론은 간호의 대상인 인간은 주위 환경으로부터 끊임없이 자극을 받고 있으며 이러한 자극에 대하여 내부의 대처기전을 활용하여 적응 양상을 나타내는데, 이때 자극에 대해 긍정적으로 반응하기 위해서 인간 스스로가 환경 변화에 효과적으로 대응해야 한다고 보았다. 로이의 적응이론에서 자극은 인간의 행동과 발달에 영향을 주는 모든 상황인 주위 여건이나 인간 내부에서 일어나는 상태 변화를 의미한다.

초점자극 (focal stimuli)	개인이 직면하는 변화가 요구되는 즉각적이고 직접적인 사건이나 상황으로 자극 중에서 인간의 행동유발에 가장 큰 영향을 미친다(국가고시, 임신 등).
관련자극 (연관자극, contextual stimuli)	• 초점자극이 주어졌을 때 개인에게 영향을 주는 초점자극 외의 모든 자극을 말한다. • 현재 상태에 영향을 주는 측정될 수 있는 내·외적 세계에 존재하는 자극이다(피곤, 소화불량 등).
잔여자극 (residual stimuli)	• 현재의 상황에 영향을 미치는 측정하기 어려운 자극이다. • 초점자극에 대한 현재 반응에 영향을 줄 과거의 경험이나 신념가치의 결과를 가리킨다. • 인간행동에 간접적인 영향을 줄 수 있는 개인의 신념, 태도, 성품 등을 말한다.

046
지역사회간호사가 오렘 이론을 적용하여 간호목표를 설정하였다. 옳은 것은?
[15 서울]

① 가출 청소년이 가족과의 원만한 의사소통과 상호작용을 유지한다.
② 당뇨질환을 가진 노인이 합병증 예방을 위해 자가간호를 수행한다.
③ 치매노인을 둔 가족이 환경 변화 속에서 역동적인 평형상태를 유지한다.
④ 재혼가족이 새로운 구성원과 변화된 가족환경에 적응 반응을 나타낸다.

해설
오렘의 이론에서 간호가 궁극적으로 도달하여야 할 목표, 즉 건강상태는 대상자가 자가간호를 잘 수행하는 상태를 의미한다.
① 가족이론 – 상징적 상호작용이론
③ 체계이론
④ 적응이론과 상징적 상호작용이론을 떠올릴 수 있으나 설명이 부족하다.

정답 045 ② 046 ②

047 캐나다의 보건성장관이었던 Lalonde의 보고서(1974)에서는 건강에 결정을 미치는 주요요인을 제시하였다. 건강결정요인으로 가장 옳지 않은 것은?

[15 서울]

① 생물학적 요인
② 생활습관
③ 교육정도
④ 보건의료조직

해설
캐나다의 보건성장관이었던 Lalonde(1974) 보고에 의하면 건강 장수에 영향을 미치는 요인은 생활습관 50%, 유전적 요인 20%, 그리고 보건의료서비스 이용이 10%라고 하였다.

048 지역사회 분류에 대한 설명으로 옳지 않은 것은?

[15 지방]

① 가족, 이웃 등과 같이 친밀성과 공동의식을 소유하고 있는 집단을 '대면공동체'라고 한다.
② 감염병 관리 대상 집단은 '동일한 요구를 지닌 공동체'에 해당한다.
③ 지정학적 경계를 넘어 대기오염, 수질오염, 토양오염 등의 동일한 문제가 있는 지역사회를 '자원공동체'라고 한다.
④ 같은 고향 출신 집단은 '소속공동체'에 해당된다.

해설
자원 공동체는 지리적인 경계를 벗어나 어떤 문제를 해결하기 위한 자원의 활용 범위를 토대로 모인 공동체이다(기능적 지역사회). 생태학적 문제의 공동체(구조적 지역사회)는 지리적 특성, 기후 등과 같은 동일한 생태학적 문제를 내포하고 있는 집단이다. 산림 파괴 지역, 토양오염, 기후, 환경 문제가 있는 지역 등이 있다.

지역사회 유형분류

구분	종류	내용
구조적 지역사회 (시간적·공간적인 관계에 의해서 모여진 공동체)	집합체	• '집합' 그 자체이며 모인 이유와는 상관없음 • 위험노출 집단, 미혼모 집단, 노숙자 집단, 광산촌
	대면 공동체	• 서로 얼굴을 대하는 공동체로, 소식이 쉽게 전달되어 친근감과 공동의식을 소유하고 구성원 간의 교류가 빈번한 공동체 • 가족, 이웃, 교민회 등
	생태학적 공동체	• 지리적 특성, 기후 등과 같은 동일한 생태학적 문제를 내포하고 있는 집단 • 삼림파괴, 산성비, 대기오염, 수질오염, 토양오염 등의 문제가 있는 공동체
	지정학적 공동체	• 법적·지리적 경계로 정의된 지역사회 • 특별시, 광역시, 시, 군, 구, 읍, 면 등, 보건소 설립 기준
	조직	• 특정 목표를 추구하며 일정한 환경 속에서 일정한 구조를 가진 사회단위 • 보건소, 병원, 학교, 산업장 등 공익조직, 서비스조직, 공제조직 등
	문제 해결 공동체	• 문제를 확인하고 공유하며 해결할 수 있는 범위 내의 구역으로, 문제를 가지고 있는 지역뿐 아니라 문제 해결 지지 업무를 갖는 정부기관도 포함 • 오염지역과 오염 문제 해결을 위한 정부기관
기능적 지역사회 (공동의 문제해결과 목표성취)	동일한 요구를 지닌 공동체	• 일반적으로 공통의 문제 및 요구에 기초하여 나타나는 공동체 • 산업폐수 오염지역과 동일한 영향을 받은 인근 지역, 장애아동 집단, 모자보건 대상 집단
	자원 공동체	자원 공동체는 지리적인 경계를 벗어나 어떤 문제를 해결하기 위한 자원의 활용 범위를 토대로 모인 공동체
감정적 지역사회 (정서·취미, 유대관계 중심)	소속 공동체	• 자기가 속한 장소가 어디인가 하는 관점에서 구분되는 공동체 • 고향(지연), 출신학교(학연), 종친회(혈연) 등
	특수흥미 공동체	• 동일한 취미나 관심을 가지고 모이는 집단 • 대한간호협회, 낚시회, 독서회, 산악회 등

정답 047 ③ 048 ③

049 지역보건사업에서 이차 예방에 해당하는 것은?

[15 지방]

① 뇌졸중, 두부 손상 관련 재활 프로그램 이행
② 상담과 관찰을 통한 가정폭력 피해자의 조기발견
③ 적절한 식사, 운동과 같은 건강한 일상생활 교육
④ 인플루엔자 예방접종 실시

해설

이차 예방은 건강문제의 조기 발견과 조기치료를 위한 영역으로, 건강문제를 조기에 해결하여 심각한 결과를 초래하는 것을 예방한다. 집단검진 및 조기 진단, 현존하는 질환의 치료가 포함된다.
① 3차 예방
③, ④ 1차 예방

단계별 간호서비스

일차 예방	• 건강문제의 발생 이전에 행하는 행동으로, 건강증진과 건강보호의 영역이다. • 최적의 건강증진을 위하여 혹은 특별한 질병을 일으키는 원인으로부터 인간을 보호하기 위해 고안된 방법이다. • 질병예방 및 건강유지·증진, 건강저해인자의 제거 및 건강증진 활동, 특수질환에 대한 예방, 지역사회간호의 영역 • 규칙적인 운동, 스트레스 관리, 균형 잡힌 식이, 보건교육, 예방접종 등
이차 예방	• 건강문제의 조기 발견과 조기 치료를 위한 영역이다. • 건강문제를 조기에 해결하여 심각한 결과를 초래하는 것을 예방한다. • 조기진단, 조기치료, 진단, 치료 및 신체손상 최소화(합병증 예방), 병원중심의 서비스 단계로 임상간호 영역 • 집단검진 및 조기 진단, 현존하는 질환의 치료
삼차 예방	• 건강문제의 재발을 예방하고 불구된 기능을 재활시켜 사회에 잘 적응할 수 있도록 하는 영역이다. • 건강이 더 악화되는 것을 방지하고 최고의 건강수준으로 회복시키는 것이다. • 기능의 회복, 장애의 최소화, 사회복귀, 재활 및 만성질환으로 인한 장애 치료 등, 재활간호 및 지역사회간호의 영역 • 사회 재적응 훈련, 자조 집단

050 우리나라 보건소는 어떤 지역사회 유형에 근거하여 설치되는가?

[14 서울]

① 소속 공동체
② 대면 공동체
③ 자원 공동체
④ 문제 해결 공동체
⑤ 지정학적 공동체

해설

우리나라 보건소는 시, 군, 구별로 1개소씩 설치하고 있어 지정학적 공동체와 일치한다.

정답 049 ② 050 ⑤

051 다음 글에 해당하는 지역사회간호사의 역할은? [14 지방]

> 지역사회의 취약계층이 인간적 권리를 찾도록 그들의 입장에서 의견을 제시하고 대상자의 유익을 위해 행동한다.

① 대변자 ② 관리자
③ 변화촉진자 ④ 의뢰자

해설
지역사회 간호사의 역할 중 취약계층의 입장을 대변하고 그들에게 이익이 되도록 일을 추진하는 역할은 대변자이다.

지역사회 간호사 역할

(1) 대상자 중심의 역할

직접간호 제공자	교육자(educator)	상담자 (counselor, consultant)
• 지역사회에 있는 다양한 대상자의 건강상태를 사정한다. • 간호과정을 적용하여 간호문제를 해결한다. • 개인, 가족을 포함한 지역사회의 다양한 대상자들의 요구를 파악하고 필요한 간호를 제공한다. • 치료적인 문제 해결에 국한된 간호 제공이 아니라 질병예방과 최적의 건강수준을 성취할 수 있는 간호 제공에 중점을 둔다.	• 대상자의 교육요구를 사정하여 보건교육의 계획 및 수행, 결과를 평가한다. • 대상자 스스로를 돌볼 수 있도록 건강에 관련된 습관, 건강증진 행위 등에 필요한 사항을 교육한다. • 문제 발생 시 스스로 건강정보와 적절한 보건의료자원을 이용할 수 있는 능력을 갖도록 교육한다. • 대상자의 건강문제와 관련된 결정에 필요한 지식을 제공한다. • 질병에 대한 인식을 돕는다.	• 지역사회 주민의 건강문제에 대해 전문적인 지식과 기술을 기반으로 상담해 준다. • 가족이나 개인 등 대상자가 자신의 건강문제를 유리한 방향으로 결정하도록 돕는다. • 대상자가 해결해야 할 문제를 확인하고 이해한다. • 대상자 스스로가 문제를 확인하도록 돕는다. • 대상자가 문제 해결의 범위를 정하도록 돕는다. • 대상자가 선택한 해결방법을 스스로 확인·평가하는 것을 돕는다. • 대상자가 문제 해결 과정을 알도록 한다.
의뢰자(refer agent) / **알선자**	**역할모델**	**대변자 / 옹호자**(advocator)
• 문제 해결을 위해 대상자를 적절한 지역사회 자원이나 기관에 연결해 준다. • 대상자의 문제가 전문적인 조치를 필요로 한다고 인식되는 경우 유용한 기관이나 자원에 의뢰한다. • 지역사회 자원에 대한 정보를 수집한다. • 의뢰의 요구와 적합성을 결정한다. • 의뢰 수행, 의뢰에 대한 추후관리를 한다.	• 다른 사람들이 비슷한 역할을 수행할 수 있도록 의식적·무의식적으로 어떤 행동에 대해 시범을 보여주는 것이다. • 지역사회 간호사는 접촉하고 간호하는 다양한 대상자들에게 역할모델이 된다. • 지역사회 간호사의 행동은 다른 사람에게 영향을 미치며 학생간호사의 교육적 준비과정에서도 역할모델이 된다.	• 간호대상자가 좀 더 독립적으로 역할을 수행하도록 대변하거나 옹호한다. • 가족의 경우 건강관리체계를 이용할 수 있도록 해당 기관 및 전문가와 연결한다. • 지역사회의 개인이나 집단의 이익을 위해 행동하거나 그들의 입장에 서서 의견을 제시하는 역할을 수행한다. • 대상자가 마땅히 가져야 할 보건의료 수혜의 권리를 스스로 찾고 가질 수 있게 유용한 보건의료를 충분히 설명하고 안내한다. → 의뢰자와 역할이 중복될 수 있다. • 지역사회 취약계층이 인간적 권리를 찾도록 그들의 입장에서 의견을 제시하고 대상자의 유익을 위해 행동한다.

일차간호제공자	사례관리자(case manager)	관리자(manager)
• 일차간호란 모든 사람들이 보편적으로 이용 가능한 기본적인 건강관리서비스이다. • 지역사회 내에서 각 개인이나 가족이 보건의료서비스에 접근이 용이하도록 필수적인 건강관리서비스를 제공한다.	• 지역사회 간호사는 지역사회에 거주하고 있는 고위험군을 발굴하여 대상자의 문제를 사정, 계획, 수행, 평가하고 지역사회 내의 다양한 보건의료서비스로 연계시켜 주는 역할을 담당한다. • 대상자의 욕구를 충족시키고 자원을 비용-효과적으로 사용하도록 유도하는 역할이다. - 다른 사람이 수행한 간호를 감독하기도 한다.	• 건강관리실 또는 보건실을 운영하거나 실행되고 있는 보건사업을 기획·수립하는 역할을 한다. • 대상자의 요구에 충족되는 최선의 서비스를 기획, 조직, 통합하고 사업 활동을 감독, 통제하며 인력을 배치한다.

(2) 건강관리 전달 중심의 역할

조정자(coordinator)	협력자(collaborator)	교섭자 / 연락관(liaison)
• 조정이란 가능한 최대의 유효한 방법으로 대상자의 요구를 충족시키는 최선의 서비스를 조직하고 통합하는 과정을 말한다. ㉠ 대상자에게 건강관리를 제공할 사람, 중복되는 서비스, 불충분한 서비스가 이루어지고 있는 곳을 결정한다. ㉡ 대상자의 상태와 요구에 대해 타 부서의 요원들과 의사소통을 한다. ㉢ 간호사, 대상자, 서비스를 제공하는 타 영역의 제공자들과 필요시 사례연구모임을 준비하여 정보를 교환하고 서비스를 조정하기도 한다.	• 다른 건강요원들과 원활한 의사소통과 협력적 업무추진을 한다. • 합리적인 공동의사결정에 참여한다. • 대상자의 문제 해결을 위한 공동 활동에 참여한다. • 관련된 타 보건의료인력과 상호유기적이며 동반자적 관계를 유지한다.	• 대상자와 기관이 처음 접촉하는 단계에서 도움을 준다. • 대상자와 기관의 직원들 간의 의사소통을 원활하게 해 준다. • 필요시 대상자의 상태에 따라서 옹호자와 같은 도움을 준다. • 제공자의 추천사항을 설명하고 강화한다.

(3) 인간 중심의 역할

사례발견자(사례발굴자)	지도자(leader)	변화촉진자
• 지역사회 인구 집단 중 서비스가 필요한 개인 및 특정 질환 이환자를 발견하는 역할이다. • 건강 관련 상태와 기여 요인의 징후와 증상에 대한 지식을 발전시킨다. • 질병과 이에 관련된 상태의 사례를 확인하는 진단적 과정을 이용한다. • 확인된 사례의 추후 관리를 제공한다.	• 활동과 지도력에 대한 요구를 확인한다. • 지지자들의 지도력의 요구를 사정한다. • 지지자들과 그 상황에 적합한 지도력의 유형을 선정하고 수행한다.	• 동기부여에 조력하여 변화의 수행을 돕는다. • 대상자의 행동을 바람직한 방향으로 유도·변화하도록 촉진한다. • 변화 상황에 작용하는 촉진요인과 방해요인을 확인한다. • 대상자의 의사결정과정에 영향력을 행사하여 건강문제에 대처하는 능력을 증진시킨다.

건강관리 책임자 (General management)	연구자(Researcher)	
• 지역사회의 건강수준을 진단한다. • 확인된 건강문제의 해결방법을 구축한다. • 건강문제를 충족하기 위해 지역사회를 준비시킨다. • 건강관리 전달을 평가한다.	• 문제를 발견하고 탐색하며 문제 해결을 위한 방법을 제시하고 분석하는 역할을 담당한다. • 연구 결과를 실무에 적용, 연구문제 확인, 연구 결과를 보급한다. • 건강관리 전달 중심의 역할을 수행한다.	

052 우리나라 지역사회간호의 변화를 시기순으로 나열한 것은? [14 지방]

가. 「의료법 시행규칙」에 의하여 보건간호분야의 간호원으로 자격을 인정받음
나. 「초·중등교육법」에 의하여 '양호교사'가 '보건교사'로 개칭됨
다. 「농어촌 등 보건의료를 위한 특별조치법」에 의하여 의료 취약지역에 '보건진료원'이 배치됨
라. 「산업안전보건법 시행령」에 의하여 사업장의 간호사가 '보건관리자'로 인정됨

① 가-다-라-나
② 가-라-나-다
③ 다-라-나-가
④ 다-가-나-라

해설
가. 보건간호분야의 간호원으로 자격을 인정받음 (1973년)
나. '양호교사'가 '보건교사'로 개칭됨 (2002년)
다. '보건진료원'이 배치됨 (1981년)
라. 사업장의 간호사가 '보건관리자'로 인정됨 (1990년 12월)

053 지역사회에 로이(Roy)의 이론을 적용 시 사정해야 하는 것은? [13 서울(수정)]

① 초점자극, 관련자극, 잔여자극
② 기본구조, 유연방어선, 정상방어선, 저항선
③ 내적·대인적·외적 스트레스원
④ 일반적·발달적·건강이탈 자가간호요구

해설
로이(Callista Roy)가 개발한 적응이론은 간호의 대상인 인간은 주위 환경으로부터 끊임없이 자극을 받고 있으며 이러한 자극에 대하여 내부의 대처기전을 활용하여 적응 양상을 나타내는데, 이때 자극에 대해 긍정적으로 반응하기 위해서 인간 스스로가 환경 변화에 효과적으로 대응해야 한다고 보았다.
① 로이의 적응이론
②, ③ 뉴만의 건강관리체계이론
④ 오렘의 자가간호이론

054 우리나라의 1980년 이후 역사적 사실로 옳지 않은 것은? [13 서울]

① 「농어촌 등 보건의료를 위한 특별조치법」 제정
② 「국민건강증진법」 제정
③ 「지역보건법」 개정 명칭변경
④ 「의료보험법」 제정

해설
① 「농어촌 등 보건의료를 위한 특별조치법」 – 1980. 12. 31.
② 「국민건강증진법」 – 1995. 9.
③ 「지역보건법」 개정 명칭변경 – 1995. 12. 29.
④ 「의료보험법」 – 1963. 12. 16.

정답 052 ① 053 ① 054 ④

055 윌리엄 라스본(William Rathbone)에 대한 업적으로 옳지 않은 것은?

[13 서울]

① 비종교적 바탕 위에 최초의 방문간호단을 조직하였다.
② 영국의 리버풀에서 구역간호사업을 전개하였다.
③ 나이팅게일의 영향을 받아 1859년 영국에 처음으로 구역공중보건간호협회를 조직하였다.
④ 구제사업소를 만들어 간호의 접근성을 높였으며 간호비용지불체계를 시작하였다.

해설
릴리안 왈드는 미국에서 구제사업소를 만들어 간호의 접근성을 높였으며 간호비용지불제도를 시작하였다.

비종교적 형태의 방문간호사업

영국의 윌리엄 라스본 (William Rathbone, 1819~1902)	미국의 릴리안 왈드 (Lillian Wald, 1867~1940)
• 1859년 영국의 Liverpool에서 윌리엄 라스본(William Rathbone)이 조직한 방문간호단이 최초로 사업을 시행하였다. • 이 조직은 박애주의자들의 재정적인 후원을 받았고, 런던의 특별한 구역에 훈련된 간호사들을 채용하였으며 Liverpool을 18개의 간호구역으로 구분하였다. • 간호사들은 담당한 구역주민의 건강요구에 대한 책임이 있었고, 아픈 사람들을 위한 간호와 돌봄 제공자로서 역할뿐만 아니라 사회개혁자로서의 역할을 수행하였다. • 나이팅게일의 영향과 박애주의자들의 재정적인 후원을 받아 1859년 영국에서 처음으로 구역공중보건간호협회를 조직하였다.	• 동료인 Mary Brewster와 함께 1893년 미국 뉴욕의 헨리가 빈민구호소에서 방문간호사업을 시작하였다. → 간호사 모집에 대중매체 이용 • 가난한 사람을 간호하고, 생활환경 위생문제, 직장문제, 경제적인 문제 등을 지원함으로써 감염질환으로 인한 사망률을 감소시켰다. • 1912년에는 공중보건간호사회를 발족하여 지역사회 중심의 보건간호사 조직을 구성하고 초대회장을 역임하였다. • 구제사업소를 통해서 지역주민 가정을 방문하여 간호의 접근성을 높였다. • 체계적이고 비종교적이며 전문적인 방문간호사에 의해 간호를 제공하였다. • 지불 능력이 있는 자에게는 서비스료를 받고 간호를 실시(간호비용지불제도)하였다. → 방문간호를 위한 효과적인 비용계산체계 수립 • 릴리안 왈드는 구역간호와 방문간호 개념을 더 넓혀 통합된 보건간호를 하였다.

056 베티 뉴만(Betty Neuman)의 '건강관리체계이론'에 관한 설명으로 옳지 않은 것은?

[13 서울]

① 대상자는 환경과 상호작용하는 개방체계로서 서로 영향을 주고받으며 계속 변화한다.
② 간호란 스트레스에 대한 대상체계 반응에 영향을 주는 변수들에 대한 중재로서 개방체계인 대상자의 변화에 목적을 두는 활동이다.
③ 일차예방이란 스트레스원이 의심되는 시점에서 시작되는 증세로 유연방어선과 정상방어선을 강화시키는 활동이다.
④ 이차예방이란 스트레스원이 저항선에 접함으로써 나타나는 증상을 감소시키고 저항선을 강화시키는 활동이다.

해설
뉴만의 건강관리체계이론에서 간호란 스트레스에 대한 대상체계 반응에 영향을 주는 변수들에 대한 중재로서 개방체계인 대상자의 긍정적 변화(적정기능 수준 향상과 관련된)에 목적을 두는 활동이다. 이를 위해 일차예방은 유연방어선을 강화하고 정상방어선을 보호하는 활동을 하고, 이차예방은 저항선을 강화하는 활동을 한다.
→ 체계이론의 기본 개념인 항상성과 혼동하지 말자.

정답 055 ④ 056 ③

057 최초로 비종교적인 바탕 위에 방문간호단을 조직한 사람은 누구인가?

[13 서울(수정)]

① Nightingale
② William Rathbone
③ Lilian Wald
④ Phoebe

해설
1859년 윌리엄라스본(William Rathbone)은 영국에서 최초의 비종교적인 바탕 위에 방문간호단을 조직하였다.

---

058 뉴만의 건강관리체계모형의 주요개념 중 일차예방으로 옳은 것은?

[13 서울, 10 지방]

① 학령전기 아동을 대상으로 손 씻기 교육을 하였다.
② 뇌졸중 환자의 자조모임에서 자가간호교육을 실시하였다.
③ 30대 이상 여성에게 여성암 예방을 위한 자궁경부암 검진을 실시하였다.
④ 만성천식 아동을 대상으로 재입원율 감소를 위한 자가조절 천식 프로그램을 실시하였다.

해설
뉴만의 건강관리체계모형에서 1차 예방은 간호중재를 통해 스트레스원을 줄이거나 제거하는 활동을 한다. 건강교육, 대상자의 식이조절, 적절한 운동, 수면 및 스트레스 대처 전략 등이 대표적이다.
②, ④ 3차 예방
③ 2차 예방(조기 발견 조기 치료)

뉴만의 건강관리체계모형의 예방단계

일차예방	• 간호중재를 통해 스트레스원을 줄이거나 제거하는 활동을 한다. • 스트레스 자체를 약화시키거나 중재할 수 없는 종류일 경우에는 유연방어선을 강화함으로써 스트레스원이 정상방어선을 침범하지 못하게 보호한다.
이차예방	• 스트레스원이 정상방어선을 침입하여 이에 대한 반응(증상)이 이미 나타났을 때 저항선을 강화시키는 활동을 한다. • 신체의 적정기능에 영향을 미치거나 미칠 수 있는 위험요인과 악화요인 및 악화된 상황을 감소시키거나 최소화하는 것이다.
삼차예방	• 기본구조가 무너졌을 때 합리적인 적응 정도를 유지하는 것으로 재구성 과정을 돕는 중재활동을 한다. • 스트레스원에 의하여 대상 체계의 균형이 깨진 상태에서 체계의 균형 상태를 재구성함으로써 바람직한 안녕 상태로 되돌리기 위한 중재를 의미한다(재적응).

정답 057 ② 058 ①

059

지역사회간호에 적용되는 오렘(Orem)의 자가간호이론에서의 간호목표는?

[13 경기]

① 인간의 환경에의 적응양상을 활성화한다.
② 대상자가 자가간호를 수행하게 한다.
③ 대상자 상호간의 관계를 변화시킨다.
④ 대상자를 외부 환경으로부터 보호한다.

해설

오렘의 이론에서 간호가 궁극적으로 도달하여야 할 목표, 즉 건강상태는 대상자가 자가간호를 잘 수행하는 상태를 의미한다. 이를 위하여 간호사가 해야 하는 활동은 자가간호요구를 저하시키거나 자가간호역량을 증진시켜 자가간호결핍을 감소시키는 것이다.

060

지역사회간호사의 역할 중 의뢰자의 역할로 옳지 않은 것은? [13 경기]

① 지역사회 자원에 대한 정보수집
② 해결할 문제 확인 및 이해
③ 의뢰에 대한 추후관리
④ 의뢰의 요구와 적합성을 결정

해설

자원의뢰자 / 알선자의 역할
(1) 대상자의 문제가 스스로 해결할 수 있는 범위에서 벗어난 경우 유용한 기관에 의뢰
(2) 대상자의 문제가 전문적인 조치를 필요로 한다고 인식되는 경우 유용한 기관이나 자원에 의뢰
(3) 지역사회 자원에 대한 정보수집
(4) 의뢰의 요구와 적합성을 결정
(5) 의뢰에 대한 추후관리
해결할 문제 확인 및 이해는 "상담자"의 역할이다.

정답 059 ② 060 ②

061 지역을 시, 군, 구로 나누는 것은 지역사회를 어떻게 보고 간호하는 것인가?

[13 인천(수정)]

① 지정학적 공동체
② 대면 공동체
③ 소속 공동체
④ 자원 공동체

해설

지정학적 공동체는 행정단위를 기준으로 구분하는 전형적 지역사회(예 도, 시, 군, 읍, 면, 동, 리)로 우리나라 보건소는 시·군·구에 1개소씩 설치하므로 지정학적 공동체라고 할 수 있다.

지역사회 유형분류

구분	종류	내용
구조적 지역사회 (시간적·공간적인 관계에 의해서 모여진 공동체)	집합체	• '집합' 그 자체이며 모인 이유와는 상관없음 • 위험노출 집단, 미혼모 집단, 노숙자 집단, 광산촌
	대면 공동체	• 서로 얼굴을 대하는 공동체로, 소식이 쉽게 전달되어 친근감과 공동의식을 소유하고 구성원 간의 교류가 빈번한 공동체 • 가족, 이웃, 교민회 등
	생태학적 공동체	• 지리적 특성, 기후 등과 같은 동일한 생태학적 문제를 내포하고 있는 집단 • 삼림파괴, 산성비, 대기오염, 수질오염, 토양오염 등의 문제가 있는 공동체
	지정학적 공동체	• 법적·지리적 경계로 정의된 지역사회 • 특별시, 광역시, 시, 군, 구, 읍, 면 등, 보건소 설립 기준
	조직	• 특정 목표를 추구하며 일정한 환경 속에서 일정한 구조를 가진 사회단위 • 보건소, 병원, 학교, 산업장 등 공익조직, 서비스조직, 공제조직 등
	문제 해결 공동체	• 문제를 확인하고 공유하며 해결할 수 있는 범위 내의 구역으로, 문제를 가지고 있는 지역뿐 아니라 문제 해결 지지 업무를 갖는 정부기관도 포함 • 오염지역과 오염 문제 해결을 위한 정부기관
기능적 지역사회 (공동의 문제해결과 목표성취)	동일한 요구를 지닌 공동체	• 일반적으로 공통의 문제 및 요구에 기초하여 나타나는 공동체 • 산업폐수 오염지역과 동일한 영향을 받은 인근 지역, 장애아동 집단, 모자보건 대상 집단
	자원 공동체	자원공동체는 지리적인 경계를 벗어나 어떤 문제를 해결하기 위한 자원의 활용 범위를 토대로 모인 공동체
감정적 지역사회 (정서·취미, 유대관계 중심)	소속 공동체	• 자기가 속한 장소가 어디인가 하는 관점에서 구분되는 공동체 • 고향(지연), 출신학교(학연), 종친회(혈연) 등
	특수흥미 공동체	• 동일한 취미나 관심을 가지고 모이는 집단 • 대한간호협회, 낚시회, 독서회, 산악회 등

정답 061 ①

062 지역사회에서 "적정기능수준 향상"의 의미로 옳은 것은? [13 인천(수정)]

① 주민들의 환경위생을 향상시키는 것이다.
② 주민들의 보건에 관한 지식을 향상시키는 것이다.
③ 주민들이 매사에 적응을 잘 할 수 있는 상태이다.
④ 주민들이 자기건강관리 기능수준을 향상시키는 것이다.

해설
적정기능수준 향상이란 주민들이 자신들의 건강문제를 스스로 해결할 수 있는 자기건강관리 기능 수준을 향상시키는 것이다.

063 대상자가 건강과 관련된 중요한 결정을 내려 행동에 옮길 수 있도록 돕는 역할은? [13 인천(수정)]

① 옹호자　　　　② 협력자
③ 교육자　　　　④ 변화촉진자

해설
동기부여에 조력하여 변화의 수행을 돕고, 대상자의 행동을 바람직한 방향으로 변화하도록 촉진하는 것은 변화촉진자의 역할이다.

064 지역사회간호사의 역할 중 관리자의 역할에 해당하는 것은? [13 강원]

① 수술환자 드레싱
② 건강전시회 개최
③ 보건소 임산부교실 운영
④ 독거노인 기초생활수급을 위한 사회복지 의뢰

해설
지역사회간호사의 관리자 역할은 지역사회의 다양한 보건의료서비스를 적합한 유형으로 연계시키는 것이다. 가족의 간호를 감독하고, 업무량 관리, 건강관리실 또는 보건실 운영, 지역사회보건계획을 수립하는 것이 관리자의 역할에 해당된다.

정답　062 ④　063 ④

지역사회 간호사 역할

(1) 대상자 중심의 역할

직접간호 제공자	교육자(educator)	상담자 (counselor, consultant)
• 지역사회에 있는 다양한 대상자의 건강상태를 사정한다. • 간호과정을 적용하여 간호문제를 해결한다. • 개인, 가족을 포함한 지역사회의 다양한 대상자들의 요구를 파악하고 필요한 간호를 제공한다. • 치료적인 문제 해결에 국한된 간호 제공이 아니라 질병예방과 최적의 건강수준을 성취할 수 있는 간호 제공에 중점을 둔다.	• 대상자의 교육요구를 사정하여 보건교육의 계획 및 수행, 결과를 평가한다. • 대상자 스스로를 돌볼 수 있도록 건강에 관련된 습관, 건강증진 행위 등에 필요한 사항을 교육한다. • 문제 발생 시 스스로 건강정보와 적절한 보건의료자원을 이용할 수 있는 능력을 갖도록 교육한다. • 대상자의 건강문제와 관련된 결정에 필요한 지식을 제공한다. • 질병에 대한 인식을 돕는다.	• 지역사회 주민의 건강문제에 대해 전문적인 지식과 기술을 기반으로 상담해 준다. • 가족이나 개인 등 대상자가 자신의 건강문제를 유리한 방향으로 결정하도록 돕는다. • 대상자가 해결해야 할 문제를 확인하고 이해한다. • 대상자 스스로가 문제를 확인하도록 돕는다. • 대상자가 문제 해결의 범위를 정하도록 돕는다. • 대상자가 선택한 해결방법을 스스로 확인·평가하는 것을 돕는다. • 대상자가 문제 해결 과정을 알도록 한다.
의뢰자(refer agent) / 알선자	역할모델	대변자 / 옹호자(advocator)
• 문제 해결을 위해 대상자를 적절한 지역사회 자원이나 기관에 연결해 준다. • 대상자의 문제가 전문적인 조치를 필요로 한다고 인식되는 경우 유용한 기관이나 자원에 의뢰한다. • 지역사회 자원에 대한 정보를 수집한다. • 의뢰의 요구와 적합성을 결정한다. • 의뢰 수행, 의뢰에 대한 추후관리를 한다.	• 다른 사람들이 비슷한 역할을 수행할 수 있도록 의식적·무의식적으로 어떤 행동에 대해 시범을 보여주는 것이다. • 지역사회 간호사는 접촉하고 간호하는 다양한 대상자들에게 역할모델이 된다. • 지역사회 간호사의 행동은 다른 사람에게 영향을 미치며 학생간호사의 교육적 준비과정에서도 역할모델이 된다.	• 간호대상자가 좀 더 독립적으로 역할을 수행하도록 대변하거나 옹호한다. • 가족의 경우 건강관리체계를 이용할 수 있도록 해당 기관 및 전문가와 연결한다. • 지역사회의 개인이나 집단의 이익을 위해 행동하거나 그들의 입장에 서서 의견을 제시하는 역할을 수행한다. • 대상자가 마땅히 가져야 할 보건의료 수혜의 권리를 스스로 찾고 가질 수 있게 유용한 보건의료를 충분히 설명하고 안내한다. → 의뢰자와 역할이 중복될 수 있다. • 지역사회 취약계층이 인간적 권리를 찾도록 그들의 입장에서 의견을 제시하고 대상자의 유익을 위해 행동한다.
일차간호제공자	사례관리자(case manager)	관리자(manager)
• 일차간호란 모든 사람들이 보편적으로 이용 가능한 기본적인 건강관리서비스이다. • 지역사회 내에서 각 개인이나 가족이 보건의료서비스에 접근이 용이하도록 필수적인 건강관리서비스를 제공한다.	• 지역사회 간호사는 지역사회에 거주하고 있는 고위험군을 발굴하여 대상자의 문제를 사정, 계획, 수행, 평가하고 지역사회 내의 다양한 보건의료서비스로 연계시켜 주는 역할을 담당한다. • 대상자의 욕구를 충족시키고 자원을 비용-효과적으로 사용하도록 유도하는 역할이다. - 다른 사람이 수행한 간호를 감독하기도 한다.	• 건강관리실 또는 보건실을 운영하거나 실행되고 있는 보건사업을 기획·수립하는 역할을 한다. • 대상자의 요구에 충족되는 최선의 서비스를 기획, 조직, 통합하고 사업활동을 감독, 통제하며 인력을 배치한다.

(2) 건강관리 전달 중심의 역할

조정자(coordinator)	협력자(collaborator)	교섭자 / 연락관(liaison)
• 조정이란 가능한 최대의 유효한 방법으로 대상자의 요구를 충족시키는 최선의 서비스를 조직하고 통합하는 과정을 말한다. ㉠ 대상자에게 건강관리를 제공할 사람, 중복되는 서비스, 불충분한 서비스가 이루어지고 있는 곳을 결정한다. ㉡ 대상자의 상태와 요구에 대해 타 부서의 요원들과 의사소통을 한다. ㉢ 간호사, 대상자, 서비스를 제공하는 타 영역의 제공자들과 필요시 사례연구모임을 준비하여 정보를 교환하고 서비스를 조정하기도 한다.	• 다른 건강요원들과 원활한 의사소통과 협력적 업무추진을 한다. • 합리적인 공동의사결정에 참여한다. • 대상자의 문제 해결을 위한 공동 활동에 참여한다. • 관련된 타 보건의료인력과 상호유기적이며 동반자적 관계를 유지한다.	• 대상자와 기관이 처음 접촉하는 단계에서 도움을 준다. • 대상자와 기관의 직원들 간의 의사소통을 원활하게 해 준다. • 필요시 대상자의 상태에 따라서 옹호자와 같은 도움을 준다. • 제공자의 추천사항을 설명하고 강화한다.

(3) 인간 중심의 역할

사례발견자(사례발굴자)	지도자(leader)	변화촉진자
• 지역사회 인구 집단 중 서비스가 필요한 개인 및 특정 질환 이환자를 발견하는 역할이다. • 건강 관련 상태와 기여 요인의 징후와 증상에 대한 지식을 발전시킨다. • 질병과 이에 관련된 상태의 사례를 확인하는 진단적 과정을 이용한다. • 확인된 사례의 추후 관리를 제공한다.	• 활동과 지도력에 대한 요구를 확인한다. • 지지자들의 지도력의 요구를 사정한다. • 지지자들과 그 상황에 적합한 지도력의 유형을 선정하고 수행한다.	• 동기부여에 조력하여 변화의 수행을 돕는다. • 대상자의 행동을 바람직한 방향으로 유도·변화하도록 촉진한다. • 변화 상황에 작용하는 촉진요인과 방해요인을 확인한다. • 대상자의 의사결정과정에 영향력을 행사하여 건강문제에 대처하는 능력을 증진시킨다.
건강관리 책임자 (General management)	연구자(Researcher)	
• 지역사회의 건강수준을 진단한다. • 확인된 건강문제의 해결방법을 구축한다. • 건강문제를 충족하기 위해 지역사회를 준비시킨다. • 건강관리 전달을 평가한다.	• 문제를 발견하고 탐색하며 문제 해결을 위한 방법을 제시하고 분석하는 역할을 담당한다. • 연구 결과를 실무에 적용, 연구문제 확인, 연구 결과를 보급한다. • 건강관리 전달 중심의 역할을 수행한다.	

065 체계이론에서 산출(output)에 해당하는 지역사회 간호목표는? [13 강원]

① 적정기능수준 향상
② 간호사의 전문성 향상
③ 보건의료조직의 계층구조 강화
④ 보건의료시설 및 장비 투입 증가

해설
체계이론을 지역사회간호에 적용하였을 때 산출에 해당하는 것은 적정기능 향상이다.

체계이론의 지역사회간호에의 적용

지역사회도 하나의 체계이며 건강에 대한 목표가 있고 지역사회라는 경계가 있으며 지역사회 구성물인 지역사회 주민과 인적, 물적, 사회·환경적 지역사회 자원들이 있다. 이들 간에 상호작용을 하여 건강의 목표를 달성하고자 노력한다. 그러므로 지역사회는 체계가 갖추어야 할 5가지 요소(구성물, 자원, 상호작용, 목표, 경계)를 갖고 있다.
체계이론을 지역사회간호에 적용하면 다음과 같다.
(1) 목표: 적정기능수준의 향상, 건강의 유지·증진, 삶의 질 향상
(2) 경계: 도시의 행정구역과 같은 지역시회의 경계
(3) 구성물: 지역사회 주민 → 지역은 주민, 학교는 학생 및 교직원, 사업장은 근로자가 대상
(4) 자원: 지역사회 내에 건강과 관련된 인적, 물적, 사회·환경적 자원
(5) 상호작용: 지역사회 주민과 인적, 물적, 사회·환경적 자원과의 상호작용
　① 투입: 구성물과 자원이 체계 속으로 들어가는 것이다. 지역사회 간호사, 지역사회 주민, 지역사회 자원
　② 변환: 체계 속에 들어온 구성물과 자원이 상호작용을 하는 일련의 현상이다. 사정, 계획, 실행, 평가와 같은 지역사회 간호과정
　③ 산출(목표): 구성물과 자원이 상호작용을 하여 만들어낸 결과를 의미한다. 지역사회간호의 목표인 적정기능수준의 향상, 건강의 유지·증진, 삶의 질 향상
(6) 환경(제약요인): 정치적·제도적·행정적·기술적·사회적·문화적 환경과 같은 제약요인을 말한다.

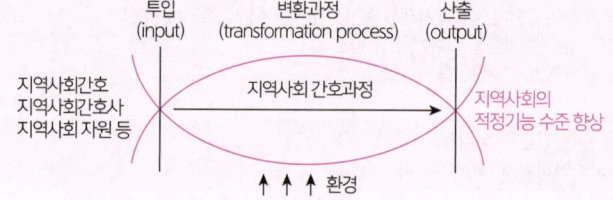

정답 065 ①

066 다문화가정을 간호하기 위해 특히 요구되는 지역사회간호사의 능력은?

[13 강원]

① 비판적 사고력을 기른다.
② 문화적 차이를 고려한다.
③ 파트너십을 통한 갈등조절을 한다.
④ 지역네트워크를 형성하여 소통한다.

> **해설**
> 다문화가정을 간호하기 위해 지역사회 간호사는 문화적 차이를 고려하는 것이 필요하다.

067 지역사회간호사의 역할 중 대상자가 해결할 문제 확인 및 이해, 선택된 해결방법 확인, 해결범위 확정, 해결방법 평가 등을 돕는 역할은?

[13 경남]

① 변화촉진자
② 상담자
③ 교육자
④ 사례관리자

> **해설**
> 대상자가 해결해야 할 문제를 확인하고 이해하는 것은 상담자의 역할이다.
> ① 변화촉진자: 변화를 위한 동기부여에 조력, 변화의 수행을 도움
> ② 상담자: 기타 대상자가 문제해결 과정을 알도록 함
> ③ 교육자: 대상자의 교육요구 사정, 보건교육 계획, 보건교육 수행, 보건교육 결과 평가
> ④ 사례관리자: 지역사회에 거주하고 있는 고위험군을 발굴하여 대상자의 문제를 사정, 계획, 수행, 평가하고 지역사회 내의 다양한 보건의료서비스로 연계시켜 주는 역할

정답 066 ② 067 ②

068 지역사회 유형에서 감정적 지역사회에 속하는 것은? [13 경남(수정)]

① 대면공동체 ② 문제해결공동체
③ 소속공동체 ④ 자원공동체

해설
감정적 지역사회는 소속공동체와 특수흥미공동체로 나뉜다.
①, ② 구조적 지역사회
④ 기능적 지역사회

지역사회 유형분류

구분	종류	내용
구조적 지역사회 (시간적·공간적인 관계에 의해서 모여진 공동체)	집합체	• '집합' 그 자체이며 모인 이유와는 상관없음 • 위험노출 집단, 미혼모 집단, 노숙자 집단, 광산촌
	대면 공동체	• 서로 얼굴을 대하는 공동체로, 소식이 쉽게 전달되어 친근감과 공동의식을 소유하고 구성원 간의 교류가 빈번한 공동체 • 가족, 이웃, 교민회 등
	생태학적 공동체	• 지리적 특성, 기후 등과 같은 동일한 생태학적 문제를 내포하고 있는 집단 • 삼림파괴, 산성비, 대기오염, 수질오염, 토양오염 등의 문제가 있는 공동체
	지정학적 공동체	• 법적·지리적 경계로 정의된 지역사회 • 특별시, 광역시, 시, 군, 구, 읍, 면 등, 보건소 설립 기준
	조직	• 특정 목표를 추구하며 일정한 환경 속에서 일정한 구조를 가진 사회단위 • 보건소, 병원, 학교, 산업장 등 공익조직, 서비스조직, 공제조직 등
	문제 해결 공동체	• 문제를 확인하고 공유하며 해결할 수 있는 범위 내의 구역으로, 문제를 가지고 있는 지역뿐 아니라 문제 해결 지지 업무를 갖는 정부기관도 포함 • 오염지역과 오염 문제 해결을 위한 정부기관
기능적 지역사회 (공동의 문제해결과 목표성취)	동일한 요구를 지닌 공동체	• 일반적으로 공통의 문제 및 요구에 기초하여 나타나는 공동체 • 산업폐수 오염지역과 동일한 영향을 받은 인근 지역, 장애아동 집단, 모자보건 대상 집단
	자원 공동체	자원 공동체는 지리적인 경계를 벗어나 어떤 문제를 해결하기 위한 자원의 활용 범위를 토대로 모인 공동체
감정적 지역사회 (정서·취미, 유대관계 중심)	소속 공동체	• 자기가 속한 장소가 어디인가 하는 관점에서 구분되는 공동체 • 고향(지연), 출신학교(학연), 종친회(혈연) 등
	특수흥미 공동체	• 동일한 취미나 관심을 가지고 모이는 집단 • 대한간호협회, 낚시회, 독서회, 산악회 등

정답 068 ③

069 방문간호 중 방문간호사가 대상자에게 전문적인 심리상담이 필요할 것으로 판단되어 상담센터와 연결해주었다. 이는 지역사회 간호사의 역할 중 무엇에 해당하는가?

[13 전남(수정)]

① 옹호자
② 촉진자
③ 상담자
④ 알선자

해설
대상자의 문제가 전문적인 조치를 필요로 한다고 인식되는 경우 유용한 기관이나 자원에 의뢰하는 것은 알선자(자원의뢰자)의 역할이다.

070 「의료법」에 규정된 전문간호사가 아닌 것은?

[13 경북]

① 상처전문간호사
② 응급전문간호사
③ 마취전문간호사
④ 감염관리전문간호사

해설
「의료법」에 의한 전문간호사는 보건·마취·정신·가정·감염관리·산업·응급·노인·중환자·호스피스·종양·임상 및 아동분야로 구분한다.

071 지역사회간호의 역사 중 시기가 가장 빠른 것은?

[13 경북]

① 「보건소법」 제정
② 보건진료원 제도
③ 「국민건강증진법」 제정
④ 「학교보건법」 제정

해설
① 「보건소법」 제정 – 1956년
② 보건진료원 제도 – 1980년 「농어촌 등 보건의료를 위한 특별조치법」 통과, 1981년 배치
③ 「국민건강증진법」 제정 – 1995년
④ 「학교보건법」 제정 – 1967년

정답 069 ④ 070 ① 071 ①

072 지역사회간호사의 역할 중 변화촉진자의 역할로 옳은 것은? [13 경북]

① 대상자의 건강상태를 파악하고 문제를 해결한다.
② 지역사회 다른 팀들과 상호의존적인 관계를 가진다.
③ 대상자가 스스로 문제를 해결할 수 있도록 역량을 높여준다.
④ 대상자의 의사결정과정에 개입하여 변화를 가져오도록 한다.

해설

동기부여에 조력하여 변화의 수행을 돕고, 대상자의 행동을 바람직한 방향으로 변화하도록 촉진하는 것은 변화촉진자의 역할이다.
① 직접간호제공자
② 협력자
③ 교육자

073 다음 중 지역사회 분류에서 이웃을 중심으로 쉽게 소식이 전달되어 친근감과 공동의식을 가지고 구성원 간의 교류가 빈번한 공동체는?

[13 경북(수정)]

① 생태학적 공동체
② 집합체
③ 대면 공동체
④ 문제해결 공동체

해설

대면공동체는 서로 얼굴을 대하는 공동체로, 소식이 쉽게 전달되어 친근감과 공동의식을 소유하고 구성원 간의 교류가 빈번한 공동체이다. 보통 이웃, 가족, 교민회 등이 있다.

지역사회 유형분류 - 구조적 지역사회

종류	내용
집합체	• '집합' 그 자체이며 모인 이유와는 상관없음 • 위험노출 집단, 미혼모 집단, 노숙자 집단, 광산촌
대면 공동체	• 서로 얼굴을 대하는 공동체로, 소식이 쉽게 전달되어 친근감과 공동의식을 소유하고 구성원 간의 교류가 빈번한 공동체 • 가족, 이웃, 교민회 등
생태학적 공동체	• 지리적 특성, 기후 등과 같은 동일한 생태학적 문제를 내포하고 있는 집단 • 삼림파괴, 산성비, 대기오염, 수질오염, 토양오염 등의 문제가 있는 공동체
지정학적 공동체	• 법적·지리적 경계로 정의된 지역사회 • 특별시, 광역시, 시, 군, 구, 읍, 면 등, 보건소 설립 기준
조직	• 특정 목표를 추구하며 일정한 환경 속에서 일정한 구조를 가진 사회단위 • 보건소, 병원, 학교, 산업장 등 공익조직, 서비스조직, 공제조직 등
문제 해결 공동체	• 문제를 확인하고 공유하며 해결할 수 있는 범위 내의 구역으로, 문제를 가지고 있는 지역뿐 아니라 문제 해결 지지 업무를 갖는 정부기관도 포함 • 오염지역과 오염 문제 해결을 위한 정부기관

정답 072 ④ 073 ③

074 뉴만의 건강관리체계모형에서 1차 예방에 속하는 것은? [13 경북]

① 정상방어선 강화
② 유연방어선 강화
③ 저항선 강화
④ 기본구조 강화

해설

뉴만의 건강관리체계모형을 지역사회간호에 적용 시 1차 예방은 스트레스 자체를 약화시키거나 중재할 수 없는 종류일 경우에는 유연방어선을 강화함으로써 스트레스원이 정상방어선을 침범하지 못하게 보호한다.

▶ 뉴만의 건강관리체계모형의 예방단계

일차예방	• 간호중재를 통해 스트레스원을 줄이거나 제거하는 활동을 한다. • 스트레스 자체를 약화시키거나 중재할 수 없는 종류일 경우에는 유연방어선을 강화함으로써 스트레스원이 정상방어선을 침범하지 못하게 보호한다.
이차예방	• 스트레스원이 정상방어선을 침입하여 이에 대한 반응(증상)이 이미 나타났을 때 저항선을 강화시키는 활동을 한다. • 신체의 적정기능에 영향을 미치거나 미칠 수 있는 위험요인과 악화요인 및 악화된 상황을 감소시키거나 최소화하는 것이다.
삼차예방	• 기본구조가 무너졌을 때 합리적인 적응 정도를 유지하는 것으로 재구성 과정을 돕는 중재활동을 한다. • 스트레스원에 의하여 대상 체계의 균형이 깨진 상태에서 체계의 균형 상태를 재구성함으로써 바람직한 안녕 상태로 되돌리기 위한 중재를 의미한다(재적응).

075 체계이론을 지역사회간호에 적용하면 목표, 경계, 인구, 자원, 상호작용, 환경으로 나눌 수 있는데 간호사는 어디에 해당하는가? [13 대구]

① 자원
② 인구
③ 목표
④ 경계

해설

지역사회 간호사는 건강과 관련된 인적 자원이다.
(1) 목표: 적정기능수준의 향상, 건강의 유지·증진, 삶의 질 향상
(2) 경계: 도시의 행정구역과 같은 지역사회의 경계
(3) 인구(구성물): 지역사회 주민 → 지역은 주민, 학교는 학생 및 교직원, 사업장은 근로자가 대상
(4) 자원: 지역사회 내에 건강과 관련된 인적, 물적, 사회·환경적 자원
(5) 상호작용: 지역사회 주민과 인적, 물적, 사회·환경적 자원과의 상호작용
(6) 환경: 정치적·제도적·행정적·기술적·사회적·문화적 환경과 같은 제약요인

정답 074 ② 075 ①

076 뉴만의 건강관리체계이론에서 재난이 일어나서 사람들이 폭동을 일으켰다면 어떤 방어선이 붕괴된 것을 의미하는가? [13 대구]

① 유연방어선
② 정상방어선
③ 저항선
④ 기본구조

해설

뉴만의 이론을 간호과정에 적용할 때 사정단계에서는 기본 구조와 에너지 자원의 상태, 실제적·잠재적 스트레스원과 반응, 정상방어선, 저항선, 유연방어선 등을 확인한다. 기본구조는 간호 대상을 구성하는 필수적인 구성요소로서 여기에 문제가 생겼을 때 더 이상 하나의 대상으로 기능을 할 수 없다. 따라서 이 문제에서 재난이 일어난 후 폭동까지 일어났다면, 기본구조에 문제가 생긴 것으로 본다.

뉴만의 건강관리체계이론

건강관리체계이론에서 간호대상자는 기본구조와 이를 둘러싼 3가지 방어선, 즉 저항선, 정상방어선, 유연방어선으로 형성된 체계이다. 또한 인간은 환경과 상호작용하는 개방체계이며 대상자는 개인, 가족, 지역사회 또는 집단이 되므로 지역사회간호 대상자를 모두 포함하고 있다.

예방단계	구분	사정 예
3차 예방	기본 구조	• 개인 또는 지역의 고유의 특성(생리적, 심리적, 사회문화적, 발달적, 영적 변수)을 반영 • 지역사회 재활 사업 제공, 발생가능한 문제 예방을 위한 재교육, 새로운 삶의 양식에 적응하기 위한 재교육
2차 예방 (저항선 강화)	저항선	• 지역사회 주민의 건강에 대한 태도, 가치관, 신념, 결속을 사정 • 지역사회 문제의 조기발견, 지역사회 문제 해결을 위한 자원 활용 및 의뢰 • 저항선 파괴의 예: 부적당한 건강관리 행위, 주민들의 낮은 삶의 만족도, 낮은 경제적 수준 및 교육 수준
1차 예방 (유연방어선 강화, 정상방어선 보호)	정상 방어선	• 지역사회 주민의 건강수준과 경제수준, 지역사회 교통 및 통신상태와 물리적 환경 • 정상방어선 파괴의 예: 만성질환 유병률 증가, 감염성 질환 발생 증가, 부적합한 주거 환경, 높은 사고의 위험성, 건강문제 인식 및 문제 해결능력 부족
	유연 방어선	• 가족의 다른 스트레스 유무, 가족의 융통성 • 지역주민의 건강교육, 지역사회 내 위험요인 감소 및 제거 • 지역사회의 보건의료체계와 의료기관의 양과 질 • 유연방어선 파괴의 예: 의료체계 부족, 부적절한 보건의료전달체계

정답 076 ④

077 지역사회간호의 3가지 필수요소를 바르게 묶은 것은? [12 서울]

① 간호수단, 간호과정, 기능연속지표
② 간호수단, 간호목표, 간호대상
③ 간호수단, 간호목표, 기능연속지표
④ 간호대상, 간호목표, 간호과정(활동)

해설
지역사회간호는 개인, 가족, 인구집단 및 지역사회를 대상으로 이들이 지니고 있는 건강에 대한 잠재능력을 개발하여 대상자의 건강기능수준의 증진과 향상에 관련된 요인을 강화하는 간호실천과정이라고 할 수 있다.

지역사회간호 개념도

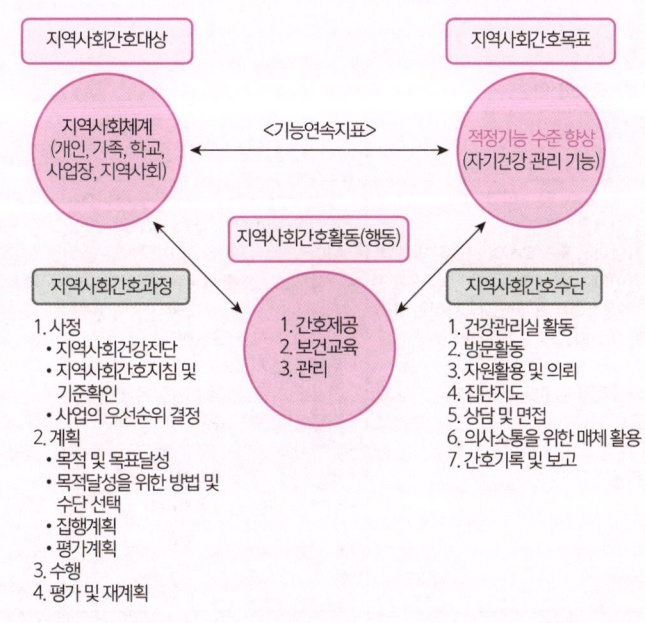

정답 077 ④

078 지역사회 간호사는 보건의료환경의 변화 속에서 다양한 영역으로 그 역할을 확대하고 있다. 그중 사례관리자의 역할에 대한 설명으로 옳은 것은?

[12 서울]

① 대상자의 입장에 서서 의견을 제시한다.
② 바람직한 방향으로 대상자의 행동이 변화되도록 유도한다.
③ 대상자의 문제를 사정, 계획, 수행, 평가한다.
④ 지역사회주민의 건강문제에 대한 상담을 진행한다.

해설

사례관리자: 지역사회간호사는 지역사회에 거주하고 있는 **고위험군을 발굴**하여 대상자의 문제를 사정, 계획, 수행, 평가하고 지역사회 내의 다양한 보건의료서비스로 연계시켜 주는 역할을 담당한다.
① 대변자(옹호자)
② 변화촉진자
④ 상담자

지역사회 간호사 역할

(1) 대상자 중심의 역할

직접간호 제공자	교육자(educator)	상담자 (counselor, consultant)
• 지역사회에 있는 다양한 대상자의 건강상태를 사정한다. • 간호과정을 적용하여 간호문제를 해결한다. • 개인, 가족을 포함한 지역사회의 다양한 대상자들의 요구를 파악하고 필요한 간호를 제공한다. • 치료적인 문제 해결에 국한된 간호 제공이 아니라 질병예방과 최적의 건강수준을 성취할 수 있는 간호 제공에 중점을 둔다.	• 대상자의 교육요구를 사정하여 보건교육의 계획 및 수행, 결과를 평가한다. • 대상자 스스로를 돌볼 수 있도록 건강에 관련된 습관, 건강증진 행위 등에 필요한 사항을 교육한다. • 문제 발생 시 스스로 건강정보와 적절한 보건의료자원을 이용할 수 있는 능력을 갖도록 교육한다. • 대상자의 건강문제와 관련된 결정에 필요한 지식을 제공한다. • 질병에 대한 인식을 돕는다.	• 지역사회 주민의 건강문제에 대해 전문적인 지식과 기술을 기반으로 상담해 준다. • 가족이나 개인 등 대상자가 자신의 건강문제를 유리한 방향으로 결정하도록 돕는다. • 대상자가 해결해야 할 문제를 확인하고 이해한다. • 대상자 스스로가 문제를 확인하도록 돕는다. • 대상자가 문제 해결의 범위를 정하도록 돕는다. • 대상자가 선택한 해결방법을 스스로 확인·평가하는 것을 돕는다. • 대상자가 문제 해결 과정을 알도록 한다.
의뢰자(refer agent) / **알선자**	**역할모델**	**대변자 / 옹호자**(advocator)
• 문제 해결을 위해 대상자를 적절한 지역사회 자원이나 기관에 연결해 준다. • 대상자의 문제가 전문적인 조치를 필요로 한다고 인식되는 경우 유용한 기관이나 자원에 의뢰한다. • 지역사회 자원에 대한 정보를 수집한다. • 의뢰의 요구와 적합성을 결정한다. • 의뢰 수행, 의뢰에 대한 추후관리를 한다.	• 다른 사람들이 비슷한 역할을 수행할 수 있도록 의식적·무의식적으로 어떤 행동에 대해 시범을 보여주는 것이다. • 지역사회 간호사는 접촉하고 간호하는 다양한 대상자들에게 역할모델이 된다. • 지역사회 간호사의 행동은 다른 사람에게 영향을 미치며 학생간호사의 교육적 준비과정에서도 역할모델이 된다.	• 간호대상자가 좀 더 독립적으로 역할을 수행하도록 대변하거나 옹호한다. • 가족의 경우 건강관리체계를 이용할 수 있도록 해당 기관 및 전문가와 연결한다. • 지역사회의 개인이나 집단의 이익을 위해 행동하거나 그들의 입장에 서서 의견을 제시하는 역할을 수행한다. • 대상자가 마땅히 가져야 할 보건의료 수혜의 권리를 스스로 찾고 가질 수 있게 유용한 보건의료를 충분히 설명하고 안내한다. → 의뢰자와 역할이 중복될 수 있다. • 지역사회 취약계층이 인간적 권리를 찾도록 그들의 입장에서 의견을 제시하고 대상자의 유익을 위해 행동한다.

일차간호제공자	사례관리자(case manager)	관리자(manager)
• 일차간호란 모든 사람들이 보편적으로 이용 가능한 기본적인 건강관리서비스이다. • 지역사회 내에서 각 개인이나 가족이 보건의료서비스에 접근이 용이하도록 필수적인 건강관리서비스를 제공한다.	• 지역사회 간호사는 지역사회에 거주하고 있는 고위험군을 발굴하여 대상자의 문제를 사정, 계획, 수행, 평가하고 지역사회 내의 다양한 보건의료서비스로 연계시켜 주는 역할을 담당한다. • 대상자의 욕구를 충족시키고 자원을 비용-효과적으로 사용하도록 유도하는 역할이다. - 다른 사람이 수행한 간호를 감독하기도 한다.	• 건강관리실 또는 보건실을 운영하거나 실행되고 있는 보건사업을 기획·수립하는 역할을 한다. • 대상자의 요구에 충족되는 최선의 서비스를 기획, 조직, 통합하고 사업 활동을 감독, 통제하며 인력을 배치한다.

(2) 건강관리 전달 중심의 역할

조정자(coordinator)	협력자(collaborator)	교섭자 / 연락관(liaison)
• 조정이란 가능한 최대의 유효한 방법으로 대상자의 요구를 충족시키는 최선의 서비스를 조직하고 통합하는 과정을 말한다. ㉠ 대상자에게 건강관리를 제공할 사람, 중복되는 서비스, 불충분한 서비스가 이루어지고 있는 곳을 결정한다. ㉡ 대상자의 상태와 요구에 대해 타 부서의 요원들과 의사소통을 한다. ㉢ 간호사, 대상자, 서비스를 제공하는 타 영역의 제공자들과 필요시 사례연구모임을 준비하여 정보를 교환하고 서비스를 조정하기도 한다.	• 다른 건강요원들과 원활한 의사소통과 협력적 업무추진을 한다. • 합리적인 공동의사결정에 참여한다. • 대상자의 문제 해결을 위한 공동 활동에 참여한다. • 관련된 타 보건의료인력과 상호유기적이며 동반자적 관계를 유지한다.	• 대상자와 기관이 처음 접촉하는 단계에서 도움을 준다. • 대상자와 기관의 직원들 간의 의사소통을 원활하게 해 준다. • 필요시 대상자의 상태에 따라서 옹호자와 같은 도움을 준다. • 제공자의 추천사항을 설명하고 강화한다.

(3) 인간 중심의 역할

사례발견자(사례발굴자)	지도자(leader)	변화촉진자
• 지역사회 인구 집단 중 서비스가 필요한 개인 및 특정 질환 이환자를 발견하는 역할이다. • 건강 관련 상태와 기여 요인의 징후와 증상에 대한 지식을 발전시킨다. • 질병과 이에 관련된 상태의 사례를 확인하는 진단적 과정을 이용한다. • 확인된 사례의 추후 관리를 제공한다.	• 활동과 지도력에 대한 요구를 확인한다. • 지지자들의 지도력의 요구를 사정한다. • 지지자들과 그 상황에 적합한 지도력의 유형을 선정하고 수행한다.	• 동기부여에 조력하여 변화의 수행을 돕는다. • 대상자의 행동을 바람직한 방향으로 유도·변화하도록 촉진한다. • 변화 상황에 작용하는 촉진요인과 방해요인을 확인한다. • 대상자의 의사결정과정에 영향력을 행사하여 건강문제에 대처하는 능력을 증진시킨다.

건강관리 책임자 (General management)	연구자(Researcher)	
• 지역사회의 건강수준을 진단한다. • 확인된 건강문제의 해결방법을 구축한다. • 건강문제를 충족하기 위해 지역사회를 준비시킨다. • 건강관리 전달을 평가한다.	• 문제를 발견하고 탐색하며 문제 해결을 위한 방법을 제시하고 분석하는 역할을 담당한다. • 연구 결과를 실무에 적용, 연구문제 확인, 연구 결과를 보급한다. • 건강관리 전달 중심의 역할을 수행한다.	

정답 078 ③

079 캐나다 보건성장관 라론드가 1974년 건강의 장(health field)에서 제시한 건강결정요인 4가지는?

[12 경기]

① 생활습관 – 환경 – 사회활동 – 병원체
② 생활습관 – 환경 – 보건의료제도 – 인간생물학적요인
③ 의료의질 – 인간생물학적요인 – 환경 – 개인의 보건지식
④ 의사의 지식 – 환경의 지식 – 깨끗한 식생활 – 인간유전자

해설

캐나다의 보건성장관이었던 Lalonde(1974) 보고에 의하면 건강 장수에 영향을 미치는 요인은 생활습관 50%, 유전적(생물학적) 요인 20%, 환경적 요인 20%, 그리고 보건의료서비스 이용이 10%라고 하였다.

080 우리나라 지역사회보건의 발전 양상에 대한 설명으로 옳은 것은?

[11 서울]

가. 1960년대부터 가정간호사가 분야별 전문간호사로 법제화되었다.
나. 1970년대 후반에 건강증진개념이 도입되어 건강실천사업이 시작되었다.
다. 1970년대부터는 공중보건사업이 본격적으로 시작되면서 보건소를 중심으로 모자보건, 결핵관리, 감염병 예방사업을 중점적으로 수행하였다.
라. 1981년부터는 보건진료소에 보건진료원이 배치되었고, 지역사회 일차보건의료 요구에 부응하는 포괄적인 지역사회간호사업을 수행하였다.

① 가, 나, 다   ② 나, 라
③ 가, 나, 다, 라   ④ 가, 다
⑤ 라

해설

가. 1990년대부터 가정간호사가 분야별 전문간호사로 법제화되었다.
나. 1980년대 후반에 건강증진개념이 도입되어 건강실천사업이 시작되었다.
다. 1960년대부터는 공중보건사업이 본격적으로 시작되면서 보건소를 중심으로 모자보건, 결핵관리, 감염병 예방사업을 중점적으로 수행하였다.

정답 079 ②   080 ⑤

081 지역사회 간호사가 제공하는 1차 예방에 해당하는 것은? [11 지방]

① 뇌졸중 환자의 손상된 신체부위의 기능회복을 위한 운동을 제공한다.
② 당뇨병환자에게 인슐린 자가투여 방법을 교육한다.
③ 산업장 근로자에게 집단검진을 실시한다.
④ 지역 주민에게 독감예방접종을 실시한다.

해설

1차 예방은 건강문제의 발생 이전에 행하는 행동으로, 건강증진과 건강보호의 영역이다. 규칙적인 운동, 스트레스 관리, 균형잡힌 식이, 보건교육, 예방접종 등이 여기에 속한다.
① 3차 예방
② 2차 예방(간호수행)
③ 2차 예방(조기발견)

단계별 간호서비스

일차 예방	• 건강문제의 발생 이전에 행하는 행동으로, 건강증진과 건강보호의 영역이다. • 최적의 건강증진을 위하여 혹은 특별한 질병을 일으키는 원인으로부터 인간을 보호하기 위해 고안된 방법이다. • 질병예방 및 건강유지·증진, 건강저해인자의 제거 및 건강증진 활동, 특수질환에 대한 예방, 지역사회간호의 영역 • 규칙적인 운동, 스트레스 관리, 균형 잡힌 식이, 보건교육, 예방접종 등
이차 예방	• 건강문제의 조기 발견과 조기 치료를 위한 영역이다. • 건강문제를 조기에 해결하여 심각한 결과를 초래하는 것을 예방한다. • 조기진단, 조기치료, 진단, 치료 및 신체손상 최소화(합병증 예방), 병원중심의 서비스 단계로 임상간호 영역 • 집단검진 및 조기 진단, 현존하는 질환의 치료
삼차 예방	• 건강문제의 재발을 예방하고 불구된 기능을 재활시켜 사회에 잘 적응할 수 있도록 하는 영역이다. • 건강이 더 악화되는 것을 방지하고 최고의 건강수준으로 회복시키는 것이다. • 기능의 회복, 장애의 최소화, 사회복귀, 재활 및 만성질환으로 인한 장애 치료 등, 재활간호 및 지역사회간호의 영역 • 사회 재적응 훈련, 자조 집단

082 흡연대상자에게 금연의지를 갖도록 동기를 유발시키고, 금연행위를 지속하도록 도와주는 지역사회간호사의 역할은? [11 지방]

① 대변자
② 의뢰자
③ 변화촉진자
④ 협력자

해설

동기부여에 조력하여 변화의 수행을 돕고, 대상자의 행동을 바람직한 방향으로 변화하도록 촉진하는 것은 변화촉진자의 역할이다.

정답 081 ④ 082 ③

083 다음의 간호행위에 적용된 이론은? [11 지방]

> 결장암 수술 후 colostomy를 한 환자에게 가정방문을 통하여 colostomy부위의 피부간호와 가스 형성 감소를 위한 식이교육을 실시하였다.

① 오렘의 자가간호결핍이론을 적용한 부분적 보상체계 수행
② 뉴만의 건강관리체계이론을 적용한 유연방어선 강화
③ 로이의 적응이론을 적용한 역할 기능의 적응
④ 펜더의 건강증진모형을 적용한 건강증진행위 수행

해설
사례에서 간호사가 방문하여 대상자의 피부 간호와 식이교육을 시행한 것은 자가간호이론에서 부분적 보상체계에 해당된다. 부분적 보상체계는 개인 자신이 일반적인 자가간호요구는 충족시킬 수 있으나 건강이탈요구를 충족시키기 위해 도움이 필요한 경우로 간호사와 대상자가 함께 건강을 위한 간호를 수행하는 경우이다.

오렘(Orem)의 간호체계

전체적 보상체계	• 개인이 자가간호활동을 거의 수행하지 못할 때 • 간호사가 전적으로 환자를 위하여 모든 것을 해주거나 활동을 도와주는 경우 • 산소공급, 영양공급, 배설, 개인위생, 신체운동 및 감각자극 등의 모든 욕구 충족을 위해 활동하거나 조력하는 경우
부분적 보상체계	• 개인 자신이 일반적인 자가간호요구는 충족시킬 수 있으나 건강이탈요구를 충족시키기 위해 도움이 필요한 경우 • 간호사와 대상자가 함께 건강을 위한 간호를 수행 • 최근 수술환자의 구강위생이나 배변, 기동 등을 돕는 경우, 결장암 수술 후 colostomy를 적용한 환자에게 가정방문을 통하여 해당 부위의 피부간호와 가스형성 감소를 위한 식이교육을 실시하는 것
교육적 보상체계	• 대상자가 자가간호요구를 충족시키는 자원을 가지고 있으나 의사결정, 행위 조절, 지식이나 기술을 획득하는데 간호사의 도움이 필요한 경우 • 대상자가 간호사의 도움을 받으면서 자가간호를 학습하고 실천하는 보상체계 • 대상자는 자가간호를 배워 다른 사람의 도움을 받지 않고 직접 자가간호를 수행할 수 있는 상황

084 1980년 「농어촌 등 보건의료를 위한 특별조치법」이 공포되면서 일차보건의료를 담당하기 위해 지역사회에 배치된 간호사는? [10 지방]

① 보건간호사
② 보건진료원
③ 노인전문간호사
④ 가정전문간호사

해설
1980년 12월에 「농어촌 등 보건의료를 위한 특별조치법」이 공포되고 1981년에 보건진료소 설치 및 보건진료원이 배치되었다.

정답 083 ① 084 ②

085 주민을 대상으로 지역사회간호를 제공하려고 할 때 고려해야 할 기본 원칙은?   [10 지방]

① 대상자의 요구에 근거한 지역사회 간호사업을 계획한다.
② 선택된 인구집단을 대상으로 국가가 정한 간호사업을 계획한다.
③ 질병치료를 주 목적으로 지역사회 간호사업을 계획한다.
④ 정부정책에 근거하여 이를 지원하기 위한 지역사회 간호사업을 계획한다.

해설
지역사회 간호는 간호대상자와 그들의 요구에 근거한 지역보건사업을 운영한다.

보건간호와 지역사회간호

구분	보건간호	지역사회간호
철학	지역사회와 인구집단의 건강관리에 중점	지역사회의 개인, 가족, 집단의 건강관리에 중점
명칭 변경	공중보건사업 → 보건간호 → 지역사회보건간호 → 지역사회간호	
사업 목적	질병예방과 건강보호	건강유지·증진, 삶의 질 제고
운영 주체	정부	정부, 지역사회주민 및 기관
재정(재원조달)	국비, 지방비(수혜자)	국비, 지방비, 지역사회기금
전달방식	하향식·수직적·수동적 전달 (정부 → 지역사회)	상향식·수평적·능동적 전달 (지역사회 → 정부 및 기관)
사업 대상	건강문제가 있는 인구집단 (선택된 집단, 고위험 집단)	건강문제가 있는 개인, 가족, 집단, 지역사회, 건강한 대상
사업운영 방법	• 정부정책 지원사업 • 지역진단에 의한 보건사업	대상과 요구에 근거한 지역보건사업
지역사회개발	격리상태	지역사회개발의 일환
간호체계	보건사업체계	건강관리사업체계(개별적 간호서비스 전달)
실무	건강수준, 의료요구 사정	포괄적, 일반적
실무적용 현장	지역사회, 기관단체, 정부기관	지역사회기관, 가정, 직장, 학교, 일부 정부기관, 일부 기관 단체

정답 085 ①

PART 02
지역사회 보건행정

핵심 키워드

보건의료서비스의 사회·경제적 특성		적정 보건의료의 요건
접근용이성	질적 적정성	지속성
효율성	국가보건의료체계의 구성요소	
보건의료자원의 개발	자원의 조직적 배치	보건의료의 제공
경제적 지원	관리	보건의료전달체계의 유형
자유방임형	사회보장형	복지지향형
사회주의형	뢰머의 분류	테리스의 분류
포괄수가제	행위별 수가제	일차보건의료
인두제	총액계약제	국민의료비
건강보험	의료급여	사회보험
공공부조	접근성, 수용가능성	건강생활지원센터
주민참여	지불부담능력	보건소
보건지소	보건진료소	지역보건법
농어촌 등 보건의료를 위한 특별조치법		보건진료전담공무원

최근 5개년 영역별 평균출제빈도 (2024~2020년)

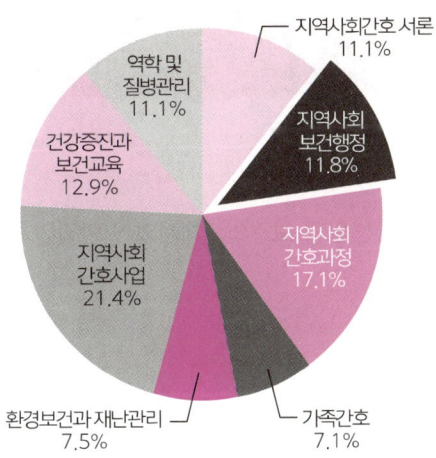

- 지역사회간호 서론 11.1%
- 지역사회 보건행정 11.8%
- 지역사회 간호과정 17.1%
- 가족간호 7.1%
- 환경보건과 재난관리 7.5%
- 지역사회 간호사업 21.4%
- 건강증진과 보건교육 12.9%
- 역학 및 질병관리 11.1%

최근 18개년 영역별 세부 출제내용 분석 (2024~2007년)

	세부내용	문항 수	출제비율
보건의료체계의 이해 (29)	보건의료서비스의 사회·경제적 특성	4	2.4%
	적정 보건의료요건(Myers)	2	1.2%
	국가보건의료체계의 구성요소	9	5.5%
	보건의료전달체계의 유형 [프라이의 기본 유형: 자유방임형 / 사회보장형 / 사회주의형] [밀턴 뢰머의 매트릭스형: 자유기업형 / 복지지향형 / 포괄적보장형 /사회주의형]	7	4.3%
	우리나라 보건의료체계	7	4.3%
보건의료의 제공(27)	보건의료자원의 개발[요양급여기관(1) / 의료기관(1) / 의료인력(2)]	4	2.4%
	자원의 조직적 배치-UN새천년개발목표 / SDGs	3	1.8%
	일차보건의료[특성(11) / 일반내용(12) / 알마아타선언(4)]	27	16.5%
경제적 지원 (26)	진료비 지불보상제도[포괄수가(7) / 인두제(3) / 행위별수가(4) / 총액계약제(1)]	21	12.8%
	국민의료비 상승과 억제	5	3.0%
보건의료정책 및 관리 (36)	보건정책과정/특성	2	1.2%
	관련 법령의 목적(보건의료기본법/지역보건법)	2	1.2%
	4대중증질환	1	0.6%
	사회보장제도 [기능(1) / 공공부조(1) / 의료보장(1) / 의료급여(7) / 사회보험 종류(1)]	12	7.3%
	국민건강보험 [건강보험(13) / 건강검진(3) / 직장가입자보험료(1) / 보험심사평가원업무(1) / 암건강검진(1)]	19	11.6%
지역보건의료 계획과 보건소(39)	지역보건의료계획	9	5.5%
	지역보건법/보건의료기본법	2	1.2%
	보건소 관련 내용 [보건소 업무(11) / 보건소 설치기준(2) / 보건지소(1) / 건강생활지원센터(2) / 보건진료원의 업무(8) / 지역보건의료사업(2)/ 건강실태조사(1)]	28	17.1%
	Total	164	100.0%

PART 02 지역사회 보건행정

탄탄 지역사회간호

회독 점검 1 2 3

001 프라이(Fry)의 분류에 따른 자유방임형 보건의료체계의 일반적인 특징은? [24]
① 국민의료비 절감에 효과적이다.
② 지역 간, 사회계층 간 보건의료 자원 배분의 형평성이 높다.
③ 국민이 의료기관과 의료인을 선택할 수 있는 재량권이 높다.
④ 예방과 치료를 포함하는 포괄적 보건의료서비스가 최대한 제공된다.

해설
①, ②, ④ 사회보장형
③ 자유방임형

프라이(J. Fry)의 보건의료전달체계 유형

유형	개념	장점	단점
자유 방임형	• 의료서비스의 제공이 민간부문에 의하여 자율적으로 이루어지는 형태로 정부의 통제나 간섭이 최소화되고, 소비자가 스스로 판단하여 의료기관을 제약없이 이용할 수 있는 체계로 '무제도의 제도'라고도 한다. • 행위별수가제 채택 / 의료의 개인 책임주의 / 전문의 진료 • 미국을 중심으로 독일, 프랑스, 한국, 일본 등이 이 유형에 속한다.	• 국민이 자유롭게 의사와 의료기관을 선택 • 공급자측의 경쟁에 따른 보건의료서비스 수준의 향상으로 의학이 발달 • 의료기관 간의 자유경쟁에 따른 효율적 운영 • 의료인의 재량권을 보장하여 의료서비스의 질 향상	• 자원 및 의료수준의 불균형적인 분포로 지역에 따른 의료이용에 차별 • 정부 간섭과 통제의 한계로 의료자원의 비효율적인 활용과 중복에 따른 자원의 낭비 • 제약 없는 의료서비스 이용으로 개인과 국가의 의료비 부담 가중
사회 보장형	• 개인의 자유는 존중하되 정부가 보건의료서비스를 기획, 총괄하여 보건의료자원의 효율적 활용을 유도하고 의료기능의 분담이 지역화되어 있는 방식으로 국민 전체에게 조세에 의한 의료서비스를 제공하므로 누구나 의료서비스를 받을 수 있다. • 국민보건서비스형 / 인두제 채택 / 예방의학 강조 • 영국, 호주, 뉴질랜드, 북유럽 국가 등이 여기에 속하며 치료보다 예방을 중시한다.	• 보건의료서비스의 혜택이 국민 전체에게 균등하게 보장되며, 공공재로서 보건의료 개념이 구현 • 자유경쟁으로 인한 자원낭비 방지와 의료이용과 의료비 통제 가능	• 의료수준의 저하 및 효율성 저하 • 행정의 경직성과 복잡성(관료주의적 병폐) • 조세를 통한 의료서비스 제공으로 국가 재정 부담 가중 • 정부 재정상태 변동에 따른 불안정
사회 주의형	• 개인의 의료서비스 이용의 선택이 제한되고, 보건의료자원의 배분, 기획을 중앙정부가 직접 관여하여 형평성을 높이는 방식 • 중국, 북한 등 공산주의 국가에서 채택하고 있다.	• 효율적인 의료자원의 할당으로 의료산업의 독점자본주의화 방지 • 보건의료서비스 이용의 차별 및 경제적 곤란성 제거 • 중앙집권화로 의료체제에 대한 관리와 통제의 용이	• 국민의 보건의료서비스 이용의 자유선택권 박탈 • 의료수준 침체 및 의료인의 사기 저하로 의료의 질 저하

정답 001 ③

002 일반정책에 비하여 보건의료정책이 갖는 특성에 대한 설명으로 가장 옳지 않은 것은?

[23 서울]

① 효율성보다는 형평성이 강조된다.
② 시장경제원리를 적용함에 있어 한계가 있다.
③ 보건정책은 경제정책에 우선한다.
④ 국민들의 소득과 교육 수준이 향상되어 보건의료서비스에 대한 욕구가 증가하였다.

해설

국가정책에서 보건정책의 우선순위는 대체로 경제력과 비례한다. 경제개발단계에서 보건정책은 우선순위가 그다지 높지 않다. 보건정책은 경제정책의 부산물 정도로 간주하는 경향이 있다. 따라서 보건정책은 경제발전 후의 과제로 미루어진다.

보건정책의 특성

(1) 시장경제원리 적용에 한계가 있다.
　　보건분야는 일반정책과 달리 시장경제의 원리가 항상 적용되는 것은 아니다. 수요와 공급의 법칙에 의해 의료인력이 과다 공급되면 전체 국민의료비가 절감되어야 하나 현실은 그렇지 못하다. 또한 보건의료인력이 과다 공급된다 하더라도 타 분야로의 전용이 불가능하여 국가적인 낭비를 초래하며 공급 부족 시에도 단기간에 인력을 공급할 수 없는 한계를 가지고 있다.

(2) 국가 경제력과 밀접한 관련성을 가지고 있다.
　　국가정책에서 보건정책의 우선순위는 대체로 경제력과 비례한다. 경제개발단계에서 보건정책은 우선순위가 그다지 높지 않다. 보건정책은 경제정책의 부산물 정도로 간주하는 경향이 있다. 따라서 보건정책은 경제발전 후의 과제로 미루어진다.

(3) 정책파급효과가 광범위하다.
　　보건의료서비스는 외부효과를 가지고 있기 때문에 보건정책은 국민 모두에게 지대한 영향을 준다. 보건정책은 효과의 범위가 광범위하고 파급효과도 장기간 지속되기 때문에 국가의 적극적인 개입과 간섭이 정당화되고 있다.

(4) 형평성을 강조한다.
　　일반정책과는 달리 보건정책은 효율성에 제한을 받는다. 즉, 보건정책은 인간생명을 다루어야 하는 위험의 절박성 때문에 효율성보다는 형평성이 강조된다. 보건정책 수립 시에는 특유의 형평성 문제로 인해 정책수단의 활용에 제한을 받는다.

(5) 보건의료서비스 욕구가 급속히 증가한다.
　　소득과 의식수준이 향상되면 보건의료서비스에 대한 국민들의 요구는 급속히 증가한다. 또한 이러한 증가에 발맞추어 서비스 수준에 대한 요구도 급속히 변화한다. 국민들의 다양한 의료요구에 대한 정책 대처 능력이 절실히 필요하다.

(6) 구조적 다양성을 가진다.
　　보건의료부문은 구조적 연결고리가 다양하다. 보건의료부문은 학교교육, 건강보험, 참여 주체의 다양성이나 정책, 재원 관계 등을 총체적으로 고려해보면 우리나라의 정책 또는 사회·경제부문에서 구조적으로 가장 복잡하고 해결하기 힘들게 서로 얽혀 있다.

정답　002 ③

003 「농어촌 등 보건의료를 위한 특별조치법 시행령」상 보건진료전담공무원이 근무지역에서 할 수 있는 의료행위만을 모두 고르면? [23 지방]

> ㄱ. 만성병 환자의 요양지도 및 관리
> ㄴ. 질병・부상의 악화 방지를 위한 처치
> ㄷ. 질병・부상상태를 판별하기 위한 진찰・검사
> ㄹ. 환자의 이송

① ㄱ, ㄷ
② ㄴ, ㄹ
③ ㄱ, ㄴ, ㄷ
④ ㄱ, ㄴ, ㄷ, ㄹ

해설

「농어촌 등 보건의료를 위한 특별조치법 시행령」

제14조(보건진료 전담공무원의 업무)
① 법 제19조에 따른 보건진료 전담공무원의 의료행위의 범위는 다음 각 호와 같다.
  1. 질병・부상상태를 판별하기 위한 진찰・검사
  2. 환자의 이송
  3. 외상 등 흔히 볼 수 있는 환자의 치료 및 응급 조치가 필요한 환자에 대한 응급처치
  4. 질병・부상의 악화 방지를 위한 처치
  5. 만성병 환자의 요양지도 및 관리
  6. 정상분만 시의 분만 도움
  7. 예방접종
  8. 제1호부터 제7호까지의 의료행위에 따르는 의약품의 투여
② 보건진료 전담공무원은 제1항 각 호의 의료행위 외에 다음 각 호의 업무를 수행한다.
  1. 환경위생 및 영양개선에 관한 업무
  2. 질병예방에 관한 업무
  3. 모자보건에 관한 업무
  4. 주민의 건강에 관한 업무를 담당하는 사람에 대한 교육 및 지도에 관한 업무
  5. 그 밖에 주민의 건강증진에 관한 업무

004 의료급여에 대한 설명으로 옳지 않은 것은? [23 지방]

① 1종 수급권자와 2종 수급권자의 본인부담금은 차등 적용된다.
② 「국민기초생활 보장법」상 수급자가 아니면 의료급여 수급자가 될 수 없다.
③ 의료급여는 사회보장체계 중 공공부조에 해당된다.
④ 의료급여 관리사는 의료기관에서 2년 이상 근무한 경력을 가진 의료인이어야 한다.

해설

「국민기초생활 보장법」상 수급자가 아니어도 법령상 다양한 법령을 통해 수급권자가 될 수 있다.

정답 003 ④

의료급여

(1) **개념**: 의료비 부담 능력이 없는 생활 무능력자 및 일정수준 이하의 저소득층을 대상으로 의료서비스가 필요한 경우 국가 재정으로 의료서비스를 제공하는 공공부조 제도이다.
(2) **의료급여의 수급권자**: 1종과 2종으로 구분한다.

「의료급여법」
제3조(수급권자)
① 이 법에 따른 수급권자는 다음 각 호와 같다.
  1. 「국민기초생활 보장법」에 따른 의료급여 수급자
  2. 「재해구호법」에 따른 이재민으로서 보건복지부장관이 의료급여가 필요하다고 인정한 사람
  3. 「의사상자 등 예우 및 지원에 관한 법률」에 따라 의료급여를 받는 사람
  4. 「입양특례법」에 따라 국내에 입양된 18세 미만의 아동
  5. 「독립유공자예우에 관한 법률」, 「국가유공자 등 예우 및 지원에 관한 법률」 및 「보훈보상대상자 지원에 관한 법률」의 적용을 받고 있는 사람과 그 가족으로서 국가보훈부장관이 의료급여가 필요하다고 추천한 사람 중에서 보건복지부장관이 의료급여가 필요하다고 인정한 사람
  6. 「무형유산의 보전 및 진흥에 관한 법률」에 따라 지정된 국가무형유산의 보유자(명예보유자를 포함한다)와 그 가족으로서 국가유산청장이 의료급여가 필요하다고 추천한 사람 중에서 보건복지부장관이 의료급여가 필요하다고 인정한 사람
  7. 「북한이탈주민의 보호 및 정착지원에 관한 법률」의 적용을 받고 있는 사람과 그 가족으로서 보건복지부장관이 의료급여가 필요하다고 인정한 사람
  8. 「5·18민주화운동 관련자 보상 등에 관한 법률」 제8조에 따라 보상금등을 받은 사람과 그 가족으로서 보건복지부장관이 의료급여가 필요하다고 인정한 사람
  9. 「노숙인 등의 복지 및 자립지원에 관한 법률」에 따른 노숙인 등으로서 보건복지부장관이 의료급여가 필요하다고 인정한 사람
  10. 그 밖에 생활유지 능력이 없거나 생활이 어려운 사람으로서 대통령령으로 정하는 사람

> 1. 일정한 거소가 없는 사람으로서 경찰관서에서 무연고자로 확인된 사람
> 2. 그 밖에 보건복지부령으로 정하는 사람

(3) **의료급여 관리사**

「의료급여법 시행규칙」
제2조의3(의료급여 관리사의 자격 등)
① 법 제5조의2제2항에 따른 의료급여 관리사(이하 "의료급여 관리사"라 한다)는 「의료법」 제2조에 따른 의료인으로서 같은 법 제3조에 따른 의료기관에서 2년 이상 근무한 경력을 가진 사람으로 한다.
② 의료급여 관리사는 다음 각 호의 구분에 따라 해당 인원을 배치하되, 보장기관의 수급권자 수, 수급권자의 질환 정도 등을 고려하여 보건복지부장관이 정한 기준에 따라 더 배치할 수 있다.
  1. 특별시·광역시·특별자치시·도·특별자치도(이하 "시·도"라 한다): 1명, 다만, 관할 시·군·구의 수가 15개를 초과하는 경우 1명을 더 배치할 수 있다.
  2. 시(특별자치도의 행정시를 제외한다. 이하 같다)·군·구(자치구를 말한다. 이하 같다): 1명
③ 의료급여 관리사의 업무는 다음 각 호와 같다.
  1. 수급권자의 건강관리 능력 향상을 위한 교육 및 상담
  2. 의료급여제도 안내 및 의료기관 이용 상담
  3. 의사의 의료와 보건지도 및 약사의 복약지도에 대한 수급권자의 이행여부 모니터링 등 요양방법의 지도
  4. 수급권자와 보장시설 등 보건복지자원과의 연계
  5. 그 밖의 의료급여 관리에 필요한 사항으로서 보건복지부장관이 정하는 사항
④ 보건복지부장관 또는 특별시장·특별자치시장·광역시장·도지사·특별자치도지사(이하 "시·도지사"라 한다)는 의료급여 관리사에 대하여 교육훈련을 실시하여야 한다. 이 경우 교육훈련 시간은 연간 12시간 이상으로 한다.
⑤ 제4항에 따라 교육훈련을 실시하는 기관, 교육기간, 교육방법 및 내용 등에 관하여 필요한 사항은 보건복지부장관이 정한다.

005 보건의료체계 하부구조의 구성요소에서 보건의료자원 개발에 해당하는 것은?

[23 지방]

① 외국 원조
② 공공재원
③ 국가보건당국
④ 보건의료지식

해설
①, ② 경제적(재정) 지원
③ 자원의 조직적 배치
④ 보건의료자원의 개발

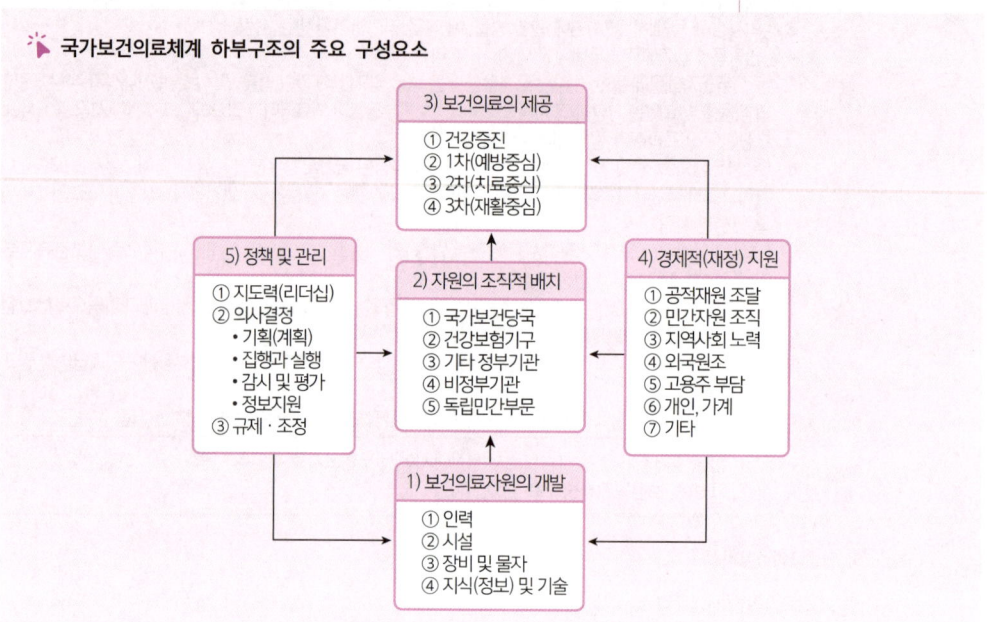

국가보건의료체계 하부구조의 주요 구성요소

정답 005 ④

006 ★★★

「지역보건법 시행령」상 지방자치단체장이 매년 보건소를 통하여 지역 주민을 대상으로 실시한 지역사회 건강실태조사 결과를 통보해야 하는 대상은?

[23 지방]

① 행정안전부장관
② 한국건강증진개발원장
③ 질병관리청장
④ 보건복지부장관

해설

「지역보건법」

제4조(지역사회 건강실태조사)
① 질병관리청장과 특별자치시장·특별자치도지사·시장·군수·구청장(구청장은 자치구의 구청장을 말하며, 이하 "시장·군수·구청장"이라 한다)은 지역주민의 건강 상태 및 건강 문제의 원인 등을 파악하기 위하여 매년 지역사회 건강실태조사를 실시하여야 한다.
② 질병관리청장은 제1항에 따라 지역사회 건강실태조사를 실시할 때에는 미리 보건복지부장관과 협의하여야 한다.
③ 제1항에 따른 지역사회 건강실태조사의 방법, 내용 등에 필요한 사항은 대통령령으로 정한다.

「지역보건법 시행령」

제2조(지역사회 건강실태조사의 방법 및 내용)
① 질병관리청장은 보건복지부장관과 협의하여 「지역보건법」(이하 "법"이라 한다) 제4조제1항에 따른 지역사회 건강실태조사(이하 "지역사회 건강실태조사"라 한다)를 매년 지방자치단체의 장에게 협조를 요청하여 실시한다.
② 제1항에 따라 협조 요청을 받은 지방자치단체의 장은 매년 보건소(보건의료원을 포함한다. 이하 같다)를 통하여 지역 주민을 대상으로 지역사회 건강실태조사를 실시하여야 한다. 이 경우 지방자치단체의 장은 지역사회 건강실태조사의 결과를 질병관리청장에게 통보하여야 한다.
③ 지역사회 건강실태조사는 표본조사를 원칙으로 하되, 필요한 경우에는 전수조사를 할 수 있다.
④ 지역사회 건강실태조사의 내용에는 다음 각 호의 사항이 포함되어야 한다.
  1. 흡연, 음주 등 건강 관련 생활습관에 관한 사항
  2. 건강검진 및 예방접종 등 질병 예방에 관한 사항
  3. 질병 및 보건의료서비스 이용 실태에 관한 사항
  4. 사고 및 중독에 관한 사항
  5. 활동의 제한 및 삶의 질에 관한 사항
  6. 그 밖에 지역사회 건강실태조사에 포함되어야 한다고 질병관리청장이 정하는 사항

정답 006 ③

007 ★★★ 「지역보건법」상 보건소의 기능 및 업무에 해당하는 것만을 모두 고르면?

[22 지방(6월)]

> ㄱ. 정신건강증진 및 생명존중에 관한 사항
> ㄴ. 감염병의 예방 및 관리
> ㄷ. 모성과 영유아의 건강 유지·증진
> ㄹ. 난임의 예방 및 관리

① ㄱ
② ㄴ, ㄷ
③ ㄱ, ㄴ, ㄷ
④ ㄱ, ㄴ, ㄷ, ㄹ

해설

보건소의 기능 및 업무(「지역보건법」 제11조)
1. 건강 친화적인 지역사회 여건의 조성
2. 지역보건의료정책의 기획, 조사·연구 및 평가
   - 지역보건의료계획 등 보건의료 및 건강증진에 관한 중장기 계획 및 실행계획의 수립·시행 및 평가에 관한 사항
   - 지역사회 건강실태조사 등 보건의료 및 건강증진에 관한 조사·연구에 관한 사항
   - 보건에 관한 실험 또는 검사에 관한 사항
3. 보건의료인 및 보건의료기관 등에 대한 지도·관리·육성과 국민보건 향상을 위한 지도·관리 향상을 위한 지도·관리
   - 의료인 및 의료기관에 대한 지도 등에 관한 사항
   - 의료기사·보건의료정보관리사 및 안경사에 대한 지도 등에 관한 사항
   - 응급의료에 관한 사항
   - 「농어촌 등 보건의료를 위한 특별조치법」에 따른 공중보건의사, 보건진료 전담공무원 및 보건진료소에 대한 지도 등에 관한 사항
   - 약사에 관한 사항과 마약·향정신성의약품의 관리에 관한 사항
   - 공중위생 및 식품위생에 관한 사항
4. 보건의료 관련 기관·단체, 학교, 직장 등과의 협력체계 구축
5. 지역주민의 건강증진 및 질병예방·관리를 위한 다음 각 목의 지역보건의료서비스의 제공
   - 국민건강증진·구강건강·영양관리사업 및 보건교육
   - 감염병의 예방 및 관리
   - 모성과 영유아의 건강유지·증진
   - 여성·노인·장애인 등 보건의료 취약계층의 건강유지·증진
   - 정신건강증진 및 생명존중에 관한 사항
   - 지역주민에 대한 진료, 건강검진 및 만성질환 등의 질병관리에 관한 사항
   - 가정 및 사회복지시설 등을 방문하여 행하는 보건의료 및 건강관리사업
   - 난임의 예방 및 관리

정답 007 ④

008 건강생활지원센터에 대한 설명으로 옳지 않은 것은? [22 지방(6월)]

① 「보건의료기본법」에 근거하여 설치한다.
② 읍·면·동(보건소가 설치된 읍·면·동은 제외)마다 1개씩 설치할 수 있다.
③ 센터장은 보건소장의 지휘·감독을 받아 건강생활지원센터의 업무를 관장한다.
④ 지역주민의 만성질환 예방 및 건강한 생활습관 형성을 지원한다.

해설

건강생활지원센터의 설치 근거는 "지역보건법"이다.

「지역보건법」 제14조(건강생활지원센터의 설치)
지방자치단체는 보건소의 업무 중에서 특별히 지역주민의 만성질환 예방 및 건강한 생활습관 형성을 지원하는 건강생활지원센터를 대통령령으로 정하는 기준에 따라 해당 지방자치단체의 조례로 설치할 수 있다.

「지역보건법 시행령」 제11조(건강생활지원센터의 설치)
법 제14조에 따른 건강생활지원센터는 읍·면·동(보건소가 설치된 읍·면·동은 제외한다)마다 1개씩 설치할 수 있다.

「지역보건법 시행령」 제15조(건강생활지원센터장)
① 건강생활지원센터에 건강생활지원센터장 1명을 두되, 보건등 직렬의 공무원 또는 「보건의료기본법」 제3조제3호에 따른 보건의료인을 건강생활지원센터장으로 임용한다.
② 건강생활지원센터장은 보건소장의 지휘·감독을 받아 건강생활지원센터의 업무를 관장하고 소속 직원을 지휘·감독한다.

정답 008 ①

009 ★★★ 진료비 지불제도의 장·단점에 대한 설명으로 옳은 것은? [22 지방(6월)]

① 총액계약제는 보험자와 의사단체 간의 계약 체결이 용이하나 과소진료의 가능성이 있다.
② 포괄수가제는 양질의 의료서비스가 제공되나 진료비 청구 방법이 복잡하다.
③ 인두제는 예방보다 치료중심의 의료서비스가 제공되나 의사가 중증질병 환자의 등록을 기피하는 경향이 높다.
④ 행위별수가제는 양질의 의료서비스가 제공되나 과잉진료로 의료비 증가가 우려된다.

해설
① 총액계약제는 보험자와 의사단체 간의 계약 체결이 어렵고, 과소진료의 가능성이 있다.
② 행위별수가제는 양질의 의료서비스가 제공되나 진료비 청구 방법이 복잡하다.
③ 인두제는 치료보다 예방 중심의 의료서비스가 제공되나 의사가 중증질병환자의 등록을 기피하는 경향이 높다.

진료비 지불제도

지불방식	개념	장점	단점
행위별 수가제 (fee-for-service)	제공된 진료내용과 진료의 양에 따라 진료보수가 결정되는 방식	• 의사의 생산성 ↑ • 환자에게 충분한 양질의 의료서비스 제공 가능 • 신의료기술 및 신약개발 등에 기여 • 의료의 다양성이 반영될 수 있어 의사·의료기관의 제도 수용성이 높음 • 의료인의 자율성 보장	• 환자에게 많은 진료를 제공하면 할수록 의사 또는 의료기관의 수입이 늘어나게 되어 과잉진료, 과잉검사 등을 초래할 우려가 있음. • 과잉진료 및 지나친 신의료기술 등의 적용으로 국민의료비 증가 우려 • 수가 구조의 복잡성으로 청구오류, 허위·부당청구 우려
포괄 수가제 (Bundled-payment)	환자 1인당 또는 질병별, 요양일수별로 보수단가를 설정하여 미리 정해진 진료비를 의료기관에 보상하는 제도	• 경영과 진료의 효율화 • 과잉진료, 의료서비스 오남용 억제 • 의료인과 심사기구·보험자 간의 마찰 감소 • 진료비 청구방법의 간소화 • 진료비 계산의 투명성 제고 • 의료기관의 생산성 ↑	• 비용을 줄이기 위하여 서비스 제공을 최소화하여 의료의 질적 수준 저하와 환자와의 마찰 우려·조기 퇴원 • DRG코드조작으로 의료기관의 허위·부당청구 우려 • 의료의 다양성이 반영되지 않으므로 의료기관의 불만이 크고 제도 수용성이 낮음
봉급제 (salary)	일정 기간에 따라 보상 받는 방식	의료서비스 제공을 위한 직접비용이 독립계약하에서 보다 상대적으로 적음	• 개인적·경제적 동기가 적어 진료의 질을 높인다거나 효율성 제고 등의 열의가 낮음 • 관료화, 형식주의화, 경직화 등 우려 • 진료의 질적수준 저하
인두제 (capitation)	등록환자수 또는 실이용자수를 기준으로 일정액을 보상받는 방식	• 진료비 지불의 관리 운영이 편리 • 지출 비용의 사전 예측 가능 • 자기가 맡은 주민에 대한 예방의료, 공중보건, 개인위생 등에 노력 • 국민의료비 억제 가능	• 의사들의 과소 진료 우려 • 고급의료, 최첨단 진료에 대한 경제적 유인책이 없어 신의료기술의 적용 지연 • 중증 질병환자의 등록기피 발생 우려
총액계약제 (global-budget)	지불자 측(보험자)과 진료자 측이 사전에 일정 기간 동안의 진료보수 총액에 대한 계약을 체결하고, 계약된 총액범위 내에서 의료서비스를 이용하는 제도	• 과잉 진료·청구의 시비가 줄어들게 됨 • 진료비 심사·조정과 관련된 공급자 불만이 감소됨 • 의료비 지출의 사전 예측이 가능하여 보험 재정의 안정적 운영 가능 • 의료 공급자의 자율적 규제 가능	• 보험자 및 의사 단체 간 계약 체결의 어려움 상존 • 전문과목별, 요양기관별로 진료비를 많이 배분받기 위한 갈등 유발 소지 • 신기술 개발 및 도입, 의료의 질 향상 동기가 저하되며, 의료의 질 관리가 어려움(과소 진료의 가능성)

정답 009 ④

010 우리나라 국민건강보험제도에 대한 설명으로 가장 옳은 것은?

[22 서울(6월)]

① 국내에 거주하는 모든 국민이 적용대상이다.
② 모든 가입자의 균등한 부담으로 재원을 조성한다.
③ 모든 가입자에게 보험료 부담 수준과 관계없이 균등한 급여를 제공한다.
④ 모든 직장가입자는 가입자와 사용자가 각각 보험금의 100분의 50씩 부담한다.

해설

① 의료보호 대상자를 제외한 국내에 거주하는 모든 국민이 적용 대상이다.
② 모든 가입자의 소득수준에 의한 차등 부담으로 재원을 조성한다.
④ 직장가입자는 가입자와 사용자가 각각 보험금의 100분의 50씩 부담한다. 그러나 사립학교 교원의 경우 가입자 50%, 사용자 30%, 국가 20%씩 부담한다.

건강보험의 주요 용어

(1) 피보험자
　① 피보험자는 의료급여수급권자, 유공자 등 의료보호 대상자를 제외한 국내에 거주하는 모든 국민은 적용 대상자가 된다.
　② 직장가입자와 피부양자, 지역가입자가 적용 대상자이다.
　③ 피부양자는 다음 각 호의 어느 하나에 해당하는 사람 중 직장가입자에게 주로 생계를 의존하는 사람으로서 소득 및 재산이 보건복지부령으로 정하는 기준 이하에 해당하는 사람을 말한다.
　　㉠ 직장가입자의 배우자
　　㉡ 직장가입자의 직계존속(배우자의 직계존속을 포함한다)
　　㉢ 직장가입자의 직계비속(배우자의 직계비속을 포함한다)과 그 배우자
　　㉣ 직장가입자의 형제·자매(30세미만, 65세이상, 장애인, 국가유공자, 보훈대상자)

(2) 보험료
　① 산정기준

직장가입자	직장가입자의 소득 능력에 따라 보험료를 부과하며 전년도 신고한 보수월액으로 보험료를 부과한 후 당해연도 보수총액을 신고받아 정산하는 방식을 채택(보수월액, 소득월액)
지역가입자	가입자의 소득, 재산을 참작하여 정한 부과요소별 점수를 합산한 보험료 부과점수에 점수당 금액을 곱하여 보험료 산정 후 경감율 등을 적용하여 세대단위로 부과

　② 보험료의 분담(「국민건강보험법」 제76조)
　　㉠ 직장가입자의 보수월액보험료: 직장가입자 50%, 사용자 50% 부담
　　㉡ 직장가입자의 소득월액보험료: 직장가입자 100% 부담
　　㉢ 사립학교 교원: 직장가입자 50%, 사용자 30%, 국가 20% 부담
　　㉣ 사립학교 교직원: 직장가입자 50%, 사용자 50% 부담
　　㉤ 공무원(공무원인 교직원 포함): 가입자 50%, 국가 50% 부담
　　㉥ 지역가입자: 가입자가 속한 세대의 지역가입자 전원이 연대하여 부담

정답　010 ③

011 ★★★ 프라이(Fry)의 보건의료체계 분류방식 중 〈보기〉에서 제시한 유형의 특징으로 가장 옳은 것은?

[22 서울(6월)]

〈보기〉
- 국민보건 서비스형, 무료 의료서비스, 예방의학 강조
- 정치적으로는 자유민주주의를 채택하고 사회적으로는 사회보장을 중요시하는 국가에서 채택한다. 이 제도의 특징은 주로 정부에 의해 의료서비스가 포괄적으로 제공되고, 보건기획 및 보건의료자원의 효율적인 활용을 통해 의료서비스가 공평하게 무상으로 제공된다.

① 의료서비스의 균등성과 포괄성이 보장된다.
② 의료의 형평성과 효율성이 낮다.
③ 의료서비스의 질적 수준이 가장 높다.
④ 의료인에게 의료의 내용과 범위에 대한 재량권이 많다.

해설
〈보기〉에 제시된 내용의 초점은 "국민보건서비스, 예방의학 강조, 의료서비스의 포괄적 제공"이다. 이는 프라이(Fry)의 보건의료체계 분류(자유방임형, 사회보장형, 사회주의형)에서 사회보장형에 속한다.
① 사회보장형
②, ③, ④ 자유방임형

프라이(J. Fry)의 보건의료전달체계 유형

유형	개념	장점	단점
자유 방임형	• 의료서비스의 제공이 민간부문에 의하여 자율적으로 이루어지는 형태로 정부의 통제나 간섭이 최소화되고, 소비자가 스스로 판단하여 의료기관을 제약없이 이용할 수 있는 체계로 '무제도의 제도'라고도 한다. • 행위별수가제 채택 / 의료의 개인 책임주의 / 전문의 진료 • 미국을 중심으로 독일, 프랑스, 한국, 일본 등이 이 유형에 속한다.	• 국민이 자유롭게 의사와 의료기관을 선택 • 공급자측의 경쟁에 따른 보건의료서비스 수준의 향상으로 의학이 발달 • 의료기관 간의 자유경쟁에 따른 효율적 운영 • 의료인의 재량권을 보장하여 의료서비스의 질 향상	• 자원 및 의료수준의 불균형적인 분포로 지역에 따른 의료이용에 차별 • 정부 간섭과 통제의 한계로 의료자원의 비효율적인 활용과 중복에 따른 자원의 낭비 • 제약 없는 의료서비스 이용으로 개인과 국가의 의료비 부담 가중
사회 보장형	• 개인의 자유는 존중하되 정부가 보건의료서비스를 기획, 총괄하여 보건의료자원의 효율적 활용을 유도하고 의료기능의 분담이 지역화되어 있는 방식으로 국민 전체에게 조세에 의한 의료서비스를 제공하므로 누구나 의료서비스를 받을 수 있다. • 국민보건서비스형 / 인두제 채택 / 예방의학 강조 • 영국, 호주, 뉴질랜드, 북유럽 국가 등이 여기에 속하며 치료보다 예방을 중시한다.	• 보건의료서비스의 혜택이 국민 전체에게 균등하게 보장되며, 공공재로서 보건의료 개념이 구현 • 자유경쟁으로 인한 자원낭비 방지와 의료이용과 의료비 통제 가능	• 의료수준의 저하 및 효율성 저하 • 행정의 경직성과 복잡성(관료주의적 병폐) • 조세를 통한 의료서비스 제공으로 국가 재정 부담 가중 • 정부 재정상태 변동에 따른 불안정
사회 주의형	• 개인의 의료서비스 이용의 선택이 제한되고, 보건의료자원의 배분, 기획을 중앙정부가 직접 관여하여 형평성을 높이는 방식 • 중국, 북한 등 공산주의 국가에서 채택하고 있다.	• 효율적인 의료자원의 할당으로 의료산업의 독점자본주의화 방지 • 보건의료서비스 이용의 차별 및 경제적 곤란성 제거 • 중앙집권화로 의료체제에 대한 관리와 통제의 용이	• 국민의 보건의료서비스 이용의 자유선택권 박탈 • 의료수준 침체 및 의료인의 사기 저하로 의료의 질 저하

정답 011 ①

012 지역보건법령상 지역보건의료계획에 대한 설명으로 옳은 것은?

[22 지방(4월)]

① 시·도와 시·군·구에서 5년마다 계획을 수립한다.
② 보건복지부장관은 계획 시행에 필요한 경우에 보건의료 관련기관에 인력·기술 및 재정을 지원한다.
③ 보건복지부에서 심의를 받은 뒤 지방자치단체 의회에 보고하고 재심의를 받는다.
④ 시·도지사가 수립하는 계획은 의료기관 병상의 수요·공급에 관한 사항을 포함하여야 한다.

해설

① 시·도와 시·군·구에서 4년마다 계획을 수립한다.
② 행정안전부장관은 계획 시행에 필요한 경우에 보건의료 관련기관에 인력·기술 및 재정을 지원한다.
③ 특별자치시장·특별자치도지사 및 시·군·구의 지역보건의료계획을 받은 시·도지사는 해당 위원회의 심의를 거쳐 시·도(특별자치시·특별자치도를 포함한다.)의 지역보건의료계획을 수립한 후 해당 시·도의회에 보고하고 보건복지부장관에게 제출하여야 한다.

지역보건의료계획

(1) 한정된 보건자원을 합리적으로 활용하기 위한 방안을 모색하는 종합적이며 체계적인 계획
(2) 하의상달(bottom-up) 방식을 채택 → 기초자치단체 주민의 요구에 근거한 질병 예방과 치료에서 더 나아가 건강증진과 복지와의 통합이 목표
(3) 특별시장·광역시장·도지사 또는 특별자치시장·특별자치도지사·시장·군수·구청장은 지역주민의 건강 증진을 위하여 4년마다 수립
(4) 시·군·구의 홈페이지 등에 2주 이상 공고하여 지역주민의 의견을 수렴

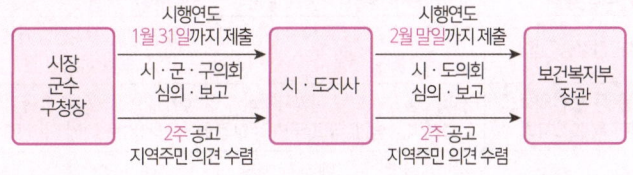

정답 012 ④

013 다음 제정 목적을 갖는 법률은?

[22 지방(4월)]

> 보건의료에 관한 국민의 권리·의무와 국가 및 지방자치단체의 책임을 정하고 보건의료의 수요와 공급에 관한 기본적인 사항을 규정함으로써 보건의료의 발전과 국민의 보건 및 복지의 증진에 이바지함

① 「보건의료기본법」
② 「지역보건법」
③ 「공공보건의료에 관한 법률」
④ 「농어촌 등 보건의료를 위한 특별조치법」

해설

문제에서 제시한 법률 목적의 초점은 "보건의료의 수요와 공급에 관한 기본적인 사항을 규정"하는 것이다. 이는 「보건의료기본법」의 목적이다.

보건의료 관련 주요 법령과 목적

법령	목적
보건의료기본법	보건의료에 관한 국민의 권리·의무와 국가 및 지방자치단체의 책임을 정하고 보건의료의 수요와 공급에 관한 기본적인 사항을 규정함으로써 보건의료의 발전과 국민의 보건 및 복지의 증진에 이바지함
의료법	모든 국민이 수준 높은 의료 혜택을 받을 수 있도록 국민의료에 필요한 사항을 규정함으로써 국민의 건강을 보호하고 증진하는 데에 목적이 있음
지역보건법	보건소 등 지역보건의료기관의 설치·운영에 관한 사항과 보건의료 관련기관·단체와의 연계·협력을 통하여 지역보건의료기관의 기능을 효과적으로 수행하는 데 필요한 사항을 규정함으로써 지역보건의료정책을 효율적으로 추진하여 지역주민의 건강 증진에 이바지함
공공보건의료에 관한 법률	공공보건의료의 기본적인 사항을 정하여 국민에게 양질의 공공보건의료를 효과적으로 제공함으로써 국민보건의 향상에 이바지함
국민건강증진법	국민에게 건강에 대한 가치와 책임의식을 함양하도록 건강에 관한 바른 지식을 보급하고 스스로 건강생활을 실천할 수 있는 여건을 조성함으로써 국민의 건강을 증진함
농어촌 등 보건의료를 위한 특별조치법	농어촌 등 보건의료 취약지역의 주민 등에게 보건의료를 효율적으로 제공함으로써 국민이 고르게 의료혜택을 받게 하고 국민의 보건을 향상시키는 데에 이바지함
국민건강보험법	국민의 질병·부상에 대한 예방·진단·치료·재활과 출산·사망 및 건강증진에 대하여 보험급여를 실시함으로써 국민보건 향상과 사회보장 증진에 이바지함
건강검진기본법	국가건강검진에 관한 국민의 권리·의무와 국가 및 지방자치단체의 책임을 정하고 국가건강검진의 계획과 시행에 관한 기본적인 사항을 규정함으로써 국민의 보건 및 복지의 증진에 이바지함
의료급여법	생활이 어려운 사람에게 의료급여를 함으로써 국민보건의 향상과 사회복지의 증진에 이바지함

정답 013 ①

014 앤더슨(Anderson)이 제시하는 보건정책과정 중 정책 당국이 심각성을 인정하여 해결해야 하는 정책문제를 선정하는 단계에 해당하는 것은?

[22 서울(2월)]

① 정책의제 형성
② 정책결정
③ 정책집행
④ 정책평가

해설

앤더슨(Anderson)의 보건정책과정

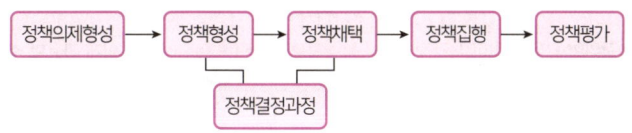

정책의제형성과정	정책당국이 일정한 문제에 대한 심각성을 인식하여 그것이 당국의 관심대상으로 부각되어 정책문제로 선정되는 단계이다.
정책결정과정	채택된 정책의제를 해결하기 위한 정책의 작성이나 정책 수립에 대한 합법성을 부여하는 단계이다.
정책집행과정	작성이나 수립된 정책을 정책집행기관이 실행에 옮기는 단계이다.
정책평가과정	정책에 대한 평가를 담당하는 정부기관 및 개인 또는 집단이 정책이 효과적이었는지 판단하고 이에 대한 시정조치를 취해 가는 과정이다.

정답 014 ①

015 ★★★ 일차보건의료의 접근에 대하여 세계보건기구(WHO)가 제시한 필수요소 (4A)로 가장 옳지 않은 것은? [22 서울(2월)]

① 수용가능한 방법
② 최상의 의료서비스 제도
③ 지역주민의 참여
④ 쉽게 이용할 수 있는 높은 접근성

해설
세계보건기구(WHO)가 제시한 일차보건의료의 필수요소 4A는 접근성(Accessible), 수용가능성(Acceptable), 주민참여(Available), 지불부담능력(Affordable)이다.

일차보건의료의 핵심적 특성(WHO)

(1) 접근성(accessible): 지역적·지리적·경제적·사회적으로 지역주민이 이용하는 데 차별이 있어서는 안 되며 개인이나 가족 단위의 모든 주민이 시간적으로나 장소적으로 보건 의료서비스를 쉽게 이용할 수 있어야 한다.
(2) 수용가능성(acceptable): 주민이 수용할 수 있는 건강문제 해결을 위한 접근으로 지역사회가 쉽게 받아들일 수 있는 방법으로 사업을 제공하여야 한다.
(3) 주민참여(available): 일차보건의료는 지역사회개발정책의 일환으로, 이를 위해서는 지역 내의 보건의료 발전을 위한 지역주민의 참여가 무엇보다도 중요하다.
(4) 지불부담능력(affordable): 보건의료사업은 국가나 지역사회가 재정적으로 부담할 수 있는 방법으로 지역사회의 지불 능력에 맞는 보건의료수가로 제공되어야 한다.
(5) 포괄성(comprehensiveness): 모든 사람에게 필요한 기본적인 건강관리서비스를 제공해야 한다는 것이다.
(6) 유용성: 일차보건의료 서비스는 지역주민들에게 필요하고 유용한 서비스이어야 한다.
(7) 지속성(continuity): 필요한 보건의료서비스를 지속적으로 제공하여 기본적인 건강상태를 유지할 수 있게 해야 한다.
(8) 상호협조성(coordination): 일차보건의료 관련 부서가 서로 협조하여 의뢰체계를 구축하여야 한다.
(9) 균등성(equality): 누구나 필요로 할 때면 어떤 여건에서든 필요한 만큼의 서비스를 똑같이 받을 수 있어야 한다.

정답 015 ②

016 예방접종을 통해 집단의 면역수준이 높아져 주변 사람들이 감염병에 걸릴 가능성이 감소하는 현상을 설명하는 보건의료서비스의 사회경제적 특성으로 가장 옳은 것은?
[21 서울]

① 외부효과
② 의사유인 수요
③ 수요와 치료의 확실성
④ 노동집약적 대인서비스

해설

외부효과란 각 개인의 자의적 행동이 타인에게 파급되는 좋은 혹은 나쁜 효과로서의 결과를 말한다. 적절한 보건의료서비스를 통하여 건강을 보호하면 질병의 파급을 줄이게 되며, 그 혜택은 당사자뿐만 아니라 그 가족 혹은 사회 전체로 파급되는데, 이를 보건의료의 외부효과(확산효과, 이웃효과)라 한다.

> **보건의료서비스의 사회·경제적 특성**
>
> (1) **소비자의 무지**: 보건의료서비스를 구매하는 소비자는 보건의료에 대한 지식이 부족하여 서비스를 제공하는 공급자에게 의존할 수밖에 없음
> (2) **수요의 불확실성·불규칙성**: 건강보험을 통해 미래의 불확실한 큰 손실을 현재의 확실한 작은 손실(보험료)로 대처하여 질병 발생의 예측 불가능성에 대비
> (3) **공급의 법적 독점 및 비탄력성(경쟁제한)**: 보건의료서비스는 다른 재화와 달리 국가 면허를 부여받은 일정한 사람들에 의해서만 공급되어 생산부문의 독점이 형성
> (4) **외부효과(external effect)**: 보건의료서비스는 외부효과가 있어 서비스를 받은 사람은 물론 서비스를 받지 않은 사람들에게도 긍정적인 효과를 미침 → 예방접종
> (5) **우량재(merit goods, 가치재)**: 보건의료서비스는 주택이나 교육과 같이 소득수준과 상관없이 모든 사람들이 필요로 하는 재화
> (6) **생활필수품으로서의 보건의료**
> (7) **비영리성**
> (8) **치료 및 산출의 불확실성**
> (9) **수요와 공급의 시간적 불일치**
> (10) **공공재(public goods)적 성격**: 보건의료서비스는 경찰, 소방, 국방, 공원, 도로 등과 같은 공공재처럼 엄격한 의미에서 소비가 비경쟁적으로 모든 소비자에게 골고루 편익이 돌아가야 하는 재화나 서비스임

정답 016 ①

017 ★★★

UN의 지속가능개발목표(SDGs; Sustainable Development Goals)에 대한 설명으로 가장 옳은 것은? [21 서울]

① 2000년 유엔 새천년 정상회의에서 제시된 목표이다.
② 제시된 의제(agenda)는 개도국에만 해당되어 보편성이 부족하다.
③ 경제·사회 문제에 국한되어 환경이나 사회 발전에 대한 변혁성이 부족하다.
④ 정부와 시민사회, 민간기업 등 모든 이해관계자들이 참여하는 파트너십을 강조한다.

해설

2001년 발표된 새천년개발목표(MDGs; Millennium Development Goals)가 2001~2015년까지 추진되었고, 이후 2016~2030년간 추진될 목표를 2015년 9월 25일 뉴욕 유엔개발정상회의에서 최종 승인한 것이 '지속가능발전목표(SDGs; Sustainable Development Goals)'이다.
① 2015년 유엔 개발정상회의에서 제시된 목표이다.
② 제시된 의제(agenda)는 개발도상국과 선진국 공통의 문제로 보편성을 확보하였다.
③ 경제·사회·환경을 통합하는 등 변혁성이 있다.

새천년개발목표와 지속가능발전목표 비교

구분	새천년개발목표 MDGs(2002-2015)	지속가능발전목표 SDGs(2016-2030)
범위	사회발전 중심	지속 가능한 발전(경제, 사회, 환경 포함)
달성 주제	극심한 빈곤 중심	모든 형태 빈곤과 불평등 감소
분야	빈곤·의료 등 사회분야 중심	(변혁성) 경제성장, 기후변화 등 경제·사회·환경 통합 고려
달성 대상 국가	개발도상국	(보편성) 개발도상국과 선진국 공통의 문제
재원 마련	개발재원: 공적개발원조(ODA)중심 (공여국 → 수원국)	국내공공재원(세금), ODA, 민간재원(무역, 투자) 등 다양
구성	8개 목표 + 21개 세부목표	17개 목표 + 169개 세부목표
참여	정부중심	(포용성) 정부, 시민사회, 민간기업 등 모든 이해관계자
감시와 모니터링	자발적으로 이행을 유엔에 보고	유엔이 주도하여 각 국가의 보고를 권고함

* 공적개발원조(ODA)란 빈곤퇴치 및 경제/사회개발을 위해 국가의 세금으로 개발도상국을 돕는 원조

지속가능발전목표의 17개 목표

목표1	모든 곳에서 모든 형태의 빈곤을 종식시킨다.
목표2	기아를 종식하고, 식량 안보를 달성하며, 개선된 영양상태를 달성하고, 지속가능한 농업을 강화한다.
목표3	모두를 위한 전 연령층의 건강한 삶을 보장하고 웰빙(well-being)을 증진한다.
목표4	모두를 위한 포용적이고 공평한 양질의 교육 보장 및 평생교육 기회를 증진한다.
목표5	성평등 달성 및 모든 여성과 여아들이 자신의 능력을 발휘할 수 있도록 한다.
목표6	모두가 물과 위생설비를 사용할 수 있도록 하고 지속가능한 유지관리를 보장한다.
목표7	모두를 위한 적당한 가격이며 신뢰할 수 있고 지속가능한 현대적인 에너지에의 접근을 보장한다.
목표8	모두를 위한 지속적, 포용적, 지속가능한 경제성장을 촉진하며 생산적인 완전고용과 모두를 위한 양질의 일자리를 증진한다.
목표9	복원력이 높은 사회기반시설을 구축하고, 포용적이고 지속가능한 산업화를 증진시키며 혁신을 장려한다.
목표10	국가 내, 국가 간 불평등을 감소시킨다.
목표11	도시와 주거지를 포용적이며 안전하고 복원력 있고 지속가능하게 보장한다.
목표12	지속가능한 소비 및 생산 양식을 보장한다.
목표13	기후변화와 그로 인한 영향에 맞서기 위한 긴급 대응을 시행한다.
목표14	지속가능한 발전을 위한 대양, 바다, 해양자원을 보존하고 지속가능하게 사용한다.
목표15	지속가능한 육상 생태계 이용을 보호·복원·증진하고, 삼림을 지속가능하게 관리하며, 사막화를 방지하고, 토지 황폐화를 중지하고, 생물 다양성 손실을 중단한다.
목표16	지속가능발전을 위해 평화롭고 포용적인 사회를 증진하고, 모두가 정의에 접근할 수 있도록 하고, 모든 수준에서 효과적이고 책임성 있고 포용적인 제도를 구축한다.
목표17	이행 수단을 강화하고 지속가능발전을 위한 글로벌 파트너십을 활성화한다.

정답 017 ④

018 진료비 지불제도에 대한 설명으로 가장 옳지 않은 것은? [21 서울]

① 포괄수가제는 경영과 진료의 효율화를 가져오고, 과잉진료와 의료서비스 오남용을 억제한다.
② 행위별수가제는 환자에게 양질의 고급 의료서비스 제공이 가능하고, 신의료기술 및 신약개발 등에 기여한다.
③ 인두제는 과잉진료 및 과잉청구가 발생하고, 결과적으로 국민의료비가 증가한다.
④ 봉급제는 서비스의 양이나 제공받는 사람의 수에 관계없이 일정한 기간에 따라 보상받는 방식으로 진료의 질적 수준 저하가 초래된다.

해설
인두제는 등록환자수 또는 실이용자수를 기준으로 일정액을 보상받는 방식으로, 과잉진료 및 과잉청구의 발생을 억제하고, 결과적으로 국민의료비가 감소한다.

진료비 지불제도

지불방식	개념	장점	단점
행위별 수가제 (fee-for-service)	제공된 진료내용과 진료의 양에 따라 진료보수가 결정되는 방식	• 의사의 생산성 ↑ • 환자에게 충분한 양질의 의료서비스 제공 가능 • 신의료기술 및 신약개발 등에 기여 • 의료의 다양성이 반영될 수 있어 의사·의료기관의 제도 수용성이 높음 • 의료인의 자율성 보장	• 환자에게 많은 진료를 제공하면 할수록 의사 또는 의료기관의 수입이 늘어나게 되어 과잉진료, 과잉검사 등을 초래할 우려가 있음. • 과잉진료 및 지나친 신의료기술 등의 적용으로 국민의료비 증가 우려 • 수가 구조의 복잡성으로 청구오류, 허위·부당청구 우려
포괄 수가제 (Bundled-payment)	환자 1인당 또는 질병별, 요양일수별로 보수단가를 설정하여 미리 정해진 진료비를 의료기관에 보상하는 제도	• 경영과 진료의 효율화 • 과잉진료, 의료서비스 오남용 억제 • 의료인과 심사기구·보험자 간의 마찰 감소 • 진료비 청구방법의 간소화 • 진료비 계산의 투명성 제고 • 의료기관의 생산성 ↑	• 비용을 줄이기 위하여 서비스 제공을 최소화하여 의료의 질적 수준 저하와 환자와의 마찰 우려·조기 퇴원 • DRG코드조작으로 의료기관의 허위·부당청구 우려 • 의료의 다양성이 반영되지 않으므로 의료기관의 불만이 크고 제도 수용성이 낮음
봉급제 (salary)	일정 기간에 따라 보상받는 방식	의료서비스 제공을 위한 직접비용이 독립계약하에서 보다 상대적으로 적음	• 개인적·경제적 동기가 적어 진료의 질을 높인다거나 효율성 제고 등의 열의가 낮음 • 관료화, 형식주의화, 경직화 등 우려 • 진료의 질적수준 저하
인두제 (capitation)	등록환자수 또는 실이용자수를 기준으로 일정액을 보상받는 방식	• 진료비 지불의 관리 운영이 편리 • 지출 비용의 사전 예측 가능 • 자기가 맡은 주민에 대한 예방의료, 공중보건, 개인위생 등에 노력 • 국민의료비 억제 가능	• 의사들의 과소 진료 우려 • 고급의료, 최첨단 진료에 대한 경제적 유인책이 없어 신의료기술의 적용 지연 • 중증 질병환자의 등록기피 발생 우려
총액계약제 (global-budget)	지불자 측(보험자)과 진료자 측이 사전에 일정기간 동안의 진료보수 총액에 대한 계약을 체결하고, 계약된 총액 범위 내에서 의료서비스를 이용하는 제도	• 과잉 진료·청구의 시비가 줄어들게 됨 • 진료비 심사·조정과 관련된 공급자 불만이 감소됨 • 의료비 지출의 사전 예측이 가능하여 보험 재정의 안정적 운영 가능 • 의료 공급자의 자율적 규제 가능	• 보험자 및 의사 단체 간 계약 체결의 어려움 상존 • 전문과목별, 요양기관별로 진료비를 많이 배분받기 위한 갈등 유발 소지 • 신기술 개발 및 도입, 의료의 질 향상 동기가 저하되며, 의료의 질 관리가 어려움(과소 진료의 가능성)

정답 018 ③

019 〈보기〉에 해당하는 법률은? [21 서울]

〈보기〉

이 법은 보건소 등 지역보건의료기관의 설치·운영에 관한 사항과 보건의료 관련기관·단체와의 연계·협력을 통하여 지역보건의료기관의 기능을 효과적으로 수행하는 데 필요한 사항을 규정함으로써 지역보건의료정책을 효율적으로 추진하여 지역주민의 건강 증진에 이바지함을 목적으로 한다.

① 「보건의료기본법」
② 「지역보건법」
③ 「의료법」
④ 「농어촌 등 보건의료를 위한 특별조치법」

해설

〈보기〉에서 제시한 내용은 「지역보건법」 제1조에 나오는 목적에 해당하는 내용이다.

보건의료 관련 주요 법령과 목적

법령	목적
보건의료기본법	보건의료에 관한 국민의 권리·의무와 국가 및 지방자치단체의 책임을 정하고 보건의료의 수요와 공급에 관한 기본적인 사항을 규정함으로써 보건의료의 발전과 국민의 보건 및 복지의 증진에 이바지함
의료법	모든 국민이 수준 높은 의료 혜택을 받을 수 있도록 국민의료에 필요한 사항을 규정함으로써 국민의 건강을 보호하고 증진하는 데에 목적이 있음
지역보건법	보건소 등 지역보건의료기관의 설치·운영에 관한 사항과 보건의료 관련기관·단체와의 연계·협력을 통하여 지역보건의료기관의 기능을 효과적으로 수행하는 데 필요한 사항을 규정함으로써 지역보건의료정책을 효율적으로 추진하여 지역주민의 건강 증진에 이바지함
공공보건의료에 관한 법률	공공보건의료의 기본적인 사항을 정하여 국민에게 양질의 공공보건의료를 효과적으로 제공함으로써 국민보건의 향상에 이바지함
국민건강증진법	국민에게 건강에 대한 가치와 책임의식을 함양하도록 건강에 관한 바른 지식을 보급하고 스스로 건강생활을 실천할 수 있는 여건을 조성함으로써 국민의 건강을 증진함
농어촌 등 보건의료를 위한 특별조치법	농어촌 등 보건의료 취약지역의 주민 등에게 보건의료를 효율적으로 제공함으로써 국민이 고르게 의료혜택을 받게 하고 국민의 보건을 향상시키는 데에 이바지함
국민건강보험법	국민의 질병·부상에 대한 예방·진단·치료·재활과 출산·사망 및 건강증진에 대하여 보험급여를 실시함으로써 국민보건 향상과 사회보장 증진에 이바지함
건강검진기본법	국가건강검진에 관한 국민의 권리·의무와 국가 및 지방자치단체의 책임을 정하고 국가건강검진의 계획과 시행에 관한 기본적인 사항을 규정함으로써 국민의 보건 및 복지의 증진에 이바지함
의료급여법	생활이 어려운 사람에게 의료급여를 함으로써 국민보건의 향상과 사회복지의 증진에 이바지함

정답 019 ②

020 알마아타 선언에서 제시한 일차보건의료 서비스의 내용으로 가장 옳은 것은?
[21 서울]

① 공공주택 공급사업
② 백혈병 치료제 공급사업
③ 심뇌혈관질환 관리사업
④ 지역사회 건강문제 예방교육

해설
① 식수와 식량 관련 내용은 있지만 주거 관련 사항은 해당되지 않는다.
② 필수(기본)의약품의 공급은 있지만 전문 의약품 공급은 해당사항이 아니다.
③ 흔한 질병과 상해에 대한 적절한 치료는 있으나 전문적인 치료는 해당되지 않는다.

일차보건의료의 내용 – 알마아타 선언(1978, WHO)
(1) 만연한 보건의료 문제에 대한 교육과 그 문제의 예방과 관리
(2) 식량공급과 영양증진
(3) 안전한 식수 제공과 기본 환경위생 관리
(4) 가족계획을 포함한 모자보건
(5) 주요 감염병에 대한 면역수준 증강(예방접종)
(6) 그 지역 지방병(풍토병) 예방과 관리
(7) 흔한 질병과 상해에 대한 적절한 치료(통상질환에 대한 기초적 진료)
(8) 필수(기본)의약품의 공급
(9) 정신보건의 증진 또는 심신장애자의 사회의학적 치료(추후에 추가된 항목)

021 행위별 수가제에 대한 설명으로 옳은 것은?
[21 지방]

① 진료비 청구 절차가 간소하다.
② 치료보다 예방적 서비스 제공을 유도한다.
③ 양질의 의료 행위를 촉진한다.
④ 의료비 억제효과가 크다.

해설
행위별 수가제는 제공된 진료 내용과 진료의 양에 따라 진료 보수가 결정되는 방식으로, 제공된 의료서비스의 단위당 가격에서 서비스의 양을 곱한 만큼 보상하는 방식이다.

행위별 수가제의 장 · 단점

장점	• 의료서비스의 양과 질이 확대 • 의료인의 재량권 및 자율권 보장 • 첨단 의학 및 과학기술의 발달 유도 • 의료수가 결정에 적합 • 환자와 의사의 원만한 관계유지 • 의사의 생산성 증가
단점	• 의사의 행위가 수입과 직결되므로 과잉진료 및 의료남용 우려 • 과잉진료를 막기 위해 심사, 감사 등의 방법이 동원되어 행정적으로 복합적인 문제 발생 • 의료인과 보험자 간의 갈등 → 국민의료비 증가 • 기술 지상주의로 예방보다는 치료에 집중 • 상급병원으로 후송을 기피하여 지역의료 발전 저해

정답 020 ④ 021 ③

022 지역사회에서 활동하고 있는 인력과 법적근거를 바르게 연결한 것은?

[21 지방]

① 보건진료 전담공무원 - 「지역보건법」
② 보건관리자 - 「의료급여법」
③ 보건교육사 - 「국민건강증진법」
④ 가정전문간호사 - 「노인복지법」

해설
① 보건진료 전담공무원 - 「농어촌 등 보건의료를 위한 특별조치법」
② 보건관리자 - 「산업안전보건법」
④ 가정전문간호사 - 「의료법」

- 의료인(의사, 치과의사, 한의사, 간호사, 조산사), 간호조무사: 「의료법」
- 의료기사 등(치과위생사, 치과기공사, 물리치료사, 작업치료사, 방사선사, 임상병리사, 안경사, 보건의료정보 관리사): 「의료기사 등에 관한 법률」
- 요양보호사: 「노인장기요양보험법」
- 약사, 한약사: 「약사법」
- 보건교사: 「초·중등 교육법」
- 응급구조사: 「응급의료에 관한 법률」

023 우리나라 사회보험이 아닌 것은?

[21 지방]

① 노인장기요양보험
② 의료급여
③ 국민연금
④ 산업재해보상보험

해설
사회보험은 국민에게 발생하는 사회적 위험을 보험 방식에 의하여 대처함으로써 국민 건강과 소득을 보장하는 제도를 의미한다(산재보험, 연금보험, 고용보험, 건강보험, 노인장기요양보험). 답가지에서 제시된 의료급여는 취약계층의 의료보장을 국가가 세금으로 지원해주는 공공부조이다.

정답 022 ③ 023 ②

024 국가보건의료체계 하위구성요소 중 보건의료자원에 해당하는 것은?

[21 경기추채]

① 1차예방, 2차예방, 3차예방
② 국가보건당국, 독립민간조직
③ 지도력, 의사결정, 규제
④ 보건의료인력, 보건의료시설, 보건의료기술

해설

보건의료자원은 물적 자원, 인적 자원, 지적 자원으로 다음과 같이 나눌 수 있다.
- **인적 자원**: 보건의료인력 (의사, 간호사, 약사, 의료기사, 행정요원 및 기타 관련요원 등)
- **물적 자원**: 보건의료시설 (병원, 의원, 약국, 보건소 등), 보건의료장비
- **지적 자원**: 보건의료정보, 보건의료지식, 보건의료기술

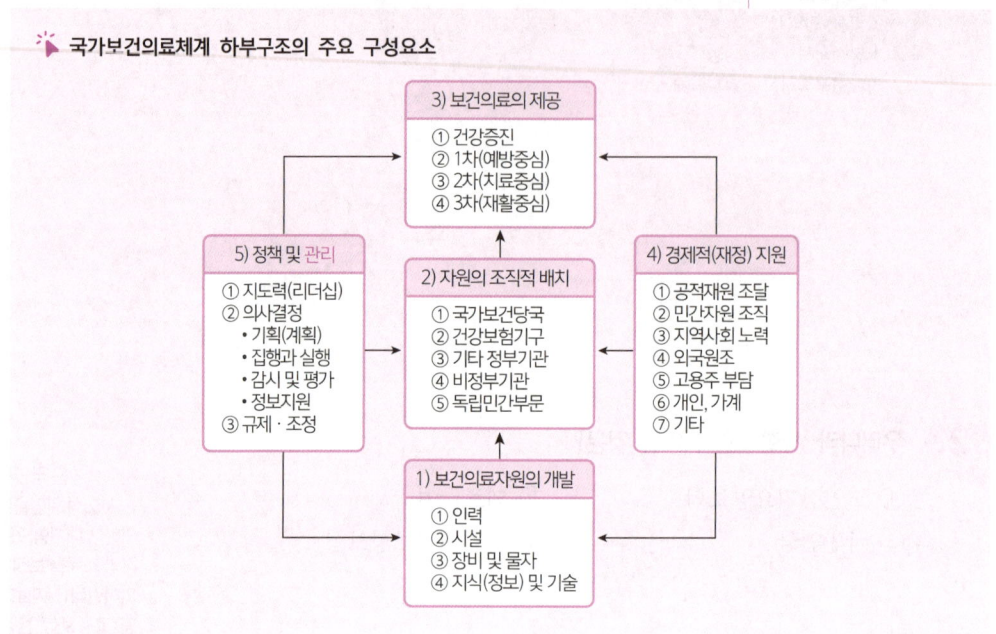

국가보건의료체계 하부구조의 주요 구성요소

025 우리나라 건강보험에 대한 설명으로 옳은 것은?

[21 경기추채]

① 민간보험으로 임의가입 방식이다.
② 보험료는 사회계약으로 이루어진다.
③ 필요에 따라 균등하게 보험급여가 이루어진다.
④ 보험료는 위험의 정도와 소득수준에 따라 납부한다.

해설

① **사회보험**이며 법률에 의한 **강제가입** 방식이다.
② **보험료**는 **사회적인 연대**를 기초로 이루어진다.
④ **보험료**는 **소득수준 등** 보험료 부담능력에 따라 차등적으로 부담한다.

정답 024 ④ 025 ③

026 ★★★ 흡연을 10년간 꾸준히 해왔고, B형 간염 항원이 양성인 52세 여성이 받을 수 있는 암검진으로 옳지 않은 것은?

[21 경기추채]

① 폐암
② 간암
③ 대장암
④ 유방암

해설

문제에서 대상자 나이가 50대이므로 기존의 40세 이상이 검진받아야 하는 유방암과 50세 이상이 받아야 하는 대장암의 대상이 된다. 그리고 "흡연을 10년간 꾸준히 해왔고, 간염 항원이 양성인 52세 여성"이 중요한 핵심 문장이다. 이 중에서 특히 눈여겨 보아야 할 것은 "B형 간염 항원이 양성"으로 간암 고위험군에 해당되므로 간암도 검진 대상자이다.

암 관련 건강검진연령 및 검진주기

암의 종류	검진주기	검진연령
위암	2년	40세 이상의 남·여
간암	6개월	40세 이상의 남·여 중 간암 발생 고위험군
대장암	1년	50세 이상의 남·여
유방암	2년	40세 이상의 여성
자궁경부암	2년	20세 이상의 여성
폐암	2년	54세 이상 74세 이하의 남·여 중 폐암 발생 고위험군

- "간암 발생 고위험군"이란 간경변증, B형간염 항원 양성, C형간염 항체 양성, B형 또는 C형간염 바이러스에 의한 만성 간질환 환자를 말한다.
- "폐암 발생 고위험군"이란 30갑년[하루 평균 담배소비량(갑) × 흡연기간(년)] 이상의 흡연력(吸煙歷)을 가진 현재 흡연자와 폐암 검진의 필요성이 높아 보건복지부장관이 정하여 고시하는 사람을 말한다.

정답 026 ①

027 다음 중 시·도 지역보건의료계획을 작성하는 데 포함되어야 할 내용으로 옳은 것은?
★★★
[21 경기추채]

> ㄱ. 의료기관 병상수급의 수요 및 공급
> ㄴ. 지역보건의료계획의 달성목표
> ㄷ. 정신질환 등의 치료를 위한 전문치료시설의 수요 및 공급
> ㄹ. 취약계층의 건강관리 및 지역주민의 건강상태 격차 해소를 위한 추진계획

① ㄱ, ㄴ, ㄷ
② ㄴ, ㄷ
③ ㄷ, ㄹ
④ ㄱ, ㄴ, ㄷ, ㄹ

해설

시·도 지역보건의료계획(「지역보건법 시행령」 제4조 제1항)
(1) 지역보건의료계획의 달성 목표
(2) 지역현황과 전망
(3) 지역보건의료기관과 보건의료 관련 기관·단체 간의 기능 분담 및 발전 방향
(4) 보건소의 기능 및 업무의 추진 계획과 추진현황
(5) 지역보건의료기관의 인력·시설 등 자원 확충 및 정비 계획
(6) 취약계층의 건강관리 및 지역주민의 건강 상태 격차 해소를 위한 추진계획
(7) 지역보건의료와 사회복지사업 사이의 연계성 확보 계획
(8) 의료기관의 병상(病床)의 수요·공급
(9) 정신질환 등의 치료를 위한 전문치료시설의 수요·공급
(10) 특별자치시·특별자치도·시·군·구 지역보건의료기관의 설치·운영 지원
(11) 시·군·구 지역보건의료기관 인력의 교육훈련
(12) 지역보건의료기관과 보건의료 관련 기관·단체 간의 협력·연계
(13) 그 밖에 시·도지사 및 특별자치시장·특별자치도지사가 지역보건의료계획을 수립함에 있어서 필요하다고 인정하는 사항

정답 027 ④

028 ★★★

「농어촌 등 보건의료를 위한 특별조치법」에 따른 보건진료 전담 공무원의 의료행위에 해당하지 않는 행위는?

[20 광주추채]

① 응급환자의 응급처치
② 정상분만 시 분만도움
③ 만성질환에 대한 치료
④ 상병상태 판별을 위한 진찰·검사

> **해설**
>
> 보건진료 전담공무원의 의료행위
> (1) 질병·부상상태를 판별하기 위한 진찰·검사
> (2) 환자의 이송
> (3) 외상 등 흔히 볼 수 있는 환자의 치료 및 응급 조치가 필요한 환자에 대한 응급처치
> (4) 질병·부상의 악화 방지를 위한 처치
> (5) 만성병 환자의 요양지도 및 관리
> (6) 정상분만 시의 분만 도움
> (7) 예방접종
> (8) (1)부터 (7)까지의 의료행위에 따르는 의약품의 투여

029 ★★★

다음 중 일차보건의료의 특성이 아닌 것은?

[20 경기추채]

① 효율성
② 접근성
③ 수용가능성
④ 지불부담능력

> **해설**
>
> 세계보건기구(WHO)가 제시한 일차보건의료의 핵심적 특성에는 효율성이 포함되지 않는다. 기본적인 필수 의료서비스의 균등한 보장을 위해서는 효율성보다 형평성이 더 중요하다.
>
> 일차보건의료의 핵심적 특성(WHO)
> (1) 접근성(accessible): 지역적·지리적·경제적·사회적으로 지역주민이 이용하는 데 차별이 있어서는 안 되며 개인이나 가족 단위의 모든 주민이 시간적으로나 장소적으로 보건 의료서비스를 쉽게 이용할 수 있어야 함
> (2) 수용가능성(acceptable): 주민이 수용할 수 있는 건강문제 해결을 위한 접근으로 지역사회가 쉽게 받아들일 수 있는 방법으로 사업을 제공하여야 함
> (3) 주민참여(available): 일차보건의료는 지역사회개발정책의 일환으로, 이를 위해서는 지역 내의 보건의료 발전을 위한 지역주민의 참여가 무엇보다도 중요함
> (4) 지불부담능력(affordable): 보건의료사업은 국가나 지역사회가 재정적으로 부담할 수 있는 방법으로 지역사회의 지불 능력에 맞는 보건의료수가로 제공되어야 함
> (5) 포괄성(comprehensiveness): 모든 사람에게 필요한 기본적인 건강관리서비스를 제공해야 함
> (6) 유용성: 일차보건의료 서비스는 지역주민들에게 필요하고 유용한 서비스이어야 함
> (7) 지속성(continuity): 필요한 보건의료서비스를 지속적으로 제공하여 기본적인 건강상태를 유지할 수 있게 해야 함
> (8) 상호협조성(coordination): 일차보건의료 관련 부서가 서로 협조하여 의뢰체계를 구축하여야 함
> (9) 균등성(equality): 누구나 필요로 할 때면 어떤 여건에서든 필요한 만큼의 서비스를 똑같이 받을 수 있어야 함

정답 028 ③ 029 ①

030 ⟨보기⟩에서 설명하는 의료비 지불제도로 가장 옳은 것은? [20 서울]

⟨보기⟩

- 진단, 치료, 투약과 개별행위의 서비스를 총합하여 의료행위를 한 만큼 보상하는 방식이다.
- 서비스 행위에 대한 보상을 일단 점수로 받고, 그 점수들을 일정비율에 의해서 금액으로 환산하여 의료비 총액을 계산하는 방법인 점수제의 형태로 많이 사용된다.
- 종류로는 시장기능에 의해 수가가 결정되는 관행 수가제와 정부와 보험조합의 생산원가를 기준으로 계산한 후 의료수가를 공권력에 의해 강제 집행하는 제도수가제가 있다.
- 장점으로 의료인의 자율성 보장, 양질의 서비스 제공을 들 수 있다.

① 인두제
② 봉급제
③ 행위별수가제
④ 총액예산제(총괄계약제)

해설

행위별수가제는 진단, 치료, 투약과 개별행위의 서비스를 총합하여 의료행위를 한 만큼 보상하는 방식이다. 서비스 행위에 대한 보상을 일단 점수로 받고, 그 점수들을 일정 비율에 의해서 금액으로 환산하여 의료비 총액을 계산하는 방법인 점수제 형태로 많이 사용한다.

장점	단점
• 의료서비스의 양과 질이 확대 • 의료인의 재량권 및 자율권 보장 • 첨단 의학 및 과학기술의 발달 유도 • 의료수가 결정에 적합 • 환자와 의사의 원만한 관계유지 • 의사의 생산성 증가	• 의사의 행위가 수입과 직결되므로 과잉진료 및 의료남용 우려 • 과잉진료를 막기 위해 심사, 감사 등의 방법이 동원되어 행정적으로 복합적인 문제 발생 • 의료인과 보험자 간의 갈등 • 기술 지상주의로 예방보다는 치료에 집중 • 상급병원으로 후송을 기피하여 지역의료 발전 저해

* p.182, 18번 표 참조

정답 030 ③

031 UN에서 발표한 새천년개발목표(MDGs; Millennium Development Goals)에 해당하지 않는 것은? [20 서울]

① 절대빈곤 및 기아 퇴치
② 모든 사람의 건강한 삶을 보장하고 웰빙을 증진
③ 보편적 초등교육 실현
④ 지속가능한 환경의 확보

> **해설**
>
> 새천년개발목표는 2000년 9월 뉴욕 국제연합 본부에서 개최된 밀레니엄 정상회의(Millennium Summit)에서 채택된 빈곤 타파에 관한 범세계적인 의제이다. 당시에 참가했던 191개의 국제연합 참여국은 2015년까지 빈곤의 감소, 보건, 교육의 개선, 환경보호에 관해 지정된 8가지 목표를 실천하는 것에 동의하였다.
>
> **새천년개발목표(MDGs) 8가지**
> (1) 절대빈곤과 기아 퇴치
> (2) 보편적 초등교육 확대 실시
> (3) 양성평등 및 여성 권익 신장
> (4) 유아 사망률 감소
> (5) 임산부 건강 개선(모성보건의 개선)
> (6) HIV/에이즈, 말라리아, 기타 질병 퇴치
> (7) 지속 가능한 환경 보호
> (8) 개발을 위한 전 세계적 협력 구축

정답 031 ②

032 ★★★ 다음 글에 해당하는 우리나라 지방보건행정 조직은? [20 지방]

- 지역보건법령에 근거하여 설치함
- 보건소가 없는 읍·면·동마다 1개씩 설치할 수 있음
- 진료 서비스는 없으나 지역주민의 만성질환 예방 및 건강한 생활습관 형성을 지원함

① 보건지소
② 보건진료소
③ 정신건강복지센터
④ 건강생활지원센터

해설

지방자치단체는 보건소의 업무 중에서 특별히 지역주민의 만성질환 예방 및 건강한 생활습관 형성을 지원하는 건강생활지원센터를 읍·면·동(보건소가 설치된 읍·면·동은 제외한다.)마다 1개씩 설치할 수 있다.

지방보건행정조직

구분	설치근거	설치기준
보건소	「지역보건법」 제10조 「동법 시행령」 제8조	• 지역주민의 건강을 증진하고 질병을 예방·관리하기 위하여 시·군·구에 1개소의 보건소(보건의료원을 포함)를 설치한다. 다만, 시·군·구의 인구가 30만 명을 초과하는 등 지역주민의 보건의료를 위하여 특별히 필요하다고 인정되는 경우에는 대통령령으로 정하는 기준에 따라 해당 지방자치단체의 조례로 보건소를 추가로 설치할 수 있음 보건소를 추가로 설치할 수 있는 경우 1. 해당 시·군·구의 인구가 30만 명을 초과하는 경우 2. 해당 시·군·구의 「보건의료기본법」에 따른 보건의료기관 현황 등 보건의료 여건과 아동·여성·노인·장애인 등 보건의료 취약계층의 보건의료 수요 등을 고려하여 보건소를 추가로 설치할 필요가 있다고 인정되는 경우 • 보건소를 추가로 설치하려는 경우에는 「지방자치법 시행령」 제73조에 따라 해당 지방자치단체의 장은 보건복지부장관과 미리 협의하여야 함 • 보건의료원: 병원의 요건을 갖춘 보건소 • 보건소장은 시장·군수·구청장의 지휘·감독을 받아 보건소의 업무를 관장하고 소속 공무원을 지휘·감독하며, 관할 보건지소, 건강생활지원센터 및 「농어촌 등 보건의료를 위한 특별조치법」 제2조 제4호에 따른 보건진료소의 직원 및 업무에 대하여 지도·감독
보건지소	「지역보건법」 제13조 「동법 시행령」 제10조	• 보건소의 업무수행을 위하여 필요하다고 인정하는 경우에는 대통령령으로 정하는 기준에 따라 해당 지방자치단체의 조례로 보건소의 지소를 설치 • 읍·면별 1개소(필요할 경우 시장·군수·구청장은 추가 및 통합지소 설치·운영) • 보건지소장은 보건소장의 지휘·감독을 받아 보건지소의 업무를 관장하고 소속 직원을 지휘·감독하며, 보건진료소의 직원 및 업무에 대하여 지도·감독
건강생활 지원센터	「지역보건법」 제14조 「동법 시행령」 제11조	• 보건소의 업무 중에서 특별히 지역주민의 만성질환 예방 및 건강한 생활습관 형성을 지원하는 건강생활지원센터를 대통령령으로 정하는 기준에 따라 해당 지방자치단체의 조례로 설치 • 읍·면·동(보건소가 설치된 읍·면·동은 제외한다)마다 1개씩 설치 • 건강생활지원센터장은 보건소장의 지휘·감독을 받아 건강생활지원센터의 업무를 관장하고 소속 직원을 지휘·감독
보건 진료소	「농어촌 등 보건의료를 위한 특별조치법」 제15조 「동법 시행규칙」 제17조	• 시장[도농복합형태(都農複合形態)의 시의 시장을 말하며, 읍·면 지역에서 보건진료소를 설치·운영하는 경우만 해당] 또는 군수는 보건의료 취약지역의 주민에게 보건의료를 제공하기 위하여 보건진료소를 설치·운영 • 의료 취약지역을 인구 5천 명 미만을 기준으로 구분한 하나 또는 여러 개의 리·동을 관할구역으로 하여 주민이 편리하게 이용할 수 있는 장소에 설치

정답 032 ④

033 면허 또는 자격증 관련 실태와 취업상황을 보건복지부장관에게 신고하여야 하는 의료인력만을 모두 고르면? [20 지방]

ㄱ. 간호사	ㄴ. 한의사
ㄷ. 간호조무사	ㄹ. 임상병리사

① ㄱ, ㄴ
② ㄷ, ㄹ
③ ㄱ, ㄴ, ㄷ
④ ㄱ, ㄴ, ㄷ, ㄹ

해설

보건의료인 면허 신고

보건의료인 면허신고제는 보건의료인의 자격관리 및 보수교육 내실화를 통한 보건의료서비스의 질 향상과 보건의료인에 대한 대국민 신뢰도 제고를 목적으로 최초로 면허를 받은 후부터 3년마다 그 실태와 취업상황 등을 보건복지부장관에게 신고하는 제도를 말한다.

(1) 의료인(의사, 치과의사, 한의사, 간호사, 조산사): 2012년 4월 29일부터 보수교육 이수 후에 실태와 취업상황 등을 신고하는 면허신고제가 시행
(2) 의료기사 등(임상병리사, 방사선사, 물리치료사, 작업치료사, 치과기공사, 치과위생사, 보건의료정보관리사, 안경사): 2014년 11월부터 면허 신고 시행
(3) 영양사: 2015년 5월 24일부터 면허신고제 시행
(4) 약사, 한약사: 2021년 4월 8일부터 면허신고제 시행
(5) 간호조무사: 면허가 아닌 보건복지부장관의 자격인정이지만 2017년부터 시행
* 근거: 「의료법」 제25조(신고)
「의료기사 등에 관한 법률」 제11조(실태 등의 신고)
「국민영양관리법」 제20조의2(실태 등의 신고)
「약사법」 제7조(약사·한약사 신고)

034 우리나라 사회보장제도에 대한 설명으로 가장 옳은 것은? [19 서울]

① 산재보험은 소득보장과 함께 의료보장을 해주는 사회 보험이다.
② 의료급여는 저소득층의 의료보장을 위한 사회보험에 해당한다.
③ 건강보험은 공공부조로 공공적 특성을 가지며 강제성을 띤다.
④ 노인장기요양보험은 공공부조로 재원조달은 국고지원으로 이루어진다.

해설

② 의료급여는 저소득층의 의료보장을 위한 공공부조에 해당한다.
③ 건강보험은 사회보험으로 공공적 특성을 가지며 강제성을 띤다.
④ 노인장기요양보험의 재원조달은 국고지원과 개인부담으로 이루어진다.

정답 033 ④ 034 ①

035 세계보건기구(WHO)에서 제시한 일차보건의료의 특성에 대한 설명으로 가장 옳지 않은 것은?

[19 서울]

① 지역사회의 적극적 참여를 통해 이루어져야 한다.
② 지역사회의 지불능력에 맞는 보건의료수가로 제공되어야 한다.
③ 지리적, 경제적, 사회적으로 지역주민이 이용하는 데 차별이 있어서는 안 된다.
④ 자원이 한정되어 있으므로 효과가 가장 높은 사업을 선별하여 제공해야 한다.

해설
일차보건의료는 지역사회 주민들에게 제공되는 가장 기본적이고 필수적인 건강 서비스이다. 따라서 효율성이 강조되지 않는다. 일차보건의료는 지역사회의 개인, 가족이 일반적으로 쉽게 이용할 수 있으며 지역사회 주민들이 받아들일 수 있는 사업방법으로 지역사회의 적극적인 참여에 의해서 그들의 지불능력에 맞는 보건의료 수가로 제공되는 필수적인 보건의료이다.

일차보건의료의 핵심적 특성(WHO)

(1) 접근성(accessible): 지역적·지리적·경제적·사회적으로 지역주민이 이용하는 데 차별이 있어서는 안 되며 개인이나 가족 단위의 모든 주민이 시간적으로나 장소적으로 보건 의료서비스를 쉽게 이용할 수 있어야 한다.
(2) 수용가능성(acceptable): 주민이 수용할 수 있는 건강문제 해결을 위한 접근으로 지역사회가 쉽게 받아들일 수 있는 방법으로 사업을 제공하여야 한다.
(3) 주민참여(available): 일차보건의료는 지역사회개발정책의 일환으로, 이를 위해서는 지역 내의 보건의료 발전을 위한 지역 주민의 참여가 무엇보다도 중요하다.
(4) 지불부담능력(affordable): 보건의료사업은 국가나 지역사회가 재정적으로 부담할 수 있는 방법으로 지역사회의 지불 능력에 맞는 보건의료수가로 제공되어야 한다.
(5) 포괄성(comprehensiveness): 모든 사람에게 필요한 기본적인 건강관리서비스를 제공해야 한다는 것이다.
(6) 유용성: 일차보건의료 서비스는 지역주민들에게 필요하고 유용한 서비스이어야 한다.
(7) 지속성(continuity): 필요한 보건의료서비스를 지속적으로 제공하여 기본적인 건강상태를 유지할 수 있게 해야 한다.
(8) 상호협조성(coordination): 일차보건의료 관련 부서가 서로 협조하여 의뢰체계를 구축하여야 한다.
(9) 균등성(equality): 누구나 필요로 할 때면 어떤 여건에서든 필요한 만큼의 서비스를 똑같이 받을 수 있어야 한다.

036 「농어촌 등 보건의료를 위한 특별조치법 시행령」상 보건진료 전담공무원 의료행위의 범위는?

[19 지방]

① 급성질환자의 요양지도 및 관리
② 고위험 고령 임산부의 제왕절개
③ 상병상태를 판별하기 위한 진찰·검사
④ 거동이 불편한 지역주민에 대한 응급수술

해설
① 만성질환자의 요양지도 및 관리
② 정상 임산부의 분만도움
④ 응급조치가 필요한 환자에 대한 응급 조치

보건진료 전담공무원의 의료행위

(1) 상병(傷病)상태를 판별하기 위한 진찰·검사
(2) 환자의 이송
(3) 외상 등 흔히 볼 수 있는 환자의 치료 및 응급 조치가 필요한 환자에 대한 응급처치
(4) 상병의 악화 방지를 위한 처치
(5) 만성병 환자의 요양지도 및 관리
(6) 정상분만 시의 분만도움
(7) 예방접종
(8) (1)부터 (7)까지의 의료행위에 따르는 의약품의 투여

정답 035 ④ 036 ③

037 뢰머(Roemer)의 matrix형 분류에서 다음 글이 설명하는 보건의료체계는?

[19 지방]

> 민간의료 시장이 매우 강력하고 크며 정부 개입은 미미하다. 보건의료비 지출의 절반 이상을 환자 본인이 부담하며, 보건의료는 개인의 책임이 된다.

① 복지지향형 보건의료체계
② 포괄적보장형 보건의료체계
③ 자유기업형 보건의료체계
④ 사회주의계획형 보건의료체계

해설

밀턴 뢰머는 1991년 정부 또는 공권력의 보건의료시장개입의 정도에 따라 4가지로 분류하고, 다시 경제적 수준(연간 국민 1인당 GNP)에 따라 4가지로 분류하여 총16개의 매트릭스 유형을 개발하였다. 특히 시장개입정도가 낮은 것부터 높은 순으로 자유기업형, 복지지향형, 포괄적 보장형, 사회주의형 등 4가지가 많이 사용된다. 이 중에서 민간의료시장이 매우 강력하고 크며, 정부개입이 미미하고, 보건의료비 지출의 절반 이상이 환자 개인 책임인 유형은 "자유기업형"이다.

밀턴 뢰머(Milton I. Roemer, 1991)의 분류(매트릭스형)

자유기업형	• 민간의료시장이 매우 강력하고 크며, 정부개입이 미미하고, 보건의료비 지출의 절반 이상이 환자 개인 책임이다. • 정부의 보건의료 프로그램이 취약하며 보장성이 낮고, 공공의료가 취약하다. • 미국, 태국, 필리핀, 남아프리카공화국 등
복지지향형	• 정부나 제3지불자들이 다양한 방법으로 민간의료시장에 개입한다. • 국가에 의해 의료자원 및 의료비 관리와 통제가 이루어지며 사회보험 또는 조세에 의해 재원을 조달한다. • 주로 공공주도의 의료보험제도를 실시하고 있다. • 독일, 프랑스, 일본, 한국, 캐나다, 브라질, 인도 등
포괄적 보장형	• 복지지향형보다 시장개입의 정도가 더 심하다. • 보건의료의 재원을 중앙정부와 지방정부의 조세를 통해 조달하고 있다. • 전 국민이 완전한 보건의료서비스를 무상으로 받게 되며, 재원이 조달되는 한 현존하는 모든 보건의료재원은 전 국민에게 공평하게 배분되도록 하자는 정치적 의지가 강하다. • 영국, 뉴질랜드, 이스라엘, 쿠웨이트 등
사회주의형	• 민간의료시장을 완전히 제거하고, 보건의료서비스 제공의 형평성에 중점을 두며 보건의료서비스를 국가가 전적으로 책임진다. • 정부에 의한 시장개입이 가장 심하다. • 구소련, 체코, 쿠바, 북한, 중국 등

정답 37 ③

038 우리나라의 일차보건의료에 대한 설명으로 옳지 않은 것은? [19 지방]

① 「지역보건법」 제정으로 일차보건의료 시행에 대한 제도적 근거를 마련하였다.
② 보건복지부장관이 실시하는 24주 이상의 직무교육을 받은 간호사는 보건진료 전담공무원직을 수행할 수 있다.
③ 읍·면 지역 보건지소에 배치된 공중보건의사는 보건의료 취약지역에서 일차보건의료 사업을 제공하였다.
④ 정부는 한국보건개발연구원을 설립하여 일차보건의료 시범 사업을 실시한 후 사업의 정착을 위한 방안들을 정책화하였다.

해설
「농어촌 등 보건의료를 위한 특별조치법」 제정으로 일차보건의료 시행에 대한 제도적 근거를 마련하였다.

039 우리나라 보건의료제도에 대한 설명으로 가장 옳지 않은 것은? [19 서울추채]

① 민간보건의료조직이 다수를 차지한다.
② 환자가 자유롭게 의료제공자를 선택할 수 있다.
③ 국민의료비가 지속적으로 증가하고 있다.
④ 예방중심의 포괄적인 서비스가 제공되고 있다.

해설
우리나라는 정부의 통제나 간섭이 최소화되고, 민간부문에 의하여 자율적으로 의료서비스의 제공이 이루어지는 자유방임형이다.
①, ②, ③ 자유방임형
④ 예방중심의 포괄적인 서비스가 제공되고 있다.
→ 사회보장형

정답 038 ① 039 ④

040 국가암검진 사업에 포함되는 암 종류별 대상자와 검진주기에 대한 설명으로 가장 옳은 것은? [19 서울추채]

① 위암: 50세 이상 남녀, 2년
② 대장암: 50세 이상 남녀, 1년
③ 유방암: 40세 이상 여성, 1년
④ 간암: 50세 이상의 남녀 중 간암 발생 고위험군, 6개월

> **해설**
> ① **위암**: 40세 이상 남녀, 2년
> ③ **유방암**: 40세 이상 여성, 2년
> ④ **간암**: 40세 이상의 남녀 중 간암 발생 고위험군, 6개월

암 관련 건강검진연령 및 검진주기

암의 종류	검진주기	검진연령
위암	2년	40세 이상의 남·여
간암	6개월	40세 이상의 남·여 중 간암 발생 고위험군
대장암	1년	50세 이상의 남·여
유방암	2년	40세 이상의 여성
자궁경부암	2년	20세 이상의 여성
폐암	2년	54세 이상 74세 이하의 남·여 중 폐암 발생 고위험군

- "간암 발생 고위험군"이란 간경변증, B형간염 항원 양성, C형간염 항체 양성, B형 또는 C형간염 바이러스에 의한 만성 간질환 환자를 말한다.
- "폐암 발생 고위험군"이란 30갑년[하루 평균 담배소비량(갑) × 흡연기간(년)] 이상의 흡연력(吸煙歷)을 가진 현재 흡연자와 폐암 검진의 필요성이 높아 보건복지부장관이 정하여 고시하는 사람을 말한다.

정답 040 ②

041 ★★★

「지역보건법」상 보건소의 기능 및 업무를 〈보기〉에서 모두 고른 것은?

[19 서울추채]

〈보기〉
ㄱ. 건강 친화적인 지역사회 여건의 조성
ㄴ. 지역보건의료정책의 기획, 조사·연구 및 평가
ㄷ. 국민보건 향상을 위한 지도·관리
ㄹ. 보건의료 관련기관·단체, 학교, 직장 등과의 협력 체계 구축

① ㄱ, ㄴ
② ㄷ, ㄹ
③ ㄱ, ㄴ, ㄷ
④ ㄱ, ㄴ, ㄷ, ㄹ

해설

보건소의 기능 및 업무(「지역보건법」 제11조)

1. 건강 친화적인 지역사회 여건의 조성
2. 지역보건의료정책의 기획, 조사·연구 및 평가
   - 지역보건의료계획 등 보건의료 및 건강증진에 관한 중장기 계획 및 실행계획의 수립·시행 및 평가에 관한 사항
   - 지역사회 건강실태조사 등 보건의료 및 건강증진에 관한 조사·연구에 관한 사항
   - 보건에 관한 실험 또는 검사에 관한 사항
3. 보건의료인 및 보건의료기관 등에 대한 지도·관리·육성과 국민보건 향상을 위한 지도·관리
   - 의료인 및 의료기관에 대한 지도 등에 관한 사항
   - 의료기사·보건의료정보관리사 및 안경사에 대한 지도 등에 관한 사항
   - 응급의료에 관한 사항
   - 「농어촌 등 보건의료를 위한 특별조치법」에 따른 공중보건의사, 보건진료 전담공무원 및 보건진료소에 대한 지도 등에 관한 사항
   - 약사에 관한 사항과 마약·항정신성의약품의 관리에 관한 사항
   - 공중위생 및 식품위생에 관한 사항
4. 보건의료 관련 기관·단체, 학교, 직장 등과의 협력체계 구축
5. 지역주민의 건강증진 및 질병예방·관리를 위한 다음 각 목의 지역보건의료서비스의 제공
   - 국민건강증진·구강건강·영양관리사업 및 보건교육
   - 감염병의 예방 및 관리
   - 모성과 영유아의 건강유지·증진
   - 여성·노인·장애인 등 보건의료 취약계층의 건강유지·증진
   - 정신건강증진 및 생명존중에 관한 사항
   - 지역주민에 대한 진료, 건강검진 및 만성질환 등의 질병관리에 관한 사항
   - 가정 및 사회복지시설 등을 방문하여 행하는 보건의료 및 건강관리사업
   - 난임의 예방 및 관리(의료취약지의 보건소는 난임시술 주사제 투약에 관한 지원 및 정보 제공 시행)

정답 041 ④

042 「지역보건법」의 내용으로 가장 옳지 않은 것은? [19 서울추채]

① 보건소는 매년 지역주민을 대상으로 지역사회 건강 실태조사를 실시한다.
② 보건소장은 관할 보건지소, 건강생활지원센터, 보건진료소의 직원 및 업무에 대하여 지도·감독한다.
③ 지역보건의료기관의 전문인력의 자질향상을 위한 기본교육훈련 기간은 1주이다.
④ 보건복지부장관은 지역보건의료기관의 기능을 수행하는 데 필요한 각종 자료 및 정보의 효율적 처리와 기록·관리 업무의 전자화를 위하여 지역보건의료정보 시스템을 구축·운영할 수 있다.

해설
지역보건의료기관의 전문인력의 자질향상을 위한 기본교육훈련 기간은 3주, 전문교육훈련은 1주이다.

043 「농어촌 등 보건의료를 위한 특별조치법 시행령」에 의한 보건진료 전담공무원의 의료행위 범위로 가장 옳은 것은? [18 서울]

① 암 환자의 진단 및 관리
② 고위험 임산부의 분만도움
③ 상병상태를 판별하기 위한 진찰·검사
④ 법정 감염병 환자의 요양지도 및 관리

해설
보건진료 전담공무원의 의료행위
(1) 상병(傷病)상태를 판별하기 위한 진찰·검사
(2) 환자의 이송
(3) 외상 등 흔히 볼 수 있는 환자의 치료 및 응급조치가 필요한 환자에 대한 응급처치
(4) 상병의 악화 방지를 위한 처치
(5) 만성병 환자의 요양지도 및 관리
(6) 정상분만 시의 분만도움
(7) 예방접종
(8) (1)부터 (7)까지의 의료행위에 따르는 의약품의 투여

정답 042 ③ 043 ③

044 다음의 특징을 가진 진료비 지불제도는?

[18 서울]

- 과잉진료 및 총 진료비 억제
- 행정적 업무절차의 간편
- 의료기관의 자발적 경영효율화 노력 기대
- 의료의 질적 저하 우려
- 질병군 분류정보 조작을 통한 부당 청구의 우려

① 인두제
② 봉급제
③ 포괄수가제
④ 총액예산제(총괄계약제)

해설

포괄수가제는 환자의 종류당 포괄보수단가를 설정하여 보상하는 방식으로, 질병별·요양일수별·환자 1인당 정해진 단가에 의해 경제적인 진료가 이루어지도록 유도한다.

포괄수가제의 장·단점

장점	단점
• 진료수행을 경제적으로 유도: 진료비에 대한 가격이 사전에 미리 결정되어 자원의 최소화 사용에 대한 동기를 부여 → 의료기관의 자발적 경영효율화 노력 기대 • 병원업무 및 진료의 표준화 • 예산 통제 가능성과 병원 생산성 증가 • 부분적으로 적용 가능 • 진료비 청구 및 지불심사의 간소화 → 행정적 업무절차의 간편 • 과잉진료 및 총 진료비 억제	• 질병군 분류정보 조작을 통한 부당 청구의 우려 • 서비스 최소화·규격화 • 행정적 간섭으로 의료행위의 자율성 감소 • 과소진료 및 합병증 발생 시 적용 곤란 • 의학적 신기술에 적용 어려움 → 의료의 질적 저하 우려 • 질병별로 명기된 기일 내에 일을 처리해야 한다는 긴장감이 의료과오에 대한 가능성을 높일 수 있음 • 이미 결정된 퇴원예정일 내에 모든 작업을 완수해야 하므로 간호사의 업무부담이 늘어날 수 있음 • 비용절감에 우선하여 간호의 질을 보장하기 어려움 • 비용절감으로 인해 간호사의 적절한 채용이 이루어지지 않을 수 있음

정답 044 ③

045 「지역보건법 및 동 시행령」상, 지역보건의료기관의 설치에 대한 설명으로 가장 옳은 것은? [18 서울]

① 보건소는 대통령령으로 정하는 기준에 따라 해당 지방자치단체의 조례로 정하여 설치한다.
② 동일한 시·군·구에 2개 이상의 보건소가 설치된 경우 대통령령으로 총괄 보건소를 지정하여 운영할 수 있다.
③ 건강생활지원센터는 읍·면·동(보건소가 설치된 읍·면·동을 포함한다.)마다 1개씩 설치할 수 있다.
④ 보건복지부장관은 행정안전부장관과 협의하여 보건소를 추가로 설치할 수 있다.

해설
② 동일한 시·군·구에 2개 이상의 보건소가 설치된 경우 해당 지방자치단체의 조례로 정하는 바에 따라 총괄 보건소를 지정하여 운영할 수 있다.
③ 건강생활지원센터는 읍·면·동(보건소가 설치된 읍·면·동은 제외)마다 1개씩 설치할 수 있다.
④ 해당 지방자치단체의 장은 보건복지부장관과 협의하여 보건소를 추가로 설치할 수 있다.

지방보건행정조직

구분	설치근거	설치기준
보건소	「지역보건법」 제10조 「동법 시행령」 제8조	• 지역주민의 건강을 증진하고 질병을 예방·관리하기 위하여 시·군·구에 1개소의 보건소(보건의료원을 포함함)를 설치한다. 다만, 시·군·구의 인구가 30만 명을 초과하는 등 지역주민의 보건의료를 위하여 특별히 필요하다고 인정되는 경우에는 대통령령으로 정하는 기준에 따라 해당 지방자치단체의 조례로 보건소를 추가로 설치할 수 있음 　보건소를 추가로 설치할 수 있는 경우 　1. 해당 시·군·구의 인구가 30만 명을 초과하는 경우 　2. 해당 시·군·구의 「보건의료기본법」에 따른 보건의료기관 현황 등 보건의료 여건과 아동·여성·노인·장애인 등 보건의료 취약계층의 보건의료 수요 등을 고려하여 보건소를 추가로 설치할 필요가 있다고 인정되는 경우 • 보건소를 추가로 설치하려는 경우에는 「지방자치법 시행령」 제73조에 따라 해당 지방자치단체의 장은 보건복지부장관과 미리 협의하여야 함 • 보건의료원: 병원의 요건을 갖춘 보건소 • 보건소장은 시장·군수·구청장의 지휘·감독을 받아 보건소의 업무를 관장하고 소속 공무원을 지휘·감독하며, 관할 보건지소, 건강생활지원센터 및 「농어촌 등 보건의료를 위한 특별조치법」 제2조 제4호에 따른 보건진료소의 직원 및 업무에 대하여 지도·감독
보건지소	「지역보건법」 제13조 「동법 시행령」 제10조	• 보건소의 업무수행을 위하여 필요하다고 인정하는 경우에는 대통령령으로 정하는 기준에 따라 해당 지방자치단체의 조례로 보건소의 지소를 설치 • 읍·면별 1개소(필요할 경우 시장·군수·구청장은 추가 및 통합지소 설치·운영) • 보건지소장은 보건소장의 지휘·감독을 받아 보건지소의 업무를 관장하고 소속 직원을 지휘·감독하며, 보건진료소의 직원 및 업무에 대하여 지도·감독
건강생활 지원센터	「지역보건법」 제14조 「동법 시행령」 제11조	• 보건소의 업무 중에서 특별히 지역주민의 만성질환 예방 및 건강한 생활습관 형성을 지원하는 건강생활지원센터를 대통령령으로 정하는 기준에 따라 해당 지방자치단체의 조례로 설치 • 읍·면·동(보건소가 설치된 읍·면·동은 제외한다)마다 1개씩 설치 • 건강생활지원센터장은 보건소장의 지휘·감독을 받아 건강생활지원센터의 업무를 관장하고 소속 직원을 지휘·감독
보건 진료소	「농어촌 등 보건의료를 위한 특별조치법」 제15조 「동법 시행규칙」 제17조	• 시장[도농복합형태(都農複合形態)의 시의 시장을 말하며, 읍·면 지역에서 보건진료소를 설치·운영하는 경우만 해당] 또는 군수는 보건의료 취약지역의 주민에게 보건의료를 제공하기 위하여 보건진료소를 설치·운영 • 의료 취약지역은 인구 5천 명 미만을 기준으로 구분한 하나 또는 여러 개의 리·동을 관할구역으로 하여 주민이 편리하게 이용할 수 있는 장소에 설치

정답 045 ①

046 세계보건기구(WHO)에서 채택한 일차보건의료의 필수 사업에 해당하는 것을 다음에서 모두 고른 것은?　　　[18 서울]

> ㄱ. 필수 의약품의 공급
> ㄴ. 안전한 응급의료체계
> ㄷ. 가족계획을 포함한 모자보건
> ㄹ. 지방 풍토병 예방과 관리
> ㅁ. 만연한 보건의료문제에 대한 교육과 그 문제의 예방과 관리

① ㄱ, ㄴ, ㄷ
② ㄱ, ㄷ, ㅁ
③ ㄱ, ㄷ, ㄹ, ㅁ
④ ㄱ, ㄴ, ㄷ, ㄹ, ㅁ

해설

일차보건의료의 내용
(1) 만연한 보건의료 문제에 대한 교육과 그 문제의 예방과 관리
(2) 식량공급과 영양증진
(3) 안전한 식수 제공과 기본 환경위생 관리
(4) 가족계획을 포함한 모자보건
(5) 주요 감염병에 대한 면역 수준 증강(예방접종)
(6) 그 지역 지방병(풍토병) 예방과 관리
(7) 흔한 질병과 상해에 대한 적절한 치료(통상질환에 대한 기초적 진료)
(8) 필수(기본)의약품의 공급
(9) 정신보건의 증진 또는 심신장애자의 사회의학적 치료(추후에 추가된 항목)

047 질병군별 포괄수가제에 대한 설명으로 옳지 않은 것은?　　　[18 지방]

① 진료의 표준화를 유도할 수 있다.
② 과잉진료 및 진료비 억제의 효과가 있다.
③ 진료비 청구를 위한 행정 사무가 간편하다.
④ 의료인의 자율성을 보장하여 양질의 서비스 제공이 가능하다.

해설

의료인의 자율성 보장과 양질의 서비스 제공은 '행위별수가제'에 해당된다.

포괄수가제의 장·단점

포괄수가제는 환자의 종류당 포괄보수단가를 설정하여 보상하는 방식으로, 질병별·요양일수별·환자 1인당 정해진 단가에 의해 경제적인 진료가 이루어지도록 유도한다.

장점	단점
• 진료수행을 경제적으로 유도: 진료비에 대한 가격이 사전에 미리 결정되어 자원의 최소화 사용에 대한 동기를 부여 → 의료기관의 자발적 경영효율화 노력 기대 • 병원업무 및 진료의 표준화 • 예산 통제 가능성과 병원 생산성 증가 • 부분적으로 적용 가능 • 진료비 청구 및 지불심사의 간소화 → 행정적 업무절차의 간편 • 과잉진료 및 총 진료비 억제	• 질병군 분류정보 조작을 통한 부당 청구의 우려 • 서비스 최소화·규격화 • 행정적 간섭으로 의료행위의 자율성 감소 • 과소진료 및 합병증 발생 시 적용 곤란 • 의학적 신기술에 적용 어려움 → 의료의 질적 저하 우려 • 질병별로 명시된 기일 내에 일을 처리해야 한다는 긴장감이 의료과오에 대한 가능성을 높일 수 있음 • 이미 결정된 퇴원예정일 내에 모든 작업을 완수해야 하므로 간호사의 업무부담이 늘어날 수 있음 • 비용절감에 우선하여 간호의 질을 보장하기 어려움 • 비용절감으로 인해 간호사의 적절한 채용이 이루어지지 않을 수 있음

정답　046 ③　047 ④

048 우리나라 의료보장제도에 대한 설명으로 옳은 것은?
[18 지방]

① 1977년 전 국민 의료보험이 실시되었다.
② 국민건강보험 가입은 국민의 자발적 의사에 따라 선택한다.
③ 사회보험 방식의 국민건강보험과 공공부조 방식의 의료급여제도를 운영하고 있다.
④ 국민건강보험 적용대상자는 직장가입자, 지역가입자와 피부양자, 의료급여 수급권자이다.

해설
① 1989년 전 국민 의료보험이 실시되었다.
② 국민건강보험 가입은 본인의 의사에 관계없이 누구나 의무적으로 강제 적용된다.
④ 국민건강보험 적용대상자는 직장가입자, 지역가입자와 피부양자이다.

049 지역주민의 건강증진을 위하여 '지역보건의료계획'을 수립하고 시행하도록 한 근거가 되는 법은?
[18 지방]

① 「보건소법」
② 「지역보건법」
③ 「국민건강보험법」
④ 「국민건강증진법」

해설
특별시장·광역시장·도지사 또는 특별자치시장·특별자치도지사·시장·군수·구청장은 지역주민의 건강 증진을 위하여 지역보건의료계획을 4년마다 수립하여야 한다(「지역보건법」 제7조).

정답 048 ③ 049 ②

050 「지역보건법」상 보건소의 기능 및 업무에 해당하지 않는 것은? [18 지방]

① 보건의료 관련기관·단체, 학교, 직장 등과의 협력체계 구축
② 국민건강증진·구강건강·영양관리사업 및 보건교육
③ 정신건강증진 및 생명존중에 관한 사항
④ 기후변화에 따른 국민건강영향평가

해설

보건소의 기능 및 업무(「지역보건법」 제11조)
1. 건강 친화적인 지역사회 여건의 조성
2. 지역보건의료정책의 기획, 조사·연구 및 평가
   - 지역보건의료계획 등 보건의료 및 건강증진에 관한 중장기 계획 및 실행계획의 수립·시행 및 평가에 관한 사항
   - 지역사회 건강실태조사 등 보건의료 및 건강증진에 관한 조사·연구에 관한 사항
   - 보건에 관한 실험 또는 검사에 관한 사항
3. 보건의료인 및 보건의료기관 등에 대한 지도·관리·육성과 국민보건 향상을 위한 지도·관리
   - 의료인 및 의료기관에 대한 지도 등에 관한 사항
   - 의료기사·보건의료정보관리사 및 안경사에 대한 지도 등에 관한 사항
   - 응급의료에 관한 사항
   - 「농어촌 등 보건의료를 위한 특별조치법」에 따른 공중보건의사, 보건진료 전담공무원 및 보건진료소에 대한 지도 등에 관한 사항
   - 약사에 관한 사항과 마약·항정신성의약품의 관리에 관한 사항
   - 공중위생 및 식품위생에 관한 사항
4. 보건의료 관련 기관·단체, 학교, 직장 등과의 협력체계 구축
5. 지역주민의 건강증진 및 질병예방·관리를 위한 다음 각 목의 지역보건의료서비스의 제공
   - 국민건강증진·구강건강·영양관리사업 및 보건교육
   - 감염병의 예방 및 관리
   - 모성과 영유아의 건강유지·증진
   - 여성·노인·장애인 등 보건의료 취약계층의 건강유지·증진
   - 정신건강증진 및 생명존중에 관한 사항
   - 지역주민에 대한 진료, 건강검진 및 만성질환 등의 질병관리에 관한 사항
   - 가정 및 사회복지시설 등을 방문하여 행하는 보건의료 및 건강관리사업
   - 난임의 예방 및 관리(의료취약지의 보건소는 난임시술 주사제 투약에 관한 지원 및 정보 제공 시행)

정답 050 ④

051 보건의료체계의 특성 중 괄호 안에 들어갈 내용으로 옳은 것은?

[17 지방추채]

> 자유방임형과 사회주의형 보건의료체계를 비교하였을 때, (   )은(는) 사회주의형보다 자유방임형 보건의료체계에서 일반적으로 높다.

① 의료서비스 수혜의 형평성
② 의료서비스의 균등 분포
③ 의료서비스의 포괄성
④ 의료서비스 선택의 자유

해설

① 의료서비스 수혜의 형평성: 자유방임형 < 사회주의형
② 의료서비스의 균등 분포: 자유방임형 < 사회주의형
③ 의료서비스의 포괄성: 자유방임형 < 사회주의형

보건의료서비스 제공체계 유형별 장단점 비교

기준	자유방임형(미국)	사회보장형(영국)	사회주의형(중국)
의료서비스의 질	+ +	+	-
의료서비스의 포괄성	-	+ +	+
의료자원의 효율성	-	+ +	+
의료자원의 균등한 배분	-	+ +	+ +
의료서비스 선택의 자유	+ +	+	-
의료전달의 체계화	-	+ +	+ +
질병의 예방	-	+ +	+ +
의료서비스 수혜의 형평성	-	+ +	+ +
의료비 절감	-	+ +	+ +
의료조직의 관리 통제	-	+ +	+ +

+ +: 매우 바람직함, +: 바람직함, -: 바람직하지 못함.

정답 051 ④

052 세계보건기구(WHO)에서 제시한 일차보건의료 접근법에 대한 설명으로 옳지 않은 것은?

[17 지방추채]

① 지역사회의 능동적, 적극적 참여가 이루어지도록 한다.
② 지역사회가 쉽게 받아들일 수 있는 방법으로 사업이 제공되어야 한다.
③ 지역적, 지리적, 경제적, 사회적 요인으로 인하여 이용에 차별이 있어서는 안 된다.
④ 국가에서 제공하는 보건의료서비스이므로 무상으로 제공하는 것을 원칙으로 한다.

해설
보건의료사업은 국가나 지역사회가 재정적으로 부담할 수 있는 방법으로 지역사회의 지불능력에 맞는 보건의료수가로 제공되어야 한다.

---

053 「지역보건법」상 보건소의 기능 및 업무 중 '지역주민의 건강증진 및 질병예방·관리를 위한 지역보건의료서비스 제공'에 포함되지 않는 것은?

[17 지방추채]

① 감염병의 예방 및 관리
② 모성과 영유아의 건강유지·증진
③ 건강친화적인 지역사회 여건 조성
④ 가정 및 사회복지시설 등을 방문하여 행하는 보건의료사업

해설
"건강친화적인 지역사회 여건 조성"은 보건소의 기능 및 업무 중 하나이긴 하나, "지역주민의 건강증진 및 질병예방·관리를 위한 지역보건의료서비스의 제공" 속 하부 항목에는 포함되지 않는다.

> **보건소의 기능 및 업무(「지역보건법」 제11조)**
> ① 보건소는 해당 지방자치단체의 관할 구역에서 다음 각 호의 기능 및 업무를 수행한다.
>   1. 건강 친화적인 지역사회 여건의 조성
>   2. 지역보건의료정책의 기획, 조사·연구 및 평가
>   3. 보건의료인 및 「보건의료기본법」 제3조제4호에 따른 보건의료기관 등에 대한 지도·관리·육성과 국민보건 향상을 위한 지도·관리
>   4. 보건의료 관련기관·단체, 학교, 직장 등과의 협력체계 구축
>   5. 지역주민의 건강증진 및 질병예방·관리를 위한 다음 각 목의 지역보건의료서비스의 제공
>   가. 국민건강증진·구강건강·영양관리사업 및 보건교육
>   나. 감염병의 예방 및 관리
>   다. 모성과 영유아의 건강유지·증진
>   라. 여성·노인·장애인 등 보건의료 취약계층의 건강유지·증진
>   마. 정신건강증진 및 생명존중에 관한 사항
>   바. 지역주민에 대한 진료, 건강검진 및 만성질환 등의 질병관리에 관한 사항
>   사. 가정 및 사회복지시설 등을 방문하여 행하는 보건의료 및 건강관리사업
>   아. 난임의 예방 및 관리
> ② 보건복지부장관이 지정하여 고시하는 의료취약지의 보건소는 제1항제5호아목 중 대통령령으로 정하는 업무를 수행할 수 있다.
> ③ 제1항 및 제2항에 따른 보건소 기능 및 업무 등에 관하여 필요한 세부 사항은 대통령령으로 정한다.

정답 052 ④ 053 ③

054 보건소에 대한 설명으로 옳은 것은? [17 지방]

① 「보건의료기본법」에 따라 시·군·구별로 1개씩 설치한다.
② 보건복지부로부터 인력과 예산을 지원받는다.
③ 매 5년마다 지역보건의료계획을 수립한다.
④ 관할 구역 내 보건의료기관을 지도 및 관리한다.

해설
① 「지역보건법」에 따라 시·군·구별로 1개씩 설치한다.
② 행정안전부로부터 인력과 예산을 지원받는다.
③ 매 4년마다 지역보건의료계획을 수립한다.

055 「의료급여법」상 수급권자에 해당하지 않는 사람은? [17 지방]

① 「재해구호법」에 따른 이재민으로서 보건복지부장관이 의료급여가 필요하다고 인정한 사람
② 「의사상자 등 예우 및 지원에 관한 법률」에 따라 의료급여를 받는 사람
③ 「입양특례법」에 따라 국내에 입양된 20세 미만의 아동
④ 「국민기초생활 보장법」에 따른 의료급여 수급자

해설
「의료급여법」상 수급권자에 해당하는 자는 「입양특례법」에 따라 국내에 입양된 18세 미만의 아동이다.

> **의료급여 수급권자(「의료급여법」 제3조)**
> ① 이 법에 따른 수급권자는 다음 각 호와 같다.
>   1. 「국민기초생활 보장법」에 따른 의료급여 수급자
>   2. 「재해구호법」에 따른 이재민으로서 보건복지부장관이 의료급여가 필요하다고 인정한 사람
>   3. 「의사상자 등 예우 및 지원에 관한 법률」에 따라 의료급여를 받는 사람
>   4. 「입양특례법」에 따라 국내에 입양된 18세 미만의 아동
>   5. 「독립유공자예우에 관한 법률」, 「국가유공자 등 예우 및 지원에 관한 법률」 및 「보훈보상대상자 지원에 관한 법률」의 적용을 받고 있는 사람과 그 가족으로서 국가보훈부장관이 의료급여가 필요하다고 추천한 사람 중에서 보건복지부장관이 의료급여가 필요하다고 인정한 사람
>   6. 「무형유산의 보전 및 진흥에 관한 법률」에 따라 지정된 국가무형유산의 보유자(명예보유자를 포함한다)와 그 가족으로서 국가유산청장이 의료급여가 필요하다고 추천한 사람 중에서 보건복지부장관이 의료급여가 필요하다고 인정한 사람
>   7. 「북한이탈주민의 보호 및 정착지원에 관한 법률」의 적용을 받고 있는 사람과 그 가족으로서 보건복지부장관이 의료급여가 필요하다고 인정한 사람
>   8. 「5·18민주화운동 관련자 보상 등에 관한 법률」 제8조에 따라 보상금등을 받은 사람과 그 가족으로서 보건복지부장관이 의료급여가 필요하다고 인정한 사람
>   9. 「노숙인 등의 복지 및 자립지원에 관한 법률」에 따른 노숙인 등으로서 보건복지부장관이 의료급여가 필요하다고 인정한 사람
>   10. 그 밖에 생활유지 능력이 없거나 생활이 어려운 사람으로서 대통령령으로 정하는 사람
>   1. 일정한 거소가 없는 사람으로서 경찰관서에서 무연고자로 확인된 사람
>   2. 그 밖에 보건복지부령으로 정하는 사람

정답 054 ④ 055 ③

056 「의료법」상 의료기관에 대한 설명으로 옳지 않은 것은? [17 지방]

① 의료기관은 의원급 의료기관, 조산원, 병원급 의료기관으로 구분한다.
② 전문병원 지정은 병원급 의료기관을 대상으로 한다.
③ 상급종합병원은 20개 이상의 진료과목을 갖추어야 한다.
④ 종합병원은 300개 이상의 병상을 갖추어야 한다.

해설
종합병원은 100개 이상의 병상을 갖추어야 한다.

의료기관 분류

의료기관		병상수	진료과목/특이사항	대상	개설방법
의원급	의원	-		외래환자	시장·군수·구청장 신고
	한의원				
	치과의원				
조산원		-	지도의사를 정해야 함	조산과 임산부 및 신생아	
병원급	병원, 한방병원	30병상 이상		입원환자	시·도 의료기관 개설위원회 심의 → 시·도지사 허가
	요양병원	30요양병상 이상			
	정신병원	50병상 이상			
	치과병원	제한없음			
	종합병원	100병상 이상 ~300병상 이하	진료과목 7개 이상 (내과, 외과, 소아청소년과, 산부인과 중 3개 진료과목+영상의학과, 마취통증의학과와 진단검사의학과 또는 병리과를 포함한 7개 이상)		
		300병상 초과	진료과목 9개 이상 (내과, 외과, 소아청소년과, 산부인과, 영상의학과, 마취통증의학과, 진단검사의학과 또는 병리과, 정신건강의학과 및 치과를 포함한 9개 이상)		
	상급종합병원	300병상 초과	• 진료과목 20개 이상 • 전문의 수련기관 • 3년마다 평가를 통해 재지정		

057 세계보건기구(WHO)는 일차보건의료의 접근에 대하여 4개의 필수요소를 제시하였다. 다음 중 이에 해당되지 않은 것은? [16 서울]

① 접근성(Accessible)
② 달성가능성(Achievable)
③ 주민의 참여(Available)
④ 지불부담능력(Affordable)

해설
세계보건기구(WHO)가 제시한 일차보건의료의 필수요소 4A는 접근성(Accessible), 수용가능성(Acceptable), 주민참여(Available), 지불부담능력(Affordable)이다.

정답 056 ④ 057 ②

058 우리나라에서 일차보건의료사업에 대한 법적근거를 마련하고 보건진료 전담공무원을 양성하는 계기가 된 것은? [16 서울]

① 라론드 보고서
② 오타와 선언
③ 알마아타 선언
④ 몬트리올 의정서

해설
1978년 세계보건기구(WHO)와 UNICEF는 구소련 알마아타에서 공동으로 국제회의를 개최하여 '건강은 인간의 기본권이고, 건강의 향상은 사회개발의 최우선 목표이며, 이러한 목표는 일차보건의료를 통해 달성되어야 함'을 결의하고 'Health for All by the Year 2000'이라는 슬로건을 보건목표로 선언하였다.

059 2015년 5월 18일 개정된 「지역보건법」상 보건소의 기능 및 업무 중 주민의 건강증진 및 질병예방과 관리를 위한 지역 보건의료서비스에 해당하는 것은? [16 서울]

① 급성질환의 질병관리에 관한 사항
② 생활습관 개선 및 건강생활 실천에 관한 사항
③ 보건에 관한 실험 또는 검사에 관한 사항
④ 정신건강증진 및 생명존중에 관한 사항

해설
지역주민의 건강증진 및 질병예방·관리를 위한 지역보건의료서비스의 제공
- 국민건강증진·구강건강·영양관리사업 및 보건교육
- 감염병의 예방 및 관리
- 모성과 영유아의 건강유지·증진
- 여성·노인·장애인 등 보건의료 취약계층의 건강유지·증진
- 정신건강증진 및 생명존중에 관한 사항
- 지역주민에 대한 진료, 건강검진 및 만성질환 등의 질병관리에 관한 사항
- 가정 및 사회복지시설 등을 방문하여 행하는 보건의료 및 건강관리사업
- 난임의 예방 및 관리

정답 058 ③　059 ④

060 프라이(Fry)의 국가보건 의료체계 유형 중 자유방임형에 대한 설명으로 옳은 것은?

[16 지방]

① 의료자원의 효율적 활용으로 지역 간에 균형적 의료발전이 가능하다.
② 정부 주도로 운영되므로 예방 중심의 질병관리가 가능하다.
③ 정부의 통제와 간섭으로 의료서비스의 질이 대체적으로 낮은 편이다.
④ 의료기관의 선택이 자유롭고 의료인의 재량권이 부여되어 있다.

해설

자유방임형은 의료서비스의 제공이 민간부문에 의하여 자율적으로 이루어지는 형태로 정부의 통제나 간섭이 최소화되고, 소비자가 스스로 판단하여 의료기관을 제약 없이 이용할 수 있는 체계로 '무제도의 제도'라고도 한다.
① 자원 및 의료수준의 불균형적인 분포로 지역에 따른 의료이용에 차별이 있다.
② 민간 주도로 운영되므로 예방 중심의 질병관리가 부족하다.
③ 정부의 통제와 간섭이 거의 없고 의료서비스의 질이 대체적으로 높은 편이다.

프라이(J. Fry)의 보건의료전달체계 유형

유형	개념	장점	단점
자유 방임형	• 의료서비스의 제공이 민간부문에 의하여 자율적으로 이루어지는 형태로 정부의 통제나 간섭이 최소화되고, 소비자가 스스로 판단하여 의료기관을 제약없이 이용할 수 있는 체계로 '무제도의 제도'라고도 한다. • 행위별수가제 채택 / 의료의 개인책임주의 / 전문의 진료 • 미국을 중심으로 독일, 프랑스, 한국, 일본 등이 이 유형에 속한다.	• 국민이 자유롭게 의사와 의료기관을 선택 • 공급자측의 경쟁에 따른 보건의료서비스 수준의 향상으로 의학이 발달 • 의료기관 간의 자유경쟁에 따른 효율적 운영 • 의료인의 재량권을 보장하여 의료서비스의 질 향상	• 자원 및 의료수준의 불균형적인 분포로 지역에 따른 의료이용에 차별 • 정부 간섭과 통제의 한계로 의료자원의 비효율적인 활용과 중복에 따른 자원의 낭비 • 제약 없는 의료서비스 이용으로 개인과 국가의 의료비 부담 가중
사회 보장형	• 개인의 자유는 존중하되 정부가 보건의료서비스를 기획, 총괄하여 보건의료자원의 효율적 활용을 유도하고 의료기능의 분담이 지역화되어 있는 방식으로 국민 전체에게 조세에 의한 의료서비스를 제공하므로 누구나 의료서비스를 받을 수 있다. • 국민보건서비스형 / 인두제 채택 / 예방의학 강조 • 영국, 호주, 뉴질랜드, 북유럽 국가 등이 여기에 속하며 치료보다 예방을 중시한다.	• 보건의료서비스의 혜택이 국민 전체에게 균등하게 보장되며, 공공재로서 보건의료 개념이 구현 • 자유경쟁으로 인한 자원낭비 방지와 의료이용과 의료비 통제 가능	• 의료수준의 저하 및 효율성 저하 • 행정의 경직성과 복잡성(관료주의적 병폐) • 조세를 통한 의료서비스 제공으로 국가 재정 부담 가중 • 정부 재정상태 변동에 따른 불안정
사회 주의형	• 개인의 의료서비스 이용의 선택이 제한되고, 보건의료자원의 배분, 기획을 중앙정부가 직접 관여하여 형평성을 높이는 방식 • 중국, 북한 등 공산주의 국가에서 채택하고 있다.	• 효율적인 의료자원의 할당으로 의료산업의 독점자본주의화 방지 • 보건의료서비스 이용의 차별 및 경제적 곤란성 제거 • 중앙집권화로 의료체제에 대한 관리와 통제의 용이	• 국민의 보건의료서비스 이용의 자유선택권 박탈 • 의료수준 침체 및 의료인의 사기 저하로 의료의 질 저하

정답 060 ④

061 우리나라 보건행정 조직에 대한 설명으로 옳은 것은? [16 지방]

① 「지역보건법 시행령」상 보건지소는 읍, 면(보건소가 설치된 읍, 면은 제외한다.)마다 1개씩 설치할 수 있다. 다만, 지역주민의 보건의료를 위하여 특별히 필요하다고 인정되는 경우에는 필요한 지역에 보건지소를 설치, 운영하거나 여러 개의 보건지소를 통합하여 설치, 운영할 수 있다.
② 보건복지부는 국민의 보건 향상과 사회복지 증진을 위한 중앙행정조직으로 보건소에 대한 인사권과 예산권을 가지고 있다.
③ 「지역보건법」상 지역주민의 건강을 증진하고 질병을 예방, 관리하기 위하여 시·군·구에 보건복지부령으로 정하는 기준에 따라 해당 지방자치단체의 조례로 보건소(보건의료원을 포함한다.)를 설치한다.
④ 「농어촌 등 보건의료를 위한 특별조치법」상 보건진료 전담 공무원의 자격은 의사면허를 가진 사람이어야 한다.

해설

② 보건복지부는 지방보건행정조직에 대한 인사권, 예산집행권이 없는 정책결정기관으로서 기술지원만을 담당하고 있다.
③ 지역주민의 건강을 증진하고 질병을 예방·관리하기 위하여 시·군·구에 1개소의 보건소(보건의료원을 포함한다. 이하 같다)를 설치한다. 다만, 시·군·구의 인구가 30만 명을 초과하는 등 지역주민의 보건의료를 위하여 특별히 필요하다고 인정되는 경우에는 대통령령으로 정하는 기준에 따라 해당 지방자치단체의 조례로 보건소를 추가로 설치할 수 있다.
④ 「농어촌 등 보건의료를 위한 특별조치법」상 보건진료 전담 공무원의 자격은 간호사 및 조산사 면허를 가진 자로 보건복지부령이 정하는 24주 이상의 교육을 받은 자이다.

정답 061 ①

062 ★★★

보건소에 근무하는 K공무원은 「지역보건법」에 의거하여 보건의료계획을 수립하려고 한다. K가 고려해야 할 사항으로 옳은 것은? [15 서울]

① 시장·군수·구청장은 당해 시·군·구의 지역보건의료계획 또는 그 연차별 시행 계획의 시행결과를 매 시행연도 다음 해 2월 말까지 보건복지부장관에게 제출해야 한다.
② 시·도지사 또는 시장·군수·구청장은 지역보건의료계획을 수립하는 경우에 그 주요 내용을 1주 이상 공고한 후 공청회를 실시하여 지역주민의 의견을 수렴하여야 한다.
③ 시·도지사 또는 시장·군수·구청장은 지역보건의료계획을 매 5년마다 수립하여야 한다.
④ 지역보건의료계획 및 그 연차별 시행 계획의 제출시기는 시장·군수·구청장의 경우에는 계획시행 연도 1월 31일까지 해야 한다.

해설

지역보건의료계획
① 시장·군수·구청장은 법 제7조제3항에 따라 지역보건의료계획(연차별 시행계획을 포함한다.)을 계획 시행연도 1월 31일까지 시·도지사에게 제출하여야 한다. 시·도지사는 법 제7조제4항에 따라 지역보건의료계획을 계획 시행연도 2월 말일까지 보건복지부장관에게 제출하여야 한다.
② 시·도지사 또는 시장·군수·구청장은 지역보건의료계획을 수립하는 경우에 그 주요 내용을 2주 이상 공고한 후 공청회를 실시하여 지역주민의 의견을 수렴하여야 한다.
③ 시·도지사 또는 시장·군수·구청장은 지역보건의료계획을 매 4년마다 수립하여야 한다.

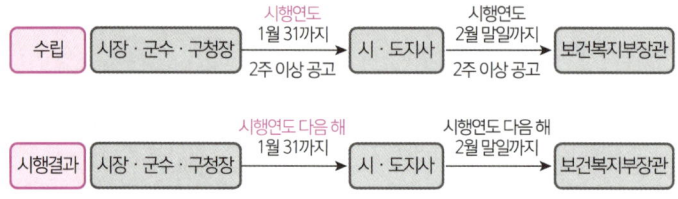

정답 062 ④

063 우리나라 보건소에 대한 설명으로 옳은 것은? [15 서울]

① 보건소 설치의 목적은 국민에게 건강에 대한 가치와 책임의식을 함양하도록 건강에 관한 바른 지식을 보급하고 스스로 건강생활을 실천할 수 있는 여건을 조성함으로써 국민의 건강을 증진함을 목적으로 하고 있다.
② 우리나라 최초의 보건소는 경성보건소로 1925년 설치되었으나 일본의 형식적인 공공보건정책으로 유명무실하게 운영되었다.
③ 「보건소법」은 1956년 처음으로 제정되었으며, 이후 인구 구조 및 질병 구조의 변화, 국민소득 수준의 향상 등으로 기능을 강화해야 할 필요성이 커지면서 1991년 「지역보건법」으로 전면 개편되었다.
④ 1977년 의료보호제도가 실시되면서 보건소는 일차보건 의료기관으로 지정되어 의료보호(현 의료급여) 대상자들에게 의료사업을 제공하기 시작하였다.

해설
① 「국민건강증진법」의 목적이다.
② 우리나라 보건소는 1946년에 처음으로 설치·운영되었다.
③ 「보건소법」은 1956년 처음으로 제정되었으며, 1995년 「지역보건법」으로 전면 개편되었다.

064 보건복지부는 2015년 국민의 건강한 삶을 보장하기 위한 의료비 부담경감 방안으로 4대 중증질환 환자 부담 감소를 위한 급여 항목을 추가하였다. 해당 질환이 아닌 것은? [15 서울]

① 암 ② 치매
③ 심장질환 ④ 뇌혈관질환

해설

4대 중증질환 보장 강화 계획
(1) 해당 질환: 암, 심장질환, 뇌혈관질환, 희귀난치성질환
(2) 의학적 타당성, 사회적 요구도 및 재정적 지속가능성 등을 고려하여 보험 적용을 확대
  ① 필수급여: 의학적으로 필요한 필수의료를 모두 급여화
  ② 선별급여: 비용 효과성 등은 미흡하지만 의학적 필요가 있는 의료는 선별급여를 적용하되, 본인 부담 상향조정 등을 통해 재정적 지속 가능성 유지
  ③ 비급여: 미용, 성형 등 치료와 무관한 의료는 비급여 존속

정답 063 ④ 064 ②

065 우리나라 보건행정체계의 특징으로 옳지 않은 것은? [15 지방]

① 치료 위주의 의료서비스 제공으로 인하여 포괄적 의료서비스 제공이 부족하다.
② 의료기관의 90% 이상은 민간부문이 차지하고 있고, 공공부문의 비중은 매우 취약하다.
③ 의료기관과 의료인력이 농촌에 비해 도시에 집중되어 있다.
④ 보건의료의 관장 부서가 일원화되어 있어 효율적 관리가 가능하다.

해설
보건의료분야의 관장부서가 다원화되어 보건복지부, 교육부, 행정안전부, 국방부, 고용노동부 등에 보건의료의 기획과 집행, 책임과 권한이 분산되어 있다.

066 다음에 해당하는 진료비 지불 제도는? [15 지방]

- 총 진료비 억제와 과잉 진료에 대한 자율적 억제가 가능하다.
- 매년 진료비 계약을 둘러싼 교섭의 어려움으로 의료제공의 혼란을 초래할 우려가 있고 새로운 기술의 도입이 지연될 수 있다.

① 행위별수가제
② 포괄수가제
③ 총액계약제
④ 인두제

해설

총액계약제(negotiation system)
(1) 지불자 측과 진료자 측이 진료보수 총액에 대한 계약을 사전에 체결하고, 계약된 총액범위 내에서 의료서비스를 이용하는 제도이다.
(2) 독일 등에서 채택하는 방식으로 보험자와 계약을 체결한 병원은 의료서비스 제공 후 계약에 따라 보험자가 지불한 금액에 대해 각 의사들에게 진료량에 비례하여 배분한다.
(3) 총액계약제의 장·단점

장점	단점
• 과잉진료 및 과잉청구 감소	• 보험자 및 의사단체 간 계약체결이 어려움
• 진료비 심사 및 조정과 관련된 공급자 불만 감소	• 의료공급자단체의 독점으로 인한 폐해
• 의료비 지출의 사전예측 가능	• 전문과목별, 요양기관별로 진료비 배분시 갈등발생
• 보험재정의 안정적 운영	• 신기술개발 및 도입, 의료의 질 향상을 위한 동기 저하
• 의료공급자의 자율적 규제 가능	• 의료의 질 관리의 어려움
	• 과소진료의 가능성

정답 065 ④ 066 ③

067 「지역보건법」상 지역보건의료계획에 대한 설명으로 옳지 않은 것은?

[15 지방]

① 지역주민, 보건의료관련기관·단체 전문가의 의견을 반영하여 수립한다.
② 보건복지부에서 수립된 계획안이 시·도와 시·군·구에 전달된다.
③ 보건의료수요 측정, 보건의료에 관한 장·단기 공급대책, 인력 조직, 재정 등의 사항이 포함된다.
④ 지역보건의료계획은 4년마다 수립하여야 한다.

해설

시장·군수·구청장은 지역보건의료계획을 매 4년마다 수립하여 해당 시·군·구의 회에 보고하고 시·도지사에게 제출하며, 이를 검토한 후 **보건복지부장관에게 최종적으로 제출**하여야 한다.

068 우리나라 국민의료비에 대한 설명으로 옳지 않은 것은?

[15 지방]

① 국민의료비 중 공공재원의 비율이 OECD의 평균에 못미치는 수준이다.
② 인구의 고령화와 만성퇴행성 질환의 증가로 국민의료비가 증가하고 있다.
③ 국민의료비 상승 속도는 일반 경제 규모 확대 속도보다 빠르게 증가하고 있다.
④ 건강보험 보장성 확대를 통해 국민의료비 증가를 억제할 수 있다.

해설

건강보험 보장성 확대는 이용객 및 이용횟수의 증가를 불러와 **국민의료비가 증가**한다.

🔍 국민의료비 증가요인

소비 영역	• 노령화: 노인인구 증가, 만성 질환 비율 증가로 인한 노인진료비 급증 • 핵가족화: 가족지지체계에서 사회적 지지체계로의 전환에 따른 사회부담 증가 • 소비자주의 강화: 보건의료 서비스 요구수준과 범위 확대, 의료 수요에 대한 다양한 요구 반영 • 사회보장의 양적·질적 확대: 건강보험을 포함한 의료보장과 사회보장의 확대, 의료 보장성 확대 • 소득수준의 향상: 소득이 증가하면 수요가 증가하는 서비스(우량재)에 속함 • 의료의 접근성 향상: 의료의 접근성이 향상되면 의료비 증가 • 의료공급자에 의한 수요증가: 소비자의 무지를 이용한 의료공급자의 유인수요가 많으면 의료수요 증가
공급 영역	• 과학기술 발달: 첨단 고가 의료장비 도입 확대 • 공급자 수 증가: 보건의료서비스 제공자 수의 급격한 증가 • 의료시장 및 개방 압력 증가: 의료기관 영리추구 가속화, 고가약품, 장비, 서비스의 유인, 민간보험 영향력 강화 • 전문주의 강화: 전문가집단의 정치력 확대
조정 영역	• 지불보상제도의 변화: 행위별수가제와 같은 사후결정방식은 과잉진료를 유발하여 의료비 증가 • 보건의료체계의 변화: 자유방임형 보건의료체계는 치료중심의 민간의료가 발달하여 의료비 증가 • 의료의 공정성: 의료의 공정성과 공공보건의료의 기능이 취약할수록 의료비 증가

국민의료비 억제방안

단기 방안	수요측	• 본인부담률 인상 • 보험급여 범위 확대를 억제하여 의료에 대한 과잉수요를 줄임.
	공급측	• 의료수가 상승 억제 • 고가의료기술의 도입과 사용 억제 및 도입된 장비의 공동사용 방안 등을 강구하여 의료비 증가폭을 줄임. • 효율적 관리운영으로 의료비 상승 억제
장기 방안		• **지불보상제도의 개편**: 행위별 수가제는 사후 의료비 지불제도로 과잉진료 등으로 인한 의료비 및 급여 증가를 가속화하는 가장 큰 원인이 되고 있다. 사전결정방식의 형태로 개편할 필요성이 있다. • **의료전달체계의 확립**: 공공부문 의료서비스의 확대, 의료의 사회화와 공공성 확대로 안정적인 의료수가 수준을 유지하는 것이 필요하다. • **다양한 의료대체서비스, 인력개발 및 활용**: 지역사회간호센터, 가정간호, 호스피스, 낮병동, 너싱홈, 재활센터, 정신건강복지센터 등 대체의료기관과 서비스 개발 및 활용. 보건진료원, 전문간호사제도, 정신건강전문요원 등 다양한 보건의료전문가 양성으로 효율적인 인력관리를 통해 의료비 억제효과를 얻게 하는 것이 필요하다.

069 2000년 9월 UN 새천년 정상회의에서 국제협력 활동을 통합적으로 진행하기 위해 채택된 UN의 "새천년개발목표"에 해당하는 것은? [14 서울]

① 암 발생률 감소
② 노인보건의 향상
③ 대기오염의 감소
④ 모성보건의 개선
⑤ 만성퇴행성질환의 감소

해설
선진국과 후진국 모두 공통되는 보건문제는 모성보건의 개선이다.
①, ②, ③, ⑤는 주로 선진국의 보건 문제에 해당된다.

UN의 새천년개발목표(Millennium Development Goals)

(1) 새천년개발목표의 개요
2000년 9월 뉴욕 국제연합 본부에서 개최된 밀레니엄 정상회의(Millennium Summit)에서 채택된 빈곤 타파에 관한 범세계적인 의제이다. 당시에 참가했던 191개의 국제연합 참여국은 2015년까지 빈곤의 감소, 보건, 교육의 개선, 환경보호에 관해 지정된 8가지 목표를 실천하는 것에 동의하였다.

(2) 새천년개발목표 8가지
① 절대빈곤과 기아 퇴치
② 보편적 초등교육 확대 실시
③ 양성평등 및 여성 권익 신장
④ 유아 사망률 감소
⑤ 임산부 건강 개선(모성보건의 개선)
⑥ HIV/에이즈, 말라리아, 기타 질병 퇴치
⑦ 지속 가능한 환경 보호
⑧ 개발을 위한 전 세계적 협력 구축

정답 067 ② 068 ④ 069 ④

070 진료비 지불제도에 대한 설명으로 옳지 않은 것은? [14 지방]

① 행위별 수가제: 제공된 서비스의 단위당 가격과 서비스의 양에 따라 보상한다.
② 총액계약제: 질병별로 보수단가를 설정하여 보상한다.
③ 봉급제: 서비스의 양이나 환자 수에 관계없이 일정한 기간에 따라 보상한다.
④ 인두제: 등록된 환자 또는 사람 수에 따라 일정액을 보상한다.

해설

총액계약제(negotiation system) 또는 총액예산제는 보험자 측과 의사단체 간에 미리 진료보수총액을 정하는 계약을 체결하고, 진료측에서는 그 총액범위 내에서 진료를 담당하고 지불자는 진료비에 구애받지 않고 의료서비스를 이용하는 제도를 말한다. 질병별로 보수단가를 설정하여 보상하는 것은 포괄수가제이다.

진료비 지불제도

지불방식	개념	장점	단점
행위별 수가제 (fee-for-service)	제공된 진료내용과 진료의 양에 따라 진료수가 결정되는 방식	• 의사의 생산성 ↑ • 환자에게 충분한 양질의 의료서비스 제공 가능 • 신의료기술 및 신약개발 등에 기여 • 의료의 다양성이 반영될 수 있어 의사·의료기관의 제도 수용성이 높음 • 의료인의 자율성 보장	• 환자에게 많은 진료를 제공하면 할수록 의사 또는 의료기관의 수입이 늘어나게 되어 과잉진료, 과잉검사 등을 초래할 우려가 있음. • 과잉진료 및 지나친 신의료기술 등의 적용으로 국민의료비 증가 우려 • 수가 구조의 복잡성으로 청구오류, 허위·부당청구 우려
포괄 수가제 (Bundled-payment)	환자 1인당 또는 질병별, 요양일수별로 보수단가를 설정하여 미리 정해진 진료비를 의료기관에 보상하는 제도	• 경영과 진료의 효율화 • 과잉진료, 의료서비스 오남용 억제 • 의료인과 심사기구·보험자 간의 마찰 감소 • 진료비 청구방법의 간소화 • 진료비 계산의 투명성 제고 • 의료기관의 생산성 ↑	• 비용을 줄이기 위하여 서비스 제공을 최소화하여 의료의 질적 수준 저하와 환자와의 마찰 우려·조기 퇴원 • DRG코드조작으로 의료기관의 허위·부당청구 우려 • 의료의 다양성이 반영되지 않으므로 의료기관의 불만이 크고 제도 수용성이 낮음
봉급제 (salary)	일정 기간에 따라 보상받는 방식	의료서비스 제공을 위한 직접비용이 독립계약에서 보다 상대적으로 적음	• 개인적·경제적 동기가 적어 진료의 질을 높인다거나 효율성 제고 등의 열의가 낮음 • 관료화, 형식주의화, 경직화 등 우려 • 진료의 질적수준 저하
인두제 (capitation)	등록환자수 또는 실이용자수를 기준으로 일정액을 보상받는 방식	• 진료비 지불의 관리 운영이 편리 • 지출 비용의 사전 예측 가능 • 자기가 맡은 주민에 대한 예방의료, 공중보건, 개인위생 등에 노력 • 국민의료비 억제 가능	• 의사들의 과소 진료 우려 • 고급의료, 최첨단 진료에 대한 경제적 유인책이 없어 신의료기술의 적용 지연 • 중증 질병환자의 등록기피 발생 우려
총액계약제 (global-budget)	지불자 측(보험자)과 진료자 측이 사전에 일정 기간 동안의 진료보수 총액에 대한 계약을 체결하고, 계약된 총액범위 내에서 의료서비스를 이용하는 제도	• 과잉 진료·청구의 시비가 줄어들게 됨 • 진료비 심사·조정과 관련된 공급자 불만이 감소됨 • 의료비 지출의 사전 예측이 가능하여 보험 재정의 안정적 운영 가능 • 의료 공급자의 자율적 규제 가능	• 보험자 및 의사 단체 간 계약 체결의 어려움 상존 • 전문과목별, 요양기관별로 진료비를 많이 배분받기 위한 갈등 유발 소지 • 신기술 개발 및 도입, 의료의 질향상 동기가 저하되며, 의료의 질 관리가 어려움(과소 진료의 가능성)

정답 **070** ②

071 세계보건기구(WHO)가 제시한 일차보건의료의 필수요소가 아닌 것은?

[14 지방]

① 접근성
② 중앙정부의 통제
③ 수용가능성
④ 지불부담능력

해설
일차보건의료의 필수요소는 접근성, 주민참여, 수용가능성, 지불부담능력이다.

> **일차보건의료의 핵심적 특성(WHO)**
> (1) 접근성(accessible): 지역적·지리적·경제적·사회적으로 지역주민이 이용하는 데 차별이 있어서는 안 되며 개인이나 가족 단위의 모든 주민이 시간적으로나 장소적으로 보건 의료서비스를 쉽게 이용할 수 있어야 한다.
> (2) 수용가능성(acceptable): 주민이 수용할 수 있는 건강문제 해결을 위한 접근으로 지역사회가 쉽게 받아들일 수 있는 방법으로 사업을 제공하여야 한다.
> (3) 주민참여(available): 일차보건의료는 지역사회개발정책의 일환으로, 이를 위해서는 지역 내의 보건의료 발전을 위한 지역 주민의 참여가 무엇보다도 중요하다.
> (4) 지불부담능력(affordable): 보건의료사업은 국가나 지역사회가 재정적으로 부담할 수 있는 방법으로 지역사회의 지불 능력에 맞는 보건의료수가로 제공되어야 한다.
> (5) 포괄성(comprehensiveness): 모든 사람에게 필요한 기본적인 건강관리서비스를 제공해야 한다는 것이다.
> (6) 유용성: 일차보건의료 서비스는 지역주민들에게 필요하고 유용한 서비스이어야 한다.
> (7) 지속성(continuity): 필요한 보건의료서비스를 지속적으로 제공하여 기본적인 건강상태를 유지할 수 있게 해야 한다.
> (8) 상호협조성(coordination): 일차보건의료 관련 부서가 서로 협조하여 의뢰체계를 구축하여야 한다.
> (9) 균등성(equality): 누구나 필요로 할 때면 어떤 여건에서든 필요한 만큼의 서비스를 똑같이 받을 수 있어야 한다.

072 우리나라 국민건강보험의 특징에 대한 설명으로 옳은 것은?

[14 지방]

① 소득과 무관하게 보험료를 부과한다.
② 강제가입을 원칙으로 한다.
③ 보험료에 따라 차등적으로 요양급여 혜택을 제공한다.
④ 현금급여를 원칙으로 한다.

해설
① 소득에 비례하여 보험료를 부과
③ 보험료에 상관없이 동일하게 요양급여 혜택을 제공
④ 현물급여를 원칙으로 하되 현금급여를 병행

정답 071 ② 072 ②

073 양질의 보건의료서비스요건에서 Myers가 정의한 요소로 가장 적합한 것은?

[14 서울 보건행정]

① 질적 적정성 – 형평성 – 지속성 – 효율성
② 효율성 – 접근용이성 – 질적 적정성 – 통제성
③ 질적 적정성 – 접근용이성 – 지속성 – 효율성
④ 지속성 – 접근용이성 – 보장성 – 효율성

해설
Myers가 정의한 양질의 보건의료서비스 요건은 접근용이성, 질적 적정성, 지속성, 효율성이다.

Myers의 적정(양질) 보건의료서비스 요건

구분	내용
접근용이성 (accessibility)	주민들이 필요하면 언제 어디서든 쉽게 이용할 수 있도록 재정적·지리적·사회·문화적인 측면에서 보건의료서비스가 공급되어야 한다. → 개인적 접근성, 포괄적 서비스, 양적인 적합성
질적 적정성 (quality)	보건의료와 관련하여 의학적 적정성과 사회적 적정성이 질적으로 동시에 달성될 수 있어야 한다. → 전문적인 자격, 개인적 수용성, 질적인 적합성
지속성 (continuity)	보건의료는 시간적·지리적으로 상관성을 가져야 하고 보건의료기관들 간에 유기적으로 협동하여 보건의료서비스를 수행해야 한다. → 개인 중심의 진료, 중점적인 의료 제공, 서비스의 조정
효율성 (efficiency)	보건의료의 목적을 달성하는 데 투입되는 자원의 양을 최소화하거나 일정한 자원의 투입으로 최대의 목적을 달성할 수 있어야 한다. → 평등한 재정, 적정한 보상, 효율적 관리

074 WHO의 일차보건의료의 업무에 포함되지 않는 것은?

[13 서울]

① 가족계획을 포함한 모자보건
② 전문의약품 공급
③ 안전한 식수제공
④ 정신보건 증진

해설

일차보건의료 내용 – 알마아타 선언(1978, WHO)
(1) 만연한 보건의료 문제에 대한 교육과 그 문제의 예방과 관리
(2) 식량공급과 적절한 영양증진
(3) 안전한 식수제공과 기본환경위생관리
(4) 가족계획을 포함한 모자보건
(5) 주요 감염병에 대한 면역수준 증강(예방접종)
(6) 그 지역 지방병(풍토병) 예방과 관리
(7) 흔한 질병과 상해에 대한 적절한 치료(통상질환에 대한 기초적 진료)
(8) 필수(기본)의약품의 공급
(9) 정신보건의 증진 또는 심신장애자의 사회의학적 치료(추후에 추가된 항목)

정답 073 ③ 074 ②

075 진료보수지불제도에 대한 설명으로 옳지 않은 것은? [13 서울]

① 행위별수가제 - 진료행위 약품 등을 일일이 계산해야 한다.
② 포괄수가제 - 진료의 표준화를 통해 진료비의 청구심사를 간소화한다.
③ 인두제 - 전문적 의료인력에 적용한다.
④ 봉급제 - 안정된 급여 수입으로 진료에 매진할 수 있다.

해설
인두제는 등록된 환자 또는 사람 수에 따라 일정액을 보상하고, 예방중심으로 고도의 전문의에게 적용이 곤란하다.

076 우리나라 보건의료체계에 관한 설명으로 옳지 않은 것은? [13 서울(수정)]

① 기본구조체계는 자유방임형이다.
② 의료보장제도는 건강보험과 의료급여가 있다.
③ 건강보험은 현물급여를 원칙으로 하되 현금급여를 병행하고 있다.
④ 전국적으로 행정권과 생활권을 중심으로 진료권이 나뉘어져 있다.

해설
1989년 7월 전 국민 의료보험 제도를 도입할 당시에는 지역별 진료권을 대도시 8개, 중소도시 142개로 구분하여 운영하였으나, 1998년 10월 규제개혁으로 폐지하고 지역별 이용 제한이 없어졌다. 현재는 주요 진료권으로 구분하여 이용하지 않고 있다.

정답 075 ③ 076 ④

077 클레츠코프스키(Klezkowski, 1984) 등이 제시한 국가보건의료체계의 하부구조의 구성요소를 모두 고르시오. [13 서울]

> 가. 보건의료 관련 자원 개발
> 나. 경제적 지원
> 다. 자원의 조직적 배치
> 라. 보건의료 관리

① 가, 나, 다
② 가, 다
③ 나, 라
④ 가, 나, 다, 라

해설

클레츠코프스키(Klezkowski, 1984) 등이 제시한 국가보건의료체계의 하부구조는 보건의료자원개발, 자원의 조직적 배치, 보건의료 제공, 경제적 지원, 관리이다.

국가보건의료체계 하부구조의 주요 구성요소

정답 **077** ④

078 「지역보건법」에 명시된 보건소의 관장업무 내용을 모두 고른 것은?

[13 서울]

| 가. 노인보건사업 | 나. 응급의료에 관한 사항 |
| 다. 정신보건에 관한 사항 | 라. 학교보건에 관한사항 |

① 가, 나, 다
② 가, 다
③ 나, 라
④ 가, 나, 다, 라

해설
학교보건에 관한 사항은 보건소의 관장 업무가 아니다.
응급의료에 관한 사항은 직접적으로 언급되진 않았으나 보건소의 "보건의료기관 등에 대한 지도·관리·육성"에 들어가는 내용이다.

보건소의 기능 및 업무(「지역보건법」 제11조)

1. 건강 친화적인 지역사회 여건의 조성
2. 지역보건의료정책의 기획, 조사·연구 및 평가
   - 지역보건의료계획 등 보건의료 및 건강증진에 관한 중장기 계획 및 실행계획의 수립·시행 및 평가에 관한 사항
   - 지역사회 건강실태조사 등 보건의료 및 건강증진에 관한 조사·연구에 관한 사항
   - 보건에 관한 실험 또는 검사에 관한 사항
3. 보건의료인 및 보건의료기관 등에 대한 지도·관리·육성과 국민보건 향상을 위한 지도·관리
   - 의료인 및 의료기관에 대한 지도 등에 관한 사항
   - 의료기사·보건의료정보관리사 및 안경사에 대한 지도 등에 관한 사항
   - 응급의료에 관한 사항
   - 「농어촌 등 보건의료를 위한 특별조치법」에 따른 공중보건의사, 보건진료 전담공무원 및 보건진료소에 대한 지도 등에 관한 사항
   - 약사에 관한 사항과 마약·항정신성의약품의 관리에 관한 사항
   - 공중위생 및 식품위생에 관한 사항
4. 보건의료 관련 기관·단체, 학교, 직장 등과의 협력체계 구축
5. 지역주민의 건강증진 및 질병예방·관리를 위한 다음 각 목의 지역보건의료서비스의 제공
   - 국민건강증진·구강건강·영양관리사업 및 보건교육
   - 감염병의 예방 및 관리
   - 모성과 영유아의 건강유지·증진
   - 여성·노인·장애인 등 보건의료 취약계층의 건강유지·증진
   - 정신건강증진 및 생명존중에 관한 사항
   - 지역주민에 대한 진료, 건강검진 및 만성질환 등의 질병관리에 관한 사항
   - 가정 및 사회복지시설 등을 방문하여 행하는 보건의료 및 건강관리사업
   - 난임의 예방 및 관리(의료취약지의 보건소는 난임시술 주사제 투약에 관한 지원 및 정보 제공 시행)

정답 078 ①

079 포괄수가제의 이점에 대한 설명으로 옳은 것은?

[13 경기]

> 가. 경제적인 진료수행을 유도
> 나. 예산 통제 가능성이 큼
> 다. 병원 생산성 증가
> 라. 진료비의 청구심사·지불심사의 간소화

① 가, 나, 다
② 가, 다
③ 나, 라
④ 가, 나, 다, 라

해설

포괄수가제는 환자의 종류당 포괄보수단가를 설정하여 보상하는 방식으로, 질병별·요양일수별·환자 1인당 정해진 단가에 의해 경제적인 진료가 이루어지도록 유도한다.

포괄수가제의 장·단점

장점	단점
• 진료수행을 경제적으로 유도: 진료비에 대한 가격이 사전에 미리 결정되어 자원의 최소화사용에 대한 동기를 부여 → 의료기관의 자발적 경영효율화 노력 기대 • 병원업무 및 진료의 표준화 • 예산 통제 가능성과 병원 생산성 증가 • 부분적으로 적용 가능 • 진료비 청구 및 지불심사의 간소화 → 행정적 업무절차의 간편 • 과잉진료 및 총 진료비 억제	• 질병군 분류정보 조작을 통한 부당 청구의 우려 • 서비스 최소화·규격화 • 행정적 간섭으로 의료행위의 자율성 감소 • 과소진료 및 합병증 발생 시 적용 곤란 • 의학적 신기술에 적용 어려움 → 의료의 질적 저하 우려 • 질병별로 명기된 기일 내에 일을 처리해야 한다는 긴장감이 의료과오에 대한 가능성을 높일 수 있음 • 이미 결정된 퇴원예정일 내에 모든 작업을 완수해야 하므로 간호사의 업무부담이 늘어날 수 있음 • 비용절감에 우선하여 간호의 질을 보장하기 어려움 • 비용절감으로 인해 간호사의 적절한 채용이 이루어지지 않을 수 있음

정답 079 ④

080 다음 중 의료급여를 포괄하는 의미인 것은? [13 경기]

① 산업재해 보상보험   ② 사회복지 서비스
③ 건강보험   ④ 사회보장

해설
"의료급여"는 사회보장제도 중 공공부조의 의료보장에 해당된다.

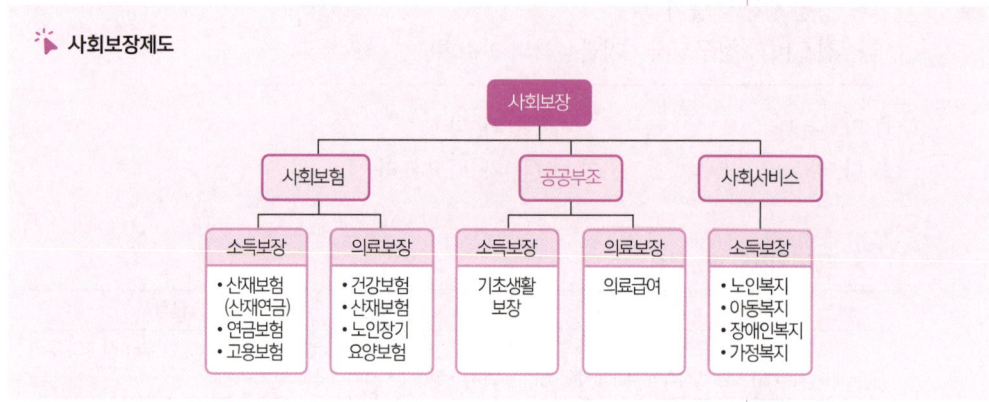

081 국민의료비의 소비자측 증가요인에 해당하는 것은? [13 인천]

① 건강보험의 보장성 강화   ② 첨단의료기술 발달
③ 공급자수 증가   ④ 공공보건의료체계 미흡

해설

국민의료비 증가요인

소비 영역	• 노령화: 노인인구 증가, 만성 질환 비율 증가로 인한 노인진료비 급증 • 핵가족화: 가족지지체계에서 사회적 지지체계로의 전환에 따른 사회부담 증가 • 소비자주의 강화: 보건의료 서비스 요구수준과 범위 확대, 의료 수요에 대한 다양한 요구 반영 • 사회보장의 양적·질적 확대: 건강보험을 포함한 의료보장과 사회보장의 확대, 의료 보장성 확대 • 소득수준의 향상: 소득이 증가하면 수요가 증가하는 서비스(우량재)에 속함 • 의료의 접근성 향상: 의료의 접근성이 향상되면 의료비 증가 • 의료공급자에 의한 수요증가: 소비자의 무지를 이용한 의료공급자의 유인수요가 많으면 의료수요 증가
공급 영역	• 과학기술 발달: 첨단 고가 의료장비 도입 확대 • 공급자 수 증가: 보건의료서비스 제공자 수의 급격한 증가 • 의료시장 및 개방 압력 증가: 의료기관 영리추구 가속화, 고가약품, 장비, 서비스의 유인, 민간보험 영향력 강화 • 전문주의 강화: 전문가집단의 정치력 확대
조정 영역	• 지불보상제도의 변화: 행위별수가제와 같은 사후결정방식은 과잉진료를 유발하여 의료비 증가 • 보건의료체계의 변화: 자유방임형 보건의료체계는 치료중심의 민간의료가 발달하여 의료비 증가 • 의료의 공정성: 의료의 공정성과 공공보건의료의 기능이 취약할수록 의료비 증가

정답 080 ④ 081 ①

082 국가보건의료체계의 유형 중 자유방임형에 관한 설명으로 옳은 것은?

[13 인천]

① 예방적 측면의 의료서비스가 강조된다.
② 의료자원의 효율적 배분이 가능해진다.
③ 의료의 질이 높고 의료인에게 자유재량권을 부여한다.
④ 개인의 자유를 존중하되 정부의 주도로 보건서비스가 이루어진다.

해설

자유방임형은 의료서비스의 제공이 민간부문에 의하여 자율적으로 이루어지는 형태로 정부의 통제나 간섭이 최소화되고, 소비자가 스스로 판단하여 의료기관을 제약 없이 이용할 수 있는 체계이다.
①, ②, ④는 사회보장형의 특징과 장점에 해당된다.

프라이(J. Fry)의 보건의료전달체계 유형

유형	개념	장점	단점
자유 방임형	• 의료서비스의 제공이 민간부문에 의하여 자율적으로 이루어지는 형태로 정부의 통제나 간섭이 최소화되고, 소비자가 스스로 판단하여 의료기관을 제약없이 이용할 수 있는 체계로 '무제도의 제도'라고도 한다. • 행위별수가제 채택 / 의료의 개인 책임주의 / 전문의 진료 • 미국을 중심으로 독일, 프랑스, 한국, 일본 등이 이 유형에 속한다.	• 국민이 자유롭게 의사와 의료기관을 선택 • 공급자측의 경쟁에 따른 보건의료서비스 수준의 향상으로 의학이 발달 • 의료기관 간의 자유경쟁에 따른 효율적 운영 • 의료인의 재량권을 보장하여 의료서비스의 질 향상	• 자원 및 의료수준의 불균형적인 분포로 지역에 따른 의료이용에 차별 • 정부 간섭과 통제의 한계로 의료자원의 비효율적인 활용과 중복에 따른 자원의 낭비 • 제약 없는 의료서비스 이용으로 개인과 국가의 의료비 부담 가중
사회 보장형	• 개인의 자유는 존중하되 정부가 보건의료서비스를 기획, 총괄하여 보건의료자원의 효율적 활용을 유도하고 의료기능의 분담이 지역화되어 있는 방식으로 국민 전체에게 조세에 의한 의료서비스를 제공하므로 누구나 의료서비스를 받을 수 있다. • 국민보건서비스형 / 인두제 채택 / 예방의학 강조 • 영국, 호주, 뉴질랜드, 북유럽 국가 등이 여기에 속하며 치료보다 예방을 중시한다.	• 보건의료서비스의 혜택이 국민 전체에게 균등하게 보장되며, 공공재로서 보건의료 개념이 구현 • 자유경쟁으로 인한 자원낭비 방지와 의료이용과 의료비 통제 가능	• 의료수준의 저하 및 효율성 저하 • 행정의 경직성과 복잡성(관료주의적 병폐) • 조세를 통한 의료서비스 제공으로 국가 재정 부담 가중 • 정부 재정상태 변동에 따른 불안정
사회 주의형	• 개인의 의료서비스 이용의 선택이 제한되고, 보건의료자원의 배분, 기획을 중앙정부가 직접 관여하여 형평성을 높이는 방식 • 중국, 북한 등 공산주의 국가에서 채택하고 있다.	• 효율적인 의료자원의 할당으로 의료산업의 독점자본주의화 방지 • 보건의료서비스 이용의 차별 및 경제적 곤란성 제거 • 중앙집권화로 의료체제에 대한 관리와 통제의 용이	• 국민의 보건의료서비스 이용의 자유선택권 박탈 • 의료수준 침체 및 의료인의 사기 저하로 의료의 질 저하

정답 082 ③

083 국민의료비 상승을 막기 위해 우리나라가 현재 도입하여 시행하고 있는 진료비 지불 보상제도는? [13 인천(수정), 충남, 대구]

① 포괄수가제 ② 행위별 수가제
③ 인두제 ④ 총액계약제

해설
포괄수가제(case payment)는 환자에게 제공되는 의료서비스의 양과 질에 상관없이 환자 1인당 또는 질병별, 요양일수별로 보수단가를 설정하여 미리 정해진 진료비를 의료기관에 보상하는 제도로 국민의료비의 상승을 억제할 수 있다.

084 사회보험의 종류가 아닌 것은? [13 강원]

① 산재보험 ② 건강보험
③ 의료급여 ④ 고용보험

해설
사회보험은 국민에게 발생하는 사회적 위험을 보험 방식에 의하여 대처함으로써 국민 건강과 소득을 보장하는 제도를 의미한다(「사회보장기본법」 제3조 제2호). 현재 우리나라는 5대 사회보험(산재보험, 연금보험, 고용보험, 건강보험, 노인장기요양보험)이 적용중이다.

085 경제적으로 의료비를 지불할 능력이 없는 대상자의 의료보장은? [13 강원]

① 건강보험 ② 의료급여
③ 장기요양급여 ④ 산재보험

해설
공공부조 방식의 의료급여는 「의료급여법」에 의하여 생활유지 능력이 없거나 생활이 어려운 대상자에게 필요한 보호를 행하여 이들의 최저 생활을 보장하고, 자력으로 의료문제를 해결할 수 없을 경우 국가 재정으로 의료서비스를 받을 수 있도록 하는 제도이다.

086 지역 내 의사에게 등록된 환자나 주민 수에 따라 일정액을 보상받는 방식의 진료비 지불 보상제도는? [13 경남(수정)]

① 봉급제 ② 포괄수가제
③ 인두제 ④ 행위별 수가제

해설
인두제(capitation system)는 등록된 환자 수나 이용자 수를 기준으로 진료수가가 결정되며 서비스의 내용과 수가와는 전혀 무관하다. 즉, 등록 환자 또는 사람 수에 따라 일정액을 보상받는 방식이며 일차 진료기관에 적합하다.

정답 083 ① 084 ③ 085 ② 086 ③

087 WHO가 제시한 필수적인 일차보건의료사업이 아닌 것은? [13 경남]

① 안전한 식수제공
② 기본의약품 공급
③ 성인병 예방을 위한 건강검진
④ 주요감염병에 대한 예방 접종

> **해설**
>
> **일차보건의료 내용 - 알마아타 선언(1978, WHO)**
> (1) 만연한 보건의료 문제에 대한 교육과 그 문제의 예방과 관리
> (2) 식량공급과 적절한 영양 증진
> (3) 안전한 식수제공과 기본환경위생관리
> (4) 가족계획을 포함한 모자보건
> (5) 주요 감염병에 대한 면역수준 증강(예방접종)
> (6) 그 지역 지방병(풍토병) 예방과 관리
> (7) 흔한 질병과 상해에 대한 적절한 치료(통상질환에 대한 기초적 진료)
> (8) 필수(기본)의약품의 공급
> (9) 정신보건의 증진 또는 심신장애자의 사회의학적 치료: 추후에 추가된 항목

088 일차보건의료사업의 구성요소가 아닌 것은? [13 경남]

① 접근성
② 주민참여
③ 효율성
④ 수용가능성

> **해설**
>
> 일차보건의료사업은 수혜자 중심의 의료보장이기 때문에 **효율성이 떨어져도 계속 추진**하는 사업이다.

> **일차보건의료의 핵심적 특성(WHO)**
> (1) 접근성(accessible): 지역적·지리적·경제적·사회적으로 지역주민이 이용하는 데 차별이 있어서는 안 되며 개인이나 가족 단위의 모든 주민이 시간적으로나 장소적으로 보건 의료서비스를 쉽게 이용할 수 있어야 한다.
> (2) 수용가능성(acceptable): 주민이 수용할 수 있는 건강문제 해결을 위한 접근으로 지역사회가 쉽게 받아들일 수 있는 방법으로 사업을 제공하여야 한다.
> (3) 주민참여(available): 일차보건의료는 지역사회개발정책의 일환으로, 이를 위해서는 지역 내의 보건의료 발전을 위한 지역 주민의 참여가 무엇보다도 중요하다.
> (4) 지불부담능력(affordable): 보건의료사업은 국가나 지역사회가 재정적으로 부담할 수 있는 방법으로 지역사회의 지불 능력에 맞는 보건의료수가로 제공되어야 한다.
> (5) 포괄성(comprehensiveness): 모든 사람에게 필요한 기본적인 건강관리서비스를 제공해야 한다는 것이다.
> (6) 유용성: 일차보건의료 서비스는 지역주민들에게 필요하고 유용한 서비스이어야 한다.
> (7) 지속성(continuity): 필요한 보건의료서비스를 지속적으로 제공하여 기본적인 건강상태를 유지할 수 있게 해야 한다.
> (8) 상호협조성(coordination): 일차보건의료 관련 부서가 서로 협조하여 의뢰체계를 구축하여야 한다.
> (9) 균등성(equality): 누구나 필요로 할 때면 어떤 여건에서든 필요한 만큼의 서비스를 똑같이 받을 수 있어야 한다.

정답 087 ③ 088 ③

089 WHO가 제시한 국가보건제도의 구성요소에 속하지 않는 것은?

[13 충남]

① 보건의료자원의 개발
② 자원의 조직적 배치
③ 보건의료의 전달 및 제공
④ 사회적 조치

해설

클레츠코프스키(Klezkowski, 1984) 등이 제시한 국가보건 의료체계의 하부구조는 보건의료자원개발, 자원의 조직적 배치, 보건의료 제공, 경제적 지원, 관리이다.

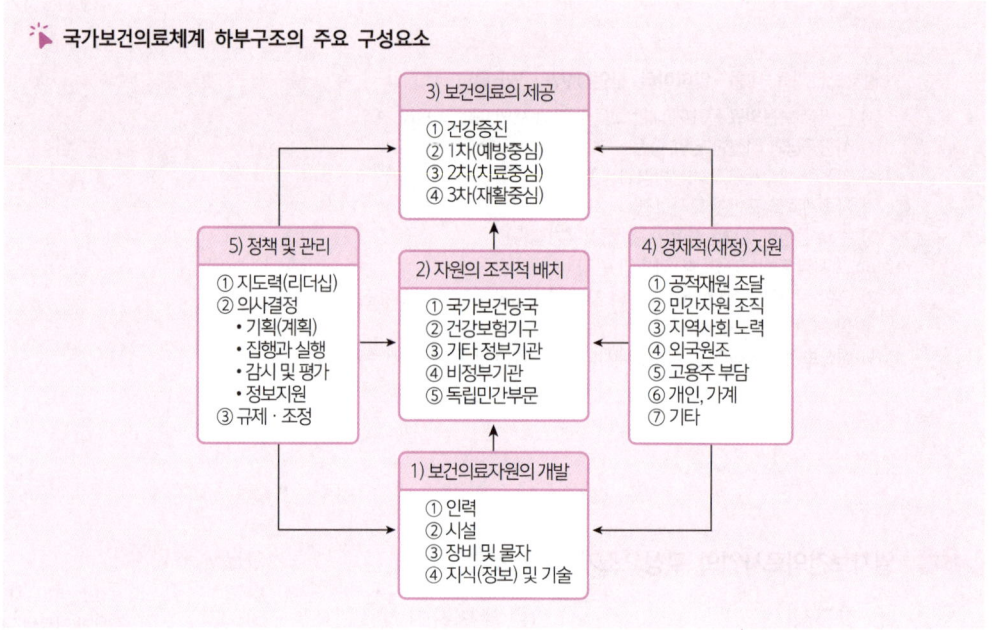

국가보건의료체계 하부구조의 주요 구성요소

090 지역사회간호와 일차보건의료에 대한 설명으로 옳지 않은 것은?

[13 충남]

① 지역사회 간호사들은 일차보건의료의 실현을 위해 공공보건의료기관에 근무한다.
② 지역사회 간호 분야에 일차보건의료의 내용이 많이 도입되어 운영되고 있다.
③ 일차보건의료와 관련된 지역사회 간호 분야는 보건소, 산업장, 가정간호사업이다.
④ 일차보건의료사업의 대상은 지불능력이 있는 일부 계층이다.

해설

일차보건의료는 제도적으로 주민이 보건의료체계에 처음 접하는 관문이 되고 기술적으로는 예방과 치료 등의 서비스가 통합된 포괄적 보건의료를 의미한다. 따라서 일차보건의료는 비용지불과 관계없이 전반적으로 이용 가능하다.

정답 089 ④ 090 ④

091
국민건강보험의 직장가입자에게 주로 생계를 의존하고 보수나 소득이 없는 자로서 피부양자가 될 수 있는 사람은? [13 충남]

가. 직장가입자의 배우자
나. 직장가입자의 직계비속
다. 직장가입자의 배우자의 직계비속
라. 지역가입자의 직계존속

① 가, 나, 다
② 가, 다
③ 나, 라
④ 라

해설

피부양자는 다음 각 호의 어느 하나에 해당하는 사람 중 직장가입자에게 주로 생계를 의존하는 사람으로서 보수나 소득이 없는 사람을 말한다(「국민건강보험법」제5조 제2항).
㉠ 직장가입자의 배우자
㉡ 직장가입자의 직계존속 (배우자의 직계존속을 포함한다.)
㉢ 직장가입자의 직계비속 (배우자의 직계비속을 포함한다.)과 그 배우자
㉣ 직장가입자의 형제·자매

- **직계존속**: 혈연관계를 기준으로 나보다 위에 있는 자
- **직계비속**: 혈연관계를 기준으로 나보다 아래에 있는 자

092
국민건강보험 가입자 중 보험료가 면제되는 것은? [13 충남]

가. 국외에서 여행 중일 때
나. 교도소 등 수용시설에 있는 자
다. 국외업무에 종사하면서 국내에 거주하는 피부양자가 있는 직장가입자
라. 단기하사관으로 군복무 중일 때

① 가, 나, 다
② 가, 나
③ 가, 다
④ 라

해설

국민건강보험 가입자 보험료의 면제(「국민건강보험법」제74조)
- 국외 체류자(여행·업무 등으로 3개월 이상 체류하고 국내 거주 피부양자가 없는 경우)
- 현역병(지원에 의하지 아니하고 임용된 하사를 포함), 전환복무된 사람 및 군간부후보생
  * 현재 단기하사관 제도는 존재하지 않는다.
- 교도소 및 기타 이에 준하는 시설에 수용된 자

정답 091 ① 092 ②

093 요양급여를 행하는 요양기관에 해당하지 않는 것은? [13 전남]

① 약국
② 조산원
③ 보건진료소
④ 의약품센터

해설

요양기관(「국민건강보험법」제42조) 요양급여(간호와 이송은 제외한다.)는 다음 각 호의 요양 기관에서 실시한다.
1. 「의료법」에 따라 개설된 의료기관(의원급 의료기관, 조산원, 병원급 의료기관)
2. 「약사법」에 따라 등록된 약국
3. 「약사법」제91조에 따라 설립된 한국희귀·필수의약품센터
4. 「지역보건법」에 따른 보건소·보건의료원 및 보건지소
5. 「농어촌 등 보건의료를 위한 특별조치법」에 따라 설치된 보건진류소

094 일차보건의료사업을 성공적으로 이루기 위해서 제도적인 개선을 한다면 다음 중 어떤 것이 우선적으로 필요한가? [13 전남]

① 1차 진료기관인 의원급 의료기관을 증설한다.
② 지역주민의 건강요구에 적합한 보건의료 전달체계를 확립한다.
③ 의료인을 최대한 많이 양성·배치한다.
④ 1차 진료기관에 최신 의료장비를 보강한다.

해설

일차보건의료는 제도적으로 주민이 보건의료체계에 처음 접하는 관문이 되고 기술적으로는 예방과 치료 등의 서비스가 통합된 포괄적 보건의료를 의미한다. 수혜자 중심이므로 지역주민들의 요구에 부합하고 필요하며, 유용한 서비스이어야 한다.

정답 093 ④ 094 ②

095 국가보건의료체계를 이루는 하부구조 가운데 의료서비스에 대한 수요가 가용자원을 초과함으로써 기획을 통해 보건의료서비스에 대한 우선순위를 결정하는 역할을 하는 것은? [13 전남, 11 서울]

① 보건의료자원 개발
② 보건의료 제공
③ 자원의 조직적 배치
④ 관리

해설

국가보건의료체계 하부구조의 주요 구성요소

※ 관리: 보건정책의 규명, 보건정책 수행을 위한 우선순위 설정, 보건예산에서 주요사업을 위한 우선적 자금배정, 설정된 주요사업을 보건제도를 통해 전달, 이를 전달하는 기관들에 대한 감시, 지휘 평가 및 전부 또는 부분적인 정보지원 등의 모든 활동을 통합한 과정

정답 095 ④

096 다음 내용을 특징으로 하는 진료비 보상 지불제도는? [13 전남]

- 환자의 선택권이 제한된다.
- 의료인은 예방 위주 의료에 보다 많은 관심을 갖는다.
- 진료의 계속성과 지속성이 보장되고 상대적으로 저렴하다.
- 의료인은 서비스의 양을 최소화하려는 유인이 작용하여 과소진료의 우려가 있다.

① 인두제
② 봉급제
③ 포괄수가제
④ 총액계약제

해설
인두제(capitation system)는 등록된 환자 수나 이용자 수를 기준으로 진료수가가 결정되며 서비스의 내용과 수가와는 전혀 무관하다. 즉, 등록 환자 또는 사람 수에 따라 일정액을 보상받는 방식이며 예방에 중점을 두어 일차진료기관에 적합하다.

인두제의 장·단점

장점	단점
• 진료의 계속성 증대 • 치료보다는 예방에 집중 • 행정적 절차의 간편화 • 의료남용을 줄일 수 있고 상대적으로 저렴 • 의료인 수입의 평준화 가능	• 환자의 선택권 제한 • 과소치료의 경향 • 상급병원으로 환자 후송, 의뢰의 증가 경향 • 고위험·고비용 환자를 기피 • 고도의 전문의에게는 적용이 어려움

097 국가는 국민건강권 보호를 위해 사회보장제도를 운영하고 있다. 다음 중 의료보장제도의 목표와 거리가 먼 것은? [13 전남]

① 보건의료 서비스의 균등 분배
② 최상의 의료서비스 제공
③ 보건의료사업의 효과 극대화
④ 예기치 못한 의료비 부담으로부터 재정적 보호

해설
의료보장의 목표
(1) 국민의 건강 유지·증진을 위한 보건의료사업의 극대화를 추구한다.
(2) 보건의료비의 적정수준을 유지하고 국민 간의 보건의료서비스를 균등하게 분배한다.
(3) 예기치 못한 의료비 부담으로부터 국민을 경제적으로 보장한다.

정답 096 ① 097 ②

098 WHO가 1978년 Alma-Ata 선언을 한 후 이를 실천하기 위한 전략으로 제시한 일차보건의료에 대한 설명으로 가장 옳지 않은 것은?

[13 전남]

① 누구나 쉽게 접근할 수 있는 곳에서 필수보건의료서비스를 제공한다.
② 지역주민의 참여를 중요시한다.
③ 지역사회에서 발생하는 특수 질환을 치료할 수 있어야 한다.
④ 자가간호 및 건강에 있어서는 자율적 관리를 권장한다.

해설

일차보건의료는 지역사회의 개인, 가족이 일반적으로 쉽게 이용할 수 있으며 지역사회 주민들이 받아들일 수 있는 사업방법으로 지역사회의 적극적인 참여에 의해서 그들의 지불능력에 맞는 보건의료 수가로 제공되는 필수적인 보건의료이다.
→ 만연된 일반적인 문제에 대해 필수적으로 필요하고 기본적인 개입이 이루어지므로 전문성과 특수성은 강조되지 않는다.

099 다음 중 「국민건강보험법」의 목적이 아닌 것은?

[13 전남]

① 질병의 예방·진단
② 부상의 진단·치료·재활
③ 건강증진에 관한 보험급여
④ 의료인의 복지 향상

해설

「국민건강보험법」 제1조(목적)
이 법은 국민의 질병·부상에 대한 예방·진단·치료·재활과 출산·사망 및 건강증진에 대하여 보험급여를 실시함으로써 국민보건 향상과 사회보장 증진에 이바지함을 목적으로 한다.

정답 098 ③ 099 ④

100 의료급여 1종 수급권자에 해당하지 않는 것은?   [13 전남]

① 입양된 18세 미만의 아동
② 5·18 민주화운동 관련 유족
③ 북한 이탈 주민
④ 귀화한 외국인

해설

의료급여는 의료비 부담 능력이 없는 생활 무능력자 및 일정수준 이하의 저소득층을 대상으로 의료서비스가 필요한 경우 국가 재정으로 의료서비스를 제공하는 공공부조 제도이다.

> **의료급여 수급권자(「의료급여법」 제3조)**
> ① 이 법에 따른 수급권자는 다음 각 호와 같다.
>   1. 「국민기초생활 보장법」에 따른 의료급여 수급자
>   2. 「재해구호법」에 따른 이재민으로서 보건복지부장관이 의료급여가 필요하다고 인정한 사람
>   3. 「의사상자 등 예우 및 지원에 관한 법률」에 따라 의료급여를 받는 사람
>   4. 「입양특례법」에 따라 국내에 입양된 18세 미만의 아동
>   5. 「독립유공자예우에 관한 법률」, 「국가유공자 등 예우 및 지원에 관한 법률」 및 「보훈보상대상자 지원에 관한 법률」의 적용을 받고 있는 사람과 그 가족으로서 국가보훈부장관이 의료급여가 필요하다고 추천한 사람 중에서 보건복지부장관이 의료급여가 필요하다고 인정한 사람
>   6. 「무형유산의 보전 및 진흥에 관한 법률」에 따라 지정된 국가무형유산의 보유자(명예보유자를 포함한다)와 그 가족으로서 국가유산청장이 의료급여가 필요하다고 추천한 사람 중에서 보건복지부장관이 의료급여가 필요하다고 인정한 사람
>   7. 「북한이탈주민의 보호 및 정착지원에 관한 법률」의 적용을 받고 있는 사람과 그 가족으로서 보건복지부장관이 의료급여가 필요하다고 인정한 사람
>   8. 「5·18민주화운동 관련자 보상 등에 관한 법률」 제8조에 따라 보상금등을 받은 사람과 그 가족으로서 보건복지부장관이 의료급여가 필요하다고 인정한 사람
>   9. 「노숙인 등의 복지 및 자립지원에 관한 법률」에 따른 노숙인 등으로서 보건복지부장관이 의료급여가 필요하다고 인정한 사람
>   10. 그 밖에 생활유지 능력이 없거나 생활이 어려운 사람으로서 대통령령으로 정하는 사람
>   1. 일정한 거소가 없는 사람으로서 경찰관서에서 무연고자로 확인된 사람
>   2. 그 밖에 보건복지부령으로 정하는 사람

정답 100 ④

101 의료기관 외의 장소에서 지역주민을 대상으로 건강진단을 실시하려는 경우 누구에게 신고하여야 하는가? [13 전북(수정)]

① 시·도지사
② 관할 보건소장
③ 관할 경찰서장
④ 보건복지부장관

해설
「지역보건법」 제23조(건강검진 등의 신고)
지역주민 다수를 대상으로 건강검진 또는 순회 진료 등 주민의 건강에 영향을 미치는 행위를 하려는 경우에는 보건복지부령으로 정하는 바에 따라 건강검진 등을 하려는 지역을 관할하는 보건소장에게 신고하여야 한다.

102 보건진료 전담공무원을 중심으로 통합보건의료를 하는 이유는? [13 전북]

① 보건의료의 전문성을 강화하기 위해서
② 부족한 보건의료자원을 해결하기 위해서
③ 포괄적인 가족 중심 의료를 제공하기 위해서
④ 일차보건의료를 강화시키기 위해

해설
「농어촌 등 보건의료를 위한 특별조치법」에서 보건진료소 설치 및 보건진료원의 배치가 규정되어 보건의료취약지역에 일차보건의료사업을 제공할 수 있는 법적 기틀을 마련하였다.

103 직장가입자의 월별 보험료액을 결정하는 기준은? [13 전북]

① 표준소득액
② 보수월액과 소득월액
③ 연간 신용지수
④ 보험료부과점수

해설
- 직장가입자 보험료 산정의 기준은 보수월액(직장가입자가 당해 연도에 받은 보수 총액을 근무월수로 나눈 금액)과 소득월액(보수월액에 포함된 보수를 제외한 직장가입자의 소득으로 이자, 배당, 사업, 근로, 연금, 기타소득을 12로 나눈 금액)이다.
- 지역가입자는 재산, 소득을 참작 → 세대단위로 부과

정답 101 ② 102 ④ 103 ②

104 요양급여의 적정성 평가에 대한 이의신청을 받는 기관은? [13 전북]

① 국민건강보험공단 ② 보건복지부
③ 건강보험심사평가원 ④ 지방법원

> **해설**
>
> **건강보험심사평가원**의 업무
> (1) 요양급여비용의 심사
> (2) 요양급여의 적정성 평가
> (3) 심사기준 및 평가기준의 개발
> (4) 제1호부터 제3호까지의 규정에 따른 업무와 관련된 조사·연구 및 국제협력
> (5) 다른 법률에 따라 지급되는 급여비용의 심사 또는 의료의 적정성 평가에 관하여 위탁받은 업무
> (6) 그 밖에 이 법 또는 다른 법령에 따라 위탁받은 업무
> (7) 건강보험과 관련하여 보건복지부장관이 필요하다고 인정한 업무
> (8) 그 밖에 보험급여 비용의 심사와 보험급여의 적정성 평가와 관련하여 대통령령으로 정하는 업무

105 보건의료의 사회·경제적 측면으로 옳지 않은 것은? [13 전북]

① 보건의료는 수요측정이 가능하다.
② 보건의료는 외부효과를 갖는다.
③ 보건의료요구자들이 보건의료에 지식이 결여되어 있다.
④ 공급의 독점성이 있다.

> **해설**
>
> **보건의료서비스의 사회·경제적 특성**
> (1) 소비자의 무지: 보건의료서비스를 구매하는 소비자는 보건의료에 대한 지식이 부족하여 서비스를 제공하는 공급자에게 의존할 수밖에 없음
> (2) 수요의 불확실성·불규칙성: 건강보험을 통해 미래의 불확실한 큰 손실을 현재의 확실한 작은 손실(보험료)로 대처하여 질병 발생의 예측 불가능성에 대비
> (3) 공급의 법적 독점 및 비탄력성(경쟁제한): 보건의료서비스는 다른 재화와 달리 국가 면허를 부여받은 일정한 사람들에 의해서만 공급되어 생산부문의 독점이 형성
> (4) 외부효과(external effect): 보건의료서비스는 외부효과가 있어 서비스를 받은 사람은 물론 서비스를 받지 않은 사람들에게도 긍정적인 효과를 미침 → 예방접종
> (5) 우량재(merit goods, 가치재): 보건의료서비스는 주택이나 교육과 같이 소득수준과 상관없이 모든 사람들이 필요로 하는 재화
> (6) 생활필수품으로서의 보건의료
> (7) 비영리성
> (8) 치료 및 산출의 불확실성
> (9) 수요와 공급의 시간적 불일치
> (10) 공공재(public goods)적 성격: 보건의료서비스는 경찰, 소방, 국방, 공원, 도로 등과 같은 공공재처럼 엄격한 의미에서 소비가 비경쟁적으로 모든 소비자에게 골고루 편익이 돌아가야 하는 재화나 서비스임

정답 104 ③ 105 ①

106 제한된 보건의료자원으로 양질의 보건의료를 공급하기 위한 가장 적절한 방법은?

[13 전북]

① 저렴한 의료전달수가
② 균등한 의료시혜의 분포
③ 효과적인 의료전달체계의 확립
④ 의료교육기관 설립

> **해설**
> 의료자원의 효율적 활용과 지역 및 의료기관의 균형적 발전 도모는 효과적인 **보건의료전달체계의 확립**으로 가능하다.

107 진료비 지불 제도 중 인두제의 장점은?

[13 전북]

① 의사의 동기부여가 높다.
② 국민의료비 억제가 가능하다.
③ 동료의 협조가 용이하다.
④ 의사의 자율성이 높다.

> **해설**
> **인두제**(capitation system)는 **등록된 환자 수나 이용자 수**를 기준으로 진료수가가 결정되며 서비스의 내용과 수가와는 전혀 무관하다. 즉, 등록 환자 또는 사람 수에 따라 일정액을 보상받는 방식이며 **예방**에 중점을 두어 일차진료기관에 적합하다.
> ①, ④ 행위별수가제

인두제의 장·단점

장점	단점
• 진료의 계속성 증대 • 치료보다는 예방에 집중 • 행정적 절차의 간편화 • 의료남용을 줄일 수 있고 상대적으로 저렴 → 국민의료비 억제 가능 • 의료인 수입의 평준화 가능	• 환자의 선택권 제한 • 과소치료의 경향 • 상급병원으로 환자 후송, 의뢰의 증가 경향 • 고위험·고비용 환자를 기피 • 고도의 전문의에게는 적용이 어려움

정답 106 ③ 107 ②

108 진료비 지불제도 중 포괄수가제의 장점은? [13 경북]

① 의료수준이 높다.
② 과잉진료 서비스를 방지할 수 있다.
③ 의료인의 자율성이 높다.
④ 서비스의 증가가 가능하다.

해설

포괄수가제: 환자의 종류당 포괄보수단가를 설정하여 보상하는 방식으로, 질병별·요양일수별·환자 1인당 정해진 단가에 의해 경제적인 진료가 이루어지도록 유도한다.
①, ③, ④ 행위별수가제

> 포괄수가제의 장·단점

장점	단점
• 진료수행을 경제적으로 유도: 진료비에 대한 가격이 사전에 미리 결정되어 자원의 최소화 사용에 대한 동기를 부여 → 의료기관의 자발적 경영효율화 노력 기대 • 병원업무 및 진료의 표준화 • 예산 통제 가능성과 병원 생산성 증가 • 부분적으로 적용 가능 • 진료비 청구 및 지불심사의 간소화 → 행정적 업무절차의 간편 • 과잉진료 및 총 진료비 억제	• 질병군 분류정보 조작을 통한 부당 청구의 우려 • 서비스 최소화·규격화 • 행정적 간섭으로 의료행위의 자율성 감소 • 과소진료 및 합병증 발생 시 적용 곤란 • 의학적 신기술에 적용 어려움 → 의료의 질적 저하 우려 • 질병별로 명기된 기일 내에 일을 처리해야 한다는 긴장감이 의료과오에 대한 가능성을 높일 수 있음 • 이미 결정된 퇴원예정일 내에 모든 작업을 완수해야 하므로 간호사의 업무부담이 늘어날 수 있음 • 비용절감에 우선하여 간호의 질을 보장하기 어려움 • 비용절감으로 인해 간호사의 적절한 채용이 이루어지지 않을 수 있음

정답 **108** ②

109 「지역보건법」에 명시된 지역주민의 건강증진 및 질병예방·관리를 위한 보건소 관장업무가 아닌 것은?

[13 경북(수정)]

① 건강상담 및 건강교실 운영
② 영양지도 계획·분석
③ 장애인 검진·치료
④ 노인에 대한 건강진단 및 보건교육

해설

보건소의 관장업무는 "치료"가 초점이 아니다.

> **보건소의 기능 및 업무(「지역보건법」 제11조)**
>
> ① 보건소는 해당 지방자치단체의 관할 구역에서 다음 각 호의 기능 및 업무를 수행한다.
>   1. 건강 친화적인 지역사회 여건의 조성
>   2. 지역보건의료정책의 기획, 조사·연구 및 평가
>   3. 보건의료인 및 「보건의료기본법」 제3조제4호에 따른 보건의료기관 등에 대한 지도·관리·육성과 국민보건 향상을 위한 지도·관리
>   4. 보건의료 관련기관·단체, 학교, 직장 등과의 협력체계 구축
>   5. 지역주민의 건강증진 및 질병예방·관리를 위한 다음 각 목의 지역보건의료서비스의 제공
>   가. 국민건강증진·구강건강·영양관리사업 및 보건교육
>   나. 감염병의 예방 및 관리
>   다. 모성과 영유아의 건강유지·증진
>   라. 여성·노인·장애인 등 보건의료 취약계층의 건강유지·증진
>   마. 정신건강증진 및 생명존중에 관한 사항
>   바. 지역주민에 대한 진료, 건강검진 및 만성질환 등의 질병관리에 관한 사항
>   사. 가정 및 사회복지시설 등을 방문하여 행하는 보건의료 및 건강관리사업
>   아. 난임의 예방 및 관리
> ② 보건복지부장관이 지정하여 고시하는 의료취약지의 보건소는 제1항제5호아목 중 대통령령으로 정하는 업무를 수행할 수 있다.
> ③ 제1항 및 제2항에 따른 보건소 기능 및 업무 등에 관하여 필요한 세부 사항은 대통령령으로 정한다.

정답 109 ③

110 시·도 지역보건의료계획서의 내용에 해당하지 않는 것은? [13 경북(수정)]

① 보건소 업무 추진 현황
② 지역주민 건강문제 현황
③ 지역사회진단에 대한 결과 분석
④ 지역보건의료기관의 병원감염률

해설
지역보건의료계획 작성을 위해서는 지역사회 진단이 이루어져야 한다. 지역보건의료계획에서는 자원 차원의 병상 수요 공급과 시설에 대한 부분은 언급되나 "병원 감염률" 자체가 지역사회에서 강조되는 사항이 아니라 답가지 중에서 상대적으로 덜 해당된다고 이해하면 된다. 다만, 감염이 지역사회 전체의 지속적인 문제가 된다면 이를 부완하는 내용이 담겨야 한다.

> 시·도 지역보건의료계획(「지역보건법 시행령」 제4조 제1항)
> 특별시장·광역시장·도지사 및 특별자치시장·특별자치도지사는 법 제7조 제1항에 따라 수립하는 지역보건의료계획에 다음 각 호의 내용을 포함시켜야 한다.
> (1) 지역보건의료계획의 달성 목표
> (2) 지역현황과 전망
> (3) 지역보건의료기관과 보건의료 관련 기관·단체 간의 기능 분담 및 발전 방향
> (4) 보건소의 기능 및 업무의 추진 계획과 추진현황
> (5) 지역보건의료기관의 인력·시설 등 자원 확충 및 정비 계획
> (6) 취약계층의 건강관리 및 지역주민의 건강 상태 격차 해소를 위한 추진계획
> (7) 지역보건의료와 사회복지사업 사이의 연계성 확보 계획
> (8) 의료기관의 병상(病床)의 수요·공급
> (9) 정신질환 등의 치료를 위한 전문치료시설의 수요·공급
> (10) 특별자치시·특별자치도·시·군·구 지역보건의료기관의 설치·운영 지원
> (11) 시·군·구 지역보건의료기관 인력의 교육훈련
> (12) 지역보건의료기관과 보건의료 관련 기관·단체 간의 협력·연계
> (13) 그 밖에 시·도지사 및 특별자치시장·특별자치도지사가 지역보건의료계획을 수립함에 있어서 필요하다고 인정하는 사항

111 국가보건의료체계 중 보건의료서비스의 질적 수준이 가장 높은 것은? [13 경북(수정)]

① 사회보장형
② 자유방임형
③ 사회주의형
④ 개발도상국형

해설
자유방임형: 의료서비스의 제공이 민간부문에 의하여 자율적으로 이루어지는 형태로 정부의 통제나 간섭이 최소화되고, 소비자가 스스로 판단하여 의료기관을 제약 없이 이용할 수 있는 체계로 '무제도의 제도'라고도 한다. 공급자측의 경쟁에 따른 보건의료서비스 수준의 향상으로 의학이 발달되고, 의료인의 재량권을 보장하여 의료서비스의 질이 향상된다.

정답 110 ④ 111 ②

112 다음 중 진료비 지불 방법에 관한 설명으로 옳지 않은 것은? [13 대구]

① 인두제 – 국민의료비가 높지 않다.
② 총액계약제 – 첨단의료서비스를 도입하는 동기가 상실된다.
③ 포괄수가제 – 의료기관의 생산성을 증가시킬 수 있다.
④ 행위별수가제 – 의료서비스의 양과 질이 최소화되는 경향이 있다.

해설

행위별수가제는 제공된 진료내용과 진료의 양에 따라 진료보수가 결정되는 방식으로, 제공된 의료서비스의 단위당 가격에서 서비스의 양을 곱한 만큼 보상하는 방식이다. 따라서 의료서비스의 양과 질이 확대되는 경향이 있다.

진료비 지불제도

지불방식	개념	장점	단점
행위별 수가제 (fee-for-service)	제공된 진료내용과 진료의 양에 따라 진료보수가 결정되는 방식	• 의사의 생산성 ↑ • 환자에게 충분한 양질의 의료서비스 제공 가능 • 신의료기술 및 신약개발 등에 기여 • 의료의 다양성이 반영될 수 있어 의사·의료기관의 제도 수용성이 높음 • 의료인의 자율성 보장	• 환자에게 많은 진료를 제공하면 할수록 의사 또는 의료기관의 수입이 늘어나게 되어 과잉진료, 과잉검사 등을 초래할 우려가 있음. • 과잉진료 및 지나친 신의료기술 등의 적용으로 국민의료비 증가 우려 • 수가 구조의 복잡성으로 청구오류, 허위·부당청구 우려
포괄 수가제 (Bundled-payment)	환자 1인당 또는 질병별, 요양일수별로 보수단가를 설정하여 미리 정해진 진료비를 의료기관에 보상하는 제도	• 경영과 진료의 효율화 • 과잉진료, 의료서비스 오남용 억제 • 의료인과 심사기구·보험자 간의 마찰 감소 • 진료비 청구방법의 간소화 • 진료비 계산의 투명성 제고 • 의료기관의 생산성 ↑	• 비용을 줄이기 위하여 서비스 제공을 최소화하여 의료의 질적 수준 저하와 환자와의 마찰 우려·조기 퇴원 • DRG코드조작으로 의료기관의 허위·부당청구 우려 • 의료의 다양성이 반영되지 않으므로 의료기관의 불만이 크고 제도 수용성이 낮음
봉급제 (salary)	일정 기간에 따라 보상받는 방식	의료서비스 제공을 위한 직접비용이 독립계약하에서 보다 상대적으로 적음	• 개인적·경제적 동기가 적어 진료의 질을 높인다거나 효율성 제고 등의 열의가 낮음 • 관료화, 형식주의화, 경직화 등 우려 • 진료의 질적수준 저하
인두제 (capitation)	등록환자수 또는 실이용자수를 기준으로 일정액을 보상받는 방식	• 진료비 지불의 관리 운영이 편리 • 지출 비용의 사전 예측 가능 • 자기가 맡은 주민에 대한 예방의료, 공중보건, 개인위생 등에 노력 • 국민의료비 억제 가능	• 의사들의 과소 진료 우려 • 고급의료, 최첨단 진료에 대한 경제적 유인책이 없어 신의료기술의 적용 지연 • 중증 질병환자의 등록기피 발생 우려
총액계약제 (global-budget)	지불자 측(보험자)과 진료자 측이 사전에 일정 기간 동안의 진료보수 총액에 대한 계약을 체결하고, 계약된 총액범위 내에서 의료서비스를 이용하는 제도	• 과잉 진료·청구의 시비가 줄어들게 됨 • 진료비 심사·조정과 관련된 공급자 불만이 감소됨 • 의료비 지출의 사전 예측이 가능하여 보험 재정의 안정적 운영 가능 • 의료 공급자의 자율적 규제 가능	• 보험자 및 의사 단체 간 계약 체결의 어려움 상존 • 전문과목별, 요양기관별로 진료비를 많이 배분받기 위한 갈등 유발 소지 • 신기술 개발 및 도입, 의료의 질 향상 동기가 저하되며, 의료의 질 관리가 어려움(과소 진료의 가능성)

정답 **112** ④

113 A지역 지역보건의료계획의 수립 및 제출의 의무가 있는 자는? [13 광주]

① 보건소장
② 시장, 군수, 구청장
③ 시·도지사
④ 보건복지부장관

해설
시장·군수·구청장은 해당 시·군·구 위원회의 심의를 거쳐 지역보건의료계획(연차별 시행계획을 포함한다.)을 수립한 후 해당 시·군·구의회에 보고하고 시·도지사에게 제출하여야 한다.

114 보건의료서비스에 대한 설명으로 옳은 것은? [12 서울]

① 우리나라는 1차, 2차, 3차 진료서비스가 균형 있게 발전하고 있다.
② WHO의 국가보건의료체계의 하위구성요소는 보건의료자원 개발, 자원의 조직화, 경제적 지원, 보건의료서비스 제공 등 4가지이다.
③ 보건의료서비스 제공은 질병예방과 건강증진 등 예방 측면에 한정된다.
④ 적정보건의료서비스는 접근용이성, 질적 적정성, 효율성, 지속성을 요건으로 한다.

해설
① 우리나라는 환자들이 3차 진료서비스를 선호함에 따라 1, 2, 3차 진료서비스 간 불균형이 심하다.
② WHO의 국가보건의료체계의 하위구성요소는 보건의료자원 개발, 자원의 조직화, 경제적 지원, 보건의료서비스 제공, 관리 등 5가지이다.
③ 보건의료서비스 제공은 질병예방과 건강증진뿐 아니라 치료, 재활 및 의료관리 등을 모두 포함한다.

115 WHO 일차보건의료의 특성 중 보건진료소 운영협의회 및 마을 건강원 운영과 관련된 것은? [12 서울]

① 수용가능성
② 주민 참여
③ 지불부담능력
④ 효율성
⑤ 접근성

해설
「농어촌 등 보건의료를 위한 특별조치법」 제21조(보건진료소운영협의회)에는 "보건진료소 운영을 원활히 하기 위하여 보건진료소가 설치되어 있는 지역마다 주민으로 구성되는 보건진료소운영협의회를 둔다."라고 되어 있다. 보건진료소운영협의회는 보건진료소의 운영 지원과 보건진료소 운영에 관한 건의를 업무로 한다. 또한, 자원봉사자인 마을건강원(마을 건강지킴이)을 지역사회 주민 중에서 선정하여 보건진료소의 지원 업무를 수행하도록 하고 있다. 이처럼 보건진료소운영협의회 및 마을 건강원의 운영은 WHO 일차보건의료의 특성 중 '주민참여'와 밀접한 관련성이 있다.

정답 113 ② 114 ④ 115 ②

116 예방접종을 시행함으로써 다른 사람에게 전파될 가능성이 줄어들고, 보건의료의 경제적 효과가 크다면 이는 무엇에 대한 설명인가? [12 충남]

① 독과점성
② 예측가능성
③ 외부효과성
④ 필수의료적 효과

> **해설**
> 외부효과는 확산효과 또는 이웃효과라고도 하며 적절한 보건의료서비스를 통해 건강을 보호하면 질병의 파급이 줄어들어 그 혜택이 당사자뿐만 아니라 그 가족 혹은 사회 전체에 돌아가게 되는 것을 의미한다.

117 1978년 알마아타 선언에서 제시한 일차보건의료의 필수적 사업으로 옳지 않은 것은? [12 서울 보건직(수정)]

① 예방접종
② 안전한 식수의 공급
③ 외과적 치료 기술의 개발
④ 필수의약품의 공급
⑤ 식량 공급의 촉진과 적절한 영양의 증진

> **해설**
>
> **일차보건의료 내용 – 알마아타 선언(1978, WHO)**
> (1) 만연한 보건의료 문제에 대한 교육과 그 문제의 예방과 관리
> (2) 식량공급과 적절한 영양증진
> (3) 안전한 식수제공과 기본환경위생관리
> (4) 가족계획을 포함한 모자보건
> (5) 주요 감염병에 대한 면역수준 증강(예방접종)
> (6) 그 지역 지방병(풍토병) 예방과 관리
> (7) 흔한 질병과 상해에 대한 적절한 치료(통상 질환에 대한 기초적 진료)
> (8) 필수(기본)의약품의 공급
> (9) 정신보건의 증진 또는 심신장애자의 사회의학적 치료(추후에 추가된 항목)

정답 116 ③   117 ③

118 우리나라의 건강보험제도에 관한 설명으로 옳지 않은 것은?

[12 경기의료기술직]

① 우리나라 국민은 강제로 건강보험에 가입한다.
② 건강보험료는 능력에 비례하여 부담한다.
③ 의료기관은 요양급여기관으로 강제로 지정된다.
④ 지역가입자와 직장가입자의 보험료 부과 방식은 같다.

해설
요양급여기관을 법으로 지정하고 있으므로 강제성을 가지고 있다.

건강보험의 특성
(1) <u>법률에 의한 강제가입</u>: 질병위험이 큰 사람만 가입할 경우 보험 역선택 현상이 나타나 원활한 건강보험 운영이 불가하다.
(2) <u>능력에 따른 보험료 차등부과</u>: 사회적인 연대를 기초로 의료비 문제해결이 목적이므로 소득수준 등 보험료 부담능력에 따라 형평성 있게 부담하도록 한다.
(3) <u>보험급여의 균등한 혜택</u>: 대상자가 보험료를 많이 내든 적게 내든 상관없이 보험급여의 혜택은 균등하다.
(4) <u>보험료 납부의 의무성</u>: 보험료 징수의 강제성이 부여된다.
(5) <u>보험료의 분담</u>: 사보험에서는 가입자가 보험료를 전액 부담하지만 사회보험으로서의 건강보험은 노사가 분담하거나 정부가 일부 부담. 우리나라는 지역가입자에 대하여 정부가 보험비용의 50%를 부담하고 있다.
- 지역가입자 보험료액 = 보험료부과점수 × 보험료부과점수당 금액
- 직장가입자 보험료액: 보수월액(직장가입자가 동일사업장에서 당해 연도에 받은 보수총액을 근무월수로 나눈 금액)과 소득월액(보수월액의 산정에 포함된 보수를 제외한 직장가입자의 소득) 기준으로 부과

119 의료보장제도의 기능은 일차적 기능과 이차적 기능으로 구분할 수 있다. 다음 중 일차적 기능에 해당하는 것은?

[12 경기의료기술직]

① 국민 계층 간의 최저생활을 보호하는 사회연대성의 제고
② 경제적 부담을 느끼지 않는 범위에서 필수의료의 확보
③ 경제적 부담을 경감하는 소득재분배 기능
④ 많은 인원을 집단화하여 위험분산 기능의 수행

해설
①, ③, ④는 이차적 기능에 해당한다.

의료보장의 기능
(1) <u>일차적 기능</u>: 국민이 경제적 어려움을 느끼지 않는 범위 내에서 필수의료를 확보해 주는 기능
(2) 이차적 기능
 ① 사회 연대성 제고 기능: 국민 계층 간의 유무상통(有無相通: 있는 것과 없는 것을 서로 나눔)의 원리를 동원하여 사회적 연대를 통한 사회통합을 도모하는 기능
 ② 소득재분배 기능: 부담과 관계없는 균등한 급여를 통해 질병 발생 시 가계에 지워지는 경제적 부담을 경감하는 소득재분배 기능
 ③ 비용의 형평성 기능: 필요한 비용을 개인별 부담능력과 형편에 따라 공평하게 부담하는 기능
 ④ 급여의 적정성 기능: 피보험자 모두에게 필요한 기본적 의료를 적정한 수준까지 보장함으로써 그들의 의료문제를 해결하고 누구에게나 균등한 적정 수준의 급여를 제공하는 기능
 ⑤ 위험분산의 기능: 많은 인원을 집단화하여 위험분산기능의 수행

정답 118 ④ 119 ②

120 다음 중 일차보건의료의 접근방법으로 옳은 것을 모두 고른 것은?

[12 경기 보건직]

> 가. 전문의에 의한 양질의 의료를 제공하여야 한다.
> 나. 지역사회의 적극적인 참여가 이루어져야 한다.
> 다. 예방적 접근보다 환자 질병치료의 임상중심적 접근이어야 한다.
> 라. 지역사회가 쉽게 받아들일 수 있는 방법으로 사업이 제공되어야 한다.
> 마. 지역사회 지불능력에 맞는 보건의료수가로 사업이 제공되어야 한다.

① 가, 나, 마
② 나, 라, 마
③ 가, 나, 라, 마
④ 나, 다, 라, 마

해설
가. 전문의가 아니더라도 일차수준의 문제해결에 필요한 기술과 인력을 활용하면 된다.
다. 임상중심적이기보다는 예방적 접근이어야 한다.
이외에도 일차보건의료의 접근이 쉬워야 하고 건강을 위한 관련 분야의 상호협력이 이루어져야 하고, 자조, 자립정신이 바탕이 된 지역사회 특성에 맞는 보건사업이 추진되어야 한다.

121 우리나라 건강보험의 특성 중 옳지 않은 것은?

[12 7급 보건직, 11 서울 의료기술직]

① 사회보험의 경우 수직적·수평적 소득재분배 기능이 있다.
② 의료비의 본인 일부 부담제를 실시하면 불필요한 의료이용을 억제할 수 있다.
③ 건강보험이 실시되면 의료 이용이 증가된다.
④ 보험의 가입 여부를 임의로 결정하는 경우 역선택을 방지할 수 있다.

해설
보험의 가입 여부를 임의로 결정하는 경우 역선택이 생길 수 있다. → 건강보험에서 건강한 사람은 가입하지 않고, 건강하지 못한 가입자만이 보험에 가입한다면 보통과는 뒤바뀐 선택이 이루어지게 되는데, 이 현상을 역선택이라 한다.

건강보험의 특성
(1) **법률에 의한 강제가입**: 질병위험이 큰 사람만 가입할 경우 보험 역선택 현상이 나타나 원활한 건강보험 운영 불가
(2) **능력에 따른 보험료 차등부과**: 사회적인 연대를 기초로 의료비 문제해결이 목적이므로 소득수준 등 보험료 부담능력에 따라 형평성 있게 부담
(3) **보험급여의 균등한 혜택**: 대상자가 보험료를 많이 낸든 적게 낸든 상관없이 보험급여의 혜택은 균등
(4) **보험료 납부의 의무성**: 보험료 징수의 강제성 부여
(5) **보험료의 분담**: 사보험에서는 가입자가 보험료를 전액 부담하지만 사회보험으로서의 건강보험은 노사가 분담하거나 정부가 일부 부담. 우리나라는 지역가입자에 대하여 정부가 보험비용의 50%를 부담

정답 120 ② 121 ④

122 일차보건의료의 주요 특징이 아닌 것은?

[12 경기 의료기술직]

① 기본적이고 필수적인 사업이다.
② 지역주민의 수용성이 높다.
③ 형평성을 추구하는 사업이다.
④ 효율성이 높은 사업이다.

해설
- 일차보건의료는 지역사회 개발정책의 일환으로, 이를 위해서는 지역 내의 보건의료 발전을 위한 지역주민의 참여가 무엇보다도 중요하다. 이를 위해서 지방 분권화된 보건의료체계 속에서 일차보건의료 도입이 바람직하다.
- 세계보건기구(WHO)가 제시한 일차보건의료의 핵심적 특성에는 효율성이 포함되지 않는다. 기본적인 필수 의료서비스의 균등한 보장을 위해서는 효율성보다 형평성이 더 중요하다.

123 국가보건의료체계의 하부구조의 주요 구성요소가 아닌 것은?

[12 경기 의료기술직]

① 경제적 지원
② 보건사업의 평가
③ 자원의 조직적 배치
④ 보건의료자원의 개발

해설
클레츠코프스키(Klezkowski, 1984) 등이 제시한 국가보건의료체계의 하부구조는 보건의료자원개발, 자원의 조직적 배치, 보건의료 제공, 경제적 지원, 관리이다.

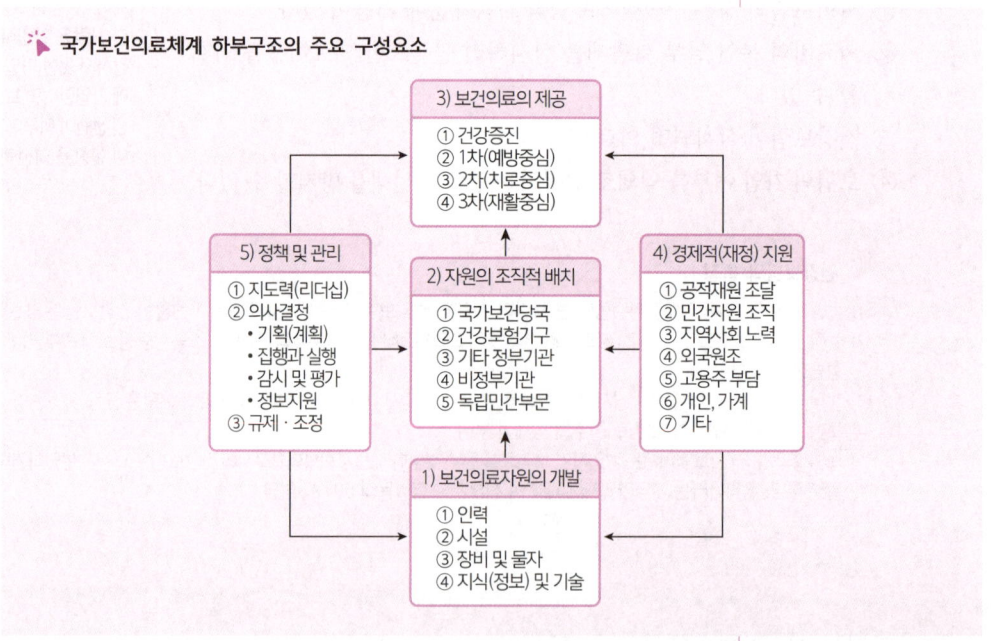

정답 122 ④ 123 ②

124 「국민건강보험법」에서 지역가입자 중 일반건강검진 대상자의 나이는?

[12 경기 의료기술직, 10 서울 의료기술직(수정)]

① 35세 이상
② 20세 이상
③ 15세 이상
④ 40세 이상

해설

「국민건강보험법 시행령」 제52조에 따르면 일반건강검진 대상자는 직장가입자, 세대주인 지역가입자, 20세 이상인 지역가입자 및 20세 이상인 피부양자이다. → 기출 당시에는 법령에 40세 이상이 기준이었으나 2018년 12월부터 20세 이상으로 변경되었다.

125 우리나라 보건소의 주요 기능이 아닌 것은?

[12 경기 의료기술직]

① 보건사업의 실시
② 보건행정의 규제 기능
③ 보건사업의 평가
④ 보건예산의 배정기능

해설

보건 예산을 배정하는 기능은 중앙부 및 지방자치단체이다.
보건소의 주요 기능
(1) 보건 기획과 평가 기능
(2) 행정 규제와 지원 기능
(3) 지역보건사업의 전개 기능

126 다음 중 보건지소의 설치근거 법령은?

[12 경기 의기술직]

① 지역보건법
② 의료법
③ 국민건강보험법
④ 농어촌 등 보건의료를 위한 특별조치법

해설

지역보건의료기관 중에서 보건소/보건의료원/보건지소의 설치 및 운영은 「지역보건법」, 보건진료소의 설치 및 운영은 「농어촌 등 보건의료를 위한 특별조치법」에 의한다.

정답 124 ② 125 ④ 126 ①

127 보건소의 설치에 관한 설명 중 가장 타당하지 않은 것은?

[12 경기 의료기술직]

① 보건소의 설치는 대통령령이 정하는 기준에 따라 당해 지방 자치단체의 조례로 정한다.
② 시(구가 설치되지 아니한 시)·군·구별로 1개소씩 설치한다.
③ 시장·군수·구청장이 지역주민의 보건의료를 위하여 특히 필요하다고 인정하는 경우에는 필요한 지역에 추가로 설치·운영할 수 있다.
④ 추가로 보건소를 설치하고자 하는 때에는 행정자치부장관은 보건복지부장관과 협의하지 아니하고 이를 결정한다.

해설
보건소를 추가로 설치하려는 경우에는 「지방자치법 시행령」 제73조에 따른다. 이 경우 해당 지방자치단체장은 보건복지부장관과 미리 협의하여야 한다.

128 우리나라 건강보험제도에 대한 설명으로 옳은 것은?

[11 서울]

① 전 국민을 대상으로 임의 적용한다.
② 보험료의 일부는 국가가 지원한다.
③ 국가보건서비스(NHS) 방식을 채택하고 있다.
④ 1977년부터 전 국민을 대상으로 시행하였다.
⑤ 의료기관과 약국에서 시행한 요양급여에 대해서만 지불보상한다.

해설
① 전 국민을 대상으로 강제 적용한다.
③ 사회보험(NHI) 방식을 채택하고 있다.
④ 1989년부터 전 국민을 대상으로 시행하였다.
⑤ 의료기관, 약국, 한국희귀·필수의약품센터, 보건소·보건의료원·보건지소, 보건진료소에서 시행한 요양급여에 대해서 지불보상한다.

정답 127 ④ 128 ②

129 「농어촌 등 보건의료를 위한 특별조치법 및 시행령」에서 명시한 보건진료 전담공무원의 역할에 대한 설명으로 옳지 않은 것은? [11 서울, 10 서울]

① 상병상태를 판별하기 위한 진찰행위
② 응급조치가 필요한 환자에 대한 응급조치
③ 정상분만 시의 분만도움
④ 급성병 환자의 요양지도 및 관리

해설
보건진료 전담공무원의 의료행위
(1) 상병(傷病)상태를 판별하기 위한 진찰·검사
(2) 환자의 이송
(3) 외상 등 흔히 볼 수 있는 환자의 치료 및 응급 조치가 필요한 환자에 대한 응급처치
(4) 상병의 악화 방지를 위한 처치
(5) 만성병 환자의 요양지도 및 관리
(6) 정상분만 시의 분만 도움
(7) 예방접종
(8) (1)부터 (7)까지의 의료행위에 따르는 의약품의 투여

130 우리나라 의료보장제도의 특징에 대한 설명으로 옳지 않은 것은?
[11 지방]

① 사회보험 방식과 공공부조 방식으로 운영되고 있다.
② 현물급여를 원칙으로 하되, 현금급여를 병행하고 있다.
③ 보험료 부담능력이 없어도 건강보험에 모두 가입하여야 한다.
④ 의료비 증가를 억제하기 위해 본인일부부담제가 적용된다.

해설
보험료부담능력이 없는 사람은 국가가 세금을 통해 의료급여를 지원해준다(공공부조).

의료보장제도의 특징
(1) 우리나라 의료보장제도는 사회보험 방식을 바탕으로 공공부조 방식을 더하여 시행되고 있다. 사회보험은 건강보험, 산재보험, 노인장기요양보험이 해당되고 공공부조 방식으로는 의료급여가 있다.
(2) 우리나라의 의료보장제도는 현물급여가 원칙이며 현금급여를 병행하여 시행하고 있다. 의료서비스에 해당하는 진료, 수술 등은 현물급여가 적용되며 의료정책상 지원이 필요한 경우에만 현금급여를 예외적으로 시행하고 있다.
(3) 보험료 부담능력이 없는 저소득층은 의료급여 대상자로 국가재정에 의하여 기본적인 의료혜택을 제공하고 있다.
(4) 소비자 측면에서의 의료비 증가를 억제하기 위해 본인일부부담제가 적용되고 있다.
(5) 우리나라의 보험자는 국민건강보험공단이며, 건강보험을 하나로 통합하여 관리하는 통합방식을 채택하고 있다.

정답 129 ④ 130 ③

131 보건의료전달체계 중 자유방임형 의료제도에 대한 설명으로 옳은 것은?

[11 지방]

① 국민이 의료기관을 자유롭게 선택할 수 있다.
② 의료자원의 효율적 활용으로 의료비가 저렴하다.
③ 의료의 내용이나 수준 결정에 의료인의 재량권이 제한된다.
④ 빈부에 상관없이 형평성 있는 의료를 제공할 수 있다.

해설

자유방임형: 의료서비스의 제공이 민간부문에 의하여 자율적으로 이루어지는 형태로 정부의 통제나 간섭이 최소화되고, 소비자가 스스로 판단하여 의료기관을 제약 없이 이용할 수 있는 체계로 '무제도의 제도'라고도 한다.
② 의료자원의 비효율적 활용으로 개인과 국가의 의료비 부담이 가중된다.
③ 의료의 내용이나 수준 결정에 의료인의 재량권이 보장된다.
④ 자원 및 의료수준의 불균형적인 분포로 지역에 따른 의료이용에 차별이 생긴다.

프라이(J. Fry)의 보건의료전달체계 유형

유형	개념	장점	단점
자유 방임형	• 의료서비스의 제공이 민간부문에 의하여 자율적으로 이루어지는 형태로 정부의 통제나 간섭이 최소화되고, 소비자가 스스로 판단하여 의료기관을 제약없이 이용할 수 있는 체계로 '무제도의 제도'라고도 한다. • 행위별수가제 채택 / 의료의 개인 책임주의 / 전문의 진료 • 미국을 중심으로 독일, 프랑스, 한국, 일본 등이 이 유형에 속한다.	• 국민이 자유롭게 의사와 의료기관을 선택 • 공급자측의 경쟁에 따른 보건의료서비스 수준의 향상으로 의학이 발달 • 의료기관 간의 자유경쟁에 따른 효율적 운영 • 의료인의 재량권을 보장하여 의료서비스의 질 향상	• 자원 및 의료수준의 불균형적인 분포로 지역에 따른 의료이용에 차별 • 정부 간섭과 통제의 한계로 의료자원의 비효율적인 활용과 중복에 따른 자원의 낭비 • 제약 없는 의료서비스 이용으로 개인과 국가의 의료비 부담 가중
사회 보장형	• 개인의 자유는 존중하되 정부가 보건의료서비스를 기획, 총괄하여 보건의료자원의 효율적 활용을 유도하고 의료기능의 분담이 지역화되어 있는 방식으로 국민 전체에게 조세에 의한 의료서비스를 제공하므로 누구나 의료서비스를 받을 수 있다. • 국민보건서비스형 / 인두제 채택 / 예방의학 강조 • 영국, 호주, 뉴질랜드, 북유럽 국가 등이 여기에 속하며 치료보다 예방을 중시한다.	• 보건의료서비스의 혜택이 국민 전체에게 균등하게 보장되며, 공공재로서 보건의료 개념이 구현 • 자유경쟁으로 인한 자원낭비 방지와 의료이용과 의료비 통제 가능	• 의료수준의 저하 및 효율성 저하 • 행정의 경직성과 복잡성(관료주의적 병폐) • 조세를 통한 의료서비스 제공으로 국가 재정 부담 가중 • 정부 재정상태 변동에 따른 불안정
사회 주의형	• 개인의 의료서비스 이용의 선택이 제한되고, 보건의료자원의 배분, 기획을 중앙정부가 직접 관여하여 형평성을 높이는 방식 • 중국, 북한 등 공산주의 국가에서 채택하고 있다.	• 효율적인 의료자원의 할당으로 의료산업의 독점자본주의화 방지 • 보건의료서비스 이용의 차별 및 경제적 곤란성 제거 • 중앙집권화로 의료체제에 대한 관리와 통제의 용이	• 국민의 보건의료서비스 이용의 자유선택권 박탈 • 의료수준 침체 및 의료인의 사기 저하로 의료의 질 저하

정답 **131** ①

132 사회보장제도 중 우리나라의 현행 공공부조사업으로 옳은 것은?

[10 서울]

| 가. 기초생활보장 | 나. 건강보험 |
| 다. 의료급여 | 라. 산재보험 |

① 가, 나, 다
② 가, 다
③ 나, 라
④ 라
⑤ 가, 나, 다, 라

해설

공공부조는 국가 및 지방자치단체의 책임 아래 생활유지능력이 없거나 생활이 어려운 국민의 최저 생활을 보장하고 자립을 지원하는 제도이며, 국민기초생활보장사업, 의료급여사업, 이재민구호사업, 의상자예우사업, 부랑인보호사업 등을 실시한다.

133 다음 중 WHO가 제시한 일차보건의료의 핵심 특성으로 옳은 것은?

[10 서울(수정)]

| 가. 접근성(Accessible) |
| 나. 수용가능성(Acceptable) |
| 다. 주민의 참여(Available) |
| 라. 포괄성(comprehensiveness) |

① 가, 나, 다
② 가, 다
③ 나, 라
④ 라
⑤ 가, 나, 다, 라

해설

세계보건기구(WHO)가 제시한 일차보건의료의 필수요소 4A는 접근성(Accessible), 수용가능성(Acceptable), 주민참여(Available), 지불부담능력(Affordable)이다. 이외의 핵심 특성으로는 포괄성, 유용성, 지속성, 상호협조성, 균등성이 있다.

정답 132 ② 133 ⑤

134 국민의료비 증가에 대한 대책으로 옳지 않은 것은? [10 지방]

① 진료비 일부를 본인에게 부담시킨다.
② 행위별수가제와 같은 진료비 보수지불체계를 도입한다.
③ 무절제한 고가 의료장비의 도입을 막는다.
④ 국가 또는 건강보험자 단체가 보건의료서비스의 양, 수가, 진료에 투입되는 자원을 통제한다.

해설

행위별수가제는 국민의료비의 증가요인이 되고 있다.

국민의료비 증가 대책

단기 방안	수요측	• 본인부담률 인상 • 보험급여 범위 확대를 억제하여 의료에 대한 과잉수요를 줄임.
	공급측	• 의료수가 상승 억제 • 고가의료기술의 도입과 사용 억제 및 도입된 장비의 공동사용 방안 등을 강구하여 의료비 증가폭을 줄임. • 효율적 관리운영으로 의료비 상승 억제
장기 방안		• **지불보상제도의 개편**: 행위별 수가제는 사후 의료비 지불제도로 과잉진료 등으로 인한 의료비 및 급여 증가를 가속화하는 가장 큰 원인이 되고 있다. 사전결정방식의 형태로 개편할 필요성이 있다. • **의료전달체계의 확립**: 공공부문 의료서비스의 확대, 의료의 사회화와 공공성 확대로 안정적인 의료수가 수준을 유지하는 것이 필요하다. • **다양한 의료대체서비스, 인력개발 및 활용**: 지역사회간호센터, 가정간호, 호스피스, 낮병동, 너싱홈, 재활센터, 정신건강복지센터 등 대체의료기관과 서비스 개발 및 활용. 보건진료원, 전문간호사제도, 정신건강전문요원 등 다양한 보건의료전문가 양성으로 효율적인 인력관리를 통해 의료비 억제효과를 얻게 하는 것이 필요하다.

정답 134 ②

135 세계보건기구의 일차보건의료의 필수서비스로 옳지 않은 것은? [10 지방]

① 중증 희귀병의 치료
② 식량의 공급과 영양의 증진
③ 가족계획을 포함한 모자보건
④ 그 지역의 풍토병 예방과 관리

> **해설**
>
> **일차보건의료 내용 – 알마아타 선언(1978, WHO)**
> (1) 만연한 보건의료 문제에 대한 교육과 그 문제의 예방과 관리
> (2) 식량공급과 적절한 영양증진
> (3) 안전한 식수제공과 기본환경위생관리
> (4) 가족계획을 포함한 모자보건
> (5) 주요 감염병에 대한 면역수준 증강(예방접종)
> (6) 그 지역 지방병(풍토병) 예방과 관리
> (7) 흔한 질병과 상해에 대한 적절한 치료(통상질환에 대한 기초적 진료)
> (8) 필수(기본)의약품의 공급
> (9) 정신보건의 증진 또는 심신장애자의 사회의학적 치료(추후에 추가된 항목)

정답 135 ①

PART 03
지역사회 간호과정

핵심 키워드

지역사회 간호과정	포괄적 사정	SWOT
차창 밖 조사	참여관찰	지역조사
PATCH	오마하진단분류체계	BPRS
SMART	평가범주	우선순위결정기준
가정방문활동	건강관리실	방송
MATCH	MAPP	감시
감독	사례관리	문제중심사정
자료분석단계	중재수레바퀴모델	NIBP
조정	Bryant결정기준	

최근 5개년 영역별 평균출제빈도 (2024~2020년)

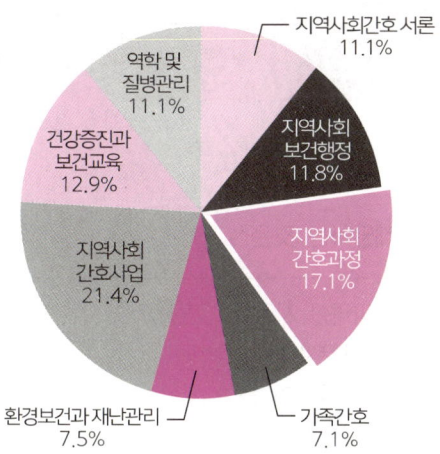

- 지역사회간호 서론 11.1%
- 지역사회 보건행정 11.8%
- 지역사회 간호과정 17.1%
- 가족간호 7.1%
- 환경보건과 재난관리 7.5%
- 지역사회 간호사업 21.4%
- 건강증진과 보건교육 12.9%
- 역학 및 질병관리 11.1%

최근 18개년 영역별 세부 출제내용 분석 (2024~2007년)

	세부내용	문항 수	출제비율
간호사정(23)	사정의 유형 / 자료수집방법	9	6.9%
	자료분석단계	5	3.8%
	SWOT	9	6.9%
간호진단(37)	OMAHA진단체계	8	6.2%
	우선순위결정기준	29	22.3%
간호계획(26)	목표기술	9	6.9%
	평가계획(범주)	13	10.0%
	보건기획의 특성	2	1.5%
	전반적인 내용	2	1.5%
간호수행(10)	지역주민참여	1	0.8%
	수행 시 우선순위	3	2.3%
	간호수단 및 방법의 타당성	1	0.8%
	수행활동(조정 / 감시 / 감독)	5	3.8%
간호평가(19)	평가절차	6	4.6%
	평가유형	13	10.0%
간호활동 및 수단 (15)	가정방문	10	7.7%
	건강관리실 운영	1	0.8%
	의뢰	1	0.8%
	사례관리	3	2.3%
	Total	130	100.0%

PART 03 지역사회 간호과정

탄탄 지역사회간호

회독 점검 ① ② ③

001 SWOT 분석에서 다음 내용에 해당하는 것은? [24]

⭐⭐

〈보건소 간호사가 파악한 지역사회 현황〉
- 대기오염, 기후 변화에 따른 건강문제 발생 증가
- 신종 감염병 대유행에 따른 국내 불안감 증대

① 강점
② 약점
③ 기회
④ 위협

해설

문제에 제시된 현황은 특정 기관만의 문제가 아니므로 외부의 위협에 해당한다.

SWOT 분석

조직 외부에 있는 기회(opportunities)와 위협(threats) 요인을 살펴보기 위해 이들 환경을 중심으로 장래에 예측되는 대중, 경쟁자, 사회문화적·정치적·기술적·경제적 환경 등의 변화를 분석하는 동시에, 조직 내의 강점(strengths)과 약점(weaknesses)을 파악하는 것

구분	전략	내용
SO전략	강점-기회 전략	• 강점요인을 바탕으로 기회요인에 활용하는 전략(공격적 전략) • 사업구조, 사업영역, 사업대상을 확대하는 내용의 전략 수립
ST전략	강점-위협 전략	• 강점요인을 활용하여 위협요인에 대응하는 전략(다각화 전략) • 신사업, 신기술, 신공정, 새로운 소비자층 개발을 내용으로 전략 수립
WO전략	약점-기회 전략	• 약점요인을 보완하고 기회요인을 활용하는 전략(국면전환 전략) • 구조조정, 혁신운동 등을 내용으로 전략 수립
WT전략	약점-위협 전략	• 약점요인을 극복하며 위협요인을 회피하는 전략(방어적 전략) • 사업의 축소, 사업의 철수/폐지 등을 내용으로 전략 수립

정답 001 ④

002 지역사회 간호사업 목표 기술 시 갖추어야 할 기준이 아닌 것은? [24]

① 측정 가능성 ② 추상성
③ 실현 가능성 ④ 지역사회 문제와의 연관성

해설
지역사회 간호사업 목표 기술 시 갖추어야 할 기준으로는 구체성이 있어야 측정 가능하고 실행이 수월하다.

SMART 목표 설정 기준

구체성(Specific)	목표는 구체적으로 기술하여야 한다.
측정가능성(Measurable)	목표는 측정 가능해야 한다.
적극성(Aggressive) & 성취가능성(Achievable)	목표는 진취적이면서 성취 가능한 현실적인 것이어야 하나, 별다른 노력 없이도 달성되는 소극적 목표는 안 된다.
연관성(Relevant)	사업목적 및 문제해결과 직접 관련성이 있어야 한다. 즉, 해당 건강문제와 인과관계가 있어야 한다.
기한(Time limited)	목표달성의 기한을 밝혀야 한다.

003 지역사회 간호사정 시 다음 설명에 해당하는 자료분석 단계는? [24]

A 지역 보건소 간호사는 수집한 정보를 서로 연관성 있는 항목끼리 묶어 범주화하였다.

① 분류단계 ② 요약단계
③ 확인·비교단계 ④ 결론단계

해설

지역사회 자료 분석 단계

분석 과정	분류단계(categorize) → 요약단계(summarize) → 확인·비교단계(compare) → 결론단계(draw inference)
분류 단계	• 자료 수집 과정에서 수집된 모든 자료(정보)를 특성별로 범주화하여 서로 연관성 있는 것끼리 분류하는 단계 • 일반적으로 지역사회 특성, 인구 특성, 건강 상태, 환경 특성, 지역사회 자원 등으로 분류
요약 단계	• 건강자료에 관한 것을 비율, 차트, 그래프, 표 등으로 작성하여 요약 작업 수행 • 각 분류 항목 간의 관련성을 고려해야 함
확인 단계	• 포괄적이고 총체적인 지역사회의 문제를 파악하기 위한 것 • 과거와 비교하여 상황에 대한 양상과 경향을 알아보고, 국가 자료나 다른 지역 자료와 비교하여 국가적 문제인지 대상 지역만의 문제인지 확인하고, 맞지 않거나 서로 상반되는 자료가 없는지, 부족하거나 더 필요한 자료가 무엇인지 확인
결론 단계	• 지역사회의 구체적 문제들이 어떤 것인지를 요약하고 지역사회간호사의 전문적 견해를 포함하여 종합된 결론을 내리고 문제로 기술 • 지역사회의 현재 상황을 과거 자료와 비교하여 문제에 대한 경향을 알아본다.

정답 002 ② 003 ①

004 오마하체계(Omaha System)를 구성하는 영역(domain)이 아닌 것은?

[24]

① 인지적 영역
② 환경적 영역
③ 생리적 영역
④ 사회심리적 영역

해설

오마하체계의 구성은 환경, 심리사회, 생리, 건강 관련 행위 4영역이다.

오마하 진단분류체계

(1) 개념
① 오마하방문간호사협회가 11년간 연방정부로부터 기금을 받고 수행한 연구와 많은 보건의료 및 자료처리 전문직이 20년 이상 공동작업을 한 노력의 결과로 도출
② 지역사회 간호실무영역에서 가장 효율적이고 적용이 가능하며 현재 200개 이상의 미국 내 가정간호 기관에서 사용되고 있음
③ 문제분류틀(문제분류체계)은 영역(domain), 문제(problem), 수정인자(modifier), 증상/징후(sign & symptom)의 4개 수준(level)으로 이루어져 있음

(2) 구성요소

구성	영역	문제 (진단)	수정인자		증상/징후
			Ⅰ. 대상자	Ⅱ. 심각도	
문제 분류틀	1. 환경	4종	• 개인 • 가족 • 집단 • 지역사회	• 건강증진 • 잠재적 결핍/손상 • 실제적 결핍/손상	• 문제의 증상 – (주관적 증거) • 문제의 징후 – (객관적 증거)
	2. 사회심리	12종			
	3. 생리	18종			
	4. 건강 관련 행위	8종			
중재틀	1. 범주: 1) 건강교육, 상담, 안내 2) 처치와 시술 3) 사례관리 4) 감독 2. 중심내용: 간호중재와 활동내용(62개 목록) 3. 대상자에 대한 구체적 정보				
결과	• 서비스 전 과정을 통하여 대상자의 발전과정을 측정 • 5점 Likert 척도로 점수가 높을수록 양호한 상태를 나타냄				

정답 004 ①

005 브라이언트(Bryant) 우선순위 결정방법에 대한 설명으로 옳은 것은?

[24]

① 캐나다 토론토 보건부가 개발하였다.
② 결정기준에 주민의 관심도가 포함된다.
③ 보건지표의 상대적 크기와 변화의 경향을 황금다이아몬드 상자에 표시한다.
④ 평가항목별로 0점 혹은 1점을 부여하며, 한 항목이라도 0점을 받으면 사업을 수행하지 못하게 된다.

해설
① NIBP
② 브라이언트(Bryant) 결정 기준
③ 황금 다이아몬드 모델
④ BPRS의 PEARL

Bryant 결정기준
(1) 주로 감염성 질환 관리 사업에서 적용되었던 기준
(2) 우선순위 결정 기준
- 문제의 크기
- 문제의 심각도
- 사업의 해결 가능성
- 주민의 관심도

우선순위 결정기준

NIBP (needs/impact-based planning)	캐나다의 토론토시 보건위원회(Metropolitan Toronto District Health Council, MTDHC)가 개발한 보건사업기획방법으로 '건강문제의 크기(need)'와 '해결방법의 효과(impact)'를 기준으로 우선순위를 평가한다.
황금 다이아몬드 모델	• 미국 메릴랜드주에서 보건지표의 상대적 크기와 변화의 경향(trend)을 이용하여 우선순위를 결정하는 방법으로, 상대적 결정기준에 해당한다. • 지방자치단체별 건강지표자료 및 과거의 경향(trend)이 확보되어 있다면 우선순위를 쉽게 정할 수 있으며, 형평성을 추구하는 데 매우 적합한 우선순위 결정방법이다.
BPRS	• 핸론(Hanlon)과 피켓(Pickett)이 개발 / 절대적 결정기준 • 보건사업의 우선순위 결정기준으로 보건소 등에서 가장 널리 사용되는 방법 BPRS = (A + 2B)×C • A: 건강문제의 크기(10점 만점) • B: 건강문제의 심각도(10점 만점) • C: 보건사업의 효과성 또는 추정효과(10점 만점) • BPRS는 300점 만점 [∵ (10 + 2×10)×10 = 300점] • PEARL은 주로 BPRS의 계산 후 사업의 실현가능성 여부를 판단하는 기준으로 사용(각 평가항목에 0점 또는 1점의 점수를 부여) PEARL - 0 또는 1(P×E×A×R×L) • Propriety(적절성): 해당기관의 업무범위에 해당되는가? • Economic feasibility(경제적 타당성): 문제를 해결하는 것이 경제적으로 의미가 있는가? • Acceptability(수용성): 지역사회나 대상자들이 사업을 수용할 것인가? • Resources(자원의 이용가능성): 사업에 사용할 재원이나 자원이 있는가? • Legality(적법성): 법적으로 문제가 없는가?

정답 005 ②

006 다음 설명에 해당하는 지역사회 간호수행 활동은? [24]

- 지역사회사업 담당자의 기술 수준이나 능력에 맞게 일이 분배되었는지 대조한다.
- 담당자들 간에 업무가 중복되거나 누락되지 않도록 확인한다.

① 감독
② 감시
③ 조정
④ 직접간호

해설

지역사회간호사업 수행단계에서 요구되는 활동

조정	요원들이 분담된 업무활동을 수행함에 있어 업무의 중복이나 결핍이 오지 않도록 요원들 간의 관계를 명확히 하고, 업무를 분담하며 그때그때의 결정사항에 대해 의사소통을 통한 조정을 시행한다.
감시	• 감시는 목적 달성을 위해 사업이 계획대로 진행되고 있는지를 확인하는 것이다. • 업무의 감시는 투입, 과정, 결과에 대한 것이 있으며 감시활동 방법으로는 계속적인 관찰, 기록의 검사, 물품 또는 자원의 점검과 요원 및 지역사회와의 토의 등이 있다. • 업무활동의 표준을 유지하기 위한 것으로 투입, 과정, 결과에 대한 감시로 분류한다.

감독	• 감독은 계획을 만들어 정기적으로 지역사회를 방문하여 실시하는 것으로, 목표 진행 정도의 평가, 주어진 업무수행 수준의 관찰, 사업진행 동안 발생한 문제와 개선점을 토의하고 필요시 조언을 수행하는 복합적인 활동을 말한다.
	• 직원들에게 관심을 갖고 직원의 활동을 지지 및 격려하며 학습의 기회를 마련한다.
	• 사업의 목적, 수행, 직원의 동기나 능력, 자원 등을 감독하는 최종 목적은 목표 달성에 있다.
	• 감독활동의 내용
	  - 목표가 계획대로 잘 진행되고 있는지 요원들이 기록한 기록부를 확인한다.
	  - 주어진 업무활동(도구소독, 물품비출, 상병자간호, 보건교육)을 어떻게 수행하고 있는지 관찰한다.
	  - 주민의 요구가 주어진 사업과 잘 부합되는지를 지역사회 주민들과 대화를 통해 확인하고, 사업수행에 대한 이해와 요구를 파악한다.
	  - 지역사회 간호사가 발견한 문제점과 개선사항에 대해 요원들과 토의한다.
	  - 다음 방문 날짜를 재확인한다.
	
	지역사회 간호사가 감독업무를 수행하기 위해 지역사회를 방문하기 전에 미리 알아야 할 사항
	① 요구되는 물품
	② 요원들이 해야 할 활동
	③ 사업진행 동안 발생할 문제
	④ 목표량과 관련된 사업진행 정도
	⑤ 감독해야 할 지역사회가 도달해야 할 목표량

정답 006 ③

007 ★★★ 지역사회 주민을 대상으로 금연사업을 계획하고 있다. 투입 – 산출 모형에 따라 목표를 설정할 때 산출목표에 해당하는 것은? [23 서울]

① 금연 클리닉을 4개소 설치한다.
② 금연 클리닉 상담인력을 8명 확보한다.
③ 성인 흡연율을 36%에서 32%로 낮춘다.
④ 금연 이동 클리닉을 6개월간 8개 지역에 운영한다.

해설
①, ② 투입목표
③ 결과목표
④ 산출목표

투입-산출-결과 모형에 따른 목표분류

투입목표 (input objective)	투입(input)은 사업기반 조성에 관한 지표로서, 사업에 투입하는 인력, 시간, 돈, 장비, 시설, 장소 등의 자원을 가리킨다. **금연사업의 예** • 시설: 금연 클리닉을 2개소 설치한다. • 인력: 전담인력을 10명 확보한다(읍·면 통합보건요원을 포함). • 장비: 흡연 모형 2종을 확보한다. • 예산: 금연사업예산 1,000만 원을 확보한다. • 시간: 매년 3~5월을 집중금연캠페인 기간으로 잡는다.
산출목표 (output objective)	산출(output)은 활동이나 수단으로서의 의미를 가지며 사업의 결과 나타나는 활동, 이벤트, 서비스 생산물, 의도하는 사업량 등을 가리킨다. **금연사업의 예** • 보건소 내 청소년 보건교육을 월 1회 실시한다. • 공공시설 100개소에 금연구역을 지정한다. • 금연이동상담실을 6개월간 8개 지역에 운영한다. • 금연 캠페인을 월 1회 실시한다. • 금연이동상담실 연간 참여인원을 200명으로 한다.
결과목표 (outcome objective)	결과(outcome)는 활동의 결과로서 도달하게 될 목표치(목표량), 해결결과물이라는 의미를 가지며 사업의 결과로 나타나는 건강수준이나 건강결정요인의 변화를 가리킨다. **금연사업의 예** • 청소년 흡연율을 7%에서 6%로 낮춘다. • 성인 흡연율을 40%에서 35%로 낮춘다.

정답 007 ④

008 보건사업 기획에 대한 설명으로 가장 옳은 것은? [23 서울]

① 미션(mission)은 보건사업이 궁극적으로 달성하고자 하는 것에 대한 일반적 기술로서 건강한 지역사회에 대한 조직의 비전을 기초로 한다.
② 결과평가는 사업에 투입되는 자원의 적절성을 평가하는 것이다.
③ 단기목표는 대개 2~3개월 이내에 달성할 수 있는 목표로 행동의 변화 등을 측정한다.
④ 보건사업 평가의 지표 중 지역 사망률은 통제가능성이 낮은 지표이다.

해설

① 목적은 보건사업이 궁극적으로 달성하고자 하는 것에 대한 일반적 기술로서 건강한 지역사회에 대한 조직의 비전을 기초로 한다.
② 구조평가는 사업에 투입되는 자원의 적절성을 평가하는 것이다.
③ 단기목표는 대개 2~3개월에서 2년 이내에 달성할 수 있는 목표로 결과 변화 등을 측정한다.
④ 출생률과 사망률은 통제가 어렵다(통제 가능성 ↓).

보건사업에서의 비전과 미션 / 목적과 목표

비전(vision)	사업이 성취하고자 하는 궁극적 가치로 지역사회나 사업대상 인구의 바람직한 미래의 모습을 간단하게 기술하는 것
미션(mission)	보건사업의 현재 노력을 기술한 것으로, 보건사업의 초점이나 의도를 간단히 기술한 것
목적(goal)	보건사업이 궁극적으로 달성하고자 하는 것에 대한 일반적 기술로서 건강한 지역사회에 대한 조직의 비전을 기초로 함
목표(objectives)	사업의 목적을 달성하기 위해 필요한 변화에 대한 구체적인 기술

목표 달성에 필요한 시간에 따른 분류

장기목표	목표 달성에 5~10년이 소요되는 목표, 보건사업의 최종목표를 달성하기 위해 필요한 변화를 측정한다. 보건기획에서는 보통 10년 이상이 걸린다. 예 당뇨관리 사업에서 "당뇨환자들의 입원 감소, 당뇨합병증 감소, 하지절단 감소, 시력 상실 감소, 건강 관련 삶의 질 향상 등 최종목표"
중기목표	서비스 이용의 변화 정도, 행동의 변화에 대한 목표이다. 보건기획에서는 보통 5년 내외이다. 예 당뇨관리 사업에서 "당뇨환자의 의료서비스이용률 증가, 발검사·안검사 등 검사율 증가, 독감 및 폐렴 정기예방접종률 증가, 당뇨관리하는 환자 증가"
단기목표	2~3개월에서 2년 이내의 결과 변화에 대한 목표이다. 보건기획에서는 보통 1년 내외이다. 예 당뇨관리 사업에서 "보건의료기관의 당뇨관리사업의 강화 등"

정답 008 ④

009 ★★★ 지역사회 간호진단의 우선순위 결정 기준 중 BPRS(Basic Priority Rating System)의 구성요소에 해당하는 것은? [23 서울]

① 문제의 중요성, 변화 가능성
② 문제의 크기, 문제의 심각성, 해결 가능성, 주민의 관심도
③ 대상자의 취약성, 문제의 심각성, 주민의 관심도
④ 문제의 크기, 문제의 심각성, 사업의 추정효과

해설

① PATCH(Planned Approach To Community Health)
② Bryant 결정기준
③ 김모임(2005)의 기준: 간호문제의 영향을 받는 인구집단의 범위, 대상자의 취약성, 문제의 심각성, 자원동원 가능성, 주민의 관심도, 간호사의 준비도, 국가 정책과의 연관성 등 7가지 측면을 3점 척도로 평가하여 높은 점수에 우선순위 부여

BPRS(Basic Priority Rating System)

핸론(Hanlon)과 피켓(Pickett)이 개발하였기 때문에 Hanlon/Pickett Method라고도 불린다. 보건사업의 우선순위 결정기준으로 보건소 등에서 가장 널리 사용되는 방법(절대적 결정기준)이며 건강문제의 크기, 건강문제의 심각성, 사업의 추정효과를 구성요소로 한다.

(1) BPRS는 공식을 이용하여 건강문제별로 점수를 산출하고 각 평가항목마다 점수를 부여하는 방법이다.

BPRS = (A + 2B) × C
- A: 건강문제의 크기(10점 만점)
- B: 건강문제의 심각도(10점 만점)
- C: 보건사업의 효과성 또는 추정효과(10점 만점)
- BPRS는 300점 만점이다. [∵ (10 + 2×10) × 10 = 300점]

① 건강문제의 크기: 만성질환은 유병률, 급성질환은 발생률을 이용하여 점수를 부여
② 건강문제의 심각도
  - 긴급성: 문제가 긴급한 정도, 발생이나 사망의 경향, 주민 입장에서의 상대적 중요도, 문제해결에 필요한 서비스 필요량에 비추어 볼 때 현재의 서비스 제공 정도
  - 중증도: 생존율, 조기 사망률, 잠재수명 손실연수, 장애정도
  - 경제적 손실: 국가, 지역사회, 가구 또는 개인에 대한 경제적 손실
  - 타인에 의한 영향: 집단 또는 가정에 대한 경제적 손실 이외의 사회적 영향
③ 사업의 효과성: 사업의 효과에 대해 미리 예측하는 것은 불가능하지만 전문가의 도움과 선행연구를 통한 문헌고찰 등을 통해 사업의 최대 효과와 최소 효과를 추정하여 점수를 부여

(2) 한계점: 주관적 자료에 치중하고 객관적 자료가 부족한 사업효과가 가장 큰 영향력을 끼친다는 것이 점수의 타당성에 대한 신뢰도를 낮춘다.

(3) 우선순위 결정기준의 보완 - PEARL
① PEARL은 주로 BPRS의 계산 후 사업의 실현가능성 여부를 판단하는 기준으로 사용되는데, 장기 계획이나 사업의 우선순위가 쉽게 결정되지 않는 경우에 활용하여야 하며 모두 다섯 가지 평가항목을 이용하여 평가를 시행한다.
② 각 평가항목에 0점 또는 1점의 점수를 부여한 후, 다섯 가지 항목의 점수를 곱하여 사업의 시행여부를 결정한다. 따라서 다섯 가지 평가항목 중 하나라도 불가 판정을 받으면 사업은 시작할 수 없게 된다.

PEARL - 0 또는 1(P × E × A × R × L)
- Propriety(적절성): 해당 기관의 업무범위에 해당되는가?
- Economic feasibility(경제적 타당성): 문제를 해결하는 것이 경제적으로 의미가 있는가?
- Acceptability(수용성): 지역사회나 대상자들이 사업을 수용할 것인가?
- Resources(자원의 이용 가능성): 사업에 사용할 재원이나 자원이 있는가?
- Legality(적법성): 법적으로 문제가 없는가?

정답 009 ④

010 다음 프로그램의 결과평가 지표에 해당하는 것은?

[23 지방]

> A지역의 보건소는 지역사회의 비만관리를 위해 성인을 대상으로 6개월간 걷기운동프로그램을 운영하였다.

① 걷기운동 참여자 수
② 프로그램 운영 간호사 수
③ 체중 감소자 수
④ 프로그램 운영횟수

해설

① , ④ 과정평가 지표
② 구조평가 지표
③ 결과평가 지표

투입-산출 모형(사업과정)에 따른 평가의 유형

구조 평가	• 사업에 투입(input)되는 자원이 충분하고 적절한지를 평가하는 것을 구조평가라 한다. • 여기에는 인력의 양적 충분성과 질적 전문성, 시설 및 장비의 적절성, 사업정보의 적절성 등에 대한 평가가 포함된다.
과정 평가	• 과정평가를 통해 평가하는 내용은 목표 대비 사업의 진행 정도, 자원의 적절성과 사업의 효율성 정도, 사업 이용자 특성, 사업전략 및 활동의 적합성과 제공된 서비스의 질 등이다. • 사업에 투입된 인적·물적 자원이 계획대로 실행되고 있는지, 일정대로 진행되고 있는지를 평가하는 과정이다. • 사업의 진행 중에 사업의 수행상태, 즉 대상자의 프로그램 참여율과 출석률을 확인하는 것도 과정 평가에 해당된다. 예 대학생을 대상으로 한 절주 프로그램에서 프로그램의 참여율 파악은 과정평가에 해당된다.
결과 평가	• 결과평가는 사업의 종료 시 사업 효과를 측정하기 위한 것이다. • 사업 종료 후 설정한 장·단기목표가 얼마나 달성되었는가를 평가한다. • 지역사회 간호사업의 건강수준 변화나 조직 및 지역사회의 변화 정도를 측정하는 것이다. 예 대학생을 대상으로 한 절주 프로그램에서 프로그램이 종료된 후 고위험 음주율 비교, 음주와 건강에 대한 지식의 변화 비교, 절주 프로그램의 비용 효과성 분석 등이 결과 평가에 해당된다.

정답 010 ③

011 ★★★ BPRS(Basic Priority Rating System)를 적용했을 때 가장 먼저 해결해야 할 건강문제는?

[23 지방]

건강문제	문제의 크기	문제의 심각도	사업의 효과
① 높은 흡연율	8	6	4
② 높은 고위험 음주율	2	4	7
③ 낮은 고혈압 인지율	4	8	5
④ 낮은 신체활동 실천율	10	5	3

해설

① $(8+2\times6)\times4=80$
② $(2+2\times4)\times7=70$
③ $(4+2\times8)\times5=100$
④ $(10+2\times5)\times3=60$

BPRS(Basic Priority Rating System)

BPRS(Basic Priority Rating System)는 핸론(Hanlon)과 피켓(Pickett)이 개발하였기 때문에 Hanlon/Pickett Method라고도 불린다. 보건사업의 우선순위 결정기준으로 보건소 등에서 가장 널리 사용되는 방법(절대적 결정기준)이며, 건강문제의 크기, 건강문제의 심각성, 사업의 추정효과를 구성요소로 한다.

$BPRS = (A+2B)\times C$
- A: 건강문제의 크기(10점 만점)
- B: 건강문제의 심각도(10점 만점)
- C: 보건사업의 효과성 또는 추정 효과(10점 만점)

① 건강문제의 크기: 만성질환은 유병률, 급성질환은 발생률을 이용하여 점수를 부여
② 건강문제의 심각도
 - 긴급성: 문제가 긴급한 정도, 발생이나 사망의 경향, 주민 입장에서의 상대적 중요도, 문제해결에 필요한 서비스 필요량에 비추어 볼 때 현재의 서비스 제공 정도
 - 중증도: 생존율, 조기 사망률, 잠재수명 손실연수, 장애정도
 - 경제적 손실: 국가, 지역사회, 가구 또는 개인에 대한 경제적 손실
 - 타인에 의한 영향: 집단 또는 가정에 대한 경제적 손실 이외의 사회적 영향
③ 사업의 효과성: 사업의 효과에 대해 미리 예측하는 것은 불가능하지만 전문가의 도움과 선행연구를 통한 문헌고찰 등을 통해 사업의 최대 효과와 최소 효과를 추정하여 점수를 부여

정답 011 ③

012 SWOT분석에서 강점-위협전략(ST전략)에 해당하는 것은? [22 지방(6월)]

① 불리한 환경을 극복하기 위한 신사업 개발
② 위협을 회피하기 위한 사업의 축소
③ 내부조직의 역량 강화를 위한 혁신 및 구조조정
④ 공격적인 사업영역 확대

해설

지역사회 간호사정에서 사용되는 SWOT 분석은 조직 외부에 있는 기회(opportunities)와 위협(threats) 요인을 살펴보기 위해 이들 환경을 중심으로 장래에 예측되는 대중, 경쟁자, 사회문화적·정치적·기술적·경제적 환경 등의 변화를 분석하는 동시에, 조직 내의 강점(strengths)과 약점(weaknesses)을 파악하는 것이다.
② WT전략
③ WO전략
④ SO전략

SWOT 분석

구분	전략	내용
SO전략	강점-기회 전략	• 강점요인을 바탕으로 기회요인에 활용하는 전략(공격적 전략) • 사업구조, 사업영역, 사업대상을 확대하는 내용의 전략 수립
ST전략	강점-위협 전략	• 강점요인을 활용하여 위협요인에 대응하는 전략(다각화 전략) • 신사업, 신기술, 신공정, 새로운 소비자층 개발을 내용으로 전략 수립
WO전략	약점-기회 전략	• 약점요인을 보완하고 기회요인을 활용하는 전략(국면전환 전략) • 구조조정, 혁신운동 등을 내용으로 전략 수립
WT전략	약점-위협 전략	• 약점요인을 극복하며 위협요인을 회피하는 전략(방어적 전략) • 사업의 축소, 사업의 철수/폐지 등을 내용으로 전략 수립

013 보건사업 기획에서 사용되는 NIBP(Needs Impact Based Planning)의 우선순위 결정 기준은? [22 지방(6월)]

① 건강문제의 크기와 건강문제의 심각성
② 건강문제의 크기와 해결방법의 효과
③ 건강문제의 중요성과 자원이용 가능성
④ 건강문제의 중요성과 주민의 관심도

해설

NIBP(needs/impact-based planning): 캐나다의 토론토 보건위원회(Metropolitan Toronto District Health Council, MTDHC)가 개발한 보건사업기획방법으로 '건강문제의 크기(need)'와 '해결방법의 효과(impact)'를 기준으로 우선순위를 평가한다.

정답 012 ① 013 ②

014 PATCH(Planned Approach to Community Health) 모형의 단계를 순서대로 바르게 나열한 것은?

[22 지방(6월)]

> ㄱ. 자료수집과 분석
> ㄴ. 우선순위 선정
> ㄷ. 지역사회 조직화(동원)
> ㄹ. 포괄적인 중재안 개발
> ㅁ. 평가

① ㄱ → ㄴ → ㄷ → ㄹ → ㅁ
② ㄱ → ㄷ → ㄴ → ㄹ → ㅁ
③ ㄷ → ㄱ → ㄴ → ㄹ → ㅁ
④ ㄷ → ㄱ → ㄹ → ㄴ → ㅁ

해설

PATCH(Planned Approach To Community Health) 모형은 1983년 미국의 질병예방통제센터(CDC; Centers for Disease Control and Prevention)가 지방정부의 보건부 및 지역사회단체들과 함께 개발한 기획모형으로, 지역보건요원의 보건사업 기획 시 "건강문제의 중요성"과 "변화가능성"을 건강문제의 우선순위를 결정하는 두 가지 기준으로 사용한다.

PATCH 모형의 수행 5단계

(1) 제1단계 지역사회 전체 자원의 조직화(Mobilizing the Community): 지역사회자원 동원
  ① 지역사회보건사업추진위원회를 조직하고 지역회의를 개최하며 실무작업팀을 구성한다. 구성되는 조직은 지역사회의 건강 우선순위를 파악하기 위한 작업부터 시작한다.
  ② 지역사회조직화 단계에서는 충분한 지원을 받을 수 있도록 지역사회 전체를 대상으로 PATCH에 대한 홍보를 한다.
(2) 제2단계 자료 수집 및 자료 분석(Collecting and Organizing data)
  ① 사망률과 이환률
  ② 지역주민의 의식
  ③ 건강 관련 행동
(3) 제3단계 우선순위결정과 대상 집단 선정(Choosing Health Priorities)
  ① 1순위: 긴급히 해결하지 않으면 많은 사람에게 영향을 주는 문제를 찾는 것
  ② 2순위: 투자하면 효과가 높은 사업, 정부가 중요하게 강조하는 사업
(4) 제4단계 포괄적인 중재계획 개발(Developing a Comprehensive Intervention Plan, 중재안 선택과 실행): 3단계에서 선택된 중재의 목표 설정, 중재 및 평가계획 개발, 주요 활동에 대한 일정표 준비, 자원봉사자의 모집과 훈련, 중재의 홍보와 수행, 중재결과의 지역사회 통보 등 포괄적인 중재를 선택하고 실행한다.
(5) 제5단계 평가: PATCH 전체 과정에서 지속되며, 각 단계에서 이루어지는 일련의 과정이 지역사회에 미치는 영향, 중재활동으로 인한 지역사회의 변화 확인 등으로 이루어진다.

정답 014 ③

015 보건소에서 과체중 중년 여성을 대상으로 8주간의 운동프로그램을 실시하였다. 간호과정의 사정단계 내용으로 옳은 것은?
[22 지방(6월)]

① 체중감소율을 4주, 6주, 8주 후에 각각 평가하기로 하였다.
② 과체중 중년 여성이 다른 지역에 비해 얼마나 많은지 비교하였다.
③ 지역사회간호사가 운동프로그램을 실시하였다.
④ '프로그램 참여자의 20%가 체중이 감소한다'로 목표를 설정하였다.

해설
①, ④ 계획
② 사정
③ 수행

★ 지역사회 간호과정

사정	진단	계획	수행	평가
• 자료수집 • 자료분석 • 간호기준과 지침확인	• 간호진단 • 우선순위 설정	• 목표설정 • 간호방법과 수단 선택 • 수행계획 • 평가계획	• 계획된 활동수행 - 조정, 감시, 감독 • 필요한 지식과 기술 선정 • 수행의 장애요인 인식 • 의뢰	• 평가실행

016 중재수레바퀴 모델 중 〈보기〉에 해당하는 중재활동으로 가장 옳은 것은?
[22 서울(6월)]

〈보기〉
A구는 경제소득이 높은 도시지역이다. 간호사는 A구의 b동이 보건의료서비스 접근성이 낮은 곳이라는 것을 주목하고, b동 주민센터에 방문간호사 배치를 늘려 보건의료서비스가 필요한 취약인구집단을 확인하고, 정보를 제공하고자 하였다.

① 사례관리 ② 스크리닝
③ 아웃리치 ④ 의뢰 및 추후관리

해설
〈보기〉의 초점은 "접근성이 낮은 곳이라는 것을 주목하고"이다. 따라서 접근성을 높일 수 있는 대표적인 중재활동은 "아웃리치"이다.

★ 중재수레바퀴 모델(intervention wheel)
• 중재수레바퀴모델은 인구집단 중심의 중재를 설명하였으며 인구중심적 보건 간호실무를 시각화하여 보여주어, 지역사회와 지역사회를 구성하고 있는 개인, 가족, 집단에 어떤 중재를 제공해야 지역사회 건강수준이 높아질 수 있는지를 보여주었다.
• 이 모델은 가정간호, 학교보건, 산업간호 등 각 지역사회간호 영역에서 나온 200여 개의 실무 시나리오를 분석하여 공통적으로 나타나는 17가지 간호중재를 도출하였다. → 중재 대부분이 세 가지 수준인 개인(인간 개인 혹은 가족), 집단, 전체로서의 지역사회로 도식화

1	감시(surveillance)	지역사회 보건간호 중재를 계획, 수행, 평가하기 위해 지속적이고 체계적으로 자료를 수집, 분석, 정보를 해석하여 건강상태를 기술하고 모니터링하는 것
2	질병과 건강문제 조사	인구집단의 건강을 위협하는 정보를 체계적으로 분석하여 원인을 확인하고 위험 상황에 있는 대상을 찾아 관리방법을 결정하는 것
3	아웃리치(outreach)	보건의료 서비스에 접근성이 낮은 위험군이나 인구집단을 찾아내고 건강문제의 원인과 문제해결 방법, 서비스 이용방법 등에 대한 정보를 제공하는 것
4	스크리닝(screening)	건강위험 요인이나 증상이 없는 질병상태에 있는 개인을 찾아내는 것
5	사례발견(case finding)	건강위험 인자를 가진 개인과 가족을 찾아내어 필요한 자원을 연계해주는 것. 개인과 가족 수준에서만 이루어짐
6	의뢰 및 추후관리(referral and follow up)	실제적, 잠재적 문제를 예방하거나 해결하는 데 필요한 자원을 찾아내고 개인, 가족, 집단, 조직, 지역사회 등이 이러한 자원들을 이용하도록 돕는 것
7	사례관리(case management)	각 서비스를 서로 조정하여 체계적으로 제공함으로써 서비스 중복 및 누락을 막고 개인과 가족의 자가간호능력 체계와 지역사회의 역량을 최적화하는 것
8	위임(delegated functions)	법에 보장된 간호사의 역할에 근거하여 지역사회 간호사가 수행하는 직접적인 보건업무(다른 적합한 사람에게 수행하도록 맡긴 업무도 포함)
9	보건교육(health education)	개인, 가족, 체계, 지역사회의 지식, 태도, 가치, 신념, 행위, 습관을 변화시키기 위해 사실이나 기술을 전달하는 것
10	상담(counseling)	자가간호나 대처역량 강화를 목적으로 개인, 가족, 체계, 지역사회와 지지적, 정서적 상호관계를 정립하는 것
11	자문(consultation)	개인, 가족, 체계, 지역사회와 상호작용하며 문제를 해결하는 과정 속에서 문제해결에 필요한 정보를 찾고 최적의 해결방법을 이끌어내는 것
12	협력(collaboration)	둘 이상의 사람 혹은 조직이 건강증진 및 유지를 위한 역량을 강화함으로써 공동 목표를 달성하도록 하는 것
13	협약체결(coalition building)	둘 이상의 기관이 공동의 목적을 달성하기 위하여 협약을 통해 긴밀한 관계를 형성하고 문제해결 및 지역사회 리더십을 강화함
14	지역사회 조직화(community organizing)	• 지역사회가 공동의 문제나 목표를 설정하고 자원을 개발하며 공동의 목표를 성취하기 위한 전략들을 개발하고 실행할 수 있도록 돕는 것 • 지역사회에 있는 공식적(반상회, 지역 생활체육협회 등), 비공식적 소집단 모임(전문직 모임이나 부녀회, 동호회 등)은 필수 수행기전 중 하나임
15	옹호(advocacy)	개인, 가족, 체계, 지역사회가 자신을 스스로 변호하고 자신의 이익을 위해 행동할 수 있는 역량을 개발할 수 있도록 지역사회 간호사가 대상자를 변호하거나 그들의 이익을 위해 행동하는 것
16	사회적 마케팅(social marketing)	관심 인구집단의 지식, 태도, 가치, 신념, 행위, 관습 등에 영향을 주기 위하여 기획한 프로그램에 대해 상업적 마케팅 원칙과 기술을 적용하는 것
17	정책개발	• 지역사회 건강수준을 향상할 수 있는 주요한 기전 중 하나 • 보건 분야 공공정책: 인구집단의 요구를 파악하고 공공의 이익을 위해 개인의 선택을 제한하기도 함

017 〈보기〉에서 지역사회 간호사업의 평가절차를 순서대로 나열한 것은?

[22 서울(6월)]

―〈보기〉―
ㄱ. 평가자료 수집
ㄴ. 재계획 수립
ㄷ. 설정된 목표와 현재 상태의 비교
ㄹ. 평가대상 및 기준 결정
ㅁ. 목표도달 정도의 판단과 분석

① ㄱ → ㄷ → ㄹ → ㅁ → ㄴ
② ㄱ → ㄹ → ㄷ → ㅁ → ㄴ
③ ㄹ → ㄱ → ㄷ → ㅁ → ㄴ
④ ㄹ → ㄷ → ㄴ → ㅁ → ㄱ

해설

지역사회 간호사업의 평가 절차
(1) 평가내용(대상) 및 측정기준의 설정
   ① 평가내용(평가대상)과 측정기준을 설정하는 것으로 목표수준과 일치하여야 한다.
   ② 이미 계획단계에서 마련된 평가내용과 측정기준을 확인하는 것이다.
(2) 평가자료의 수집
   평가에 필요한 관련 정보와 자료를 수집한다. 평가 자료 수집 시 고려 사항은 다음과 같다.
   ① 현재 평가에 꼭 활용할 항목만을 수집하는 것이 좋다.
   ② 기존자료나 자료수집이 힘들지 않은 자료를 활용하는 것이 효율적이다.
   ③ 측정지표는 직접 측정하려고만 하지 말고 간접적인 자료수집방법을 활용하는 것이 좋다.
   ④ 양적자료 이외에 질적자료 수집을 통해 사업에 대한 통찰력을 높일 수 있다.
(3) 설정된 목표와 현재 상태와의 비교
   설정된 목표수준과 현재 도달한 상태를 비교한다.
(4) 목표 도달 정도의 가치판단과 분석
   실제 도달한 목표수준의 성취 정도를 파악하고, 성패(成敗)에 대한 원인을 분석한다.
(5) 재계획 수립
   평가결과에 따라 사업의 진행 여부, 개선사항을 반영하여 추후의 사업진행 방향을 정하고 의사결정을 한다.

정답 017 ③

018 PATCH 모형에 대한 설명으로 가장 옳지 않은 것은? [22 서울(6월)]

① 건강증진과 질병예방 프로그램을 기획하기 위해 사용된다.
② 집단 및 지역사회 수준의 보건사업 기획 모형이다.
③ 3단계에서 중요성과 변화가능성을 기준으로 건강문제 우선순위를 선정한다.
④ 1단계에서 가장 먼저 대상 지역의 건강문제에 관한 자료를 수집하고 분석한다.

해설
1단계에서 가장 먼저 지역사회 전체 자원의 조직화를 한다.

PATCH 모형

(1) PATCH(Planned Approach To Community Health) 모형은 1983년 미국의 질병예방통제센터(CDC; Centers for Disease Control and Prevention)가 지방정부의 보건부 및 지역사회단체들과 함께 개발한 기획모형으로, 지역보건요원의 보건사업 기획 시 "건강문제의 중요성"과 "변화가능성"을 건강문제의 우선순위를 결정하는 두 가지 기준으로 사용한다.

(2) PATCH 모형의 수행 5단계
  ① 제1단계 지역사회 전체 자원의 조직화(Mobilizing the Community): 지역사회자원 동원
    ㉠ 지역사회보건사업추진위원회를 조직하고 지역회의를 개최하며 실무작업팀을 구성한다. 구성되는 조직은 지역사회의 건강 우선순위를 파악하기 위한 작업부터 시작한다.
    ㉡ 지역사회조직화 단계에서는 충분한 지원을 받을 수 있도록 지역사회 전체를 대상으로 PATCH에 대한 홍보를 한다.
  ② 제2단계 자료 수집 및 자료 분석(Collecting and Organizing data)
    ㉠ 사망률과 이환률
    ㉡ 지역주민의 의식
    ㉢ 건강 관련 행동
  ③ 제3단계 우선순위결정과 대상 집단 선정(Choosing Health Priorities)
    ㉠ 1순위: 긴급히 해결하지 않으면 많은 사람에게 영향을 주는 문제를 찾는 것
    ㉡ 2순위: 투자하면 효과가 높은 사업, 정부가 중요하게 강조하는 사업
  ④ 제4단계 포괄적인 중재계획 개발(Developing a Comprehensive Intervention Plan, 중재안 선택과 실행): 3단계에서 선택된 중재의 목표 설정, 중재 및 평가계획 개발, 주요 활동에 대한 일정표 준비, 자원봉사자의 모집과 훈련, 중재의 홍보와 수행, 중재결과의 지역사회 통보 등 포괄적인 중재를 선택하고 실행한다.
  ⑤ 제5단계 평가: PATCH 전체 과정에서 지속되며, 각 단계에서 이루어지는 일련의 과정이 지역사회에 미치는 영향, 중재활동으로 인한 지역사회의 변화 확인 등으로 이루어진다.

정답 018 ④

019 ★★★ 지역사회 간호과정 중 〈보기〉에서 설명하는 지역사회 사정 유형으로 가장 옳은 것은?

[22 서울(6월)]

〈보기〉

- 지역사회 특정 부분에 초점을 두고 실시한다.
- 다양한 영역에 대한 사정을 실시한다.
- 정태성보다는 역동성을 고려하여 실시한다.
- 어디에 중점을 둘 것인지에 따라 다양하게 정보를 수집할 수 있다.

① 포괄적 사정
② 친밀화 사정
③ 문제 중심 사정
④ 하위체계 사정

해설

자료의 유형에 따른 사정

포괄적 사정	• 방법론에 근거하여 1차 자료를 생성하고 지역사회 관련 자료 전부를 찾아내는 방법 • 기존의 연구자료와 현재 지역사회에 있는 모든 자료를 검토 • 전체 지역사회를 대상으로 하기 때문에 시간과 비용이 과다하게 소요되고, 다른 방법들과 중복되는 경우가 많아 거의 사용하지 않음
친밀화 사정	지역사회와의 친밀도를 높이기 위해 관련 건강기관, 사업장, 정부기관 등을 시찰하고 필요한 자료를 수집하는 방법
문제중심 사정	• 전체 지역사회와 관련되지만 지역사회의 중요 문제에 초점을 두고 사정하는 방법 • 전체 지역사회와 관련된다는 점에서 하위체계 사정과 차이가 있음
하위체계 사정	• 지역사회의 특정 부분에 초점을 두고 실시하는 방법(어떤 하위체계에 초점을 두고 사정) • 지역사회의 특정 부분이나 일면을 한정적으로 조사하는 것 • 교육기관, 종교기관, 보호기관 등의 지역사회에서의 역할에 대한 사정

정답 019 ④

020 사례관리의 원칙 중 대상자의 요구를 충족시킬 수 있도록 사후관리, 지지적 체계, 재평가 등의 서비스를 제공하는 것은? [22 서울(6월)]

① 포괄성(comprehensiveness)
② 통합성(integration)
③ 연속성(continuity)
④ 책임성(responsibility)

> **해설**
> 사례관리는 개인의 건강요구를 향상시키기 위해 의사소통과 활용할 수 있는 자원을 통하여 필요한 서비스를 사정, 계획, 수행, 조정, 감시, 평가하는 협력적 · 포괄적 · 통합적 · 지속적 문제 해결과정이다.

▶ 사례관리의 원칙

지속성 (연속성, continuity)	• 장기간에 걸쳐 서비스 제공 • 복잡하고 다양한 문제 해결을 위해 필요한 서비스의 지속적 제공 • 대상자와 환경에 대한 사후관리, 지지적 관계, 재평가가 연속적으로 이루어짐
포괄성 (comprehensiveness)	• 복합적인 욕구와 문제를 가진 취약계층을 위한 서비스 • 대상자의 다양한 욕구에 반응 • 지역사회 기반의 서비스 제공
통합성 (integration)	• 다양하게 분리된 전달체계 내에서 서비스를 통합하여 연결시켜 주는 것 • 대상자의 다양한 욕구가 하나의 통합된 방법으로 성취될 만큼 조직적이었는지, 서비스와 지지가 중복되지 않았는지 등을 살피고, 공적인 사례관리 서비스가 대상자의 보호능력을 감소시키지 않도록 보장하는 동시에 사회망의 능력도 감소시키지 않도록 보장하는 것
개별성 (individualization)	• 대상자의 욕구와 환경에 맞게 개별적으로 사례관리가 이루어져야 함 • 대상자의 건강문제를 개별적으로 사정하여 적절한 서비스를 제공하는 것
책임성 (responsibility)	• 대상자에 대해 무한대의 책임을 지는 것 • 지원망 내에서 사례관리가 제대로 이루어지고 있는지에 대한 책임, 서비스 지원이 효과적이도록 보장하고 필요한 자원을 동원하여 사례관리 과정 전반에 걸쳐서 변화하는 대상자의 욕구에 대한 자원을 동원하고 변경할 수 있는지에 대한 책임 • 대상자의 자기 결정권에 대한 존중 • 상호 간의 자기결정에 관한 책임

정답 020 ③

021

다음 내용에 근거하여 SWOT 분석 시 보건소 간호사가 세워야 할 전략은?

[22 지방(4월)]

- 보건소 의료인력의 지식수준과 기술적 역량이 높다.
- 지역사회에 신종감염병이 갑자기 급속도로 확산되고 있다.

① 약점 – 기회(WO) 전략
② 약점 – 위협(WT) 전략
③ 강점 – 기회(SO) 전략
④ 강점 – 위협(ST) 전략

해설

문제에서 제시한 "보건소 의료인력의 지식수준과 기술적 역량이 높다."는 조직 내의 강점(strengths), "지역사회에 신종감염병이 갑자기 급속도로 확산되고 있다."는 조직 외부의 위협(threats)에 해당되므로 ST전략에 해당된다.

SWOT 분석

조직 외부에 있는 기회(opportunities)와 위협(threats) 요인을 살펴보기 위해 이들 환경을 중심으로 장래에 예측되는 대중, 경쟁자, 사회문화적·정치적·기술적·경제적 환경 등의 변화를 분석하는 동시에, 조직 내의 강점(strengths)과 약점(weaknesses)을 파악하는 것

구분	전략	내용
SO전략	강점-기회 전략	• 강점요인을 바탕으로 기회요인에 활용하는 전략(공격적 전략) • 사업구조, 사업영역, 사업대상을 확대하는 내용의 전략 수립
ST전략	강점-위협 전략	• 강점요인을 활용하여 위협요인에 대응하는 전략(다각화 전략) • 신사업, 신기술, 신공정, 새로운 소비자층 개발을 내용으로 전략 수립
WO전략	약점-기회 전략	• 약점요인을 보완하고 기회요인을 활용하는 전략(국면전환 전략) • 구조조정, 혁신운동 등을 내용으로 전략 수립
WT전략	약점-위협 전략	• 약점요인을 극복하며 위협요인을 회피하는 전략(방어적 전략) • 사업의 축소, 사업의 철수/폐지 등을 내용으로 전략 수립

022

지역사회 건강사정을 위해 보건소 간호사가 마을 부녀회장을 심층 면담했을 때, 이에 해당하는 자료수집 방법과 자료의 특성을 옳게 짝지은 것은?

[22 지방(4월)]

	자료수집 방법	자료특성
①	직접법	양적 자료
②	직접법	질적 자료
③	간접법	양적 자료
④	간접법	질적 자료

해설

문제에서 보건소 간호사가 직접 자료를 수집(직접법)하는 심층면담(질적자료)이라는 것이 초점이다.
자료 수집 방법은 기초자료를 직접 수집하는 방법(직접법)과 지역사회에서 기존 자료를 통해 간접적으로 자료를 수집하는 방법(간접법)이 있다.

정답 021 ④ 022 ②

023 서울특별시 A구에서 노인인구를 위한 2022년도 신체활동증진사업 계획을 수립하고자 한다. 투입-산출모형에 따른 사업의 목표 설정에서 산출목표에 해당하는 것은?

[22 서울(2월)]

① A구 보건소 노인운동교실의 연간 참가인원을 1,200명으로 한다.
② A구 노인인구의 걷기실천율이 52%에서 60%로 증가한다.
③ A구 보건소 노인운동교실 공간설치로 예산 7,500천원을 편성한다.
④ A구 노인인구의 중간강도 신체활동실천율이 43%에서 48%로 증가한다.

해설
① 산출목표
②, ④ 결과목표
③ 투입목표

투입-산출-결과 모형에 따른 목표분류

투입목표 (input objective)	투입(input)은 사업기반 조성에 관한 지표로서, 사업에 투입하는 인력, 시간, 돈, 장비, 시설, 장소 등의 자원을 가리킨다. **금연사업의 예** • 시설: 금연 클리닉을 2개소 설치한다. • 인력: 전담인력을 10명 확보한다(읍·면 통합보건요원을 포함). • 장비: 흡연 모형 2종을 확보한다. • 예산: 금연사업예산 1,000만 원을 확보한다. • 시간: 매년 3~5월을 집중금연캠페인 기간으로 잡는다.
산출목표 (output objective)	산출(output)은 활동이나 수단으로서의 의미를 가지며 사업의 결과 나타나는 활동, 이벤트, 서비스 생산물, 의도하는 사업량 등을 가리킨다. **금연사업의 예** • 보건소 내 청소년 보건교육을 월 1회 실시한다. • 공공시설 100개소에 금연구역을 지정한다. • 금연이동상담실을 운영한다. • 금연 캠페인을 월 1회 실시한다. • 금연이동상담실 연간 참여인원을 200명으로 한다.
결과목표 (outcome objective)	결과(outcome)는 활동의 결과로서 도달하게 될 목표치(목표량), 해결결과물이라는 의미를 가지며 사업의 결과로 나타나는 건강수준이나 건강결정요인의 변화를 가리킨다. **금연사업의 예** • 청소년 흡연율을 7%에서 6%로 낮춘다. • 성인 흡연율을 40%에서 35%로 낮춘다.

정답 023 ①

024

MAPP(Mobilizing for Action Planning and Partnership) 모형을 활용하여 지역사회보건사업을 기획할 때 2단계에 해당하는 것은?

[22 서울(2월)]

① 목표와 전략을 수립한다.
② 전략적 이슈를 확인한다.
③ 비전을 설정한다.
④ 지역사회 건강상태를 사정한다.

> **MAPP의 과정**
> (1) 1단계: 조직화와 파트너십(협력체계) 개발
> (2) 2단계: 비전의 제시
> (3) 3단계: 4개 영역 사정(지역현황 분석)
>   ① 지역사회 특성 및 강점 사정: 지역사회 역량, 주민 의식, 지역사회에 대한 관심 등
>   ② 지역사회 보건의료체계 사정: 지역 공공보건 체계의 역량 파악
>   ③ 지역건강수준 사정: 삶의 질 수준, 건강 수준, 지역사회의 건강문제 등
>   ④ 변화 가능성(역량, 원동력) 사정: 지역사회나 공공보건체계에 영향을 미칠 수 있는 역량에 대한 파악 도구
> (4) 4단계: 전략적 이슈 확인
> (5) 5단계: 목표와 전략 수립
> (6) 6단계: 순환적 수행[(실행 → 행동 – 기획, 중재(활동), 평가의 순환]

해설

MAPP(Mobilizing for Action through Planning and Partnership) 모형은 미국의 NACCHO(전국지방건강공무원협회)와 CDC(질병관리센터)에 의해 함께 개발된 지역보건사업기획지침(공공-민간 협력을 통한 건강증진전략)이다.

025

보건사업의 우선순위 결정방법 중 PATCH(Planned Approach To Community Health)에서 사용된 평가 기준으로 옳은 것은? [21 서울]

① 문제의 수용성, 적법성
② 문제의 해결가능성, 심각도
③ 문제의 크기, 사업의 추정효과
④ 문제의 중요성, 변화 가능성

해설

PATCH 모형은 1983년 미국의 질병예방통제센터(CDC; Centers for Disease Control and Prevention)가 지방정부의 보건부 및 지역사회단체들과 함께 개발한 기획모형으로, 지역보건요원의 보건사업 기획 시 "건강문제의 중요성"과 "변화가능성"을 건강문제의 우선순위를 결정하는 두 가지 기준으로 사용한다.

정답 024 ③ 025 ④

026 지역사회 간호문제를 파악하기 위한 자료수집 방법 중 직접법에 해당하는 것은?

[21 서울]

① 인구센서스 자료를 통해 지역의 인구증가율 정도를 파악하였다.
② 공공기관의 보고서를 통해 지역의 복지기관의 유형과 수를 파악하였다.
③ 지역의 행사, 의식에 참여하여 주민들의 규범이나 권력구조를 파악하였다.
④ 지역 내 의료기관 통계자료를 통해 병원 입원 및 외래환자의 상병 유형을 파악하였다.

해설
직접법은 기초자료를 직접 수집하는 방법이다.
①, ②, ④ 간접법(2차 자료)

027 지역사회 주민을 대상으로 고혈압관리사업을 하고 있다. 평가를 위해서 '대상자의 프로그램 만족도'를 평가하였다면, 이에 해당하는 것은?

[21 서울]

① 구조평가
② 과정평가
③ 결과평가
④ 산출평가

해설
일반적으로 지역사회 사업은 건강상담, 보건교육, 대상자 프로그램, 시민강좌 등 다양한 내용으로 구성이 된다. 문제에서 "대상자의 프로그램 만족도"라고 표현한 것은 실제 사업의 한 구성 요소가 제대로 진행되었는지를 평가하므로 "과정 평가"에 해당된다.

투입-산출 모형(사업과정)에 따른 평가의 유형

구조 평가	사업에 투입(input)되는 자원이 충분하고 적절한지를 평가하는 것을 구조평가라 한다. 여기에는 인력의 양적 충분성과 질적 전문성, 시설 및 장비의 적절성, 사업정보의 적절성 등에 대한 평가가 포함된다.
과정 평가	• 과정평가를 통해 평가하는 내용은 목표 대비 사업의 진행 정도, 자원의 적절성과 사업의 효율성 정도, 사업 이용자 특성, 사업전략 및 활동의 적합성과 제공된 서비스의 질 등이다. • 사업에 투입된 인적·물적 자원이 계획대로 실행되고 있는지, 일정대로 진행되고 있는지를 평가하는 과정이다. • 사업의 진행 중에 사업의 수행상태, 즉 대상자의 프로그램 참여율과 출석률을 확인하는 것도 과정 평가에 해당된다. ㉮ 대학생을 대상으로 한 절주 프로그램에서 프로그램의 참여율 파악은 과정평가에 해당된다.
결과 평가	• 결과평가는 사업의 종료 시 사업 효과를 측정하기 위한 것이다. • 사업 종료 후 설정한 장·단기목표가 얼마나 달성되었는가를 평가한다. • 지역사회 간호사업의 건강수준 변화나 조직 및 지역사회의 변화 정도를 측정하는 것이다. ㉮ 대학생을 대상으로 한 절주 프로그램에서 프로그램이 종료된 후 고위험 음주율 비교, 음주와 건강에 대한 지식의 변화 비교, 절주 프로그램의 비용 효과성 분석 등이 결과 평가에 해당된다.

정답 026 ③   027 ②

028 다음은 오마하(Omaha) 문제분류체계의 수준에 따른 사례이다. (가)에 들어갈 용어는?

[21 지방]

영역	문제	(가)	증상/징후
생리적	전염성 상태	지역사회, 실제적	감염, 발열, 양성의 감별검사

① 초점
② 판단
③ 구성요소
④ 수정인자

해설

오마하 진단분류체계는 오마하방문간호사협회가 11년간 연방정부로부터 기금을 받고 수행한 연구와 많은 보건의료 및 자료처리 전문직이 20년 이상 공동작업을 한 노력의 결과로 개발된 분류체계이다. 지역사회 간호실무영역에서 가장 효율적으로 적용할 수 있고, 가장 활용도가 높은 간호진단 분류체계이다.

오마하 진단분류체계

구성	영역	문제 (진단)	수정인자 Ⅰ. 대상자	수정인자 Ⅱ. 심각도	증상/징후
문제 분류틀	1. 환경	4종	• 개인 • 가족 • 집단 • 지역사회	• 건강증진 • 잠재적 결핍/손상 • 실제적 결핍/손상	• 문제의 증상- (주관적 증거) • 문제의 징후- (객관적 증거)
	2. 심리사회	12종			
	3. 생리	18종			
	4. 건강 관련 행위	8종			
중재틀	1. 범주: 1) 건강교육, 상담, 안내 2) 처치와 시술 3) 사례관리 4) 감독 2. 중심내용: 간호중재와 활동내용(62개 목록) 3. 대상자에 대한 구체적 정보				
결과	• 서비스 전 과정을 통하여 대상자의 발전과정을 측정 • 5점 Likert 척도로 점수가 높을수록 양호한 상태를 나타냄				

정답 **028** ④

029 다음에서 설명하는 보건사업기획 모형은? [21 지방]

- 보건사업전략이 생태학적인 여러 차원에 단계적으로 영향을 주도록 고안되었다.
- 질병이나 사고에 대한 위험요인과 예방방법이 알려져 있고 우선순위가 정해져 있을 때 적합한 방법이다.

① PATCH(planned approach to community health)
② MATCH(multi-level approach to community health)
③ MAPP(mobilizing for action through planning and partnerships)
④ NIBP(needs/impact-based planning)

해설

MATCH(multi-level approach to community health)는 1980년대 후반에 사이먼스와 모턴(Simons & Morton)이 개발한 모형으로 지역사회보건사업 전략을 생태학적인 여러 차원에서 단계적으로 영향을 주도록 고안된 모형(지역사회보건 다단계 접근방법)이다. 질병과 사고예방을 위한 행동과 환경적인 요인이 알려져 있고 우선순위가 정해졌을 때 적용가능한 모델이다.

단계	내용
목적/ 목표 설정	• 건강상태에 관한 목적(목표) 설정 • 우선순위 인구집단 선정 • 건강행위요인과 관련된 목적(목표) 선정 • 환경요인과 관련된 목적(목표) 선정
중재 계획	• 중재 목표 파악: 파악중재활동의 목표가 되는 중재 대상 결정 • 중재 목표 선정: 1단계에서 파악된 건강행동 요인, 환경적 요인, 중재 대상을 조합하여 목표 선정 • 중재 목표를 이루기 위한 매개변인(지식, 태도, 기술 등) 파악 • 중재 접근방법 선정: 중재 목표의 수준에 맞게 중재 활동의 종류를 선택
프로그램 개발	• 프로그램 단위 또는 구성요소 결정 • 프로그램의 각 구성 요소들을 대상의 하위 집단, 주제, 생활터, 교육 단위, 전달 방법 등으로 나누어 기술 • 기존의 보건프로그램을 선택하거나 새로 개발 • 프로그램의 각 단위별로 교육 계획안(학습지도안)을 작성 • 교육에 필요한 여러 자료 수집 및 필요한 자원 준비
실행	• 변화 채택을 위한 계획안을 작성하고 옹호활동 준비 • 변화를 위한 요구, 준비 정도, 환경적인 지지조건 등에 대한 사안 개발 • 중재가 효과적이라는 증거 수집 • 중재를 통한 변화를 지지하여 줄 수 있는 사회적 지도자나 기관 단체를 파악 • 사회적인 의사결정권이 있는 사람들과 협조 관계 유지 • 프로그램 수행자들을 모집, 업무 훈련, 수행 업무 모니터 및 지지할 수 있는 시스템 개발
평가	• 과정평가: 중재기획과 과정에 대한 유용성, 실제 수행에 대한 정도와 질, 프로그램 수행 후 즉시 나타난 교육적인 효과 등 • 영향평가: 보건프로그램의 단기적인 결과로 지식, 태도, 기술을 포함한 중간 효과와 행동 변화 또는 환경적인 변화를 포함 • 결과평가: 장기적인 보건프로그램 효과 측정

① PATCH(planned approach to community health): 1983년 미국의 질병예방통제센터(CDC; Centers for Disease Control and Prevention)가 지방정부의 보건부 및 지역사회단체들과 함께 개발한 기획모형으로, 지역보건요원의 보건사업 기획 시 "건강문제의 중요성"과 "변화가능성"을 건강문제의 우선순위를 결정하는 두 가지 기준으로 사용한다.
③ MAPP(mobilizing for action through planning and partnerships): 미국의 NACCHO(전국지방건강공무원협회)와 CDC(질병관리센터)에 의해 함께 개발된 지역보건사업기획지침이다. 전략기획과 공공-민간 협력을 통한 건강증진전략을 말한다.
④ NIBP(needs/impact-based planning): 캐나다의 토론토시 보건위원회(Metropolitan Toronto District Health Council, MTDHC)가 개발한 보건사업기획방법으로 '건강문제의 크기(need)'와 '해결방법의 효과(impact)'를 기준으로 우선순위를 평가한다.

정답 029 ②

030 교육중심 비만예방관리사업 시 보건사업평가 유형에 따른 내용으로 옳은 것은?

[21 지방]

① 구조평가: 투입된 인력의 종류와 수, 교육 횟수, 교육실의 넓이
② 과정평가: 교육 내용의 질, 교육 일정 준수, 사업 참여율
③ 적합성평가: 사업 만족도, 목표 달성도, 교육 인력의 전문성
④ 결과평가: 비만율 변화 정도, 사업 예산 규모, 사업 요구도의 크기

> **해설**
>
> 과정평가는 사업에 투입된 인적 · 물적 자원이 계획대로 실행되고 있는지, 일정대로 진행되고 있는지를 평가하는 과정이다. 사업의 진행 중에 사업의 수행상태, 즉 대상자의 프로그램 참여율과 출석률을 확인하는 것도 과정 평가에 해당된다.
> ① 구조평가: 투입된 인력의 종류와 수, 교육실의 넓이, 교육 인력의 전문성, 사업 예산 규모
> ② 과정평가: 교육 내용의 질, 교육 일정 준수, 사업 참여율, 교육 횟수
> ③ 성취도평가: 사업 만족도, 목표 달성도 적합성평가: 인적 자원, 물적 자원의 충족 여부, 사업 요구도의 크기
> ④ 결과평가: 비만율 변화 정도

정답 030 ②

031 다음에서 설명하는 지역사회 간호활동은?

[21 지방]

- 목표를 향하여 계획대로 진행되고 있는지 관련 기록을 감사한다.
- 도구소독법, 물품의 비축, 상병자 간호, 보건교육 등 업무가 원활하게 수행되는지 관찰한다.
- 지역사회 주민들과의 대화를 통해 주민의 요구와 사업이 부합되는지 파악한다.

① 조정 ② 옹호
③ 감독 ④ 사례관리

해설

사업의 수행단계에서 요구되는 활동 중 감독은 계획을 만들어 정기적으로 지역사회를 방문하여 실시하는 것으로, 목표 진행 정도의 평가, 주어진 업무수행 수준의 관찰, 사업 진행 동안 발생한 문제와 개선점을 토의하고 필요시 조언을 수행하는 복합적인 활동을 말한다.

지역사회간호사업 수행단계에서 요구되는 활동

조정	요원들이 분담된 업무활동을 수행함에 있어 업무의 중복이나 결핍이 오지 않도록 요원들 간의 관계를 명확히 하고, 업무를 분담하며 그때그때의 결정사항에 대해 의사소통을 통한 조정을 시행한다.
감시	• 감시는 목적 달성을 위해 사업이 계획대로 진행되고 있는지를 확인하는 것이다. • 업무의 감시는 투입, 과정, 결과에 대한 것이 있으며 감시활동 방법으로는 계속적인 관찰, 기록의 검사, 물품 또는 자원의 점검과 요원 및 지역사회와의 토의 등이 있다. • 업무활동의 표준을 유지하기 위한 것으로 투입, 과정, 결과에 대한 감시로 분류한다.

감독	• 감독은 계획을 만들어 정기적으로 지역사회를 방문하여 실시하는 것으로, 목표 진행 정도의 평가, 주어진 업무수행 수준의 관찰, 사업진행 동안 발생한 문제와 개선점을 토의하고 필요시 조언을 수행하는 복합적인 활동을 말한다.
	• 직원들에게 관심을 갖고 직원의 활동을 지지 및 격려하며 학습의 기회를 마련한다.
	• 사업의 목적, 수행, 직원의 동기나 능력, 자원 등을 감독하는 최종 목적은 목표 달성에 있다.
	• 감독활동의 내용
	  – 목표가 계획대로 잘 진행되고 있는지 요원들이 기록한 기록부를 확인한다.
	  – 주어진 업무활동(도구소독, 물품비출, 상병자간호, 보건교육)을 어떻게 수행하고 있는지 관찰한다.
	  – 주민의 요구가 주어진 사업과 잘 부합되는지를 지역사회 주민들과 대화를 통해 확인하고, 사업수행에 대한 이해와 요구를 파악한다.
	  – 지역사회 간호사가 발견한 문제점과 개선사항에 대해 요원들과 토의한다.
	  – 다음 방문 날짜를 재확인한다.

정답 031 ③

032 보건소에서 청소년 대상으로 금연사업을 기획하기 위해 SWOT분석을 사용할 때 S(strengths)에 해당하는 것은? [21 경기추채]

① 금연사업에 대한 예산이 줄었다.
② 지역 내 실력있는 금연상담사가 부족하다.
③ 보건소장이 보건사업에 관심이 많아 다양한 지원을 하고 있다.
④ 대중매체를 통해 청소년 금연을 주제로 공익광고가 시행중이다.

> **해설**
>
> 지역사회 간호사정에서 사용되는 SWOT 분석은 조직 외부에 있는 기회(opportunities)와 위협(threats) 요인을 살펴보기 위해 이들 환경을 중심으로 장래에 예측되는 대중, 경쟁자, 사회문화적·정치적·기술적·경제적 환경 등의 변화를 분석하는 동시에, 조직 내의 강점(strengths)과 약점(weaknesses)을 파악하는 것이다.
> ① 조직 외부의 위기(threats)
> ② 조직 내 약점(weaknesses)
> ③ 조직 내 강점(strengths)
> ④ 조직 외부의 기회(opportunities)

정답 **032** ③

033 ★★★ 다음에 제시된 BPRS에서 가장 우선순위가 높은 지역사회 문제는?

[21 경기추채]

	A (건강문제의 크기)	B (건강문제의 심각성)	C (사업의 추정효과)
①	3	4	5
②	5	4	7
③	4	5	7
④	4	3	6

해설

BPRS(Basic Priority Rating System)는 핸론(Hanlon)과 피켓(Pickett)이 개발하였기 때문에 Hanlon/Pickett Method라고도 불린다. 보건사업의 우선순위 결정기준으로 보건소 등에서 가장 널리 사용되는 방법(절대적 결정기준)이며, 건강문제의 크기, 건강문제의 심각성, 사업의 추정효과를 구성요소로 한다.

BPRS = (A + 2B) × C
- A: 건강문제의 크기(10점 만점)
- B: 건강문제의 심각도(10점 만점)
- C: 보건사업의 효과성 또는 추정 효과(10점 만점)

① (3+8)×5 = 55
② (5+8)×7 = 91
③ (4+10)×7 = 98
④ (4+6)×6 = 60
→ 실제로 계산을 하지 않아도 공식을 보면, C값이 가장 큰 것 다음으로 B의 값이 가장 큰 경우 우선순위가 높다.

정답 033 ③

034 SWOT 분석 중 외부환경의 부정적인 상황에 대한 요인은 다음 중 무엇인가?
[20 광주추채]

① S(strengths)
② W(weaknesses)
③ O(opportunities)
④ T(threats)

해설

지역사회 간호사정에서 사용되는 SWOT 분석은 조직 외부에 있는 기회(opportunities)와 위협(threats) 요인을 살펴보기 위해 이들 환경을 중심으로 장래에 예측되는 대중, 경쟁자, 사회문화적·정치적·기술적·경제적 환경 등의 변화를 분석하는 동시에, 조직 내의 강점(strengths)과 약점(weaknesses)을 파악하는 것이다.

035 지역사회 간호사업의 우선순위를 결정하기 위해 BPRS를 사용할 때, 사업실현가능여부를 판단하는 기준으로 PEARL을 사용한다. 다음 중 사업의 실현가능성 여부를 판단하는 기준에 해당하는 것을 모두 고르시오.
[20 광주추채]

ㄱ. 적절성(Propriety)
ㄴ. 경제적 타당성(Economic feasibility)
ㄷ. 수용성(Acceptability)
ㄹ. 적정성(Relevant)

① ㄱ, ㄴ, ㄷ
② ㄴ, ㄷ
③ ㄷ, ㄹ
④ ㄱ, ㄴ, ㄷ, ㄹ

해설

PEARL
- Propriety(적절성): 해당 기관의 업무범위에 해당되는가?
- Economic feasibility (경제적 타당성): 문제를 해결하는 것이 경제적으로 의미가 있는가?
- Acceptability(수용성): 지역사회나 대상자들이 사업을 수용할 것인가?
- Resources(자원의 이용 가능성): 사업에 사용할 재원이나 자원이 있는가?
- Legality(적법성): 법적으로 문제가 없는가?

BPRS(Basic Priority Rating System)

핸론(Hanlon)과 피켓(Pickett)이 개발하였기 때문에 Hanlon/Pickett Method라고도 불린다. 보건사업의 우선순위 결정기준으로 보건소 등에서 가장 널리 사용되는 방법(절대적 결정기준)이며, 건강문제의 크기, 건강문제의 심각성, 사업의 추정효과를 구성요소로 한다.

(1) BPRS는 공식을 이용하여 건강문제별로 점수를 산출하고 각 평가항목마다 점수를 부여하는 방법이다.

BPRS = (A + 2B) × C
- A: 건강문제의 크기(10점 만점)
- B: 건강문제의 심각도(10점 만점)
- C: 보건사업의 효과성 또는 추정효과(10점 만점)
- BPRS는 300점 만점이다. [∵ (10+2×10)×10 = 300점]

(2) 한계점: 주관적 자료에 치중하고 객관적 자료가 부족한 사업효과가 가장 큰 영향력을 끼친다는 것이 점수의 타당성에 대한 신뢰도를 낮춘다.

(3) 우선순위 결정기준의 보완 - PEARL
  ① PEARL은 주로 BPRS의 계산 후 사업의 실현가능성 여부를 판단하는 기준으로 사용되는데, 장기 계획이나 사업의 우선순위가 쉽게 결정되지 않는 경우에 활용하여야 하며 모두 다섯 가지 평가항목을 이용하여 평가를 시행한다.
  ② 각 평가항목에 0점 또는 1점의 점수를 부여한 후, 다섯 가지 항목의 점수를 곱하여 사업의 시행여부를 결정한다. 따라서 다섯 가지 평가항목 중 하나라도 불가 판정을 받으면 사업은 시작할 수 없게 된다.

정답 034 ④ 035 ①

036 사업과정에 따른 평가 중 구조평가에 해당하는 내용은? [20 광주추채]

① 프로그램 참여율
② 사업에 투입된 인력 수
③ 프로그램 결과 태도 변화
④ 프로그램의 비용 효과성 분석

해설

사업에 투입(input)되는 자원이 충분하고 적절한지를 평가하는 것을 구조평가라 한다. 여기에는 인력의 양적 충분성과 질적 전문성, 시설 및 장비의 적절성, 사업정보의 적정성 등에 대한 평가가 포함된다.
① 과정평가
② 구조평가
③, ④ 결과평가

투입-산출 모형(사업과정)에 따른 평가의 유형

구조 평가	• 사업에 투입(input)되는 자원이 충분하고 적절한지를 평가하는 것을 구조평가라 한다. • 여기에는 인력의 양적 충분성과 질적 전문성, 시설 및 장비의 적절성, 사업정보의 적정성 등에 대한 평가가 포함된다.
과정 평가	• 과정평가를 통해 평가하는 내용은 목표 대비 사업의 진행 정도, 자원의 적절성과 사업의 효율성 정도, 사업 이용자 특성, 사업전략 및 활동의 적합성과 제공된 서비스의 질 등이다. • 사업에 투입된 인적·물적 자원이 계획대로 실행되고 있는지, 일정대로 진행되고 있는지를 평가하는 과정이다. • 사업의 진행 중에 사업의 수행상태, 즉 대상자의 프로그램 참여율과 출석률을 확인하는 것도 과정 평가에 해당된다. 예 대학생을 대상으로 한 절주 프로그램에서 프로그램의 참여율 파악은 과정평가에 해당된다.
결과 평가	• 결과평가는 사업의 종료 시 사업 효과를 측정하기 위한 것이다. • 사업 종료 후 설정한 장·단기목표가 얼마나 달성되었는가를 평가한다. • 지역사회 간호사업의 건강수준 변화나 조직 및 지역사회의 변화 정도를 측정하는 것이다. 예 대학생을 대상으로 한 절주 프로그램에서 프로그램이 종료된 후 고위험 음주율 비교, 음주와 건강에 대한 지식의 변화 비교, 절주 프로그램의 비용 효과성 분석 등이 결과 평가에 해당된다.

정답 036 ②

037 지역사회 보건사업의 우선순위 결정기준인 BPRS(Basic Priority Rating System)에서 가장 큰 영향력을 끼치는 요소는? [20 경기추채]

① 문제의 크기
② 문제의 심각성
③ 사업의 효과성
④ 타인에 의한 영향

BPRS(Basic Priority Rating System)

핸론(Hanlon)과 피켓(Pickett)이 개발하였기 때문에 Hanlon/Pickett Method라고도 불린다. 보건사업의 우선순위 결정기준으로 보건소 등에서 가장 널리 사용되는 방법(절대적 결정기준)이며 건강문제의 크기, 건강문제의 심각성, 사업의 추정효과를 구성요소로 한다.

(1) BPRS는 공식을 이용하여 건강문제별로 점수를 산출하고 각 평가항목마다 점수를 부여하는 방법이다.

> BPRS = (A+2B)×C
> • A: 건강문제의 크기(10점 만점)
> • B: 건강문제의 심각도(10점 만점)
> • C: 보건사업의 효과성 또는 추정효과(10점 만점)
> • BPRS는 300점 만점이다. [∵ (10+2×10)×10 = 300점]

① 건강문제의 크기: 만성질환은 유병률, 급성질환은 발생률을 이용하여 점수를 부여
② 건강문제의 심각도
  - 긴급성: 문제가 긴급한 정도, 발생이나 사망의 경향, 주민 입장에서의 상대적 중요도, 문제해결에 필요한 서비스 필요량에 비추어 볼 때 현재의 서비스 제공 정도
  - 중증도: 생존율, 조기 사망률, 잠재수명 손실연수, 장애정도
  - 경제적 손실: 국가, 지역사회, 가구 또는 개인에 대한 경제적 손실
  - 타인에 의한 영향: 집단 또는 가정에 대한 경제적 손실 이외의 사회적 영향
③ 사업의 효과성: 사업의 효과에 대해 미리 예측하는 것은 불가능하지만 전문가의 도움과 선행연구를 통한 문헌고찰 등을 통해 사업의 최대 효과와 최소 효과를 추정하여 점수를 부여

(2) 한계점: 주관적 자료에 치중하고 객관적 자료가 부족한 사업효과가 가장 큰 영향력을 끼친다는 것이 점수의 타당성에 대한 신뢰도를 낮춘다.

(3) 우선순위 결정기준의 보완 - PEARL
① PEARL은 주로 BPRS의 계산 후 사업의 실현가능성 여부를 판단하는 기준으로 사용되는데, 장기 계획이나 사업의 우선순위가 쉽게 결정되지 않는 경우에 활용하여야 하며 모두 다섯 가지 평가항목을 이용하여 평가를 시행한다.
② 각 평가항목에 0점 또는 1점의 점수를 부여한 후, 다섯 가지 항목의 점수를 곱하여 사업의 시행여부를 결정한다. 따라서 다섯 가지 평가항목 중 하나라도 불가 판정을 받으면 사업은 시작할 수 없게 된다.

> PEARL - 0 또는 1(P × E × A × R × L)
> • Propriety(적절성): 해당 기관의 업무범위에 해당되는가?
> • Economic feasibility(경제적 타당성): 문제를 해결하는 것이 경제적으로 의미가 있는가?
> • Acceptability(수용성): 지역사회나 대상자들이 사업을 수용할 것인가?
> • Resources(자원의 이용 가능성): 사업에 사용할 재원이나 자원이 있는가?
> • Legality(적법성): 법적으로 문제가 없는가?

정답 **037** ③

038 당뇨와 고혈압을 진단받은 의료수급권자 노인이 단기간에 병원을 계속 옮기고 약물 투여가 꾸준히 이루어지지 않고 있다. 이에 노인의 자가건강관리 실천율을 높이고 건강수준을 향상시키기 위해 대상자에게 적절한 사례관리는?

[20 경기추채]

① 「국민건강보험법」에 의한 사례관리
② 「의료급여법」에 의한 사례관리
③ 「지역보건법」에 의한 보건소 방문간호 사례관리
④ 「노인장기요양보험법」에 의한 방문간호 사례관리

해설

해당 사례의 대상자는 만성질환을 앓고 있는 취약계층이므로 「지역보건법」에 의한 보건소 방문건강관리가 적합하다. 의료수급권자라서 "「의료급여법」에 의한 사례관리"라고 착각할 수 있으나, 문제에 제시한 사례에서는 단순 의료보장보다는 취약계층인 대상자의 만성질환관리 자가간호에 초점을 두고 있으므로 "보건소 방문간호 사례관리"가 더 포괄적이고 적당하다.

각 법령에 따른 방문간호 비교

구분	국민건강보험공단 사례관리	의료급여 사례관리	방문건강 사례관리
정의	고혈압, 당뇨, 뇌졸중 환자의 건강상태 향상, 합병증 감소를 위하여 건강행위, 의료행위를 하도록 직접 가정방문을 하여 지원적 서비스를 제공하는 과정	의료급여 과다 혹은 과소 이용자의 요구를 사정하여 건강정보, 상담서비스 및 필요한 자원을 연계하여 대상자에게 지속적인 서비스가 이루어지도록 점검, 평가함 → 과잉 진료 의료급여기관에는 올바른 의료이용을 유도	건강관리의 동기와 자신감, 자기관리능력을 증대시켜 위험요인에 대한 관리행위 실천율을 높이고, 만성질환 합병증을 예방하여 취약계층의 건강수준을 향상시키고자 함
시작 연도	2002년	2003년	2007년
대상자	건강보험 가입자 중 과소의료 이용자	의료급여 수급자	고혈압, 당뇨 등 만성질환자
제공자	간호사와 일반직 지원	의료급여관리사(간호사)	방문간호사 및 보건소 관련 인력
목적	• 치료순응도 향상 • 위험요인 감소 • 건강수준 향상 • 의료이용, 의료서비스의 감소 • 사회적 지지 향상	• 의료급여 수급자의 삶의 질 향상 • 적정의료 이용	• 자가건강관리 실천율 제고 • 취약계층의 건강수준 향상
서비스 내용 및 제공 형태	• 가정방문으로 상담, 정보제공 등 지원적 서비스를 제공하는 것 • 질환관리정보 제공, 복약지도, 성공 사례 격려, 위험요인 감소 유도(운동, 영양, 금연, 금주, 질환 악화요인, 합병증), 동기부여, 주치의와 의사소통법 교육, 적정 의료이용 격려, 심리적 설득, 지역사회자원 이용 유도, 가족지지, 정서적 지지 • 방문, 전화, 서신	• 제도 안내 및 상담, 합리적 의료 이용 안내, 자원연계, 질환상담(합병증, 약물오남용, 자가관리), 심리적 상담 및 지지, 수급권자 옹호 • 방문, 전화, 서신	• 직접적 1차 간호 • 상담 지원, 대상자의 자기관리 지원, 외부관계기관 연계 • 방문

정답 **038** ③

039 코로나19의 장기 유행에 따라 지역별, 연령별, 발생유형별 사정을 하고 해당 내용을 표, 그림으로 정리하여 지도에 표시하였다. 이러한 과정에 해당하는 자료분석 단계는? [20 경기추채]

① 분류 단계
② 요약 단계
③ 비교·확인 단계
④ 결론 단계

해설

자료 분석 단계

자료의 분류 단계	자료수집 과정에서 수집된 모든 자료(정보)를 특성별로 범주화하여 서로 연관성 있는 것끼리 분류하는 단계
자료의 요약 단계	분류된 자료를 근거로 지역사회의 전반적인 분위기, 역사적 배경 및 지역적 특성을 요약 기술하고, 위치·가구 및 공공시설 분포, 자원분포 등을 지도에 표시하거나, 자료의 특성에 따라 비율을 구하고 표·그림·그래프 등을 작성하여 자료를 요약하는 단계
자료의 확인·비교 단계	포괄적이고 총체적인 지역사회의 전반적인 문제를 파악하기 위한 것이다. 과거와 비교하여 상황에 대한 양상과 경향을 알아보고, 전국규모의 자료 또는 국가 자료나 다른 지역 자료와 비교하여 국가적 문제인지 대상 지역만의 문제인지 확인하고, 맞지 않거나 서로 상반되는 자료가 없는지, 부족하거나 더 필요한 자료가 무엇인지 확인
자료의 결론 단계	지역사회의 구체적 문제들이 어떤 것인지를 요약하고 지역사회간호사의 전문적 견해를 포함하여 종합된 결론을 내리고 문제로 기술

정답 039 ②

040 지역사회 간호사가 금연 프로그램을 시행할 때, 사업과정에 따른 각 단계의 평가유형과 내용을 연결한 것으로 옳은 것은? [20 경기추채]

① 결과 평가 – 금연상담사의 수
② 구조 평가 – 금연 인원 수
③ 효율성 평가 – 장비의 적절성
④ 과정 평가 – 진행횟수

해설

① 금연상담사의 수 – 구조 평가
② 금연 인원 수 – 결과 평가
③ 장비의 적절성 – 구조 평가

▶ 투입-산출 모형(사업과정)에 따른 평가의 유형

구조 평가	• 사업에 투입(input)되는 자원이 충분하고 적절한지를 평가하는 것을 구조평가라 한다. • 여기에는 인력의 양적 충분성과 질적 전문성, 시설 및 장비의 적절성, 사업정보의 적절성 등에 대한 평가가 포함된다.
과정 평가	• 과정평가를 통해 평가하는 내용은 목표 대비 사업의 진행 정도, 자원의 적절성과 사업의 효율성 정도, 사업 이용자 특성, 사업전략 및 활동의 적합성과 제공된 서비스의 질 등이다. • 사업에 투입된 인적·물적 자원이 계획대로 실행되고 있는지, 일정대로 진행되고 있는지를 평가하는 과정이다. • 사업의 진행 중에 사업의 수행상태, 즉 대상자의 프로그램 참여율과 출석률을 확인하는 것도 과정 평가에 해당된다. 예 대학생을 대상으로 한 절주 프로그램에서 프로그램의 참여율 파악은 과정평가에 해당된다.
결과 평가	• 결과평가는 사업의 종료 시 사업 효과를 측정하기 위한 것이다. • 사업 종료 후 설정한 장·단기목표가 얼마나 달성되었는가를 평가한다. • 지역사회 간호사업의 건강수준 변화나 조직 및 지역사회의 변화 정도를 측정하는 것이다. 예 대학생을 대상으로 한 절주 프로그램에서 프로그램이 종료된 후 고위험 음주율 비교, 음주와 건강에 대한 지식의 변화 비교, 절주 프로그램의 비용 효과성 분석 등이 결과 평가에 해당된다.

정답 040 ④

041 A 간호사는 지역 보건소에 처음 발령을 받고 주민센터 동장님을 만나 지역사회 건강 문제에 대한 의견을 물어보았다. 이때의 자료수집 방법으로 가장 옳은 것은? [20 서울]

① 정보원 면담
② 설문지 조사
③ 차창 밖 조사
④ 참여관찰

해설

자료수집방법

1차 자료 (직접법)	차창 밖 조사	• 지역사회를 두루 다니며 지역사회의 특성을 관찰하는 방법이며, 지역사회 전반에 대한 사항을 가장 신속하게 관찰할 수 있는 방법 • 지역사회의 특성, 주택, 쓰레기 서리 상태, 위생 상태 등 환경적 특성, 지역주민의 특징, 지리적 경계, 교통 상태, 주요 기관의 위치 등을 파악
	정보원 면담	지역사회의 공식·비공식 지역지도자의 면담을 통해 자료를 수집하는 방법
	지역조사	• 조사대상자의 가정, 시설 및 기관 등을 직접 찾아가 대상자와 직접 면담하여 자료를 얻는 방법 • 시간과 비용이 많이 들어 비경제적·비효율적이지만 지역사회의 특정한 문제를 규명하는 데에는 적합한 방법
	참여관찰	• 해당 지역에서 진행되는 행사에 직접 참여하여 관찰하는 방법 • 지역사회의 가치, 규범, 신념, 권력구조, 문제해결과정, 자발적 참여 정도 등에 대한 정보를 수집하는 데 적합
	지역공청회	지역사회의 건강과 관련된 주요 사안이나 갈등의 소지가 있는 문제를 널리 알리고 의견 수렴
2차 자료 (간접법)	기존자료 수집	• 기존 자료의 수집 및 활용은 간접 자료 수집, 2차 자료 수집에 해당 • 공공기관의 보고서, 인구센서스, 생정통계자료, 공식적인 통계자료, 회의록, 조사자료, 지방자치단체의 연보, 건강보험자료, 의료기관의 건강 기록, 연구논문 등을 이용

정답 041 ①

042

〈보기〉는 보건소에서 실시하는 방문건강관리사업의 일부이다. 이에 해당하는 사례관리의 단계로 가장 옳은 것은?

[20 서울]

해설
〈보기〉에 제시된 내용(서신발송, 전화, 방문, 내소, 자원연계 실시)은 사례관리활동과 중재를 실제로 수행하고 집행하므로 "개입 및 실행" 단계에 해당된다.

〈보기〉
- 전문 인력의 판단과 팀 구성에 따라 건강관리서비스 내용 조정
- 서신발송, 전화, 방문, 내소, 자원연계 실시

① 요구사정
② 목표설정 및 계획수립
③ 대상자 선정 및 등록
④ 개입 및 실행

사례관리의 과정

단계	세부 내용
1단계 대상자 선정 및 등록	• 사례발견, 사전심사, 대상자 등록이 행해진다. ① 대상자 선정 ② 전화로 안내 및 방문 등 일정 약속 ③ 방문건강관리 대상자로 등록(관리에 동의한 경우)
2단계 요구사정	• 전체적인 다학제적인 관점에서 대상자의 여러 종류의 문제점이나 요구를 사정한다. ① 안내문 발송 후 전화 또는 방문 ② 문제 및 욕구 탐색
3단계 목표설정 및 관리계획 수립	• 사정자료를 근거로 환자의 요구를 충족시킬 수 있도록 사례관리계획을 수립하고, 목적, 목표, 행위를 결정하는 과정이다. • 목표의 우선순위를 설정하고 서비스의 계획과 자원배치를 하게 된다. • 확인된 문제의 해결을 위한 구체적인 개입 계획과 평가계획을 세운다.
4단계 개입 및 실행 (중재 및 수행)	• 전문인력의 판단과 팀 구성에 따라 건강관리서비스 내용이 조정된다. • 문제의 우선순위에 따라 실제 대상자에게 필요한 다양한 자원을 연계·활용한다. • 지역사회 자원을 이용한 새로운 사회적 지지망을 구축한다. • 서신발송, 전화, 방문, 내소, 자원연계 실시
5단계 점검 및 재사정	• 사례관리자가 대상자와 함께 수립한 목표 달성여부를 파악하는 단계이다. • 중재(개입)의 적절성을 지속적으로 파악하고 필요시 재사정을 하여 3단계인 목표설정과 계획 수립의 단계로 되돌아가 중재계획을 수정하기도 한다.
6단계 평가 및 종결	• 평가는 사례관리의 마지막 단계로 목표가 제대로 달성되었는지를 확인하는 과정이다. ① 사례관리 대상자 요구·성과 지표 적용 ② 종결기준 충족 시 종결 및 퇴록 ③ 종결기준 미충족 시 재평가 등을 통해 추후관리 시행 ④ 대상자 평가 후 건강위험요인 및 건강문제가 없거나 목표 달성 시 종결 ⑤ 지역사회와의 협력 구축

정답 042 ④

043 지역사회 간호과정에서 목표 설정 시 고려해야 할 사항으로 가장 옳지 않은 것은?

[20 서울]

① 추상성
② 관련성
③ 성취가능성
④ 측정가능성

해설

SMART 목표 설정 기준

구체성(Specific)	목표는 구체적으로 기술하여야 한다.
측정가능성(Measurable)	목표는 측정 가능해야 한다.
적극성(Aggressive) & 성취가능성(Achievable)	목표는 진취적이면서 성취 가능한 현실적인 것이어야 하나, 별다른 노력 없이도 달성되는 소극적 목표는 안 된다.
연관성(Relevant)	사업목적 및 문제해결과 직접 관련성이 있어야 한다. 즉, 해당 건강문제와 인과관계가 있어야 한다.
기한(Time limited)	목표달성의 기한을 밝혀야 한다.

044 SWOT 분석의 전략을 옳게 짝지은 것은?

[20 서울]

① SO 전략 - 다각화 전략
② WO 전략 - 공격적 전략
③ ST 전략 - 국면전환 전략
④ WT 전략 - 방어적 전략

해설

지역사회간호사정에서 사용되는 SWOT 분석은 조직 외부에 있는 기회(opportunities)와 위협(threats) 요인을 살펴보기 위해 이들 환경을 중심으로 장래에 예측되는 대중, 경쟁자, 사회문화적·정치적·기술적·경제적 환경 등의 변화를 분석하는 동시에, 조직 내의 강점(strengths)과 약점(weaknesses)을 파악하는 것이다.
① SO 전략 - 공격화 전략(강점요인을 바탕으로 기회요인에 활용하는 전략)
② WO 전략 - 국면전환 전략(약점요인을 보완하고 기회요인을 활용하는 전략)
③ ST 전략 - 다각화 전략(강점요인을 활용하여 위협요인에 대응하는 전략)

정답 043 ① 044 ④

045 보건사업 평가유형과 그에 대한 설명을 옳게 짝지은 것은? [20 서울]

① 내부평가 - 평가결과에 대한 신뢰성 문제가 제기될 수 있다.
② 외부평가 - 보건사업의 고유한 특수성을 잘 반영하여 평가할 수 있다.
③ 질적평가 - 수량화된 자료를 이용한 통계적 분석을 주로 한다.
④ 양적평가 - 평가기준의 신뢰성과 객관성을 보장받기 어렵다.

해설

② 내부평가 - 보건사업의 고유한 특수성을 잘 반영하여 평가할 수 있다.
③ 양적평가 - 수량화된 자료를 이용한 통계적 분석을 주로 한다.
④ 질적평가 - 평가기준의 신뢰성과 객관성을 보장받기 어렵다.

▶ 평가주체에 따른 분류(내부평가 VS 외부평가)

구분	내부평가	외부평가
장점	• 사업의 배경을 잘 알고 있음 • 모든 사람에게 잘 받아들여짐 • 고유한 특수성을 잘 반영하여 평가 가능 • 비용절감	• 평가 전문가가 수행 • 편의적인 태도가 없음 • 신선한 관점에서 평가 가능
단점	• 평가자가 사업에 너무 많이 관여하고 있음 • 공정한 평가가 어려움(신뢰성 문제 제기) • 평가자가 전문가가 아님	• 별도의 비용 소요

정답 045 ①

046 보건소 절주 프로그램의 과정 평가지표는? [20 지방]

① 프로그램 참여율
② 금주 실천율
③ 프로그램 예산의 적정성
④ 음주 관련 질환에 대한 지식 수준의 변화

해설
과정평가를 통해 평가하는 내용은 목표 대비 사업의 진행 정도, 자원의 적절성과 사업의 효율성 정도, 사업 이용자 특성, 사업전략 및 활동의 적합성과 제공된 서비스의 질 등이다. 절주 프로그램에서 절주 프로그램의 참여율 파악은 과정평가에 해당된다.
②, ④ 결과평가
③ 구조평가

투입-산출 모형(사업과정)에 따른 평가의 유형

구조 평가	• 사업에 투입(input)되는 자원이 충분하고 적절한지를 평가하는 것을 구조평가라 한다. • 여기에는 인력의 양적 충분성과 질적 전문성, 시설 및 장비의 적절성, 사업정보의 적정성 등에 대한 평가가 포함된다.
과정 평가	• 과정평가를 통해 평가하는 내용은 목표 대비 사업의 진행 정도, 자원의 적절성과 사업의 효율성 정도, 사업 이용자 특성, 사업전략 및 활동의 적합성과 제공된 서비스의 질 등이다. • 사업에 투입된 인적·물적 자원이 계획대로 실행되고 있는지, 일정대로 진행되고 있는지를 평가하는 과정이다. • 사업의 진행 중에 사업의 수행상태, 즉 대상자의 프로그램 참여율과 출석률을 확인하는 것도 과정 평가에 해당된다. 예) 대학생을 대상으로 한 절주 프로그램에서 프로그램의 참여율 파악은 과정평가에 해당된다.
결과 평가	• 결과평가는 사업의 종료 시 사업 효과를 측정하기 위한 것이다. • 사업 종료 후 설정한 장·단기목표가 얼마나 달성되었는가를 평가한다. • 지역사회 간호사업의 건강수준 변화나 조직 및 지역사회의 변화 정도를 측정하는 것이다. 예) 대학생을 대상으로 한 절주 프로그램에서 프로그램이 종료된 후 고위험 음주율 비교, 음주와 건강에 대한 지식의 변화 비교, 절주 프로그램의 비용 효과성 분석 등이 결과 평가에 해당된다.

정답 046 ①

047 MATCH(Multi-level Approach to Community Health) 모형의 단계별 활동으로 옳지 않은 것은?

[20 지방]

① 목적 설정 단계 - 행동요인 및 환경요인과 관련된 목적을 설정한다.
② 중재 계획 단계 - 중재의 대상과 접근 방법을 결정한다.
③ 프로그램 개발 단계 - 사업의 우선순위가 높은 인구집단을 선정한다.
④ 평가 단계 - 사업의 과정, 영향, 결과에 대해 평가한다.

해설

MATCH는 지역사회보건사업 전략을 생태학적인 여러 차원에서 단계적으로 영향을 주도록 고안된 모형으로, '목적/목표설정 → 중재계획 → 프로그램 개발 → 실행 → 평가'의 5단계로 되어 있다. 사업의 우선순위가 높은 인구집단을 선정하는 것은 MATCH에서 "목적 설정 단계"에 해당된다.

(1) 목적/목표설정
   ① 건강상태에 관한 목적(목표) 설정
   ② 우선순위 인구집단 선정
   ③ 건강행위요인과 관련된 목적(목표) 선정
   ④ 환경요인과 관련된 목적(목표) 선정
(2) 중재 계획
   ① 중재 목표 파악: 중재 활동의 목표가 되는 중재 대상 결정
   ② 중재 목표 선정: 1단계에서 파악된 건강행동 요인, 환경적 요인, 중재 대상을 조합하여 목표 선정
   ③ 중재 목표를 이루기 위한 매개변인(지식, 태도, 기술 등) 파악
   ④ 중재 접근방법 선정: 중재 목표의 수준에 맞게 중재 활동의 종류를 선택
(3) 프로그램 개발: 각 프로그램의 내용적인 구성요소 등 프로그램 개발과 관련된 내용을 상세하게 기술하는 단계
   ① 프로그램 단위 또는 구성요소 결정
   ② 프로그램의 각 구성 요소들을 대상의 하위 집단, 주제, 생활터, 교육 단위, 전달 방법 등으로 나누어 기술
   ③ 기존의 보건프로그램을 선택하거나 새로 개발
   ④ 프로그램의 각 단위별로 교육 계획안(학습지도안)을 작성
   ⑤ 교육에 필요한 여러 자료 수집 및 필요한 자원 준비
(4) 실행
   ① 변화 채택을 위한 계획안을 작성하고 옹호활동 준비
   ② 변화를 위한 요구, 준비 정도, 환경적인 지지조건 등에 대한 사안 개발
   ③ 중재가 효과적이라는 증거 수집
   ④ 중재를 통한 변화를 지지하여 줄 수 있는 사회적 지도자나 기관 단체를 파악
   ⑤ 사회적인 의사결정권이 있는 사람들과 협조 관계 유지
   ⑥ 프로그램 수행자들을 모집, 업무 훈련, 수행 업무 모니터 및 지지할 수 있는 시스템 개발
(5) 평가
   ① 과정평가: 중재기획과 과정에 대한 유용성, 실제 수행에 대한 정도와 질, 프로그램 수행 후 즉시 나타난 교육적인 효과 등
   ② 영향평가: 보건프로그램의 단기적인 결과로 지식, 태도, 기술을 포함한 중간 효과와 행동 변화 또는 환경적인 변화를 포함
   ③ 결과평가: 장기적인 보건프로그램 효과 측정

정답 047 ③

048 BPRS(Basic Priority Rating System)를 적용할 때, 우선순위가 가장 높은 건강 문제는? [20 지방]

건강 문제	평가항목		
	건강 문제의 크기(0~10)	건강 문제의 심각도(0~10)	사업의 추정 효과(0~10)
①	5	5	7
②	5	6	6
③	6	5	5
④	7	5	5

해설

BPRS는 보건사업의 우선순위 결정기준으로 보건소 등에서 가장 널리 사용되는 방법(절대적 결정기준)이며, 건강문제의 크기, 건강문제의 심각성, 사업의 추정효과를 구성요소로 한다.

BPRS = (A + 2B) × C
- A: 건강문제의 크기(10점 만점)
- B: 건강문제의 심각도(10점 만점)
- C: 보건사업의 효과성 또는 추정효과(10점 만점)

건강문제의 크기나 심각성보다는 사업의 효과가 결정적 영향을 미치도록 계산 공식이 만들어져 있다. 문제에서는 ①의 C값이 가장 크므로 우선순위가 가장 높은 건강문제이다.
① (5 + 10) × 7 = 105
② (5 + 12) × 6 = 102
③ (6 + 10) × 5 = 80
④ (7 + 10) × 5 = 85

049 지역사회 간호사업의 평가에 대한 설명으로 옳지 않은 것은? [20 지방]

① 평가 계획은 사업 수행 단계 전에 수립하여야 한다.
② 평가의 계획 단계부터 주요 이해당사자를 배제한다.
③ 평가 결과는 차기 간호사업 기획에 활용한다.
④ 사업의 목표 달성 정도를 파악하기 위해 효과성 평가를 실시한다.

해설

지역사회 간호사업의 평가는 평가 초기 단계부터 주요 이해당사자를 평가에 참여시킴으로써 실제적 평가가 될 수 있도록 한다.

정답 048 ① 049 ②

050 지역사회간호사업 수행단계에서 계획대로 사업이 진행되고 있는지를 확인하기 위한 활동으로, 업무수행을 관찰하거나 기록을 검사하여 문제를 파악하고 문제의 원인을 찾는 활동에 해당하는 것은? [19 서울]

① 조정
② 의뢰
③ 감시
④ 감독

해설

지역사회 간호사업 수행단계의 활동 중 목적 달성을 위해 사업이 계획대로 진행되고 있는지를 확인하는 것은 "감시"이다. 업무의 감시는 투입, 과정, 결과에 대한 것이 있으며 감시활동 방법으로는 계속적인 관찰, 기록의 검사, 물품 또는 자원의 점검과 요원 및 지역사회와의 토의 등이 있다.

지역사회간호사업 수행단계에서 요구되는 활동

조정	요원들이 분담된 업무활동을 수행함에 있어 업무의 중복이나 결핍이 오지 않도록 요원들 간의 관계를 명확히 하고, 업무를 분담하며 그때그때의 결정사항에 대해 의사소통을 통한 조정을 시행한다.
감시	• 감시는 목적 달성을 위해 사업이 계획대로 진행되고 있는지를 확인하는 것이다. • 업무의 감시는 투입, 과정, 결과에 대한 것이 있으며 감시활동 방법으로는 계속적인 관찰, 기록의 검사, 물품 또는 자원의 점검과 요원 및 지역사회와의 토의 등이 있다. • 업무활동의 표준을 유지하기 위한 것으로 투입, 과정, 결과에 대한 감시로 분류한다.

감독	• 감독은 계획을 만들어 정기적으로 지역사회를 방문하여 실시하는 것으로, 목표 진행 정도의 평가, 주어진 업무수행 수준의 관찰, 사업진행 동안 발생한 문제와 개선점을 토의하고 필요시 조언을 수행하는 복합적인 활동을 말한다.
	• 직원들에게 관심을 갖고 직원의 활동을 지지 및 격려하며 학습의 기회를 마련한다.
	• 사업의 목적, 수행, 직원의 동기나 능력, 자원 등을 감독하는 최종 목적은 목표 달성에 있다.
	• 감독활동의 내용
	  - 목표가 계획대로 잘 진행되고 있는지 요원들이 기록한 기록부를 확인한다.
	  - 주어진 업무활동(도구소독, 물품비출, 상병자간호, 보건교육)을 어떻게 수행하고 있는지 관찰한다.
	  - 주민의 요구가 주어진 사업과 잘 부합되는지를 지역사회 주민들과 대화를 통해 확인하고, 사업수행에 대한 이해와 요구를 파악한다.
	  - 지역사회 간호사가 발견한 문제점과 개선사항에 대해 요원들과 토의한다.
	  - 다음 방문 날짜를 재확인한다.

정답 050 ③

051 지역사회간호사업의 평가계획에 대한 설명으로 가장 옳은 것은?

[19 서울]

① 평가의 객관성을 최대한 유지하기 위해 사업의 내부 최고책임자를 포함한다.
② 평가자, 시기, 범주, 도구의 구체적인 계획은 사업평가 시에 작성한다.
③ 평가도구의 타당성은 평가하고자 하는 내용을 올바르게 평가하는 것을 의미한다.
④ 평가계획은 사업 시작 전 단계, 사업 수행 단계, 사업 종결 단계에서 수시로 가능하다.

해설

① 평가의 객관성을 최대한 유지하기 위해 사업의 외부 전문가를 포함한다.
② 평가자, 시기, 범주, 도구의 구체적인 계획은 사업 시작 전에 작성한다.
④ 평가시기는 사업 시작 전 단계(사업 계획 단계), 사업 수행 단계, 사업 종결 단계에서 가능하다.

---

052 다음 글에 해당하는 타당성은?

[19 지방]

- 보건소 건강증진업무 담당자는 관내 흡연청소년을 대상으로 금연프로그램을 기획하고, 목표달성을 위한 각종 방법을 찾아낸 후에 사업의 실현성을 위하여 다음의 타당성을 고려하기로 하였다.
- 대상 청소년들이 보건소가 기획한 금연프로그램에 거부감 없이 참여하고, 금연전략을 긍정적으로 수용할 것인지를 확인하였다.

① 법률적 타당성
② 기술적 타당성
③ 사회적 타당성
④ 경제적 타당성

해설

제시된 사례에서의 초점은 "거부감 없이 참여"이다. 지역사회 간호사업에서 간호방법 및 수단 선택 시 사회적 타당성은 사업대상자들의 수용도, 즉 얼마만큼 받아들여 줄 것이냐의 문제이다.

> **간호방법 및 수단 선택 시 고려할 사항**
> - **기술적 타당성**: 기술적으로 가능하고 효과가 있어야 한다.
> - **경제적 타당성**: 경제적으로 시행이 가능하고 경제적 측면에서 효과가 분명해야 한다.
> - **사회적 타당성**: 사업대상자들의 수용도, 즉 얼마만큼 받아들여 줄 것이냐의 문제이다.
> - **법률적 타당성**: 목표 달성을 위한 행위가 법적으로 받아들여질 수 있는가의 문제이다.
> - **정치적 타당성**: 보건기획에서는 법률적 타당성 대신에 정치적 타당성을 고려하기도 하는데, 여기서 정치적 타당성이란 지역사회 각계각층의 지지도를 뜻한다.

정답 051 ③ 052 ③

053
PATCH(Planned Approach To Community Health) 모형에서 우선순위를 설정하는 평가 기준은?

[19 지방]

① 경제성, 자원 이용 가능성
② 건강문제의 중요성, 변화 가능성
③ 문제해결 가능성, 주민의 관심도
④ 건강문제의 심각도, 사업의 추정효과

해설
PATCH는 미국의 질병관리본부(CDC; Centers for Disease Control and Prevention)가 지역보건요원의 보건사업 기획 지침서로 개발한 기준으로, "건강문제의 중요성"과 "변화가능성"을 건강문제의 우선순위를 결정하는 두 가지 기준으로 사용한다.

054
다음 글에서 설명하는 SWOT 분석의 요소는?

[19 지방]

> 보건소에서 SWOT 분석을 실시한 결과 해외여행 증가로 인한 신종 감염병 유입과 기후 온난화에 따른 건강문제 증가가 도출되었다.

① S(Strength)
② W(Weakness)
③ O(Opportunity)
④ T(Threat)

해설
SWOT 분석은 조직 외부에 있는 기회(opportunities)와 위협(threats) 요인을 살펴보기 위해 이들 환경을 중심으로 장래에 예측되는 대중, 경쟁자, 사회문화적·정치적·기술적·경제적 환경 등의 변화를 분석하는 동시에, 조직 내의 강점(strengths)과 약점(weaknesses)을 파악하는 것이다. 문제에서 제시된 사례에서는 보건소 외부의 영향으로 인한 건강문제증가를 이야기하고 있으므로 위협요인에 해당된다.

정답 53 ② 54 ④

055 다음 글에서 설명하는 평가 유형은? [19 지방]

> 사업의 단위 목표량 결과에 대해서 사업을 수행하는 데 투입된 인적 자원, 물적 자원 등 투입된 비용이 어느 정도인가를 산출하는 것이다.

① 투입된 노력에 대한 평가
② 목표달성 정도에 대한 평가
③ 사업의 적합성 평가
④ 사업의 효율성 평가

해설
"사업의 효율성에 대한 평가"는 사업의 수행에 투입된 노력, 즉 인적 자원·물적 자원 등을 비용으로 환산하여 그 사업의 단위 목표량에 대한 투입된 비용이 어느 정도인지를 산출하는 것이다.

사업 평가 유형(범주)

구분	내용
투입된 자원(노력)에 대한 평가	• 사업에 투입된 노력은 재정적 예산보다 투입된 인력의 동원 횟수, 방문 횟수를 의미하며 인적 자원의 소비량과 물적 자원의 소비량을 산출하여 효율과 효과에 대한 평가를 한다. • 인적·물적 소비량을 보는 것으로 담당자가 사업을 위해 어느 정도 노력했는가를 측정하는 것 • 투입된 인력, 비용 및 시간 간의 관계
사업진행 정도에 대한 평가	• 내용 및 일정을 계획단계에서 마련된 진행계획을 기준으로 평가하는 것 • 평가결과 차질이 있는 것으로 나타나면 원인을 분석하여 계획을 변경하거나 원인을 제거 • 수립된 지역보건의료계획과 진행수준의 비교
목표달성 정도에 대한 평가	• 설정된 목표가 제한된 기간 동안에 어느 정도 달성되었는지 구체적 목표 성취 여부를 평가한다. • 설정된 목표가 제한된 기간에 어느 정도 도달되었는지 구체적으로 파악하는 것으로 측정 가능한 용어나 숫자로 제시하면 편리하다. • 목표에 쉽게 도달하였는지, 아주 어려웠는지, 도달하지 못하였는지를 분석하고 각각의 목표별로 그 정도의 달성을 이루게 된 원인을 규명한다.
사업의 효율성에 대한 평가	• 사업의 수행에 투입된 노력, 즉 인적 자원·물적 자원 등을 비용으로 환산하여 그 사업의 단위 목표량에 대한 투입된 비용이 어느 정도인지를 산출하는 것이다. • 최소의 비용으로 최대의 효과를 얻는 것이 가장 바람직하다. • 투입된 인력, 비용, 시간과 성취한 결과 간의 비교
사업의 적합성(적절성)에 대한 평가	• 투입된 노력에 대한 결과로 모든 사업의 실적을 산출하고 그 산출된 자료와 사업대상자의 요구량과의 비율을 계산한다. • 사업의 적합성에 대한 평가의 결과로 인적 자원, 물적 자원의 충족 여부가 평가된다. • 지역진단 결과와 사업목표 달성 수준 간의 비교

정답 055 ④

056 다음 사례에 적용한 간호진단 분류체계는? [19 지방]

- 임신 36주된 미혼모 K씨(29세)는 첫 번째 임신 때 임신성 당뇨가 있어 분만이 어려웠던 경험이 있었다. 현재 두 번째 임신으로 병원에 다니고 싶으나 경제적인 여건이 좋지 않아 산전 관리를 받은 적이 없다.
- 문제분류체계
  - 영역: 생리적 영역
  - 문제: 임신
  - 수정인자: 개인의 실제적 문제(산전관리 없음, 임신성 당뇨의 경험 있음)
  - 증상 / 징후: 임신 합병증에 대한 두려움, 산전 운동 / 식이의 어려움

① 오마하(OMAHA) 분류체계
② 가정간호(HHCCS) 분류체계
③ 국제간호실무(ICNP) 분류체계
④ 북미간호진단협회(NANDA) 간호진단 분류체계

해설

오마하 진단분류체계는 지역사회 간호실무영역에서 가장 효율적으로 적용할 수 있고, 가장 활용도가 높은 간호진단 분류체계이다. 오마하 진단분류체계의 문제분류틀(문제분류체계)은 영역(domain), 문제(problem), 수정인자(modifier), 증상/징후(sign & symptom)의 4개 수준(level)으로 이루어져 있다.

오마하 진단분류체계

구성	영역	문제 (진단)	수정인자		증상/징후
			Ⅰ. 대상자	Ⅱ. 심각도	
문제 분류틀	1. 환경 2. 심리사회 3. 생리 4. 건강 관련 행위	4종 12종 18종 8종	• 개인 • 가족 • 집단 • 지역사회	• 건강증진 • 잠재적 결핍/손상 • 실제적 결핍/손상	• 문제의 증상- (주관적 증거) • 문제의 징후- (객관적 증거)
중재틀	1. 범주: 1) 건강교육, 상담, 안내 2) 처치와 시술 3) 사례관리 4) 감독 2. 중심내용: 간호중재와 활동내용(62개 목록) 3. 대상자에 대한 구체적 정보				
결과	• 서비스 전 과정을 통하여 대상자의 발전과정을 측정 • 5점 Likert 척도로 점수가 높을수록 양호한 상태를 나타냄				

정답 056 ①

057 B구의 보건문제에 대해 BPRS 우선순위 결정방법에 따라 우선순위를 선정하려고 한다. 1순위로 고려될 수 있는 보건문제는? [19 서울추채]

보건문제	평가항목		
	문제의 크기	문제의 심각도	사업의 추정효과
높은 비만율	4	3	2
높은 흡연율	3	7	2
높은 암사망률	2	8	1
높은 고혈압 유병률	3	6	5

① 높은 비만율
② 높은 흡연율
③ 높은 암 사망률
④ 높은 고혈압 유병률

> **해설**
> BPRS = (A + 2B) × C
> - A: 건강문제의 크기 (10점 만점)
> - B: 건강문제의 심각도 (10점 만점)
> - C: 보건사업의 효과성 또는 추정효과 (10점 만점)
>
> 꼭, 계산하지 않더라도 BPRS 공식에서는 보건사업의 추정효과가 다른 기준보다 큰 영향력을 발휘하기에 C가 가장 높은 "높은 고혈압 유병률"이 답임을 확인할 수 있다.

058 보건사업 기획을 위한 MAPP(Mobilizing for Action through Planning and Partnerships) 모형의 첫 번째 단계는? [18 서울]

① 비전 설정
② 목적과 전략 설정
③ 전략적 이슈 선정
④ 지역사회보건을 위한 조직화와 파트너십 개발

> **해설**
> MAPP(Mobilizing for Action through Planning and Partnership) 모형은 미국의 NACCHO(전국지방건강공무원협회)와 CDC(질병관리센터)에 의해 개발된 지역사회건강증진을 위한 접근 방법이다.
> (1) MAPP의 주요 특징
>   ① 지역사회 중심의 접근법 사용
>   ② 전략적 기획 개념 활용: 자원확보, 요구와 자원의 매칭, 장기적 접근법 수립 등에 효과적
>   ③ 지역사회 공공보건체계의 형성, 창의성 및 역량강화에 초점
>   ④ 공공보건 행정의 지도력 증진
>   ⑤ 지역사회 전략 기획 방안 개발을 위한 4가지 평가 도구 사용
> (2) 지역현황 평가의 4가지 평가 도구
>   ① 지역사회 특성 및 강점 파악: 지역사회 역량, 주민 의식, 지역사회에 대한 관심 등
>   ② 지역사회 공공보건체계 파악: 지역 공공보건 체계의 역량 파악
>   ③ 지역건강수준 파악: 삶의 질 수준, 건강 수준, 지역사회의 건강문제 등
>   ④ 변화 가능성 파악: 지역사회나 공공보건체계에 영향을 미칠 수 있는 역량에 대한 파악 도구
> (3) MAPP 공공 – 민간 협력의 기획 과정
>   ① 1단계: 조직화와 협력체계(파트너십) 개발
>   ② 2단계: 비전의 설정과 확립
>   ③ 3단계: 지역현황 평가
>   ④ 4단계: 전략적 이슈 선정(전략적 과제의 확립)
>   ⑤ 5단계: 목적과 전략 설정(목표와 전략의 개발)
>   ⑥ 6단계: 실행

정답 **057** ④ **058** ④

059 다음의 건강문제가 있는 가정들을 하루에 방문하는 경우 방문 순서를 바르게 나열한 것은? [18 서울]

> (가) 성병 치료를 받는 청년이 있는 가정
> (나) 건강한 신생아가 있는 가정
> (다) 임신 5개월째인 건강한 여성이 있는 가정
> (라) 결핵약을 복용한 지 1개월 된 청년이 있는 가정
> (마) 고혈압약과 관절염약을 복용하는 할머니가 있는 가정

① (다) - (나) - (마) - (가) - (라)
② (다) - (나) - (라) - (가) - (마)
③ (나) - (다) - (마) - (가) - (라)
④ (나) - (다) - (마) - (라) - (가)

해설
하루에 여러 집을 방문한 경우 비감염성 질환, 면역력이 낮은 집단 대상자부터 우선 방문한다. 보기에서 가장 면역력이 낮은 대상자는 신생아이고 전염성의 위험이 있는 대상자는 결핵약을 복용한 지 1개월 된 청년이다. 따라서 (나) - (다) - (마) - (가) - (라) 순서로 방문하는 것이 좋다.

060 지역 주민의 건강문제를 파악하기 위한 2차 자료 수집방법은? [18 지방]

① 독거노인을 대상으로 실시한 면담
② 지역 주민의 보건사업 요구도 조사
③ 지역 주민의 행사에 참여하여 관찰
④ 통계청에서 제공한 생정통계 활용

해설
2차 자료 수집은 공공기관의 보고서, 인구센서스, 생정통계자료, 공식적인 통계자료, 회의록, 조사자료, 지방자치단체의 연보, 건강보험자료, 의료기관의 건강기록, 연구논문 등을 이용하는 것으로, 지역사회의 문제를 규명하기 위한 경제적이며 효율적인 자료 수집 방법이다.

정답 059 ③ 060 ④

061 다음에 해당하는 지역사회 간호사정의 자료 분석 단계는? [18 지방]

- 부족하거나 더 필요한 자료가 없는지 파악한다.
- 다른 지역의 자료나 과거의 통계자료 등을 비교한다.

① 분류
② 요약
③ 확인
④ 결론

해설
과거와 비교하여 상황에 대한 양상과 경향을 알아보고, 국가 자료나 다른 지역 자료와 비교하여 국가적 문제인지 대상 지역만의 문제인지 확인하고, 맞지 않거나 서로 상반되는 자료가 없는지, **부족하거나 더 필요한 자료가 무엇인지 확인하는 것은 확인단계**이다.

자료 분석 단계

단계	내용
자료의 분류 단계	자료수집 과정에서 수집된 모든 자료(정보)를 특성별로 범주화하여 서로 연관성 있는 것끼리 분류하는 단계
자료의 요약 단계	분류된 자료를 근거로 지역사회의 전반적인 분위기, 역사적 배경 및 지역적 특성을 요약 기술하고, 위치·가구 및 공공시설 분포, 자원분포 등을 지도에 표시하거나, 자료의 특성에 따라 비율을 구하고 표·그림·그래프 등을 작성하여 자료를 요약하는 단계
자료의 확인·비교 단계	포괄적이고 총체적인 지역사회의 전반적인 문제를 파악하기 위한 것이다. 과거와 비교하여 상황에 대한 양상과 경향을 알아보고, 전국규모의 자료 또는 국가 자료나 다른 지역 자료와 비교하여 국가적 문제인지 대상 지역만의 문제인지 확인하고, 맞지 않거나 서로 상반되는 자료가 없는지, 부족하거나 더 필요한 자료가 무엇인지 확인
자료의 결론 단계	지역사회의 구체적 문제들이 어떤 것인지를 요약하고 지역사회간호사의 전문적 견해를 포함하여 종합된 결론을 내리고 문제로 기술

062 보건사업의 우선순위 결정기준 중 BPRS 계산 후 사업의 실현가능성 여부를 판단하는 기준으로 사용되는 것은? [18 지방]

① Bryant
② PATCH
③ MAPP
④ PEARL

해설
PEARL은 주로 BPRS의 계산 후 사업의 실현가능성 여부를 판단하는 기준으로 사용되는데, 장기 계획이나 사업의 우선순위가 쉽게 결정되지 않는 경우에 활용하여야 하며 모두 다섯 가지 평가항목을 이용하여 평가를 시행한다.
- Propriety(적절성): 해당기관의 업무범위에 해당되는가?
- Economic feasibility(경제적 타당성): 문제를 해결하는 것이 경제적으로 의미가 있는가?
- Acceptability(수용성): 지역사회나 대상자들이 사업을 수용할 것인가?
- Resources(자원의 이용가능성): 사업에 사용할 재원이나 자원이 있는가?
- Legality(적법성): 법적으로 문제가 없는가?

정답 061 ③ 062 ④

063 지역사회 간호과정을 적용하여 비만여성 운동프로그램을 실시한 경우, 계획단계에서 이루어진 내용으로 옳은 것은? [18 지방]

① 비만여성 운동프로그램 참여율에 대한 목표를 설정하였다.
② 여성의 운동부족과 비만문제를 최우선 순위로 설정하였다.
③ 여성의 비만이 건강에 미치는 영향을 조사하였다.
④ 여성의 비만 유병률을 다른 지역과 비교하였다.

해설
계획에서는 목표설정, 간호방법과 수단선택, 수행과 평가계획을 수립한다.
② 진단
③, ④ 사정

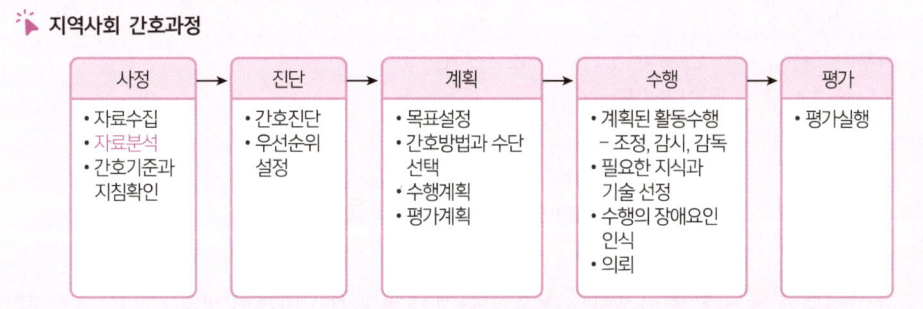
지역사회 간호과정

064 치매예방사업의 구조·과정·결과 평가를 실시하고자 할 때 구조평가를 위해 요구되는 자료는? [17 지방추채]

① 치매 조기검진 이수율
② 치매예방교육 참여율
③ 치매예방사업 담당자 수
④ 치매예방 캠페인 만족도

해설
사업에 투입(input)되는 자원이 충분하고 적절한지를 평가하는 것을 구조평가라 한다. 여기에는 인력의 양적 충분성과 질적 전문성, 시설 및 장비의 적절성, 사업정보의 적정성 등에 대한 평가가 포함된다.

투입-산출 모형(사업과정)에 따른 평가의 유형

구조 평가	• 사업에 투입(input)되는 자원이 충분하고 적절한지를 평가하는 것을 구조평가라 한다. • 여기에는 인력의 양적 충분성과 질적 전문성, 시설 및 장비의 적절성, 사업정보의 적정성 등에 대한 평가가 포함된다.
과정 평가	• 과정평가를 통해 평가하는 내용은 목표 대비 사업의 진행 정도, 자원의 적절성과 사업의 효율성 정도, 사업 이용자 특성, 사업전략 및 활동의 적합성과 제공된 서비스의 질 등이다. • 사업에 투입된 인적·물적 자원이 계획대로 실행되고 있는지, 일정대로 진행되고 있는지를 평가하는 과정이다. • 사업의 진행 중에 사업의 수행상태, 즉 대상자의 프로그램 참여율과 출석률을 확인하는 것도 과정 평가에 해당된다. 예 대학생을 대상으로 한 절주 프로그램에서 프로그램의 참여율 파악은 과정평가에 해당된다.
결과 평가	• 결과평가는 사업의 종료 시 사업 효과를 측정하기 위한 것이다. • 사업 종료 후 설정한 장·단기목표가 얼마나 달성되었는가를 평가한다. • 지역사회 간호사업의 건강수준 변화나 조직 및 지역사회의 변화 정도를 측정하는 것이다. 예 대학생을 대상으로 한 절주 프로그램에서 프로그램이 종료된 후 고위험 음주율 비교, 음주와 건강에 대한 지식의 변화 비교, 절주 프로그램의 비용 효과성 분석 등이 결과 평가에 해당된다.

정답 063 ① 064 ③

065
브라이언트(Bryant)의 보건사업 우선순위 결정기준 사용 시 고려해야 할 내용만을 모두 고른 것은?   [17 지방추채]

> ㄱ. 만성질환 유병률
> ㄴ. 지역주민의 높은 관심
> ㄷ. 만성질환으로 인한 사망률
> ㄹ. 보건사업의 기술적 해결가능성

① ㄱ, ㄴ
② ㄷ, ㄹ
③ ㄱ, ㄴ, ㄷ
④ ㄱ, ㄴ, ㄷ, ㄹ

해설

브라이언트(Bryant)의 우선순위 결정기준
(1) 문제의 크기 – 만성질환 유병률
(2) 문제의 심각도 – 만성질환으로 인한 사망률
(3) 사업의 해결 가능성 – 보건사업의 기술적 해결 가능성
(4) 주민의 관심도 – 지역주민의 높은 관심

066
지역사회간호사의 방문활동 원리에 대한 설명으로 옳은 것은?   [17 지방추채]

① 하루에 여러 곳을 방문하는 경우 면역력이 높은 대상자부터 방문한다.
② 방문횟수는 인력, 시간, 예산, 자원, 대상자의 건강상태 등을 고려하여 결정한다.
③ 개인정보보호를 위해 방문간호사의 신분을 대상자에게 밝히지 않는다.
④ 지역사회 자원 연계는 방문간호사 활동 영역이 아니므로 수행하지 않는다.

해설

① 하루에 여러 곳을 방문하는 경우 면역력이 낮은 대상자부터 방문한다.
③ 반드시 방문간호사의 신분을 대상자에게 밝힌다.
④ 지역사회 자원 연계는 필요시 수행한다.

가정방문활동의 원리
(1) 방문은 정확한 업무계획하에 시행되어야 한다.
(2) 방문횟수는 인력, 시간, 예산, 자원, 대상자의 건강상태 등을 고려하여 결정한다.
(3) 방문 시 반드시 자신의 신분을 밝히고 대상자로부터 받은 사적 비밀을 누설하지 않는다.
(4) 지역사회 자원을 적절히 활용하며 다른 분야와 연계 협력한다.
(5) 지역사회 간호사가 행하는 간호기술은 전문적이고, 숙련되어야 하며, 과학적 근거가 있어야 한다.
(6) 개인(대상자), 가족, 지역사회와 함께 계획하고 평가한다.
(7) 양적인 면보다 질적인 간호 제공에 신경을 써야 한다.
(8) 하루에 여러 곳을 방문할 때는 감염성 질환보다는 비감염성 질환, 만성질환보다는 급성질환 대상자를 먼저 방문한다. 감염성 문제가 있는 대상자는 맨 마지막에 방문하여 간호사가 감염성 질환의 매개체가 되지 않도록 한다. 또한 면역력이 약한 대상자부터 방문하도록 한다.
(9) 방문 대상자의 식사시간이나 만성질환자의 휴식시간을 피해 방문하는 것이 좋다.
(10) 방문 후에는 반드시 평가를 하고 기록한다.

정답 065 ④ 066 ②

067 지역사회 간호사업 평가절차 중 가장 먼저 해야 할 것은? [17 지방추채]

① 평가자료 수집
② 평가기준 설정
③ 설정된 목표와 현재 상태 비교
④ 목표 도달 정도의 판단과 분석

해설

평가의 절차
(1) 평가내용(대상) 및 측정 기준의 설정
(2) 평가자료의 수집
(3) 설정된 목표와 현재 상태와의 비교
(4) 목표 도달 정도의 가치판단과 분석
(5) 재계획 수립

---

068 보건사업의 수행단계에서 요구되는 활동으로 계속적인 관찰, 기록의 검사, 물품 또는 자원의 점검과 요원 및 지역사회와의 토의 등을 활용하는 활동은? [17 서울]

① 조정
② 감시
③ 감독
④ 피드백

해설

지역사회간호사업 수행단계에서 요구되는 활동

조정	요원들이 분담된 업무활동을 수행함에 있어 업무의 중복이나 결핍이 오지 않도록 요원들 간의 관계를 명확히 하고, 업무를 분담하며 그때그때의 결정사항에 대해 의사소통을 통한 조정을 시행한다.
감시	• 감시는 목적 달성을 위해 사업이 계획대로 진행되고 있는지를 확인하는 것이다. • 업무의 감시는 투입, 과정, 결과에 대한 것이 있으며 감시활동 방법으로는 계속적인 관찰, 기록의 검사, 물품 또는 자원의 점검과 요원 및 지역사회와의 토의 등이 있다. • 업무활동의 표준을 유지하기 위한 것으로 투입, 과정, 결과에 대한 감시로 분류한다.

감독	• 감독은 계획을 만들어 정기적으로 지역사회를 방문하여 실시하는 것으로, 목표 진행 정도의 평가, 주어진 업무수행 수준의 관찰, 사업진행 동안 발생한 문제와 개선점을 토의하고 필요시 조언을 수행하는 복합적인 활동을 말한다.
	• 직원들에게 관심을 갖고 직원의 활동을 지지 및 격려하며 학습의 기회를 마련한다.
	• 사업의 목적, 수행, 직원의 동기나 능력, 자원 등을 감독하는 최종 목적은 목표 달성에 있다.
	• 감독활동의 내용
	  – 목표가 계획대로 잘 진행되고 있는지 요원들이 기록한 기록부를 확인한다.
	  – 주어진 업무활동(도구소독, 물품비출, 상병자간호, 보건교육)을 어떻게 수행하고 있는지 관찰한다.
	  – 주민의 요구가 주어진 사업과 잘 부합되는지를 지역사회 주민들과 대화를 통해 확인하고, 사업수행에 대한 이해와 요구를 파악한다.
	  – 지역사회 간호사가 발견한 문제점과 개선사항에 대해 요원들과 토의한다.
	  – 다음 방문 날짜를 재확인한다.
	
	지역사회 간호사가 감독업무를 수행하기 위해 지역사회를 방문하기 전에 미리 알아야 할 사항
	① 요구되는 물품
	② 요원들이 해야 할 활동
	③ 사업진행 동안 발생할 문제
	④ 목표량과 관련된 사업진행 정도
	⑤ 감독해야 할 지역사회가 도달해야 할 목표량

정답 067 ② 068 ②

069 간호사업을 체계 모형에 근거하여 평가하였을 때 평가에 대한 설명으로 옳은 것은? [17 서울]

① 목표달성에 대한 평가: 간호사업을 위해 제공한 시간이나 가정방문 횟수, 자원동원 횟수 등을 말한다.
② 사업 진행 정도에 대한 평가: 인적 자원, 물적 자원의 충족 여부가 평가된다.
③ 사업 효율성에 대한 평가: 최소의 비용으로 최대의 효과를 얻는 것이 가장 바람직하다.
④ 사업 적합성에 대한 평가: 내용 및 일정을 계획단계에서 마련된 진행계획을 기준으로 평가하는 것이다.

해설

① **목표달성에 대한 평가**: 설정된 목표가 제한된 기간 동안에 어느 정도 달성되었는지 구체적 목표성취 여부를 평가한다.
② **사업 진행 정도에 대한 평가**: 내용 및 일정을 계획단계에서 마련된 진행계획을 기준으로 평가하는 것이다.
④ **사업 적합성에 대한 평가**: 인적 자원, 물적 자원의 충족 여부가 평가된다.
※ **투입된 노력에 대한 평가**: 간호사업을 위해 제공한 시간이나 가정방문 횟수, 자원동원 횟수 등을 말한다.

070 보건기획의 특성으로 옳은 것은? [17 서울]

① 보건사업에서 재정적인 부분을 강조하고 있다.
② 보건사업에서 미래지향적이고 결과지향적인 정적인 개념이다.
③ 보건사업을 진행할 때 연속적인 의사결정의 과정이다.
④ 보건기획 수립 시 평가에 대한 계획은 수행단계에서 수립한다.

해설

① 보건사업은 과학적인 근거기반을 가지고 접근성, 지속성, 행동지향성을 강조한다. 물론 재정적인 부분도 무시할 순 없으나 기획은 이보다 더 상위 특성에 집중하고 있다.
② 보건사업에서 미래지향적이고 성과지향적인 동적인 개념이다.
④ 보건기획 수립 시 평가에 대한 계획은 계획단계에서 수립한다.

정답 | 069 ③ 070 ③

071 사례관리에 간호과정을 연결하였을 때 각 단계에 대한 설명으로 옳지 않은 것은?

[17 서울]

① 사정단계 - 다학제 팀이 함께 사정하여 문제를 확인한다.
② 계획단계 - 확인된 문제의 해결을 위한 구체적인 개입계획과 평가계획을 세운다.
③ 수행단계 - 문제의 우선선위에 따라 실제 대상자에게 필요한 다양한 자원을 활용한다.
④ 평가단계 - 지역사회 자원을 이용한 새로운 사회적 지지망을 구축한다.

해설
사례관리의 평가단계에서는 대상자에게 제공된 서비스, 대상자의 변화 등을 고려하여 사례관리의 효과성과 효율성을 분석하고 피드백을 제공한다. 지역사회 자원을 이용한 새로운 사회적 지지망을 구축하는 것은 수행단계에 해당되는 내용이다.

사례관리의 과정

단계	세부 내용
1단계 대상자 선정 및 등록	• 사례발견, 사전심사, 대상자 등록이 행해진다. ① 대상자 선정 ② 전화로 안내 및 방문 등 일정 약속 ③ 방문건강관리 대상자로 등록(관리에 동의한 경우)
2단계 요구사정	• 전체적인 다학제적인 관점에서 대상자의 여러 종류의 문제점이나 요구를 사정한다. ① 안내문 발송 후 전화 또는 방문 ② 문제 및 욕구 탐색
3단계 목표설정 및 관리계획 수립	• 사정자료를 근거로 환자의 요구를 충족시킬 수 있도록 사례관리계획을 수립하고, 목적, 목표, 행위를 결정하는 과정이다. • 목표의 우선순위를 설정하고 서비스의 계획과 자원배치를 하게 된다. • 확인된 문제의 해결을 위한 구체적인 개입 계획과 평가계획을 세운다.
4단계 개입 및 실행 (중재 및 수행)	• 전문인력의 판단과 팀 구성에 따라 건강관리서비스 내용이 조정된다. • 문제의 우선순위에 따라 실제 대상자에게 필요한 다양한 자원을 연계·활용한다. • 지역사회 자원을 이용한 새로운 사회적 지지망을 구축한다. • 서신발송, 전화, 방문, 내소, 자원연계 실시
5단계 점검 및 재사정	• 사례관리자가 대상자와 함께 수립한 목표 달성여부를 파악하는 단계이다. • 중재(개입)의 적절성을 지속적으로 파악하고 필요시 재사정을 하여 3단계인 목표설정과 계획 수립의 단계로 되돌아가 중재계획을 수정하기도 한다.
6단계 평가 및 종결	• 평가는 사례관리의 마지막 단계로 목표가 제대로 달성되었는지를 확인하는 과정이다. ① 사례관리 대상자 요구·성과 지표 적용 ② 종결기준 충족 시 종결 및 퇴록 ③ 종결기준 미충족 시 재평가 등을 통해 추후관리 시행 ④ 대상자 평가 후 건강위험요인 및 건강문제가 없거나 목표 달성 시 종결 ⑤ 지역사회와의 협력 구축

정답 071 ④

072 보건사업의 우선순위를 BPRS [(A+2B)×C]를 적용하여 결정하였을 때 이에 대한 객관성을 보충하기 위해 PEARL을 함께 사용한다. 다음에서 가장 우선적으로 시행해야 할 사업은?

[17 서울]

	A	B	C	PEARL
청소년 운동부족	10	9	7	0
비만	8	8	3	1
잘못된 식습관	9	7	4	1
당뇨환자 발병률관리	9	9	6	0

① 청소년 운동부족
② 비만
③ 잘못된 식습관
④ 당뇨환자 발병률 관리

해설

이 문제에서 PEARL 점수가 1인 실현가능성이 있는 사업은 비만과 잘못된 식습관이므로 둘 중에서 최종적으로 사업의 효과성이 높게 나온 잘못된 식습관이 가장 우선적으로 시행해야 할 사업이다.
② 비만: (8+16)×3=72
③ 잘못된 식습관: (9+14)×4=92

> **BPRS와 PEARL**
>
> (1) BPRS=(A+2B)×C
>   - A: 건강문제의 크기(10점 만점)
>   - B: 건강문제의 심각도(10점 만점)
>   - C: 보건사업의 효과성 또는 추정효과(10점 만점)
> (2) PEARL은 주로 BPRS의 계산 후 사업의 실현가능성 여부를 판단하는 기준으로 사용하며 각 평가항목에 0점 또는 1점의 점수를 부여한 후, 다섯 가지 항목의 점수를 곱하여 사업의 시행여부를 결정한다.
>   PEARL=(P×E×A×R×L)
>   - Propriety(적절성): 해당기관의 업무범위에 해당되는가?
>   - Economic feasibility(경제적 타당성): 문제를 해결하는 것이 경제적으로 의미가 있는가?
>   - Acceptability(수용성): 지역사회나 대상자들이 사업을 수용할 것인가?
>   - Resources(자원의 이용가능성): 사업에 사용할 재원이나 자원이 있는가?
>   - Legality(적법성): 법적으로 문제가 없는가?

정답 **072** ③

073 지역사회 사정 시 자료수집에 대한 설명으로 옳지 않은 것은? [17 지방]

① 참여관찰은 주민들의 자발적 참여 정도를 파악할 수 있다.
② 공공기관의 연보 및 보고서 등 이차자료를 활용할 수 있다.
③ 간접법은 자료 수집 기간이 길고 비용이 많이 든다.
④ 기존 자료의 타당성이 문제될 때 직접법을 활용한다.

해설
간접법은 공공기관의 연보 및 보고서 등 이차자료를 활용하는 것으로 자료 수집 기간이 짧고 비용이 절약된다.

자료수집방법

1차 자료 (직접법)	차창 밖 조사	• 지역사회를 두루 다니며 지역사회의 특성을 관찰하는 방법이며, 지역사회 전반에 대한 사항을 가장 신속하게 관찰할 수 있는 방법 • 지역사회의 특성, 주택, 쓰레기 처리 상태, 위생 상태 등 환경적 특성, 지역주민의 특징, 지리적 경계, 교통 상태, 주요 기관의 위치 등을 파악
	정보원 면담	지역사회의 공식·비공식 지역지도자의 면담을 통해 자료를 수집하는 방법
	지역조사	• 조사대상자의 가정, 시설 및 기관 등을 직접 찾아가 대상자와 직접 면담하여 자료를 얻는 방법 • 시간과 비용이 많이 들어 비경제적·비효율적이지만 지역사회의 특정한 문제를 규명하는 데에는 적합한 방법
	참여관찰	• 해당 지역에서 진행되는 행사에 직접 참여하여 관찰하는 방법 • 지역사회의 가치, 규범, 신념, 권력구조, 문제해결과정, 자발적 참여 정도 등에 대한 정보를 수집하는 데 적합
	지역공청회	지역사회의 건강과 관련된 주요 사안이나 갈등의 소지가 있는 문제를 널리 알리고 의견 수렴
2차 자료 (간접법)	기존자료 수집	• 기존 자료의 수집 및 활용은 간접 자료 수집, 2차 자료 수집에 해당 • 공공기관의 보고서, 인구센서스, 생정통계자료, 공식적인 통계자료, 회의록, 조사자료, 지방자치단체의 연보, 건강보험자료, 의료기관의 건강기록, 연구논문 등을 이용

074 지역사회간호사업 기획에 대한 설명으로 옳지 않은 것은? [17 지방]

① 우선순위를 고려하여 자원을 배분한다.
② 기획 과정에 이해관계자의 참여를 배제한다.
③ 미래를 예측하여 필요한 활동을 결정한다.
④ 환경요건의 변화에 따라 계획된 활동을 변경한다.

해설
기획과정에서 지역주민과 이해관계자의 참여는 필수적이다. 이해관계자의 경우 실제 관련 사업의 대상자로서 그들의 요구를 반영할 수 있다.

정답 73 ③ 74 ②

075 보건사업의 우선순위를 결정하기 위해 사용되는 BPRS(Basic Priority Rating System)에 대한 설명으로 옳은 것은? [17 지방]

① 사용자의 주관적 판단을 배제하는 것이 가능하다.
② 문제의 크기는 건강 문제로 인한 경제적 손실에 따라 결정된다.
③ 문제의 심각성은 건강문제를 가진 인구 비율에 따라 결정된다.
④ 사업의 추정효과가 우선순위 결정에 영향을 미친다.

해설
① 사용자의 주관적 판단을 배제하지 못한 것이 한계라 할 수 있다.
② 문제의 심각도는 건강문제로 인한 경제적 손실이 포함된다.
③ 문제의 크기는 건강문제를 가진 인구 비율(유병률, 발생률)에 따라 결정된다.

BPRS(Basic Priority Rating System)

핸론(Hanlon)과 피켓(Pickett)이 개발하였기 때문에 Hanlon/Pickett Method라고도 불린다. 보건사업의 우선순위 결정기준으로 보건소 등에서 가장 널리 사용되는 방법(절대적 결정기준)이며 건강문제의 크기, 건강문제의 심각성, 사업의 추정효과를 구성요소로 한다.

(1) BPRS는 공식을 이용하여 건강문제별로 점수를 산출하고 각 평가항목마다 점수를 부여하는 방법이다.

BPRS = (A + 2B) × C
- A: 건강문제의 크기(10점 만점)
- B: 건강문제의 심각도(10점 만점)
- C: 보건사업의 효과성 또는 추정효과(10점 만점)
- BPRS는 300점 만점이다. [∵ (10 + 2 × 10) × 10 = 300점]

① 건강문제의 크기: 만성질환은 유병률, 급성질환은 발생률을 이용하여 점수를 부여
② 건강문제의 심각도
 - 긴급성: 문제가 긴급한 정도, 발생이나 사망의 경향, 주민 입장에서의 상대적 중요도, 문제해결에 필요한 서비스 필요량에 비추어 볼 때 현재의 서비스 제공 정도
 - 중증도: 생존율, 조기 사망률, 잠재수명 손실연수, 장애정도
 - 경제적 손실: 국가, 지역사회, 가구 또는 개인에 대한 경제적 손실
 - 타인에 의한 영향: 집단 또는 가정에 대한 경제적 손실 이외의 사회적 영향
③ 사업의 효과성: 사업의 효과에 대해 미리 예측하는 것은 불가능하지만 전문가의 도움과 선행연구를 통한 문헌고찰 등을 통해 사업의 최대 효과와 최소 효과를 추정하여 점수를 부여

(2) 한계점: 주관적 자료에 치중하고 객관적 자료가 부족한 사업효과가 가장 큰 영향력을 끼친다는 것이 점수의 타당성에 대한 신뢰도를 낮춘다.

(3) 우선순위 결정기준의 보완 – PEARL
① PEARL은 주로 BPRS의 계산 후 사업의 실현가능성 여부를 판단하는 기준으로 사용되는데, 장기 계획이나 사업의 우선순위가 쉽게 결정되지 않는 경우에 활용하여야 하며 모두 다섯 가지 평가항목을 이용하여 평가를 시행한다.
② 각 평가항목에 0점 또는 1점의 점수를 부여한 후, 다섯 가지 항목의 점수를 곱하여 사업의 시행여부를 결정한다. 따라서 다섯 가지 평가항목 중 하나라도 불가 판정을 받으면 사업은 시작할 수 없게 된다.

PEARL – 0 또는 1(P × E × A × R × L)
- Propriety(적절성): 해당 기관의 업무범위에 해당되는가?
- Economic feasibility(경제적 타당성): 문제를 해결하는 것이 경제적으로 의미가 있는가?
- Acceptability(수용성): 지역사회나 대상자들이 사업을 수용할 것인가?
- Resources(자원의 이용 가능성): 사업에 사용할 재원이나 자원이 있는가?
- Legality(적법성): 법적으로 문제가 없는가?

정답 075 ④

076 다음에 해당하는 SWOT 전략은?

[16 서울]

> 공격적 전략을 의미: 사업구조, 영역 및 시장의 확대

① SO전략(strength-opportunity strategy)
② ST전략(strength-threat strategy)
③ WO전략(weakness-opportunity strategy)
④ WT전략(weakness-threat strategy)

해설

지역사회 간호사정에서 사용되는 SWOT 분석은 조직 외부에 있는 기회(opportunities)와 위협(threats) 요인을 살펴보기 위해 이들 환경을 중심으로 장래에 예측되는 대중, 경쟁자, 사회문화적·정치적·기술적·경제적 환경 등의 변화를 분석하는 동시에, 조직 내의 강점(strengths)과 약점(weaknesses)을 파악하는 것이다.

SWOT 분석

구분	전략	내용
SO전략	강점 - 기회 전략	• 강점요인을 바탕으로 기회요인에 활용하는 전략(공격적 전략) • 사업구조, 사업영역, 사업대상을 확대하는 내용의 전략 수립
ST전략	강점 - 위협 전략	• 강점요인을 활용하여 위협요인에 대응하는 전략(다각화 전략) • 신사업, 신기술, 신공정, 새로운 소비자층 개발을 내용으로 전략 수립
WO전략	약점 - 기회 전략	• 약점요인을 보완하고 기회요인을 활용하는 전략(국면전환 전략) • 구조조정, 혁신운동 등을 내용으로 전략 수립
WT전략	약점 - 위협 전략	• 약점요인을 극복하며 위협요인을 회피하는 전략(방어적 전략) • 사업의 축소, 사업의 철수/폐지 등을 내용으로 전략 수립

정답 76 ①

077 보건소에서 대학생을 대상으로 절주 프로그램을 시행하였다. 이 프로그램을 구조-과정-결과로 평가한다면, 과정 평가에 해당하는 것은?

[16 지방]

① 절주 프로그램의 참여율 파악
② 고위험 음주율 변화 비교
③ 음주와 건강에 대한 지식의 변화 비교
④ 절주 프로그램의 비용 효과성 분석

> **해설**
> 과정평가는 수행상태를 파악하고, 개선방안을 검토하는 평가로 사업의 실행과정 중에 이루어진다. 참여율은 사업의 전체 과정 중 각 프로그램별 참여를 의미하므로 최종결과가 아닌 과정 평가이다.
> ②, ③, ④ 결과평가

투입-산출 모형(사업과정)에 따른 평가의 유형

구조 평가	• 사업에 투입(input)되는 자원이 충분하고 적절한지를 평가하는 것을 구조평가라 한다. • 여기에는 인력의 양적 충분성과 질적 전문성, 시설 및 장비의 적절성, 사업정보의 적정성 등에 대한 평가가 포함된다.
과정 평가	• 과정평가를 통해 평가하는 내용은 목표 대비 사업의 진행 정도, 자원의 적절성과 사업의 효율성 정도, 사업 이용자 특성, 사업전략 및 활동의 적합성과 제공된 서비스의 질 등이다. • 사업에 투입된 인적·물적 자원이 계획대로 실행되고 있는지, 일정대로 진행되고 있는지를 평가하는 과정이다. • 사업의 진행 중에 사업의 수행상태, 즉 대상자의 프로그램 참여율과 출석률을 확인하는 것도 과정 평가에 해당된다. ⑩ 대학생을 대상으로 한 절주 프로그램에서 프로그램의 참여율 파악은 과정평가에 해당된다.
결과 평가	• 결과평가는 사업의 종료 시 사업 효과를 측정하기 위한 것이다. • 사업 종료 후 설정한 장·단기목표가 얼마나 달성되었는가를 평가한다. • 지역사회 간호사업의 건강수준 변화나 조직 및 지역사회의 변화 정도를 측정하는 것이다. ⑩ 대학생을 대상으로 한 절주 프로그램에서 프로그램이 종료된 후 고위험 음주율 비교, 음주와 건강에 대한 지식의 변화 비교, 절주 프로그램의 비용 효과성 분석 등이 결과 평가에 해당된다.

정답 **077** ①

078 **SWOT 분석의 전략수립에 대한 설명으로 옳지 않은 것은?** [16 지방]

① SO전략은 사업구조, 영역, 시장을 확대하는 방향으로 수립한다.
② ST전략은 신기술개발, 새로운 대상자를 개발하는 방향으로 수립한다.
③ WO전략은 기존 사업의 철수, 신사업의 개발 및 확산 방향으로 수립한다.
④ WT전략은 축소 또는 폐지하는 방향으로 수립한다.

해설

지역사회 간호사정에서 사용되는 SWOT 분석은 조직 외부에 있는 기회(opportunities)와 위협(threats) 요인을 살펴보기 위해 이들 환경을 중심으로 장래에 예측되는 대중, 경쟁자, 사회문화적·정치적·기술적·경제적 환경 등의 변화를 분석하는 동시에, 조직 내의 강점(strengths)과 약점(weaknesses)을 파악하는 것이다.

▶ SWOT 분석

구분	전략	내용
SO전략	강점-기회 전략	• 강점요인을 바탕으로 기회요인에 활용하는 전략(공격적 전략) • 사업구조, 사업영역, 사업대상을 확대하는 내용의 전략 수립
ST전략	강점-위협 전략	• 강점요인을 활용하여 위협요인에 대응하는 전략(다각화 전략) • 신사업, 신기술, 신공정, 새로운 소비자층 개발을 내용으로 전략 수립
WO전략	약점-기회 전략	• 약점요인을 보완하고 기회요인을 활용하는 전략(국면전환 전략) • 구조조정, 혁신운동 등을 내용으로 전략 수립
WT전략	약점-위협 전략	• 약점요인을 극복하며 위협요인을 회피하는 전략(방어적 전략) • 사업의 축소, 사업의 철수/폐지 등을 내용으로 전략 수립

정답 078 ③

079 오마하 문제분류체계에 대한 설명으로 옳은 것은?

[16 지방]

① 7개의 서로 다른 축으로 구성되어 있고 이 축의 조합으로 간호진단 및 간호결과, 간호중재 진술문을 만들어낸다.
② 첫째 수준은 5개의 영역으로 환경, 사회심리, 안전, 질병, 건강행위 영역으로 구분되어 있다.
③ 20개의 간호요소와 145개의 가정간호진단으로 구성되어 있다.
④ 셋째 수준은 문제별 2가지의 수정 인자인 문제의 심각성 정도와 대상으로 구성되어 있다.

해설

① 국제간호실무진단분류체계
② 오마하 간호진단분류체계의 첫째 수준은 4개의 영역으로 환경, 사회심리, 생리, 건강행위 영역으로 구분되어 있다.
③ 가정간호분류체계

오마하 진단분류체계

구성	영역	문제 (진단)	수정인자		증상/징후
			Ⅰ. 대상자	Ⅱ. 심각도	
문제 분류틀	1. 환경	4종	• 개인 • 가족 • 집단 • 지역사회	• 건강증진 • 잠재적 결핍/손상 • 실제적 결핍/손상	• 문제의 증상- (주관적 증거) • 문제의 징후- (객관적 증거)
	2. 심리사회	12종			
	3. 생리	18종			
	4. 건강 관련 행위	8종			
중재틀	1. 범주: 1) 건강교육, 상담, 안내 2) 처치와 시술 3) 사례관리 4) 감독 2. 중심내용: 간호중재와 활동내용(62개 목록) 3. 대상자에 대한 구체적 정보				
결과	• 서비스 전 과정을 통하여 대상자의 발전과정을 측정 • 5점 Likert 척도로 점수가 높을수록 양호한 상태를 나타냄				

정답 079 ④

080 지역사회 간호사가 지역의 환경이나 생활상을 신속하게 파악하기 위해 걷거나 자동차를 이용하여 관찰하는 자료수집방법은?   [16 지방]

① 참여 관찰
② 차창 밖 조사
③ 정보원 면담
④ 설문지 조사

해설

차창 밖 조사는 지역사회를 두루 다니며 지역사회의 특성을 관찰하는 방법이며, 지역사회 전반에 대한 사항을 가장 신속하게 관찰할 수 있는 방법이다.

자료수집방법

1차 자료 (직접법)	차창 밖 조사	• 지역사회를 두루 다니며 지역사회의 특성을 관찰하는 방법이며, 지역사회 전반에 대한 사항을 가장 신속하게 관찰할 수 있는 방법 • 지역사회의 특성, 주택, 쓰레기 처리 상태, 위생 상태 등 환경적 특성, 지역주민의 특징, 지리적 경계, 교통 상태, 주요 기관의 위치 등을 파악
	정보원 면담	지역사회의 공식·비공식 지역지도자의 면담을 통해 자료를 수집하는 방법
	지역조사	• 조사대상자의 가정, 시설 및 기관 등을 직접 찾아가 대상자와 직접 면담하여 자료를 얻는 방법 • 시간과 비용이 많이 들어 비경제적·비효율적이지만 지역사회의 특정한 문제를 규명하는 데에는 적합한 방법
	참여관찰	• 해당 지역에서 진행되는 행사에 직접 참여하여 관찰하는 방법 • 지역사회의 가치, 규범, 신념, 권력구조, 문제해결과정, 자발적 참여 정도 등에 대한 정보를 수집하는 데 적합
	지역공청회	지역사회의 건강과 관련된 주요 사안이나 갈등의 소지가 있는 문제를 널리 알리고 의견 수렴
2차 자료 (간접법)	기존자료 수집	• 기존 자료의 수집 및 활용은 간접 자료 수집, 2차 자료 수집에 해당 • 공공기관의 보고서, 인구센서스, 생정통계자료, 공식적인 통계자료, 회의록, 조사자료, 지방자치단체의 연보, 건강보험자료, 의료기관의 건강기록, 연구논문 등을 이용

정답 080 ②

081 지역사회 간호과정을 적용하여 대학생을 대상으로 금연 프로그램을 실시하고자 한다. 다음 중 사정 단계에서 이루어진 내용으로 옳은 것은?

[15 서울]

① 금연전문강사가 대학을 방문하여 개별금연교육을 실시하였다.
② 이 지역에 있는 2개 대학의 흡연율을 타 지역과 비교하였다.
③ '흡연대학생의 30%가 금연에 성공한다.'로 목표를 설정하였다.
④ 금연성공률은 6주, 12주, 6개월 후에 평가하기로 하였다.

해설
① 수행
③, ④ 계획

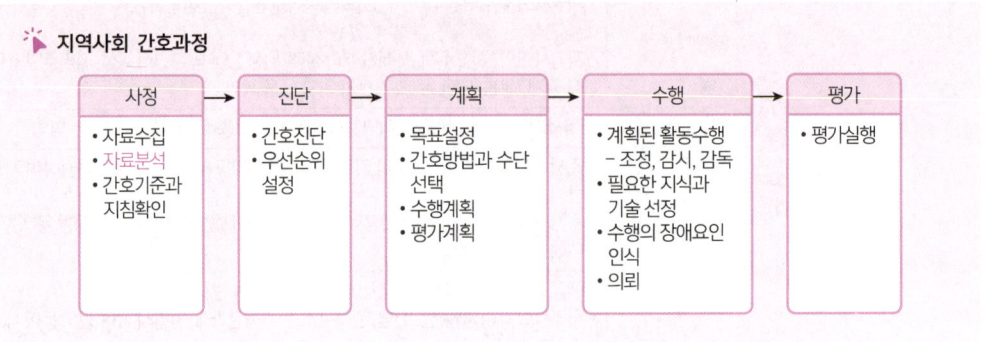

▶ 지역사회 간호과정

사정	진단	계획	수행	평가
• 자료수집 • 자료분석 • 간호기준과 지침확인	• 간호진단 • 우선순위 설정	• 목표설정 • 간호방법과 수단 선택 • 수행계획 • 평가계획	• 계획된 활동수행 - 조정, 감시, 감독 • 필요한 지식과 기술 선정 • 수행의 장애요인 인식 • 의뢰	• 평가실행

082 지역사회 간호활동 단계에서 지역주민참여의 의미를 설명한 것으로 옳지 않은 것은?

[15 서울]

① 정부정책이나 관련 부서의 사업 내용을 직접 전달할 수 있으므로 사업진행의 이해도를 높일 수 있다.
② 지역사회의 공동 운명체를 강화시켜 다른 개발 활동에 참여의욕을 높일 수 있다.
③ 보건사업과정 중 예기치 못한 변화가 생길 때 주민의 이해를 얻을 수 있다.
④ 보건사업에 대한 지역주민의 전문성을 향상시켜 공공보건의료의 부담을 경감시킬 수 있다.

해설
지역주민의 전문성을 향상시켜 공공 보건의료의 부담을 경감시킬 수 있으려면 오랜 시간 동안 지역주민의 참여가 쌓여야만 가능하다. → 장기적으로 나타나는 부가효과이다.

▶ 지역사회 보건사업 수행(활동)에서 주민 참여의 의미
(1) 지역사회보건사업에 주민이 적극적으로 참여할 수 있어 사업수행의 성공가능성이 높아진다.
(2) 보건사업 관련 행정공무원, 지역사회간호사 등에게 그 지역에서 필요한 수요를 직접 전달할 수 있다.
(3) 지역사회의 공동운명체를 강화시켜 다른 개발 활동에 참여 의욕을 높이게 된다.
(4) 주민참여를 통해 정부정책이나 관련 기관의 사업내용을 직접 전달할 수 있어 사업진행의 이해도를 높일 수 있다.
(5) 사업과정 중 예기치 못한 변화가 생길 때 주민의 이해를 얻을 수 있다.

정답 081 ② 082 ④

083 다음 중 가장 우선적으로 해결해야 할 지역사회 간호문제는? [15 지방]

① 지역사회 주민의 결핵 발생
② 노인의 정서적 지지 부족
③ 성인의 높은 당뇨병 유병률
④ 지역사회 소아 비만률 증가

해설
지역사회 간호문제에 대한 우선순위: 개인보다는 지역전체에 파급효과가 큰 전염성 있는 질환이 문제가 될 경우 우선순위가 높아진다.

084 서울시는 지역진단을 통해 비만과 성인병 관리에 대한 요구를 파악한 후 대사증후군 관리 사업을 계획, 시행 및 평가하였다. "사업의 적절성 평가"를 위해 비교분석해야 할 내용은? [14 서울]

① 투입된 인력, 비용 및 시간 간의 관계
② 수립된 지역보건의료계획과 진행수준의 비교
③ 지역진단 결과와 사업목표 달성 수준 간의 비교
④ 투입된 인력, 비용, 시간과 성취한 결과 간의 비교

해설
① 사업의 투입된 노력 평가
② 사업의 진행 정도 평가
④ 사업의 효율성 평가

사업 평가 유형(범주)

투입된 자원(노력)에 대한 평가	• 사업에 투입된 노력은 재정적 예산보다 투입된 인력의 동원 횟수, 방문 횟수를 의미하며 인적 자원의 소비량과 물적 자원의 소비량을 산출하여 효율과 효과에 대한 평가를 한다. • 인적·물적 소비량을 보는 것으로 담당자가 사업을 위해 어느 정도 노력했는가를 측정하는 것 • 투입된 인력, 비용 및 시간 간의 관계
사업진행 정도에 대한 평가	• 내용 및 일정을 계획단계에서 마련된 진행계획을 기준으로 평가하는 것 • 평가결과 차질이 있는 것으로 나타나면 원인을 분석하여 계획을 변경하거나 원인을 제거 • 수립된 지역보건의료계획과 진행수준의 비교
목표달성 정도에 대한 평가	• 설정된 목표가 제한된 기간 동안에 어느 정도 달성되었는지 구체적 목표 성취 여부를 평가한다. • 설정된 목표가 제한된 기간에 어느 정도 도달되었는지 구체적으로 파악하는 것으로 측정 가능한 용어나 숫자로 제시하면 편리하다. • 목표에 쉽게 도달하였는지, 아주 어려웠는지, 도달하지 못하였는지를 분석하고 각각의 목표별로 그 정도의 달성을 이루게 된 원인을 규명한다.
사업의 효율성에 대한 평가	• 사업의 수행에 투입된 노력, 즉 인적 자원·물적 자원 등을 비용으로 환산하여 그 사업의 단위 목표량에 대한 투입된 비용이 어느 정도인지를 산출하는 것이다. • 최소의 비용으로 최대의 효과를 얻는 것이 가장 바람직하다. • 투입된 인력, 비용, 시간과 성취한 결과 간의 비교
사업의 적합성(적절성)에 대한 평가	• 투입된 노력에 대한 결과로 모든 사업의 실적을 산출하고 그 산출된 자료와 사업대상자의 요구량과의 비율을 계산한다. • 사업의 적합성에 대한 평가의 결과로 인적 자원, 물적 사원의 충속 여부가 평가된다. • 지역진단 결과와 사업목표 달성 수준 간의 비교

정답 83 ① 84 ③

085 ★★★ 지역사회간호 활동의 수단 중 가정방문의 장점으로 알맞은 것은?

[14 서울]

① 간호사의 시간을 절약할 수 있다.
② 다른 전문 요원의 도움을 받는 것이 용이하다.
③ 하루에 많은 대상자를 만날 수 있어 비용효과적이다.
④ 가정환경을 파악할 수 있어 가족의 상황에 맞는 간호를 제공할 수 있다.

해설
①, ②, ③은 건강관리실의 장점에 관한 내용이다.

🔹 가정방문활동의 장·단점

장점	단점
• 대상자의 방문을 통해 전체적인 상황 파악이 가능하며, 각 가족의 상황에 맞는 간호를 제공할 수 있다. • 거동이 불편한 대상자에게 서비스 제공의 기회와 접근성을 높일 수 있고 가정의 전반적인 정보를 포괄적으로 수집할 수 있다. • 건강관리실에 비해 긴장감이 덜하고, 가정이라는 편안한 분위기에서 서비스를 받을 수 있다. • 대상자는 자신의 건강결정권과 건강통제력을 향상시킬 수 있는 계기가 되며, 지역사회간호사와 우호적인 관계를 증진시킬 수 있다. • 가족의 자원을 활용하여 시범을 보일 수 있어서 효과적이다.	• 집집마다 방문해야 하기 때문에 시간과 비용이 많이 든다. • 가정을 방문하는 것에 대해 대상자가 부담을 가질 수 있고, 교육 및 상담을 할 때 주변 가족들로 인해 산만하거나 혼란스러운 분위기가 될 수 있다. • 같은 문제를 가진 사람들끼리 서로 정보를 나누는 집단효과를 볼 수 없다. • 간호 제공 시 건강관리실의 물품이나 기구들을 충분히 활용하지 못한다. • 방문 간호사 이외의 다른 전문요원의 서비스를 받을 수 없다.

086 ★★★ 지역사회간호수단으로서 의뢰활동 시 유의할 점으로 옳지 않은 것은?

[14 지방]

① 의뢰 여부에 대한 결정은 대상자보다는 간호사가 결정한다.
② 의뢰하기 전에 의뢰 대상 기관과 담당자를 사전에 접촉한다.
③ 개인이나 가족에게 의뢰 대상 기관에 대한 필요한 정보를 제공한다.
④ 의뢰하기 직전에 대상자의 상태를 다시 확인한다.

해설

의뢰를 할 때 주의사항
(1) 의뢰하기 전에 개인, 가족, 지역사회와 먼저 의논하여 그들이 의뢰한다는 사실을 납득하도록 하며, 의뢰 여부 결정은 반드시 대상자 본인이 하게 한다.
(2) 의뢰하는 기관과 그 담당자를 사전에 접촉한다. 의뢰하기 전에 관련된 모든 사실을 알아둔다.
(3) 가능하면 먼저 연락하거나 개인적으로 방문한 후 적절한 의뢰서에 필요한 정보를 기재한 후 개인, 가족에게 전달하여 직접 그 기관으로 가게 한다.
(4) 개인이나 가족에게 의뢰하는 기관에 관해 설명하고 필요한 정보를 제공한다.
(5) 위치를 정확하게 알려주고 담당자를 만날 시간과 장소를 알려준다.
(6) 의뢰는 가능한 한 개개인을 대상으로 한다.
(7) 의뢰 직전에 대상자의 상태를 한 번 더 확인한다.

정답 085 ④ 086 ①

087 다음 중 포괄적 사정에 대한 설명으로 옳지 않은 것은?   [14 경북]

① 포괄적 사정은 기존의 연구자료와 현재 지역사회에 있는 모든 자료를 검토한다.
② 포괄적 사정은 방법론에 근거하여 1차 자료를 생성하고 지역사회 관련 자료 전부를 찾아내는 방법이다.
③ 포괄적 사정은 전체 지역사회와 관련되지만 지역사회의 중요 문제에 초점을 두고 사정하는 방법이다.
④ 포괄적 사정은 전체 지역사회를 대상으로 하기 때문에 시간과 비용이 과다하게 소요되고, 다른 방법들과 중복되는 경우가 많아 거의 사용하지 않는다.

해설

전체 지역사회와 관련되지만 지역사회의 중요 문제에 초점을 두고 사정하는 방법은 문제중심 사정을 의미한다.

자료의 유형에 따른 사정

포괄적 사정	• 방법론에 근거하여 1차 자료를 생성하고 지역사회 관련 자료 전부를 찾아내는 방법 • 기존의 연구자료와 현재 지역사회에 있는 모든 자료를 검토 • 전체 지역사회를 대상으로 하기 때문에 시간과 비용이 과다하게 소요되고, 다른 방법들과 중복되는 경우가 많아 거의 사용하지 않음
친밀화 사정	지역사회와의 친밀도를 높이기 위해 관련 건강기관, 사업장, 정부기관 등을 시찰하고 필요한 자료를 수집하는 방법
문제중심 사정	• 전체 지역사회와 관련되지만 지역사회의 중요 문제에 초점을 두고 사정하는 방법 • 전체 지역사회와 관련된다는 점에서 하위체계 사정과 차이가 있음
하위체계 사정	• 지역사회의 특정 부분에 초점을 두고 실시하는 방법(어떤 하위체계에 초점을 두고 사정) • 지역사회의 특정 부분이나 일면을 한정적으로 조사하는 것 • 교육기관, 종교기관, 보호기관 등의 지역사회에서의 역할에 대한 사정

정답 087 ③

088 방문보건사업팀원인 K간호사는 현재 결핵약을 복용 중인 지역주민들을 직접 찾아가 건강관리를 잘하고 있는지를 점검하고 있다. 다음 중 K간호사의 방문 중 활동으로 옳은 것은? [13 서울, 12 인천]

① 건강상태가 악화된 대상자의 상태를 상사에게 보고한 후 전문기관으로 의뢰한다.
② 간호계획을 수립한 후 필요한 검사도구와 설문지 등을 준비한다.
③ 결핵약을 복용하고 있는 환자의 가족에게 체온측정법을 설명하여 가족들이 도울 수 있도록 교육한다.
④ 방문활동 과정에서 제공된 간호수행의 적합성, 목표달성 정도를 평가하고 기록한다.
⑤ 결핵실 요원에게 최근 6개월간 대상자들의 결핵약 투여 현황 자료를 요청하여 결핵약 복용 환자의 명단을 받고, 유관기관 및 다른 요원들과 회의를 통해 자료를 수집한다.

해설

①, ④는 방문 후, ②, ⑤는 방문 전 활동에 해당한다.

가정방문활동 과정

(1) 방문 전 활동
① 대상자와 가족을 원활히 이해하도록 기록부나 상담일지를 확인하고, 가족에 관한 정보를 알고 있는 기관이나 다른 보건요원들과의 토의를 통해 자료를 수집하며 구체적인 간호계획을 세운다.
② 대상자의 건강문제를 예측하고 구체적인 간호계획을 세워 대비한다.
③ 방문자에게 연락하여 위치를 확인하고 방문 가능한 날짜와 시간을 조정한다.
④ 방문가방을 준비한다(기록지, 기구 및 약품, 검사 및 측정기구, 각종 용품 등).
⑤ 방문에 필요한 교통수단을 알아보고 방문 행선지와 목적 출발시간 및 돌아올 시간을 다른 보건요원들에게 보고하고 명확히 기재해 둔다.

(2) 방문 중 활동

시도 단계	① 자신의 이름과 소속을 밝힌다. ② 대상자 및 가족과 우호적인 상호 신뢰관계를 수립한다. ③ 방문약속을 한 대상자 또는 의뢰를 받은 대상자에 대해 묻는다. ④ 대상자가 처한 환경을 관찰한다. ⑤ 방문목적을 토의한다.
중재 단계	① 대상자나 가족과 함께 공동으로 간호계획을 세운다. ② 건강사정을 수행한다. ③ 방문할 때마다 대상자의 변화를 사정한다. ④ 직접적인 간호와 신체검진 실시 전후에 손을 씻는다. ⑤ 가족수, 가족의 건강요구도와 지역사회 자원과 유해환경을 사정한다. ⑥ 가치관, 기호, 환자의 요구도와 관심을 조사한다. ⑦ 적절한 때에 건강교육을 실시하고, 책자화된 지시사항을 제공한다. ⑧ 의뢰와 상담 등에 관하여 토의한다.
종결 단계	① 방문목적을 요약한다. ② 잠재적인 건강문제에 대한 가족의 간호계획을 명백히 한다. ③ 다음 가정방문에 대한 계획과 지역사회간호사와 가족에 의해 이루어질 수 있는 행동을 토의한다. ④ 간호사와 기관의 전화번호와 연락처를 남겨둔다.

(3) 방문 후 활동
① 방문활동에서 확인된 대상자의 특징, 건강문제 및 앞으로의 계획 등을 기록으로 남기고 방문 가방의 약물과 물품을 정리한다.
② 의뢰가 필요한 대상자의 경우에는 의뢰해야 할 기관에 연락을 취하고 추후관리가 필요하면 추후관리 대상자 카드를 작성한다.
③ 방문활동의 진행과정, 간호수행의 적합성, 목표달성 정도 등을 평가하고 반영한다.
④ 다른 요원이나 상급자에게 가정방문 결과를 구두 또는 서면으로 보고한다.
⑤ 대상자의 수행과정을 계속 감시한다.

089 지역사회 간호진단 분류체계중 하나인 오마하시스템에 대한 설명으로 옳은 것은? [13 서울]

① 〈수준 1〉은 실무자의 우선순위 영역으로 환경, 사회, 심리, 생리, 건강관련 행위의 5개 영역으로 구성된다.
② 〈수준 2〉는 간호 대상자의 문제와 관련된 결과로 구성된다.
③ 〈수준 3〉은 3개의 수정인자로 구성된다.
④ 〈수준 4〉는 문제별 증상과 징후로 구성된다.

해설
① 〈수준 1〉은 실무자의 우선순위 영역으로 환경, 심리사회, 생리, 건강관련 행위의 4개 영역으로 구성된다.
② 〈수준 2〉는 간호 대상자의 문제와 관련된 진단 42개로 구성된다.
③ 〈수준 3〉은 2개(세트)의 수정인자로 구성된다.

오마하 진단분류체계의 구성요소

구성	영역	문제(진단)	수정인자		증상/징후
			Ⅰ. 대상자	Ⅱ. 심각도	
문제 분류틀	1. 환경	4종	• 개인 • 가족 • 집단 • 지역사회	• 건강증진 • 잠재적 결핍/손상 • 실제적 결핍/손상	• 문제의 증상 - (주관적 증거) • 문제의 징후 - (객관적 증거)
	2. 심리사회	12종			
	3. 생리	18종			
	4. 건강 관련 행위	8종			

정답 088 ③ 089 ④

090 보건소에서 실시한 당뇨관리 프로그램에 대한 평가에서 이 프로그램에 참여한 대상자가 지역사회 전체 당뇨환자 중 몇 %인가를 산출하였다면, 이것은 어느 범주의 평가인가?

[13 서울]

① 사업의 적합성에 대한 평가
② 투입된 노력에 대한 평가
③ 목표 달성 정도에 대한 평가
④ 사업 진행 정도에 따른 평가
⑤ 사업의 효율성에 대한 평가

해설
사업의 적합성에 대한 평가는 투입된 노력에 대한 결과로 모든 사업의 실적을 산출하고 그 산출된 자료와 사업 대상자의 요구량과의 비율을 계산한다.

사업 평가 유형(범주)

구분	내용
투입된 자원(노력)에 대한 평가	• 사업에 투입된 노력은 재정적 예산보다 투입된 인력의 동원 횟수, 방문 횟수를 의미하며 인적 자원의 소비량과 물적 자원의 소비량을 산출하여 효율과 효과에 대한 평가를 한다. • 인적·물적 소비량을 보는 것으로 담당자가 사업을 위해 어느 정도 노력했는가를 측정하는 것 • 투입된 인력, 비용 및 시간 간의 관계
사업진행 정도에 대한 평가	• 내용 및 일정을 계획단계에서 마련된 진행계획을 기준으로 평가하는 것 • 평가결과 차질이 있는 것으로 나타나면 원인을 분석하여 계획을 변경하거나 원인을 제거 • 수립된 지역보건의료계획과 진행수준의 비교
목표달성 정도에 대한 평가	• 설정된 목표가 제한된 기간 동안에 어느 정도 달성되었는지 구체적 목표 성취 여부를 평가한다. • 설정된 목표가 제한된 기간에 어느 정도 도달되었는지 구체적으로 파악하는 것으로 측정 가능한 용어나 숫자로 제시하면 편리하다. • 목표에 쉽게 도달하였는지, 아주 어려웠는지, 도달하지 못하였는지를 분석하고 각각의 목표별로 그 정도의 달성을 이루게 된 원인을 규명한다.
사업의 효율성에 대한 평가	• 사업의 수행에 투입된 노력, 즉 인적 자원·물적 자원 등을 비용으로 환산하여 그 사업의 단위 목표량에 대한 투입된 비용이 어느 정도인지를 산출하는 것이다. • 최소의 비용으로 최대의 효과를 얻는 것이 가장 바람직하다. • 투입된 인력, 비용, 시간과 성취한 결과 간의 비교
사업의 적합성(적절성)에 대한 평가	• 투입된 노력에 대한 결과로 모든 사업의 실적을 산출하고 그 산출된 자료와 사업대상자의 요구량과의 비율을 계산한다. • 사업의 적합성에 대한 평가의 결과로 인적 자원, 물적 자원의 충족 여부가 평가된다. • 지역진단 결과와 사업목표 달성 수준 간의 비교

정답 090 ①

091 OMAHA 진단체계에서 3단계에 해당하는 것은? [13 경기]

① 환경, 심리사회, 생리, 건강관련행위
② 간호문제
③ 수정인자
④ 증상 및 증후

해설

오마하 진단분류체계는 오마하방문간호사협회가 11년간 연방정부로부터 기금을 받고 수행한 연구와 많은 보건의료 및 자료처리 전문직이 20년 이상 공동작업을 한 노력의 결과로 개발된 분류체계이다. 지역사회 간호실무영역에서 가장 효율적으로 적용할 수 있고, 가장 활용도가 높은 간호진단 분류체계이다.

오마하 진단분류체계의 구성요소

구성	영역	문제(진단)	수정인자		증상/징후
			I. 대상자	II. 심각도	
문제 분류틀	1. 환경	4종	• 개인 • 가족 • 집단 • 지역사회	• 건강증진 • 잠재적 결핍/손상 • 실제적 결핍/손상	• 문제의 증상 - (주관적 증거) • 문제의 징후 - (객관적 증거)
	2. 심리사회	12종			
	3. 생리	18종			
	4. 건강 관련 행위	8종			

092 목표가 갖추어야 할 기준인 "SMART"에 해당되지 않는 것은? [13 광주]

① 구체성
② 측정가능성
③ 가치추구성
④ 성취가능성

해설

SMART 목표 설정 기준

구체성(Specific)	목표는 구체적으로 기술하여야 한다.
측정가능성(Measurable)	목표는 측정 가능해야 한다.
적극성(Aggressive) & 성취가능성(Achievable)	목표는 진취적이면서 성취 가능한 현실적인 것이어야 하나, 별다른 노력 없이도 달성되는 소극적 목표는 안 된다.
연관성(Relevant)	사업목적 및 문제해결과 직접 관련성이 있어야 한다. 즉, 해당 건강문제와 인과관계가 있어야 한다.
기한(Time limited)	목표달성의 기한을 밝혀야 한다.

정답 091 ③ 092 ③

093 다음 중 BPRS 우선순위가 가장 높은 것은? [13 인천]

	건강문제의 크기(A)	건강문제의 심각도(B)	보건사업의 효과성(C)
①	10	10	0
②	10	5	5
③	5	10	5
④	6	6	8

해설

BPRS의 공식
BPRS = (A + 2B) × C
만점은 300점이다.
(10 + 2×10) × 10 = 300점
① (10 + 2×10) × 0 = 0
② (10 + 2×5) × 5 = 100
③ (5 + 2×10) × 5 = 125
④ (6 + 2×6) × 8 = 144
→ 계산하지 않아도 공식에서 C(보건사업의 효과성)가 가장 크게 영향을 미치므로 답을 쉽게 알 수 있다.

094 어느 마을의 한 화학공장에서 원인불명의 가스가 누출되었다. 오마하 시스템의 지역사회 간호진단에 따를 때 가스 누출의 문제는 무엇에 해당하는가? [13 인천]

① 수입　　　　　② 위생
③ 주거　　　　　④ 이웃·직장의 안전

해설

다소 특이한 문제로 오마하 진단분류체계 관련 문제라고는 하나 단순하게 생각하여 이웃·직장의 안전으로 보면 된다.

정답　093 ④　094 ④

095 지역사회 간호사가 결핵환자의 가정을 방문하여 간호를 수행하려고 한다. 간호사의 방문 중 활동으로 옳은 것은? [13 인천]

① 간호계획에 필요한 기구, 약품, 검사 및 측정도구 등을 준비한다.
② 가족의 지원을 최대한으로 활용하여 적절한 계획을 가족들과 함께 세운다.
③ 방문활동의 진행과정, 간호수행의 적합성, 목표달성 정도를 평가하고 기록한다.
④ 상사에게 보고한 후 의뢰서를 작성하고 필요한 의뢰기관에 의뢰활동을 한다.

해설

① 방문 전 활동
③, ④ 방문 후 활동

가정방문활동 과정

(1) 방문 전 활동
① 대상자와 가족을 원활히 이해하도록 기록부나 상담일지를 확인하고, 가족에 관한 정보를 알고 있는 기관이나 다른 보건요원들과의 토의를 통해 자료를 수집하며 구체적인 간호계획을 세운다.
② 대상자의 건강문제를 예측하고 구체적인 간호계획을 세워 대비한다.
③ 방문자에게 연락하여 위치를 확인하고 방문 가능한 날짜와 시간을 조정한다.
④ 방문가방을 준비한다(기록지, 기구 및 약품, 검사 및 측정기구, 각종 용품 등).
⑤ 방문에 필요한 교통수단을 알아보고 방문 행선지와 목적 출발시간 및 돌아올 시간을 다른 보건요원들에게 보고하고 명확히 기재해 둔다.

(2) 방문 중 활동

시도 단계	① 자신의 이름과 소속을 밝힌다. ② 대상자 및 가족과 우호적인 상호 신뢰관계를 수립한다. ③ 방문약속을 한 대상자 또는 의뢰를 받은 대상자에 대해 묻는다. ④ 대상자가 처한 환경을 관찰한다. ⑤ 방문목적을 토의한다.
중재 단계	① 대상자나 가족과 함께 공동으로 간호계획을 세운다. ② 건강사정을 수행한다. ③ 방문할 때마다 대상자의 변화를 사정한다. ④ 직접적인 간호와 신체검진 실시 전후에 손을 씻는다. ⑤ 가족수, 가족의 건강요구도와 지역사회 자원과 유해환경을 사정한다. ⑥ 가치관, 기호, 환자의 요구도와 관심을 조사한다. ⑦ 적절한 때에 건강교육을 실시하고, 책자화된 지시사항을 제공한다. ⑧ 의뢰와 상담 등에 관하여 토의한다.
종결 단계	① 방문목적을 요약한다. ② 잠재적인 건강문제에 대한 가족의 간호계획을 명백히 한다. ③ 다음 가정방문에 대한 계획과 지역사회간호사와 가족에 의해 이루어질 수 있는 행동을 토의한다. ④ 간호사와 기관의 전화번호와 연락처를 남겨둔다.

(3) 방문 후 활동
① 방문활동에서 확인된 대상자의 특징, 건강문제 및 앞으로의 계획 등을 기록으로 남기고 방문 가방의 약물과 물품을 정리한다.
② 의뢰가 필요한 대상자의 경우에는 의뢰해야 할 기관에 연락을 취하고 추후관리가 필요하면 추후관리 대상자 카드를 작성한다.
③ 방문활동의 진행과정, 간호수행의 적합성, 목표달성 정도 등을 평가하고 반영한다.
④ 다른 요원이나 상급자에게 가정방문 결과를 구두 또는 서면으로 보고한다.
⑤ 대상자의 수행과정을 계속 감시한다.

정답 95 ②

096 공공기관의 보고서를 통하여 자료를 수집했다면 이 방법은 다음 중 어디에 해당하는가?
[13 인천]

① 참여관찰
② 차창 밖 조사
③ 지역지도자들과의 면담
④ 2차적인 분석

해설
2차적인 분석은 기존자료수집(2차 자료)이라고도 하며 공공기관의 보고서, 인구센서스, 생정통계자료, 공식적인 통계자료, 회의록, 조사자료, 지방자치단체의 연보, 건강보험자료, 의료기관의 건강기록, 연구논문 등을 이용하는 것으로, 지역사회의 문제를 규명하기 위한 경제적이며 효율적인 자료 수집 방법이다.

자료수집방법

1차 자료 (직접법)	차창 밖 조사	• 지역사회를 두루 다니며 지역사회의 특성을 관찰하는 방법이며, 지역사회 전반에 대한 사항을 가장 신속하게 관찰할 수 있는 방법 • 지역사회의 특성, 주택, 쓰레기 처리 상태, 위생 상태 등 환경적 특성, 지역주민의 특징, 지리적 경계, 교통 상태, 주요 기관의 위치 등을 파악
	정보원 면담 (지도자 면담)	지역사회의 공식·비공식 지역지도자의 면담을 통해 자료를 수집하는 방법
	지역조사	• 조사대상자의 가정, 시설 및 기관 등을 직접 찾아가 대상자와 직접 면담하여 자료를 얻는 방법 • 시간과 비용이 많이 들어 비경제적·비효율적이지만 지역사회의 특정한 문제를 규명하는 데에는 적합한 방법
	참여관찰	• 해당 지역에서 진행되는 행사에 직접 참여하여 관찰하는 방법 • 지역사회의 가치, 규범, 신념, 권력구조, 문제해결과정, 자발적 참여 정도 등에 대한 정보를 수집하는 데 적합
	지역공청회	지역사회의 건강과 관련된 주요 사안이나 갈등의 소지가 있는 문제를 널리 알리고 의견 수렴
2차 자료 (간접법)	기존자료 수집	• 기존 자료의 수집 및 활용은 간접 자료 수집, 2차 자료 수집에 해당 • 공공기관의 보고서, 인구센서스, 생정통계자료, 공식적인 통계자료, 회의록, 조사자료, 지방자치단체의 연보, 건강보험자료, 의료기관의 건강기록, 연구논문 등을 이용

정답 096 ④

097 다음의 내용에 대한 평가범주는 어느 측면을 평가한 것인가?

[13 인천(수정)]

> 어린 자녀를 둔 부모를 대상으로 어린이 안전에 관한 9차례의 세미나를 개최하였다. 세미나의 일정, 참석자 수, 배포된 자료의 종류, 세미나를 준비하고 개최하는 데 종사한 실무자들의 시간, 사용 비용 등을 매 세미나마다 기록하였다.

① 투입된 업무량 평가
② 사업실적 평가
③ 사업적합성 평가
④ 사업진행과정 평가

해설

이 문제의 사례에서 중요한 키워드는 "매 세미나마다"이다. 9차례의 세미나가 진행되는 동안 지속적으로 여러 사항을 평가한 것은 사업진행과정 평가이다. 사업진행과정 평가를 통해 평가하는 내용은 목표 대비 사업의 진행 정도, 자원의 적절성과 사업의 효율성 정도, 사업 이용자 특성, 사업전략 및 활동의 적합성과 제공된 서비스의 질 등이다.

사업 평가 유형(범주)

구분	내용
투입된 자원(노력)에 대한 평가	• 사업에 투입된 노력은 재정적 예산보다 투입된 인력의 동원 횟수, 방문 횟수를 의미하며 인적 자원의 소비량과 물적 자원의 소비량을 산출하여 효율과 효과에 대한 평가를 한다. • 인적·물적 소비량을 보는 것으로 담당자가 사업을 위해 어느 정도 노력했는가를 측정하는 것 • 투입된 인력, 비용 및 시간 간의 관계
사업진행 정도에 대한 평가	• 내용 및 일정을 계획단계에서 마련된 진행계획을 기준으로 평가하는 것 • 평가결과 차질이 있는 것으로 나타나면 원인을 분석하여 계획을 변경하거나 원인을 제거 • 수립된 지역보건의료계획과 진행수준의 비교
목표달성 정도에 대한 평가	• 설정된 목표가 제한된 기간 동안에 어느 정도 달성되었는지 구체적 목표 성취 여부를 평가한다. • 설정된 목표가 제한된 기간에 어느 정도 도달되었는지 구체적으로 파악하는 것으로 측정 가능한 용어나 숫자로 제시하면 편리하다. • 목표에 쉽게 도달하였는지, 아주 어려웠는지, 도달하지 못하였는지를 분석하고 각각의 목표별로 그 정도의 달성을 이루게 된 원인을 규명한다.
사업의 효율성에 대한 평가	• 사업의 수행에 투입된 노력, 즉 인적 자원·물적 자원 등을 비용으로 환산하여 그 사업의 단위 목표량에 대한 투입된 비용이 어느 정도인지를 산출하는 것이다. • 최소의 비용으로 최대의 효과를 얻는 것이 가장 바람직하다. • 투입된 인력, 비용, 시간과 성취한 결과 간의 비교
사업의 적합성(적절성)에 대한 평가	• 투입된 노력에 대한 결과로 모든 사업의 실적을 산출하고 그 산출된 자료와 사업대상자의 요구량과의 비율을 계산한다. • 사업의 적합성에 대한 평가의 결과로 인적 자원, 물적 자원의 충족 여부가 평가된다. • 지역진단 결과와 사업목표 달성 수준 간의 비교

정답 097 ④

098 지역사회간호사가 보건사업을 수행하기 위해 가장 먼저 해야 할 일은?

[13 대구]

① 목표 설정 ② 수단 선택
③ 수행 ④ 문제 확인

해설

지역사회 간호과정
사정(자료 수집) → 진단(문제 확인) → 계획(목표 설정 → 수단 선택) → 수행 → 평가

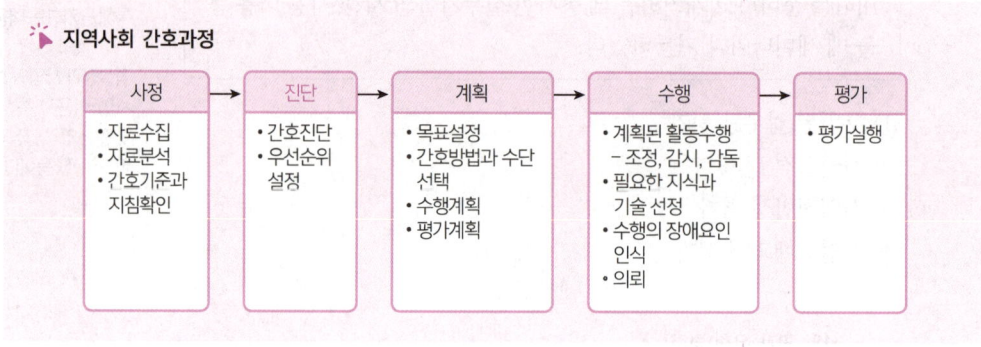

099 PATCH는 지역보건요원의 보건사업지침으로 개발되었다. PATCH에서 우선순위를 결정할 때, 그 기준이 되는 것은?

[13 대구, 13 전북]

① 변화가능성, 문제의 중요성
② 주민관심도, 문제의 중요성
③ 변화가능성, 문제의 심각성
④ 주민관심도, 문제의 심각성

해설

PATCH는 미국의 질병관리본부(CDC; Centers for Disease Control and Prevention)가 지역보건요원의 보건사업 기획 지침으로 개발한 기준으로, "건강문제의 중요성"과 "변화가능성"을 건강문제의 우선순위를 결정하는 두 가지 기준으로 사용한다.

정답 098 ④ 099 ①

100 지역사회 간호평가의 절차 중 가장 먼저 이루어지는 단계는? [13 대구]

① 평가자료 수집
② 평가대상 및 기준 결정
③ 목표와 달성 상태와의 비교
④ 가치판단

> **해설**
>
> **지역사회 간호사업의 평가 절차**
> (1) 평가내용(대상) 및 측정기준의 설정
>   ① 평가내용(평가대상)과 측정기준을 설정하는 것으로 목표수준과 일치하여야 한다.
>   ② 이미 계획단계에서 마련된 평가내용과 측정기준을 확인하는 것이다.
> (2) 평가자료의 수집
>   평가에 필요한 관련 정보와 자료를 수집한다. 평가 자료 수집 시 고려 사항은 다음과 같다.
>   ① 현재 평가에 꼭 활용할 항목만을 수집하는 것이 좋다.
>   ② 기존자료나 자료수집이 힘들지 않은 자료를 활용하는 것이 효율적이다.
>   ③ 측정지표는 직접 측정하려고만 하지 말고 간접적인 자료수집방법을 활용하는 것이 좋다.
>   ④ 양적자료 이외에 질적자료 수집을 통해 사업에 대한 통찰력을 높일 수 있다.
> (3) 설정된 목표와 현재 상태와의 비교
>   설정된 목표수준과 현재 도달한 상태를 비교한다.
> (4) 목표 도달 정도의 가치판단과 분석
>   실제 도달한 목표수준의 성취 정도를 파악하고, 성패(成敗)에 대한 원인을 분석한다.
> (5) 재계획 수립
>   평가결과에 따라 사업의 진행 여부, 개선사항을 반영하여 추후의 사업진행 방향을 정하고 의사결정을 한다.

101 브라이언트(John Bryant)가 제시한 건강문제 우선순위 결정기준에 해당하지 않는 것은? [13 대구]

① 문제의 심각도
② 사업의 기술적 해결가능성
③ 사업의 합법성
④ 주민의 관심도

> **해설**
>
> **John Bryant's method**
> (1) 보건문제의 크기
> (2) 보건문제의 심각도
> (3) 지역사회관심도
> (4) 보건문제의 관리가능성(사업의 기술적 해결 가능성)

정답 100 ② 101 ③

102 지역사회 간호사가 업무평가를 할 때 인적자원의 소비량과 물적 자원의 소비량을 보는 것은 어느 범주에 해당하는가? [13 경북]

① 투입된 노력에 대한 평가
② 사업효율에 대한 평가
③ 목표달성 정도에 대한 평가
④ 사업적합성에 대한 평가

해설

투입된 자원(노력)에 대한 평가는 인적·물적 소비량을 보는 것으로 담당자가 사업을 위해 어느 정도 노력했는가를 측정하는 것이다. 예산보다는 간호사업을 위해 제공한 시간이나 가정방문 횟수, 자원동원 횟수 등을 의미한다.

사업 평가 유형(범주)

구분	내용
투입된 자원(노력)에 대한 평가	• 사업에 투입된 노력은 재정적 예산보다 투입된 인력의 동원 횟수, 방문 횟수를 의미하며 인적 자원의 소비량과 물적 자원의 소비량을 산출하여 효율과 효과에 대한 평가를 한다. • 인적·물적 소비량을 보는 것으로 담당자가 사업을 위해 어느 정도 노력했는가를 측정하는 것 • 투입된 인력, 비용 및 시간 간의 관계
사업진행 정도에 대한 평가	• 내용 및 일정을 계획단계에서 마련된 진행계획을 기준으로 평가하는 것 • 평가결과 차질이 있는 것으로 나타나면 원인을 분석하여 계획을 변경하거나 원인을 제거 • 수립된 지역보건의료계획과 진행수준의 비교
목표달성 정도에 대한 평가	• 설정된 목표가 제한된 기간 동안에 어느 정도 달성되었는지 구체적 목표 성취 여부를 평가한다. • 설정된 목표가 제한된 기간에 어느 정도 도달되었는지 구체적으로 파악하는 것으로 측정 가능한 용어나 숫자로 제시하면 편리하다. • 목표에 쉽게 도달하였는지, 아주 어려웠는지, 도달하지 못하였는지를 분석하고 각각의 목표별로 그 정도의 달성을 이루게 된 원인을 규명한다.
사업의 효율성에 대한 평가	• 사업의 수행에 투입된 노력, 즉 인적 자원·물적 자원 등을 비용으로 환산하여 그 사업의 단위 목표량에 대한 투입된 비용이 어느 정도인지를 산출하는 것이다. • 최소의 비용으로 최대의 효과를 얻는 것이 가장 바람직하다. • 투입된 인력, 비용, 시간과 성취한 결과 간의 비교
사업의 적합성(적절성)에 대한 평가	• 투입된 노력에 대한 결과로 모든 사업의 실적을 산출하고 그 산출된 자료와 사업대상자의 요구량과의 비율을 계산한다. • 사업의 적합성에 대한 평가의 결과로 인적 자원, 물적 자원의 충족 여부가 평가된다. • 지역진단 결과와 사업목표 달성 수준 간의 비교

정답 102 ①

103 가족간호사업의 성과(Outcome)에 대한 평가내용으로 가장 적절한 것은?

[13 전남]

① 의뢰건수는 몇 건이 있었는가?
② 가정방문 시 사용된 물품은 적당한가?
③ 가정방문 시 가족이 호의적이었는가?
④ 간호중재의 결과가 목표를 어느 정도 성취했는가?

해설

성과평가는 보건사업을 통해 나타난 바람직한 변화가 시간의 흐름에 따라 긍정적으로 나타난 효과를 평가한다. 따라서 사업의 결과와 목표의 성취 정도가 중요하다.

평가성과에 초점을 둔 평가

과정평가 (Process evaluation)	• 개인의 행동변화를 지향하는 보건교육프로그램을 평가할 경우에는 "보건사업(프로그램)이 어떻게 시행되었는가"를 평가하는 것이다. • 지도자의 훈련 수준과 관련된 사업의 외적 특징 등 과정의 적절성, 난이성, 과정의 수, 각 과정의 진행 시간, 참석자의 수, 대상자의 참여율 등이 포함될 수 있다. • 과정평가는 프로그램이 계획한 대로 시행되었는지를 사정하여 프로그램을 관리하는 데 필요한 기초정보와 평가의 영향 또는 성과적 결과를 해석하는 기초를 마련한다. • 시행된 사업이 다른 환경에서도 적용할 수 있는 실현 가능성(feasibility)과 일반화, 프로그램의 확산에 관한 판단의 실마리를 제공한다.
영향평가 (Impact evaluation)	• 프로그램을 투입한 결과로 대상자의 지식, 태도, 신념, 가치관, 기술, 행동 또는 실천 양상에 일어난 변화를 사정하려는 데에 목적이 있다. • 위험요인의 감소, 효과적인 대처 등이 영향평가의 지표에 해당된다. • 보건사업을 투입한 결과로 단기적으로 나타난 바람직한 변화를 평가한다. ㉠ 절주에 대한 보건교육 프로그램을 평가한다면, 대상자의 알코올 소비와 관련된 지식, 태도, 신념, 행동 등이 측정된다.
성과평가 (Outcome evaluation)	• 프로그램을 시행한 결과 얻은 건강 또는 사회적 요인의 개선점을 측정한다. • 보건사업을 통해 나타난 바람직한 변화가 시간이 흐름에 따라 긍정적으로 나타난 장기적 효과를 평가한다. • 성과평가는 평가된 지역사회 보건사업의 당위성과 필요성을 설명하는 중요한 수단이 되기 때문에, 연구자들은 성과평가를 수행하도록 노력하여야 한다. ㉠ 절주에 대한 보건교육 프로그램을 평가한다면, 음주 때문에 발생한 이환율이나 사망률이 얼마나 감소하였는지를 사정하는 것이다.

정답 103 ④

104 John Bryant의 우선순위 결정기준에 해당하는 것은? [13 충남]

① 적법성
② 보건사업의 중요성
③ 변화가능성
④ 보건문제의 심각성

해설
John Bryant's method
(1) 보건문제의 크기
(2) 보건문제의 심각도
(3) 지역사회 관심도
(4) 보건문제의 관리 가능성
　　(보건사업의 추정효과)

105 "공장 용접 부서의 사고발생률이 40%에서 20%로 줄어든다."는 목표를 세웠을 때 추가해야 할 항목은? [13 충남]

① 평가내용　　② 평가대상
③ 사업장소　　④ 사업기간

해설

SMART 목표 설정 기준

구체성(Specific)	목표는 구체적으로 기술하여야 한다.
측정가능성(Measurable)	목표는 측정 가능해야 한다.
적극성(Aggressive) & 성취가능성(Achievable)	목표는 진취적이면서 성취 가능한 현실적인 것이어야 하나, 별다른 노력 없이도 달성되는 소극적 목표는 안 된다.
연관성(Relevant)	사업목적 및 문제해결과 직접 관련성이 있어야 한다. 즉, 해당 건강문제와 인과관계가 있어야 한다.
기한(Time limited)	목표달성의 기한을 밝혀야 한다.

정답　104 ④　105 ④

106 우선순위 결정 시 고려하여야 할 사항으로 옳은 것은? [13 강원]

> 가. 문제의 규모
> 나. 문제의 심각성
> 다. 지역주민의 문제인식 정도
> 라. 자원동원 가능성

① 가, 나, 다, 라
② 가, 나, 다
③ 나, 다, 라
④ 가, 나, 라

해설
특정한 우선순위 결정 방법을 제시한 것이 아니므로 우선순위 기준에 대해 포괄적으로 접근해야 하는 문제이다.
가. 문제의 규모(BPRS / John Bryant's method)
나. 문제의 심각성(BPRS / John Bryant's method)
다. 지역주민의 문제인식 정도 (John Bryant's method)
라. 자원동원 가능성 (PEARL /CLEAR)

---

107 다음 중 가장 나중에 방문하여야 하는 가정방문 대상자는? [13 강원]

① 결핵환자가 있는 가족
② 임신 8개월 된 임산부 가족
③ 치매 노인이 있는 가족
④ 예방접종 후 3일된 신생아 가족

해설
감염성 질환을 우선으로 방문해야 하나, 하루에 여러 곳을 방문해야 할 경우에는 비감염성 질환, 면역력이 낮은 집단 대상자부터 우선 방문하고, 감염성 질환자는 가장 나중에 방문한다.

---

108 보건소에서 금연프로그램을 계획하고 있는 지역사회 간호사가 사업목표를 기술한 것으로 옳은 것은? [12 서울]

① 2014년 흡연자에게 금연패치를 사용한다.
② 2014년 흡연자에게 금연의지를 갖게 한다.
③ 2014년 흡연자들의 폐암발생률을 감소시킨다.
④ 2014년 흡연자의 흡연율을 30% 감소시킨다.
⑤ 2014년 흡연자의 지식, 태도, 행동을 변화시킨다.

해설
목표를 기술할 때는 무엇을(what), 언제까지(when), 어디서(where), 누가(who), 얼마나(how much) 또는 어느 범위(extent) 등의 사항을 포함한 진술문으로 기술하여야 한다.

정답 106 ① 107 ① 108 ④

109 지역사회 간호사업에 대한 평가 시 구조적 평가에 해당하는 것은?

[12 서울]

① 투입 비용 대비 효과가 있었는지에 대한 평가
② 가정 방문 횟수, 고혈압 환자 등록 수에 대한 평가
③ 계획된 일정대로 사업이 진행되었는지에 대한 평가
④ 인력, 시설, 장비, 물품 등 자원의 투입과정과 노력에 대한 평가
⑤ 사업의 철학이나 목적에 사업 내용과 기준이 적절한지에 대한 평가

해설

구조평가는 사업의 철학이나 목적에 비추어 사업내용과 기준의 적절성을 확인하는 과정이다. 사업에 투입(input)되는 자원이 충분하고 적절한지를 평가하는 것으로, 여기에는 인력의 양적 충분성과 질적 전문성, 시설 및 장비의 적절성, 사업정보의 적절성 등에 대한 평가가 포함된다.
① 사업의 효율성에 대한 평가
②, ④ 투입된 노력에 대한 평가
③ 사업 진행과정에 대한 평가

투입-산출 모형(사업과정)에 따른 평가의 유형

구조 평가	• 사업에 투입(input)되는 자원이 충분하고 적절한지를 평가하는 것을 구조평가라 한다. • 여기에는 인력의 양적 충분성과 질적 전문성, 시설 및 장비의 적절성, 사업정보의 적절성 등에 대한 평가가 포함된다.
과정 평가	• 과정평가를 통해 평가하는 내용은 목표 대비 사업의 진행 정도, 자원의 적절성과 사업의 효율성 정도, 사업이용자 특성, 사업전략 및 활동의 적합성과 제공된 서비스의 질 등이다. • 사업에 투입된 인적·물적 자원이 계획대로 실행되고 있는지, 일정대로 진행되고 있는지를 평가하는 과정이다. • 사업의 진행 중에 사업의 수행상태, 즉 대상자의 프로그램 참여율과 출석률을 확인하는 것도 과정 평가에 해당된다. 예 대학생을 대상으로 한 절주 프로그램에서 프로그램의 참여율 파악은 과정평가에 해당된다.
결과 평가	• 결과평가는 사업의 종료 시 사업 효과를 측정하기 위한 것이다. • 사업 종료 후 설정한 장·단기목표가 얼마나 달성되었는가를 평가한다. • 지역사회 간호사업의 건강수준 변화나 조직 및 지역사회의 변화 정도를 측정하는 것이다. 예 대학생을 대상으로 한 절주 프로그램에서 프로그램이 종료된 후 고위험 음주율 비교, 음주와 건강에 대한 지식의 변화 비교, 절주 프로그램의 비용 효과성 분석 등이 결과 평가에 해당된다.

정답 109 ⑤

110 지역사회 보건사업에서 간호사가 얼마나 가정방문을 하고 얼마나 많은 시간과 노력을 할애했으며, 물적 자원이 얼마나 소비되었는지를 알아보는 평가범주는?

[11 서울]

① 사업목표달성 정도에 대한 평가
② 효율성에 대한 평가
③ 적합성에 대한 평가
④ 사업진행 정도에 대한 평가
⑤ 투입된 노력에 대한 평가

해설

투입된 노력에 대한 평가 인적·물적 소비량을 보는 것으로 담당자가 사업을 위해 어느 정도 노력했는가를 측정하는 것이다. 예산보다는 간호사업을 위해 제공한 시간이나 가정방문 횟수, 자원동원 횟수 등을 의미한다.

사업 평가 유형(범주)

구분	내용
투입된 자원(노력)에 대한 평가	• 사업에 투입된 노력은 재정적 예산보다 투입된 인력의 동원 횟수, 방문 횟수를 의미하며 인적 자원의 소비량과 물적 자원의 소비량을 산출하여 효율과 효과에 대한 평가를 한다. • 인적·물적 소비량을 보는 것으로 담당자가 사업을 위해 어느 정도 노력했는가를 측정하는 것 • 투입된 인력, 비용 및 시간 간의 관계
사업진행 정도에 대한 평가	• 내용 및 일정을 계획단계에서 마련된 진행계획을 기준으로 평가하는 것 • 평가결과 차질이 있는 것으로 나타나면 원인을 분석하여 계획을 변경하거나 원인을 제거 • 수립된 지역보건의료계획과 진행수준의 비교
목표달성 정도에 대한 평가	• 설정된 목표가 제한된 기간 동안에 어느 정도 달성되었는지 구체적 목표 성취 여부를 평가한다. • 설정된 목표가 제한된 기간에 어느 정도 도달되었는지 구체적으로 파악하는 것으로 측정 가능한 용어나 숫자로 제시하면 편리하다. • 목표에 쉽게 도달하였는지, 아주 어려웠는지, 도달하지 못하였는지를 분석하고 각각의 목표별로 그 정도의 달성을 이루게 된 원인을 규명한다.
사업의 효율성에 대한 평가	• 사업의 수행에 투입된 노력, 즉 인적 자원·물적 자원 등을 비용으로 환산하여 그 사업의 단위 목표량에 대한 투입된 비용이 어느 정도인지를 산출하는 것이다. • 최소의 비용으로 최대의 효과를 얻는 것이 가장 바람직하다. • 투입된 인력, 비용, 시간과 성취한 결과 간의 비교
사업의 적합성(적절성)에 대한 평가	• 투입된 노력에 대한 결과로 모든 사업의 실적을 산출하고 그 산출된 자료와 사업대상자의 요구량과의 비율을 계산한다. • 사업의 적합성에 대한 평가의 결과로 인적 자원, 물적 자원의 충족 여부가 평가된다. • 지역진단 결과와 사업목표 달성 수준 간의 비교

정답 **110** ⑤

111 ★★★ 지역사회 간호사업의 평가절차를 나열한 것으로 올바른 것은? [11 서울]

① 평가대상 및 기준 결정 - 설정된 목표와 비교 - 평가자료 수집 - 목표 도달 정도의 판단과 분석 - 재계획 수립
② 평가대상 및 기준 결정 - 평가자료 수집 - 설정된 목표와 비교 - 목표 도달 정도의 판단과 분석 - 재계획 수립
③ 평가자료 수집 - 평가대상 및 기준 결정 - 설정된 목표와 비교 - 목표 도달 정도의 판단과 분석 - 재계획 수립
④ 평가자료 수집 - 설정된 목표와 비교 - 평가대상 및 기준 결정 - 목표 도달 정도의 판단과 분석 - 재계획 수립
⑤ 실정된 목표와 비교 - 평가자료 수집 - 목표 도달 정도의 판단과 분석 - 평가대상 및 기준 결정 - 재계획 수립 - 평가절차

해설

지역사회 간호사업의 평가 절차

(1) 평가내용(대상) 및 측정기준의 설정
  ① 평가내용(평가대상)과 측정기준을 설정하는 것으로 목표수준과 일치하여야 한다.
  ② 이미 계획단계에서 마련된 평가내용과 측정기준을 확인하는 것이다.
(2) 평가자료의 수집
  평가에 필요한 관련 정보와 자료를 수집한다. 평가 자료 수집 시 고려 사항은 다음과 같다.
  ① 현재 평가에 꼭 활용할 항목만을 수집하는 것이 좋다.
  ② 기존자료나 자료수집이 힘들지 않은 자료를 활용하는 것이 효율적이다.
  ③ 측정지표는 직접 측정하려고만 하지 말고 간접적인 자료수집방법을 활용하는 것이 좋다.
  ④ 양적자료 이외에 질적자료 수집을 통해 사업에 대한 통찰력을 높일 수 있다.
(3) 설정된 목표와 현재 상태와의 비교
  설정된 목표수준과 현재 도달한 상태를 비교한다.
(4) 목표 도달 정도의 가치판단과 분석
  실제 도달한 목표수준의 성취 정도를 파악하고, 성패(成敗)에 대한 원인을 분석한다.
(5) 재계획 수립
  평가결과에 따라 사업의 진행 여부, 개선사항을 반영하여 추후의 사업진행 방향을 정하고 의사결정을 한다.

정답 111 ②

112 건강증진프로그램의 성과평가에 대한 설명으로 옳은 것은? [11 서울]

가. 과정평가와 영향평가에 비해 평가가 어렵다.
나. 계획된 프로그램의 실제 수행된 활동에 대한 평가이다.
다. 시간이 경과함에 따라 나타나는 단기적인 성과를 말한다.
라. 위험요인이 감소, 효과적인 대처 등이 지표에 해당한다.

① 가, 나, 다
② 가, 나
③ 가, 다
④ 다, 라
⑤ 가, 나, 다, 라

해설

성과평가는 계획된 프로그램의 실제 수행된 활동에 대한 평가로 객관적인 평가지표에 의해 측정, 평가되어 지역사회 보건사업의 필요성을 설명하는 중요한 수단이 된다. 시간이 경과함에 따라 나타나는 장기적인 결과를 말한다.
다, 라. 영향평가

평가성과에 초점을 둔 평가

과정평가 (Process evaluation)	• 개인의 행동변화를 지향하는 보건교육프로그램을 평가할 경우에는 "보건사업(프로그램)이 어떻게 시행되었는가"를 평가하는 것이다. • 지도자의 훈련 수준과 관련된 사업의 외적 특징 등 과정의 적절성, 난이성, 과정의 수, 각 과정의 진행 시간, 참석자의 수, 대상자의 참여율 등이 포함될 수 있다. • 과정평가는 프로그램이 계획한 대로 시행되었는지를 사정하여 프로그램을 관리하는 데 필요한 기초정보와 평가의 영향 또는 성과적 결과를 해석하는 기초를 마련한다. • 시행된 사업이 다른 환경에서도 적용할 수 있는 실현 가능성(feasibility)과 일반화, 프로그램의 확산에 관한 판단의 실마리를 제공한다.
영향평가 (Impact evaluation)	• 프로그램을 투입한 결과로 대상자의 지식, 태도, 신념, 가치관, 기술, 행동 또는 실천 양상에 일어난 변화를 사정하려는 데에 목적이 있다. • 위험요인의 감소, 효과적인 대처 등이 영향평가의 지표에 해당된다. • 보건사업을 투입한 결과로 단기적으로 나타난 바람직한 변화를 평가한다. 예) 절주에 대한 보건교육 프로그램을 평가한다면, 대상자의 알코올 소비와 관련된 지식, 태도, 신념, 행동 등이 측정된다.
성과평가 (Outcome evaluation)	• 프로그램을 시행한 결과 얻은 건강 또는 사회적 요인의 개선점을 측정한다. • 보건사업을 통해 나타난 바람직한 변화가 시간이 흐름에 따라 긍정적으로 나타난 장기적 효과를 평가한다. • 성과평가는 평가된 지역사회 보건사업의 당위성과 필요성을 설명하는 중요한 수단이 되기 때문에, 연구자들은 성과평가를 수행하도록 노력하여야 한다. 예) 절주에 대한 보건교육 프로그램을 평가한다면, 음주 때문에 발생한 이환율이나 사망률이 얼마나 감소하였는지를 사정하는 것이다.

정답 112 ②

113 지역사회의 건강요구 중 가장 우선적으로 해결해야 할 문제는? [11 지방]

① 음용수 오염으로 인해 복통을 호소하며 설사하는 주민들이 많다.
② 청소년들의 음주, 흡연율이 높다.
③ 성인들의 당뇨병, 고혈압 유병률이 높다.
④ 가족계획을 실천하지 않는 모성이 많다.

해설
지역사회 전체와 많은 사람들에게 영향을 주는 문제를 가장 우선적으로 해결해야 한다.

114 보건소의 비만관리사업에서 투입된 노력에 대한 평가 항목에 해당하는 것은? [11 지방]

① 비만유병률
② 비만관리 전담인력 수
③ 비만관리 대상자의 운동실천율
④ 비만관리 사업에 대한 만족도

해설
투입된 노력에 대한 평가
인적·물적 소비량을 보는 것으로 담당자가 사업을 위해 어느 정도 노력했는가를 측정하는 것이다. 예산보다는 간호사업을 위해 제공한 시간이나 가정방문 횟수, 자원동원 횟수, 사업 요원(인력) 수, 자원봉사자의 수 등을 의미한다.

사업 평가 유형(범주)	
투입된 자원(노력)에 대한 평가	• 사업에 투입된 노력은 재정적 예산보다 투입된 인력의 동원 횟수, 방문 횟수를 의미하며 인적 자원의 소비량과 물적 자원의 소비량을 산출하여 효율과 효과에 대한 평가를 한다. • 인적·물적 소비량을 보는 것으로 담당자가 사업을 위해 어느 정도 노력했는가를 측정하는 것 • 투입된 인력, 비용 및 시간 간의 관계
사업진행 정도에 대한 평가	• 내용 및 일정을 계획단계에서 마련된 진행계획을 기준으로 평가하는 것 • 평가결과 차질이 있는 것으로 나타나면 원인을 분석하여 계획을 변경하거나 원인을 제거 • 수립된 지역보건의료계획과 진행수준의 비교
목표달성 정도에 대한 평가	• 설정된 목표가 제한된 기간 동안에 어느 정도 달성되었는지 구체적 목표 성취 여부를 평가한다. • 설정된 목표가 제한된 기간에 어느 정도 도달되었는지 구체적으로 파악하는 것으로 측정 가능한 용어나 숫자로 제시하면 편리하다. • 목표에 쉽게 도달하였는지, 아주 어려웠는지, 도달하지 못하였는지를 분석하고 각각의 목표별로 그 정도의 달성을 이루게 된 원인을 규명한다.
사업의 효율성에 대한 평가	• 사업의 수행에 투입된 노력, 즉 인적 자원·물적 자원 등을 비용으로 환산하여 그 사업의 단위 목표량에 대한 투입된 비용이 어느 정도인지를 산출하는 것이다. • 최소의 비용으로 최대의 효과를 얻는 것이 가장 바람직하다. • 투입된 인력, 비용, 시간과 성취한 결과 간의 비교
사업의 적합성(적절성)에 대한 평가	• 투입된 노력에 대한 결과로 모든 사업의 실적을 산출하고 그 산출된 자료와 사업대상자의 요구량과의 비율을 계산한다. • 사업의 적합성에 대한 평가의 결과로 인적 자원, 물적 자원의 충족 여부가 평가된다. • 지역진단 결과와 사업목표 달성 수준 간의 비교

정답 113 ① 114 ②

115 스탠호프와 랜카스터(Stanhope & Lancaster, 1995) 등의 우선순위 결정기준으로 옳지 않은 것은?

[11 지방]

① 건강문제에 대한 지역사회의 인식
② 건강문제 해결을 위한 지역주민의 참여도
③ 건강문제를 해결할 수 있는 간호사의 능력
④ 건강문제 해결을 위한 지역사회 동기유발

> **해설**
>
> 스탠호프와 랜카스터(Stanhope & Lancaster, 1995) 등의 우선순위 결정기준
> (1) 건강문제에 대한 지역사회의 인식(Awareness)
> (2) 건강문제 해결을 위한 지역사회 동기유발(Motivation)
> (3) 건강문제를 해결할 수 있는 간호사의 능력(influence)
> (4) 건강문제 해결을 위한 전문가의 이용가능성(Expertise)
> (5) 건강문제가 해결되지 않았을 때 나타나는 결과의 심각성(Severity)
> (6) 건강문제 해결에 소요되는 시간(Speed)

116 지역사회 간호진단틀의 하나인 OMAHA 문제분류체계의 첫째 수준인 영역에는 4가지 영역이 있다. 모두 포함하는 것을 고르면?

[10 서울]

가. 환경적 영역	나. 건강관련행위영역
다. 생리적 영역	라. 대인관계 영역

① 가, 나, 다
② 가, 다
③ 나, 라
④ 라
⑤ 가, 나, 다, 라

해설

오마하 진단분류체계는 오마하방문간호사협회가 11년간 연방정부로부터 기금을 받고 수행한 연구와 많은 보건의료 및 자료처리 전문직이 20년 이상 공동작업을 한 노력의 결과로 개발된 분류체계이다. 지역사회 간호실무영역에서 가장 효율적으로 적용할 수 있고, 가장 활용도가 높은 간호진단 분류체계이다.

오마하 진단분류체계의 구성요소

구성	영역	문제(진단)	수정인자		증상/징후
			Ⅰ. 대상자	Ⅱ. 심각도	
문제 분류틀	1. 환경	4종	• 개인 • 가족 • 집단 • 지역사회	• 건강증진 • 잠재적 결핍/손상 • 실제적 결핍/손상	• 문제의 증상 - (주관적 증거) • 문제의 징후 - (객관적 증거)
	2. 심리사회	12종			
	3. 생리	18종			
	4. 건강 관련 행위	8종			

정답 115 ② 116 ①

117 지역사회 보건사업 목표가 갖추어야 할 기준으로 옳지 않은 것은?

[10 서울]

① 포괄성
② 적극성
③ 연관성
④ 측정가능성
⑤ 성취가능성

해설

SMART 목표 설정 기준

구체성(Specific)	목표는 구체적으로 기술하여야 한다.
측정가능성(Measurable)	목표는 측정 가능해야 한다.
적극성(Aggressive) & 성취가능성(Achievable)	목표는 진취적이면서 성취 가능한 현실적인 것이어야 하나, 별다른 노력 없이도 달성되는 소극적 목표는 안 된다.
연관성(Relevant)	사업목적 및 문제해결과 직접 관련성이 있어야 한다. 즉, 해당 건강문제와 인과관계가 있어야 한다.
기한(Time limited)	목표달성의 기한을 밝혀야 한다.

118 A보건소에서 2009년 1월부터 12월까지 실시되었던 방문간호사업의 결과를 평가하려고 할 때 다음 중 가장 먼저 해야 할 일을 고르면?

[10 서울]

① 평가도구 개발
② 평가결과 측정
③ 평가결과에 대한 가치판단
④ 평가자료 수집
⑤ 평가 대상 및 기준 확인

해설

지역사회 간호사업의 평가는 "평가대상 및 기준 결정 → 평가자료 수집 → 설정된 목표와 달성 상태와의 비교 → 목표도달 정도의 판단(가치판단)과 분석 → 재계획 수립" 순으로 이루어진다.

정답 117 ① 118 ⑤

119 보건의료 서비스의 우선순위 결정방법 중 BPRS의 '건강문제의 심각성' 판단 시 고려해야 하는 항목으로 옳지 않은 것은? [10 서울]

① 긴급성
② 중증도
③ 경제적 손실
④ 건강문제의 크기
⑤ 타인에 의한 영향

해설

건강문제의 심각도 판단 시 고려해야 할 항목
- 긴급성: 문제가 긴급한 정도, 발생이나 사망의 경향, 주민 입장에서의 상대적 중요도, 문제해결에 필요한 서비스 필요량에 비추어 볼 때 현재의 서비스 제공 정도
- 중증도: 생존율, 조기 사망률, 잠재수명 손실연수, 장애정도
- 경제적 손실: 국가, 지역사회, 가구 또는 개인에 대한 경제적 손실
- 타인에 의한 영향: 집단 또는 가정에 대한 경제적 손실 이외의 사회적 영향

120 다음은 어떤 범주의 평가인가? [10 지방]

> A지역에서 당뇨병 교육을 실시하였다. 교육실시 결과 지역 내 당뇨병 교육이 필요한 대상자의 10%가 교육을 받았다. 따라서 추가적인 교육이 필요한 것으로 평가되었다.

① 노력
② 효과
③ 효율성
④ 적합성

해설

투입된 노력에 대한 결과로 모든 사업의 실적을 산출하고 그 산출된 자료와 사업 대상자의 요구량과의 비율을 계산하는 것은 사업의 적합성에 대한 평가이다.

정답 119 ④ 120 ④

PART 04

가족간호

핵심 키워드

가족	가족간호	듀발의 가족발달단계
가족발달과업	구조-기능이론	상징적 상호작용이론
가계도	가족밀착도	외부체계도
사회지지도	취약가족의 유형	가족기능 평가도구
생의 변화 설문지	가족연대기	가족사정원칙
가족체계이론	가족발달이론	

최근 5개년 영역별 평균출제빈도 (2024~2020년)

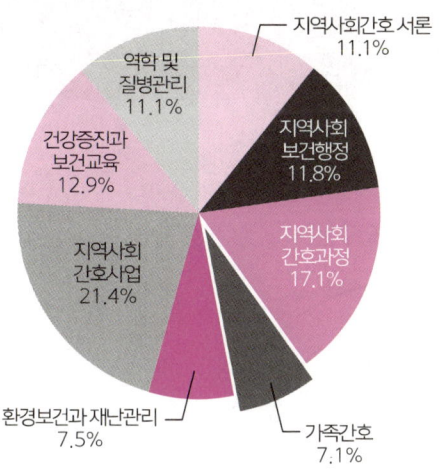

- 지역사회간호 서론 11.1%
- 지역사회 보건행정 11.8%
- 지역사회 간호과정 17.1%
- 가족간호 7.1%
- 환경보건과 재난관리 7.5%
- 지역사회 간호사업 21.4%
- 건강증진과 보건교육 12.9%
- 역학 및 질병관리 11.1%

최근 18개년 영역별 세부 출제내용 분석 (2024~2007년)

	세부 내용		문항 수	출제비율
가족의 이해(18)		가족의 특성/변화	3	3.7%
		가족의 유형	1	1.2%
	가족생활 주기 (14)	진수기	5	6.1%
		학령전기	3	3.7%
		학령기	3	3.7%
		10대가족	1	1.2%
		주기구분	2	2.4%
가족 간호(15)		가족간호의 이해	2	2.4%
	가족간호 이론 (13)	구조-기능이론	3	3.7%
		상징적상호작용	4	4.9%
		가족발달이론	1	1.2%
		가족체계이론	3	3.7%
		가족위기이론	1	1.2%
		전반적인 내용	1	1.2%
가족 간호과정 (41)		자료수집	1	1.2%
		사정 원칙	4	4.9%
		사정 내용	1	1.2%
		중재	2	2.4%
		평가	1	1.2%
	가족 건강사정 도구 (32)	가계도	8	9.8%
		외부체계도	2	2.4%
		사회지지도	13	15.9%
		가족연대기	1	1.2%
		가족밀착도	4	4.9%
		전반적인 내용	2	2.4%
		기타(가족기능평가도구 / 생의 변화 설문지)	2	2.4%
취약가족간호(8)		취약가족의 종류(유형)	8	9.8%
	Total		82	100.0%

PART 04 가족간호

탄탄 지역사회간호

회독 점검 ① ② ③

001 다음 그림에 해당하는 가족사정 도구는? [24]

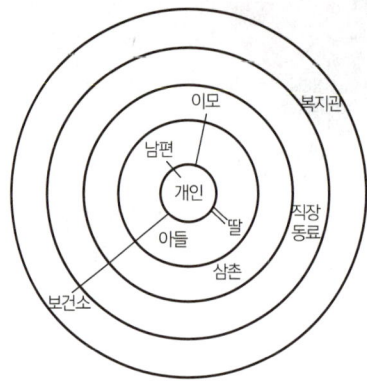

① 사회지지도
② 외부체계도
③ 가족밀착도
④ 가족구조도

해설

그림에서 제시한 것은 가족사정도구 중 "**사회지지도**"이다. 사회지지도는 **가족 중 가장 취약한 구성원을 중심으로** 부모형제 관계, 친척 관계, 친구와 직장동료 등 이웃관계, 그 외 지역사회와의 관계를 그려봄으로써 **취약가족 구성원의 가족 하위체계뿐 아니라 가족 외부 체계와의 상호작용을 파악**하는 데 사용된다.

> **사회지지도 작성방법**
> (1) 가족면담을 통해 취약한 가족 구성원을 선정한다.
> (2) 5개의 원을 안에서 밖으로 겹쳐 그려 나간다.
> (3) 가장 안쪽 원에 선정된 가족 구성원을 그리고, 두 번째 원에는 동거가족, 세 번째 원에는 따로 거주하는 직계가족과 친척들을 기록한다.
> (4) 네 번째 원에는 이웃, 친구 또는 직장동료, 가장 바깥 원에는 선정된 가족 구성원과 관련된 지역사회 자원(보건의료기관, 종교기관, 교육기관, 사회기관 등)을 기록한다.
> (5) 안쪽 구성원을 중심으로 선을 이용하여 지지 정도를 표시하며 소원한 경우는 선을 그리지 않고, 보통은 1개, 관계가 친밀한 경우에는 2개의 선으로 지지선을 그려 넣는다.

가족사정도구

가족구조도 (가계도, family genogram)	• 가족 전체의 구성과 구조를 한눈에 볼 수 있도록 고안된 그림(도식화)으로 3세대 이상에 걸친 가족 구성원에 관한 정보와 그들 간의 관계를 도표로 기록하는 방법이다. • 가족구조도에는 혈족관계와 중요한 가족사건, 직업, 가족의 질병력, 가족이동, 역할 분담, 의사소통에 관한 정보 등이 포함된다.
가족밀착도 (family attachmentgram)	• 가족을 이해함에 있어 가족의 구조뿐만 아니라 구조를 구성하고 있는 관계의 본질을 파악한다. • 현재 동거하고 있는 가족구성원 간의 애정적 결속력, 밀착관계, 애착정도, 갈등정도를 알 수 있다.
외부체계도 (생태도, eco-map)	• 가족과 외부와의 다양한 상호작용을 한눈에 파악할 수 있도록 한 것이다. • 가족체계를 둘러싼 외부체계와 가족 구성원과의 상호작용을 통해 가족에게 유용한 체계나 스트레스, 갈등이 발생하는 외부체계를 파악할 수 있다.
사회지지도 (sociosupportgram)	• 가족 내 가장 취약한 구성원을 중심으로 가족 내부뿐 아니라 외부와의 상호작용을 확인할 수 있는 도구이다. • 가족 중 취약한 구성원을 중심으로 부모형제 관계, 친척 관계, 친구와 직장동료 등 이웃관계, 그 외 지역사회와의 관계를 그려봄으로써 취약가족 구성원의 가족 하위체계뿐 아니라 가족 외부 체계와의 상호작용을 파악할 수 있다.
가족연대기 (family-life chronology)	• 가족과 가족 구성원에게 발생했던 주요 사건을 시간의 흐름에 따라 순서대로 기술하거나 연대표를 작성하는 것이다. • 가족의 역사 중에서 가장 중요하다고 생각되는 사건을 순서대로 열거하여 개인의 질환과 중요한 사건의 관련성을 추구하려고 사용한다.
생의 변화 설문지 (Life change questionnaire)	• 질병을 일으킬 수 있는 스트레스가 되는 생의 사건 목록에 점수를 부여하여 질병을 앓을 위험에 있는 사람들을 파악하기 위해 이용하는 사정도구이다. • 최근 1년 동안 가족이 경험한 사건들을 생의 사건 단위로 합산하여 질병 발생 가능성을 예측한다.
가족기능 평가도구 (family APGAR)	• 가족이 문제에 대처하여 해결해 나가는 데 있어서 가족의 자가관리능력과 가족기능 수준을 사정하는 것을 말한다. • 가족기능 영역 5가지 평가항목(G. Smilkstein) ① 가족의 적응능력(Adaptation): 가족위기 때 문제 해결을 위한 내·외적 가족자원 활용 능력의 정도 ② 가족 간의 협력(Partnership): 가족 구성원끼리 동반자 관계에서 의사결정을 하고 서로 지지하는 정도 ③ 가족 간의 성숙도(Growth): 가족 구성원 간의 상호지지와 지도를 통한 신체적·정서적 충만감을 달성하는 정도 ④ 가족 간의 애정 정도(정서, Affection): 가족 구성원 간의 돌봄과 애정적 관계 ⑤ 가족의 문제 해결능력(Resolve): 가족 구성원들이 다른 구성원의 신체적·정서적 지지를 위해 서로 시간을 내어주는 정도
프리드먼 (Friedman)의 가족사정모델	• 가족을 체계로 보고 가족의 발달과 구조-기능적인 관점으로 가족사정도구를 개발하였다. • 가족발달 단계, 구조요인, 기능요인, 대처요인 등에 대한 면담 결과를 기록한다.

정답 001 ①

002 다음 설명에 해당하는 가족 관련 이론은? [24]

- 가족 내 구성원의 배열, 구성원 간의 관계, 전체와 구성원의 관계에 관심을 둠
- 가족 구성원 간 다양한 내적 관계뿐 아니라 가족과 더 큰 사회와의 관계를 강조함

① 위기이론 ② 가족발달이론
③ 교환이론 ④ 구조 - 기능이론

> **해설**
> 가족과 더 큰 사회와의 관계를 강조하는 것은 "구조-기능이론"이다.

가족 관련 이론

이론	구분	내용
가족체계 이론	개념	• 가족은 구성원 개개인들의 특성을 합한 것 이상의 실체를 지닌 집합체 • 가족체계에서는 한 부분이 변화하면 전체 체계에 영향을 미치게 됨 → 특히 스트레스에 반응하는 가족의 변화, 개인의 변화는 가족 전체에 영향을 미친다고 봄 • 가족체계는 외부환경뿐 아니라 내부의 스트레스에 반응하여 계속 변화 • 가족체계 일부분이 받은 영향은 다른 부분과 전체체계에 영향을 미침 • 원인이 결과이며 결과가 원인이 될 수 있는 순환적 관계 • 가족과 상호작용하는 내적·외적 환경을 모두 파악해야 함
	장점	• 가족 내·외의 의존성과 상호작용을 이해하기 위한 수단을 제공 • 정상가족과 가족의 문제를 포괄적으로 이해하는 데 가장 큰 영향을 준 이론
	한계	많은 개념들이 애매하고 추상적이어서 조직화하기 어려움
		가족의 상위체계 / 가족의 하위체계 가족의 체계
구조- 기능주의 이론	개념	• 가족구성원이 사회와 상호작용하면서 사회통합에 어떻게 기여하는가에 관심을 갖는 가족이론 • 사회 전체의 요구에 가족의 사회화 기능이 어느 정도 부합되는지 거시적 관점에서 접근 • 가족은 하나의 사회구조로 사회체계와 상호작용, 사회구조가 개인의 행위를 결정 • 가족건강은 가족이 기능을 제대로 수행하도록 조직되었는지와 관련됨 • 가족은 사회체계와 상호작용하는 체계로 보며 사회, 사회환경과 관련된 개인보다는 구조나 집단으로 가족을 분석하며 사회화와 학습과정을 강조 • 사정도구: 가계도(가족구조도), 사회지지도
	장점	가족 구성원 간의 다양한 내적인 관계뿐만 아니라 가족과 더 큰 사회체계와의 관계를 중시
	한계	• 가족 간의 상호작용 과정보다는 구조 자체와 상호작용 결과에만 관심을 두고 있음 • 가족의 성장과 변화, 불균형 등에 관심을 적게 보임

이론	구분	내용
상징적 상호작용 이론	개념	• 상호작용 과정 속에 있는 가족구성원의 행위와 상징이 갖는 의미에 초점을 두고 있으며, 가족 간의 상호작용이 어떻게 시작되고 지속되는지 그리고 가족생활에 어떤 상호작용 과정들이 일반적이고, 근본적이며, 반복적인지를 이해하고 설명하는 이론 • 가족 내 개인의 역할과 역할기대에 따른 상호작용을 중시하는 미시적 접근법을 사용 • 가족 구성원들 간의 상호작용에 대한 개인의 중요성을 강조하면서 가족 내의 내적인 과정인 가족의 역할, 갈등, 위치, 의사소통, 스트레스에 대한 반응, 의사결정, 사회화에 초점을 둠 • 사정도구: 가족밀착도
	장점	• 가족의 내적 역동과 역할 기대를 이해하는 데 적합 • 가족현상을 내적인 과정의 관점으로 설명하므로 배우자 선택 과정, 역할 수행, 지위 관계, 의사소통 문제, 의사결정 관계, 결혼의 질, 스트레스에 대한 반응, 부모−자녀관계 등을 이해하는 데 도움을 줌 • 청소년 약물중독, 알코올 중독, 배우자학대나 아동학대, 가족 근친상간 등의 행위를 이해하며, 가족을 건강하게 하도록 접근하는 인간행위 탐구에 유용한 이론
	한계	• 가족을 외부환경과 연관지어 개념화하지 않고 가족을 비교적 폐쇄적 단위로 봄 • 상징적 상호작용이론은 개념들과 가정 간의 일관성이 결여되어 있어 새로운 이론의 형성을 어렵게 함
가족발달 이론	개념	• 생애주기별 발달과업을 어느 정도 성취했는가를 중심으로 가족건강을 평가 • 가족의 개별 구성원에게 초점을 맞추기보다는 사회체계의 한 단위인 가족 전체를 대상으로 접근
	장점	단시간에 가족을 사정하거나 많은 가족을 관리할 때 유용
	한계	핵가족 중심의 발달과업에는 맞지만 다른 유형의 가족에게는 적용하기가 쉽지 않음

가족위기 이론	개념	• 가족의 위기는 고유한 문제가 있으면 전환점이 발생하기 때문에 다른 기회의 시작임
		• 위기의 종류
		  − 상황적 위기: 특수한 외적 사건이 개인의 정신적 평형상태를 깨거나 혹은 개인이 속한 집단의 평형상태가 깨졌을 때 발생하는 것으로 예견할 수 없는 위기
		    예 가족의 갑작스러운 사망, 암 진단, 파산 등
		  − 발달적 위기: 성장발달과정 중인 사람들이 경험하는 예견할 수 있는 위기
		    예 결혼, 둘째 아이 출산, 사춘기 가족 등

정답 002 ④

003 가족 이론 중 〈보기〉에서 설명하는 이론은? [23 서울]

> 〈보기〉
> 가족구성원 간의 상호작용에 대한 개인의 중요성을 강조하고 가족의 역할, 갈등, 의사소통, 의사결정 등 가족의 내적인 과정에 초점을 두었다.

① 가족발달 이론
② 가족체계 이론
③ 구조기능주의 이론
④ 상징적 상호작용 이론

해설
"가족구성원 간의 상호작용에 대한 개인의 중요성을 강조"하는 가족이론은 "상징적 상호작용이론"이다.

가족 관련 이론

이론	구분	내용
가족 체계이론	개념	• 가족은 구성원 개개인들의 특성을 합한 것 이상의 실체를 지닌 집합체 • 가족체계에서는 한 부분이 변화하면 전체 체계에 영향을 미치게 됨 • 가족체계는 외부환경뿐 아니라 내부의 스트레스에 반응하여 계속 변화 • 가족과 상호작용하는 내적·외적 환경을 모두 파악해야 함
	장점	가족 내·외의 의존성과 상호작용을 이해하기 위한 수단을 제공
	한계	많은 개념들이 애매하고 추상적이어서 조직화하기 어려움
구조-기능주의 이론	개념	• 사회 전체의 요구에 가족의 사회화 기능이 어느 정도 부합되는지 거시적 관점에서 접근 • 가족은 하나의 사회구조로 사회체계와 상호작용, 사회구조가 개인의 행위를 결정 • 가족건강은 가족이 기능을 제대로 수행하도록 조직되었는지와 관련됨 • 사정도구: 가계도(가족구조도), 사회지지도
	장점	가족 구성원 간의 다양한 내적인 관계뿐만 아니라 가족과 더 큰 사회체계와의 관계를 중시
	한계	가족 간의 상호작용 과정보다는 구조 자체와 상호작용 결과에만 관심을 두고 있음
상징적 상호작용이론	개념	• 가족 내 개인의 역할과 역할기대에 따른 상호작용을 중시하는 미시적 접근법을 사용 • 가족 구성원들 간의 상호작용에 대한 개인의 중요성을 강조하면서 가족 내의 내적인 과정인 가족의 역할, 갈등, 위치, 의사소통, 스트레스에 대한 반응, 의사결정, 사회화에 초점을 둠 • 사정도구: 가족밀착도
	장점	가족의 내적 역동과 역할 기대를 이해하는 데 적합
	한계	상징적 상호작용이론은 개념들과 가정 간의 일관성이 결여되어 있어 새로운 이론의 형성을 어렵게 함
가족발달이론	개념	• 생애주기별 발달과업을 어느 정도 성취했는가를 중심으로 가족건강을 평가 • 가족의 개별 구성원에게 초점을 맞추기보다는 사회체계의 한 단위인 가족 전체를 대상으로 접근
	장점	단시간에 가족을 사정하거나 많은 가족을 관리할 때 유용
	한계	핵가족 중심의 발달과업에는 맞지만 다른 유형의 가족에게는 적용하기가 쉽지 않음

정답 003 ④

004 성인이 되어 결혼해 출가한 첫 자녀, 그리고 부모와 동거하며 취업 중인 막내가 있는 가족의 발달과업은?

[23 지방]

① 직업의 안정화
② 부부관계의 재조정
③ 자녀의 사회화 교육
④ 친척에 대한 이해와 관계 수립

해설
"성인이 되어 결혼해 출가한 첫 자녀, 그리고 부모와 동거하며 취업 중인 막내가 있는 가족"은 진수기에 해당된다. 이 시기는 그동안 자녀 중심의 부모역할 및 부부관계에 변화가 온다.
① 10대 청소년기
② 진수기
③ 학령전기와 학령기
④ 신혼기

가족발달단계에 따른 발달과업

단계	기간	발달과업
신혼기 가족	결혼에서 첫 자녀 출생 전까지	• 결혼에 대한 적응이 우선적인 문제임 • 친밀한(밀접한) 부부관계와 결혼에 대한 만족 • 성적 양립성, 독립성과 의존성의 조화 • 부부의 정체성 확립 • 임신과 부모됨에 대한 결정과 준비 • 가족계획(자녀출생에 대비) • 친척에 대한 이해와 관계 수립·증진 • 생활 수준 향상
양육기 가족	첫 자녀의 출생~30개월	• 부모의 역할과 기능, 책임에 대한 적응 • 안정되고 만족스러운 부부관계 유지 • 각 가족 구성원의 갈등이 되는 역할의 조정 • 산아 제한, 임신, 자녀 양육 문제에 대한 배우자 간의 동의 • 모자보건서비스 요구 증가 • 가족구성원에게 만족스러운 가정 형성 • 조부모 등이 포함된 확대가족과 관계의 확장
학령전기 가족	첫 자녀가 30개월~6세	• 자녀들의 사회화 교육 및 영양관리(자녀들의 사회화 및 양육) • 자녀의 성장과 발달 촉진 • 가족구성원의 다양한 요구 충족 • 안정된 결혼(부부) 관계의 유지 • 부부간, 부모와 자녀 간, 가족 외부 사람과의 관계 대처 • 자녀들의 경쟁 및 불균형된 자녀와의 관계 대처
학령기 가족	첫 자녀가 6~13세	• 자녀들의 사회화 • 자녀의 교육성과의 달성 • 학업성취의 증진(자녀들의 교육적 성취를 격려) • 가정의 전통과 관습의 전승 • 가족 내 규칙과 규범의 확립 • 만족스러운 부부관계의 유지 • 자녀들의 긍정적인 방향의 공동체 및 사회화 활동 촉진

단계	기간	발달과업
10대 (청소년기) 가족	첫 자녀가 13~19세	• 안정된 결혼관계(부부관계) 유지 • 직업(수입)의 안정화 • 부모-자녀 간 개방적인 의사소통 유지 • 10대의 자유와 책임의 균형을 맞춤 • 자녀들의 독립성 증가에 따른 자유와 책임의 조화 • 자녀의 청소년으로서의 책임감과 자율성 간 균형 유지 • 자녀들의 성문제 대처 • 세대 간의 충돌 대처 • 자녀의 출가에 대처 • 부모로서의 성숙과 새로운 관심사 찾기
진수기 가족	첫 자녀 결혼부터 막내 결혼까지 자녀들이 집을 떠나는 단계	• 자녀를 성인으로 독립, 자녀를 출가시킴 • 부부관계의 재조정 • 늙어가는 부모들의 부양과 지지 • 자녀들의 출가에 따른 부모의 역할 적응 • 성인이 된 자녀와 자녀의 배우자와의 관계 확립, 재배열
중년기 가족	자녀들이 집을 떠난 후 은퇴할 때까지	• 경제적 풍요 • 부부관계의 재확립 • 출가한 자녀가족과의 유대관계 유지 • 새로운 흥미의 개발과 참여
노년기 가족	은퇴 후 ~사망	• 만족스러운 생활 유지 • 건강문제에 대한 대처 • 은퇴에 대한 대처 • 사회적 지위 및 경제적 소득 감소에 대처 • 배우자의 죽음에 대한 적응 • 권위의 이양, 의존과 독립의 전환 • 부부의 사망과 가족의 종말에 대한 이해

정답 004 ②

005 가족밀착도를 이용하여 파악할 수 있는 정보가 아닌 것은? [23 지방]

① 가족의 생활사건
② 가족 간의 관계
③ 가족의 정서적 지지
④ 가족의 전체적인 상호작용

해설
가족의 생활사건과 관련된 대표적인 사정도구는 "가족생활사건도구와 생의변화 설문지"이다.

가족밀착도
(1) 가족을 이해함에 있어 가족의 구조뿐만 아니라 구조를 구성하고 있는 관계의 본질을 파악한다.
(2) 가족 구성원 간의 밀착 관계와 상호관계를 그림으로 도식화하는 것이다.
(3) 현재 동거하고 있는 가족구성원 간의 애정적 결속력, 밀착관계, 애착정도, 갈등정도를 알 수 있다.
(4) 평소 가족이 알지 못하던 관계를 새롭게 조명해 볼 수 있고, 가족의 전체적인 상호작용을 바로 볼 수 있어 가족 간 문제를 확인하기가 용이하다.
(5) 가족밀착도 작성방법
  ① 가족 구성원을 둥글게 배치하여 남자는 □, 여자는 ○로 표시한다.
  ② 기호 안에는 간단하게 구성원의 가족 내 위치와 나이를 기록하고, 가족 2명을 배정하여 관계를 선으로 나타낸다.

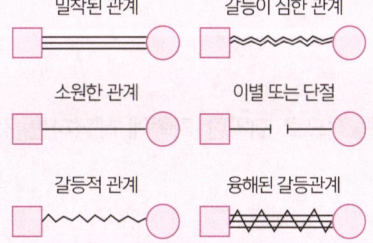

가족사정도구

가족구조도 (가계도, family genogram)	• 가족 전체의 구성과 구조를 한눈에 볼 수 있도록 고안된 그림(도식화)으로 3세대 이상에 걸친 가족 구성원에 관한 정보와 그들 간의 관계를 도표로 기록하는 방법이다. • 가족구조도에는 혈족관계와 중요한 가족사건, 직업, 가족의 질병력, 가족이동, 역할 분담, 의사소통에 관한 정보 등이 포함된다.
가족밀착도 (family attachmentgram)	• 가족을 이해함에 있어 가족의 구조뿐만 아니라 구조를 구성하고 있는 관계의 본질을 파악한다. • 현재 동거하고 있는 가족구성원 간의 애정적 결속력, 밀착관계, 애착정도, 갈등정도를 알 수 있다.
외부체계도 (생태도, eco-map)	• 가족과 외부와의 다양한 상호작용을 한눈에 파악할 수 있도록 한 것이다. • 가족체계를 둘러싼 외부체계와 가족 구성원과의 상호작용을 통해 가족에게 유용한 체계나 스트레스, 갈등이 발생하는 외부체계를 파악할 수 있다.
사회지지도 (sociosupportgram)	• 가족 내 가장 취약한 구성원을 중심으로 가족 내부뿐 아니라 외부와의 상호작용을 확인할 수 있는 도구이다. • 가족 중 취약한 구성원을 중심으로 부모형제 관계, 친척 관계, 친구와 직장동료 등 이웃관계, 그 외 지역사회와의 관계를 그려봄으로써 취약가족 구성원의 가족 하위체계뿐 아니라 가족 외부 체계와의 상호작용을 파악할 수 있다.
가족연대기 (family-life chronology)	• 가족과 가족 구성원에게 발생했던 주요 사건을 시간의 흐름에 따라 순서대로 기술하거나 연대표를 작성하는 것이다. • 가족의 역사 중에서 가장 중요하다고 생각되는 사건을 순서대로 열거하여 개인의 질환과 중요한 사건의 관련성을 추구하려고 사용한다.
생의 변화 설문지 (Life change questionnaire)	• 질병을 일으킬 수 있는 스트레스가 되는 생의 사건 목록에 점수를 부여하여 질병을 앓을 위험에 있는 사람들을 파악하기 위해 이용하는 사정도구이다. • 최근 1년 동안 가족이 경험한 사건들을 생의 사건 단위로 합산하여 질병 발생 가능성을 예측한다.

가족기능 평가도구 (family APGAR)	• 가족이 문제에 대처하여 해결해 나가는 데 있어서 가족의 자가관리능력과 가족기능 수준을 사정하는 것을 말한다. • 가족기능 영역 5가지 평가항목(G. Smilkstein) ① 가족의 적응능력(Adaptation): 가족위기 때 문제 해결을 위한 내·외적 가족자원 활용 능력의 정도 ② 가족 간의 협력(Partnership): 가족 구성원끼리 동반자 관계에서 의사결정을 하고 서로 지지하는 정도 ③ 가족 간의 성숙도(Growth): 가족 구성원 간의 상호지지와 지도를 통한 신체적·정서적 충만감을 달성하는 정도 ④ 가족 간의 애정 정도(정서, Affection): 가족 구성원 간의 돌봄과 애정적 관계 ⑤ 가족의 문제 해결능력(Resolve): 가족 구성원들이 다른 구성원의 신체적·정서적 지지를 위해 서로 시간을 내어주는 정도
프리드먼(Friedman)의 가족사정모델	• 가족을 체계로 보고 가족의 발달과 구조-기능적인 관점으로 가족사정도구를 개발하였다. • 가족발달 단계, 구조요인, 기능요인, 대처요인 등에 대한 면담 결과를 기록한다.

006 취약가족의 분류상 기능적으로 취약한 가족에 해당하는 것은? [23 지방]

① 학대 가족
② 한부모 가족
③ 미혼모 가족
④ 저소득 가족

해설
① 상호작용이 취약한 가족
② 구조적으로 취약한 가족
③ 발달단계상 취약한 가족
④ 기능적으로 취약한 가족

취약가족의 종류

구조적으로 취약한 가족	한부모 가족, 조손 가족 등
기능적으로 취약한 가족	저소득층 가족, 취업모 가족, 장애인 가족 등
발달단계상 취약한 가족	미혼모 가족, 미숙아 가족
상호작용이 취약한 가족	폭력 가족, 학대부모 가족, 비행청소년 가족, 알코올중독자 가족

정답 005 ① 006 ④

007 가족 사정의 기본적인 원칙으로 옳은 것은? [22 지방(6월)]

① 가족의 문제점뿐만 아니라 강점도 동시에 사정한다.
② 정상 가족이라는 고정적 관점으로 가족 문제를 규명한다.
③ 가족구성원 중 한 명으로부터 자료를 수집하여 일관성을 유지한다.
④ 지역사회간호사가 사정단계부터 가족의 문제점과 중재 방법을 주도적으로 제시한다.

해설

② 정상 가족이라는 고정적 관점을 갖지 않고 가족의 다양성과 변화성에 대한 인식을 가지고 접근한다.
③ 가족구성원 중 한 명에 의존하지 않고 다양한 출처에서 정보를 수집한다.
④ 지역사회간호사는 가족과 함께 사정에서부터 전 간호과정에 참여함으로써 간호사와 대상자가 함께 진단을 내리고 중재 방법을 결정하도록 한다.

🔖 가족사정의 기본 원칙

(1) 가족의 문제점뿐만 아니라 강점도 사정한다.
(2) 가구원보다는 가족 전체에 초점을 맞춘다. 가족 전체와 더불어 문제가 있는 가족 구성원을 대상으로 자료를 수집한다.
(3) 정상가족이라는 일반적인 고정관념을 갖지 않고 가족의 다양성과 변화성에 대한 인식을 가지고 접근한다.
(4) 가족이 함께 사정에서부터 전 간호과정에 참여함으로써 간호사와 대상자가 함께 진단을 내리고 중재 방법을 결정하도록 한다.
(5) 가족 구성원 한 사람에 의존하지 않고 가족 전체, 친척, 이웃, 통장, 반장, 의료기관 등 지역자원 및 기존 자료를 바탕으로 자료를 수집한다. 가구원 한 사람에게 의존하지 않고 다양한 출처에서 정보를 수집한다.
(6) 가족정보 중에는 이중적 의미의 정보도 있을 수 있다. 한 가구원만의 정보나 단편적인 정보에 의존하기보다는 여러 사람에서 복합적인 정보를 수집하여 정확하고 통합적인 해석을 통하여 판단한다.
(7) 대부분의 가족사정 자료들은 질적 자료가 요구되므로, 가족사정도구 점검표를 사용하는 경우라도 심층면접을 할 수 있도록 영역별로 충분한 시간을 할애하여야 한다.
(8) 한 번의 면접에서 너무 무리하게 많은 자료를 얻으려고 해서는 안 된다. 이는 가족에게 부담을 주고, 정보도 정확하지 않을 수 있으므로 충분한 시간을 갖고 지속적인 면담을 통해 자료를 보강하는 것이 중요하다.
(9) 1회 면담시간은 될 수 있으면 30분을 넘지 않도록 한다.
(10) 수집된 자료 가운데 의미 있는 자료를 선택하여 기록하고 범주화한다.
(11) 수집된 자료 자체는 가족 문제가 아니면 원인도 아니다. 사정자료는 진단이 아니다.
(12) 자료 수집 시 자료제공자와 대상자에 대한 윤리적 배려가 필요하다.

정답 007 ①

008 〈보기〉 유형의 가족사정도구에 대한 설명으로 가장 옳은 것은?

[22 서울(6월)]

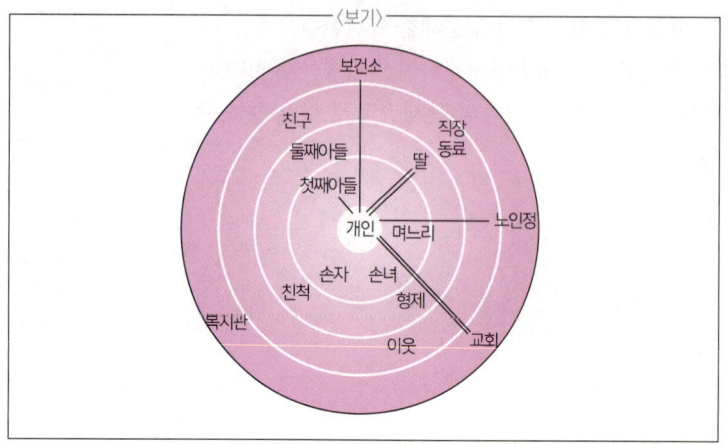

① 가족의 적응력, 협력성, 성장성, 애정성 등을 확인할 수 있다.
② 가족 구성원들과 외부체계와의 접촉, 지지, 스트레스를 파악할 수 있다.
③ 가족 구성원 중 한 명을 중심으로 가족, 친척, 이웃 및 지역사회의 지지를 파악할 수 있다.
④ 가족에 대한 정보를 도식화하여 가족의 질병력 및 상호관계를 확인할 수 있다.

> **사회지지도 작성방법**
> (1) 가족면담을 통해 취약한 가족 구성원을 선정한다.
> (2) 5개의 원을 안에서 밖으로 겹쳐 그려 나간다.
> (3) 가장 안쪽 원에 선정된 가족 구성원을 그리고, 두 번째 원에는 동거가족, 세 번째 원에는 따로 거주하는 직계가족과 친척들을 기록한다.
> (4) 네 번째 원에는 이웃, 친구 또는 직장동료, 가장 바깥 원에는 선정된 가족 구성원과 관련된 지역사회 자원(보건의료기관, 종교기관, 교육기관, 사회기관 등)을 기록한다.
> (5) 안쪽 구성원을 중심으로 선을 이용하여 지지 정도를 표시하며 소원한 경우는 선을 그리지 않고, 보통은 1개, 관계가 친밀한 경우에는 2개의 선으로 지지선을 그려 넣는다.

해설
〈보기〉는 5개의 원을 안에서 밖으로 겹쳐 그려 가장 안쪽 원에 취약한 가족 구성원을 배치하고, 부모형제 관계, 친척 관계, 친구와 직장동료 등 이웃관계, 그 외 지역사회와의 관계를 그려봄으로써 취약가족 구성원의 가족 하위체계뿐 아니라 가족 외부 체계와의 상호작용을 파악할 수 있는 "사회지지도"이다.
① 가족기능 평가도구
② 외부체계도(생태도)
③ **사회지지도**
④ 가족구조도

정답 008 ③

009

Holmes와 Rahe의 '생의 변화 질문지(life change questionnaire)'를 이용한 가족사정방법에 대한 설명으로 옳은 것은? [22 지방(4월)]

① 가족과 가족구성원에게 발생했던 주요 사건을 시간 흐름에 따라 순서대로 기술한다.
② 최근 1년 동안 가족이 경험한 사건들을 생의 사건 단위로 합산하여 질병 발생 가능성을 예측한다.
③ 가족이 문제를 해결하는 자가관리능력과 가족기능수준을 파악할 수 있다.
④ 가족의 발달 단계, 구조요인, 기능요인, 대처요인 등에 대한 면담 결과를 기록한다.

해설

① 가족연대기(family-life chronology)
② 생의 변화 설문지(Life change questionnaire)
③ 가족기능 평가도구(family APGAR)
④ 프리드먼(Friedman)의 가족사정모델

가족사정도구

가족연대기 (family-life chronology)	• 가족과 가족 구성원에게 발생했던 주요 사건을 시간의 흐름에 따라 순서대로 기술하거나 연대표를 작성하는 것이다. • 가족의 역사 중에서 가장 중요하다고 생각되는 사건을 순서대로 열거하여 개인의 질환과 중요한 사건의 관련성을 추구하려고 사용한다.
생의 변화 설문지 (Life change questionnaire)	• 질병을 일으킬 수 있는 스트레스가 되는 생의 사건 목록에 점수를 부여하여 질병을 앓을 위험에 있는 사람들을 파악하기 위해 이용하는 사정도구이다. • 최근 1년 동안 가족이 경험한 사건들을 생의 사건 단위로 합산하여 질병 발생 가능성을 예측한다.
가족기능 평가도구 (family APGAR)	• 가족이 문제에 대처하여 해결해 나가는 데 있어서 가족의 자가관리능력과 가족기능 수준을 사정하는 것을 말한다. • 가족기능 영역 5가지 평가항목(G. Smilkstein) ① 가족의 적응능력(Adaptation): 가족위기 때 문제 해결을 위한 내·외적 가족자원 활용 능력의 정도 ② 가족 간의 협력(Partnership): 가족 구성원끼리 동반자 관계에서 의사결정을 하고 서로 지지하는 정도 ③ 가족 간의 성숙도(Growth): 가족 구성원 간의 상호지지와 지도를 통한 신체적·정서적 충만감을 달성하는 정도 ④ 가족 간의 애정 정도(정서, Affection): 가족 구성원 간의 돌봄과 애정적 관계 ⑤ 가족의 문제 해결능력(Resolve): 가족 구성원들이 다른 구성원의 신체적·정서적 지지를 위해 서로 시간을 내어주는 정도
프리드먼 (Friedman)의 가족사정모델	• 가족을 체계로 보고 가족의 발달과 구조-기능적인 관점으로 가족사정도구를 개발하였다. • 가족발달 단계, 구조요인, 기능요인, 대처요인 등에 대한 면담 결과를 기록한다.

정답 009 ②

010 다음에서 설명하는 가족사정도구는?

[22 지방(4월)]

- 가족구성원 전체를 둘러싼 외부환경과 가족구성원 사이의 상호작용을 명료하게 파악할 수 있다.
- 가족에게 유용하거나 스트레스·갈등이 있는 외부체계를 파악할 수 있다.

① 가계도
② 생태도
③ 가족밀착도
④ 사회지지도

해설

외부체계도(생태도, eco-map)는 가족과 외부와의 다양한 상호작용을 한눈에 파악할 수 있도록 한 것이다. 이는 가족체계를 둘러싼 외부체계와 가족 구성원과의 상호작용을 통해 가족에게 유용한 체계나 스트레스, 갈등이 발생하는 외부체계를 파악할 수 있다.

가족사정도구

가족구조도 (가계도, family genogram)	• 가족 전체의 구성과 구조를 한눈에 볼 수 있도록 고안된 그림(도식화)으로 3세대 이상에 걸친 가족 구성원에 관한 정보와 그들 간의 관계를 도표로 기록하는 방법이다. • 가족구조도에는 혈족관계와 중요한 가족사건, 직업, 가족의 질병력, 가족이동, 역할 분담, 의사소통에 관한 정보 등이 포함된다.
외부체계도 (생태도, eco-map)	• 가족과 외부와의 다양한 상호작용을 한눈에 파악할 수 있도록 한 것이다. • 가족체계를 둘러싼 외부체계와 가족 구성원과의 상호작용을 통해 가족에게 유용한 체계나 스트레스, 갈등이 발생하는 외부체계를 파악할 수 있다.
가족밀착도 (family attachmentgram)	• 가족을 이해함에 있어 가족의 구조뿐만 아니라 구조를 구성하고 있는 관계의 본질을 파악한다. • 현재 동거하고 있는 가족구성원 간의 애정적 결속력, 밀착관계, 애착정도, 갈등정도를 알 수 있다.
사회지지도 (sociosupportgram)	• 가족 내 가장 취약한 구성원을 중심으로 가족 내부뿐 아니라 외부와의 상호작용을 확인할 수 있는 도구이다. • 가족 중 취약한 구성원을 중심으로 부모형제 관계, 친척 관계, 친구와 직장동료 등 이웃관계, 그 외 지역사회와의 관계를 그려봄으로써 취약가족 구성원의 가족 하위체계뿐 아니라 가족 외부 체계와의 상호작용을 파악할 수 있다.

정답 010 ②

011 세계보건기구(WHO)의 가족생활주기(family life cycle)에서 첫 자녀 독립부터 막내 자녀 독립까지의 시기에 해당하는 발달 단계는?

[22 지방(4월)]

① 형성기(formation)
② 해체기(dissolution)
③ 축소기(contraction)
④ 확대완료기(completed extension)

해설

세계보건기구(WHO)의 가족생활주기(family life cycle)

형성기	결혼~첫 자녀 출생
확대기	첫 자녀 출생~막내 출생
확대 완료기	막내 출생~자녀의 첫 결혼(독립)
축소기	자녀 결혼(독립) 시작~자녀 결혼(독립) 완료
축소완료기	자녀 결혼(독립) 완료~배우자 사망
해체기	배우자 사망~본인 사망

정답 011 ③

012 ★★★ 〈보기〉에서 (가)와 (나)에 해당하는 내용을 옳게 짝지은 것은?

[22 서울(2월)]

〈보기〉
(가)는 가족 내 가장 취약한 가구원을 중심으로 가족 내부뿐 아니라 외부와의 상호작용을 확인할 수 있는 도구이다. 이를 작성하려면 가족 구성원과 외부체계가 포함되는 다섯 개의 원을 이용하는데 두 번째 원에는 (나)를 표시한다.

	(가)	(나)
①	사회지지도	동거가족
②	외부체계도	직계가족
③	외부체계도	동거가족
④	사회지지도	직계가족

해설

사회지지도는 가족 내 가장 취약한 구성원을 중심으로 부모 형제 관계, 친척 관계, 친구와 직장동료 등 이웃관계, 그 외 지역사회와의 관계를 그려봄으로써 취약가족 구성원의 가족 하위체계뿐 아니라 가족 외부 체계와의 상호작용을 파악할 수 있다.

▶ 사회지지도 작성방법
(1) 가족면담을 통해 취약한 가족 구성원을 선정한다.
(2) 5개의 원을 안에서 밖으로 겹쳐 그려 나간다.
(3) 가장 안쪽 원에 선정된 가족 구성원을 그리고, 두 번째 원에는 동거가족, 세 번째 원에는 따로 거주하는 직계가족과 친척들을 기록한다.
(4) 네 번째 원에는 이웃, 친구 또는 직장동료, 가장 바깥 원에는 선정된 가족 구성원과 관련된 지역사회 자원(보건의료기관, 종교기관, 교육기관, 사회기관 등)을 기록한다.
(5) 안쪽 구성원을 중심으로 선을 이용하여 지지 정도를 표시하며 소원한 경우는 선을 그리지 않고, 보통은 1개, 관계가 친밀한 경우에는 2개의 선으로 지지선을 그려 넣는다.

정답 012 ①

013 가족사정도구에 대한 설명으로 옳은 것은?
[21 지방]

① 가계도: 3대 이상에 걸친 가족구성원에 관한 정보와 이들의 관계를 도표로 기록하는 방법으로 복잡한 가족 형태를 한눈에 볼 수 있다.
② 가족밀착도: 가족과 이웃, 외부 기관 등과의 상호관계와 밀착 정도를 도식화한 것이다.
③ 사회지지도: 가족 중 부부를 중심으로 부모, 형제, 친척, 친구, 직장 동료와 이웃 및 지역사회의 지지 정도와 상호작용을 파악할 수 있다.
④ 가족생활사건: 가족의 역사 중에서 가족에게 영향을 주었다고 생각되는 중요한 사건들을 순서대로 열거하고, 가족에게 미친 영향을 파악하는 것이다.

해설

② 가족밀착도: 현재 동거하고 있는 가족구성원 간의 상호관계와 밀착 정도를 도식화한 것이다.
③ 사회지지도: 가족 중 가장 취약한 구성원을 중심으로 부모, 형제, 친척, 친구, 직장 동료와 이웃 및 지역사회의 지지 정도와 상호작용을 파악할 수 있다.
④ 가족연대기: 가족의 역사 중에서 가족에게 영향을 주었다고 생각되는 중요한 사건들을 순서대로 열거하고, 가족에게 미친 영향을 파악하는 것이다.
→ 가족생활사건도구는 가족생활사건변화 척도로 총 71문항으로 가족이 경험한 생활사건의 스트레스 축적을 측정하기 위해 설계된 도구이다.

014 아동학대가족은 취약가족 중 어느 유형에 속하는가?
[21 경기추채]

① 구조적으로 취약한 가족
② 기능적으로 취약한 가족
③ 발달단계상 취약한 가족
④ 상호작용이 취약한 가족

해설

아동학대는 가족 내 상호작용이 취약한 가족이다.
① 구조적으로 취약한 가족 - 한부모 가족, 조손 가족 등
② 기능적으로 취약한 가족 - 저소득층 가족, 취업모 가족, 장애인 가족 등
③ 발달단계상 취약한 가족 - 미혼모 가족, 미숙아 가족
④ 상호작용이 취약한 가족 - 폭력 가족, 학대부모 가족, 비행청소년 가족, 알코올중독자 가족

정답 013 ① 014 ④

015 가족건강사정도구 중 가족의 구조뿐만 아니라 관계 본질을 파악하는 데 유용한 것은? [20 광주추채]

① 사회지지도
② 가족밀착도
③ 가족구조도
④ 외부체계도

해설
가족밀착도는 가족을 이해함에 있어 가족의 구조뿐만 아니라 구조를 구성하고 있는 관계의 본질을 파악한다.

016 〈보기〉에서 설명하는 가족건강사정도구로 가장 옳은 것은? [20 서울]

〈보기〉
가족 중 가장 취약한 구성원을 중심으로 부모형제 관계, 친척 관계, 친구와 직장동료 등 이웃 관계, 그 외 지역사회와의 관계를 그려봄으로써 취약 가족 구성원의 가족 하위 체계뿐만 아니라 가족 외부 체계와의 상호작용을 파악할 수 있다.

① 외부체계도
② 사회지지도
③ 가족밀착도
④ 가계도

해설
사회지지도는 가족 중 가장 취약한 구성원을 중심으로 부모형제 관계, 친척 관계, 친구와 직장동료 등 이웃관계, 그 외 지역사회와의 관계를 그려봄으로써 취약가족 구성원의 가족 하위 체계뿐 아니라 가족 외부 체계와의 상호작용을 파악할 수 있다.

가족사정도구

도구	설명
사회지지도 (sociosupportgram)	• 가족 내 가장 취약한 구성원을 중심으로 가족 내부뿐 아니라 외부와의 상호작용을 확인할 수 있는 도구이다. • 가족 중 취약한 구성원을 중심으로 부모형제 관계, 친척 관계, 친구와 직장동료 등 이웃관계, 그 외 지역사회와의 관계를 그려봄으로써 취약가족 구성원의 가족 하위체계뿐 아니라 가족 외부 체계와의 상호작용을 파악할 수 있다.
가족밀착도 (family attachmentgram)	• 가족을 이해함에 있어 가족의 구조뿐만 아니라 구조를 구성하고 있는 관계의 본질을 파악한다. • 현재 동거하고 있는 가족구성원 간의 애정적 결속력, 밀착관계, 애착정도, 갈등정도를 알 수 있다.
가족구조도 (가계도, family genogram)	• 가족 전체의 구성과 구조를 한눈에 볼 수 있도록 고안된 그림(도식화)으로 3세대 이상에 걸친 가족 구성원에 관한 정보와 그들 간의 관계를 도표로 기록하는 방법이다. • 가족구조도에는 혈족관계와 중요한 가족사건, 직업, 가족의 질병력, 가족이동, 역할 분담, 의사소통에 관한 정보 등이 포함된다.
외부체계도 (생태도, eco-map)	• 가족과 외부와의 다양한 상호작용을 한눈에 파악할 수 있도록 한 것이다. • 가족체계를 둘러싼 외부체계와 가족 구성원과의 상호작용을 통해 가족에게 유용한 체계나 스트레스, 갈등이 발생하는 외부체계를 파악할 수 있다.

정답 015 ② 016 ②

017 가족 이론에 대한 설명으로 옳지 않은 것은?

[20 지방]

① 구조 - 기능이론: 가족 기능을 위한 적절한 가족 구조를 갖춤으로써 상위체계인 사회로의 통합을 추구한다.
② 가족발달이론: 가족생활주기별 과업 수행 정도를 분석함으로써 가족 문제를 파악할 수 있다.
③ 가족체계이론: 가족 구성원을 개별적으로 분석함으로써 가족체계 전체를 이해할 수 있다.
④ 상징적 상호작용이론: 가족 구성원 간 상호작용이 개인 정체성에 영향을 주므로 내적 가족 역동이 중요하다.

해설

가족체계이론에서 가족체계 일부분이 받은 영향은 다른 부분과 전체 체계에 영향을 미치고, 개별적 분석보다는 전체적인 상호작용을 분석하여 포괄적으로 이해한다.

가족 관련 이론

이론	구분	내용
가족 체계이론	개념	• 가족은 구성원 개개인들의 특성을 합한 것 이상의 실체를 지닌 집합체 • 가족체계에서는 한 부분이 변화하면 전체 체계에 영향을 미치게 됨 • 가족체계는 외부환경뿐 아니라 내부의 스트레스에 반응하여 계속 변화 • 가족과 상호작용하는 내적·외적 환경을 모두 파악해야 함
	장점	가족 내·외의 의존성과 상호작용을 이해하기 위한 수단을 제공
	한계	많은 개념들이 애매하고 추상적이어서 조직화하기 어려움
구조-기능주의 이론	개념	• 사회 전체의 요구에 가족의 사회화 기능이 어느 정도 부합되는지 거시적 관점에서 접근 • 가족은 하나의 사회구조로 사회체계와 상호작용, 사회구조가 개인의 행위를 결정 • 가족건강은 가족이 기능을 제대로 수행하도록 조직되었는지와 관련됨 • 사정도구: 가계도(가족구조도), 사회지지도
	장점	가족 구성원 간의 다양한 내적인 관계뿐만 아니라 가족과 더 큰 사회체계와의 관계를 중시
	한계	가족 간의 상호작용 과정보다는 구조 자체와 상호작용 결과에만 관심을 두고 있음
상징적 상호작용이론	개념	• 가족 내 개인의 역할과 역할기대에 따른 상호작용을 중시하는 미시적 접근법을 사용 • 가족 구성원들 간의 상호작용에 대한 개인의 중요성을 강조하면서 가족 내의 내적인 과정인 가족의 역할, 갈등, 위치, 의사소통, 스트레스에 대한 반응, 의사결정, 사회화에 초점을 둠 • 사정도구: 가족밀착도
	장점	가족의 내적 역동과 역할 기대를 이해하는 데 적합
	한계	상징적 상호작용이론은 개념들과 가정 간의 일관성이 결여되어 있어 새로운 이론의 형성을 어렵게 함
가족발달이론	개념	• 생애주기별 발달과업을 어느 정도 성취했는가를 중심으로 가족건강을 평가 • 가족의 개별 구성원에게 초점을 맞추기보다는 사회체계의 한 단위인 가족 전체를 대상으로 접근
	장점	단시간에 가족을 사정하거나 많은 가족을 관리할 때 유용
	한계	핵가족 중심의 발달과업에는 맞지만 다른 유형의 가족에게는 적용하기가 쉽지 않음

정답 017 ③

018 김씨 가계도(genogram)에 대한 설명으로 옳지 않은 것은? [20 지방]

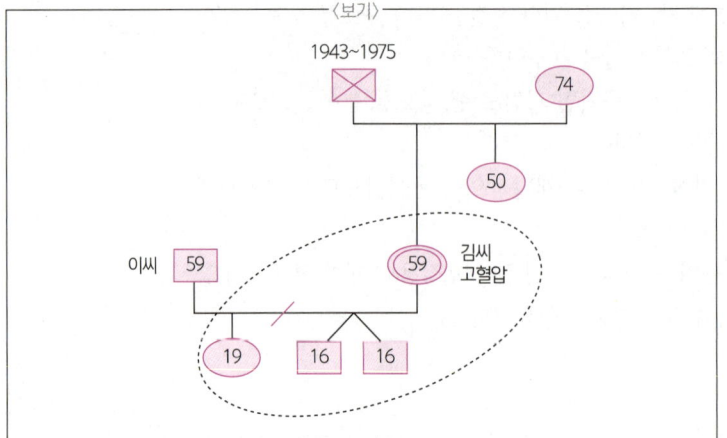

해설
〈보기〉에 제시된 가계도 그림에서 현재 김씨는 남편과 별거 상태이다.

① 김씨는 남편과 이혼한 상태이다.
② 김씨의 아버지는 사망한 상태이다.
③ 김씨의 자녀는 2남 1녀이다.
④ 김씨의 두 아들은 쌍둥이이다.

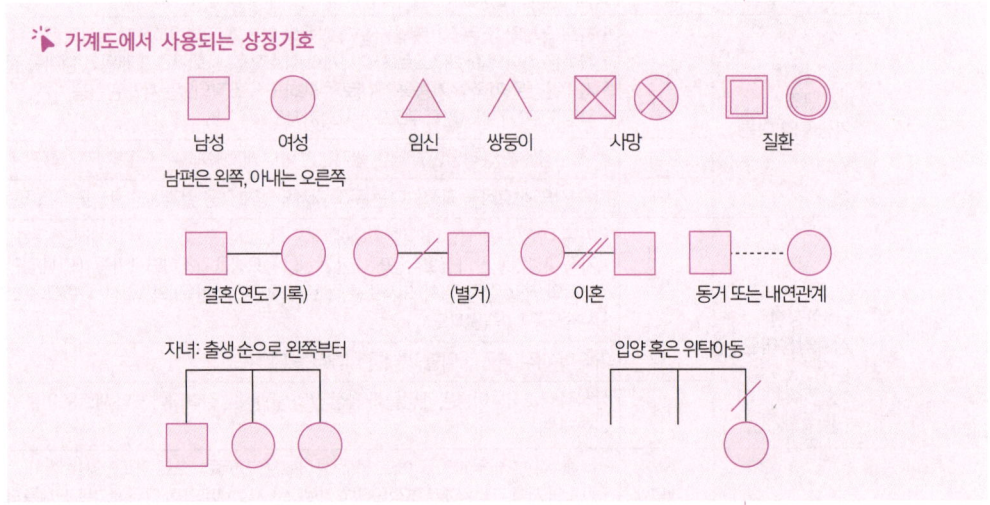

정답 018 ①

019 ★★★ 듀발(Duvall)의 가족생활주기 중 진수기 가족이 성취해야 하는 발달과업은?

[20 지방]

① 가족계획
② 은퇴와 노화에 대한 적응
③ 자녀의 사회화와 학업 성취 격려
④ 자녀의 출가에 따른 부모 역할 적응

해설

진수기는 첫 자녀 결혼부터 막내 결혼까지 자녀들이 집을 떠나는 단계를 말한다. 이 시기는 그동안 자녀 중심의 부모역할에 변화가 온다.
① 가족계획 → 신혼기
② 은퇴와 노화에 대한 적응 → 노년기
③ 자녀의 사회화와 학업 성취 격려 → 학령기

가족발달단계에 따른 발달과업

단계	기간	발달과업
신혼기 가족	결혼에서 첫 자녀 출생 전까지	• 결혼에 대한 적응이 우선적인 문제임 • 친밀한(밀접한) 부부관계와 결혼에 대한 만족 • 성적 양립성, 독립성과 의존성의 조화 • 부부의 정체성 확립 • 임신과 부모됨에 대한 결정과 준비 • 가족계획(자녀출생에 대비) • 친척에 대한 이해와 관계 수립·증진 • 생활 수준 향상
양육기 가족	첫 자녀의 출생~30개월	• 부모의 역할과 기능, 책임에 대한 적응 • 안정되고 만족스러운 부부관계 유지 • 각 가족 구성원의 갈등이 되는 역할의 조정 • 산아 제한, 임신, 자녀 양육 문제에 대한 배우자 간의 동의 • 모자보건서비스 요구 증가 • 가족구성원에게 만족스러운 가정 형성 • 조부모 등이 포함된 확대가족과 관계의 확장
학령전기 가족	첫 자녀가 30개월~6세	• 자녀들의 사회화 교육 및 영양관리(자녀들의 사회화 및 양육) • 자녀의 성장과 발달 촉진 • 가족구성원의 다양한 요구 충족 • 안정된 결혼(부부) 관계의 유지 • 부부간, 부모와 자녀 간, 가족 외부 사람과의 관계 대처 • 자녀들의 경쟁 및 불균형된 자녀와의 관계 대처
학령기 가족	첫 자녀가 6~13세	• 자녀들의 사회화 • 자녀의 교육성과의 달성 • 학업성취의 증진(자녀들의 교육적 성취를 격려) • 가정의 전통과 관습의 전승 • 가족 내 규칙과 규범의 확립 • 만족스러운 부부관계의 유지 • 자녀들의 긍정적인 방향의 공동체 및 사회화 활동 촉진

단계	기간	발달과업
10대 (청소년기) 가족	첫 자녀가 13~19세	• 안정된 결혼관계(부부관계) 유지 • 직업(수입)의 안정화 • 부모 – 자녀 간 개방적인 의사소통 유지 • 10대의 자유와 책임의 균형을 맞춤 • 자녀들의 독립성 증가에 따른 자유와 책임의 조화 • 자녀의 청소년으로서의 책임감과 자율성 간 균형 유지 • 자녀들의 성문제 대처 • 세대 간의 충돌 대처 • 자녀의 출가에 대처 • 부모로서의 성숙과 새로운 관심사 찾기
진수기 가족	첫 자녀 결혼부터 막내 결혼까지 자녀들이 집을 떠나는 단계	• 자녀를 성인으로 독립, 자녀를 출가시킴 • 부부관계의 재조정 • 늙어가는 부모들의 부양과 지지 • 자녀들의 출가에 따른 부모의 역할 적응 • 성인이 된 자녀와 자녀의 배우자와의 관계 확립, 재배열
중년기 가족	자녀들이 집을 떠난 후 은퇴할 때까지	• 경제적 풍요 • 부부관계의 재확립 • 출가한 자녀가족과의 유대관계 유지 • 새로운 흥미의 개발과 참여
노년기 가족	은퇴 후 ~사망	• 만족스러운 생활 유지 • 건강문제에 대한 대처 • 은퇴에 대한 대처 • 사회적 지위 및 경제적 소득 감소에 대처 • 배우자의 죽음에 대한 적응 • 권위의 이양, 의존과 독립의 전환 • 부부의 사망과 가족의 종말에 대한 이해

020 Smilkstein이 개발한 가족기능 평가도구(Family APGAR)의 평가영역이 아닌 것은?　　　　　　　　　　　　　　　　　　　　　　　　　[20 지방]

① 가족의 적응 능력(adaptation)
② 가족 간의 성숙도(growth)
③ 가족 간의 애정 정도(affection)
④ 가족이 가진 자원의 크기(resource)

해설

Smilkstein이 개발한 가족기능 평가도구(Family APGAR)는 가족이 문제에 대처하여 해결해 나가는 데 있어서 가족의 자가관리능력과 가족기능 수준을 사정하는 것을 말한다.
가족기능 영역 5가지 평가 항목
(1) 가족의 적응능력(Adaptation)
(2) 가족 간의 협력(Partnership)
(3) 가족 간의 성숙도(Growth)
(4) 가족 간의 애정 정도(Affection)
(5) 가족의 문제해결능력(Resolve)

정답　019 ④　020 ④

021 부모와 32개월 남아 및 18개월 여아로 이루어진 가족은 Duvall의 가족생활 주기 8단계 중 어디에 해당되며, 이 단계의 발달과업은 무엇인가?

[19 서울]

① 양육기 – 임신과 자녀 양육 문제에 대한 배우자 간의 동의
② 학령전기 – 가정의 전통과 관습의 전승
③ 양육기 – 자녀들의 경쟁 및 불균형된 자녀와의 관계에 대처
④ 학령전기 – 자녀들의 사회화 교육 및 영양관리

해설

Duvall은 부부의 결혼을 시작으로 첫 자녀의 연령을 중심으로 8단계로 구분하고 가족의 발달과업을 제시하였다. 문제에 제시된 첫 아이의 연령은 32개월로 "학령전기"에 해당되며 이시기의 중요한 발달과업은 다음과 같다.
- 자녀들의 사회화 교육 및 영양관리
- 자녀의 성장과 발달 촉진
- 가족 구성원의 다양한 요구 충족
- 안정된 결혼(부부) 관계의 유지
- 부부간, 부모와 자녀 간, 가족 외부 사람과의 관계 대처
- 자녀들의 경쟁 및 불균형된 자녀와의 관계 대처

정답 021 ④

022 만성질환 환자를 둔 가족의 역할갈등을 해결하기 위하여, 가족 구성원 간의 상호작용, 친밀감 정도 및 단절관계를 가장 잘 파악할 수 있는 사정도구는?

[19 서울]

① 가족구조도
② 가족밀착도
③ 외부체계도
④ 사회지지도

해설

가족을 이해함에 있어 가족의 구조뿐만 아니라 구조를 구성하고 있는 관계의 본질을 파악하는 데 유용한 사정도구는 "가족밀착도"이다. 현재 동거하고 있는 가족 구성원 간의 애정적 결속력, 밀착관계, 애착정도, 갈등정도를 알 수 있다.

가족사정도구

가족구조도 (가계도, family genogram)	• 가족 전체의 구성과 구조를 한눈에 볼 수 있도록 고안된 그림(도식화)으로 3세대 이상에 걸친 가족 구성원에 관한 정보와 그들 간의 관계를 도표로 기록하는 방법이다. • 가족구조도에는 혈족관계와 중요한 가족사건, 직업, 가족의 질병력, 가족이동, 역할 분담, 의사소통에 관한 정보 등이 포함된다.
가족밀착도 (family attachmentgram)	• 가족을 이해함에 있어 가족의 구조뿐만 아니라 구조를 구성하고 있는 관계의 본질을 파악한다. • 현재 동거하고 있는 가족구성원 간의 애정적 결속력, 밀착관계, 애착정도, 갈등정도를 알 수 있다.
외부체계도 (생태도, eco-map)	• 가족과 외부와의 다양한 상호작용을 한눈에 파악할 수 있도록 한 것이다. • 가족체계를 둘러싼 외부체계와 가족 구성원과의 상호작용을 통해 가족에게 유용한 체계나 스트레스, 갈등이 발생하는 외부체계를 파악할 수 있다.
사회지지도 (sociosupportgram)	• 가족 내 가장 취약한 구성원을 중심으로 가족 내부뿐 아니라 외부와의 상호작용을 확인할 수 있는 도구이다. • 가족 중 취약한 구성원을 중심으로 부모형제 관계, 친척 관계, 친구와 직장동료 등 이웃관계, 그 외 지역사회와의 관계를 그려봄으로써 취약가족 구성원의 가족 하위체계뿐 아니라 가족 외부 체계와의 상호작용을 파악할 수 있다.

정답 **022** ②

023 체계이론에 근거한 가족에 대한 설명으로 옳은 것은? [19 지방]

① 가족 구성원은 사회적 상호작용을 통해 상징에 대한 의미를 해석하고 행동한다.
② 가족은 내·외부 환경과 지속적으로 교류하고, 변화와 안정 간의 균형을 통해 성장한다.
③ 가족은 처음 형성되고 성장하여 쇠퇴할 때까지 가족생활주기의 단계별 발달과업을 가진다.
④ 가족기능은 가족 구성원과 사회의 요구를 충족하는 것으로 애정·사회화·재생산·경제·건강관리 기능이 있다.

해설

체계이론에서 가족체계는 안정된 양상을 유지하기 위해 개방체계로 항상성을 유지하고, 외부환경뿐 아니라 내부의 스트레스에 반응하여 계속적으로 변화한다.
① 상징적 상호작용이론
② 가족체계이론
③ 가족발달이론
④ 구조-기능주의 이론

가족 관련 이론

이론	구분	내용
가족 체계이론	개념	• 가족은 구성원 개개인들의 특성을 합한 것 이상의 실체를 지닌 집합체 • 가족체계에서는 한 부분이 변화하면 전체 체계에 영향을 미치게 됨 • 가족체계는 외부환경뿐 아니라 내부의 스트레스에 반응하여 계속 변화 • 가족과 상호작용하는 내적·외적 환경을 모두 파악해야 함
	장점	가족 내·외의 의존성과 상호작용을 이해하기 위한 수단을 제공
	한계	많은 개념들이 애매하고 추상적이어서 조직화하기 어려움
구조- 기능주의 이론	개념	• 사회 전체의 요구에 가족의 사회화 기능이 어느 정도 부합되는지 거시적 관점에서 접근 • 가족은 하나의 사회구조로 사회체계와 상호작용, 사회구조가 개인의 행위를 결정 • 가족건강은 가족이 기능을 제대로 수행하도록 조직되었는지와 관련됨 • 사정도구: 가계도(가족구조도), 사회지지도
	장점	가족 구성원 간의 다양한 내적인 관계뿐만 아니라 가족과 더 큰 사회체계와의 관계를 중시
	한계	가족 간의 상호작용 과정보다는 구조 자체와 상호작용 결과에만 관심을 두고 있음
상징적 상호작용이론	개념	• 가족 내 개인의 역할과 역할기대에 따른 상호작용을 중시하는 미시적 접근법을 사용 • 가족 구성원들 간의 상호작용에 대한 개인의 중요성을 강조하면서 가족 내의 내적인 과정인 가족의 역할, 갈등, 위치, 의사소통, 스트레스에 대한 반응, 의사결정, 사회화에 초점을 둠 • 사정도구: 가족밀착도
	장점	가족의 내적 역동과 역할 기대를 이해하는 데 적합
	한계	상징적 상호작용이론은 개념들과 가정 간의 일관성이 결여되어 있어 새로운 이론의 형성을 어렵게 함
가족발달이론	개념	• 생애주기별 발달과업을 어느 정도 성취했는가를 중심으로 가족건강을 평가 • 가족의 개별 구성원에게 초점을 맞추기보다는 사회체계의 한 단위인 가족 전체를 대상으로 접근
	장점	단시간에 가족을 사정하거나 많은 가족을 관리할 때 유용
	한계	핵가족 중심의 발달과업에는 맞지만 다른 유형의 가족에게는 적용하기가 쉽지 않음

정답 023 ②

024 Duvall의 가족발달이론에서 첫 아이의 연령이 6~13세인 가족의 발달과 업으로 가장 옳은 것은?

[19 서울추채]

① 부부관계를 재확립한다.
② 세대 간의 충돌에 대처한다.
③ 가족 내 규칙과 규범을 확립한다.
④ 서로의 친척에 대한 이해와 관계를 수립한다.

해설

문제에서 제시된 첫 아이의 연령은 학령기이다.
① 부부관계를 재확립한다.
 → 중년기
② 세대 간의 충돌에 대처한다. → 사춘기
③ 가족 내 규칙과 규범을 확립한다. → 학령기
④ 서로의 친척에 대한 이해와 관계를 수립한다.
 → 신혼기

가족발달단계에 따른 발달과업

단계	기간	발달과업
신혼기 가족	결혼에서 첫 자녀 출생 전까지	• 결혼에 대한 적응이 우선적인 문제임 • 친밀한(밀접한) 부부관계와 결혼에 대한 만족 • 성적 양립성, 독립성과 의존성의 조화 • 부부의 정체성 확립 • 임신과 부모됨에 대한 결정과 준비 • 가족계획(자녀출생에 대비) • 친척에 대한 이해와 관계 수립·증진 • 생활 수준 향상
양육기 가족	첫 자녀의 출생~30개월	• 부모의 역할과 기능, 책임에 대한 적응 • 안정되고 만족스러운 부부관계 유지 • 각 가족 구성원의 갈등이 되는 역할의 조정 • 산아 제한, 임신, 자녀 양육 문제에 대한 배우자 간의 동의 • 모자보건서비스 요구 증가 • 가족구성원에게 만족스러운 가정 형성 • 조부모 등이 포함된 확대가족과 관계의 확장
학령전기 가족	첫 자녀가 30개월~6세	• 자녀들의 사회화 교육 및 영양관리(자녀들의 사회화 및 양육) • 자녀의 성장과 발달 촉진 • 가족구성원의 다양한 요구 충족 • 안정된 결혼(부부) 관계의 유지 • 부부간, 부모와 자녀 간, 가족 외부 사람과의 관계 대처 • 자녀들의 경쟁 및 불균형된 자녀와의 관계 대처
학령기 가족	첫 자녀가 6~13세	• 자녀들의 사회화 • 자녀의 교육성과의 달성 • 학업성취의 증진(자녀들의 교육적 성취를 격려) • 가정의 전통과 관습의 전승 • 가족 내 규칙과 규범의 확립 • 만족스러운 부부관계의 유지 • 자녀들의 긍정적인 방향의 공동체 및 사회화 활동 촉진
10대 (청소년기) 가족	첫 자녀가 13~19세	• 안정된 결혼관계(부부관계) 유지 • 직업(수입)의 안정화 • 부모-자녀 간 개방적인 의사소통 유지 • 10대의 자유와 책임의 균형을 맞춤 • 자녀들의 독립성 증가에 따른 자유와 책임의 조화 • 자녀의 청소년으로서의 책임감과 자율성 간 균형 유지 • 자녀들의 성문제 대처 • 세대 간의 충돌 대처 • 자녀의 출가에 대처 • 부모로서의 성숙과 새로운 관심사 찾기

단계	기간	발달과업
진수기 가족	첫 자녀 결혼부터 막내 결혼까지 자녀들이 집을 떠나는 단계	• 자녀를 성인으로 독립, 자녀를 출가시킴 • 부부관계의 재조정 • 늙어가는 부모들의 부양과 지지 • 자녀들의 출가에 따른 부모의 역할 적응 • 성인이 된 자녀와 자녀의 배우자와의 관계 확립, 재배열
중년기 가족	자녀들이 집을 떠난 후 은퇴할 때까지	• 경제적 풍요 • 부부관계의 재확립 • 출가한 자녀가족과의 유대관계 유지 • 새로운 흥미의 개발과 참여
노년기 가족	은퇴 후 ~사망	• 만족스러운 생활 유지 • 건강문제에 대한 대처 • 은퇴에 대한 대처 • 사회적 지위 및 경제적 소득 감소에 대처 • 배우자의 죽음에 대한 적응 • 권위의 이양, 의존과 독립의 전환 • 부부의 사망과 가족의 종말에 대한 이해

정답 024 ③

025 보건소 방문간호사가 최근 당뇨를 진단받은 세대주의 가정을 방문하여 〈보기〉와 같은 자료를 수집하였다. 이를 활용하여 가족밀착도를 작성하고자 할 때, 가장 옳은 것은?

[19 서울추채]

〈보기〉

가족 구성원: 세대주(남편): 55세, 회사원, 당뇨
　　　　　　배우자(아내): 50세, 가정주부
　　　　　　아들: 26세, 학생, 알레르기성 비염
　　　　　　딸: 24세, 학생
취약점을 가지고 있는 구성원: 세대주
가족밀착도: 남편 – 아내: 서로 친밀한 관계
　　　　　　아버지 – 아들: 친밀감이 약한 관계
　　　　　　아버지 – 딸: 매우 밀착된 관계
　　　　　　어머니 – 아들: 갈등이 심한 관계
　　　　　　어머니 – 딸: 서로 친밀한 관계
　　　　　　아들 – 딸: 갈등이 있는 관계

① 세대주는 ○로 표시하였다.
② 세대주를 중심에 배치하였다.
③ 기호 안에 가족 내 위치와 나이를 기록하였다.
④ 아버지와 아들과의 관계는 점선으로 표시하였다.

해설

① 세대주는 아버지이므로 □로 표시해야 한다.
② 취약한 구성원인 세대주를 중심에 배치하는 것은 사회지지도이다.
④ 아버지와 아들과의 관계는 실선 하나로 표시해야 한다.

가족밀착도 작성방법

(1) 가족 구성원을 둥글게 배치하여 남자는 □, 여자는 ○로 표시한다.
(2) 기호 안에는 간단하게 구성원의 가족 내 위치와 나이를 기록하고, 가족 2명을 배정하여 관계를 선으로 나타낸다.

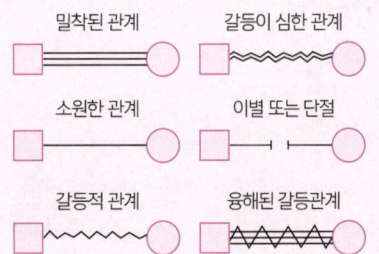

정답 025 ③

026 가족이 경험할 수 있는 문제와 각 단계에서 있을 수 있는 문제상황에 대한 효율적인 결정을 하기 위하여 정보를 알고 평가하는 데 도움을 주며, 이에 대처할 수 있는 능력을 키워주는 것으로, 가족들이 문제에 부딪혔을 때 쉽게 적응할 수 있도록 하는 간호수행 방법은? [19 서울추채]

① 조정
② 계약
③ 의뢰
④ 예측적 안내

> **해설**
>
> **가족간호 수행의 유형**
> - **예측적 안내**: 가족들이 경험할 수 있는 문제를 미리 예측하여 대처할 수 있는 능력 ↑
> - **계약**: 가족간호에 포함된 모든 사람들의 역할과 기대를 명백히 하고 구체적인 절차에 대한 윤곽과 책임 명시
> - **의뢰**: 복합적인 가족의 건강문제나 위기 발생 시에 여러 전문가의 도움이 필요할 때 적용
> - **조정**: 서비스에 대한 결핍이나 중복이 없도록 조율
>   + 보건교육, 건강상담, 직접적인 간호, 스트레스 관리, 가족의 지원강화

027 다음은 29세 캄보디아 결혼이민자 여성의 가족구조도이다. 이 여성의 동거가족을 위해 가장 우선되어야 하는 가족지원사업은? [18 서울]

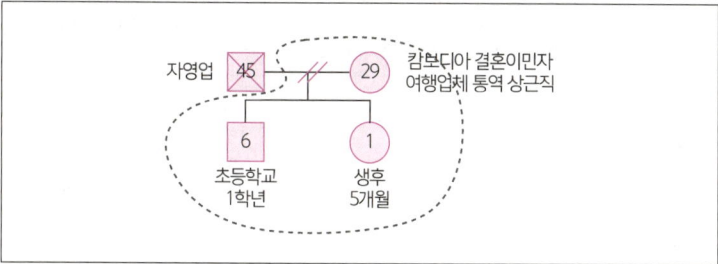

① 남편의 가족생활 참여를 지원
② 한부모 가족을 위한 아이돌봄서비스 제공
③ 맞벌이 가정을 위한 부모훈련교육
④ 건강한 가족문화 및 가치 제고

> **해설**
>
> 다문화 가정이면서 한부모 가정으로, 가장인 어머니가 취업 중인 상황에서 양육 중인 아이들을 배려한 서비스가 필요하다.

정답 026 ④ 027 ②

028 방문간호사가 K씨 가족을 방문하여 가족간호사정을 실시하였다. 다음의 사정도구에 대한 설명으로 옳은 것은? [18 지방]

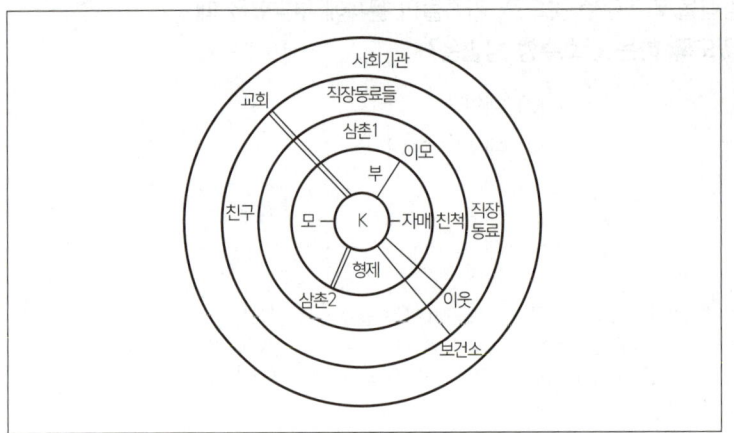

① K씨와 가족 내·외부 간의 지지 정도를 확인할 수 있다.
② K씨의 가족과 외부 체계 간의 자원 흐름을 파악할 수 있다.
③ K씨의 가족 구성원 간의 상호관계와 친밀도를 도식화한 것이다.
④ K씨의 가족 구성원의 구조를 한눈에 볼 수 있도록 도식화한 것이다.

해설

제시된 그림은 사회지지도이다. 사회지지도는 가족 중 가장 취약한 구성원을 중심으로 부모형제 관계, 친척 관계, 친구와 직장동료 등 이웃관계, 그 외 지역사회와의 관계를 그려봄으로써 취약가족 구성원의 가족 하위 체계뿐 아니라 가족 외부 체계와의 상호작용을 파악할 수 있다.
② 외부체계도
③ 가족밀착도
④ 가족구조도(가계도)

가족사정도구

도구	설명
사회지지도 (sociosupportgram)	• 가족 내 가장 취약한 구성원을 중심으로 가족 내부뿐 아니라 외부와의 상호작용을 확인할 수 있는 도구이다. • 가족 중 취약한 구성원을 중심으로 부모형제 관계, 친척 관계, 친구와 직장동료 등 이웃관계, 그 외 지역사회와의 관계를 그려봄으로써 취약가족 구성원의 가족 하위체계뿐 아니라 가족 외부 체계와의 상호작용을 파악할 수 있다.
외부체계도 (생태도, eco-map)	• 가족과 외부와의 다양한 상호작용을 한눈에 파악할 수 있도록 한 것이다. • 가족체계를 둘러싼 외부체계와 가족 구성원과의 상호작용을 통해 가족에게 유용한 체계나 스트레스, 갈등이 발생하는 외부체계를 파악할 수 있다.
가족밀착도 (family attachmentgram)	• 가족을 이해함에 있어 가족의 구조뿐만 아니라 구조를 구성하고 있는 관계의 본질을 파악한다. • 현재 동거하고 있는 가족구성원 간의 애정적 결속력, 밀착관계, 애착정도, 갈등정도를 알 수 있다.
가족구조도 (가계도, family genogram)	• 가족 전체의 구성과 구조를 한눈에 볼 수 있도록 고안된 그림(도식화)으로 3세대 이상에 걸친 가족 구성원에 관한 정보와 그들 간의 관계를 도표로 기록하는 방법이다. • 가족구조도에는 혈족관계와 중요한 가족사건, 직업, 가족의 질병력, 가족이동, 역할 분담, 의사소통에 관한 정보 등이 포함된다.

정답 028 ①

029 취약가족 간호대상자 중 가족 구조의 변화로 발생한 것이 아닌 것은?

[18 지방]

① 만성질환자 가족
② 한부모 가족
③ 별거 가족
④ 이혼 가족

해설

만성질환자 가족은 기능상으로 취약한 가족이다.

> **취약가족의 종류**
> (1) **구조적으로 취약한 가족**: 가족구성원의 구조적 결손에 의한 취약가족
>   예) 한부모 가족, 이혼 가족, 단독 가족, 조손 가족, 새싹 가족
> (2) **기능적으로 취약한 가족**: 가족의 경제적 결핍이나 만성질환, 장애 등에 의한 취약가족
>   예) 저소득층 가족, 취업모 가족, 실업 가족, 만성 및 말기질환자 가족, 장애인 가족
> (3) **가족 내 상호작용이 취약한 가족**: 가족 내 상호작용의 단절로 인한 탈선, 비행, 약물중독 등에 의한 취약가족
>   예) 폭력 가족(학대부모 가족), 비행청소년 가족, 알코올중독자 가족, 아동학대 가족
> (4) **발달단계의 취약가족**: 생애주기 발달단계의 미숙으로 인한 취약가족
>   예) 미혼모 가족, 미숙아 가족
> ※ 다문화 가족과 새터민 가족은 교재에 따라 기능적으로 취약한 가족 또는 상호작용이 취약한 가족으로 분류에 차이를 보인다.

030 가족간호 사정도구에 대한 설명으로 옳은 것은?

[17 지방추채]

① 외부체계도 - 가족 내부 구성원의 상호관계와 밀착관계만을 알 수 있다.
② 가족밀착도 - 가족 구성원의 결혼, 이혼, 사망, 질병력과 같은 중요한 사건을 점선으로 도식화한다.
③ 가족생활사건 - 가족의 역사 중에서 중요하다고 생각되는 사건들을 시간순으로 열거한 것이다.
④ 사회지지도 - 가장 취약한 가족 구성원을 중심으로 부모·형제, 친구와 직장동료, 기관 등 외부와의 상호작용을 그린 것이다.

해설

① 가족밀착도-가족 내부 구성원의 상호관계와 밀착관계만을 알 수 있다.
② 가족구조도-가족 구성원의 결혼, 이혼, 사망, 질병력과 같은 중요한 사건을 점선으로 도식화한다.
③ 가족연대기-가족의 역사 중에서 중요하다고 생각되는 사건들을 시간순으로 열거한 것이다.

정답 29 ① 30 ④

031 가족간호과정에 대한 설명으로 옳지 않은 것은? [17 지방추채]

① 문제가 있는 가구원만을 대상으로 사정한다.
② 가족의 문제점뿐만 아니라 강점도 함께 사정한다.
③ 간호사가 전화면담을 통해 가족으로부터 직접 얻은 자료는 일차자료이다.
④ 정상가족이라는 고정관념을 버리고 가족의 다양성과 변화성에 대한 인식을 가진다.

해설
가족 전체와 더불어 문제가 있는 가족 구성원을 대상으로 자료를 수집한다.

가족사정의 기본 원칙
(1) 가족의 문제점뿐만 아니라 강점도 사정한다.
(2) 가구원보다는 가족 전체에 초점을 맞춘다. 가족 전체와 더불어 문제가 있는 가족 구성원을 대상으로 자료를 수집한다.
(3) 정상가족이라는 일반적인 고정관념을 갖지 않고 가족의 다양성과 변화성에 대한 인식을 가지고 접근한다.
(4) 가족이 함께 사정에서부터 전 간호과정에 참여함으로써 간호사와 대상자가 함께 진단을 내리고 중재 방법을 결정하도록 한다.
(5) 가족 구성원 한 사람에 의존하지 않고 가족 전체, 친척, 이웃, 통장, 반장, 의료기관 등 지역자원 및 기존 자료를 바탕으로 자료를 수집한다. 가구원 한 사람에게 의존하지 않고 다양한 출처에서 정보를 수집한다.
(6) 가족정보 중에는 이중적 의미의 정보도 있을 수 있다. 한 가구원만의 정보나 단편적인 정보에 의존하기보다는 여러 사람에서 복합적인 정보를 수집하여 정확하고 통합적인 해석을 통하여 판단한다.
(7) 대부분의 가족사정 자료들은 질적 자료가 요구되므로, 가족사정도구 점검표를 사용하는 경우라도 심층면접을 할 수 있도록 영역별로 충분한 시간을 할애하여야 한다.
(8) 한 번의 면접에서 너무 무리하게 많은 자료를 얻으려고 해서는 안 된다. 이는 가족에게 부담을 주고, 정보도 정확하지 않을 수 있으므로 충분한 시간을 갖고 지속적인 면담을 통해 자료를 보강하는 것이 중요하다.
(9) 1회 면담시간은 될 수 있으면 30분을 넘지 않도록 한다.
(10) 수집된 자료 가운데 의미 있는 자료를 선택하여 기록하고 범주화한다.
(11) 수집된 자료 자체는 가족 문제가 아니면 원인도 아니다. 사정자료는 진단이 아니다.
(12) 자료 수집 시 자료제공자와 대상자에 대한 윤리적 배려가 필요하다.

정답 031 ①

032 가족 관련 이론에 대한 설명으로 옳은 것은? [17 지방추채]

① 가족체계이론 – 가족은 구성원 개개인들의 특성을 합한 것 이상의 실체를 지닌 집합체이다.
② 상징적 상호작용이론 – 생애주기별 발달과업을 어느 정도 성취했는가를 중심으로 가족건강을 평가한다.
③ 구조·기능주의이론 – 가족 내 개인의 역할과 역할기대에 따른 상호작용을 중시하는 미시적 접근법을 사용한다.
④ 가족발달이론 – 사회 전체의 요구에 가족의 사회화 기능이 어느 정도 부합되는지 거시적 관점에서 접근한다.

해설

② 가족발달이론: 생애주기별 발달과업을 어느 정도 성취했는가를 중심으로 가족건강을 평가한다.
③ 상징적 상호작용이론: 가족 내 개인의 역할과 역할기대에 따른 상호작용을 중시하는 미시적 접근법을 사용한다.
④ 구조·기능주의이론: 사회 전체의 요구에 가족의 사회화 기능이 어느 정도 부합되는지 거시적 관점에서 접근한다.

가족 관련 이론

이론	구분	내용
가족 체계이론	개념	• 가족은 구성원 개개인들의 특성을 합한 것 이상의 실체를 지닌 집합체 • 가족체계에서는 한 부분이 변화하면 전체 체계에 영향을 미치게 됨 • 가족체계는 외부환경뿐 아니라 내부의 스트레스에 반응하여 계속 변화 • 가족과 상호작용하는 내적·외적 환경을 모두 파악해야 함
	장점	가족 내·외의 의존성과 상호작용을 이해하기 위한 수단을 제공
	한계	많은 개념들이 애매하고 추상적이어서 조직화하기 어려움
구조- 기능주의 이론	개념	• 사회 전체의 요구에 가족의 사회화 기능이 어느 정도 부합되는지 거시적 관점에서 접근 • 가족은 하나의 사회구조로 사회체계와 상호작용, 사회구조가 개인의 행위를 결정 • 가족건강은 가족이 기능을 제대로 수행하도록 조직되었는지와 관련됨 • 사정도구: 가계도(가족구조도), 사회지지도
	장점	가족 구성원 간의 다양한 내적인 관계뿐만 아니라 가족과 더 큰 사회체계와의 관계를 중시
	한계	가족 간의 상호작용 과정보다는 구조 자체와 상호작용 결과에만 관심을 두고 있음
상징적 상호작용이론	개념	• 가족 내 개인의 역할과 역할기대에 따른 상호작용을 중시하는 미시적 접근법을 사용 • 가족 구성원들 간의 상호작용에 대한 개인의 중요성을 강조하면서 가족 내의 내적인 과정인 가족의 역할, 갈등, 위치, 의사소통, 스트레스에 대한 반응, 의사결정, 사회화에 초점을 둠 • 사정도구: 가족밀착도
	장점	가족의 내적 역동과 역할 기대를 이해하는 데 적합
	한계	상징적 상호작용이론은 개념들과 가정 간의 일관성이 결여되어 있어 새로운 이론의 형성을 어렵게 함
가족발달이론	개념	• 생애주기별 발달과업을 어느 정도 성취했는가를 중심으로 가족건강을 평가 • 가족의 개별 구성원에게 초점을 맞추기보다는 사회체계의 한 단위인 가족 전체를 대상으로 접근
	장점	단시간에 가족을 사정하거나 많은 가족을 관리할 때 유용
	한계	핵가족 중심의 발달과업에는 맞지만 다른 유형의 가족에게는 적용하기가 쉽지 않음

정답 032 ①

033 가족발달주기에 대한 설명으로 옳은 것은? [17 서울]

① 신혼기: 부부가 결혼하여 첫 아이가 30개월이 될 때까지
② 학령기: 첫 아이의 연령이 6세~13세까지
③ 중년기: 마지막 자녀가 독립할 때까지
④ 노년기: 은퇴 후 배우자가 사망할 때까지

해설

가족발달주기는 두 부부의 결혼을 시작으로 첫 자녀의 연령을 중심으로 8단계로 구분하고 가족의 발달과업을 제시하였다.
① 신혼기: 부부가 결혼하여 첫 아이의 출생 전까지
③ 중년기: 자녀들이 집을 떠난 후 은퇴할 때까지
④ 노년기: 은퇴 후 본인이 사망할 때까지

가족발달단계에 따른 발달과업

단계	기간	발달과업
신혼기 가족	결혼에서 첫 자녀 출생 전까지	• 결혼에 대한 적응이 우선적인 문제임 • 친밀한(밀접한) 부부관계와 결혼에 대한 만족 • 성적 양립성, 독립성과 의존성의 조화 • 부부의 정체성 확립 • 임신과 부모됨에 대한 결정과 준비 • 가족계획(자녀출생에 대비) • 친척에 대한 이해와 관계 수립·증진 • 생활 수준 향상
양육기 가족	첫 자녀의 출생~30개월	• 부모의 역할과 기능, 책임에 대한 적응 • 안정되고 만족스러운 부부관계 유지 • 각 가족 구성원의 갈등이 되는 역할의 조정 • 산아 제한, 임신, 자녀 양육 문제에 대한 배우자 간의 동의 • 모자보건서비스 요구 증가 • 가족구성원에게 만족스러운 가정 형성 • 조부모 등이 포함된 확대가족과 관계의 확장
학령전기 가족	첫 자녀가 30개월~6세	• 자녀들의 사회화 교육 및 영양관리(자녀들의 사회화 및 양육) • 자녀의 성장과 발달 촉진 • 가족구성원의 다양한 요구 충족 • 안정된 결혼(부부) 관계의 유지 • 부부간, 부모와 자녀 간, 가족 외부 사람과의 관계 대처 • 자녀들의 경쟁 및 불균형된 자녀와의 관계 대처
학령기 가족	첫 자녀가 6~13세	• 자녀들의 사회화 • 자녀의 교육성과의 달성 • 학업성취의 증진(자녀들의 교육적 성취를 격려) • 가정의 전통과 관습의 전승 • 가족 내 규칙과 규범의 확립 • 만족스러운 부부관계의 유지 • 자녀들의 긍정적인 방향의 공동체 및 사회화 활동 촉진
10대 (청소년기) 가족	첫 자녀가 13~19세	• 안정된 결혼관계(부부관계) 유지 • 직업(수입)의 안정화 • 부모-자녀 간 개방적인 의사소통 유지 • 10대의 자유와 책임의 균형을 맞춤 • 자녀들의 독립성 증가에 따른 자유와 책임의 조화 • 자녀의 청소년으로서의 책임감과 자율성 간 균형 유지 • 자녀들의 성문제 대처 • 세대 간의 충돌 대처 • 자녀의 출가에 대처 • 부모로서의 성숙과 새로운 관심사 찾기

단계	기간	발달과업
진수기 가족	첫 자녀 결혼부터 막내 결혼까지 자녀들이 집을 떠나는 단계	• 자녀를 성인으로 독립, 자녀를 출가시킴 • 부부관계의 재조정 • 늙어가는 부모들의 부양과 지지 • 자녀들의 출가에 따른 부모의 역할 적응 • 성인이 된 자녀와 자녀의 배우자와의 관계 확립, 재배열
중년기 가족	자녀들이 집을 떠난 후 은퇴할 때까지	• 경제적 풍요 • 부부관계의 재확립 • 출가한 자녀가족과의 유대관계 유지 • 새로운 흥미의 개발과 참여
노년기 가족	은퇴 후 ~사망	• 만족스러운 생활 유지 • 건강문제에 대한 대처 • 은퇴에 대한 대처 • 사회적 지위 및 경제적 소득 감소에 대처 • 배우자의 죽음에 대한 적응 • 권위의 이양, 의존과 독립의 전환 • 부부의 사망과 가족의 종말에 대한 이해

034 우리나라 가족 기능의 변화 양상에 대한 설명으로 옳지 않은 것은?

[17 지방]

① 산업화로 인하여 소비단위로서의 기능이 증가하였다.
② 학교 등 전문 교육기관의 발달로 교육기능이 축소되고 있다.
③ 사회보장제도의 축소로 인하여 가족 구성원 간의 간병 기능이 확대되고 있다.
④ 건강한 사회 유지를 위한 애정적 기능은 여전히 중요하다.

해설

사회보장제도의 확대로 인하여 가족 구성원 간의 간병 기능이 축소되고 있다.

정답 033 ② 034 ③

035 가족 사정 방법에 대한 설명으로 옳은 것은? [17 지방]

① 가족참여를 배제하여 객관성을 유지한다.
② 취약한 가구원은 사회지지도의 가장 바깥 원에 표시한다.
③ 가구원의 개인별 문제에 초점을 맞춘다.
④ 가족의 다양성과 변화성에 대한 인식을 가지고 접근한다.

해설
① 가족, 친척, 가까운 이웃에게서 충분히 정보를 사정한다.
② 취약한 가구원은 사회지지도의 가장 안쪽 원에 표시한다.
③ 가구원의 개인 문제보다는 가족 문제에 초점을 맞춘다.

가족사정의 기본 원칙
(1) 가족의 문제점뿐만 아니라 강점도 사정한다.
(2) 가구원보다는 가족 전체에 초점을 맞춘다. 가족 전체와 더불어 문제가 있는 가족 구성원을 대상으로 자료를 수집한다.
(3) 정상가족이라는 일반적인 고정관념을 갖지 않고 가족의 다양성과 변화성에 대한 인식을 가지고 접근한다.
(4) 가족이 함께 사정에서부터 전 간호과정에 참여함으로써 간호사와 대상자가 함께 진단을 내리고 중재 방법을 결정하도록 한다.
(5) 가족 구성원 한 사람에 의존하지 않고 가족 전체, 친척, 이웃, 통장, 반장, 의료기관 등 지역자원 및 기존 자료를 바탕으로 자료를 수집한다. 가구원 한 사람에게 의존하지 않고 다양한 출처에서 정보를 수집한다.
(6) 가족정보 중에는 이중적 의미의 정보도 있을 수 있다. 한 가구원만의 정보나 단편적인 정보에 의존하기보다는 여러 사람에서 복합적인 정보를 수집하여 정확하고 통합적인 해석을 통하여 판단한다.
(7) 대부분의 가족사정 자료들은 질적 자료가 요구되므로, 가족사정도구 점검표를 사용하는 경우라도 심층면접을 할 수 있도록 영역별로 충분한 시간을 할애하여야 한다.
(8) 한 번의 면접에서 너무 무리하게 많은 자료를 얻으려고 해서는 안 된다. 이는 가족에게 부담을 주고, 정보도 정확하지 않을 수 있으므로 충분한 시간을 갖고 지속적인 면담을 통해 자료를 보강하는 것이 중요하다.
(9) 1회 면담시간은 될 수 있으면 30분을 넘지 않도록 한다.
(10) 수집된 자료 가운데 의미 있는 자료를 선택하여 기록하고 범주화한다.
(11) 수집된 자료 자체는 가족 문제가 아니면 원인도 아니다. 사정자료는 진단이 아니다.
(12) 자료 수집 시 자료제공자와 대상자에 대한 윤리적 배려가 필요하다.

정답 035 ④

036 보건소의 방문간호사가 동 주민센터에 근무하는 사회복지사로부터 방문간호 대상자를 의뢰받았다. 방문간호사는 다음 날 의뢰받은 대상자의 가정을 방문하여 가족 중 가장 취약한 가족원을 확인하고 그를 중심으로 가족 내, 친척, 친구, 이웃, 직장동료, 그 외 지역사회기관과의 지지와 상호작용을 조사하였다. 방문간호사가 사용한 가족사정도구는 무엇인가?

[16 서울]

① 외부체계도
② 사회지지도
③ 가계도
④ 가족밀착도

해설

사회지지도
취약한 가구원을 중심으로 가족 내부 및 외부와의 상호작용을 보여준다.

가족사정도구

도구	설명
외부체계도 (생태도, eco-map)	• 가족과 외부와의 다양한 상호작용을 한눈에 파악할 수 있도록 한 것이다. • 가족체계를 둘러싼 외부체계와 가족 구성원과의 상호작용을 통해 가족에게 유용한 체계나 스트레스, 갈등이 발생하는 외부체계를 파악할 수 있다.
사회지지도 (sociosupportgram)	• 가족 내 가장 취약한 구성원을 중심으로 가족 내부뿐 아니라 외부와의 상호작용을 확인할 수 있는 도구이다. • 가족 중 취약한 구성원을 중심으로 부모형제 관계, 친척 관계, 친구와 직장동료 등 이웃관계, 그 외 지역사회와의 관계를 그려봄으로써 취약가족 구성원의 가족 하위체계뿐 아니라 가족 외부 체계와의 상호작용을 파악할 수 있다.
가족구조도 (가계도, family genogram)	• 가족 전체의 구성과 구조를 한눈에 볼 수 있도록 고안된 그림(도식화)으로 3세대 이상에 걸친 가족 구성원에 관한 정보와 그들 간의 관계를 도표로 기록하는 방법이다. • 가족구조도에는 혈족관계와 중요한 가족사건, 직업, 가족의 질병력, 가족이동, 역할 분담, 의사소통에 관한 정보 등이 포함된다.
가족밀착도 (family attachmentgram)	• 가족을 이해함에 있어 가족의 구조뿐만 아니라 구조를 구성하고 있는 관계의 본질을 파악한다. • 현재 동거하고 있는 가족구성원 간의 애정적 결속력, 밀착관계, 애착정도, 갈등정도를 알 수 있다.

정답 036 ②

037 듀발(Duvall)이 가족발달단계에서 자녀의 사회화 교육이 주요 발달과업이 되는 단계는? [16 지방]

① 신혼기
② 학령전기
③ 진수기
④ 노년기

해설
자녀의 사회화가 주요 발달과업인 시기는 학령전기이다.

가족발달단계에 따른 발달과업

단계	기간	발달과업
신혼기 가족	결혼에서 첫 자녀 출생 전까지	• 결혼에 대한 적응이 우선적인 문제임 • 친밀한(밀접한) 부부관계와 결혼에 대한 만족 • 성적 양립성, 독립성과 의존성의 조화 • 부부의 정체성 확립 • 임신과 부모됨에 대한 결정과 준비 • 가족계획(자녀출생에 대비) • 친척에 대한 이해와 관계 수립·증진 • 생활 수준 향상
양육기 가족	첫 자녀의 출생~30개월	• 부모의 역할과 기능, 책임에 대한 적응 • 안정되고 만족스러운 부부관계 유지 • 각 가족 구성원의 갈등이 되는 역할의 조정 • 산아 제한, 임신, 자녀 양육 문제에 대한 배우자 간의 동의 • 모자보건서비스 요구 증가 • 가족구성원에게 만족스러운 가정 형성 • 조부모 등이 포함된 확대가족과 관계의 확장
학령전기 가족	첫 자녀가 30개월~6세	• 자녀들의 사회화 교육 및 영양관리(자녀들의 사회화 및 양육) • 자녀의 성장과 발달 촉진 • 가족구성원의 다양한 요구 충족 • 안정된 결혼(부부) 관계의 유지 • 부부간, 부모와 자녀 간, 가족 외부 사람과의 관계 대처 • 자녀들의 경쟁 및 불균형된 자녀와의 관계 대처
학령기 가족	첫 자녀가 6~13세	• 자녀들의 사회화 • 자녀의 교육성과의 달성 • 학업성취의 증진(자녀들의 교육적 성취를 격려) • 가정의 전통과 관습의 전승 • 가족 내 규칙과 규범의 확립 • 만족스러운 부부관계의 유지 • 자녀들의 긍정적인 방향의 공동체 및 사회화 활동 촉진
10대 (청소년기) 가족	첫 자녀가 13~19세	• 안정된 결혼관계(부부관계) 유지 • 직업(수입)의 안정화 • 부모 – 자녀 간 개방적인 의사소통 유지 • 10대의 자유와 책임의 균형을 맞춤 • 자녀들의 독립성 증가에 따른 자유와 책임의 조화 • 자녀의 청소년으로서의 책임감과 자율성 간 균형 유지 • 자녀들의 성문제 대처 • 세대 간의 충돌 대처 • 자녀의 출가에 대처 • 부모로서의 성숙과 새로운 관심사 찾기

단계	기간	발달과업
진수기 가족	첫 자녀 결혼부터 막내 결혼까지 자녀들이 집을 떠나는 단계	• 자녀를 성인으로 독립, 자녀를 출가시킴 • 부부관계의 재조정 • 늙어가는 부모들의 부양과 지지 • 자녀들의 출가에 따른 부모의 역할 적응 • 성인이 된 자녀와 자녀의 배우자와의 관계 확립, 재배열
중년기 가족	자녀들이 집을 떠난 후 은퇴할 때까지	• 경제적 풍요 • 부부관계의 재확립 • 출가한 자녀가족과의 유대관계 유지 • 새로운 흥미의 개발과 참여
노년기 가족	은퇴 후 ~사망	• 만족스러운 생활 유지 • 건강문제에 대한 대처 • 은퇴에 대한 대처 • 사회적 지위 및 경제적 소득 감소에 대처 • 배우자의 죽음에 대한 적응 • 권위의 이양, 의존과 독립의 전환 • 부부의 사망과 가족의 종말에 대한 이해

정답 37 ②

038 다음과 같이 가족을 설명하는 이론적 관점은?

[16 지방]

> - 가족 구성원 간의 다양한 내적인 관계뿐만 아니라 가족과 사회와의 관계를 강조한다.
> - 가족 - 사회의 연계 및 가족 강화를 통한 사회 체계 안정에 주안점을 둔다.
> - 거시적 관점은 가족이 사회통합에 어떻게 기여하는가에 초점을 둔다.

① 일반체계론적 관점
② 가족발달이론적 관점
③ 구조기능이론적 관점
④ 상징적 상호작용론적 관점

해설

구조기능이론은 가족과 사회와의 관계를 강조하고 사회체계 안정에 주안점을 두면서 가족이 사회통합에 어떻게 기여하는가에 초점을 두고 있다.

가족 관련 이론

이론	구분	내용
가족 체계이론	개념	• 가족은 구성원 개개인들의 특성을 합한 것 이상의 실체를 지닌 집합체 • 가족체계에서는 한 부분이 변화하면 전체 체계에 영향을 미치게 됨 • 가족체계는 외부환경뿐 아니라 내부의 스트레스에 반응하여 계속 변화 • 가족과 상호작용하는 내적·외적 환경을 모두 파악해야 함
	장점	가족 내·외의 의존성과 상호작용을 이해하기 위한 수단을 제공
	한계	많은 개념들이 애매하고 추상적이어서 조직화하기 어려움
구조- 기능주의 이론	개념	• 사회 전체의 요구에 가족의 사회화 기능이 어느 정도 부합되는지 거시적 관점에서 접근 • 가족은 하나의 사회구조로 사회체계와 상호작용, 사회구조가 개인의 행위를 결정 • 가족건강은 가족이 기능을 제대로 수행하도록 조직되었는지와 관련됨 • 사정도구: 가계도(가족구조도), 사회지지도
	장점	가족 구성원 간의 다양한 내적인 관계뿐만 아니라 가족과 더 큰 사회체계와의 관계를 중시
	한계	가족 간의 상호작용 과정보다는 구조 자체와 상호작용 결과에만 관심을 두고 있음
상징적 상호작용이론	개념	• 가족 내 개인의 역할과 역할기대에 따른 상호작용을 중시하는 미시적 접근법을 사용 • 가족 구성원들 간의 상호작용에 대한 개인의 중요성을 강조하면서 가족 내의 내적인 과정인 가족의 역할, 갈등, 위치, 의사소통, 스트레스에 대한 반응, 의사결정, 사회화에 초점을 둠 • 사정도구: 가족밀착도
	장점	가족의 내적 역동과 역할 기대를 이해하는 데 적합
	한계	상징적 상호작용이론은 개념들과 가정 간의 일관성이 결여되어 있어 새로운 이론의 형성을 어렵게 함
가족발달이론	개념	• 생애주기별 발달과업을 어느 정도 성취했는가를 중심으로 가족건강을 평가 • 가족의 개별 구성원에게 초점을 맞추기보다는 사회체계의 한 단위인 가족 전체를 대상으로 접근
	장점	단시간에 가족을 사정하거나 많은 가족을 관리할 때 유용
	한계	핵가족 중심의 발달과업에는 맞지만 다른 유형의 가족에게는 적용하기가 쉽지 않음

정답 038 ③

039 보건소 방문간호요원이 가정방문을 하려고 한다. 이때 적용할 가족 사정 도구 중 사회지지도(sociosupportgram)에 관한 설명으로 옳은 것은?

[15 서울]

① 가족 내 가장 취약한 가구원을 중심으로 가족 내부뿐만 아니라 외부와의 상호작용을 보여준다.
② 가족 구성원들의 상호작용하는 외부환경들을 명료하게 해주며, 가족에게 유용한 자원과 스트레스가 되는 자원, 부족한 자원과 보충해야 할 자원 등에 관한 정보를 제공해 준다.
③ 가족 구성원 중 향후 질병을 앓을 가능성과 지역사회 및 임상에서 복합적인 스트레스를 경험하는 개인을 미리 파악하는 데 유용하다.
④ 현재 동거하고 있는 가족 구성원들 간의 밀착관계와 상호관계를 파악하는 데 도움이 된다.

해설
① 사회지지도
② 외부체계도
③ 생의변화 질문지: 질병을 일으킬 수 있는 스트레스가 되는 생의 사건 목록에 점수를 부여
④ 가족밀착도

040 가족간호 수행전략에 대한 설명으로 옳은 것은?

[15 지방]

① 가족의 강점보다 약점 활용에 초점을 둔다.
② 가족 문제 해결을 위해 간호표준보다 가족의 신념에 따른다.
③ 합리적이고 과학적으로 접근하기 위해 간호계획 수립 시 간호사가 주도적으로 작성한다.
④ 가족이 스스로 현재와 미래의 문제에 대처할 수 있는 능력을 기를 수 있도록 한다.

해설
① 가족의 강점을 활용한다.
② 가족 문제 해결을 위해 간호표준에 따른다.
③ 간호계획 수립 시 가족과 간호사가 함께한다.

가족간호중재를 위한 지침
(1) 가족의 강점을 활용한다.
(2) 가족을 배려하여 접근한다.
(3) 가족에게 자신 있고 당당하게 접근한다.
(4) 개인문제가 아닌 가족문제로 접근한다.
(5) 가능한 한 가장 효율적인 간호중재를 선택하였는지 끊임없이 질문한다.
(6) 건강관리는 개인보다 가족에 역점을 둘 때 더 효과가 있다.
(7) 수집된 사생활과 가족에게 제공된 간호서비스에 대한 비밀을 보장한다.
(8) 간호활동이 간호의 지침이나 표준에 부합되고, 법적·윤리적 지침을 고려하여 선택되었는지 확인한다.
(9) 중재된 간호활동과 간호에 대한 가족의 반응을 간호기록지에 기록하며, 간호계획 내용 중 수행하지 못한 것도 내용과 이유를 간략하게 기록한다.

계획에 따른 수행전략
(1) 문제 하나하나보다는 가족 전체의 취약점에 초점을 맞춘다.
(2) 표면화된 구체적 문제 아래 내재된 더 큰 문제가 있음을 기억하고 문제들과의 연계, 자료들과의 상호 관련성을 검토한다.
(3) 가족의 문제들에는 도미노 현상이 있다. 중재 계획 때 '도미노'의 첫 단계가 무엇이 될지를 파악하여 중재를 시작한다.
(4) 간호계획 때에는 가족들이 참여하여 대상자 스스로가 가능한 한 문제를 해결하도록 한다. 간호사는 어떤 사람에게 어떠한 과정을 거쳐 가족 참여를 유도하는지가 가족간호전략의 중요한 핵심이 된다.

정답 039 ① 040 ④

041 ⭐⭐⭐ 가족간호사정을 위한 가계도 작성에 대한 설명으로 옳지 않은 것은?

[15 지방]

① 일반적으로 3세대 이상이 포함되도록 작성하고 가족의 구조적 특성을 나타낸다.
② 자녀는 수직선으로 나타내고, 오른쪽에서 왼쪽으로 출생순위를 나타낸다.
③ 부부를 중심으로 자녀를 그리고 난 후에 부부의 양가 부모 및 형제·자매를 그린다.
④ 가족 구성원 개인에 대하여 연령, 성별 및 질병상태 등을 기술한다.

해설
가계도에서 왼쪽부터 오른쪽으로 자녀의 출생순위를 나타낸다.

🎉 가족구조도(가계도, family genogram)

(1) 가족 전체의 구성과 구조를 한눈에 볼 수 있도록 고안된 그림(도식화)으로 3세대 이상에 걸친 가족 구성원에 관한 정보와 그들 간의 관계를 도표로 기록하는 방법이다.
(2) 가족구조도에는 혈족관계와 중요한 가족사건, 직업, 가족의 질병력, 가족이동, 역할분담, 의사소통에 관한 정보 등이 포함된다.
(3) 가족구조도(가계도) 작성 순서
　① 가족구조의 도식화
　　• 한 세대에서 다음 세대까지 생물학적·법적으로 어떤 관련이 있는지 묘사한다.
　　• 가장 먼저 부부를 그리고 아이들을 표시한 후 부부의 양가 부모와 형제자매를 그린다.
　　• 자녀는 수직선으로 나타내고 왼쪽에서 오른쪽으로 출생순위를 나타낸다.
　　• 동거하는 가족을 점선으로 표시한다.
　② 가족에 관한 정보 기록
　　• 가족의 이력, 가족의 역할, 가족생활의 중요한 가족사건 등에 관한 정보를 덧붙인다.
　　• 일반적으로 이혼·결혼·별거·사망·질병력·직업 등과 같은 중요한 사건과 나이 등을 삽입한다.
　③ 가계도에서 사용되는 상징기호

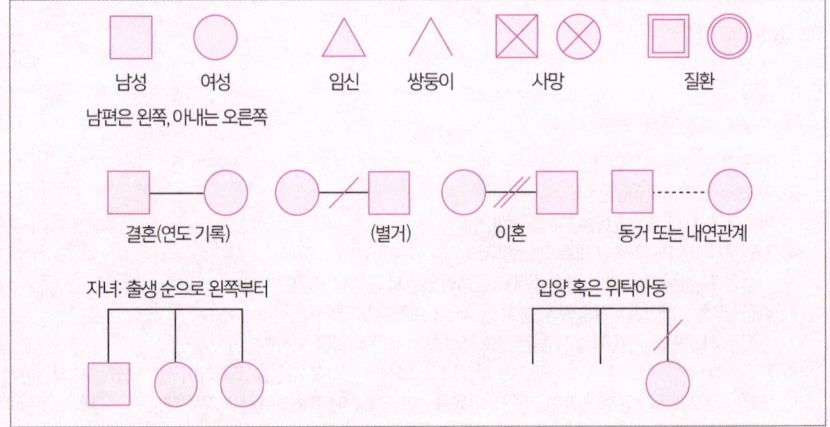

정답 041 ②

042 Duvall은 가족발달주기를 8개의 단계로 제시하였다. 다음과 같은 발달과업의 성취가 요구되는 가족발달주기는? [14 서울]

> • 건설적인 방식으로 공동생활에 참여
> • 자녀의 교육적 성취를 격려
> • 가정의 전통과 관습의 전승

① 양육기 가족
② 학령전기 가족
③ 학령기 가족
④ 청소년기 가족

해설
가정의 전통과 관습을 전승하고 자녀의 교육적 성취를 중요하게 여기는 시기는 학령기이다.

가족발달단계에 따른 발달과업

단계	기간	발달과업
신혼기 가족	결혼에서 첫 자녀 출생 전까지	• 결혼에 대한 적응이 우선적인 문제임 • 친밀한(밀접한) 부부관계와 결혼에 대한 만족 • 성적 양립성, 독립성과 의존성의 조화 • 부부의 정체성 확립 • 임신과 부모됨에 대한 결정과 준비 • 가족계획(자녀출생에 대비) • 친척에 대한 이해와 관계 수립 · 증진 • 생활 수준 향상
양육기 가족	첫 자녀의 출생~30개월	• 부모의 역할과 기능, 책임에 대한 적응 • 안정되고 만족스러운 부부관계 유지 • 각 가족 구성원의 갈등이 되는 역할의 조정 • 산아 제한, 임신, 자녀 양육 문제에 대한 배우자 간의 동의 • 모자보건서비스 요구 증가 • 가족구성원에게 만족스러운 가정 형성 • 조부모 등이 포함된 확대가족과 관계의 확장
학령전기 가족	첫 자녀가 30개월~6세	• 자녀들의 사회화 교육 및 영양관리(자녀들의 사회화 및 양육) • 자녀의 성장과 발달 촉진 • 가족구성원의 다양한 요구 충족 • 안정된 결혼(부부) 관계의 유지 • 부부간, 부모와 자녀 간, 가족 외부 사람과의 관계 대처 • 자녀들의 경쟁 및 불균형된 자녀와의 관계 대처
학령기 가족	첫 자녀가 6~13세	• 자녀들의 사회화 • 자녀의 교육성과의 달성 • 학업성취의 증진(자녀들의 교육적 성취를 격려) • 가정의 전통과 관습의 전승 • 가족 내 규칙과 규범의 확립 • 만족스러운 부부관계의 유지 • 자녀들의 긍정적인 방향의 공동체 및 사회화 활동 촉진
10대 (청소년기) 가족	첫 자녀가 13~19세	• 안정된 결혼관계(부부관계) 유지 • 직업(수입)의 안정화 • 부모-자녀 간 개방적인 의사소통 유지 • 10대의 자유와 책임의 균형을 맞춤 • 자녀들의 독립성 증가에 따른 자유와 책임의 조화 • 자녀의 청소년으로서의 책임감과 자율성 간 균형 유지 • 자녀들의 성문제 대처 • 세대 간의 충돌 대처 • 자녀의 출가에 대처 • 부모로서의 성숙과 새로운 관심사 찾기

단계	기간	발달과업
진수기 가족	첫 자녀 결혼부터 막내 결혼까지 자녀들이 집을 떠나는 단계	• 자녀를 성인으로 독립, 자녀를 출가시킴 • 부부관계의 재조정 • 늙어가는 부모들의 부양과 지지 • 자녀들의 출가에 따른 부모의 역할 적응 • 성인이 된 자녀와 자녀의 배우자와의 관계 확립, 재배열
중년기 가족	자녀들이 집을 떠난 후 은퇴할 때까지	• 경제적 풍요 • 부부관계의 재확립 • 출가한 자녀가족과의 유대관계 유지 • 새로운 흥미의 개발과 참여
노년기 가족	은퇴 후 ~사망	• 만족스러운 생활 유지 • 건강문제에 대한 대처 • 은퇴에 대한 대처 • 사회적 지위 및 경제적 소득 감소에 대처 • 배우자의 죽음에 대한 적응 • 권위의 이양, 의존과 독립의 전환 • 부부의 사망과 가족의 종말에 대한 이해

043 듀발(Duvall)의 가족발달단계별 과업 중 진수기 가족의 발달 과업은?

[14 지방]

① 세대 간의 충돌대처
② 안정된 부부관계 유지
③ 자녀의 출가에 따른 부모의 역할 적응
④ 가족 내 규칙과 규범의 확립

해설
진수기 가족은 자녀가 부모를 떠나간 상태이다.
① 사춘기
② 학령전기~청소년기 가족
④ 학령기

▶ 진수기의 발달과업

기간	발달과업
첫 자녀 결혼부터 막내 결혼까지 자녀들이 집을 떠나는 단계	• 자녀를 성인으로 독립, 자녀를 출가시킴 • 부부관계의 재조정 • 늙어가는 부모들의 부양과 지지 • 자녀들의 출가에 따른 부모의 역할 적응 • 성인이 된 자녀와 자녀의 배우자와의 관계 확립, 재배열

정답 042 ③ 043 ③

044 다음의 가족구조도에서 확인할 수 있는 것은? [14 서울]

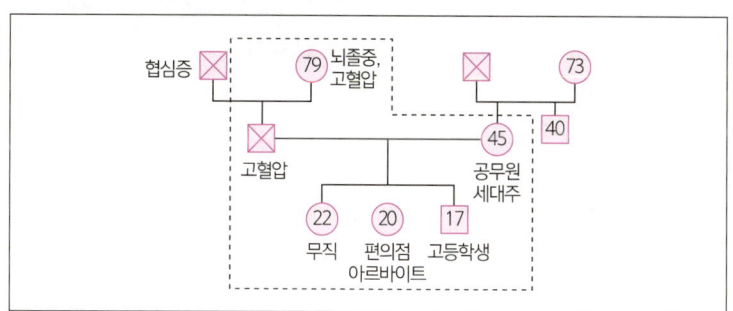

① 취약가족 간호대상자
② 세대주 중심의 재혼 가족
③ 6인 동거의 대가족 형태
④ 사회·경제적 어려움이 있음
⑤ 세대주의 남편은 취약한 구성원

> 해설

가족구조도(가계도)는 가족 전체의 구성과 구조를 한눈에 볼 수 있도록 고안된 그림으로 3세대 이상에 걸친 가족 구성원에 관한 정보와 그들 간의 관계를 나타낸다. 여기에는 혈족관계와 중요한 가족사건, 직업, 가족의 질병력, 가족이동, 역할분담, 의사소통에 관한 정보 등이 포함된다.
문제의 사례를 살펴보면 다음과 같다.
① 취약가족 간호대상자 – 할머니(뇌졸중, 고혈압)
② 여성 세대주 중심의 3대가족
③ 5인 동거의 대가족 형태
④ 사회·경제적 어려움이 있음 → 유추할 수는 있으나 명확한 근거가 제시된 사항이 아님
⑤ 세대주의 남편은 사망

정답 044 ①

045 다음의 내용을 사정하려 할 때, 가장 적절한 사정도구는? [14 지방]

> 조손 가족으로 당뇨병을 가지고 있는 74세 할머니의 건강 문제와 가사역할분담 문제를 해결하기 위해 가족지지 지원의 실태와 가족 중재에 활용할 수 있는 지지 체계를 파악하고자 한다.

① 가계도
② 가족연대기
③ 가족밀착도
④ 사회지지도

해설

사회지지도: 가족 내 가장 취약한 가구원을 중심으로 가족 관계를 나타내고, 자원 활용과 개발할 수 있는 것을 확인하여 가족 내·외의 상호작용을 파악할 수 있도록 하는 가족 사정도구이다.

가족사정도구

가족구조도 (가계도, family genogram)	• 가족 전체의 구성과 구조를 한눈에 볼 수 있도록 고안된 그림(도식화)으로 3세대 이상에 걸친 가족 구성원에 관한 정보와 그들 간의 관계를 도표로 기록하는 방법이다. • 가족구조도에는 혈족관계와 중요한 가족사건, 직업, 가족의 질병력, 가족이동, 역할 분담, 의사소통에 관한 정보 등이 포함된다.
가족연대기 (family-life chronology)	• 가족과 가족 구성원에게 발생했던 주요 사건을 시간의 흐름에 따라 순서대로 기술하거나 연대표를 작성하는 것이다. • 가족의 역사 중에서 가장 중요하다고 생각되는 사건을 순서대로 열거하여 개인의 질환과 중요한 사건의 관련성을 추구하려고 사용한다.
가족밀착도 (family attachmentgram)	• 가족을 이해함에 있어 가족의 구조뿐만 아니라 구조를 구성하고 있는 관계의 본질을 파악한다. • 현재 동거하고 있는 가족구성원 간의 애정적 결속력, 밀착관계, 애착정도, 갈등정도를 알 수 있다.
사회지지도 (sociosupportgram)	• 가족 내 가장 취약한 구성원을 중심으로 가족 내부뿐 아니라 외부와의 상호작용을 확인할 수 있는 도구이다. • 가족 중 취약한 구성원을 중심으로 부모형제 관계, 친척 관계, 친구와 직장동료 등 이웃관계, 그 외 지역사회와의 관계를 그려봄으로써 취약가족 구성원의 가족 하위체계뿐 아니라 가족 외부 체계와의 상호작용을 파악할 수 있다.

정답 **045** ④

046 지역사회 가족간호의 자료수집에 관한 설명으로 옳은 것은? [13 서울]

① 가족의 문제해결이 목적이므로 가족의 문제점에 대해서만 사정한다.
② 가족 중 가장 협조적이고 응답률이 높은 가구원에게만 물어본다.
③ 취약계층인 경우 접근을 거부할 수 있으므로 사전조사를 철저히 해서 한 번의 면담으로 모든 자료를 수집한다.
④ 개인 정보일지라도 가구원 전체, 친척, 이웃, 통반장 등 지역자원의 료기관 및 기존 자료를 통해 전체적인 정보를 수집해야 한다.

해설

가족사정의 기본 원칙

(1) 가족의 문제점뿐만 아니라 강점도 사정한다.
(2) 가구원보다는 가족 전체에 초점을 맞춘다. 가족 전체와 더불어 문제가 있는 가족 구성원을 대상으로 자료를 수집한다.
(3) 정상가족이라는 일반적인 고정관념을 갖지 않고 가족의 다양성과 변화성에 대한 인식을 가지고 접근한다.
(4) 가족이 함께 사정에서부터 전 간호과정에 참여함으로써 간호사와 대상자가 함께 진단을 내리고 중재 방법을 결정하도록 한다.
(5) 가족 구성원 한 사람에 의존하지 않고 가족 전체, 친척, 이웃, 통장, 반장, 의료기관 등 지역자원 및 기존 자료를 바탕으로 자료를 수집한다. 가구원 한 사람에게 의존하지 않고 다양한 출처에서 정보를 수집한다.
(6) 가족정보 중에는 이중적 의미의 정보도 있을 수 있다. 한 가구원만의 정보나 단편적인 정보에 의존하기보다는 여러 사람에게서 복합적인 정보를 수집하여 정확하고 통합적인 해석을 통하여 판단한다.
(7) 대부분의 가족사정 자료들은 질적 자료가 요구되므로, 가족사정도구 점검표를 사용하는 경우라도 심층면접을 할 수 있도록 영역별로 충분한 시간을 할애하여야 한다.
(8) 한 번의 면접에서 너무 무리하게 많은 자료를 얻으려고 해서는 안 된다. 이는 가족에게 부담을 주고, 정보도 정확하지 않을 수 있으므로 충분한 시간을 갖고 지속적인 면담을 통해 자료를 보강하는 것이 중요하다.
(9) 1회 면담시간은 될 수 있으면 30분을 넘지 않도록 한다.
(10) 수집된 자료 가운데 의미 있는 자료를 선택하여 기록하고 범주화한다.
(11) 수집된 자료 자체는 가족 문제가 아니면 원인도 아니다. 사정자료는 진단이 아니다.
(12) 자료 수집 시 자료제공자와 대상자에 대한 윤리적 배려가 필요하다.

정답 046 ④

047 가족간호를 수행하기 위하여 다른 조직과는 구별되는 매우 독특한 가족의 특성을 이해하여야 한다. 가족이 다른 사회집단과 구별되는 집단적 특징이 아닌 것은? [13 서울]

① 가족은 개방적인 집단이다.
② 가족은 공동사회 집단이다.
③ 가족은 일차적 집단이다.
④ 가족은 형식적 집단이다.

해설
가족은 폐쇄적인 집단이다.

> **가족의 특징**
> (1) 가족은 일차적 집단(primary group)이다.
> (2) 가족은 공동사회 집단이다.
> (3) 가족은 폐쇄적 집단(closed group)이다.
> (4) 가족은 형식적 집단(formal group)이나.
> (5) 가족은 혈연 집단이다.
> (6) 가족은 이질적 성원들로 이루어진 집단이다.
> (7) 가족은 스스로 성장·발달하며, 고유의 문화를 창조한다.
> (8) 가족은 건강행위의 기본단위이다.

048 가족 내 가장 취약한 가구원을 중심으로 가족관계를 나타내고, 자원 활용과 개발할 수 있는 것을 확인하여 가족 내·외의 상호작용을 파악할 수 있도록 하는 가족사정도구는? [13 서울, 10 지방]

① 가족구조도
② 가족밀착도
③ 가족연대기
④ 사회지지도

해설

가족사정도구

가족구조도 (가계도, family genogram)	• 가족 전체의 구성과 구조를 한눈에 볼 수 있도록 고안된 그림(도식화)으로 3세대 이상에 걸친 가족 구성원에 관한 정보와 그들 간의 관계를 도표로 기록하는 방법이다. • 가족구조도에는 혈족관계와 중요한 가족사건, 직업, 가족의 질병력, 가족이동, 역할 분담, 의사소통에 관한 정보 등이 포함된다.
가족밀착도 (family attachmentgram)	• 가족을 이해함에 있어 가족의 구조뿐만 아니라 구조를 구성하고 있는 관계의 본질을 파악한다. • 현재 동거하고 있는 가족구성원 간의 애정적 결속력, 밀착관계, 애착정도, 갈등정도를 알 수 있다.
가족연대기 (family-life chronology)	• 가족과 가족 구성원에게 발생했던 주요 사건을 시간의 흐름에 따라 순서대로 기술하거나 연대표를 작성하는 것이다. • 가족의 역사 중에서 가장 중요하다고 생각되는 사건을 순서대로 열거하여 개인의 질환과 중요한 사건의 관련성을 추구하려고 사용한다.
사회지지도 (sociosupportgram)	• 가족 내 가장 취약한 구성원을 중심으로 가족 내부뿐 아니라 외부와의 상호작용을 확인할 수 있는 도구이다. • 가족 중 취약한 구성원을 중심으로 부모형제 관계, 친척 관계, 친구와 직장동료 등 이웃관계, 그 외 지역사회와의 관계를 그려봄으로써 취약가족 구성원의 가족 하위체계뿐 아니라 가족 외부 체계와의 상호작용을 파악할 수 있다.

정답 047 ① 048 ④

049 간호사가 가족을 사정할 때 그 가족의 발달단계와 발달과업에 관한 내용을 조사한다면 이는 어떤 이론을 채택한 것인가? [13 광주]

① 가족발달이론
② 구조 – 기능이론
③ 상징적 상호작용이론
④ 가족체계이론

해설
가족발달이론은 첫 자녀의 나이를 기준으로 하며, 핵가족을 중심으로 가족발달단계를 분류하는 이론이다.

가족 관련 이론

이론	구분	내용
가족 체계이론	개념	• 가족은 구성원 개개인들의 특성을 합한 것 이상의 실체를 지닌 집합체 • 가족체계에서는 한 부분이 변화하면 전체 체계에 영향을 미치게 됨 • 가족체계는 외부환경뿐 아니라 내부의 스트레스에 반응하여 계속 변화 • 가족과 상호작용하는 내적·외적 환경을 모두 파악해야 함
	장점	가족 내·외의 의존성과 상호작용을 이해하기 위한 수단을 제공
	한계	많은 개념들이 애매하고 추상적이어서 조직화하기 어려움
구조-기능주의 이론	개념	• 사회 전체의 요구에 가족의 사회화 기능이 어느 정도 부합되는지 거시적 관점에서 접근 • 가족은 하나의 사회구조로 사회체계와 상호작용, 사회구조가 개인의 행위를 결정 • 가족건강은 가족이 기능을 제대로 수행하도록 조직되었는지와 관련됨 • 사정도구: 가계도(가족구조도), 사회지지도
	장점	가족 구성원 간의 다양한 내적인 관계뿐만 아니라 가족과 더 큰 사회체계와의 관계를 중시
	한계	가족 간의 상호작용 과정보다는 구조 자체와 상호작용 결과에만 관심을 두고 있음
상징적 상호작용이론	개념	• 가족 내 개인의 역할과 역할기대에 따른 상호작용을 중시하는 미시적 접근법을 사용 • 가족 구성원들 간의 상호작용에 대한 개인의 중요성을 강조하면서 가족 내의 내적인 과정인 가족의 역할, 갈등, 위치, 의사소통, 스트레스에 대한 반응, 의사결정, 사회화에 초점을 둠 • 사정도구: 가족밀착도
	장점	가족의 내적 역동과 역할 기대를 이해하는 데 적합
	한계	상징적 상호작용이론은 개념들과 가정 간의 일관성이 결여되어 있어 새로운 이론의 형성을 어렵게 함
가족발달이론	개념	• 생애주기별 발달과업을 어느 정도 성취했는가를 중심으로 가족건강을 평가 • 가족의 개별 구성원에게 초점을 맞추기보다는 사회체계의 한 단위인 가족 전체를 대상으로 접근
	장점	단시간에 가족을 사정하거나 많은 가족을 관리할 때 유용
	한계	핵가족 중심의 발달과업에는 맞지만 다른 유형의 가족에게는 적용하기가 쉽지 않음

정답 049 ①

050 청소년 약물중독이나 알코올 의존증의 치료, 아내나 아동학대의 행위를 이해하여 가족을 건강하게 하도록 접근하는 인간행위 탐구에 유용한 이론은?
[13 광주]

① 체계이론
② 구조기능론
③ 발달이론
④ 상징적 상호작용론

해설

상징적 상호작용이론은 상호작용의 결과보다는 과정에 중점을 두며 청소년 약물중독, 알코올 의존증, 가족 근친상간과 같은 현상의 본질을 이해하며, 가족을 건강하게 하는 인간 행위 탐구에 유용한 이론이다.

051 다음 중 가족간호의 평가는 누가 하는 것이 좋은가?
[13 광주]

① 가족
② 보건소장
③ 지역사회 간호사
④ 지역사회 간호사와 가족

해설

가족간호의 평가는 가족과 간호사가 함께 간호계획에 명시된 목표를 얼마나 잘 달성하였는지를 측정하는 것이다. 가족이 주체가 된다는 것을 기억하자!

정답 050 ④ 051 ④

052 다음 중 가족의 발달과업 중 진수기 가족의 발달과업은? [13 광주]

① 은퇴기에 적응
② 자녀양육 및 사회화 교육
③ 자녀를 성인으로 독립시킴
④ 부모자녀의 개방된 의사소통

해설
① 노년기
② 학령전기
③ 진수기
④ 10대 청소년기

가족발달단계에 따른 발달과업

단계	기간	발달과업
신혼기 가족	결혼에서 첫 자녀 출생 전까지	• 결혼에 대한 적응이 우선적인 문제임 • 친밀한(밀접한) 부부관계와 결혼에 대한 만족 • 성적 양립성, 독립성과 의존성의 조화 • 부부의 정체성 확립 • 임신과 부모됨에 대한 결정과 준비 • 가족계획(자녀출생에 대비) • 친척에 대한 이해와 관계 수립·증진 • 생활 수준 향상
양육기 가족	첫 자녀의 출생~30개월	• 부모의 역할과 기능, 책임에 대한 적응 • 안정되고 만족스러운 부부관계 유지 • 각 가족 구성원의 갈등이 되는 역할의 조정 • 산아 제한, 임신, 자녀 양육 문제에 대한 배우자 간의 동의 • 모자보건서비스 요구 증가 • 가족구성원에게 만족스러운 가정 형성 • 조부모 등이 포함된 확대가족과 관계의 확장
학령전기 가족	첫 자녀가 30개월~6세	• 자녀들의 사회화 교육 및 영양관리(자녀들의 사회화 및 양육) • 자녀의 성장과 발달 촉진 • 가족구성원의 다양한 요구 충족 • 안정된 결혼(부부) 관계의 유지 • 부부간, 부모와 자녀 간, 가족 외부 사람과의 관계 대처 • 자녀들의 경쟁 및 불균형된 자녀와의 관계 대처
학령기 가족	첫 자녀가 6~13세	• 자녀들의 사회화 • 자녀의 교육성과의 달성 • 학업성취의 증진(자녀들의 교육적 성취를 격려) • 가정의 전통과 관습의 전승 • 가족 내 규칙과 규범의 확립 • 만족스러운 부부관계의 유지 • 자녀들의 긍정적인 방향의 공동체 및 사회화 활동 촉진
10대 (청소년기) 가족	첫 자녀가 13~19세	• 안정된 결혼관계(부부관계) 유지 • 직업(수입)의 안정화 • 부모–자녀 간 개방적인 의사소통 유지 • 10대의 자유와 책임의 균형을 맞춤 • 자녀들의 독립성 증가에 따른 자유와 책임의 조화 • 자녀의 청소년으로서의 책임감과 자율성 간 균형 유지 • 자녀들의 성문제 대처 • 세대 간의 충돌 대처 • 자녀의 출가에 내처 • 부모로서의 성숙과 새로운 관심사 찾기

단계	기간	발달과업
진수기 가족	첫 자녀 결혼부터 막내 결혼까지 자녀들이 집을 떠나는 단계	• 자녀를 성인으로 독립, 자녀를 출가시킴 • 부부관계의 재조정 • 늙어가는 부모들의 부양과 지지 • 자녀들의 출가에 따른 부모의 역할 적응 • 성인이 된 자녀와 자녀의 배우자와의 관계 확립, 재배열
중년기 가족	자녀들이 집을 떠난 후 은퇴할 때까지	• 경제적 풍요 • 부부관계의 재확립 • 출가한 자녀가족과의 유대관계 유지 • 새로운 흥미의 개발과 참여
노년기 가족	은퇴 후 ~사망	• 만족스러운 생활 유지 • 건강문제에 대한 대처 • 은퇴에 대한 대처 • 사회적 지위 및 경제적 소득 감소에 대처 • 배우자의 죽음에 대한 적응 • 권위의 이양, 의존과 독립의 전환 • 부부의 사망과 가족의 종말에 대한 이해

053 가계도(가족구조도)에 대해 옳게 설명한 것은? [13 광주, 13 경남]

① 가족의 밀착관계를 알 수 있다.
② 지역사회 지지도를 알 수 있다.
③ 외부체계와 상호작용을 알 수 있다.
④ 가족의 구조를 알 수 있다.

해설

가족구조도(가계도): 가족 전체의 구성과 구조를 한눈에 볼 수 있도록 고안된 그림으로 3세대 이상에 걸친 가족 구성원에 관한 정보와 그들 간의 관계를 나타낸다. 여기에는 혈족관계와 중요한 가족사건, 직업, 가족의 질병력, 가족이동, 역할분담, 의사소통에 관한 정보 등이 포함된다.
① 가족밀착도
③ 외부체계도
④ 가족구조도

정답 052 ③ 053 ④

054 53세인 박 씨가 뇌졸중으로 가정간호를 받고 있다. 남편의 실직으로 부인 김 씨가 취업이 되었다면 이후 이 가족에게 가장 중요하게 변화시켜야 하는 기능은? [13 광주]

① 가족의 정서적 지지
② 박 씨의 재활을 위한 자원의 활용
③ 가족의 애정적 기능
④ 가족의 역할 배분과 조정

해설
문제의 사례에서는 가정주부였던 부인 김 씨가 남편의 실직으로 취업을 하였기 때문에, 새로운 역할을 맡게 된 부인을 대신해 그동안 부인이 해왔던 역할에 대해 가족 내에서도 역할의 배분과 조정이 필요하다.

055 가족간호 사정의 보조적 도구로서 가구원 중 취약하거나 우선적으로 간호중재가 필요한 가족에 대한 지지 정도와 외부사회의 상호작용을 사정할 수 있는 것은? [13 광주]

① 가족밀착도
② 사회지지도
③ 가족구조도
④ 가계도

해설
사회지지도는 가족 내 가장 취약한 가구원을 중심으로 가족관계를 나타내고, 자원 활용과 개발할 수 있는 것을 확인하여 가족 내·외의 상호작용을 파악할 수 있도록 하는 가족사정 도구이다.

056 다음 중 구조적으로 취약한 가족은? [13 인천]

① 미혼모 가족
② 한부모 가족
③ 폭력 가족
④ 알코올 의존증 환자 가족

해설

취약가족의 종류
(1) **구조적으로 취약한 가족**: 한부모 가족(편부모 가족), 이혼 가족, 단독 가족, 새싹 가족, 조손 가족
(2) **기능적으로 취약한 가족**: 저소득 가족, 취업모 가족, 실업 가족, 만성 및 말기질환자 가족, 장애인 가족
 ※ 다문화 가족, 새터민(북한이탈주민) 가족은 교재에 따라 기능적으로 취약한 가족 또는 상호작용이 취약한 가족으로 분류에 차이를 보인다.
(3) **가족 내 상호작용이 취약한 가족**: 학대부모 가족(폭력 가족), 비행청소년 가족, 알코올중독자 가족
(4) **발달 단계의 취약 가족**: 미혼모 가족, 미숙아 가족

정답 054 ④ 055 ② 056 ②

057 가족이 겪을 수 있는 성숙위기로 옳은 것은? [13 경북]

① 실직
② 정년퇴직
③ 미숙아 출산
④ 부모의 이혼

해설
성숙위기(발달위기): 성장발달과정 중인 사람들이 경험하는 예견할 수 있는 위기를 말한다. 발달과업을 이루지 못할 때 위기가 온다.
①, ③, ④ 상황위기
② 발달위기

---

058 다음 중 취약가족의 유형에 해당하지 않는 것은? [13 전북(수정)]

① 조손 가족
② 다문화 가족
③ 장애인 가족
④ 급성질환자 가족

해설
급성질환자 가족이 아닌 "만성 및 말기질환자 가족"이 취약가족에 속한다.

▶ **취약가족의 종류**
(1) 구조적으로 취약한 가족: 한부모 가족(편부모 가족), 이혼 가족, 단독 가족, 새싹 가족, 조손 가족
(2) 기능적으로 취약한 가족: 저소득 가족, 취업모 가족, 실업 가족, 만성 및 말기질환자 가족, 장애인 가족
 ※ 다문화 가족, 새터민(북한이탈주민) 가족은 교재에 따라 기능적으로 취약한 가족 또는 상호작용이 취약한 가족으로 분류에 차이를 보인다.
(3) 가족 내 상호작용이 취약한 가족: 학대부모 가족(폭력 가족), 비행청소년 가족, 알코올중독자 가족
(4) 발달단계의 취약 가족: 미혼모 가족, 미숙아 가족

---

059 가족 중 가장 취약한 구성원을 중심으로 부모형제관계, 친척관계, 친구와 직장동료 등 이웃관계, 그 외 지역사회와의 관계를 그려봄으로써, 취약가족 구성원의 가족 하부체계뿐만 아니라 가족 외부체계와의 상호작용을 파악할 수 있는 것은? [13 전북]

① 사회지지도
② 외부체계도
③ 가족사정지침서
④ 가족연대기

해설
가족 중 가장 취약한 구성원을 중심으로 부모형제 관계, 친척 관계, 친구와 직장동료 등 이웃관계, 그 외 지역사회와의 관계를 그려봄으로써 취약가족 구성원의 가족 하부체계뿐 아니라 가족 외부 체계와의 상호작용을 파악할 수 있는 것은 사회지지도이다.

정답 057 ② 058 ④ 059 ①

060 박 씨는 큰 아이가 30개월이며 안정된 부부관계를 유지하고 있는 30대 직장인이다. 이 가족이 갖는 건강에 대한 관심은 주로 산모교육, 육아 예방접종, 건강증진활동 등이다. 이 가족의 발달단계는? [13 전북]

① 진수기
② 양육기
③ 중년기
④ 학령기

해설

문제에 제시된 첫 아이의 연령이 30개월이다. 이는 양육기와 학령전기 사이에 걸치는 기준 연령이므로 다음 단서는 제시된 "관심-산모교육, 육아 예방접종"이다. 이를 발달과업과 연결해보면 "양육기"에 해당된다.

▶ 양육기와 학령전기 가족의 발달과업

단계	기간	발달과업
양육기 가족	첫 자녀의 출생~30개월	• 부모의 역할과 기능, 책임에 대한 적응 • 안정되고 만족스러운 부부관계 유지 • 각 가족 구성원의 갈등이 되는 역할의 조정 • 산아 제한, 임신, 자녀 양육 문제에 대한 배우자 간의 동의 • 모자보건서비스 요구 증가 • 가족구성원에게 만족스러운 가정 형성 • 조부모 등이 포함된 확대가족과 관계의 확장
학령전기 가족	첫 자녀가 30개월~6세	• 자녀들의 사회화 교육 및 영양관리(자녀들의 사회화 및 양육), 자녀의 성장과 발달 촉진 • 가족구성원의 다양한 요구 충족 • 안정된 결혼(부부) 관계의 유지 • 부부간, 부모와 자녀 간, 가족 외부 사람과의 관계 대처 • 자녀들의 경쟁 및 불균형된 자녀와의 관계 대처

정답 060 ②

061 가족의 역사 중에서 가장 중요하다고 생각되는 사건들을 순서대로 열거하여 개인질환과 중요한 사건의 관련성을 추구하려 할 때 사용하는 도구는?

[13 전남]

① 외부체계도
② 사회지지도
③ 가족연대기
④ 가족밀착도

해설

가족의 역사 중에서 중요한 사건을 순서대로 열거하여 그러한 사건들이 가족 구성원에게 어떤 영향을 미쳤는가를 파악하는 것으로, 특히 건강 문제가 발생했을 때 사건과의 관련성 파악에 매우 유용한 도구는 가족연대기이다.

가족사정도구

외부체계도 (생태도, eco-map)	• 가족과 외부와의 다양한 상호작용을 한눈에 파악할 수 있도록 한 것이다. • 가족체계를 둘러싼 외부체계와 가족 구성원과의 상호작용을 통해 가족에게 유용한 체계나 스트레스, 갈등이 발생하는 외부체계를 파악할 수 있다.
사회지지도 (sociosupportgram)	• 가족 내 가장 취약한 구성원을 중심으로 가족 내부뿐 아니라 외부와의 상호작용을 확인할 수 있는 도구이다. • 가족 중 취약한 구성원을 중심으로 부모형제 관계, 친척 관계, 친구와 직장동료 등 이웃관계, 그 외 지역사회와의 관계를 그려봄으로써 취약가족 구성원의 가족 하위체계뿐 아니라 가족 외부 체계와의 상호작용을 파악할 수 있다.
가족연대기 (family-life chronology)	• 가족과 가족 구성원에게 발생했던 주요 사건을 시간의 흐름에 따라 순서대로 기술하거나 연대표를 작성하는 것이다. • 가족의 역사 중에서 가장 중요하다고 생각되는 사건을 순서대로 열거하여 개인의 질환과 중요한 사건의 관련성을 추구하려고 사용한다.
가족밀착도 (family attachmentgram)	• 가족을 이해함에 있어 가족의 구조뿐만 아니라 구조를 구성하고 있는 관계의 본질을 파악한다. • 현재 동거하고 있는 가족구성원 간의 애정적 결속력, 밀착관계, 애착정도, 갈등정도를 알 수 있다.

정답 061 ③

062 다음 중 가족간호에 대한 설명 중 옳지 않은 것은? [13 전남(수정)]

① 개인 중심의 간호를 한다.
② 가족의 취약성과 강점을 파악한다.
③ 가족이 함께 사정에서부터 전 간호과정에 참여한다.
④ 단편적 정보에 의존하지 않고 복합적인 정보를 수집한다.

> **해설**
> 건강관리는 **개인보다 가족**에 역점을 둘 때 더 효과가 있다.

063 다음 중 고위험가족 유형과 그 예를 연결한 것으로 옳은 것은? [13 충남]

① 구조적으로 취약한 가족 - 저소득 가족
② 기능적으로 취약한 가족 - 미혼모 가족
③ 발달 단계적으로 취약한 가족 - 한부모 가족
④ 가족 내 상호작용이 취약한 가족 - 학대부모 가족

> **해설**
>
> **취약가족의 종류**
> (1) **구조적으로 취약한 가족**: 한부모 가족(편부모 가족), 이혼 가족, 단독 가족, 조손 가족
> (2) **기능적으로 취약한 가족**: 저소득 가족, 취업모 가족, 실업 가족, 만성 및 말기질환자 가족, 장애인 가족
> ※ 다문화 가족, 새터민(북한이탈주민) 가족은 교재에 따라 기능적으로 취약한 가족 또는 상호작용이 취약한 가족으로 분류에 차이를 보인다.
> (3) **가족 내 상호작용이 취약한 가족**: 학대부모 가족(폭력 가족), 비행청소년 가족, 알코올중독자 가족
> (4) **발달단계 취약 가족**: 미혼모 가족, 미숙아 가족

정답 062 ① 063 ④

064 가족생태도(eco-map)에 대한 설명으로 옳은 것은? [13 강원(수정)]

① 동거하는 가족 구성원 간의 밀착관계, 애착정도, 갈등정도를 알 수 있다.
② 혈족관계와 직업, 가족의 질병력, 의사소통에 관한 정보를 알 수 있다.
③ 취약 가족 구성원을 중심으로 외부자원의 지지 정도를 알 수 있다.
④ 동거하는 가족 구성원과 외부 지지체계 간의 관계를 알 수 있다.

> **해설**
> 가족생태도(외부체계도)는 가족체계를 둘러싼 외부체계와 가족 구성원과의 상호작용을 통해 가족에게 유용한 체계나 스트레스, 갈등이 발생하는 외부체계를 파악할 수 있다.
> ① 가족밀착도
> ② 가족구조도
> ③ 사회지지도

065 가족발달 단계에 따른 발달과업과 건강영향요인 중 성문제와 폭력적 상해, 자살, 사망 등이 잠재적 문제가 되는 가족발달 단계는? [13 강원]

① 학령전기 가족
② 학령기 가족
③ 10대 청소년기 가족
④ 진수기 가족

> **해설**
> 청소년기 가족의 발달과업 및 건강영향 요인
>
> | 기간 | 발달과업 | 건강영향요인 |
> |---|---|---|
> | 첫 자녀가 13~19세 | • 안정된 결혼관계 유지
• 10대의 자유와 책임의 균형을 맞춤
• 자녀들의 성문제 대처
• 직업(수입)의 안정화
• 자녀들의 독립성 증가에 따른 자유와 책임의 조화
• 세대 간의 충돌 대처
• 자녀의 출가에 대처 | • 폭력적 상해, 사망
• 알코올과 약물의 남용
• 원하지 않는 임신
• 성병
• 자살 |

정답 064 ④ 065 ③

066 가족 구성원 간에 상호협조관계가 강하며, 곤경에 처했을 경우 가족 구성원이 보다 많은 도움을 줄 수 있는 가족형태는?　　　　[13 강원]

① 핵가족　　　　② 확대 가족
③ 집단 가족　　　④ 폐쇄 가족

해설

가족 구성원 간에 상호협조관계가 강하여 곤경에 처했을 경우 가족 구성원이 보다 많은 도움을 주는 것은 확대 가족이다. 결혼한 자녀가 부모와 동거하는 형태로 전통적인 농업 사회의 가족구조이며 핵가족의 형태에서 조부모와 사촌, 고모, 삼촌 등이 포함되는 것으로 종적·횡적으로 연결되어 형성된다.

067 가족이론 중 상호작용이론에 관한 설명이다. 옳은 것은?　　　[13 강원]

| 가. 가족단위의 변화는 가족 구성원들의 행동의 산물이라고 본다.
| 나. 개인의 행위는 가족 구성원들의 상호작용을 통해 형성된다고 본다.
| 다. 가족의 역할, 갈등, 의사소통, 의사결정 등의 가족 내 내적인 과정에 초점을 둔다.
| 라. 가족단위의 변화요인으로 외적, 환경적 요인을 중시한다.

① 가, 나, 다　　　② 가, 다
③ 나, 라　　　　　④ 라

해설

상징적 상호작용이론은 가족 구성원들 간의 상호작용에 대한 개인의 중요성을 강조하면서 가족 내의 내적인 과정인 가족의 역할, 갈등, 위치, 의사소통, 스트레스에 대한 반응, 의사결정, 사회화에 초점을 둔다. 상호작용의 결과보다는 과정에 중점을 두며 청소년 약물중독, 알코올 의존증, 가족 근친상간과 같은 현상의 본질을 이해하며, 가족을 건강하게 하는 인간 행위 탐구에 유용한 이론이다.

정답　066 ②　067 ①

068 Duvall의 가족발달단계 중 학령기 가족의 발달 과업이 아닌 것은?

[13 경기]

① 새로운 흥미의 개발과 참여
② 학령기 자녀들의 사회화
③ 가족의 전통과 관습의 전승
④ 만족스러운 부부관계의 유지

해설
새로운 흥미의 개발과 참여는 진수기 가족의 특징이다.

▸ 학령기 가족의 발달과업

기간	발달과업
첫 자녀가 6~13세	• 자녀들의 사회화 • 가정의 전통과 관습의 전승 • 학업성취의 증진 • 만족스러운 부부관계 유지 • 가족 내 규칙과 규범의 확립

069 가족을 구조기능적 접근과정으로 설명한 것으로 옳은 것은?

[12 서울]

① 가족 구성원 간 상호작용의 과정을 중심으로 파악한다.
② 가족의 성장발달에 따른 과업을 수행한다.
③ 가족 전체구조를 체계로 본다.
④ 가족의 구조가 사회전체의 요구에 맞게 기능하는지 파악한다.
⑤ 가족 내 개인 간 관계와 상호작용을 중요시한다.

해설
구조기능적 접근은 전체 가족 구조뿐 아니라 가족의 하부구조로서 역할구조, 권력구조, 가치구조, 의사소통구조 등에 중점을 두며 이러한 하부구조들의 연관성이 가족 전체 기능에 어떻게 영향을 주는지를 평가한다.
①, ⑤ 상징적 상호작용이론
② 가족발달이론
③ 가족체계이론
④ 구조기능주의이론

정답 068 ① 069 ④

070 다음 글이 설명하는 가족이론은? [11 지방]

> 가족 구성원들 간의 상호작용에 대한 개인의 중요성을 강조하고, 가족의 역할, 갈등, 의사소통, 의사결정 등의 가족 내의 내적인 과정에 초점을 둔다.

① 가족발달이론
② 가족위기이론
③ 스트레스이론
④ 상징적 상호작용이론

해설

가족 구성원들 간의 상호작용에 대한 개인의 중요성을 강조하면서 가족 내의 내적인 과정인 가족의 역할, 갈등, 위치, 의사소통, 스트레스에 대한 반응, 의사결정, 사회화에 초점을 두는 것은 상징적 상호작용이론이다.

가족 관련 이론

이론	구분	내용
가족 체계이론	개념	• 가족은 구성원 개개인들의 특성을 합한 것 이상의 실체를 지닌 집합체 • 가족체계에서는 한 부분이 변화하면 전체 체계에 영향을 미치게 됨 • 가족체계는 외부환경뿐 아니라 내부의 스트레스에 반응하여 계속 변화 • 가족과 상호작용하는 내적·외적 환경을 모두 파악해야 함
	장점	가족 내·외의 의존성과 상호작용을 이해하기 위한 수단을 제공
	한계	많은 개념들이 애매하고 추상적이어서 조직화하기 어려움
구조- 기능주의 이론	개념	• 사회 전체의 요구에 가족의 사회화 기능이 어느 정도 부합되는지 거시적 관점에서 접근 • 가족은 하나의 사회구조로 사회체계와 상호작용, 사회구조가 개인의 행위를 결정 • 가족건강은 가족이 기능을 제대로 수행하도록 조직되었는지와 관련됨 • 사정도구: 가계도(가족구조도), 사회지지도
	장점	가족 구성원 간의 다양한 내적인 관계뿐만 아니라 가족과 더 큰 사회체계와의 관계를 중시
	한계	가족 간의 상호작용 과정보다는 구조 자체와 상호작용 결과에만 관심을 두고 있음
상징적 상호작용이론	개념	• 가족 내 개인의 역할과 역할기대에 따른 상호작용을 중시하는 미시적 접근법을 사용 • 가족 구성원들 간의 상호작용에 대한 개인의 중요성을 강조하면서 가족 내의 내적인 과정인 가족의 역할, 갈등, 위치, 의사소통, 스트레스에 대한 반응, 의사결정, 사회화에 초점을 둠 • 사정도구: 가족밀착도
	장점	가족의 내적 역동과 역할 기대를 이해하는 데 적합
	한계	상징적 상호작용이론은 개념들과 가정 간의 일관성이 결여되어 있어 새로운 이론의 형성을 어렵게 함
가족발달이론	개념	• 생애주기별 발달과업을 어느 정도 성취했는가를 중심으로 가족건강을 평가 • 가족의 개별 구성원에게 초점을 맞추기보다는 사회체계의 한 단위인 가족 전체를 대상으로 접근
	장점	단시간에 가족을 사정하거나 많은 가족을 관리할 때 유용
	한계	핵가족 중심의 발달과업에는 맞지만 다른 유형의 가족에게는 적용하기가 쉽지 않음

정답 070 ④

071 가족을 사정하기 위한 기본원칙을 모두 고른 것은? [11 지방]

> 가. 가족의 다양성과 변화성을 인식하고 접근한다.
> 나. 가구원 한 사람에게 의존하지 않고 다양한 출처에서 정보를 수집한다.
> 다. 가족의 문제점뿐 아니라 강점도 사정한다.
> 라. 가족 전체보다는 가구원 개개인에 초점을 둔다.

① 가, 나, 다   ② 가, 나, 라
③ 나, 다, 라   ④ 가, 나, 다, 라

해설

가족사정의 기본 원칙
(1) 가족의 문제점뿐만 아니라 강점도 사정한다.
(2) 가구원보다는 가족 전체에 초점을 맞춘다. 가족 전체와 더불어 문제가 있는 가족 구성원을 대상으로 자료를 수집한다.
(3) 정상가족이라는 일반적인 고정관념을 갖지 않고 가족의 다양성과 변화성에 대한 인식을 가지고 접근한다.
(4) 가족이 함께 사정에서부터 전 간호과정에 참여함으로써 간호사와 대상자가 함께 진단을 내리고 중재 방법을 결정하도록 한다.
(5) 가족 구성원 한 사람에 의존하지 않고 가족 전체, 친척, 이웃, 통장, 반장, 의료기관 등 지역자원 및 기존 자료를 바탕으로 자료를 수집한다. 가구원 한 사람에게 의존하지 않고 다양한 출처에서 정보를 수집한다.
(6) 가족정보 중에는 이중적 의미의 정보도 있을 수 있다. 한 가구원만의 정보나 단편적인 정보에 의존하기보다는 여러 사람에서 복합적인 정보를 수집하여 정확하고 통합적인 해석을 통하여 판단한다.
(7) 대부분의 가족사정 자료들은 질적 자료가 요구되므로, 가족사정도구 점검표를 사용하는 경우라도 심층면접을 할 수 있도록 영역별로 충분한 시간을 할애하여야 한다.
(8) 한 번의 면접에서 너무 무리하게 많은 자료를 얻으려고 해서는 안 된다. 이는 가족에게 부담을 주고, 정보도 정확하지 않을 수 있으므로 충분한 시간을 갖고 지속적인 면담을 통해 자료를 보강하는 것이 중요하다.
(9) 1회 면담시간은 될 수 있으면 30분을 넘지 않도록 한다.
(10) 수집된 자료 가운데 의미 있는 자료를 선택하여 기록하고 범주화한다.
(11) 수집된 자료 자체는 가족 문제가 아니면 원인도 아니다. 사정자료는 진단이 아니다.
(12) 자료 수집 시 자료제공자와 대상자에 대한 윤리적 배려가 필요하다.

정답 **071** ①

072 만성질환자가 있는 취약가족을 대상으로 가족기능을 강화하기 위한 전략에 해당하는 것만을 모두 고른 것은? [10 지방]

> 가. 가족 내 결속을 강화할 수 있는 프로그램 제공
> 나. 대상자의 자아 존중감 향상 및 격려와 지지
> 다. 만성질환으로 인한 생활양식 변화에 적극적 대처
> 라. 가족부담감을 고려하여 타 기관에 의뢰

① 가, 나, 다
② 나, 다, 라
③ 가, 나, 라
④ 가, 나, 다, 라

해설

만성질환자 가족의 간호중재
(1) 권력과 역할 관계의 재조정
(2) 사회적 지지
(3) 만성질환으로 인한 생활 변화에 적극적 대처
(4) 대상자의 자아존중감 향상 및 격려와 지지
(5) 가족 내 결속을 강화할 수 있는 프로그램 제공

정답 072 ①

PART 05
환경보건과 재난관리

핵심 키워드

국제협약	파리협약	리우회의
환경영향평가	오존주의보	스모그
먹는 물 수질 기준	COD	BOD
DO	HACCP	감염형 식중독
독소형 식중독	살모넬라 식중독	장염비브리오 식중독
포도상구균 식중독	사회재난	재난관리단계
중증도 분류		

최근 5개년 영역별 평균출제빈도 (2024~2020년)

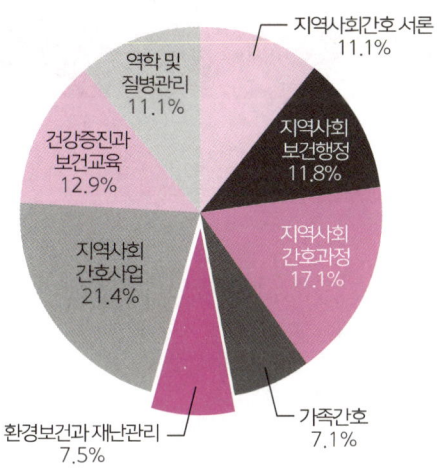

- 지역사회간호 서론 11.1%
- 지역사회 보건행정 11.8%
- 지역사회 간호과정 17.1%
- 가족간호 7.1%
- 환경보건과 재난관리 7.5%
- 지역사회 간호사업 21.4%
- 건강증진과 보건교육 12.9%
- 역학 및 질병관리 11.1%

최근 18개년 영역별 세부 출제내용 분석 (2024~2007년)

	세부 내용	문항수	출제비율
환경보건의 이해(4)	국제협약	3	5.3%
	환경영향평가	1	1.8%
대기와 건강 (14)	대기 환경 기준	1	1.8%
	오존	4	7.0%
	일교차	1	1.8%
	불쾌지수	1	1.8%
	감각온도	1	1.8%
	열섬현상	1	1.8%
	스모그	2	3.5%
	실내공기 오탁 지표	1	1.8%
	질소	1	1.8%
	실내오염물질[라돈(1)]	1	1.8%
물과 건강 (14)	수질오염	4	7.0%
	먹는 물 기준	5	8.8%
	유리잔류염소	1	1.8%
	수은중독	1	1.8%
	생화학적 산소요구량 vs 용존산소량	1	1.8%
	완속여과법 vs 급속여과법	1	1.8%
	적조현상	1	1.8%
식품과 건강 (10)	HACCP	1	1.8%
	식중독[포도상구균(3) / 원인균(2) / 감염형(3)]	9	15.8%
재난과 건강 (15)	재난구분[사회재난(2)]	2	3.5%
	우리나라 재난관리와 비상체계	2	3.5%
	재난관리단계	7	12.3%
	국가재난단계 분류	1	1.8%
	중증도 분류	3	5.3%
Total		57	100.0%

PART 05 환경보건과 재난관리

탄탄 지역사회간호

회독 점검 ① ② ③

001 ★★★ 세균성 식중독 중 독소형은? [24]

① 살모넬라 식중독
② 장염 비브리오 식중독
③ 황색포도상구균 식중독
④ 캠필로박터 식중독

해설
①, ②, ④ 감염형
③ 독소형

🔔 세균성 식중독

(1) 감염형 식중독

구분	원인균	잠복기 (시간)	증상	원인식품	특징	예방
살모넬라 식중독 (한국에서 가장 흔함)	Salmonella typhimurium Sal. enteritidis Sal. cholerasuis Sal. newport	6~48 (평균 24)	위장염 증세: 복통, 설사, 구토, 급격한 발열	각종 육류, 유류(milk)	발열증상 (38~40℃) 치명률 0.03% 발병시기 (5~10월) 발병률 75% 이상	60℃, 20분 가열하여 균을 사멸, 생식 금지, 도축장 위생관리, 식품취급 장소 위생관리
장구균 식중독 streptococcal poisoning	Streptococcal fecalis	4~5	위장 증세: 설사, 복통, 구토, 발열 (2~3일 내에 쉽게 회복)	치즈, 소시지, 햄		
호염균 식중독 halophilism (장염비브리오 식중독)	Vibrio parahemolyiticus	8~20 (평균 12)	설사, 복통, 구토, 발열, 콜레라와 유사한 증상	해산물, 오징어, 바다고기 등의 회나 소금절임	치명률 0.01% 발병시기 (5~10월) 여름철 집중 발생	60℃, 2분 가열
병원성대장균 식중독	Bacteria, E.coli 등	10~30 (평균 12)	심한 설사 (장액성, 농), 발열, 두통, 복통	보균자나 동물의 대변에 의해 1차적, 2차적으로 오염된 식품(우유)	2차감염이 있다 (특히 어린이에게 급속히 확산).	
캠필로박터 식중독 (봄·가을에 흔함)	Campylobacter jejuni	48~120	복통, 발열, 설사 또는 혈변, 두통 및 근육통	오염된 약숫물/채소/과일, 날것 혹은 덜익은 고기, 비살균우유	- 오염된 손이나 주방기구에 의해 2차 감염 - 특별한 치료 없이 1주일 내 회복	- 고기는 충분히 가열해서 먹고, 우유는 멸균하고, 물은 가능한 한 끓여 마실 것 - 조리도구(칼, 도마)는 반드시 세척할 것

(2) 독소형

구분	원인균	잠복기 (시간)	증상	원인식품	특징	예방
포도상구균 식중독 Staphylococcal intoxication	포도상구균이 생성하는 장독소 (enterotoxin)로 열에 내성이 강함	0.5~6 (평균 3 가장 짧음)	구역질, 복통, 구토, 설사 등 열(-)/열(+), 높지 않음	가공식품 (아이스크림, 케이크, 김밥 등) 유제품	치명률 0.006% 발병시기 (봄·가을에 흔함)	화농성 질환자의 음식 취급 금지, 5℃ 이하로 식품보관, 식기 멸균
보툴리누스 식중독 botulism botulinus intoxication	Clostridium botulinum이 생성하는 외독소 (exotoxin)	18~98 (평균 24)	신경성 증상 (연하곤란, 언어장애, 시력저하, 복시, 안검하수, 동공확대) 근육통을 겸한 경련, 호흡곤란	소시지, 육류, 통조림식품, 밀봉식품	치명률 6.7%	독소는 아포를 형성하므로 고온에서 15분간 가열 병조림과 통조림은 고압증기 멸균 등의 위생적 관리 필요
Welchii균 식중독	Clostridium welchi A, O, F형의 균주가 분비하는 외독소 (exotoxin)	12~18	복통, 설사, 두통	식육가공품, 어패류조리 식품 등, 단백질 식품	발병률 50~60%	식품의 오염방지

002 ★★★ 학교 감염병 예방·위기대응 매뉴얼 (제3차 개정판)상 다음 내용에 해당하는 학교 내 감염병 발생 시 대응단계는? [24]

> 감염병 유증상자를 발견하여 의료기관 진료를 통해 감염병(의심) 환자 발생 여부를 확인하는 단계

① 예방단계
② 대응 제1단계
③ 대응 제2단계
④ 대응 제3단계

해설
유증상자를 발견하여 환자 발생 여부를 확인하는 단계이므로 대응 제1단계에 해당한다.

교육부 학생감염 예방 위기·대응 단계

시점	유증상자 발견	(의심)환자 확인	「유행의심」이 확인됨	기존 (의심)환자 완치/추가 환자 미발생	사후조치 완료
단계	예방단계	대응 1단계	대응 2단계	대응 3단계	복구단계
상황	평소수준*	감염병 유증상자 존재	의료기관으로부터 확인받은 감염병 (의심)환자 존재	감염병 (의심) 환자 2명 이상 존재	유행 종결 및 복구

*학교 내 감염병이 없거나 감기 혹은 단순한 설사 등 특이사항 없이 일반적인 상황을 유지하는 경우

단계	상황	시작 시점	종료 시점	후속 조치
대응 제1단계	감염병 유증상자 존재	유증상자 발견	의료기관 진료 결과 감염병(의심) 환자 발생을 확인	→ 대응 제2단계
			감염병이 아닌 것으로 확인	→ 예방단계
대응 제2단계	의료기관으로부터 확인받은 감염병 (의심)환자 존재	의료기관 진료 결과 감염병 (의심)환자 발생을 확인	추가 (의심)환자 발생 확인을 통해 유행 의심 기준을 충족	→ 대응 제3단계
			기존 (의심)환자가 완치되고 추가 (의심)환자가 미발생	→ 예방단계
대응 제3단계	감염병 (의심)환자 2명 이상 존재	추가 (의심)환자 발생 확인을 통해 유행의심 기준 충족	기존의 모든 (의심)환자가 완치되고 추가 (의심)환자가 미발생	→ 복구단계

정답 002 ②

003 「환경정책기본법 시행령」상 환경기준 중에서 대기 환경의 기준 지표 항목에 해당하는 것은?

[23 서울]

① 아황산가스, 일산화탄소, 이산화질소, 벤젠, 납
② 이산화탄소, 이산화질소, 초미세먼지, 오존, 벤젠
③ 포름알데하이드, 이산화탄소, 초미세먼지, 벤젠, 납
④ 아황산가스, 염화수소, 오존, 초미세먼지, 일산화탄소

해설

「환경정책기본법 시행령」의 [별표1] 환경기준(제2조 관련)

	항목	기준
대기	아황산가스 (SO_2)	연간 평균치 0.02ppm 이하
		24시간 평균치 0.05ppm 이하
		1시간 평균치 0.15ppm 이하
	일산화탄소 (CO)	8시간 평균치 9ppm 이하
		1시간 평균치 25ppm 이하
	이산화질소 (NO_2)	연간 평균치 0.03ppm 이하
		24시간 평균치 0.06ppm 이하
		1시간 평균치 0.10ppm 이하
	미세먼지 (PM-10)	연간 평균치 0$\mu g/m^3$ 이하
		24시간 평균치 100$\mu g/m^3$ 이하
	초미세먼지 (PM-2.5)	연간 평균치 15$\mu g/m^3$ 이하
		24시간 평균치 35$\mu g/m^3$ 이하
	오존 (O_3)	8시간 평균치 0.06ppm 이하
		1시간 평균치 0.1ppm 이하
	납 (Pb)	연간 평균치 0.5$\mu g/m^3$ 이하
	벤젠	연간 평균치 5$\mu g/m^3$ 이하

비고
1. 1시간 평균치는 999천분위수(千分位數)의 값이 그 기준을 초과해서는 안 되고, 8시간 및 24시간 평균치는 99백분위수의 값이 그 기준을 초과해서는 안 된다.
2. 미세먼지(PM-10)는 입자의 크기가 10μm 이하인 먼지를 말한다.
3. 초미세먼지(PM-2.5)는 입자의 크기가 2.5μm 이하인 먼지를 말한다.

정답 003 ①

004 우리나라 재난안전관리에 대한 설명으로 가장 옳은 것은? [13 서울]

① 응급처치반은 재난현장에서 발생한 사상자를 검진하여 분류한 후 긴급·응급환자에 대한 응급처치를 담당한다.
② 재난예방 장기계획의 수립, 개발규제 및 건축기준 등 법규를 마련하는 것은 대비단계의 활동 내용이다.
③ 대규모의 재난 시 중앙재난안전대책본부장은 행정안전부장관이다.
④ 현장응급의료소의 인력은 응급의학전문의를 포함한 의사3명, 간호사1명, 1급 응급구조사 5명 이상으로 편성한다.

해설

① 응급처치반은 재난현장에서 분류반이 인계한 긴급·응급환자에 대한 응급처치를 담당한다.
② 재난예방 장기계획의 수립, 개발규제 및 건축기준 등 법규를 마련하는 것은 예방단계의 활동 내용이다.
④ 현장응급의료소의 인력은 응급의학전문의를 포함한 의사 3명, 간호사 또는 1급응급구조사 4명 및 지원요원 1명 이상으로 편성한다.

「긴급구조대응활동 및 현장지휘에 관한 규칙」

제20조(현장응급의료소의 설치 등)
① 통제단장은 재난현장에 출동한 응급의료관련자원을 총괄·지휘·조정·통제하고, 사상자를 분류·처치 또는 이송하기 위하여 사상자의 수에 따라 재난현장에 적정한 현장응급의료소(이하 "의료소"라 한다)를 설치·운영해야 한다.
② 통제단장은 법 제49조제3항 및 제50조제3항에 따라 「의료법」 제3조제2항에 따른 종합병원과 「응급의료에 관한 법률」 제2조제5호에 따른 응급의료기관에 응급의료기구의 지원과 의료인 등의 파견을 요청할 수 있다.
③ 통제단장은 법 제16조제2항에 따른 지역대책본부장으로부터 의료소의 설치에 필요한 인력·시설·물품 및 장비 등을 지원받아 구급차의 접근이 용이하고 유독가스 등으로부터 안전한 장소에 의료소를 설치해야 한다.
④ 의료소에는 소장 1명과 분류반·응급처치반 및 이송반을 둔다.
⑤ 의료소의 소장(이하 "의료소장"이라 한다)은 의료소가 설치된 지역을 관할하는 보건소장이 된다. 다만, 관할 보건소장이 재난현장에 도착하기 전에는 다음 각 호의 어느 하나에 해당하는 사람 중에서 긴급구조대응계획이 정하는 사람이 의료소장의 업무를 대행할 수 있다.
  1. 「응급의료에 관한 법률」 제26조에 따른 권역응급의료센터의 장
  2. 「응급의료에 관한 법률」 제27조제1항에 따른 응급의료지원센터의 장
  3. 「응급의료에 관한 법률」 제30조에 따른 지역응급의료센터의 장
  4. 삭제 <2020. 11. 25.>
⑥ 의료소장은 통제단장의 지휘를 받아 응급의료자원의 관리, 사상자의 분류·응급처치·이송 및 사상자 현황파악·보고 등 의료소의 운영 전반을 지휘·감독한다.
⑦ 분류반·응급처치반 및 이송반에는 반장을 두되, 반장은 의료소 요원중에서 의료소장이 임명한다.
⑧ 의료소장 및 제7항에 따른 각 반의 반원은 별표 6의2에 따른 복장을 착용해야 한다.
⑨ 의료소에는 응급의학 전문의를 포함한 의사 3명, 간호사 또는 1급응급구조사 4명 및 지원요원 1명 이상으로 편성한다. 다만, 통제단장은 필요한 의료인 등의 수를 조정하여 편성하도록 요청할 수 있다.

제22조(분류반의 임무)
① 제20조제4항에 따른 분류반은 재난현장에서 발생한 사상자를 검진하여 사상자의 상태에 따라 사망·긴급·응급 및 비응급의 4단계로 분류한다.
② 분류반에는 사상자에 대한 검진 및 분류를 위하여 의사, 간호사 또는 1급응급구조사를 배치해야 한다.
③ 분류된 사상자에게는 별표 7의 중증도 분류표 총 2부를 가슴부위 등 잘 보이는 곳에 부착한다. 다만, 중증도 분류 정보를 전자적인 형태로 표시 및 기록·저장할 수 있는 전자장치를 가슴부위 등에 부착하는 방법으로 중증도 분류표 부착을 대신할 수 있으며, 이 경우 단말기 등을 통하여 저장된 사상자 정보의 확인이 가능하도록 해야 한다.
④ 제3항에 따라 중증도 분류표를 부착한 사상자 중 긴급·응급환자는 응급처치반으로, 사망자와 비응급환자는 이송반으로 인계한다. 다만, 현장에서의 응급처치보다 이송이 시급하다고 판단되는 긴급·응급환자의 경우에는 이송반으로 인계할 수 있다.

제23조(응급처치반의 임무)
① 제20조제4항의 규정에 의한 응급처치반은 분류반이 인계한 긴급·응급환자에 대한 응급처치를 담당한다. 이 경우 긴급·응급환자를 이동시키지 아니하고 응급처치반 요원이 이동하면서 응급처치를 할 수 있다.
② 응급처치반장은 우선순위를 정하여 긴급·응급환자에 대한 응급처치를 실시하고 현장에서의 수술 등을 위하여 의료인 등이 추가로 요구되는 경우에는 의료소장에게 지원을 요청한다.
③ 응급처치반은 응급처치에 필요한 기구 및 장비를 갖추어야 한다. 다만, 응급처치에 필요한 기구 및 장비를 탑재한 구급차를 현장에 배치한 경우에는 응급처치기구 및 장비의 일부를 비치하지 아니할 수 있다.
④ 응급처치반은 제22조제4항 본문에 따라 인계받은 긴급·응급환자의 응급처치사항을 제22조제3항에 따라 부착된 중증도 분류표에 기록하여 긴급·응급환자와 함께 신속히 이송반에게 인계한다.

제24조(이송반의 임무)
① 제20조제4항에 따른 이송반은 사상자를 이송할 수 있도록 구급차 및 영구차를 확보 또는 통제하고, 각 의료기관과 긴밀한 연락체계를 유지하면서 분류반 및 응급처치반이 인계한 사상자를 이송조치한다.
② 제1항에 따른 사상자의 이송 우선순위는 긴급환자, 응급환자, 비응급환자 및 사망자 순으로 한다.
③ 사상자를 이송하려는 이송반장 또는 이송반원은 별지 제2호서식의 사상자 이송현황을 지체 없이 이송반에 제출해야 하며 제22조제3항에 따라 부착된 중증도 분류표 및 구급일지를 기록·보관한다. 이 경우 사상자를 이송하는 이송반장 또는 이송반원은 중증도 분류표(전자장치는 제외한다) 중 1부는 이송반에 보관하고, 나머지 1부는 이송의료기관이 보관할 수 있도록 인계해야 한다.
④ 이송반장은 다수의 사상자가 발생한 재난이 발생한 경우에는 병원별 수용능력을 실시간으로 조사하여 별지 제1호의3서식의 병원별 수용능력표를 작성하고, 병원별 수용능력표에 따라 사상자를 분산하여 이송해야 한다.
⑤ 이송반장이 재난현장에의 도착이 지연되어 제4항에 따른 임무를 수행할 수 없는 때에는 긴급구조지휘대에 파견된 응급의료연락관이 이송반장의 임무를 대행한다.

정답 004 ③

005 다음 사례에서 가장 의심되는 식중독은?

[22 지방(6월)]

- 지역사회 주민들이 회식 2~4시간 후 복통, 오심, 구토와 설사 등의 증상이 집단으로 발생하였으나, 38°C 이상의 고열과 연하곤란, 시력저하 등의 신경계 증상은 보이지 않았다.
- 역학조사 결과 음식물 중 어패류 등 수산물은 없었고, 회식을 준비했던 조리사의 손가락에 화농성 상처가 있는 것으로 확인되었다.

① 살모넬라 식중독
② 보툴리누스 식중독
③ 장염 비브리오 식중독
④ (황색)포도상구균 식중독

해설

문제에서의 초점은 "복통, 오심, 구토 증상"과 "조리사의 손가락에 화농성 상처"이다. 이는 독소형 세균성 식중독 중 "포도상구균 식중독"에 해당된다.

세균성 식중독

(1) 감염형 세균성 식중독

구분	원인균	잠복기(시간)	증상	원인식품	특징	예방
살모넬라 식중독 (한국에서 가장 흔함)	Salmonella typhimurium Sal. enteritidis Sal. cholerasuis Sal. newport	6~48 (평균 24)	위장염 증세: 복통, 설사, 구토, 급격한 발열	각종 육류, 유류(milk)	발열증상 (38~40°C) 치명률 0.03% 발병시기 (5~10월) 발병률 75% 이상	60°C, 20분 가열하여 균을 사멸, 생식 금지, 도축장 위생관리, 식품취급장소 위생관리
장구균 식중독 streptococcal poisoning	Streptococal fecalis	4~5	위장 증세: 설사, 복통, 구토, 발열 (2~3일 내에 쉽게 회복)	치즈, 소시지, 햄		
호염균 식중독 halophilism (장염비브리오 식중독)	Vibrio para-hemolyiticus	8~20 (평균 12)	설사, 복통, 구토, 발열, 콜레라와 유사한 증상	해산물, 오징어, 바다고기 등의 회나 소금절임	치명률 0.01% 발병시기 (5~10월) 여름철 집중 발생	60°C, 2분 가열
병원성 대장균 식중독	Bacteria, E.coli 등	1~3일	심한 설사 (장액성, 농), 발열, 두통, 복통	보균자나 동물의 대변에 의해 1차적, 2차적으로 오염된 식품(우유)	2차감염이 있다(특히 어린이에게 급속히 확산).	다진 고기류는 중심부까지 74°C, 1분 이상 가열, 생육과 조리된 음식물 구분 보관, 손 씻기
캠필로박터 식중독 (봄·가을에 흔함)	Campylobacter jejuni	48~120	복통, 발열, 설사 또는 혈변, 두통 및 근육통	오염된 약숫물/채소/과일, 날것 혹은 덜익은 고기, 비살균우유	- 오염된 손이나 주방기구에 의해 2차 감염 - 특별한 치료 없이 1주일 내 회복	- 고기는 충분히 가열해서 먹고, 우유는 멸균하고, 물은 가능한 한 끓여 마실 것 - 조리도구(칼, 도마)는 반드시 세척할 것

(2) 독소형 세균성 식중독

구분	원인균	잠복기 (시간)	증상	원인식품	특징	예방
포도상구균 식중독 Staphylococcal intoxication	포도상구균이 생성하는 장독소 (enterotoxin) (열에 내성이 강함)	0.5~6 (평균 3, 가장 짧음)	구역질, 복통, 구토, 설사 등 열(-)/열(+), 높지 않음	가공식품 (아이스크림, 케이크 등) 유제품	치명률 0.006% 발병시기 (봄·가을에 흔함)	화농성 질환자의 음식 취급 금지, 5℃ 이하로 식품보관, 식기 멸균
보툴리누스 식중독 botulism botulinus intoxication	Clostridium botulinum이 생성하는 외독소 (exotoxin)	12~98 (평균 24)	신경성 증상 (연하곤란, 언어장애, 시력저하, 복시, 안검하수, 동공확대) 근육통을 겸한 경련, 호흡곤란	소시지, 육류, 통조림식품, 밀봉식품	치명률 6.7%	독소는 아포형성 하므로 고온에서 15분 간 가열 병조림과 통조림은 고압증기 멸균 등의 위생적 관리 필요
Welchii균 식중독	Clostridium welchi A, O, F형의 균주가 분비하는 외독소 (exotoxin)	12~18	복통, 설사, 두통	식육가공품, 어패류조리 식품 등, 단백질 식품	발병률 50~60%	식품의 오염방지, 식품가열 후 즉시 섭취 또는 급냉으로 증식 억제

005 ④

006 ★★★ 우리나라 감염병 위기경보 단계 중 〈보기〉에 해당하는 단계는?

[22 서울(6월)]

―〈보기〉―
- 국내 유입된 해외 신종감염병의 제한적 전파
- 국내 원인불명·재출현 감염병의 지역사회 전파

① 관심(Blue) 단계　　② 주의(Yellow) 단계
③ 경계(Orange) 단계　　④ 심각(Red) 단계

해설

국가재난단계 분류

구 분	판단 기준	비고
관심 (Blue)	• 해외의 신종 전염병 발생 • 국내의 원인불명 감염환자 발생 • 태풍·집중호우 발생 기상 정보	징후 감시 활동
주의 (Yellow)	• 해외 신종 전염병의 국내 유입 • 국내에서 신종 전염병 발생 • 지역별 재출현 전염병 발생 • 대규모 침수지역 및 수인성 전염병 발생	협조체계 가동
경계 (Orange)	• 해외 신종 전염병의 국내 유입 후 타 지역으로 전파(제한적 전파) • 국내 신종 전염병의 타 지역으로 전파 • 재출현 전염병의 타 지역으로 전파(지역사회 전파) • 수인성 전염병의 타 지역으로 전파	대비계획 점검
심각 (Red)	• 해외 신종 전염병의 전국적 확산 징후 • 국내 신종 전염병의 전국적 확산 징후 • 재출현 전염병의 전국적 확산 징후 • 수인성 전염병의 전국적 확산 징후	즉각 대응태세 돌입

정답 006 ③

007 ★★★

세균성 식중독은 감염형과 독소형으로 분류된다. 감염형 식중독의 특징에 대한 설명으로 가장 옳은 것은? [22 서울(2월)]

① 잠복기가 비교적 길다.
② 균이 사멸해도 발생할 수 있다.
③ 식품을 가열처리해도 예방효과가 낮다.
④ 세균이 증가할 때 발생하는 체외독소에 의해 발생한다.

해설

① 감염형 식중독
②, ③, ④ 독소형 식중독

감염형 식중독과 독소형 식중독의 비교

구분	감염형	독소형
정의	세균이 체내에서 대량으로 증식한다. 대량의 균이 소화기에 작용해서 일어나는 식중독	세균이 증가할 때 발생하는 체외독소가 소화기에 작용하여 일어나는 식중독
독소	균체내독소	균체외독소
잠복기	길다.	짧다.
균의 생사와 발병과의 관계	균이 사멸하면 식중독이 발생하지 않는다.	생균이 전혀 없어도 발생할 가능성이 있다.
가열요리에 의한 예방효과	효과가 있다.	효과가 없는 경우가 많다.

정답 007 ①

008 재난 관련 위험을 예방하고 위험 및 관련 재해로 인한 악영향을 최소화하기 위한 재난 단계의 활동에 해당하는 것은? [22 서울(2월)]

① 임시대피소 마련
② 중증도 분류 진료소 설치
③ 심리적 지지 프로그램
④ 안전점검 및 안전교육

해설
재난 관련 위험을 예방하고 위험 및 관련 재해로 인한 악영향을 최소화하기 위한 재난 단계의 활동은 예방완화 단계 활동이다.
①, ② 대응 단계
③ 복구 단계
④ 예방완화 단계

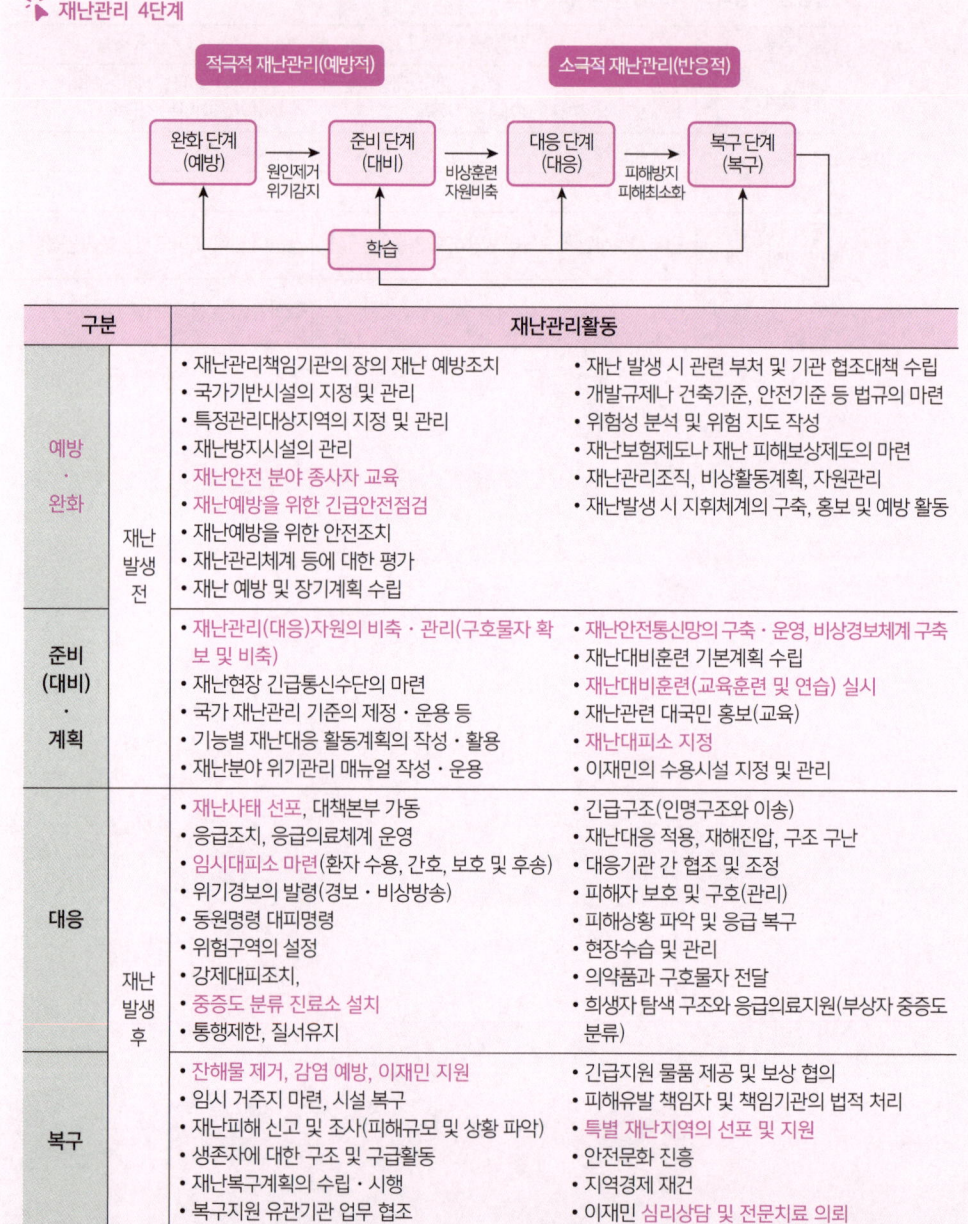

정답 008 ④

009 상수도의 정수과정 중 완속여과법과 급속여과법에 대한 설명으로 가장 옳은 것은?

[22 서울(2월)]

① 완속여과법은 보통침전법 후 사용되는 방법이다.
② 급속여과법은 사면대치의 청소방법을 사용한다.
③ 완속여과법은 여과 면적이 좁을 때 적당한 방법이다.
④ 급속여과법은 건설비는 많이 드나 경상비는 적게 든다.

해설

② 완속여과법은 사면대치의 청소방법을 사용한다.
③ 급속여과법은 여과 면적이 좁을 때 적당한 방법이다.
④ 완속여과법은 건설비는 많이 드나 경상비는 적게 든다.

상수의 정수과정

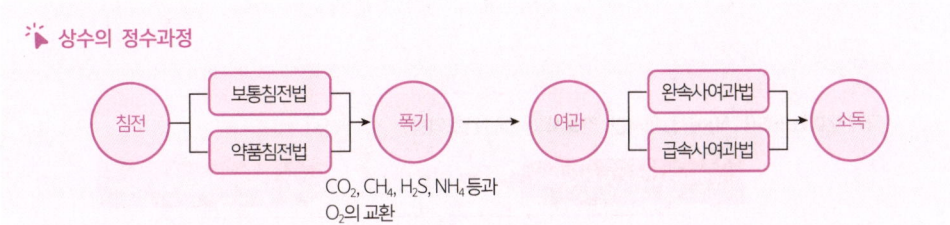

CO_2, CH_4, H_2S, NH_4 등과 O_2의 교환

완속여과법과 급속여과법의 비교

구분	완속여과법(영국식, 1829)	급속여과법(미국식, 1872)
개념	침전시킨 후 여과지로 보내는 방법이다. 여과지의 상층은 작은 모래, 아래층은 큰 돌을 사용하여 물을 통과시킨다.	미국에서 처음 사용되어 미국식 여과라고도 하고 약품을 사용하여 침전시킨 후 여과지로 보내게 된다.
침전법	보통침전법	약품침전법
청소방법	사면대치	역류세척
여과속도	3m(6~7m)/일 → 완속	120m/일 → 급속
1차 사용일수	20~60일(1~2개월)	12시간~일(1일)
탁도, 색도가 높을 때	불리하다.	좋다.
이끼류가 발생하기 쉬운 장소	불리하다.	좋다.
수면이 동결하기 쉬운 장소	불리하다(추운 곳은 미생물활동 불리).	좋다(추운 곳도 상관없음).
전처리	불필요(미생물 증식을 위해 안 함)	절대 필요
면적	면적이 넓어야 한다. (길고 넓다)	좁은 면적이어도 된다. (짧고 좁다)
비용	• 건설비가 많이 든다. • 경상비는 적게 든다.	• 건설비는 적게 든다. • 경상비가 많이 든다. • 전문인력이 필요하다.
세균제거율	98~99%(높음)	95~98%(낮음)

정답 009 ①

010 국제간호협의회(ICN; International Council of Nurses)에서 제시한 간호사의 재난간호역량 중 〈보기〉에 있는 영역을 포함하는 것은?

[21 서울]

〈보기〉

지역사회 관리, 개인과 가족 관리, 심리적 관리, 취약인구집단 관리

① 예방 역량
② 대비 역량
③ 대응 역량
④ 복구/재활 역량

해설

국제간호협의회(ICN)에서 제시한 간호사의 재난간호역량

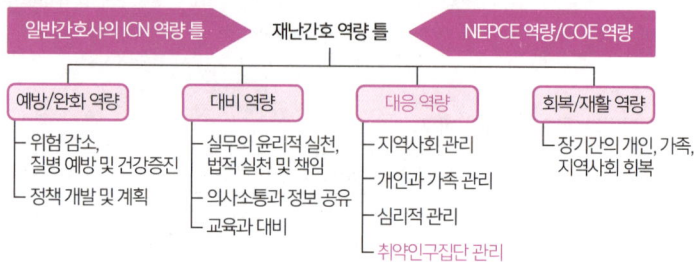

- COE(Center of Excellence) – 핵심 전문가 조직
- ICN(International Council of Nurses) – 국제간호협의회
- NEPCE(Nursing Emergency Preparedness Coalition Education) – 응급대비 간호연합 교육

정답 010 ③

011 재난관리를 위해 대피소 운영, 비상의료지원, 중증도 분류가 이루어지는 단계는?
[21 지방]

① 예방단계
② 대비단계
③ 대응단계
④ 복구단계

해설

재난관리 과정 4단계(Petak의 분류)

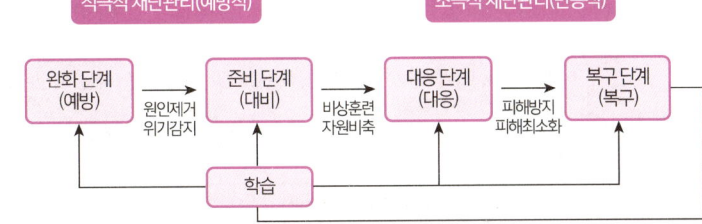

구분		재난관리활동	
예방·완화	재난 발생 전	• 재난관리책임기관의 장의 재난 예방조치 • 국가기반시설의 지정 및 관리 • 특정관리대상지역의 지정 및 관리 • 재난방지시설의 관리 • 재난안전 분야 종사자 교육 • 재난예방을 위한 긴급안전점검 • 재난예방을 위한 안전조치 • 재난관리체계 등에 대한 평가 • 재난 예방 및 장기계획 수립	• 재난 발생 시 관련 부처 및 기관 협조대책 수립 • 개발규제나 건축기준, 안전기준 등 법규의 마련 • 위험성 분석 및 위험 지도 작성 • 재난보험제도나 재난 피해보상제도의 마련 • 재난관리조직, 비상활동계획, 자원관리 • 재난발생 시 지휘체계의 구축, 홍보 및 예방 활동
준비(대비)·계획		• 재난관리(대응)자원의 비축·관리(구호물자 확보 및 비축) • 재난현장 긴급통신수단의 마련 • 국가 재난관리 기준의 제정·운용 등 • 기능별 재난대응 활동계획의 작성·활용 • 재난분야 위기관리 매뉴얼 작성·운용	• 재난안전통신망의 구축·운영, 비상경보체계 구축 • 재난대비훈련 기본계획 수립 • 재난대비훈련(교육훈련 및 연습) 실시 • 재난관련 대국민 홍보(교육) • 재난대피소 지정
대응	재난 발생 후	• 재난사태 선포, 대책본부 가동 • 응급조치, 응급의료체계 운영(환자 수용, 간호, 보호 및 후송) • 위기경보의 발령(경보·비상방송) • 동원명령 대피명령, 대피소 운영 • 위험구역의 설정 • 강제대피조치 • 통행제한, 질서유지 • 긴급구조	• 재난대응 적용, 재해진압, 구조 구난 • 대응기관 간 협조 및 조정 • 피해자 보호 및 구호(관리) • 피해상황 파악 및 응급 복구 • 현장수습 및 관리 • 의약품과 구호물자 전달 • 희생자 탐색 구조와 응급의료지원(부상자 중증도 분류)
복구		• 잔해물 제거, 감염 예방, 이재민 지원 • 임시 거주지 마련, 시설 복구 • 재난피해 신고 및 조사(피해규모 및 상황 파악) • 생존자에 대한 구조 및 구급활동 • 재난복구계획의 수립·시행 • 복구지원 유관기관 업무 협조	• 긴급지원 물품 제공 및 보상 협의 • 피해유발 책임자 및 책임기관의 법적 처리 • 특별 재난지역의 선포 및 지원 • 안전문화 진흥 • 지역경제 재건 • 이재민 심리상담 및 전문치료 의뢰

정답 011 ③

012 다음 중 「재난 및 안전관리기본법」에 따른 사회재난에 속하지 않는 것은?

[20 광주추채]

① 황사
② 미세먼지
③ 감염병
④ 가축전염병

해설

재난의 분류

자연재난	• 태풍, 홍수, 호우(豪雨), 강풍, 풍랑, 해일(海溢), 대설, 낙뢰, 가뭄, 지진, 황사(黃砂), 조류(藻類) 대발생, 조수(潮水), 화산활동 • 「우주개발 진흥법」에 따른 자연우주물체의 추락·충돌, 그 밖에 이에 준하는 자연현상으로 인하여 발생하는 재해
사회재난	• 화재·붕괴·폭발·교통사고(항공사고 및 해상사고를 포함)·화생방사고·환경오염사고·다중운집 인파사고 등으로 인하여 발생하는 대통령령으로 정하는 규모 이상의 피해 • 국가핵심기반의 마비 • 「감염병의 예방 및 관리에 관한 법률」에 따른 감염병 • 「가축전염병예방법」에 따른 가축전염병의 확산 • 「미세먼지 저감 및 관리에 관한 특별법」에 따른 미세먼지 • 「우주개발 진흥법」에 따른 인공우주물체의 추락·충돌 등으로 인한 피해
해외재난	대한민국의 영역 밖에서 대한민국 국민의 생명·신체 및 재산에 피해를 주거나 줄 수 있는 재난으로서 정부차원에서 대처할 필요가 있는 재난

정답 012 ①

013 ⭐⭐⭐

「먹는물 수질기준 및 검사 등에 관한 규칙」에 의한 먹는 물의 기준으로 옳은 것은?

[20 광주추채]

① 수은 0.001mg/L 이하
② 질산성 질소 1mg/L 이하
③ 크롬 0.01mg/L 이하
④ 비소 0.1mg/L 이하

해설

② 질산성 질소 10mg/L 이하
③ 크롬 0.05mg/L 이하
④ 비소 0.01mg/L 이하

▶ 먹는 물의 수질기준

항목	기준
납	0.01mg/L를 넘지 아니할 것
비소	0.01mg/L를 넘지 아니할 것(샘물·염지하수의 경우 0.05mg/L)
벤젠	0.01mg/L를 넘지 아니할 것
수은	0.001mg/L를 넘지 아니할 것
암모니아성 질소	0.5mg/L를 넘지 아니할 것
포름알데히드	0.5mg/L를 넘지 아니할 것
크롬	0.05mg/L를 넘지 아니할 것
카드뮴	0.005mg/L를 넘지 아니할 것
톨루엔	0.7mg/L를 넘지 아니할 것
불소	1.5mg/L(샘물·먹는샘물, 염지하수·먹는염지하수의 경우 2.0mg/L)를 넘지 아니할 것
유리잔류염소	4.0mg/L를 넘지 아니할 것
질산성질소	10mg/L를 넘지 아니할 것
수소이온농도	pH 5.8 이상 pH 8.5 이하
색도	5도를 넘지 아니할 것
탁도	1NTU를 넘지 아니할 것
일반세균	1mL 중 100CFU를 넘지 아니할 것
총대장균	100mL(샘물·먹는샘물, 염지하수·먹는염지하수 및 먹는해양심층수의 경우 250mL)에서 검출되지 아니할 것

정답 013 ①

014 ★★★

재난이 발생하여 다발성 골절, 척추손상으로 인한 응급환자가 있다면 이 경우에 해당하는 중증도 구분으로 옳은 것은? [20 경기추채]

① 적색
② 황색
③ 녹색
④ 검정색

> **해설**

중증도의 분류

구분	색상	내용
긴급 환자	적색 (red) 우선순위 1등급	• 생존율을 높이기 위해 즉각적인 치료가 필요한 환자 • 치명적이거나 사지절단의 위험이 있는 손상 • 부상이 심각하지만 최소한의 시간이나 자원으로 치료될 수 있으며 치료 후 생존할 것으로 예상되는 환자 • 수분 혹은 수시간 이내 응급처치가 필요한 중증 환자 • 상기도 폐쇄, 심한 호흡곤란, 호흡정지, 심장마비 순간의 인지된 심정지 • 개방성 흉부열상, 긴장성 기흉, 혼수상태의 중증 두부손상, 경추손상 의심 • 대량출혈, 매우 낮은 혈압(수축기 혈압이 80mmHg이하인 쇼크) • 개방성 복부열상, 골반 골절을 동반한 복부손상 • 기도화상을 동반한 중증의 화상 또는 안면화상, 50% 이상의 2~3도 신체화상 • 원위부에서 맥박이 촉지되지 않는 골절 • 심장병, 저체온증, 지속적인 천식 또는 경련, 인슐린 쇼크 저혈당
응급 환자	노란색 (yellow) 우선순위 2등급	• 생존에 영향을 주지 않는 범위에서 치료가 지연되어도 안전한 환자 • 최종적인 치료가 필요하지만 초기 처치가 지연되어도 악화되지 않는 상태 • 부상이 심하지만 발병할 위험성 없이 치료가 지연되어도 괜찮은 환자 • 수시간 내 치료가 필요한 중증 환자, 즉각적인 위험없이 최대 2시간까지 견딜 수 있는 상태 • 신체구조적 영향과 합병증을 동반한 부상을 가졌으나 아직 저산소증이나 쇼크상태까지는 빠지지 않은 환자 • 중증 화상, 경추를 제외한 척추손상, 중증 출혈, 다발성 골절, 안구돌출성 외상, 감전화상 • 철저한 관찰이 필요하며, 쇼크 등의 증상을 보일 시 우선순위 1등급으로 재분류될 수 있음.
비응급 환자 (경증 환자)	녹색 (green) 우선순위 3등급	• 치료가 필요한 손상이 있으나 치료여부와 상관없이 생존이 예상되는 환자 • 이송이 필요없고 현장에서 처치 후 귀가할 수 있는 상태 • 부상이 크지 않아 치료를 기다릴 수 있는 환자로 대부분 보행이 가능한 환자 • 구조적 합병증을 동반하지 않는 최소한의 부상을 가진 자 • 치료 없이 위험에 놓이지 않고 2시간 이상을 견딜 수 있는 상태 • 소량의 출혈, 탈골, 동상, 정신과적 장애, 경증 열상, 단순골절, 경증 화상, 타박상 등
지연 환자	검정색 (black) 사망함	• 생존해 있으나 사용가능한 자원으로는 생존시키기가 거의 불가능한 환자 • 생존 가능성이 희박한 중증 손상상태, 두부나 몸체가 절단된 경우 • 심폐소생술을 시도해도 효과가 없다고 판단되는 경우 • 30분 이상 심장과 호흡의 정지가 확인된 경우 • 머리 가슴이 짓눌린 압좌 부상(crushing injuries) 같은 심각한 부상을 가진 자로서 최선의 환경을 제공하여도 생존 가능성이 없는 상태

정답 014 ②

015 Petak의 재난관리 구분에서 다음에 해당하는 단계는? [20 경기추채]

ㄱ. 국가 재난관리 기준의 제정·운용 등
ㄴ. 재난현장 긴급통신수단의 마련
ㄷ. 재난대비훈련(교육훈련 및 연습) 실시

① 예방단계 ② 대비단계
③ 대응단계 ④ 복구단계

해설

재난관리 4단계

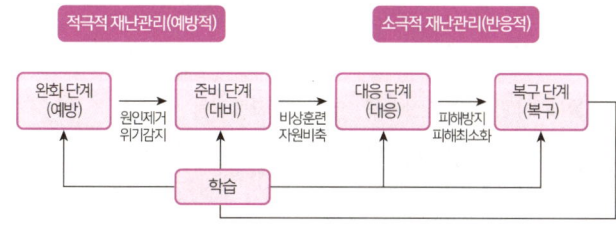

구분		재난관리활동	
예방·완화 단계	재난 발생 전	• 재난관리책임기관의 장의 재난 예방조치 • 국가기반시설의 지정 및 관리 • 특정관리대상지역의 지정 및 관리 • 재난방지시설의 관리 • 재난안전 분야 종사자 교육 • 재난예방을 위한 긴급안전점검 • 재난예방을 위한 안전조치 • 재난관리체계 등에 대한 평가 • 재난 예방 및 장기계획 수립	• 재난 발생 시 관련 부처 및 기관 협조대책 수립 • 개발규제나 건축기준, 안전기준 등 법규의 마련 • 위험성 분석 및 위험 지도 작성 • 재난보험제도나 재난 피해보상제도의 마련 • 재난관리조직, 비상활동계획, 자원관리 • 재난발생 시 지휘체계의 구축, 홍보 및 예방 활동
준비 (대비)·계획 단계		• 재난관리(대응)자원의 비축·관리(구호물자 확보 및 비축) • 재난현장 긴급통신수단의 마련 • 국가 재난관리 기준의 제정·운용 등 • 기능별 재난대응 활동계획의 작성·활용 • 재난분야 위기관리 매뉴얼 작성·운용	• 재난안전통신망의 구축·운영, 비상경보체계 구축 • 재난대비훈련 기본계획 수립 • 재난대비훈련(교육훈련 및 연습) 실시 • 재난관련 대국민 홍보(교육) • 재난대피소 지정 • 이재민의 수용시설 지정 및 관리
대응 단계	재난 발생 후	• 재난사태 선포, 대책본부 가동 • 응급조치, 응급의료체계 운영(환자 수용, 간호, 보호 및 후송) • 위기경보의 발령(경보·비상방송) • 동원명령, 대피명령 • 위험구역의 설정 • 강제대피조치 • 통행제한, 질서유지 • 대피소 운영	• 긴급구조 • 재난대응 적용, 재해진압, 구조 구난 • 대응기관 간 협조 및 조정 • 피해자 보호 및 구호(관리) • 피해상황 파악 및 응급 복구 • 현장수습 및 관리 • 의약품과 구호물자 전달 • 희생자 탐색 구조와 응급의료지원(부상자 중증도 분류)
복구 단계		• 잔해물 제거, 감염 예방, 이재민 지원 • 임시 거주지 마련, 시설 복구 • 재난피해 신고 및 조사(피해규모 및 상황 파악) • 생존자에 대한 구조 및 구급활동 • 재난복구계획의 수립·시행 • 복구지원 유관기관 업무 협조	• 긴급지원 물품 제공 및 보상 협의 • 피해유발 책임자 및 책임기관의 법적 처리 • 특별 재난지역의 선포 및 지원 • 안전문화 진흥 • 지역경제 재건 • 이재민 심리상담 및 전문치료 의뢰

정답 015 ②

016 C초등학교 보건교사가 학교미세먼지대응책으로 평상시 해야 할 업무는?

[20 경기추채]

① 대처방안을 숙지한다.
② 익일 실외수업 현황을 파악한다.
③ 미세먼지 농도 확인 후 예보상황 및 행동요령을 공지한다.
④ 공기정화기계를 사용하고 물걸레질과 같은 물청소를 실시한다.

해설
②, ③ 익일 "나쁨" 이상일 때 대응
④ 당일 "나쁨" 이상이고 미세먼지 "주의보"일 때 대응

학교 미세먼지 대응 기준

(1) 예보제: 환경부에서 대기 모델링을 이용하여 예측 발표

좋음	보통	나쁨	매우 나쁨
미 0~30	미 31~80	미 81~150	미 150 이상
초 0~15	초 16~35	초 36~75	초 76 이상

(2) 경보제: 서울시에서 현재의 실시간 농도 측정값 기준으로 발령

주의보	PM10 시간당 평균농도가 150㎍/m³ 이상 2시간 지속
	PM2.5 시간당 평균농도가 75㎍/m³ 이상 2시간 지속
경보	PM10 시간당 평균농도가 300㎍/m³ 이상 2시간 지속
	PM2.5 시간당 평균농도가 150㎍/m³ 이상 2시간 지속

학교 미세먼지 단계별 대응

예보 단계	대응 단계	대응 단계별 조치사항	
좋음	평상시 미 0~30 초 0~15	<단계별 행동요령 숙지 및 사전 준비> • 대처방안 숙지 • 실외수업 대체 사전계획 마련 • 학생 및 보호자 비상연락망 구축 • 보건용 마스크, 상비약 등 비치·점검 및 관리 대책 마련	
보통	미 0~30 초 0~15		
나쁨	익일 '나쁨' 이상 미 81 이상 초 36 이상	■ 개인 대응 • 보건용 마스크 착용	■ 유치원/학교 대응 • 익일 예정된 실외수업 점검 • 예보 상황 및 행동요령 공지 ＊ 보호자 비상연락망, 홈페이지 안내문 게시, 문자, 가정통신문 발송 등(보건용 마스크 착용 후 등교, 행동요령 안내 등)
	당일 '나쁨' 이상 미 81 이상 초 36 이상	■ 개인 대응 • 보건용 마스크 착용	■ 유치원/학교 대응 • 실시간 예보상활을 학교 구성원에게 전달 • 실외수업 자제 • 실내공기질 및 위생관리 ＊ 물청소, 창문 닫기, 손 씻기 온몸 먼지털기 등 • 미세먼지 대응 안전교육 실시

예보 단계	대응 단계	대응 단계별 조치사항	
매우 나쁨	주의보 미 150 이상 2시간 이상 지속 초 75 이상 2시간 이상 지속	■ 개인 대응 • 보건용 마스크 착용	■ 유치원/학교 대응 • 유치원: 실외수업 단축 또는 금지, 등·하원 시간 조정 • 학교: 실외수업 단축 또는 금지 • 비상연락망을 통한 상황 공유 및 대응 요령 알림 • 실내공기질 및 위생관리 * 물청소, 창문 닫기, 손 씻기 온몸 먼지털기 등 • 미세먼지 대응 안전교육 실시 • 미세먼지 민감군 및 고위험군 학생 관리대책 이행
	경보 미 300 이상 2시간 이상 지속 초 150 이상 2시간 이상 지속	■ 개인 대응 • 보건용 마스크 착용 • 보안경 착용	■ 유치원/학교 대응 • 유치원: 실외수업 단축 또는 금지, 등·하원 시간 조정, 임시휴원 검토 • 학교: 실외수업 단축 또는 금지, 수업시간 조정, 등·하교 시간 조정, 임시휴업 검토 • 비상연락망을 통한 상황 공유 및 대응 요령 알림 • 학교 소독·청결 및 학생 위생관리 강화 • 미세먼지 대응 안전교육 실시 • 질환자 파악 및 특별관리 * 조기귀가, 진료 등

정답 016 ①

017 다음 중 먹는 물 수질 기준으로 옳지 않은 것은?

[20 경기추채]

① 질산성 질소는 10mg/L 넘지 아니할 것
② 수은은 0.001mg/L 넘지 아니할 것
③ 일반세균은 1mL 100CFU 넘지 아니할 것
④ 총대장균은 100mL에서 100CFU 넘지 아니할 것

해설

총대장균군은 100mL(샘물·먹는샘물, 염지하수·먹는염지하수 및 먹는해양심층수의 경우 250mL)에서 검출되지 아니할 것

먹는 물의 수질기준

항목	기준
납	0.01mg/L를 넘지 아니할 것
비소	0.01mg/L를 넘지 아니할 것(샘물·염지하수의 경우 0.05mg/L)
벤젠	0.01mg/L를 넘지 아니할 것
수은	0.001mg/L를 넘지 아니할 것
암모니아성 질소	0.5mg/L를 넘지 아니할 것
포름알데히드	0.5mg/L를 넘지 아니할 것
크롬	0.05mg/L를 넘지 아니할 것
카드뮴	0.005mg/L를 넘지 아니할 것
툴루엔	0.7mg/L를 넘지 아니할 것
불소	1.5mg/L(샘물·먹는샘물, 염지하수·먹는염지하수의 경우 2.0mg/L)를 넘지 아니할 것
유리잔류염소	4.0mg/L를 넘지 아니할 것
질산성질소	10mg/L를 넘지 아니할 것
수소이온농도	pH 5.8 이상 pH 8.5 이하
색도	5도를 넘지 아니할 것
탁도	1NTU를 넘지 아니할 것
일반세균	1mL 중 100CFU를 넘지 아니할 것
총대장균	100mL(샘물·먹는샘물, 염지하수·먹는염지하수 및 먹는해양심층수의 경우 250mL)에서 검출되지 아니할 것

정답 017 ④

018 〈보기〉에서 설명하는 지구온난화 및 기후변화 대비 협약으로 가장 옳은 것은?
[20 서울]

〈보기〉
2015년에 채택되었으며 지구 평균온도 상승폭을 산업화 이전 대비 2℃ 이상 상승하지 않도록 합의

① 몬트리올 의정서
② 바젤협약
③ 파리협약
④ 비엔나협약

해설

파리기후협약은 2015년 12월 12일 프랑스 파리에서 선진국과 개도국 195개 협약당사국들이 참여하여 책임을 분담하며 전 세계가 기후 재앙을 막는 데 동참하기로 결의하였다. 주된 목표는 21세기 동안 지구 온도 상승폭을 산업화(산업혁명) 이전 수준과 비교하여 2℃보다 훨씬 낮게 유지하고 더 나아가 1.5℃까지 제한하는 데 노력하기로 하는 것이다.

국제환경협약

주제	협약명	개최연도	내용
해양오염	런던협약	1972년	방사성폐기물 등의 해양투기로 인한 해양오염 방지
오존층 파괴	빈협약 (비엔나 협약)	1985년	오존층 파괴방지, 냉매규제
	몬트리올의정서	1987년	오존층 파괴방지, 냉매규제, 무역연계(수출입규제)
지구 온난화 (기후변화)	리우회의	1992년	지구온난화의 공동대응을 위한 기후변화협약(UNFCCC) 채택
	교토의정서	1997년	지구온난화 방지, 온실가스 배출량 감축목표 설정
	코펜하겐협정	2009년	제15차 유엔기후변화협약 당사국 총회에서 지구평균기온 상승폭을 산업화 이전 대비 2℃ 이내로 제한
	파리협약	2015년	지구평균기온 상승폭을 산업화 이전 대비 2℃보다 훨씬 낮게 유지하고 더 나아가 1.5℃까지 제한
유해 폐기물	바젤협약	1989년	유해 폐기물의 국가 간 수출입과 그 처리 규제

정답 018 ③

019 ★★★

1952년 영국 런던에서 대기오염으로 대규모의 사상자를 발생시킨 주된 원인물질은?   [20 서울]

① SO_2(아황산가스)
② CO_2(이산화탄소)
③ O_3(오존)
④ NO_2(이산화질소)

해설

문제에 제시된 "1952년 영국 런던의 대기오염"은 런던형 스모그를 의미하며 이 당시 주된 오염 물질은 황산화물(SOx)로 복사성 역전에 의해 SO_2(아황산가스)로 변해 호흡기질환을 유발하였다.

020

교육부의 학생 감염병 예방 위기대응 매뉴얼에 따르면, 평상시 학교에서 감염병 유증상자를 처음 발견하여 감염병 여부를 확인하는 시점까지의 단계는?   [20 지방]

① 예방 단계
② 대응 제1단계
③ 대응 제2단계
④ 대응 제3단계

해설

문제에서 중요한 키워드는 "평상시"와 "감염병 유증상자를 처음 발견하여 확인하는 시점"이므로 대응 제1단계에 해당된다.

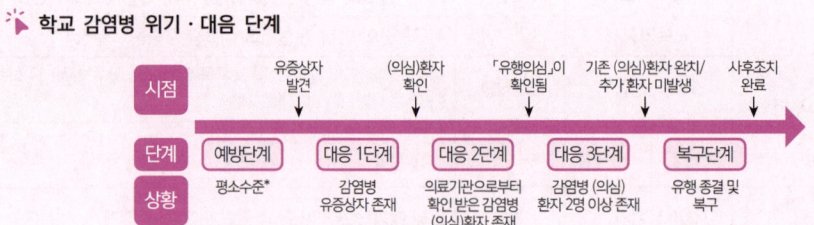

단계	상황	시작 시점	종료 시점	후속 조치
대응 제1단계	감염병 유증상자 존재	유증상자 발견	의료기관 진료 결과 감염병 (의심) 환자 발생을 확인	→ 대응 제2단계
			감염병이 아닌 것으로 확인	→ 예방단계
대응 제2단계	의료기관으로부터 확인받은 감염병 (의심)환자 존재	의료기관 진료 결과 감염병 (의심)환자 발생을 확인	추가 (의심)환자 발생 확인을 통해 유행 의심 기준을 충족	→ 대응 제3단계
			기존 (의심)환자가 완치되고 추가 (의심)환자가 미발생	→ 예방단계
대응 제3단계	감염병 (의심)환자 2명 이상 존재	추가 (의심)환자 발생 확인을 통해 유행의심 기준 충족	기존의 모든 (의심)환자가 완치되고 추가 (의심)환자가 미발생	→ 복구단계

정답 019 ①   020 ②

021 Petak의 재난관리 과정 중 완화·예방단계에 해당하는 활동은?

[20 지방]

① 생필품 공급
② 부상자의 중증도 분류
③ 위험지도 작성
④ 이재민의 거주지 지원

해설

완화·예방단계는 재난 발생 전 할 수 있는 활동이다.
①, ④ 복구단계
② 대응단계
③ 완화·예방단계

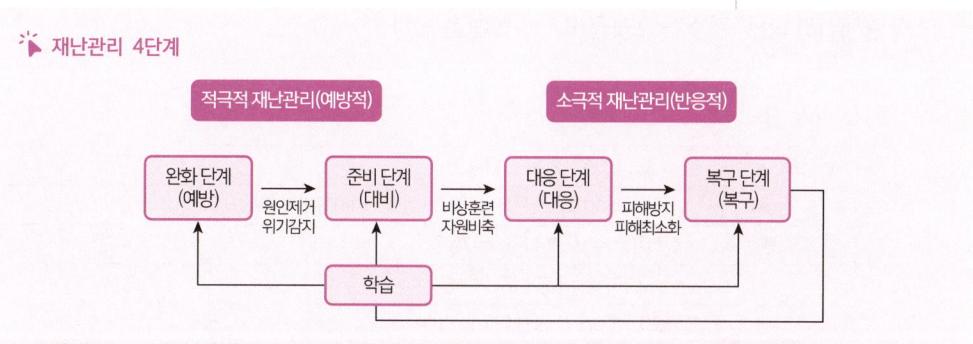

재난관리 4단계

구분		재난관리활동	
재난 발생 전	예방·완화 단계	• 재난관리책임기관의 장의 재난 예방조치 • 국가기반시설의 지정 및 관리 • 특정관리대상지역의 지정 및 관리 • 재난방지시설의 관리 • 재난안전 분야 종사자 교육 • 재난예방을 위한 긴급안전점검 • 재난예방을 위한 안전조치 • 재난관리체계 등에 대한 평가	• 재난 예방 및 장기계획 수립 • 재난 발생 시 관련 부처 및 기관 협조대책 수립 • 개발규제나 건축기준, 안전기준 등 법규의 마련 • 위험성 분석 및 위험 지도 작성 • 재난보험제도나 재난 피해보상제도의 마련 • 재난관리조직, 비상활동계획, 자원관리 • 재난발생 시 지휘체계의 구축, 홍보 및 예방 활동
	준비(대비)·계획 단계	• 재난관리(대응)자원의 비축·관리(구호물자 확보 및 비축) • 재난현장 긴급통신수단의 마련 • 국가 재난관리 기준의 제정·운용 등 • 기능별 재난대응 활동계획의 작성·활용 • 재난분야 위기관리 매뉴얼 작성·운용	• 재난안전통신망의 구축·운영, 비상경보체계 구축 • 재난대비훈련 기본계획 수립 • 재난대비훈련(교육훈련 및 연습) 실시 • 재난관련 대국민 홍보(교육) • 재난대피소 지정 • 이재민의 수용시설 지정 및 관리
재난 발생 후	대응 단계	• 재난사태 선포, 대책본부 가동 • 응급조치, 응급의료체계 운영(환자 수용, 간호, 보호 및 후송) • 위기경보의 발령(경보·비상방송) • 동원명령, 대피명령 • 위험구역의 설정 • 강제대피조치 • 통행제한, 질서유지 • 긴급구조	• 재난대응 적용, 재해진압, 구조 구난 • 대응기관 간 협조 및 조정 • 피해자 보호 및 구호(관리) • 피해상황 파악 및 응급 복구 • 현장수습 및 관리 • 의약품과 구호물자 전달 • 희생자 탐색 구조와 응급의료지원(부상자 중증도 분류)
	복구 단계	• 잔해물 제거, 감염 예방, 이재민 지원 • 임시 거주지 마련, 시설 복구 • 재난피해 신고 및 조사(피해규모 및 상황 파악) • 생존자에 대한 구조 및 구급활동 • 재난복구계획의 수립·시행 • 복구지원 유관기관 업무 협조	• 긴급지원 물품 제공 및 보상 협의 • 피해유발 책임자 및 책임기관의 법적 처리 • 특별 재난지역의 선포 및 지원 • 안전문화 진흥 • 지역경제 재건 • 이재민 심리상담 및 전문치료 의뢰

정답 021 ③

022 「먹는물관리법」과 「먹는물 수질기준 및 검사 등에 관한 규칙」에 따른 수돗물의 수질 기준으로 가장 옳지 않은 것은? [19 서울]

① 납은 수돗물 1L당 0.01mg을 넘지 아니할 것
② 비소는 수돗물 1L당 0.01mg을 넘지 아니할 것
③ 수은은 수돗물 1L당 0.01mg을 넘지 아니할 것
④ 암모니아성 질소는 수돗물 1L당 0.5mg을 넘지 아니 할 것

해설
「먹는물 수질기준 및 검사 등에 관한 규칙」 별표 1에 따르면 수은은 0.001mg/L를 넘지 아니하여야 한다.

먹는 물의 수질기준

항목	기준
납	0.01mg/L를 넘지 아니할 것
비소	0.01mg/L를 넘지 아니할 것(샘물·염지하수의 경우 0.05mg/L)
벤젠	0.01mg/L를 넘지 아니할 것
수은	0.001mg/L를 넘지 아니할 것
암모니아성 질소	0.5mg/L를 넘지 아니할 것
포름알데히드	0.5mg/L를 넘지 아니할 것
크롬	0.05mg/L를 넘지 아니할 것
카드뮴	0.005mg/L를 넘지 아니할 것
톨루엔	0.7mg/L를 넘지 아니할 것
불소	1.5mg/L(샘물·먹는샘물, 염지하수·먹는염지하수의 경우 2.0mg/L)를 넘지 아니할 것
유리잔류염소	4.0mg/L를 넘지 아니할 것
질산성질소	10mg/L를 넘지 아니할 것
수소이온농도	pH 5.8 이상 pH 8.5 이하
색도	5도를 넘지 아니할 것
탁도	1NTU를 넘지 아니할 것
일반세균	1mL 중 100CFU를 넘지 아니할 것
총대장균	100mL(샘물·먹는샘물, 염지하수·먹는염지하수 및 먹는해양심층수의 경우 250mL)에서 검출되지 아니할 것

정답 022 ③

023 「재난 및 안전관리 기본법」에 따른 사회재난에 해당하지 않는 것은?

[19 서울]

① 소행성 등 자연우주물체의 추락으로 인해 발생한 재해
② 「감염병의 예방 및 관리에 관한 법률」에 따른 감염병으로 인한 피해
③ 화재, 붕괴 등으로 인해 발생된 대통령령으로 정하는 규모 이상의 피해
④ 「가축전염병 예방법」에 따른 가축전염병의 확산으로 인한 피해

> 해설

재난의 분류(「재난 및 안전관리기본법」)

자연재난	• 태풍, 홍수, 호우(豪雨), 강풍, 풍랑, 해일(海溢), 대설, 낙뢰, 가뭄, 지진, 황사(黃砂), 조류(藻類) 대발생, 조수(潮水), 화산활동 • 「우주개발 진흥법」에 따른 자연우주물체의 추락·충돌, 그 밖에 이에 준하는 자연현상으로 인하여 발생하는 재해
사회재난	• 화재·붕괴·폭발·교통사고(항공사고 및 해상사고를 포함)·화생방사고·환경오염사고·다중운집인파사고 등으로 인하여 발생하는 대통령령으로 정하는 규모 이상의 피해 • 국가핵심기반의 마비 • 「감염병의 예방 및 관리에 관한 법률」에 따른 감염병 • 「가축전염병예방법」에 따른 가축전염병의 확산 • 「미세먼지 저감 및 관리에 관한 특별법」에 따른 미세먼지 • 「우주개발 진흥법」에 따른 인공우주물체의 추락·충돌 등으로 인한 피해
해외재난	대한민국의 영역 밖에서 대한민국 국민의 생명·신체 및 재산에 피해를 주거나 줄 수 있는 재난으로서 정부차원에서 대처할 필요가 있는 재난

정답 23 ①

024 〈보기〉가 설명하는 실내오염 물질은?

[19 서울]

해설
2018년 우리나라 언론에서 이슈화되었던 음이온 침대와 침구에서 방출된 물질로 공기, 물, 토양 등 자연계에 널리 존재하는 무색·무취·무미의 방사성 기체는 "라돈"이다. 세계보건기구(WHO)는 라돈을 흡연 다음으로 폐암의 발병원인으로 인정하고 있다.

〈보기〉
- 지각의 암석 중에 들어있는 우라늄이 방사성 붕괴 과정을 거친 후 생성되는 무색, 무취, 무미의 기체임
- 토양과 인접한 단독주택이나 바닥과 벽 등에 균열이 많은 오래된 건축물에 많이 존재함
- 전체 인체노출 경로 중 95%는 실내 공기를 호흡할 때 노출되는 것임
- 지속적으로 노출되면 폐암을 유발함

① 라돈
② 오존
③ 폼알데하이드
④ 트리클로로에틸렌

025 상수의 정수 과정으로 가장 옳은 것은?

[19 서울추채]

① 폭기 - 침전 - 여과 - 소독
② 여과 - 침사 - 소독 - 침전
③ 여과 - 침전 - 침사 - 소독
④ 침전 - 폭기 - 여과 - 소독

해설

상수의 정수과정

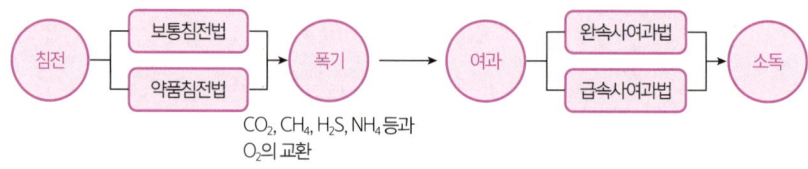

정답 024 ①   025 ④

026 「재난 및 안전관리 기본법」상 〈보기〉에서 제시된 업무는 재난관리 중 어느 단계에 해당하는가? [19 서울추채]

〈보기〉
- 재난관리자원의 비축 및 관리
- 재난안전통신망의 구축 및 운영
- 재난현장 긴급통신수단의 마련
- 재난분야 위기관리 매뉴얼 작성 및 운용
- 안전기준의 등록 및 심의

① 재난예방단계
② 재난대비단계
③ 재난대응단계
④ 재난복구단계

해설

재난관리 과정 4단계(Petak의 분류)

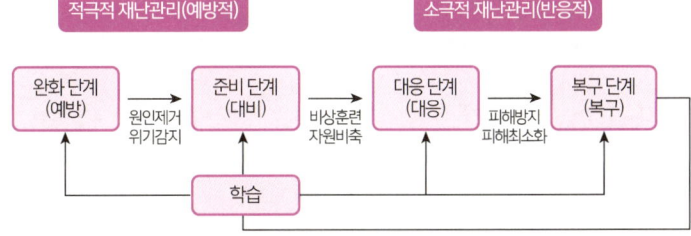

구분		재난관리활동	
예방·완화	재난 발생 전	• 재난관리책임기관의 장의 재난 예방조치 • 국가기반시설의 지정 및 관리 • 특정관리대상지역의 지정 및 관리 • 재난방지시설의 관리 • 재난안전 분야 종사자 교육 • 재난예방을 위한 긴급안전점검 • 재난예방을 위한 안전조치 • 재난관리체계 등에 대한 평가 • 재난 예방 및 장기계획 수립	• 재난 발생 시 관련 부처 및 기관 협조대책 수립 • 개발규제나 건축기준, 안전기준 등 법규의 마련 • 위험성 분석 및 위험 지도 작성 • 재난보험제도나 재난 피해보상제도의 마련 • 재난관리조직, 비상활동계획, 자원관리 • 재난발생 시 지휘체계의 구축, 홍보 및 예방 활동
준비(대비)·계획		• 재난관리(대응)자원의 비축·관리(구호물자 확보 및 비축) • 재난현장 긴급통신수단의 마련 • 국가 재난관리 기준의 제정·운용 등 • 기능별 재난대응 활동계획의 작성·활용 • 재난분야 위기관리 매뉴얼 작성·운용	• 재난안전통신망의 구축·운영, 비상경보체계 구축 • 재난대비훈련 기본계획 수립 • 재난대비훈련(교육훈련 및 연습) 실시 • 재난관련 대국민 홍보(교육) • 재난대피소 지정

구분		재난관리활동
대응	재난 발생 후	• 재난사태 선포, 대책본부 가동 • 응급조치, 응급의료체계 운영(환자 수용, 간호, 보호 및 후송) • 위기경보의 발령(경보·비상방송) • 동원명령 대피명령 • 위험구역의 설정 • 강제대피조치 • 통행제한, 질서유지 · 긴급구조 • 재난대응 적용, 재해진압, 구조 구난 • 대응기관 간 협조 및 조정 • 피해자 보호 및 구호(관리) • 피해상황 파악 및 응급 복구 • 현장수습 및 관리 • 의약품과 구호물자 전달 • 희생자 탐색 구조와 응급의료지원(부상자 중증도 분류)
복구		• 잔해물 제거, 감염 예방, 이재민 지원 • 임시 거주지 마련, 시설 복구 • 재난피해 신고 및 조사(피해규모 및 상황 파악) • 생존자에 대한 구조 및 구급활동 • 재난복구계획의 수립·시행 • 복구지원 유관기관 업무 협조 · 긴급지원 물품 제공 및 보상 협의 • 피해유발 책임자 및 책임기관의 법적 처리 • 특별 재난지역의 선포 및 지원 • 안전문화 진흥 • 지역경제 재건 • 이재민 심리상담 및 전문치료 의뢰

정답 026 ②

027 여름휴가차 바닷가에 온 40대 여성이 오징어와 조개류 등을 생식하고 다음 날 복통, 설사와 미열을 호소하며 병원을 방문하여 진료를 받았다. 이 경우 의심되는 식중독의 특징은?　　　　　　　　　　　　[18 지방]

① 7~8월에 주로 발생하며, 원인균은 포도상구균이다.
② 화농성질환을 가진 조리사의 식품 조리과정에서 발생한다.
③ 감염형 식중독으로 가열해서 먹을 경우 예방이 가능하다.
④ 독소형 식중독으로 신경마비성 증상이 나타나 치명률이 높다.

> **해설**
> 사례의 경우 감염형 식중독 중 장염비브리오 식중독을 설명하고 있다. 장염 비브리오 식중독의 경우 60℃, 2분 가열로 예방할 수 있다.
> ① 포도상구균 식중독은 봄, 가을에 흔함
> ② 포도상구균 식중독(독소형 식중독)
> ④ 보툴리누스 식중독

세균성 식중독

(1) 감염형 세균성 식중독

구분	원인균	잠복기 (시간)	증상	원인식품	특징	예방
살모넬라 식중독 (한국에서 가장 흔함)	Salmonella typhimurium Sal. enteritidis Sal. cholerasuis Sal. newport	6~48 (평균 24)	위장염 증세: 복통, 설사, 구토, 급격한 발열	각종 육류, 유류(milk)	발열증상 (38~40℃) 치명률 0.03% 발병시기(5~10월) 발병률 75% 이상	60℃, 20분 가열하여 균을 사멸, 생식 금지, 도축장 위생관리, 식품취급장소 위생관리
장구균 식중독 streptococcal poisoning	Streptococal fecalis	4~5	위장 증세: 설사, 복통, 구토, 발열 (2~3일 내에 쉽게 회복)	치즈, 소시지, 햄		
호염균 식중독 halophilism (장염비브리오 식중독)	Vibrio para-hemolyiticus	8~20 (평균 12)	설사, 복통, 구토, 발열, 콜레라와 유사한 증상	해산물, 오징어, 바다고기 등의 회나 소금절임	치명률 0.01% 발병시기(5~10월) 여름철 집중 발생	60℃, 2분 가열
병원성 대장균 식중독	Bacteria, E.coli 등	1~3일	심한 설사 (장액성, 농), 발열, 두통, 복통	보균자나 동물의 대변에 의해 1차적, 2차적으로 오염된 식품(우유)	2차감염이 있다(특히 어린이에게 급속히 확산).	다진 고기류는 중심부까지 74℃, 1분 이상 가열, 생육과 조리된 음식물 구분 보관, 손 씻기
캠필로박터 식중독 (봄·가을에 흔함)	Campylobacter jejuni	48~120	복통, 발열, 설사 또는 혈변, 두통 및 근육통	오염된 약숫물/채소/과일, 날것 혹은 덜익은 고기, 비살균우유	- 오염된 손이나 주방기구에 의해 2차 감염 - 특별한 치료 없이 1주일내 회복	- 고기는 충분히 가열해서 먹고, 우유는 멸균하고, 물은 가능한 한 끓여 마실 것 - 조리도구(칼, 도마)는 반드시 세척할 것

(2) 독소형 세균성 식중독

구분	원인균	잠복기 (시간)	증상	원인식품	특징	예방
포도상구균 식중독 Staphylococcal intoxication	포도상구균이 생성하는 장독소 (enterotoxin) (열에 내성이 강함)	0.5~6 (평균 3, 가장 짧음)	구역질, 복통, 구토, 설사 등 열(-)/열(+), 높지 않음	가공식품 (아이스크림, 케이크 등) 유제품	치명률 0.006% 발병시기 (봄·가을에 흔함)	화농성 질환자의 음식 취급 금지, 5℃ 이하로 식품보관, 식기 멸균
보툴리누스 식중독 botulism botulinus intoxication	Clostridium botulinum이 생성하는 외독소 (exotoxin)	12~98 (평균 24)	신경성 증상 (연하곤란, 언어장애, 시력저하, 복시, 안검하수, 동공확대) 근육통을 겸한 경련, 호흡곤란	소시지, 육류, 통조림식품, 밀봉식품	치명률 6.7%	독소는 아포형성 하므로 고온에서 15분 간 가열 병조림과 통조림은 고압증기 멸균 등의 위생적 관리 필요
Welchii균 식중독	Clostridium welchi A, O, F형의 균주가 분비하는 외독소 (exotoxin)	12~18	복통, 설사, 두통	식육가공품, 어패류조리 식품 등, 단백질 식품	발병률 50~60%	식품의 오염방지, 식품가열 후 즉시 섭취 또는 급냉으로 증식 억제

정답 027 ③

028 대량 환자가 발생한 재난현장에서 중증도 분류표(triage tag) 4가지 색상에 대한 분류로 옳은 것은? [18 지방]

① 황색 - 경추를 제외한 척추 손상
② 녹색 - 대량 출혈로 매우 낮은 혈압
③ 적색 - 30분 이상 심장과 호흡의 정지
④ 흑색 - 경증 열상 혹은 타박상

해설
② 적색: 대량 출혈로 매우 낮은 혈압
③ 흑색: 30분 이상 심장과 호흡의 정지
④ 녹색: 경증 열상 혹은 타박상

중증도의 분류

긴급 환자	적색 (red) 우선순위 1등급	• 생존율을 높이기 위해 즉각적인 치료가 필요한 환자 • 치명적이거나 사지절단의 위험이 있는 손상 • 부상이 심각하지만 최소한의 시간이나 자원으로 치료될 수 있으며 치료 후 생존할 것으로 예상되는 환자 • 수분 혹은 수시간 이내 응급처치가 필요한 중증 환자 • 상기도 폐쇄, 심한 호흡곤란, 호흡정지, 심장마비 순간의 인지된 심정지 • 개방성 흉부열상, 긴장성 기흉, 혼수상태의 중증 두부손상, 경추손상 의심 • 대량출혈, 매우 낮은 혈압(수축기 혈압이 80mmHg이하인 쇼크) • 개방성 복부열상, 골반 골절을 동반한 복부손상 • 기도화상을 동반한 중증의 화상 또는 안면화상, 50% 이상의 2~3도 신체화상 • 원위부에서 맥박이 촉지되지 않는 골절 • 심장병, 저체온증, 지속적인 천식 또는 경련, 인슐린 쇼크 저혈당
응급 환자	노란색 (yellow) 우선순위 2등급	• 생존에 영향을 주지 않는 범위에서 치료가 지연되어도 안전한 환자 • 최종적인 치료가 필요하지만 초기 처치가 지연되어도 악화되지 않는 상태 • 부상이 심하지만 발병할 위험성 없이 치료가 지연되어도 괜찮은 환자 • 수시간 내 치료가 필요한 중증 환자, 즉각적인 위험없이 최대 2시간까지 견딜 수 있는 상태 • 신체구조적 영향과 합병증을 동반한 부상을 가졌으나 아직 저산소증이나 쇼크상태까지는 빠지지 않은 환자 • 중증 화상, 경추를 제외한 척추손상, 중증 출혈, 다발성 골절, 안구돌출성 외상, 감전화상 • 철저한 관찰이 필요하며, 쇼크 등의 증상을 보일 시 우선순위 1등급으로 재분류될 수 있음.
비응급 환자 (경증 환자)	녹색 (green) 우선순위 3등급	• 치료가 필요한 손상이 있으나 치료여부와 상관없이 생존이 예상되는 환자 • 이송이 필요없고 현장에서 처치 후 귀가할 수 있는 상태 • 부상이 크지 않아 치료를 기다릴 수 있는 환자로 대부분 보행이 가능한 환자 • 구조적 합병증을 동반하지 않는 최소한의 부상을 가진 자 • 치료 없이 위험에 놓이지 않고 2시간 이상을 견딜 수 있는 상태 • 소량의 출혈, 탈골, 동상, 정신과적 장애, 경증 열상, 단순골절, 경증 화상, 타박상 등
지연 환자	검정색 (black) 사망함	• 생존해 있으나 사용가능한 자원으로는 생존시키기가 거의 불가능한 환자 • 생존 가능성이 희박한 중증 손상상태, 두부나 몸체가 절단된 경우 • 심폐소생술을 시도해도 효과가 없다고 판단되는 경우 • 30분 이상 심장과 호흡의 정지가 확인된 경우 • 머리나 가슴이 짓눌린 압좌 부상(crushing injuries) 같은 심각한 부상을 가진 자로서 최선의 환경을 제공하여도 생존 가능성이 없는 상태

정답 028 ①

029 페탁(Petak)의 재난관리단계 중 다음에 해당하는 단계는? [17 서울]

- 재난대응 계획, 비상경보체계 구축
- 재난 대비 훈련 실시
- 재난에 대응한 시설 및 물품 준비

① 예방 / 완화 단계 ② 대비 / 계획 단계
③ 대응단계 ④ 복구단계

해설

재난관리 4단계

| 적극적 재난관리(예방적) | | 소극적 재난관리(반응적) |

완화 단계(예방) →(원인제거 위기감지)→ 준비 단계(대비) →(비상훈련 자원비축)→ 대응 단계(대응) →(피해방지 피해최소화)→ 복구 단계(복구)
학습

구분		재난관리활동	
예방·완화 단계	재난 발생 전	• 재난관리책임기관의 장의 재난 예방조치 • 국가기반시설의 지정 및 관리 • 특정관리대상지역의 지정 및 관리 • 재난방지시설의 관리 • 재난안전 분야 종사자 교육 • 재난예방을 위한 긴급안전점검 • 재난예방을 위한 안전조치 • 재난관리체계 등에 대한 평가	• 재난 예방 및 장기계획 수립 • 재난 발생 시 관련 부처 및 기관 협조대책 수립 • 개발규제나 건축기준, 안전기준 등 법규의 마련 • 위험성 분석 및 위험 지도 작성 • 재난보험제도나 재난 피해보상제도의 마련 • 재난관리조직, 비상활동계획, 자원관리 • 재난발생 시 지휘체계의 구축, 홍보 및 예방 활동
준비(대비)·계획 단계		• 재난관리(대응)자원의 비축·관리(구호물자 확보 및 비축) • 재난현장 긴급통신수단의 마련 • 국가 재난관리 기준의 제정·운용 등 • 기능별 재난대응 활동계획의 작성·활용 • 재난분야 위기관리 매뉴얼 작성·운용	• 재난안전통신망의 구축·운영, 비상경보체계 구축 • 재난대비훈련 기본계획 수립 • 재난대비훈련(교육훈련 및 연습) 실시 • 재난관련 대국민 홍보(교육) • 재난대피소 지정 • 이재민의 수용시설 지정 및 관리
대응 단계	재난 발생 후	• 재난사태 선포, 대책본부 가동 • 응급조치, 응급의료체계 운영(환자 수용, 간호, 보호 및 후송) • 위기경보의 발령(경보·비상방송) • 동원명령, 대피명령 • 위험구역의 설정 • 강제대피조치 • 통행제한, 질서유지 • 긴급구조	• 재난대응 적용, 재해진압, 구조 구난 • 대응기관 간 협조 및 조정 • 피해자 보호 및 구호(관리) • 피해상황 파악 및 응급 복구 • 현장수습 및 관리 • 의약품과 구호물자 전달 • 희생자 탐색 구조와 응급의료지원(부상자 중증도 분류)
복구 단계		• 잔해물 제거, 감염 예방, 이재민 지원 • 임시 거주지 마련, 시설 복구 • 재난피해 신고 및 조사(피해규모 및 상황 파악) • 생존자에 대한 구조 및 구급활동 • 재난복구계획의 수립·시행 • 복구지원 유관기관 업무 협조	• 긴급지원 물품 제공 및 보상 협의 • 피해유발 책임자 및 책임기관의 법적 처리 • 특별 재난지역의 선포 및 지원 • 안전문화 진흥 • 지역경제 재건 • 이재민 심리상담 및 전문치료 의뢰

정답 **029** ②

030 재난이 발생하였을 때 중증도 분류체계에 따라 환자를 4개의 중증도로 분류하고 있으며 이를 색깔로 나타내고 있다. 부상이 크지 않아 치료를 기다릴 수 있는 환자로서 대부분 보행이 가능하며 이송이 필요 없고 현장에서 처치 후 귀가할 수 있는 상태를 나타내는 색깔은? [16 서울]

① 빨강(적색)
② 노랑(황색)
③ 초록(녹색)
④ 검정(흑색)

해설

중증도의 분류

긴급 환자	적색 (red) 우선순위 1등급	• 생존율을 높이기 위해 즉각적인 치료가 필요한 환자 • 치명적이거나 사지절단의 위험이 있는 손상 • 부상이 심각하지만 최소한의 시간이나 자원으로 치료될 수 있으며 치료 후 생존할 것으로 예상되는 환자 • 수분 혹은 수시간 이내 응급처치가 필요한 중증 환자 • 상기도 폐쇄, 심한 호흡곤란, 호흡정지, 심장마비 순간의 인지된 심정지 • 개방성 흉부열상, 긴장성 기흉, 혼수상태의 중증 두부손상, 경추손상 의심 • 대량출혈, 매우 낮은 혈압(수축기 혈압이 80mmHg이하인 쇼크) • 개방성 복부열상, 골반 골절을 동반한 복부손상 • 기도화상을 동반한 중증의 화상 또는 안면화상, 50% 이상의 2~3도 신체화상 • 원위부에서 맥박이 촉지되지 않는 골절 • 심장병, 저체온증, 지속적인 천식 또는 경련, 인슐린 쇼크 저혈당
응급 환자	노란색 (yellow) 우선순위 2등급	• 생존에 영향을 주지 않는 범위에서 치료가 지연되어도 안전한 환자 • 최종적인 치료가 필요하지만 초기 처치가 지연되어도 악화되지 않는 상태 • 부상이 심하지만 발병할 위험성 없이 치료가 지연되어도 괜찮은 환자 • 수시간 내 치료가 필요한 중증 환자, 즉각적인 위험없이 최대 2시간까지 견딜 수 있는 상태 • 신체구조적 영향과 합병증을 동반한 부상을 가졌으나 아직 저산소증이나 쇼크상태까지는 빠지지 않은 환자 • 중증 화상, 경추를 제외한 척추손상, 중증 출혈, 다발성 골절, 안구돌출성 외상, 감전화상 • 철저한 관찰이 필요하며, 쇼크 등의 증상을 보일 시 우선순위 1등급으로 재분류될 수 있음.
비응급 환자 (경증 환자)	녹색 (green) 우선순위 3등급	• 치료가 필요한 손상이 있으나 치료여부와 상관없이 생존이 예상되는 환자 • 이송이 필요없고 현장에서 처치 후 귀가할 수 있는 상태 • 부상이 크지 않아 치료를 기다릴 수 있는 환자로 대부분 보행이 가능한 환자 • 구조적 합병증을 동반하지 않는 최소한의 부상을 가진 자 • 치료 없이 위험에 놓이지 않고 2시간 이상을 견딜 수 있는 상태 • 소량의 출혈, 탈골, 동상, 정신과적 장애, 경증 열상, 단순골절, 경증 화상, 타박상 등
지연 환자	검정색 (black) 사망함	• 생존해 있으나 사용가능한 자원으로는 생존시키기가 거의 불가능한 환자 • 생존 가능성이 희박한 중증 손상상태, 두부나 몸체가 절단된 경우 • 심폐소생술을 시도해도 효과가 없다고 판단되는 경우 • 30분 이상 심장과 호흡의 정지가 확인된 경우 • 머리나 가슴이 짓눌린 압좌 부상(crushing injuries) 같은 심각한 부상을 가진 자로서 최선의 환경을 제공하여도 생존 가능성이 없는 상태

정답 30 ③

031 ★★★

실험기구를 생산하는 공장지대 근처에 살고 있는 김 씨는 주변 지하수를 식수로 사용하고 있다. 얼마 전부터 김 씨는 입 안에 출혈이 있고 손 떨림이 심해져 병원을 방문하게 되었다. 김 씨에게 의심되는 중독으로 가장 옳은 것은?

[15 서울]

① 납중독
② 수은중독
③ 크롬중독
④ 카드뮴중독

해설

환경보건에서 수질오염의 내용으로 볼 수 있으며 산업간호의 중금속 중독과도 연결될 수 있다.
① 납중독: 빈혈, 구강 치은부 암청회색선
③ 크롬중독: 비중격 천공, 신장장애
④ 카드뮴중독: 골연화증, 골다공증

중금속중독

중금속	증상과 징후
납 (연, Pb)	① 발생요인: 제련소, 페인트, 인쇄소, 납 용접작업 등을 통해 호흡기로 흡수되는 것이 대부분이며 기도의 점막, 위장관계, 피부로도 침입 ② 일반적 증상 • 위장장애: 초기 식욕부진, 변비, 복부팽만감, 진행되면 급성복부산통 • 신경 및 근육계통의 장애: 사지의 신근쇠약이나 마비, 관절통, 근육통 • 중추신경장애: 급성 뇌증, 심한 흥분, 정신착란 • 만성중독: 동맥경화증, 고혈압, 신장장애, 생식기장애, 조혈장애 ③ 납중독의 4대 증상 • 소변 중의 코프로폴피린의 증가: 초기 진단 • 구강 치은부에 암청회색의 황화연이 침착한 청회색선 • 혈관수축이나 빈혈로 인한 피부 창백 • 호염기성 과립적혈구의 증가
수은 (Hg)	① 발생요인: 직업적인 노출이 가장 높은 직종은 수은 광산과 수은 추출 작업이며 대부분 수은 증기에 노출되어 발생 ② 수은중독의 3대 증상 • 구내염 • 근육진전(근육경련) • 정신증상 ③ 일반적인 증상 • 수은 만성중독 시 뇌조직에 침범하여 시야협착, 청력, 언어장애, 보행장애 • 모체를 통해 아이에게도 중독 증상이 나타남
크롬 (Cr)	① 발생요인: 주로 크롬 도금작업이나 크롬산염을 촉매로 취급하는 작업 등에 노출될 때 발생 ② 증상 • 급성: 심한 신장장애를 일으켜 과뇨증이 오고 심하면 무뇨증으로 발전하여 요독증으로 1~2일 또는 10일 안에 사망 • 만성: 코, 폐 및 위장의 점막에 병변을 일으키는 것이 특징이며, 장기간 노출 시 기침, 두통, 호흡곤란이 일어남. 특히 비중격의 연골부에 둥근 구멍이 뚫리는 비중격 천공이 나타난다.
카드뮴 (Cd)	① 발생요인: 카드뮴은 가열하면 공기 중에 쉽게 증기로 변화되어 밝은 불꽃을 내며 타면서 산소와 결합하여 황갈색의 산화카드뮴 흄을 생성 ② 증상 • 급성: 구토, 설사, 급성위장염, 복통, 착색뇨가 나타나며 간 및 신장기능에 장애가 나타난다. • 만성: 폐기종, 신장기능 장애, 단백뇨, 뼈의 통증, 골연화증, 골다공증 등 골격계 장애가 대표적인 증상

정답 031 ②

032 2015년 6월 우리나라의 중앙재난안전대책본부장은 누구인가? [15 서울]

① 대통령
② 국민안전처(행정안전부)차관
③ 국민안전처(행정안전부)장관
④ 발생지역의 지자체장

해설

행정안전부장관은 국가 및 지방자치단체가 행하는 재난 및 안전관리 업무를 총괄·조정한다(「재난 및 안전관리기본법」 제6조).

재난의 법적 수습체계

근거법	「재난 및 안전관리기본법」

수습
체계
	• 중앙안전관리위원회(위원장: 국무총리)
	• 중앙재난안전대책본부(본부장: 국민안전처장관)
	  - 중앙사고수습본부(본부장: 주무부처장관)
	  - 중앙긴급구조통제단(단장: 소방방재청장)
	  ↓
	• 지역안전관리위원회(위원장: 시·도지사, 시·군·구청장)
	• 지역재난안전대책본부(본부장: 시·도지사, 시·군·구청장)
	• 지역긴급구조통제단(단장: 소방본부장, 소방서장)

* 박근혜 정부의 국민안전처가 2017년 행정안전부로 명칭이 변경되었다.
** 정부의 부서 명칭은 변경이 될 수 있다.

정답 032 ③

033 다음의 세균성 식중독 중 감염형 식중독이 아닌 것은? [15 지방]

① 살모넬라 식중독 ② 황색포도상구균 식중독
③ 장염비브리오 식중독 ④ 병원성대장균 식중독

해설

세균성 감염형 식중독과 독소형 식중독의 비교

구분	감염형	독소형
정의	세균이 체내에서 대량으로 증식한다. 대량의 균이 소화기에 작용해서 일어나는 식중독	세균이 증가할 때 발생하는 체외독소가 소화기에 작용하여 일어나는 식중독
독소	균체내독소	균체외독소
원인균 및 물질	살모넬라, 장구균, 장염비브리오, 병원성 대장균	포도상구균, 보툴리누스, 웰치균
잠복기	길다.	짧다.
균의 생사와 발병과의 관계	균이 사멸하면 식중독이 발생하지 않는다.	생균이 전혀 없어도 발생할 가능성이 있다.
가열요리에 의한 예방효과	효과가 있다.	효과가 없는 경우가 많다.

034 1992년 '브라질 리우데자네이루'에서 체결한 유엔환경개발회의 중 기후협약 내용은? [14 서울]

① 국제보건 협력 강화
② 지구온난화의 방지
③ 수질오염물질의 관리 강화
④ 건강유해인자의 건강피해 예방
⑤ 환경성 질환 조사 및 감시체계 구축

해설

1992년 6월 브라질의 리우데자네이루에서 180여개국의 대표, 83개국 정상들과 국제연합 역사상 최대의 국제회의(지구환경 정상회담)를 개최하였다.
(1) 리우환경선언이 선포되었고 환경보건에 대한 각국의 합의(기후변화 협약, 생물다양성 협약, 개발과 환경에 관한 선언, 산림보전원칙 등의 성명)가 도출되었으며 21세기 지구인의 행동강령인 '의제 21(Agenda 21)'을 채택하게 되었다.
(2) 기후변화방지협약은 지구 온난화를 일으키는 온실 기체 배출량을 억제하기 위한 협약으로 이산화탄소·탄산가스·메탄가스·프레온가스 등 온실가스의 방출을 제한하였다.

정답 033 ② 034 ②

035 수돗물의 수질검사를 시행한 후, 다음과 같은 결과를 얻었다. 다음 중 「먹는 물의 수질기준 및 검사 등에 관한 규칙」에 명시된 기준과 비교 시, 문제가 되는 검사결과는?

[14 서울]

① 암모니아성 질소: 0.7mg/L
② 유리잔류염소: 2.0mg/L
③ 일반세균: 50CFU/mL
④ 수소이온 농도: pH 8.4
⑤ 질산성 질소: 9mg/L

해설

건강상 무기물질에 관한 기준에서 암모니아성 질소는 0.5 mg/L를 넘지 아니하여야 한다.

- 잔류염소(유리잔류염소)는 4.0mg/L를 넘지 아니할 것
- 일반세균은 1mL 중 100CFU (Colony Forming Unit)를 넘지 아니할 것
- 수소이온 농도는 pH 5.8 이상 pH 8.5 이하이어야 할 것
- 질산성 질소는 10mg/L를 넘지 아니할 것

먹는 물의 기준

항목	기준
납	0.01mg/L를 넘지 아니할 것
비소	0.01mg/L를 넘지 아니할 것(샘물·염지하수의 경우 0.05mg/L)
벤젠	0.01mg/L를 넘지 아니할 것
수은	0.001mg/L를 넘지 아니할 것
암모니아성 질소	0.5mg/L를 넘지 아니할 것
포름알데히드	0.5mg/L를 넘지 아니할 것
크롬	0.05mg/L를 넘지 아니할 것
카드뮴	0.005mg/L를 넘지 아니할 것
톨루엔	0.7mg/L를 넘지 아니할 것
불소	1.5mg/L(샘물·먹는샘물, 염지하수·먹는염지하수의 경우 2.0mg/L)를 넘지 아니할 것
유리잔류 염소	4.0mg/L를 넘지 아니할 것
질산성 질소	10mg/L를 넘지 아니할 것
수소이온 농도	pH 5.8 이상 pH 8.5 이하
색도	5도를 넘지 아니할 것
탁도	1NTU를 넘지 아니할 것
일반세균	1mL 중 100CFU를 넘지 아니할 것
총대장균	100mL(샘물·먹는샘물, 염지하수·먹는염지하수 및 먹는해양심층수의 경우 250mL)에서 검출되지 아니할 것

정답 35 ①

036 다음 내용은 무엇에 대한 설명인가?

[14 서울 공중보건]

- 미국의 톰(E. C. Thom)이 1957년에 고안하여 발표한 체감기후를 나타내는 지수
- 값을 구하는 공식은 (건구온도℃ + 습구온도℃)×0.72 + 40.6
- 실제로 이 지수는 복사열과 기류가 포함되어 있지 않아 여름철 실내의 무더위 기준으로 사용

① 지적온도
② 불쾌지수
③ 감각온도
④ 체감온도
⑤ 실내 쾌감대

해설

불쾌지수(DI: Discomfort Index)는 기후상태로 인해 인간이 느끼는 불쾌감을 나타내는 지수로 기온과 기습의 영향을 받는다. 미국의 톰(E. C. Thom)이 1957년에 고안하여, 미국에서 1959년부터 이용되었다.

온열지수

지적온도	• 체온조절에 있어(생활하는 데) 가장 적절한 온도를 의미하며, 습도 및 기류와 밀접한 관계가 있다. • 지적온도는 노동의 강도, 착의상태, 성별, 연령, 건강상태 등에 따라 다르게 나타난다
불쾌지수	• 기후상태로 인해 인간이 느끼는 불쾌감을 나타내는 지수로 기온과 기습의 영향을 받는다. • 실내에서만 적용되며, 온습도지수라고도 한다.
감각온도	• 실효온도, 유효온도라고도 하며 기온, 기습, 기류의 3인자가 종합하여 실제 인체에 주는 온감을 말한다. • 감각온도는 습도 100%인 포화습도, 정지공기 상태에서 동일한 온감을 주는 기온(°F)을 의미한다.
체감온도	• 덥거나 춥다고 느끼는 체감의 정도를 나타낸 온도로 느낌온도라고도 한다. • 체감은 체표면의 열교환 상태에 따라 좌우되는데, 이것은 기온뿐만 아니라 풍속·습도·일사(日射) 등 기상요인이 종합되어 작용함으로써 결정된다. 그러나 이러한 변화율 외에 착의(着衣)나 거주상태·심리상태에 의해서도 변동한다.
쾌감대	• 보통 옷을 입은 안정 상태에서 가장 쾌적하게 느끼는 기후 범위를 표시한 것으로 기온, 기습, 기류에 따라 달라진다. • 보통 착의 시 쾌감온도 17~18℃이며 쾌감습도는 60~65%이다. • 쾌감대는 작업량, 개인차, 습도, 의복의 착용 등에 따라 차이가 생기며 여름철 쾌감대는 18~26℃(64~79°F), 겨울철 쾌감대는 15.6~23.3℃(60~74°F)이다.

정답 036 ②

037 여러 오염지표 중 수질평가에서 중요시되는 오염지표를 모두 고르면?

[13 서울]

가. 탁도(turbidity)	나. 세균(bacteria)
다. 바이러스(virus)	라. 부유물질(SS)

① 가, 나, 다
② 가, 다
③ 나, 라
④ 라
⑤ 가, 나, 다, 라

해설
탁도는 먹는 물 수질기준에는 포함되나 수질평가의 오염지표에는 해당되지 않는다.

수질오염의 측정지표

구분	내용
용존산소 (DO; Dissolved Oxygen)	• 물속에 용해되어 있는 산소량을 말하며 공기 중의 산소가 물속으로 녹아들어 가는 비율 • 오염된 물에는 미생물 등으로 인하여 산소소비량이 많으므로 용존산소가 낮다. **용존산소의 증가와 감소** **용존산소를 증가시키는 조건** • 수온이 낮을수록 • 유속이 빠를수록 • 기압이 높을수록 • 염분이 낮을수록 • 수심이 얕을수록 • 공기방울이 작을수록 • 하천바닥이 거칠수록 • 하천의 경사가 급할수록 **용존산소가 감소되는 경우** • 조류가 호흡을 할 경우 • 염류농도가 높을수록 • 하천바닥의 침전물이 용출될 경우 • 오염물질의 농도가 높고 유량이 적을 때 • 분해성 유기물질(오탁물)이 많이 존재할 경우
생화학적 산소요구량 (BOD; Biochemical Oxygen Demand)	• 물속의 유기물질이 호기성 미생물에 의해 20°C에서 5일간 생화학적으로 분해되어 안정화되는 데 필요한 산소의 양이며 ppm으로 표시 • BOD가 높다는 것은 분해 가능한 유기물이 수중에 많이 포함되어 있다는 것으로 오염도가 높음을 의미한다.
화학적 산소요구량 (COD; Chemical Oxygen Demand)	• 물속의 유기물질과 황화물 등 산화성 무기물질을 산화제(과망간산칼륨)에 의하여 화학적으로 산화시킬 때 소비되는 산소요구량으로 ppm으로 표시 • 화학적 산소요구량은 생물적·화학적으로 분해가 되지 않는 공장폐수나, 염도가 높은 해수, 그리고 이끼가 많이 있는 경우에 물의 오염도를 측정하기 유용한 지표이다. • COD 값이 클수록 오염물질이 많이 들어 있어 수질이 나쁨을 의미한다.
부유물질 (SS; Suspended Solid)	• 부유물질은 유기물과 무기물 두 가지로 2mm 이하의 고형입자 물질이다. • 유기성 부유물은 기온, 밀폐 등에 의해 부패하여 메탄가스와 황화수소 등의 가스를 발생시킨다. • 부유물질은 물의 탁도를 증가시키고 수질검사의 지표로 널리 사용된다.
수소이온농도 (pH)	pH가 5.8~8.5가 가장 적합한 농도이며 수소이온농도는 외부에서 산성이나 알칼리 물질이 유입되면 쉽게 변화하므로 오염 여부를 판단하는 지표가 된다.
세균과 대장균군	• 수질오염의 지표로서 일반 세균수는 생물학적으로 분해 가능한 유기물질의 농도를 알 수 있는 지표이다. • 수질오염의 지표로서 대장균군은 분변성 오염의 지표로 사용되며 대장균군의 검출은 병원성은 낮지만 장내세균 오염으로 수인성 전염병의 간접적인 지표가 된다.

정답 037 ③

038 식중독과 그 원인으로 옳은 것은? [13 서울]

① 버섯 중독 – 솔라닌
② 맥각 중독 – 베네루핀
③ 바지락 중독 – 테트로도톡신
④ 감염형 세균성 식중독 – 보툴리누스
⑤ 독소형 세균성 식중독 – 포도상구균

해설

식중독과 원인
① 감자 중독 – 솔라닌 / 버섯 중독 – 무스카린
② 바지락, 굴, 모시조개 – 베네루핀 /
맥각 중독 – Ergotoxin
③ 복어중독 – 테트로도톡신
④ 독소형 세균성 식중독 – 보툴리누스

039 수질오염에 대한 설명으로 옳은 것은? [13 서울, 12 대구 유사]

① 영양염류가 감소하면 녹조현상이 발생할 수 있다.
② 전체 오·폐수 발생량과 비교하여 축산폐수는 절반 이상을 차지한다.
③ 수중에 유기물질이 많으면 용존산소가 증가한다.
④ 하천 수질검사에서 생화학적 산소요구량이 높다는 것은 오염도가 높다는 것을 의미한다.

해설

① 영양염류의 과다로 녹조현상이 발생할 수 있다.
② 전체 오·폐수 발생량과 비교하여 축산폐수가 가장 적게 차지한다(생활하수> 산업폐수> 축산폐수).
③ 수중에 유기물질이 많으면 용존산소가 감소한다.

정답 038 ⑤ 039 ④

040 덜 익은 소고기를 먹고 열이 나고 설사하는 경우에 해당되는 식중독은?

[13 인천]

① 살모넬라 식중독
② 비브리오균 식중독
③ 포도상구균 식중독
④ 보툴리누스 식중독

해설
덜 익은 육류나 날계란을 먹었을 때, 급성위장장애와 함께 발열이 특징인 것은 살모넬라 식중독이다.

🌱 세균성 식중독

(1) 감염형 세균성 식중독

구분	원인균	잠복기 (시간)	증상	원인식품	특징	예방
살모넬라 식중독 (한국에서 가장 흔함)	Salmonella typhimurium Sal. enteritidis Sal. cholerasuis Sal. newport	6~48 (평균 24)	위장염 증세: 복통, 설사, 구토, 급격한 발열	각종 육류, 유류(milk)	발열증상 (38~40℃) 치명률 0.03% 발병시기 (5~10월) 발병률 75% 이상	60℃, 20분 가열하여 균을 사멸, 생식 금지, 도축장 위생관리, 식품취급장소 위생관리
장구균 식중독 streptococcal poisoning	Streptococal fecalis	4~5	위장 증세: 설사, 복통, 구토, 발열 (2~3일 내에 쉽게 회복)	치즈, 소시지, 햄		
호염균 식중독 halophilism (장염비브리오 식중독)	Vibrio parahemolyiticus	8~20 (평균 12)	설사, 복통, 구토, 발열, 콜레라와 유사한 증상	해산물, 오징어, 바다고기 등의 회나 소금절임	치명률 0.01% 발병시기 (5~10월) 여름철 집중 발생	60℃, 2분 가열
병원성 대장균 식중독	Bacteria, E.coli 등	1~3일	심한 설사 (장액성, 농), 발열, 두통, 복통	보균자나 동물의 대변에 의해 1차적, 2차적으로 오염된 식품(우유)	2차감염이 있다 (특히 어린이에게 급속히 확산)	다진 고기류는 중심부까지 74℃, 1분 이상 가열, 생육과 조리된 음식물 구분 보관, 손 씻기
캠필로박터 식중독 (봄·가을에 흔함)	Campylobacter jejuni	48~120	복통, 발열, 설사 또는 혈변, 두통 및 근육통	오염된 약숫물/채소/과일, 날것 혹은 덜익은 고기, 비살균우유	- 오염된 손이나 주방기구에 의해 2차 감염 - 특별한 치료 없이 1주일 내 회복	- 고기는 충분히 가열해서 먹고, 우유는 멸균하고, 물은 가능한 한 끓여마실 것 - 조리도구(칼, 도마)는 반드시 세척할 것

(2) 독소형 세균성 식중독

구분	원인균	잠복기 (시간)	증상	원인식품	특징	예방
포도상구균 식중독 Staphylococcal intoxication	포도상구균이 생성하는 장독소 (enterotoxin) (열에 내성이 강함)	0.5~6 (평균 3, 가장 짧음)	구역질, 복통, 구토, 설사 등 열(-)/열(+), 높지 않음	가공식품 (김밥, 아이스크림, 케이크 등) 유제품	치명률 0.006% 발병시기 (봄·가을에 흔함)	화농성 질환자의 음식 취급 금지, 5℃ 이하로 식품보관, 식기 멸균
보툴리누스 식중독 botulism botulinus intoxication	Clostridium botulinum이 생성하는 외독소 (exotoxin)	12~98 (평균 24)	신경성 증상 (연하곤란, 언어장애, 시력저하, 복시, 안검하수, 동공확대) 근육통을 겸한 경련, 호흡곤란	소시지, 육류, 통조림식품, 밀봉식품	치명률 6.7%	독소는 아포형성 하므로 고온에서 15분 간 가열 병조림과 통조림은 고압증기 멸균 등의 위생적 관리 필요
Welchii균 식중독	Clostridium welchi A, O, F형의 균주가 분비하는 외독소 (exotoxin)	12~18	복통, 설사, 두통	식육가공품, 어패류조리 식품 등, 단백질 식품	발병률 50~60%	식품의 오염방지, 식품가열 후 즉시 섭취 또는 급냉으로 증식 억제

041 먹는 물 수질기준으로 옳지 않은 것은? [13 대전]

① 톨루엔 – 불검출
② 대장균 – 100㎖에서 불검출
③ 일반세균 – 1㎖ 중 100CFU 이하
④ 수소이온농도 – 5.8~8.5

해설

수질기준을 암기해야 풀 수 있는 문제이다. 분량이 많더라도 반복 출제되고 있으므로 확인해야 한다. 톨루엔은 0.7mg/L 를 넘지 않아야 한다.

※ 심미적 영향물질에 관한 기준을 함께 기억할 것
(1) 과망간산칼륨 소비량 10 넘지 않을 것
(2) 냄새와 맛 없을 것(소독으로 인한 것 제외)
(3) 색도는 5도를 넘지 않을 것 / 세제(음이온계 면활성제)는 0.5mg/L 를 넘지 아니할 것
(4) 수소이온농도 pH 5.8~8.5
(5) 알루미늄 0.2 넘지 않을 것

정답 040 ① 041 ①

042 유리잔류염소에 관한 설명으로 옳지 않은 것은?

[13 경기]

① 유리잔류염소는 염소가 HOCl, OCl⁻로 존재하는 형태를 말한다.
② 유리잔류염소가 결합잔류염소보다 살균력이 약하다.
③ 수도 급수 시 유리잔류염소가 0.1mg/ℓ 이상이 되도록 한다.
④ 병원성미생물에 오염될 우려가 있는 경우에는 유리잔류염소가 0.4mg/ℓ 이상이 되도록 한다.

해설

(1) 유리잔류염소와 결합잔류염소
 - 유리잔류염소: HOCl(치아염소산), OCl⁻(치아염소산이온) → 강한 살균력, 냄새 증가
 - 결합잔류염소(클로라민) → 약한 살균력, 냄새는 감소, 잔류효과는 큼

(2) 살균력 높은 순서: HOCl(치아염소산)은 OCl⁻(치아염소산이온)보다 살균력이 높다. 클로라민은 살균력이 가장 약하다.

(3) 수도꼭지 먹는 물: 유리잔류염소가 항상 0.1(결합잔류염소는 0.4)mg/ℓ 이상이 되도록 할 것. 다만 병원미생물에 오염되거나 우려되는 경우는 유리잔류염소 0.4(결합잔류염소 1.8)mg/ℓ 이상이 되도록 할 것

정답 042 ②

043 오존경보 단계별 조치사항에 관한 설명으로 옳은 것은? [13 경기]

① 오존주의보는 오존농도가 0.13ppm 이상일 때 발령한다.
② 오존경보는 오존농도가 0.3ppm 이상일 때 발령한다.
③ 오존중대경보는 오존농도가 0.6ppm 이상일 때 발령한다.
④ 오존경보일 때 주민행동요령에 사업장의 조업시간 단축명령이 포함된다.

해설
① 0.12ppm
③ 0.5ppm
④ 오존중대경보일 때

오존 경보단계(「대기환경보전법 시행규칙」 별표 7)

구분	발령 기준	해제 기준	주민행동요령
주의보	기상조건 등을 고려하여 해당 지역의 내 기자동측정소 오존농도가 0.12ppm 이상인 때	주의보가 발령된 지역의 기상조건 등을 고려하여 대기자동측정소의 오존농도가 0.12ppm 미만일 때	주민의 실외활동 및 자동차 사용의 자제 요청 등
경보	기상조건 등을 고려하여 해당 지역의 대기자동측정소 오존농도가 0.3ppm 이상인 때	경보가 발령된 지역의 기상조건 등을 고려하여 대기자동측정소의 오존농도가 0.12ppm 이상 0.3ppm 미만일 때에는 주의보로 전환	주민의 실외활동 제한 요청, 자동차 사용의 제한명령 및 사업장의 연료사용량 감축 권고 등
중대경보	기상조건 등을 고려하여 해당 지역의 대기자동측정소 오존농도가 0.5ppm 이상인 때	중대경보가 발령된 지역의 기상조건 등을 고려하여 대기자동측정소의 오존농도 0.3ppm 이상 0.5ppm 미만일 때에는 경보로 전환	주민의 실외활동 금지요청, 자동차의 통행금지 및 사업장의 조업시간 단축명령 등

※ 오존농도는 1시간 평균농도를 기준으로 하며 해당 지역의 대기자동측정소 오존농도가 1개소라도 경보단계별 발령 기준을 초과하면 해당 경보를 발령한다.

정답 043 ②

044 공기 중에 가장 많이 분포하고 있으며 잠함병의 원인이 되는 기체는?

[13 충북]

① 수소
② 산소
③ 질소
④ 이산화탄소

> **해설**
> 질소는 공기의 78%를(가장 많음) 차지하고 있고, 잠함병(감압병)의 원인이다.

공기의 조성

질소 (N_2)	• 질소는 공기 중에 약 78%를 차지하며, 생리적 비활성화 가스이다. • 정상기압에서는 인체에 영향을 미치지 않지만 이상 고기압 시나 고기압 상태에서 정상기압으로 복귀할 때 체액 및 지방조직에 발생되는 질소 가스가 주원인이 되어 기포를 형성하여 모세혈관에 혈전현상을 일으켜 잠함병 또는 감압병을 유발(동통성 관절장애 수반)할 수 있다. • 3기압에서 자극작용, 4기압 이상이면 마취작용, 10기압 이상에서는 정신기능장애로 의식 상실 및 사망 • 대기오염물질인 질소산화물(NOx; Nitrogen Oxides)을 생성한다.
산소 (O_2)	• 산소는 호흡작용에 필수적이다. 흡입된 산소는 Hb(헤모글로빈)과 HbO_2(oxyhemoglobin)로 결합, 세포조직에 운반되어 영양대사에 사용된다. • 성인이 안정된 상태에서 호흡 시 소비하는 산소량은 매회 4~5%로, 안정 시 1일 소모량은 550~600L이다. 대기 중 산소의 변동 범위는 15~27%이고 일반적으로 21%이다. • 인체가 산소의 증감에 허용할 수 있는 범위는 15~50% 정도이다. | 산소농도(%)의 범위 | 인체에 미치는 영향 | |---|---| | 14% 이하 | 저산소증(hypoxia): 폐포 내 분압 46mmHg 이하일 때 | | 10% 이하 | 오심, 구토, 호흡곤란, 청색증, 의식불명 | | 7% 이하 | 질식 | | 고농도 시(21% 이상) | 산소 중독(oxygen poisoning): 폐포 내 분압 160mmHg 이상일 때 폐부종, 충혈, 흉통, 이명 |
이산화탄소 (CO_2)	• 이산화탄소는 무색, 무취, 무미의 비독성 가스로 소화제, 청량음료에 사용되기도 한다. • 이산화탄소는 실내에 다수인이 밀집해 있을 때 농도가 증가하므로 실내 공기오염의 지표로 널리 사용된다. → 군집독 • 인체에 미치는 영향: 안정 시 한 사람의 1시간 동안 이산화탄소 배출량은 약 20리터이고, 대기 중의 CO_2 농도가 8% 이상이면 호흡 곤란, 10% 이상이면 질식한다. • 위생학적 허용농도(서한량)는 일반적으로 1,000ppm(0.1%)이다. • 이산화탄소가 태양의 가시광선은 그대로 투과시키나 지표면에서 방출되는 적외선을 잘 흡수하기 때문에 온실효과가 일어난다.

정답 **44** ③

045 실내공기오탁지표인 CO_2의 서한량은? [13 강원]

① 0.01%   ② 0.1%
③ 0.5%   ④ 1.0%

해설
이산화탄소의 실내 위생학적 최대허용량(서한량, 서한도)은 1,000ppm(0.1%)이다.

046 적조 발생 시 용존산소량은 어떻게 되는가? [13 지방]

① 증가한다.
② 감소한다.
③ 변화없다.
④ 증가하다 감소한다.

해설
질소(N)와 인(P)을 과다 함유하고 있는 생활하수나 비료성분이 유입되면 플랑크톤이 일시에 많이 번식하여 바다나 호수가 붉게 변하게 되는 것을 적조현상이라 한다. 용존산소는 물속에 용해되어 있는 산소량을 말하며 오염된 물에는 미생물 등으로 인하여 산소소비량이 많아지므로 용존산소가 낮다.

▶ 용존산소의 증가와 감소

용존산소를 증가시키는 조건	용존산소가 감소되는 경우
• 수온이 낮을수록 • 유속이 빠를수록 • 기압이 높을수록 • 염분이 낮을수록 • 수심이 얕을수록 • 공기방울이 작을수록 • 하천바닥이 거칠수록 • 하천의 경사가 급할수록	• 조류가 호흡을 할 경우 • 염류농도가 높을수록 • 하천바닥의 침전물이 용출될 경우 • 오염물질의 농도가 높고 유량이 적을 때 • 분해성 유기물질(오탁물)이 많이 존재할 경우

정답 045 ② 046 ②

047 오존경보의 발령기준 농도로 맞는 것은?

[12 서울]

① 0.3ppm ② 0.5ppm
③ 0.05ppm ④ 0.12ppm

해설
오존주의보는 0.12ppm, 오존경보는 0.3ppm 이상, 오존중대경보는 0.5ppm 이상이다.

오존 경보단계(「대기환경보전법 시행규칙」 별표 7)

구분	발령 기준	해제 기준	주민행동요령
주의보	기상조건 등을 고려하여 해당 지역의 대기자동측정소 오존농도가 0.12ppm 이상인 때	주의보가 발령된 지역의 기상조건 등을 고려하여 대기자동측정소의 오존농도가 0.12ppm 미만일 때	주민의 실외활동 및 자동차 사용의 자제 요청 등
경보	기상조건 등을 고려하여 해당 지역의 대기자동측정소 오존농도가 0.3ppm 이상인 때	경보가 발령된 지역의 기상조건 등을 고려하여 대기자동측정소의 오존농도가 0.12ppm 이상 0.3ppm 미만일 때에는 주의보로 전환	주민의 실외활동 제한 요청, 자동차 사용의 제한명령 및 사업장의 연료사용량 감축 권고 등
중대경보	기상조건 등을 고려하여 해당 지역의 대기자동측정소 오존농도가 0.5ppm 이상인 때	중대경보가 발령된 지역의 기상조건 등을 고려하여 대기자동측정소의 오존농도가 0.3ppm 이상 0.5ppm 미만일 때에는 경보로 전환	주민의 실외활동 금지요청, 자동차의 통행금지 및 사업장의 조업시간 단축명령 등

※ 오존농도는 1시간 평균농도를 기준으로 하며 해당 지역의 대기자동측정소 오존농도가 1개소라도 경보단계별 발령 기준을 초과하면 해당 경보를 발령한다.

048 대도시의 수직적으로 늘어선 대형건물 및 공장들이 불규칙한 지면을 형성하여 자연적인 공기의 흐름이나 바람을 지연시켜 발생하는 현상은?

[11 서울]

① 기온역전 ② 빌딩증후군
③ 광화학 스모그 ④ 열섬 현상
⑤ 밀즈-라인케 현상

해설

대도시에 수직적으로 들어선 대형건물 및 공장들은 불규칙한 지면을 형성하여 자연적인 공기의 흐름이나 바람을 지연시킨다. 또한 인위적인 열 생산량이 증가함에 따라 도심의 온도는 변두리 지역보다 높아 도시의 따뜻한 공기는 상승하게 되며, 도시 주위로부터 도심으로 찬바람이 지표로 흐르게 되는데, 이러한 현상을 열섬현상이라 한다.
① 기온역전: 고도가 높아짐에 따라 기온이 증가하는 현상(보통 기온은 지상으로부터 높이 증가에 따라 감소하나, 반대로 높이 증가에 따라 기온이 증가)
② 빌딩증후군: 밀폐된 공간의 오염된 공기로 인해 피곤해지는 현상
③ 광화학 스모그: 자동차 배기가스 같이 석유 연료가 연소된 후, 이후 빛을 받아서 화학반응을 일으키는 과정을 통해 생물에 유해한 옅은 황갈색 안개가 생성되는 현상
⑤ 밀즈-라인케 현상: 물 여과로 장티푸스와 장염이 감소하는 현상

정답 047 ① 048 ④

049 1954년 이후에 미국에서 발생한 로스엔젤레스형 스모그 사건의 특징과 가장 거리가 먼 것은? [11 지방]

① 기온역전이 있었다.
② 발생 시 기온은 -1~4℃였다.
③ 주된 사용 연료는 석유계였다.
④ 최다 발생 시간은 낮시간이었다.

해설
로스엔젤레스형 스모그 사건은 기온이 높은 것이 특징이다.

스모그 유형

항목	런던형 스모그	로스앤젤레스형 스모그
발생 시의 온도	-1~4℃	24~32℃
발생 시의 습도	85% 이상	70% 이하
기온역전의 종류	복사성 역전	침강성 역전
풍속	무풍	5m/sec 이하
스모그 최성 시의 시계	100m 이하	1.6~0.8km 이하
가장 발생하기 쉬운 달	12월, 1월	8월, 9월
주된 사용연료	석탄과 석유계	석유계
주된 성분	SO_x, CO, 입자상 물질	O_3, NO_2, CO, 유기물
반응유형	열적	광화학적, 열적
화학적 반응	환원	산화
최다 발생시간	이른 아침	낮
인체에 대한 영향	기침, 가래, 호흡기계 질환	눈의 자극

정답 049 ②

050 다음에서 설명하고 있는 것은 무엇인가? [10 서울]

> 가. 등감온도
> 나. 기온, 기습, 기류의 3인자
> 다. 포화습도, 무풍상태에서 동일한 온감을 주는 기온

① 쾌감대
② 불쾌지수
③ 감각온도
④ 지적온도

해설

감각온도
기온, 기습, 기류의 3인자가 종합 작용하여 실제 인체에 주는 온도감각으로 체감온도라고도 한다.
① **쾌감대**: 보통 옷을 입은 안정상태에서 가장 쾌적하게 느끼는 기후 범위를 표시한 것으로 기온, 기습, 기류에 따라 달라진다.
② **불쾌지수**: 기후상태로 인해 인간이 느끼는 불쾌감을 나타내는 지수(기온과 기습의 영향)
④ **지적온도**: 생활하는 데 적절한 온도

051 환경영향평가에 대한 설명으로 옳은 것은? [10 지방]

① 개발사업 후의 건설이 자연 및 생활환경에 미친 영향을 평가함으로써 더 이상의 오염을 초래할 개발사업을 억제하기 위한 제도이다.
② 각종 사업을 하는 데 있어 개발사업의 경제성과 기술성보다 환경적 요인을 전적으로 고려하여 개발보다는 환경오염 방지에 초점을 두는 제도이다.
③ 환경에 미치는 영향이 큰 법률, 행정계획 등 국가정책을 수립하거나 개발계획을 시행한 후에 이러한 시행이 환경에 미친 영향을 평가하는 제도이다.
④ 개발사업 전에 파생할 자연 및 생활환경의 변화를 평가하여 그 대책을 개발계획에 포함시킴으로써 환경에의 부정적 영향을 최소화하거나 방지하기 위해 시행하는 제도이다.

해설

환경영향평가
사업에 대한 계획을 수립·시행할 때에 해당 사업이 환경·교통·재해 및 인구에 미칠 영향이 크다면 이것을 미리 평가·검토하도록 하는 것이다. 환경영향평가의 목적은 사업계획을 수립하는 과정에서 사업자가 환경에 미치는 영향을 종합적으로 검토하여 최소화하는 방법을 강구함으로써 환경 피해를 사전에 예방할 수 있도록 하기 위해서이다.

정답 050 ③ 051 ④

PART 06
지역사회 간호사업

핵심 키워드

가정간호사업	의료법	가정전문간호사
방문건강관리사업	집중관리군	정기관리군
자기역량지원군	지역보건법	고령사회
노령화지수	노년부양비	노인장기요양보험제도
노인복지시설	재가급여	시설급여
특별현금급여	통합건강증진사업	일반출산율
합계출산율	재생산율	영아사망률
모성사망비	α-Index	성비
인구구조유형	피라미드형	종형
항아리형	별형	호로형
적정인구	상주인구	비례사망지수
비례사망률	표준화 사망률	인구대응정책
교육환경보호구역	절대보호구역	상대보호구역
건강검사	건강검진	대치
격리	상병보상연금	산업재해지표
도수율	건수율	강도율

최근 5개년 영역별 평균출제빈도 (2024~2020년)

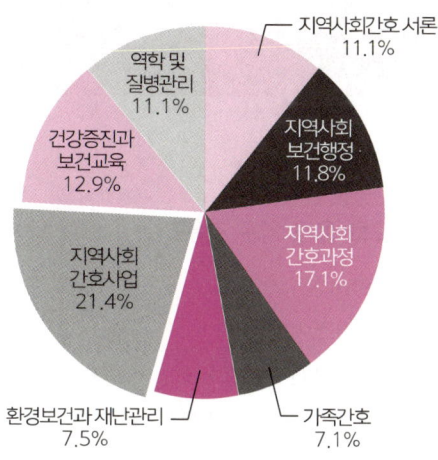

최근 18개년 영역별 세부 출제내용 분석 (2024~2007년)

영역	세부 내용	문항수	출제비율
	관련법 순서	1	0.4%
가정 간호사업 (8)	전반적인 내용	6	2.3%
	가정간호 수가	1	0.4%
	방문간호와의 비교	1	0.4%
방문건강 관리사업(9)	전반적인 내용	5	1.9%
	우선순위	1	0.4%
	군 분류	3	1.1%
통합 건강증진 사업(5)	전반적인 내용	5	1.9%
노인 보건사업 (44)	노인인구의 특성	4	1.5%
	전반적인 내용	5	1.9%
	노인시설 분류	3	1.1%
	노인장기요양제도	22	8.4%
	노년부양비 & 노령화지수	10	3.8%
지역사회 재활사업(6)	전반적인 내용	4	1.5%
	장애인복지법 장애기준	2	0.8%
지역사회정신건강사업(5)		5	1.9%
모자 보건사업	모자보건사업지표	27	10.3%
	가족계획[피임(3) / 가족계획(1) / 인공임신중절(1)]	5	1.9%
	저출산대책	2	0.8%
	산전관리 [산전건강검진주기(1)]	3	1.1%
	조산아 관리	1	0.4%
	선천성대사이상	2	0.8%
	아동예방접종	7	2.7%
	임산부 & 신생아 정의	2	0.8%

영역	세부 내용	문항수	출제비율
모자 보건사업 (84)	인구구조유형	10	3.8%
	성비	4	1.5%
	인구성장단계	1	0.4%
	인구변천 분류	2	0.8%
	인구통계지표	13	4.9%
	이론적인구 / 실제인구	2	0.8%
	생명표	1	0.4%
	인구대응정책	2	0.8%
학교 보건사업 (36)	건강검사	4	1.5%
	학교장 업무	8	3.0%
	보건교사 [직무(11) / 배치기준(1) / 보건실운영과 관리(2)]	15	5.7%
	교육환경보호구역	6	2.3%
	학교환경기준	2	0.8%
	학교보건사업 목표조건	1	0.4%
직업건강 간호사업 (65)	건강검진 & 관리	22	8.4%
	산업보건 관련 기관	1	0.4%
	연소자 근로기준	1	0.4%
	작업환경관리	8	3.0%
	직업병	16	6.1%
	산업재해[산업재해지표(8) / 재해보상(4)]	12	4.5%
	유해물질기준	3	1.1%
	보건관리자 업무	2	0.8%
Total		263	100.0%

PART 06 지역사회 간호사업

탄탄 지역사회간호

회독 점검 ① ② ③

001 의료기관 가정간호에 대한 설명으로 옳지 않은 것은? [24]
★★★
① 기본간호와 치료적 간호가 제공된다.
② 누구에게나 무료로 제공되는 서비스이다.
③ 가정간호를 실시하는 간호사는 가정전문간호사이어야 한다.
④ 대상자는 담당의사가 의뢰한 조기퇴원환자 등이다.

해설
①, ③, ④ 가정간호
② 보건소 방문간호

우리나라의 방문간호 비교

구분	의료기관 가정간호	보건소 방문건강관리	노인장기요양보험 방문간호
법적 근거	「의료법」	「지역보건법」	「노인장기요양보험법」
운영 주체	의료기관	보건소, 보건지소	장기요양기관 (방문간호센터)
제공 장소	가정	가정	가정
대상자	• 병원입원 후 조기퇴원환자 • 가정에서 계속적인 치료와 관리가 필요하다고 인정된 자	독거노인과 장애인 등 의료취약계층 및 등급외 자	• 65세 이상자, 노인성 질병자 • 장기요양 등급판정(6등급)을 받은 자
사업 목적	재가 환자에게 입원대체 서비스	포괄적 보건의료서비스 제공	거동이 불편한 노인의 보건의료서비스 접근성 제고
이용 절차	진료담당의사가 환자와 협의 후 의뢰 → 가정전문간호사가 서비스 제공 및 관리	관할 보건소에서 대상자 등록 후 서비스 제공 및 관리	• 의사가 방문간호지시서 발급 • 대상자는 방문간호기관과 서비스 계약
구비 서류	가정간호의뢰서	없음	방문간호지시서
제공 인력	가정전문간호사	간호사, 의사, 물리치료사, 사회복지사 등 다학제적 접근	• 2년 이상 임상경력 있는 간호사 • 3년 이상 경력과 700시간 교육 이수한 간호조무사 • 구강위생 제공 시: 치과위생사 1명 이상 배치
서비스 내용	• 가정전문간호사의 독자적 판단 및 수행: 기본간호, 교육·훈련, 상담, 의뢰 • 의사·한의사의 처방 필요: 치료적 간호, 검사, 투약, 주사	• 거동불편자: 운동요법, 욕창관리, 개인위생, 투약 등 • 독거노인 또는 노인부부: 상담, 개인위생, 의뢰 등 • 기타질환자: 상담, 투약, 의뢰	• 건강상태 확인 및 관리, 건강(증상) 상담 • 간호 및 처치, 영양관리, 배뇨관리, 호흡관리, 상처관리, 욕창치료 등 (위관영양, 요도관, 기관절개관 관리 인슐린 주사 등) • 건강교육, 요양에 대한 상담
재원	국민건강보험 재원 및 조세	조세	노인장기요양보험 재원 및 조세

구분	의료기관 가정간호	보건소 방문건강관리	노인장기요양보험 방문간호
비용 부담	• 기본방문료, 개별행위료: 본인 부담 20% • 의료급여 1종: 무료	무료	• 본인부담 15% • 본인부담경감자 6%, 9% • 기초생활수급자 무료
수가	• 방문간호수가 = 기본방문료 + 행위별수가로 구성 • 기본방문료는 방문당 수가 • 개별행위료는 행위별수가	-	방문시간당 수가

002 인구구조 유형 중 항아리형에 대한 설명으로 옳은 것은? [24]

① 생산연령층의 유출이 큰 농촌형 구조
② 생산연령층의 유입이 큰 도시형 구조
③ 출생률과 사망률이 모두 높은 다산다사형 구조
④ 출생률과 사망률이 모두 낮고, 출생률이 사망률보다 낮아 인구가 감소하는 구조

해설
① 호로형
② 별형
③ 피라미드형
④ 항아리형

인구구조의 유형

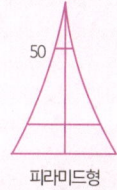 피라미드형
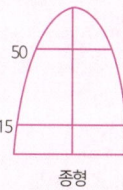 종형
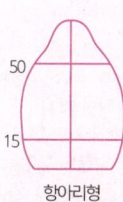 항아리형
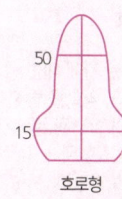 호로형
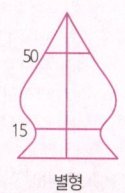 별형

인구의 증감	피라미드형	① 저개발국가의 인구구조 유형이며 다산다사형으로 출생률과 사망률이 모두 높다. ② 유소년 부양비의 증가 및 아동복지와 교육에 대한 정책이 필요하며 0~14세 인구가 65세(50세) 이상의 2배를 넘는다. ③ 고사망, 고출생유형을 보여주는 인구형으로 출생률이 조절되지 않고 인구가 계속 증가하는 단계에 있는 국가의 인구형이다.
	종형	① 선진국의 인구구조 유형이며 출생률·사망률이 모두 낮다. ② 0~14세 인구가 65세(50세) 이상 인구의 2배가 되며 정체 인구가 되는 단계로 인구정지형으로 본다. ③ 인구의 노령화 현상이 나타나 노인복지 문제가 대두된다.
	항아리형 (팟형, 호로, 단지형, 감퇴형, 방추형)	① 인구가 감소하는 인구구조 유형으로 출생률이 사망률보다 매우 낮다. ② 일부 선진국가들이 여기에 속하며 0~14세 인구가 65세(50세) 이상 인구의 2배에 미치지 못한다. ③ 유소년층의 비율이 낮고 청장년층의 비율이 높게 나타나 국가경쟁력 약화가 우려된다. ④ 현재 우리나라의 인구분포는 30~50대가 두터운 항아리 형태이다.
인구의 유입/유출	호로형 (기타형, 표주박형, 농촌형, 유출형)	① 생산연령 인구의 유출이 큰 농촌형 인구구조로 유출형이라고도 한다. ② 청장년층의 유출에 의한 출산력 저하로 유소년층의 비율이 낮고 15~49세 인구가 전체 인구의 50% 미만이다.
	별형 (스타형, 성형, 도시형, 유입형)	① 생산연령의 인구 비율이 높은 도시형 인구구조로 유입형이라고도 한다. ② 출산연령에 해당하는 청장년층의 비율이 높기 때문에 유소년층의 비율이 높고 15~49세 인구가 전체 인구의 50%를 넘는다.

정답 001 ② 002 ④

003 「학교보건법 시행령」상 보건교사의 직무에 해당하는 것은? [24]

① 학교보건계획의 수립에 관한 자문
② 학생과 교직원의 건강상담
③ 학생과 교직원의 건강진단과 건강평가
④ 보건지도를 위한 학생가정 방문

해설
①	학교의사, 학교약사
②, ③ 학교의사
④ 보건교사

학교보건인력의 직무

보건교사	학교의사
① 학교보건계획의 수립 ② 학교 환경위생의 유지·관리 및 개선에 관한 사항 ③ 학생과 교직원에 대한 건강진단의 준비와 실시에 관한 협조 ④ 각종 질병의 예방 처치 및 보건지도 ⑤ 학생과 교직원의 건강 관찰과 학교 의사의 건강상담, 건강평가 등의 실시에 관한 협조 ⑥ 신체가 허약한 학생에 대한 보건지도 ⑦ 보건지도를 위한 학생 가정 방문 ⑧ 교사의 보건교육 협조와 필요시의 보건교육 ⑨ 보건실의 시설·설비 및 약품 등의 관리 ⑩ 보건교육자료의 수집·관리 ⑪ 학생건강기록부의 관리 ⑫ 다음의 의료행위 　㉠ 외상 등 흔히 볼 수 있는 환자의 치료 　㉡ 응급을 요하는 자에 대한 응급처치 　㉢ 부상과 질병의 악화를 방지하기 위한 처치 　㉣ 건강진단결과 발견된 질병자의 요양지도 및 관리 　㉤ ㉠ ~ ㉣의 의료행위에 따르는 의약품의 투여 ⑬ 그 밖에 학교의 보건관리	① 학교보건계획의 수립에 관한 자문 ② 학교환경위생의 유지·관리 및 개선에 관한 자문 ③ 학생과 교직원의 건강진단과 건강평가 ④ 각종 질병의 예방처치 및 보건지도 ⑤ 학생과 교직원의 건강상담 ⑥ 그 밖에 학교보건관리에 관한 지도
	학교약사
	① 학교보건계획의 수립에 관한 자문 ② 학교환경위생의 유지·관리 및 개선에 관한 자문 ③ 학교에서 사용하는 의약품 및 독극물의 관리에 관한 자문 ④ 학교에서 사용하는 의약품 및 독극물의 실험·검사 ⑤ 그 밖에 학교보건관리에 관한 지도

정답 003 ④

004 다음에서 '나' 판정이 의미하는 것은? [24]

근로자 건강진단 상 질병 유소견자가 업무수행 적합여부 평가 결과에서 '나' 판정을 받았다.

① 건강관리상 현재의 조건하에서 작업이 가능한 경우
② 건강장해가 우려되어 한시적으로 현재의 작업을 할 수 없는 경우
③ 일정한 조건(환경개선, 보호구착용, 건강진단주기의 단축 등)하에서 현재의 작업이 가능한 경우
④ 건강장해의 악화 또는 영구적인 장해의 발생이 우려되어 현재의 작업을 해서는 안 되는 경우

해설
① 가
② 다
③ 나
④ 라

건강진단 결과 관리

건강관리 구분			사후관리조치판정		업무수행 적합여부 내용 (질병유소견자에 대하여 구분함)	
일반건강진단		배치전/특수/수시/임시 건강진단				
A	건강관리상 의학적 및 직업적 사후관리 조치 불필요(정상자)	A	건강관리상 의학적 및 직업적 사후관리가 필요없는 자(정상자)	0	필요없음	가	건강관리상 현재의 조건하에서 작업이 가능한 경우
B	경미한 이상 소견이 있으나 의학적 및 직업적 사후관리 조치 불필요 (정상자로 분류)			1	건강상담		
				2	보호구 지급 및 착용지도		
C	건강관리상 적절한 의학적 및 직업적 사후관리 조치 필요(요관찰자)	C1	직업성 질병으로 진전될 우려가 있어 추적 관찰이 필요(직업병 요관찰자)	3	추적검사	나	일정한 조건(환경개선, 개인보호구 착용, 건강진단의 주기를 앞당기는 경우 등)하에서 현재의 작업이 가능한 경우
		C2	일반 질병으로 진전될 우려가 있어 추적 관찰이 필요(일반질병 요관찰자)	4	근무 중 치료		
D1	직업성 질병의 소견이 있어 적절한 의학적 및 직업적 사후관리 조치 필요(직업병 유소견자)	D1	직업성 질병의 소견을 보여 적절한 의학적 및 직업적 사후관리 조치 필요 (직업병 유소견자)	5	근로시간 단축	다	건강장애가 우려되어 한시적으로 현재의 작업을 할 수 없는 경우(건강상 또는 근로조건상의 문제를 해결한 후 작업복귀 가능)
				6	작업전환		
D2	일반 질병의 소견이 있어 적절한 의학적 및 직업적 사후관리 조치 필요(일반질병 유소견자)	D2	일반 질병의 소견을 보여 적절한 의학적 및 직업적 사후관리 조치 필요(일반질병 유소견자)	7	근로제한 금지	라	건강장애의 악화 또는 영구적인 장해발생으로 현재의 작업을 해서는 안 되는 경우
R	1차 건강진단 실시결과에서 이상소견이 있어 2차 건강진단 실시 필요 (질환의심자)	※ 특수건강진단 선택검사항목 추가검사 대상임을 통보하였으나 당해 근로자의 퇴직 등으로 당해검사가 이루어지지 않아 건강관리구분을 판정할 수 없는 근로자는 'U'로 분류함.		8	신재요양신청서 직접 작성 등 해당 근로자에 대한 직업병 확진 의뢰 안내		
				9	기타		

정답 004 ③

005 노인장기요양보험의 방문간호에 대한 설명으로 가장 옳은 것은?

[23 서울]

① 장기요양 5등급 판정을 받은 자는 신청할 수 없다.
② 의사의 지시서가 필요하지 않다.
③ 주된 인력은 가정전문간호사이다.
④ 건강보험가입자의 경우 장기요양급여비용의 15%를 본인이 부담한다.

해설
① 장기요양 등급 판정을 받은 자는 신청할 수 있다.
② 의사의 지시서(방문간호지시서)가 필요하다.
③ 주된 인력은 간호사, 간호조무사, 치과위생사이다.

우리나라의 방문간호 비교

구분	의료기관 가정간호	보건소 방문건강관리	노인장기요양보험 방문간호
법적 근거	「의료법」	「지역보건법」	「노인장기요양보험법」
운영 주체	의료기관	보건소, 보건지소	장기요양기관 (방문간호센터)
제공 장소	가정	가정	가정
대상자	• 병원입원 후 조기퇴원환자 • 가정에서 계속적인 치료와 관리가 필요하다고 인정된 자	독거노인과 장애인 등 의료취약계층 및 등급외 자	• 65세 이상자, 노인성 질병자 • 장기요양 등급판정(6등급)을 받은 자
사업 목적	재가 환자에게 입원대체 서비스	포괄적 보건의료서비스 제공	거동이 불편한 노인의 보건의료서비스 접근성 제고
이용 절차	진료담당의사가 환자와 협의 후 의뢰 → 가정전문간호사가 서비스 제공 및 관리	관할 보건소에서 대상자 등록 후 서비스 제공 및 관리	• 의사가 방문간호지시서 발급 • 대상자는 방문간호기관과 서비스 계약
구비 서류	가정간호의뢰서	없음	방문간호지시서
제공 인력	가정전문간호사	간호사, 의사, 물리치료사, 사회복지사 등 다학제적 접근	• 2년 이상 임상경력 있는 간호사 • 3년 이상 경력과 700시간 교육 이수한 간호조무사 • 구강위생 제공 시: 치과위생사 1명 이상 배치
서비스 내용	• 가정전문간호사의 독자적 판단 및 수행: 기본간호, 교육·훈련, 상담, 의뢰 • 의사·한의사의 처방 필요: 치료적 간호, 검사, 투약, 주사	• 거동불편자: 운동요법, 욕창관리, 개인위생, 투약 등 • 독거노인 또는 노인부부: 상담, 개인위생, 의뢰 등 • 기타질환자: 상담, 투약, 의뢰	• 건강상태 확인 및 관리, 건강(증상) 상담 • 간호 및 처치, 영양관리, 배뇨관리, 호흡관리, 상처관리, 욕창치료 등 (위관영양, 요도관, 기관절개관 관리 인슐린 주사 등) • 건강교육, 요양에 대한 상담
재원	국민건강보험 재원 및 조세	조세	노인장기요양보험 재원 및 조세
비용 부담	• 기본방문료, 개별행위료: 본인 부담 20% • 의료급여 1종: 무료	무료	• 본인부담 15% • 본인부담경감자 6%, 9% • 기초생활수급자 무료
수가	• 방문간호수가 = 기본방문료 + 행위별수가로 구성 • 기본방문료는 방문당 수가 • 개별행위료는 행위별수가	-	방문시간당 수가

정답 005 ④

006 ⟨보기⟩에서 두 지역의 인구 현상을 설명한 것으로 옳은 것은? [23 서울]

⟨보기⟩

지역	인구수			
	14세 이하	15~64세	65세 이상	총인구
A지역	3,500	2,500	4,000	10,000
B지역	2,000	8,000	10,000	20,000

① B지역은 A지역보다 총부양비가 높다.
② B지역은 A지역보다 노령화지수가 높다.
③ B지역은 A지역보다 유년부양비가 높다.
④ B지역은 A지역보다 노년부양비가 높다.

해설

① 총부양비: 경제활동 연령인구(생산가능인구, 15~64세)에 대한 비경제활동연령 인구의 비

$$총부양비 = \frac{(0\sim14세\ 인구 + 65세\ 이상\ 인구)}{15\sim64세\ 인구} \times 100$$

A지역 $= \frac{(3,500+4,000)}{2,500} \times 100 = 300$ B지역 $= \frac{(2,000+10,000)}{8,000} \times 100 = 150$

→ B지역은 A지역보다 총부양비가 낮다.

② 노령화지수: 소년층 인구(0~14세)에 대한 노년층 인구(65세 이상)의 비율

$$노령화지수 = \frac{65세\ 이상\ 인구(노년인구)}{0\sim14세\ 인구(유년인구)} \times 100$$

A지역 $= \frac{4,000}{3,500} \times 100 = 114$ B지역 $= \frac{10,000}{2,000} \times 100 = 500$

→ B지역은 A지역보다 노령화지수가 높다.

③ 유년부양비: 경제활동 연령인구(생산가능인구, 15~64세)에 대한 유소년 인구의 비

$$유년부양비 = \frac{0\sim14세\ 인구}{15\sim64세\ 인구} \times 100$$

A지역 $= \frac{3,500}{2,500} \times 100 = 140$ B지역 $= \frac{2,000}{8,000} \times 100 = 25$

→ B지역은 A지역보다 유년부양비가 낮다.

④ 노년부양비: 경제활동 연령인구(생산가능인구, 15~64세)에 대한 노인 인구의 비

$$노년부양비 = \frac{65세이상\ 인구}{15\sim64세\ 인구} \times 100$$

A지역 $= \frac{4,000}{2,500} \times 100 = 160$ B지역 $= \frac{10,000}{8,000} \times 100 = 125$

→ B지역은 A지역보다 노년부양비가 낮다.

정답 006 ②

007 ★★★ 방문건강관리 사업 대상자 중 정기관리군을 〈보기〉에서 모두 고른 것은?

[23 서울]

해설
ㄱ, ㄷ. 집중관리군
ㄹ. 자기역량지원군

〈보기〉
ㄱ. 북한이탈 주민으로 감염성 질환이 1개 있는 자
ㄴ. 암 대상자로 암 치료 종료 후 3년이 경과한 자
ㄷ. 뇌졸중 등록자로 신체활동 미실천자
ㄹ. 당화혈색소가 6.8%인 자
ㅁ. 출생 후 22일이 경과한 아기가 있는 다문화 가족

① ㄱ, ㄹ
② ㄴ, ㄷ
③ ㄴ, ㅁ
④ ㄷ, ㅁ

🔆 집중관리군

구분	내용
대상자 특성	건강위험요인 및 건강문제가 있고 증상조절이 안 되는 경우
관리횟수	3개월 이내 8회 이상 건강관리 서비스 실시
판정기준	[고혈압 기준] • 수축기압 140mmHg 이상 또는 이완기압 90mmHg 이상 • 수축기압 140mmHg 이상 또는 이완기압 90mmHg 이상이고, 흡연[1]·고위험 음주[2]·비만[3]·신체활동 미실천[4] 중 2개 이상의 건강행태 개선이 필요 [당뇨 기준] • 당화혈색소 7.0% 이상 또는 공복혈당 126mg/dl 이상 또는 식후혈당 200mg/dl 이상 • 당화혈색소 7.0% 이상 또는 공복혈당 126mg/dl 이상 또는 식후혈당 200mg/dl 이상이고, 흡연·고위험 음주·비만·신체활동 미실천 중 2개 이상의 건강행태 개선 필요 [기타 질환] • 관절염, 뇌졸중, 암 등록자로 흡연·고위험 음주·비만·신체활동 미실천 중 2개 이상의 건강 행태 개선 필요 [대상 특성별 관리사항] • 임부 또는 분만 8주 이내 산부, 출생 4주 이내 신생아, 영유아, 다문화가족 • 만65세 이상 노인 중 허약판정점수가 4~12점인 자 • 북한 이탈주민으로 감염성 질환이 1개 이상이거나, 흡연·고위험 음주·비만·신체활동 미실천 중 2개 이상의 건강행태 개선 필요 ※ 암 대상자로 암 치료 종료 후 5년이 경과되지 아니한 경우

1) 흡연(현재흡연율): 평생 담배 5갑(100개비) 이상 피웠고 현재 담배를 피우는 분율
2) 고위험 음주(고위험음주율): 1회 평균 음주량이 남자는 7잔 이상, 여자는 5잔 이상이며, 주 2회 이상 음주하는 분율
3) 비만(비만유병률): 체질량지수 25kg/m² 이상인 분율
4) 신체활동 미실천(걷기실천율): 최근 1주일 동안 걷기를 1회 10분 이상, 1일 총 30분 이상 주 5일 이상 실천한 분율

정기관리군

구분	내용
대상자 특성	건강위험요인 및 건강문제가 있고 증상이 있으나 조절이 되는 경우
관리횟수	3개월마다 1회 이상 건강관리 서비스 실시
판정기준	[고혈압 기준] • 수축기압이 120~139mmHg 또는 이완기압이 80~89mmHg • 수축기압이 120~139mmHg 또는 이완기압이 80~89mmHg이고, 흡연·고위험 음주·비만·신체활동 미실천 중 1개 이상의 건강행태 개선이 필요 [당뇨 기준] • 공복혈당이 100~125mg/dl 또는 식후혈당이 140~199mg/dl • 공복혈당이 100~125mg/dl 또는 식후혈당이 140~199mg/dl이고 흡연·고위험 음주·비만·신체활동 미실천 중 1개 이상의 건강행태 개선이 필요 [기타 질환] • 관절염, 뇌졸중, 암 등록자로 흡연·고위험 음주·비만·신체활동 미실천 중 1개의 건강행태 개선이 필요 [대상 특성별 관리사항] • 북한이탈주민으로 흡연·고위험 음주·비만·신체활동 미실천 중 1개 이상의 건강행태 개선이 필요 ※ 암 대상자로 암 치료 종료 후 5년이 경과되지 아니한 경우

자기역량지원군

구분	내용
대상자 특성	건강위험요인 및 건강문제가 있으나 증상이 없는 경우
관리횟수	6개월마다 1회 이상 건강관리서비스
판정기준	[고혈압 기준] • 수축기압이 120mmHg 미만이고, 이완기압이 80mmHg 미만 • 수축기압이 120mmHg 미만이고, 이완기압이 80mmHg 미만이고 흡연·고위험 음주·비만·신체활동 미실천 중 1개 이상의 건강행태 개선이 필요 [당뇨 기준] • 당화혈색소가 7.0% 미만 또는 공복혈당 100mg/dl 미만 또는 식후혈당 140mg/dl 미만 • 당화혈색소가 7.0% 미만 또는 공복혈당 100mg/dl 미만 또는 식후혈당 140mg/dl 미만이고, 흡연·고위험 음주·비만·신체활동 미실천 중 1개 이상의 건강행태 개선이 필요 [기타 질환] • 질환은 없으나, 흡연·고위험 음주·비만·신체활동 미실천 중 1개 이상의 건강행태 개선이 필요 ※ 기타 집중관리군과 정기관리군에 해당되지 않는 경우

* 출처 : 보건복지부&한국건강증진개발원, 2021년 지역사회 통합건강증진 사업 안내 – 방문건강관리, 2024, p.13~14

정답 007 ②

008 다음에 해당하는 작업환경 관리 방법은?

[23 지방]

> 화재 예방을 위해 가연성 물질의 저장을 플라스틱통에서 철제통으로 바꾸었다.

① 대치
② 격리
③ 환기
④ 교육

해설

문제에서 주요 초점은 가연성 물질의 저장을 기존의 "플라스틱통에서 철제통으로 변경"한 부분이다. 따라서, 이는 독성이 적은 물질로 "대치"하는 것을 말한다.

작업환경관리

작업환경관리의 기본원리는 대치, 격리, 환기이다.

대치	독성이 적은 물질로 대치하는 방법으로 가장 효과적인 위생대책의 근본적 방법 ① 시설의 변경: 공정을 변경할 수 있는 상황이 안 되면, 사용하고 있는 위험시설이나 기구를 바꾸는 것 ② 공정의 변경: 유해한 과정을 안전하고 효율적인 공정 과정으로 변경하는 것 ③ 물질의 변경: 유사한 화학구조를 갖고 있는 다른 물질로 대치하는 것으로 가장 흔히 사용하는 방법
격리	물체, 거리, 시간과 같은 장벽(barrier)을 통해 작업자와 유해인자를 분리하는 것 ① 격리 저장: 격리하여 저장할 필요가 있는 물질은 섞이지 않도록 저장 ② 위험시설의 격리 ③ 차열: 뜨거운 물체를 다루는 공정 과정의 경우 기구를 대치 ④ 공정 과정의 격리: 가장 많은 비용이 들지만 유용한 대책으로 사용되고 있는 방법으로, 특별히 화학공장에서 많은 유해인자와 작업자를 격리시키는 데 매우 적합 ⑤ 개인보호구 착용
환기	① 전체환기: 작업장의 유해물질 희석을 위해 사용하여 희석환기라고도 한다. 주로 고온과 다습을 조절하는 데 이용되며, 분진, 냄새, 유해 증기를 희석하는 데에도 이용되나 근본적인 대책으로는 부적절하다. ② 국소환기: 유해물질 발생원 가까이에 유해물질을 빨아들여서 밖으로 배출시키는 장치를 설치하여 근로자가 유해물질을 흡입하지 않도록 방지하여 주는 것이다.

009 보건소에서 관리하는 신생아 대상 선천성대사이상검사 항목이 아닌 것은?

[23 지방]

① 갑상선기능저하증
② 브루셀라증
③ 호모시스틴뇨증
④ 단풍당뇨증

해설

선천성 대사이상검사(무료 6종)의 종류
(1) 갑상선기능저하증
(2) 페닐케톤뇨증
(3) 단풍당뇨증
(4) 갈락토오스혈증
(5) 호모시스틴뇨증
(6) 선천성 부신과형성증

정답 008 ① 009 ②

010 다음 지표 중 분모가 '당해연도 연간 출생아수'가 아닌 것은? [23 지방]

① 영아사망률
② 저체중아 출생률
③ 모성사망비
④ 모성사망률

해설

모자보건 생정통계지표

영아사망률	• 출생 후 1년 이내에 사망한 영아 수 영아 사망률 = $\dfrac{\text{생후 12개월 내 사망한 영아 수}}{\text{특정 연도의 연간 총 출생아 수}} \times 1{,}000$
저체중아 출생률	• 전체 출생아 천 명당 출생체중 2.5kg 미만으로 출생한 출생아의 수 = $\dfrac{\text{재태기간 37~42주 출생아 중 출생체중 2.5kg 미만인 수}}{\text{특정 연도의 재태기간 37~42주 사이의 연간 총 출생아 수}} \times 1{,}000$
모성사망비	• 출생아 10만 명당 모성사망 수(임신, 분만, 산욕 합병증으로 사망) 모성사망비 = $\dfrac{\text{연간 모성사망 수}}{\text{연간 출생아 수}} \times 100{,}000$
모성사망률	• 임신, 분만, 산욕의 합병증으로 발생한 모성의 사망률 모성사망률 = $\dfrac{\text{모성사망 수(같은 연도의 임신, 분만, 산욕 합병증으로 사망한 모성 수)}}{\text{연간 가임기 여성 수}} \times 100{,}000$

※ 모성사망률과 모성사망비를 구별하지 않는 것이 다수의 입장으로 이 경우 모성사망률은 다음과 같다.

모성사망률 = $\dfrac{\text{연간 모성사망수}}{\text{연간 출생아수}} \times 100{,}000$

정답 010 ④

011 우리나라의 방문간호에 대한 설명으로 옳은 것은? [23 지방]

① 의료기관 가정간호의 목표는 지역사회 인구집단의 건강행태 개선이다.
② 「의료법 시행규칙」상 가정간호를 실시하는 의료기관의 장은 가정전문간호사를 2명 이상 두어야 한다.
③ 「지역보건법 시행규칙」상 방문건강관리 전담공무원이 되고자 하는 간호사는 2년 이상의 간호업무경력이 있어야 한다.
④ 「노인장기요양보험법령」상 방문간호급여는 급여제공 행위별 진료수가를 기준으로 급여비용을 산정한다.

해설

해당 문제는 "우리나라의 방문간호"라는 문제의 제시어 자체를 넓은 의미로 해석해야 한다. 현재 우리나라의 법령에 따른 "방문간호"는 대표적으로 의료기관의 가정간호, 보건소의 방문건강관리, 노인장기요양보험제도의 방문간호가 있다.
① 의료기관 가정간호의 목표는 조기퇴원환자의 계속적인 치료와 관리(입원대체 서비스)이다.
③ 「지역보건법 시행규칙」상 방문건강관리 전담공무원이 되고자 하는 간호사에 대한 경력기준 연한은 없다.
④ 「노인장기요양보험법령」상 방문간호급여는 방문시간당 수가로 급여비용을 산정한다.

우리나라의 방문간호 비교

구분	의료기관 가정간호	보건소 방문건강관리	노인장기요양보험 방문간호
법적 근거	「의료법」	「지역보건법」	「노인장기요양보험법」
운영 주체	의료기관	보건소, 보건지소	장기요양기관 (방문간호센터)
제공 장소	가정	가정	가정
대상자	• 병원입원 후 조기퇴원환자 • 가정에서 계속적인 치료와 관리가 필요하다고 인정된 자	독거노인과 장애인 등 의료취약계층 및 등급외 자	• 65세 이상자, 노인성 질병자 • 장기요양 등급판정(6등급)을 받은 자
사업 목적	재가 환자에게 입원대체 서비스	포괄적 보건의료서비스 제공	거동이 불편한 노인의 보건의료서비스 접근성 제고
이용 절차	진료담당의사가 환자와 협의 후 의뢰 → 가정전문간호사가 서비스 제공 및 관리	관할 보건소에서 대상자 등록 후 서비스 제공 및 관리	• 의사가 방문간호지시서 발급 • 대상자는 방문간호기관과 서비스 계약
구비 서류	가정간호의뢰서	없음	방문간호지시서
제공 인력	가정전문간호사 (기관당 2명이상)	간호사, 의사, 물리치료사, 사회복지사 등 다학제적 접근	• 2년 이상 임상경력 있는 간호사 • 3년 이상 경력과 700시간 교육 이수한 간호조무사 • 구강위생 제공 시: 치과위생사 1명 이상 배치

구분	의료기관 가정간호	보건소 방문건강관리	노인장기요양보험 방문간호
서비스 내용	• 가정전문간호사의 독자적 판단 및 수행: 기본간호, 교육·훈련, 상담, 의뢰 • 의사·한의사의 처방 필요: 치료적 간호, 검사, 투약, 주사	• 거동불편자: 운동요법, 욕창관리, 개인위생, 투약 등 • 독거노인 또는 노인부부: 상담, 개인위생, 의뢰 등 • 기타질환자: 상담, 투약, 의뢰	• 건강상태 확인 및 관리, 건강(증상) 상담 • 간호 및 처치, 영양관리, 배뇨관리, 호흡관리, 상처관리, 욕창치료 등 (위관영양, 요도관, 기관절개관 관리 인슐린 주사 등) • 건강교육, 요양에 대한 상담
재원	국민건강보험 재원 및 조세	조세	노인장기요양보험 재원 및 조세
비용 부담	• 기본방문료, 개별행위료: 본인 부담 20% • 의료급여 1종: 무료	무료	• 본인부담 15% • 본인부담경감자 6%, 9% • 기초생활수급자 무료
수가	• 방문간호수가 = 기본방문료 + 행위별수가로 구성 • 기본방문료는 방문당 수가 • 개별행위료는 행위별수가	–	방문시간당 수가

「지역보건법 시행규칙」 〈2019. 10. 3. 시행 기준〉
제4조의2(방문건강관리 전담공무원)
① 법 제16조의2에 따른 방문건강관리 전담공무원은 다음 각 호의 어느 하나에 해당하는 사람으로 한다.
  1. 「의료법」 제2조제1항에 따른 의사, 치과의사, 한의사 및 간호사
  2. 「의료기사 등에 관한 법률」 제2조제2항제3호, 제4호 및 제6호에 따른 물리치료사, 작업치료사 및 치과위생사
  3. 「국민영양관리법」 제15조에 따른 영양사
  4. 「약사법」 제2조제2호에 따른 약사 및 한약사
  5. 「국민체육진흥법」 제2조제6호에 따른 체육지도자
  6. 그 밖에 법 제11조제1항제5호사목에 따른 방문건강관리사업에 관한 전문지식과 경험이 있다고 보건복지부장관이 인정하여 고시하는 사람
② 방문건강관리 전담공무원의 임용 등에 관하여는 「지방공무원 임용령」에서 정하는 바에 따른다.
③ 제1항 및 제2항에서 규정한 사항 외에 방문건강관리 전담공무원 제도 운영에 관하여 필요한 사항은 보건복지부장관이 정한다.

정답 011 ②

012 다음 상황에서 우선적으로 취해야 할 조치는?

[23 지방]

> 뜨거운 여름날 아스팔트 위에서 작업 중이던 근로자가 쓰러졌다. 확인 결과, 의식이 없고 체온은 41°C였으며 발한은 없다.

① 얼음물에 몸을 담근다.
② 1~2시간 정도 안정시킨다.
③ 가슴을 격렬하게 마찰해 준다.
④ 강심제를 투여한다.

해설

문제에 제시된 내용 중 "뜨거운 여름날 아스팔트 위 작업", "의식이 없고 체온 41°C였으며 발한은 없다"는 중추성 체온조절 기능장애를 보이는 열사병임을 확인할 수 있다. 이 상황에서 답가지에 제시된 내용 중 체온을 낮추기 위해 우선적으로 할 수 있는 것은 얼음물에 몸을 담그는 것이다.

열성장해

열성 장해	원인 및 증상	관리
열경련 (heat cramp)	• 원인: 고온 환경에서 심한 육체적 노동 시 지나친 발한으로 인한 체내 수분 및 염분의 손실 • 증상: 맥박상승, 현기증, 사지경련, 이명, 두통, 구토 등	바람이 잘 통하는 서늘한 곳에 옮기고, 생리식염수 정맥 주사(1~2L)나 0.1% 식염수를 마시게 한다.
열사병 (heat stroke)	• 원인: 고온다습한 환경에 폭로되어 중추성 체온조절의 기능장애로 인한 체온조절의 부조화 • 증상: 체온의 이상상승, 두통, 현기증, 이명, 의식혼미, 구토, 무력감, 동공반응 손실 등(발한이 거의 없고 피부건조)	• 머리를 차게 해주고, 생리식염수 IV(intravenous) 및 찬 음료를 마시게 한다. • 사지를 격렬하게 마찰, 호흡곤란 시 산소공급, 항신진대사제 투여 • 체온을 낮추기 위해 옷을 벗기고 찬물로 몸을 닦거나 담근다. → 응급조치: 체온의 급속한 냉각과 사지마찰이 가장 중요!!!
열피로 (heat exhaustion)	• 원인: 오랫동안 고온 환경에 폭로되어 말초혈관 운동신경의 조절장애와 심박출량의 부족으로 인한 순환부전 • 증상: 전신권태, 의식상실, 두통, 현기증 등	• 쾌적한 환경으로 이동한다. • 포도당 및 생리식염수 IV(intravenous)를 공급한다. • 필요 시 더운 커피/강심제 사용
열쇠약 (Heat prostration)	• 원인: 고온 작업 시 비타민 B_1의 결핍으로 발생하는 만성적인 열 소모 • 증상: 전신권태, 식욕부진, 위장장애, 불면, 빈혈 등	비타민 B_1의 투여 및 충분한 휴식과 영양을 섭취하도록 한다.

정답 012 ①

013 근로자의 업무상 재해에 대한 신속·공정한 보상과 재해근로자의 재활 및 사회복귀를 촉진하기 위한 보험시설 운영 등을 주요 목적으로 하는 기관은?

[22 지방(6월)]

① 근로자건강센터
② 대한산업보건협회
③ 근로복지공단
④ 한국산업안전보건공단

해설

「산업재해보상보험법」에 따라 산업재해보상보험 사업을 시행하여 근로자의 업무상의 재해를 신속하고 공정하게 보상하며, 재해근로자의 재활 및 사회 복귀를 촉진하기 위하여 이에 필요한 보험시설을 설치·운영하고, 재해 예방과 그 밖에 근로자의 복지 증진을 위한 사업을 시행하여 근로자 보호에 이바지하기 위해 설립한 것이 "근로복지공단" 이다.

근로자 관련 업무 처리 기관

기관	근거법	목적
근로자 건강센터		• 건강관리가 취약한 50인 미만 소규모 사업장 노동자의 건강관리를 위하여 근로자 건강센터를 설치하고 직종별 유해요인 파악을 통한 전문 건강상담 등 다양한 건강 서비스를 지원 • 한국산업안전보건공단 지원
(사)대한 산업보건협회		근로자의 중심에 둔 '일과 사람의 조화'를 목표로 1963년에 설립한 비영리기관으로, 무엇보다 최상의 '근로자 건강'을 위한 건강진단, 쾌적한 작업환경 조성을 위한 작업환경측정과 근로자 건강을 관리하는 보건관리대행 업무를 수행
근로복지공단	「산업재해 보상보험법」	산업재해보상보험 사업을 시행하여 근로자의 업무상의 재해를 신속하고 공정하게 보상하며, 재해근로자의 재활 및 사회 복귀를 촉진하기 위하여 이에 필요한 보험시설을 설치·운영하고, 재해 예방과 그 밖에 근로자의 복지 증진을 위한 사업을 시행하여 근로자 보호에 이바지하기 위해 설립
한국산업 안전보건공단	「한국산업안전 보건공단법」	산업재해예방기술의 연구·개발과 보급, 산업안전보건 기술지도 및 교육, 안전·보건진단 등 산업재해 예방에 관한 사업을 효율적으로 수행하게 함으로써 근로자가 안전하고 건강하게 일할 수 있도록 하고 사업주가 재해 예방에 힘쓰게 하여 국민 경제발전에 이바지함을 목적으로 설립

정답 013 ③

014 ★★★

B지역의 지난 1년간 사망 관련 통계가 다음과 같을 때, α-index 값은?

[22 지방(6월)]

구분	사망자 수(명)
생후 28일 미만	10
생후 28일부터 1년 미만	20

① $\dfrac{10}{20}$ ② $\dfrac{20}{10}$

③ $\dfrac{10}{30}$ ④ $\dfrac{30}{10}$

해설

영아사망수는 12개월 미만의 사망수를 말하므로 문제의 표에 나와 있는 신생아(생후 28일 미만) 사망 수를 포함하여 계산하여야 한다.

α-index

$= \dfrac{\text{같은 연도의 영아 사망 수}}{\text{특정 연도의 신생아 사망 수}}$

$= \dfrac{30}{10}$

015 ★★★

A 산업체의 1년간 재해 관련 통계수치가 다음과 같을 때, 도수율(빈도율)은?

[22 지방(6월)]

- 연 근로시간 수: 100,000
- 재해자 수: 10
- 재해 건수: 4
- 근로손실일수: 4

① 0.4   ② 10
③ 40   ④ 100

해설

도수율은 발생상황을 파악하기 위한 표준적인 지표로서, 연 100만 작업시간당 재해발생건 수를 말한다.

도수율
= (재해건수/연근로시간수) × 1,000,000
= (4/100,000) × 1,000,000
= 40

정답 014 ④ 015 ③

016 다음 설명에 해당하는 지표는?

[22 지방(6월)]

> 지역 간 사망률 수준을 비교할 때 각 지역의 인구학적 특성의 차이가 사망률 수준에 영향을 미칠 수 있다. 이를 보정하기 위해 두 집단 간의 인구학적 특성의 차이를 통제하고 같은 조건으로 만들어 각 지역별로 한 개의 객관적 측정치를 산출한다.

① 조사망률
② 연령별사망률
③ 비례사망지수
④ 표준화사망률

해설

사망과 관련된 지표

조사망률	$\dfrac{\text{같은 해 1년 간 총사망수}}{\text{특정 연도의 연 중앙인구}} \times 1,000$
연령별 사망률	$\dfrac{\text{그 연령군의 연간 총사망수}}{\text{어떤 연령군의 연 중앙인구}} \times 1,000$
사망원인별 사망률	$\dfrac{\text{같은 해 특정 원인에 의한 1년간 총사망수}}{\text{특정 연도의 연 중앙인구}} \times 100,000$ 전체 인구 집단 100,000명당 주어진 기간 동안 특정 원인에 의한 사망자수
비례사망지수 (PMI)	전체 사망자 중 50세 이상 사망자의 분율 $\dfrac{\text{50세 이상의 사망수}}{\text{연간 총사망수}} \times 100$
비례사망률 (PMR)	전체 사망자 중 특정 원인에 의해 사망한 사람들의 분율 $\dfrac{\text{그 연도의 특정질환에 의한 사망자 수}}{\text{어떤 기간의 사망수}} \times 100$
출생사망비 (Birth-death Ratio)	$\dfrac{\text{그 기간의 출생수}}{\text{어떤 기간의 사망수}} \times 1,000$
표준화 사망률	인구구조(인구구성비)가 서로 다른 두 인구집단의 사망률 수준을 비교하기 위해 인구구조의 차이가 사망률 수준에 미치는 영향을 제거한 객관화된 측정치를 산출하여 두 집단의 사망률 수준을 비교하는 방법

정답 016 ④

017 ⟨보기⟩의 사례에서 나타나는 노인장기요양 급여의 종류는? [22 서울(6월)]

⟨보기⟩
노인장기요양 인정자인 갑(甲)씨는 자신의 집에 방문하여 자신의 신체활동과 가사를 지원하는 급여를 신청하였다.

① 방문요양
② 방문간호
③ 단기보호
④ 노인요양공동생활가정

해설
장기요양급여는 재가급여, 시설급여, 특별현금급여로 나뉘며, 재가급여를 우선적으로 제공한다.

▶ **장기요양급여** – 재가급여(15% 본인이 부담), 시설급여(20% 본인이 부담), 특별현금급여

급여종류		내용
재가급여	방문요양	장기요양요원이 수급자의 가정 등을 방문하여 신체활동 및 가사활동 등을 지원하는 장기요양급여
	방문목욕	장기요양요원이 목욕설비를 갖춘 장비를 이용하여 수급자의 가정 등을 방문하여 목욕을 제공하는 장기요양급여
	방문간호	장기요양요원인 간호사 등이 의사, 한의사 또는 치과의사의 방문간호지시서에 따라 수급자의 가정 등을 방문하여 간호, 진료의 보조, 요양에 관한 상담 또는 구강위생 등을 제공하는 장기요양급여
	주·야간 보호	수급자를 하루 중 일정한 시간 동안 장기요양기관에 보호하여 신체활동 지원 및 심신기능의 유지·향상을 위한 교육·훈련 등을 제공하는 장기요양급여
	단기보호	• 수급자를 보건복지부령으로 정하는 범위 안에서 일정 기간 동안 장기요양기관에 보호하여 신체활동 지원 및 심신기능의 유지·향상을 위한 교육·훈련 등을 제공하는 장기요양급여 • 급여를 받을 수 있는 기간은 월 9일 이내로 한다. 다만, 가족의 여행, 병원치료 등의 사유로 수급자를 돌볼 가족이 없는 경우 등 보건복지부장관이 정하여 고시하는 사유에 해당하는 경우에는 1회 9일 이내의 범위에서 연간 4회까지 연장할 수 있다.
	기타 재가급여	수급자의 일상생활·신체활동 지원 및 인지기능의 유지·향상에 필요한 용구를 제공하거나 가정을 방문하여 재활에 관한 지원 등을 제공하는 장기요양급여로서 대통령령으로 정하는 것
시설급여		장기요양기관이 운영하는 「노인복지법」에 따른 노인의료복지시설 등에 장기간 동안 입소하여 신체활동 지원 및 심신기능의 유지·향상을 위한 교육·훈련 등을 제공하는 장기요양급여
특별현금급여	가족요양비	도서·벽지 등 장기요양기관이 현저히 부족한 지역, 천재지변, 수급자의 신체·정신 또는 성격상의 사유로 인하여 가족으로부터 방문요양에 상당한 장기요양급여를 받은 때 지급되는 현금급여
	특례요양비	수급자가 장기요양기관이 아닌 노인요양시설 등의 기관 또는 시설에서 재가급여 또는 시설급여에 상당한 장기요양급여를 받은 경우 수급자에게 지급되는 현금급여
	요양병원 간병비	수급자가 요양병원에 입원한 때 지급되는 현금급여

정답 017 ①

018 ⟨보기⟩의 괄호 안에 들어갈 수로 옳은 것은?

[22 서울(6월)]

⟨보기⟩

모성 사망 측정을 위해 개발된 지표 중 가장 많이 사용되는 지표인 모성사망비는 특정 연도 출생아 (　　) 명당 같은 해 임신, 분만, 산욕으로 인한 모성사망자 수로 표시된다.

① 100
② 1,000
③ 10,000
④ 100,000

해설

모성사망 측정을 위해 개발된 지표 중 가장 많이 사용되는 지표인 모성사망비는 해당 연도 출생아 10만 명당 해당 연도 임신, 분만, 산욕으로 인한 모성사망의 수로 산출한다.

$$모성사망비 = \frac{연간\ 모성사망\ 수}{연간\ 출생아\ 수} \times 100,000$$

정답 018 ④

019 보건소 방문건강관리사업의 대상자 군 분류별 관리 내용으로 가장 옳은 것은?
[22 서울(6월)]

① 정기관리군은 6개월마다 1회 이상 방문한다.
② 집중관리군은 3개월 이내 8회 이상 방문한다.
③ 자기역량지원군은 9개월마다 1회 이상 방문한다.
④ 건강관리지원군은 6개월 이내 8회 이상 방문한다.

해설
① 정기관리군은 3개월마다 1회이상 방문한다.
③ 자기역량지원군은 6개월마다 1회 이상 방문한다.
④ 건강관리지원군이란 분류는 없다.

집중관리군

구분	내용
대상자 특성	건강위험요인 및 건강문제가 있고 증상조절이 안 되는 경우
관리횟수	3개월 이내 8회 이상 건강관리 서비스 실시
판정기준	[고혈압 기준] • 수축기압 140mmHg 이상 또는 이완기압 90mmHg 이상 • 수축기압 140mmHg 이상 또는 이완기압 90mmHg 이상이고, 흡연[1]·고위험 음주[2]·비만[3]·신체활동 미실천[4] 중 2개 이상의 건강행태 개선이 필요 [당뇨 기준] • 당화혈색소 7.0% 이상 또는 공복혈당 126mg/dl 이상 또는 식후혈당 200mg/dl 이상 • 당화혈색소 7.0% 이상 또는 공복혈당 126mg/dl 이상 또는 식후혈당 200mg/dl 이상이고, 흡연·고위험 음주·비만·신체활동 미실천 중 2개 이상의 건강행태 개선 필요 [기타 질환] • 관절염, 뇌졸중, 암 등록자로 흡연·고위험 음주·비만·신체활동 미실천 중 2개 이상의 건강 행태 개선 필요 [대상 특성별 관리사항] • 임부 또는 분만 8주 이내 산부, 출생 4주 이내 신생아, 영유아, 다문화가족 • 만65세 이상 노인 중 허약판정점수가 4~12점인 자 • 북한 이탈주민으로 감염성 질환이 1개 이상이거나, 흡연·고위험 음주·비만·신체활동 미실천 중 2개 이상의 건강행태 개선 필요 ※ 암 대상자로 암 치료 종료 후 5년이 경과되지 아니한 경우

1) 흡연(현재흡연율): 평생 담배 5갑(100개비) 이상 피웠고 현재 담배를 피우는 분율
2) 고위험 음주(고위험음주율): 1회 평균 음주량이 남자는 7잔 이상, 여자는 5잔 이상이며, 주 2회 이상 음주하는 분율
3) 비만(비만유병률): 체질량지수 25kg/m² 이상인 분율
4) 신체활동 미실천(걷기실천율): 최근 1주일 동안 걷기를 1회 10분 이상, 1일 총 30분 이상 주 5일 이상 실천한 분율

정기관리군

구분	내용
대상자 특성	건강위험요인 및 건강문제가 있고 증상이 있으나 조절이 되는 경우
관리횟수	3개월마다 1회 이상 건강관리 서비스 실시
판정기준	[고혈압 기준] • 수축기압이 120~139mmHg 또는 이완기압이 80~89mmHg • 수축기압이 120~139mmHg 또는 이완기압이 80~89mmHg이고, 흡연·고위험 음주·비만·신체활동 미실천 중 1개 이상의 건강행태 개선이 필요 [당뇨 기준] • 공복혈당이 100~125mg/dl 또는 식후혈당이 140~199mg/dl • 공복혈당이 100~125mg/dl 또는 식후혈당이 140~199mg/dl이고 흡연·고위험 음주·비만·신체활동 미실천 중 1개 이상의 건강행태 개선이 필요 [기타 질환] • 관절염, 뇌졸중, 암 등록자로 흡연·고위험 음주·비만·신체활동 미실천 중 1개의 건강행태 개선이 필요 [대상 특성별 관리사항] • 북한이탈주민으로 흡연·고위험 음주·비만·신체활동 미실천 중 1개 이상의 건강행태 개선이 필요 ※ 암 대상자로 암 치료 종료 후 5년이 경과되지 아니한 경우

▶ 자기역량지원군

구분	내용
대상자 특성	건강위험요인 및 건강문제가 있으나 증상이 없는 경우
관리횟수	6개월마다 1회 이상 건강관리서비스
판정기준	[고혈압 기준] • 수축기압이 120mmHg 미만이고, 이완기압이 80mmHg 미만 • 수축기압이 120mmHg 미만이고, 이완기압이 80mmHg 미만이고 흡연·고위험 음주·비만·신체활동 미실천 중 1개 이상의 건강행태 개선이 필요 [당뇨 기준] • 당화혈색소가 7.0% 미만 또는 공복혈당 100mg/dl 미만 또는 식후혈당 140mg/dl 미만 • 당화혈색소가 7.0% 미만 또는 공복혈당 100mg/dl 미만 또는 식후혈당 140mg/dl 미만이고, 흡연·고위험 음주·비만·신체활동 미실천 중 1개 이상의 건강행태 개선이 필요 [기타 질환] • 질환은 없으나, 흡연·고위험 음주·비만·신체활동 미실천 중 1개 이상의 건강행태 개선이 필요 ※ 기타 집중관리군과 정기관리군에 해당되지 않는 경우

* 출처: 보건복지부&한국건강증진개발원, 2021년 지역사회 통합건강증진 사업 안내 – 방문건강관리, 2024, p.13~14

정답 019 ②

020 ⟨보기⟩는 인구변천단계에 대한 그림이다. (A)~(D)에 해당하는 단계로 가장 옳은 것은?

[22 서울(6월)]

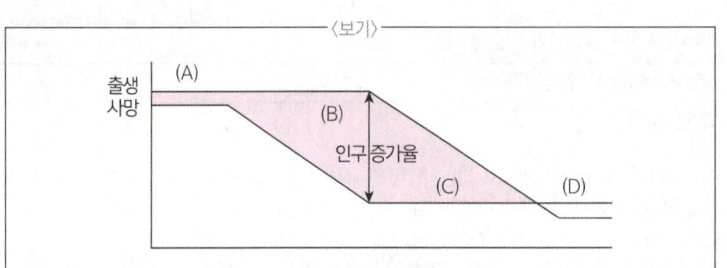

① (A) - 저위정지기
② (B) - 과도기적 성장단계
③ (C) - 고잠재적 성장단계
④ (D) - 확장기

해설
① (A) - 고위정지기(고잠재적 성장단계)
② (B) - 과도기적 성장단계 (초기 확장기)
③ (C) - 후기 확장기
④ (D) - 저위정지기

정답 020 ②

021 (가), (나)에 들어갈 용어로 옳게 짝지은 것은? [22 지방(4월)]

> (가) - 조사 시점에 해당 지역에 주소를 둔 인구
> (나) - 조사 시점에 해당 지역에 실제로 존재하는 인구

	(가)	(나)
①	상주 인구	현재 인구
②	현재 인구	상주 인구
③	종업지 인구	상주 인구
④	현재 인구	종업지 인구

해설

실제적 인구

종류	내용
현재인구	• 어떤 특정한 시점에서 현존하고 있는 인구 집단을 모두 그 지역의 인구로 간주하였을 경우의 인구를 뜻한다. • 조사 시점에 해당 지역에 실제로 존재하는 인구
상주인구	• 거주지 중심으로 특정한 관찰 시각에서 특정한 지역에 거주하고 있는 인구 집단을 모두 그 지역의 인구로 간주하는 경우를 뜻한다. • 상주인구 = 현재인구 + 일시부재인구 - 일시현재인구 • 조사 시점에 해당 지역에 주소를 둔 인구
법적인구	• 특정한 관찰 시각에서 어떤 법적 관계에 입각하여 특정한 인간 집단을 특정지역에 귀속시킨 인구를 의미한다. • 「호적법」에 의한 본적지 인구, 「선거법」에 의한 유권자 인구, 「조세법」에 의한 납세 인구 등
종업지 인구 (workplace population)	• 어떤 일에 종사하는 장소와 결부시켜 분류한 인구를 말한다. • 종업지 인구는 산업별 구조와 지역사회의 사회경제적 특성을 파악할 수 있는 자료가 된다.

정답 **021** ①

022 동일한 유해인자에 노출된 근로자들에게 유사한 질병의 증상이 발생하여 고용노동부장관의 명령으로 실시하는 건강진단은? [22 지방(4월)]

① 임시건강진단
② 일반건강진단
③ 특수건강진단
④ 배치전건강진단

해설

근로자 건강진단 구분

구분	내용
일반 건강진단	• 일정한 주기로 모든 근로자에게 실시하는 건강진단 • 근로자의 질병을 조기에 찾아내어 적절한 치료와 사후관리를 받도록 하여 근로자의 건강을 유지·보호하기 위해 사업주가 건강진단 비용을 부담하여 실시 • 상시 사용하는 근로자 중 사무직에 종사하는 근로자에 대하여는 2년에 1회 이상, 기타 근로자에 대하여는 1년에 1회 이상 정기적으로 일반건강진단을 실시
특수 건강진단	• 특수건강진단 유해인자에 노출되는 업무에 종사하는 근로자를 대상으로 실시하는 건강진단 • 사업주가 비용을 부담하고 주기적으로 시행하여 근로자의 직업성 질환을 조기에 찾아내어 사후관리 또는 치료를 받도록 하여 근로자의 건강을 유지·보호하기 위한 목적으로 실시
배치전 건강진단	• 특수건강진단을 받아야 하는 업무의 대상이거나 법정 유해인자에 노출될 수 있는 부서로 신규 근로자를 배치 또는 배치전환할 때 사업주가 비용을 부담하여 실시하는 건강진단 • 직업성 질환의 예방을 위해 유해인자에 노출되는 근로자의 기초건강자료를 확보하고 배치하고자 하는 부서업무가 근로자에게 적합한지를 평가할 목적으로 실시
임시 건강진단	• 유해인자에 의한 중독, 질병의 이환 여부 또는 질병의 발생원인 등을 확인하기 위하여 지방고용노동관서장의 명령으로 사업주의 비용부담으로 실시하는 건강진단 • 직업성 질환의 발생으로부터 당해 근로자 본인 또는 동료근로자들의 건강보호 조치를 긴급히 강구하기 위한 목적으로 실시 • 동일부서에 근무하는 근로자 또는 동일한 유해인자에 노출되는 근로자에게 유사한 질병의 자각 및 타각 증상이 발생하는 경우 • 직업병 유소견자가 발생하거나 여러 명이 발생할 우려가 있는 경우 • 기타 지방고용노동관서의 장이 필요하다고 판단하는 경우
수시 건강진단	• 사업주가 특수건강진단 대상업무로 발생할 수 있는 유해인자에 의한 직업성 천식, 직업성 피부염, 기타 건강장해를 의심할 수 있는 증상을 보이거나 의학적 소견이 있는 근로자에게 실시 • 사업주가 비용을 부담하고 특수건강진단의 실시 여부와 관계없이 필요할 때마다 실시하는 건강진단

정답 022 ①

023 다음에 해당하는 자료는? [22 지방(4월)]

- 유해 화학물질을 제조·수입하려는 자가 해당 물질에 대한 유해성 평가결과를 근거로 작성한 자료
- 화학제품에 대한 정보, 구성 성분의 명칭 및 함유량, 유해성·위험성, 취급 및 저장 방법 등에 관한 자료

① 물질안전보건자료
② 노출평가분석자료
③ 산업재해평가자료
④ 작업환경측정자료

해설

「산업안전보건법」(제104조~제116조)에 따라 유해 화학물질을 제조·수입하려는 자가 해당 물질에 대한 유해성 평가결과를 근거로 작성한 자료, 화학제품에 대한 정보, 구성 성분의 명칭 및 함유량, 유해성·위험성, 취급 및 저장 방법 등에 관한 자료를 "물질안전보건자료"라 한다.

> 「산업안전보건법」 제110조(물질안전보건자료의 작성 및 제출)
> ① 화학물질 또는 이를 포함한 혼합물로서 제104조에 따른 분류기준에 해당하는 것(대통령령으로 정하는 것은 제외한다. 이하 "물질안전보건자료대상물질"이라 한다)을 제조하거나 수입하려는 자는 다음 각 호의 사항을 적은 자료(이하 "물질안전보건자료"라 한다)를 고용노동부령으로 정하는 바에 따라 작성하여 고용노동부장관에게 제출하여야 한다. 이 경우 고용노동부장관은 고용노동부령으로 물질안전보건자료의 기재 사항이나 작성 방법을 정할 때 「화학물질관리법」 및 「화학물질의 등록 및 평가 등에 관한 법률」과 관련된 사항에 대해서는 환경부장관과 협의하여야 한다.
> 1. 제품명
> 2. 물질안전보건자료대상물질을 구성하는 화학물질 중 제104조에 따른 분류기준에 해당하는 화학물질의 명칭 및 함유량
> 3. 안전 및 보건상의 취급 주의 사항
> 4. 건강 및 환경에 대한 유해성, 물리적 위험성
> 5. 물리·화학적 특성 등 고용노동부령으로 정하는 사항

024 모성사망비의 분모로 옳은 것은? [22 지방(4월)]

① 당해 연도의 중앙 인구
② 당해 연도의 출생아 수
③ 당해 연도의 모성 사망 수
④ 당해 연도의 15~49세 가임기 여성 수

해설

모성사망 측정을 위해 개발된 지표 중 가장 많이 사용되는 지표인 모성사망비는 해당 연도 출생아 10만 명당 연도 임신, 분만, 산욕으로 인한 모성사망의 수로 산출한다.

모성사망비
$$= \frac{\text{연간 모성사망 수}}{\text{연간 출생아 수}} \times 100{,}000$$

정답 023 ① 024 ②

025 모자보건지표 중 한 명의 여성이 가임기간(15~49세) 동안 낳을 것으로 예상되는 평균 출생아 수에 해당하는 것은? [22 서울(2월)]

① 총재생산율
② 순재생산율
③ 합계출산율
④ 일반출산율

해설

생정통계지표

총재생산율	• 합계 출산율에서 여아의 출산율만 구하는 것 • 합계 출산율에 여아출생수의 총출생에 대한 비(통상 1/2.05)를 곱한 것 총재생산율 = 합계출산율 × $\dfrac{\text{여아 출생 수}}{\text{총출생아 수}}$
순재생산율	• 일생동안 낳은 여아의 수 가운데 출산가능 연령에 도달한 생존 여자의 수만을 나타낸 지표 • 총 재생산율은 여성 모두가 재생산(출산)에 참여한다는 가정하에 계산된 것에 반하여 순재생산율은 각 연령에서의 여성의 사망률을 적용해서 재생산을 계산한 것 순재생산율 = 합계출산율 × $\dfrac{\text{여아 출생 수}}{\text{총출생아 수}}$ × $\dfrac{\text{가임여성 시 생존 수}}{\text{여아 출생 수}}$
합계출산율	• 한 여자가 가임기간(15~49세) 동안 낳을 것으로 예상되는 평균 출생아 수 • 국가별 출산력 수준을 비교할 때 대표적으로 활용되는 지표로서 연령별 출산율의 총합
일반출산율	• 임신이 가능한 연령(15~49세, 15~44세)의 여자 인구 1,000명당 출생률 • 우리나라는 가임연령의 범위를 15~49세로 하고 있으나 가임 여성의 나이를 15~44세로 규정하는 나라도 있다. 일반출산율 = $\dfrac{\text{같은 해의 총출생아 수}}{\text{당해 연도의 15~49세의 가임연령 여성인구}}$ × 1,000

정답 025 ③

026 의료기관에서 시행하는 가정간호사업과 보건소 방문건강관리사업, 노인장기요양보험제도에 의한 방문간호사업에 대한 설명으로 가장 옳지 않은 것은?

[22 서울(2월)]

① 보건소 방문건강관리사업은 「지역보건법」을 법적 근거로 한다.
② 장기요양등급 판정 결과 5등급인 자는 보건소 방문 건강관리사업의 대상자이다.
③ 간호사가 노인장기요양보험에서 제공하는 방문간호를 실시하였을 때 수가산정 기준은 1회 방문당 급여제공 시간에 따라 정해진다.
④ 의료기관 가정간호사업의 서비스 제공자는 가정전문간호사이다.

해설
장기요양등급 판정 결과 5등급인 자는 노인장기요양보험제도에 의한 방문간호사업의 대상자이다.

가정간호와 방문간호의 비교

구분	의료기관 가정간호	보건소 방문건강관리	노인장기요양보험 방문간호
법적 근거	「의료법」	「지역보건법」	「노인장기요양보험법」
운영 주체	의료기관	보건소, 보건지소	장기요양기관 (방문간호센터)
제공 장소	가정	가정	가정
대상자	• 병원입원 후 조기퇴원환자 • 가정에서 계속적인 치료와 관리가 필요하다고 인정된 자	독거노인과 장애인 등 의료취약계층 및 등급외 자	• 65세 이상자, 노인성 질병자 • 장기요양 등급판정(6등급)
사업 목적	재가 환자에게 입원대체 서비스	포괄적 보건의료서비스 제공	거동이 불편한 노인의 보건의료서비스 접근성 제고
이용 절차	진료담당의사가 환자와 협의 후 의뢰 → 가정전문간호사가 서비스 제공 및 관리	관할 보건소에서 대상자 등록 후 서비스 제공 및 관리	• 의사가 방문간호지시서 발급 • 대상자는 방문간호기관과 서비스 계약
구비 서류	가정간호의뢰서	없음	방문간호지시서
제공 인력	가정전문간호사	간호사, 의사, 물리치료사, 사회복지사 등 다학제적 접근	• 2년 이상 임상경력 있는 간호사 • 3년 이상 경력과 700시간 교육 이수한 간호조무사 • 구강위생 제공 시: 치과위생사 1명 이상 배치
서비스 내용	• 가정전문간호사의 독자적 판단 및 수행: 기본간호, 교육·훈련, 상담, 의뢰 • 의사·한의사의 처방 필요: 치료적 간호, 검사, 투약, 주사	• 거동불편자: 운동요법, 욕창관리, 개인위생, 투약 등 • 독거노인 또는 노인부부: 상담, 개인위생, 의뢰 등 • 기타질환자: 상담, 투약, 의뢰	• 건강상태확인및관리, 건강(증상) 상담 • 간호 및 처치, 영양관리, 배뇨관리, 호흡관리, 상처관리, 욕창치료 등 (위관영양, 요도관, 기관절개관 관리 인슐린 주사 등) • 건강교육, 요양에 대한 상담
재원	국민건강보험 재원 및 조세	조세	노인장기요양보험 재원 및 조세
비용 부담	• 기본방문료, 개별행위료: 본인 부담 20% • 의료급여 1종: 무료	무료	• 본인부담 15% • 본인부담경감자 6%, 9% • 기초생활수급자 무료
수가	• 방문간호수가 = 기본방문료 + 행위별수가로 구성 • 기본방문료는 방문당 수가 • 개별행위료는 행위별수가	-	방문시간당 수가

정답 26 ②

027 산업장 간호사가 작업장에서 보호구 착용을 하지 않고 유기용제에 노출되어 의식을 잃고 쓰러진 근로자를 발견하였을 때 적절한 응급처치로 가장 옳지 않은 것은?

[22 서울(2월)]

① 유기용제가 묻은 옷을 벗긴다.
② 따뜻한 물이나 음료를 제공한다.
③ 근로자를 작업장 밖으로 옮긴다.
④ 호흡이 멎었을 때는 인공호흡을 실시한다.

해설
문제에서의 주요 초점은 "의식을 잃고 쓰러진"이다. 의식이 없는 환자에게 물이나 음료를 제공할 경우 기도확보 및 유지가 어려울 수 있고 흡인의 가능성도 있어 가능한 한 물이나 음료 제공은 하지 않는다.

028 「학교보건법 시행령」에서 명시한 보건교사의 직무를 〈보기〉에서 모두 고른 것은?

[22 서울(2월)]

〈보기〉
ㄱ. 각종 질병의 예방처치 및 보건지도
ㄴ. 건강진단결과 발견된 질병자의 요양지도 및 관리
ㄷ. 응급을 요하는 자에 대한 응급처치
ㄹ. 학생과 교직원의 건강진단과 건강평가

① ㄱ, ㄴ
② ㄷ, ㄹ
③ ㄱ, ㄴ, ㄷ
④ ㄱ, ㄴ, ㄷ, ㄹ

해설
"학생과 교직원의 건강진단과 건강평가"는 학교의사의 직무에 해당한다.

▶ 학교보건법 시행령 제23조(학교에 두는 의료인·약사 및 보건교사) <2022. 3. 8. 시행 기준>

학교의사의 직무	보건교사의 직무

가. 학교보건계획의 수립에 관한 자문
나. 학교 환경위생의 유지·관리 및 개선에 관한 자문
다. 학생과 교직원의 건강진단과 건강평가
라. 각종 질병의 예방처치 및 보건지도
마. 학생과 교직원의 건강상담
바. 그 밖에 학교보건관리에 관한 지도
	가. 학교보건계획의 수립
	나. 학교 환경위생의 유지·관리 및 개선에 관한 사항
	다. 학생과 교직원에 대한 건강진단의 준비와 실시에 관한 협조
	라. 각종 질병의 예방처치 및 보건지도
	마. 학생과 교직원의 건강관찰과 학교의사의 건강상담, 건강평가 등의 실시에 관한 협조
	바. 신체가 허약한 학생에 대한 보건지도
	사. 보건지도를 위한 학생가정 방문
	아. 교사의 보건교육 협조와 필요 시의 보건교육
	자. 보건실의 시설·설비 및 약품 등의 관리
	차. 보건교육자료의 수집·관리
	카. 학생건강기록부의 관리
	타. 다음의 의료행위(간호사 면허를 가진 사람만 해당한다)
	  1) 외상 등 흔히 볼 수 있는 환자의 치료
	  2) 응급을 요하는 자에 대한 응급처치
	  3) 부상과 질병의 악화를 방지하기 위한 처치
	  4) 건강진단결과 발견된 질병자의 요양지도 및 관리
	  5) 1)부터 4)까지의 의료행위에 따르는 의약품 투여
	파. 그 밖에 학교의 보건관리

학교약사의 직무	
가. 학교보건계획의 수립에 관한 자문 나. 학교환경위생의 유지관리 및 개선에 관한 자문 다. 학교에서 사용하는 의약품과 독극물의 관리에 관한 자문 라. 학교에서 사용하는 의약품 및 독극물의 실험·검사 마. 그 밖에 학교보건관리에 관한 지도	

정답 027 ② 028 ③

029 우리나라의 가정간호사업에 대한 설명으로 가장 옳지 않은 것은?

[21 서울]

① 「지역보건법」을 근거로 전문간호사에 의해 제공된다.
② 국민건강보험을 재원으로 민간 및 국공립 의료기관이 운영한다.
③ 입원대체서비스로 환자와 가족의 편의성을 고려하고 의료비 부담을 경감시키기 위함이다.
④ 산모 및 신생아, 수술 후 조기퇴원환자, 뇌혈관질환 등 만성질환자, 주치의가 의뢰한 환자 등을 대상으로 한다.

해설
가정간호는 「의료법」을 근거로 가정전문간호사에 의해 제공된다.

의료법 제33조(개설등)
① 의료인은 이 법에 따른 의료기관을 개설하지 아니하고는 의료업을 할 수 없으며, 다음 각 호의 어느 하나에 해당하는 경우 외에는 그 의료기관 내에서 의료업을 하여야 한다.
  1. 「응급의료에 관한 법률」 제2조제1호에 따른 응급환자를 진료하는 경우
  2. 환자나 환자 보호자의 요청에 따라 진료하는 경우
  3. 국가나 지방자치단체의 장이 공익상 필요하다고 인정하여 요청하는 경우
  4. 보건복지부령으로 정하는 바에 따라 가정간호를 하는 경우
  5. 그 밖에 이 법 또는 다른 법령으로 특별히 정한 경우나 환자가 있는 현장에서 진료를 하여야 하는 부득이한 사유가 있는 경우

의료법 시행규칙 제24조(가정간호)
① 법 제33조제1항제4호에 따라 의료기관이 실시하는 가정간호의 범위는 다음 각 호와 같다.
  1. 간호
  2. 검체의 채취(보건복지부장관이 정하는 현장검사를 포함한다. 이하 같다) 및 운반
  3. 투약
  4. 주사
  5. 응급처치 등에 대한 교육 및 훈련
  6. 상담
  7. 다른 보건의료기관 등에 대한 건강관리에 관한 의뢰
② 가정간호를 실시하는 간호사는 「전문간호사 자격인정 등에 관한 규칙」에 따른 가정전문간호사이어야 한다.
③ 가정간호는 의사나 한의사가 의료기관 외의 장소에서 계속적인 치료와 관리가 필요하다고 판단하여 가정전문간호사에게 치료나 관리를 의뢰한 자에 대하여만 실시하여야 한다.
④ 가정전문간호사는 가정간호 중 검체의 채취 및 운반, 투약, 주사 또는 치료적 의료행위인 간호를 하는 경우에는 의사나 한의사의 진단과 처방에 따라야 한다. 이 경우 의사 및 한의사 처방의 유효기간은 처방일부터 90일까지로 한다.
⑤ 가정간호를 실시하는 의료기관의 장은 가정전문간호사를 2명 이상 두어야 한다.
⑥ 가정간호를 실시하는 의료기관의 장은 가정간호에 관한 기록을 5년간 보존하여야 한다.
⑦ 이 규칙에서 정한 것 외에 가정간호의 질 관리 등 가정간호의 실시에 필요한 사항은 보건복지부장관이 따로 정한다.

정답 29 ①

030 ★★★ 우리나라 노인장기요양보험제도에 대한 설명으로 가장 옳은 것은?

[21 서울]

① 노인장기요양보험사업의 보험자는 보건복지부이다.
② 치매진단을 받은 45세 장기요양보험 가입자는 요양인정 신청을 할 수 없다.
③ 장기요양급여는 시설급여와 현금급여를 우선적으로 제공하여야 한다.
④ 국민건강보험공단은 장기요양보험료와 건강보험료를 각각의 독립 회계로 관리하여야 한다.

해설
① 노인장기요양보험사업의 보험자는 국민건강보험공단이다.
② 치매진단을 받은 45세 장기요양보험 가입자는 요양인정 신청을 할 수 있다.
③ 장기요양급여는 재가급여를 우선적으로 제공하여야 한다.

> **장기요양급여** – 재가급여(15% 본인이 부담), 시설급여(20% 본인이 부담), 특별현금급여

급여종류		내용
재가급여	방문요양	장기요양요원이 수급자의 가정 등을 방문하여 신체활동 및 가사활동 등을 지원하는 장기요양급여
	방문목욕	장기요양요원이 목욕설비를 갖춘 장비를 이용하여 수급자의 가정 등을 방문하여 목욕을 제공하는 장기요양급여
	방문간호	장기요양요원인 간호사 등이 의사, 한의사 또는 치과의사의 방문간호지시서에 따라 수급자의 가정 등을 방문하여 간호, 진료의 보조, 요양에 관한 상담 또는 구강위생 등을 제공하는 장기요양급여
	주·야간 보호	수급자를 하루 중 일정한 시간 동안 장기요양기관에 보호하여 신체활동 지원 및 심신기능의 유지·향상을 위한 교육·훈련 등을 제공하는 장기요양급여
	단기보호	• 수급자를 보건복지부령으로 정하는 범위 안에서 일정 기간 동안 장기요양기관에 보호하여 신체활동 지원 및 심신기능의 유지·향상을 위한 교육·훈련 등을 제공하는 장기요양급여 • 급여를 받을 수 있는 기간은 월 9일 이내로 한다. 다만, 가족의 여행, 병원치료 등의 사유로 수급자를 돌볼 가족이 없는 경우 등 보건복지부장관이 정하여 고시하는 사유에 해당하는 경우에는 1회 9일 이내의 범위에서 연간 4회까지 연장할 수 있다.
	기타 재가급여	수급자의 일상생활·신체활동 지원 및 인지기능의 유지·향상에 필요한 용구를 제공하거나 가정을 방문하여 재활에 관한 지원 등을 제공하는 장기요양급여로서 대통령령으로 정하는 것
시설급여		장기요양기관이 운영하는 「노인복지법」에 따른 노인의료복지시설 등에 장기간 동안 입소하여 신체활동 지원 및 심신기능의 유지·향상을 위한 교육·훈련 등을 제공하는 장기요양급여
특별현금급여	가족요양비	도서·벽지 등 장기요양기관이 현저히 부족한 지역, 천재지변, 수급자의 신체·정신 또는 성격상의 사유로 인하여 가족으로부터 방문요양에 상당한 장기요양급여를 받은 때 지급되는 현금급여
	특례요양비	수급자가 장기요양기관이 아닌 노인요양시설 등의 기관 또는 시설에서 재가급여 또는 시설급여에 상당한 장기요양급여를 받은 경우 수급자에게 지급되는 현금급여
	요양병원 간병비	수급자가 요양병원에 입원한 때 지급되는 현금급여

정답 030 ④

031 ★★★

〈보기〉는 특정 연도의 A, B 국가의 연령대별 사망현황이다. 이에 대한 해석으로 가장 옳은 것은?

[21 서울]

〈보기〉

(단위: 명)

연령(세)	A 국가	B 국가
0~9	30	30
10~19	40	50
20~29	120	100
30~39	200	150
40~49	150	120
50~59	300	300
60세 이상	360	450
총 사망자 수	1,200	1,200

① A 국가의 비례사망지수는 0.625이다.
② B 국가의 건강수준은 A 국가보다 높다.
③ A 국가와 B 국가의 비례사망지수는 모두 0.5 미만이다.
④ 비례사망지수가 낮을수록 건강수준이 높은 것을 의미한다.

해설

① A 국가의 비례사망지수는 55이다.
③ A 국가와 B 국가의 비례사망지수는 모두 0.5 이상이다.
④ 비례사망지수가 낮을수록 건강수준이 낮은 것을 의미한다.

전체 사망자 중 50세 이상 사망자의 분율을 "비례사망지수"라 한다.

비례사망지수 = $\dfrac{\text{같은 해 50세 이상의 사망 수}}{\text{연간 총사망 수}} \times 100$

A 국가	B 국가
$\dfrac{(300+360)}{1200} \times 100 = 55$	$\dfrac{(300+450)}{1200} \times 100 = 62.5$

정답 031 ②

032 「학교건강검사규칙」상 건강검진의 내용으로 가장 옳지 않은 것은?

[21 서울]

① 척추는 척추옆굽음증(척추측만증)을 검사한다.
② 고등학교 1학년 여학생은 혈액검사 중 혈색소검사를 한다.
③ 시력측정은 안경 등으로 시력을 교정한 경우에는 교정시력을 검사한다.
④ 초등학교 4학년과 중학교 1학년 및 고등학교 1학년 학생 중 비만인 학생은 허리둘레와 혈압을 검사한다.

해설
초등학교 4학년과 중학교 1학년 및 고등학교 1학년 학생 중 비만인 학생은 혈액을 검사(혈당(식전에 측정), 총콜레스테롤, 고밀도지단백(HDL) 콜레스테롤, 중성지방, 저밀도지단백(LDL) 콜레스테롤 및 간 세포 효소(AST·ALT)) 한다.

건강검진 항목 및 방법(학교건강검사규칙 별표 2)

검사항목		검사방법(세부항목)
1. 척추		척추옆굽음증(척추측만증) 검사
2. 눈	시력측정	• 공인시력표에 의한 검사 • 오른쪽과 왼쪽의 눈을 각각 구별하여 검사 • 안경 등으로 시력을 교정한 경우에는 교정시력을 검사
	안질환	결막염, 눈썹찔림증, 사시 등 검사
3. 귀	청력	• 청력계 등에 의한 검사 • 오른쪽과 왼쪽의 귀를 각각 구별하여 검사
	귓병	중이염, 바깥귀길염(외이도염) 등 검사
4. 콧병		코곁굴염(부비동염), 비염 등 검사
5. 목병		편도선 비대, 목부위림프절 비대·갑상선 비대 등 검사
6. 피부병		아토피성 피부염, 전염성 피부염 등 검사
7. 구강	치아상태	충치, 충치발생위험치아, 결손치아(영구치로 한정) 검사
	구강상태	치주질환(잇몸병)·구내염 및 연조직질환, 부정교합, 구강위생상태 등 검사
8. 병리검사 등	소변	요컵 또는 시험관 등을 이용하여 신선한 요를 채취하며, 시험지를 사용하여 측정(요단백·요잠혈검사)
	혈액	1회용 주사기나 진공시험관으로 채혈하여 다음의 검사 ① 혈당(식전에 측정), 총콜레스테롤, 고밀도지단백(HDL) 콜레스테롤, 중성지방, 저밀도지단백(LDL) 콜레스테롤 및 간 세포 효소(AST·ALT)* ② 혈색소** * 초 4학년, 중 1학년, 고 1학년 학생 중 비만인 학생 ** 고 1학년 여학생
	결핵	흉부 X-선 촬영 및 판독*** *** 중 1, 고 1학년 학생
	혈압	혈압계에 의한 수축기 및 이완기 혈압
9. 허리둘레		줄자를 이용하여 측정
10. 그 밖의 사항		제1호 내지 제9호까지의 검사항목 외에 담당의사가 필요하다고 판단하여 추가하는 항목(검진비용이 추가되지 않는 경우로 한정)

정답 032 ④

033 산업재해 통계지표로 옳은 것은? [21 서울]

① 강도율 = (손실노동일수/연근로시간수)×1,000
② 도수율 = (재해건수/상시근로자수)×1,000
③ 건수율 = (재해건수/연근로시간수)×1,000,000
④ 평균작업손실일수 = 작업손실일수/연근로시간수

해설

② 도수율 = (재해건수/연근로시간수)×1,000,000
③ 건수율 = (재해건수/평균실근로시간수)×1,000
④ 평균작업손실일수 = 작업손실일수/재해건수

▶ 산업재해 지표

도수율(빈도율)	건수율(발생률, 천인율, 만인율)
① 발생상황을 파악하기 위한 표준적인 지표로서, 연 100만 작업시간당 재해발생건 수를 말한다. ② 도수율 = 재해건수/연근로시간수×1,000,000	① 조사기간 중의 산업체 종업원 1,000명당 재해발생건수를 표시하는 것으로 천인율 또는 발생률이라고도 한다. ② 산업재해의 발생상황을 총괄적으로 파악하는 데는 적합하나, 작업시간이 고려되지 않는 결점이 있다. ③ 건수율 = 재해건수/평균실근로자수×1,000
강도율	**평균손실일수(중독률)**
① 연 1,000 작업시간당 작업손실수로서 재해의 경증(강도)이 재해에 의한 손상의 정도를 나타내는 것을 말한다. ② 강도율 = 손실작업일수/연근로시간수×1,000	① 재해건수당 평균작업손실 규모가 어느 정도인지를 나타내는 지표이다. ② 평균손실일수 = 손실작업일수/재해건수

034 A 지역의 노년부양비(%)는? [21 지방]

연령(세)	A 지역 주민 수(명)
0~14	100
15~64	320
65 이상	80

① 16 ② 20
③ 25 ④ 30

해설

부양비는 경제활동 연령인구(생산가능인구, 15~64세)에 대한 비경제활동연령 인구의 비를 말한다. 비경제활동연령은 15세미만의 소년(유년) 인구와 65세 이상의 노년 인구를 말한다.

노년부양비
$= \dfrac{65세이상 인구}{15\sim64세 인구} \times 100$

$= \dfrac{80}{320} \times 100$

$= 25$

정답 033 ① 034 ③

035 다음에 해당하는 근로자의 건강관리구분은?

[21 지방]

> 직업성 질병으로 진전될 우려가 있어 추적검사 등 관찰이 필요한 근로자

① C1
② C2
③ D1
④ D2

해설

건강진단 결과 관리

<table>
<tr><th colspan="2">건강관리 구분</th><th colspan="2">사후관리조치판정</th><th colspan="2">업무수행 적합여부 내용
(질병유소견자에 대하여 구분함)</th></tr>
<tr><th>일반건강진단</th><th>배치전/특수/수시/
임시 건강진단</th><th colspan="2"></th><th colspan="2"></th></tr>
<tr><td>A: 건강관리상 의학적 및 직업적 사후관리 조치 불필요(정상자)</td><td rowspan="2">A: 건강관리상 의학적 및 직업적 사후관리가 필요없는 자(정상자)</td><td>0</td><td>필요없음</td><td rowspan="2">가</td><td rowspan="2">건강관리상 현재의 조건하에서 작업이 가능한 경우</td></tr>
<tr><td>B: 경미한 이상 소견이 있으나 의학적 및 직업적 사후관리 조치 불필요(정상자로 분류)</td><td>1</td><td>건강상담</td></tr>
<tr><td rowspan="2">C: 건강관리상 적절한 의학적 및 직업적 사후관리 조치 필요(요관찰자)</td><td>C1: 직업성 질병으로 진전될 우려가 있어 추적 관찰이 필요(직업병 요관찰자)</td><td>2</td><td>보호구 지급 및 착용지도</td><td rowspan="3">나</td><td rowspan="3">일정한 조건(환경개선, 개인보호구 착용, 건강진단의 주기를 앞당기는 경우 등)하에서 현재의 작업이 가능한 경우</td></tr>
<tr><td rowspan="2">C2: 일반 질병으로 진전될 우려가 있어 추적 관찰이 필요(일반질병 요관찰자)</td><td>3</td><td>추적검사</td></tr>
<tr><td rowspan="2">D1: 직업성 질병의 소견이 있어 적절한 의학적 및 직업적 사후관리 조치 필요(직업병 유소견자)</td><td>4</td><td>근무중 치료</td></tr>
<tr><td rowspan="2">D1: 직업성 질병의 소견을 보여 적절한 의학적 및 직업적 사후관리 조치 필요(직업병 유소견자)</td><td>5</td><td>근로시간 단축</td><td rowspan="2">다</td><td rowspan="2">건강장애가 우려되어 한시적으로 현재의 작업을 할 수 없는 경우(건강상 또는 근로조건상의 문제를 해결한 후 작업복귀 가능)</td></tr>
<tr><td>6</td><td>작업전환</td></tr>
<tr><td>D2: 일반 질병의 소견이 있어 적절한 의학적 및 직업적 사후관리 조치 필요(일반질병 유소견자)</td><td>D2: 일반 질병의 소견을 보여 적절한 의학적 및 직업적 사후관리 조치 필요(일반질병 유소견자)</td><td>7</td><td>근로제한 금지</td><td rowspan="3">라</td><td rowspan="3">건강장애의 악화 또는 영구적인 장해발생으로 현재의 작업을 해서는 안 되는 경우</td></tr>
<tr><td rowspan="2">R: 1차 건강진단 실시결과에서 이상소견이 있어 2차 건강진단 실시 필요(질환의심자)</td><td rowspan="2">※ 특수건강진단 선택검사항목 추가검사 대상임을 통보하였으나 당해 근로자의 퇴직 등으로 당해검사가 이루어지지 않아 건강관리구분을 판정할 수 없는 근로자는 'U'로 분류함.</td><td>8</td><td>산재요양신청서 직접 작성 등 해당 근로자에 대한 직업병 확진 의뢰 안내</td></tr>
<tr><td>9</td><td>기타</td></tr>
</table>

정답 035 ①

036 다음 (가)에 들어갈 장기요양서비스는?

[21 지방]

> - 장기요양등급을 인정받은 A 노인은 치매를 앓고 있으며 종일 신체활동 및 가사활동의 지지가 필요하다.
> - A 노인을 부양하고 있는 아들부부가 3일간 집을 비워야 하는 상황이다.
> - 이 기간 동안 A 노인을 돌볼 다른 가족이 없어 아들 부부는 (가)을(를) 이용하고자 한다.

① 방문요양 ② 주·야간보호
③ 단기보호 ④ 방문간호

해설
문제에서 제시된 사례에서의 초점은 "노인을 돌보던 아들 부부가 3일간 집을 비워야 하는 상황"이다. 따라서 기존 재가급여 서비스 중 일정기간 장기요양기관에 보호할 수 있는 서비스는 "단기보호"이다.

장기요양급여 - 재가급여(15% 본인이 부담), 시설급여(20% 본인이 부담), 특별현금급여

급여종류		내용
재가급여	방문요양	장기요양요원이 수급자의 가정 등을 방문하여 신체활동 및 가사활동 등을 지원하는 장기요양급여
	방문목욕	장기요양요원이 목욕설비를 갖춘 장비를 이용하여 수급자의 가정 등을 방문하여 목욕을 제공하는 장기요양급여
	방문간호	장기요양요원인 간호사 등이 의사, 한의사 또는 치과의사의 방문간호지시서에 따라 수급자의 가정 등을 방문하여 간호, 진료의 보조, 요양에 관한 상담 또는 구강위생 등을 제공하는 장기요양급여
	주·야간 보호	수급자를 하루 중 일정한 시간 동안 장기요양기관에 보호하여 신체활동 지원 및 심신기능의 유지·향상을 위한 교육·훈련 등을 제공하는 장기요양급여
	단기보호	• 수급자를 보건복지부령으로 정하는 범위 안에서 일정 기간 동안 장기요양기관에 보호하여 신체활동 지원 및 심신기능의 유지·향상을 위한 교육·훈련 등을 제공하는 장기요양급여 • 급여를 받을 수 있는 기간은 월 9일 이내로 한다. 다만, 가족의 여행, 병원치료 등의 사유로 수급자를 돌볼 가족이 없는 경우 등 보건복지부장관이 정하여 고시하는 사유에 해당하는 경우에는 1회 9일 이내의 범위에서 연간 4회까지 연장할 수 있다.
	기타 재가급여	수급자의 일상생활·신체활동 지원 및 인지기능의 유지·향상에 필요한 용구를 제공하거나 가정을 방문하여 재활에 관한 지원 등을 제공하는 장기요양급여로서 대통령령으로 정하는 것
시설급여		장기요양기관이 운영하는 「노인복지법」에 따른 노인의료복지시설 등에 장기간 동안 입소하여 신체활동 지원 및 심신기능의 유지·향상을 위한 교육·훈련 등을 제공하는 장기요양급여
특별현금급여	가족요양비	도서·벽지 등 장기요양기관이 현저히 부족한 지역, 천재지변, 수급자의 신체·정신 또는 성격상의 사유로 인하여 가족으로부터 방문요양에 상당한 장기요양급여를 받은 때 지급되는 현금급여
	특례요양비	수급자가 장기요양기관이 아닌 노인요양시설 등의 기관 또는 시설에서 재가급여 또는 시설급여에 상당한 장기요양급여를 받은 경우 수급자에게 지급되는 현금급여
	요양병원 간병비	수급자가 요양병원에 입원한 때 지급되는 현금급여

정답 36 ③

037 다음에 해당하는 근로자 건강진단은? [21 지방]

- 근로자는 법적 유해인자에 노출된 작업을 하고 있다.
- 근로자는 직업성 천식 증상을 호소하였다.
- 이에 사업주는 건강진단 실시를 계획하고 있다.

① 수시건강진단 ② 일반건강진단
③ 임시건강진단 ④ 배치전건강진단

해설

문제에서 중요한 초점은 "근로자가 유해인자 노출된 작업을 하는 데 직업성 천식 증상을 보인다"는 부분이다. 이는 작업 관련 증상을 호소하는 근로자에게 건강진단을 실시하는 "수시건강진단"에 해당된다.

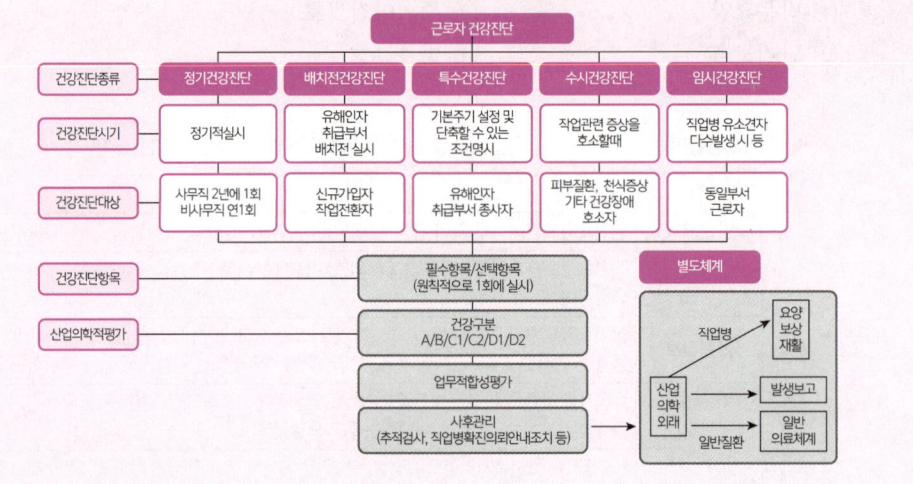

근로자 건강진단의 구분

일반 건강 진단	• 일정한 주기로 모든 근로자에게 실시하는 건강진단 • 근로자의 질병을 조기에 찾아내어 적절한 치료와 사후관리를 받도록 하여 근로자의 건강을 유지·보호하기 위해 사업주가 건강진단 비용을 부담하여 실시 • 상시 사용하는 근로자 중에 사무직에 종사하는 근로자에 대하여는 2년에 1회 이상, 기타 근로자에 대하여는 1년에 1회 이상 정기적으로 일반건강진단을 실시
배치전 건강 진단	• 특수건강진단을 받아야 하는 업무의 대상이거나 법정 유해인자에 노출될 수 있는 부서로 신규 근로자를 배치 또는 배치전환할 때 사업주가 비용을 부담하여 실시하는 건강진단 • 직업성 질환의 예방을 위해 유해인자에 노출되는 근로자의 기초건강자료를 확보하고 배치하고자 하는 부서업무가 근로자에게 적합한지를 평가할 목적으로 실시
특수 건강 진단	• 특수건강진단 유해인자에 노출되는 업무에 종사하는 근로자를 대상으로 실시하는 건강진단 • 사업주가 비용을 부담하고 주기적으로 시행하여 근로자의 직업성 질환을 조기에 찾아내어 사후관리 또는 치료를 받도록 하여 근로자의 건강을 유지·보호하기 위한 목적으로 실시
수시 건강 진단	• 사업주가 특수건강진단 대상업무로 발생할 수 있는 유해인자에 의한 직업성 천식, 직업성 피부염, 기타 건강장해를 의심할 수 있는 증상을 보이거나 의학적 소견이 있는 근로자에게 실시 • 사업주가 비용을 부담하고 특수건강진단의 실시 여부와 관계없이 필요할 때마다 실시하는 건강진단
임시 건강 진단	• 유해인자에 의한 중독, 질병의 이환 여부 또는 질병의 발생원인 등을 확인하기 위하여 지방고용노동관서장의 명령으로 사업주의 비용부담으로 실시하는 건강진단 • 직업성 질환의 발생으로부터 당해 근로자 본인 또는 동료근로자들의 건강보호 조치를 긴급히 강구하기 위한 목적으로 실시 • 동일부서에 근무하는 근로자 또는 동일한 유해인자에 노출되는 근로자에게 유사한 질병의 자각 및 타각 증상이 발생하는 경우 • 직업병 유소견자가 발생하거나 여러 명이 발생할 우려가 있는 경우 • 기타 지방고용노동관서의 장이 필요하다고 판단하는 경우

정답 037 ①

038 65세 이상의 노인이 치매를 진단받았으며 1년 이상 일상생활을 제대로 하지 못하고 있고, 장기요양인정 점수가 45점 이상 51점 미만인 경우 해당하는 요양등급은?
★★★
[21 경기추채]

① 장기요양 3등급 ② 장기요양 4등급
③ 장기요양 5등급 ④ 장기요양 인지지원등급

해설

노인장기요양보험법 시행령 제7조(등급판정기준 등)
① 법 제15조제2항에 따른 등급판정기준은 다음 각 호와 같다.
1. 장기요양 1등급: 심신의 기능상태 장애로 일상생활에서 전적으로 다른 사람의 도움이 필요한 자로서 장기요양인정 점수가 95점 이상인 자
2. 장기요양 2등급: 심신의 기능상태 장애로 일상생활에서 상당 부분 다른 사람의 도움이 필요한 자로서 장기요양인정 점수가 75점 이상 95점 미만인 자
3. 장기요양 3등급: 심신의 기능상태 장애로 일상생활에서 부분적으로 다른 사람의 도움이 필요한 자로서 장기요양인정 점수가 60점 이상 75점 미만인 자
4. 장기요양 4등급: 심신의 기능상태 장애로 일상생활에서 일정부분 다른 사람의 도움이 필요한 자로서 장기요양인정 점수가 51점 이상 60점 미만인 자
5. 장기요양 5등급: 치매(제2조에 따른 노인성 질병에 해당하는 치매로 한정한다)환자로서 장기요양인정 점수가 45점 이상 51점 미만인 자
6. 장기요양 인지지원등급: 치매(제2조에 따른 노인성 질병에 해당하는 치매로 한정한다)환자로서 장기요양인정 점수가 45점 미만인 자

---

039 α-index는 보건의료수준을 알려주는 대표적인 지표로 지역사회 4곳의 α-index 결과가 다음과 같을 때. 영유아 사업관리에 중점을 두어야 할 점수는?
[21 경기추채]

① 1.1 ② 1.5
③ 2.4 ④ 3.2

해설

α-index는 영아 사망과 신생아 사망의 관련지표로서 1에 근접할수록 영아기간 중의 사망이 신생아 고유 질환에 의한 사망뿐이라는 의미를 갖기 때문에 그 지역의 건강수준이 높은 것을 의미한다.
α-index 값이 클수록 신생아기 이후의 영아 사망률이 높기 때문에 영아 사망에 대한 예방대책이 필요하다.

α-index $= \dfrac{\text{같은 연도의 영아 사망수}}{\text{특정 연도의 신생아 사망수}}$

정답 038 ③　039 ④

040 학교장이 교육청에 전염병 발생 관련 보고를 할 때 포함되지 않는 내용은?
[21 경기추채]

① 학생과 교직원의 소속
② 학생과 교직원의 주요 증상
③ 학생과 교직원에 대한 조치 사항
④ 학생과 교직원의 감염병명 및 감염병의 발병일·진단일

해설

「학교보건법 시행규칙」 제10조의2
④ 학교에 감염병에 걸렸거나 걸린 것으로 의심이 되는 학생 및 교직원이 있는 경우 법 제14조의3제5항에 따라 해당 학교의 장이 교육감을 경유하여 교육부장관에게 보고하여야 할 사항은 다음 각 호와 같다.
  1. 해당 학생 및 교직원의 감염병명 및 감염병의 발병일·진단일
  2. 해당 학생 및 교직원의 소속
  3. 해당 학생 및 교직원에 대한 조치 사항

만약, 관할 보건소장에게 신고를 한다면 다음을 따른다.

「감염병예방법」 제9조(그 밖의 신고의무자의 신고)
법 제12조제1항 및 제2항에 따라 그 밖의 신고의무자(학교, 병원, 관공서, 회사, 공연장, 예배장소, 선박·항공기·열차 등 운송수단, 각종 사무소·사업소, 음식점, 숙박업소 또는 그 밖에 여러 사람이 모이는 장소로서 보건복지부령으로 정하는 장소의 관리인, 경영자 또는 대표자)는 다음 각 호의 사항을 서면, 구두(口頭), 전보, 전화 또는 컴퓨터통신의 방법으로 보건소장에게 지체 없이 신고하거나 알려야 한다.
  1. 신고인의 성명, 주소와 감염병환자등 또는 사망자와의 관계
  2. 감염병환자등 또는 사망자의 성명, 주소 및 직업
  3. 감염병환자등 또는 사망자의 주요 증상 및 발병일

정답 040 ②

041 D1으로 근로자 건강관리 구분 판정을 받은 사람에 대한 설명으로 옳은 것은?

[21 경기추채]

① 건강관리상 사후관리가 필요 없는 자
② 직업성 질병으로 진전될 우려가 있어 추적 관찰이 필요한 자
③ 일반 질병으로 진전될 우려가 있어 추적관찰이 필요한 자
④ 직업성 질병의 소견을 보여 사후관리가 필요한 자

해설
① A
② C1
③ C2
④ D1

건강관리 구분 판정

구분	구분(일반건강진단)	구분	내용(배치전/특수/수시/임시 건강진단)
A	건강관리상 의학적 및 직업적 사후관리 조치 불필요(정상자)	A	건강관리상 의학적 및 직업적 사후관리가 필요없는 자(정상자)
B	경미한 이상 소견이 있으나 의학적 및 직업적 사후관리 조치 불필요(정상자로 분류)		
C	건강관리상 적절한 의학적 및 직업적 사후관리 조치 필요(요관찰자)	C1	직업성 질병으로 진전될 우려가 있어 추적 관찰이 필요(직업병 요관찰자)
		C2	일반 질병으로 진전될 우려가 있어 추적 관찰이 필요(일반질병 요관찰자)
D1	직업성 질병의 소견이 있어 적절한 의학적 및 직업적 사후관리 조치 필요(직업병 유소견자)	D1	직업성 질병의 소견을 보여 적절한 의학적 및 직업적 사후관리 조치 필요(직업병 유소견자)
D2	일반 질병의 소견이 있어 적절한 의학적 및 직업적 사후관리 조치 필요(일반질병 유소견자)	D2	일반 질병의 소견을 보여 적절한 의학적 및 직업적 사후관리 조치 필요(일반질병 유소견자)
R	1차 건강진단 실시결과에서 이상소견이 있어 2차 건강진단 실시 필요(질환의심자)	※ 특수건강진단 선택검사항목 추가검사 대상임을 통보하였으나 당해 근로자의 퇴직 등으로 당해검사가 이루어지지 않아 건강관리구분을 판정할 수 없는 근로자는 'U'로 분류함.	

정답 041 ④

042 유기용제와 중독증상의 연결이 옳은 것은? [21 경기추채]

① 벤젠 - 빈혈 및 조혈장애
② 메탄올 - 림프선 암
③ 노말헥산 - 비중격 천공
④ 사염화탄소 - 생식기장애

해설
② 메탄올 - 시신경장애
③ 노말헥산 - 말초신경장애
④ 사염화탄소 - 간장애, 중추신경장애

유기용제 중독과 중독 증상

유기용제	유기용제를 이용하는 산업장	건강장애
벤젠	농약, 약품제조, 휘발유	조혈장애(빈혈), 백혈병
톨루엔, 실렌, 에틸벤젠, 스타이렌	• 톨루엔: 페놀, 사카린 등 • 합성 실렌: 에폭시 수지, 약품 제조 • 스타이렌: 합성고무, 수지 생산	중추신경계 억제의 일반증상
MBK, EBK	물감, 염료, 잉크 등의 제조와 용제	말초신경 독성
사염화탄소	탄화불소제 제조를 위한 연무제 · 냉동제, 고무접착제, 케이블, 반도체 제조의 용제	중추신경계, 간장 · 신장장애, 시신경염이나 위축, 간암
클로로포름	페니실린을 비롯한 약품을 정제하기 위한 추출제, 냉동제, 흡입마취제	마취효과, 간장과 신장의 괴사, 부정맥, 동물실험에서 간암, 신장암
염화비닐	폴리비닐 중합체 생산	간장애, 발암작용(폐암, 뇌암, 림프선암, 간의 혈관육종)
PCBs	변압기와 콘덴서 등 절연용액에 이용	피부에 홍반, 부종, 건조 및 비후, 간기능 장애, 신경장애
메탄올	포름알데히드, 플라스틱, 필름 등의 제조와 라커, 접착제, 코팅, 잉크, 결빙 방지, 휘발유 첨가제 등	신경장애, 시각장애, 오심, 구토, 복통, 대사성 산혈증, 혼수, 사망
글리콜에테르	래커, 수지, 잉크, 섬유염색, 부동액, 휘발유 첨가제 등	빈혈 등 조혈기능 장애, 폐 · 신장 · 생식기장애

---

043 지역사회통합건강증진사업의 특징에 대한 설명으로 맞는 것은? [20 광주추채]

① 단위사업 중심의 분절적 사업이다.
② 하향적 의사소통과 체계를 지닌 사업이다.
③ 모든 지역이 통일된 중앙집중식 사업이다.
④ 과정 · 성과중심의 평가가 이루어진다.

해설
지역사회통합건강증진사업의 특징
• 사업범위 및 원칙 중심 지침
• 지방분권식 · 상향식
• 지역여건을 고려한 사업
• 과정 · 성과중심의 평가
• 보건소 내외사업 통합 · 연계 활성화

기존 국고보조사업		지역사회 통합건강증진사업
• 사업내용 및 방법 지정 지침 • 중앙집중식 · 하향식 • 지역여건에 무방한 사업 • 산출중심의 사업 평가 • 분절적 사업수행으로 비효율		• 사업범위 및 원칙 중심 지침 • 지방분권식 · 상향식 • 지역여건과 연계된 사업 • 과정, 성과중심의 평가 • 보건소 내외 사업 통합 · 연계 활성화

정답 042 ① 043 ④

044 노인장기요양제도 중 도서·벽지 등 장기요양기관이 현저히 부족한 지역, 천재지변, 수급자의 신체·정신 또는 성격상의 사유로 인하여 가족으로부터 방문요양에 상당한 장기요양급여를 받은 때 현금지급하는 급여는?

[20 광주추채]

① 재가급여
② 방문간호
③ 특례요양비
④ 가족요양비

해설

장기요양급여 - 재가급여(15% 본인이 부담), 시설급여(20% 본인이 부담), 특별현금급여

급여종류		내용
재가급여	방문요양	장기요양요원이 수급자의 가정 등을 방문하여 신체활동 및 가사활동 등을 지원하는 장기요양급여
	방문목욕	장기요양요원이 목욕설비를 갖춘 장비를 이용하여 수급자의 가정 등을 방문하여 목욕을 제공하는 장기요양급여
	방문간호	장기요양요원인 간호사 등이 의사, 한의사 또는 치과의사의 방문간호지시서에 따라 수급자의 가정 등을 방문하여 간호, 진료의 보조, 요양에 관한 상담 또는 구강위생 등을 제공하는 장기요양급여
	주·야간 보호	수급자를 하루 중 일정한 시간 동안 장기요양기관에 보호하여 신체활동 지원 및 심신기능의 유지·향상을 위한 교육·훈련 등을 제공하는 장기요양급여
	단기보호	• 수급자를 보건복지부령으로 정하는 범위 안에서 일정 기간 동안 장기요양기관에 보호하여 신체활동 지원 및 심신기능의 유지·향상을 위한 교육·훈련 등을 제공하는 장기요양급여 • 급여를 받을 수 있는 기간은 월 9일 이내로 한다. 다만, 가족의 여행, 병원치료 등의 사유로 수급자를 돌볼 가족이 없는 경우 등 보건복지부장관이 정하여 고시하는 사유에 해당하는 경우에는 1회 9일 이내의 범위에서 연간 4회까지 연장할 수 있다.
	기타 재가급여	수급자의 일상생활·신체활동 지원 및 인지기능의 유지·향상에 필요한 용구를 제공하거나 가정을 방문하여 재활에 관한 지원 등을 제공하는 장기요양급여로서 대통령령으로 정하는 것
시설급여		장기요양기관이 운영하는 「노인복지법」에 따른 노인의료복지시설 등에 장기간 동안 입소하여 신체활동 지원 및 심신기능의 유지·향상을 위한 교육·훈련 등을 제공하는 장기요양급여
특별현금급여	가족요양비	도서·벽지 등 장기요양기관이 현저히 부족한 지역, 천재지변, 수급자의 신체·정신 또는 성격상의 사유로 인하여 가족으로부터 방문요양에 상당한 장기요양급여를 받은 때 지급되는 현금급여
	특례요양비	수급자가 장기요양기관이 아닌 노인요양시설 등의 기관 또는 시설에서 재가급여 또는 시설급여에 상당한 장기요양급여를 받은 경우 수급자에게 지급되는 현금급여
	요양병원 간병비	수급자가 요양병원에 입원한 때 지급되는 현금급여

정답 044 ④

045 연령별 출산율을 고려하여 한 여성이 평생동안 낳을 것으로 예상되는 평균 출생아 수에 해당되는 지표는?

[20 광주추채]

① 일반출산율　　② 합계출산율
③ 총재생산율　　④ 순재생산율

해설

합계출산율
한 여자가 가임기간(15~49세) 동안 낳을 것으로 예상되는 평균 출생아 수

일반출산율	• 임신이 가능한 연령(15~49세, 15~44세)의 여자 인구 1,000명당 출생률 • 일반출산율 = $\dfrac{\text{같은 해의 총출생아 수}}{\text{당해 연도의 15~49세의 가임연령 여성인구}} \times 1,000$
합계출산율	• 한 여자가 가임기간(15~49세) 동안 낳을 것으로 예상되는 평균 출생아 수
재생산율	• 한 여성이 일생동안 여아를 몇 명 낳는가에 대한 지수 • 총재생산율 = 합계출산율 × $\dfrac{\text{여아 출생 수}}{\text{총출생 수}}$ • 순재생산율 = 합계출산율 × $\dfrac{\text{여아 출생 수}}{\text{총출생 수}}$ × $\dfrac{\text{가임여성 시 생존 수}}{\text{여아 출생 수}}$

정답 **045** ②

046 「학교보건법」에 따른 보건교사 직무에 포함되지 않는 것은? [20 광주추채]

① 학교보건계획의 수립
② 보건지도를 위한 학생 가정방문
③ 보건실 시설·설비 및 약품 등 관리
④ 학생과 교직원의 건강진단과 건강평가

해설

학교보건법 시행령 제23조(학교에 두는 의료인·약사 및 보건교사) <2022. 3. 8. 시행 기준>

학교의사의 직무	보건교사의 직무
가. 학교보건계획의 수립에 관한 자문 나. 학교 환경위생의 유지·관리 및 개선에 관한 자문 다. 학생과 교직원의 건강진단과 건강평가 라. 각종 질병의 예방처치 및 보건지도 마. 학생과 교직원의 건강상담 바. 그 밖에 학교보건관리에 관한 지도	가. 학교보건계획의 수립 나. 학교 환경위생의 유지·관리 및 개선에 관한 사항 다. 학생과 교직원에 대한 건강진단의 준비와 실시에 관한 협조 라. 각종 질병의 예방처치 및 보건지도 마. 학생과 교직원의 건강관찰과 학교의사의 건강상담, 건강평가 등의 실시에 관한 협조 바. 신체가 허약한 학생에 대한 보건지도 사. 보건지도를 위한 학생가정 방문 아. 교사의 보건교육 협조와 필요 시의 보건교육 자. 보건실의 시설·설비 및 약품 등의 관리 차. 보건교육자료의 수집·관리 카. 학생건강기록부의 관리 타. 다음의 의료행위(간호사 면허를 가진 사람만 해당한다) 　1) 외상 등 흔히 볼 수 있는 환자의 치료 　2) 응급을 요하는 자에 대한 응급처치 　3) 부상과 질병의 악화를 방지하기 위한 처치 　4) 건강진단결과 발견된 질병자의 요양지도 및 관리 　5) 1)부터 4)까지의 의료행위에 따르는 의약품 투여 파. 그 밖에 학교의 보건관리
학교약사의 직무	
가. 학교보건계획의 수립에 관한 자문 나. 학교환경위생의 유지관리 및 개선에 관한 자문 다. 학교에서 사용하는 의약품과 독극물의 관리에 관한 자문 라. 학교에서 사용하는 의약품 및 독극물의 실험·검사 마. 그 밖에 학교보건관리에 관한 지도	

정답 46 ④

047 근로자의 건강진단 결과 "일반질병으로 진전될 우려가 있어 관찰이 필요한 자"에 대한 건강관리 구분은? [20 광주추채]

① C1
② C2
③ D1
④ D2

해설
- C1: 직업성 질병으로 진전될 우려가 있어 추적검사 등 관찰이 필요한 근로자(요관찰자)
- C2: 일반질병으로 진전될 우려가 있어 추적관찰이 필요한 자(요관찰자)
- D1: 직업성 질병의 소견이 있는 근로자(직업병 유소견자)
- D2: 일반 질병의 소견이 있는 근로자 해서는 안 되는 경우(일반질병 유소견자)

건강관리 구분 판정

구분	구분(일반건강진단)	구분	내용(배치전/특수/수시/임시 건강진단)
A	건강관리상 의학적 및 직업적 사후관리 조치 불필요(정상자)	A	건강관리상 의학적 및 직업적 사후관리가 필요없는 자(정상자)
B	경미한 이상 소견이 있으나 의학적 및 직업적 사후관리 조치 불필요(정상자로 분류)		
C	건강관리상 적절한 의학적 및 직업적 사후관리 조치 필요(요관찰자)	C1	직업성 질병으로 진전될 우려가 있어 추적 관찰이 필요(직업병 요관찰자)
		C2	일반 질병으로 진전될 우려가 있어 추적 관찰이 필요(일반질병 요관찰자)
D1	직업성 질병의 소견이 있어 적절한 의학적 및 직업적 사후관리 조치 필요(직업병 유소견자)	D1	직업성 질병의 소견을 보여 적절한 의학적 및 직업적 사후관리 조치 필요(직업병 유소견자)
D2	일반 질병의 소견이 있어 적절한 의학적 및 직업적 사후관리 조치 필요(일반질병 유소견자)	D2	일반 질병의 소견을 보여 적절한 의학적 및 직업적 사후관리 조치 필요(일반질병 유소견자)
R	1차 건강진단 실시결과에서 이상소견이 있어 2차 건강진단 실시 필요(질환의심자)	※ 특수건강진단 선택검사항목 추가검사 대상임을 통보하였으나 당해 근로자의 퇴직 등으로 당해검사가 이루어지지 않아 건강관리구분을 판정할 수 없는 근로자는 'U'로 분류함.	

정답 047 ②

048 다음 보건관리자의 업무 중 간호사가 할 수 있는 업무가 아닌 것은?

[20 광주추채]

① 사업장 순회점검, 지도 및 조치의 건의
② 작업방법의 공학적 개선에 관한 보좌 및 지도·조언
③ 산업재해에 관한 통계의 유지·관리·분석을 위한 보좌 및 지도·조언
④ 건강진단 결과에 따른 작업전환 또는 근로시간 단축 등 근로자의 건강보호 조치

해설
①, ②, ③ 보건관리자의 공통 업무
④ 보건관리자가 의사인 경우의 업무

「산업안전보건법」 시행령 제22조 보건관리자의 업무

1. 산업안전보건위원회 또는 노사협의체에서 심의·의결한 업무와 안전보건관리규정 및 취업규칙에서 정한 업무
2. 안전인증대상기계등과 자율안전확인대상기계등 중 보건과 관련된 보호구(保護具) 구입 시 적격품 선정에 관한 보좌 및 지도·조언
3. 위험성평가에 관한 보좌 및 지도·조언
4. 물질안전보건자료의 게시 또는 비치에 관한 보좌 및 지도·조언
5. 산업보건의의 직무(보건관리자가 의사인 경우)
   가. 건강진단 결과의 검토 및 그 결과에 따른 작업 배치, 작업 전환 또는 근로시간의 단축 등 근로자의 건강보호 조치
   나. 근로자의 건강장해의 원인 조사와 재발 방지를 위한 의학적 조치
   다. 그 밖에 근로자의 건강 유지 및 증진을 위하여 필요한 의학적 조치에 관하여 고용노동부장관이 정하는 사항
6. 해당 사업장 보건교육계획의 수립 및 보건교육 실시에 관한 보좌 및 지도·조언
7. 해당 사업장의 근로자를 보호하기 위한 다음 각 목의 조치에 해당하는 의료행위(보건관리자가 의사, 간호사인 경우)
   가. 자주 발생하는 가벼운 부상에 대한 치료
   나. 응급처치가 필요한 사람에 대한 처치
   다. 부상·질병의 악화를 방지하기 위한 처치
   라. 건강진단 결과 발견된 질병자의 요양 지도 및 관리
   마. 가목부터 라목까지의 의료행위에 따르는 의약품의 투여
8. 작업장 내에서 사용되는 전체 환기장치 및 국소 배기장치 등에 관한 설비의 점검과 작업방법의 공학적 개선에 관한 보좌 및 지도·조언
9. 사업장 순회점검, 지도 및 조치 건의
10. 산업재해 발생의 원인 조사·분석 및 재발 방지를 위한 기술적 보좌 및 지도·조언
11. 산업재해에 관한 통계의 유지·관리·분석을 위한 보좌 및 지도·조언
12. 법 또는 법에 따른 명령으로 정한 보건에 관한 사항의 이행에 관한 보좌 및 지도·조언
13. 업무 수행 내용의 기록·유지
14. 그 밖에 보건과 관련된 작업관리 및 작업환경관리에 관한 사항으로서 고용노동부장관이 정하는 사항

정답 048 ④

049 가정간호를 실시할 때 가정전문간호사가 독자적으로 수행할 수 있는 것은? [20 경기추채]

① 온냉 요법
② 비위관 교체
③ 도뇨관 교체
④ 투약 처방 및 관리

해설
가정간호에서 ②·③(치료적 의료행위), ④(투약)는 의사나 한의사의 처방이 있어야 한다.

> **가정간호사업**
> (1) 가정간호의 범위(「의료법 시행규칙」 제24조)
>   ① 간호
>   ② 검체의 채취 및 운반
>   ③ 투약
>   ④ 주사
>   ⑤ 응급처치 등에 대한 교육 및 훈련
>   ⑥ 상담
>   ⑦ 다른 보건의료기관 등에 대한 건강관리에 관한 의뢰
> (2) 가정전문간호사는 가정간호 중 검체의 채취 및 운반, 투약, 주사 또는 치료적 의료행위인 간호를 하는 경우에는 의사나 한의사의 진단과 처방에 따라야 한다(처방 유효기간은 처방일로부터 90일까지).

---

050 노인장기요양제도에 대한 설명으로 옳지 않은 것은? [20 경기추채]

① 6개월 이상 거동이 불편하여 일상생활을 혼자서 수행하기 어려운 노인을 대상으로 한다.
② 국민건강보험공단에 신청을 하면 등급판정위원회에서 심의하여 장기요양등급을 판정받는다.
③ 65세 이상 노인과 65세 미만의 자로서 노인성 질환을 가진 사람을 대상으로 서비스가 제공된다.
④ 재원은 보험료, 국가지원금, 본인부담금으로 충당되며 소득기준에 따라 제공되는 서비스는 차이가 있다.

해설
노인장기요양제도에서 납부하는 장기요양보험료는 소득수준에 따라 차이가 있으나 제공되는 서비스는 차이가 없다.

정답 049 ① 050 ④

051 ★★★

α-index는 영아 사망과 신생아 사망의 관련지표로서 신생아 건강관리사업의 기초자료로 유용하다. 다음은 특정 지역의 인구통계 조사 결과이다. 건강수준이 가장 높은 지역은?

[20 경기추채]

	신생아 사망률	영아 사망률
(가) 지역	10	12
(나) 지역	10	15
(다) 지역	18	20
(라) 지역	20	21

① (가)
② (나)
③ (다)
④ (라)

해설

α-index는 해당 연도의 영아사망 수와 신생아사망 수의 비율을 나타낸 값이다. 1에 가까울수록 그 지역의 보건의료수준은 높다.
α-index
= 영아사망수 / 신생아사망수
(가) 지역 1.2
(나) 지역 1.5
(다) 지역 1.11
(라) 지역 1.05

052

사업장에서 건강진단을 실시하여 근로자가 D1 판정을 받았다. 이에 대한 설명으로 옳은 것은?

[20 경기추채]

① 일반 질병이 의심되므로 추적 관찰이 필요하다.
② 직업병이 의심되므로 추적 관찰이 필요하다.
③ 일반 질병 소견을 보여 사후관리가 필요하다.
④ 직업병 소견을 보여 사후관리가 필요하다.

해설

근로자 건강진단 구분 판정

구분		내용(배치전 / 특수 / 수시 / 임시 건강진단)
A		건강관리상 사후관리가 필요 없는 자(건강한 근로자)
C	C1	직업성 질병으로 진전될 우려가 있어 추적검사 등 관찰이 필요한 자(직업병 요관찰자)
	C2	일반 질병으로 진전될 우려가 있어 추적검사 등 관찰이 필요한 자(일반질병 요관찰자)
D	D1	직업성 질병의 소견을 보여 사후관리가 필요한 자(직업병 유소견자)
	D2	일반 질병의 소견을 보여 사후관리가 필요한 자(일반질병 유소견자)

정답 51 ④ 52 ④

053 「학교보건법」에 근거한 학교의 장의 업무로 가장 옳지 않은 것은?

[20 서울]

① 학생 건강검사 결과 질병에 감염된 학생에 대하여 질병의 치료에 필요한 조치를 하여야 한다.
② 학생 정신건강 상태를 검사한 결과 필요하면 해당 학생에 대해 의료기관을 연계하여야 한다.
③ 안전사고를 예방하기 위하여 학생에 대한 안전교육 및 그 밖에 필요한 조치를 하여야 한다.
④ 학생이 새로 입학한 날로부터 180일 이내에 시장·군수 또는 구청장에게 예방접종증명서를 발급받아 예방접종을 모두 받았는지를 검사한 후 이를 교육정보시스템에 기록하여야 한다.

해설

「학교보건법」 제10조(예방접종 완료 여부의 검사) 초등학교와 중학교의 장은 학생이 새로 입학한 날부터 90일 이내에 시장·군수 또는 구청장(자치구의 구청장을 말한다.)에게 「감염병의 예방 및 관리에 관한 법률」 제27조에 따른 예방접종증명서를 발급받아 같은 법 제24조 및 제25조에 따른 예방접종을 모두 받았는지를 검사한 후 이를 교육정보시스템에 기록하여야 한다.

054 〈보기〉와 같은 인구 구조를 가진 지역사회의 2020년 6월 13일 현재 인구 구조를 나타내는 지표 값으로 가장 옳은 것은?

[20 서울]

〈보기〉
(단위: 명)

연령(세)	남	여	계
0-14	700	900	1600
15-64	1600	1600	3200
65이상	700	700	1400
계	3000	3200	6200

① 유년부양비는 (1600/6200)×100이다.
② 노년부양비는 (1400/1600)×100이다.
③ 2차 성비는 (3200/3000)×100이다.
④ 3차 성비는 (3000/3200)×100이다.

해설

- 부양비
경제활동연령인구(생산가능인구, 15~64세)에 대한 비경제활동연령인구의 비를 말한다. 비경제활동연령은 15세 미만의 소년(유년)인구와 65세 이상의 노년인구를 말한다.
- 성비
남녀 인구의 균형 상태를 나타내는 지수로서, 보통 여자 100명에 대한 남자의 수로서 표시된다.
  - 1차 성비(primary sex ratio): 태아의 성비
  - 2차 성비(secondary sex ratio): 출생 시의 성비
  - 3차 성비(tertiary sex ratio): 현재 인구의 성비

① 유년부양비 = $\frac{0\sim14세\ 인구}{15\sim64세\ 인구} \times 100 = \frac{1600}{3200} \times 100$

② 노년부양비 = $\frac{65세이상\ 인구}{15\sim64세\ 인구} \times 100 = \frac{1400}{3200} \times 100$

③ 성비 = $\frac{남아\ 출생수}{여아\ 출생수} \times 100 = \frac{3000}{3200} \times 100$

현재 인구구조에서의 성비는 3차 성비를 의미한다.

정답 053 ④ 054 ④

055 작업환경 관리의 기본원리 중 대치에 해당하는 것은? [20 서울]

① 교대근무를 실시하도록 한다.
② 페인트를 분무하던 것을 전기이용 흡착식 분무로 한다.
③ 개인용 위생보호구를 착용하도록 한다.
④ 인화물질이 든 탱크 사이에 도랑을 파서 제방을 만든다.

해설

작업환경관리의 기본원리는 대치, 격리, 환기이다. 이 중 대치는 독성이 적은 물질로 대치하는 방법으로 시설의 변경, 공정의 변경, 물질의 변경으로 가능하다.
② 대치
③, ④ 격리

작업환경관리

대치	독성이 적은 물질로 대치하는 방법으로 가장 효과적인 위생대책의 근본적 방법 ① 시설의 변경: 공정을 변경할 수 있는 상황이 안 되면, 사용하고 있는 위험시설이나 기구를 바꾸는 것 ② 공정의 변경: 유해한 과정을 안전하고 효율적인 공정 과정으로 변경하는 것 ③ 물질의 변경: 유사한 화학구조를 갖고 있는 다른 물질로 대치하는 것으로 가장 흔히 사용하는 방법
격리	물체, 거리, 시간과 같은 장벽(barrier)을 통해 작업자와 유해인자를 분리하는 것 ① 격리 저장: 격리하여 저장할 필요가 있는 물질은 섞이지 않도록 저장 ② 위험시설의 격리 ③ 차열: 뜨거운 물체를 다루는 공정 과정의 경우 기구를 대치 ④ 공정 과정의 격리: 가장 많은 비용이 들지만 유용한 대책으로 사용되고 있는 방법으로, 특별히 화학공장에서 많은 유해인자와 작업자를 격리시키는 데 매우 적합 ⑤ 개인보호구 착용
환기	① 전체환기: 작업장의 유해물질 희석을 위해 사용하여 희석환기라고도 한다. 주로 고온과 다습을 조절하는 데 이용되며, 분진, 냄새, 유해 증기를 희석하는 데에도 이용되나 근본적인 대책으로는 부적절하다. ② 국소환기: 유해물질 발생원 가까이에 유해물질을 빨아들여서 밖으로 배출시키는 장치를 설치하여 근로자가 유해물질을 흡입하지 않도록 방지하여 주는 것이다.

정답 055 ②

056 〈보기〉에서 설명하는 작업환경에서의 건강장애로 가장 옳은 것은?

[20 서울]

〈보기〉

옥외 작업환경에서 격심한 육체노동을 지속하는 경우 일어나는 현상이다. 중추성 체온조절 기능장애로서, 체온 방출 장애가 나타나 체내에 열이 축적되고 뇌막혈관의 충혈과 뇌 내 온도 상승에 의해 발생한다. 땀을 흘리지 못하여 체온이 41~43℃까지 급격히 상승하여 혼수 상태에 이를 수 있으며, 피부 건조가 나타나게 된다.

① 열피로(heat exhaustion)
② 열경련(heat cramp)
③ 열사병(heat stroke)
④ 열실신(heat syncope)

해설

〈보기〉에서 제일 중요한 키워드는 "중추성 체온조절 기능장애"이다. 고온 장애 중 체온조절의 문제와 피부건조 등이 함께 동반되는 것은 "열사병"이다.

열성장해

열성 장해	원인 및 증상	관리
열경련 (heat cramp)	• 원인: 고온 환경에서 심한 육체적 노동 시 지나친 발한으로 인한 체내 수분 및 염분의 손실 • 증상: 맥박상승, 현기증, 사지경련, 이명, 두통, 구토 등	바람이 잘 통하는 서늘한 곳에 옮기고, 생리식염수 정맥 주사(1~2L)나 0.1% 식염수를 마시게 한다.
열사병 (heat stroke)	• 원인: 고온다습한 환경에 폭로되어 중추성 체온조절의 기능장애로 인한 체온조절의 부조화 • 증상: 체온의 이상상승, 두통, 현기증, 이명, 의식혼미, 구토, 무력감, 동공반응 손실 등(발한이 거의 없고 피부 건조)	• 머리를 차게 해주고, 생리식염수 IV(intravenous) 및 찬 음료를 마시게 한다. • 사지를 격렬하게 마찰, 호흡곤란 시 산소공급, 항진진대사제 투여 • 체온을 낮추기 위해 옷을 벗기고 찬물로 몸을 닦는다.
열피로 (heat exhaustion)	• 원인: 오랫동안 고온 환경에 폭로되어 말초혈관 운동신경의 조절장애와 심박출량의 부족으로 인한 순환부전 • 증상: 전신권태, 의식상실, 두통, 현기증 등	• 쾌적한 환경으로 이동한다. • 포도당 및 생리식염수 IV(intravenous)를 공급한다. • 필요시 더운 커피/강심제 사용
열쇠약 (Heat prostration)	• 원인: 고온 작업 시 비타민 B$_1$의 결핍으로 발생하는 만성적인 열 소모 • 증상: 전신권태, 식욕부진, 위장장애, 불면, 빈혈 등	비타민 B$_1$의 투여 및 충분한 휴식과 영양을 섭취하도록 한다.

정답 056 ③

057 부양비에 대한 설명으로 옳은 것은?

[20 지방]

① 유년부양비는 생산인구에 대한 0~14세 유년인구의 백분비이다.
② 노년부양비 15%는 전체 인구 100명당 15명의 노인을 부양하고 있음을 의미한다.
③ 부양비는 경제활동인구에 대한 비경제활동인구의 백분비이다.
④ 비생산인구수가 동일할 때 생산인구수가 증가할수록 부양비가 증가한다.

해설
② 노년부양비 15%는 생산가능인구 100명당 15명의 노인을 부양하고 있음을 의미한다.
③ 부양비는 경제활동연령인구에 대한 비경제활동연령인구의 백분비이다.
④ 비생산인구수가 동일할 때 생산인구수가 증가할수록 부양비가 감소한다.

부양비

(1) 부양비(Dependency Ratio)의 개념
  ① 부양비는 경제활동 연령인구(생산가능인구, 15~64세)에 대한 비경제활동연령 인구의 비를 말한다. 비경제활동연령은 15세미만의 소년(유년) 인구와 65세 이상의 노년 인구를 말한다.
  ② 인구의 사회경제적 구성을 나타내는 지표이며 총 부양비가 높을수록 경제적 투자능력이 상대적으로 떨어져서 경제발전에 어려움이 따르는 것으로 본다.
  ③ 부양비에는 총부양비, 유소년부양비, 노년부양비가 있다.
  ④ 비생산인구수가 동일할 때 생산인구수가 증가할수록 부양비가 감소한다.

(2) 부양비의 종류
  ① 총부양비(Total D. R.) = $\dfrac{15세\ 미만\ 인구(0\sim14세\ 인구) + 65세\ 이상\ 인구}{15\sim64세\ 인구} \times 100$

  ② 유소년부양비(Youth D. R.) = $\dfrac{15세\ 미만\ 인구(0\sim14세\ 인구)}{15\sim64세\ 인구} \times 100$

  ③ 노년부양비(Old D. R.) = $\dfrac{65세\ 이상\ 인구}{15\sim64세\ 인구} \times 100$

정답 057 ①

058 지역별 비례사망률에 대한 설명으로 옳지 않은 것은?

[20 지방]

(단위: 명)

지역	당해연도 특정 원인별 사망자수		당해연도 총사망자수	당해연도 총인구수
	결핵	폐암		
A	8	16	400	10,000
B	5	10	500	8,000
C	15	18	1,000	15,000

① 폐암의 비례사망률은 A 지역이 가장 높다.
② 폐암의 비례사망률은 A 지역이 B 지역보다 2배 높다.
③ 결핵의 비례사망률은 A 지역이 가장 높다.
④ 결핵의 비례사망률은 A 지역이 C 지역보다 2배 높다.

해설

비례사망률은 특정 연도 전체 사망자 중 특정 원인으로 인한 사망자 비율을 산출하는 지표이다.

$$비례사망률 = \frac{그\ 연도의\ 특정질환에\ 의한\ 사망자\ 수}{어떤\ 기간의\ 사망수} \times 100$$

- A폐암 비례사망률 = $\frac{16}{400} \times 100 = 4$
- B폐암 비례사망률 = $\frac{10}{500} \times 100 = 2$
- C폐암 비례사망률 = $\frac{18}{1000} \times 100 = 1.8$
- A결핵 비례사망률 = $\frac{8}{400} \times 100 = 2$
- B결핵 비례사망률 = $\frac{5}{500} \times 100 = 1$
- C결핵 비례사망률 = $\frac{15}{1000} \times 100 = 1.5$

정답 058 ④

059 다음 글에서 설명하는 「산업재해보상보험법」상 보험급여는? [20 지방]

> 업무상 사유로 부상을 당하거나 질병에 걸린 근로자에게 요양으로 취업하지 못한 기간에 대하여 지급하되, 1일당 지급액은 평균임금의 100분의 70에 상당하는 금액으로 한다. 다만, 취업하지 못한 기간이 3일 이내이면 지급하지 아니한다.

① 요양급여
② 장해급여
③ 간병급여
④ 휴업급여

해설

휴업급여(「산업재해보상보험법」 제52조)
휴업급여는 업무상 사유로 부상을 당하거나 질병에 걸린 근로자에게 요양으로 취업하지 못한 기간에 대하여 지급하되, 1일당 지급액은 평균임금의 100분의 70에 상당하는 금액으로 한다. 다만, 취업하지 못한 기간이 3일 이내이면 지급하지 아니한다.

산업재해보상

급여	내용
요양급여	• 근로자가 업무상의 사유로 부상을 당하거나 질병에 걸린 경우에 그 근로자에게 지급 • 부상 또는 질병이 3일 이내의 요양으로 치유될 수 있으면 요양급여를 지급하지 않는다.
휴업급여	• 업무상 사유로 부상을 당하거나 질병에 걸린 근로자에게 요양으로 취업하지 못한 기간에 대하여 지급 • 취업하지 못한 기간이 3일 이내이면 지급하지 아니한다. • 1일당 지급액은 평균임금의 100분의 70에 상당하는 금액
장해급여	• 근로자가 업무상의 사유로 부상을 당하거나 질병에 걸려 치유된 후 신체 등에 장해가 있는 경우 • 장해급여는 장해등급(1~14등급)에 따라 장해보상연금 또는 장해보상일시금으로 하되, 그 장해등급의 기준은 대통령령으로 정한다.
간병급여	요양급여를 받은 자 중 치유 후 의학적으로 상시 또는 수시로 간병이 필요하여 실제로 간병을 받는 자에게 지급
유족급여	근로자가 업무상의 사유로 사망한 경우에 유족에게 지급 • 유족보상일시금: 100분의 50에 상당하는 금액 • 유족보상연금: 100분의 50을 감액하여 지급
상병보상연금	근로자가 요양을 시작한 지 2년이 지난날 이후 다음 각 호의 요건 모두에 해당하는 상태가 계속되면 휴업급여 대신 지급 ㉠ 그 부상이나 질병이 치유되지 아니한 상태일 것 ㉡ 그 부상이나 질병에 따른 폐질(廢疾)의 정도가 대통령령으로 정하는 중증요양상태등급 기준에 해당할 것 ㉢ 요양으로 인하여 취업하지 못하였을 것
직업재활급여	• 장해급여 또는 진폐보상연금을 받은 자나 장해급여를 받을 것이 명백한 자로서 대통령령으로 정하는 자 중 취업을 위하여 직업훈련이 필요한 자에 대하여 실시하는 직업훈련에 드는 비용 및 직업훈련수당 • 업무상의 재해가 발생할 당시의 사업에 복귀한 장해급여자에 대하여 사업주가 고용을 유지하거나 직장적응훈련 또는 재활운동을 실시하는 경우에 각각 지급하는 직장복귀지원금, 직장적응훈련비 및 재활운동비
장례비	• 근로자가 업무상의 사유로 사망한 경우에 지급 • 평균임금의 120일분에 상당하는 금액

정답 059 ④

060
어떤 사업장에서 근로자 건강진단을 실시하여 〈보기〉와 같은 결과가 나왔다. 이에 대한 설명으로 가장 옳은 것은? [19 서울]

〈보기〉

건강관리구분		단위(명)
A		2,000
B	C1	200
	C2	300
C	D1	20
	D2	150
계		2,670

① 일반 질병으로 진전될 우려가 있어 추적관찰이 필요한 근로자는 300명이다.
② 직업성 질병의 소견을 보여 사후관리가 필요한 근로자는 200명이다.
③ 일반 질병의 소견을 보여 사후관리가 필요한 근로자는 20명이다.
④ 직업성 질병의 소견을 보여 사후관리가 필요한 근로자는 150명이다.

해설
②, ④ 직업성 질병의 소견을 보여 사후관리가 필요한 근로자는 20명이다.
③ 일반 질병의 소견을 보여 사후관리가 필요한 근로자는 150명이다.

근로자 건강진단 구분 판정

구분		내용(배치전 / 특수 / 수시 / 임시 건강진단)
A		건강관리상 사후관리가 필요 없는 자(건강한 근로자)
C	C1	직업성 질병으로 진전될 우려가 있어 추적검사 등 관찰이 필요한 자(직업병 요관찰자)
	C2	일반 질병으로 진전될 우려가 있어 추적검사 등 관찰이 필요한 자(일반 질병 요관찰자)
D	D1	직업성 질병의 소견을 보여 사후관리가 필요한 자(직업병 유소견자)
	D2	일반 질병의 소견을 보여 사후관리가 필요한 자(일반 질병 유소견자)

정답 060 ①

061 임신 22주인 산모 A씨는 톡소플라즈마증으로 진단 받았다. A씨가 취할 수 있는 행위로 가장 옳은 것은? [19 서울]

① 법적으로 인공임신중절수술 허용기간이 지나 임신을 유지하여야 한다.
② 인공임신중절수술 허용기간은 지났지만 톡소플라즈마 증은 태아에 미치는 위험이 높기 때문에 본인과 배우자 동의하에 인공임신중절수술을 할 수 있다.
③ 인공임신중절수술을 할 수 있는 기간이지만 톡소플라즈마증은 태아에 미치는 위험이 낮기 때문에 임신을 유지하여야 한다.
④ 인공임신중절수술을 할 수 있는 기간이고 톡소플라즈마증은 태아에 미치는 위험이 높기 때문에 본인과 배우자 동의하에 인공임신중절수술을 할 수 있다.

> 「모자보건법 시행령」 제15조(인공임신중절수술의 허용 한계)
> (1) 인공임신중절수술은 임신 24주일 이내인 사람만 할 수 있다.
> (2) 인공임신중절수술을 할 수 있는 우생학적 또는 유전학적 정신장애나 신체질환은 연골무형성증, 낭포성섬유증 및 그 밖에 유전성 질환으로서 그 질환이 태아에 미치는 위험성이 높은 질환으로 한다.
> (3) 인공임신중절수술을 할 수 있는 전염성 질환은 풍진, 톡소플라즈마증 및 그 밖에 의학적으로 태아에 미치는 위험성이 높은 전염성 질환으로 한다.

해설
2019년 헌법재판소는 기존 법령의 '낙태' 관련 법령에 대해 '헌법불합치' 결정을 내렸으나 구체적인 법령 개정은 없는 상태이다.

정답 061 ④

062 〈보기〉의 ( ) 안에 들어갈 말은? [19 서울]

〈보기〉

모성사망 측정을 위해 개발된 지표 중 가장 많이 사용되는 지표인 모성사망비는 해당 연도 ( ) 10만 명당 해당 연도 임신, 분만, 산욕으로 인한 모성사망의 수로 산출한다.

① 여성
② 출생아
③ 사망 여성
④ 가임기 여성

해설

모성사망비는 일반적으로 연간 출생아수에 대한 연간 모성사망수로 계산한다.

$$\text{모성사망비} = \frac{\text{연간 모성사망수}}{\text{연간 출생아 수}} \times 100{,}000$$

063 지역사회 통합건강증진사업의 특징은? [19 서울]

① 사업 산출량 지표를 개발하여 모든 지역에 적용함으로써 객관적으로 지역 간 비교가 가능하다.
② 기존 건강증진사업이 분절되어 운영되었던 것에 비해 사업을 통합하여 지역 특성 및 주민 수요 중심으로 서비스를 제공한다.
③ 모든 지역에서 동일한 사업을 수행할 수 있도록 중앙에서 표준화된 사업계획이 제공된다.
④ 사업별로 재원을 구체적으로 배분하여 일정 정해진 사업을 지역에서 수행하도록 하여 중앙정부의 목표에 집중하도록 한다.

해설

통합건강증진사업이란 중앙정부가 전국을 대상으로 획일적으로 실시하는 국가주도형 사업방식에서 탈피하여, 지방자치단체가 지역사회 주민을 대상으로 건강생활 실천 및 만성질환 예방, 취약계층 건강관리를 목적으로 하는 사업을 통합하여 지역 특성 및 주민 수요에 맞게 기획·추진하는 사업이다.
①, ③, ④는 기존의 국고보조사업의 특징이다.

기존 국고보조사업	지역사회 통합건강증진사업
• 사업내용 및 방법 지정 지침 • 중앙집중식·하향식 • 지역여건에 무방한 사업 • 산출중심의 사업 평가 • 분절적 사업수행으로 비효율	• 사업범위 및 원칙 중심 지침 • 지방분권식·상향식 • 지역여건과 연계된 사업 • 과정, 성과중심의 평가 • 보건소 내외 사업 통합·연계 활성화

정답 062 ② 063 ②

064 다음 글에서 업무수행 적합여부 판정구분에 해당하는 것은? [19 지방]

> 분진이 심한 사업장에서 근무 중인 근로자가 건강진단결과 폐질환 유소견자로 발견되어 업무수행 적합여부를 평가한 결과 '다'로 판정되었다.

① 건강관리상 현재의 조건하에서 작업이 가능한 경우
② 일정한 조건(환경개선, 보호구착용, 건강진단주기의 단축 등)하에서 현재의 작업이 가능한 경우
③ 건강장해의 악화 또는 영구적인 장해의 발생이 우려되어 현재의 작업을 해서는 안 되는 경우
④ 건강장해가 우려되어 한시적으로 현재의 작업을 할 수 없는 경우(건강상 또는 근로조건상의 문제가 해결된 후 작업복귀 가능)

해설
① 가
② 나
③ 라
④ 다

업무수행 적합여부 내용(질병유소견자에 대하여 구분함)

가	건강관리상 현재의 조건하에서 작업이 가능한 경우
나	일정한 조건(환경개선, 개인보호구 착용, 건강진단의 주기를 앞당기는 경우 등)하에서 현재의 작업이 가능한 경우
다	건강장해가 우려되어 한시적으로 현재의 작업을 할 수 없는 경우(건강상 또는 근로조건상의 문제를 해결한 후 작업복귀 가능)
라	건강장해의 악화 혹은 영구적인 장해발생으로 현재의 작업을 해서는 안 되는 경우

정답 064 ④

065 사망 관련 통계지표에 대한 설명으로 옳은 것은? [19 지방]

① 비례사망지수는 특정 연도 전체 사망자 중 특정 원인으로 인한 사망자 비율을 산출하는 지표이다.
② α-index는 특정 연도의 신생아 사망수를 영아 사망수로 나눈 값으로 신생아 건강관리사업의 기초자료로 유용하다.
③ 치명률은 어떤 질병이 생명에 영향을 주는 위험도를 보여주는 지표로 일정 기간 동안 특정 질병에 이환된 자 중 그 질병에 의해 사망한 자를 비율로 나타낸 것이다.
④ 모성사망비는 해당 연도에 사망한 총 여성 수 중 같은 해 임신·분만·산욕 합병증으로 사망한 모성수 비율을 산출하는 지표이다.

해설
① 비례사망률은 특정 연도 전체 사망자 중 특정 원인으로 인한 사망자 비율을 산출하는 지표이다.
② α-index는 특정 연도의 영아 사망수를 신생아 사망수로 나눈 값으로 영아 건강관리사업의 기초자료로 유용하다.
④ 모성사망비는 해당 연도에 출생아수에 대한 연간 임신·분만·산욕 합병증으로 사망한 모성수 비율을 산출하는 지표이다.

066 다음은 1년간의 K사업장 현황이다. 강도율(severity rate)은? [19 지방]

- 근로자수: 1,000명
- 재해건수: 20건
- 재해자수: 20명
- 근로시간수: 2,000,000시간
- 손실작업일수: 1,000일

① 0.5
② 1
③ 10
④ 20

해설
강도율은 연 1,000 작업시간당 작업손실일수로서 재해에 의한 손상의 정도를 나타내는 것을 말한다.

강도율
$= \dfrac{\text{손실작업일수}}{\text{연근로시간수}} \times 1,000$
$= \dfrac{1,000}{2,000,000} \times 1,000$
$= 0.5$

정답 065 ③ 066 ①

067 다음 사례에서 설명하는 고온장해와 보건관리자의 처치를 옳게 짝지은 것은?

[19 지방]

> 40세의 건설업 근로자 A씨는 38°C의 덥고 습한 환경에서 장시간 일하던 중 심한 어지러움증을 호소하면서 쓰러졌다. 발한은 거의 없고 피부가 건조하였으며 심부체온은 41.5°C였다.

① 열경련 – 말초혈관의 혈액 저류가 원인이므로 염분이 없는 수분을 충분하게 공급한다.
② 열피로 – 고온에 의한 만성 체력소모가 원인이므로 따뜻한 커피를 마시지 않도록 한다.
③ 열쇠약 – 지나친 발한에 의한 염분소실이 원인이므로 시원한 곳에 눕히고 충분한 수분을 공급한다.
④ 열사병 – 체온조절중추의 장애가 원인이므로 체온을 낮추기 위해 옷을 벗기고 찬물로 몸을 닦는다.

해설
이 사례에서 초점은 "덥고 습한 환경", "피부건조", "온도 이상 상승"이므로 열사병에 해당한다.

고온 장해

열성 장해	원인 및 증상	관리
열경련 (heat cramp)	• 원인: 고온 환경에서 심한 육체적 노동 시 지나친 발한으로 인한 체내 수분 및 염분의 손실 • 증상: 맥박상승, 현기증, 사지경련, 이명, 두통, 구토 등	바람이 잘 통하는 서늘한 곳에 옮기고, 생리식염수 정맥 주사(1~2L)나 0.1% 식염수를 마시게 한다.
열사병 (heat stroke)	• 원인: 고온다습한 환경에 폭로되어 중추성 체온조절의 기능장애로 인한 체온조절의 부조화 • 증상: 체온의 이상상승, 두통, 현기증, 이명, 의식혼미, 구토, 무력감, 동공반응 손실 등	• 머리를 차게 해주고, 생리식염수 IV(intravenous) 및 찬 음료를 마시게 한다. • 사지를 격렬하게 마찰, 호흡곤란 시 산소공급, 항신진대사제 투여
열피로 (heat exhaustion)	• 원인: 오랫동안 고온 환경에 폭로되어 말초혈관 운동신경의 조절장애와 심박출량의 부족으로 인한 순환부전 • 증상: 전신권태, 의식상실, 두통, 현기증 등	• 쾌적한 환경으로 이동한다. • 포도당 및 생리식염수 IV(intravenous)를 공급한다. • 필요시 더운 커피/강심제 사용
열쇠약 (heat prostration)	• 원인: 고온 작업 시 비타민 B_1의 결핍으로 발생하는 만성적인 열 소모 • 증상: 전신권태, 식욕부진, 위장장애, 불면, 빈혈 등	비타민 B_1의 투여 및 충분한 휴식과 영양을 섭취하도록 한다.

정답 067 ④

068 「노인장기요양보험법령」상 다음 사례에 적용할 수 있는 설명으로 옳은 것은?
[19 지방]

> 파킨슨병을 진단받고 1년 이상 혼자서 일상생활을 수행할 수 없는 60세의 의료급여수급권자인 어머니를 가정에서 부양하는 가족이 있다.

① 어머니는 65세가 되지 않았기 때문에 노인 장기요양 인정 신청을 할 수 없다.
② 의사의 소견서가 있다면 등급판정 절차 없이도 장기요양서비스를 받을 수 있다.
③ 의료급여수급권자의 재가급여에 대한 본인일부부담금은 장기 요양 급여비용의 100분의 20이다.
④ 장기요양보험가입자의 자격관리와 노인성질환예방사업에 관한 업무는 국민건강보험공단에서 관장한다.

해설
① 65세 미만이어도 노인성 질환 – 파킨슨병을 진단받고 1년 이상 혼자서 일상생활을 수행할 수 없었으므로 가능하다.
② 의사의 소견서가 있어도 등급판정을 받아야 장기요양서비스를 받을 수 있다.
③ 의료급여수급권자의 재가급여에 대한 본인일부부담금이 무료이다.

069 우리나라 노인장기요양보험에 관한 설명으로 가장 옳은 것은?
[19 서울추채]

① 국민건강보험 재정에 구속되어 있어서 재정의 효율성을 제고할 수 있다.
② 「국민건강보험법」에 의하여 설립된 기존의 국민건강 보험공단을 관리운영기관으로 하고 있다.
③ 재원은 수급대상자의 본인부담금 없이 장기요양 보험료와 국가 및 지방자치단체 부담으로 운영된다.
④ 수급 대상자는 65세 이상의 노인 또는 65세 미만의 자로서 치매, 뇌혈관성질환, 파킨슨병 등 노인성 질병을 가진 자 중 6개월 이상 병원에 입원하고 있는 노인이다.

해설
① 국민건강보험 재정과 독립회계로 운영되고 있다.
③ 재원은 수급대상자의 본인부담금과 장기요양 보험료와 국가부담으로 운영된다.
④ 수급 대상자는 65세 이상의 노인 또는 65세 미만의 자로서 치매, 뇌혈관성질환, 파킨슨병 등 노인성 질병을 가진 자 중 6개월 이상 일상생활을 혼자 수행하기 어려운 노인이다.

정답 068 ④ 069 ②

070 〈보기〉와 같은 연령별 내국인 인구를 가진 지역사회의 인구구조에 대한 설명으로 가장 옳은 것은?

[19 서울추채]

〈보기〉

연령(세)	인원(명)	연령(세)	인원(명)
0~14	200	55~64	200
15~24	200	65~74	150
25~34	150	75세 이상	150
35~44	200	계	1,500
45~54	250		

① 고령사회이다.
② 노년부양비는 50.0%이다.
③ 노령화지수는 150.0%이다.
④ 유년부양비는 50.0%이다.

해설

- **고령화단계**: 전체 인구 중 노인인구가 7%↑ 고령화 사회, 14%↑ 고령사회, 20%↑ 초고령사회
- **노령화지수**: 소년층 인구(0~14세)에 대한 노년층 인구(65세 이상)의 비율

① 고령화단계 = $\dfrac{65세 \text{ 이상 인구}}{\text{전체 인구}} \times 100 = \dfrac{300}{1,500} \times 100 = 20$(초고령)

② 노년부양비 = $\dfrac{65세 \text{ 이상 인구}}{15\text{~}64세 \text{ 인구}} \times 100 = \dfrac{300}{1,000} \times 100 = 30$

③ 노령화지수 = $\dfrac{65세 \text{ 이상 인구}}{0\text{~}14세 \text{ 인구}} \times 100 = \dfrac{300}{200} \times 100 = 150$

④ 유년부양비 = $\dfrac{0\text{~}14세 \text{ 인구}}{15\text{~}64세 \text{ 인구}} \times 100 = \dfrac{200}{1,000} \times 100 = 20$

정답 70 ③

071 보건소의 방문건강관리사업 사례관리를 받기로 동의한 대상자의 건강위험요인을 파악하였다. 다음 중 정기 관리군으로 고려될 대상자는?

[19 서울추채]

① 허약노인 판정점수가 6점인 75세 여성
② 당화혈색소 6.5%이면서 흡연 중인 77세 남성
③ 수축기압 145mmHg이면서 비만인 67세 여성
④ 뇌졸중 등록자로 신체활동을 미실천하는 72세 남성

해설

정기관리군은 건강위험요인 및 건강문제가 있고 증상이 있으나 조절이 되는 경우이다.
① 허약노인 판정점수가 6점인 75세 여성 → 집중관리군(허약노인 판점점수 4~12점)
② 당화혈색소 6.5%이면서 흡연 중인 77세 남성 → 자기역량지원군(당화혈색소 7.0% 미만)
③ 수축기압 145mmHg이면서 비만인 67세 여성 → 집중관리군(수축기압 140mmHg 이상, 비만)

대상자 군 분류 기준

구분		내용
집중 관리군	대상자 특성	건강위험요인 및 건강문제가 있고 증상조절이 안 되는 경우
	관리횟수	3개월 이내 8회 이상 건강관리 서비스 실시
	판정기준	[고혈압 기준] • 수축기압 140mmHg 이상 또는 이완기압 90mmHg 이상 • 수축기압 140mmHg 이상 또는 이완기압 90mmHg 이상이고, 흡연·고위험 음주·비만·신체활동 미실천 중 2개 이상의 건강행태 개선이 필요 [당뇨 기준] • 당화혈색소 7.0% 이상 또는 공복혈당 126mg/dl 이상 또는 식후혈당 200mg/dl 이상 • 당화혈색소 7.0% 이상 또는 공복혈당 126mg/dl 이상 또는 식후혈당 200mg/dl 이상 이고, 흡연·고위험 음주·비만·신체활동 미실천 중 2개 이상의 건강행태 개선 필요 [기타 질환] • 관절염, 뇌졸중, 암 등록자로 흡연·고위험 음주·비만·신체활동 미실천 중 2개 이상의 건강행태 개선 필요 [대상 특성별 관리사항] • 임부 또는 분만 8주 이내 산부, 출생 4주 이내 신생아, 영유아, 다문화가족 • 만65세 이상 노인 중 허약판정점수가 4~12점인 자 • 북한 이탈주민으로 감염성 질환이 1개 이상이거나, 흡연·고위험 음주·비만·신체활동 미실천 중 2개 이상의 건강행태 개선 필요 ※ 암 대상자로 암 치료 종료 후 5년이 경과되지 아니한 경우

구분		내용
정기 관리군	대상자 특성	건강위험요인 및 건강문제가 있고 증상이 있으나 조절이 되는 경우
	관리횟수	3개월마다 1회 이상 건강관리 서비스 실시
	판정기준	[고혈압 기준] • 수축기압이 120~139mmHg 또는 이완기압이 80~89mmHg • 수축기압이 120~139mmHg 또는 이완기압이 80~89mmHg이고, 흡연·고위험 음주·비만·신체활동 미실천 중 1개 이상의 건강행태 개선이 필요 [당뇨 기준] • 공복혈당이 100~125mg/dl 또는 식후혈당이 140~199mg/dl • 공복혈당이 100~125mg/dl 또는 식후혈당이 140~199mg/dl이고 흡연·고위험 음주·비만·신체활동 미실천 중 1개 이상의 건강행태 개선이 필요 [기타 질환] • 관절염, 뇌졸중, 암 등록자로 흡연·고위험 음주·비만·신체활동 미실천 중 1개의 건강행태 개선이 필요 [대상 특성별 관리사항] • 북한이탈주민으로 흡연·고위험 음주·비만·신체활동 미실천 중 1개 이상의 건강행태 개선이 필요 ※ 암 대상자로 암 치료 종료 후 5년이 경과되지 아니한 경우
자기 역량 지원군	대상자 특성	건강위험요인 및 건강문제가 있으나 증상이 없는 경우
	관리횟수	6개월마다 1회 이상 건강관리서비스
	판정기준	[고혈압 기준] • 수축기압이 120mmHg 미만이고, 이완기압이 80mmHg 미만 • 수축기압이 120mmHg 미만이고, 이완기압이 80mmHg 미만이고 흡연·고위험 음주·비만·신체활동 미실천 중 1개 이상의 건강행태 개선이 필요 [당뇨 기준] • 당화혈색소가 7.0% 미만 또는 공복혈당 100mg/dl 미만 또는 식후혈당 140mg/dl 미만 • 당화혈색소가 7.0% 미만 또는 공복혈당 100mg/dl 미만 또는 식후혈당 140mg/dl 미만 이고, 흡연·고위험 음주·비만·신체활동 미실천 중 1개 이상의 건강행태 개선이 필요 [기타 질환] • 질환은 없으나, 흡연·고위험 음주·비만·신체활동 미실천 중 1개 이상의 건강행태 개선이 필요 ※ 기타 집중관리군과 정기관리군에 해당되지 않는 경우

072 다음은 간호사가 임산부 A씨에 대해 작성한 내용이다. 출생할 신생아의 감염병 수직감염을 예방하기 위해 간호사가 A씨에게 안내해야 할 내용으로 가장 옳은 것은? (단, 감염병은 현행 「감염병의 예방 및 관리에 관한 법률」을 따른다.) [18 서울(수정)]

- 거주지: 서울특별시 ○○구 ○○동 1234번지
- 의료급여 수급자: 32세, HBsAg(+), VDRL(+), 결핵(+)
- 2018년 9월 30일 분만예정

　　　　　　　　　　　작성일: 2018년 9월 14일
　　　　　　　　　　　작성자: **보건소 ***간호사

① 출생 직후 VDRL혈청검사 실시
② 출생 후 7일 이내 A형간염 항원 검사
③ 출생 후 28일 이내 결핵반응검사 실시 및 BCG접종
④ 출생 후 12시간 이내 B형간염의 백신 및 면역글로불린 접종

해설

임산부의 HBsAg(+), VDRL(+), 결핵(+)이 중요지표이므로 아이는 출생 후 12시간 이내 B형간염 백신 및 면역글로불린을 접종해야 한다.

정답 **072** ④

073 다음은 A, B, C 지역에 대한 인구통계 조사결과이다. 이에 대한 해석으로 옳은 것은?

[18 서울]

지역명	A	B	C
신생아사망률 (단위: 천 명)	1.0	1.0	1.0
영아사망율 (단위: 천 명)	1.5	4.0	8.0
15세 미만 인구비율 (%)	20	25	45
15~64세 인구비율 (%)	60	65	50
65세 이상 인구비율 (%)	20	10	5

① A지역의 총 부양비는 C지역보다 높은 수준이다.
② A지역의 노령화지수는 C지역보다 낮은 수준이다.
③ A지역의 보건의료수준이 B지역보다 낮은 수준이다.
④ A지역의 영아후기사망률(post-neonatal death rate)이 B지역보다 낮은 수준이다.

해설

① A지역의 총 부양비는 C지역보다 낮은 수준이다.

$$총부양비 = \frac{(0\sim14세\ 인구 + 65세\ 이상\ 인구)}{15\sim64세\ 인구} \times 100$$

- A지역 부양비 = $\frac{(20+20)}{60}$ = 0.67
- C지역 부양비 = $\frac{(45+5)}{50}$ = 1

② A지역의 노령화지수는 C지역보다 높은 수준이다.

$$노령화지수 = \frac{65세\ 이상\ 인구(노년인구)}{0\sim14세\ 인구(유년인구)} \times 100$$

- A지역 노령화지수 = $\frac{20}{20}$ = 1
- C지역 노령화지수 = $\frac{5}{45}$ = 0.12

③ A지역의 보건의료수준이 B지역보다 높은 수준이다. → 영아사망률이 낮을수록 보건수준이 높다.

정답 **073** ④

074 기존의 획일적인 국가주도형 상의하달 방식에서 탈피하여 지자체의 선택권과 자율성을 제고하고 지역여건에 맞는 보건사업을 추진함으로써 주민들의 건강증진사업에 대한 체감도를 향상하고자 하는 건강 정책에 해당하는 것은?

[18 서울]

① 영양플러스 사업
② 공중보건의사제도
③ 국민건강증진종합계획
④ 지역사회 통합건강증진사업

해설
지역사회 통합건강증진사업은 지방자치단체가 지역별로 다양한 특성과 수요에 부합되는 차별적인 서비스를 주도적으로 발굴·집행함으로써 지역주민의 보건사업의 참여도를 향상시키고, 중앙정부와 지방정부가 함께 노력하여 국민건강증진종합계획(HP 2030) 목표를 달성하는 것이 목적이다.

기존 국고보조사업	지역사회 통합건강증진사업
• 사업내용 및 방법 지정 지침 • 중앙집중식 · 하향식 • 지역여건에 무방한 사업 • 산출중심의 사업 평가 • 분절적 사업수행으로 비효율	• 사업범위 및 원칙 중심 지침 • 지방분권식 · 상향식 • 지역여건과 연계된 사업 • 과정, 성과중심의 평가 • 보건소 내외 사업 통합 · 연계 활성화

075 다음의 대상자를 위해 모자보건실 간호사가 안내해야 할 「모자보건법 및 동 시행규칙」상의 산전건강진단에 대한 설명으로 가장 옳은 것은?

[18 서울]

• ○○○씨는 만 37세의 결혼이민자이며, 현재 임신 29주이고 쌍둥이를 임신중이다.
• ○○○씨가 보건소의 모자보건실을 처음 방문하였다.

① 임신 36주까지 4주마다 1회 실시한다.
② 임신 37주 이후 2주마다 1회 실시한다.
③ 법으로 정한 임신주수별 횟수 이상의 건강진단을 실시할 수 있다.
④ 결혼이민자는 산전관리 제공 대상자가 아니다.

해설
「모자보건법」에 의한 산전관리
• 임신 28주까지(7개월): 4주마다 1회
• 임신 29~36주까지(8~9개월): 2주마다 1회
• 임신 36주 이후(10개월): 1주마다 1회
① 임신 36주까지 2주마다 1회 실시한다.
② 임신 37주 이후 1주마다 1회 실시한다.
④ 결혼이민자도 산전관리 제공 대상자이다.

정답 074 ④ 075 ③

076 중학교에서 결핵으로 의심되는 환자가 발생하였다. 이 학생에게 등교 중지 조치를 내릴 수 있는 가장 적절한 사람은?   [18 서울]

① 학교장
② 교육감
③ 보건소장
④ 해당 학교 소재 구청장

해설
감염병 발병 시 등교 중지 조치는 학교장이 하며 교육청에 보고, 관할 보건소에 신고한다.

077 다음의 인구 현황 표에 따라 산출한 지표에 대한 설명으로 옳은 것은?   [18 지방]

구분(세)	인구 수(명)
0~14	200
15~49	300
50~64	200
65~74	200
75 이상	100
계	1,000

① 노령화지수는 30으로 유년인구 100명에 대해 노년인구가 30명임을 뜻한다.
② 노인인구 구성 비율은 20%로 총인구 100명에 대해 노인인구가 20명임을 뜻한다.
③ 노년부양비는 60으로 생산가능인구 100명이 노년인구 60명을 부양한다는 뜻이다.
④ 유년부양비는 20으로 생산가능인구 100명이 유년인구 20명을 부양한다는 뜻이다.

해설
① 노령화지수는 150으로 유년인구 100명에 대해 노년인구가 150명임을 뜻한다.
② 노인인구 구성 비율은 30%로 총인구 100명에 대해 노인인구가 30명임을 뜻한다.
④ 유년부양비는 40으로 생산가능인구 100명이 유년인구 40명을 부양한다는 뜻이다.

- 노령화지수 = $\dfrac{65세 이상 인구(노년인구)}{0~14세 인구(유년인구)} \times 100 = \dfrac{200+100}{200} \times 100 = 150$
- 노년부양비 = $\dfrac{65세 이상 인구}{15~64세 인구} \times 100 = \dfrac{200+100}{300+200} \times 100 = 60$
- 유소년부양비 = $\dfrac{15세 미만 인구(0~14세 인구)}{15~64세 인구} \times 100 = \dfrac{200}{300+200} \times 100 = 40$

정답 076 ① 077 ③

078 다음의 내용이 설명하는 직업병은? [18 서울]

- 반복적인 컴퓨터 및 키보드 직업, 고정된 자세 등으로 인해 유발된다.
- 뒷목이 뻐근하고 어깨, 팔꿈치, 손목 통증 등의 근골격계 이상이 발생한다.
- 눈의 이물감, 충혈, 눈부심, 안구 건조증, 근시 등 안과 질환이 발생한다.
- 우울증, 수면장애, 두통 등 정신과적 이상이 발생한다.

① 산업피로
② VDT증후군
③ 유기용제 중독
④ Raynaud's 현상

해설
반복적인 컴퓨터 및 키보드 작업과 관련된 골격계 및 전신증상의 직업병은 VDT증후군이다.

079 「학교보건법령」상 학교 환경위생 기준을 충족하지 못한 것은? [17 지방추채]

① 소음: 40dB(교사 내)
② 인공조명: 150lux(교실 책상면 기준)
③ 비교습도: 50%
④ 이산화탄소: 550ppm(교실)

해설
교실 책상면 기준 300Lux는 되어야 한다.
① 소음: 55dB 이하
③ 비교습도: 30~80% 이하
④ 이산화탄소: 1,000ppm 이하

080 2016년도 신생아 및 영아 사망 수를 나타낸 표에서 알파인덱스(α-index)를 비교할 때, 건강수준이 가장 높은 경우는? [17 지방추채]

	A	B	C	D
신생아 사망 수	5	5	10	10
영아 사망 수	10	6	15	11

① A
② B
③ C
④ D

해설
α-index는 해당 연도의 영아사망 수와 신생아사망 수의 비율을 나타낸 값이다. 1에 가까울수록 그 지역의 보건의료 수준은 높다.
α-index = 영아 사망 수 / 신생아 사망 수
- A지역 2
- B지역 1.2
- C지역 1.5
- D지역 1.1

정답 078 ② 079 ② 080 ④

081 다음 글에서 설명하는 지표는? [17 지방추채]

- 한 여성이 현재의 출산력이 계속된다는 가정하에서 가임 기간 동안 몇 명의 여자 아이를 출산하는가를 나타낸 값이다.
- 단, 태어난 여자 아이가 가임 연령에 도달할 때까지의 생존율은 고려하지 않는다.

① 합계출산율 ② 총재생산율
③ 순재생산율 ④ 유배우출산율

해설
한 여성이 현재의 출산력이 계속된다는 가정하에서 가임 기간 동안 몇 명의 여자 아이를 출산하는가를 나타낸 지표로, 생존율을 고려하지 않는 것은 총재생산율이다.

합계출산율	• 한 여자가 가임기간(15~49세) 동안 낳을 것으로 예상되는 평균 출생아 수
재생산율	• 한 여성이 일생동안 여아를 몇 명 낳는가에 대한 지수 • 총재생산율 = 합계출산율 × $\dfrac{\text{여야 출생수}}{\text{총출생수}}$ • 순재생산율 = 합계출산율 × $\dfrac{\text{여야 출생수}}{\text{총출생수}}$ × $\dfrac{\text{가임여성 시 생존수}}{\text{여아 출생수}}$
유배우 출산율	• 결혼하여 동거하여 법률적으로 인정되는 상태에서의 출산율 • 유배우 출산율 = $\dfrac{\text{연간 출생아 수}}{\text{가임연령의 유배우 여성인구}}$ × 1,000

082 「노인장기요양보험법령」상 장기요양보험제도에 대한 설명으로 옳은 것은? [17 지방추채]

① 등급 판정기준은 장기요양 1등급(최중증)에서 장기요양 3등급(경증)까지이다.
② 단기보호, 신체활동 지원 용구 제공, 방문간호, 주·야간 보호는 재가급여에 해당된다.
③ 치매를 진단받은 45세의 장기요양보험가입자는 장기요양 인정을 위한 신청 자격이 없다.
④ 재원은 요양서비스 이용자의 본인 부담금만으로 충당되므로 자유 기업형 방식이다.

해설
① 등급 판정기준은 장기요양인정점수를 기준으로 6개 등급으로 등급판정을 한다.
③ 치매를 진단받은 45세의 장기요양보험가입자는 장기요양인정을 위한 신청 자격이 있다.
④ 재원은 요양서비스 이용자의 본인 부담금과 국가 지원금으로 충당된다.

정답 081 ② 082 ②

083 「산업안전보건법 시행규칙」상 다음에서 설명하는 것은? [17 지방추채]

> 특수건강진단 대상 업무로 인하여 해당 유해인자에 의한 직업성 천식, 직업성 피부염, 그 밖에 건강장해를 의심하게 하는 증상을 보이거나 의학적 소견이 있는 근로자에 대하여 사업주가 실시하는 건강진단

① 임시건강진단
② 수시건강진단
③ 특수건강진단
④ 배치전건강진단

해설

특수건강진단 대상 업무로 인하여 해당 유해인자에 의한 직업성 천식, 직업성 피부염, 그 밖에 건강장해를 의심하게 하는 증상을 보이거나 의학적 소견이 있는 근로자에 대해서 실시하는 건강진단은 수시건강진단이다.

건강진단의 구분

구분	내용
임시 건강진단	• 유해인자에 의한 중독, 질병의 이환 여부 또는 질병의 발생원인 등을 확인하기 위하여 지방고용노동관서장의 명령으로 사업주 비용부담으로 실시하는 건강진단 • 직업성 질환의 발생으로부터 당해 근로자 본인 또는 동료근로자들의 건강보호 조치를 긴급히 강구하기 위한 목적으로 실시 • 동일부서에 근무하는 근로자 또는 동일한 유해인자에 노출되는 근로자에게 유사한 질병의 자각 및 타각 증상이 발생하는 경우 • 직업병 유소견자가 발생하거나 여러 명이 발생할 우려가 있는 경우 • 기타 지방고용노동관서의 장이 필요하다고 판단하는 경우
수시 건강진단	• 사업주가 특수건강진단 대상업무로 발생할 수 있는 유해인자에 의한 직업성 천식, 직업성 피부염, 기타 건강장해를 의심할 수 있는 증상을 보이거나 의학적 소견이 있는 근로자에게 실시 • 사업주가 비용을 부담하고 특수건강진단의 실시 여부와 관계없이 필요할 때마다 실시하는 건강진단
특수 건강진단	• 특수건강진단 유해인자에 노출되는 업무에 종사하는 근로자를 대상으로 실시하는 건강진단 • 사업주가 비용을 부담하고 주기적으로 시행하여 근로자의 직업성 질환을 조기에 찾아내어 사후관리 또는 치료를 받도록 하여 근로자의 건강을 유지·보호하기 위한 목적으로 실시
배치전 건강진단	• 특수건강진단을 받아야 하는 업무의 대상이거나 법정 유해인자에 노출될 수 있는 부서로 신규 근로자를 배치 또는 배치전환할 때 사업주가 비용을 부담하여 실시하는 건강진단 • 직업성 질환의 예방을 위해 유해인자에 노출되는 근로자의 기초건강자료를 확보하고 배치하고자 하는 부서업무가 근로자에게 적합한지를 평가할 목적으로 실시

정답 083 ②

084 다음은 부양비에 대한 설명이다. 옳은 것은? [17 서울]

① 부양비는 비경제활동에 대한 경제활동 인구의 비율을 말한다.
② 노년부양비가 15.2%라는 것은 경제활동인구 1,000명당 부양해야 할 노인인구가 15.2명임을 의미한다.
③ 유소년부양비는 경제활동인구가 비경제활동인구를 부양하는 비율이다.
④ 총부양비는 15세에서 64세의 경제활동인구가 15세미만의 인구와 65세 이상의 노인인구를 부양하는 비율이다.

> **해설**
> ① 부양비는 경제활동에 대한 비경제활동 인구의 비율을 말한다.
> ② 노년부양비가 15.2%라는 것은 경제활동인구 100명당 부양해야 할 노인인구가 15.2명임을 의미한다.
> ③ 유소년부양비는 경제활동인구가 비경제활동인구 중 유소년 인구를 부양하는 비율이다.
>
> 부양비는 경제활동연령에 대한 비경제활동연령 인구의 비를 말하며 비경제활동연령은 15세미만의 소년(유년) 인구와 65세 이상의 노년 인구를 말한다(경제활동인구 100명당 부양해야 할 인구). 부양비에는 총부양비, 유소년부양비, 노년부양비가 있다.
>
> $$\text{유소년부양비(Youth D. R.)} = \frac{15\text{세 미만 인구}(0\sim14\text{세 인구})}{15\sim64\text{세 인구}} \times 100$$
>
> $$\text{노년부양비(Old D. R.)} = \frac{65\text{세 이상 인구}}{15\sim64\text{세 인구}} \times 100$$
>
> $$\text{총부양비(Total D. R.)} = \frac{15\text{세 미만 인구}(0\sim14\text{세 인구}) + 65\text{세 이상 인구}}{15\sim64\text{세 인구}} \times 100$$

정답 084 ④

085 작업 시 먼지가 많이 발생하는 경우 사전에 먼지 발생을 줄이는 방법으로 공정을 변경하는 것에 해당하는 작업 환경 관리는? [17 서울]

① 대치
② 격리
③ 환기
④ 개인 보호구 착용

해설
작업환경관리의 기본원리는 대치, 격리, 환기이다. 이 중 대치는 독성이 적은 물질로 대치하는 방법으로 시설의 변경, 공정의 변경, 물질의 변경으로 가능하다.

작업환경관리

대치	독성이 적은 물질로 대치하는 방법으로 가장 효과적인 위생대책의 근본적 방법 ① 시설의 변경: 공정을 변경할 수 있는 상황이 안 되면, 사용하고 있는 위험시설이나 기구를 바꾸는 것 ② 공정의 변경: 유해한 과정을 안전하고 효율적인 공정 과정으로 변경하는 것 ③ 물실의 변경: 유사한 화학구소를 갖고 있는 다른 물질로 대치하는 것으로 가장 흔히 사용하는 방법
격리	물체, 거리, 시간과 같은 장벽(barrier)을 통해 작업자와 유해인자를 분리하는 것 ① 격리 저장: 격리하여 저장할 필요가 있는 물질은 섞이지 않도록 저장 ② 위험시설의 격리 ③ 차열: 뜨거운 물체를 다루는 공정 과정의 경우 기구를 대치 ④ 공정 과정의 격리: 가장 많은 비용이 들지만 유용한 대책으로 사용되고 있는 방법으로, 특별히 화학공장에서 많은 유해인자와 작업자를 격리시키는 데 매우 적합 ⑤ 개인보호구 착용
환기	① 전체환기: 작업장의 유해물질 희석을 위해 사용하여 희석환기라고도 한다. 주로 고온과 다습을 조절하는 데 이용되며, 분진, 냄새, 유해 증기를 희석하는 데에도 이용되나 근본적인 대책으로는 부적절하다. ② 국소환기: 유해물질 발생원 가까이에 유해물질을 빨아들여서 밖으로 배출시키는 장치를 설치하여 근로자가 유해물질을 흡입하지 않도록 방지하여 주는 것이다.

정답 085 ①

086 「노인장기요양보험법」에서 가족 중 한 명이 입원하여 가족들이 2~3일 동안 집을 비워야 하는 상황에서 거동이 불편한 노인에게 적용할 수 있는 서비스는?

[17 서울]

① 주·야간 보호 서비스
② 단기 보호 서비스
③ 시설요양 서비스
④ 방문 요양 서비스

해설

「노인장기요양보험법」은 재가급여, 시설급여, 특별현금급여가 적용된다. 재가 노인을 대상으로 단기간 보호하는 서비스는 '단기보호 서비스'이다.

> **장기요양급여** – 재가급여(15% 본인이 부담), 시설급여(20% 본인이 부담), 특별현금급여

급여종류		내용
재가급여	방문요양	장기요양요원이 수급자의 가정 등을 방문하여 신체활동 및 가사활동 등을 지원하는 장기요양급여
	방문목욕	장기요양요원이 목욕설비를 갖춘 장비를 이용하여 수급자의 가정 등을 방문하여 목욕을 제공하는 장기요양급여
	방문간호	장기요양요원인 간호사 등이 의사, 한의사 또는 치과의사의 방문간호지시서에 따라 수급자의 가정 등을 방문하여 간호, 진료의 보조, 요양에 관한 상담 또는 구강위생 등을 제공하는 장기요양급여
	주·야간 보호	수급자를 하루 중 일정한 시간 동안 장기요양기관에 보호하여 신체활동 지원 및 심신기능의 유지·향상을 위한 교육·훈련 등을 제공하는 장기요양급여
	단기보호	• 수급자를 보건복지부령으로 정하는 범위 안에서 일정 기간 동안 장기요양기관에 보호하여 신체활동 지원 및 심신기능의 유지·향상을 위한 교육·훈련 등을 제공하는 장기요양급여 • 급여를 받을 수 있는 기간은 월 9일 이내로 한다. 다만, 가족의 여행, 병원치료 등의 사유로 수급자를 돌볼 가족이 없는 경우 등 보건복지부장관이 정하여 고시하는 사유에 해당하는 경우에는 1회 9일 이내의 범위에서 연간 4회까지 연장할 수 있다.
	기타 재가급여	수급자의 일상생활·신체활동 지원 및 인지기능의 유지·향상에 필요한 용구를 제공하거나 가정을 방문하여 재활에 관한 지원 등을 제공하는 장기요양급여로서 대통령령으로 정하는 것
시설급여		장기요양기관이 운영하는 「노인복지법」에 따른 노인의료복지시설 등에 장기간 동안 입소하여 신체활동 지원 및 심신기능의 유지·향상을 위한 교육·훈련 등을 제공하는 장기요양급여
특별현금급여	가족요양비	도서·벽지 등 장기요양기관이 현저히 부족한 지역, 천재지변, 수급자의 신체·정신 또는 성격상의 사유로 인하여 가족으로부터 방문요양에 상당한 장기요양급여를 받은 때 지급되는 현금급여
	특례요양비	수급자가 장기요양기관이 아닌 노인요양시설 등의 기관 또는 시설에서 재가급여 또는 시설급여에 상당한 장기요양급여를 받은 경우 수급자에게 지급되는 현금급여
	요양병원 간병비	수급자가 요양병원에 입원한 때 지급되는 현금급여

정답 086 ②

087 「산업재해보상법」에서 다음에 해당하는 것은? [17 서울]

> 근로자가 요양을 시작한 지 2년이 지난 이후 지급받는 것으로 다음의 각 요건에 모두 해당되면 휴업급여 대신 지급받는다.
> - 그 부상이나 질병이 치유되지 아니한 상태일 것
> - 그 부상이나 질병에 따른 폐질(廢疾)의 정도가 대통령령으로 정하는 폐질등급 기준에 해당할 것
> - 요양으로 인하여 취업하지 못하였을 것

① 요양급여
② 장해급여
③ 간병급여
④ 상병보상연금

해설

산업재해 시 「산업재해보상보험법」에서 제공하는 보험급여 중 요양급여를 받는 근로자가 요양을 시작한 지 2년이 지난 날 이후 지급받는 것은 상병보상연금이다.

산업재해보상

급여	내용
요양급여	• 근로자가 업무상의 사유로 부상을 당하거나 질병에 걸린 경우에 그 근로자에게 지급 • 부상 또는 질병이 3일 이내의 요양으로 치유될 수 있으면 요양급여를 지급하지 않는다.
휴업급여	• 업무상 사유로 부상을 당하거나 질병에 걸린 근로자에게 요양으로 취업하지 못한 기간에 대하여 지급 • 취업하지 못한 기간이 3일 이내이면 지급하지 아니한다. • 1일당 지급액은 평균임금의 100분의 70에 상당하는 금액
장해급여	• 근로자가 업무상의 사유로 부상을 당하거나 질병에 걸려 치유된 후 신체 등에 장해가 있는 경우 • 장해급여는 장해등급(1~14등급)에 따라 장해보상연금 또는 장해보상일시금으로 하되, 그 장해등급의 기준은 대통령령으로 정한다.
간병급여	요양급여를 받은 자 중 치유 후 의학적으로 상시 또는 수시로 간병이 필요하여 실제로 간병을 받는 자에게 지급
유족급여	근로자가 업무상의 사유로 사망한 경우에 유족에게 지급 • 유족보상일시금: 100분의 50에 상당하는 금액 • 유족보상연금: 100분의 50을 감액하여 지급
상병보상연금	근로자가 요양을 시작한 지 2년이 지난날 이후 다음 각 호의 요건 모두에 해당하는 상태가 계속되면 휴업급여 대신 지급 ㉠ 그 부상이나 질병이 치유되지 아니한 상태일 것 ㉡ 그 부상이나 질병에 따른 폐질(廢疾)의 정도가 대통령령으로 정하는 중증요양상태등급 기준에 해당할 것 ㉢ 요양으로 인하여 취업하지 못하였을 것
직업재활급여	• 장해급여 또는 진폐보상연금을 받은 자나 장해급여를 받을 것이 명백한 자로서 대통령령으로 정하는 자 중 취업을 위하여 직업훈련이 필요한 자에 대하여 실시하는 직업훈련에 드는 비용 및 직업훈련수당 • 업무상의 재해가 발생할 당시의 사업에 복귀한 장해급여자에 대하여 사업주가 고용을 유지하거나 직장적응훈련 또는 재활운동을 실시하는 경우에 각각 지급하는 직장복귀지원금, 직장적응훈련비 및 재활운동비
장례비	• 근로자가 업무상의 사유로 사망한 경우에 지급 • 평균임금의 120일분에 상당하는 금액

정답 087 ④

088 인구의 생정통계 지표 중 전체 사망자 중에서 50세 이상 연령에서의 사망자 수를 의미하며 국가보건수준의 주요지표로 사용되는 것은?

[17 서울(수정)]

① 비례사망률
② 비례사망지수
③ 조사망률
④ 연령별 사망률

해설
비례사망률과 비례사망지수를 혼동하지 않도록 유의한다.

비례사망률 (PMR)	전체 사망자 중 특정 원인에 의해 사망한 사람들의 분율 $\dfrac{\text{그 연도의 특정 원인(질환)에 의한 사망 수}}{\text{어떤 기간의 사망수}} \times 100$
비례사망지수 (PMI)	$\dfrac{\text{50세 이상의 사망수}}{\text{연간 총사망수}} \times 1,000$
조사망률	$\dfrac{\text{같은 해 1년 간 총사망수}}{\text{특정 연도의 연 중앙인구}} \times 1,000$
연령별 사망률	$\dfrac{\text{그 연령군의 연간 총사망수}}{\text{어떤 연령군의 연 중앙인구}} \times 1,000$

089 「산업안전보건법 시행규칙」상 근로자 일반건강진단의 실시 횟수가 옳게 짝지어진 것은?

[17 지방]

	사무직 종사 근로자	그 밖의 근로자
①	1년에 1회 이상	1년에 1회 이상
②	1년에 1회 이상	1년에 2회 이상
③	2년에 1회 이상	1년에 1회 이상
④	2년에 1회 이상	1년에 2회 이상

해설
근로자의 일반건강진단은 사무직의 경우 2년에 1회 이상, 그 밖의 근로자는 1년에 1회 이상 실시한다.

정답 088 ② 089 ③

090 다음 글에서 설명하는 작업환경관리의 기본원리는? [17 지방]

유해 화학 물질을 다루기 위해 원격조정용 장치를 설치하였다.

① 격리
② 대치
③ 환기
④ 개인보호구

해설
원격조정장치를 사용하여 유해화학물질을 차단하는 것은 격리이다.

작업환경관리

대치	독성이 적은 물질로 대치하는 방법으로 가장 효과적인 위생대책의 근본적 방법 ① 시설의 변경: 공정을 변경할 수 있는 상황이 안 되면, 사용하고 있는 위험시설이나 기구를 바꾸는 것 ② 공정의 변경: 유해한 과정을 안전하고 효율적인 공정 과정으로 변경하는 것 ③ 물질의 변경: 유사한 화학구조를 갖고 있는 다른 물질로 대치하는 것으로 가장 흔히 사용하는 방법
격리	물체, 거리, 시간과 같은 장벽(barrier)을 통해 작업자와 유해인자를 분리하는 것 ① 격리 저장: 격리하여 저장할 필요가 있는 물질은 섞이지 않도록 저장 ② 위험시설의 격리 ③ 차열: 뜨거운 물체를 다루는 공정 과정의 경우 기구를 대치 ④ 공정 과정의 격리: 가장 많은 비용이 들지만 유용한 대책으로 사용되고 있는 방법으로, 특별히 화학공장에서 많은 유해인자와 작업자를 격리시키는 데 매우 적합 ⑤ 개인보호구 착용
환기	① 전체환기: 작업장의 유해물질 희석을 위해 사용하여 희석환기라고도 한다. 주로 고온과 다습을 조절하는 데 이용되며, 분진, 냄새, 유해 증기를 희석하는 데에도 이용되나 근본적인 대책으로는 부적절하다. ② 국소환기: 유해물질 발생원 가까이에 유해물질을 빨아들여서 밖으로 배출시키는 장치를 설치하여 근로자가 유해물질을 흡입하지 않도록 방지하여 주는 것이다.

정답 090 ①

091 다음 A지역의 성비유형 및 성비는?   [17 지방]

| 2016년 A지역에 남아 90명과 여아 100명이 출생하였다. |

① 1차 성비 $\frac{90}{100} \times 100$

② 1차 성비 $\frac{100}{90} \times 100$

③ 2차 성비 $\frac{90}{100} \times 100$

④ 2차 성비 $\frac{100}{90} \times 100$

해설
출생당시의 성비는 2차 성비이다.

성비 = $\frac{남아 출생수}{여아 출생수} \times 100$

성비는 남녀 인구의 균형 상태를 나타내는 지수로서, 보통 여자 100명에 대한 남자의 수로서 표시된다.
(1) 1차 성비(primary sex ratio): 태아의 성비
(2) 2차 성비(secondary sex ratio): 출생 시의 성비
(3) 3차 성비(tertiary sex ratio): 현재 인구의 성비

---

092 다음 중 「노인복지법」에 규정된 노인의료복지시설만으로 묶인 것은?   [16 서울]

① 노인공동생활가정, 단기요양시설
② 방문요양시설, 노인요양시설
③ 노인요양시설, 노인요양공동생활가정
④ 노인요양시설, 단기요양시설

해설
노인의료복지시설은 노인요양시설, 노인요양공동생활가정이다.

노인복지시설의 종류

구분	종류	기능
노인주거 복지시설	양로시설	노인을 입소시켜 급식과 그 밖에 일상생활에 필요한 편의를 제공
	노인공동 생활가정	노인들에게 가정과 같은 주거여건과 급식, 그 밖에 일상생활에 필요한 편의를 제공
	노인복지주택	노인에게 주거시설을 분양 또는 임대하여 주거의 편의·생활지도·상담 및 안전관리 등 일상생활에 필요한 편의를 제공
노인의료 복지시설	노인요양시설	치매·중풍 등 노인성 질환으로 심신에 상당한 장애가 발생하여 도움을 필요로 하는 노인을 입소시켜 급식·요양과 그 밖에 일상생활에 필요한 편의를 제공
	노인요양 공동생활가정	치매·중풍 등 노인성 질환 등으로 심신에 상당한 장애가 발생하여 도움을 필요로 하는 노인에게 가정과 같은 주거여건과 급식·요양, 그 밖에 일상생활에 필요한 편의를 제공

정답 091 ③   092 ③

093 A 근로자는 건강진단 결과, D1로 판정 받았다. A 근로자에게 적합한 건강관리 내용으로 옳은 것은? [16 서울]

① 건강관리상 사후관리가 필요 없다.
② 직업성 질병의 소견을 보여 사후관리가 필요하다.
③ 직업성 질병으로 진전될 우려가 있어 추적검사 등 관찰이 필요하다.
④ 일반건강진단에서 질환이 의심되어 2차 건강진단이 필요하다.

해설

건강진단 결과 관리

건강관리 구분				사후관리조치판정		업무수행 적합여부 내용 (질병유소견자에 대하여 구분함)	
일반건강진단		배치전/특수/수시/임시 건강진단					
A	건강관리상 의학적 및 직업적 사후관리 조치 불필요(정상자)	A	건강관리상 의학적 및 직업적 사후관리가 필요없는 자(정상자)	0	필요없음	가	건강관리상 현재의 조건하에서 작업이 가능한 경우
				1	건강상담		
B	경미한 이상 소견이 있으나 의학적 및 직업적 사후관리 조치 불필요(정상자로 분류)			2	보호구 지급 및 착용 지도	나	일정한 조건(환경개선, 개인보호구 착용, 건강진단의 주기를 앞당기는 경우 등)하에서 현재의 작업이 가능한 경우
C	건강관리상 적절한 의학적 및 직업적 사후관리 조치 필요(요관찰자)	C1	직업성 질병으로 진전될 우려가 있어 추적 관찰이 필요(직업병 요관찰자)	3	추적검사		
		C2	일반 질병으로 진전될 우려가 있어 추적 관찰이 필요(일반질병 요관찰자)	4	근무 중 치료		
D1	직업성 질병의 소견이 있어 적절한 의학적 및 직업적 사후관리 조치 필요(직업병 유소견자)	D1	직업성 질병의 소견을 보여 적절한 의학적 및 직업적 사후관리 조치 필요(직업병 유소견자)	5	근로시간 단축	다	건강장애가 우려되어 한시적으로 현재의 작업을 할 수 없는 경우(건강상 또는 근로조건상의 문제를 해결한 후 작업복귀 가능)
				6	작업전환		
D2	일반 질병의 소견이 있어 적절한 의학적 및 직업적 사후관리 조치 필요(일반질병 유소견자)	D2	일반 질병의 소견을 보여 적절한 의학적 및 직업적 사후관리 조치 필요(일반질병 유소견자)	7	근로제한 금지	라	건강장애의 악화 또는 영구적인 장해발생으로 현재의 작업을 해서는 안 되는 경우
R	1차 건강진단 실시결과에서 이상소견이 있어 2차 건강진단 실시 필요(질환의심자)	※ 특수건강진단 선택검사항목 추가검사 대상임을 통보하였으나 당해 근로자의 퇴직 등으로 당해 검사가 이루어지지 않아 건강관리구분을 판정할 수 없는 근로자는 'U'로 분류함.		8	산재요양신청서 직접 작성 등 해당 근로자에 대한 직업병 확진 의뢰 안내		
				9	기타		

정답 **093** ②

094 다음 중 산업재해를 파악하는 지표에 대한 설명으로 옳지 않은 것은?

[16 서울]

① 천인율은 근로자 1,000명당 재해로 인한 사망자 수의 비율을 의미한다.
② 도수율은 1,000,000근로시간당 재해발생 건수를 의미한다.
③ 사망만인율은 근로자 10,000명당 재해로 인한 사망자 수의 비율을 의미한다.
④ 강도율은 1,000근로시간당 재해로 인한 근로 손실일수를 의미한다.

해설
천인율은 근로자 1,000명당 재해발생 건수를 의미한다.

산업재해지표

도수율 (빈도율)	① 발생상황을 파악하기 위한 표준적인 지표로서, 연 100만 작업시간당 재해발생건수를 말한다. ② 도수율 = 재해건수/연근로시간수 × 1,000,000
건수율 (발생률, 천인율, 만인율)	① 조사기간 중의 산업체 종업원 1,000명당 재해발생건수를 표시하는 것으로 천인율 또는 발생률이라고도 한다. ② 산업재해의 발생상황을 총괄적으로 파악하는 데는 적합하나, 작업시간이 고려되지 않는 결점이 있다. ③ 건수율 = 재해건수/평균실근로자수 × 1,000
강도율	① 연 1,000 작업시간당 작업손실일수로서 재해에 의한 손상의 정도를 나타내는 것을 말한다. ② 강도율 = 손실작업일수/연근로시간수 × 1,000
평균 손실일수 (중독률)	① 재해건수당 평균작업손실 규모가 어느 정도인지를 나타내는 지표이다. ② 평균손실일수 = 손실작업일수/재해건수
기타	• 재해율 = 재해자 수(또는 재해건 수)/평균 근로자 수 × 100 • 사망만인율 = 사망자 수/평균실근로자 수 × 10,000 • 업무질병만인률 = 업무상 질병자 수/평균실근로자수 × 10,000

095 아래의 인구통계 자료로 알 수 있는 지역 A의 특성은?

[16 서울]

지역 A의 인구통계 자료	• α-index: 1.03 • 유소년 부양비: 18.9 • 노령화지수: 376.1 • 경제활동연령연구비율: 52.7

① 노인 부양에 대한 사회적 대책과 전략이 요구된다.
② 지역사회의 영아사망 및 모성사망 감소에 대한 요구가 높다.
③ 고출생 저사망으로 인한 인구 억제 및 가족계획 정책이 요구된다.
④ 근대화 과정의 초기로서 사망률 저하를 위한 환경개선사업이 요구된다.

해설
이 문제는 주요 지표를 확인하여 특정 지역사회의 생정통계에 대한 지식을 종합적으로 확인하는 문제이다.
① 노령화지수가 반영된 해석이다.
② α-index가 1에 가깝다는 것은 보건지표로서 긍정적이다.
③ 직접적인 출생과 사망지표가 없고 고출생을 간접적으로도 확인할 지표가 없다.
④ 사망률과 관련된 직접적인 지표가 없다.

정답 094 ① 095 ①

096 ★★★ 산업장에서 근무중인 A씨가 아래와 같은 증상을 호소하였다면 의심되는 중독은?

[16 지방]

- 수면장애와 피로감
- 손 처짐(Wrist Drop)을 동반한 팔과 손의 마비
- 근육통과 식욕부진
- 빈혈

① 납 중독 ② 크롬 중독
③ 수은 중독 ④ 카드뮴 중독

해설

중금속 중독

중금속	증상과 징후	예방과 관리
납 (연, Pb)	① 발생요인: 제련소, 페인트, 인쇄소, 납 용접작업 등을 통해 호흡기로 흡수되는 것이 대부분이며 기도의 점막, 위장관계, 피부로도 침입 ② 일반적 증상 • 위장장애: 초기 식욕부진, 변비, 복부팽만감, 진행되면 급성복부산통 • 신경 및 근육계통의 장애: 사지의 신근쇠약이나 마비, 관절통, 근육통 • 중추신경장애: 급성 뇌증, 심한 흥분, 정신착란 • 만성중독: 동맥경화증, 고혈압, 신장장애, 생식기 장애, 조혈장애 ③ 납중독의 4대 증상 • 소변 중의 코프로폴피린의 증가: 초기 진단 • 구강 치은부에 암청색의 황화연이 침착한 청회색선 • 혈관수축이나 빈혈로 인한 피부 창백 • 호염기성 과립적혈구의 증가	① 허용 기준 준수 ② 작업공정을 밀폐하거나 배기장치 설치 또는 바닥이 축축하도록 물을 뿌림 ③ 작업장 위생: 식사를 위한 청결한 장소 제공 및 손 씻기 ④ 개인보호구 착용 및 관리
수은 (Hg)	① 발생요인: 직업적인 노출이 가장 높은 직종은 수은 광산과 수은 추출 작업이며 대부분 수은 증기에 노출되어 발생 ② 수은중독의 3대 증상 • 구내염 • 근육진전(근육경련) • 정신증상 ③ 일반적인 증상 • 수은 만성중독 시 뇌조직에 침범하여 시야협착, 청력, 언어장애, 보행장애 • 모체를 통해 아이에게도 중독 증상이 나타남	① 중독사례: 미나마타병(Minamata disease, 1953년 일본 미나마타에서 발생) – 미나마타 만에서 잡힌 어패류에 축적되어 있는 메틸수은이 원인물질이 되어 팔다리 마비, 보행장애, 언어장애, 시야협착, 난청 등의 증상이 나타남 ② 예방 • 수은은 밀폐장치 안에서 취급해야 함 • 작업장 청결유지 및 국소 마스크 사용, 외출복과 작업복을 구분하여 입고 작업 후에는 목욕을 함 • 급성중독 시 우유와 달걀흰자를 먹여 수은과 단백질을 결합시켜 침전시킴

중금속	증상과 징후	예방과 관리
크롬 (Cr)	① 발생요인: 주로 크롬 도금작업이나 크롬산염을 촉매로 취급하는 작업 등에 노출될 때 발생 ② 증상 • 급성: 심한 신장장애를 일으켜 과뇨증이 오고 심하면 무뇨증으로 발전하여 요독증으로 1~2일 또는 10일 안에 사망 • 만성: 코, 폐 및 위장의 점막에 병변을 일으키는 것이 특징이며, 장기간 노출 시 기침, 두통, 호흡곤란이 일어남. 특히 비중격의 연골부에 둥근 구멍이 뚫리는 비중격 천공이 나타난다.	① 크롬을 먹은 경우에는 응급조치로 우유와 환원제로 비타민 C를 줌 ② 호흡기 흡입에 의한 급성중독의 경우에는 병원에 입원시킴 ③ 작업장 공기를 허용 농도 이하로 유지하고 피부에 물질이 닿지 않도록 작업복을 착용 ④ 피부보호용 크림을 노출된 피부에 바르고 비중격 점막에 바셀린을 바르도록 함.
카드뮴 (Cd)	① 발생요인: 카드뮴은 가열하면 공기 중에 쉽게 증기로 변화되어 밝은 불꽃을 내며 타면서 산소와 결합하여 황갈색의 산화카드뮴 흄을 생성 ② 증상 • 급성: 구토, 설사, 급성위장염, 복통, 착색뇨가 나타나며 간 및 신장기능에 장애가 나타난다. • 만성: 폐기종, 신장기능 장애, 단백뇨, 뼈의 통증, 골연화증, 골다공증 등 골격계 장애가 대표적인 증상	① 중독사례: 이타이이타이병(Itai-Itai disease) – 금속 정련 공장의 폐수가 흘러나가 그 지방의 음료수와 농작물에 축적된 것을 장기간 섭취하여 중독 증상을 일으켰던 것 ② 예방 • 적절한 보호구를 사용하고 철저한 개인위생이 중요 • 작업장 내에서는 음식 섭취와 흡연 절대 금지 • 작업복을 자주 갈아입고 매일 작업 후 목욕을 함

정답 096 ①

097 ★★★

「교육환경보호에 관한 법률」상 교육환경보호구역(이하 "보호구역"이라 한다.) 설치 및 관리에 대한 설명으로 옳은 것은? [16 지방]

① 학교의 장은 해당 학교의 절대보호구역과 상대보호구역을 설정한 후 해당 시·도의 교육감에게 알려야 한다.
② 초등학교와 중학교 간에 보호구역이 서로 중복될 경우에는 초등학교의 장이 중복된 보호구역을 관리한다.
③ 상대보호구역은 학교출입문에서 직선거리로 200m까지인 지역 중 절대보호구역을 포함한 지역으로 한다.
④ 학교 간에 절대보호구역과 상대보호구역이 서로 중복될 경우에는 상대보호구역이 설정된 학교의 장이 이를 관리한다.

해설

① **교육감**은 해당 학교의 절대보호구역과 상대보호구역을 설정한 후 해당 시·군·구청장에게 알려야 한다.
③ 상대보호구역은 학교경계선에서 직선거리로 200m까지인 지역 중 절대보호구역을 제외한 지역으로 한다.
④ 학교 간에 절대보호구역과 상대보호구역이 서로 중복될 경우에는 절대보호구역이 설정된 학교의 장이 이를 관리한다.

교육환경보호구역(「교육환경보호에 관한 법률」)

절대보호구역	학교출입문으로부터 직선거리로 50미터까지인 지역(학교설립예정지의 경우 학교경계로부터 직선거리 50미터까지인 지역)
상대보호구역	학교경계등으로부터 직선거리로 200미터까지인 지역 중 절대보호구역을 제외한 지역
설정	교육감은 학교설립예정지가 통보된 날부터 30일 이내에 교육환경보호구역을 설정·고시
관리	• 학교의 장은 해당 학교의 보호구역 내 교육환경에 대한 현황 조사 및 보호구역 내 금지행위의 방지 등을 위한 계도 등을 한다. 다만, 학교가 개교하기 전까지의 관리는 보호구역을 설정한 자가 한다. • 상·하급 학교 간에 보호구역이 서로 중복되는 경우에는 하급학교. 다만, 하급학교가 유치원인 경우에는 그 상급학교로 한다. • 같은 급의 학교 간에 보호구역이 서로 중복될 경우에는 학생 수가 많은 학교가 관리한다. • 학교 간에 절대보호구역과 상대보호구역이 서로 중복될 경우에는 절대보호구역이 설정된 학교의 장이 이를 관리한다.

정답 097 ②

098 모자보건사업의 지표에 대한 설명으로 옳은 것은? [16 지방]

① α-index는 해당 연도의 영아사망수와 모성사망수의 비율을 나타낸 값이다.
② 영아사망률은 해당 연도의 출생아 수 1,000명에 대하여 동일 기간에 발생한 1세 미만의 사망아 수를 나타낸 값이다.
③ 주산기사망률은 해당연도의 총 출생아 수에 대하여 동일 기간의 임신 12주 이후의 태아 사망수와 생후 28일 미만의 신생아 사망수를 나타낸 값이다.
④ 모성사망률은 해당 연도의 출생아 수에 대하여 동일 연도 임신기간 동안 사망한 여성 전체 수를 나타낸 값이다.

해설

① α-index는 해당 연도의 영아사망수와 신생아사망수의 비율을 나타낸 값이다.
③ 주산기사망률은 해당연도의 총 출산아 수에 대하여 동일 기간의 임신 28(23)주 이후의 태아 사망수와 생후 7일 미만의 신생아 사망수를 나타낸 값이다.
④ 모성사망률은 해당 연도의 출생아 수에 대하여 동일 연도 임신, 분만, 산욕 합병증으로 사망한 여성 전체 수를 나타낸 값이다.

α-Index	영아 사망과 신생아 사망의 관련지표로서 α-Index가 1에 근접할수록 영아기간 중의 사망이 신생아 고유 질환에 의한 사망뿐이라는 의미를 갖기 때문에 그 지역의 건강수준이 높은 것을 의미	
	$\alpha\text{-Index} = \dfrac{\text{같은 연도의 영아 사망수}}{\text{특정 연도의 신생아 사망수}}$	
영아 사망률	영아 사망률 = $\dfrac{\text{생후 12개월 내 사망한 영아 수}}{\text{특정 연도의 총 출생아 수}} \times 1,000$	
주산기 사망률	산모의 건강 상태뿐만 아니라 태아의 건강 상태를 파악할 수 있는 모자보건 분야의 대표적인 지표	
	주산기 사망률 = $\dfrac{\text{같은 해 임신 28(23)주 이후 사산수 + 생후 1주 이내의 신생아 사망수}}{\text{1년 간 출산아 수(출생+사산)}} \times 1,000$	
모성사망률	모성사망률 = $\dfrac{\text{모성 사망수(같은 연도의 임신, 분만, 산욕 합병증으로 사망한 모성수)}}{\text{당해연도 연간 총 출생아수}} \times 1,000$	

정답 098 ②

099 중학생 K군이 폐결핵 진단을 받았다고 학부모가 전화를 한 상황에서 학교가 취한 조치로 옳은 것은? [16 지방]

① 보건교사는 해당 학생의 투베르쿨린 검사 결과를 가지고 감염력 소실을 판단한 후 등교중지 해지를 결정하였다.
② '감염병의 예방 및 관리에 관한 법률'에 의거하여 학교의 장은 결핵 발병 상황을 지체 없이 질병관리청에 신고하였다.
③ 감염 확산을 막기 위하여 학생의 이름과 상태를 전교생에게 공지한 후 최근 접촉자들에 대해서는 병원 진료를 받도록 조치하였다.
④ 학생과 학부모에게 등교중지 기간은 출석으로 인정된다는 사실을 알려주었다.

해설
① 보건교사는 결핵 학생을 발견 시 학교장에게 보고하고 학교장이 등교중지 및 해지를 결정하였다.
② '감염병 예방 및 관리에 관한 법률'에 의거하여 학교의 장은 결핵 발병 상황을 지체 없이 관할 보건소에 신고하였다.
③ 감염 확산을 막기 위하여 학생의 이름과 상태를 전교생에게 공지하지 않는다. 최근 접촉자들에 대해서는 병원 진료를 받도록 조치하는 것은 학교 측의 일이 아니다.

100 우리나라 노인장기요양보험제도에 대한 설명으로 옳은 것은? [16 지방]

① 대상자의 경제적 수준에 따라 서비스 수혜의 우선순위가 결정된다.
② 장기요양급여는 가족의 부담을 고려하여 시설급여를 우선적으로 제공하여야 한다.
③ 관리운영기관은 국민건강보험공단이지만 통합 징수한 장기요양보험료와 건강보험료는 각각의 독립회계로 관리한다.
④ 장기요양 인정의 유효기간은 최소 6개월로 의사소견을 받아 유효기간을 자동 갱신할 수 있다.

해설
① 대상자의 등급판정(스스로 일상생활 수행 정도)에 따라 서비스 수혜의 우선순위가 결정된다.
② 장기요양급여는 가족의 부담을 고려하여 재가급여를 우선적으로 제공하여야 한다.
④ 장기요양 인정의 유효기간은 2년으로 한다. 다만, 법에 따른 장기요양인정의 갱신(유효기간이 끝나기 90일 전부터 30일 전까지의 기간에 장기요양인정 갱신신청서에 의사소견서를 첨부하여 공단에 제출) 결과 직전 등급과 같은 등급으로 판정된 경우에는 그 갱신된 장기요양인정의 유효기간은 다음 구분에 따른다.
• 장기요양 1등급의 경우: 4년
• 장기요양 2등급부터 4등급까지의 경우: 3년
• 장기요양 5등급 및 인지지원등급의 경우: 2년

정답 099 ④ 100 ③

101 2013년부터 전국 지자체에서 시행되고 있는 지역사회 통합 건강증진사업의 기본방향 중 옳지 않은 것은? [15 서울]

① 분절적인 단위사업 중심에서 대상자 중심의 통합서비스 제공(효율성)
② 정해진 지침에 따른 운영에서 지역 여건에 맞추어 탄력적인 운영(자율성)
③ 생애주기별, 공통적 건강문제를 갖는 인구 집단별 모든 주민의 건강관리사업(형평성)
④ 정해진 사업의 물량 관리위주의 평가에서 사업 목적·목표 달성 여부의 책임 평가(책임성)

해설

통합건강증진사업의 기본 방향
(1) 단위사업 중심(분절적) → 대상자 중심 통합서비스 제공(효율성)
(2) 정해진 지침에 따라 운영(경직적) → 지역여건에 맞추어 탄력적 운영(자율성)
(3) 정해진 사업의 물량 관리위주(수동적) → 사업목적, 목표달성 여부의 책임(책임성)
→ 기존 국고 중심 사업은 공통적인 문제를 다루고 인구집단 중심의 성격이 강했으나 통합건강증진사업은 지역적 특성을 반영하면서 개별적인 부분을 고려한 사업이 더 강조된다.

102 소음이 심한 산업장에서 일하는 근로자가 건강진단 결과 질병유소견자로 발견되어 업무수행 적합여부를 평가한 결과 "다"로 판정받았다. 보건관리자가 이 근로자에게 교육한 내용으로 옳은 것은? [15 서울]

① 현재의 조건하에서 작업이 가능하며 지속적인 청력검사가 필요함
② 귀마개와 귀덮개를 모두 착용한 상태에서 현재의 작업이 가능함
③ 근로시간을 50% 단축한 상태에서 현재의 작업이 가능함
④ 청력장애가 우려되어 한시적으로 현재의 작업을 할 수 없음

해설

업무수행 적합여부 판정구분

구분	업무수행 적합여부 내용
가	건강관리상 현재의 조건하에서 작업이 가능한 경우
나	일정한 조건(환경개선, 보호구착용, 건강진단주기의 단축 등)하에서 현재의 작업이 가능한 경우
다	건강장애가 우려되어 한시적으로 현재의 작업을 할 수 없는 경우(건강상 또는 근로조건상의 문제가 해결된 후 작업복귀 가능)
라	건강장애의 악화 또는 영구적인 장애의 발생이 우려되어 현재의 작업을 해서는 안 되는 경우

정답 101 ③ 102 ④

103. 산업장 유해물질 허용기준에 관한 설명으로 옳은 것은? [15 서울]

① 우리나라 유해물질의 허용기준은 모두 세계표준기준을 채택하고 있다.
② 시간가중 평균노출기준(Time Weighted Average; TWA)은 하루 24시간 중에 실제 수행된 노동시간 중의 평균 농도로 나타낸다.
③ 단시간 노출기준(Short Term Exposure Limit; STEL)은 근로자가 1회에 60분 간 유해요인에 노출되는 경우를 기준으로 나타낸다.
④ 유해물질을 혼재해서 사용하는 경우 단독 유해물질의 노출기준을 그대로 적용해서는 안 된다.

해설

① 우리나라 유해물질의 허용기준은 우리나라의 실정에 맞게 고용노동부고시인 "화학물질 및 물리적 인자의 노출기준"을 따르고 있다.
② 시간가중 평균노출기준(Time Weighted Average; TWA)은 하루 8시간 중에 실제 수행된 노동시간 중의 평균 농도로 나타낸다.
③ 단시간 노출기준(Short Term Exposure Limit; STEL)은 근로자가 1회에 15분 간 유해요인에 노출되는 경우를 기준으로 나타낸다.

유해물질 허용기준

구분	내용
시간 가중 평균노출기준 (TWA; TLV – Time Weighted Average)	• 주당 40시간, 하루 8시간 작업 동안에 폭로된 평균 농도의 상한치로, 이 수준에는 대부분의 작업자가 매일 노출되어도 건강상 영향이 없을 것으로 여겨지는 수치이다. • 1일 8시간 작업을 기준으로 하여 유해인자의 측정치에 발생시간을 곱하여 8시간으로 나눈 값을 말한다.
단시간노출기준 (STEL; TLV – Short Term Exposure Limit)	• 시간가중 평균노출기준(TWA)에 대한 보완기준으로 근로자가 1회에 15분 동안 유해요인에 노출되는 경우를 기준으로 한다. • 1회 노출 간격이 1시간 이상인 경우 1일 4회까지만 노출이 허용된다. 전 폭로기간은 60분 미만이어야 하며 동시에 시간가중 평균 농도를 초과하면 안 된다. • 이 노출 기준은 주로 만성중독이나 고농도에서 급성중독을 초래하는 유해물질에 적용된다.
최고노출기준 (TLV – ceiling)	• 천정치라고도 하며, 1일 작업시간 동안 잠깐이라도 노출되어서는 안 되는 기준으로 최고 수준의 농도를 의미한다. 시간가중 평균 농도 앞에 'C'로 표시한다. • 8시간 작업 후 16시간의 휴식을 취하는 작업조건과 자극성 가스나 독작용이 빠른 물질에 적용된다. • 실제로 순간 농도 측정은 불가능하므로 보통 15분간 측정한다. • 독성이나 위험의 상대적 지표로 사용할 수 없다.

→ 유해물질을 혼재해서 사용하는 경우 단독 유해물질의 노출기준보다 더 엄격하게 적용해야 한다.

정답 103 ④

104 아래와 같은 인구구조를 가진 지역사회가 있다. 이 지역사회의 노령화지수는? (단, 단위는 명) [15 서울]

- 0 ~ 14세: 200
- 15 ~ 44세: 700
- 45 ~ 64세: 500
- 65 ~ 80세: 200
- 81세 이상: 100

① 1.5
② 15
③ 150
④ 700

해설

노령화지수는 소년층 인구(0~14세)에 대한 노년층 인구(65세 이상)의 비율이다.

노령화지수
- 노인인구의 증가에 따른 노령화 정도를 나타내는 지표이다.
- 노령화지수(index of aging) = $\dfrac{65세\ 이상\ 인구(노년인구)}{0\sim14세\ 인구(유년인구)} \times 100$

  $= \dfrac{200+100}{200} \times 100 = 150$

105 학교에서 수두 환자가 발생하였을 경우 학교장이 취해야 할 조치로 적절하지 않은 것은? [15 지방]

① 감독청에 즉시 보고한다.
② 관할 보건소에 즉시 신고한다.
③ 환자에게 등교 중지를 명한다.
④ 감염 여부를 확인하기 위해 가검물을 채취하고, 유행규모를 파악한다.

해설

「학교보건법」제8조(등교 중지) 학교의 장은 건강검사의 결과나 의사의 진단 결과 감염병에 감염되었거나 감염된 것으로 의심되거나 감염될 우려가 있는 학생 및 교직원에 대하여 대통령령으로 정하는 바에 따라 등교를 중지시킬 수 있다. 또한 지체없이 교육청에 보고하고 관할보건소에 신고한다.

정답 104 ③ 105 ④

106 근로자의 건강진단 시 다음에 해당하는 건강관리 구분은? [15 지방]

> 직업성 질병으로 진전될 우려가 있어 추적검사 등 관찰이 필요한 자

① C1　　　② C2
③ D1　　　④ D2

해설

근로자 건강관리 구분

구분	내용
A	건강관리상 사후관리가 필요 없는 자(건강한 근로자)
C1	직업성 질병으로 진전될 우려가 있어 추적검사 등 관찰이 필요한 자(직업병 요관찰자)
C2	일반 질병으로 진전될 우려가 있어 추적검사 등 관찰이 필요한 자(일반질병 요관찰자)
D1	직업성 질병의 소견을 보여 사후관리가 필요한 자(직업병 유소견자)
D2	일반 질병의 소견을 보여 사후관리가 필요한 자(일반질병 유소견자)
R	일반건강진단에서의 질환의심자(제2차 건강진단 대상자)

107 노인인구에 대한 설명으로 옳지 않은 것은? [15 지방(수정)]

① 노년부양비는 15~64세의 인구에 대한 65세 이상 인구의 비를 의미한다.
② 우리나라의 노년부양비, 노령화지수는 계속 증가하고 있다.
③ 현재 우리나라는 노인인구의 지속적인 증가로 초고령사회에 속한다.
④ 노령화지수는 0~14세 인구에 대한 65세 이상 인구의 비를 의미한다.

해설

우리나라는 노인인구가 2000년에 이미 7%를 넘어 고령화사회에 진입하였고, 이러한 증가 추세는 계속되어 2017년 8월에는 14%를 넘어 고령사회가 되었다. 향후 2026년에는 20%를 넘어 초고령사회가 될 것으로 예측되고 있다. 이 문제가 출제될 당시의 우리나라는 고령화사회였다.

정답 **106** ①　**107** ③

108 산업재해보상보험 급여의 종류에 대한 설명으로 옳은 것은?

[14 서울 공중보건]

① 요양급여는 업무상 사유로 부상을 당하거나 질병에 걸린 근로자에게 요양으로 취업하지 못한 기간에 대하여 지급
② 장해급여는 근로자가 업무상의 부상 또는 질병으로 진료, 요양을 요하는 경우에 진료비와 요양비를 지급
③ 유족급여는 근로자가 업무상 사유로 사망했을 경우 유가족에게 연금 또는 일시금 지급
④ 상병보상연금은 근로자가 업무상의 사유로 부상을 당하거나 질병에 걸려 치유된 후 신체 등에 장해가 있는 경우 지급
⑤ 직업재활급여는 요양급여를 받은 자가 치유 이후에도 의학적으로 상시 또는 수시로 간병이 필요한 경우 재활급여비 지급

해설

① 휴업급여
② 요양급여
④ 장해급여
⑤ 간병급여

산업재해보상

급여	내용
요양급여	• 근로자가 업무상의 사유로 부상을 당하거나 질병에 걸린 경우에 그 근로자에게 지급 • 부상 또는 질병이 3일 이내의 요양으로 치유될 수 있으면 요양급여를 지급하지 않는다.
휴업급여	• 업무상 사유로 부상을 당하거나 질병에 걸린 근로자에게 요양으로 취업하지 못한 기간에 대하여 지급 • 취업하지 못한 기간이 3일 이내이면 지급하지 아니한다. • 1일당 지급액은 평균임금의 100분의 70에 상당하는 금액
장해급여	• 근로자가 업무상의 사유로 부상을 당하거나 질병에 걸려 치유된 후 신체 등에 장해가 있는 경우 • 장해급여는 장해등급(1~14등급)에 따라 장해보상연금 또는 장해보상일시금으로 하되, 그 장해등급의 기준은 대통령령으로 정한다.
간병급여	요양급여를 받은 자 중 치유 후 의학적으로 상시 또는 수시로 간병이 필요하여 실제로 간병을 받는 자에게 지급
유족급여	근로자가 업무상의 사유로 사망한 경우에 유족에게 지급 • 유족보상일시금: 100분의 50에 상당하는 금액 • 유족보상연금: 100분의 50을 감액하여 지급
상병보상연금	근로자가 요양을 시작한 지 2년이 지난날 이후 다음 각 호의 요건 모두에 해당하는 상태가 계속되면 휴업급여 대신 지급 ㉠ 그 부상이나 질병이 치유되지 아니한 상태일 것 ㉡ 그 부상이나 질병에 따른 폐질(廢疾)의 정도가 대통령령으로 정하는 중증요양상태등급 기준에 해당할 것 ㉢ 요양으로 인하여 취업하지 못하였을 것
직업재활급여	• 장해급여 또는 진폐보상연금을 받은 자나 장해급여를 받을 것이 명백한 자로서 대통령령으로 정하는 자 중 취업을 위하여 직업훈련이 필요한 자에 대하여 실시하는 직업훈련에 드는 비용 및 직업훈련수당 • 업무상의 재해가 발생할 당시의 사업에 복귀한 장해급여자에 대하여 사업주가 고용을 유지하거나 직장적응훈련 또는 재활운동을 실시하는 경우에 각각 지급하는 직장복귀지원금, 직장적응훈련비 및 재활운동비
장례비	• 근로자가 업무상의 사유로 사망한 경우에 지급 • 평균임금의 120일분에 상당하는 금액

정답 108 ③

109 다음과 같은 인구구조를 가진 지역사회의 노년부양비(%)는? [14 서울]

연령(세)	인원(명)
0~14	200
15~44	600
45~64	400
65~74	80
75세 이상	30

① 2.3
② 5.6
③ 6.1
④ 11.0
⑤ 23.7

해설

노년부양비
$= \dfrac{65세 \text{ 이상 인구}}{15~64세 \text{ 인구}} \times 100$
$= \dfrac{80+30}{600+400} \times 100$
$= 11.0(\%)$

110 다음의 표를 통해 예측 가능한 올바른 내용은? [14 서울]

지역명	α-index
㉠	1.03
㉡	1.12
㉢	1.30

① ㉠ 지역의 보건의료수준이 가장 높을 것이다.
② ㉠ 지역의 영아사망률이 ㉡ 지역보다 높을 것이다.
③ ㉡ 지역의 영아 후기 사망률이 ㉢ 지역보다 높을 것이다.
④ ㉢ 지역의 합계 출산율이 가장 낮을 것이다.
⑤ ㉢ 지역의 모성사망률이 ㉠과 ㉡ 지역보다 낮을 것이다.

해설

α-index는 영아 사망과 신생아 사망의 관련지표로서 α-Index가 1에 근접할수록 영아기간 중의 사망이 신생아 고유 질환에 의한 사망뿐이라는 의미를 갖기 때문에 그 지역의 건강수준이 높은 것을 의미한다. α-Index 값이 클수록 신생아기 이후의 영아 사망률이 높기 때문에 영아사망에 대한 예방대책이 필요하다.
→ 주어진 표에는 영아사망률, 영아후기 사망률, 모성 사망률 지표가 없다.

정답 109 ④ 110 ①

111 산업재해를 나타내는 도수율과 강도율의 분모로 맞는 것은? [14 서울]

① 재해건수
② 실 근로자 수
③ 평균 근로자 수
④ 손실 작업일수
⑤ 연 근로시간 수

해설

산업재해지표

도수율 (빈도율)	① 발생상황을 파악하기 위한 표준적인 지표로서, 연 100만 작업시간당 재해발생건수를 말한다. ② 도수율 = 재해건수/연근로시간수 × 1,000,000
건수율 (발생률, 천인율, 만인율)	① 조사기간 중의 산업체 종업원 1,000명당 재해발생건수를 표시하는 것으로 천인율 또는 발생률이라고도 한다. ② 산업재해의 발생상황을 총괄적으로 파악하는 데는 적합하나, 작업시간이 고려되지 않는 결점이 있다. ③ 건수율 = 재해건수/평균실근로자수 × 1,000
강도율	① 연 1,000 작업시간당 작업손실일수로서 재해에 의한 손상의 정도를 나타내는 것을 말한다. ② 강도율 = 손실작업일수/연근로시간수 × 1,000
평균 손실일수 (중독률)	① 재해건수당 평균작업손실 규모가 어느 정도인지를 나타내는 지표이다. ② 평균손실일수 = 손실작업일수/재해건수
기타	• 재해율 = 재해자 수(또는 재해건 수)/평균 근로자 수 × 100 • 사망만인율 = 사망자 수/평균실근로자 수 × 10,000 • 업무질병만인률 = 업무상 질병자 수/평균실근로자수 × 10,000

정답 111 ⑤

112 교육환경보호구역에 대한 설명으로 옳은 것은?

[14 서울]

① 보호구역 관리는 보건교사가 담당한다.
② 절대보호구역은 학교 경계선에서 직선거리로 50m까지이다.
③ 상·하급 학교 간 보호구역이 중복될 경우 상급 학교장이 보호구역을 관리한다.
④ 상대보호구역은 절대보호구역을 제외한 학교 경계선에서 직선거리로 200m까지의 지역이다.
⑤ 학교 간에 절대보호구역과 상대보호구역이 중복될 때는 상대보호구역이 설정된 학교에서 관리한다.

해설
① 보호구역 관리는 학교장이 담당한다.
② 절대보호구역은 학교 출입문에서 직선거리로 50m까지이다.
③ 상·하급 학교 간 보호구역이 중복될 경우 하급 학교장이 보호구역을 관리한다.
⑤ 학교 간에 절대보호구역과 상대보호구역이 중복될 때는 절대보호구역이 설정된 학교에서 관리한다.

교육환경보호구역(「교육환경보호에 관한 법률」)

구분	내용
절대보호구역	학교출입문으로부터 직선거리로 50미터까지인 지역(학교설립예정지의 경우 학교경계로부터 직선거리 50미터까지인 지역)
상대보호구역	학교경계등으로부터 직선거리로 200미터까지인 지역 중 절대보호구역을 제외한 지역
설정	교육감은 학교설립예정지가 통보된 날부터 30일 이내에 교육환경보호구역을 설정·고시
관리	• 학교의 장은 해당 학교의 보호구역 내 교육환경에 대한 현황 조사 및 보호구역 내 금지행위의 방지 등을 위한 계도 등을 한다. 다만, 학교가 개교하기 전까지의 관리는 보호구역을 설정한 자가 한다. • 상·하급 학교 간에 보호구역이 서로 중복되는 경우에는 하급학교. 다만, 하급학교가 유치원인 경우에는 그 상급학교로 한다. • 같은 급의 학교 간에 보호구역이 서로 중복될 경우에는 학생 수가 많은 학교가 관리한다. • 학교 간에 절대보호구역과 상대보호구역이 서로 중복될 경우에는 절대보호구역이 설정된 학교의 장이 이를 관리한다.

정답 112 ④

113 생후 6개월 된 아이가 예방접종을 위해 보건소를 방문하였다. 이 아이가 제 시기에 예방접종을 받았다면 지금까지 접종하였을 내용에 포함되지 않는 것은?

[14 서울]

① 결핵
② 홍역
③ 폴리오
④ 백일해
⑤ B형간염

해설

결핵과 B형간염은 출생 ~ 1개월 이내 접종하고 백일해와 폴리오는 2개월에 접종해야 한다.
→ 홍역은 12개월 이후 첫 접종을 시작한다. 문제에서 아이가 생후 6개월임을 기억해야 한다.

표준 예방 접종 일정표

	대상 감염병	백신종류 및 방법	횟수	출생~1개월 이내	1개월	2개월	4개월	6개월	12개월	15개월	18개월	19~23개월
국가예방접종	결핵	BCG(피내용)	1	BCG 1회								
	B형간염	HepB	3	HepB 1차	HepB 2차			HepB 3차				
	디프테리아 파상풍 백일해	DTap	5			DTap 1차	DTap 2차	DTap 3차			DTap 4차	
		TdaP	1									
	폴리오	IPV	4			IPV 1차	IPV 2차		IPV 3차			
	B형헤모필루스인플루엔자	Hib	4			Hib 1차	Hib 2차	Hib 3차	Hib 4차			
	폐렴구균	PCV	4			PCV 1차	PCV 2차	PCV 3차	PCV 4차			
		PPSV	-									
	홍역 유행성이하선염 풍진	MMR	2						MMR 1차			
	수두	VAP	1						VAR 1회			
	A형간염	HepA	2						HepA 1~2차			
	일본뇌염	IJEV(불활성화 백신)	5						IJEV 1차			
		LJEV(약독화 백신)	2						LJEV 1차			
	사람유두종바이러스 감염증	HPA	2									
	인플루엔자	IIV	-						IIV 매년 접종			
기타 예방접종	로타바이러스 감염증	RV1	2			RV 1차	RV 2차					
		RV5	3			RV 1차	RV 2차	RV 3차				

정답 113 ②

114 다음 설명에 적합한 인구 측정지표는 무엇인가? [14 서울]

- 한 세대의 여자들이 15~49세 동안 낳은 여아의 수를 나타내는 지표
- 각 연령별 여아 출산율의 합계

① 총출산율
② 순재생산율
③ 일반출산율
④ 총재생산율
⑤ 총특수출산율

해설
한 여성이 일생동안 여아를 몇 명 낳는가에 대한 지수는 총재생산율이다.
총재생산율
$= 합계출산율 \times \dfrac{여아\ 출생수}{총출생수}$

일반출산율	• 임신이 가능한 연령(15~49세, 15~44세)의 여자 인구 1,000명당 출생률 일반출산율 $= \dfrac{같은\ 해의\ 총출생아수}{당해\ 연도의\ 15~49세의\ 가임연령\ 여성인구} \times 1,000$
재생산율	• 한 여성이 일생동안 여아를 몇 명 낳는가에 대한 지수 총재생산율 $= 합계출산율 \times \dfrac{여아\ 출생수}{총출생수}$ 순재생산율 $= 합계출산율 \times \dfrac{여아\ 출생수}{총출생수} \times \dfrac{가임여성\ 시\ 생존수}{여아\ 출생수}$

115 우리나라의 영유아 보건사업에서 선천성 대사이상검사 무료 6종에 해당되지 않는 것은? [14 서울(수정)]

① 갑상선기능저하증
② 페닐케톤뇨증
③ 단풍당뇨증
④ 에틸말론 산뇨증
⑤ 호모시스틴뇨증

해설
선천성 대상이상검사(무료 6종)의 종류
(1) 갑상선기능저하증
(2) 페닐케톤뇨증
(3) 단풍당뇨증
(4) 갈락토오스혈증
(5) 호모시스틴뇨증
(6) 선천성 부신과형성증

정답 114 ④ 115 ④

116 노인장기요양보험제도에 대한 설명으로 옳은 것은? [14 지방, 13 경기]

① 급여종류는 재가급여와 요양병원급여로 구분된다.
② 요양등급은 1~3등급으로 구분되며 판정은 요양보호사가 한다.
③ 가입자는 국민건강보험 가입자와 동일하다.
④ 1989년 전 국민 의료보험과 함께 시작되었다.

해설

① 급여종류는 재가급여와 시설급여, 특별현금급여로 구분된다.
② 요양등급은 1~6등급으로 구분되며 판정은 등급판정위원회가 한다.
④ 2007년 4월 27일 법이 제정되고 2008년 7월 1일부터 시행되었다.

노인장기요양보험

(1) 대상자
  ① 65세 이상의 노인 또는 65세 미만의 자로서 치매·뇌혈관성질환 등 대통령령으로 정하는 노인성 질병(알츠하이머병, 지주막하출혈, 뇌내출혈, 뇌경색증, 뇌졸중, 뇌전동맥의 폐쇄 및 협착, 대뇌동맥의 폐쇄 및 협착, 파킨슨병, 중풍후유증, 진전)을 가진 자를 말한다.
  ② 등급판정위원회(국민건강보험공단)는 6개월 이상의 기간 동안 일상생활(ADL; Activities of Daily Living)을 혼자서 수행하기 어렵다고 인정되는 경우 장기요양서비스를 받을 자를 결정하고 정도에 따라 등급을 판정한다.

(2) 장기요양 등급판정(6등급)

장기요양 1등급	심신의 기능상태 장애로 일상생활에서 전적으로 다른 사람의 도움이 필요한 자로서 장기요양인정 점수가 95점 이상인 자
장기요양 2등급	심신의 기능상태 장애로 일상생활에서 상당 부분 다른 사람의 도움이 필요한 자로서 장기요양인정 점수가 75점 이상 95점 미만인 자
장기요양 3등급	심신의 기능상태 장애로 일상생활에서 부분적으로 다른 사람의 도움이 필요한 자로서 장기요양인정 점수가 60점 이상 75점 미만인 자
장기요양 4등급	심신의 기능상태 장애로 일상생활에서 일정부분 다른 사람의 도움이 필요한 자로서 장기요양인정 점수가 51점 이상 60점 미만인 자
장기요양 5등급	치매 환자로서 장기요양인정 점수가 45점 이상 51점 미만인 자
장기요양 인지지원등급	치매 환자로서 장기요양인정 점수가 45점 미만인 자

정답 116 ③

117 학교건강검사 결과의 관리 및 처리에 대한 설명으로 옳지 않은 것은?

[14 지방]

① 학교의 장은 건강검사 결과에 따라 건강상담, 예방 조치 등의 대책을 강구해야 한다.
② 학교의 장은 건강검사 결과에서 감염병에 감염될 우려가 있는 학생에 대하여 등교를 중지시킬 수 있다.
③ 졸업하지 못한 학생의 건강기록부는 당해 연도에 보건소로 이관하여 5년간 보관한다.
④ 검진기관은 검사 결과를 해당 학생 또는 학부모와 해당 학교의 장에게 통보하여야 한다.

해설
졸업하지 못한 학생의 기록은 최종적으로 재적하였던 학교에서 5년간 보존하여야 한다.

118 감압병(Decompression sickness)에 대한 설명으로 옳지 않은 것은?

[14 지방]

① 급격한 감압 시 발생한다.
② 감압과정에서 형성된 기포가 혈액순환을 방해하거나 국소조직을 파괴한다.
③ 피부소양증, 근골격계 통증, 운동장해 등 다양한 증상을 나타낸다.
④ 치료방법으로 재가압 질소요법을 사용한다.

해설
잠함병(감압병)은 잠수작업, 터널공사, 해저작업 시 급격한 감압으로 질소가 체외로 배출되지 못하고 기포상태로 혈관이나 조직에 남아 혈액순환을 저해하거나 조직손상을 일으키는 것을 말한다. 치료방법으로는 챔버를 통한 재가압 산소요법을 사용한다.

정답 117 ③ 118 ④

119 「모자보건법 시행령」상 모자보건사업 및 가족계획사업에 관한 기본계획 수립 시에 포함되어야 할 사항을 모두 고른 것은? [14 지방]

> 가. 임산부·영유아 및 미숙아 등에 대한 보건관리와 보건지도
> 나. 인구조절에 관한 지원 및 규제
> 다. 모자보건 및 가족계획에 관한 교육·홍보 및 연구
> 라. 모자보건 및 가족계획에 관한 정보의 수집 및 관리

① 가
② 가, 나
③ 나, 다
④ 가, 나, 다, 라

해설
「모자보건법 시행령」 제2조 (모자보건사업 및 가족계획사업에 관한 기본계획의 수립) 보건복지부장관이 수립하는 모자보건사업 및 가족계획사업에 관한 기본계획에는 다음 각 호의 사항이 포함되어야 한다.
1. 임산부·영유아 및 미숙아등에 대한 보건관리와 보건지도
2. 인구조절에 관한 지원 및 규제
3. 모자보건 및 가족계획에 관한 교육·홍보 및 연구
4. 모자보건 및 가족계획에 관한 정보의 수집 및 관리

120 인구통계지표에 대한 설명으로 옳은 것은? [14 지방]

① 세계보건기구(WHO)는 주산기사망률, 비례사망지수와 영아사망률을 국가 간 건강수준을 비교할 수 있는 지표로 제시하고 있다.
② 주산기사망률은 연간 출생아 수 중 생후 7일 이내의 사망자수를 나타내는 지표로서 그 값이 클수록 해당지역의 건강 수준이 낮음을 의미한다.
③ 비례사망지수는 연간 총사망자 수 중 50세 이상 사망자 수를 표시한 지수로서 그 값이 클수록 해당지역의 건강수준이 높음을 의미한다.
④ 영아사망률은 영아사망과 신생아사망을 비교하는 지표로서 그 값이 1에 가까울수록 해당 지역의 건강수준이 높음을 의미한다.

해설
① 세계보건기구(WHO)는 평균수명, 비례사망지수와 영아사망률을 국가 간 건강수준을 비교할 수 있는 3대 지표로 제시하고 있다.
② 주산기사망률은 임신 만 28주 이후(임신 후기)의 사산과 생후 1주 미만의 신생아 사망을 합한 것이며 모자보건의 주요한 지표로 삼고 있다.
④ α-Index는 영아사망과 신생아사망을 비교하는 지표로서 그 값이 1에 가까울수록 해당 지역의 건강 수준이 높음을 의미한다.

WHO 보건(건강) 3대 지표	WHO 국가(지역)간 보건수준 비교 3대 지표
• 비례사망지수 • 평균수명 • 조사망률	• 비례사망지수 • 평균수명 • 영아사망률

정답 119 ④ 120 ③

121 재활간호는 신체적 장애의 한계 내에서 모든 심신의 상태가 최고가 될 수 있도록 돕는 것인데, 재활의 궁극적인 목표로 가장 적합한 것은?

[13 서울]

① 장애인의 활동 지원 제도의 추진
② 가정과 지역사회의 복귀를 도움
③ 변화된 삶에 적응과 최적의 안녕상태 유지를 도움
④ 장애인의 기능적 회복과 최대의 독립성으로 사회통합
⑤ 잠재적 기능을 극대화하여 자급자족의 성취감을 고취

해설

재활간호의 목적
(1) 궁극적 목표: 장애인의 기능적 회복과 최대의 독립성으로 **장애인의 사회통합**이다.
(2) 신체적 장애의 한계 내에서 모든 심신의 상태가 최고가 될 수 있도록 돕는 것이다.
(3) 잠재적 기능을 극대화하여 자급자족함의 성취감을 갖게 한다.
(4) 수용할 만한 삶의 질을 성취하게 한다.
(5) 변화된 삶에 적응할 수 있게 한다.
(6) 최적의 안녕상태를 유지할 수 있게 돕는다.
(7) 가정과 지역사회에 복귀할 수 있게 한다.

122 산업재해 지표 중 재해건수/연근로시간×1,000,000으로 구하는 것은?

[13 서울(수정)]

① 도수율　　② 강도율
③ 천인율　　④ 건수율
⑤ 중독률

해설

산업재해의 발생상황을 파악하기 위한 표준적인 지표로서, **연 100만 작업시간당 재해발생건수**를 말하는 것은 도수율이다.

산업재해지표

도수율 (빈도율)	① 발생상황을 파악하기 위한 표준적인 지표로서, 연 100만 작업시간당 재해발생건수를 말한다. ② 도수율 = 재해건수/연근로시간수×1,000,000
건수율 (발생률, 천인율, 만인율)	① 조사기간 중에 산업체 종업원 1,000명당 재해발생건수를 표시하는 것으로 천인율 또는 발생률이라고도 한다. ② 산업재해의 발생상황을 총괄적으로 파악하는 데는 적합하나, 작업시간이 고려되지 않는 결점이 있다. ③ 건수율 = 재해건수/평균실근로자수×1,000
강도율	① 연 1,000 작업시간당 작업손실일수로서 재해에 의한 손상의 정도를 나타내는 것을 말한다. ② 강도율 = 손실작업일수/연근로시간수×1,000
평균 손실일수 (중독률)	① 재해건수당 평균작업손실 규모가 어느 정도인지를 나타내는 지표이다. ② 평균손실일수 = 손실작업일수/재해건수
기타	• 재해율 = 재해자 수(또는 재해건 수)/평균 근로자 수×100 • 사망만인율 = 사망자 수/평균실근로자 수×10,000 • 업무질병만인률 = 업무상 질병자 수/평균실근로자수×10,000

정답 121 ④　122 ①

123 방사선공정에서 자동화공정으로 공정과정을 바꾸는 것은 작업환경 관리 방법 중 무엇에 해당되는가? [13 서울]

① 대치
② 격리
③ 환기
④ 변경
⑤ 청결

해설
공정과정의 격리를 대치와 혼동하지 말자. 격리란 물체, 거리, 시간과 같은 장벽(barrier)을 통해 작업자와 유해인자를 분리하는 것이다.

작업환경관리

대치	**독성이 적은 물질로 대치하는 방법**으로 가장 효과적인 위생대책의 근본적 방법 ① 시설의 변경: 공정을 변경할 수 있는 상황이 안 되면, 사용하고 있는 위험시설이나 기구를 바꾸는 것 ② 공정의 변경: 유해한 과정을 안전하고 효율적인 공정 과정으로 변경하는 것 ③ 물질의 변경: 유사한 화학구조를 갖고 있는 다른 물질로 대치하는 것으로 가장 흔히 사용하는 방법
격리	물체, 거리, 시간과 같은 장벽(barrier)을 통해 작업자와 유해인자를 분리하는 것 ① 격리 저장: 격리하여 저장할 필요가 있는 물질은 섞이지 않도록 저장 ② 위험시설의 격리 ③ 차열: 뜨거운 물체를 다루는 공정 과정의 경우 기구를 대치 ④ 공정 과정의 격리: 가장 많은 비용이 들지만 유용한 대책으로 사용되고 있는 방법으로, 특별히 화학공장에서 많은 유해인자와 작업자를 격리시키는 데 매우 적합 ⑤ 개인보호구 착용
환기	① 전체환기: 작업장의 유해물질 희석을 위해 사용하여 희석환기라고도 한다. 주로 고온과 다습을 조절하는 데 이용되며, 분진, 냄새, 유해 증기를 희석하는 데에도 이용되나 근본적인 대책으로는 부적절하다. ② 국소환기: 유해물질 발생원 가까이에 유해물질을 빨아들여서 밖으로 배출시키는 장치를 설치하여 근로자가 유해물질을 흡입하지 않도록 방지하여 주는 것이다.

124 감염병 발생 시 학교장이 해야 할 일로 옳은 것은? [13 서울]

① 학교장은 감염병 발생 후 임시휴업 및 등교중지 현황, 감염병 발생현황 등을 즉시 보건복지부에 보고하여야 한다.
② 교사가 감염병에 감염된 경우에는 해당 교사의 등교(출근)를 중지시킬 수 있다.
③ 학교의사에게 역학조사 및 방역조치를 의뢰하여야 한다.
④ 감염병에 의한 등교중지 학생은 결석처리를 하되, 비고란에는 "감염으로 인한 결석"이라고 표기한다.

해설
① 교육청에 보고, 관할 보건소에 신고
③ 보건소에 신고
④ 교육부훈령 학교생활기록 작성 및 관리지침을 참고하여 "출석"으로 처리

법정감염병 발생 시 기관별 조치

보건소	학교장	교육청
보건소는 역학조사/방역조치	학교등교 중지 조치 및 안정치료	휴업(휴교) 조치 및 관리

정답 123 ② 124 ②

125 물리적 인자에 인한 직업병에 대한 설명으로 옳지 않은 것은? [13 서울]

① 고열을 취급하는 근로자가 땀을 흘리지 못해 체온이 갑자기 상승하고, 두통과 이명을 호소한다면 열사병을 의심해야 한다.
② 한랭조건으로 장기간 폭로되고 동시에 지속적으로 습기나 물에 잠기게 되면 레이노드 현상이 발생한다.
③ 전신 진동장애가 있을 경우의 증상으로는 말초혈관 수축, 혈압과 맥박상승, 위장장애 및 내장하수증 등이 나타날 수 있다.
④ 저온환경에서 근무하는 근로자들의 건강관리를 위하여 고지방식 섭취를 장려하며, 혈액순환을 위하여 지속적으로 움직일 수 있도록 한다.

해설

②는 저온에 의한 참호족(침수족)의 설명으로, 진동과 관련된 대표적인 것은 레이노드 현상이다. 레이노드 현상이란 자동톱, 공기해머, 전동식 연마기를 사용할 때 특히, 한랭 환경 시 수지감각 마비와 청색증을 주 증상으로 한다.

126 「노인장기요양보험법」에 대한 설명 중 옳은 것은? [13 서울]

① 2007년 법제화되어 2007년부터 시행되었다.
② 등급판정을 받은 대상자는 모두 특별현금급여를 받을 수 있다.
③ 대상자는 모두 재가급여, 시설급여를 무료로 이용할 수 있다.
④ 국민건강보험공단에서 관리·운영한다.

해설

① 2007년 4월 법제화되어 2008년 7월 1일부터 시행되었다.
② 등급판정을 받은 대상자는 재가급여, 시설급여, 특별현금급여를 받을 수 있다.
③ 대상자는 요양등급별 한도액 범위에서 재가급여 15%, 시설급여 20%의 본인부담금을 지불한다.

127 다음은 우리나라 지역사회 간호사업 발전에 기여한 관련법을 열거하였다. 제정된 순서대로 올바르게 나열한 것은? [13 서울]

가. 보건소법   나. 학교보건법
다. 농어촌특별조치법   라. 국민건강증진법
마. 산업안전보건법

① 가 → 나 → 다 → 라 → 마
② 가 → 나 → 마 → 다 → 라
③ 가 → 다 → 나 → 라 → 마
④ 가 → 나 → 다 → 마 → 라
⑤ 가 → 다 → 나 → 마 → 라

해설

가. 보건소법: 1956.12.13
나. 학교보건법: 1967.3.30
다. 농어촌 등 보건의료를 위한 특별조치법: 1980.12.31
라. 국민건강증진법: 1995.1.5
마. 산업안전보건법: 1981.12.31

정답 125 ② 126 ④ 127 ④

128 학교간호사업 계획 시 하위목표가 갖추어야 할 조건이 아닌 것은?

[13 서울]

① 추상성
② 측정가능성
③ 관찰가능성
④ 실현가능성
⑤ 일반목표와의 관련성

해설
하위목표가 갖추어야 할 조건은 측정가능성, 관찰가능성, 실현가능성, 상위 목적과의 관련성이다.

129 VDT 증후군에 대한 설명으로 옳지 않은 것은?

[13 경기]

① 증상으로는 시력저하, 안통, 두통 등이 있다.
② 키보드 작업 시 1시간마다 휴식을 취한다.
③ 키보드 조도 300~500Lux를 유지하고 조명 빛이 화면에 직접 비치지 않도록 한다.
④ 견경완증후군과 요통이 주요 증상이고, 소화기계와 순환기계 증상은 나타나지 않는다.

해설
VDT(Visual Display Terminal) 증후군은 컴퓨터를 이용한 반복적인 자료입력을 하는 경우 주로 목, 어깨, 손가락 및 손등의 만성적인 동통과 감각이상을 초래하는 누적 외상성 질환(CTDs)으로 그 중 가장 대표적인 건강장해가 VDT 증후군이다. 소화기계와 순환계 장애를 동반하기도 한다.

130 어느 지역의 연령별 인구가 다음과 같을 때 해당되는 고령화(노령화) 단계는?

[13 경기]

- 0~14세 : 300명
- 15~44세 : 700명
- 45~64세 : 500명
- 65~74세 : 200명
- 75세 이상 : 100명

① 초고령 사회
② 고령화(노령화) 사회
③ 고령(노령) 사회
④ 안정화 사회

해설
고령화(노령화) 사회, 고령(노령) 사회, 초고령 사회의 기준은 7%, 14%, 20%로 고령화(노령화) 단계를 확인하기 위해서는 다음 공식에 대입해서 계산할 수 있다.

$$\frac{65세 이상 인구(노년인구)}{전체 인구} \times 100 = \frac{(200+100)}{(300+700+500+200+100)} \times 100 = 16.7\%$$

14%를 넘었으므로 고령(노령) 사회에 해당한다.

정답 128 ① 129 ④ 130 ③

131 ★★★

인구의 출생률과 사망률이 모두 낮으나 출생률이 사망률보다 더 낮아서 인구가 감소하는 인구구조의 유형은?

[13 경기, 10 지방]

① 피라미드형　　② 종형
③ 항아리형　　④ 별형

해설
출생률이 사망률보다 더 낮아서 인구가 감소하는 인구구조의 유형은 항아리형이다. 일부 선진국가들이 여기에 속하며 0~14세 인구가 65세(50세) 이상 인구의 2배에 미치지 못한다.

인구구조의 유형

유형	설명
피라미드형	① 저개발국가의 인구구조 유형이며 다산다사형으로 출생률과 사망률이 모두 높다. ② 유소년 부양비의 증가 및 아동복지와 교육에 대한 정책이 필요하며 0~14세 인구가 65세(50세)이상의 2배를 넘는다. ③ 고사망, 고출생유형을 보여주는 인구형으로 출생률이 조절되지 않고 인구가 계속 증가하는 단계에 있는 국가의 인구형이다.
종형	① 선진국의 인구구조 유형이며 출생률·사망률이 모두 낮다. ② 0~14세 인구가 65세(50세) 이상 인구의 2배가 되며 정체 인구가 되는 단계로 인구 정지형으로 본다. ③ 인구의 노령화 현상이 나타나 노인복지 문제가 대두된다.
항아리형	팟형, 호형, 단지형, 감퇴형, 방추형 ① 인구가 감소하는 인구구조 유형으로 출생률이 사망률보다 매우 낮다. ② 일부 선진국들이 여기에 속하며 0~14세 인구가 65세(50세) 이상 인구의 2배에 미치지 못한다. ③ 유소년층의 비율이 낮고 청장년층의 비율이 높게 나타나 국가경쟁력 약화가 우려된다.
호로형	기타형, 표주박형, 농촌형, 유출형 ① 생산연령 인구의 유출이 큰 농촌형 인구구조로 유출형이라고도 한다. ② 청장년층의 유출에 의한 출산력 저하로 유소년층의 비율이 낮고 15~49세 인구가 전체 인구의 50% 미만이다.
별형	스타형, 성형, 도시형, 유입형 ① 생산연령의 인구 비율이 높은 도시형 인구구조로 유입형이라고도 한다. ② 출산연령에 해당하는 청장년층의 비율이 높기 때문에 유소년층의 비율이 높고 15~49세 인구가 전체 인구의 50%를 넘는다.

정답 131 ③

132 2년 후 임신하려는 여성이 보건소에서 자궁내 피임 장치를 하려고 한다. 간호사가 수집해야 할 자료는 무엇이 있는가? [13 경기]

> 가. 마지막 월경일이 언제인지 확인한다.
> 나. 임신경험이 있었는지 확인한다.
> 다. 자궁에 염증이 있는지 확인한다.
> 라. 월경과다가 있는지 확인한다.

① 가, 나, 다
② 가, 다, 라
③ 나, 다, 라
④ 가, 나, 다, 라

해설

자궁 내 피임장치 삽입을 반드시 금해야 하는 경우
(1) 이미 임신이 되었거나 임신이 의심되는 경우
(2) 최근에 골반염증을 앓았거나 자주 재발하는 골반염증이 있는 경우
(3) 성병에 감염되었거나 감염될 우려가 있는 경우
(4) 자궁경관협착증이나 자궁강 형태이상 또는 과거 자궁외 임신력이 있는 경우
(5) 비정상적인 생식기 출혈과 질 분비물이 있는 경우
(6) 심한 빈혈증이 있는 경우

133 가임기 여성 인구가 분모로 산출되는 지표는? [13 경기]

① 조출생률
② 총재생산율
③ 모성사망률
④ 일반출산율

해설

일반출산율

$$\frac{\text{같은 기간의 총출생아수}}{\text{가임여성(연령 15~44세, 혹은 15~49세)의 수}} \times 1,000$$

조출생률	특정 인구 집단의 출산수준을 나타내는 기본 지표 조출생률 = $\frac{\text{연간 총출생수}}{\text{연 중앙인구(그해 7월1일 현재의 총인구수)}} \times 1,000$
재생산율	한 여성이 일생동안 여아를 몇 명 낳는가에 대한 지수 • 총재생산율 = 합계출산율 × $\frac{\text{여아 출생수}}{\text{총출생수}}$ • 순재생산율 = 합계출산율 × $\frac{\text{여아 출생수}}{\text{총출생수}}$ × $\frac{\text{가임여성 시 생존수}}{\text{여아 출생수}}$
모성 사망률	모성사망률 = $\frac{\text{모성 사망수 (같은 연도의 임신, 분만, 산욕 합병증으로 사망한 모성수)}}{\text{당해연도 연간 총 출생아수}} \times 100,000$

정답 132 ④ 133 ④

134 Notestein과 Thompson의 인구성장 단계 중 소산소사형 단계는?

[13 경기]

① 제1단계 ② 제2단계
③ 제3단계 ④ 제4단계

해설

노트스타인과 톰슨(Notestein & Thompson)의 분류
출생과 사망의 추세에 따른 인구성장의 변동을 유형에 따라 분류

제1단계	고잠재적 성장단계, 다산다사형	• 공업화되지 못한 국가에서 흔히 볼 수 있는 형으로 인구증가가 예견된다. • 출생률과 사망률이 모두 높으므로 인구증가는 사실상 제한된 범위 안에서만 일어난다. • 가장 뚜렷한 특징으로는 영아사망률을 들 수 있으며 현재 전 세계인구의 약 5분의 1이 이 시기에 있다고 본다.
제2단계	과도기적 성장단계, 다산소사형	• 주로 공업화된 국가에서 볼 수 있으며 과도기적으로 인구가 증가하지만 안정이 예견된다. • 출생과 사망 사이의 폭이 갑자기 확대되고 인구 폭증 현상이 일어난다.(사망률 하락: DDT와 같은 살충제의 대량 사용, 설파제 및 항생제의 출현, 보건행정의 발달, 식량 수급의 원활) • 현재 전 세계 인구의 약 5분의 3이 이 시기에 있다고 본다.
제3단계	인구감소 시작단계, 소산소사형	• 인구 감소의 발달기단계로 인구의 급속한 성장을 거친 후 감소기의 상태로 접어든다(출생률과 사망률이 다같이 낮아지는 단계). • 현재 전 세계 인구의 약 5분의 1이 이 시기에 있다고 본다.

정답 134 ③

135 「노인장기요양보험법」에 대한 설명으로 옳지 않은 것은? [13 광주]

① 고령이나 노인성 질병 등의 사유로 일상생활을 혼자서 수행하기 어려운 노인 등이 대상자이다.
② 장기요양급여의 종류에는 재가급여, 시설급여, 특별현금급여가 있다.
③ 장기요양보험사업의 보험자는 국민건강보험공단이다.
④ 재가급여 이용 시 본인부담률은 100분의 20이다.

해설
노인장기요양 대상자는 요양등급별 한도액 범위에서 재가급여 15%, 시설급여 20%의 본인부담금을 지불한다.

136 우리나라 가정간호사업에 대한 설명으로 옳은 것은? [13 광주]

① 한의원과 한방병원은 가정간호사업을 할 수 없다.
② 가정간호 수가는 개별행위료, 기본방문료로 측정된다.
③ 개별의료비, 교통비는 본인이 모두 부담하고, 기본방문료는 본인이 20% 부담한다.
④ 의사의 의뢰 없이도 가정간호사는 대상자의 등록여부를 판단할 수 있다.
⑤ 모든 간호서비스는 의사의 처방이 있어야 한다.

해설
① 한의원과 한방병원은 가정간호사업을 할 수 있다.
③ 기본방문료와 개별행위료는 본인이 20% 부담하고, 교통비는 기본방문료에 포함된다.
④ 의사 또는 한의사의 의뢰를 받아 가정간호사는 서비스를 제공한다.
⑤ 검체의 채취 및 운반, 주사, 투약의 경우에는 의사 또는 한의사의 처방이 있어야 한다.

정답 135 ④ 136 ②

137 「노인장기요양보험법」에 의한 재가급여에 해당하지 않는 것은? [13 광주]

① 방문요양
② 방문치료
③ 방문간호
④ 단기보호

해설

장기요양급여는 재가급여, 시설급여, 특별현금급여로 나뉜다. 재가급여에는 방문요양, 방문목욕, 방문간호, 주·야간보호, 단기보호, 기타 재가급여가 포함된다.

장기요양급여 - 재가급여(15% 본인이 부담), 시설급여(20% 본인이 부담), 특별현금급여

급여종류		내용
재가급여	방문요양	장기요양요원이 수급자의 가정 등을 방문하여 신체활동 및 가사활동 등을 지원하는 장기요양급여
	방문목욕	장기요양요원이 목욕설비를 갖춘 장비를 이용하여 수급자의 가정 등을 방문하여 목욕을 제공하는 장기요양급여
	방문간호	장기요양요원인 간호사 등이 의사, 한의사 또는 치과의사의 방문간호지시서에 따라 수급자의 가정 등을 방문하여 간호, 진료의 보조, 요양에 관한 상담 또는 구강위생 등을 제공하는 장기요양급여
	주·야간 보호	수급자를 하루 중 일정한 시간 동안 장기요양기관에 보호하여 신체활동 지원 및 심신기능의 유지·향상을 위한 교육·훈련 등을 제공하는 장기요양급여
	단기보호	• 수급자를 보건복지부령으로 정하는 범위 안에서 일정 기간 동안 장기요양기관에 보호하여 신체활동 지원 및 심신기능의 유지·향상을 위한 교육·훈련 등을 제공하는 장기요양급여 • 급여를 받을 수 있는 기간은 월 9일 이내로 한다. 다만, 가족의 여행, 병원치료 등의 사유로 수급자를 돌볼 가족이 없는 경우 등 보건복지부장관이 정하여 고시하는 사유에 해당하는 경우에는 1회 9일 이내의 범위에서 연간 4회까지 연장할 수 있다.
	기타 재가급여	수급자의 일상생활·신체활동 지원 및 인지기능의 유지·향상에 필요한 용구를 제공하거나 가정을 방문하여 재활에 관한 지원 등을 제공하는 장기요양급여로서 대통령령으로 정하는 것
시설급여		장기요양기관이 운영하는 「노인복지법」에 따른 노인의료복지시설 등에 장기간 동안 입소하여 신체활동 지원 및 심신기능의 유지·향상을 위한 교육·훈련 등을 제공하는 장기요양급여
특별현금급여	가족요양비	도서·벽지 등 장기요양기관이 현저히 부족한 지역, 천재지변, 수급자의 신체·정신 또는 성격상의 사유로 인하여 가족으로부터 방문요양에 상당한 장기요양급여를 받은 때 지급되는 현금급여
	특례요양비	수급자가 장기요양기관이 아닌 노인요양시설 등의 기관 또는 시설에서 재가급여 또는 시설급여에 상당한 장기요양급여를 받은 경우 수급자에게 지급되는 현금급여
	요양병원 간병비	수급자가 요양병원에 입원한 때 지급되는 현금급여

정답 **137** ②

138 노인복지시설 중 주간노인보호시설을 이용할 대상자로 가장 적합한 자는? [13 광주]

① 65세 이상의 노인으로 신체허약 등으로 신체적 기능 훈련이 필요한 자
② 시력장애가 있는 당뇨병 환자
③ 휠체어에 의지하는 류마티스 관절염 환자
④ 거동을 못하는 노인

해설
장기노인요양보험제도의 재가급여 중 주·야간보호는 일정한 시간 동안 장기요양기관에 보호하여 신체활동 지원 및 심신기능의 유지·향상을 위한 교육·훈련 등을 제공하는 것이다.
→ 주·야간보호는 노인장기요양보험의 재가급여 중 하나이기에 대상자는 노인장기요양보험 대상자여야 한다. 따라서, 65세 이상의 노인 또는 65세 이하라도 노인성질환인 자가 6개월 이상 일상생활이 곤란한 경우 등급판정을 받아 이용할 수 있다.

139 학교에서 학생이 염좌로 보건실을 방문하였다. 보건교사가 제공할 간호로 옳지 않은 것은? [13 광주]

① 압박붕대를 감는다.
② 얼음찜질을 한다.
③ 염좌부위를 딱딱한 막대로 고정시킨다.
④ 염좌가 생긴 부위를 다리 밑으로 내려놓는다.

해설
염좌(Sprain)는 관절을 지지해주는 인대 혹은 근육이 외부 충격 등에 의해서 늘어나거나 일부 찢어지는 것을 말한다. 염좌에 대한 간호중재는 RICE (Rest/Ice/Compression/Elevation)이다. 염좌 부위를 고정하여 얼음찜질을 하고, 압박을 하여 다리를 올려준다.

140 다음 중 성비에 대해 올바른 설명은? [13 광주]

① 1차 성비는 출생 시 성비이다.
② 2차 성비는 청소년 성비이다.
③ 3차 성비는 현재 성비이다.
④ 성비는 남자 100명당 여자의 수이다.

해설
① 1차 성비는 태아의 성비이다.
② 2차 성비는 출생 시의 성비이다.
④ 성비는 여자 100명당 남자의 수이다.

정답 138 ① 139 ④ 140 ③

141 최근 지역사회 중심 재활간호사업의 요구도가 증가되는 이유는?

[13 인천]

> 가. 노인인구 증가
> 나. 만성퇴행성질환 인구 증가
> 다. 장애에 대한 인식 부족
> 라. 장애인의 수에 비해 재활서비스 기관 부족

① 가, 나, 다
② 가, 다
③ 나, 라
④ 가, 나, 다, 라

해설

지역사회 중심 재활간호사업의 필요성
(1) 고령화로 인한 장애노인의 지속적인 증가
(2) 선천적 장애보다 후천적 장애가 많고 만성퇴행성 질환 인구 증가
(3) 장애에 대한 인식 부족
(4) 장애인 수에 비해 재활서비스기관 부족
(5) 재활의 욕구가 높은 거동이 불편한 장애인들 중에는 저소득층이 많음.
(6) 시설중심 재활에 비해 지역사회 재활간호사업은 비용부담이 적음.
(7) 탈 시설화 운동의 영향

142 「모자보건법」에서 정의하는 임산부는?

[13 인천]

① 분만 후 28일 미만 임산부까지
② 분만 후 3개월 미만 임산부까지
③ 분만 후 6개월 미만 임산부까지
④ 분만 후 12개월 미만 임산부까지

해설

「모자보건법」상의 임산부는 임신 중이거나 분만 후 6개월 미만인 여성을 의미한다.

정답 141 ④ 142 ③

143 다음 중 예방접종의 시기가 잘못 연결된 것은? [13 인천]

① 일본뇌염 – 생후 12~24개월
② B형간염(모체가 HBsAg 양성인 경우) – 생후 4주 이내
③ B형간염(모체가 HBsAg 음성인 경우) – 생후 2개월 이내
④ 폴리오 – 2~6개월 이내

해설
B형간염은 모체가 HBsAg 양성인 경우 생후 12시간 이내 1차 예방접종을 시행해야 한다.

표준 예방 접종 일정표

대상 감염병		백신종류 및 방법	횟수	출생~1개월 이내	1개월	2개월	4개월	6개월	12개월	15개월	18개월	19~23개월
국가예방접종	결핵	BCG(피내용)	1	BCG 1회								
	B형간염	HepB	3	HepB 1차	HepB 2차			HepB 3차				
	디프테리아 파상풍 백일해	DTap	5			DTap 1차	DTap 2차	DTap 3차			DTap 4차	
		TdaP	1									
	폴리오	IPV	4			IPV 1차	IPV 2차		IPV 3차			
	B형헤모필루스인플루엔자	Hib	4			Hib 1차	Hib 2차	Hib 3차	Hib 4차			
	폐렴구균	PCV	4			PCV 1차	PCV 2차	PCV 3차	PCV 4차			
		PPSV	–									
	홍역 유행성이하선염 풍진	MMR	2						MMR 1차			
	수두	VAP	1						VAR 1회			
	A형간염	HepA	2							HepA 1~2차		
	일본뇌염	IJEV(불활성화 백신)	5							IJEV 1차		
		LJEV(약독화 백신)	2							LJEV 1차		
	사람유두종바이러스 감염증	HPA	2									
	인플루엔자	IIV	–							IIV 매년 접종		
기타 예방접종	로타바이러스 감염증	RV1	2			RV 1차	RV 2차					
		RV5	3			RV 1차	RV 2차	RV 3차				

144 가정방문수가에 관한 설명으로 옳은 것은? [13 인천]

① 교통비는 50% 부담하게 되어 있다.
② 기본방문료, 개별행위료로 구성되어 있다.
③ 전체 수가에서 본인 부담률은 30%를 차지하고 있다.
④ 기본적으로 포괄수가를 원칙으로 하여 적용되어 있다.

해설
① 교통비는 기본방문료에 포함되었다.
③ 전체 수가에서 본인 부담률은 20%를 차지하고 있다.
④ 기본적으로 행위별 수가를 원칙으로 하여 적용되어 있다.

정답 143 ② 144 ②

145 보건소 맞춤형 방문건강관리사업에 관한 설명으로 옳은 것은?

[13 인천, 10 서울]

① 대상자 - 요양 1~3등급
② 법적근거 - 의료법
③ 비용부담 - 본인부담 20%
④ 이용절차 - 대상자는 방문간호기관과 서비스 계약
⑤ 제공인력 - 간호사, 의사, 사회복지사 등 다직종 참여

해설
① 대상자 - 독거노인, 노인부부, 장애인 등 취약계층
② 법적 근거 - 지역보건법
③ 비용부담 - 무료
④ 이용절차 - 관할 보건소에 대상자 등록 후 관리

방문간호와 가정간호의 차이

구분	맞춤형 방문건강관리	장기요양보험 방문간호	의료기관 가정간호
법적 근거	「지역보건법」	「노인장기요양보험법」	「의료법」
운영주체	보건기관	장기요양기관	의료기관
대상자	독거노인, 노인부부, 장애인 등 의료취약계층	요양 1~6 등급 (65세 이상의 노인 또는 노인성 질환자)	• 병원입원 후 조기 퇴원한 환자 • 입원이 요구되는 외래환자
이용절차	관할보건소에서 대상자 등록 후 관리	대상자는 방문간호기관과 서비스계약	진료담당 의사 및 한의사가 환자와 협의 후 가정간호 의뢰
제공인력	간호사, 의사, 사회복지사 등 다직종 참여	• 2년 이상 임상경력을 가진 간호사 • 3년 이상 경력과 700시간 교육을 이수한 간호조무사 • 구강위생 제공 시: 치과위생사 1명 배치	가정전문간호사
서비스 내용	취약가족 건강관리, 취약 계층(여성, 어린이, 노인, 만성 질환자, 주민) 건강관리	기본간호, 치료적 간호, 검사, 투약관리 지도, 교육훈련, 상담, 의뢰 등	가정전문간호사의 독자적 판단 및 수행 의사의 처방 필요
비용부담	무료	• 본인부담 15% • 본인부담경감자 6%, 9% • 기초수급자 무료	• 기본방문료, 개별행위료: 본인부담 20% • 의료급여 1종: 무료(방문간호수가 = 기본방문료 + 행위별수가)

정답 145 ⑤

146 지역사회통합건강증진사업 중 방문건강관리사업에서 방문요구도는 3개의 군으로 구분한다. 다음 중 옳게 묶인 것은? [13 대구]

① 집중관리군, 정기관리군, 수시관리군
② 집중관리군, 정기관리군, 자기역량지원군
③ 재가관리군, 정기관리군, 수시관리군
④ 재가관리군, 정기관리군, 자기역량관리군

해설
방문건강관리사업은 대상자의 건강위험요인과 건강문제를 파악하여 집중관리군, 정기관리군, 자기역량지원군 등 3개의 군으로 분류하여 관리한다.

147 산업현장에서 산업간호사가 폐기능검사를 하는 이유는? [13 대구]

① 대상자의 예후를 판정하기 위해서
② 대상자의 피해보상 정도를 파악하기 위해서
③ 작업자의 건강위험 정도를 사정하기 위해서
④ 작업자의 근무환경 위험 정도를 사정하기 위해서

해설
폐기능검사(Pulmonary function test, PFT)는 폐질환을 진단하기 위하여 시행되는 검사이다. 산업장에서의 검사목적은 근로자의 작업수행 능력 측정, 특정작업의 결과로 호흡기장애가 초래되었는지 판단하기 위해(근무환경의 위험 정도 사정) 시행된다.

148 학교에서 보건실 운영관리를 위해 갖추어야 할 사항으로 옳지 않은 것은? [13 대구]

① 음용수 확보
② 응급처치 요할 시 비상연락망 비치
③ 음용수의 수질을 검사할 장비 확보
④ 응급처치 시 사용될 수 있는 물품 확보
⑤ 외상 시 세척 및 청결을 위한 수도시설 설치

해설
학교 보건실 운영 시 갖추어야 할 사항은 외상처치약품, 응급처치물품, 음용수, 외상 시 세척할 수도시설, 학부모에게 연락할 비상연락망이 구비되어 있어야 한다.

정답 146 ② 147 ④ 148 ③

149 산업장에서 페인트를 분무하여 도장하던 공정과정을 페인트에 담그는 방법으로 개선하였다. 이러한 작업환경 개선방법은 무엇에 해당하는가?

[13 대구]

① 대치
② 격리
③ 청결
④ 분리

해설
작업환경관리에서 유해한 과정을 안전하고 효율적인 공정 과정으로 변경하는 것은 대치이다.

작업환경관리

대치	독성이 적은 물질로 대치하는 방법으로 가장 효과적인 위생대책의 근본적 방법 ① 시설의 변경: 공정을 변경할 수 있는 상황이 안 되면, 사용하고 있는 위험시설이나 기구를 바꾸는 것 ② 공정의 변경: 유해한 과정을 안전하고 효율적인 공정 과정으로 변경하는 것 ③ 물질의 변경: 유사한 화학구조를 갖고 있는 다른 물질로 대치하는 것으로 가장 흔히 사용하는 방법
격리	물체, 거리, 시간과 같은 장벽(barrier)을 통해 작업자와 유해인자를 분리하는 것 ① 격리 저장: 격리하여 저장할 필요가 있는 물질은 섞이지 않도록 저장 ② 위험시설의 격리 ③ 차열: 뜨거운 물체를 다루는 공정 과정의 경우 기구를 대치 ④ 공정 과정의 격리: 가장 많은 비용이 들지만 유용한 대책으로 사용되고 있는 방법으로, 특별히 화학공장에서 많은 유해인자와 작업자를 격리시키는 데 매우 적합 ⑤ 개인보호구 착용
환기	① 전체환기: 작업장의 유해물질 희석을 위해 사용하여 희석환기라고도 한다. 주로 고온과 다습을 조절하는 데 이용되며, 분진, 냄새, 유해 증기를 희석하는 데에도 이용되나 근본적인 대책으로는 부적절하다. ② 국소환기: 유해물질 발생원 가까이에 유해물질을 빨아들여서 밖으로 배출시키는 장치를 설치하여 근로자가 유해물질을 흡입하지 않도록 방지하여 주는 것이다.

150 금속제련공장 근무 시 폐기종과 골연화증 증상이 보였다면 이러한 증상을 유발시킬 수 있는 가능성이 가장 높은 물질은?

[13 대구]

① 납 중독
② 크롬 중독
③ 카드뮴 중독
④ 수은 중독

해설
카드뮴(Cd) 중독 증상
- 급성: 구토, 설사, 급성위장염, 복통, 착색뇨가 나타나며 간 및 신장기능에 장애가 나타난다.
- 만성: 폐기종, 신장기능장애, 단백뇨, 뼈의 통증, 골연화증, 골다공증 등 골격계 장애가 대표적인 증상

중금속 중독

중금속	증상과 징후	예방과 관리
납 (연, Pb)	① 발생요인: 제련소, 페인트, 인쇄소, 납 용접작업 등을 통해 호흡기로 흡수되는 것이 대부분이며 기도의 점막, 위장관계, 피부로도 침입 ② 일반적 증상 • 위장장애: 초기 식욕부진, 변비, 복부팽만감, 진행되면 급성복부산통 • 신경 및 근육계통의 장애: 사지의 신근쇠약이나 마비, 관절통, 근육통 • 중추신경장애: 급성 뇌증, 심한 흥분, 정신착란 • 만성중독: 동맥경화증, 고혈압, 신장장애, 생식기 장애, 조혈장애 ③ 납중독의 4대 증상 • 소변 중의 코프로폴피린의 증가: 초기 진단 • 구강 치은부에 암청회색의 황화연이 침착한 청회색선 • 혈관수축이나 빈혈로 인한 피부 창백 • 호염기성 과립적혈구의 증가	① 허용 기준 준수 ② 작업공정을 밀폐하거나 배기장치 설치 또는 바닥이 축축하도록 물을 뿌림 ③ 작업장 위생: 식사를 위한 청결한 장소 제공 및 손 씻기 ④ 개인보호구 착용 및 관리
수은 (Hg)	① 발생요인: 직업적인 노출이 가장 높은 직종은 수은 광산과 수은 추출 작업이며 대부분 수은 증기에 노출되어 발생 ② 수은중독의 3대 증상 • 구내염 • 근육진전(근육경련) • 정신증상 ③ 일반적인 증상 • 수은 만성중독 시 뇌조직에 침범하여 시야협착, 청력, 언어장애, 보행장애 • 모체를 통해 아이에게도 중독 증상이 나타남	① 중독사례: 미나마타병(Minamata disease, 1953년 일본 미나마타에서 발생) – 미나마타 만에서 잡힌 어패류에 축적되어 있는 메틸수은이 원인물질이 되어 팔다리 마비, 보행장애, 언어장애, 시야협착, 난청 등의 증상이 나타남 ② 예방 • 수은은 밀폐장치 안에서 취급해야 함 • 작업장 청결유지 및 국소 마스크 사용, 외출복과 작업복을 구분하여 입고 작업 후에는 목욕을 함 • 급성중독 시 우유와 달걀흰자를 먹여 수은과 단백질을 결합시켜 침전시킴
크롬 (Cr)	① 발생요인: 주로 크롬 도금작업이나 크롬산염을 촉매로 취급하는 작업 등에 노출될 때 발생 ② 증상 • 급성: 심한 신장장애를 일으켜 과뇨증이 오고 심하면 무뇨증으로 발전하여 요독증으로 1~2일 또는 10일 안에 사망 • 만성: 코, 폐 및 위장의 점막에 병변을 일으키는 것이 특징이며, 장기간 노출 시 기침, 두통, 호흡곤란이 일어남. 특히 비중격의 연골부에 둥근 구멍이 뚫리는 비중격 천공이 나타난다.	① 크롬을 먹은 경우에는 응급조치로 우유와 환원제로 비타민 C를 줌 ② 호흡기 흡입에 의한 급성중독의 경우에는 병원에 입원시킴 ③ 작업장 공기를 허용 농도 이하로 유지하고 피부에 물질이 닿지 않도록 작업복을 착용 ④ 피부보호용 크림을 노출된 피부에 바르고 비중격 점막에 바셀린을 바르도록 함.
카드뮴 (Cd)	① 발생요인: 카드뮴은 가열하면 공기 중에 쉽게 증기로 변화되어 밝은 불꽃을 내며 타면서 산소와 결합하여 황갈색의 산화카드뮴 흄을 생성 ② 증상 • 급성: 구토, 설사, 급성위장염, 복통, 착색뇨가 나타나며 간 및 신장기능에 장애가 나타난다. • 만성: 폐기종, 신장기능 장애, 단백뇨, 뼈의 통증, 골연화증, 골다공증 등 골격계 장애가 대표적인 증상	① 중독사례: 이타이이타이병(Itai – Itai disease) – 금속 정련 공장의 폐수가 흘러나가 그 지방의 음료수와 농작물에 축적된 것을 장기간 섭취하여 중독 증상을 일으켰던 것 ② 예방 • 적절한 보호구를 사용하고 철저한 개인위생이 중요 • 작업장 내에서는 음식 섭취와 흡연 절대 금지 • 작업복을 자주 갈아입고 매일 삭업 후 목욕을 함

151 지역의 특수성이나 또는 연령, 성별 및 인구구조가 현저하게 다를 때 인구 오차를 없애주기 위해 사용되는 사망률은? [13 대구]

① 조사망률
② 특수사망률
③ 표준화 사망률
④ 연령별 사망률

해설

이 문제에서는 지역별 연령구조나 성별 차이를 그대로 반영한 통계지표가 아니라 보정한 통계지표가 무엇인지를 묻는 것이다.
① 조사망률: 1년 간의 사망수를 그 해의 중앙인구로 나눈 것으로 연령계층, 성별, 사인 등을 고려하지 않고 정정하지 않은 채로 나타낸 사망률
② 특수사망률(비례사망률): 같은 해의 총사망자 수 중 1년간 특정질병으로 사망한 수를 의미. 특정 질병의 양상에 따라 지역별 연령구조와 성별 차이가 드러난다.
③ 표준화사망률: 정정사망률이라고도 하며 사망률을 비교하기 위하여 분모가 되는 인구의 연령구성을 보정하여 표현한 것
④ 연령별 특수사망률: 조사망률의 개념을 연령별로 특수화해서 본 사망률

따라서 지역별 연령구조와 성별 차이를 보정한 사망률은 표준화 사망률이다.

152 경구피임약을 복용한 후의 부작용이 아닌 것은? [13 대구]

① 골반 내 염증
② 오심
③ 자궁부정출혈
④ 체중증가

해설

경구피임약을 복용 후 부작용
- 생식기 질환이 있을 경우 증상 악화
- 복용 시 첫 2개월 동안의 월경주기 중간에 소량의 출혈 가능성 有
- 사용 초기 오심, 유방압통, 복부 팽만 경험
- 호르몬의 영향으로 질분비물 증가
- 정서불안(우울, 불안)과 체중증가

정답 151 ③ 152 ①

153 「노인장기요양보험법」상 재가급여에 해당하는 것은? [13 경북]

① 주·야간 보호
② 가족요양비
③ 특례요양비
④ 요양병원간병비

해설
「노인장기요양보험법」의 요양급여는 재가급여, 시설급여, 특별현금급여가 있다.
②, ③, ④는 특별현금급여에 해당된다.

🎉 **장기요양급여** – 재가급여(15% 본인이 부담), 시설급여(20% 본인이 부담), 특별현금급여

급여종류		내용
재가급여	방문요양	장기요양요원이 수급자의 가정 등을 방문하여 신체활동 및 가사활동 등을 지원하는 장기요양급여
	방문목욕	장기요양요원이 목욕설비를 갖춘 장비를 이용하여 수급자의 가정 등을 방문하여 목욕을 제공하는 장기요양급여
	방문간호	장기요양요원인 간호사 등이 의사, 한의사 또는 치과의사의 방문간호지시서에 따라 수급자의 가정 등을 방문하여 간호, 진료의 보조, 요양에 관한 상담 또는 구강위생 등을 제공하는 장기요양급여
	주·야간 보호	수급자를 하루 중 일정한 시간 동안 장기요양기관에 보호하여 신체활동 지원 및 심신기능의 유지·향상을 위한 교육·훈련 등을 제공하는 장기요양급여
	단기보호	• 수급자를 보건복지부령으로 정하는 범위 안에서 일정 기간 동안 장기요양기관에 보호하여 신체활동 지원 및 심신기능의 유지·향상을 위한 교육·훈련 등을 제공하는 장기요양급여 • 급여를 받을 수 있는 기간은 월 9일 이내로 한다. 다만, 가족의 여행, 병원치료 등의 사유로 수급자를 돌볼 가족이 없는 경우 등 보건복지부장관이 정하여 고시하는 사유에 해당하는 경우에는 1회 9일 이내의 범위에서 연간 4회까지 연장할 수 있다.
	기타 재가급여	수급자의 일상생활·신체활동 지원 및 인지기능의 유지·향상에 필요한 용구를 제공하거나 가정을 방문하여 재활에 관한 지원 등을 제공하는 장기요양급여로서 대통령령으로 정하는 것
시설급여		장기요양기관이 운영하는 「노인복지법」에 따른 노인의료복지시설 등에 장기간 동안 입소하여 신체활동 지원 및 심신기능의 유지·향상을 위한 교육·훈련 등을 제공하는 장기요양급여
특별현금급여	가족요양비	도서·벽지 등 장기요양기관이 현저히 부족한 지역, 천재지변, 수급자의 신체·정신 또는 성격상의 사유로 인하여 가족으로부터 방문요양에 상당한 장기요양급여를 받은 때 지급되는 현금급여
	특례요양비	수급자가 장기요양기관이 아닌 노인요양시설 등의 기관 또는 시설에서 재가급여 또는 시설급여에 상당한 장기요양급여를 받은 경우 수급자에게 지급되는 현금급여
	요양병원 간병비	수급자가 요양병원에 입원한 때 지급되는 현금급여

정답 153 ①

154 우리나라 재활간호사업의 궁극적인 목적은? [13 경북(수정), 11 서울]

① 장애인의 사회통합
② 장애인의 기능회복
③ 재활에 대한 인식 고취
④ 지역사회 재원 효과 활용

해설

재활간호의 목적
(1) 궁극적 목표는 장애인의 기능적 회복과 최대의 독립성으로 장애인의 사회통합이다.
(2) 신체적 장애의 한계 내에서 모든 심신의 상태가 최고가 될 수 있도록 돕는 것이다.
(3) 잠재적 기능을 극대화하여 자급자족함의 성취감을 갖게 한다.
(4) 수용할 만한 삶의 질을 성취하게 한다.
(5) 변화된 삶에 적응할 수 있게 한다.
(6) 최적의 안녕상태를 유지할 수 있게 돕는다.
(7) 가정과 지역사회에 복귀할 수 있게 한다.

155 노인의료복지시설에 해당하는 것은? [13 경남]

① 실비양로시설
② 경로당
③ 노인공동생활가정
④ 실비노인요양시설

해설

「노인복지법」에 의한 노인의료복지시설은 노인요양시설, 노인요양공동생활가정이 있다.

정답 154 ① 155 ④

156 상대보호구역과 절대보호구역이 중복될 경우 관리로 옳은 것은?

[13 경남]

① A중학교 절대보호구역과 B고등학교 절대보호구역이 겹칠 경우 B고등학교가 관리한다.
② A중학교와 B초등학교의 절대보호구역이 겹칠 경우 B초등학교가 관리한다.
③ A중학교 절대보호구역과 B중학교 상대보호구역이 겹칠 경우 B중학교가 관리한다.
④ A중학교와 B중학교의 상대보호구역이 겹칠 경우 학생 수가 적은 학교가 관리한다.

해설
① A중학교 절대보호구역과 B고등학교 절대보호구역이 겹칠 경우 A중학교가 관리한다.
③ A중학교 절대보호구역과 B중학교 상대보호구역이 겹칠 경우 A중학교가 관리한다.
④ A중학교와 B중학교의 상대보호구역이 겹칠 경우 학생 수가 많은 학교가 관리한다.

교육환경보호구역(「교육환경보호에 관한 법률」)

절대보호구역	학교출입문으로부터 직선거리로 50미터까지인 지역(학교설립예정지의 경우 학교경계로부터 직선거리 50미터까지인 지역)
상대보호구역	학교경계등으로부터 직선거리로 200미터까지인 지역 중 절대보호구역을 제외한 지역
설정	교육감은 학교설립예정지가 통보된 날부터 30일 이내에 교육환경보호구역을 설정·고시
관리	• 학교의 장은 해당 학교의 보호구역 내 교육환경에 대한 현황 조사 및 보호구역 내 금지행위의 방지 등을 위한 계도 등을 한다. 다만, 학교가 개교하기 전까지의 관리는 보호구역을 설정한 자가 한다. • 상·하급 학교 간에 보호구역이 서로 중복되는 경우에는 하급학교. 다만, 하급학교가 유치원인 경우에는 그 상급학교로 한다. • 같은 급의 학교 간에 보호구역이 서로 중복될 경우에는 학생 수가 많은 학교가 관리한다. • 학교 간에 절대보호구역과 상대보호구역이 서로 중복될 경우에는 절대보호구역이 설정된 학교의 장이 이를 관리한다.

정답 156 ②

157 작업환경관리의 기본 원칙 중 "격리"가 아닌 것은? [13 경남]

① 개인용 위생보호구 착용
② 작업자와 유해물질 사이에 차단용 장벽 설정
③ 유해위험작업을 조정실에서의 원격장치로 변경
④ 도색작업을 페인트 분무 방식에서 페인트 담그기 방식으로 변경

해설
작업환경관리에서 격리란 물체, 거리, 시간과 같은 장벽(barrier)을 통해 작업자와 유해인자를 분리하는 것이다. 공정의 변경은 대치에 해당된다.

작업환경관리

대치	독성이 적은 물질로 대치하는 방법으로 가장 효과적인 위생대책의 근본적 방법 ① 시설의 변경: 공정을 변경할 수 있는 상황이 안 되면, 사용하고 있는 위험시설이나 기구를 바꾸는 것 ② 공정의 변경: 유해한 과정을 안전하고 효율적인 공정 과정으로 변경하는 것 ③ 물질의 변경: 유사한 화학구조를 갖고 있는 다른 물질로 대치하는 것으로 가장 흔히 사용하는 방법
격리	물체, 거리, 시간과 같은 장벽(barrier)을 통해 작업자와 유해인자를 분리하는 것 ① 격리 저장: 격리하여 저장할 필요가 있는 물질은 섞이지 않도록 저장 ② 위험시설의 격리 ③ 차열: 뜨거운 물체를 다루는 공정 과정의 경우 기구를 대치 ④ 공정 과정의 격리: 가장 많은 비용이 들지만 유용한 대책으로 사용되고 있는 방법으로, 특별히 화학공장에서 많은 유해인자와 작업자를 격리시키는 데 매우 적합 ⑤ 개인보호구 착용
환기	① 전체환기: 작업장의 유해물질 희석을 위해 사용하여 희석환기라고도 한다. 주로 고온과 다습을 조절하는 데 이용되며, 분진, 냄새, 유해 증기를 희석하는 데에도 이용되나 근본적인 대책으로는 부적절하다. ② 국소환기: 유해물질 발생원 가까이에 유해물질을 빨아들여서 밖으로 배출시키는 장치를 설치하여 근로자가 유해물질을 흡입하지 않도록 방지하여 주는 것이다.

158 보건교사가 세균성이질이 의심되는 학생을 발견했을 때 우선적으로 취해야 하는 행동은? [13 경남]

① 발생한 학생의 반에 감염자가 없는지 감시한다.
② 학부모에게 연락한다.
③ 보건소장에게 신고한다.
④ 학교장에게 보고한다.

해설
보건교사가 감염성 질환 의심 학생을 발견하였을 때는 학교장에게 보고하고, 학교장은 교육청에 보고하면서 관할 보건소에 지체없이 신고한다.

정답 157 ④ 158 ④

159 학교보건에서 보건교사가 건강검사 결과를 학부모에게 통보하는 1차적인 수단으로 가장 적절한 것은? [13 경남]

① 전화
② 가정방문
③ 학생에게 개별통보
④ 가정통신문

해설
가정통신문은 학교에서 학부모에게 알려야 할 사항이 있을 때 일반적인 서신의 형태로 전달한다. 내용으로는 학교의 보건행사 및 학생의 건강관리 상태, 학부모 교육 사항을 담을 수 있다.

160 교육환경보호구역 중 절대보호구역의 범위는? [13 경남]

① 학교 교문으로부터 50m 이내
② 학교 교문으로부터 100m 이내
③ 학교 교문으로부터 200m 이내
④ 학교 경계구역으로부터 100m 이내

해설
교육환경보호구역 중 절대보호구역은 학교 출입문으로부터 50m, 상대보호구역은 학교 경계선으로부터 200m 이내를 말한다.

161 학교보건교사가 다음 중 가장 먼저 해결해야 할 문제는? [13 경남]

① 1학년 학생 중 홍역에 걸린 학생이 5명이다.
② 2학년 학생 중 비만인 학생이 100명이다.
③ 고지혈증이 있는 3학년 학생이 50명이다.
④ 4학년 학생 중 비만인 학생이 70명이다.

해설
감염성질환 발생 시 이에 대한 해결이 가장 시급하다.

> **학교간호진단의 우선순위 결정 시 고려사항**
> - 건강문제나 환경문제의 크기와 심각성
> - 문제가 영향을 미치는 범위: 감염병 > 만성병
> - 건강문제에 대한 대상자의 관심도
> - 건강문제에 대한 대상자의 취약성: 저학년 > 고학년
> - 문제 해결에 필요한 자원의 동원 가능성
> - 문제의 해결 가능성
> - 보건교사의 준비도
> - 학교정책과의 연관성 및 법적 수행 의무 여부

정답 159 ④ 160 ① 161 ①

162 영유아 표준예방접종표에 따를 때 10개월 된 아이가 아직 예방접종을 시작하지 않은 감염병은?

[13 경남]

① BCG
② 디프테리아
③ 폴리오
④ 수두

해설
① BCG – 4주 이내
② 디프테리아 – 2개월, 4개월, 6개월
③ 폴리오 – 2개월, 4개월, 6개월
④ 수두 – 12~15개월

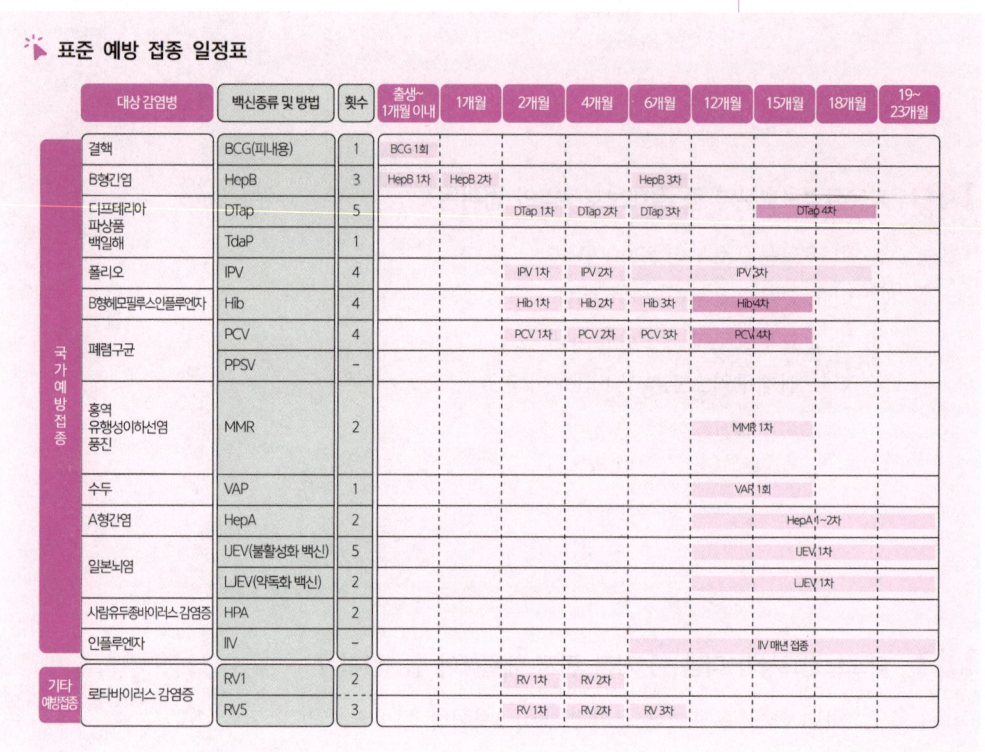

정답 162 ④

163 다음의 인구구성 형태 중 농촌형에 해당하는 것은?

[13 경남]

① 별형
② 호로형
③ 종형
④ 피라미드형
⑤ 항아리형

해설
인구구조 유형 중 호로형은 생산연령 인구의 유출이 큰 농촌형 인구구조로 유출형이라고도 한다. 이에 반대되는 개념으로 별형은 생산연령의 인구 비율이 높은 도시형 인구구조로 유입형이다.

인구구조의 유형

유형	설명
피라미드형	① 저개발국가의 인구구조 유형이며 다산다사형으로 출생률과 사망률이 모두 높다. ② 유소년 부양비의 증가 및 아동복지와 교육에 대한 정책이 필요하며 0~14세 인구가 65세(50세) 이상의 2배를 넘는다. ③ 고사망, 고출생유형을 보여주는 인구형으로 출생률이 조절되지 않고 인구가 계속 증가하는 단계에 있는 국가의 인구형이다.
종형	① 선진국의 인구구조 유형이며 출생률·사망률이 모두 낮다. ② 0~14세 인구가 65세(50세) 이상 인구의 2배가 되며 정체 인구가 되는 단계로 인구정지형으로 본다. ③ 인구의 노령화 현상이 나타나 노인복지 문제가 대두된다.
항아리형	팟형, 호형, 단지형, 감퇴형, 방추형 ① 인구가 감소하는 인구구조 유형으로 출생률이 사망률보다 매우 낮다. ② 일부 선진국가들이 여기에 속하며 0~14세 인구가 65세(50세) 이상 인구의 2배에 미치지 못한다. ③ 유소년층의 비율이 낮고 청장년층의 비율이 높게 나타나 국가경쟁력 약화가 우려된다.
호로형	기타형, 표주박형, 농촌형, 유출형 ① 생산연령 인구의 유출이 큰 농촌형 인구구조로 유출형이라고도 한다. ② 청장년층의 유출에 의한 출산력 저하로 유소년층의 비율이 낮고 15~49세 인구가 전체 인구의 50% 미만이다.
별형	스타형, 성형, 도시형, 유입형 ① 생산연령의 인구 비율이 높은 도시형 인구구조로 유입형이라고도 한다. ② 출산연령에 해당하는 청장년층의 비율이 높기 때문에 유소년층의 비율이 높고 15~49세 인구가 전체 인구의 50%를 넘는다.

정답 163 ②

164 생후 2개월 된 신생아에게 반드시 필요한 예방접종은? [13 경남]

① 백일해
② 볼거리
③ 일본뇌염
④ B형간염

해설
B형 간염은 생후 4주 이내 필수 접종해야 한다.

165 예전에 간염을 앓았고 현재 혈압이 140/90mmHg이며, 골반 내 염증을 호소하고 있다. 생리주기는 일정하고, 3년 후 임신을 원하는 모성의 경우 적절한 피임법은? [13 경남]

① 자궁 내 장치
② 주기 이용법
③ 구강 피임약
④ 난관 결찰술

해설
사례를 고려할 때 부작용의 염려가 없는 피임법은 주기이용법(월경주기 중 임신가능성이 있는 날짜만큼 금욕하여 임신을 방지하는 방법)이다.
① 자궁 내 장치 → 골반 내 염증으로 인해 곤란함
③ 구강 피임약 → 혈압으로 인해 피하는 것이 좋음
④ 난관 결찰술 → 3년 후 임신을 원하므로 영구피임법은 피해야 함

166 보건소 사업 중 노인을 대상으로 하는 노인보건사업으로 맞지 않은 것은? [13 전북]

① 노인요양시설에 입소조치
② 노인의 요양등급 판정
③ 노인에 대한 건강진단 및 상담
④ 건강진단기관의 지정

해설
노인의 요양등급 판정은 국민건강보험공단의 등급판정위원회에서 한다.

정답 164 ④ 165 ② 166 ②

167 「학교보건법」상 보건교사의 업무에 해당하는 것은? [13 전북]

> 가. 학교보건계획 수립
> 나. 보건지도를 위한 학생가정의 방문
> 다. 질병의 예방처치 및 보건지도
> 라. 건강검사기록 작성·관리

① 가, 다
② 나, 라
③ 가, 나, 다
④ 가, 다, 라

해설
건강검사기록의 작성은 일반 교사도 가능하다.

보건교사의 직무
(1) 학교보건계획의 수립
(2) 학교 환경위생의 유지·관리 및 개선에 관한 사항
(3) 학생과 교직원에 대한 건강진단의 준비와 실시에 관한 협조
(4) 각종 질병의 예방 처치 및 보건지도
(5) 학생과 교직원의 건강 관찰과 학교 의사의 건강상담, 건강평가 등의 실시에 관한 협조
(6) 신체가 허약한 학생에 대한 보건지도
(7) 보건지도를 위한 학생 가정 방문
(8) 교사의 보건교육 협조와 필요 시의 보건교육
(9) 보건실의 시설·설비 및 약품 등의 관리
(10) 보건교육자료의 수집·관리
(11) 학생건강기록부의 관리
(12) 다음의 의료행위
    ① 외상 등 흔히 볼 수 있는 환자의 치료
    ② 응급을 요하는 자에 대한 응급처치
    ③ 부상과 질병의 악화를 방지하기 위한 처치
    ④ 건강진단결과 발견된 질병자의 요양지도 및 관리
    ⑤ ①~④의 의료행위에 따르는 의약품의 투여
(13) 그 밖에 학교의 보건관리

168 수두를 심하게 앓고 있는 학생에 대해 등교정지를 명할 수 있는 자는? [13 전북, 10 지방]

① 담임교사
② 학교장
③ 보건교사
④ 교육감

해설
감염성질환 학생 발생 시 등교중지를 명할 수 있는 사람은 학교장이다.

정답 167 ③   168 ②

169 산업장 근로자를 대상으로 한 건강검진에서 직업병 소견이 있는 경우로 사후 관리가 필요한 판정 결과는? [13 전북]

① A
② C1
③ R
④ D1

해설

근로자 건강관리 구분

구분	내용
A	건강관리상 사후관리가 필요 없는 자(건강한 근로자)
C1	직업성 질병으로 진전될 우려가 있어 추적검사 등 관찰이 필요한 자(직업병 요관찰자)
C2	일반 질병으로 진전될 우려가 있어 추적검사 등 관찰이 필요한 자(일반질병 요관찰자)
D1	직업성 질병의 소견을 보여 사후관리가 필요한 자(직업병 유소견자)
D2	일반 질병의 소견을 보여 사후관리가 필요한 자(일반질병 유소견자)
R	일반건강진단에서의 질환의심자(제2차 건강진단 대상자)

170 필수예방접종에 해당하는 것은? [13 전북]

① C형간염, 폐렴구균
② 폴리오, 홍역, 수두
③ 발진티푸스, 홍역, 수두
④ 인플루엔자, 폴리오, C형간염

해설

필수예방접종: 디프테리아, 폴리오, 백일해(百日咳), 홍역(紅疫), 파상풍(破傷風), 결핵, B형간염, 유행성이하선염(流行性耳下腺炎), 풍진(風疹), 수두(水痘), 일본뇌염, b형헤모필루스인플루엔자, 폐렴구균, 인플루엔자, A형간염, 사람유두종바이러스 감염증, 그룹 A형로타바이러스감염증, 질병관리청장이 감염병의 예방을 위하여 필요하다고 인정하여 지정하는 감염병(장티푸스, 신증후군출혈열)

정답 169 ④ 170 ②

171 출생에 관한 용어 중 인구가 가지는 잠재적 출생수준, 즉 출산의 생리적 능력을 나타내는 것은? [13 전북]

① 출생력
② 출산력
③ 가임력
④ 재생산력

해설
출산의 생리적 능력을 가임력이라 하며 인구가 가지는 잠재적 출생수준을 의미한다.

172 직업병의 종류가 아닌 것은? [13 전남]

① 규폐증
② 잠함병
③ 난청
④ 식중독

해설
어떤 특정 직업에 종사함으로써 근로조건이 원인이 되어 일어나는 질환을 직업병이라 한다. 식중독은 환경보건의 식품위생과 관련된 질환이다.

173 우리나라 모자보건사업의 목표가 아닌 것은? [13 전남(수정)]

① 차세대 건강한 인적 자원 확보
② 가족계획을 통한 출산율 저하
③ 임산부의 사망률 저하
④ 영유아사망률의 저하

해설
현재 우리나라는 저출산 국가이므로 임신·출산·양육에 대한 사회적 환경 조성을 통해 출산을 장려하고 있다.

정답 171 ③ 172 ④ 173 ②

174 영유아사망률이 가장 높은 시기는? [13 전남]

① 생후 1주일 이내
② 생후 3개월 이내
③ 생후 1년 이내
④ 생후 1개월 이내

해설
생후 1주 이내에는 선천적 요인에 의한 사망이 많아 산전관리를 통해 사망률을 감소시킬 수 있다.

175 국가의 보건학적 상태, 사회경제학적 조건을 포함하는 대표적인 지표는? [13 전남]

① 조사망률
② 영아사망률
③ 비례사망비
④ 모성사망률

해설
영아사망률은 상대적으로 경제·사회·환경적 특성에 민감하게 반응하고, 생후 12개월 미만의 한정된 집단을 대상으로 하고 국가 간 변동 범위가 크기 때문에 정확성과 편의성이 높아 국가나 지역사회의 보건 수준을 나타내는 대표적인 지표이다.

176 α-Index가 1에 가까우면 어떤 국가인가? [13 전남]

① 후진국
② 선진국
③ 개발도상국
④ 미개발국

해설
영아 사망과 신생아 사망의 관련지표로서 α-Index가 1에 근접할수록 영아기간 중의 사망이 신생아 고유 질환에 의한 사망뿐이라는 의미를 갖기 때문에 그 지역의 건강수준이 높은 것을 의미한다.

정답 174 ① 175 ② 176 ②

177 노인인구의 건강지표 중 가장 중요한 의미가 있는 것은?

[13 충남(수정)]

① 만성질환 발생률
② 일상생활 기능상태
③ 평균수명
④ 의료기관 이용률

해설
노인인구의 건강지표 중 가장 중요한 의미가 있는 것은 기능상태이다.

178 인구이동이 없는 상태에서 연령별 출생률과 사망률이 같아 자연증가율이 0(zero)인 이론적 인구는?

[13 충남]

① 봉쇄인구　　② 안정인구
③ 정지인구　　④ 준안정 인구

해설
자연증가율이 0(zero)인 인구는 정지인구이다.

이론적 인구

종류	내용
폐쇄인구 (closed population)	• 가장 기본적인 이론적 인구로, 전출과 전입이 없이 출생과 사망에 의해서만 변동되는 인구이다.
안정인구 (stable population)	• 인구이동이 없는 폐쇄 인구의 특수한 경우로, 연령별 사망률과 연령별 증가율이 일정한 인구를 의미한다. • 인구 규모는 변하지만 인구구조는 변하지 않으며 자연증가율은 일정하게 유지된다.
준안정인구 (quasi-stable population)	안정인구에 준하는 인구로 연령별 출생률만 일정하게 유지된다는 조건하에서 나타나는 이론적 인구
정지인구 (stationary population)	• 안정인구 중 출생률과 사망률이 같아서 자연 증가가 전혀 일어나지 않는 경우를 의미한다. • 출생률 = 사망률, 자연증가율 0(zero)
적정인구 (optimum population)	• 플라톤이 처음 제시하였고 캐난(E. Cannon, 1861~1935)이 처음으로 이론화하였다. • 인구와 자원과의 관련성에 근거한 이론으로, 인구과잉의 원인을 식량에만 국한하지 않고 생활 수준을 둠으로써 주어진 여건 속에서 최대의 생산성을 유지하여 최고의 생활수준을 유지할 수 있는 인구를 말한다.

정답　177 ②　178 ③

179. 다음 중 보건교사의 역할로 묶인 것은? [13 충남]

> 가. 신체허약 학생에 대한 보건지도
> 나. 학교보건계획 수립
> 다. 학교 환경위생의 유지관리 및 개선에 관한 사항
> 라. 학생 및 교직원의 건강진단과 건강평가 실시

① 가, 나, 다
② 가, 다
③ 나, 라
④ 가, 나, 다, 라

해설
학생 및 교직원의 건강진단과 건강평가 실시는 학교의사의 직무이다.

학교보건법 시행령 제23조(학교에 두는 의료인·약사 및 보건교사)

학교의사의 직무	보건교사의 직무

가. 학교보건계획의 수립에 관한 자문
나. 학교 환경위생의 유지·관리 및 개선에 관한 자문
다. 학생과 교직원의 건강진단과 건강평가
라. 각종 질병의 예방처치 및 보건지도
마. 학생과 교직원의 건강상담
바. 그 밖에 학교보건관리에 관한 지도
	가. 학교보건계획의 수립
	나. 학교 환경위생의 유지·관리 및 개선에 관한 사항
	다. 학생과 교직원에 대한 건강진단의 준비와 실시에 관한 협조
	라. 각종 질병의 예방처치 및 보건지도
	마. 학생과 교직원의 건강관찰과 학교의사의 건강상담, 건강평가 등의 실시에 관한 협조
	바. 신체가 허약한 학생에 대한 보건지도
	사. 보건지도를 위한 학생가정 방문
	아. 교사의 보건교육 협조와 필요 시의 보건교육
	자. 보건실의 시설·설비 및 약품 등의 관리
	차. 보건교육자료의 수집·관리
	카. 학생건강기록부의 관리
	타. 다음의 의료행위(간호사 면허를 가진 사람만 해당한다)
	  1) 외상 등 흔히 볼 수 있는 환자의 치료
	  2) 응급을 요하는 자에 대한 응급처치
	  3) 부상과 질병의 악화를 방지하기 위한 처치
	  4) 건강진단결과 발견된 질병자의 요양지도 및 관리
	  5) 1)부터 4)까지의 의료행위에 따르는 의약품 투여
	파. 그 밖에 학교의 보건관리

학교약사의 직무	
가. 학교보건계획의 수립에 관한 자문 나. 학교환경위생의 유지관리 및 개선에 관한 자문 다. 학교에서 사용하는 의약품과 독극물의 관리에 관한 자문 라. 학교에서 사용하는 의약품 및 독극물의 실험·검사 마. 그 밖에 학교보건관리에 관한 지도	

정답 179 ①

180 교육환경보호구역의 관리로 옳은 것은? [13 충남(수정)]

① 학교환경관리 책임은 보건교사에게 있다.
② 절대보호구역은 경계선으로부터 직선거리 50m이다.
③ 보호구역의 허가는 학교장과 교사들의 협의로 이루어진다.
④ 상대보호구역은 절대보호구역을 제외한 학교 경계선 200m이다.

해설
① 학교환경관리 책임은 학교장에게 있다.
② 절대보호구역은 학교 출입문으로부터 직선거리 50m이다.
③ 교육환경보호구역은 교육감이 설정하고, 각 구역의 시설허가여부는 교육환경보호위원회에서 심의한다.

교육환경보호구역(「교육환경보호에 관한 법률」)

절대보호구역	학교출입문으로부터 직선거리로 50미터까지인 지역(학교설립예정지의 경우 학교경계로부터 직선거리 50미터까지인 지역)
상대보호구역	학교경계등으로부터 직선거리로 200미터까지인 지역 중 절대보호구역을 제외한 지역
설정	교육감은 학교설립예정지가 통보된 날부터 30일 이내에 교육환경보호구역을 설정·고시
관리	• 학교의 장은 해당 학교의 보호구역 내 교육환경에 대한 현황 조사 및 보호구역 내 금지행위의 방지 등을 위한 계도 등을 한다. 다만, 학교가 개교하기 전까지의 관리는 보호구역을 설정한 자가 한다. • 상·하급 학교 간에 보호구역이 서로 중복되는 경우에는 하급학교. 다만, 하급학교가 유치원인 경우에는 그 상급학교로 한다. • 같은 급의 학교 간에 보호구역이 서로 중복될 경우에는 학생 수가 많은 학교가 관리한다. • 학교 간에 절대보호구역과 상대보호구역이 서로 중복될 경우에는 절대보호구역이 설정된 학교의 장이 이를 관리한다.

정답 **180** ④

181 서한도 중 천정치(TLV-ceiling)의 의미는? [13 충남]

① 독성이나 위험의 상대적 지표로 사용할 수 있는 것을 말한다.
② 하루 8시간 작업 동안에 폭로된 유해물질의 시간 가중 평균 농도의 상한치이다.
③ 순간적이라도 초과해서는 안 되는 농도를 말한다.
④ 1일 4회 이상 허용한계치를 초과해서는 안 된다.

해설
유해물질 허용기준 중에서 천정치는 1일 작업시간 동안 잠깐이라도 노출되어서는 안 되는 기준으로 최고수준의 농도를 의미한다. 실제로 순간 농도 측정은 불가능하므로 보통 15분간 측정하고 독성이나 위험의 상대적 지표로 사용할 수 없다.

유해물질 허용기준

구분	내용
시간 가중 평균노출기준 (TWA; TLV-Time Weighted Average)	• 주당 40시간 하루 8시간 작업 동안에 폭로된 평균 농도의 상한치로, 이 수준에는 대부분의 작업자가 매일 노출되어도 건강상 영향이 없을 것으로 여겨지는 수치이다. • 1일 8시간 작업을 기준으로 하여 유해인자의 측정치에 발생시간을 곱하여 8시간으로 나눈 값을 말한다.
단시간노출기준 (STEL; TLV-Short Term Exposure Limit)	• 시간가중 평균노출기준(TWA)에 대한 보완기준으로 근로자가 1회에 15분 동안 유해요인에 노출되는 경우를 기준으로 한다. • 1회 노출 간격이 1시간 이상인 경우 1일 4회까지만 노출이 허용된다. 전 폭로기간은 60분 미만이어야 하며 동시에 시간가중 평균 농도를 초과하면 안 된다. • 이 노출 기준은 주로 만성중독이나 고농도에서 급성중독을 초래하는 유해물질에 적용된다.
최고노출기준 (TLV-ceiling)	• 천정치라고도 하며, 1일 작업시간 동안 잠깐이라도 노출되어서는 안 되는 기준으로 최고 수준의 농도를 의미한다. 시간가중 평균 농도 앞에 'C'로 표시한다. • 8시간 작업 후 16시간의 휴식을 취하는 작업조건과 자극성 가스나 독작용이 빠른 물질에 적용된다. • 실제로 순간 농도 측정은 불가능하므로 보통 15분간 측정한다. • 독성이나 위험의 상대적 지표로 사용할 수 없다.

182 어느 지역에서 출생 후 1주 이내에 사망한 비율이 영아사망률의 80%를 차지하였다. 이 지역에 필요한 대책으로 가장 적절한 것은? [13 충남]

① 모아환경 위생증진
② 영아 사고방지
③ 산전관리 확대
④ 영아 영양관리

해설
출생 후 1주 이내에 사망한 비율이 영아사망률의 80%를 차지하였다는 것은 선천적 요인에 의한 사망이 많다는 것을 의미하며 이에 대한 효과적인 대처는 산전관리의 확대이다.

정답 181 ③ 182 ③

183 영아사망률과 조사망률 중 영아사망률이 더 중요한 지표가 되는 이유는?

[13 충남]

> 가. 영아사망률이 조사망률보다 통계적 유익성이 높다.
> 나. 영아사망률은 모자보건, 영양수준, 환경위생 등에 민감하여 보건수준을 잘 반영한다.
> 다. 영아사망률은 지역별 국가별로 변동범위가 조사망률에 비해서 크다.
> 라. 영아사망률이 조사망률보다 정확하기 때문이다.

① 가, 나, 다
② 가, 다
③ 나, 라
④ 라

해설

영아 사망률은 국가나 지역사회의 보건 수준을 나타내는 대표적인 지표로 상대적으로 경제·사회·환경적 특성에 민감하게 반응하고, 생후 12개월 미만의 한정된 집단을 대상으로 하고 국가 간 변동 범위가 크기 때문에 정확성과 편의성이 높다.

184 근로자 건강진단 결과 직업병으로 발전가능성이 있을 경우에 해당하는 건강관리 구분은?

[13 부산]

① C1
② D1
③ R
④ A

해설

근로자 건강관리 구분

구분	내용
A	건강관리상 사후관리가 필요 없는 자(건강한 근로자)
C1	직업성 질병으로 진전될 우려가 있어 추적검사 등 관찰이 필요한 자(직업병 요관찰자)
C2	일반 질병으로 진전될 우려가 있어 추적검사 등 관찰이 필요한 자(일반질병 요관찰자)
D1	직업성 질병의 소견을 보여 사후관리가 필요한 자(직업병 유소견자)
D2	일반 질병의 소견을 보여 사후관리가 필요한 자(일반질병 유소견자)
R	일반건강진단에서의 질환의심자(제2차 건강진단 대상자)

정답 183 ① 184 ①

185 「학교보건법령」에 명시된 보건교사 배치기준으로 옳은 것은?

[13 강원 수정]

① 36학급 이상의 학교에는 2명 이상의 보건교사를 두어야 한다.
② 18학급 미만 초등학교에는 학교의사와 학교약사 중 1명과 보건교사 1명을 둔다.
③ 8학급 이상 중·고등학교에는 학교의사 1명, 학교약사 1명, 보건교사 1명을 둔다.
④ 8학급 미만 중·고등학교에는 학교의사와 학교약사 중 1명과 보건교사 1명을 둔다.

해설

「학교보건법」
제15조(학교에 두는 의료인·약사 및 보건교사)
① 학교에는 대통령령으로 정하는 바에 따라 학생과 교직원의 건강관리를 지원하는 「의료법」 제2조 제1항에 따른 의료인과 「약사법」 제2조 제2호에 따른 약사를 둘 수 있다.
② 모든 학교에 제9조의2(보건교육 등)에 따른 보건교육과 학생들의 건강관리를 담당하는 보건교사를 두어야 한다. 다만, 대통령령으로 정하는 일정 규모 이하의 학교에는 순회 보건교사를 둘 수 있다.
③ 제2항에 따라 보건교사를 두는 경우 대통령령으로 정하는 일정 규모 이상(36학급 이상)의 학교에는 2명 이상의 보건교사를 두어야 한다.

정답 185 ①

186 출산력의 수준을 측정하는 방법 중 가임여성 수를 직접 고려하지 않고 구할 수 있는 것은?

[13 강원]

① 모아비
② 조출생률
③ 재생산율
④ 일반출산율
⑤ 합계출산율

해설

조출생률은 특정 인구 집단의 출산수준을 나타내는 기본 지표이며 1년간의 총 출생아 수를 그 해의 중앙 인구 값으로 나눈 값이다. 따라서 가임여성의 수를 직접 고려하지 않고 구할 수 있다.
①, ③, ④, ⑤의 경우 공식에서 분모가 15~49세 가임기 여성 수이다.

모아비	15~49세의 가임 여성 인구에 대한 0~4세의 유아 인구의 비율
조출생률	특정 인구 집단의 출산수준을 나타내는 기본 지표 조출생률 = $\dfrac{\text{연간 총출생아 수}}{\text{연 중앙인구(그해 7월1일 현재의 총인구수)}} \times 1{,}000$
재생산율	한 여성이 일생동안 여아를 몇 명 낳는가에 대한 지수 • 총재생산율 = 합계출산율 × $\dfrac{\text{여아 출생수}}{\text{총출생아수}}$ • 순재생산율 = 합계출산율 × $\dfrac{\text{여아 출생수}}{\text{총출생아수}}$ × $\dfrac{\text{가임여성 시 생존수}}{\text{여아 출생수}}$
일반출산율	임신이 가능한 연령(15~49세, 15~44세)의 여자 인구 1,000명당 출생률 일반출산율 = $\dfrac{\text{같은 해의 총출생아수}}{\text{당해 연도의 15~49세의 가임연령 여성인구}} \times 1{,}000$
합계출산율	한 여자가 가임기간(15~49세) 동안 낳을 것으로 예상되는 평균 출생아 수

정답 186 ②

187 산업재해보상의 종류에 대한 설명으로 옳지 않은 것은? [13 서울 보건행정]

① 유족급여는 사망자의 유족에 지급되는 것으로서 연금 또는 일시금으로 지급된다.
② 요양급여는 업무상 재해로 4일 이상의 요양을 필요로 하는 부상 또는 질병에 대해 지급한다.
③ 장의비는 장제를 지낸 사람에게 평균임금의 180일분을 지급한다.
④ 장해급여는 업무상 부상이나 질병이 완치한 후에 이와 관련된 장애가 남을 경우 연금 또는 일시금 형식으로 지급한다.
⑤ 휴업급여는 요양으로 인해 취업하지 못하는 기간이 4일 이상인 근로자에 대하여 1인당 평균임금의 70%에 해당하는 금액을 지급한다.

해설
장의비는 장제를 지낸 사람에게 평균임금의 120일분을 지급한다.

188 85세 노인이 노인장기요양보험에 대하여 상담할 경우 지역사회간호사의 상담내용으로 옳지 않은 것은? [13 서울, 13 경기, 13 전북, 14 지방]

① 재가급여, 시설급여, 특별현금급여가 있다.
② 등급판정위원회에 신청해야 한다.
③ 기초생활수급자는 무료로 이용할 수 있다.
④ 65세 이상의 치매, 뇌혈관성 질환이 있어야 장기요양대상이 된다.

해설

장기요양 대상자(법 제2조 제1호)
(1) 65세 이상의 노인 또는 65세 미만의 자로서 치매·뇌혈관성질환 등 대통령령으로 정하는 노인성 질병을 가진 자

> **주요 노인성 질병의 종류**
> 알츠하이머병, 지주막하출혈, 뇌내출혈, 뇌경색증, 뇌졸중, 뇌전동맥의 폐쇄 및 협착, 대뇌동맥의 폐쇄 및 협착, 파킨슨병, 중풍 후유증, 진전

(2) 등급판정위원회는 6개월 이상의 기간 동안 일상생활을 혼자서 수행하기 어렵다고 인정되는 경우 장기요양서비스를 받을 자를 결정하고 정도에 따라 등급을 판정한다.

정답 187 ③ 188 ④

189 우리나라 가정간호사업에 대한 설명으로 옳은 것은? [12 서울]

① 우리나라는 병원 중심의 가정간호사업이 먼저 실시되었다.
② 가정간호수가체계는 포괄수가제가 적용된다.
③ 가정간호와 방문간호의 간호담당자는 동일하다.
④ 가정간호는 영리를 목적으로 운영될 수 있다.
⑤ 가정간호는 의사 또는 한의사의 처방 없이 실시한다.

해설
② 가정간호수가는 가정간호 기본방문료, 행위별 수가에 의한 비용으로 구성된다.
③ 가정간호의 담당자는 가정전문간호사, 방문간호는 방문간호사 및 보건소의 다양한 인력이다.
④ 포괄적으로 볼 때 가정간호는 비영리성을 특징으로 한다.
⑤ 가정간호는 검체의 채취 및 운반, 주사, 투약 또는 치료적 의료행위인 간호를 하는 경우에는 의사나 한의사의 진단과 처방이 있어야 한다.

190 지역사회 정신보건간호사가 담당하는 2차 예방사업에 해당하는 것은? [12 서울]

① 성숙위기에 대처할 수 있도록 상담을 통해 돕는다.
② 정신질환자의 재발을 막고 정상적인 사회생활로 복귀하도록 돕는다.
③ 급성질환 증상으로 오는 무능력한 기간을 단축하여 치료한다.
④ 사별, 실직과 같은 감당할 수 없는 상황에 처한 대상자를 지지하고 격려한다.

해설
①, ④ 1차 예방
② 3차 예방

- **일차 예방**: 일차 예방은 정신질환의 발생과 새로운 질병의 사례발생을 감소시키는 활동이다. 스트레스원을 피하거나 보다 적응적으로 대처하는 활동이다. 지역사회정신보건간호사는 성숙 위기(maturational crisis)에 대처할 수 있도록 미리 상담이나 교육을 통해 돕고, 사별, 실직, 이혼, 질병 등 감당할 수 없는 상황 위기(situational crisis)에 처한 대상자를 지지하고 격려한다.
- **이차 예방**: 발생한 정신장애의 기간을 감소시키는 데 목표를 둔다. 또한 현존하는 사례의 수를 감소시켜 정신질환의 유병률을 감소시키는 활동이다.
- **삼차 예방**: 정신질환자의 재발을 막고 정상적인 사회생활로 복귀하도록 돕는 역할이다. 또한 대상자의 재활 및 사회통합을 도모한다.

정답 189 ① 190 ③

191 고령화사회에 대한 설명으로 옳은 것은? [12 서울]

> 가. 우리나라는 2012년 65세 이상 노인인구 14%의 고령사회이다.
> 나. 평균수명 증가, 의료기술의 발달로 노인 인구가 증가하고 있다.
> 다. 고령화사회일수록 성비가 낮아진다.
> 라. 고령화사회일수록 여성인구가 많아진다.

① 나, 라
② 다, 라
③ 가, 나, 다
④ 나, 다, 라

해설
우리나라는 노인인구가 2000년에 이미 7%를 넘어 고령화사회에 진입하였고, 이러한 증가 추세는 계속되어 2017년 8월에는 14%를 넘어 고령사회가 되었다. 향후 2026년에는 20%를 넘어 초고령사회가 될 것으로 예측되고 있다.

192 정신보건사업의 원칙으로 옳지 않은 것은? [12 서울]

① 진료의 지속성
② 환자의 집에서 먼 곳에서 치료
③ 포괄적 서비스
④ 여러 전문 인력간의 팀적 접근
⑤ 정신보건사업의 평가

해설

지역사회 정신보건사업의 10가지 원칙(G. Caplan, 1967)
(1) 지역사회 주민에 대한 책임
(2) 환자의 가정과 가까운 곳에서 진료
(3) 치료뿐만 아니라 예방과 정신건강증진을 포함한 포괄적 서비스 보장
(4) 여러 전문 인력 간의 팀 접근
(5) 치료의 지속성을 유지
(6) 지역주민의 참여
(7) 정신보건사업의 평가와 연구
(8) 일차, 이차, 삼차 예방
(9) 정신보건전문가의 자문
(10) 보건의료서비스와 사회복지서비스의 연계

정답 191 ④ 192 ②

193 다음은 분진과 관련된 직업성질환을 예방하기 위한 환경관리방법이다. 우선순위가 가장 높은 것은? [12 서울]

① 보호구를 착용한다.
② 자주 환기를 시킨다.
③ 분진이 적은 재료로 교체한다.
④ 특수건강검진을 실시한다.
⑤ 분진유행성 교육을 실시한다.

해설

우선순위가 대치 → 격리(밀폐)→ 환기(제거) → 보호구 착용 순이다.

194 α-index에 관한 설명으로 옳은 것은? [12 서울]

① 분모는 영아사망수이다.
② 1에 가까울수록 보건수준이 높다.
③ 값이 작을수록 영아관리가 필요하다.
④ 분자는 신생아 사망수이다.
⑤ 값이 클수록 보건수준이 높다.

해설

① 분모는 신생아사망수이다.
③ 값이 클수록 영아관리가 필요하다.
④ 분자는 영아사망수이다.
⑤ 값이 1에 가까울수록 보건수준이 높다.

α-Index는 영아 사망과 신생아 사망의 관련지표로서 1에 근접할수록 영아기간 중의 사망이 신생아 고유 질환에 의한 사망뿐이라는 의미를 갖기 때문에 그 지역의 건강수준이 높은 것을 의미한다. α-Index 값이 클수록 신생아기 이후의 영아 사망률이 높기 때문에 영아 사망에 대한 예방대책이 필요하다.

$$\alpha\text{-Index} = \frac{\text{같은 연도의 영아 사망수}}{\text{특정 연도의 신생아 사망수}}$$

정답 193 ③ 194 ②

195 다음 중 제2차 저출산·고령사회 기본계획(새로마지플랜 2015)의 정책 목표가 아닌 것은? [12 서울]

① 성생활 개방화
② 결혼 출산 양육 부담 경감
③ 아동 청소년의 건전한 성장환경 조성
④ 베이비붐 세대를 위한 일자리 창출
⑤ 일 가정 양립을 통한 양육에 유리한 환경 조성

해설
현재(2021~)는 제4차 저출산·고령사회 기본계획이 수행중이다. 해당 문제를 참고하여 시험일 기준 시행 중인 시책 중심으로 공부를 하는 것이 좋다.

저출산·고령화 기본계획 정책 목표(제1차~제3차)

	출산·양육에 유리한 환경 조성 및 고령사회 대응 기반 구축
제1차(2006~2010) 새로마지플랜 2010	(1) 출산과 양육에 유리한 환경 조성 • 출산·양육의 사회적 책임강화 • 일-가정 양립 가능 사회시스템 구축 • 가족친화 양성평등 사회문화조성 (2) 고령사회 삶의 질 향상 기반 구축 • 노후소득보장체계 구축 • 건강·의료보장체계 구축 • 노인친화적 사회기반 조성 (3) 미래성장동력 확보 • 여성고령 인력 활용 • 인적자원의 경쟁력 제고 • 고령친화산업 육성
	점진적 출산율 회복 및 고령사회 대응체계 확립
제2차(2011~2015) 새로마지플랜 2015	(1) 출산과 양육에 유리한 환경 조성 • 일과 가정의 양립 일상화 • 결혼·출산·양육 부담 경감 • 아동·청소년의 건전한 성장환경 조성 (2) 고령사회 삶의 질 향상 기반 구축 • 베이비붐 세대 고령화 대응 체계 구축 • 안정되고 활기찬 노후 생활보장 • 고령친화 사회환경 조성 (3) 성장동력 확보 및 분야별 제도 개선 • 인구구조변화에 대응한 경제사회 제도개선 • 잠재인력 활용기반 구축 및 인적 자원 경쟁력 제고 • 고령친화산업 육성
제3차(2016~2020) 브릿지플랜 2020	OECD 국가 평균수준 출산율 회복 및 고령사회 효과적 대응

제4차 저출산·고령사회 기본계획 정책 체계(2021~)

- **비전**: 모든 세대가 함께 행복한 지속 가능 사회 구현
- **목표**: 개인의 삶의 질 향상 / 성평등하고 공정한 사회 / 인구변화 대응 사회 혁신
- **추진전략**:
  1. 함께 일하고 함께 돌보는 사회 조성
     ① 모두가 누리는 워라밸
     ② 성평등하게 일할 수 있는 사회
     ③ 아동돌봄의 사회적 책임 강화
     ④ 아동 기본권의 보편적 보장
     ⑤ 생애 전반 성·재생산권 보장
  2. 건강하고 능동적인 고령사회 구축
     ① 소득공백 없는 노후생활보장체계
     ② 예방적 보건·의료서비스 확충
     ③ 지역사회 계속 거주를 위한 통합적 돌봄
     ④ 고령친화적 주거환경 조성
     ⑤ 존엄한 삶의 마무리 지원
  3. 모두의 역량이 고루 발휘되는 사회
     ① 미래 역량을 갖춘 창의적 인재 육성
     ② 평생교육 및 직업훈련 강화
     ③ 청년기 삶의 기반 강화
     ④ 여성의 경력유지 및 성장기반 강화
     ⑤ 신중년의 품격있는 활기찬 일·사회 참여
  4. 인구구조 변화에 대한 적응
     ① 다양한 가족의 제도적 수용
     ② 연령통합적 사회 준비
     ③ 전 국민 사회안전망 강화
     ④ 지역상생 기반 구축
     ⑤ 고령친화사회로의 도약
- **추진체계**:
  ① 연도별 중앙부처·지자체 시행계획 수립
  ② 중앙·지자체 인구문제 공동대응 협의체 운영 등 중앙·지역 거버넌스 구축

---

196 조산아의 4대 관리에 속하지 않는 것은? [12 서울 보건직]

① 체중관리
② 감염병 감염방지
③ 호흡관리
④ 체온보호
⑤ 영양공급

해설
조산아의 4대 관리는 감염병 감염방지, 호흡관리, 체온보호, 영양공급이다.

정답 195 ① 196 ①

197 「정신건강증진 및 정신질환자 복지 서비스 지원에 관한 법률」의 기본이념에 대한 설명으로 옳지 않은 것은? [12 지방]

① 모든 정신질환자는 최적의 치료와 보호를 받을 권리를 보장받는다.
② 모든 정신질환자는 정신질환이 있다는 이유로 부당한 차별대우를 받지 아니한다.
③ 입원치료가 필요한 정신질환자에 대해서는 전문가의 판단이 최우선적으로 고려되어야 한다.
④ 미성년자인 정신질환자에 대해서는 특별히 치료, 보호 및 필요한 교육을 받을 권리가 있다.

해설
입원치료가 필요한 정신질환자에 대하여 항상 자발적 입원이 권장되어야 한다.

> **기본이념** (「정신건강증진 및 정신질환자 복지 서비스 지원에 관한 법률」 제2조)
> (1) 모든 국민은 정신질환으로부터 보호받을 권리를 가진다.
> (2) 모든 정신질환자는 인간으로서의 존엄과 가치를 보장받고, 최적의 치료를 받을 권리를 가진다.
> (3) 모든 정신질환자는 정신질환이 있다는 이유로 부당한 차별대우를 받지 아니한다.
> (4) 미성년자인 정신질환자는 특별히 치료, 보호 및 교육을 받을 권리를 가진다.
> (5) 정신질환자에 대해서는 입원 또는 입소가 최소화되도록 지역 사회 중심의 치료가 우선적으로 고려되어야 하며, 정신건강증진시설에 자신의 의지에 따른 입원 또는 입소가 권장되어야 한다.
> (6) 정신건강증진시설에 입원을 하고 있는 모든 사람은 가능한 한 자유로운 환경을 누릴 권리와 다른 사람들과 자유로이 의견교환을 할 수 있는 권리를 가진다.
> (7) 정신질환자는 원칙적으로 자신의 신체와 재산에 관한 사항에 대하여 스스로 판단하고 결정할 권리를 가진다. 특히 주거지, 의료행위에 대한 동의나 거부, 타인과의 교류, 복지서비스의 이용 여부와 복지서비스 종류의 선택 등을 스스로 결정할 수 있도록 자기결정권을 존중받는다.
> (8) 정신질환자는 자신에게 법률적·사실적 영향을 미치는 사안에 대하여 스스로 이해하여 자신의 자유로운 의사를 표현할 수 있도록 필요한 도움을 받을 권리를 가진다.
> (9) 정신질환자는 자신과 관련된 정책의 결정과정에 참여할 권리를 가진다.

정답 197 ③

198 정신건강과 관련된 내용으로 옳은 것은? [12 경기 의료기술직]

① 우리나라에서 정신질환으로 인한 질병부담이 증가 추세이다.
② 정신건강증진사업은 예방보다 치료가 중요하다.
③ 만성질환자는 격리조치가 권장된다.
④ 정신질환으로 인한 입원은 보호의무자에 의해서만 가능하다.

해설
② 정신건강증진사업은 치료보다는 예방과 포괄적인 정신건강증진을 위한 일련의 활동을 모두 포함한다.
③ 현재는 만성질환자에 대한 포괄적인 서비스 제공이 권장된다.
④ 정신질환으로 인한 입원은 자의입원, 보호의무자에 의한 입원, 시장·군수·구청장에 의한 입원, 응급입원이 있다.

199 산업장 근로자의 건강진단 판정과 관련하여 옳지 않은 것은? [12 경기 의료기술직]

① C1 - 직업병 요관찰자
② D1 - 직업병 유소견자
③ C2 - 일반질병 요관찰자
④ D2 - 질환의심자

해설

근로자 건강관리 구분

구분	내용
A	건강관리상 사후관리가 필요 없는 자(건강한 근로자)
C1	직업성 질병으로 진전될 우려가 있어 추적검사 등 관찰이 필요한 자(직업병 요관찰자)
C2	일반 질병으로 진전될 우려가 있어 추적검사 등 관찰이 필요한 자(일반질병 요관찰자)
D1	직업성 질병의 소견을 보여 사후관리가 필요한 자(직업병 유소견자)
D2	일반 질병의 소견을 보여 사후관리가 필요한 자(일반질병 유소견자)
R	일반건강진단에서의 질환의심자(제2차 건강진단 대상자)

정답 198 ① 199 ④

200 「학교보건법」상 보건교사의 직무에 해당하는 것은? [12 부산, 12 충남]

① 학교와 교직원의 건강상담
② 학교보건계획의 수립에 관한 자문
③ 신체가 허약한 학생에 대한 보건지도
④ 학생과 교직원의 건강진단과 건강평가

해설

①, ②, ④는 학교의사의 직무에 해당된다.

학교보건법 시행령 제23조(학교에 두는 의료인·약사 및 보건교사)

학교의사의 직무	보건교사의 직무
가. 학교보건계획의 수립에 관한 자문 나. 학교 환경위생의 유지·관리 및 개선에 관한 자문 다. 학생과 교직원의 건강진단과 건강평가 라. 각종 질병의 예방처치 및 보건지도 마. 학생과 교직원의 건강상담 바. 그 밖에 학교보건관리에 관한 지도	가. 학교보건계획의 수립 나. 학교 환경위생의 유지·관리 및 개선에 관한 사항 다. 학생과 교직원에 대한 건강진단의 준비와 실시에 관한 협조 라. 각종 질병의 예방처치 및 보건지도 마. 학생과 교직원의 건강관찰과 학교의사의 건강상담, 건강평가 등의 실시에 관한 협조 바. 신체가 허약한 학생에 대한 보건지도 사. 보건지도를 위한 학생가정 방문 아. 교사의 보건교육 협조와 필요 시의 보건교육 자. 보건실의 시설·설비 및 약품 등의 관리 차. 보건교육자료의 수집·관리 카. 학생건강기록부의 관리 타. 다음의 의료행위(간호사 면허를 가진 사람만 해당한다) 　1) 외상 등 흔히 볼 수 있는 환자의 치료 　2) 응급을 요하는 자에 대한 응급처치 　3) 부상과 질병의 악화를 방지하기 위한 처치 　4) 건강진단결과 발견된 질병자의 요양지도 및 관리 　5) 1)부터 4)까지의 의료행위에 따르는 의약품 투여 파. 그 밖에 학교의 보건관리
학교약사의 직무	
가. 학교보건계획의 수립에 관한 자문 나. 학교환경위생의 유지관리 및 개선에 관한 자문 다. 학교에서 사용하는 의약품과 독극물의 관리에 관한 자문 라. 학교에서 사용하는 의약품 및 독극물의 실험·검사 마. 그 밖에 학교보건관리에 관한 지도	

정답 200 ③

201 학교 교실 내 환경기준으로 옳지 않은 것은? [12 부산]

① 소음기준은 55dB 이하이다.
② 이산화탄소 허용기준은 1,000ppm 이하이다.
③ 인공조명은 최대조도와 최소조도의 비율이 10:1을 넘기지 않아야 한다.
④ 조명기준은 300Lux 이상이되, 50Lux 이하일 때는 인공조명을 설치하여야 한다.
⑤ 여름에는 냉방온도를 26℃ 이상 28℃ 이하, 겨울에는 난방온도를 18℃ 이상으로 유지하여야 한다.

해설
인공조명은 최대조도와 최소조도의 비율이 3:1을 넘지 않아야 한다. 자연조명은 10:1을 넘지 않아야 한다.

202 「학교보건법」상 건강검사의 내용이 아닌 것은? [11 서울]

① 생활습관
② 질병의 유무
③ 영양섭취
④ 신체의 발달상황

해설
「학교보건법」 제2조 "건강검사"란 신체의 발달상황 및 능력, 정신건강 상태, 생활습관, 질병의 유무 등에 대하여 조사하거나 검사하는 것을 말한다.

203 직업성질환을 유발할 수 있는 유해인자 중 물리적 유해요인에 의한 직업병에 해당하는 것은? [11 서울]

① 잠함병
② 유기용제 중독
③ 납 중독
④ 베릴륨 중독
⑤ 직업성 암

해설
① 물리적 유해요인
②, ③, ④, ⑤ 화학적 유해요인

정답 201 ③ 202 ③ 203 ①

204 산업재해 통계지표 중 맞는 것으로 짝지어진 것은? [11 서울]

> 가. 도수율 = 재해건수 / 연근로시간수 × 1,000,000
> 나. 건수율 = 재해건수 / 손실일수 × 1,000
> 다. 강도율 = 손실노동일수 / 연근로시간수 × 1,000
> 라. 평균손실일수 = 손실작업일수 / 연근로시간수

① 가, 나, 다
② 가, 다
③ 나, 라
④ 라
⑤ 가, 나, 다, 라

해설

산업재해지표

도수율 (빈도율)	① 발생상황을 파악하기 위한 표준적인 지표로서, 연 100만 작업시간당 재해발생건수를 말한다. ② 도수율 = 재해건수/연근로시간수×1,000,000
건수율 (발생률, 천인율, 만인율)	① 조사기간 중의 산업체 종업원 1,000명당 재해발생건수를 표시하는 것으로 천인율 또는 발생률이라고도 한다. ② 산업재해의 발생상황을 총괄적으로 파악하는 데는 적합하나, 작업시간이 고려되지 않는 결점이 있다. ③ 건수율 = 재해건수/평균실근로자수×1,000
강도율	① 연 1,000 작업시간당 작업손실일수로서 재해에 의한 손상의 정도를 나타내는 것을 말한다. ② 강도율 = 손실작업일수/연근로시간수×1,000
평균 손실일수 (중독률)	① 재해건수당 평균작업손실 규모가 어느 정도인지를 나타내는 지표이다. ② 평균손실일수 = 손실작업일수/재해건수
기타	• 재해율 = 재해자 수(또는 재해건 수)/평균 근로자 수×100 • 사망만인율 = 사망자 수/평균실근로자 수×10,000 • 업무질병만인률 = 업무상 질병자 수/평균실근로자수×10,000

정답 204 ②

205 「교육환경보호에 관한 법률」에 대한 설명으로 맞는 것은? [11 서울]

① 교육환경보호위원회의 심의를 거쳐 학습과 학교보건위생에 나쁜 영향을 주지 아니한다고 인정하는 행위 및 시설은 상대보호구역에서 허용된다.
② 교육환경보호구역은 학교의 장이 설정·고시한다.
③ 절대보호구역은 100m까지 설정할 수 있다.
④ 상대보호구역은 500m까지 설정할 수 있다.

해설
② 교육환경보호구역은 교육감이 설정·고시한다.
③ 절대보호구역은 학교 출입문에서 50m까지 설정할 수 있다.
④ 상대보호구역은 학교 경계선에서 200m까지 설정할 수 있다.

교육환경보호구역(「교육환경보호에 관한 법률」)

구분	내용
절대보호구역	학교출입문으로부터 직선거리로 50미터까지인 지역(학교설립예정지의 경우 학교경계로부터 직선거리 50미터까지인 지역)
상대보호구역	학교경계등으로부터 직선거리로 200미터까지인 지역 중 절대보호구역을 제외한 지역
설정	교육감은 학교설립예정지가 통보된 날부터 30일 이내에 교육환경보호구역을 설정·고시
관리	• 학교의 장은 해당 학교의 보호구역 내 교육환경에 대한 현황 조사 및 보호구역 내 금지행위의 방지 등을 위한 계도 등을 한다. 다만, 학교가 개교하기 전까지의 관리는 보호구역을 설정한 자가 한다. • 상·하급 학교 간에 보호구역이 서로 중복되는 경우에는 하급학교. 다만, 하급학교가 유치원인 경우에는 그 상급학교로 한다. • 같은 급의 학교 간에 보호구역이 서로 중복될 경우에는 학생 수가 많은 학교가 관리한다. • 학교 간에 절대보호구역과 상대보호구역이 서로 중복될 경우에는 절대보호구역이 설정된 학교의 장이 이를 관리한다.

정답 205 ①

206 인구정책 중 인구대응정책으로 올바른 것은? [11 서울]

① 출산장려
② 인구분산
③ 고용기회 확대
④ 성비불균형 개선
⑤ 인공임신중절 예방

해설
인구대응정책은 인구변동에 따른 식량, 주택, 고용복지, 보건의료, 교육 및 사회보장 등에 대한 사회경제시책이다. ①, ②, ④, ⑤는 인구조정정책(국가가 인위적으로 개입하여 현재의 출생, 사망, 인구이동과 이상적인 인구 상태를 바람직한 방향으로 유도)이다.

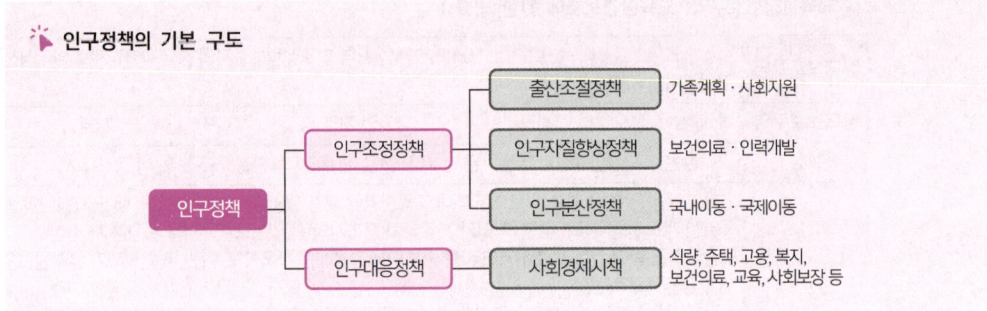

인구정책의 기본 구도

정답 206 ③

207 다음에 해당하는 출산지표는? [11 서울]

$$\frac{\text{연간 총 출생아수}}{\text{같은 해 가임여성(15~49세) 인구수}} \times 1,000$$

① 조출생률
② 재생산율
③ 일반출산율
④ 합계출산율
⑤ 연령별출산율

> **해설**
> 일반출산율은 임신이 가능한 연령(15~49세, 15~44세)의 여자 인구 1,000명당 출생률을 말한다.
> ① 조출생률 = $\frac{\text{연간 총출생수}}{\text{연 중앙인구(그해 7월1일 현재의 총인구수)}} \times 1,000$
> ② 총재생산율 = 합계출산율 × $\frac{\text{여아 출생수}}{\text{총출생수}}$
> ④ 합계출산율: 한 여자가 가임기간(15~49세) 동안 낳을 것으로 예상되는 평균 출생아 수
> ⑤ 연령별 출산율 = $\frac{\text{해당 연령 여자가 낳은 총 정상출생수}}{\text{특정 연도의 특정 연령층 여성인구 수}} \times 1,000$

208 임신 8주인 산모가 모자보건실을 방문하여 등록한 후에 가장 중요한 간호중재는? [11 서울]

① 임신 3개월까지는 유산의 가능성이 높은 시기이므로 매주 산전관리를 받게 한다.
② 산과적 진찰로 초음파 검사와 내진을 실시한다.
③ 임신중독증을 조기에 발견할 수 있는 방법을 교육한다.
④ 계속적인 산전관리의 중요성에 대해 알려준다.
⑤ 모성실 이용의 장점과 이용절차에 대해 안내한다.

> **해설**
> ① 임신 7개월까지는 매 4주에 1회 산전관리를 받게 한다.
> ② 산과적 진찰로 뇨검사, 혈액검사, 매독검사, 자궁저 높이, B형간염검사, 초음파 검사를 실시한다.
> ③ 임신합병증과 임신중독증을 예방하기 위해 교육한다.
> ⑤ 산전관리에 대해 안내한다.

정답 **207** ③ **208** ④

209 비례사망지수가 낮은 지역에서 간호사가 우선적으로 관심을 가져야 할 집단은? [11 서울]

① 영아
② 모성
③ 노인
④ 여성
⑤ 이상 모두

해설
비례사망지수는 연간 총사망수에 대한 50세 이상의 사망수를 말하며, 비례사망지수가 크다는 것은 건강수준이 높고 장수인구가 많음을 의미한다. 따라서 비례사망지수가 낮다는 것은 50세 미만의 사망자 수가 많다는 것이므로 어린 연령층(영아)의 사망에 관심을 가지고 대처하여야 한다.

210 「근로기준법」상 여성 및 연소(소년) 근로자 보호에 대한 설명으로 옳지 않은 것은? [11 서울]

① 15세 미만인 자는 근로자로 사용하지 못한다.
② 친권자나 후견인은 미성년자의 근로계약을 대리할 수 없다.
③ 미성년자는 독자적으로 임금을 청구할 수 없다.
④ 사용자는 임산부를 도덕상 또는 보건상 유해・위험한 사업에 사용하지 못한다.
⑤ 사용자는 임신 중인 여성에게 출산 전후를 통하여 90일의 출산전후휴가를 주어야 한다.

해설
미성년자는 독자적으로 임금을 청구할 수 있다(「근로기준법」 제68조).

211 A지역의 남아 출생수는 9,500명이고, 여아 출생수는 10,000명 일 때, 이 지역의 2차 성비는? [11 지방]

① 90
② 95
③ 100
④ 105

해설
2차 성비란 출생 당시의 성비를 의미한다.

$$성비 = \frac{남아\ 출생수}{여아\ 출생수} \times 100$$

$$= \frac{9,500}{10,000} \times 100$$

정답 209 ① 210 ③ 211 ②

212 생후 4개월 된 아이가 DTap 예방접종을 위해 보건소를 방문하였다. 국가필수예방접종 시기에 따라 이미 완료되었어야 할 예방접종은?

[11 지방]

① MMR
② BCG
③ 소아마비
④ 수두

해설

① MMR: 12~15개월에 1차, 만 4~6세 2차
② BCG: 생후 4주 이내
③ 소아마비: 2개월 1차, 4개월 2차, 6개월 3차, 만 4~6세 추가 4차
④ 수두: 12~15개월
→ 문제의 초점은 '이미 완료되었어야 할'이다.

정답 212 ②

213 근로자의 건강진단 결과에 따른 건강관리구분에 대한 설명으로 옳지 않은 것은?

[11 지방]

① A는 건강관리상 사후관리가 필요 없는 건강자이다.
② C1은 직업성질환으로 진전될 우려가 있어 추적조사 등 관찰이 필요한 직업병 요관찰자이다.
③ C2는 일반질병으로 진전될 우려가 있어 추적 관찰이 필요한 일반질병 요관찰자이다.
④ D2는 직업병의 소견이 있어 사후관리가 필요한 직업병 유소견자이다.

해설

근로자 건강관리 구분

구분	내용
A	건강관리상 사후관리가 필요 없는 자(건강한 근로자)
C1	직업성 질병으로 진전될 우려가 있어 추적검사 등 관찰이 필요한 자(직업병 요관찰자)
C2	일반 질병으로 진전될 우려가 있어 추적검사 등 관찰이 필요한 자(일반질병 요관찰자)
D1	직업성 질병의 소견을 보여 사후관리가 필요한 자(직업병 유소견자)
D2	일반 질병의 소견을 보여 사후관리가 필요한 자(일반질병 유소견자)
R	일반건강진단에서의 질환의심자(제2차 건강진단 대상자)

정답 213 ④

214 「교육환경보호에 관한 법률」의 교육환경보호구역에 대한 설명으로 옳은 것은?

[11 지방]

① 상대보호구역은 학교출입문으로부터 직선거리 50m까지의 지역을 말한다.
② 절대보호구역은 학교경계선으로부터 직선거리 200m까지의 지역 중 상대보호구역을 제외한 지역을 말한다.
③ 교육감이 보호구역을 설정한 때는 그에 관한 사항을 시·군·구청장에게 알리고, 그 설정일자 및 설정구역을 고시하여야 한다.
④ 교육환경보호구역에서의 금지행위는 학교보건위생에 나쁜 영향을 주지 않는다면 교육환경보호위원회의 심의를 거치지 않아도 된다.

해설

① 절대보호구역은 학교출입문으로부터 직선거리 50m까지의 지역을 말한다.
② 상대보호구역은 학교경계선으로부터 직선거리 200m까지의 지역 중 절대보호구역을 제외한 지역을 말한다.
④ 교육환경보호구역에서의 금지행위는 학교보건위생에 나쁜 영향을 주지 않는다고 하면 교육환경보호위원회의 심의를 거쳐야 한다.

▶ 교육환경보호구역(「교육환경보호에 관한 법률」)

절대보호구역	학교출입문으로부터 직선거리로 50미터까지인 지역(학교설립예정지의 경우 학교경계로부터 직선거리 50미터까지인 지역)
상대보호구역	학교경계등으로부터 직선거리로 200미터까지인 지역 중 절대보호구역을 제외한 지역
설정	교육감은 학교설립예정지가 통보된 날부터 30일 이내에 교육환경보호구역을 설정·고시
관리	• 학교의 장은 해당 학교의 보호구역 내 교육환경에 대한 현황 조사 및 보호구역 내 금지행위의 방지 등을 위한 계도 등을 한다. 다만, 학교가 개교하기 전까지의 관리는 보호구역을 설정한 자가 한다. • 상·하급 학교 간에 보호구역이 서로 중복되는 경우에는 하급학교. 다만, 하급학교가 유치원인 경우에는 그 상급학교로 한다. • 같은 급의 학교 간에 보호구역이 서로 중복될 경우에는 학생 수가 많은 학교가 관리한다. • 학교 간에 절대보호구역과 상대보호구역이 서로 중복될 경우에는 절대보호구역이 설정된 학교의 장이 이를 관리한다.

정답 214 ③

215 「장애인복지법 시행규칙」의 '장애인의 장애등급표'에서 규정한 장애인에 해당되는 사람은? (단, 각 문항에 제시된 것 이외에는 장애가 없다.)

[11 지방]

① 한 발의 모든 발가락을 잃은 사람
② 한 쪽 귀의 청력이 완전히 소실된 사람
③ 뇌병변 장애로 보행이 불가능하거나 일상생활동작을 거의 할 수 없어 도움이 필요한 사람
④ 한쪽 신장을 공여한 사람

해설
①, ②, ④는 장애인이 아니다.
다음의 경우 장애인이라 할 수 있다.
(1) 두 발의 모든 발가락을 잃은 사람
(2) 두 쪽 귀의 청력이 완전히 소실된 사람
(3) 뇌병변 장애로 보행이 불가능하거나 일상생활동작을 거의 할 수 없어 도움이 필요한 사람
(4) 신장 기능의 문제로 투석을 하고 있는 사람

216 노인장기요양보험제도의 신청대상으로 옳지 않은 것은?

[10 서울]

① 국민건강보험에 가입된 67세 주민
② 의료급여 수급권자인 73세 주민
③ 치매를 앓고 있는 45세 주민
④ 기초생활수급대상자인 60세 주민
⑤ 중풍을 앓고 있는 70세 주민

해설
노인장기요양보험 대상자는 국민건강보험가입자 중 65세 이상의 노인 또는 65세 미만의 자로서 치매·뇌혈관성질환 등 대통령령으로 정하는 노인성 질병을 가진 자를 말한다.

217 다음 직업병 예방대책 중 1차 예방에 해당하는 것은?

[10 서울]

| 가. 유해물질의 대치 | 나. 작업공정의 변화 |
| 다. 개인보호구 사용 | 라. 과폭로자 조기발견 |

① 가, 나, 다
② 가, 다
③ 나, 라
④ 라
⑤ 가, 나, 다, 라

해설
가, 나, 다는 직업병을 사전에 예방하고자 하는 행위이므로 1차 예방, 라는 2차 예방에 해당된다.

정답 215 ③ 216 ④ 217 ①

218 다음 중 보건교사의 직무에 해당하는 것을 모두 고른 것은?

[10 서울]

> 가. 학교보건계획의 수립
> 나. 각종 질병의 예방 조치
> 다. 신체가 허약한 학생에 대한 보건지도
> 라. 보건지도를 위한 학생 가정방문

① 가, 나, 다
② 가, 다
③ 나, 라
④ 라
⑤ 가, 나, 다, 라

해설

보건교사의 직무
(1) 학교보건계획 수립
(2) 학교환경위생의 유지·관리 및 개선에 관한 사항
(3) 학생과 교직원에 대한 건강진단의 준비와 실시에 관한 협조
(4) 각종 질병의 예방처치 및 보건지도
(5) 학생과 교직원의 건강관찰과 학교의사의 건강상담, 건강평가 등의 실시에 관한 협조
(6) 신체가 허약한 학생에 대한 보건지도
(7) 보건지도를 위한 학생가정 방문
(8) 교사의 보건교육 협조와 필요 시의 보건교육
(9) 보건실의 시설, 설비 및 약품 등의 관리
(10) 보건교육자료의 수집·관리
(11) 학생건강기록부의 관리
(12) 다음의 의료행위(간호사면허를 가진 사람만 해당한다.)
   ① 외상 등 흔히 볼 수 있는 환자의 치료
   ② 응급을 요하는 자에 대한 응급처치
   ③ 부상과 질병의 악화를 방지하기 위한 처치
   ④ 건강진단결과 발견된 질병자의 요양지도 및 관리
   ⑤ ①~④의 의료행위에 따르는 의약품의 투여
(13) 그 밖에 학교의 보건관리

정답 218 ⑤

219 다음 설명에 해당하는 인구구조의 유형을 고르면? [10 서울]

- 선진국에서 많이 보인다.
- 0~14세 인구가 50세 이상 인구의 2배이다.
- 출생률과 사망률 모두가 낮다.

① 피라미드형 ② 종형
③ 호로형 ④ 항아리형
⑤ 별형

해설
선진국의 인구구조 유형이며 출생률·사망률이 모두 낮고, 0~14세 인구가 65세(50세) 이상 인구의 2배가 되는 것은 종형이다.

인구구조의 유형

유형	도식	설명
피라미드형	50	① 저개발국가의 인구구조 유형이며 다산다사형으로 출생률과 사망률이 모두 높다. ② 유소년 부양비의 증가 및 아동복지와 교육에 대한 정책이 필요하며 0~14세 인구가 65세(50세) 이상의 2배를 넘는다. ③ 고사망, 고출생유형을 보여주는 인구형으로 출생률이 조절되지 않고 인구가 계속 증가하는 단계에 있는 국가의 인구형이다.
종형	50 / 15	① 선진국의 인구구조 유형이며 출생률·사망률이 모두 낮다. ② 0~14세 인구가 65세(50세) 이상 인구의 2배가 되며 정체 인구가 되는 단계로 인구 정지형으로 본다. ③ 인구의 노령화 현상이 나타나 노인복지 문제가 대두된다.
항아리형	50 / 15	팟형, 호형, 단지형, 감퇴형, 방추형 ① 인구가 감소하는 인구구조 유형으로 출생률이 사망률보다 매우 낮다. ② 일부 선진국가들이 여기에 속하며 0~14세 인구가 65세(50세) 이상 인구의 2배에 미치지 못한다. ③ 유소년층의 비율이 낮고 청장년층의 비율이 높게 나타나 국가경쟁력 약화가 우려된다.
호로형	50 / 15	기타형, 표주박형, 농촌형, 유출형 ① 생산연령 인구의 유출이 큰 농촌형 인구구조로 유출형이라고도 한다. ② 청장년층의 유출에 의한 출산력 저하로 유소년층의 비율이 낮고 15~49세 인구가 전체 인구의 50% 미만이다.
별형	50 / 15	스타형, 성형, 도시형, 유입형 ① 생산연령의 인구 비율이 높은 도시형 인구구조로 유입형이라고도 한다. ② 출산연령에 해당하는 청장년층의 비율이 높기 때문에 유소년층의 비율이 높고 15~49세 인구가 전체 인구의 50%를 넘는다.

정답 **219** ②

220. 방문형 건강관리사업을 실시하게 된 배경으로 옳은 것을 모두 고른 것은?

[10 지방]

> 가. 취약계층을 위한 보건의료이용 형평성 제공
> 나. 고령화에 따른 치매, 중풍 등 장기요양보호 노인의 급속한 증가
> 다. 건강생활실천유도 등 적극적인 만성질환 예방 및 관리 활동
> 라. 만성 퇴행성질환자 증가

① 가, 나, 다
② 나, 다, 라
③ 가, 나, 라
④ 가, 나, 다, 라

해설

방문건강관리사업의 추진 배경
(1) 취약계층을 위한 보건의료 이용의 형평성 제고
(2) 고령사회의 도래에 따른 대응
(3) 건강생활실천 유도 등 적극적인 만성질환 예방 및 관리활동 필요
(4) 국민의료비 절감
(5) 노인장기요양보험제도 도입

---

221. 근로자의 연 작업시간당 재해 발생건 수를 표시한 산업재해 지표는?

[10 지방]

① 도수율
② 강도율
③ 건수율
④ 평균 작업손실일 수

해설

근로자의 연 작업시간당 재해 발생건 수를 표시한 산업재해 지표는 도수율이다.
• 도수율 = 재해건수 / 연근로시간수 × 1,000,000

산업재해지표

구분	내용
도수율 (빈도율)	① 발생상황을 파악하기 위한 표준적인 지표로서, 연 100만 작업시간당 재해발생건수를 말한다. ② 도수율 = 재해건수/연근로시간수 × 1,000,000
건수율 (발생률, 천인율, 만인율)	① 조사기간 중의 산업체 종업원 1,000명당 재해발생건수를 표시하는 것으로 천인율 또는 발생률이라고도 한다. ② 산업재해의 발생상황을 총괄적으로 파악하는 데는 적합하나, 작업시간이 고려되지 않는 결점이 있다. ③ 건수율 = 재해건수/평균실근로자수 × 1,000
강도율	① 연 1,000 작업시간당 작업손실일수로서 재해에 의한 손상의 정도를 나타내는 것을 말한다. ② 강도율 = 손실작업일수/연근로시간수 × 1,000
평균 손실일수 (중독률)	① 재해건수당 평균작업손실 규모가 어느 정도인지를 나타내는 지표이다. ② 평균손실일수 = 손실작업일수/재해건수
기타	• 재해율 = 재해자 수(또는 재해건 수)/평균 근로자 수 × 100 • 사망만인율 = 사망자 수/평균실근로자 수 × 10,000 • 업무질병만인률 = 업무상 질병자 수/평균실근로자수 × 10,000

정답 220 ④ 221 ①

222 노인장기요양보험제도에 따른 장기요양급여의 종류로 옳지 않은 것은?

[10 지방]

① 경로연금급여
② 재가급여
③ 시설급여
④ 특별현금급여

해설

노인장기요양보험제도의 요양급여는 **재가급여, 시설급여, 특별현금급여**가 있다.

> 장기요양급여 – 재가급여(15% 본인이 부담), 시설급여(20% 본인이 부담), 특별현금급여

급여종류		내용
재가급여	방문요양	장기요양요원이 수급자의 가정 등을 방문하여 신체활동 및 가사활동 등을 지원하는 장기요양급여
	방문목욕	장기요양요원이 목욕설비를 갖춘 장비를 이용하여 수급자의 가정 등을 방문하여 목욕을 제공하는 장기요양급여
	방문간호	장기요양요원인 간호사 등이 의사, 한의사 또는 치과의사의 방문간호지시서에 따라 수급자의 가정 등을 방문하여 간호, 진료의 보조, 요양에 관한 상담 또는 구강위생 등을 제공하는 장기요양급여
	주·야간 보호	수급자를 하루 중 일정한 시간 동안 장기요양기관에 보호하여 신체활동 지원 및 심신기능의 유지·향상을 위한 교육·훈련 등을 제공하는 장기요양급여
	단기보호	• 수급자를 보건복지부령으로 정하는 범위 안에서 일정 기간 동안 장기요양기관에 보호하여 신체활동 지원 및 심신기능의 유지·향상을 위한 교육·훈련 등을 제공하는 장기요양급여 • 급여를 받을 수 있는 기간은 월 9일 이내로 한다. 다만, 가족의 여행, 병원치료 등의 사유로 수급자를 돌볼 가족이 없는 경우 등 보건복지부장관이 정하여 고시하는 사유에 해당하는 경우에는 1회 9일 이내의 범위에서 연간 4회까지 연장할 수 있다.
	기타 재가급여	수급자의 일상생활·신체활동 지원 및 인지기능의 유지·향상에 필요한 용구를 제공하거나 가정을 방문하여 재활에 관한 지원 등을 제공하는 장기요양급여로서 대통령령으로 정하는 것
시설급여		장기요양기관이 운영하는 「노인복지법」에 따른 노인의료복지시설 등에 장기간 동안 입소하여 신체활동 지원 및 심신기능의 유지·향상을 위한 교육·훈련 등을 제공하는 장기요양급여
특별현금급여	가족요양비	도서·벽지 등 장기요양기관이 현저히 부족한 지역, 천재지변, 수급자의 신체·정신 또는 성격상의 사유로 인하여 가족으로부터 방문요양에 상당한 장기요양급여를 받은 때 지급되는 현금급여
	특례요양비	수급자가 장기요양기관이 아닌 노인요양시설 등의 기관 또는 시설에서 재가급여 또는 시설급여에 상당한 장기요양급여를 받은 경우 수급자에게 지급되는 현금급여
	요양병원 간병비	수급자가 요양병원에 입원한 때 지급되는 현금급여

정답 222 ①

223 한 나라의 '영아 사망률이 감소한다'는 의미의 해석으로 옳은 것은?

[10 지방]

① 국가의 가치와 문화의 향상을 의미한다.
② 국가의 모자보건, 영양섭취, 보건환경의 향상을 의미한다.
③ 생후 28일 이내의 사망자수의 감소를 의미한다.
④ 조사망률의 감소를 의미한다.

해설

영아사망률은 상대적으로 경제·사회·환경적 특성에 민감하게 반응(모자보건, 영양섭취, 보건환경의 지표)하고 생후 12개월 미만의 한정된 집단을 대상으로 하고 국가 간 변동 범위가 크기 때문에 정확성과 편의성이 높다.

224 우리나라 노인 인구의 특성을 설명한 것으로 옳지 않은 것은? [10 지방]

① 2000년부터 고령사회로 진입하였다.
② 노년부양비가 지속적으로 증가하고 있다.
③ 노령화지수가 급격히 증가하고 있다.
④ 65세 이상 노인의 연령이 증가할수록 성비가 낮아지고 있다.

해설

우리나라는 노인인구가 2000년에 이미 7%를 넘어 고령화사회에 진입하였고, 이러한 증가 추세는 계속되어 2017년 8월에는 14%를 넘어 고령사회가 되었다. 향후 2026년에는 20%를 넘어 초고령사회가 될 것으로 예측되고 있다.

225 지역사회정신보건사업의 대상자별 서비스로 옳지 않은 것은? [10 지방]

① 정신질환이 없는 일반 성인에게 스트레스 관리 교육을 한다.
② 알코올 문제가 있는 아버지를 둔 다문화가정의 자녀에게 정신건강 조기검진을 실시한다.
③ 만성정신질환자에게 정신질환에 대한 편견 해소 홍보를 한다.
④ 지역 내 노인을 대상으로 치매선별검사와 상담을 한다.

해설

정신질환에 대한 편견 해소와 홍보는 일반 지역주민을 대상으로 한다.

정답 223 ② 224 ① 225 ③

PART 07
건강증진과 보건교육

핵심 키워드

라론드보고서	오타와헌장	합리적 행위이론
계획된 행위이론	사회인지이론	건강신념모형
건강증진모형	범이론적 모형	변화단계모형
PRECEDE-PROCEED모형	성향요인	가능요인
촉진요인	국민건강증진종합계획	인지주의
행동주의	인본주의	구성주의
Bloom학습목표	인지적 영역	정의적 영역
심리운동적 영역	규범적 요구	집단토론
배심토의	심포지움	역할극
시범	프로젝트방법	영향평가
성과평가		

최근 5개년 영역별 평균출제빈도 (2024~2020년)

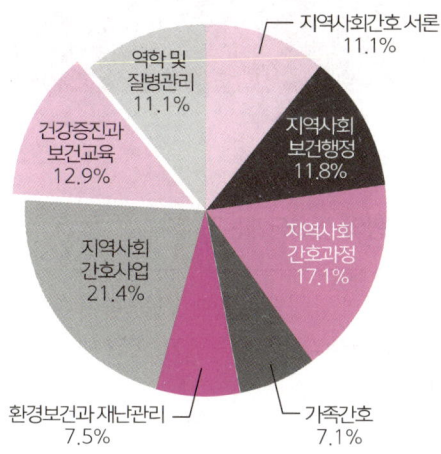

- 지역사회간호 서론 11.1%
- 지역사회 보건행정 11.8%
- 지역사회 간호과정 17.1%
- 가족간호 7.1%
- 환경보건과 재난관리 7.5%
- 지역사회 간호사업 21.4%
- 건강증진과 보건교육 12.9%
- 역학 및 질병관리 11.1%

최근 18개년 영역별 세부 출제내용 분석 (2024~2007년)

	세부 내용	문항수	출제비율
건강증진의 이해 (13)	라론드보고서	2	1.6%
	제1차 오타와 국제회의	11	8.6%
	건강도시	1	0.8%
건강증진 관련 이론 (41)	사회인지이론	1	0.8%
	건강신념모형	7	5.5%
	Pender건강증진모형	6	4.7%
	PRECEDE-PROCEED	15	11.7%
	범이론적 모형	10	7.8%
	합리적 행위이론	1	0.8%
	계획된 행위이론	1	0.8%
우리나라 건강증진사업 (21)	보건소 건강증진사업	1	0.8%
	국민건강증진기금	1	0.8%
	금연사업	2	1.6%
	국민건강증진 종합계획	14	10.9%
	1차 예방 사례	1	0.8%
보건교육의 이해 (14)	보건교육의 필요성 / 원리	2	1.6%
	보건교육 관련 이론[인지주의(4) / 행동주의(5) / 인본주의(1) / 구성주의(2)]	12	9.4%
보건교육과정 (21)	보건교육 요구 4가지	3	2.3%
	Bloom학습목표	12	9.4%
	보건교육 계획 / 수행 [계획(1) / 수행(2)]	3	2.3%
	보건교육 평가 [성과(1) / 진단(1) / 과정(1)]	3	2.3%
보건교육방법 및 매체 (19)	전반적인 내용	3	2.3%
	집단토론	4	3.1%
	배심토의 / 패널토의	5	3.9%
	그 외[심포지움(2) / 역할극(1) / 프로젝트방법(1)]	7	5.5%
	Total	128	100.0%

PART 07 건강증진과 보건교육

탄탄 지역사회간호

회독 점검 ① ② ③

001 다음 사례에 해당하는 범이론 모형의 변화단계는? [24]
★★★

> A 씨는 20년간 하루 20개비 이상의 담배를 피웠다. 그는 숨이 가쁘고 가래가 많이 생겨서 보건소 금연클리닉에 방문했고, 이달 내로 담배를 끊겠다고 서약서를 작성했다.

① 계획이전단계　　② 준비단계
③ 행동단계　　　　④ 유지단계

해설
사례에서의 초점은 "이달 내로 담배를 끊겠다고 서약서를 작성"이다. 이는 1개월 내 건강행동을 하겠다는 의도가 있으므로 "준비단계"이다.

범이론적 모형

범이론적 모형은 행위 변화 과정과 행위 변화 단계를 핵심으로 개인·집단이 문제행위를 어떻게 수정하고 긍정적 행위를 선택하는가에 대한 행위 변화를 설명하는 이론이다.

(1) 변화 단계와 전략

구분	내용	중재
계획 전 단계 (무관심단계)	① 6개월 이내에 행동 변화의 의지가 없는 단계 ② 자신의 문제를 인지하지 못하거나 과소평가, 회피가 나타난다.	• 금연의 필요성에 대한 인식 높이기 • 흡연의 위험과 이득에 대한 정보 개인화 하기 (흡연의 유해성에 대한 정보 제공)
계획단계 (관심단계)	① 문제를 인식하고 6개월 이내에 문제를 해결하고자 하는 의도는 있고 구체적인 계획은 없다. ② 계획단계에 있는 사람은 행동 변화로 인한 유익한 점과 장애요인을 모두 잘 파악하고 있어 행동 변화에 대한 손실과 이득이 같다고 인식한다.	• 금연에 대한 구체적인 계획을 세우도록 격려하기 • 자신의 흡연행위 관찰 및 인식
준비단계	① 행위 변화 의도와 행동을 결합시킨 단계로 구체적인 실행계획이 잡혀 있는 단계 ② 1개월 내에 건강행동을 하겠다는 의도가 있다. ③ 금연을 시도했다가 실패하는 경우에는 준비단계부터 다시 시작한다.	• 금연을 위해 구체적인 계획을 세우도록 돕기(금연시기 설정, 금연서약서 작성, 금단증상의 대처 방법, 자신감 강화) • 단계별 목적 설정 돕기
실행(행동)단계	① 행동 시작 후 6개월 이내로 행동 변화가 실행되는 단계 ② 행위 변화가 안정되어 있지 않고 되돌아가려는 성향이 작용한다.	• 금단증상의 문제 해결 돕기 • 사회적지지 및 강화 제공
유지단계	① 실행단계에서 시작한 행위 변화를 최소한 6개월 이상 지속하여 생활의 일부분으로 정착하는 단계 ② 행위 변화가 점점 습관화되고, 되돌아가려는 성향은 줄어드나 여전히 주의를 요하는 단계이다.	• 대처방안 돕기 • 추후관리

(2) 변화과정

인지적 변화과정	의식제고	건강한 행동 변화를 지지할 수 있는 조언과 아이디어, 새로운 지식의 학습과 발견에 대한 것
	극적전환	불건강 행위의 위험에 따른 부정적인 감정(불안, 공포, 걱정)의 경험
	환경재평가	주변의 사회적·물리적 환경에 대한 불건강 행위의 부정적 영향이나 건강행위의 긍정적 영향을 깨닫는 것
	사회적 해방	사회 내에서 생활방식에 대한 개인의 인식
	자기 재평가	자기 기준과 행동 사이의 불일치를 인식시킴으로써 대상자가 불만족을 느끼게 하여 변화를 야기한다는 전제에 기초한 것
행위적 변화과정	자극통제	행동을 방해하는 원인이 되는 사람이나 상황을 조절하고 극복할 대안을 시도
	조력관계	문제행위를 변화시키려고 시도하는 동안에 타인의 도움을 신뢰하고 수용하여 사용하는 지지관계를 형성하는 것
	역조건화 (대체조건 형성)	행동 단계나 유지 단계에서 문제 행위를 긍정적 행위나 경험으로 대체할 수 있는 능력이나 대처방법 및 기술 이완요법 등
	강화관리	긍정적인 행위 변화에 대한 보상을 늘리고, 불건강 행동에 대한 보상을 감소시킴
	자기해방	변화하겠다고 결심하고 다른 사람에게 그 결심을 공개함으로써 의지를 더욱 강화시키고 확실한 책임을 갖도록 함

002 제5차 국민건강증진종합계획(Health Plan 2030)상 '비감염성 질환 예방관리' 분과의 중점과제에 해당하는 것은? [24]

① 손상
② 신체활동
③ 지역사회 정신건강
④ 건강정보 이해력 제고

해설
① 비감염성 질환 예방 관리
② 건강생활실천
③ 정신건강관리
④ 건강친화적 환경 구축

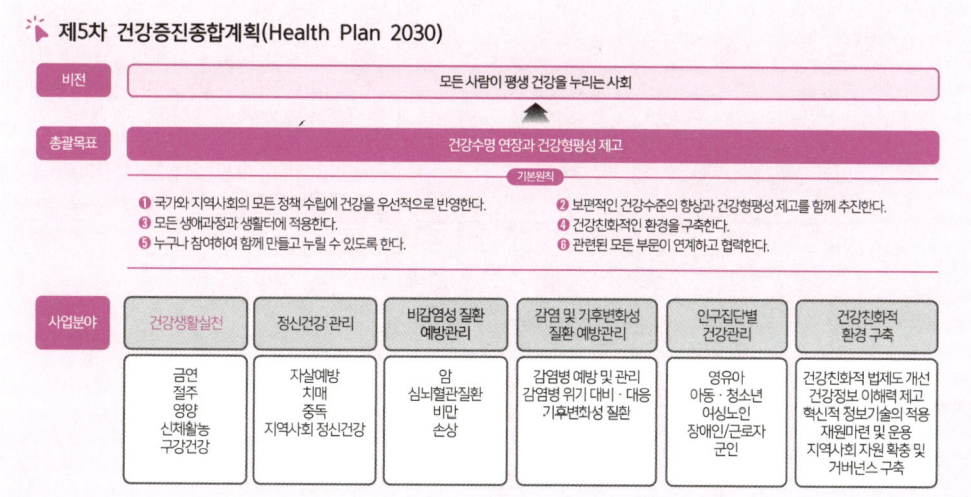

정답 001 ② 002 ①

003 ★★★

제1차 국제 건강증진 회의(1986)에서 채택된 오타와 헌장의 건강증진 5대 활동요소 중 〈보기〉의 내용에 해당하는 것은? [23 서울]

〈보기〉
- 운동시설 이용료에 대해 소비세를 경감하도록 관련법을 개정하였다.
- 입법, 조세 및 조직변화 등과 같은 다양하고 보완적인 접근 방식이 결합되었다.

① 지지적 환경 조성
② 건강한 공공정책의 수립
③ 지역사회 활동의 강화
④ 개인의 건강기술 개발

해설
〈보기〉에 제시된 "법 개정" 관련 내용은 5대 활동요소 중 "건강한 공공정책의 수립"과 관련이 있다.

오타와 헌장의 건강증진 3대 원칙과 5대 활동요소(제1차 국제건강증진회의)

건강증진의 3대 원칙	5대 활동요소
• 옹호(advocacy): 건강에 대한 관심을 불러일으키고, 보건의료의 수요를 충족할 수 있는 건강한 보건정책을 수립해야 한다. • 역량강화(empowerment): 개인과 가족의 건강권을 인정하고, 그들 스스로 건강관리에 적극 참여하여 자신의 행동에 책임을 갖도록 해야 한다. • 연합(alliance): 모든 사람들이 건강하도록 관련 전문가들이 연합해야 한다.	• 건강한 공공정책의 수립: 건강증진의 개념은 보건의료서비스 영역에 국한되지 않고 다른 모든 영역의 정책입안자들이 정책결정의 결과가 건강에 미치는 영향을 인식하게 하고, 자신들의 결정이 국민건강에 대해 책임이 있음을 받아들이게 한다. • 지지적 환경의 조성: 우리 사회는 복잡하고 서로 밀접하게 관련을 맺고 있기 때문에 건강 또한 다른 목표들과 분리되어 생각할 수 없다. 자연적·인공적 환경보호나 천연자원의 보존은 건강증진전략에서 기본이 되어야 할 활동이다. • 지역사회 활동의 강화: 건강증진사업의 목적을 달성하기 위해서는 우선순위와 활동범위를 결정하여 전략적 기획과 실천방법을 모색하고 이에 따라 구체적이고 효과적인 지역사회활동을 통해 실천되어야 한다. • 개인 기술의 개발(자기건강 돌보기 육성): 건강증진활동을 통해 개개인은 건강과 환경에 대한 통제력을 향상시키고, 건강과 관련 유익한 선택을 할 수 있는 능력을 갖게 된다. 생의 주기에 따른 건강증진활동으로 전 생애의 각 단계를 준비할 수 있고 만성질환이나 상해, 위기에 대처할 수 있는 능력이 개발된다. • 보건의료서비스의 방향 재설정(보건의료서비스의 개혁): 보건의료의 역할은 건강증진 방향으로 전환되어야 한다.

정답 003 ②

004 ★★★ 20~30대 여성을 대상으로 자궁경부암 예방접종률을 높이기 위한 보건교육을 건강신념모형(Health Belief Model, HBM)에 따라 기획하고 있다. 구성요소 중에서 "행동의 계기"에 대한 설명으로 옳은 것은?

[23 서울]

① 자궁경부암 예방접종으로 예상되는 건강효과를 제시한다.
② 자궁경부암에 걸려 수술, 항암치료, 방사선치료를 받은 어려움을 소개한다.
③ 자궁경부암 예방접종에 대한 퀴즈 이벤트를 실시한다.
④ 자궁경부암 예방접종을 잘 받을 수 있도록 자신감을 불어넣어 준다.

해설

① 지각된 유익성
② 지각된 심각성
③ **행위의 계기**
④ 자기효능감

건강신념(믿음)모형(HBM; Health Belief Model)

건강신념모형의 초기모델에서는 5가지 개념요소를 제시하였는데, 지각된 민감성, 지각된 심각성, 지각된 유익성, 지각된 장애, 행위의 계기가 그것이다. 이 밖에 지각된 위협감과 자기 효능감이 추가되었다.

(1) 개념
  ① 사람들이 질병예방 프로그램에 참가하지 않는 이유를 설명하기 위하여 개발되었다.
  ② 건강신념모형은 예방적 행위를 하지 않은 사람이 질병예방 행위를 실천할 수 있도록 중재를 제공하는 데 유용하다.
  ③ 개인이 생각하는 가치와 신념이 행동으로 연결된다는 심리학 이론에서 착안되었고, 레빈(K. Lewin)의 장이론(field theory)에 근거하여 개발되었다.
  ④ 초기 건강신념모형에는 자기효능감이 없었으나 로젠스톡(Rossenstock, 1990)이 통합을 주장하여 후기 건강신념모형에서는 이 개념이 제시되었다.

(2) 건강신념(믿음)모형에서 제시된 건강행위 가능성
  ① 사람들이 자신에게 어떤 건강문제가 발생할 가능성이 높다고 여길 때
  ② 그 건강문제가 자신에게 심각한 결과를 가져올 수 있다고 믿을 때
  ③ 자신이 하려는 행위가 그 건강문제의 발생 가능성이나 심각성을 감소시킬 것으로 믿을 때
  ④ 예측되는 이익이 장애보다 크다고 믿을 때
  ⑤ 행동을 자극하는 내적 또는 외적인 경험을 하고 자신이 그 건강행위를 할 수 있다고 믿을 때
  ⑥ 건강상태를 조절하기 위해

(3) 건강신념(믿음)모형의 주요 개념

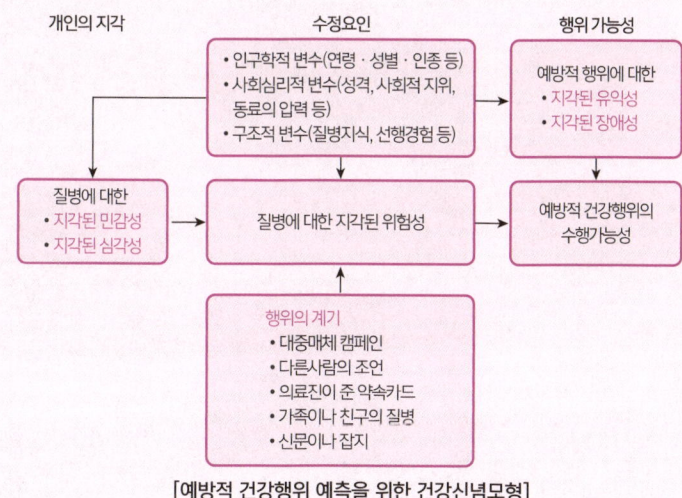

[예방적 건강행위 예측을 위한 건강신념모형]

지각된 민감성 (Perceived susceptibility)	• 자신이 어떤 질병에 걸릴 위험이 있다는 가능성에 대한 인지 정도이며, 질병에 대한 민감성은 인구학적 특성, 사회심리학적 특성, 환경 등에 의해 개인마다 차이가 있다. • 지각된 민감성이 높을수록 건강행위 가능성이 높아진다.
지각된 심각성 (Perceived severity)	• 질병의 심각성을 인지하는 정도로, 죽음, 통증, 불구 등과 같은 의학적 결과나 직장, 가족생활과 같은 사회적 결과를 포함한다. • 지각된 심각성이 높을수록 건강행위 가능성이 높아진다.
지각된 유익성 (Perceived benefits)	특정 행위를 함으로써 오는 혜택과 유익에 대한 인지 정도로, 건강을 위한 행위를 하면 자신에게 유익할 것이라고 생각할수록 관련 행위를 할 가능성이 높아진다.
지각된 장애성 (Perceived barriers)	• 특정 건강행위에 대한 부정적인 인지 정도로, 이것은 건강행위의 방해요소로 작용한다. • 행위의 효율성에 비하여 그 행위를 하였을 때 비용 부담, 위험성, 부작용, 통증, 불편함, 시간 소비, 습관의 변화 등에 대해 무의식적으로 이루어지는 비용 – 효과분석에 의해 발생된다. • 지각된 장애가 낮을수록 건강행위 가능성이 높아진다.
행위의 계기 (Cue to action)	• 질병에 대한 지각된 위험성에 영향을 주는 요소로 사람들에게 특정 행위에 참여하도록 자극을 주는 중재를 말한다. • 질병에 대한 인지의 감수성이 낮은 사람일수록 강하고 효과적인 중재를 주어야 특정행위에 참여할 가능성이 커진다. • 건강상담이나 보건교육을 통해 특정 행위를 알려주거나 설득할 수도 있고, 의료인이 보내는 안내 엽서나 팸플릿을 통한 홍보물도 행위의 계기가 될 수 있다. • 중재 효과의 강도가 높을수록 건강행위 가능성이 높아진다.
질병에 대한 지각된 위험성	• 특정 행위에 대한 지식의 제공으로 자신에게 나타나는 증상이나 이웃의 발병 등에 대해 질병을 인식하는 정도이다. • 지각된 민감성과 지각된 심각성을 합하여 지각된 위협감(위험성)이라 한다. 여기서 인지된 위험 또한, 객관적 위험이 아니라 주관적 위험성이다.
자기효능감	반두라(Albert Bandura)가 제시한 개념으로 인간은 자신이 잘 해낼 수 있다는 확신이 있을 때 행동하게 된다는 것으로, 장기간에 걸친 생활양식의 변화를 통해 얻어진 자신감에 따라 행동 여부가 결정된다고 본다.

정답 004 ③

005 ★★★

A방문간호사는 지역주민을 대상으로 범이론모형(transtheoretical model, TTM)을 이용하여 고위험음주에 대한 중재를 하려고 한다. 〈보기〉가 설명하고 있는 변화과정은?

[23 서울]

〈보기〉

스트레스 해소를 위하여 음주를 하고 있다면 스트레스 해소를 위해 음주 이외에 더 긍정적인 행동, 즉 운동이나 이완요법 등 음주를 대체할 다른 행위를 하도록 한다.

① 강화관리(contingency management)
② 역조건화(counterconditioning)
③ 자극조절(stimulus control)
④ 자기해방(self-liberation)

해설

〈보기〉에서 "스트레스 해소를 위해 음주를 하던 것을 음주 이외에 더 긍정적인 행동으로 대체"하려 하고 있으므로 이는 "역조건화"에 해당된다.

범이론적 모형(transtheoretical model, TTM)

범이론적 모형은 **행위 변화 과정과 행위 변화 단계를 핵심으로 개인·집단이 문제행위를 어떻게 수정하고 긍정적 행위를 선택하는가에 대한 행위 변화를 설명**하는 이론이다.

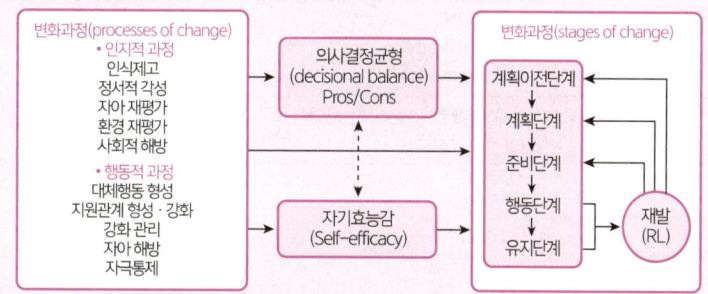

[범이론적 모형의 개념 틀]

(1) 범이론적 모형의 변화 5단계

변화단계	내용	전략
1. 계획 전 단계, 인식 전 단계 (precontemplation)	6개월 내에 행동변화의 의지가 없는 단계	인식을 갖도록 하기 위해 문제점에 대한 정보를 주어야 함 (흡연이 건강에 미치는 영향과 위험성 등의 정보 제공)
2. 계획단계, 인식단계 (contemplation)	6개월 내에 행동변화의 의지가 있는 단계	구체적인 계획을 세울 수 있도록 긍정적인 부분을 강조
3. 준비단계 (preperation)	1개월 내에 행동변화의 의지를 가지고 있으며, 적극적으로 행동변화를 계획하는 단계	기술을 가르쳐주고, 실천계획을 세울 수 있도록 도와주고, 할 수 있다는 자신감을 줌(금연 서약서 작성, D-day 설정 등)
4. 행동단계 (action)	6개월 내에 명백한 행동의 변화를 갖는 단계	칭찬으로 실패를 막을 수 있는 방법을 가르치며, 이전 행위로 돌아가지 않도록 자극을 조절하는 계획을 세우도록 함
5. 유지단계 (maintenance)	6개월 이상 행동변화가 지속되는 단계	유혹을 어떻게 조절해야 하는지 긍정적인 부분을 강조

(2) 범이론적 모형의 변화과정

인지적 변화과정	의식제고 (consciousness raising)	건강한 행동 변화를 지지할 수 있는 조언과 아이디어, 새로운 지식의 학습과 발견에 대한 것
	극적전환 (dramatic relief)	불건강 행위의 위험에 따른 부정적인 감정(불안, 공포, 걱정)의 경험
	환경재평가 (environmental reevaluation)	주변의 사회적·물리적 환경에 대한 불건강 행위의 부정적 영향이나 건강 행위의 긍정적 영향을 깨닫는 것
	사회적 해방 (social liberation)	사회 내에서 생활방식에 대한 개인의 인식
	자기 재평가 (self reevaluation)	자기 기준과 행동 사이의 불일치를 인식시킴으로써 대상자가 불만족을 느끼게 하여 변화를 야기한다는 전제에 기초한 것
행위적 변화과정	자극조절 (stimulus control)	행동을 방해하는 원인이 되는 사람이나 상황을 조절하고 극복할 대안을 시도
	조력관계	문제행위를 변화시키려고 시도하는 동안에 타인의 도움을 신뢰하고 수용하여 사용하는 지지관계를 형성하는 것
	역조건화 (counterconditioning, 대체조건 형성)	행동 단계나 유지 단계에서 문제 행위를 긍정적 행위나 경험으로 대체할 수 있는 능력이나 대처방법 및 기술 이완요법 등
	강화관리 (contingency management)	긍정적인 행위 변화에 대한 보상을 늘리고, 불건강 행동에 대한 보상을 감소시킴
	자기해방 (self-liberation)	변화하겠다고 결심하고 다른 사람에게 그 결심을 공개함으로써 의지를 더욱 강화시키고 확실한 책임을 갖도록 함

정답 005 ②

006 ★★★

A방문간호사는 당뇨를 진단받고 인슐린 자가주사를 해야 하는 김 씨를 위하여 〈보기〉와 같은 목표를 설정하였다. 학습목표의 영역과 수준을 옳게 짝 지은 것은?

[23 서울]

〈보기〉

대상자는 간호사가 행하는 인슐린 자가주사 시행 절차 중 일부를 자신이 해보겠다고 자원하여 표현한다.

① 심동적 영역, 태세
② 정의적 영역, 반응
③ 심동적 영역, 적응
④ 정의적 영역, 적용

해설

"인슐린 자가 주사" 관련 교육은 새로운 기술을 습득하는 것이므로 심리운동적(심동적) 영역에 해당되고, 〈보기〉의 상황은 활동이나 경험을 위한 준비이므로 "태세"에 해당된다.

▶ Bloom의 학습목표

영역	내용
인지적 영역	• 인지적 영역은 지식의 증가와 이를 활용하는 능력 • 행동의 복합성에 따라 가장 낮은 수준의 지식 습득부터 가장 높은 수준의 평가로 분류
정의적 영역	정의적 영역은 느낌이나 정서의 내면화가 깊어짐에 따라 대상자의 성격과 가치체계에 통합되어 가는 과정
심리운동적 (심동적) 영역	• 심리운동 영역의 학습은 관찰 가능하기 때문에 학습목표의 확인과 측정이 쉽다. • 복합성의 수준이 증가함에 따라 심리운동 영역의 수준도 증가한다(심리운동 영역의 수준이 높아질수록 신체적 기술을 좀 더 효과적으로 수행할 수 있다).

▶ 인지적 영역의 6가지 수준

수준	내용	예
지식 (knowledge, 암기)	정보를 회상해 내거나 기억하는 것이다.	대상자들은 흡연의 피해를 열거할 수 있다.
이해 (comprehension)	학습자는 의사소통되고 있는 물질이나 아이디어를 다른 것과 관련시키지 않고도 무엇이 의사소통되고 있는지 알고 있다.	대상자들은 니코틴의 작용을 말할 수 있다.
적용 (application)	구체적이고 특수한 상황에 일반적인 아이디어나 규칙, 이론, 기술적인 원리 혹은 일반화된 방법의 추상성을 사용한다.	대상자들은 심장질환과 니코틴의 작용을 관련지어 말할 수 있다.
분석 (analysis)	의사소통을 조직적·효과적으로 분명히 하기 위해 표현된 아이디어의 위계와 관계가 분명해지도록 의사소통을 부분으로 나누는 것을 의미한다.	대상자들은 흡연으로 인한 증상과 자신에게서 나타나는 증상을 비교한다.
종합 (synthesis, 합성)	부분이나 요소를 합하여 분명히 보이도록 완성된 구조로 구성하는 것이다.	대상자들은 금연방법을 참고하여 자신의 금연계획을 작성한다.
평가 (evaluation)	주어진 목표에 대해 자료와 방법이 범주를 충족시키는 정도에 관해 질적·양적으로 판단한다.	대상자들은 자신들이 계획한 금연계획을 실천 가능성에 따라 평가한다.

정의적 영역의 5단계

단계	내용	예
감수 (수용, receiving, attending)	학습자는 단순히 어떤 것에 의식적이거나, 선호하는 자극에 주의를 기울인다.	대상자는 담배연기로 죽어가는 쥐를 들여다 본다.
반응(responding)	학습자가 반응을 보인다.	대상자는 담배가 자신이나 가족에게 매우 해롭다고 말한다.
가치화(valuing)	학습자가 스스로 몰입하며 가치를 갖고 있음을 타인이 확인할 수 있다.	대상자는 금연계획을 세우고 담배를 줄이며, 금연 스티커를 자신이 볼 수 있는 곳곳에 붙여 놓는다.
내적 일관성 (organization, 조직화)	복합적인 가치를 적절히 분류하고 순서를 매겨 체계화하고 가치들의 관계가 조화롭고 내적으로 일관성을 이루도록 한다.	대상자는 흡연의 유혹을 피하기 위해 기상과 함께 조깅을 하고, 아침식사 후 커피 대신 과일을 먹는 등의 생활양식을 체계적으로 실행한다.
채택 (characterization by a value system, 성격화)	새로운 가치를 생활 속으로 통합하여 효과적으로 행동하도록 한다.	대상자는 지역사회 금연운동에서 자원봉사자로 활동한다.

심리운동적(심동적) 영역의 7단계

단계	내용	예
지각 (perception)	감각기관을 통해 대상, 질 또는 관계를 알아가게 되는 과정이다.	노인들은 운동시범자가 보이는 근력운동을 관찰한다.
태세(set)	특정 활동이나 경험을 위한 준비를 말한다.	노인들은 운동을 하기 위해 필요한 고무밴드를 하나씩 집어든다.
지시에 따른 반응 (guided response)	교육자의 안내하에 학습자가 외형적인 행위를 하는 것으로, 활동에 앞서 반응할 준비성과 적절한 반응을 선택해야 한다.	노인들은 운동시범자의 지시에 따라 고무밴드를 이용한 운동을 따라 한다.
기계화 (mechanism)	학습된 반응이 습관화되어 학습자는 행동수행에 자신감이 있으며 상황에 따라 습관적으로 행동한다.	노인들은 음악을 들으며 스스로 운동을 한다.
복합 외적 반응 (complex overt response)	복합적이라고 여겨지는 운동 활동의 수행을 뜻하며, 고도의 기술이 습득되고 최소한의 시간과 에너지 활동을 수행할 수 있다.	노인들은 집에서 텔레비전을 보면서 고무밴드를 이용한 운동을 능숙하게 실행한다.
적응 (adaptation)	신체적 반응이 새로운 문제 상황에 대처하기 위해 운동 활동을 변경하는 것을 말한다.	노인들은 고무밴드가 없는 노인회관에서 고무밴드 대신 긴 타월을 이용하여 운동을 한다.
창조 (origination)	심리 영역에서 발달한 이해, 능력, 기술로 새로운 운동 활동이나 자료를 다루는 방법을 창안한다.	

정답 006 ①

007 다음에서 설명하는 보건교육 방법은? [23 지방]

- 전체 학습자를 여러 개 소그룹으로 나누어 토론을 진행하고, 토론 후 전체 학습자가 다시 모여 토론한 결과를 요약정리하여 결론을 낸다.
- 참석 인원이 많아도 전체 의견을 교환할 수 있고 학습자들에게 참여 기회가 주어진다.

① 배심토의
② 심포지엄
③ 분단토의
④ 브레인스토밍

해설

문제에서 주요 초점은 "전체 학습자를 여러 개 소그룹으로 나누어 토론을 진행하고, 토론 후 전체 학습자가 다시 모여 토론한 결과를 요약정리하여 결론을 낸다"는 부분이다. 이는 "**분단토의**"를 의미한다.

보건교육방법

방법	설명	
강의 (강연회, lecture)	• 교육자가 학습자에게 학습내용을 직접 언어로 전달하는 가장 전통적이고 보편적인 교육 방법으로 지식을 주입하는 데 적절하다. • 주로 대상자가 교육 주제에 대한 기본 지식이 없을 때 많이 이용되는 교수 주도의 교육 방법이다. • 인원이 많고 학습자가 별도의 준비없이도 진행이 가능하다.	
배심토의 (패널 토의, panel discussion)	• 집단의 구성원이 많아서 모두 토론에 참가하기 곤란한 경우 사전에 충분한 지식을 가진 사람 중 선정된 각기 상반되는 의견을 가진 전문가 4~7명이 사회자의 안내에 따라 토의를 진행하는 방법이다. • 정해진 시간 동안 전문가들이 발표한 후 청중과 질의응답으로 전체 토의가 진행된다.	

장점	단점
• 제한된 시간에 특정 주제에 대해 많은 전문가로부터 다각도의 의견을 들을 수 있다. • 타인의 의견에 대한 비판 능력이 배양될 수 있다. • 어떤 주제를 다각도로 분석하고 향후 전망을 예측할 수 있다.	• 전문가의 선정이 쉽지 않다. • 전문가 초빙에 따른 경제적 부담이 있다. • 사회자의 토의 진행 기술에 따라 토의의 성패가 좌우될 수 있다. • 청중이 관련 지식이 없을 때에는 토론의 내용을 이해하기 힘들다.

심포지움 (symposium): 동일한 주제에 대해 전문적인 지식을 가진 전문가 2~5명을 초청하여 각자 10~15분씩 의견을 발표하게 한 후 발표 내용을 중심으로 사회자가 청중을 공개 토론 형식으로 참여시키는 방법이다.

장점	단점
• 특별한 주제에 대한 밀도 있는 접근이 가능하다. • 다채롭고 창조적이고 변화있게 강의를 진행할 수 있다. • 청중이 알고자 하는 문제 파악이 가능하다.	• 연사의 발표 내용에 중복이 있을 수 있다. • 청중이 주제에 대한 정확한 윤곽을 형성하지 못했을 때는 비효과적이다.

분단토의 (buzz session, 와글와글 학습법, 6.6토의): 전체를 몇 개의 분단으로 나누어서 토의하게 하고 다시 전체회의에서 종합하는 방법으로, 각 분단은 6~8명이 알맞으며 상호 의견 교환 후에는 전체 의견을 종합하여 보고하도록 한다.

장점	단점
• 참석 인원이 많아도 진행이 가능하다. • 전체가 각자의 의견을 제시할 수 있다. • 교육대상자에게 참여 기회가 주어진다. • 다른 분단과 비교되어 반성적 사고능력과 사회성이 길러진다.	• 소수의 의견이 그룹 전체의 의견이 될 수 있다. • 적극적이지 못한 사람은 의견 개진의 기회가 적을 수 있다. • 참가자들이 준비가 되지 않을 때에는 토론의 성과를 거둘 수 없다.

교육방법	설명
브레인스토밍 (brainstorming)	• '묘안 착상법' 또는 '팝콘회의'라고도 하며 번개처럼 떠오르는 기발한 생각을 잘 포착해낸다는 뜻을 내포하고 있다. 구성원이 가능한 한 많은 아이디어를 기록하여 목록화하고 가장 최상의 아이디어를 선택하는 방법이다. • 12~15명의 참여자가 한 그룹이 되어 10~15분의 단기 토의를 진행해야 하며 모든 구성원이 자유로운 분위기에서 우수하고 다양한 의견이 나올 수 있도록 유도할 수 있는 사회자를 정하는 것이 중요하다. **장점** • 어떤 문제든지 토론의 주제로 삼을 수 있다. • 별도의 장비가 준비되지 않아도 회의가 진행될 수 있다. **단점** • 토론이 제대로 유도되지 않으면 시간을 낭비할 수 있다. • 대상자들이 즉흥적이고 계속적으로 아이디어를 제시해야 하는 부담감이 있다.
집단토론 (group discussion)	• 참가자들이 특정 주제에 대하여 자유롭게 상호 의견을 교환하고 결론을 내리는 방법을 말한다. • 효과적인 토론을 위해서는 참가자 모두 토론의 목적을 이해하고 참여하여야 하므로 참가자 수가 많을수록 토론의 참여 기회가 적어지므로 참가자는 10명 내외가 적당하다. **장점** • 대상자들의 능동적인 참여를 통해 상호 협동적, 민주적 회의 능력을 기를 수 있다. • 각자의 의견을 표현하므로 자신의 의사를 올바르게 전달하는 능력이 배양된다. • 타인의 의견을 존중하고 반성적 사고능력이 생긴다. • 다수의 의견에 소수가 양보하고 협력하는 사회성이 길러진다. • 학습자 스스로 자신의 지식과 경험을 활용하게 되므로 학습의욕이 높아진다. **단점** • 많은 대상자가 참여할 수 없고 초점에서 벗어나는 경우가 많아서 시간이 오래 걸릴 수 있다. • 지배적인 참여자와 소극적인 참여자가 있을 수 있다.
플립러닝 (Flipped Learning)	• '거꾸로 학습', '거꾸로 교실', '역전 학습', '반전 학습', '역진행 수업 방식' 등으로 번역된다. 온라인을 통한 선행학습 이후 오프라인 강의를 통해 교수와 토론식 강의를 진행하는 '역진행 수업 방식'을 말한다. • 플립 러닝은 블렌디드 러닝의 한 가지 형태다. 다만 블렌디드 러닝이 상정하고 있는 온라인과 오프라인 강의의 결합에 선행 학습의 개념이 추가된 것으로 볼 수 있다.
시뮬레이션 (Simulation)	학습자에게 실제와 유사한 상황이나 중요한 요소만을 선별하여 제공해주는 것으로 실제 상황보다는 안전한 환경에서 유사한 상황을 적용한 후 디브리핑(debriefing)을 통해 학습자와 함께 상황에 대해 분석하고 토론하는 것이 필요하다.
블렌디드 러닝 (Blended Learning)	정규 교육 프로그램 중 부분적으로 온라인 미디어나 디지털을 통해 학습 내용과 지도 내용이 전달되는 형식으로, 학생 자신이 언제, 어디서, 어떤 순서와 속도로 학습을 진행할 것인지에 대해 결정하는 학습 형태이다. 학습효과를 극대화 하기 위해 온라인과 오프라인 학습을 결합한 형태이다.
프로젝트 학습 (Project-Based Learning)	교육대상자(학습자)에게 학습목표를 제시하고 목표 달성을 위해 대상자 스스로 계획하고 자료를 수집하고 수행하게 함으로써 지식, 태도, 기술을 포괄적으로 습득하게 하는 교육방법이다.

정답 007 ③

008 (가), (나)에 해당하는 건강신념모형의 개념을 바르게 짝 지은 것은?

[23 지방]

(가) 흡연자는 비흡연자보다 폐암에 걸릴 가능성이 높다고 생각한다.
(나) 폐암에 걸리면 다른 암보다 치료가 어렵고 사망확률이 높다고 생각한다.

	(가)	(나)
①	지각된 민감성	지각된 심각성
②	지각된 심각성	지각된 민감성
③	지각된 민감성	지각된 장애성
④	지각된 심각성	지각된 장애성

해설

문제의 (가)는 자신이 어떤 질병에 걸릴 위험이 있다는 가능성에 대한 인지 정도이므로 이는 "지각된 민감성"에 해당된다. 문제의 (나)는 질병의 심각성을 인지하는 정도로 "지각된 심각성"에 해당된다.

건강신념(믿음)모형(HBM; Health Belief Model)

건강신념모형의 초기모델에서는 5가지 개념요소를 제시하였는데, 지각된 민감성, 지각된 심각성, 지각된 유익성, 지각된 장애, 행위의 계기가 그것이다. 이 밖에 지각된 위협감과 자기 효능감이 추가되었다.

(1) 개념
① 사람들이 질병예방 프로그램에 참가하지 않는 이유를 설명하기 위하여 개발되었다.
② 건강신념모형은 예방적 행위를 하지 않은 사람들이 질병예방 행위를 실천할 수 있도록 중재를 제공하는 데 유용하다.
③ 개인이 생각하는 가치와 신념이 행동으로 연결된다는 심리학 이론에서 착안되었고, 레빈(K. Lewin)의 장이론(field theory)에 근거하여 개발되었다.
④ 초기 건강신념모형에는 자기효능감이 없었으나 로젠스톡(Rossenstock, 1990)이 통합을 주장하여 후기 건강신념모형에서는 이 개념이 제시되었다.

(2) 건강신념(믿음)모형에서 제시된 건강행위 가능성
① 사람들이 자신에게 어떤 건강문제가 발생할 가능성이 높다고 여길 때
② 그 건강문제가 자신에게 심각한 결과를 가져올 수 있다고 믿을 때
③ 자신이 하려는 행위가 그 건강문제의 발생 가능성이나 심각성을 감소시킬 것으로 믿을 때
④ 예측되는 이익이 장애보다 크다고 믿을 때
⑤ 행동을 자극하는 내적 또는 외적인 경험을 하고 자신이 그 건강행위를 할 수 있다고 믿을 때
⑥ 건강상태를 조절하기 위해

(3) 건강신념(믿음)모형의 주요 개념

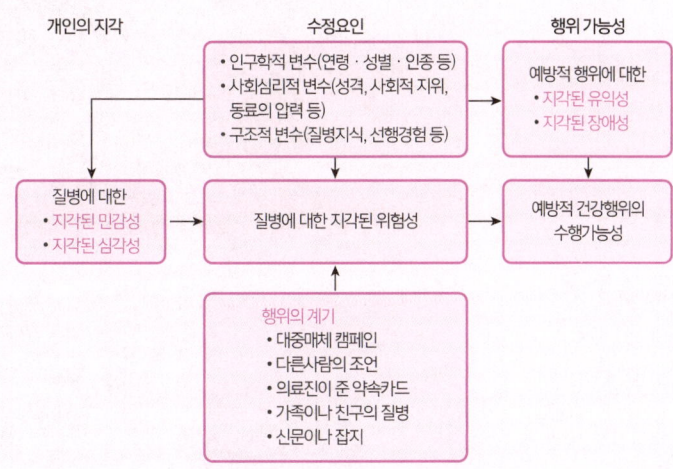

[예방적 건강행위 예측을 위한 건강신념모형]

지각된 민감성 (Perceived susceptibility)	• 자신이 어떤 질병에 걸릴 위험이 있다는 가능성에 대한 인지 정도이며, 질병에 대한 민감성은 인구학적 특성, 사회심리학적 특성, 환경 등에 의해 개인마다 차이가 있다. • 지각된 민감성이 높을수록 건강행위 가능성이 높아진다.
지각된 심각성 (Perceived severity)	• 질병의 심각성을 인지하는 정도로, 죽음, 통증, 불구 등과 같은 의학적 결과나 직장, 가족생활과 같은 사회적 결과를 포함한다. • 지각된 심각성이 높을수록 건강행위 가능성이 높아진다.
지각된 유익성 (Perceived benefits)	특정 행위를 함으로써 오는 혜택과 유익에 대한 인지 정도로, 건강을 위한 행위를 하면 자신에게 유익할 것이라고 생각할수록 관련 행위를 할 가능성이 높아진다.
지각된 장애성 (Perceived barriers)	• 특정 건강행위에 대한 부정적인 인지 정도로, 이것은 건강행위의 방해요소로 작용한다. • 행위의 효율성에 비하여 그 행위를 하였을 때 비용 부담, 위험성, 부작용, 통증, 불편함, 시간 소비, 습관의 변화 등에 대해 무의식적으로 이루어지는 비용-효과분석에 의해 발생된다. • 지각된 장애가 낮을수록 건강행위 가능성이 높아진다.
행위의 계기 (Cue to action)	• 질병에 대한 지각된 위험성에 영향을 주는 요소로 사람들에게 특정 행위에 참여하도록 자극을 주는 중재를 말한다. • 질병에 대한 인지의 감수성이 낮은 사람일수록 강하고 효과적인 중재를 주어야 특정행위에 참여할 가능성이 커진다. • 건강상담이나 보건교육을 통해 특정 행위를 알려주거나 설득할 수도 있고, 의료인이 보내는 안내 엽서나 팸플릿을 통한 홍보물도 행위의 계기가 될 수 있다. • 중재 효과의 강도가 높을수록 건강행위 가능성이 높아진다.
질병에 대한 지각된 위험성	• 특정 행위에 대한 지식의 제공으로 자신에게 나타나는 증상이나 이웃의 발병 등에 대해 질병을 인식하는 정도이다. • 지각된 민감성과 지각된 심각성을 합하여 지각된 위협감(위험성)이라 한다. 여기서 인지된 위험 또한, 객관적 위험이 아니라 주관적 위험성이다.
자기효능감	반두라(Albert Bandura)가 제시한 개념으로 인간은 자신이 잘 해낼 수 있다는 확신이 있을 때 행동하게 된다는 것으로, 장기간에 걸친 생활양식의 변화를 통해 얻어진 자신감에 따라 행동 여부가 결정된다고 본다.

009 ★★★
고도비만인 C씨가 가족들에게 "저 오늘부터 비만 탈출하겠습니다."라고 선언하는 것은 범이론 모형(TTM; Transtheoretical Model)의 어떤 변화과정에 해당하는가? [22 지방(6월)]

① 자기 해방(self liberation)
② 의식 고취(consciousness raising)
③ 자기 재평가(self reevaluation)
④ 사회적 해방(social liberation)

해설
범이론적 모형의 주요 요소 중 '변화하겠다고 결심하고 다른 사람에게 그 결심을 공개함으로써 의지를 더욱 강화시키고 확실한 책임을 갖도록 하는 것'은 "자기 해방"이다.

범이론적 모형
범이론적 모형은 행위 변화 과정과 행위 변화 단계를 핵심으로 개인·집단이 문제행위를 어떻게 수정하고 긍정적 행위를 선택하는 가에 대한 행위 변화를 설명하는 이론이다.

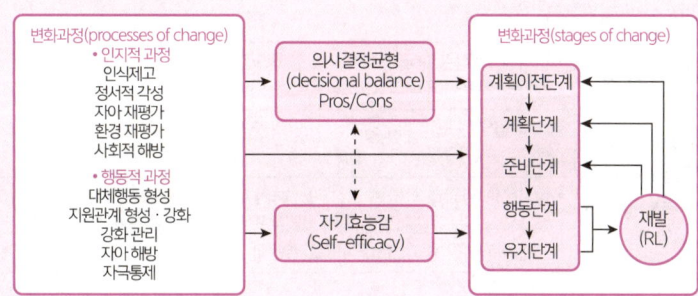

범이론적 모형의 변화 과정

인지적 변화과정	의식제고	건강한 행동 변화를 지지할 수 있는 조언과 아이디어, 새로운 지식의 학습과 발견에 대한 것
	극적전환	불건강 행위의 위험에 따른 부정적인 감정(불안, 공포, 걱정)의 경험
	환경재평가	주변의 사회적·물리적 환경에 대한 불건강 행위의 부정적 영향이나 건강행위의 긍정적 영향을 깨닫는 것
	사회적 해방	사회 내에서 생활방식에 대한 개인의 인식
	자기 재평가	자기 기준과 행동 사이의 불일치를 인식시킴으로써 대상자가 불만족을 느끼게 하여 변화를 야기한다는 전제에 기초한 것
행위적 변화과정	자극통제	행동을 방해하는 원인이 되는 사람이나 상황을 조절하고 극복할 대안을 시도
	조력관계	문제행위를 변화시키려고 시도하는 동안에 타인의 도움을 신뢰하고 수용하여 사용하는 지지관계를 형성하는 것
	역조건화 (대체조건 형성)	행동 단계나 유지 단계에서 문제 행위를 긍정적 행위나 경험으로 대체할 수 있는 능력이나 대처방법 및 기술 이완요법 등
	강화관리	긍정적인 행위 변화에 대한 보상을 늘리고, 불건강 행동에 대한 보상을 감소시킴
	자기해방	변화하겠다고 결심하고 다른 사람에게 그 결심을 공개함으로써 의지를 더욱 강화시키고 확실한 책임을 갖도록 함

정답 009 ①

010 지역사회간호사가 고혈압관리 프로그램의 교육목표를 '대상자들은 정상 혈압의 범위를 말할 수 있다'로 설정한다면 이는 블룸(Bloom)이 제시한 교육을 통한 변화영역 중 어느 영역에 해당하는가? [22 지방(6월)]

① 인지적 영역(cognitive domain)
② 정의적 영역(affective domain)
③ 심동적 영역(psychomotor domain)
④ 생리적 영역(physiological domain)

해설

블룸(Bloom)은 학습목표를 인지적, 정의적, 심리운동적 영역으로 구분하였고 각 영역의 복합성에 따라 세분하였다. 문제에서의 초점은 "정상혈압의 범위를 말할 수 있다"로 이는 블룸의 학습목표 중 인지적 영역(이해)에 해당한다. 인지적 영역은 생각하는 행위를 다루는 영역으로 지식, 이해, 비판적 사고 등과 관련된 기술이다.

▶ **Bloom의 학습목표**

인지적 영역	• 인지적 영역은 지식의 증가와 이를 활용하는 능력 • 행동의 복합성에 따라 가장 낮은 수준의 지식 습득부터 가장 높은 수준의 평가로 분류
정의적 영역	정의적 영역은 느낌이나 정서의 내면화가 깊어짐에 따라 대상자의 성격과 가치체계에 통합되어 가는 과정
심리운동적(심동적) 영역	• 심리운동 영역의 학습은 관찰 가능하기 때문에 학습목표의 확인과 측정이 쉽다. • 복합성의 수준이 증가함에 따라 심리운동 영역의 수준도 증가한다(심리운동 영역의 수준이 높아질수록 신체적 기술을 좀 더 효과적으로 수행할 수 있다).

▶ **인지적 영역의 6가지 수준**

수준	내용	예
지식 (knowledge, 암기)	정보를 회상해 내거나 기억하는 것이다.	대상자들은 흡연의 피해를 열거할 수 있다.
이해 (comprehension)	학습자는 의사소통되고 있는 물질이나 아이디어를 다른 것과 관련시키지 않고도 무엇이 의사소통되고 있는지 알고 있다.	대상자들은 니코틴의 작용을 말할 수 있다.
적용 (application)	구체적이고 특수한 상황에 일반적인 아이디어나 규칙, 이론, 기술적인 원리 혹은 일반화된 방법의 추상성을 사용한다.	대상자들은 심장질환과 니코틴의 작용을 관련지어 말할 수 있다.
분석 (analysis)	의사소통을 조직적·효과적으로 분명히 하기 위해 표현된 아이디어의 위계와 관계가 분명해지도록 의사소통을 부분으로 나누는 것을 의미한다.	대상자들은 흡연으로 인한 증상과 자신에게서 나타나는 증상을 비교한다.
종합 (synthesis, 합성)	부분이나 요소를 합하여 분명히 보이도록 완성된 구조로 구성하는 것이다.	대상자들은 금연방법을 참고하여 자신의 금연계획을 작성한다.
평가 (evaluation)	주어진 목표에 대해 자료와 방법이 범주를 충족시키는 정도에 관해 질적·양적으로 판단한다.	대상자들은 자신들이 계획한 금연계획을 실천 가능성에 따라 평가한다.

정답 **010** ①

011 지역사회간호사가 PRECEDE-PROCEED 모형을 적용하여 만성질환과 관련된 건강행위에 영향을 주는 소인요인, 가능요인, 강화요인을 사정하였다면 이에 해당하는 진단(사정)단계는? [22 지방(6월)]

① 사회적 진단
② 역학적 진단
③ 교육 및 생태학적 진단
④ 행정적, 정책적 진단 및 중재설계

해설
PRECEDE-PROCEED는 교육적 생태학적 접근을 통한 건강증진사업의 기획을 위한 모형으로서 기획, 수행, 그리고 평가 과정까지를 포괄하는 모형이다. 소인(성향)요인, 가능(촉진)요인, 촉진요인을 사정하는 것은 "교육 및 생태학적 진단단계"에 해당된다.

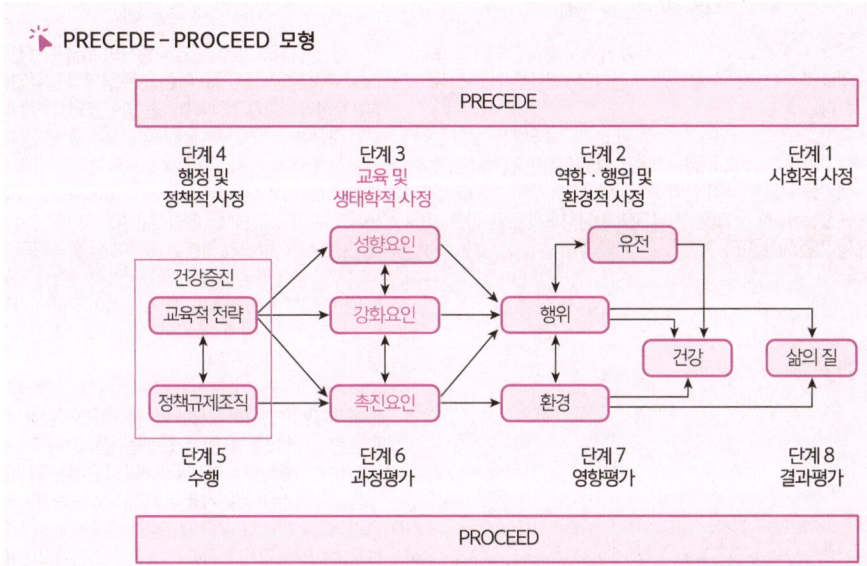

정답 011 ③

012 오타와 헌장에서 제시한 건강증진의 활동 영역 중 개인의 기술 개발 (develop personal skills)의 예로 적절한 것은?
[22 지방(6월)]

① 다중이용시설을 금연구역으로 지정하고 지도 단속하였다.
② 금연 의지가 있는 사람들을 모아 동아리를 만들어 지지하였다.
③ 청소년을 대상으로 흡연 권유를 거절하는 방법을 교육하였다.
④ 청소년에 대한 담배판매금지법을 만들어 시행하였다.

해설
① 지지적 환경 조성
② 지역사회활동 강화
③ **개인기술의 개발**
④ 건강한 공공정책의 수립

오타와 헌장의 건강증진 3대 원칙과 5대 활동요소

건강증진의 3대 원칙	5대 활동요소
• 옹호(advocacy): 건강에 대한 관심을 불러일으키고, 보건의료의 수요를 충족할 수 있는 건강한 보건정책을 수립해야 한다. • 역량강화(empowerment): 개인과 가족의 건강권을 인정하고, 그들 스스로 건강관리에 적극 참여하여 자신의 행동에 책임을 갖도록 해야 한다. • 연합(alliance): 모든 사람들이 건강하도록 관련 전문가들이 연합해야 한다.	• 건강한 공공정책의 수립: 건강증진의 개념은 보건의료서비스 영역에 국한되지 않고 다른 모든 영역의 정책입안자들이 정책결정의 결과가 건강에 미치는 영향을 인식하게 하고, 자신들의 결정이 국민건강에 대해 책임이 있음을 받아들이게 한다. • 지지적 환경의 조성: 우리 사회는 복잡하고 서로 밀접하게 관련을 맺고 있기 때문에 건강 또한 다른 목표들과 분리되어 생각할 수 없다. 자연적·인공적 환경보호나 천연자원의 보존은 건강증진전략에서 기본이 되어야 할 활동이다. • 지역사회 활동의 강화: 건강증진사업의 목적을 달성하기 위해서는 우선순위와 활동범위를 결정하여 전략적 기획과 실천방법을 모색하고 이에 따라 구체적이고 효과적인 지역사회활동을 통해 실천되어야 한다. • 개인 기술의 개발(자기건강 돌보기 육성): 건강증진활동을 통해 개개인은 건강과 환경에 대한 통제력을 향상시키고, 건강과 관련 유익한 선택을 할 수 있는 능력을 갖게 된다. 생의 주기에 따른 건강증진활동으로 전 생애의 각 단계를 준비할 수 있고 만성질환이나 상해, 위기에 대처할 수 있는 능력이 개발된다. • 보건의료서비스의 방향 재설정(보건의료서비스의 개혁): 보건의료의 역할은 건강증진 방향으로 전환되어야 한다.

013 노년기 발달단계와 이를 고려한 보건교육기법으로 가장 옳은 것은?
[22 서울(6월)]

① 지각능력이 저하되므로 시청각 자료를 지양한다.
② 기억 증강을 위하여 토론과 강의 중심으로 교육한다.
③ 테스트에 대한 불안감이 감소하므로 교육 중간 개별 질문을 한다.
④ 이전에 가지고 있던 상징이나 단어로 인해 새로운 학습에 혼돈이 있는 점을 고려한다.

해설
① 지각능력이 저하되므로 시청각 자료를 지향한다.
② 기억 증강을 위하여 **반복학습, 체험학습** 중심으로 교육한다.
③ 테스트에 대한 불안감이 **증가**하므로 교육 중간 개별 질문을 **하지 않는다**.

정답 012 ③ 013 ④

014 〈보기〉에서 설명하고 있는 이론으로 가장 옳은 것은? [22 서울(6월)]

〈보기〉
- 사회인지이론 및 기대 – 가치이론을 기초로 개발되었다.
- 건강행위에 영향을 미치는 요인을 개인의 특성과 경험, 행위와 관련된 인지와 감정으로 설명한다.
- 질병예방행동에 그치지 않고 건강을 강화하는 행위까지 확장되고 전 생애에 걸쳐 적용할 수 있다.

① PRECEDE – PROCEED모형
② 건강증진 모형
③ 범이론적 모형
④ 합리적 행위이론

해설

Pender의 **건강증진모형**은 건강증진 행위를 통제하는 데에 있어서 인식의 조정 과정이 중요함을 강조한 **사회인지(학습)이론**과 **건강신념모형**을 기초로 하여 개발되었으며 1982년 처음 소개된 이후 두 번의 수정을 거쳐 1996년 개정된 건강증진모형이 제시되었다.

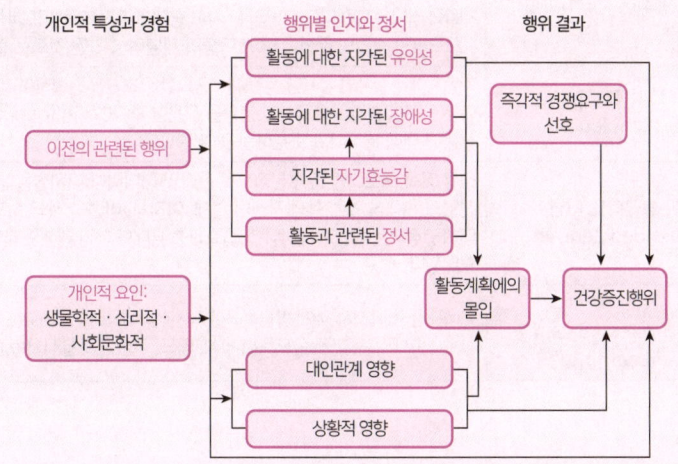

건강증진모형(N.J. Pender, 1996)

개인적 특성과 경험	행위별 인지와 정서
① 이전의 관련 행위 현재와 비슷한 행위를 과거에 얼마나 자주 했는지를 의미하는 것으로, 이전의 행위는 자신도 모르게 자동적으로 행위를 하게 만들며 이것은 지각된 자기효능, 유익성, 장애성, 활동 관련 정서를 통해 **건강증진행위에 간접적인 영향을 준다.** ② 개인적 요인 건강증진행위뿐만 아니라 행위에 따른 **인지와 정서에 직접적인 영향을 미치는 요소**로서 행위를 변화시키기 위한 중재로 구체화하기에는 어려움이 있다. ㉠ 생물학적 요인: 연령, 성, 비만도, 사춘기상태, 폐경상태, 힘, 균형성 등 ㉡ 심리적 요인: 자존감, 자기동기화, 개인능력, 지각된 건강상태, 건강의 정의 등 ㉢ 사회문화적 요인: 종족, 보건교육, 사회·경제적 수준 등	행위별 인지와 정서는 변화가 가능한 요인으로 **간호중재의 대상**이 된다. ① 활동에 대한 **지각된 유익성**: 특정 행위에 대해 개인의 기대하는 긍정적 결과 ② 활동에 대한 **지각된 장애성**: 활동을 할 때 부정적인 측면을 인지하는 것 ③ **지각된 자기효능감**: 확실하게 수행할 수 있을 거라는 성취에 대한 개인 능력을 판단하는 것 ④ **활동과 관련된 정서**: 행위에 대하여 주관적으로 느끼는 것으로 시작 전, 후, 과정 중에 행위의 특성에 따라 다르게 나타남 ⑤ **대인관계 영향**: 다른 사람의 태도와 신념, 행위 등에 영향을 받는 것을 의미 ⑥ **상황적 영향**: 상황에 대한 개인이 지각하고 인지하는 것으로 행위를 촉진시키거나 방해

정답 014 ②

015 ⟨보기⟩에 해당하는 보건교육 방법은?

[22 서울(6월)]

⟨보기⟩

A보건소 간호사가 소수의 보건교육 대상자들에게 교육목표를 제시하고 교육지침을 알려준 다음, 대상자 스스로 자료를 수집하고 교육내용을 찾아서 자신의 건강문제를 이해하고, 해결방안을 찾아가도록 하였다.

① 플립러닝
② 시뮬레이션
③ 블렌디드 러닝
④ 프로젝트 학습

해설

문제에서의 초점은 "대상자들에게 교육목표를 제시", "대상자 스스로 자료를 수집하고 교육내용을 찾아서"이다. 이는 "프로젝트학습"으로 교육대상자(학습자)에게 학습목표를 제시하고 목표 달성을 위해 대상자 스스로 계획하고 자료를 수집하고 수행하게 함으로써 지식, 태도, 기술을 포괄적으로 습득하게 하는 교육방법이다.

최신 보건교육방법

플립러닝 (Flipped Learning)	'거꾸로 학습', '거꾸로 교실', '역전 학습', '반전 학습', '역진행 수업 방식' 등으로 번역된다. 온라인을 통한 선행학습 이후 오프라인 강의를 통해 교수와 토론식 강의를 진행하는 '역진행 수업 방식'을 말한다. • 플립 러닝은 블렌디드 러닝의 한 가지 형태다. 다만 블렌디드 러닝이 상정하고 있는 온라인과 오프라인 강의의 결합에 선행 학습의 개념이 추가된 것으로 볼 수 있다.
시뮬레이션 (Simulation)	학습자에게 실제와 유사한 상황이나 중요한 요소만을 선별하여 제공해주는 것으로 실제 상황보다는 안전한 환경에서 유사한 상황을 적용한 후 디브리핑(debriefing)을 통해 학습자와 함께 상황에 대해 분석하고 토론하는 것이 필요하다.
블렌디드 러닝 (Blended Learning)	정규 교육 프로그램 중 부분적으로 온라인 미디어나 디지털을 통해 학습 내용과 지도 내용이 전달되는 형식으로, 학생 자신이 언제, 어디서, 어떤 순서와 속도로 학습을 진행할 것인지에 대해 결정하는 학습 형태이다. 학습효과를 극대화 하기 위해 온라인과 오프라인 학습을 결합한 형태이다.
프로젝트 학습 (Project-Based Learning)	교육대상자(학습자)에게 학습목표를 제시하고 목표 달성을 위해 대상자 스스로 계획하고 자료를 수집하고 수행하게 함으로써 지식, 태도, 기술을 포괄적으로 습득하게 하는 교육방법이다.

정답 015 ④

016 다음에서 설명하는 사회인지이론의 구성개념은? [22 지방(4월)]

- 행동을 성공적으로 수행할 수 있다는 신념을 말한다.
- 수행경험, 대리경험, 언어적인 설득을 통해 높일 수 있다.

① 자기조절 ② 결과기대
③ 대리강화 ④ 자기효능감

해설

사회인지이론(사회학습이론)
(1) 1986년 벤듀라는 인간의 사회적 행위를 이해하기 위한 포괄적인 틀을 제시하고 이를 사회인지이론이라고 명명하였다.
(2) 사회학습이론에서는 인간의 행위, 인지를 포함한 개인적 요소, 환경적 영향, 이 세 가지가 서로 역동적으로 상호 작용한다. 이 세 가지 요소의 상호 작용에 의해 개인의 행위가 독특하게 결정된다.
(3) 벤듀라는 행동이 강화와 기대 둘 다에 의해 결정된다고 믿으나, 강화가 없어도 행동이 학습될 수 있다고 주장한다.

구성개념	
상호결정론	인간, 인간의 행위, 행위가 수행되는 환경 간의 지속적인 상호 작용에 따라 행위가 결정되는 것
자기효능감	• 하나의 주어진 행동을 성공적으로 수행할 수 있다는 신념 • 사람들은 자신의 자기효능을 추정하고 이에 따라 자신의 행동을 성공적으로 결정하며 살아간다. 수행경험, 대리경험, 언어적인 설득을 통해 높일 수 있다.

환경의 영향	① 강화(Reinforcement)
	  사회학습이론에서는 직접강화(도구적 조건화), 대리강화(관찰학습), 자기강화(자기조절)의 3가지 강화를 제시한다.
	② 관찰학습(Observational learning)
	  관찰학습은 벤듀라의 사회인지이론의 핵심으로, 타인의 행동을 관찰함으로써 학습하는 것이다. 사회학습이론에서 환경은 행위를 위한 모형을 제공한다. 사람들이 다른 사람의 행동을 관찰할 때 그리고 다른 사람이 강화됨을 관찰할 때 학습이 이루어진다. 이 과정을 대리 보상 혹은 대리 경험이라고도 한다.

자기규제 (자기조절행동)	인간의 행동은 외적 보상 및 처벌에 의해 통제되지만 '내적 기준'들에 의해 통제된다. 자신의 수행이 자신의 기대를 충족할 때 자부심을 느끼고, 자신의 목표를 성취하지 못했을 때 자신을 채찍질하여 목표를 성취하고자 한다.

정답 016 ④

017 제5차 국민건강증진종합계획(Health Plan 2030)에서 '건강생활실천' 분과의 중점과제가 아닌 것은?

[22 지방(4월)]

① 비만
② 영양
③ 절주
④ 구강건강

해설

제5차 국민건강증진종합계획(Health Plan 2030)에서 '건강생활실천' 분과에는 금연, 절주, 영양, 신체활동, 구강건강이 들어간다.

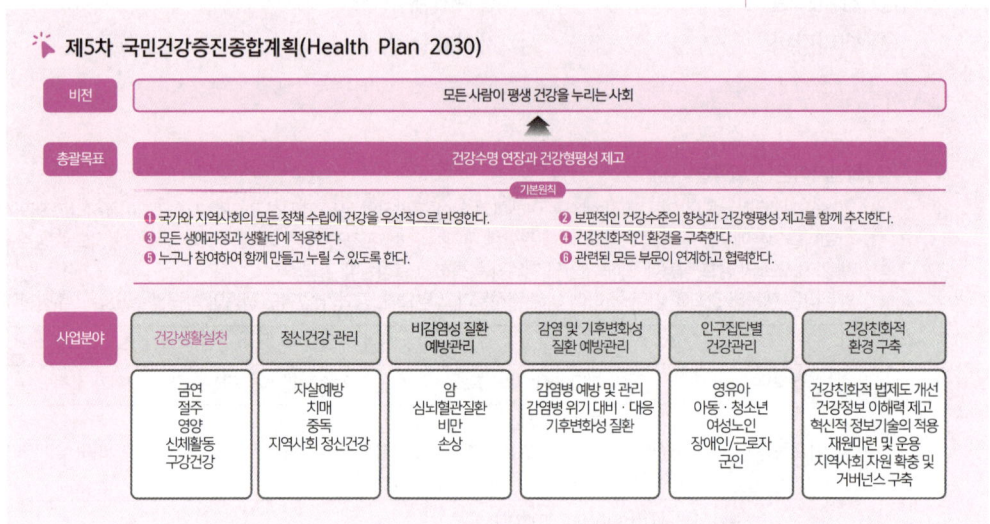

정답 017 ①

018 학습내용을 조직하는 일반적인 원리로 옳은 것은? [22 지방(4월)]

① 어려운 것에서 쉬운 것으로
② 구체적인 것에서 추상적인 것으로
③ 거리가 먼 것에서 직접적인 것으로
④ 모르는 것에서 알고 있는 것으로

해설
① 쉬운 것에서 어려운 것으로
③ 직접적인 것에서 거리가 먼 것으로
④ 알고 있는 것에서 모르는 것으로

019 방문간호사가 노인과 그 가족을 대상으로 월 2회씩 6회차 허약예방교육을 매회 30분씩 계획하고 있다. 학습 목표를 설정할 때, 심리운동영역에 해당하는 것은? [22 서울(2월)]

① 허약의 기본특성에 대해서 열거할 수 있다.
② 단백질 섭취의 중요성을 3가지 이상 설명할 수 있다.
③ 단백질이 풍부한 요리방법을 정확하게 시범보일 수 있다.
④ 허약노인에 대한 차별행동을 대상자 스스로 삼갈 수 있다.

해설
블룸은 학습목표를 인지적, 정의적, 심리운동적 영역으로 구분하였고 각 영역의 복합성에 따라 세분하였다. 심리운동적 영역은 행동하는 행위를 다루며 기술능력을 변화시키는 부분이다.
① 인지적 영역(지식)
② 인지적 영역(이해)
③ 심리운동적 영역(복합 외적 반응)
④ 정의적 영역(채택)

블룸(Bloom)의 학습목표

인지적 영역	• 인지적 영역은 지식의 증가와 이를 활용하는 능력 • 행동의 복합성에 따라 가장 낮은 수준의 지식 습득부터 가장 높은 수준의 평가로 분류
정의적 영역	정의적 영역은 느낌이나 정서의 내면화가 깊어짐에 따라 대상자의 성격과 가치체계에 통합되어 가는 과정
심리운동적 (심동적) 영역	• 심리운동 영역의 학습은 관찰 가능하기 때문에 학습목표의 확인과 측정이 쉽다. • 복합성의 수준이 증가함에 따라 심리운동 영역의 수준도 증가한다(심리운동 영역의 수준이 높아질수록 신체적 기술을 좀 더 효과적으로 수행할 수 있다).

정답 018 ② 019 ③

020 ★★★

서울특별시 D구 PRECEDE-PROCEED모형에 근거하여 성인인구집단의 비만예방을 위한 건강증진사업을 계획하고자 한다. 교육 및 생태학적 사정단계에서 교육 전략 구성을 위해 건강행위에 영향을 주는 요인 중 가능요인(enabling factors)으로 활용할 수 있는 지표로 가장 옳은 것은?

[22 서울(2월)]

① 비만 유발요인에 대한 지식정도
② 신체활동을 격려해주는 가족의 지지
③ 과일과 채소 섭취를 증가시킬 수 있는 자신감
④ 집에서 가까운 지불가능한 운동센터의 개수

해설

①, ③ 소인(성향)요인
② 강화요인
④ 가능(촉진)요인

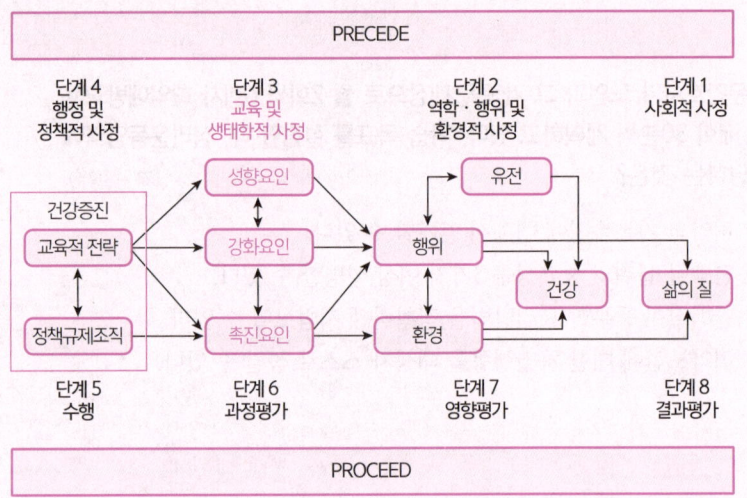

PRECEDE-PROCEED 모형

교육 및 생태학적 사정단계

건강행위에 변화를 가져오기 위한 보건교육 프로그램을 설정하는 단계로 전단계에서 규명된 건강행위에 영향을 주는 소인(성향)요인(predisposing factors), 강화요인(reinforcing factors), 가능(촉진)요인(enabling factors)을 사정한다.

소인(성향)요인 (predisposing factors)	행위의 근거나 동기를 제공하는 인지적·정서적요인으로 지식, 태도, 신념가치, 자기효능 등이 있고 중재전략을 세우거나 보건교육 계획에 매우 유용하다.
가능(촉진)요인 (enabling factors)	개인이나 조직의 건강행위 수행을 가능하게 도와주는 요인으로 보건의료 및 지역사회 자원의 이용 가능성, 접근성, 시간적 여유 제공성과 개인의 기술, 개인의 자원 및 지역사회 자원 등이다.
강화요인 (reinforcing factors)	보상, 칭찬, 처벌 등과 같이 행위가 지속되거나 없어지게 하는 요인으로 사회적 유익성, 신체적 유익성, 대리보상, 사회적 지지, 친구의 영향, 충고, 보건의료 제공자에 의한 긍정적·부정적 반응 등이 있다.

정답 020 ④

021 ★★★

제5차 국민건강증진종합계획(Health Plan 2030)에 제시된 인구집단별 건강관리의 대상과 대표지표를 옳게 짝지은 것은? [22 서울(2월)]

① 영유아: 손상 사망률
② 근로자: 연간 평균 노동시간
③ 노인: 치매 환자 등록률
④ 여성: 비만 유병률

해설
① **영유아**: 영아사망률(출생아 1천 명당)
② **근로자: 연간 평균 노동시간**
③ **노인**: 남녀 노인의 주관적 건강인지율
④ **여성**: 모성사망비(출생아 10만 명당)

제5차 국민건강증진종합계획(Health Plan 2030)의 대표지표

해당사업		대표지표
건강생활 실천	금연	성인남성 현재흡연율
		성인여성 현재흡연율
	절주	성인남성 고위험음주율
		성인여성 고위험음주율
	영양	식품 안정성 확보 가구분율
	신체활동	성인남성 유산소 신체활동 실천율
		성인여성 유산소 신체활동 실천율
	구강건강	영구치(12세) 우식 경험률
정신건강 관리	자살예방	자살사망률(인구 10만 명당)
		남성 자살사망률(인구 10만 명당)
		여성 자살사망률(인구 10만 명당)
	치매	치매안심센터의 치매환자 등록·관리율(전국 평균)
	중독	알코올 사용장애 정신건강 서비스 이용률
	지역사회 정신건강	정신건강 서비스이용률
비감염성 질환 예방관리	암	성인남성(20-74세) 암 발생률(인구 10만 명당)
		성인여성(20-74세) 암 발생률(인구 10만 명당)
	심뇌혈관 질환	성인남성 고혈압 유병률
		성인여성 고혈압 유병률
		성인남성 당뇨병 유병률
		성인여성 당뇨병 유병률
		급성 심근경색증 환자의 발병 후 3시간 미만 응급실 도착 비율
	비만	성인남성 비만 유병률
		성인여성 비만 유병률
	손상	손상사망률(인구 10만 명당)
감염 및 기후 변화성 질환 예방관리	감염병 예방 및 관리	신고 결핵 신환자율(인구 10만 명당)
	감염병 위기 대비대응	MMR 완전접종률
	기후 변화성 질환	기후보건영향평가 평가체계 구축 및 운영

인구집단별 건강관리	해당사업	대표지표
	영유아	영아사망률(출생아 1천 명당)
	아동·청소년	고등학교 남학생 현재흡연율
		고등학교 여학생 현재흡연율
	여성	모성사망비(출생아 10만 명당)
	노인	노인 남성의 주관적 건강인지율
		노인 여성의 주관적 건강인지율
	장애인	성인 장애인 건강검진 수검률
	근로자	연간 평균 노동시간
	군인	군 장병 흡연율
건강친화적 환경구축	건강정보 이해력 제고	성인남성 적절한 건강정보이해능력 수준
		성인여성 적절한 건강정보이해능력 수준

022 ★★★ 〈보기〉에서 설명하는 계획된 행위이론의 구성개념으로 가장 옳은 것은?

[21 서울]

〈보기〉
최근 당뇨 진단을 받은 환자에게 의사가 당뇨식이를 반드시 실천할 것을 권유하였고, 환자는 의사의 권고를 수용하고 따르려 한다.

① 태도
② 행위신념
③ 주관적 규범
④ 지각된 행위통제

해설

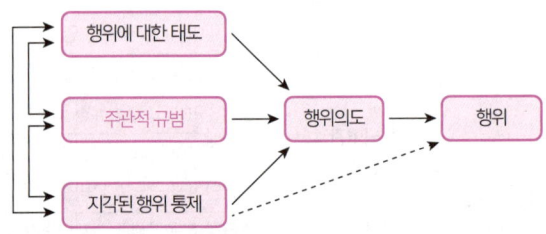

계획된 행위이론(TPB; Theory of Planned Action)은 합리적 행위이론(인간은 행위수행의 바람직한 결과가 기대되고 행위의 결과에 개인이 긍정적인 가치를 부여할 때 행위가 수행된다고 하였다)에 지각된 행위통제 개념을 포함한 모형이다. 계획된 행위이론의 구성요소는 다음과 같다.
- **의도**: 특정 행위에 대한 동기유발이나 준비를 의미한다. 행동하고자 하는 의도는 행동에 대한 가장 직접적인 결정요인이 된다.
- **태도**: 특정 행위에 대한 태도는 행동 결과에 대한 태도를 의미한다. 즉, 행동 결과로 초래될 수 있는 감정에 대한 기대감을 의미한다.
- **주관적 규범**: 의미 있는 타인들이 무엇을 옳다고 여기는지 개인이 인식하는 것을 말한다. 여기서 의미 있는 타인들은 개인의 행동과 사고에 직접적인 영향을 미치는 사람들을 말한다.
  → 〈보기〉에서는 환자에게 의미 있는 타인인 의사의 권유를 언급하므로 주관적 규범에 해당된다.
- **지각된 행위통제(perceived behavioral control)**: 특정 행위를 수행하는 데 어려울 것이라고 지각하거나 쉽게 해낼 수 있을 것이라고 지각하는 것으로 행위에 대한 과거의 경험과 행위를 수행하는 데 필요한 자원과 기회의 유무, 예상되는 장애물 또는 방해요인들을 포함한다.

정답 021 ② 022 ③

023 ★★★ 제5차 국민건강증진종합계획(Health Plan 2030)에 해당하는 내용을 〈보기〉에서 모두 고른 것은?

[21 서울]

〈보기〉

ㄱ. 적용대상을 [온 국민]에서 [모든 사람]으로 확대하였다.
ㄴ. 총괄목표는 건강수명연장과 건강형평성 제고이다.
ㄷ. 정신건강관리가 새로운 분과(사업영역)로 설정되어 자살예방, 치매, 중독, 지역사회 정신건강 등의 중점 과제가 포함되었다.
ㄹ. 국가와 지역사회의 정책수립에서 주요 건강요인인 경제적 수준 향상을 사업의 기본원칙으로 한다.

① ㄱ, ㄴ
② ㄴ, ㄷ
③ ㄱ, ㄴ, ㄷ
④ ㄴ, ㄷ, ㄹ

해설

제5차 국민건강증진 종합계획의 **기본 원칙**은 다음과 같다.
(1) 국가와 지역사회의 모든 정책 수립에 건강을 우선적으로 반영
(2) 보편적인 건강수준 향상과 건강형평성 제고를 함께 추진
(3) 모든 생애과정과 생활터에 적용
(4) 건강친화적인 환경 구축
(5) 누구나 참여하여 함께 만들고 누릴 기회 보장
(6) 관련된 모든 부문이 연계하고 협력

→ 경제적 수준 향상은 기본 원칙과 상관이 없다.

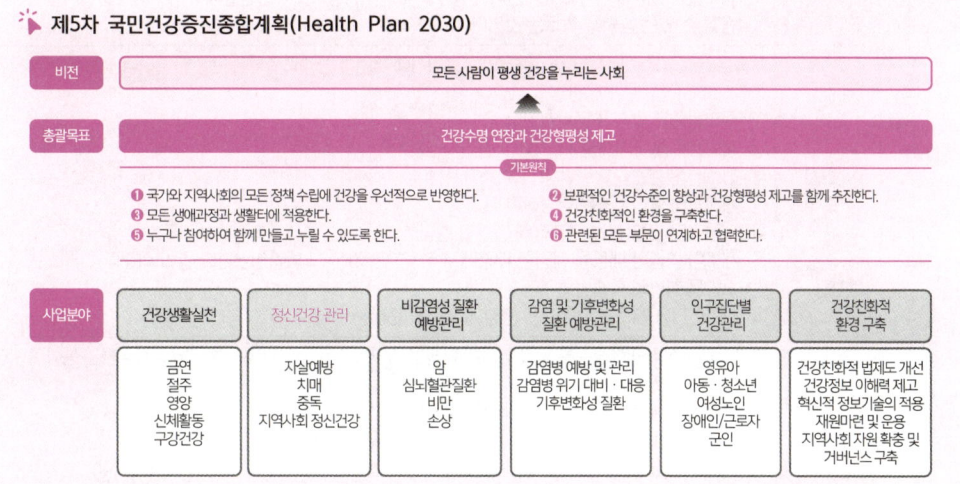

정답 023 ③

024 다음에 해당하는 학습이론은?

[21 지방]

> 채소를 먹으면 어머니에게 보상을 받았던 학습경험을 통해 편식을 하는 아동이 자발적으로 채소를 먹게 되었다.

① 구성주의 학습이론
② 인지주의 학습이론
③ 인본주의 학습이론
④ 행동주의 학습이론

해설

문제에서 제시된 내용 중 주요 핵심 키워드는 "보상", "학습경험"이다. 행동주의 학습이론에서 행동은 이전의 경험에 의해 영향을 받으며, 다음에 올 결과에 의해 더 큰 영향을 받는다. 또한 명백하게 행동과 연결된 보상이나 벌이 행동을 강화시킨다.

학습이론

구성주의	• 구성주의 학습은 자신의 개인적인 경험에 근거해서 독특하고 개인적인 해석을 내리는 능동적이며 개인적인 과정을 의미하는 학습이론. • 구성주의는 지식이란 인간이 처한 상황의 맥락 안에서 사전 경험에 의해 개개인의 마음에 재구성하는 것이라고 주장하였다. • 구성주의는 문제중심학습(PBL: Problem Based Learning)의 철학적 배경이 되며 "의미 만들기 이론" 또는 "알아가기 이론"이라고도 하고 의학이나 간호학의 학습방법으로 도입되고 있다. • 학습자들이 환경의 맥락에서 자신이 구성한 의미를 사용함으로써 실생활에서 마주하는 실질적인 문제에 지식을 적용할 수 있는 능력을 기르는 것이다.
인지주의	학습은 본질적으로 내적인 사고과정의 변화이기에 개인이 환경으로부터 받은 자극이나 정보를 어떻게 지각하고 해석하고 저장하는가에 관심을 두었다. ① 주의집중은 학습을 증가시킨다. ② 정보자료를 조직화할 때 학습을 증가시킨다. ③ 정보를 관련지음으로써 학습을 증가시킨다. ④ 개개인의 학습유형은 다양하다. ⑤ 우선적인 것은 정보의 저장에 영향을 준다. ⑥ 새로이 학습한 내용을 다양한 배경에서 적용하는 것은 그 학습의 일반화를 도와준다. ⑦ 모방은 하나의 학습방법이다. ⑧ 신기함이나 새로움은 정보의 저장에 영향을 준다.
인본주의	인본주의는 심리학에 근본을 두고 있으며 학습은 개인이 주위 환경과의 능동적인 상호작용을 통하여 자아성장과 자아실현을 이루는 과정이다. ① 학습은 학습자가 긍정적 자아개념을 갖도록 도와주는 것이다. ② 학습자들에게 자유 선택의 기회를 부여하면 그들은 최선의 것을 선택한다. ③ 학습은 학습자의 조화로운 발달을 도모하며 학습자 중심으로 이루어져야 효과적이다. ④ 학습은 학습자로 하여금 그들의 신념과 태도와 가치를 분명히 의식하여 행동하도록 돕는 것이다. ⑤ 학습은 자기실현을 할 수 있도록 개인의 잠재력을 발달시키는 것이다.
행동주의	인간의 학습 현상을 행동과 그 행동의 발생 원인이 되는 외부환경에 초점을 두고 설명하는 이론으로, 목표한 행동의 변화가 일어나면 학습이 이루어졌다고 본다. ① 행동은 보상, 칭찬, 처벌 등과 같은 강화에 의해 증가된다. ② 행동은 이전의 경험에 의해 영향을 받으며, 다음에 올 결과에 의해 더 큰 영향을 받는다. ③ 처벌은 행동을 억제한다. 처벌이 제거되면 행동은 증가하는 경향이 있다. ④ 반복적인 행동으로 강화가 이루어지며 강화를 통해 학습을 증진시킨다. ⑤ 명백하게 행동과 연결된 보상이나 벌이 행동을 강화시킨다. 결과에 상응하는 적절한 보상 제공이 학습을 증진시킨다.

정답 024 ④

025 오타와 헌장의 3대 원칙 중 〈보기〉에 관한 설명으로 옳은 것은?

[21 경기추채]

〈보기〉
건강에 대한 관심을 불러 일으키고 보건의료 수요를 충족할 수 있는 건강한 보건정책을 수립해야 한다.

① 옹호
② 연합
③ 형평성
④ 역량강화

해설

건강증진의 3대 원칙
(1) 옹호(advocacy): 건강에 대한 관심을 불러일으키고, 보건의료의 수요를 충족할 수 있는 건강한 보건정책을 수립해야 한다.
(2) 역량강화(empowerment): 개인과 가족의 건강권을 인정하고, 그들 스스로 건강관리에 적극 참여하여 자신의 행동에 책임을 갖도록 해야 한다.
(3) 연합(alliance): 모든 사람들이 건강하도록 관련 전문가들이 연합해야 한다.

026 Bloom의 학습목표에 따른 분류 중 심리운동영역에 해당하는 것은?

[21 경기추채]

① 금연을 하는 것이 건강에 좋다고 말한다.
② 지역사회 금연운동에서 자원봉사자로 참여한다.
③ 노인들은 운동시범자가 보이는 근력운동을 관찰한다.
④ 인슐린이 인체에 미치는 영향에 대해 설명한다.

해설

블룸(Bloom)은 학습목표를 인지적, 정의적, 심리운동적 영역으로 구분하였고 각 영역의 복합성에 따라 세분하였다. 심리운동적 영역의 학습은 관찰 가능하기 때문에 학습목표의 확인과 측정이 쉽다.
① 정의적 영역(반응)
② 정의적 영역(성격화)
③ 심리운동적 영역(지각)
④ 인지적 영역(적용)

블룸(Bloom)의 학습목표

인지적 영역	• 인지적 영역은 지식의 증가와 이를 활용하는 능력 • 행동의 복합성에 따라 가장 낮은 수준의 지식 습득부터 가장 높은 수준의 평가로 분류
정의적 영역	정의적 영역은 느낌이나 정서의 내면화가 깊어짐에 따라 대상자의 성격과 가치체계에 통합되어 가는 과정
심리운동적(심동적) 영역	• 심리운동 영역의 학습은 관찰 가능하기 때문에 학습목표의 확인과 측정이 쉽다. • 복합성의 수준이 증가함에 따라 심리운동 영역의 수준도 증가한다(심리운동 영역의 수준이 높아질수록 신체적 기술을 좀 더 효과적으로 수행할 수 있다).

정답 025 ① 026 ③

027 PRECEDE-PROCEED 건강증진 이론을 적용 시 "프로그램 시작 전에 학습자의 태도"에 대해 사정하는 단계는? [20 광주추채]

① 사회적 사정단계
② 행위 및 역학의 사정단계
③ 교육 및 생태학적 사정단계
④ 행정적 사정단계

해설

PRECEDE-PROCEED 모형

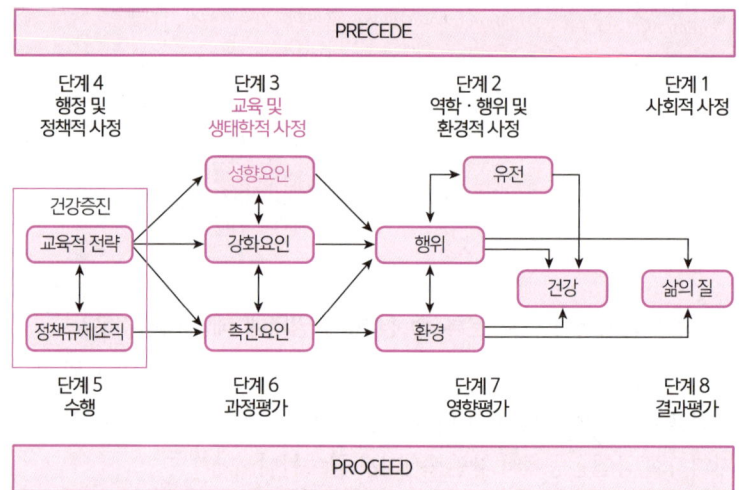

교육 및 생태학적 사정단계

건강행위에 변화를 가져오기 위한 보건교육 프로그램을 설정하는 단계로 전단계에서 규명된 건강행위에 영향을 주는 성향요인(predisposing factors), 강화요인(reinforcing factors), 촉진(가능)요인(enabling factors)을 사정한다.

- 성향(소인)요인(Predisposing factors): 행위의 근거나 동기를 제공하는 인지적·정서적요인으로 지식, 태도, 신념가치, 자기효능 등이 있고 중재전략을 세우거나 보건교육 계획에 매우 유용하다.
- 촉진(가능)요인(Enabling factors): 개인이나 조직의 건강행위 수행을 가능하게 도와주는 요인으로 보건의료 및 지역사회 자원의 이용 가능성, 접근성, 시간적 여유 제공성과 개인의 기술, 개인의 자원 및 지역사회 자원 등이다.
- 강화요인(Reinforcing factors): 보상, 칭찬, 처벌 등과 같이 행위가 지속되거나 없어지게 하는 요인으로 사회적 유익성, 신체적 유익성, 대리보상, 사회적 지지, 친구의 영향, 충고, 보건의료 제공자에 의한 긍정적·부정적 반응 등이 있다.

정답 **027** ③

028 1986년 캐나다 오타와에서 열린 제1차 건강증진회의에 따른 건강증진전략이 아닌 것은?

[20 광주추채]

① 건강한 공공정책 수립
② 지역사회 활동 강화
③ 건강지향적인 환경 조성
④ 건강 관련 전문인력의 역량강화

> **해설**
> 건강증진 원칙의 5대 활동요소
> - 건강한 공공정책의 수립
> - 지지적 환경의 조성
> - 지역사회 활동의 강화
> - 개인 기술의 개발(자기건강 돌보기 육성)
> - 보건의료서비스의 방향 재설정(보건의료서비스의 개혁)

029 즉각적인 피드백과 반복되는 행동으로 강화가 이루어지며 강화를 통해 학습을 증진시키는 학습이론은?

[20 광주추채]

① 구성주의
② 인지주의
③ 인본주의
④ 행동주의

> **해설**
> 행동주의: 인간의 학습 현상을 행동과 그 행동의 발생 원인이 되는 외부환경에 초점을 두고 설명하는 이론으로, 목표한 행동의 변화가 일어나면 학습이 이루어졌다고 본다.
> - 행동은 보상, 칭찬, 처벌 등과 같은 강화에 의해 증가된다.
> - 행동은 이전의 경험에 의해 영향을 받으며, 다음에 올 결과에 의해 더 큰 영향을 받는다.
> - 처벌은 행동을 억제한다. 처벌이 제거되면 행동은 증가하는 경향이 있다.
> - 각성은 주의 집중에 영향을 준다.
> - 반복적인 행동으로 강화가 이루어지며 강화를 통해 학습을 증진시킨다.
> - 불규칙적인 강화가 행동을 오래 지속하게 한다.
> - 즉각적이고 일관성 있는 강화가 효과적이다. 정확하고 즉각적인 회환은 학습을 향상시킨다.
> - 명백하게 행동과 연결된 보상이나 벌이 행동을 강화시킨다. 결과에 상응하는 적절한 보상 제공이 학습을 증진시킨다.
> - 대상자가 원하는 보상일 때 행동이 증가한다.
> - 욕구를 충족시키지 못하는 행위는 소멸된다.

정답 28 ④ 29 ④

030 ★★★ 〈보기〉에서 제시된 상황에 대하여 범이론적 모형을 적용하였을 때, 각각 해당하는 단계를 바르게 연결한 것은? [20 경기추채]

〈보기〉
- (가) 6개월 이내에 금연에 대한 계획이 전혀 없음
- (나) 1개월 이내에 금연계획 있으며 금연 서약서를 작성함

① (가) 계획 전 단계, (나) 준비 단계
② (가) 계획 단계, (나) 준비 단계
③ (가) 준비 단계, (나) 행동 단계
④ (가) 준비 단계, (나) 계획 단계

해설

범이론적 모형
범이론적 모형은 행위 변화 과정과 행위 변화 단계를 핵심으로 개인·집단이 문제행위를 어떻게 수정하고 긍정적 행위를 선택하는가에 대한 행위 변화를 설명하는 이론이다.

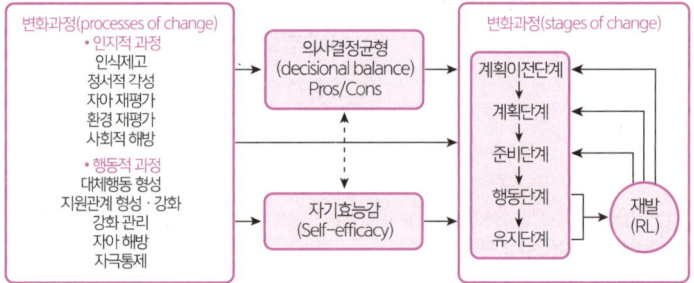

범이론적 모형의 변화 5단계

변화단계	내용	전략
1. 계획 전 단계, 인식 전 단계 (precontemplation)	6개월 내에 행동변화의 의지가 없는 단계	인식을 갖도록 하기 위해 문제점에 대한 정보를 주어야 함 (흡연이 건강에 미치는 영향과 위험성 등의 정보 제공)
2. 계획단계, 인식단계 (contemplation)	6개월 내에 행동변화의 의지가 있는 단계	구체적인 계획을 세울 수 있도록 긍정적인 부분을 강조
3. 준비단계 (preperation)	1개월 내에 행동변화의 의지를 가지고 있으며, 적극적으로 행동 변화를 계획하는 단계	기술을 가르쳐주고, 실천계획을 세울 수 있도록 도와주고, 할 수 있다는 자신감을 줌(금연 서약서 작성, D-day 설정 등)
4. 행동단계 (action)	6개월 내에 명백한 행동의 변화를 갖는 단계	칭찬으로 실패를 막을 수 있는 방법을 가르치며, 이전 행위로 돌아가지 않도록 자극을 조절하는 계획을 세우도록 함
5. 유지단계 (maintenance)	6개월 이상 행동변화가 지속되는 단계	유혹을 어떻게 조절해야 하는지 긍정적인 부분을 강조

정답 030 ①

031 ★★★

PRECEDE–PROCEED모형의 3단계 교육 및 생태학적 진단 중 "전 단계에서 규명된 건강행위에 영향을 주는 요인으로 건강을 위한 행동을 계속 지속하게 하거나 하지 않게 하는 요인"에 해당하는 것은?

[20 경기추채]

① 자기효능감
② 사회적 지지
③ 개인의 태도
④ 지역사회자원

해설
건강을 위한 행동을 계속 지속하게 하거나 하지 않게 하는 요인은 "강화요인"이다.

PRECEDE-PROCEED 모형

보건교육의 계획부터 수행, 평가 과정을 연속적인 단계로 제공하여 포괄적인 건강증진계획이 가능하도록 한 모형으로 PRECEDE와 PROCEED 두 과정으로 구성된다.
(1) PRECEDE 과정: 보건교육사업의 우선순위 결정 및 목적설정을 보여주는 진단단계
(2) PROCEED 과정: 정책수립 및 보건교육사업 수행과 사업평가에서의 대상 및 그 기준을 제시하는 건강증진 계획의 개발단계

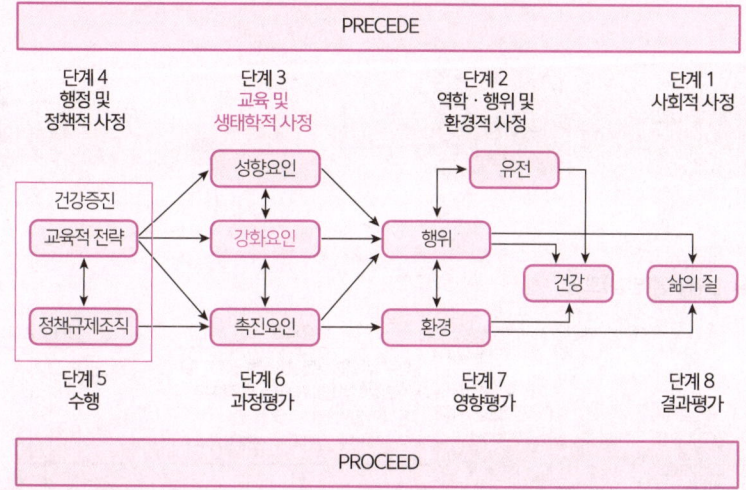

교육 및 생태학적 진단

성향(소인)요인 (predisposing factors)	행위의 근거나 동기를 제공하는 인지적 · 정서적 요인으로 지식, 태도, 신념가치, 자기효능 등이 있고 중재전략을 세우거나 보건교육 계획에 매우 유용하다.
촉진(가능)요인 (enabling factors)	개인이나 조직의 건강행위 수행을 가능하게 도와주는 요인으로 보건의료 및 지역사회 자원의 이용 가능성, 접근성, 시간적 여유 제공성과 개인의 기술, 개인의 자원 및 지역사회 자원 등이다.
강화요인 (reinforcing factors)	보상, 칭찬, 처벌 등과 같이 행위가 지속되거나 없어지게 하는 요인으로 사회적 유익성, 신체적 유익성, 대리보상, 사회적 지지, 친구의 영향, 충고, 보건의료 제공자에 의한 긍정적 · 부정적 반응 등이 있다.

정답 31 ②

032

오랜 시간 담배를 피웠지만 장수를 했던 할아버지와 아버지를 보며 성장한 60대 노인이 흡연의 심각성을 인지하지 못하고 있어 지역사회 간호사가 보건교육을 시행하였다. 이때 노인의 주요 사망 원인으로써의 폐암에 대한 통계를 보여주고, 최근 심해진 노인의 기침·호흡곤란을 확인하며 같은 연령대의 흡연자 폐암 발병률과 사망률을 이야기하면서 흡연의 위험성에 대해 강조하였다. 이 경우 근거가 되는 건강증진 관련 모형은?

[20 경기추채]

① 건강신념(믿음)모형
② 건강증진모형
③ 범이론적 모형
④ 계획된 행위이론

해설

건강신념(믿음)모형은 건강을 위한 예방적 행위를 하지 않은 사람들이 질병예방 행위를 실천할 수 있도록 중재를 제공하는 데 유용한 모형이다. 초기모델에서는 5가지 개념요소를 제시(지각된 민감성, 지각된 심각성, 지각된 유익성, 지각된 장애, 행위의 계기)하였고, 최근에는 지각된 위협감(위험성)과 자기효능감이 추가되었다.

문제 속에서 제시된 사례는 특정 행위(흡연)에 대한 지식의 제공으로 자신에게 나타나는 증상(기침, 호흡곤란)이나 이웃의 발병(같은 연령대의 높은 폐암 발생률과 사망률) 등에 대해 질병을 인식하는 정도를 강조하는 것이므로 "질병에 대한 지각된 위험성"과 연결시킬 수 있다.

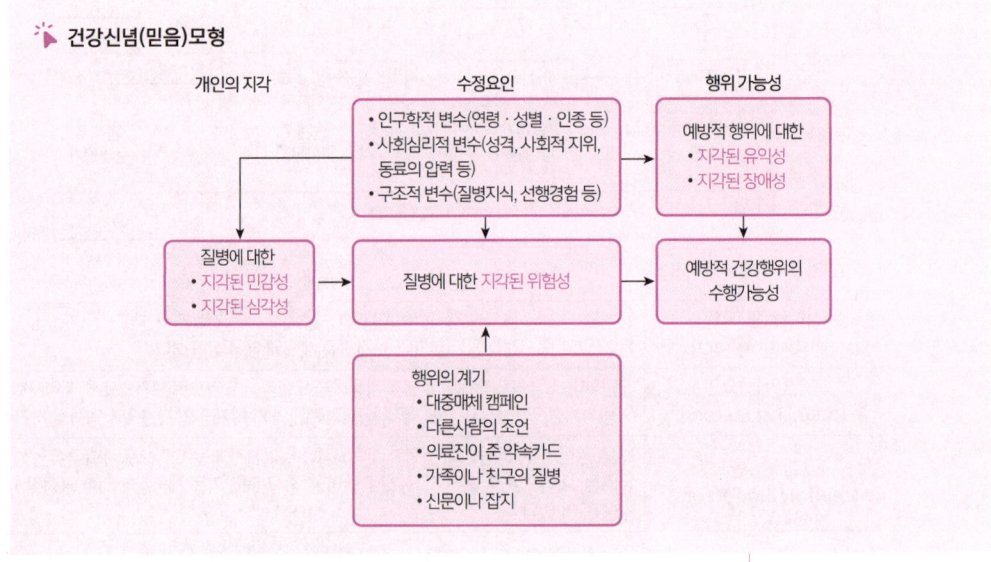

정답 032 ①

033 지역사회 간호사가 40대 여성들을 대상으로 "유방암 자가검진"에 대한 보건교육을 실시하려고 한다. Bloom의 학습목표 중 "심리운동적" 영역에 해당하는 것은?

[20 경기추채]

① 유방암의 증상을 열거할 수 있다.
② 유방암 자가검진에 관심을 보인다.
③ 유방암의 증상과 자신에게 나타나는 증상을 비교한다.
④ 매월 거울을 보고 스스로 유방암 자가검진을 실행한다.

해설

블룸(Bloom)은 학습목표를 인지적, 정의적, 심리운동적 영역으로 구분하였고 각 영역의 복합성에 따라 세분하였다. 인지적 영역은 지식의 증가와 이를 활용하는 능력, 정의적 영역은 느낌이나 정서의 내면화가 깊어짐에 따라 대상자의 성격과 가치체계에 통합되어 가는 과정, 심리운동 영역의 학습은 관찰 가능하기 때문에 학습목표의 확인과 측정이 쉽다.
①, ③ 인지적 영역
② 정의적 영역
④ 심리운동적 영역

정답 033 ④

034 ★★★ 〈보기〉에서 설명하는 학습이론으로 가장 옳은 것은? [20 서울]

〈보기〉

학습이란 개인이 이해력을 얻고 새로운 통찰력 혹은 더 발달된 인지구조를 얻는 적극적인 과정이다. 이러한 학습은 동화와 조절을 통해 이루어진다. 동화란 이전에 알고 있던 아이디어나 개념에 새로운 아이디어를 관련시켜 통합하는 것이다. 학습자는 자신의 인지구조와 일치하는 사건을 경험할 때는 끊임없이 동화되며 학습하지만 새로운 지식이나 사건이 이미 갖고 있는 인지구조와 매우 달라서 동화만으로 적응이 어려울 때는 조절을 통해 학습하고 적응한다.

① 구성주의 학습이론
② 인본주의 학습이론
③ 인지주의 학습이론
④ 행동주의 학습이론

해설

〈보기〉에서 제시된 내용 중 핵심키워드는 "인지구조"이다. 인지주의 학습이론에서 학습은 본질적으로 내적인 사고과정(인지구조)의 변화이기에 개인이 환경으로부터 받은 자극이나 정보를 어떻게 지각하고 해석하고 저장하는가에 관심을 두었다.

학습이론

구성 주의	• 구성주의 학습은 자신의 개인적인 경험에 근거해서 독특하고 개인적인 해석을 내리는 능동적이며 개인적인 과정을 의미하는 학습이론. • 구성주의는 지식이란 인간이 처한 상황의 맥락 안에서 사전 경험에 의해 개개인의 마음에 재구성하는 것이라고 주장하였다. • 구성주의는 문제중심학습(PBL: Problem Based Learning)의 철학적 배경이 되며 "의미 만들기 이론" 또는 "알아가기 이론"이라고도 하고 의학이나 간호학의 학습방법으로 도입되고 있다. • 학습자들이 환경의 맥락에서 자신이 구성한 의미를 사용함으로써 실생활에서 마주하는 실질적인 문제에 지식을 적용할 수 있는 능력을 기르는 것이다.
인지 주의	학습은 본질적으로 내적인 사고과정의 변화이기에 개인이 환경으로부터 받은 자극이나 정보를 어떻게 지각하고 해석하고 저장하는가에 관심을 두었다. ① 주의집중은 학습을 증가시킨다. ② 정보자료를 조직화할 때 학습을 증가시킨다. ③ 정보를 관련지음으로써 학습을 증가시킨다. ④ 개개인의 학습유형은 다양하다. ⑤ 우선적인 것은 정보의 저장에 영향을 준다. ⑥ 새로이 학습한 내용을 다양한 배경에서 적용하는 것은 그 학습의 일반화를 도와준다. ⑦ 모방은 하나의 학습방법이다. ⑧ 신기함이나 새로움은 정보의 저장에 영향을 준다.
인본 주의	인본주의는 심리학에 근본을 두고 있으며 학습은 개인이 주위 환경과의 능동적인 상호작용을 통하여 자아성장과 자아실현을 이루는 과정이다. ① 학습은 학습자가 긍정적 자아개념을 갖도록 도와주는 것이다. ② 학습자들에게 자유 선택의 기회를 부여하면 그들은 최선의 것을 선택한다. ③ 학습은 학습자의 조화로운 발달을 도모하며 학습자 중심으로 이루어져야 효과적이다. ④ 학습은 학습자로 하여금 그들의 신념과 태도와 가치를 분명히 의식하여 행동하도록 돕는 것이다. ⑤ 학습은 자기실현을 할 수 있도록 개인의 잠재력을 발달시키는 것이다.
행동 주의	인간의 학습 현상을 행동과 그 행동의 발생 원인이 되는 외부환경에 초점을 두고 설명하는 이론으로, 목표한 행동의 변화가 일어나면 학습이 이루어졌다고 본다. ① 행동은 보상, 칭찬, 처벌 등과 같은 강화에 의해 증가된다. ② 행동은 이전의 경험에 의해 영향을 받으며, 다음에 올 결과에 의해 더 큰 영향을 받는다. ③ 처벌은 행동을 억제한다. 처벌이 제거되면 행동은 증가하는 경향이 있다. ④ 반복적인 행동으로 강화가 이루어지며 강화를 통해 학습을 증진시킨다. ⑤ 명백하게 행동과 연결된 보상이나 벌이 행동을 강화시킨다. 결과에 상응하는 적절한 보상 제공이 학습을 증진시킨다.

정답 034 ③

035 ★★★

간호사는 금연 교육 프로그램을 기획하고 학습목표를 기술하였다. 블룸(Bloom)의 인지적 학습 목표에 따를 때, 가장 높은 수준에 해당하는 것은?

[20 서울]

① 대상자는 심장질환과 니코틴의 작용을 관련지어 말할 수 있다.
② 대상자들은 자신들이 계획한 금연계획을 실천가능성에 따라 평가한다.
③ 대상자들은 흡연으로 인한 증상과 자신에게서 나타나는 증상을 비교한다.
④ 대상자들은 금연방법을 참고하여 자신의 금연계획을 작성한다.

해설

블룸(Bloom)은 학습목표를 인지적, 정의적, 심리운동적 영역으로 구분하였고 각 영역의 복합성에 따라 세분하였다. 이중 인지적 영역은 지식의 증가와 이를 활용하는 능력을 나타낸다. 행동의 복합성에 따라 가장 낮은 수준의 지식 습득부터 가장 높은 수준의 평가로 분류(지식 → 이해 → 적용 → 분석 → 종합 → 평가)된다.
① 적용
② 평가
③ 분석
④ 종합

인지적 영역의 6가지 수준

수준	내용	예
지식 (knowledge, 암기)	정보를 회상해 내거나 기억하는 것이다.	대상자들은 흡연의 피해를 열거할 수 있다.
이해 (comprehension)	학습자는 의사소통되고 있는 물질이나 아이디어를 다른 것과 관련시키지 않고도 무엇이 의사소통되고 있는지 알고 있다.	대상자들은 니코틴의 작용을 말할 수 있다.
적용 (application)	구체적이고 특수한 상황에 일반적인 아이디어나 규칙, 이론, 기술적인 원리 혹은 일반화된 방법의 추상성을 사용한다.	대상자들은 심장질환과 니코틴의 작용을 관련지어 말할 수 있다.
분석 (analysis)	의사소통을 조직적·효과적으로 분명히 하기 위해 표현된 아이디어의 위계와 관계가 분명해지도록 의사소통을 부분으로 나누는 것을 의미한다.	대상자들은 흡연으로 인한 증상과 자신에게서 나타나는 증상을 비교한다.
종합 (synthesis, 합성)	부분이나 요소를 합하여 분명히 보이도록 완성된 구조로 구성하는 것이다.	대상자들은 금연방법을 참고하여 자신의 금연계획을 작성한다.
평가 (evaluation)	주어진 목표에 대해 자료와 방법이 범주를 충족시키는 정도에 관해 질적·양적으로 판단한다.	대상자들은 자신들이 계획한 금연계획을 실천 가능성에 따라 평가한다.

정답 035 ②

036 다음 글에 해당하는 범이론적 모형(Transtheoretical model)의 건강행위 변화단계는?

[20 지방]

> 저는 담배를 10년간 피웠더니 폐도 좀 안 좋아진 것 같고 조금만 활동을 해도 너무 힘이 들어요. 요즘 아내와 임신에 관해 얘기하고 있어서 담배를 끊기는 해야 할 것 같은데, 스트레스가 너무 많아서 어떻게 해야 할지 모르겠어요. 그래도 태어날 아기를 생각해서 앞으로 6개월 안에는 금연을 시도해볼까 해요.

① 계획 전 단계(precontemplation stage)
② 계획 단계(contemplation stage)
③ 준비 단계(preparation stage)
④ 행동 단계(action stage)

해설

범이론적 모형은 행위 변화 과정과 행위 변화 단계를 핵심으로 개인·집단이 문제행위를 어떻게 수정하고 긍정적 행위를 선택하는가에 대한 행위 변화를 설명하는 이론이다. 제시된 내용에서는 금연에 대한 필요성은 인지했으나 구체적인 계획은 없는 상황이므로 범이론적 모형의 변화단계 중 계획단계에 해당된다.

범이론적 모형

범이론적 모형은 행위 변화 과정과 행위 변화 단계를 핵심으로 개인·집단이 문제행위를 어떻게 수정하고 긍정적 행위를 선택하는가에 대한 행위 변화를 설명하는 이론이다.

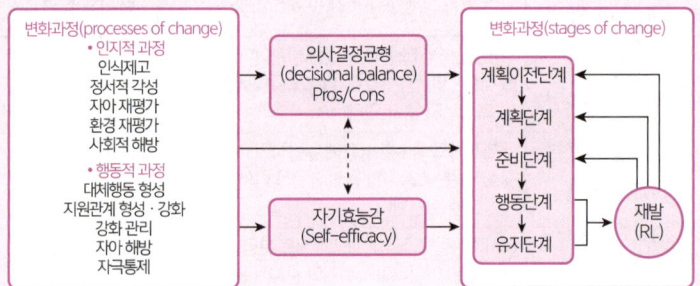

범이론적 모형의 변화단계

변화 단계	정의
계획전 단계	• 흡연에 대한 인식이 없거나 변화에 대한 생각이 없는 단계 • 향후 6개월 이내 시도할 의도가 없음
계획 단계	향후 6개월 이내에 시도할 의도가 있음
준비 단계	• 금연을 위한 계획을 세우는 단계 • 향후 1개월 이내 금연을 시도할 의도가 있음
행동 단계	금연을 시도하여 지속기간이 6개월 미만인 경우
유지 단계	금연이 6개월 이상 유지되는 경우

정답 **036** ②

037 다음 글에서 설명하는 학습이론은?

[20 지방]

- 보상이나 처벌이 행동의 지속이나 소멸에 영향을 줌
- 개인 고유의 내적 신념과 가치를 무시하는 경향이 있음
- 즉각적인 회환은 학습 향상에 효과적임

① 인지주의 ② 행동주의
③ 인본주의 ④ 구성주의

해설

보상이나 처벌이 행동의 지속이나 소멸에 영향을 주는 것은 **행동주의** 학습이론으로, 환경을 조절함으로써 인간의 행동을 변화시키거나 수정할 수 있다고 본다.

📣 학습이론

인지 주의	학습은 본질적으로 내적인 사고과정의 변화이기에 개인이 환경으로부터 받은 자극이나 정보를 어떻게 지각하고 해석하고 저장하는가에 관심을 두었다. ① 주의집중은 학습을 증가시킨다. ② 정보자료를 조직화할 때 학습을 증가시킨다. ③ 정보를 관련지음으로써 학습을 증가시킨다. ④ 개개인의 학습유형은 다양하다. ⑤ 우선인 것은 정보의 저장에 영향을 준다. ⑥ 새로이 학습한 내용을 다양한 배경에서 적용하는 것은 그 학습의 일반화를 도와준다. ⑦ 모방은 하나의 학습방법이다. ⑧ 신기함이나 새로움은 정보의 저장에 영향을 준다.
인본 주의	심리학에 근본을 두고 있으며 학습은 개인이 주위 환경과의 능동적인 상호작용을 통하여 자아성장과 자아실현을 이루는 과정으로 보았다. ① 학습은 학습자가 긍정적 자아개념을 갖도록 도와주는 것이다. ② 학습자들에게 자유 선택의 기회를 부여하면 그들은 최선의 것을 선택한다. ③ 학습은 학습자의 조화로운 발달을 도모하며 학습자 중심으로 이루어져야 효과적이다. ④ 학습은 학습자로 하여금 그들의 신념과 태도와 가치를 분명히 의식하여 행동하도록 돕는 것이다. ⑤ 학습은 자기실현을 할 수 있도록 개인의 잠재력을 발달시키는 것이다. ⑥ 학습자가 자발적인 사람이기 때문에 교육자의 역할은 학습자의 요청에 반응하는 것이며 교사는 촉진자, 조력자, 격려자가 되어야 한다. ⑦ 학습에서 필수적인 것은 학습자가 경험에서 의미를 이끌어내는 것이다. → 스스로 학습하며 학습이 유용했는지를 평가
구성 주의	① 자신의 개인적인 경험에 근거해서 독특하고 개인적인 해석을 내리는 능동적이며 개인적인 과정을 의미하는 학습이론이다. ② 구성주의는 지식이란 인간이 처한 상황의 맥락 안에서 사전 경험에 의해 개개인의 마음에 재구성하는 것이라고 주장하였다. ③ 구성주의는 문제중심학습(PBL; Problem Based Learning)의 철학적 배경이 되며 "의미만들기 이론" 또는 "알아가기 이론"이라고도 하고 의학이나 간호학의 학습방법으로 도입되고 있다. ④ 학습자들이 환경의 맥락에서 자신이 구성한 의미를 사용함으로써 실생활에서 마주하는 실질적인 문제에 지식을 적용할 수 있는 능력을 기르는 것이다.

정답 037 ②

038 Bloom은 학습목표 영역을 세 가지로 분류하였다. 다음 중 다른 종류의 학습목표 영역에 해당하는 것은?　　　　　　　　　　　　　　　[19 서울]

① 대상자들은 담배 속 화학물질인 타르와 니코틴이 건강에 미치는 영향을 비교하여 설명할 수 있다.
② 대상자들은 흡연이 건강에 미치는 해로운 영향을 5가지 말할 수 있다.
③ 대상자들은 흡연이 자신이나 가족들에게 매우 해로우므로 금연을 하는 것이 긍정적인 행위라고 말한다.
④ 대상자들은 자신이 직접 세운 금연 계획의 실천 가능성이 얼마나 되는지 평가할 수 있다.

해설
블룸(Bloom)은 학습목표를 인지적, 정의적, 심리운동적 영역으로 구분하였고 각 영역의 복합성에 따라 세분하였다. 인지적 영역은 지식의 증가와 이를 활용하는 능력, 정의적 영역은 느낌이나 정서의 내면화가 깊어짐에 따라 대상자의 성격과 가치체계에 통합되어 가는 과정, 심리운동 영역의 학습은 관찰 가능하기 때문에 학습목표의 확인과 측정이 쉽다.
①, ②, ④ 인지적 영역
③ 정의적 영역

정의적 영역의 5단계

수준	내용	예
감수 (수용, receiving, attending)	학습자는 단순히 어떤 것에 의식적이거나, 선호하는 자극에 주의를 기울인다.	대상자는 담배연기로 죽어가는 쥐를 들여다본다.
반응(responding)	학습자가 반응을 보인다.	대상자는 담배가 자신이나 가족에게 매우 해롭다고 말한다.
가치화(valuing)	학습자가 스스로 몰입하며 가치를 갖고 있음을 타인이 확인할 수 있다.	대상자는 금연계획을 세우고 담배를 줄이며, 금연 스티커를 자신이 볼 수 있는 곳곳에 붙여 놓는다.
내적 일관성 (organization, 조직화)	복합적인 가치를 적절히 분류하고 순서를 매겨 체계화하고 가치들의 관계가 조화롭고 내적으로 일관성을 이루도록 한다.	대상자는 흡연의 유혹을 피하기 위해 기상과 함께 조깅을 하고, 아침식사 후 커피 대신 과일을 먹는 등의 생활양식을 체계적으로 실행한다.
채택 (characterization by a value system, 성격화)	새로운 가치를 생활 속으로 통합하여 효과적으로 행동하도록 한다.	대상자는 지역사회 금연운동에서 자원봉사자로 활동한다.

039 다음에서 설명하고 있는 학습이론은?　　　　　　　　　　　　　　　[19 서울]

> 학습이란 외적인 환경을 적절히 조성하여 학습자의 행동을 변화시키는 것으로 학습자에게 목표된 반응이 나타날 때, 즉각적인 피드백과 적절한 강화를 사용하도록 한다. 또한, 학습목표의 성취를 위하여 필요한 학습과제를 하위에서 상위로 단계별로 제시하고 반복연습의 기회를 제공한다.

① 구성주의 학습이론
② 인본주의 학습이론
③ 인지주의 학습이론
④ 행동주의 학습이론

해설
행동주의 학습이론에서는 환경을 조절함으로써 인간의 행동을 변화시키거나 수정할 수 있다고 보고 환경을 적절히 조성하면 학습도 의도한 대로 조절이 가능하다고 여긴다. 행동주의 학습이론에서 행동은 보상, 칭찬, 처벌 등과 같은 강화에 의해 증가되고, 반복적인 행동으로 강화가 이루어지며 강화를 통해 학습을 증진시킨다.

정답 038 ③　039 ④

040 ★★★ 우리나라의 제5차 국민건강증진종합계획(Health Plan 2030)의 총괄목표에 해당하는 것은?

[19 서울(수정)]

① 삶의 질 향상, 건강수명 연장
② 건강형평성 제고, 사회물리적 환경조성
③ 삶의 질 향상, 사회물리적 환경조성
④ 건강수명 연장, 건강형평성 제고

해설

문제 출제 당시(2019)에는 제4차 국민건강증진종합계획(Health Plan 2020)이 수행 중이었으나 현재는 제5차 국민건강증진종합계획(Health Plan 2030)이 수행중이다. 총괄목표는 제4차와 제5차가 동일하다.

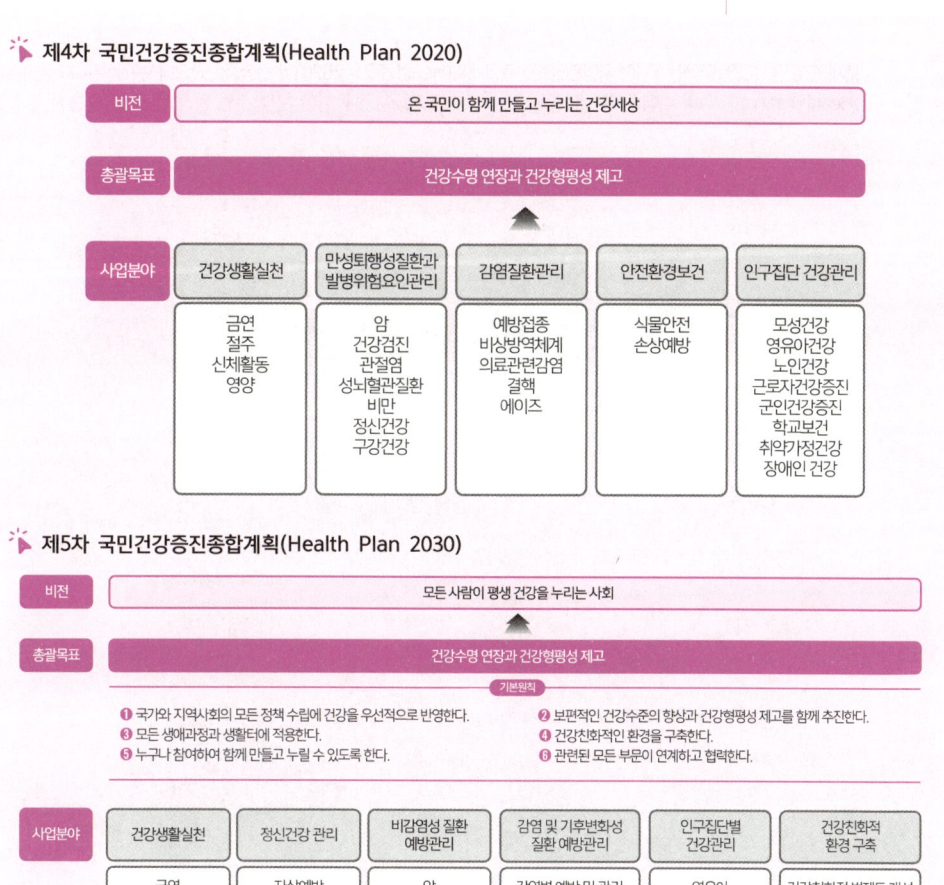

정답 040 ④

041 우리나라 제4차 국민건강증진종합계획(Health Plan 2020)의 총괄 목표는?

[19 지방]

① 안전한 보건환경과 건강생활 실천
② 건강수명 연장과 건강형평성 제고
③ 예방중심 상병관리와 만성퇴행성질환 감소
④ 생애주기별 건강관리와 의료보장성 강화

> 해설
>
> 문제 출제 당시(2019)에는 제4차 국민건강증진종합계획(Health Plan 2020)이 수행중이었으나 현재는 제5차 국민건강증진종합계획(Health Plan 2030)이 수행중이다. 총괄목표는 제4차와 제5차가 동일한 "건강수명 연장"과 "건강형평성 제고"이다.

정답 **041** ②

042 PRECEDE-PROCEED 모형에서 강화요인(reinforcing factors)은?

[19 지방]

① 개인의 기술 및 자원
② 대상자의 지식, 태도, 신념
③ 보건의료 및 지역사회 자원의 이용 가능성
④ 보건의료 제공자의 반응이나 사회적 지지

해설
① 개인의 기술 및 자원 → 촉진요인
② 대상자의 지식, 태도, 신념 → 성향요인
③ 보건의료 및 지역사회 자원의 이용 가능성 → 촉진요인

▶ PRECEDE-PROCEED 모형

보건교육의 계획부터 수행, 평가 과정을 연속적인 단계로 제공하여 포괄적인 건강증진계획이 가능하도록 한 모형으로 PRECEDE와 PROCEED 두 과정으로 구성된다.
(1) **PRECEDE 과정**: 보건교육사업의 우선순위 결정 및 목적설정을 보여주는 진단단계
(2) **PROCEED 과정**: 정책수립 및 보건교육사업 수행과 사업평가에서의 대상 및 그 기준을 제시하는 건강증진 계획의 개발단계

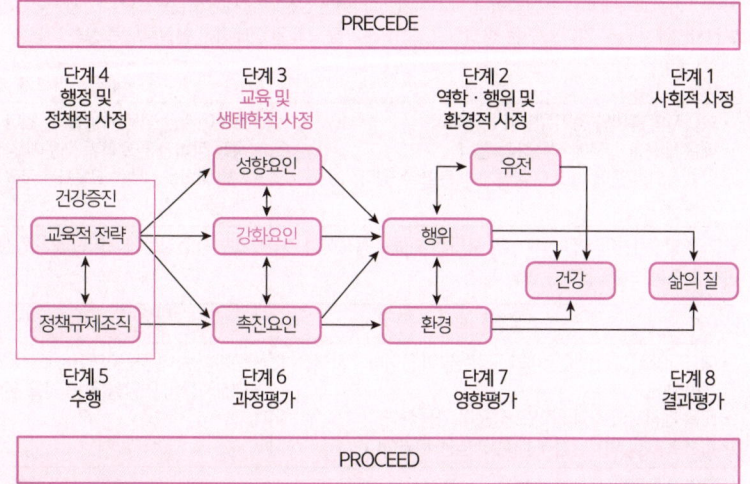

▶ 교육 및 생태학적 진단

성향(소인)요인 (predisposing factors)	행위의 근거나 동기를 제공하는 인지적·정서적 요인으로 지식, 태도, 신념가치, 자기효능 등이 있고 중재전략을 세우거나 보건교육 계획에 매우 유용하다.
촉진(가능·가용)요인 (enabling factors)	개인이나 조직의 건강행위 수행을 가능하게 도와주는 요인으로 보건의료 및 지역사회 자원의 이용 가능성, 접근성, 시간적 여유 제공성과 개인의 기술, 개인의 자원 및 지역사회 자원 등이다.
강화요인 (reinforcing factors)	보상, 칭찬, 처벌 등과 같이 행위가 지속되거나 없어지게 하는 요인으로 사회적 유익성, 신체적 유익성, 대리보상, 사회적 지지, 친구의 영향, 충고, 보건의료 제공자에 의한 긍정적·부정적 반응 등이 있다.

정답 042 ④

043 ★★★ 다음 글에서 청소년의 약물남용 예방교육에 적용된 보건교육 방법은?

[19 지방]

> 청소년들이 실제 상황 속의 약물남용자를 직접 연기함으로써 약물남용 상황을 분석하여 해결방안을 모색하고, 교육자는 청소년의 가치관이나 태도변화가 일어날 수 있도록 하였다.

① 시범
② 역할극
③ 심포지엄
④ 브레인스토밍

해설

① **시범**: 이론과 함께 시각적으로 볼 수 있는 모든 실물을 사용하거나 실제 장면을 만들어내어 지도하는 교육방법으로, 심리운동 영역인 기술교육에 적합한 방법이다. 교육자가 전 과정을 천천히 실시해 보임으로써 대상자들이 기술을 습득할 수 있도록 한다. 보건사업에서 가장 많이 쓰이는 방법으로, 교육의 가장 오래된 형태이며 현실적으로 실천 가능한 효과적인 방법이다.

장점	단점
• 학습자의 흥미와 동기유발이 용이하다. • 배운 내용을 실무에 적용하기 쉽다. • 학습자의 수준에 따라 다양하게 적용할 수 있다.	• 소수에게만 적용 가능할 수 있다. • 특정 장비가 필요하기 때문에 경제적이지 못하다. • 시범 방법을 선택한 교육자는 교육 준비에 시간을 많이 소모하게 된다.

② **역할극**: 학습자들이 직접 실제 상황 중의 한 인물로 등장하여 연극을 하면서 건강문제나 어떤 상황을 분석하고 해결 방안을 모색하면서 학습목표에 도달하는 방법이다.

장점	단점
• 대상자의 직접 참여로 흥미와 동기유발이 용이하고 사회성이 개발된다. • 교육 대상자의 수가 많아도 적용이 가능하다. • 의사소통 및 의사결정에 대한 경험을 제공한다.	• 준비하는 데 시간이 많이 소요된다. • 대상자들이 역할을 맡는 것을 위협적으로 생각할 수 있다.

③ **심포지엄**: 동일한 주제에 대해 전문적인 지식을 가진 전문가 2~5명을 초청하여 각자 10~15분씩 의견을 발표하게 한 후 발표 내용을 중심으로 사회자가 청중을 공개 토론 형식으로 참여시키는 방법이다. 사회자는 이 분야의 최고 전문가이어야 하고 사회자는 연사 전원의 강연이 끝나면 내용을 짧게 요약해서 질문, 답변 또는 토론이 적당히 진행되게 한다.

장점	단점
• 특별한 주제에 대한 밀도 있는 접근이 가능하다. • 다채롭고 창조적이고 변화있게 강의를 진행할 수 있다. • 청중이 알고자 하는 문제 파악이 가능하다.	• 연사의 발표 내용에 중복이 있을 수 있다. • 청중이 주제에 대한 정확한 윤곽을 형성하지 못했을 때는 비효과적이다.

④ **브레인스토밍**: '묘안 착상법' 또는 '팝콘회의'라고도 하며 번개처럼 떠오르는 기발한 생각을 잘 포착해낸다는 뜻을 내포하고 있다. 구성원이 가능한 많은 아이디어를 기록하여 목록화하고 가장 최상의 아이디어를 선택하는 방법이다. 12~15명의 참여자가 한 그룹이 되어 10~15분의 단기 토의를 진행해야 하며 모든 구성원이 자유로운 분위기에서 우수하고 다양한 의견이 나올 수 있도록 유도할 수 있는 사회자를 정하는 것이 중요하다.

장점	단점
• 어떤 문제든지 토론의 주제로 삼을 수 있다. • 별도의 장비가 준비되지 않아도 회의가 진행될 수 있다.	• 토론이 제대로 유도되지 않으면 시간을 낭비할 수 있다. • 대상자들이 즉흥적이고 계속적으로 아이디어를 제시해야 하는 부담감이 있다.

정답 043 ②

044

제시된 시나리오를 활용하여 학습에 대한 동기유발, 학습자의 자발적 참여와 자율성, 능동적 태도 및 문제해결능력이 강화되어 새로운 상황에 대한 효과적인 대처가 가능하도록 교육하는 데 근거가 되는 교육방법과 교육이론을 옳게 짝지은 것은?

[19 서울추채]

① 역할극 - 행동주의 학습이론
② 분단토의 - 인지주의 학습이론
③ 강의 - 인본주의 학습이론
④ 문제중심학습법 - 구성주의 학습이론

해설

이 문제에서의 초점은 "제시된 시나리오"와 "능동적 태도 및 문제해결능력 강화", "새로운 상황에 대한 효과적 대처"이다. 구성주의 학습은 자신의 개인적인 경험에 근거해서 독특하고 개인적인 해석을 내리는 능동적이며 개인적인 과정을 의미하는 학습이론으로 문제중심학습의 경우 제시된 시나리오를 바탕으로 능동적인 학습이 가능하다.

045

제4차 국민건강증진종합계획(HP2020)의 중점과제와 대표지표가 옳게 연결되지 않은 것은?

[19 서울추채]

① 정신보건 - 자살 사망률(인구 10만 명당)
② 노인건강 - 노인 치매 유병률
③ 신체활동 - 유산소 신체활동 실천율
④ 구강보건 - 영구치(12세) 치아우식 경험률

해설

문제 출제 당시(2019)에는 제4차 국민건강증진종합계획(Health Plan 2020)이 수행 중이었으나 현재는 제5차 국민건강증진종합계획(Health Plan 2030)이 수행중이다. 제4차 국민건강증진종합계획에서 노인건강의 대표지표는 "일상생활기능 장애율"이나 제5차 국민건강증진종합계획의 노인건강의 대표지표는 "주관적 건강인지율"이다.

제4차 HP2020의 분야별 대표지표

금연	성인남자 흡연률, 중고등학교 남학생 흡연률
절주	성인 고위험 음주율
신체활동	유산소 신체활동 실천율
영양	건강식생활 실천율(지방, 나트륨, 과일 / 채소, 영양표시 4개 지표 중 2개 이상을 만족하는 인구비율)
암	암사망률(인구 10만 명당)
심뇌혈관질환	고혈압유병률, 당뇨병 유병률
결핵	신고결핵 신환자율(인구 10만 명당)
비만	성인비만 유병률
정신보건	자살사망률(인구10만 명당)
구강보건	아동청소년 치아우식 경험률(영구치)
손상예방	손상사망률(인구 10만 명당)
모성건강	모성시망비(출생 10만 명당)
영유아건강	영아사망률(출생아 1,000명당)
노인건강	노인 활동제한율-일상생활수행능력(ADL)장애율
건강검진	일반(생애) 건강검진 수검률(건강보험 적용자)

제5차 국민건강증진종합계획(Health Plan 2030)의 대표지표

해당사업		대표지표
건강생활 실천	금연	성인남성 현재흡연율
		성인여성 현재흡연율
	절주	성인남성 고위험음주율
		성인여성 고위험음주율
	영양	식품 안정성 확보 가구분율
	신체활동	성인남성 유산소 신체활동 실천율
		성인여성 유산소 신체활동 실천율
	구강건강	영구치(12세) 우식 경험률
정신건강 관리	자살예방	자살사망률(인구 10만 명당)
		남성 자살사망률(인구 10만 명당)
		여성 자살사망률(인구 10만 명당)
	치매	치매안심센터의 치매환자 등록·관리율(전국 평균)
	중독	알코올 사용장애 정신건강 서비스 이용률
	지역사회 정신건강	정신건강 서비스이용률
비감염성 질환 예방관리	암	성인남성(20-74세) 암 발생률(인구 10만 명당)
		성인여성(20-74세) 암 발생률(인구 10만 명당)
	심뇌혈관 질환	성인남성 고혈압 유병률
		성인여성 고혈압 유병률
		성인남성 당뇨병 유병률
		성인여성 당뇨병 유병률
		급성 심근경색증 환자의 발병 후 3시간 미만 응급실 도착 비율
	비만	성인남성 비만 유병률
		성인여성 비만 유병률
	손상	손상사망률(인구 10만 명당)
감염 및 기후 변화성 질환 예방관리	감염병 예방 및 관리	신고 결핵 신환자율(인구 10만 명당)
	감염병 위기 대비대응	MMR 완전접종률
	기후 변화성 질환	기후보건영향평가 평가체계 구축 및 운영
인구집단별 건강관리	영유아	영아사망률(출생아 1천 명당)
	아동·청소년	고등학교 남학생 현재흡연율
		고등학교 여학생 현재흡연율
	여성	모성사망비(출생아 10만 명당)
	노인	노인 남성의 주관적 건강인지율
		노인 여성의 주관적 건강인지율
	장애인	성인 장애인 건강검진 수검률
	근로자	연간 평균 노동시간
	군인	군 장병 흡연율
건강친화적 환경구축	건강정보 이해력 제고	성인남성 적절한 건강정보이해능력 수준
		성인여성 적절한 건강정보이해능력 수준

046 PRECEDE-PROCEED 모형(Green & Kreuter)에서 보건교육의 내용설정을 위한 단계로 건강행위를 유발시키고 건강행위 결정에 영향을 주는 선행요인, 강화요인, 가능요인 등을 진단하는 단계는? [18 서울]

① 역학적 평가
② 사회적 평가
③ 행태 및 환경적 평가
④ 교육 및 생태학적 평가

해설
교육 및 생태학적 사정에서는 성향요인(선행요인), 강화요인, 촉진요인(가능요인)을 사정한다.

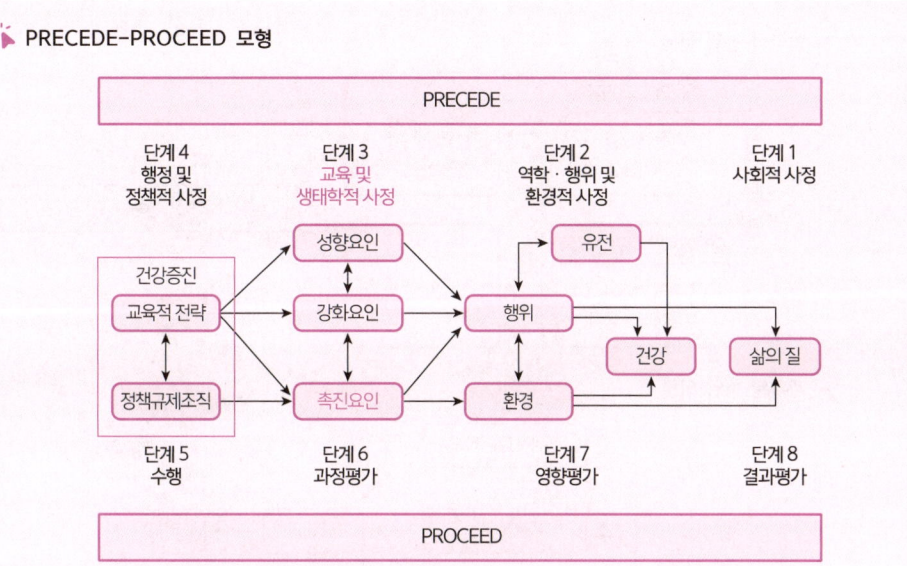

PRECEDE-PROCEED 모형

정답 046 ④

047 '합리적 행위 이론(Theory of Reasoned Action)'에는 포함되지 않으나 '계획된 행위 이론(Theory of Planned Behavior)'에 새롭게 포함된 개념은? [18 서울]

① 지각된 행위통제
② 행위의도
③ 행위(행위수행)
④ 행위에 대한 태도

해설
합리적 행위 이론은 "행위 의도"를 강조하고 계획된 행위 이론은 "지각된 행위 통제"를 강조한다.

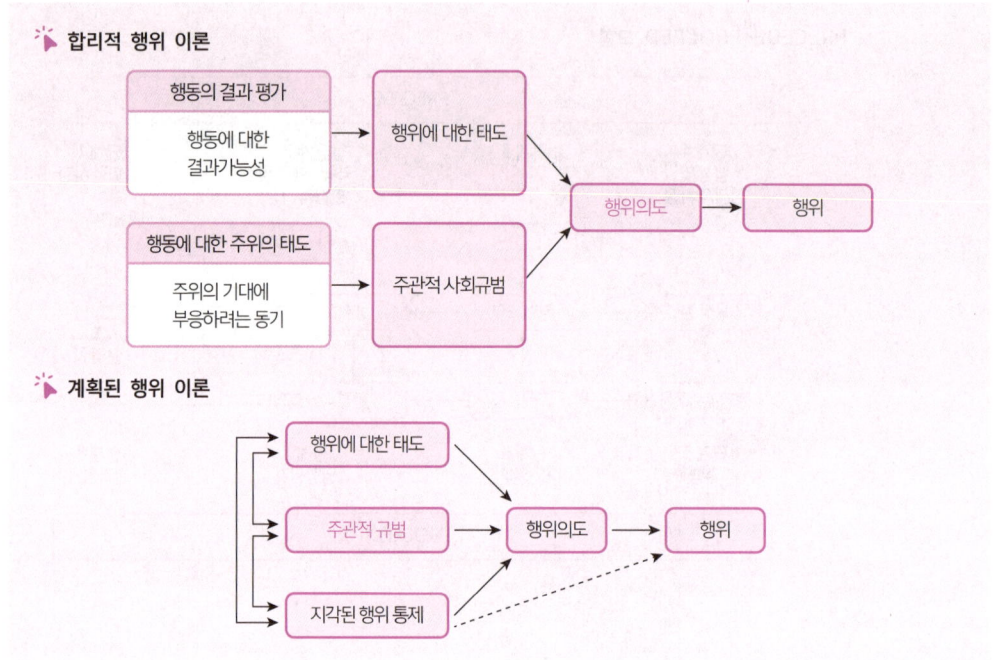

048 일차예방수준의 지역사회 건강증진활동에 해당하는 것은? [18 서울]

① 만성정신질환자를 대상으로 자기주장훈련 실시
② 접객업소 여직원을 대상으로 주기적인 성병검진 실시
③ 체질량지수 25 이상인 대학생을 대상으로 운동프로그램 실시
④ 임신을 계획하고 있는 여성을 대상으로 엽산제 지급 및 복용 교육

해설
일차예방수준의 건강증진 활동은 "건강한 사람"을 대상으로 이루어진다.
① 3차 예방
②, ③ 2차 예방

정답 047 ① 048 ④

049 강당에서 간호사 60명을 대상으로 다음의 내용에 대해 토의할 때, 토의 방법으로 가장 옳은 것은? [18 서울]

> • 주제: 안전과 재난관리(사회자: 이○○ 사무관)
> • 세부주제
>   1. 국가의 재난관리체계(발제: 김○○)
>   2. 재난 대비와 대응 및 복구(발제: E. Trump)

① 심포지엄(Symposium)
② 배심토의(Panel discussion)
③ 집단토론회(Group discussion)
④ 브레인스토밍(Brainstorming)

해설
문제에서 제시된 내용을 살펴보면, 간호사라는 전문가 집단을 대상으로 재난과 관련된 전문적인 주제를 다루고 있기에 "심포지엄"이다. 즉, 해당 회의의 발제자와 청중(간호사) 모두 전문가라는 부분을 기억하자.

심포지엄(symposium)

(1) 동일한 주제에 대해 전문적인 지식을 가진 전문가 2~5명을 초청하여 각자 10~15분씩 의견을 발표하게 한 후 발표 내용을 중심으로 사회자가 청중을 공개 토론 형식으로 참여시키는 방법이다.
(2) 사회자는 이 분야의 최고 전문가이어야 하고 사회자는 연사 전원의 강연이 끝나면 내용을 짧게 요약해서 질문, 답변 또는 토론이 적당히 진행되게 한다.
(3) 장·단점

장점	단점
• 특별한 주제에 대한 밀도 있는 접근이 가능하다. • 다채롭고 창조적이고 변화있게 강의를 진행할 수 있다. • 청중이 알고자 하는 문제 파악이 가능하다.	• 연사의 발표 내용에 중복이 있을 수 있다. • 청중이 주제에 대한 정확한 윤곽을 형성하지 못했을 때는 비효과적이다.

050 1986년에 캐나다 오타와에서 개최된 '제1차 국제건강증진회의'에서 발표된 건강증진 활동영역에 해당하지 않는 것은? [18 서울]

① 건강지향적 환경 조성
② 파트너십 형성 및 연대 구축
③ 건강한 공공정책 수립
④ 지역사회활동 강화

해설
건강증진 원칙의 5대 활동요소
• 건강한 공공정책의 수립
• 지지적 환경의 조성
• 지역사회 활동의 강화
• 개인 기술의 개발(자기건강 돌보기 육성)
• 보건의료서비스의 방향 재설정(보건의료서비스의 개혁)

정답 049 ① 050 ②

051 ★★★

건강행위에 영향을 미치는 요인을 개인의 특성과 경험, 행위와 관련된 인지와 감정으로 설명하였으며, 사회인지이론과 건강신념모델에 기초하여 개발된 이론은?

[18 지방]

① 계획된 행위이론
② 건강증진모형
③ 범이론모형
④ PRECEDE-PROCEED모형

해설

Pender의 건강증진모형은 건강증진 행위를 통제하는 데에 있어서 인식의 조정 과정이 중요함을 강조한 사회인지(학습)이론과 건강신념모형을 기초로 하여 개발되었으며 1982년 처음 소개된 이후 두 번의 수정을 거쳐 1996년 개정된 건강증진모형이 제시되었다.

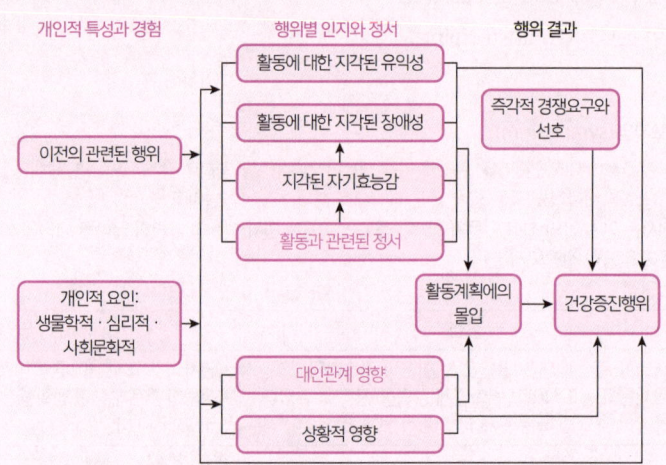

건강증진모형(N.J. Pender, 1996)

개인적 특성과 경험	행위별 인지와 정서
① 이전의 관련 행위 현재와 비슷한 행위를 과거에 얼마나 자주 했는지를 의미하는 것으로, 이전의 행위는 자신도 모르게 자동적으로 행위를 하게 만들며 이것은 지각된 자기효능, 유익성, 장애성, 활동 관련 정서를 통해 건강증진행위에 간접적인 영향을 준다. ② 개인적 요인 건강증진행위뿐만 아니라 행위에 따른 인지와 정서에 직접적인 영향을 미치는 요소로서 행위를 변화시키기 위한 중재로 구체화하기에는 어려움이 있다. ㉠ 생물학적 요인: 연령, 성, 비만도, 사춘기상태, 폐경상태, 힘, 균형성 등 ㉡ 심리적 요인: 자존감, 자기동기화, 개인능력, 지각된 건강상태, 건강의 정의 등 ㉢ 사회문화적 요인: 종족, 보건교육, 사회·경제적 수준 등	행위별 인지와 정서는 변화가 가능한 요인으로 간호중재의 대상이 된다. ① 활동에 대한 지각된 유익성: 특정 행위에 대해 개인의 기대하는 긍정적 결과 ② 활동에 대한 지각된 장애성: 활동을 할 때 부정적인 측면을 인지하는 것 ③ 지각된 자기효능감: 확실하게 수행할 수 있을 거라는 성취에 대한 개인 능력을 판단하는 것 ④ 활동과 관련된 정서: 행위에 대하여 주관적으로 느끼는 것으로 시작 전, 후, 과정 중에 행위의 특성에 따라 다르게 나타남 ⑤ 대인관계 영향: 다른 사람의 태도와 신념, 행위 등에 영향을 받는 것을 의미 ⑥ 상황적 영향: 상황에 대한 개인이 지각하고 인지하는 것으로 행위를 촉진시키거나 방해

정답 051 ②

052. 72세 할머니가 치매를 진단받은 남편의 간호요령에 대해 알고 싶다고 말하였다. 이에 해당하는 브래드쇼(Bradshaw)의 교육요구는? [18 지방]

① 규범적 요구
② 내면적 요구
③ 외향적 요구
④ 상대적 요구

해설
브래드쇼의 보건교육 요구
① **규범적 요구**: 보건의료전문가에 의해 정의되는 요구
② **내면적 요구**: 언행으로 드러나지는 않으나 학습자가 바라는 대로 정의되는 요구
③ **외향적 요구**: 자신의 건강문제를 다른 사람에게 호소하거나 행동으로 나타내는 요구
④ **상대적 요구**: 다른 대상자와의 비교를 통해 나타나는 요구

053. 보건교육방법의 토의 유형 중 심포지움에 대한 설명으로 옳은 것은? [18 지방]

① 일명 '팝콘회의'라고 하며, 기발한 아이디어를 자유롭게 제시하도록 하는 방법이다.
② 참가자 전원이 상호 대등한 관계 속에서 정해진 주제에 대해 자유롭게 의견을 교환하는 방법이다.
③ 전체를 여러 개의 분단으로 나누어 토의시키고 다시 전체회의에서 종합하는 방법이다.
④ 동일한 주제에 대해 전문가들이 다양한 의견을 발표한 후 사회자가 청중을 공개토론 형식으로 참여시키는 방법이다.

해설
심포지움은 동일한 주제에 대해 전문적인 지식을 가진 전문가 2~5명을 초청하여 각자 10~15분씩 의견을 발표하게 한 후 발표 내용을 중심으로 사회자가 청중을 공개 토론 형식으로 참여시키는 방법이다.
① 브레인스토밍
② 집단토의
③ 분단토의

정답 052 ③　053 ④

054 범이론 모형(Transtheoretical Model)에 대한 설명으로 옳은 것은?

[17 지방추채]

① 관심단계(contemplation stage) - 1개월 이내에 건강행위를 변화시키기 위한 계획을 세우는 단계이다.
② 준비단계(preparation stage) - 건강행위 변화에 대한 장점과 단점을 파악하고 행위변화를 망설이는 단계이다.
③ 자아해방(self-liberation) - 자신의 건강행위를 변화시킬 수 있다고 결심하고 주변 사람에게 결심을 말하는 것이다.
④ 환경재평가(environmental reevaluation) - 건강행위 변화를 촉진하기 위해 다른 사람과 지조모임을 형성하는 것이다.

해설

① 준비 단계 - 1개월 이내에 건강행위를 변화시키기 위한 계획을 세우는 단계이다.
② 관심 단계 - 건강행위 변화에 대한 장점과 단점을 파악하고 행위변화를 망설이는 단계이다.
④ 조력 관계 - 건강행위 변화를 촉진하기 위해 다른 사람과 자조모임을 형성하는 것이다.

범이론적 모형

범이론적 모형은 행위 변화 과정과 행위 변화 단계를 핵심으로 개인·집단이 문제행위를 어떻게 수정하고 긍정적 행위를 선택하는가에 대한 행위 변화를 설명하는 이론이다.

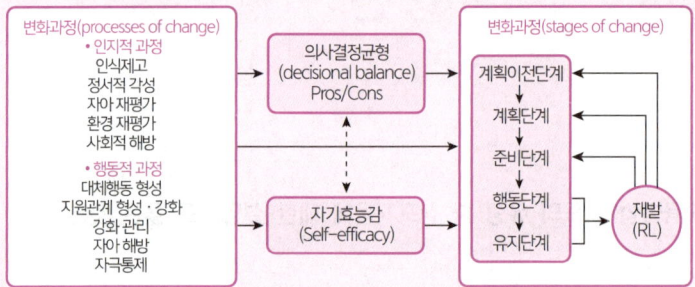

계획 전 단계 (무관심단계)	① 6개월 이내에 행동 변화의 의지가 없는 단계이다. ② 자신의 문제를 인지하지 못하거나 과소평가, 회피가 나타난다. ③ 중재: 흡연의 유해성에 대한 정보 제공, 금연동기 유발
계획단계 (관심단계)	① 문제를 인식하고 6개월 이내에 문제를 해결하고자 하는 의도는 있고 구체적인 계획은 없다. ② 계획단계에 있는 사람은 행동 변화로 인한 유익한 점과 장애요인을 모두 잘 파악하고 있어 행동변화에 대한 손실과 이득이 같다고 인식한다. ③ 중재: 자신의 흡연행위 관찰 및 인식
준비단계	① 행위 변화 의도와 행동을 결합시킨 단계로 구체적인 실행계획이 잡혀 있는 단계이다. ② 1개월 내에 건강행동을 하겠다는 의도가 있다. ③ 중재: 금연시기 설정, 금연서약서 작성, 금단증상의 대처방법, 자신감 강화 ④ 금연을 시도했다가 실패하는 경우에는 준비단계부터 다시 시작한다.
실행(행동)단계	① 행동 시작 후 6개월 이내로 행동 변화가 실행되는 단계이다. ② 행위 변화가 안정되어 있지 않고 되돌아가려는 성향이 작용한다. ③ 중재: 흡연욕구와 금단증상에 대처할 수 있는 전략 제공, 가족과 동료들의 지지
유지단계	① 실행단계에서 시작한 행위 변화를 최소한 6개월 이상 지속하여 생활의 일부분으로 정착하는 단계이다. ② 행위 변화가 점점 습관화되고, 되돌아가려는 성향은 줄어드나 여전히 주의를 요하는 단계이다.

범이론적 모형의 변화 과정

인지적 변화과정	의식제고	건강한 행동 변화를 지지할 수 있는 조언과 아이디어, 새로운 지식의 학습과 발견에 대한 것
	극적전환	불건강 행위의 위험에 따른 부정적인 감정(불안, 공포, 걱정)의 경험
	환경재평가	주변의 사회적·물리적 환경에 대한 불건강 행위의 부정적 영향이나 건강행위의 긍정적 영향을 깨닫는 것
	사회적 해방	사회 내에서 생활방식에 대한 개인의 인식
	자기 재평가	자기 기준과 행동 사이의 불일치를 인식시킴으로써 대상자가 불만족을 느끼게 하여 변화를 야기한다는 전제에 기초한 것
행위적 변화과정	자극통제	행동을 방해하는 원인이 되는 사람이나 상황을 조절하고 극복할 대안을 시도
	조력관계	문제행위를 변화시키려고 시도하는 동안에 타인의 도움을 신뢰하고 수용하여 사용하는 지지관계를 형성하는 것
	역조건화 (대체조건 형성)	행동 단계나 유지 단계에서 문제 행위를 긍정적 행위나 경험으로 대체할 수 있는 능력이나 대처방법 및 기술 이완요법 등
	강화관리	긍정적인 행위 변화에 대한 보상을 늘리고, 불건강 행동에 대한 보상을 감소시킴
	자기해방	변화하겠다고 결심하고 다른 사람에게 그 결심을 공개함으로써 의지를 더욱 강화시키고 확실한 책임을 갖도록 함

정답 054 ③

055 식습관에 문제가 있는 노인 5명을 대상으로 문제중심적 접근을 통한 보건교육을 실시하였다. 근거가 되는 학습이론은? [17 서울]

① 인지주의
② 행동주의
③ 인본주의
④ 구성주의

해설

구성주의 학습은 자신의 개인적인 경험에 근거해서 독특하고 개인적인 해석을 내리는 능동적이며 개인적인 과정을 의미하는 학습이론이다. 구성주의는 문제중심학습(PBL; Problem Based Learning)의 철학적 배경이 되며 "의미 만들기 이론" 또는 "알아가기 이론"이라고도 하고 의학이나 간호학의 학습방법으로 도입되고 있다.

학습이론

인지주의	학습은 본질적으로 내적인 사고과정의 변화이기에 개인이 환경으로부터 받은 자극이나 정보를 어떻게 지각하고 해석하고 저장하는가에 관심을 두었다. ① 주의집중은 학습을 증가시킨다. ② 정보자료를 조직화할 때 학습을 증가시킨다. ③ 정보를 관련지음으로써 학습을 증가시킨다. ④ 개개인의 학습유형은 다양하다. ⑤ 우선적인 것은 정보의 저장에 영향을 준다. ⑥ 새로이 학습한 내용을 다양한 배경에서 적용하는 것은 그 학습의 일반화를 도와준다. ⑦ 모방은 하나의 학습방법이다. ⑧ 신기함이나 새로움은 정보의 저장에 영향을 준다.
행동주의	인간의 학습 현상을 행동과 그 행동의 발생 원인이 되는 외부환경에 초점을 두고 설명하는 이론으로, 목표한 행동의 변화가 일어나면 학습이 이루어졌다고 본다. ① 행동은 보상, 칭찬, 처벌 등과 같은 강화에 의해 증가된다. ② 행동은 이전의 경험에 의해 영향을 받으며, 다음에 올 결과에 의해 더 큰 영향을 받는다. ③ 처벌은 행동을 억제한다. 처벌이 제거되면 행동은 증가하는 경향이 있다. ④ 반복적인 행동으로 강화가 이루어지며 강화를 통해 학습을 증진시킨다. ⑤ 명백하게 행동과 연결된 보상이나 벌이 행동을 강화시킨다. 결과에 상응하는 적절한 보상 제공이 학습을 증진시킨다.
인본주의	인본주의는 심리학에 근본을 두고 있으며 학습은 개인이 주위 환경과의 능동적인 상호작용을 통하여 자아성장과 자아실현을 이루는 과정이다. ① 학습은 학습자가 긍정적 자아개념을 갖도록 도와주는 것이다. ② 학습자들에게 자유 선택의 기회를 부여하면 그들은 최선의 것을 선택한다. ③ 학습은 학습자의 조화로운 발달을 도모하며 학습자 중심으로 이루어져야 효과적이다. ④ 학습은 학습자로 하여금 그들의 신념과 태도와 가치를 분명히 의식하여 행동하도록 돕는 것이다. ⑤ 학습은 자기실현을 할 수 있도록 개인의 잠재력을 발달시키는 것이다.
구성주의	• 구성주의 학습은 자신의 개인적인 경험에 근거해서 독특하고 개인적인 해석을 내리는 능동적이며 개인적인 과정을 의미하는 학습이론 • 구성주의는 지식이란 인간이 처한 상황의 맥락 안에서 사전 경험에 의해 개개인의 마음에 재구성하는 것이라고 주장하였다. • 구성주의는 문제중심학습(PBL: Problem Based Learning)의 철학적 배경이 되며 "의미 만들기 이론" 또는 "알아가기 이론"이라고도 하고 의학이나 간호학의 학습방법으로 도입되고 있다. • 학습자들이 환경의 맥락에서 자신이 구성한 의미를 사용함으로써 실생활에서 마주하는 실질적인 문제에 지식을 적용할 수 있는 능력을 기르는 것이다.

정답 055 ④

056 학령기 아동들에게 안전사고로 인한 후유증과 위험성, 안전사고로 인해 부모와 가족에게 미치는 영향 등을 교육하였다면 건강신념모형에서 어떤 요소를 강조한 것인가?

[17 서울]

① 지각된 민감성
② 지각된 심각성
③ 지각된 장애
④ 행위의 계기

> **해설**
>
> 건강신념모형은 사람들이 질병예방 프로그램에 참가하지 않는 이유를 설명하기 위하여 개발되었다. 건강신념모형의 초기모델에서는 5가지 개념요소를 제시하였는데, 지각된 민감성, 지각된 심각성, 지각된 유익성, 지각된 장애, 행위의 계기가 그것이다. 문제의 사례는 안전사고의 심각성을 인지하는 정도로, 죽음, 통증, 불구 등과 같은 의학적 결과나 직장, 가족생활과 같은 사회적 결과를 포함한다(지각된 심각성).

정답 056 ②

057 건강관리실에 찾아온 30대 남성은 과거 2차례 금연을 시도한 적이 있다. 최근 아내가 출산 한 달을 남겨 둔 상황에서 이번에는 아이와 아내의 건강을 생각해 금연을 성공하고 싶어 한다. 범이론적 모형의 변화 단계 중 어디에 해당하는가?

[17 서울]

① 계획단계, 사회적 해방
② 준비단계, 환경 재평가
③ 실행단계, 사회적 해방
④ 유지단계, 환경 재평가

해설

범이론적 모형은 행위 변화 과정과 행위 변화 단계를 핵심으로 개인·집단이 문제행위를 어떻게 수정하고 긍정적 행위를 선택하는가에 대한 행위 변화를 설명하는 이론이다. 사례처럼 금연을 시도하였다가 다시 시도하는 경우는 "준비단계"에서 출발하며, 아이와 아내의 건강을 생각하는 것은 주변의 사회적·물리적 환경에 대한 불건강 행위의 부정적 영향이나 건강행위의 긍정적 영향을 깨닫는 것이라 "환경 재평가"에 속한다.

🌸 범이론적 모형

범이론적 모형은 행위 변화 과정과 행위 변화 단계를 핵심으로 개인·집단이 문제행위를 어떻게 수정하고 긍정적 행위를 선택하는가에 대한 행위 변화를 설명하는 이론이다.

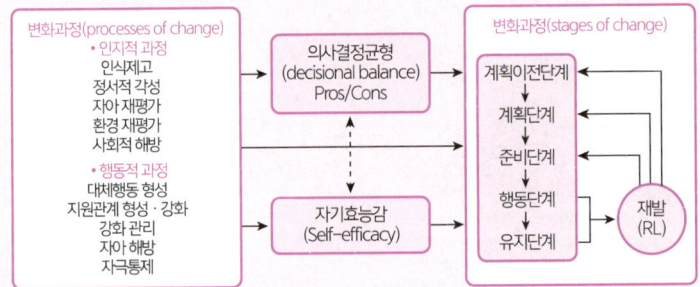

계획 전 단계 (무관심단계)	① 6개월 이내에 행동 변화의 의지가 없는 단계이다. ② 자신의 문제를 인지하지 못하거나 과소평가, 회피가 나타난다. ③ 중재: 흡연의 유해성에 대한 정보 제공, 금연동기 유발
계획단계 (관심단계)	① 문제를 인식하고 6개월 이내에 문제를 해결하고자 하는 의도는 있고 구체적인 계획은 없다. ② 계획단계에 있는 사람은 행동 변화로 인한 유익한 점과 장애요인을 모두 잘 파악하고 있어 행동변화에 대한 손실과 이득이 같다고 인식한다. ③ 중재: 자신의 흡연행위 관찰 및 인식
준비단계	① 행위 변화 의도와 행동을 결합시킨 단계로 구체적인 실행계획이 잡혀 있는 단계이다. ② 1개월 내에 건강행동을 하겠다는 의도가 있다. ③ 중재: 금연시기 설정, 금연서약서 작성, 금단증상의 대처방법, 자신감 강화 ④ 금연을 시도했다가 실패하는 경우에는 준비단계부터 다시 시작한다.
실행(행동)단계	① 행동 시작 후 6개월 이내로 행동 변화가 실행되는 단계이다. ② 행위 변화가 안정되어 있지 않고 되돌아가려는 성향이 작용한다. ③ 중재: 흡연욕구와 금단증상에 대처할 수 있는 전략 제공, 가족과 동료들의 지지
유지단계	① 실행단계에서 시작한 행위 변화를 최소 6개월 이상 지속하여 생활의 일부분으로 정착하는 단계이다. ② 행위 변화가 점점 습관화되고, 되돌아가려는 성향은 줄어드나 여전히 주의를 요하는 단계이다.

정답 **057** ②

058 보건교육 방법 중 집단토의(group discussion)에 대한 설명으로 옳지 않은 것은?

[17 지방]

① 모든 학습자가 토의의 목적을 이해해야 효과적이다.
② 교육자는 적극적으로 토의에 개입한다.
③ 타인의 의견을 존중하고 양보함으로써 사회성을 높인다.
④ 학습자는 능동적으로 학습에 참여할 수 있다.

해설
집단토의는 학습자가 적극적이고 능동적으로 수업에 참여하게 만드는 데 유용하다.

집단토론(집단회의, group discussion)

(1) 참가자들이 특정 주제에 대하여 자유롭게 상호 의견을 교환하고 결론을 내리는 방법을 말한다.
(2) 효과적인 토론을 위해서는 참가자 모두 토론의 목적을 이해하고 참여하여야 하므로 참가자 수가 많을수록 토론의 참여 기회가 적어지므로 참가자는 10명 내외가 적당하다.
(3) 장·단점

장점	단점
• 대상자들의 능동적인 참여를 통해 상호 협동적, 민주적 회의 능력을 기를 수 있다. • 각자의 의견을 표현하므로 자신의 의사를 올바르게 전달하는 능력이 배양된다. • 타인의 의견을 존중하고 반성적 사고능력이 생긴다. • 다수의 의견에 소수가 양보하고 협력하는 사회성이 길러진다. • 학습자 스스로 자신의 지식과 경험을 활용하게 되므로 학습 의욕이 높아진다.	• 많은 대상자가 참여할 수 없고 초점에서 벗어나는 경우가 많아서 시간이 오래 걸릴 수 있다. • 지배적인 참여자와 소극적인 참여자가 있을 수 있다.

정답 058 ②

059 제1차 국제건강증진회의(캐나다 오타와)에서 건강증진 5대 활동전략이 발표되었다. 다음 글에 해당하는 전략은?

[17 지방]

- 보건의료 부문의 역할은 치료와 임상서비스에 대한 책임을 넘어서 건강증진 방향으로 전환해야 한다.
- 건강증진의 책임은 개인, 지역사회, 보건전문인, 보건의료기관, 정부 등이 공동으로 분담한다.

① 보건의료서비스의 방향 재설정
② 건강 지향적 공공정책의 수립
③ 지지적 환경 조성
④ 지역사회활동의 강화

해설

보건의료의 역할을 치료에서 건강증진 방향으로 변화시킨다는 것은 보건의료서비스의 방향 재설정에 해당된다.

오타와 헌장의 건강증진 3대 원칙과 5대 활동요소

건강증진의 3대 원칙	5대 활동요소
• 옹호(advocacy): 건강에 대한 관심을 불러일으키고, 보건의료의 수요를 충족할 수 있는 건강한 보건정책을 수립해야 한다. • 역량강화(empowerment): 개인과 가족의 건강권을 인정하고, 그들 스스로 건강관리에 적극 참여하여 자신의 행동에 책임을 갖도록 해야 한다. • 연합(alliance): 모든 사람들이 건강하도록 관련 전문가들이 연합해야 한다.	• 건강한 공공정책의 수립: 건강증진의 개념은 보건의료서비스 영역에 국한되지 않고 다른 모든 영역의 정책입안자들이 정책결정의 결과가 건강에 미치는 영향을 인식하게 하고, 자신들의 결정이 국민건강에 대해 책임이 있음을 받아들이게 한다. • 지지적 환경의 조성: 우리 사회는 복잡하고 서로 밀접하게 관련을 맺고 있기 때문에 건강 또한 다른 목표들과 분리되어 생각할 수 없다. 자연적·인공적 환경보호나 천연자원의 보존은 건강증진전략에서 기본이 되어야 할 활동이다. • 지역사회 활동의 강화: 건강증진사업의 목적을 달성하기 위해서는 우선순위와 활동범위를 결정하여 전략적 기획과 실천방법을 모색하고 이에 따라 구체적이고 효과적인 지역사회활동을 통해 실천되어야 한다. • 개인 기술의 개발(자기건강 돌보기 육성): 건강증진활동을 통해 개인은 건강과 환경에 대한 통제력을 향상시키고, 건강과 관련 유익한 선택을 할 수 있는 능력을 갖게 된다. 생의 주기에 따른 건강증진활동으로 전 생애의 각 단계를 준비할 수 있고 만성질환이나 상해, 위기에 대처할 수 있는 능력이 개발된다. • 보건의료서비스의 방향 재설정(보건의료서비스의 개혁): 보건의료의 역할은 건강증진 방향으로 전환되어야 한다.

정답 059 ①

060 제5차 국민건강증진종합계획(HP2030)의 정책 효과를 측정하기 위해 설정한 대표 지표가 아닌 것은? [17 지방]

① 모성사망비
② 영아사망률
③ 고위험음주율
④ 노인 삶의 질

해설

문제 출제 당시(2019)에는 제4차 국민건강증진종합계획(Health Plan 2020)이 수행 중이었으나 현재는 제5차 국민건강증진종합계획(Health Plan 2030)이 수행중이다.
① 모성건강의 지표
② 영유아 건강의 지표
③ 절주의 지표

제5차 국민건강증진종합계획(Health Plan 2030)

해당사업		대표지표
건강생활실천	금연	성인남성 현재흡연율
		성인여성 현재흡연율
	절주	성인남성 고위험음주율
		성인여성 고위험음주율
	영양	식품 안정성 확보 가구분율
	신체활동	성인남성 유산소 신체활동 실천율
		성인여성 유산소 신체활동 실천율
	구강건강	영구치(12세) 우식 경험률
정신건강관리	자살예방	자살사망률(인구 10만 명당)
		남성 자살사망률(인구 10만 명당)
		여성 자살사망률(인구 10만 명당)
	치매	치매안심센터의 치매환자 등록·관리율(전국 평균)
	중독	알코올 사용장애 정신건강 서비스 이용률
	지역사회 정신건강	정신건강 서비스이용률
비감염성질환 예방관리	암	성인남성(20-74세) 암 발생률(인구 10만 명당)
		성인여성(20-74세) 암 발생률(인구 10만 명당)
	심뇌혈관 질환	성인남성 고혈압 유병률
		성인여성 고혈압 유병률
		성인남성 당뇨병 유병률
		성인여성 당뇨병 유병률
		급성 심근경색증 환자의 발병 후 3시간 미만 응급실 도착 비율
	비만	성인남성 비만 유병률
		성인여성 비만 유병률
	손상	손상사망률(인구 10만 명당)

해당사업		대표지표
감염 및 기후 변화성 질환 예방관리	감염병 예방 및 관리	신고 결핵 신환자율(인구 10만 명당)
	감염병 위기 대비대응	MMR 완전접종률
	기후 변화성 질환	기후보건영향평가 평가체계 구축 및 운영
인구집단별 건강관리	영유아	영아사망률(출생아 1천 명당)
	아동·청소년	고등학교 남학생 현재흡연율
		고등학교 여학생 현재흡연율
	여성	모성사망비(출생아 10만 명당)
	노인	노인 남성의 주관적 건강인지율
		노인 여성의 주관적 건강인지율
	장애인	성인 장애인 건강검진 수검률
	근로자	연간 평균 노동시간
	군인	군 장병 흡연율
건강친화적 환경구축	건강정보 이해력 제고	성인남성 적절한 건강정보이해능력 수준
		성인여성 적절한 건강정보이해능력 수준

※ 공무원 시험의 경우 시험일 기준 진행 중인 정책과 제도를 중심으로 출제되므로 제5차 국민건강증진종합계획(Health Plan 2030)의 대표지표로 공부하도록 하자.

061 블룸(Bloom)의 심리운동 영역에 해당하는 학습목표는?

[17 지방]

① 대상자는 운동의 장점을 열거할 수 있다.
② 대상자는 지도자의 지시에 따라 맨손체조를 실시할 수 있다.
③ 대상자는 만성질환 관리와 운동 효과를 연관시킬 수 있다.
④ 대상자는 운동이 자신에게 매우 이롭다고 표현한다.

해설

블룸(Bloom)은 학습목표를 인지적, 정의적, 심리운동적 영역으로 구분하였고 각 영역의 복합성에 따라 세분하였다. 심리운동 영역의 학습은 관찰 가능하기 때문에 학습목표의 확인과 측정이 쉽다.
① 인지적 영역(지식)
② 심리운동적 영역(지시에 따른 반응)
③ 인지적 영역(적용)
④ 정의적 영역(반응)

심리운동적(심동적) 영역의 7단계

수준	내용	예
지각 (perception)	감각기관을 통해 대상, 질 또는 관계를 알아가게 되는 과정이다.	노인들은 운동시범자가 보이는 근력운동을 관찰한다.
태세 (set)	특정 활동이나 경험을 위한 준비를 말한다.	노인들은 운동을 하기 위해 필요한 고무밴드를 하나씩 집어든다.
지시에 따른 반응 (guided response)	교육자의 안내하에 학습자가 외형적인 행위를 하는 것으로, 활동에 앞서 반응할 준비성과 적절한 반응을 선택해야 한다.	노인들은 운동시범자의 지시에 따라 고무밴드를 이용한 운동을 따라 한다.
기계화 (mechanism)	학습된 반응이 습관화되어 학습자는 행동수행에 자신감이 있으며 상황에 따라 습관적으로 행동한다.	노인들은 음악을 들으며 스스로 운동을 한다.
복합 외적 반응 (complex overt response)	복합적이라고 여겨지는 운동 활동의 수행을 뜻하며, 고도의 기술이 습득되고 최소한의 시간과 에너지 활동을 수행할 수 있다.	노인들은 집에서 텔레비전을 보면서 고무밴드를 이용한 운동을 능숙하게 실행한다.
적응 (adaptation)	신체적 반응이 새로운 문제 상황에 대처하기 위해 운동 활동을 변경하는 것을 말한다.	노인들은 고무밴드가 없는 노인회관에서 고무밴드 대신 긴 타월을 이용하여 운동을 한다.
창조 (origination)	심리 영역에서 발달한 이해, 능력, 기술로 새로운 운동 활동이나 자료를 다루는 방법을 창안한다.	

정답 061 ②

062 본인이 결핵에 걸릴 가능성을 실제보다 과소평가하는 대상자에게 높은 결핵 발생률에 대한 정보를 제공하여 결핵검진 및 예방행동을 증진하는 데 활용할 수 있는 이론 또는 모형으로 가장 적합한 것은? [16 서울]

① 건강신념모형
② 합리적행동이론
③ 임파워먼트이론
④ 건강증진모형

해설

건강신념모형은 사람들이 질병예방 프로그램에 참가하지 않는 이유를 설명하기 위하여 개발되었다. 건강신념모형은 예방적 행위를 하지 않은 사람들이 질병예방 행위를 실천할 수 있도록 중재를 제공하는 데 유용하다. 인간은 행위수행의 바람직한 결과가 기대되고 이러한 행위결과에 개인이 긍정적인 가치를 부여할 때 행위가 수행된다.

건강신념(믿음)모형에서는 다음과 같을 때 건강행위 가능성이 높아진다.
(1) 사람들이 자신에게 어떤 건강문제가 발생할 가능성이 높다고 여길 때
(2) 그 건강문제가 자신에게 심각한 결과를 가져올 수 있다고 믿을 때
(3) 자신이 하려는 행위가 그 건강문제의 발생 가능성이나 심각성을 감소시킬 것으로 믿을 때
(4) 예측되는 이익이 장애보다 크다고 믿을 때

정답 062 ①

063 사업장의 보건관리자는 근로자를 대상으로 변화단계이론 (Stage of Change Theory)에 따라 금연프로그램을 실시하고 있다. 금연을 지속적으로 실천한 지 4개월 된 근로자가 금연상담을 위해 보건실에 방문하였다. 이 근로자에게 적합하게 적용할 수 있는 단계는? [16 서울]

① 인식단계(contemplation stage)
② 준비단계(preparation stage)
③ 행동단계(action stage)
④ 유지단계(maintenance stage)

해설
- 행동단계: 최근 6개월 동안 행동변화가 일어나는 단계
- 유지단계: 행위단계에서 시작한 행동을 최소한 6개월 이상 지속하여 유지하는 단계

범이론적 모형

범이론적 모형은 행위 변화 과정과 행위 변화 단계를 핵심으로 개인·집단이 문제행위를 어떻게 수정하고 긍정적 행위를 선택하는가에 대한 행위 변화를 설명하는 이론이다.

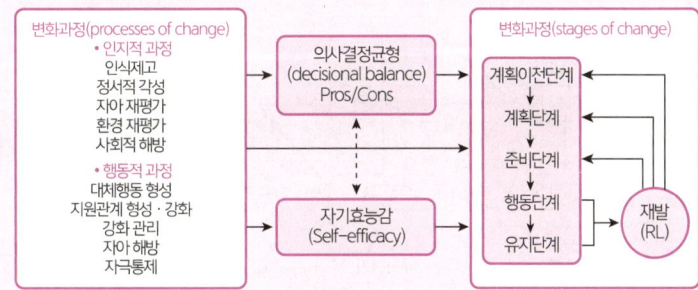

변화단계

계획 전 단계 (무관심단계)	① 6개월 이내에 행동 변화의 의지가 없는 단계이다. ② 자신의 문제를 인지하지 못하거나 과소평가, 회피가 나타난다. ③ 중재: 흡연의 유해성에 대한 정보 제공, 금연동기 유발
계획단계 (관심단계)	① 문제를 인식하고 6개월 이내에 문제를 해결하고자 하는 의도는 있고 구체적인 계획은 없다. ② 계획단계에 있는 사람은 행동 변화로 인한 유익한 점과 장애요인을 모두 잘 파악하고 있어 행동변화에 대한 손실과 이득이 같다고 인식한다. ③ 중재: 자신의 흡연행위 관찰 및 인식
준비단계	① 행위 변화 의도와 행동을 결합시킨 단계로 구체적인 실행계획이 잡혀 있는 단계이다. ② 1개월 내에 건강행동을 하겠다는 의도가 있다. ③ 중재: 금연시기 설정, 금연서약서 작성, 금단증상의 대처방법, 자신감 강화 ④ 금연을 시도했다가 실패하는 경우에는 준비단계부터 다시 시작한다.
실행(행동)단계	① 행동 시작 후 6개월 이내로 행동 변화가 실행되는 단계이다. ② 행위 변화가 안정되어 있지 않고 되돌아가려는 성향이 작용한다. ③ 중재: 흡연욕구와 금단증상에 대처할 수 있는 전략 제공, 가족과 동료들의 지지
유지단계	① 실행단계에서 시작한 행위 변화를 최소한 6개월 이상 지속하여 생활의 일부분으로 정착하는 단계이다. ② 행위 변화가 점점 습관화되고, 되돌아가려는 성향은 줄어드나 여전히 주의를 요하는 단계이다.

정답 063 ③

064 PRECEDE-PROCEED모형의 교육적 진단단계에서 수집해야 할 성향요인은?

[16 서울]

① 건강행위에 대한 피드백
② 건강행위 관련 지식 및 인식
③ 행위를 촉진하는 학습자의 기술
④ 건강행위 변화를 방해하는 환경적 자원

해설

성향요인은 행위의 근거나 동기를 제공하는 인지적, 정서적 요인으로 지식, 태도, 신념가치, 자기효능 등이 있다.
① 강화요인
③, ④ 촉진요인

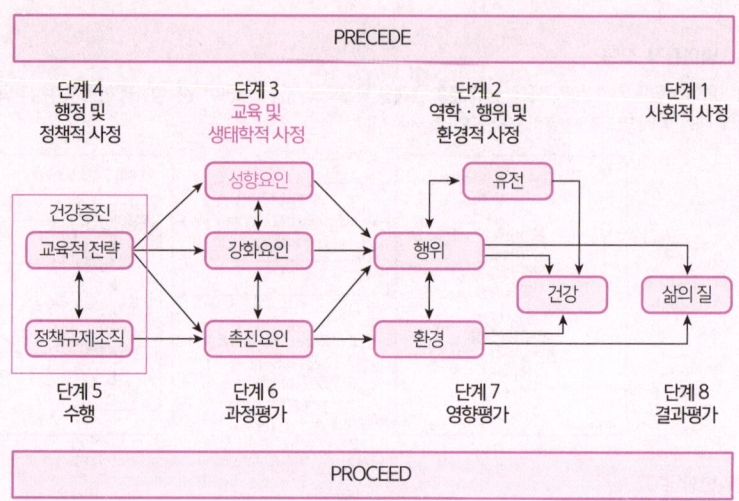

▶ PRECEDE-PROCEED 모형

▶ 교육 및 생태학적 사정단계

성향(소인)요인 (predisposing factors)	행위의 근거나 동기를 제공하는 인지적·정서적 요인으로 지식, 태도, 신념가치, 자기효능 등이 있고 중재전략을 세우거나 보건교육 계획에 매우 유용하다.
촉진(가능)요인 (enabling factors)	개인이나 조직의 건강행위 수행을 가능하게 도와주는 요인으로 보건의료 및 지역사회 자원의 이용 가능성, 접근성, 시간적 여유 제공성과 개인의 기술, 개인의 자원 및 지역사회 자원 등이다.
강화요인 (reinforcing factors)	보상, 칭찬, 처벌 등과 같이 행위가 지속되거나 없어지게 하는 요인으로 사회적 유익성, 신체적 유익성, 대리보상, 사회적 지지, 친구의 영향, 충고, 보건의료 제공자에 의한 긍정적·부정적 반응 등이 있다.

정답 064 ②

065 ★★★ Bloom이 제시한 인지적 영역 학습목표의 수준이 올바르게 나열된 것은?

[16 서울]

←낮은 수준　　　　높은 수준→

① 지식 → 적용 → 이해 → 종합 → 분석 → 평가
② 지식 → 이해 → 적용 → 종합 → 분석 → 평가
③ 지식 → 이해 → 적용 → 분석 → 종합 → 평가
④ 지식 → 적용 → 이해 → 분석 → 종합 → 평가

해설

인지적 영역의 6가지 수준은 지식 - 이해 - 적용 - 분석 - 종합 - 평가이다.

인지적 영역의 세부 수준

수준	내용	예
지식 (knowledge, 암기)	정보를 회상해 내거나 기억하는 것이다.	대상자들은 흡연의 피해를 열거할 수 있다.
이해 (comprehension)	학습자는 의사소통되고 있는 물질이나 아이디어를 다른 것과 관련시키지 않고도 무엇이 의사소통되고 있는지 알고 있다.	대상자들은 니코틴의 작용을 말할 수 있다.
적용 (application)	구체적이고 특수한 상황에 일반적인 아이디어나 규칙, 이론, 기술적인 원리 혹은 일반화된 방법의 추상성을 사용한다.	대상자들은 심장질환과 니코틴의 작용을 관련지어 말할 수 있다.
분석 (analysis)	의사소통을 조직적·효과적으로 분명히 하기 위해 표현된 아이디어의 위계와 관계가 분명해지도록 의사소통을 부분으로 나누는 것을 의미한다.	대상자들은 흡연으로 인한 증상과 자신에게서 나타나는 증상을 비교한다.
종합 (synthesis, 합성)	부분이나 요소를 합하여 분명히 보이도록 완성된 구조로 구성하는 것이다.	대상자들은 금연방법을 참고하여 자신의 금연계획을 작성한다.
평가 (evaluation)	주어진 목표에 대해 자료와 방법이 범주를 충족시키는 정도에 관해 질적·양적으로 판단한다.	대상자들은 자신들이 계획한 금연계획을 실천 가능성에 따라 평가한다.

정답 65 ③

066 초등학교 보건교사가 인지주의 학습이론을 적용하여 비만 아동에게 체중 감량을 위한 식이교육을 실시하고자 할 때 가장 적절한 방법은?

[16 지방]

① 음식일기를 기록한 날에는 일기장에 예쁜 스티커를 붙여주었다.
② 익숙한 동요의 가사를 음식 칼로리에 대한 내용으로 바꾸어 반복해서 부르게 하였다.
③ 아동이 자율성을 가지고 다이어트 식단을 스스로 작성하도록 독려하였다.
④ 고칼로리 음식섭취를 자제하면서 조금씩 체중을 감량하고 있는 아동에게는 칭찬 점수를 주고 모으도록 하였다.

해설

인지주의 관점에서 학습은 새로운 지식을 학습자가 이미 알고 있는 지식에 연계시키는 다양한 기회와 과정을 통해 일어난다고 보기 때문에 수업은 교사가 지식이나 정보를 학습자에게 단순히 전달하는 과정이 아니라 학생의 사고과정과 기능 습득을 효과적으로 수행할 수 있도록 도와주는 활동이라고 할 수 있다.
① 행동주의 학습이론(행동과 연결된 보상-스티커)
② 인지학습수의이론(쉽게 암기하도록 동요로 변화)
③ 인본주의 학습이론(스스로 다이어트 식단 작성)
④ 행동주의 학습이론(행동과 연결된 보상-칭찬)

067 PRECEDE-PROCEED 모형의 교육 및 생태학적 진단 단계에서 제시한 건강행위 결정에 영향을 주는 요인과 항목이 바르게 짝지어진 것은?

[16 지방]

① 조정요인 - 사회적 지지
② 가능요인 - 친구 또는 동료의 영향
③ 강화요인 - 보건의료 및 지역사회 자원의 이용 가능성
④ 성향요인 - 건강에 대한 신념과 자기효능

해설

①, ② 강화요인
③ 촉진요인

교육 및 생태학적 진단 단계에서는 성향, 촉진, 강화요인을 사정한다.
(1) 성향(소인)요인(Predisposing factors): 행위의 근거나 동기를 제공하는 인지적 · 정서적 요인으로 지식, 태도, 신념가치, 자기효능 등이 있고 중재전략을 세우거나 보건교육 계획에 매우 유용하다.
(2) 촉진(가능 · 가용)요인(Enabling factors): 개인이나 조직의 건강행위 수행을 가능하게 도와주는 요인으로 보건의료 및 지역사회 자원의 이용 가능성, 접근성, 시간적 여유 제공성과 개인의 기술, 개인의 자원 및 지역사회 자원 등이다.
(3) 강화요인(Reinforcing factors): 보상, 칭찬, 처벌 등과 같이 행위가 지속되거나 없어지게 하는 요인으로 사회적 유익성, 신체적 유익성, 대리보상, 사회적 지지, 친구의 영향, 충고, 보건의료제공자에 의한 긍정적 · 부정적 반응 등이 있다.

정답 066 ② 067 ④

068 세계보건기구가 제시하는 건강도시의 특징으로 옳은 것만을 모두 고른 것은? [16 지방]

> 가. 깨끗하고 안전한 물리적 환경
> 나. 모든 시민의 기본 욕구 충족 노력
> 다. 건강과 복지에 대한 시민 참여
> 라. 모든 시민에 대한 적절한 공중보건 및 치료서비스의 보장

① 가, 나
② 다, 라
③ 가, 나, 다
④ 가, 나, 다, 라

해설

건강도시의 특징
옆의 4가지 외에 다음과 같다.
(1) 높은 수준의 건강
(2) 상호협력적이며 비착취적인 지역사회
(3) 다양하고 활기념치며 혁신적인 경제
(4) 현재 안정되고 장기적으로 지속가능한 생태체계
(5) 역사, 문화적, 생물학적 유산 그리고 타 집단과 개인 간의 연계 조장
(6) 광범위하고 다양한 만남, 상호교류와 의사소통의 기회가 있는 폭넓은 경험과 자원에의 접근

---

069 캐나다의 보건성 장관이었던 Lalonde의 보고서(1974)에서는 건강에 결정을 미치는 주요 요인을 제시하였다. 건강결정요인으로 가장 옳지 않은 것은? [15 서울]

① 생물학적 요인
② 생활습관
③ 교육정도
④ 보건의료서비스

해설

라론드 보고서(Lalonde Report)
(1) 1974년 캐나다의 라론드(Lalonde)가 보건의료의 중점을 치료중심의 의학적 모형에서 예방중심의 총체적 모형으로 전환시킨 라론드 보고서를 통해 건강증진의 중요성을 제시하였다.
(2) 라론드 보고서는 생물학적 요인, 환경적 요인, 생활양식 요인, 보건의료조직 요인을 동등하게 중요시 하는 건강장(Health-field) 개념을 대중화하였다.
(3) 건강결정요인을 유전적 요인(20%), 물리적 환경 요인(20%), 개인의 생활양식(50%), 보건의료서비스(10%)로 구분하면서 가장 중요한 요인은 생활양식임을 강조하였다.

정답 068 ④ 069 ③

070 다음은 보건교육방법에 대한 설명이다. 옳은 것을 모두 고르면?

[15 서울]

> ㉠ 강의 – 많은 대상자에게 짧은 시간 동안 많은 지식과 정보를 제공한다.
> ㉡ 그룹토의 – 일방식 교육방법으로 참가자가 자유로운 입장에서 상호의견을 교환하고 결론을 내린다.
> ㉢ 분단토의 – 각 견해를 대표하는 토론자 4~5명을 선정하고 사회자의 진행하에 토론한다.
> ㉣ 역할극 – 학습자가 실제 상황 속 인물로 등장하여 그 상황을 분석하고 해결방안을 모색한다.

① ㉠, ㉣
② ㉡, ㉣
③ ㉠, ㉡, ㉢
④ ㉠, ㉡, ㉢, ㉣

해설

㉡ 그룹토의는 일방식 교육이 아닌 상호작용이 강조되는 토의이다.
㉢ 배심토의

- **강의**(강연회, lecture): 교육자가 학습자에게 학습내용을 직접 언어로 전달하는 가장 전통적이고 보편적인 교육방법으로, 지식을 주입하는 데 적절하다.
- **집단토론**(group discussion): 참가자들이 특정 주제에 대하여 자유롭게 상호의견을 교환하고 결론을 내리는 방법으로, 효과적인 토론을 위해서는 참가자 모두 토론의 목적을 이해하고 참여하여야 하므로 참가자 수가 많을수록 토론의 참여기회가 적어지므로 참가자는 10명 내외가 적당하다.
- **분단토의**(buzz session, 와글와글 학습법, 6.6토의): 전체를 몇 개의 분단으로 나누어서 토의하게 하고 다시 전체회의에서 종합하는 방법으로, 각 분단은 6~8명이 알맞으며 상호 의견 교환 후에는 전체 의견을 종합하여 보고하도록 한다.
- **역할극**(role play): 학습자들이 직접 실제 상황 중의 한 인물로 등장하여 연극을 하면서 건강문제나 어떤 상황을 분석하고 해결방안을 모색하면서 학습목표에 도달하는 방법이다.

정답 **070** ①

071
지역사회간호사가 Green의 PRECEDE-PROCEED 모형을 이용하여 보건교육을 기획하는 과정에서 다음과 같은 진단을 내렸다면 이는 어느 단계에 해당하는가? [15 서울]

> 지역사회주민의 고혈압 식이조절에 대한 지식과 신념이 부족하며 의료시설 이용이 부적절하다.

① 교육 및 생태학적 진단단계
② 사회적 진단단계
③ 역학 및 행위와 환경 진단단계
④ 행정 및 정책적 진단단계

해설
문제에서 제공하는 단서는 "지식과 신념"이므로 이는 성향요인에 해당된다. 성향요인을 사정하는 단계는 "교육 및 생태학적 진단단계"이다.

PRECEDE-PROCEED 모형

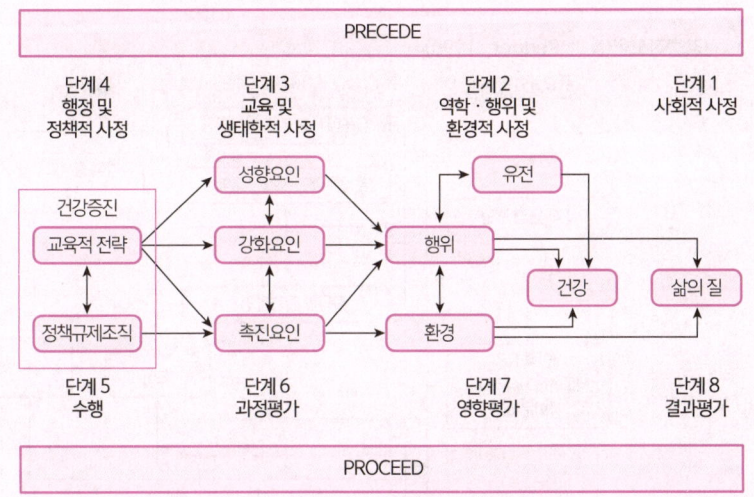

교육 및 조직적 또는 생태학적 진단
건강행위에 변화를 가져오기 위한 보건교육 프로그램을 설정하는 단계로 전 단계에서 규명된 건강행위에 영향을 주는 성향요인, 강화요인, 촉진(가능)요인을 사정한다.
(1) 성향(소인)요인(Predisposing factors): 행위의 근거나 동기를 제공하는 인지적·정서적 요인으로 지식, 태도, 신념가치, 자기효능 등이 있고 중재전략을 세우거나 보건교육 계획에 매우 유용하다.
(2) 촉진(가능·가용)요인(Enabling factors): 개인이나 조직의 건강행위 수행을 가능하게 도와주는 요인으로 보건의료 및 지역사회 자원의 이용가능성, 접근성, 시간적 여유 제공성과 개인의 기술, 개인의 자원 및 지역사회자원 등이다.
(3) 강화요인(Reinforcing factors): 보상, 칭찬, 처벌 등과 같이 행위가 지속되거나 없어지게 하는 요인으로 사회적 유익성, 신체적 유익성, 대리보상, 사회적 지지, 친구의 영향, 충고, 보건의료제공자에 의한 긍정적·부정적 반응 등이 있다.
이 3가지 요인의 범주는 상호배타적인 것이 아니므로 한 요소가 여러 요인에 속할 수도 있으며 어떤 단순한 행위라도 한 가지 원인 때문에 나타나는 행위는 거의 없고, 이 3가지 요인이 복합적으로 영향을 미쳐 나타나게 된다.

정답 071 ①

072 펜더(Pender)의 건강증진모형을 이용하여 건강한 젊은 성인들을 대상으로 제공할 수 있는 운동 프로그램 중재로 옳지 않은 것은? [15 지방]

① 대상자의 자기효능감을 증진시킨다.
② 대상자에게 운동의 이점을 설명한다.
③ 건강위협을 통해 대상자를 동기화한다.
④ 대상자 가족들이 대상자를 지지하도록 한다.

해설

펜더(Pender)의 건강증진모형의 특징은 건강증진에 인지지각 요인이 미치는 영향이 크다는 것을 강조한다. 특히 이러한 인지지각을 변화시켜 건강증진 행위를 촉진할 수 있다는 데 초점이 있다. 건강신념모형이 질병 관련 행위를 주로 설명한 반면 펜더의 건강증진모형은 전반적인 건강증진 행위를 설명하고 있다.
① 지각된 자기효능감
② 지각된 유익성
③ 건강위협은 건강신념 모형의 주요변수이다.
④ 대인관계 영향

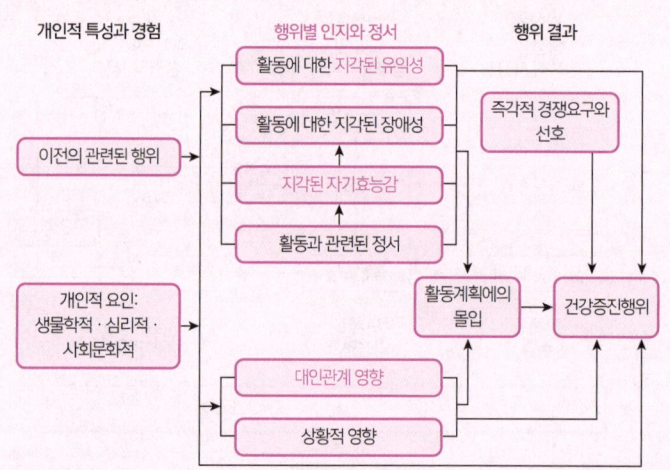

건강증진모형(N.J. Pender, 1996)

개인적 특성과 경험	행위별 인지와 정서
① 이전의 관련 행위 현재와 비슷한 행위를 과거에 얼마나 자주 했는지를 의미하는 것으로, 이전의 행위는 자신도 모르게 자동적으로 행위를 하게 만들며 이것은 지각된 자기효능, 유익성, 장애성, 활동 관련 정서를 통해 건강증진행위에 간접적인 영향을 준다. ② 개인적 요인 건강증진행위뿐만 아니라 행위에 따른 인지와 정서에 직접적인 영향을 미치는 요소로서 행위를 변화시키기 위한 중재로 구체화하기에는 어려움이 있다. ㉠ 생물학적 요인: 연령, 성, 비만도, 사춘기상태, 폐경상태, 힘, 균형성 등 ㉡ 심리적 요인: 자존감, 자기동기화, 개인능력, 지각된 건강상태, 건강의 정의 등 ㉢ 사회문화적 요인: 종족, 보건교육, 사회·경제적 수준 등	행위별 인지와 정서는 변화가 가능한 요인으로 간호중재의 대상이 된다. ① 활동에 대한 지각된 유익성: 특정 행위에 대해 개인의 기대하는 긍정적 결과 ② 활동에 대한 지각된 장애성: 활동을 할 때 부정적인 측면을 인지하는 것 ③ 지각된 자기효능감: 확실하게 수행할 수 있을 거라는 성취에 대한 개인 능력을 판단하는 것 ④ 활동과 관련된 정서: 행위에 대하여 주관적으로 느끼는 것으로 시작 전, 후, 과정 중에 행위의 특성에 따라 다르게 나타남 ⑤ 대인관계 영향: 다른 사람의 태도와 신념, 행위 등에 영향을 받는 것을 의미 ⑥ 상황적 영향: 상황에 대한 개인이 지각하고 인지하는 것으로 행위를 촉진시키거나 방해

정답 **072** ③

073 다음에 해당하는 보건교육방법은?

[15 지방]

> 보건소에서 지역사회의 A초등학교 전교생 800명을 대상으로 3일간 집중적으로 손 씻기의 중요성을 강조하여 학생들의 인식을 높이려 한다.

① 역할극
② 캠페인
③ 심포지엄
④ 시범

해설

캠페인은 건강관리에 필요한 지식과 기술을 향상시키기 위해 매우 집중적이고 반복적인 과정을 통해 사람들이 올바른 교육내용을 습득하도록 널리 알리는 교육방법이다.
수행하는 기간은 수일에서 1개월까지 다양하며 이때 교육매체로는 팸플릿, 포스터, TV, 라디오, 거리 인쇄물 배포 등이 활용된다.

보건교육방법

- **역할극(role play)**: 학습자들이 직접 실제 상황 중의 한 인물로 등장하여 연극을 하면서 건강문제나 어떤 상황을 분석하고 해결 방안을 모색하면서 학습목표에 도달하는 방법이다.

장점	단점
• 대상자의 직접 참여로 흥미와 동기유발이 용이하고 사회성이 개발된다. • 교육 대상자의 수가 많아도 적용이 가능하다. • 의사소통 및 의사결정에 대한 경험을 제공한다.	• 준비하는 데 시간이 많이 소요된다. • 대상자들이 역할을 맡는 것을 위협적으로 생각할 수 있다.

- **심포지엄(symposium)**: 동일한 주제에 대해 전문적인 지식을 가진 전문가 2~5명을 초청하여 각자 10~15분씩 의견을 발표하게 한 후 발표 내용을 중심으로 사회자가 청중을 공개 토론 형식으로 참여시키는 방법이다. 사회자는 이 분야의 최고 전문가이어야 하고 사회자는 연사 전원의 강연이 끝나면 내용을 짧게 요약해서 질문, 답변 또는 토론이 적당히 진행되게 한다.

장점	단점
• 특별한 주제에 대한 밀도 있는 접근이 가능하다. • 다채롭고 창조적이고 변화있게 강의를 진행할 수 있다. • 청중이 알고자 하는 문제 파악이 가능하다.	• 연사의 발표 내용에 중복이 있을 수 있다. • 청중이 주제에 대한 정확한 윤곽을 형성하지 못 했을 때는 비효과적이다.

- **시범(demonstration)**: 이론과 함께 시각적으로 볼 수 있는 모든 실물을 사용하거나 실제 장면을 만들어내어 지도하는 교육방법으로, 심리운동 영역인 기술교육에 적합한 방법이다. 교육자가 전 과정을 천천히 실시해 보임으로써 대상자들이 기술을 습득할 수 있도록 한다. 보건사업에서 가장 많이 쓰이는 방법으로, 교육의 가장 오래된 형태이며 현실적으로 실천 가능한 효과적인 방법이다.

장점	단점
• 학습자의 흥미와 동기유발이 용이하다. • 배운 내용을 실무에 적용하기 쉽다. • 학습자의 수준에 따라 다양하게 적용할 수 있다.	• 소수에게만 적용 가능할 수 있다. • 특정 장비가 필요하기 때문에 경제적이지 못하다. • 시범 방법을 선택한 교육자는 교육 준비에 시간을 많이 소모하게 된다.

정답 073 ②

074 다음은 제5차 국민건강증진종합계획 중 '비감염성 질환 예방관리' 사업의 중점분야이다. 옳지 않은 것은? [14 서울(수정)]

① 암
② 비만
③ 구강건강
④ 심뇌혈관질환

해설

2014년에는 제4차 국민건강증진종합계획(Health Plan 2020)이 수행 중이었으나 현재는 제5차 국민건강증진종합계획(Health Plan 2030)이 수행 중이라 문제를 변형하였다. "비감염성 질환 예방관리"에는 암, 심뇌혈관질환, 비만, 손상이 사업 분야이다.

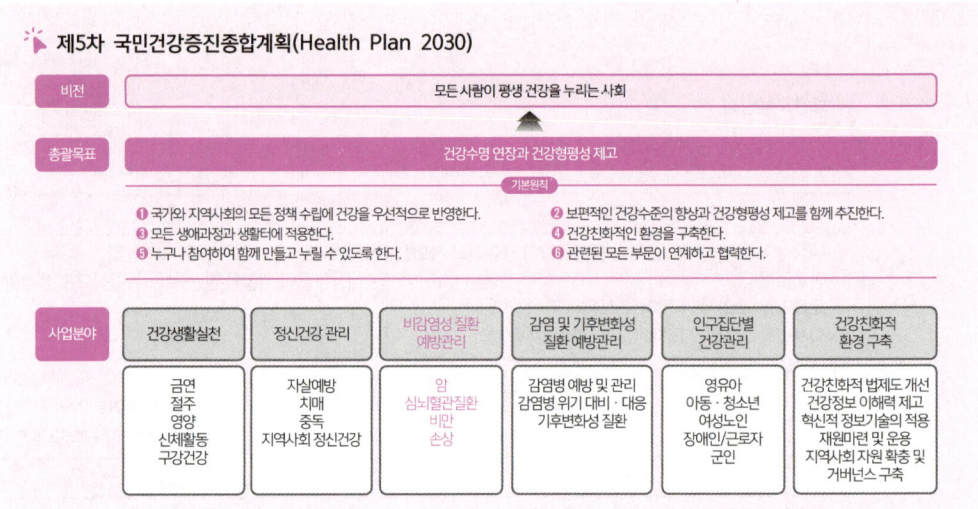

정답 074 ③

075 GREEN의 PRECEDE-PROCEED 모형에 의해 교육 및 생태학적 사정을 할 때 개인이나 조직의 건강행위 수행을 가능하게 도와주는 것과 관련된 요인은?

[14 서울]

① 성향요인
② 촉진요인
③ 강화요인
④ 행위요인
⑤ 환경요인

해설

개인이나 조직의 건강행위수행을 가능하게 도와주는 것은 가능요인(촉진요인)이다.

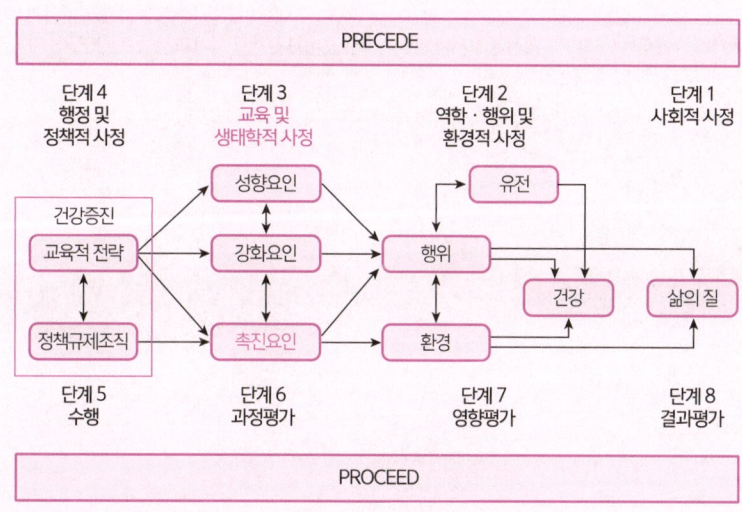

교육 및 생태학적 사정단계

성향(소인)요인 (predisposing factors)	행위의 근거나 동기를 제공하는 인지적·정서적 요인으로 지식, 태도, 신념가치, 자기효능 등이 있고 중재전략을 세우거나 보건교육 계획에 매우 유용하다.
촉진(가능)요인 (enabling factors)	개인이나 조직의 건강행위 수행을 가능하게 도와주는 요인으로 보건의료 및 지역사회 자원의 이용 가능성, 접근성, 시간적 여유 제공성과 개인의 기술, 개인의 자원 및 지역사회 자원 등이다.
강화요인 (reinforcing factors)	보상, 칭찬, 처벌 등과 같이 행위가 지속되거나 없어지게 하는 요인으로 사회적 유익성, 신체적 유익성, 대리보상, 사회적 지지, 친구의 영향, 충고, 보건의료 제공자에 의한 긍정적·부정적 반응 등이 있다.

정답 **075** ②

076 지역의 어린이집에 근무하는 건강관리 실무자 15명을 대상으로 '유아의 효율적인 위생관리 방안'을 모색하고자 한다. 가장 적절한 교육방법은?

[14 서울]

① 상담
② 강의
③ 세미나
④ 공개토론회
⑤ 브레인스토밍

해설

세미나는 토론 구성원이 해당 주제에 관한 전문가나 연구자로 이루어졌을 때 주제 발표자가 먼저 발표를 하고, 토론 참가자들이 이에 대해 토론하는 방법이다. 사전에 철저한 연구와 토론 준비를 전제로 하기 때문에 토론자들이 해당 주제에 대한 지식이나 정보를 체계적이고 깊이 있게 토론할 수 있다.

정답 076 ③

077 다음은 어떤 학습이론에 대한 설명인가? [14 서울]

- 학습이란 자기실현을 할 수 있도록 개인의 잠재력을 발달시키는 것이다.
- 스스로 학습하며 학습이 유용했는지를 스스로 평가하도록 한다.
- 학습자가 자발적인 사람이기 때문에 교육자의 역할은 학습자의 조력자이며 촉진자의 역할이다.

① 사회 - 학습이론
② 계획된 행위이론
③ 인지주의 학습이론
④ 행동주의 학습이론
⑤ 인본주의 학습이론

해설

인본주의는 심리학에 근본을 두고 있으며 학습은 개인이 주위 환경과의 능동적인 상호작용을 통하여 자아성장과 자아실현을 이루는 과정이다. 인본주의 학습이론은 학습자가 자발적인 사람이기 때문에 교육자의 역할은 학습자의 요청에 반응하는 것이며 교사는 촉진자, 조력자, 격려자가 되어야 한다. 학습에서 필수적인 것은 학습자가 경험에서 의미를 이끌어내는 것이며 스스로 학습하며 학습이 유용했는지를 스스로 평가한다.

학습이론

구성주의	• 구성주의 학습은 자신의 개인적인 경험에 근거해서 독특하고 개인적인 해석을 내리는 능동적이며 개인적인 과정을 의미하는 학습이론 • 구성주의는 지식이란 인간이 처한 상황의 맥락 안에서 사전 경험에 의해 개개인의 마음에 재구성하는 것이라고 주장하였다. • 구성주의는 문제중심학습(PBL: Problem Based Learning)의 철학적 배경이 되며 "의미 만들기 이론" 또는 "알아가기 이론"이라고도 하고 의학이나 간호학의 학습방법으로 도입되고 있다. • 학습자들이 환경의 맥락에서 자신이 구성한 의미를 사용함으로써 실생활에서 마주하는 실질적인 문제에 지식을 적용할 수 있는 능력을 기르는 것이다.
인지주의	학습은 본질적으로 내적인 사고과정의 변화이기에 개인이 환경으로부터 받은 자극이나 정보를 어떻게 지각하고 해석하고 저장하는가에 관심을 두었다. ① 주의집중은 학습을 증가시킨다. ② 정보자료를 조직화할 때 학습을 증가시킨다. ③ 정보를 관련지음으로써 학습을 증가시킨다. ④ 개개인의 학습유형은 다양하다. ⑤ 우선적인 것은 정보의 저장에 영향을 준다. ⑥ 새로이 학습한 내용을 다양한 배경에서 적용하는 것은 그 학습의 일반화를 도와준다. ⑦ 모방은 하나의 학습방법이다. ⑧ 신기함이나 새로움은 정보의 저장에 영향을 준다.
인본주의	인본주의는 심리학에 근본을 두고 있으며 학습은 개인이 주위 환경과의 능동적인 상호작용을 통하여 자아성장과 자아실현을 이루는 과정이다. ① 학습은 학습자가 긍정적 자아개념을 갖도록 도와주는 것이다. ② 학습자들에게 자유 선택의 기회를 부여하면 그들은 최선의 것을 선택한다. ③ 학습은 학습자의 조화로운 발달을 도모하며 학습자 중심으로 이루어져야 효과적이다. ④ 학습은 학습자로 하여금 그들의 신념과 태도와 가치를 분명히 의식하여 행동하도록 돕는 것이다. ⑤ 학습은 자기실현을 할 수 있도록 개인의 잠재력을 발달시키는 것이다.
행동주의	인간의 학습 현상을 행동과 그 행동의 발생 원인이 되는 외부환경에 초점을 두고 설명하는 이론으로, 목표한 행동의 변화가 일어나면 학습이 이루어졌다고 본다. ① 행동은 보상, 칭찬, 처벌 등과 같은 강화에 의해 증가된다. ② 행동은 이전의 경험에 의해 영향을 받으며, 다음에 올 결과에 의해 더 큰 영향을 받는다. ③ 처벌은 행동을 억제한다. 처벌이 제거되면 행동은 증가하는 경향이 있다. ④ 반복적인 행동으로 강화가 이루어지며 강화를 통해 학습을 증진시킨다. ⑤ 명백하게 행동과 연결된 보상이나 벌이 행동을 강화시킨다. 결과에 상응하는 적절한 보상 제공이 학습을 증진시킨다.

정답 **077** ⑤

078 다음은 범이론적 모형(Trans-Theoretical Model)의 변화과정 중 하나에 대한 설명이다. 이에 해당하는 것은? [14 지방]

> 개인의 건강습관 유무가 어떻게 사회적 환경에 영향을 미치는지를 정서적, 인지적으로 사정한다.

① 인식제고 ② 자아 재평가
③ 환경 재평가 ④ 자극 통제

해설

범이론적 모형의 변화 과정

인지적 변화과정	의식제고	건강한 행동 변화를 지지할 수 있는 조언과 아이디어, 새로운 지식의 학습과 발견에 대한 것
	극적전환	불건강 행위의 위험에 따른 부정적인 감정(불안, 공포, 걱정)의 경험
	환경재평가	주변의 사회적·물리적 환경에 대한 불건강 행위의 부정적 영향이나 건강행위의 긍정적 영향을 깨닫는 것
	사회적 해방	사회 내에서 생활방식에 대한 개인의 인식
	자기 재평가	자기 기준과 행동 사이의 불일치를 인식시킴으로써 대상자가 불만족을 느끼게 하여 변화를 야기한다는 전제에 기초한 것
행위적 변화과정	자극통제	행동을 방해하는 원인이 되는 사람이나 상황을 조절하고 극복할 대안을 시도
	조력관계	문제행위를 변화시키려고 시도하는 동안에 타인의 도움을 신뢰하고 수용하여 사용하는 지지관계를 형성하는 것
	역조건화 (대체조건 형성)	행동 단계나 유지 단계에서 문제 행위를 긍정적 행위나 경험으로 대체할 수 있는 능력이나 대처방법 및 기술 이완요법 등
	강화관리	긍정적인 행위 변화에 대한 보상을 늘리고, 불건강 행동에 대한 보상을 감소시킴
	자기해방	변화하겠다고 결심하고 다른 사람에게 그 결심을 공개함으로써 의지를 더욱 강화시키고 확실한 책임을 갖도록 함

079 건강신념모형을 적용하여 암 예방사업을 하고자 할 때, 건강행위 가능성을 높일 수 있는 간호중재의 방향으로 옳지 않은 것은? [14 지방]

① 암 예방행위에 대한 지각된 장애성을 감소시킨다.
② 암 예방행위에 대한 지각된 유익성을 증가시킨다.
③ 암에 대한 지각된 심각성을 증가시킨다.
④ 암에 대한 지각된 민감성을 감소시킨다.

해설

암에 대한 지각된 민감성을 증가시켜야만 건강행위 가능성을 높일 수 있다.

정답 078 ③ 079 ④

080

Green의 PRECEDE-PROCEED Model을 적용하여 청소년 대상 보건교육사업을 기획하고자 한다. 이때 관내 청소년 흡연율 조사가 실시되는 단계는?

[14 지방]

① 사회적 사정 단계
② 역학, 행위 및 환경적 사정 단계
③ 교육 및 생태학적 사정 단계
④ 행정 및 정책적 사정 단계

해설

역학적 자료(관내 청소년 흡연율 조사)는 대상 인구 집단의 건강문제 분포와 크기를 나타냄으로써 건강문제의 상대적 중요성을 제시해준다. PRECEDE-PROCEED 모형에서 "역학적자료"를 사정하는 것은 "역학, 행위 및 환경적 사전 단계"에서 이루어진다.

PRECEDE-PROCEED 모형

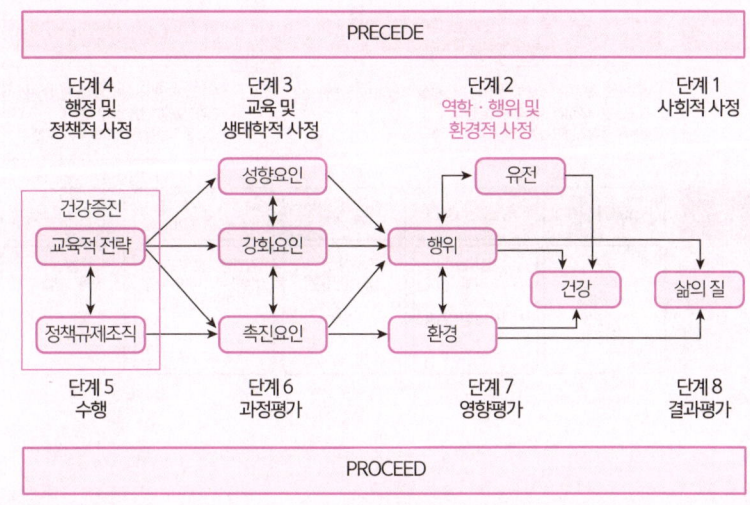

사회적 사정(진단)	지역사회 주민의 삶의 질에 영향을 미치는 사회적 요인을 규명하는 단계 • 객관적 사정: 주택밀도, 대기환경과 같은 환경적 지표와 실업률과 같은 사회적 지표, 지역사회와 관련된 신문, 방송매체, 각종 센서스 자료, 생정기록 자료 등 • 주관적 사정: 지역사회 주민의 적응
역학, 행위 및 환경적 사정 (진단)	사회적 진단 단계에서 규명된 삶의 질에 영향을 미치는 구체적인 건강문제를 재조명하고, 건강문제들에 순위를 결정하여 부족한 자원과 사용할 가치가 있는 건강문제를 확인하여, 건강문제와 원인적으로 연결되어 있는 건강 관련 행위와 환경요인을 규명하는 단계 • 삶의 질을 가늠하는 5D: 사망률(Death), 이환율(Disease), 장애율(Disability), 불편감(Discomfort), 불만족(Dissatisfaction) • 역학적 자료는 대상 인구 집단의 건강문제 분포와 크기를 나타냄으로써 건강문제의 상대적 중요성을 제시해준다.
교육 및 조직적, 생태학적 사정(진단)	건강행위에 변화를 가져오기 위한 보건교육 프로그램을 설정하는 단계로 전단계에서 규명된 건강행위에 영향을 주는 소인(성향)요인(predisposing factors), 가능(촉진)요인(enabling factors), 강화요인(reinforcing factors)을 사정
행정 · 정책적 사정(진단)	이전 단계에서 세워진 계획이 건강증진 프로그램으로 전환되기 위해서는 행정 또는 정책적인 진단이 필요하며 건강증진 프로그램에 이용 가능한 예산, 자원, 시간, 프로그램 수행 시 극복해야 할 장애, 프로그램 지원 정책 등이 있는지를 사정하는 단계

정답 80 ②

081 제5차 국민건강증진종합계획(Health-Plan 2030)의 사업분야에 포함된 내용이 아닌 것은?   [13 서울(수정)]

① 건강형평성 제고
② 인구집단별 건강관리
③ 비감염성 질환 예방관리
④ 감염 및 기후변화성 질환 예방관리

해설

문제출제 당시에는 제3차 국민건강증진종합계획(Health Plan 2020)이 수행 중이었으나 현재는 **제5차 국민건강증진종합계획(Health Plan 2030)이 수행 중**이라 문제를 변형하였다.

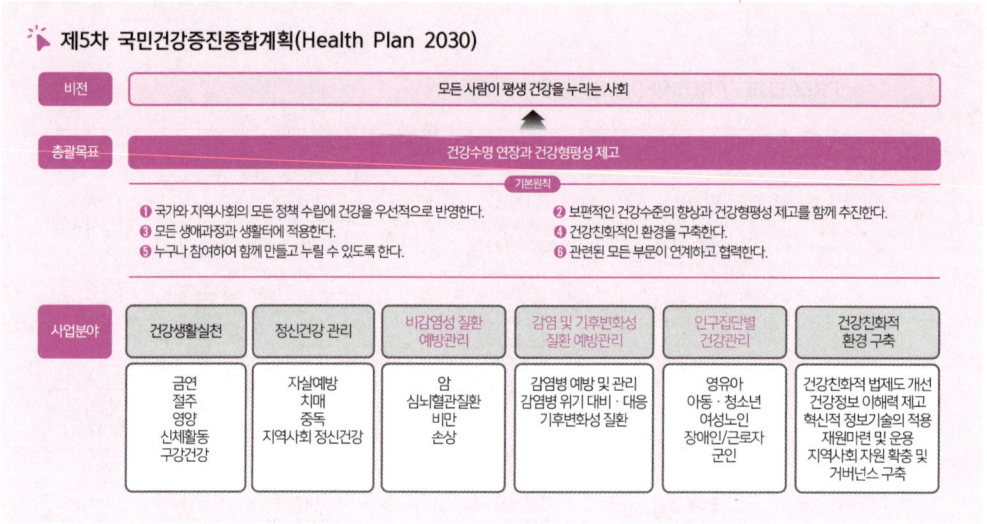

정답 081 ①

082 다음 설명에 해당하는 보건교육방법은? [13 서울]

> 동일한 주제에 대한 전문적인 지식을 가진 전문가 3~5명의 발표 내용을 중심으로 청중과 공개토론 형식으로 진행되는 보건교육방법

① 패널토의
② 델파이법
③ 심포지엄
④ 분임토의

해설

심포지엄의 핵심단어는 "전문성"이다. 주제 분야의 전문가가 각자 발표를 하고 사회를 맡은 최고 전문가가 내용을 정리하여 청중으로부터 질의 응답을 받으며 공개토론 형식으로 진행된다. 델파이 기법(익명성)은 어떠한 문제에 관하여 전문가들의 견해를 유도하고 종합하여 집단적 판단으로 의사결정하는 방법이다. 심포지엄과 델파이법 두 가지 모두 전문가의 견해를 듣는 것이기 때문에 혼돈하지 않도록 주의한다.

보건교육방법

(1) 배심토의(패널 토의, panel discussion)
① 집단의 구성원이 많아서 모두 토론에 참가하기 곤란한 경우 사전에 충분한 지식을 가진 사람 중 선정된 각기 상반되는 의견을 가진 전문가 4~7명이 사회자의 안내에 따라 토의를 진행하는 방법이다.
② 정해진 시간 동안 전문가들이 발표한 후 청중과 질의응답으로 전체 토의가 진행된다.
③ 장・단점

장점	단점
• 제한된 시간에 특정 주제에 대해 많은 전문가로부터 다각도의 의견을 들을 수 있다. • 타인의 의견에 대한 비판 능력이 배양될 수 있다. • 어떤 주제를 다각도로 분석하고 향후 전망을 예측할 수 있다.	• 전문가의 선정이 쉽지 않다. • 전문가 초빙에 따른 경제적 부담이 있다. • 사회자의 토의 진행 기술에 따라 토의의 성패가 좌우될 수 있다. • 청중이 관련 지식이 없을 때에는 토론의 내용을 이해하기 힘들다.

(2) 분단토의(buzz session, 버즈세션, 와글와글 학습법, 6.6 토의)
① 전체를 몇 개 분단으로 나누어서 토의를 하게 하고 다시 전체 회의에서 종합하는 방법을 말한다.
② 각 분단은 6~8명이 알맞으며 상호 의견을 교환한 후에는 전체 의견을 종합하여 보고하도록 한다.
③ 장・단점

장점	단점
• 참석 인원이 많아도 진행이 가능하다. • 전체가 각자의 의견을 제시할 수 있다. • 교육대상자에게 참여 기회가 주어진다. • 다른 분단과 비교되어 반성적 사고능력과 사회성이 길러진다.	• 소수의 의견이 그룹 전체의 의견이 될 수 있다. • 적극적이지 못한 사람은 의견 개진의 기회가 적을 수 있다. • 참가자들이 준비가 되지 않을 때에는 토론의 성과를 거둘 수 없다.

정답 082 ③

083 보건교육 시 학습원리를 적용하려 한다. 행동주의 학습원리에 대한 설명으로 옳지 않은 것은? [13 서울]

① 반복은 학습을 증진시키고, 행동을 강화한다.
② 각성은 주의집중에 영향을 준다.
③ 새로운 자료는 간격을 두고 제시한다.
④ 결과에 상응하는 즉각적인 회환과 보상이 효과적이다.
⑤ 사람마다 인지 차이에 따라 다양한 학습유형을 가진다.

해설
사람마다 인지 차이에 따라 다양한 학습유형을 가지는 것은 '인지주의' 학습이다.

> **행동주의 학습이론의 기본원리**
> (1) 행동은 보상, 칭찬, 처벌 등과 같은 강화에 의해 증가된다.
> (2) 행동은 이전의 경험에 의해 영향을 받으며, 다음에 올 결과에 의해 더 큰 영향을 받는다.
> (3) 처벌은 행동을 억제한다. 처벌이 제거되면 행동은 증가하는 경향이 있다.
> (4) 각성은 주의 집중에 영향을 준다.
> (5) 반복적인 행동으로 강화가 이루어지며 강화를 통해 학습을 증진시킨다.
> (6) 불규칙적인 강화가 행동을 오래 지속하게 한다.
> (7) 즉각적이고 일관성 있는 강화가 효과적이다. 정확하고 즉각적인 회환은 학습을 향상시킨다.
> (8) 명백하게 행동과 연결된 보상이나 벌이 행동을 강화시킨다. 결과에 상응하는 적절한 보상 제공이 학습을 증진시킨다.
> (9) 대상자가 원하는 보상일 때 행동이 증가한다.
> (10) 욕구를 충족시키지 못하는 행위는 소멸된다.
> (12) 새로운 자료는 간격을 두고 제시한다.

084 제1차 건강증진 국제회의의 내용에 해당하지 않는 것은? [13 경기]

① 건강한 공공정책 수립
② 개인 건강기술의 개발
③ 건강지향적 환경조성
④ 최고의 간호수준 제공

해설
제1차 건강증진 국제회의(오타와 회의)의 건강증진 5대 활동요소
(1) 건강한 공공정책의 수립
(2) 지지적 환경의 조성
(3) 지역사회 활동의 강화
(4) 개인 기술의 개발(자기건강 돌보기 육성)
(5) 보건의료서비스의 방향 재설정(보건의료서비스의 개혁)

정답 083 ⑤ 084 ④

085 인지학습이론의 인지과정에서 '평가'의 예에 해당하는 것은? [13 경기]

① 대상자들은 자신들이 계획한 금연계획을 실현가능성에 따라 점수를 매긴다.
② 대상자들은 흡연의 피해를 열거할 수 있다.
③ 대상자들은 심장질환과 니코틴의 작용을 관련지어 말할 수 있다.
④ 대상자들은 금연방법을 참고하여 자신의 금연계획을 작성한다.

해설
② 지식(암기)
③ 적용(응용)
④ 종합(합성)

블룸(Bloom)의 학습목표

인지적 영역	• 인지적 영역은 지식의 증가와 이를 활용하는 능력 • 행동의 복합성에 따라 가장 낮은 수준의 지식 습득부터 가장 높은 수준의 평가로 분류
정의적 영역	정의적 영역은 느낌이나 정서의 내면화가 깊어짐에 따라 대상자의 성격과 가치체계에 통합되어 가는 과정
심리운동적(심동적) 영역	• 심리운동 영역의 학습은 관찰 가능하기 때문에 학습목표의 확인과 측정이 쉽다. • 복합성의 수준이 증가함에 따라 심리운동 영역의 수준도 증가한다(심리운동 영역의 수준이 높아질수록 신체적 기술을 좀 더 효과적으로 수행할 수 있다).

인지학습의 예

수준	대상자의 행동
지식	대상자들은 흡연의 피해를 열거할 수 있다.
이해	대상자들은 니코틴의 작용을 말할 수 있다.
적용	대상자들은 심장질환과 니코틴의 작용을 관련지어 말할 수 있다.
분석	대상자들은 흡연으로 인한 증상과 자신에게서 나타나는 증상을 비교한다.
종합	대상자들은 금연방법을 참고하여 자신의 금연계획을 작성한다.
평가	대상자들은 자신들이 계획한 금연계획을 실천 가능성에 따라 평가한다.

정답 85 ①

086 보건전문가와 보건소 담당간호사 약 10~20명 정도가 둘러 앉아 지역사회 고혈압 관리 방안에 관하여 자유로운 입장에서 상호의견을 교환하고 토의를 하였다면 이와 관련된 토의기법은? [13 경기]

① 세미나
② 패널토의
③ 집단토론
④ 심포지움

해설

집단토론은 참가자들이 특정 주제에 대하여 자유롭게 상호 의견을 교환하고 결론을 내리는 방법을 말한다. 효과적인 토론을 위해서는 참가자 모두 토론의 목적을 이해하고 참여하여야 하므로 참가자 수가 많을수록 토론의 참여 기회가 적어지므로 참가자는 10명 내외가 적당하다.

보건교육방법

(1) 세미나(seminar)
① 세미나는 토론 구성원이 해당 주제에 관한 전문가나 연구자로 이루어졌을 때 주제 발표자가 먼저 발표를 하고, 토론 참가자들이 이에 대해 토론하는 방법이다.
② 세미나는 사전에 철저한 연구와 토론 준비를 전제로 하기 때문에 토론자들이 해당 주제에 대한 지식이나 정보를 체계적이고 깊이 있게 토론할 수 있다.

(2) 배심토의(패널토의, panel discussion)
① 집단의 구성원이 많아서 모두 토론에 참가하기 곤란한 경우 사전에 충분한 지식을 가진 사람 중 선정된 각기 상반되는 의견을 가진 전문가 4~7명이 사회자의 안내에 따라 토의를 진행하는 방법이다.
② 정해진 시간 동안 전문가들이 발표한 후 청중과 질의응답으로 전체 토의가 진행된다.
③ 장·단점

장점	단점
• 제한된 시간에 특정 주제에 대해 많은 전문가로부터 다각도의 의견을 들을 수 있다. • 타인의 의견에 대한 비판 능력이 배양될 수 있다. • 어떤 주제를 다각도로 분석하고 향후 전망을 예측할 수 있다.	• 전문가의 선정이 쉽지 않다. • 전문가 초빙에 따른 경제적 부담이 있다. • 사회자의 토의 진행 기술에 따라 토의의 성패가 좌우될 수 있다. • 청중이 관련 지식이 없을 때에는 토론의 내용을 이해하기 힘들다.

(3) 집단토론(group discussion)
① 참가자들이 특정 주제에 대하여 자유롭게 상호 의견을 교환하고 결론을 내리는 방법을 말한다.
② 효과적인 토론을 위해서는 참가자 모두 토론의 목적을 이해하고 참여하여야 하므로 참가자 수가 많을수록 토론의 참여 기회가 적어지므로 참가자는 10명 내외가 적당하다.
③ 장·단점

장점	단점
• 대상자들의 능동적인 참여를 통해 상호 협동적, 민주적 회의 능력을 기를 수 있다. • 각자의 의견을 표현하므로 자신의 의사를 올바르게 전달하는 능력이 배양된다. • 타인의 의견을 존중하고 반성적 사고능력이 생긴다. • 다수의 의견에 소수가 양보하고 협력하는 사회성이 길러진다. • 학습자 스스로 자신의 지식과 경험을 활용하게 되므로 학습의욕이 높아진다.	• 많은 대상자가 참여할 수 없고 초점에서 벗어나는 경우가 많아서 시간이 오래 걸릴 수 있다. • 지배적인 참여자와 소극적인 참여자가 있을 수 있다.

(4) 심포지엄(symposium)
① 동일한 주제에 대해 전문적인 지식을 가진 전문가 2~5명을 초청하여 각자 10~15분씩 의견을 발표하게 한 후 발표 내용을 중심으로 사회자가 청중을 공개 토론 형식으로 참여시키는 방법이다.
② 사회자는 이 분야의 최고 전문가이어야 하고 사회자는 연사 전원의 강연이 끝나면 내용을 짧게 요약해서 질문, 답변 또는 토론이 적당히 진행되게 한다.
③ 장·단점

장점	단점
• 특별한 주제에 대한 밀도 있는 접근이 가능하다. • 다채롭고 창조적이고 변화있게 강의를 진행할 수 있다. • 청중이 알고자 하는 문제 파악이 가능하다.	• 연사의 발표 내용에 중복이 있을 수 있다. • 청중이 주제에 대한 정확한 윤곽을 형성하지 못했을 때는 비효과적이다.

087 PRECEDE–PROCEED 모형 중 2단계에 포함되는 것은? [13 경기]

① 역학 행위 및 환경적 사정을 한다.
② 프로그램을 개발하고 시행방안을 마련한다.
③ 성향요인, 강화요인, 촉진요인을 평가한다.
④ 행정 및 정책적 사정을 한다.

해설

PRECEDE–PROCEED 모형의 2단계
(1) 사회적 진단단계에서 규명된 삶의 질에 영향을 미치는 구체적인 건강문제를 재조명하고, 건강문제들에 순위를 결정하여 부족한 자원과 사용할 가치가 있는 건강문제를 확인하여, 건강문제와 원인적으로 연결되어 있는 건강관련 행위와 환경요인을 규명하는 단계이다.
(2) 기존의 PRECEDE 모형에서는 행동적 요인만을 고려하였으나 PROCEED 모형에서는 생활양식과 환경적 요인까지 고려하였다.

PRECEDE–PROCEED 모형

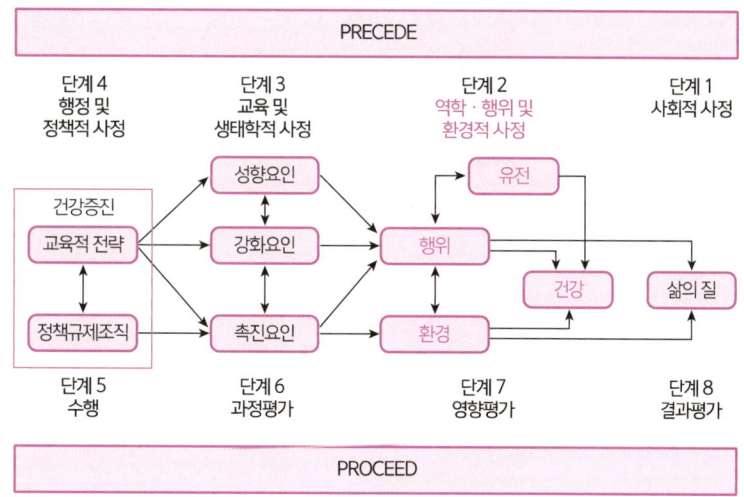

정답 086 ③ 087 ①

088 학습자의 준비도를 확인하기 위한 평가는? [13 광주(수정)]

① 형성평가 ② 종합평가
③ 상대평가 ④ 진단평가

해설

진단평가를 하는 목적은 대상자들의 교육에 대한 이해 정도를 파악하고 교육 계획을 수립할 때 무엇을 교육할지를 알아보기 위해 실시한다. 진단평가를 통해 대상자의 지식수준, 태도, 흥미, 동기, 학습자의 준비도 등을 파악할 수 있고 어떤 내용의 교육이 필요한 지를 알 수 있다.

형성평가	• 교수 – 학습활동이 진행되는 동안 주기적으로 학습의 진행 정도를 파악하여 교육 방법이나 내용 향상을 위해 실시한다. • 형성평가는 대상자의 주의 집중과 학습의 동기유발을 증진시킬 수 있다.
총합평가	• 일정한 교육이 끝난 후에 목표 도달 여부를 알아보는 것이다. • 평가에서 대상자의 참여는 중요하다. 자신의 능력을 자신이 평가할 뿐만 아니라 교육자의 교육방법과 교육과정을 대상자가 평가함으로써 교육자와 대상자 간에 동등한 관계로 존중받았다는 느낌을 갖게 되며 스스로 평가할 수 있는 자신감을 갖게 된다.
상대평가	다른 학습자에 비해 어느 정도 잘하고 있는지를 평가하는 것으로, 학습자 개인의 상대적인 위치와 우열을 파악할 수 있다.
진단평가	• 대상자들의 교육에 대한 이해 정도를 파악하고 교육 계획을 수립할 때 무엇을 교육할지를 알아보기 위해 실시한다. • 진단평가를 통해 대상자의 지식수준, 태도, 흥미, 동기, 학습자의 준비도 등을 파악할 수 있고 어떤 내용의 교육이 필요한지를 알 수 있다. • 학습자의 개인차를 이해하고 이에 알맞은 교수 – 학습 방법을 모색하는 데 유용하다.

정답 088 ④

089 지역사회 간호사 10명이 관절염 환자 예방이란 주제를 가지고 자유롭게 상호의견 교환을 하고자 할 때, 쓸 수 있는 교육방법은?　　[13 광주]

① 집단토론
② 심포지엄
③ 공개토론
④ 분단토의

> **해설**
> **집단토론**은 참가자들이 특정 주제에 대하여 자유롭게 상호 의견을 교환하고 결론을 내리는 방법을 말한다. 효과적인 토론을 위해서는 참가자 모두 토론의 목적을 이해하고 참여하여야 하므로 참가자 수가 많을수록 토론의 참여 기회가 적어지므로 참가자는 10명 내외가 적당하다.

집단토론의 장·단점

장점	단점
• 대상자들의 능동적인 참여를 통해 상호 협동적, 민주적 회의 능력을 기를 수 있다. • 각자의 의견을 표현하므로 자신의 의사를 올바르게 전달하는 능력이 배양된다. • 타인의 의견을 존중하고 반성적으로 사고하는 능력이 생긴다. • 다수의 의견에 소수가 양보하고 협력하는 사회성이 길러진다. • 학습자 스스로 자신의 지식과 경험을 활용하게 되므로 학습의 욕이 높아진다.	• 많은 대상자가 참여할 수 없고 초점에서 벗어나는 경우가 많아서 시간이 오래 걸릴 수 있다. • 지배적인 참여자와 소극적인 참여자가 있을 수 있다.

090 다음 중 보건교육 실시(전개)단계에서 우선적으로 고려할 요소는?　　[13 광주]

① 교육시간
② 교육장소
③ 교육방법
④ 교육대상자의 이해 정도

> **해설**
> 보건교육의 실시(전개)단계는 계획에 따라 학습을 전개시켜 나가는 학습의 중심 부분으로 학습활동의 대부분은 이 단계에서 이루어진다. 교육대상자의 이해정도를 우선적으로 고려한다.

정답　089 ①　090 ④

091 최근 보건의료계의 변화로 인해 보건교육 요구가 증가하는 이유를 가장 잘 설명한 것은? [13 광주]

① 국민들의 생활수준 향상에 따라 지적 욕구가 높아져서
② 매스미디어의 발달로 매체를 통한 보건교육의 공급이 활발해져서
③ 보건교육 전문인력이 많이 배출되어서
④ 질병양상의 변화에 따른 의료기술의 제한성으로 예방의 중요성이 강조되어서

해설

보건교육의 필요성
(1) 보건교육을 통해 자신이 이용하는 서비스 수준을 판단할 수 있는 능력을 키워야 한다.
(2) 질병 양상의 변화와 의학기술의 한계에 따른 보건교육의 상대적 가치가 부각되고 있다.
(3) 의료비 상승으로 인한 조기 퇴원으로 가정에서 환자와 가족이 건강관리를 해야 할 필요성이 증가하고 있다.
(4) 개인이나 지역사회가 건강 관련 문제를 스스로 해결할 수 있는 능력을 기를 필요가 있다.
(5) 소비자 의식의 향상으로 삶의 질을 추구하려는 인식이 전반적으로 확산되었다.

092 신증후군출혈열의 발생 시 효과적인 보건교육방법은? [13 인천]

① 방송 ② 상담
③ 벽보 ④ 편지

해설

감염병은 신속하게 정보를 전달해야 하므로 방송이 가장 적합하다.

▶ 방송의 장·단점

장점	단점
• 감염병 등 긴급한 문제 발생 시 신속하게 전국적인 보도 필요 시 가장 빠르게 많은 대상자에게 전달할 수 있다. • 친근감과 권위감이 있다.	• 시간이 지나면서 기억이 희미해진다. • 방송망의 활용이 쉽지 않다.

정답 091 ④ 092 ①

093 우리나라의 제5차 국민건강증진종합계획(Health Plan 2030)에 포함된 사업 분야가 아닌 것은? [13 대구(수정)]

① 국가응급의료체계 구축
② 비감염성 질환 예방관리
③ 금연, 절주 등 건강생활 실천
④ 감염 및 기후변화성 질환 예방관리

해설
문제 출제당시에는 제3차 국민건강증진종합계획(Health Plan 2020)이 수행 중이었으나 현재는 제5차 국민건강증진종합계획(Health Plan 2030)이 수행 중이라 문제를 변형하였다.

구분	제4차 국민건강증진종합계획 (HP2020)	제5차 국민건강증진종합계획 (HP2030)
비전	온 국민이 함께 만들고 누리는 건강세상	모든 사람이 평생 건강을 누리는 사회
목표	건강수명 연장과 건강형평성 제고	건강수명 연장, 건강형평성 제고
기본 원칙	-	① HiAP, ② 건강형평성, ③ 모든 생애과정, ④ 건강친화환경, ⑤ 누구나 참여, ⑥ 다부문 연계

	총6분과	27개 중점과제	총6분과	28개 중점과제
사업 분야	Ⅰ. 건강생활 실천 확산	1. 금연 2. 절주, 3. 신체활동 4. 영양	Ⅰ. 건강생활 실천	1. 금연 2. 절주 3. 영양 4. 신체활동 5. 구강건강
	Ⅱ. 만성퇴행성 질환과 발생위험 요인관리	5. 암 6. 건강검진(삭제) 7. 관절염(삭제) 8. 심뇌혈관질환 9. 비만 10. 정신보건(분과 확대) 11. 구강보건(분과 이동)	Ⅱ. 정신건강 관리	6. 자살예방 7. 치매 8. 중독 9. 지역사회정신건강

			Ⅲ. 비감염성 질환 예방관리	10. 암
				11. 심뇌혈관질환
				  ① 심뇌혈관질환
				  ② 선행질환
				12. 비만
				13. 손상

	Ⅲ. 감염질환 관리	12. 예방접종
		13. 비상방역체계
		14. 의료관련감염
		15. 결핵
		16. 에이즈
			Ⅳ. 감염 및 기후변화성 질환 예방관리	14. 감염병 예방 및 관리
				  ① 결핵
				  ② 에이즈
				  ③ 의료감염·항생제 내성
				  ④ 예방행태개선
				15. 감염병위기대비대응
				  ① 검역/감시
				  ② 예방접종
				16. 기후변화성 질환

사업분야	총6분과	27개 중점과제	총6분과	28개 중점과제
	Ⅳ. 인구집단 건강관리	16. 모성건강(→ 여성) 17. 영유아건강 18. 노인건강 19. 근로자건강증진 20. 군인건강증진 21. 학교보건 22. 다문화가족건강(→ 여성) 23. 취약가정방문건강(→ 노인) 24. 장애인건강	Ⅴ. 인구집단별 건강관리	17. 영유아 18. 아동·청소년 19. 여성 20. 노인 21. 장애인 22. 근로자 23. 군인
	Ⅴ. 안전환경 보건	25. 식품정책(삭제) 26. 손상예방	Ⅵ. 건강친화적 환경구축	24. 건강친화적법제도 개선 25. 건강정보이해력 제고 26. 혁신적 정보기술의 적용 27. 재원마련 및 운용 28. 지역사회자원(인력, 시설) 확충 및 거버넌스 구축
	Ⅵ. 사업체계 관리	27. 사업체계관리(인프라, 평가, 정보·통계, 재원)		

094 다음에 해당하는 보건교육방법은? [13 대구]

- 특별한 문제를 해결하기 위한 단체의 협동적 논의 방법
- 문제점을 중심으로 폭넓게 여러 아이디어를 검토하여 구성원 스스로 문제를 해결해감으로써 최선책을 강구해 가는 방법

① 세미나
② 심포지엄
③ 패널토의
④ 브레인스토밍

해설

브레인스토밍은 '묘안 착상법' 또는 '팝콘회의'라고도 하며 번개처럼 떠오르는 기발한 생각을 잘 포착해낸다는 뜻을 내포하고 있다. 구성원이 가능한 한 많은 아이디어를 기록하여 목록화하고 가장 최상의 아이디어를 선택하는 방법이다.

브레인스토밍의 장·단점

장점	단점
• 어떤 문제든지 토론의 주제로 삼을 수 있다. • 별도의 장비가 준비되지 않아도 회의가 진행될 수 있다.	• 토론이 제대로 유도되지 않으면 시간을 낭비할 수 있다. • 대상자들이 즉흥적이고 계속적으로 아이디어를 제시해야 하는 부담감이 있다.

정답 093 ① 094 ④

095 「국민건강증진법」상 시설 전부를 금연 장소로 지정하지 않아도 되는 것은?

[13 대구]

① 병원
② 어린이집
③ 500㎡의 학원
④ 초등학교 교사

> **해설**
> - 학원은 연면적 1000m² 이상인 경우 금연 장소로 지정하여야 한다.
> - 16인승 이상의 교통수단은 금연장소로 지정
> - 객석수 300석 이상의 공연장은 금연장소로 지정
> - 1천 명 이상을 수용하는 체육시설은 금연장소로 지정

096 Green의 PRECEDE – PROCEED 모형에서 건강행위를 유발시키고 건강행위 결정에 영향을 주는 요인 중 촉진요인, 강화요인, 성향요인을 포함하고 있는 단계는?

[13 대구, 12 서울]

① 교육 및 생태학적 진단
② 역학적 진단
③ 행정 및 정책 진단
④ 행동 및 환경적 진단

> **해설**
> PRECEDE – PROCEED 모형에서 촉진요인, 강화요인, 성향요인을 포함하고 있는 단계는 교육 및 생태학적 진단 단계이다.

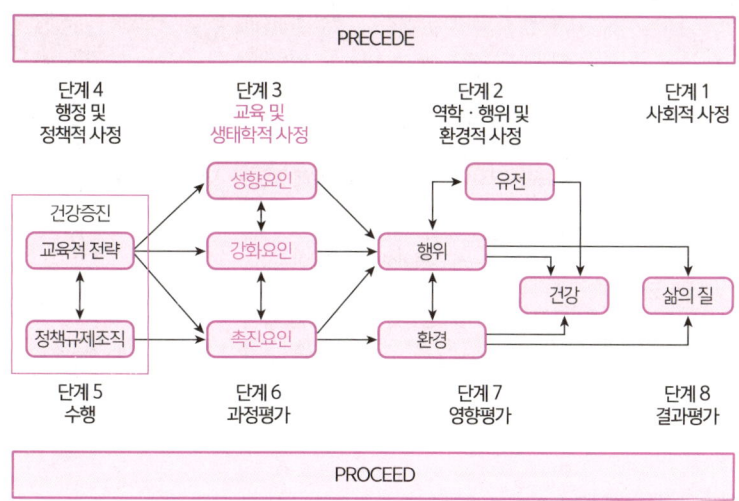

정답 095 ③ 096 ①

097 보건교육에 대한 토론방식 중 다음과 같은 토론 방식은? [13 경북]

- 몇 명의 전문가가 특정한 주제에 대해 상반된 견해에 대해 토의를 함
- 비판능력이 생기고 미래를 전망할 수 있는 능력이 생김
- 비교적 높은 수준의 회의 방법

① 브레인스토밍 ② 집단토의
③ 분단토의 ④ 배심토의

해설

집단의 구성원이 많아서 모두 토론에 참가하기 곤란한 경우 사전에 충분한 지식을 가진 사람 중 선정된 각기 상반되는 의견을 가진 전문가 4~7명이 사회자의 안내에 따라 토의를 진행하는 방법은 배심토의이다. 배심토의는 제한된 시간에 특정 주제에 대해 많은 전문가로부터 다각도의 의견을 들을 수 있어 타인의 의견에 대한 비판 능력이 배양될 수 있다.

보건교육방법

(1) 브레인스토밍(brainstorming)
① '묘안 착상법' 또는 '팝콘회의'라고도 하며 번개처럼 떠오르는 기발한 생각을 잘 포착해낸다는 뜻을 내포하고 있다. 구성원이 가능한 한 많은 아이디어를 기록하여 목록화하고 가장 최상의 아이디어를 선택하는 방법이다.
② 12~15명의 참여자가 한 그룹이 되어 10~15분의 단기 토의를 진행해야 하며 모든 구성원이 자유로운 분위기에서 우수하고 다양한 의견이 나올 수 있도록 유도할 수 있는 사회자를 정하는 것이 중요하다.
③ 장·단점

장점	단점
• 어떤 문제든지 토론의 주제로 삼을 수 있다. • 별도의 장비가 준비되지 않아도 회의가 진행될 수 있다.	• 토론이 제대로 유도되지 않으면 시간을 낭비할 수 있다. • 대상자들이 즉흥적이고 계속적으로 아이디어를 제시해야 하는 부담감이 있다.

(2) 집단토의(group discussion)
① 참가자들이 특정 주제에 대하여 자유롭게 상호 의견을 교환하고 결론을 내리는 방법을 말한다.
② 효과적인 토론을 위해서는 참가자 모두 토론의 목적을 이해하고 참여하여야 하므로 참가자 수가 많을수록 토론의 참여 기회가 적어지므로 참가자는 10명 내외가 적당하다.
③ 장·단점

장점	단점
• 대상자들의 능동적인 참여를 통해 상호 협동적, 민주적 회의 능력을 기를 수 있다. • 각자의 의견을 표현하므로 자신의 의사를 올바르게 전달하는 능력이 배양된다. • 타인의 의견을 존중하고 반성적 사고능력이 생긴다. • 다수의 의견에 소수가 양보하고 협력하는 사회성이 길러진다. • 학습자 스스로 자신의 지식과 경험을 활용하게 되므로 학습의욕이 높아진다.	• 많은 대상자가 참여할 수 없고 초점에서 벗어나는 경우가 많아서 시간이 오래 걸릴 수 있다. • 지배적인 참여자와 소극적인 참여자가 있을 수 있다.

(3) 분단토의(buzz session, 버즈세션, 와글와글 학습법, 6.6 토의)
  ① 전체를 몇 개 분단으로 나누어서 토의를 하게 하고 다시 전체 회의에서 종합하는 방법을 말한다.
  ② 각 분단은 6~8명이 알맞으며 상호 의견을 교환한 후에는 전체 의견을 종합하여 보고하도록 한다.
  ③ 장·단점

장점	단점
• 참석 인원이 많아도 진행이 가능하다. • 전체가 각자의 의견을 제시할 수 있다. • 교육대상자에게 참여 기회가 주어진다. • 다른 분단과 비교되어 반성적 사고능력과 사회성이 길러진다.	• 소수의 의견이 그룹 전체의 의견이 될 수 있다. • 적극적이지 못한 사람은 의견 개진의 기회가 적을 수 있다. • 참가자들이 준비가 되지 않을 때에는 토론의 성과를 거둘 수 없다.

(4) 배심토의(패널 토의, panel discussion)
  ① 집단의 구성원이 많아서 모두 토론에 참가하기 곤란한 경우 사전에 충분한 지식을 가진 사람 중 선정된 각기 상반되는 의견을 가진 전문가 4~7명이 사회자의 안내에 따라 토의를 진행하는 방법이다.
  ② 정해진 시간 동안 전문가들이 발표한 후 청중과 질의응답으로 전체 토의가 진행된다.
  ③ 장·단점

장점	단점
• 제한된 시간에 특정 주제에 대해 많은 전문가로부터 다각도의 의견을 들을 수 있다. • 타인의 의견에 대한 비판 능력이 배양될 수 있다. • 어떤 주제를 다각도로 분석하고 향후 전망을 예측할 수 있다.	• 전문가의 선정이 쉽지 않다. • 전문가 초빙에 따른 경제적 부담이 있다. • 사회자의 토의 진행 기술에 따라 토의의 성패가 좌우될 수 있다. • 청중이 관련 지식이 없을 때에는 토론의 내용을 이해하기 힘들다.

098 초기 건강신념모델의 주요개념에 해당하는 것은? [13 경북]

① 결과기대
② 지각된 민감성
③ 주관적 규범
④ 자기효능감

해설

문제에서 초기라고 제시한 것에 주의하며 문제를 풀어야 한다. 자기효능감은 초기에 없다가 로젠스톡이 통합을 주장하면서 등장하였다. 초기 건강신념모형의 주요개념 5요소는 지각된 민감성, 지각된 심각성, 지각된 유익성, 지각된 장애, 행위의 계기이다.

정답 097 ④ 098 ②

099 Bradshaw에 따를 때, 지역사회간호사가 판단한 학습요구의 유형은?

[13 경북]

① 외면적 요구
② 내면적 요구
③ 규범적 요구
④ 상대적 요구

> **Bradshaw의 학습요구**
> (1) 외면적 요구: 학습자가 요구사항을 말이나 행동으로 나타내는 상태
> (2) 내면적 요구: 학습자가 요구사항을 말과 행동으로 나타내기 전의 상태
> (3) 규범적 요구: 보건의료전문가에 의해 정의되는 요구
> (4) 상대적 요구: 상대집단과의 차이에 따른 요구

해설
지역사회간호사는 보건의료 전문가이므로 전문가에 의해 정의되는 요구는 규범적 요구이다.

100 학습목표 중 심리운동 영역의 변화에 대한 설명으로 맞는 것은?

[13 충남]

① 지식의 증가로 정보를 이용하는 능력이 변화하는 것
② 지식이 늘어나면서 신체적인 반응으로 나타나는 것으로 기술능력이 변화하는 것
③ 지식이 성격과 가치체계에 통합되면서 내적 일관화가 이루어지는 것
④ 느낌이나 정서의 내면화가 깊어지면서 성격과 가치체계에 변화가 나타나는 것

해설
심리운동 영역의 학습은 관찰 가능하기 때문에 학습목표의 확인과 측정이 쉽다. 심리운동 영역의 수준이 높아질수록 신체적 기술을 좀 더 효과적으로 수행할 수 있다.
① 인지적 영역의 변화
③, ④ 정의적 영역의 변화

정답 099 ③ 100 ②

101 '오타와 헌장'에서 천명한 국가가 국민의 건강증진을 위해 준수해야 할 3가지 원칙을 바르게 짝지은 것은? [13 충남]

① 옹호, 지원, 환경조성
② 옹호, 연합, 역량강화
③ 환경조성, 지원, 역량강화
④ 개인기술, 환경조성, 공공정책

해설

오타와 헌장의 건강증진 3대 원칙과 5대 활동요소

건강증진의 3대 원칙	5대 활동요소
• 옹호(advocacy): 건강에 대한 관심을 불러일으키고, 보건의료의 수요를 충족할 수 있는 건강한 보건정책을 수립해야 한다. • 역량강화(empowerment): 개인과 가족의 건강권을 인정하고, 그들 스스로 건강관리에 적극 참여하여 자신의 행동에 책임을 갖도록 해야 한다. • 연합(alliance): 모든 사람들이 건강하도록 관련 전문가들이 연합해야 한다.	• 건강한 공공정책의 수립: 건강증진의 개념은 보건의료서비스 영역에 국한되지 않고 다른 모든 영역의 정책입안자들이 정책결정의 결과가 건강에 미치는 영향을 인식하게 하고, 자신들의 결정이 국민건강에 대해 책임이 있음을 받아들이게 한다. • 지지적 환경의 조성: 우리 사회는 복잡하고 서로 밀접하게 관련을 맺고 있기 때문에 건강 또는 다른 목표들과 분리되어 생각할 수 없다. 자연적·인공적 환경보호나 천연자원의 보존은 건강증진전략에서 기본이 되어야 할 활동이다. • 지역사회 활동의 강화: 건강증진사업의 목적을 달성하기 위해서는 우선순위와 활동범위를 결정하여 전략적 기획과 실천방법을 모색하고 이에 따라 구체적이고 효과적인 지역사회활동을 통해 실천되어야 한다. • 개인 기술의 개발(자기건강 돌보기 육성): 건강증진활동을 통해 개개인은 건강과 환경에 대한 통제력을 향상시키고, 건강과 관련 유익한 선택을 할 수 있는 능력을 갖게 된다. 생의 주기에 따른 건강증진활동으로 전 생애의 각 단계를 준비할 수 있고 만성질환이나 상해, 위기에 대처할 수 있는 능력이 개발된다. • 보건의료서비스의 방향 재설정(보건의료서비스의 개혁): 보건의료의 역할은 건강증진 방향으로 전환되어야 한다.

102 보건교육 참가자가 많은 경우 소그룹집단으로 나누어 토의한 후 종합·정리하는 집단지도 방법은? [13 강원]

① 심포지엄
② 분단토의
③ 시범회
④ 배심토의

해설
참가자가 많은 경우 전체를 몇 개 분단으로 나누어서 토의를 하게 하고 다시 전체 회의에서 내용을 종합하는 방법은 분단토의이다.

정답 101 ② 102 ②

103 제5차 국민건강증진종합계획(Health Plan 2030)의 목표로 옳은 것은?

[13 충북(수정)]

① 평균수명 연장, 삶의 질 향상
② 건강수명 연장, 삶의 질 향상
③ 평균수명 연장, 건강형평성 제고
④ 건강수명 연장, 건강형평성 제고

해설
문제출제당시(2013)에는 제3차 국민건강증진종합계획(Health Plan 2020)이 수행 중이었으나 현재는 제5차 국민건강증진종합계획(Health Plan 2030)이 수행 중이다. 총괄목표는 제3차부터 제5차까지 "건강수명 연장"과 "건강형평성 제고"로 동일하다.

104 제5차 국민건강증진종합계획(Health Plan 2030)의 사업분야에서 "건강생활 실천"에 포함되지 않는 것은?

[13 전북(수정)]

① 스트레스 관리
② 영양
③ 절주
④ 신체활동

해설
문제 출제 당시(2013)에는 제3차 국민건강증진종합계획(Health Plan 2020)이 수행 중이었으나 현재는 제5차 국민건강증진종합계획(Health Plan 2030)이 수행중이다.
건강생활 실천에는 금연, 절주, 영양, 신체활동, 구강건강이 포함된다.

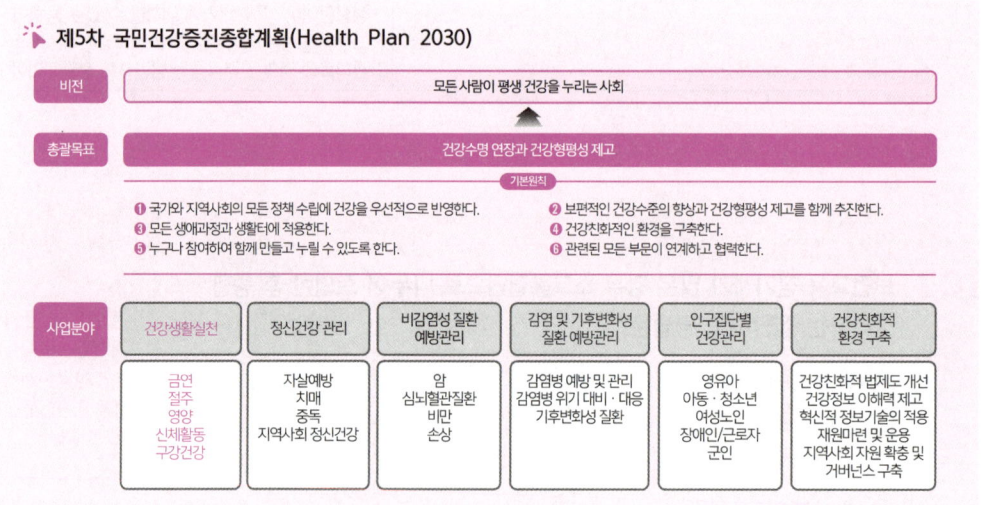

정답 103 ④ 104 ①

105 다음은 1986년 캐나다 오타와에서 열린 제1차 건강증진국제회의에서 제시한 건강증진을 위한 전략이다. 다음 중 옳지 않은 것은? [12 서울]

① 건강한 공공정책의 수립
② 여성건강증진계획
③ 보건의료사업 방향의 재조정
④ 건강지향적 환경 조성
⑤ 지역사회 활동 강화

해설

제1차 건강증진 국제회의의 건강증진 5대 활동 전략
(1) 건강한 공공정책의 수립
(2) 지지적 환경의 조성
(3) 지역사회 활동의 강화
(4) 개인 기술의 개발(자기건강 돌보기 육성)
(5) 보건의료서비스의 방향 재설정(보건의료서비스의 개혁)

106 보건교육방법에 대한 설명으로 옳지 않은 것은? [12 서울]

① 배심토의는 특정 주제에 대해 상반된 견해를 가진 전문가들이 단상 토론을 하고, 청중들은 이를 들으면서 자신의 지식과 태도를 변화시키고, 미래를 전망해 볼 수 있다.
② 심포지엄은 청중이 많고 폭넓은 문제를 토의할 때 유용하며, 청중이 알고자 하는 문제에 대한 전체적인 파악과 부분적 이해를 가능하게 해준다.
③ 그룹토의는 빠른 시간 동안 많은 사람들에게 일방적으로 지식을 전달해 준다.
④ 분단토의는 참석인원이 많아도 가능하며 제한된 시간 내에 전체참가자의 의견을 상호교환할 때 사용된다.
⑤ 역할극은 다른 사람의 입장이나 상황을 실감나게 이해하고 실제적인 상황판단을 통해 문제해결 방안을 모색할 수 있다.

해설

빠른 시간 동안 많은 사람들에게 일방적으로 지식을 전달해 주는 보건교육방법은 강의이다.
→ 그룹토의(집단토의)는 참가자들이 특정 주제에 대하여 자유롭게 상호 의견을 교환하고 결론을 내리는 방법을 말한다.

정답 105 ② 106 ③

107 보건교육 목표달성을 위해 도입, 전개, 종결 단계가 포함된 교수-학습지도안을 작성하여야 한다. 이 중 전개 단계의 주요 내용으로 맞는 것은?

[12 서울]

① 보충 및 예고, 다양한 교육방법 활용, 선수학습 관련 짓기, 학습내용의 제시
② 선수학습 관련 짓기, 시간과 자원의 관리, 학습자의 참여 유도
③ 요약정리, 강화, 일반화, 보충 및 예고, 교육성과 평가
④ 동기유발, 목표제시, 주의집중, 관계형성
⑤ 학습내용의 제시, 학습자 참여 유도, 학습자료의 연계, 다양한 학습방법 및 매체 활용

해설

보건교육의 단계별 활동

도입단계	① 학습의욕을 환기시켜 학습을 효과적으로 이끌어가도록 학습자의 학습동기와 흥미를 유발하고 관계를 형성하는 준비단계이다. ② 학습목표를 제시하고 모르는 것을 받아들일 수 있게 심리적 안정감을 준다. ③ 사전 경험이나 학습과 관련짓기, 이전에 배운 것과 앞으로 배울 내용의 관계를 지적해준다.
전개단계	① 전개단계는 계획에 따라 학습을 전개시켜 나가는 학습의 중심 부분으로 학습활동의 대부분은 이 단계에서 이루어진다. ② 학습내용의 제시와 다양한 학습방법 및 매체 사용으로 학습자들의 참여를 유도한다. ③ 학습 자료의 연계(제시)와 시간과 자원의 관리가 이루어진다.
요약 및 정리 단계	① 마지막 요약 또는 결론 부분으로 전개단계에서 수행한 활동을 종합하여 설정된 목표를 성취해 나아가는 단계이다. ② 학습한 전체 내용을 종합적으로 요약하거나 중요한 부분을 학습자에게 질문하고 토의함으로써 정리하고 결론을 내린다. ③ 요약정리, 보충 및 예고, 일반화, 강화, 교육성과 평가가 이루어진다.

정답 **107** ⑤

108. 캐나다 보건부장관인 라론드(Lalond)가 1974년 건강의 장에서 제시한 건강결정요인 4가지는?
[12 경기]

① 생활습관 – 환경 – 사회활동 – 병원체
② 생활습관 – 환경 – 보건의료제도 – 인간생물학적 요인
③ 의료의 질 – 인간생물학적 요인 – 환경 – 개인의 보건지식
④ 의사의 지식 – 환경의 지식 – 깨끗한 식생활 – 인간유전자

해설
1974년 캐나다의 라론드(Lalonde)가 건강결정요인을 유전적 요인(20%), 물리적 환경 요인(20%), 개인의 생활양식(50%), 보건의료서비스(8%)로 구분하면서 가장 중요한 요인은 생활양식임을 강조하였다.

109. 쾰러(Köhler)의 통찰이론 및 레빈(Lewin)의 장이론과 관련이 있는 학습이론은?
[11 서울]

① 사회주의 학습이론
② 인본주의 학습이론
③ 인지주의 학습이론
④ 행동주의 학습이론

해설
쾰러(Köhler)의 통찰이론 및 레빈(Lewin)의 장이론과 관련이 있는 학습이론은 인지주의 학습이론이다.

학습이론

구분	학습이론
행동주의	(1) 고전적 조건형성이론(파블로프, 왓슨) (2) 자극 – 반응 결합설(손다이크) (3) 조작적 조건형성이론(스키너)
인지주의	(1) 쾰러(Köhler)의 통찰이론 (2) 레빈(Lewin)의 장이론 (3) 정보처리이론 (4) 반두라(Bandura)의 사회학습인지이론
인본주의	(1) 매슬로우(Maslow)의 욕구이론 (2) 로저스(Rogers)의 이론
구성주의	• 인지적 구성주의: 피아제의 인지발달 이론이 근거 • 사회적 구성주의: 비고츠키의 사회발달이론이 근거

정답 108 ② 109 ③

110 다음 중 1986년 제1차 건강증진국제회의에서 채택한 건강증진 접근 전략이 아닌 것은? [11 서울]

① 개인의 기술 개발
② 건강불평등 해소
③ 지역사회활동 강화
④ 건강지향적 환경조성
⑤ 건강에 관한 공공정책 확립

해설
제1차 건강증진 국제회의의 건강증진 5대 활동 전략
(1) 건강한 공공정책의 수립
(2) 지지적 환경의 조성
(3) 지역사회 활동의 강화
(4) 개인 기술의 개발(자기건강 돌보기 육성)
(5) 보건의료서비스의 방향 재설정(보건의료서비스의 개혁)

111 「국민건강증진법」상 국민건강증진사업 추진에 필요한 재원으로 옳은 것은? [11 서울]

① 정부 부담금
② 주류 부담금
③ 담배 부담금
④ 자동차 부담금
⑤ 패스트푸드 부담금

해설
「국민건강증진법」상 국민건강증진부담금은 담배에 부과한다(제23조 1항).

정답 110 ② 111 ③

112 브래드쇼(Bradshaw)가 제시한 교육요구 판단의 4가지 유형으로 옳지 않은 것은?   [11 지방]

① 규범적 요구
② 절대적 요구
③ 외향적 요구
④ 내면적 요구

해설

Bradshaw의 학습요구
(1) 외면적 요구: 학습자가 요구사항을 말이나 행동으로 나타내는 상태
(2) 내면적 요구: 학습자가 요구사항을 말과 행동으로 나타내기 전의 상태
(3) 규범적 요구: 보건의료전문가에 의해 정의되는 요구
(4) 상대적 요구: 상대집단과의 차이에 따른 요구

113 보건교육을 계획하고자 할 때 고려해야 할 사항으로 옳은 것은?   [11 지방]

① 첫 단계는 학습목표에 맞는 매체와 방법을 선정하는 것이다.
② 목표진술은 명시적 행동용어보다 암시적 행동용어로 한다.
③ 학습목표에 따라 적절한 교육방법을 선택한다.
④ 학습내용은 어려운 것에서 쉬운 것으로, 추상적인 것에서 구체적인 것으로 배열한다.

해설

① 첫 단계는 보건교육의 요구 사정이다(보건교육 요구 사정 → 보건교육계획(학습주제 선정) → 학습목표 설정 → 학습내용 선정 → 보건교육방법 선정 → 학습시간 배정 → 교육보조자료 및 매체선정 → 평가계획 → 보건교육 수행 → 보건교육평가).
② 목표진술은 암시적 행동용어보다 명시적 행동용어로 한다.
④ 학습내용은 쉬운 것에서 어려운 것으로, 구체적인 것에서 추상적인 것으로 배열한다.

정답 112 ② 113 ③

114 1986년 캐나다 오타와에서 열린 제1차 건강증진국제회의에서 "건강증진이란 사람들이 자신의 건강에 대한 통제력을 증가시키고 건강을 향상시키는 능력을 갖도록 하는 과정"이라 정의하였다. 이러한 개념을 실천하기 위한 핵심행동으로 옳지 않은 것은? [10 서울]

① 건강한 공공정책 수립
② 개인의 건강관리 기술 개발
③ 첨단의료기술의 개발
④ 건강지지적 환경 조성
⑤ 보건서비스의 재편성

해설

오타와 헌장의 건강증진 3대 원칙과 5대 활동요소

건강증진의 3대 원칙	5대 활동요소
• 옹호(advocacy): 건강에 대한 관심을 불러일으키고, 보건의료의 수요를 충족할 수 있는 건강한 보건정책을 수립해야 한다. • 역량강화(empowerment): 개인과 가족의 건강권을 인정하고, 그들 스스로 건강관리에 적극 참여하여 자신의 행동에 책임을 갖도록 해야 한다. • 연합(alliance): 모든 사람들이 건강하도록 관련 전문가들이 연합해야 한다.	• 건강한 공공정책의 수립: 건강증진의 개념은 보건의료서비스 영역에 국한되지 않고 다른 모든 영역의 정책입안자들이 정책결정의 결과가 건강에 미치는 영향을 인식하게 하고, 자신들의 결정이 국민건강에 대해 책임이 있음을 받아들이게 한다. • 지지적 환경의 조성: 우리 사회는 복잡하고 서로 밀접하게 관련을 맺고 있기 때문에 건강 또한 다른 목표들과 분리되어 생각할 수 없다. 자연적·인공적 환경보호나 천연자원의 보존은 건강증진전략에서 기본이 되어야 할 활동이다. • 지역사회 활동의 강화: 건강증진사업의 목적을 달성하기 위해서는 우선순위와 활동범위를 결정하여 전략적 기획과 실천방법을 모색하고 이에 따라 구체적이고 효과적인 지역사회활동을 통해 실천되어야 한다. • 개인 기술의 개발(자기건강 돌보기 육성): 건강증진활동을 통해 개개인은 건강과 환경에 대한 통제력을 향상시키고, 건강과 관련 유익한 선택을 할 수 있는 능력을 갖게 된다. 생의 주기에 따른 건강증진활동으로 전 생애의 각 단계를 준비할 수 있고 만성질환이나 상해, 위기에 대처할 수 있는 능력이 개발된다. • 보건의료서비스의 방향 재설정(보건의료서비스의 개혁): 보건의료의 역할은 건강증진 방향으로 전환되어야 한다.

정답 114 ③

115 Bloom은 학습목표 설정에 인지적 영역, 정의적 영역, 심리운동적 영역으로 세분화하였다. 이 중 정의적 영역에 포함된 내용으로 옳지 않은 것은?

[10 서울]

① 반응
② 가치화
③ 조직화
④ 지각
⑤ 인격화

해설

Bloom은 학습목표에서 정의적 영역은 느낌이나 정서의 내면화가 깊어짐에 따라 대상자의 성격과 가치체계에 통합되어 가는 과정을 나타낸다. 정의적 영역은 내면화 정도에 따라 5단계[감수 → 반응 → 가치화 → 내적일관성(조직화) → 채택(인격화)]로 분류된다.

정의적 영역의 5단계

단계	내용	예
감수 (수용, receiving, attending)	학습자는 단순히 어떤 것에 의식적이거나, 선호하는 자극에 주의를 기울인다.	대상자는 담배연기로 죽어가는 쥐를 들여다 본다.
반응(responding)	학습자가 반응을 보인다.	대상자는 담배가 자신이나 가족에게 매우 해롭다고 말한다.
가치화(valuing)	학습자가 스스로 몰입하며 가치를 갖고 있음을 타인이 확인할 수 있다.	대상자는 금연계획을 세우고 담배를 줄이며, 금연 스티커를 자신이 볼 수 있는 곳곳에 붙여 놓는다.
내적 일관성 (organization, 조직화)	복합적인 가치를 적절히 분류하고 순서를 매겨 체계화하고 가치들의 관계가 조화롭고 내적으로 일관성을 이루도록 한다.	대상자는 흡연의 유혹을 피하기 위해 기상과 함께 조깅을 하고, 아침식사 후 커피 대신 과일을 먹는 등의 생활양식을 체계적으로 실행한다.
채택(characterization by a value system, 성격화)	새로운 가치를 생활 속으로 통합하여 효과적으로 행동하도록 한다.	대상자는 지역사회 금연운동에서 자원봉사자로 활동한다.

정답 115 ④

116 Green의 PRECEDE-PROCEED모형에 관한 설명 중 옳은 것은?

[10 서울]

> 가. 행동 및 환경적 진단이란 건강문제 발생에 영향을 주는 관련 행동이나 환경적 문제들의 중요성과 변화가능성을 파악하는 것이다.
> 나. 성향요인이란 개인의 성격, 지식, 태도, 신념 등 행위 동기를 부여하는 요소를 말한다.
> 다. 강화요인이란 유익성, 보상, 처벌 등을 통하여 행위의 유지 존속 여부에 영향을 미치는 요소를 말한다.
> 라. 촉진요인이란 프로그램 개발 및 운영에 필요한 조직적, 행정적 자원으로서 정책, 규정 등을 말한다.

① 가, 나, 다
② 가, 다
③ 나, 라
④ 라
⑤ 가, 나, 다, 라

해설

라. 프로그램 개발 및 운영에 필요한 조직적, 행정적 자원으로서 정책, 규정 등을 사정하는 것은 행정·정책적 진단(4단계)단계이다.

- 촉진요인(Enabling factors, 가능요인): 개인이나 조직의 건강행위 수행을 가능하게 도와주는 요인으로 보건의료 및 지역사회 자원의 이용가능성, 접근성, 시간적 여유 제공성과 개인의 기술, 개인의 자원 및 지역사회자원 등이다.

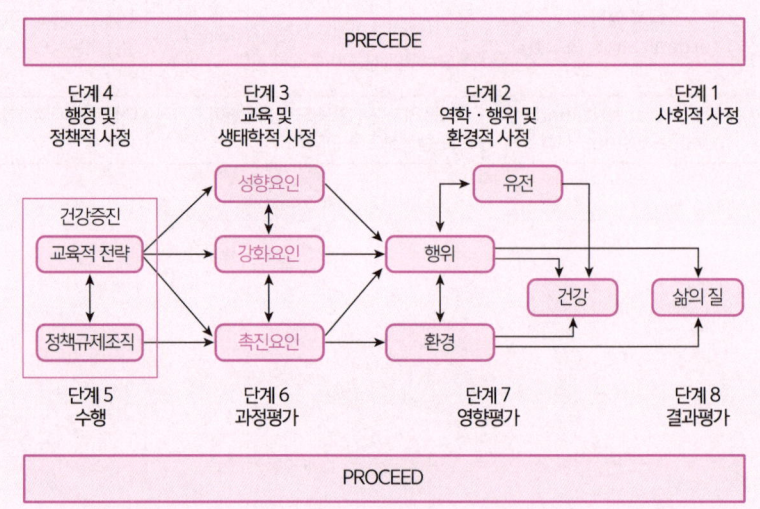

PRECEDE-PROCEED 모형

사회적 사정(진단)	지역사회 주민의 삶의 질에 영향을 미치는 사회적 요인을 규명하는 단계 • 객관적 사정: 주택밀도, 대기환경과 같은 환경적 지표와 실업률과 같은 사회적 지표, 지역사회와 관련된 신문, 방송매체, 각종 센서스 자료, 생정기록 자료 등 • 주관적 사정: 지역사회 주민의 적응
역학, 행위 및 환경적 사정 (진단)	사회적 진단 단계에서 규명된 삶의 질에 영향을 미치는 구체적인 건강문제를 재조명하고, 건강문제들에 순위를 결정하여 부족한 자원과 사용할 가치가 있는 건강문제를 확인하여, 건강문제와 원인적으로 연결되어 있는 건강 관련 행위와 환경요인을 규명하는 단계 • 삶의 질을 가늠하는 5D: 사망률(Death), 이환율(Disease), 장애율(Disability), 불편감(Discomfort), 불만족(Dissatisfaction) • 역학적 자료는 대상 인구 집단의 건강문제 분포와 크기를 나타냄으로써 건강문제의 상대적 중요성을 제시해준다.
교육 및 조직적, 생태학적 사정(진단)	건강행위에 변화를 가져오기 위한 보건교육 프로그램을 설정하는 단계로 전단계에서 규명된 건강행위에 영향을 주는 소인(성향)요인(predisposing factors), 가능(촉진)요인(enabling factors), 강화요인(reinforcing factors)을 사정
행정·정책적 사정(진단)	이전 단계에서 세워진 계획이 건강증진 프로그램으로 전환되기 위해서는 행정 또는 정책적인 진단이 필요하며 건강증진 프로그램에 이용 가능한 예산, 자원, 시간, 프로그램 수행 시 극복해야 할 장애, 프로그램 지원 정책 등이 있는지를 사정하는 단계

117 급성전염병 만연 시 효과적인 보건교육방법 또는 수단은? [10 지방]

① 강연회
② 개별교육
③ 그룹토론회
④ 매스컴 이용

해설
급성전염병은 다수의 사람들에게 신속하게 내용을 전달해야 하므로 매스컴(방송)을 이용하는 것이 효과적이다.

정답 116 ① 117 ④

PART 08
역학 및 질병관리

핵심 키워드

역학	원인적 연관성	질병의 자연사
생태학적모형	수레바퀴모형	거미줄모형
감염력	독력	병원력
치명률	기술역학	환자-대조군 연구
코호트 연구	교차비	민감도
특이도	상대위험비	집단면역
검역감염병	지정감염병	만성퇴행성 질환
발생률	유병률	양성예측도
음성예측도	가양성률	

최근 5개년 영역별 평균출제빈도 (2024~2020년)

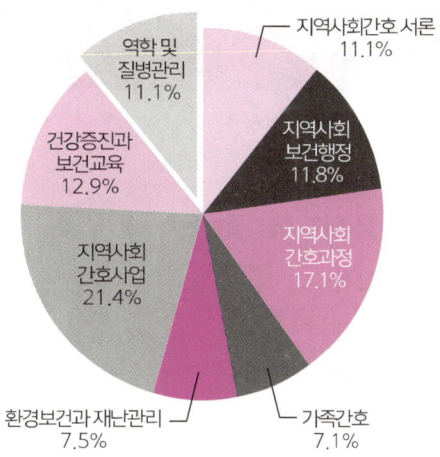

최근 18개년 영역별 세부 출제내용 분석 (2024~2007년)

	세부 내용		문항수	출제비율
역학의 이해 (28)	역학의 역할 & 모형		3	2.7%
	질병의 자연사		4	3.6%
	질병의 발생과정		19	17.0%
	원인적 연관성		2	1.8%
역학연구방법 (57)	역학연구방법 (17)	생태학적연구	1	0.9%
		단면조사	1	0.9%
		환자대조군연구	5	4.5%
		코호트연구	7	6.3%
		기술 / 이론역학 / 실험연구	3	2.7%
	지역사회 건강 수준 측정 (40)	발병률	3	2.7%
		유병률	3	2.7%
		발생률	2	1.8%
		교차비	8	7.1%
		상대위험비	6	5.4%
		기여위험도	2	1.8%
		민감도 & 특이도	15	13.4%
		예측도	1	0.9%
감염병의 관리 (20)	감염병에 대한 국민의무		1	0.9%
	지정감염병의 특성 및 구분		14	12.5%
	지정감염병의 신고, 관리		4	3.6%
	검역감염병		1	0.9%
만성퇴행성 질환의 관리(7)	진단기준(2)	고혈압	1	0.9%
		당뇨병	1	0.9%
	검사도구의 정확성(5)	타당도	4	3.6%
		신뢰도	1	0.9%
	Total		112	100.0%

PART 08 역학 및 질병관리

탄탄 지역사회간호

회독 점검 ① ② ③

001 질병의 자연사에 따른 예방단계 중 이차예방 활동은? [24]
★★★
① 지역주민 대상 개인위생 보건교육
② 성장기 학생을 위한 균형 잡힌 급식 제공
③ 선별검사를 통한 자궁경부암 조기 진단
④ 뇌졸중 회복기 환자에 대한 작업요법

해설
①, ② 일차 예방
③ 이차 예방
④ 삼차 예방

질병의 자연사와 단계별 예방활동

단계	상태	예방활동
1단계 비병원성기	질병 발생 이전	건강증진을 위한 (적극적) 예방접종, 환경위생개선, 영양상담, 교육활동 등(1차 예방)
2단계 초기병원성기	질병 발병기의 첫 단계로, 병인이 숙주 체내에 영향을 주기 시작하나, 아직 생리적 변화만을 초래하고 병리적 변화가 없는 시기	예방적 치료, 환경개선, 영양섭취, 안전관리, 수동적 (소극적) 예방접종 등(1차 예방)
3단계 불현성 감염기	잠복기로 병의 증상이 나타나지 않는 시기	집단검진과 조기발견과 조기치료활동(2차 예방)
4단계 발현성 감염기	병의 증상이 구체적으로 나타나는 시기	불능을 최소화하고 장애를 감소시키는 2차 예방 활동
5단계 회복기	병이 회복되거나 만성화되어 사회에 복귀하거나 사망하여 질병이 종료되는 시기	재활의 단계로 환자에게 질병으로 인한 신체적·정신적 후유증이나 불구를 최소화시키고 잔여기간을 최대한으로 재생시켜 활용할 수 있도록 도와주는 단계(3차 예방)

정답 001 ③

002 다음 간 초음파 검사의 간암 진단에 대한 특이도[%]와 민감도[%]는?

[24]

(단위: 명)

간 초음파	간암	
	있다	없다
양성	40	10
음성	10	190

	특이도	민감도
①	40	95
②	80	95
③	95	40
④	95	80

해설

- **민감도**: 질환에 걸린 사람에게 검사를 통해 양성으로 진단하여 질병이 있다고 확진할 수 있는 확률
- **특이도**: 질환에 걸리지 않은 사람에게 검사를 통해 음성으로 진단하여 질병이 없다고 확진할 수 있는 확률

간 초음파	간암	
	있다	없다
양성	40(a)	10(b)
음성	10(c)	190(d)

- 민감도 = (검사 양성수/총환자수)×100 = (a/a+c)×100 = (40/50)×100 = 80
- 특이도 = (검사 음성수/환자가 아닌 사람수)×100 = (d/b+d)×100 = (190/200)×100 = 95

정답 002 ④

003 감염성 질환에 대한 설명으로 가장 옳은 것은? [23 서울]

① 발병력(pathogenicity)은 병원체가 숙주에 침입하여 숙주에 질병 혹은 면역 등의 반응을 일으키는 것을 말하며 병원력이라고도 한다.
② 어떤 질병의 기초감염재생산수(basic reproduction number, R0)가 12~18이라면, 이는 1명이 12~18명을 감염시킨다는 의미이다.
③ 수동면역은 이미 면역을 보유하고 있는 개인의 항체를 다른 개인에게 주는 방법으로서 수두와 같은 질환은 대부분 수동면역이 이루어진다.
④ 독력(virulence)은 병원체가 숙주에게 일으키는 질병의 위중 정도를 말하며 풍진 등의 병원체는 독력이 높다.

해설

① 감염력은 병원체가 숙주에 침입하여 숙주에 질병 혹은 면역 등의 반응을 일으키는 것을 말하며 감염성이라고도 한다.
③ 수동면역은 이미 면역을 보유하고 있는 개인의 항체를 다른 개인에게 주는 방법으로서 수두와 같은 질환은 대부분 능동면역이 이루어진다.
④ 독력(virulence)은 병원체가 숙주에게 일으키는 질병의 위중 정도를 말하며 풍진 등의 병원체는 독력이 낮다.

감염 관련 주요 용어

감염력 (감염성)	• 감염을 성공시키는 데 필요한 최저 병원체 수를 의미한다. • 현성 감염과 불현성 감염 두 가지를 모두 포함하여 측정해야 하는 감염력은 항체 형성 여부만으로 감염을 판단할 수 있기 때문에 직접 측정하는 것은 불가능하다. 감염력 = $\dfrac{\text{불현성 감염자수 + 현성 감염자수}}{\text{접촉자수(감수성자 총수)}}$
병원력	• 병원력은 병원체가 임상적으로 질병을 일으키는 능력으로 병원성이라고도 하며, 감염된 숙주 중 현성 감염을 나타내는 수준을 의미한다. • 질병을 유발하는 원인균의 능력은 매우 다양하며 홍역, 광견병 바이러스는 거의 100%이고 백일해는 60~80%이고 성홍열은 40%이며 소아마비는 0.1~3%로 아주 낮다. 후천성면역결핍증 바이러스(HIV)는 감염력은 크지 않으나 병원력이 높은 바이러스이다. 병원력 = $\dfrac{\text{발병자수(현성 감염자수)}}{\text{총 감염자수}} \times 100$
독력	• 발병된 증상의 심각한 정도를 나타내는 미생물의 능력으로, 현성 감염으로 인한 사망이나 후유증을 나타내는 정도이다. • 수두와 풍진은 감염력은 높지만 독력은 낮고, 광견병과 후천성면역결핍증은 독력이 크다. • 독력을 평가하는 지표는 치명률이며 질병의 가장 심각한 결과는 사망이다. 독력 = $\dfrac{\text{중환자수 + 사망자수}}{\text{총 발병자수(현성 감염자 수)}} \times 100$
치명률	• 어떤 병에 걸려 있는 전체 환자 중에서 그 병으로 사망한 환자의 비율을 말한다. 치명률 = $\dfrac{\text{사망자 수}}{\text{총 발병자 수(현성 감염자 수)}} \times 100$
기초감염 재생산수 (R0)	• 기초감염재생산수는 모든 인구가 감수성이 있다고 가정할 때 감염성 있는 환자가 직접적으로 감염시키는 환자의 수를 의미한다. 기초감염재생산수 = $\dfrac{\text{각 감염자가 전파시킨 2차 감염자 수}}{\text{전체 접촉자 수}}$

감염성 질환의 감염력/병원력/독력에 따른 구분

구분	감염력	병원력	독력
높음	두창, 홍역, 수두, 폴리오, 감기	두창, 광견병, 홍역, 수두	광견병, 두창, 결핵, 한센병
중간	풍진, 유행성이하선염	풍진, 유행성이하선염	폴리오
낮음	결핵, 한센병	폴리오, 결핵, 한센병	홍역, 풍진, 수두, 감기

면역

선천면역	인체가 태어날 때부터 체내에 가지고 있는 자연면역		
후천면역	항체나 항독소를 숙주 스스로 생성하는지에 따라 능동면역과 수동면역으로 나눈다.		
	능동면역	병원체 또는 독소에 의해서 생체의 세포가 스스로 활동하여 생기는 면역으로서 효과가 늦게 나타나지만 장기간 지속된다.	
		자연능동면역	감염 후 자연적으로 생기는 면역
		인공능동면역	예방접종으로 얻어지는 면역
	수동면역	감염자 자신이 아닌 다른 숙주나 생물이 만든 항체나 항독소를 이용한 면역으로 효과가 빠르게 나타나지만 지속 기간이 짧아서 치료 및 응급처치용으로 사용한다.	
		자연수동면역	태어날 때 모체로부터 받은 면역
		인공수동면역	홍역 유행 시 예방접종을 받지 못한 사람들에게 투여하는 홍역 면역 글로블린처럼 긴급하게 주입하는 면역

정답 003 ②

004 〈보기〉는 COVID-19의 선별을 위해 신속항원검사의 사용가능성을 판단하기 위한 자료이다. 옳은 것은? [23 서울]

〈보기〉
(단위: 명)

		실시간 - 역전사 중합효소연쇄반응법 (real-time RT-PCR)에 의한 COVID-19 확진		계
		양성	음성	
신속항원 검사결과	양성	180	80	260
	음성	20	720	740
계		200	800	1,000

① 민감도 - (180/260)×100
② 특이도 - (720/790)×100
③ 양성예측도 - (180/260)×100
④ 음성예측도 - (720/800)×100

해설
- **민감도**: 질환에 걸린 사람에게 검사를 통해 양성으로 진단하여 질병이 있다고 확진할 수 있는 확률
- **특이도**: 질환에 걸리지 않은 사람에게 검사를 통해 음성으로 진단하여 질병이 없다고 확진할 수 있는 확률
- **양성예측도**: 검사결과가 양성인 사람이 질병자로 확진을 받을 확률을 예측하는 것
- **음성예측도**: 검사결과가 음성인 사람이 비질병자로 확진을 받을 확률을 예측하는 것

민감도와 특이도, 예측도

		실시간 - 역전사 중합효소연쇄반응법 (real-time RT-PCR)에 의한 COVID-19 확진		계
		양성	음성	
신속항원 검사결과	양성	180(a)	80(b)	260(a+b)
	음성	20(c)	720(d)	740(c+d)
계		200(a+c)	800(b+d)	1,000(a+b+c+d)

- 민감도 = (검사 양성수/총환자수)×100 = (a/a+c)×100 = (180/200)×100
- 특이도 = (검사 음성수/환자가 아닌 사람수)×100 = (d/b+d)×100 = (720/800)×100
- 양성예측도 = 환자수/총검사 양성수×100 = (a/a+b)×100 = (180/260)×100
- 음성예측도 = 환자 아닌 사람 수/총검사 음성수×100 = (d/c+d)×100 = (720/740)×100

정답 004 ③

005 ★★★ 〈보기〉에서 설명하는 역학 연구방법으로 가장 옳은 것은? [23 서울]

〈보기〉

A지역사회간호사는 2023년 A지역 주민들을 대상으로 대사증후군 발생위험을 파악하기 위한 연구를 설계하였다. B병원에서 2010~2022년까지 2년 단위로 건강검진을 받은 주민 중, 2010년 대사증후군으로 진단받았거나 위험요인이 있는 사람을 제외한 주민들의 건강검진 결과를 통해 2022년까지 대사증후군 발생 여부에 영향을 미치는 요인을 파악하였다.

① 단면조사연구
② 환자-대조군 연구
③ 전향적 코호트 연구
④ 후향적 코호트 연구

해설

〈보기〉에서 주요 내용은 "2023년 연구설계", "2010~2022년까지의 검진결과 검토"이다. 이는 과거의 자료를 현재 시점에서 확인하는 것을 의미한다. 즉, 특정 지역의 현재 시점에서 과거의 자료를 검토하는 것은 후향적 코호트 연구이다.

	전향적 코호트 연구	후향적 코호트 연구
개념	연구하고자 하는 질병(또는 사건)이 발생하기 전에 연구대상에 대하여 원인으로 의심되는 요인들을 조사해 놓고 장기간 관찰한 후, 발생한 질병의 크기와 의심되는 요인의 상관성을 비교위험도(상대위험비)로 제시하는 연구(현재 확인 검토 후 미래로 진행)	질병이 발생하기 전에 수집된 자료를 바탕으로 관찰하고자 하는 질병을 연구하는 것으로 관찰 시작과 폭로, 질병의 시간적 관계는 환자 - 대조군 연구와 같이 후향성이지만, 관찰방법은 코호트적으로 하는 것(현재시점에서 과거 확인 점검)

역학연구방법

연구방법		장점	단점
생태학적 연구	다른 목적을 위해 생성된 기존 자료 중 질병에 대한 인구 집단 통계자료와 해당 질병의 요인에 대한 인구 집단 통계자료를 이용하여 상관분석을 시행	• 기존의 자료를 이용할 수 있다. • 비교적 단시간 내에 결과를 얻을 수 있다. • 비교적 비용이 적게 든다.	• 시간적 선후관계에 의한 오류가 있을 수 있다. • 생태학적 오류가 발생할 수 있다.
단면 연구	• 일정한 인구 집단을 대상으로 특정한 시점이나 일정한 기간 내에 질병을 조사하고 각 질병과 그 인구 집단과의 관련성을 보는 방법 • 상관관계 연구(correlation study)라고도 하고, 대상 집단의 특정 질병에 대한 유병률을 알아낼 수 있어 유병률 연구(prevalence study)라고도 함	• 해당 질병의 유병률을 구할 수 있다. • 동시에 여러 종류의 질병과 요인의 관련성을 연구할 수 있다. • 비용과 시간적 측면에서 경제적이다. • 질병의 자연사나 규모를 모를 때 첫 번째 연구로 시행할 수 있다. • 지역사회 건강평가를 위해 보건사업의 우선순위를 정하는 데 도움이 된다. • 질병 발생 시점이 불분명하거나 진단까지의 시간이 많이 걸리는 질병에 적합하다.	• 질병과 관련요인의 선후관계가 불분명하다. • 복합요인들 중에서 원인에 해당하는 요인만을 찾아내기 어렵다. • 유병률이 낮은 질병과 노출률이 낮은 요인의 연구는 어렵다. • 연구대상이 연구시점에 만날 수 있는 환자로 제한되며 유병 기간이 긴 환자가 더 많이 포함될 가능성이 있어 문제가 된다. • 치명률이 높은 질병 연구에 적합하지 않다.

연구방법		장점	단점
환자-대조군 연구	• 질병에 이환된 환자군과 질병이 없는 대조군을 선정하여 실병 발생과 관련이 있다고 의심되는 요인들과 질병 발생의 원인관계를 규명하는 연구 • 교차비를 산출	• 코호트 연구에 비해 비교적 경제적이다. • 필요한 연구대상자의 숫자가 적다. • 단기간 내에 연구를 수행할 수 있다. • 희귀한 질병 및 잠복기간이 매우 긴 질병에 대한 연구가 가능하다. • 한 질병과 관련 있는 여러 위험요인을 동시에 조사할 수 있다. • 연구를 위해 피연구자가 새로운 위험에 노출되는 윤리적 문제가 없다.	• 위험요인과 질병 간의 시간적 선후관계가 불분명하다. • 위험요인에 대한 노출이 드문 경우 수행하기 어렵다. • 과거 노출에 대한 정보수집이 제한되어 있다. • 적절한 대조군 선정에 어려움이 있을 수 있다. • 위험도의 직접적인 산출이 어렵다.
코호트 연구	연구하고자 하는 질병(또는 사건)이 발생하기 전에 연구대상에 대하여 원인으로 의심되는 요인들을 조사해 놓고 장기간 관찰한 후, 발생한 질병의 크기와 의심되는 요인의 상관성을 비교위험도(상대위험비)로 제시하는 연구	• 위험요인 노출에서부터 질병 진행의 전 과정을 관찰할 수 있다. • 위험요인 노출수준을 여러 번 측정할 수 있다. • 위험요인과 질병 간의 시간적 선후관계가 비교적 분명하다. • 질병의 발생률과 비교위험도(상대위험비)를 구할 수 있다. • 노출과 많은 질병 간의 연관성을 볼 수 있다. • 위험요인에 대한 노출이 드문 경우에도 연구가 가능하다.	• 비용(경비, 노력, 시간)이 많이 든다. • 장기간 계속 관찰하여야 한다. • 추적불능의 연구대상자가 많아지면 연구 결과에 영향을 줄 수 있다. • 진단방법과 기준, 질병 분류 방법이 변경될 가능성이 있다. • 질병 발생률이 낮은 경우에는 연구의 어려움이 있다.

정답 005 ④

006 다음 환자-대조군 연구 결과에 대한 교차비는?

[23 지방]

(단위: 명)

오염원으로 의심되는 음식 섭취 여부	식중독 발생	
	예	아니오
예	240	360
아니오	40	460

① $\dfrac{360 \times 40}{240 \times 460}$ ② $\dfrac{240 \times 460}{360 \times 40}$

③ $\dfrac{240(40 + 460)}{40(240 + 360)}$ ④ $\dfrac{40(240 + 360)}{240(40 + 460)}$

해설

특정 질병이 있는 집단에서 위험요인에 노출된 사람과 그렇지 않은 사람의 비, 특정 질병이 없는 집단에서의 위험요인에 노출된 사람과 그렇지 않은 사람의 비를 구하고, 이들 두 비 간의 비를 구한 것을 교차비라고 한다.

오염원으로 의심되는 음식 섭취 여부	식중독 발생	
	예	아니오
예	240(a)	360(b)
아니오	40(c)	460(d)

교차비 = $\dfrac{\text{환자군에서의 특정 요인에 노출된 사람과 노출되지 않은 사람의 비}}{\text{대조군에서의 특정 요인에 노출된 사람과 노출되지 않은 사람의 비}}$ = $\dfrac{a/c}{b/d}$ = $\dfrac{a \times d}{b \times c}$ = $\dfrac{240 \times 460}{360 \times 40}$

정답 006 ②

007 Leavell과 Clark가 제시한 질병의 자연사 단계별 예방적 조치로 옳은 것은?
[23 지방]

① 비병원성기 – 사례발견
② 불현성 감염기 – 집단검진
③ 발현성 감염기 – 환경위생
④ 회복기 – 개인위생

해설
① 불현성 감염기 – 사례발견
③ 비병원성기 – 환경위생
④ 비병원성기 – 개인위생

해설

질병의 자연사 단계와 예방활동

단계	상태	예방활동
1단계 비병원성기	질병 발생 이전(병원체, 숙주, 환경요인의 상호작용)	건강증진(적극적 예방)을 위한 예방접종, 환경위생개선, 영양상담, 교육활동 등(1차 예방)
2단계 초기병원성기	질병 발병기의 첫 단계로, 병인이 숙주 체내에 영향을 주기 시작하나, 아직 생리적 변화만을 초래하고 병리적 변화가 없는 시기(병인/자극의 형성)	예방적 치료, 환경개선, 영양섭취, 안전관리, 수동적(소극적) 예방접종 등(1차 예방)
3단계 불현성 감염기	잠복기로 병의 증상이 나타나지 않는 시기 (숙주의 반응)	집단검진과 조기발견과 조기치료활동(2차 예방)
4단계 발현성 감염기	병의 증상이 구체적으로 나타나는 시기 (질병)	불능을 최소화하고(장애감소) 사회회복적 적응훈련을 하는 2차 예방 활동
5단계 회복기	병이 회복되거나 만성화되어 사회에 복귀하거나 사망하여 질병이 종료되는 시기(회복/사망)	재활의 단계로 환자에게 질병으로 인한 신체적·정신적 후유증이나 불구를 최소화시키고 잔여기간을 최대한으로 재생시켜 활용할 수 있도록 도와주는 단계(3차 예방)

정답 **007** ②

008 다음에서 설명하는 「감염병의 예방 및 관리에 관한 법률」상 감염병은?

[22 지방(6월)]

- 전파가능성을 고려하여 발생 또는 유행 시 24시간 이내에 신고하여야 하고, 격리가 필요한 감염병을 말한다. 다만, 갑작스러운 국내 유입 또는 유행이 예견되어 긴급한 예방·관리가 필요하여 질병관리청장이 보건복지부장관과 협의하여 지정하는 감염병을 포함한다.
- 결핵, 수두, 홍역, 콜레라, 장티푸스 등을 포함한다.

① 제1급 감염병 ② 제2급 감염병
③ 제3급 감염병 ④ 제4급 감염병

해설

문제에서 설명하는 것은 제2급 감염병의 특성이다.

지정감염병의 구분과 종류

구분	특성	질환	
제1급 감염병	생물테러감염병 또는 치명률이 높거나 집단 발생의 우려가 커서 발생 또는 유행 즉시 신고하여야 하고, 음압격리와 같은 높은 수준의 격리가 필요한 감염병(다만, 갑작스러운 국내 유입 또는 유행이 예견되어 긴급한 예방·관리가 필요하여 질병관리청장이 보건복지부장관과 협의하여 지정하는 감염병을 포함)	가. 에볼라바이러스병 다. 라싸열 마. 남아메리카출혈열 사. 두창 자. 탄저 카. 야토병 파. 중증급성호흡기증후군(SARS) 하. 중동호흡기증후군(MERS) 거. 동물인플루엔자 인체감염증 너. 신종인플루엔자 더. 디프테리아	나. 마버그열 라. 크리미안콩고출혈열 바. 리프트밸리열 아. 페스트 차. 보툴리눔독소증 타. 신종감염병증후군
	신고주기	발생 또는 유행 즉시	
제2급 감염병	전파가능성을 고려하여 발생 또는 유행 시 24시간 이내에 신고하여야 하고, 격리가 필요한 감염병(다만, 갑작스러운 국내 유입 또는 유행이 예견되어 긴급한 예방·관리가 필요하여 질병관리청장이 보건복지부장관과 협의하여 지정하는 감염병을 포함)	가. 결핵(結核) 다. 홍역(紅疫) 마. 장티푸스 사. 세균성이질 자. A형간염 카. 유행성이하선염(流行性耳下腺炎) 파. 폴리오 거. b형헤모필루스인플루엔자 더. 한센병 머. 반코마이신내성황색포도알균(VRSA) 감염증 버. 카바페넴내성장내세균목(CRE) 감염증 서. E형간염	나. 수두(水痘) 라. 콜레라 바. 파라티푸스 아. 장출혈성대장균감염증 차. 백일해(百日咳) 타. 풍진(風疹) 하. 수막구균 감염증 너. 폐렴구균 감염증 러. 성홍열
	신고주기	24시간 이내	

구분	특성	질환	
제3급 감염병	그 발생을 계속 감시할 필요가 있어 발생 또는 유행 시 24시간 이내에 신고하여야 하는 감염병(다만, 갑작스러운 국내 유입 또는 유행이 예견되어 긴급한 예방·관리가 필요하여 질병관리청장이 보건복지부장관과 협의하여 지정하는 감염병을 포함 - 엠폭스)	가. 파상풍(破傷風) 다. 일본뇌염 마. 말라리아 사. 비브리오패혈증 자. 발진열(發疹熱) 카. 렙토스피라증 파. 공수병(恐水病) 하. 신증후군출혈열(腎症侯群出血熱) 거. 후천성면역결핍증(AIDS) 너. 크로이츠펠트-야콥병(CJD) 및 변종크로이츠펠트-야콥병(vCJD) 더. 황열 머. 큐열(Q열) 서. 라임병 저. 유비저(類鼻疽) 커. 중증열성혈소판감소증후군(SFTS) 퍼. 매독(梅毒)	나. B형간염 라. C형간염 바. 레지오넬라증 아. 발진티푸스 차. 쯔쯔가무시증 타. 브루셀라증 러. 뎅기열 버. 웨스트나일열 어. 진드기매개뇌염 처. 치쿤구니야열 터. 지카바이러스 감염증
	신고주기		
	24시간 이내		
제4급 감염병	제1급~제3급감염병까지의 감염병 외에 유행 여부를 조사하기 위하여 표본감시 활동이 필요한 감염병(다만, 질병관리청장이 지정하는 감염병을 포함 - 코로나바이러스감염증 19)	가. 인플루엔자 다. 회충증 마. 요충증 사. 폐흡충증 자. 수족구병 카. 클라미디아감염증 파. 성기단순포진 거. 반코마이신내성장알균(VRE) 감염증 너. 메티실린내성황색포도알균(MRSA) 감염증 더. 다제내성녹농균(MRPA) 감염증 러. 다제내성아시네토박터바우마니균(MRAB) 감염증 머. 장관감염증 서. 해외유입기생충감염증 저. 사람유두종바이러스 감염증	나. 삭제<2023. 8. 8.> 라. 편충증 바. 간흡충증 아. 장흡충증 차. 임질 타. 연성하감 하. 첨규콘딜롬 버. 급성호흡기감염증 어. 엔테로바이러스감염증
	신고주기		
	7일 이내		

009 ⟨보기⟩는 유방 자가검진(BSE) 결과와 유방조직 검사 결과이다. 옳은 것은?

[22 서울(6월)]

⟨보기⟩

BSE 결과	유방조직 검사결과		계
	양성	음성	
양성	45	15	60
음성	5	155	160
계	50	170	220

① 특이도 - 5/160
② 민감도 - 45/50
③ 양성 예측도 - 45/220
④ 음성 예측도 - 155/170

해설

- **민감도**: 질환에 걸린 사람에게 검사를 통해 양성으로 진단하여 질병이 있다고 확진할 수 있는 확률
- **특이도**: 질환에 걸리지 않은 사람에게 검사를 통해 음성으로 진단하여 질병이 없다고 확진할 수 있는 확률
- **양성예측도**: 검사결과가 양성인 사람이 질병자로 확진을 받을 확률을 예측하는 것
- **음성예측도**: 검사결과가 음성인 사람이 비질병자로 확진을 받을 확률을 예측하는 것

민감도와 특이도

구분		확진에 의한 결과		계
		질병(유)	질병(무)	
검사 결과	양성	45(a)	15(b)	60(a+b)
	음성	5(c)	155(d)	160(c+d)
	계	50(a+c)	170(b+d)	220(a+b+c+d)

- 민감도 = (검사 양성수/총환자수)×100 = (a/a+c)×100 = (45/50)×100
- 특이도 = (검사 음성수/환자가 아닌 사람수)×100 = (d/b+d)×100 = (155/170)×100
- 양성예측도 = 환자수/총검사 양성수×100 = (a/a+b)×100 = (45/60)×100
- 음성예측도 = 환자 아닌 사람 수/총검사 음성수×100 = (d/c+d)×100 = (155/160)×100

정답 009 ②

010 ⟨보기⟩의 방법으로 수행한 연구방법으로 가장 옳은 것은? [22 서울(6월)]

> ⟨보기⟩
>
> 연구자는 다른 지역에 비해 A지역에서 높은 백혈병 유병률을 보이고 있음을 알고 관련요인을 파악하고자 하였다. 이에 본 연구자는 백혈병 환자 30명을 선정하고, 환자와 동일한 특성을 지니었으나 백혈병이 없는 사람들 30명을 선정하여 관련요인을 비교하는 연구를 하였다. 연구결과 방사선 노출여부가 백혈병에 영향을 미침을 확인하였다.

① 위험요인의 노출수준을 정확히 측정할 수 있다.
② 연구대상자의 기억력에 의존하므로 정보편견의 위험이 크다.
③ 장기간 자료를 수집하기 때문에 비용이 많이 든다.
④ 한 번에 대상 집단의 건강문제 양상과 규모를 파악할 수 있다.

해설
① 전향적 코호트 연구
② 환자 - 대조군 연구
③ 코호트 연구
④ 단면조사 연구
→ ⟨보기⟩의 초점은 "백혈병 환자", "환자와 동일한 특성"이다.

역학연구방법

연구방법		장점	단점
생태학적 연구	다른 목적을 위해 생성된 기존 자료 중 질병에 대한 인구 집단 통계자료와 해당 질병의 요인에 대한 인구 집단 통계자료를 이용하여 상관분석을 시행	• 기존의 자료를 이용할 수 있다. • 비교적 단시간 내에 결과를 얻을 수 있다. • 비교적 비용이 적게 든다.	• 시간적 선후관계에 의한 오류가 있을 수 있다. • 생태학적 오류가 발생할 수 있다.
단면 연구	• 일정한 인구 집단을 대상으로 특정한 시점이나 일정한 기간 내에 질병을 조사하고 각 질병과 그 인구 집단과의 관련성을 보는 방법 • 상관관계 연구(correlation study)라고도 하고, 대상 집단의 특정 질병에 대한 유병률을 알아낼 수 있어 유병률 연구(prevalence study)라고도 함	• 해당 질병의 유병률을 구할 수 있다. • 동시에 여러 종류의 질병과 요인의 관련성을 연구할 수 있다. • 비용과 시간적 측면에서 경제적이다. • 질병의 자연사나 규모를 모를 때 첫 번째 연구로 시행할 수 있다. • 지역사회 건강평가를 위해 보건사업의 우선순위를 정하는 데 도움이 된다. • 질병 발생 시점이 불분명하거나 진단까지의 시간이 많이 걸리는 질병에 적합하다.	• 질병과 관련요인의 선후관계가 불분명하다. • 복합요인들 중에서 원인에 해당하는 요인만을 찾아내기 어렵다. • 유병률이 낮은 질병과 노출률이 낮은 요인의 연구는 어렵다. • 연구대상이 연구시점에 만날 수 있는 환자로 제한되며 유병 기간이 긴 환자가 더 많이 포함될 가능성이 있어 문제가 된다. • 치명률이 높은 질병 연구에 적합하지 않다.
환자-대조군 연구	• 질병에 이환된 환자군과 질병이 없는 대조군을 선정하여 질병 발생과 관련이 있다고 의심되는 요인들과 질병 발생의 원인관계를 규명하는 연구 • 교차비를 산출	• 코호트 연구에 비해 비교적 경제적이다. • 필요한 연구대상자의 숫자가 적다. • 단기간 내에 연구를 수행할 수 있다. • 희귀한 질병 및 잠복기간이 매우 긴 질병에 대한 연구가 가능하다. • 한 질병과 관련 있는 여러 위험요인을 동시에 조사할 수 있다. • 연구를 위해 피연구자가 새로운 위험에 노출되는 윤리적 문제가 없다.	• 위험요인과 질병 간의 시간적 선후관계가 불분명하다. • 위험요인에 대한 노출이 드문 경우 수행하기 어렵다. • 과거 노출에 대한 정보수집이 제한되어 있다. • 적절한 대조군 선정에 어려움이 있을 수 있다. • 위험도의 직접적인 산출이 어렵다.

연구방법		장점	단점
코호트 연구	연구하고자 하는 질병(또는 사건)이 발생하기 전에 연구대상에 대하여 원인으로 의심되는 요인들을 조사해 놓고 장기간 관찰한 후, 발생한 질병의 크기와 의심되는 요인의 상관성을 비교위험도(상대위험비)로 제시하는 연구	• 위험요인 노출에서부터 질병 진행의 전 과정을 관찰할 수 있다. • 위험요인 노출수준을 여러 번 측정할 수 있다. • 위험요인과 질병 간의 시간적 선후관계가 비교적 분명하다. • 질병의 발생률과 비교위험도(상대위험비)를 구할 수 있다. • 노출과 많은 질병 간의 연관성을 볼 수 있다. • 위험요인에 대한 노출이 드문 경우에도 연구가 가능하다.	• 비용(경비, 노력, 시간)이 많이 든다. • 장기간 계속 관찰하여야 한다. • 추적불능의 연구대상자가 많아지면 연구 결과에 영향을 줄 수 있다. • 진단방법과 기준, 질병 분류 방법이 변경될 가능성이 있다. • 질병 발생률이 낮은 경우에는 연구의 어려움이 있다.

정답 010 ②

011 ★★★ 검사 도구의 민감도가 일정하고 특이도가 낮아질 때, 증가하는 것은?

[22 지방(4월)]

① 진양성률
② 가양성률
③ 가음성률
④ 진음성률

해설

특이도(질환에 걸리지 않은 사람에게 검사를 통해 음성으로 진단하여 질병이 없다고 확진할 수 있는 확률)가 낮아진다는 것은 진음성률이 낮아지고, 가양성률(질병이 없는 사람이 양성으로 잘못 판정되는 확률)이 증가한다는 것을 의미한다. 쉽게 이해하자면, 그림 속의 방의 크기 변화로 이해하면 된다. 전체적인 크기의 변화는 없지만 특이도가 낮아진다는 것은 d라는 방의 크기가 줄어드는 것으로 상대적으로 b의 방이 넓어진다.

민감도와 특이도

구분		확진에 의한 결과		계
		질병(유)	질병(무)	
검사 결과	양성	진양성(a) 민감도	가(위)양성(b)	진양성+가양성 (a+b)
	음성	가(위)음성(c)	진음성(d) 특이도	가음성+진음성 (c+d)
	계	진양성+가음성 (a+c)	가양성+진음성 (b+d)	

- 민감도: 질환에 걸린 사람에게 검사를 통해 양성으로 진단하여 질병이 있다고 확진할 수 있는 확률

$$민감도 = \frac{진양성}{진양성+가(위)음성} = \frac{a}{a+c} \times 100$$

- 특이도: 질환에 걸리지 않은 사람에게 검사를 통해 음성으로 진단하여 질병이 없다고 확진할 수 있는 확률

$$특이도 = \frac{진음성}{진음성+가(위)양성} = \frac{d}{b+d} \times 100$$

- 가(위)양성률: 질병이 없는 사람이 양성으로 잘못 판정되는 확률 $= \frac{b}{b+d}$

- 가(위)음성률: 질병이 있는 사람이 음성으로 잘못 판정되는 확률 $= \frac{c}{a+c}$

정답 011 ②

012 다음에 해당하는 역학 연구 방법은?

[22 지방(4월)]

> 흡연과 폐암 발생의 관계를 밝히기 위해, 2000년에 35~69세 성인 100만 명을 연구 대상자로 선정한 후 2020년까지 추적 관찰하였다. 그 결과 흡연자는 비흡연자보다 폐암 발생률이 8배 높았다.

① 단면조사 연구
② 실험 연구
③ 코호트 연구
④ 환자 – 대조군 연구

해설

문제에서 초점은 "흡연과 폐암 발생의 관계를 밝히기 위해", "2020년까지 추적 관찰"이다. 이는 노출요인과 질병과의 관계를 밝히기 위해 장기간 관찰하는 연구인 **코호트 연구**를 의미한다.

역학연구방법

연구방법		장점	단점
생태학적 연구	다른 목적을 위해 생성된 기존 자료 중 질병에 대한 인구 집단 통계자료와 해당 질병의 요인에 대한 인구 집단 통계자료를 이용하여 상관분석을 시행	• 기존의 자료를 이용할 수 있다. • 비교적 단시간 내에 결과를 얻을 수 있다. • 비교적 비용이 적게 든다.	• 시간적 선후관계에 의한 오류가 있을 수 있다. • 생태학적 오류가 발생할 수 있다.
단면 연구	• 일정한 인구 집단을 대상으로 특정한 시점이나 일정한 기간 내에 질병을 조사하고 각 질병과 그 인구 집단과의 관련성을 보는 방법 • 상관관계 연구(correlation study)라고도 하고, 대상 집단의 특정 질병에 대한 유병률을 알아낼 수 있어 유병률 연구(prevalence study)라고도 함	• 해당 질병의 유병률을 구할 수 있다. • 동시에 여러 종류의 질병과 요인의 관련성을 연구할 수 있다. • 비용과 시간적 측면에서 경제적이다. • 질병의 자연사나 규모를 모를 때 첫 번째 연구로 시행할 수 있다. • 지역사회 건강평가를 위해 보건사업의 우선순위를 정하는 데 도움이 된다. • 질병 발생 시점이 불분명하거나 진단까지의 시간이 많이 걸리는 질병에 적합하다.	• 질병과 관련요인의 선후관계가 불분명하다. • 복합요인들 중에서 원인에 해당하는 요인만을 찾아내기 어렵다. • 유병률이 낮은 질병과 노출률이 낮은 요인의 연구는 어렵다. • 연구대상이 연구시점에 만날 수 있는 환자로 제한되며 유병 기간이 긴 환자가 더 많이 포함될 가능성이 있어 문제가 된다. • 치명률이 높은 질병 연구에 적합하지 않다.
환자–대조군 연구	• 질병에 이환된 환자군과 질병이 없는 대조군을 선정하여 질병 발생과 관련이 있다고 의심되는 요인들과 질병 발생의 원인관계를 규명하는 연구 • 교차비를 산출	• 코호트 연구에 비해 비교적 경제적이다. • 필요한 연구대상자의 숫자가 적다. • 단기간 내에 연구를 수행할 수 있다. • 희귀한 질병 및 잠복기간이 매우 긴 질병에 대한 연구가 가능하다. • 한 질병과 관련 있는 여러 위험요인을 동시에 조사할 수 있다. • 연구를 위해 피연구자가 새로운 위험에 노출되는 윤리적 문제가 없다.	• 위험요인과 질병 간의 시간적 선후관계가 불분명하다. • 위험요인에 대한 노출이 드문 경우 수행하기 어렵다. • 과거 노출에 대한 정보수집이 제한되어 있다. • 적절한 대조군 선정에 어려움이 있을 수 있다. • 위험도의 직접적인 산출이 어렵다.
코호트 연구	연구하고자 하는 질병(또는 사건)이 발생하기 전에 연구대상에 대하여 원인으로 의심되는 요인들을 조사해 놓고 장기간 관찰한 후, 발생한 질병의 크기와 의심되는 요인의 상관성을 비교위험도(상대위험비)로 제시하는 연구	• 위험요인 노출에서부터 질병 진행의 전 과정을 관찰할 수 있다. • 위험요인 노출수준을 여러 번 측정할 수 있다. • 위험요인과 질병 간의 시간적 선후관계가 비교적 분명하다. • 질병의 발생률과 비교위험도(상대위험비)를 구할 수 있다. • 노출과 많은 질병 간의 연관성을 볼 수 있다. • 위험요인에 대한 노출이 드문 경우에도 연구가 가능하다.	• 비용(경비, 노력, 시간)이 많이 든다. • 장기간 계속 관찰하여야 한다. • 추적불능의 연구대상자가 많아지면 연구 결과에 영향을 줄 수 있다. • 진단방법과 기준, 질병 분류 방법이 변경될 가능성이 있다. • 질병 발생률이 낮은 경우에는 연구의 어려움이 있다.

정답 012 ③

013 감염성 질병의 예방과 관리를 위해 숙주의 감수성을 감소시키는 방법은?

[22 지방(4월)]

① 예방접종 실시
② 병원소의 검역 실시
③ 환경위생 관리 강화
④ 감염병의 격리 기간 연장

해설

숙주의 감수성에 영향을 주는 대표적인 것이 "면역"이다. 따라서 예방접종 실시는 숙주의 감수성을 감소시켜 감염실패의 결과를 이끌 수 있다.

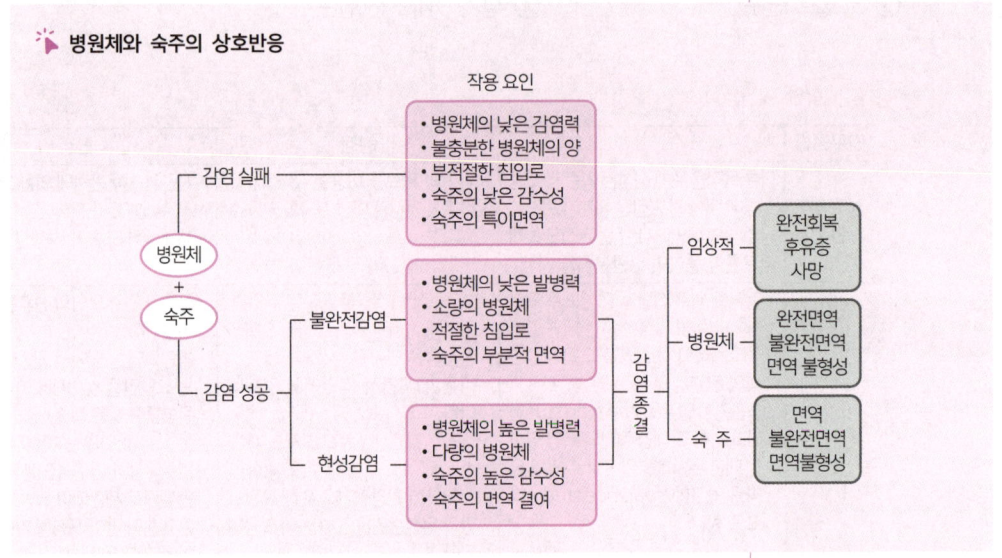

정답 013 ①

014 ★★★

치명률이 높거나 집단 발생의 우려가 커서 발생 또는 유행 즉시 신고하여야 하고, 음압격리와같은 높은 수준의 격리가 필요한 감염병에 해당하지 않는 것은?

[22 서울(2월)]

① 두창
② 탄저
③ 유행성이하선염
④ 중증급성호흡기증후군(SARS)

해설

치명률이 높거나 집단 발생의 우려가 커서 발생 또는 유행 즉시 신고하여야 하고, 음압격리와 같은 높은 수준의 격리가 필요한 감염병은 "제1급 감염병"을 말한다.
①, ②, ④ 제1급 감염병
③ 제2급 감염병

지정감염병의 구분과 종류

구분	특성	질환	
제1급 감염병	생물테러감염병 또는 치명률이 높거나 집단 발생의 우려가 커서 발생 또는 유행 즉시 신고하여야 하고, 음압격리와 같은 높은 수준의 격리가 필요한 감염병(다만, 갑작스러운 국내 유입 또는 유행이 예견되어 긴급한 예방·관리가 필요하여 질병관리청장이 보건복지부장관과 협의하여 지정하는 감염병을 포함)	가. 에볼라바이러스병 다. 라싸열 마. 남아메리카출혈열 사. 두창 자. 탄저 카. 야토병 파. 중증급성호흡기증후군(SARS) 하. 중동호흡기증후군(MERS) 거. 동물인플루엔자 인체감염증 너. 신종인플루엔자 더. 디프테리아	나. 마버그열 라. 크리미안콩고출혈열 바. 리프트밸리열 아. 페스트 차. 보툴리눔독소증 타. 신종감염병증후군
	신고주기		
	발생 또는 유행 즉시		
제2급 감염병	전파가능성을 고려하여 발생 또는 유행 시 24시간 이내에 신고하여야 하고, 격리가 필요한 감염병(다만, 갑작스러운 국내 유입 또는 유행이 예견되어 긴급한 예방·관리가 필요하여 질병관리청장이 보건복지부장관과 협의하여 지정하는 감염병을 포함)	가. 결핵(結核) 다. 홍역(紅疫) 마. 장티푸스 사. 세균성이질 자. A형간염 카. 유행성이하선염(流行性耳下腺炎) 파. 폴리오 거. b형헤모필루스인플루엔자 더. 한센병 머. 반코마이신내성황색포도알균(VRSA) 감염증 버. 카바페넴내성장내세균목(CRE) 감염증 서. E형간염	나. 수두(水痘) 라. 콜레라 바. 파라티푸스 아. 장출혈성대장균감염증 차. 백일해(百日咳) 타. 풍진(風疹) 하. 수막구균 감염증 너. 폐렴구균 감염증 러. 성홍열
	신고주기		
	24시간 이내		

구분	특성	질환	
제3급 감염병	그 발생을 계속 감시할 필요가 있어 발생 또는 유행 시 24시간 이내에 신고하여야 하는 감염병(다만, 갑작스러운 국내 유입 또는 유행이 예견되어 긴급한 예방·관리가 필요하여 질병관리청장이 보건복지부장관과 협의하여 지정하는 감염병을 포함 – 엠폭스)	가. 파상풍(破傷風) 다. 일본뇌염 마. 말라리아 사. 비브리오패혈증 자. 발진열(發疹熱) 카. 렙토스피라증 파. 공수병(恐水病) 하. 신증후군출혈열(腎症侯群出血熱) 거. 후천성면역결핍증(AIDS) 너. 크로이츠펠트-야콥병(CJD) 및 변종크로이츠펠트-야콥병(vCJD) 더. 황열 머. 큐열(Q열) 서. 라임병 저. 유비저(類鼻疽) 커. 중증열성혈소판감소증후군(SFTS) 퍼. 매독(梅毒)	나. B형간염 라. C형간염 바. 레지오넬라증 아. 발진티푸스 차. 쯔쯔가무시증 타. 브루셀라증 러. 뎅기열 버. 웨스트나일열 어. 진드기매개뇌염 처. 치쿤구니야열 터. 지카바이러스 감염증
	신고주기 24시간 이내		
제4급 감염병	제1급~제3급감염병까지의 감염병 외에 유행 여부를 조사하기 위하여 표본감시 활동이 필요한 감염병(다만, 질병관리청장이 지정하는 감염병을 포함-코로나바이러스감염증 19)	가. 인플루엔자 다. 회충증 마. 요충증 사. 폐흡충증 자. 수족구병 카. 클라미디아감염증 파. 성기단순포진 거. 반코마이신내성장알균(VRE) 감염증 너. 메티실린내성황색포도알균(MRSA) 감염증 더. 다제내성녹농균(MRPA) 감염증 러. 다제내성아시네토박터바우마니균(MRAB) 감염증 머. 장관감염증 서. 해외유입기생충감염증 저. 사람유두종바이러스 감염증	나. 삭제<2023. 8. 8.> 라. 편충증 바. 간흡충증 아. 장흡충증 차. 임질 타. 연성하감 하. 첨규콘딜롬 버. 급성호흡기감염증 어. 엔테로바이러스감염증
	신고주기 7일 이내		

정답 014 ③

015 검사방법의 타당도 지표에 대한 설명으로 가장 옳은 것은? [22 서울(2월)]

① 민감도는 해당 질병이 있는 사람의 검사 결과가 양성으로 나타나는 경우를 말한다.
② 특이도는 해당 질병이 없는 사람의 검사 결과가 양성으로 나타나는 경우를 말한다.
③ 위양성률은 질병 없는 사람의 검사 결과가 음성으로 나타나는 경우를 말한다.
④ 위음성률은 질병 있는 사람의 검사 결과가 양성으로 나타나는 경우를 말한다.

해설
② 특이도는 해당 질병이 없는 사람의 검사 결과가 음성으로 나타나는 경우를 말한다.
③ 위양성률은 질병 없는 사람의 검사 결과가 양성으로 나타나는 경우를 말한다.
④ 위음성률은 질병 있는 사람의 검사 결과가 음성으로 나타나는 경우를 말한다.

016 질병발생의 역학적 인과관계가 있다고 확정 짓는 조건으로 가장 옳은 것은? [22 서울(2월)]

① 요인에 대한 결과가 다른 집단에서는 다른 경향을 나타낸다.
② 어떤 요인이 특정 질병에만 관련을 보인다.
③ 원인적 요인이 우연히 일어날 수 있는 확률이 높다.
④ 질병요인의 노출을 제거했을 때 질병 발생 위험이 증가한다.

해설
① 요인에 대한 결과가 다른 집단에서 비슷한 경향을 나타낸다.
③ 원인적 요인이 시간적 결과에 따를 확률이 높다.
④ 질병요인의 노출을 제거했을 때 질병 발생 위험이 감소한다.

정답 015 ① 016 ②

017 감염성 질환에서 해당 병원체의 감염력 및 전염력을 측정하는 데 가장
★★★ 유용한 지표는? [21 서울]

① 발생률
② 유병률
③ 일차발병률
④ 이차발병률

해설

이차발병률은 발병 환자를 가진 가구(household)의 감수성 있는 가구원 중에서 이 병원체의 최장 잠복기간 내에 발병하는 환자의 비율로, 감염성 질환에서 해당 병원체의 감염력과 전염력을 측정하는 데 유용하다.
① **발생률**: 일정한 기간 동안에 대상 인구 집단에서 질병에 걸릴 가능성 또는 위험을 나타내는 것으로, 급성질환에 있어서 유행여부의 진단 및 전파기전, 병원체의 원인을 찾아내는 데 유용한 지표이다.
② **유병률**: 발생시기와 관계없이 일정 시점에 존재하는 모든 환자의 비율을 의미하는 것으로 만성질환 관리의 중요한 지표이다.
③ **일차발병률**: 어떤 집단이 한정된 기간에 한해서만 어떤 질병에 걸릴 위험에 놓여 있을 때 전체 인구 중 주어진 집단 내에서 새로 발병한 총수의 비율을 의미한다.
④ **이차 발병률**: 일차 환자(primary case)에 노출된 인구 중 해당 질병이 발병한 환자의 수의 비율. 질병의 감염력, 전염력을 측정하는 데 활용된다.

정답 017 ④

018 ★★★

흡연과 폐암과의 인과관계를 추정하기 위해 코호트 연구를 실시하여 〈보기〉와 같은 결과를 얻었다. 흡연으로 인한 폐암의 상대위험비(relative risk)는?

[21 서울]

〈보기〉

(단위: 명)

흡연여부	폐암발생 여부		계
	○	×	
○	100	900	1,000
×	10	990	1,000
계	110	1,890	2,000

① (100/10) / (900/990)
② (100/1,000) / (10/1,000)
③ (100/900) / (10/990)
④ (100/110) / (900/1,890)

해설

상대위험비(비교위험도)는 특정 위험요인에 노출된 사람들의 발생률과 노출되지 않은 사람들의 발생률을 비교하는 것이다.

흡연여부	폐암발생 여부		계
	○	×	
○	100(a)	900(b)	1,000(a+b)
×	10(c)	990(d)	1,000(c+d)
계	110(a+c)	1,890(b+d)	2,000

상대위험비 = $\dfrac{\text{위험요인에 노출된 군에서의 질병 발생률}}{\text{비노출군에서의 질병 발생률}} = \dfrac{a/(a+b)}{c/(c+d)} = \dfrac{100/1{,}000}{10/1{,}000}$

정답 018 ②

019 ★★★ 고혈압관리프로그램을 평가할 경우 평가도구의 신뢰도를 확보하기 위한 질문은?
[21 지방]

① 혈압계를 동일인에게 반복 사용할 때 일정한 값을 갖는가
② 설문항목이 응답하기에 수월한가
③ 혈압계 구입비용이 경제적인가
④ 설문지는 고혈압관리 목표를 제대로 측정하고 있는가

해설

신뢰도(Repeatability): 검사법을 반복해서 같은 대상에 적용시켰을 때 동일한 결과를 나타내는 경향이 클수록 신뢰도는 높다.

신뢰도를 높이는 방법
- 측정도구를 정기적으로 점검함
- 측정도구를 사용하는 도중 교체하지 않음
- 측정자가 측정기구를 사용하는데 익숙해야 함
- 측정자 수를 줄임으로서 측정자간 발생 오차를 감소시킬 수 있음
- 인간의 행태를 측정할 때는 측정 조건이 동일한 환경일 때 측정

020 ★★★ 다음에서 설명하는 개념은?
[21 지방]

> 감수성이 있는 집단에서 감염성이 있는 한 명의 환자가 감염가능기간 동안 직접 감염시키는 평균 인원 수

① 발생률
② 집단면역
③ 유병률
④ 기본감염재생산수

해설

기본(기초)감염재생산수는 모든 인구가 감수성이 있다고 가정할 때 감염성 있는 환자가 직접적으로 감염시키는 환자의 수를 의미한다.
① 발생률: 일정한 기간 동안에 대상 인구 집단에서 질병에 걸릴 가능성 또는 위험을 나타내는 것으로, 급성질환에 있어서 유행여부의 진단 및 전파기전, 병원체의 원인을 찾아내는 데 유용한 지표이다.
② 집단면역: 지역사회 또는 집단에 병원체가 침입하여 전파하는 것에 대한 집단의 저항성을 나타내는 지표로, 집단의 총인구 중 면역성을 갖고 있는 사람의 비로 나타낸다.
③ 유병률: 발생시기와 관계없이 일정 시점에 존재하는 모든 환자의 비율을 의미하는 것으로 만성질환 관리의 중요한 지표이다.

정답 019 ① 020 ④

021 다음에 해당하는 역학적 연구방법은? [21 지방]

> - 초등학교에서 식중독 증상을 보이는 학생군과 식중독 증상을 보이지 않는 학생군을 나누어 선정한다.
> - 식중독 유발 의심요인을 조사하고, 식중독 유발 의심요인과 식중독 발생과의 관계를 교차비(odds ratio)를 산출하여 파악한다.

① 코호트 연구
② 실험역학 연구
③ 기술역학 연구
④ 환자 – 대조군 연구

해설

문제에서 제시된 내용 중 가장 중요한 핵심은 "교차비 산출"이다. 교차비 산출이 가능한 연구방법으로는 환자-대조군 연구가 있다. 환자 – 대조군연구는 질병에 이환된 환자군과 질병이 없는 대조군을 선정하여 질병 발생과 관련이 있다고 의심되는 요인들과 질병 발생의 원인관계를 규명하는 연구 방법이다.

장점	단점
• 코호트 연구에 비해 비교적 경제적이다. • 필요한 연구대상자의 숫자가 적다. • 단기간 내에 연구를 수행할 수 있다. • 희귀한 질병 및 잠복기간이 매우 긴 질병에 대한 연구가 가능하다. • 한 질병과 관련 있는 여러 위험요인을 동시에 조사할 수 있다. • 연구를 위해 피연구자가 새로운 위험에 노출되는 윤리적 문제가 없다.	• 위험요인과 질병 간의 시간적 선후관계가 불분명하다. • 위험요인에 대한 노출이 드문 경우 수행하기 어렵다. • 과거 노출에 대한 정보수집이 제한되어 있다. • 적절한 대조군 선정에 어려움이 있을 수 있다. • 위험도의 직접적인 산출이 어렵다.

정답 021 ④

022 위암 조기발견을 위한 위내시경 검사의 특이도에 대한 설명으로 옳은 것은?
[21 지방]

① 위암이 없는 검사자 중 위내시경 검사에서 음성으로 나온 사람의 비율
② 위암이 있는 검사자 중 위내시경 검사에서 양성으로 나온 사람의 비율
③ 위내시경 검사에서 음성인 사람 중 위암이 없는 사람의 비율
④ 위내시경 검사에서 양성인 사람 중 위암이 있는 사람의 비율

해설
질환에 걸리지 않은 사람에게 검사를 통해 음성으로 진단하여 질병이 없다고 확진할 수 있는 확률을 **특이도**라 한다.
특이도
= (검사 음성수 / 환자가 아닌 사람수)×100
② 민감도
③ 음성예측도
④ 양성예측도

---

023 COVID-19로 진단받은 노인이 1970명이었다. 이 중 경증 환자가 200명, 중환자 150명, 사망자 200명이라면 치명률은?
[21 경기추채]

① 10.15
② 15.15
③ 20.30
④ 25.30

해설
치명률은 어떤 병에 걸려 있는 전체 환자 중에서 그 병으로 **사망한 환자의 비율**을 말한다.
치명률
$= \dfrac{\text{사망자수}}{\text{총발병자수 (현성감염자수)}} \times 100$
$= \dfrac{200}{1,970} \times 100 = 10.15$

---

024 지역사회에 디프테리아가 발생할 경우 관할 보건소장에게 신고기간으로 옳은 것은?
[21 경기추채]

① 즉시
② 24시간 이내
③ 48시간 이내
④ 7일 이내

해설
디프테리아는 제1급 감염병(생물테러감염병 또는 치명률이 높거나 집단 발생의 우려가 커서 발생 또는 유행 즉시 신고하여야 하고, 음압격리와 같은 높은 수준의 격리가 필요한 감염병)이므로 **즉시** 신고하여야 한다.

정답 022 ① 023 ① 024 ①

025 최근 지역사회 내 폐암 환자가 증가하여 집단검진을 실시하였다. 질병의 자연사 예방단계 중 어떤 단계에 해당하는가?
[21 경기추채]

① 비병원성기
② 초기병원성기
③ 불현성감염기
④ 발현성감염기

해설

질병의 자연사와 예방단계

단계	상태	예방활동
1단계 비병원성기	질병 발생 이전(병원체, 숙주, 환경요인의 상호작용)	건강증진(적극적 예방)을 위한 예방접종, 환경위생개선, 영양상담, 교육활동 등(1차 예방)
2단계 초기병원성기	질병 발생기의 첫 단계로, 병인이 숙주 체내에 영향을 주기 시작하나, 아직 생리적 변화만을 초래하고 병리적 변화가 없는 시기(병인/자극의 형성)	예방적 치료, 환경개선, 영양섭취, 안전관리, 수동적(소극적) 예방접종 등(1차 예방)
3단계 불현성 감염기	잠복기로 병의 증상이 나타나지 않는 시기(숙주의 반응)	집단검진과 조기발견과 조기치료활동(2차 예방)
4단계 발현성 감염기	병의 증상이 구체적으로 나타나는 시기(질병)	불능을 최소화하고(장애감소) 사회적 적응훈련을 하는 2차 예방 활동
5단계 회복기	병이 회복되거나 만성화되어 사회에 복귀하거나 사망하여 질병이 종료되는 시기(회복/사망)	재활의 단계로 환자에게 질병으로 인한 신체적·정신적 후유증이나 불구를 최소화시키고 잔여기간을 최대한으로 재생시켜 활용할 수 있도록 도와주는 단계(3차 예방)

026 다음 중 "병원력"에 대한 설명으로 옳은 것은?
[20 광주추채]

① 병원체가 임상적으로 질병을 일으키는 능력이다.
② 총 발병자 수에 대한 사망자수의 비율을 의미한다.
③ 접촉자 수 중에 불현성 감염자수와 현성 감염자수의 비율을 말한다.
④ 일차 발병한 감수성 있는 가구원 중 최장 잠복기간 내 발병하는 환자의 비율이다.

해설
② 치명률
③ 감염력
④ 2차 발병률

정답 025 ③ 026 ①

027 다음과 같은 검사 결과가 제시된 상황에서 특이도는 얼마인가?

[20 광주추채]

구분		유방암	유방암 아님	계
검사 결과	양성	70	10	80
	음성	30	70	100
	계	100	80	180

① 70%
② 80%
③ 87.5%
④ 90%

해설

특이도는 질환에 걸리지 않은 사람에게 검사를 통해 음성으로 진단하여 질병이 없다고 확진할 수 있는 확률을 의미한다.

구분		유방암	유방암 아님	계
검사결과	양성	70(a)	10(b)	80
	음성	30(c)	70(d)	100
	계	100(a+c)	80(b+d)	180

$$= \frac{검사\ 음성수}{환자가\ 아닌\ 사람수} \times 100$$

$$= \frac{d}{b+d} \times 100$$

$$= \frac{70}{80} \times 100 = 87.5\%$$

정답 **027** ③

028

「감염병의 예방 및 관리에 관한 법률」에 따라 "생물테러감염병 또는 치명률이 높거나 집단 발생의 우려가 커서 발생 또는 유행 즉시 신고하여야 하고, 음압격리와 같은 높은 수준의 격리가 필요한 감염병"에 해당하는 감염병은?

[20 경기추채]

① 폐렴구균 감염증
② 신증후군출혈열
③ 탄저
④ 지카바이러스 감염증

해설

① 제2급 감염병
②, ④ 제3급 감염병
③ 제1급 감염병

지정감염병의 구분과 종류

구분	특성	질환
제1급 감염병	생물테러감염병 또는 치명률이 높거나 집단 발생의 우려가 커서 발생 또는 유행 즉시 신고하여야 하고, 음압격리와 같은 높은 수준의 격리가 필요한 감염병(다만, 갑작스러운 국내 유입 또는 유행이 예견되어 긴급한 예방·관리가 필요하여 질병관리청장이 보건복지부장관과 협의하여 지정하는 감염병을 포함)	가. 에볼라바이러스병 나. 마버그열 다. 라싸열 라. 크리미안콩고출혈열 마. 남아메리카출혈열 바. 리프트밸리열 사. 두창 아. 페스트 자. 탄저 차. 보툴리눔독소증 카. 야토병 타. 신종감염병증후군 파. 중증급성호흡기증후군(SARS) 하. 중동호흡기증후군(MERS) 거. 동물인플루엔자 인체감염증 너. 신종인플루엔자 더. 디프테리아
	신고주기 발생 또는 유행 즉시	
제2급 감염병	전파가능성을 고려하여 발생 또는 유행 시 24시간 이내에 신고하여야 하고, 격리가 필요한 감염병(다만, 갑작스러운 국내 유입 또는 유행이 예견되어 긴급한 예방·관리가 필요하여 질병관리청장이 보건복지부장관과 협의하여 지정하는 감염병을 포함)	가. 결핵(結核) 나. 수두(水痘) 다. 홍역(紅疫) 라. 콜레라 마. 장티푸스 바. 파라티푸스 사. 세균성이질 아. 장출혈성대장균감염증 자. A형간염 차. 백일해(百日咳) 카. 유행성이하선염(流行性耳下腺炎) 타. 풍진(風疹) 파. 폴리오 하. 수막구균 감염증 거. b형헤모필루스인플루엔자 너. 폐렴구균 감염증 더. 한센병 러. 성홍열 머. 반코마이신내성황색포도알균(VRSA) 감염증 버. 카바페넴내성장내세균목(CRE) 감염증 서. E형간염
	신고주기 24시간 이내	
제3급 감염병	그 발생을 계속 감시할 필요가 있어 발생 또는 유행 시 24시간 이내에 신고하여야 하는 감염병(다만, 갑작스러운 국내 유입 또는 유행이 예견되어 긴급한 예방·관리가 필요하여 질병관리청장이 보건복지부장관과 협의하여 지정하는 감염병을 포함 - 엠폭스)	가. 파상풍(破傷風) 나. B형간염 다. 일본뇌염 라. C형간염 마. 말라리아 바. 레지오넬라증 사. 비브리오패혈증 아. 발진티푸스 자. 발진열(發疹熱) 차. 쯔쯔가무시증 카. 렙토스피라증 타. 브루셀라증 파. 공수병(恐水病) 하. 신증후군출혈열(腎症侯群出血熱) 거. 후천성면역결핍증(AIDS) 너. 크로이츠펠트-야콥병(CJD) 및 변종크로이츠펠트-야콥병(vCJD) 더. 황열 러. 뎅기열 머. 큐열(Q열) 버. 웨스트나일열 서. 라임병 어. 진드기매개뇌염 저. 유비저(類鼻疽) 처. 치쿤구니야열 커. 중증열성혈소판감소증후군(SFTS) 터. 지카바이러스 감염증 퍼. 매독(梅毒)
	신고주기 24시간 이내	

구분	특성	질환	
제4급 감염병	제1급~제3급감염병까지의 감염병 외에 유행 여부를 조사하기 위하여 표본감시 활동이 필요한 감염병 (다만, 질병관리청장이 지정하는 감염병을 포함-코로나바이러스감염증 19)	가. 인플루엔자 다. 회충증 마. 요충증 사. 폐흡충증 자. 수족구병 카. 클라미디아감염증 파. 성기단순포진 거. 반코마이신내성장알균(VRE) 감염증 너. 메티실린내성황색포도알균(MRSA) 감염증 더. 다제내성녹농균(MRPA) 감염증 러. 다제내성아시네토박터바우마니균(MRAB) 감염증 머. 장관감염증 서. 해외유입기생충감염증 저. 사람유두종바이러스 감염증	나. 삭제<2023. 8. 8.> 라. 편충증 바. 간흡충증 아. 장흡충증 차. 임질 타. 연성하감 하. 첨규콘딜롬 버. 급성호흡기감염증 어. 엔테로바이러스감염증
	신고주기		
	7일 이내		

029 다음에서 "상대위험비"를 구하시오.

[20 경기추채]

흡연		폐암		총합
		유	무	
	유	200	100	300
	무	300	200	500
총합		500	300	

① 1.0　　② 1.1
③ 1.2　　④ 1.3

해설

특정 위험요인에 노출된 사람들의 발생률과 노출되지 않은 사람들의 발생률을 비교하는 것이 상대위험비(비교 위험도)이다.

흡연		폐암		총합
		유	무	
	유	200(a)	100(b)	300(a+b)
	무	300(c)	200(d)	500(c+d)
총합		500(a+c)	300(b+d)	

상대위험비 = $\dfrac{\text{노출군에서의 발생률}}{\text{비노출군에서의 발생률}}$

= $\dfrac{\frac{a}{a+b}}{\frac{c}{c+d}}$ = $\dfrac{\frac{200}{300}}{\frac{300}{500}}$ = 1.1

정답 028 ③　029 ②

030 ★★★

흡연과 뇌졸중 발생의 관계를 알아보기 위해 환자대조군 연구를 실시하여 〈보기〉와 같은 결과를 얻었다. 흡연과 뇌졸중 발생 간의 교차비(odds ratio)는?

[20 서울]

〈보기〉

(단위: 명)

		뇌졸중		계
		유	무	
흡연	유	30(a)	70(b)	100
	무	10(c)	90(d)	100
계		40(a+c)	160(b+d)	200

① (30×70) / (10×90)
② (30×10) / (70×90)
③ (30×100) / (10×100)
④ (30×90) / (70×10)

해설

특정 질병이 있는 집단에서 위험요인에 노출된 사람과 그렇지 않은 사람의 비, 특정 질병이 없는 집단에서의 위험요인에 노출된 사람과 그렇지 않은 사람의 비를 구하고, 이들 두 비 간의 비를 구한 것을 교차비라고 한다.

		뇌졸중		계
		유	무	
흡연	유	30(a)	70(b)	100
	무	10(c)	90(d)	100
계		40(a+c)	160(b+d)	200

교차비 = $\dfrac{\text{환자군에서의 특정 요인에 노출된 사람과 노출되지 않은 사람의 비}}{\text{대조군에서의 특정 요인에 노출된 사람과 노출되지 않은 사람의 비}} = \dfrac{a/c}{b/d} = \dfrac{a \times d}{b \times c} = \dfrac{30 \times 0}{70 \times 10}$

정답 030 ④

031 다음 ㉠, ㉡에 들어갈 용어로 옳게 짝지은 것은? [20 지방]

- (㉠) – 감염병 일차 환자(primary case)에 노출된 감수성자 중 해당 질병의 잠복기 동안에 발병한 사람의 비율
- (㉡) – 병원체가 현성 감염을 일으키는 능력으로, 감염된 사람 중 현성 감염자의 비율

	㉠	㉡
①	평균 발생률	병원력
②	평균 발생률	감염력
③	이차 발병률	병원력
④	이차 발병률	감염력

해설
- 발병 환자를 가진 가구(household)의 감수성 있는 가구원 중에서 이 병원체의 최장 잠복기간 내에 발병하는 환자의 비율은 이차발병률이다.
- 병원체가 임상적으로 질병을 일으키는 능력으로 감염된 숙주 중 현성 감염을 나타내는 수준을 의미하는 것은 병원력(성)이다.

032 관할지역에서 탄저로 죽은 소가 발견되었다는 신고를 받은 읍장이 취해야 할 행동으로 가장 옳은 것은? [19 서울]

① 즉시 보건소장에게 신고
② 즉시 시장·군수·구청장에게 신고
③ 즉시 보건소장에게 통보
④ 즉시 질병관리청장에게 통보

해설
「감염병의 예방 및 관리에 관한 법률」 제14조(인수공통감염병의 통보)
① 「가축전염병예방법」 제11조제1항제2호에 따라 신고를 받은 국립가축방역기관장, 신고대상 가축의 소재지를 관할하는 시장·군수·구청장 또는 시·도 가축방역기관의 장은 같은 법에 따른 가축전염병 중 다음 각 호의 어느 하나에 해당하는 감염병의 경우에는 즉시 질병관리청장에게 통보하여야 한다.
 1. 탄저
 2. 고병원성조류인플루엔자
 3. 광견병
 4. 그 밖에 대통령령으로 정하는 인수공통감염병(동물인플루엔자)

정답 031 ③ 032 ④

033 ★★★ 제2급감염병에 속하지는 않으나, 필수예방접종에 포함된 감염병으로 옳게 짝지어진 것은?

[19 서울(수정)]

① 폐렴구균 – 결핵
② 결핵 – A형간염
③ 일본뇌염 – 디프테리아
④ B형 헤모필루스 인플루엔자 – A형간염

해설

「감염병의 예방 및 관리에 관한 법률」

필수예방접종	디프테리아, 폴리오, 백일해(百日咳), 홍역(紅疫), 파상풍(破傷風), 결핵, B형간염, 유행성이하선염(流行性耳下腺炎), 풍진(風疹), 수두(水痘), 일본뇌염, b형헤모필루스인플루엔자, 폐렴구균, 인플루엔자, A형간염, 사람유두종바이러스 감염증, 그룹 A형로타바이러스 감염증, 그 밖에 질병관리청장이 감염병의 예방을 위하여 필요하다고 인정하여 지정하는 감염병(장티푸스, 신증후군출혈열)
2급 감염병 (전파가능성을 고려하여 발생 또는 유행 시 24시간 이내에 신고하여야 하고, 격리가 필요한 감염병)	결핵(結核), 수두(水痘), 홍역(紅疫), 콜레라, 장티푸스, 파라티푸스, 세균성이질, 장출혈성장균감염증, A형간염, 백일해(百日咳), 유행성이하선염(流行性耳下腺炎), 풍진(風疹), 폴리오, 수막구균 감염증, b형헤모필루스인플루엔자, 폐렴구균 감염증, 한센병, 성홍열, 반코마이신내성황색포도알균(VRSA) 감염증, 카바페넴내성장내세균목(CRE) 감염증, E형간염

정답 033 ③

034 규칙적 운동 미실천과 고혈압 발생과의 관련성을 알아보기 위하여 코호트 연구를 실시하여 〈보기〉와 같은 자료를 얻었다. 운동 미실천과 고혈압 발생에 대한 상대위험비는?

[19 서울]

〈보기〉

(단위: 명)

	고혈압 발생	고혈압 없음	계
규칙적 운동 미실천	100	400	500
규칙적 운동 실천	500	2500	3000
계	600	2900	3500

① 1.15 ② 1.20
③ 1.25 ④ 1.30

해설

상대위험비는 특정 위험요인에 노출된 사람들의 발생률과 노출되지 않은 사람들의 발생률을 비교하는 것으로 비교 위험도라고도 한다.

	고혈압 발생	고혈압 없음	계
규칙적 운동 미실천	100(a)	400(b)	500(a+b)
규칙적 운동 실천	500(c)	2500(d)	3000(c+d)
계	600(a+c)	2900(b+d)	3500(a+b+c+d)

상대위험비 $= \dfrac{\text{위험요인에 노출된 군에서의 질병 발생률}}{\text{비노출군에서의 질병 발생률}} = \dfrac{a/(a+b)}{c/(c+d)} = \dfrac{100/500}{500/3000}$

$= \dfrac{0.2}{0.167} = 1.197$

정답 **034** ②

035 「감염병의 예방 및 관리에 관한 법령」상 감염병에 대한 설명으로 옳은 것은? [19 지방]

① 탄저는 국내 유입이 우려되는 해외 유행 감염병으로 제3급 감염병이다.
② 간흡충증은 유행여부를 조사하기 위하여 표본감시 활동이 필요한 제4급 감염병이다.
③ 바이러스성 출혈열은 간헐적으로 유행할 가능성이 있어 계속 그 발생을 감시하고 방역대책의 수립이 필요한 제2급 감염병이다.
④ 지정감염병은 제1급 감염병부터 제5급 감염병까지의 감염병 외에 유행 여부를 조사하기 위하여 감시활동이 필요하여 대통령이 지정하는 감염병이다.

해설

① 탄저는 생물테러감염병 또는 치명률이 높거나 집단발생의 우려가 커서 발생 또는 유행 즉시 신고하여야 하고, 음압격리와 같은 높은 수준의 격리가 필요한 제1급 감염병이다.
③ 바이러스성 출혈열은 과거 제4군 감염병이었으나 현재는 세분화하여 제1급 감염병의 에볼라바이러스병, 마버그열, 라싸열이 포함되어 있다.
④ 지정감염병은 제1급 감염병부터 제4급 감염병까지의 감염병과 조사 및 감시활동이 필요하여 질병관리청장이 지정하는 감염병이다.

지정감염병의 구분과 종류

구분	특성	질환	
제1급 감염병	생물테러감염병 또는 치명률이 높거나 집단 발생의 우려가 커서 발생 또는 유행 즉시 신고하여야 하고, 음압격리와 같은 높은 수준의 격리가 필요한 감염병(다만, 갑작스러운 국내 유입 또는 유행이 예견되어 긴급한 예방·관리가 필요하여 질병관리청장이 보건복지부장관과 협의하여 지정하는 감염병을 포함)	가. 에볼라바이러스병 다. 라싸열 마. 남아메리카출혈열 사. 두창 자. 탄저 카. 야토병 파. 중증급성호흡기증후군(SARS) 하. 중동호흡기증후군(MERS) 거. 동물인플루엔자 인체감염증	나. 마버그열 라. 크리미안콩고출혈열 바. 리프트밸리열 아. 페스트 차. 보툴리눔독소증 타. 신종감염병증후군
		너. 신종인플루엔자 더. 디프테리아	
	신고주기		
	발생 또는 유행 즉시		
제2급 감염병	전파가능성을 고려하여 발생 또는 유행 시 24시간 이내에 신고하여야 하고, 격리가 필요한 감염병(다만, 갑작스러운 국내 유입 또는 유행이 예견되어 긴급한 예방·관리가 필요하여 질병관리청장이 보건복지부장관과 협의하여 지정하는 감염병을 포함)	가. 결핵(結核) 다. 홍역(紅疫) 마. 장티푸스 사. 세균성이질 자. A형간염 카. 유행성이하선염(流行性耳下腺炎) 파. 폴리오 거. b형헤모필루스인플루엔자 더. 한센병 머. 반코마이신내성황색포도알균(VRSA) 감염증 버. 카바페넴내성장내세균목(CRE) 감염증 서. E형간염	나. 수두(水痘) 라. 콜레라 바. 파라티푸스 아. 장출혈성대장균감염증 차. 백일해(百日咳) 타. 풍진(風疹) 하. 수막구균 감염증 너. 폐렴구균 감염증 러. 성홍열
	신고주기		
	24시간 이내		

구분	특성	질환	
제3급 감염병	그 발생을 계속 감시할 필요가 있어 발생 또는 유행 시 24시간 이내에 신고하여야 하는 감염병(다만, 갑작스러운 국내 유입 또는 유행이 예견되어 긴급한 예방·관리가 필요하여 질병관리청장이 보건복지부장관과 협의하여 지정하는 감염병을 포함 - 엠폭스)	가. 파상풍(破傷風) 다. 일본뇌염 마. 말라리아 사. 비브리오패혈증 자. 발진열(發疹熱) 카. 렙토스피라증 파. 공수병(恐水病) 하. 신증후군출혈열(腎症候群出血熱) 거. 후천성면역결핍증(AIDS) 너. 크로이츠펠트-야콥병(CJD) 및 변종크로이츠펠트-야콥병(vCJD) 더. 황열 머. 큐열(Q열) 서. 라임병 저. 유비저(類鼻疽) 커. 중증열성혈소판감소증후군(SFTS) 퍼. 매독(梅毒)	나. B형간염 라. C형간염 바. 레지오넬라증 아. 발진티푸스 차. 쯔쯔가무시증 타. 브루셀라증 러. 뎅기열 버. 웨스트나일열 어. 진드기매개뇌염 처. 치쿤구니야열 터. 지카바이러스 감염증
	신고주기		
	24시간 이내		
제4급 감염병	제1급~제3급감염병까지의 감염병 외에 유행 여부를 조사하기 위하여 표본감시 활동이 필요한 감염병(다만, 질병관리청장이 지정하는 감염병을 포함-코로나바이러스감염증 19)	가. 인플루엔자 다. 회충증 마. 요충증 사. 폐흡충증 자. 수족구병 카. 클라미디아감염증 파. 성기단순포진 거. 반코마이신내성장알균(VRE) 감염증 너. 메티실린내성황색포도알균(MRSA) 감염증 더. 다제내성녹농균(MRPA) 감염증 러. 다제내성아시네토박터바우마니균(MRAB) 감염증 머. 장관감염증 서. 해외유입기생충감염증 저. 사람유두종바이러스 감염증	나. 삭제<2023. 8. 8.> 라. 편충증 바. 간흡충증 아. 장흡충증 차. 임질 타. 연성하감 하. 첨규콘딜롬 버. 급성호흡기감염증 어. 엔테로바이러스감염증
	신고주기		
	7일 이내		

036 모기가 매개하는 감염병이 아닌 것은?

[19 지방]

① 황열
② 발진열
③ 뎅기열
④ 일본뇌염

해설

2019년 질병관리본부(현. 질병관리청) 기준 바이러스성 모기 매개 감염병은 황열, 뎅기열, 웨스트나일열, 치쿤구니야열, 지카바이러스 감염증이다. 그리고 일본뇌염은 주로 작은 빨간집모기(Culex tritaeniorhynchus)에 의해 전파되는 인수공통 감염질환이다. → 발진열은 쥐벼룩(주로 Xenopsylla cheopis)을 매개로 주로 전파된다.

정답 035 ② 036 ②

037 ★★★

「후천성면역결핍증 예방법」상 후천성면역결핍증으로 사망한 사체를 검안한 의사 또는 의료기관은 이 사실을 누구에게 신고하여야 하는가?

[19 서울추채]

① 보건소장
② 시·도지사
③ 질병관리청장
④ 보건복지부장관

해설

「후천성면역결핍증 예방법」제5조(의사 또는 의료기관 등의 신고)
① 감염인을 진단하거나 감염인의 사체를 검안한 의사 또는 의료기관은 보건복지부령으로 정하는 바에 따라 24시간 이내에 진단·검안 사실을 관할 보건소장에게 신고하고, 감염인과 그 배우자(사실혼 관계에 있는 사람을 포함한다. 이하 같다) 및 성 접촉자에게 후천성면역결핍증의 전파 방지에 필요한 사항을 알리고 이를 준수하도록 지도하여야 한다. 이 경우 가능하면 감염인의 의사(意思)를 참고하여야 한다.
② 학술연구 또는 제9조에 따른 혈액 및 혈액제제(血液製劑)에 대한 검사에 의하여 감염인을 발견한 사람이나 해당 연구 또는 검사를 한 기관의 장은 보건복지부령으로 정하는 바에 따라 24시간 이내에 질병관리청장에게 신고하여야 한다.
③ 감염인이 사망한 경우 이를 처리한 의사 또는 의료기관은 보건복지부령으로 정하는 바에 따라 24시간 이내에 관할 보건소장에게 신고하여야 한다.
④ 제1항 및 제3항에 따라 신고를 받은 보건소장은 특별자치시장·특별자치도지사·시장·군수 또는 구청장(자치구의 구청장을 말한다. 이하 같다)에게 이를 보고하여야 하고, 보고를 받은 특별자치시장·특별자치도지사는 질병관리청장에게, 시장·군수·구청장은 특별시장·광역시장 또는 도지사를 거쳐 질병관리청장에게 이를 보고하여야 한다.

038 ★★★

지난 1년간 한 마을에 고혈압 환자가 신규로 40명이 발생하였다. 마을 주민 중 이전에 고혈압을 진단받은 환자는 200명이다. 마을 전체 주민이 1,000명이라면 지난 1년간 고혈압 발생률은?

[19 서울추채]

① 4%
② 5%
③ 20%
④ 24%

해설

$$\text{평균발생률} = \frac{\text{일정 지역에서 일정 기간내 새롭게 질병이 발생한 환자 수}}{\text{일정 기간 노출된 사람 수} - \text{이미 발병한 사람수}} \times 100$$

$$= \frac{40}{1,000 - 200} \times 100 = 5$$

정답 037 ① 038 ②

039 ★★★

〈보기〉는 어떠한 역학적 연구방법에 대한 설명이다. 이 연구방법에 해당하는 것은?

[19 서울추채]

〈보기〉
심뇌혈관질환의 유병을 예방하고자 비만한 대상자를 두 개의 집단으로 할당한 후 한쪽 집단에만 체중관리를 시키고 나머지는 그대로 둔 이후에 두 집단 간의 심뇌혈관 질환의 유병을 비교하였다.

① 코호트 연구
② 단면적 연구
③ 환자-대조군 연구
④ 실험 연구

해설

〈보기〉에서는 두 집단 중 한 집단에만 체중관리라는 중재로 연구자가 개입을 한 것이 초점이다. 실험 연구는 변인들 간의 관계를 발견하기 위하여 통제된 상황에서 독립변인을 인위적으로 조작하여 그것이 종속변인에 어떠한 영향을 미치는가를 객관적인 방법으로 측정하여 분석하는 연구방법을 말한다. 실험 연구에서 집단은 실험집단과 통제집단으로 나뉜다. 실험집단은 처치를 가한 집단(체중관리집단)을 말하고 통제집단은 처치를 가하지 않은 집단을 말한다.

040

다음에서 설명하는 역학적 측정지표로 가장 옳은 것은?

[18 서울]

- 위험요인에 노출된 집단과 위험요인에 노출되지 않은 집단 간 발생률의 차이를 말한다.
- 특정 요인에 노출된 집단의 질병 발생위험이 특정 요인에 노출되지 않은 집단에 비해 얼마나 더 높은가를 나타낸다.

① 교차비(OR; Odd's Ratio)
② 기여위험도(AR; Attribute Risk)
③ 상대위험도(RRR; Relative Risk Ratio)
④ 이차 발병률(SAR; Secondary Attack Rate)

해설

기여위험도(AR; Attributable Risk, 귀속위험도)
노출군과 비노출군의 발생률의 차이를 기여위험도라고 하며 요인과 질병 발생의 관련을 나타내는 지표의 하나이다. 특정 요인에 노출된 군에서 질병 또는 건강 관련 사건 발생 위험이 노출되지 않은 군에 비해 얼마나 더 높은가를 나타낸다.

정답 039 ④ 040 ②

041 리벨과 클라크(Leavell & Clark)는 질병의 자연사에 따른 예방적 수준을 제시하였다. 질병의 자연사 중 초기병변단계(불현성감염기)에 해당하는 예방적 조치는?

[18 지방]

① 보건교육
② 조기진단
③ 예방접종
④ 재활훈련

> **해설**
> 불현성감염기는 잠복기로 병의 증상이 나타나지 않는 시기이다. 예방활동은 집단검진과 조기치료의 2차 예방에 초점을 맞춘다.

질병의 자연사 단계와 예방활동

단계	상태	예방활동
1단계 비병원성기	질병 발생 이전(병원체, 숙주, 환경요인의 상호작용)	건강증진(적극적 예방)을 위한 예방접종, 환경위생 개선, 영양상담, 교육활동 등(1차 예방)
2단계 초기병원성기	질병 발병기의 첫 단계로, 병인이 숙주 체내에 영향을 주기 시작하나, 아직 생리적 변화만을 초래하고 병리적 변화가 없는 시기(병인/자극의 형성)	예방적 치료, 환경개선, 영양섭취, 안전관리, 수동적(소극적) 예방접종 등(1차 예방)
3단계 불현성 감염기	잠복기로 병의 증상이 나타나지 않는 시기(숙주의 반응)	집단검진과 조기발견과 조기치료활동(2차 예방)
4단계 발현성 감염기	병의 증상이 구체적으로 나타나는 시기(질병)	불능을 최소화하고(장애감소) 사회적 적응훈련을 하는 2차 예방 활동
5단계 회복기	병이 회복되거나 만성화되어 사회에 복귀하거나 사망하여 질병이 종료되는 시기(회복/사망)	재활의 단계로 환자에게 질병으로 인한 신체적·정신적 후유증이나 불구를 최소화시키고 잔여기간을 최대한으로 재생시켜 활용할 수 있도록 도와주는 단계(3차 예방)

정답 041 ②

042 다음 그림은 A초등학교 100명의 학생 중 B형 간염 항원 양성자 15명의 발생분포이다. 4월의 B형 간염 발생률(%)은? (단, 소수점 둘째 자리에서 반올림함)

[18 지방]

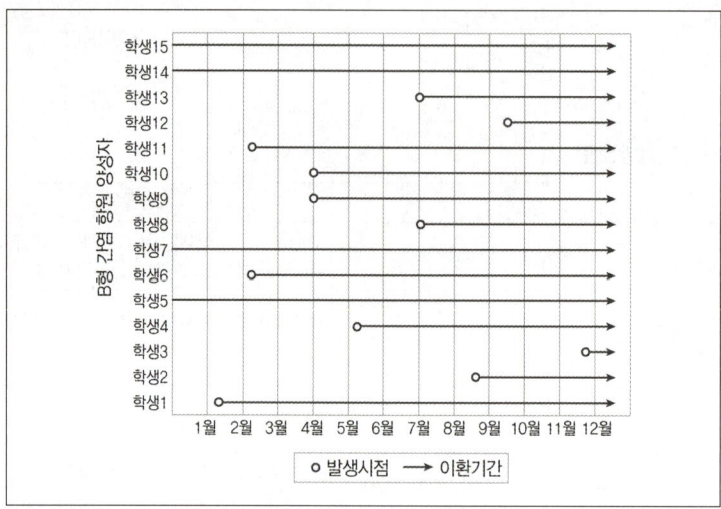

① 2.0 ② 9.0
③ 2.2 ④ 9.7

해설

평균발생률 = $\dfrac{\text{일정 지역 특정 기간 내 새롭게 발생한 환자 수}}{\text{인년(일정기간 노출된 사람 수 – 이미 발병한 사람 수)}} \times 100$

= $\dfrac{2(\text{새롭게 발생한 환자 수})}{100(\text{총학생수}) - 7(\text{4월전 이미 발생자})} \times 100$

= 2.15053763(반올림하여 2.2)

정답 042 ③

043 병원체의 감염력과 병원력에 대한 산출식으로 옳은 것은? [17 지방추채]

총감수성자(N = 1,000)				(단위: 명)
무증상 감염자 (n = 150)	감염자(n = 250)			
	현성 감염자(n = 100)			
	경미한 증상자 (n = 70)	중증도 증상자 (n = 20)	심각한 증상자 (n = 6)	사망자 (n = 4)

① 감염력 = (100/250) × 100
② 감염력 = (100/1000) × 100
③ 병원력 = (100/250) × 100
④ 병원력 = (100/1000) × 100

해설

- **감염력**은 감염을 성공시키는 데 필요한 최저 병원체 수를 의미한다.

$$감염력 = \frac{불현성\ 감염자수 + 현성\ 감염자수}{접촉자수(감수성자\ 총수)} \times 100 = \frac{150 + 100}{1,000} \times 100$$

- **병원력**은 병원체가 임상적으로 질병을 일으키는 능력으로 감염자 중 현성감염을 나타내는 수준을 의미한다.

$$병원력 = \frac{현성\ 감염자수}{총\ 감염자\ 수} \times 100 = \frac{100}{250} \times 100$$

044 집단면역과 관련된 설명으로 옳지 않은 것은? [17 서울]

① 집단면역은 지역사회에 병원체가 침입하여 전파하는 것에 대한 집단의 저항성을 의미한다.
② 면역을 가진 인구의 비율이 높은 경우 감염자가 감수성자와 접촉할 기회가 적어져 감염재생산자수가 적어지게 된다.
③ 집단면역에서 한계밀도는 유행이 일어나는 질환에 대한 집단면역의 한계치이다.
④ 기초감염재생산수는 모든 인구가 감수성이 있다고 가정할 때 감염성 있는 환자가 간접적으로 감염시키는 환자의 수를 의미한다.

해설

- 집단면역은 지역사회 또는 집단에 병원체가 침입하여 전파하는 것에 대한 집단의 저항성을 나타내는 지표로, 집단의 총인구 중 면역성을 갖고 있는 사람의 비로 나타낸다.
- 기초감염재생산수는 모든 인구가 감수성이 있다고 가정할 때 감염성 있는 환자가 직접적으로 감염시키는 환자의 수를 의미한다.

정답 043 ③ 044 ④

045 지역사회에 급성호흡기증후군이 발생하여 다음과 같은 지표를 확인할 수 있었다. 지역사회건강수준에 대한 설명으로 옳은 것은? [17 서울]

(총 감수성자 10,000명)

감염자 200	불현성 감염자		30
	현성 감염자 170	가벼운 증상	90
		중간정도 증상	50
		중증	20
		사망	10

① 치명률은 (10/170)×100이다.
② 병원성은 (70/200)×100이다.
③ 감염력은 (170/10,000)이다.
④ 이차발병률은 (200/10,000)×100이다.

해설

① **독력**은 발병된 증상의 심각한 정도를 나타내는 미생물의 능력으로, 현성 감염으로 인한 사망이나 후유증을 나타내는 정도이다.

$$독력 = \frac{중환자수 + 사망자수}{총발병자수(현성 감염자)} = \frac{20+10}{170} \times 100$$

치명률은 어떤 병에 걸려 있는 전체 환자 중에서 그 병으로 사망한 환자의 비율을 말한다.

$$치명률 = \frac{사망자수}{현성 감염자수} \times 100 = \frac{10}{170} \times 100$$

② **병원성**은 병원체가 임상적으로 질병을 일으키는 능력으로 병원력이라고도 하며, 감염된 숙주 중 현성 감염을 나타내는 수준을 의미한다.

$$병원성 = \frac{발병자수(현성 감염자수)}{총감염자수} = \frac{170}{200} \times 100$$

③ **감염력**은 감염을 성공시키는 데 필요한 최저 병원체 수를 의미한다.

$$감염력 = \frac{불현성 감염자수 + 현성 감염자수}{접촉자수(감수성자 총수)} = \frac{30+170}{10,000} \times 100$$

④ **이차발병률**은 발병 환자를 가진 가구(household)의 감수성 있는 가구원 중에서 이 병원체의 최장 잠복기간 내에 발병하는 환자의 비율이다.

$$이차 발병률 = \frac{환자와의 접촉으로 인하여 이차적으로 발병한 사람의 수}{환자와 접촉한 사람 수} \times 100$$

이 문제의 경우 최초의 환자에 대한 언급이 없으므로 이차발병률은 구할 수 없다.

정답 045 ①

046 환자-대조군 연구에 대한 설명으로 옳은 것은? [17 서울]

① 동시에 여러 질병과 발생요인의 관련성을 조사할 수 있다.
② 원인과 결과 사이에 시간적 선·후관계가 비교적 분명하다.
③ 희귀질환 및 잠복기간이 매우 긴 만성질환 연구에 효과적이다.
④ 질병과 노출위험에 대한 상대위험비와 귀속위험도를 구할 수 있다.

해설

환자-대조군 연구는 질병에 이환된 환자군과 질병이 없는 대조군을 선정하여 질병 발생과 관련이 있다고 의심되는 요인들과 질병 발생의 원인관계를 규명하는 연구 방법이다.
① 단면조사 연구
②, ④ 코호트 연구

역학연구방법

연구방법		장점	단점
생태학적 연구	다른 목적을 위해 생성된 기존 자료 중 질병에 대한 인구 집단 통계자료와 해당 질병의 요인에 대한 인구 집단 통계자료를 이용하여 상관분석을 시행	• 기존의 자료를 이용할 수 있다. • 비교적 단시간 내에 결과를 얻을 수 있다. • 비교적 비용이 적게 든다.	• 시간적 선후관계에 의한 오류가 있을 수 있다. • 생태학적 오류가 발생할 수 있다.
단면 연구	• 일정한 인구 집단을 대상으로 특정한 시점이나 일정한 기간 내에 질병을 조사하고 각 질병과 그 인구 집단과의 관련성을 보는 방법 • 상관관계 연구(correlation study)라고도 하고, 대상 집단의 특정 질병에 대한 유병률을 알아낼 수 있어 유병률 연구(prevalence study)라고도 함	• 해당 질병의 유병률을 구할 수 있다. • 동시에 여러 종류의 질병과 요인의 관련성을 연구할 수 있다. • 비용과 시간적 측면에서 경제적이다. • 질병의 자연사나 규모를 모를 때 첫 번째 연구로 시행할 수 있다. • 지역사회 건강평가를 위해 보건사업의 우선순위를 정하는 데 도움이 된다. • 질병 발생 시점이 불분명하거나 진단까지의 시간이 많이 걸리는 질병에 적합하다.	• 질병과 관련요인의 선후관계가 불분명하다. • 복합요인들 중에서 원인에 해당하는 요인만을 찾아내기 어렵다. • 유병률이 낮은 질병과 노출률이 낮은 요인의 연구는 어렵다. • 연구대상이 연구시점에 만날 수 있는 환자로 제한되며 유병 기간이 긴 환자가 더 많이 포함될 가능성이 있어 문제가 된다. • 치명률이 높은 질병 연구에 적합하지 않다.
환자-대조군 연구	• 질병에 이환된 환자군과 질병이 없는 대조군을 선정하여 질병 발생과 관련이 있다고 의심되는 요인들과 질병 발생의 원인관계를 규명하는 연구 • 교차비를 산출	• 코호트 연구에 비해 비교적 경제적이다. • 필요한 연구대상자의 숫자가 적다. • 단기간 내에 연구를 수행할 수 있다. • 희귀한 질병 및 잠복기간이 매우 긴 질병에 대한 연구가 가능하다. • 한 질병과 관련 있는 여러 위험요인을 동시에 조사할 수 있다. • 연구를 위해 피연구자가 새로운 위험에 노출되는 윤리적 문제가 없다.	• 위험요인과 질병 간의 시간적 선후관계가 불분명하다. • 위험요인에 대한 노출이 드문 경우 수행하기 어렵다. • 과거 노출에 대한 정보수집이 제한되어 있다. • 적절한 대조군 선정에 어려움이 있을 수 있다. • 위험도의 직접적인 산출이 어렵다.
코호트 연구	연구하고자 하는 질병(또는 사건)이 발생하기 전에 연구대상에 대하여 원인으로 의심되는 요인들을 조사해 놓고 장기간 관찰한 후, 발생한 질병의 크기와 의심되는 요인의 상관성을 비교위험도(상대위험비)로 제시하는 연구	• 위험요인 노출에서부터 질병 진행의 전 과정을 관찰할 수 있다. • 위험요인 노출수준을 여러 번 측정할 수 있다. • 위험요인과 질병 간의 시간적 선후관계가 비교적 분명하다. • 질병의 발생률과 비교위험도(상대위험비)를 구할 수 있다. • 노출과 많은 질병 간의 연관성을 볼 수 있다. • 위험요인에 대한 노출이 드문 경우에도 연구가 가능하다.	• 비용(경비, 노력, 시간)이 많이 든다. • 장기간 계속 관찰하여야 한다. • 추적불능의 연구대상자가 많아지면 연구 결과에 영향을 줄 수 있다. • 진단방법과 기준, 질병 분류 방법이 변경될 가능성이 있다. • 질병 발생률이 낮은 경우에는 연구의 어려움이 있다.

정답 046 ③

047 「감염병 예방 및 관리에 관한 법률」의 국민의 의무에 대한 내용으로 옳은 것은?

[17 서울]

① 법정 감염병으로 인한 강제 입원 시 이에 소요되는 비용은 국가와 지방자치단체가 부담한다.
② 의료기관에서 감염병에 대한 진단 및 치료를 받을 경우 소요되는 비용을 본인이 부담하여야 한다.
③ 감염병 진단 후 관리·치료 등에 최선을 다하여야 한다.
④ 국가와 지방자치단체가 수행하는 감염병의 발생 감시와 예방·관리 및 역학조사 업무에 적극 협조하여야 한다.

해설
② 소요되는 비용을 국가와 지방자치단체가 부담하여야 한다.
③, ④는 의료인의 책무이다.

「감염병 예방 및 관리에 관한 법률」 제5조(의료인 등의 책무와 권리)
① 「의료법」에 따른 의료인 및 의료기관의 장 등은 감염병 환자의 진료에 관한 정보를 제공받을 권리가 있고, 감염병 환자의 진단 및 치료 등으로 인하여 발생한 피해에 대하여 보상받을 수 있다.
② 「의료법」에 따른 의료인 및 의료기관의 장 등은 감염병 환자의 진단·관리·치료 등에 최선을 다하여야 하며, 보건복지부장관, 질병관리청장 또는 지방자치단체의 장의 행정명령에 적극 협조하여야 한다.
③ 「의료법」에 따른 의료인 및 의료기관의 장 등은 국가 및 지방자치단체가 수행하는 감염병의 발생 감시와 예방·관리 및 역학조사 업무에 적극 협조하여야 한다.

「감염병 예방 및 관리에 관한 법률」 제6조(국민의 권리와 의무)
① 국민은 감염병으로 격리 및 치료 등을 받은 경우 이로 인한 피해를 보상받을 수 있다.
② 국민은 감염병 발생 상황, 감염병 예방 및 관리 등에 관한 정보와 대응방법을 알 권리가 있고, 국가와 지방자치단체는 신속하게 정보를 공개하여야 한다.
③ 국민은 의료기관에서 이 법에 따른 감염병에 대한 진단 및 치료를 받을 권리가 있고, 국가와 지방자치단체는 이에 소요되는 비용을 부담하여야 한다.
④ 국민은 치료 및 격리조치 등 국가와 지방자치단체의 감염병 예방 및 관리를 위한 활동에 적극 협조하여야 한다.

정답 047 ①

048 「감염병의 예방 및 관리에 관한 법률」상 특별자치도지사 또는 시장·군수·구청장이 관할 보건소를 통하여 필수예방접종을 실시하여야 하는 질병만을 모두 고른 것은?

[17 지방(수정)]

| ㄱ. 디프테리아 | ㄴ. 풍진 |
| ㄷ. 폐렴구균 | ㄹ. C형 간염 |

① ㄱ, ㄴ
② ㄱ, ㄴ, ㄷ
③ ㄴ, ㄷ, ㄹ
④ ㄱ, ㄴ, ㄷ, ㄹ

해설

필수예방접종(2022. 12. 11. 시행기준)
디프테리아, 폴리오, 백일해(百日咳), 홍역(紅疫), 파상풍(破傷風), 결핵, B형간염, 유행성이하선염(流行性耳下腺炎), 풍진(風疹), 수두(水痘), 일본뇌염, b형헤모필루스인플루엔자, 폐렴구균, 인플루엔자, A형간염, 사람유두종바이러스 감염증, 그룹 A형로타바이러스 감염증, 질병관리청장이 감염병의 예방을 위하여 필요하다고 인정하여 지정하는 감염병(장티푸스, 신증후군출혈열)

049 다음 표에 제시된 대장암 선별 검사의 민감도(%)는?

[17 지방]

구분		대장암		합계
		유	무	
대장암 선별검사	양성	80	30	110
	음성	20	870	890
합계		100	900	1,000

① $\dfrac{80}{100} \times 100$
② $\dfrac{870}{900} \times 100$
③ $\dfrac{80}{110} \times 100$
④ $\dfrac{870}{890} \times 100$

해설

민감도는 질환에 걸린 사람에게 검사를 통해 양성으로 진단하여 질병이 있다고 확진할 수 있는 확률을 의미한다.

구분		대장암		합계
		유	무	
대장암 선별검사	양성	80(a)	30(b)	110(a+b)
	음성	20(c)	870(d)	890(c+d)
합계		100(a+c)	900(b+d)	1,000

민감도 = $\dfrac{a}{a+c} \times 100 = \dfrac{80}{100} \times 100$

정답 048 ② 049 ①

050 「감염병의 예방 및 관리에 관한 법률」에 따른 제3급 감염병만을 모두 고른 것은?

[17 지방(수정)]

> ㄱ. 파상풍
> ㄴ. 일본뇌염
> ㄷ. 신증후군출혈열
> ㄹ. 지카바이러스감염증

① ㄱ, ㄷ
② ㄱ, ㄴ, ㄹ
③ ㄴ, ㄷ, ㄹ
④ ㄱ, ㄴ, ㄷ, ㄹ

해설

제3급 감염병

특성	질환		신고주기
그 발생을 계속 감시할 필요가 있어 발생 또는 유행 시 24시간 이내에 신고하여야 하는 감염병 (다만, 갑작스러운 국내 유입 또는 유행이 예견되어 긴급한 예방·관리가 필요하여 질병관리청장이 보건복지부장관과 협의하여 지정하는 감염병을 포함 - 엠폭스)	가. 파상풍(破傷風) 다. 일본뇌염 마. 말라리아 사. 비브리오패혈증 자. 발진열(發疹熱) 카. 렙토스피라증 파. 공수병(恐水病) 하. 신증후군출혈열(腎症侯群出血熱) 거. 후천성면역결핍증(AIDS) 너. 크로이츠펠트-야콥병(CJD) 및 변종크로이츠펠트-야콥병(vCJD) 더. 황열 머. 큐열(Q열) 서. 라임병 저. 유비저(類鼻疽) 커. 중증열성혈소판감소증후군(SFTS) 퍼. 매독	나. B형간염 라. C형간염 바. 레지오넬라증 아. 발진티푸스 차. 쯔쯔가무시증 타. 브루셀라증 러. 뎅기열 버. 웨스트나일열 어. 진드기매개뇌염 처. 치쿤구니야열 터. 지카바이러스 감염증	24시간 이내

정답 050 ④

051 다음 표에 지시된 전향성 코호트 연구 결과에서 위험요인의 질병발생에 대한 기여위험도는?

[17 지방]

구분		질병		합계
		유	무	
위험 요인	유	a	b	a+b
	무	c	d	c+d
합계		a+c	b+d	a+b+c+d

① $\dfrac{a}{a+b} - \dfrac{c}{c+d}$ ② $\dfrac{b}{a+b} - \dfrac{d}{c+d}$

③ $\dfrac{a}{a+c} - \dfrac{b}{b+d}$ ④ $\dfrac{c}{a+c} - \dfrac{d}{b+d}$

해설

노출군과 비노출군의 발생률의 차이를 기여 위험도라고 하며 요인과 질병 발생의 관련을 나타내는 지표의 하나이다.

기여위험도
= 노출군에서의 발생률 − 비노출군에서의 발생률
= $\dfrac{a}{a+b} - \dfrac{c}{c+d}$

052 운동 부족과 심혈관질환 발생과의 관계를 알아보기 위해 환자-대조군 연구를 실시하였다. 아래 표와 같은 결과가 나왔을 때 운동 부족과 심혈관질환 발생 간의 교차비는 얼마인가?

[16 서울]

	심혈관질환 발생 (환자군)	심혈관질환 비발생 (대조군)
운동 부족	120	880
운동 실시	48	952

① (880/952) / (120/48) ② (120/48) / (880/952)
③ (120/168) / (880/1,832) ④ (48/1,000) / (120/1,000)

해설

특정 질병이 있는 집단에서 위험요인에 노출된 사람과 그렇지 않은 사람의 비, 특정 질병이 없는 집단에서의 위험요인에 노출된 사람과 그렇지 않은 사람의 비를 구하고, 이들 두 비 간의 비를 구한 것을 교차비라고 한다.

구분	심혈관질환 발생(환자군)	심혈관질환 비발생(대조군)
운동부족	120(a)	880(b)
운동실시	48(c)	952(d)

교차비 = $\dfrac{\text{환자군에서의 특정 요인에 노출된 사람과 노출되지 않은 사람의 비}}{\text{대조군에서의 특정 요인에 노출된 사람과 노출되지 않은 사람의 비}}$

= $\dfrac{a/c}{b/d} = \dfrac{120/48}{880/952}$

정답 051 ① 052 ②

053 검사방법의 타당도에 대한 설명으로 가장 옳은 것은? [16 서울]

① 특이도가 낮으면 양성예측도가 감소한다.
② 민감도가 증가하면 특이도가 함께 증가한다.
③ 진단 기준의 경계값을 올리면 민감도가 증가한다.
④ 유병률이 높은 질환은 특이도가 높은 검사방법을 이용한다.

해설
타당도란 측정하고자 하는 변인을 검사가 제대로 측정하였는지에 대한 정도이다.
② 민감도가 증가하더라도 특이도는 변화가 없다.
③ 진단 기준의 경계값을 올리면 민감도가 감소하고 특이도는 증가한다.
④ 검사방법 선택 시에는 특이도와 민감도가 모두 높은 방법을 사용하는 것이 좋다. 다만 둘 중 하나를 선택해야 할 경우 유병률이 높은 질환의 경우에는 민감도가 높은 검사방법이 더 유용하다.

▶ 진단기준의 변화에 따른 정확도

구분	진단기준 ↓	진단기준 ↑
민감도	증가	감소
특이도	감소	증가
양성예측도	변화없음	변화없음
음성예측도	변화없음	변화없음

054 다음 설명에 해당하는 역학 연구 방법으로 옳은 것은? [16 서울]

대상 질병에 걸리지 않은 표본 집단을 선정하여 질병발생의 원인으로 가정한 요인의 노출여부 자료를 수집한 후, 일정 기간 계속 관찰하여 질병 발생 여부 자료를 수집함

① 실험 연구
② 전향적 코호트 연구
③ 환자 – 대조군 연구
④ 후향적 코호트 연구

해설
전향적 코호트 연구
연구자들이 연구를 처음 시작할 때 집단을 선정하여 질병발생의 원인으로 가정한 요인의 노출여부를 자료로 수집하여 노출군과 비노출군을 구분한다. 이후 일정 기간 계속 추적 관찰하여 질병발생 여부를 확인하는 연구방법이다.

정답 053 ① 054 ②

055 환자-대조군 연구에 대한 설명으로 옳은 것은?

[16 지방]

① 희귀한 질병을 연구하는 데 적합하다.
② 질병의 자연사나 규모를 모를 때 시행하는 첫 번째 연구로서 유용하다.
③ 질병과 발생요인 간의 시간적 선후관계를 명확하게 조사할 수 있다.
④ 질병발생률과 비교 위험도를 산출하는 데 적합하다.

해설

환자-대조군 연구는 질병에 이환된 환자군과 질병이 없는 대조군을 선정하여 질병발생과 관련이 있다고 의심되는 요인들과 질병 발생의 원인관계를 규명하는 연구방법이다. 희귀한 질병 및 잠복기간이 매우 긴 질병에 대한 연구에 적합하다.
② 단면 연구
③, ④ 코호트 연구

역학연구방법

연구방법		장점	단점
생태학적 연구	다른 목적을 위해 생성된 기존 자료 중 질병에 대한 인구 집단 통계자료와 해당 질병의 요인에 대한 인구 집단 통계자료를 이용하여 상관분석을 시행	• 기존의 자료를 이용할 수 있다. • 비교적 단시간 내에 결과를 얻을 수 있다. • 비교적 비용이 적게 든다.	• 시간적 선후관계에 의한 오류가 있을 수 있다. • 생태학적 오류가 발생할 수 있다.
단면 연구	• 일정한 인구 집단을 대상으로 특정한 시점이나 일정한 기간 내에 질병을 조사하고 각 질병과 그 인구 집단과의 관련성을 보는 방법 • 상관관계연구(correlation study)라고도 하고, 대상 집단의 특정 질병에 대한 유병률을 알아낼 수 있어 유병률 연구(prevalence study)라고도 함	• 해당 질병의 유병률을 구할 수 있다. • 동시에 여러 종류의 질병과 요인의 관련성을 연구할 수 있다. • 비용과 시간적 측면에서 경제적이다. • 질병의 자연사나 규모를 모를 때 첫 번째 연구로 시행할 수 있다. • 지역사회 건강평가를 위해 보건사업의 우선순위를 정하는 데 도움이 된다. • 질병 발생 시점이 불분명하거나 진단까지의 시간이 많이 걸리는 질병에 적합하다.	• 질병과 관련요인의 선후관계가 불분명하다. • 복합요인들 중에서 원인에 해당하는 요인만을 찾아내기 어렵다. • 유병률이 낮은 질병과 노출이 낮은 요인의 연구는 어렵다. • 연구대상이 연구시점에 만날 수 있는 환자로 제한되며 유병 기간이 긴 환자가 더 많이 포함될 가능성이 있어 문제가 된다. • 치명률이 높은 질병 연구에 적합하지 않다.
환자-대조군 연구	• 질병에 이환된 환자군과 질병이 없는 대조군을 선정하여 질병 발생과 관련이 있다고 의심되는 요인들과 질병 발생의 원인관계를 규명하는 연구 • 교차비를 산출	• 코호트 연구에 비해 비교적 경제적이다. • 필요한 연구대상자의 숫자가 적다. • 단기간 내에 연구를 수행할 수 있다. • 희귀한 질병 및 잠복기간이 매우 긴 질병에 대한 연구가 가능하다. • 한 질병과 관련 있는 여러 위험요인을 동시에 조사할 수 있다. • 연구를 위해 피연구자가 새로운 위험에 노출되는 윤리적 문제가 없다.	• 위험요인과 질병 간의 시간적 선후관계가 불분명하다. • 위험요인에 대한 노출이 드문 경우 수행하기 어렵다. • 과거 노출에 대한 정보수집이 제한되어 있다. • 적절한 대조군 선정에 어려움이 있을 수 있다. • 위험도의 직접적인 산출이 어렵다.
코호트 연구	연구하고자 하는 질병(또는 사건)이 발생하기 전에 연구대상에 대하여 원인으로 의심되는 요인들을 조사해 놓고 장기간 관찰한 후, 발생한 질병의 크기와 의심되는 요인의 상관성을 비교위험도(상대위험비)로 제시하는 연구	• 위험요인 노출에서부터 질병 진행의 전 과정을 관찰할 수 있다. • 위험요인 노출수준을 여러 번 측정할 수 있다. • 위험요인과 질병 간의 시간적 선후관계가 비교적 분명하다. • 질병의 발생률과 비교위험도(상대위험비)를 구할 수 있다. • 노출과 많은 질병 간의 연관성을 볼 수 있다. • 위험요인에 대한 노출이 드문 경우에도 연구가 가능하다.	• 비용(경비, 노력, 시간)이 많이 든다. • 장기간 계속 관찰하여야 한다. • 추적불능의 연구대상자가 많아지면 연구 결과에 영향을 줄 수 있다. • 진단방법과 기준, 질병 분류 방법이 변경될 가능성이 있다. • 질병 발생률이 낮은 경우에는 연구의 어려움이 있다.

정답 055 ①

056 다음 설명에 해당하는 질병 발생 모형은?

[16 지방]

> 질병 발생을 인간과 환경과의 상호작용의 결과로 설명하며, 질병에 대한 원인 요소들의 기여 정도에 따라 면적 크기를 다르게 표현함으로써 역학적으로 분석한다.

① 역학적 삼각형 모형
② 거미줄 모형
③ 수레바퀴 모형
④ 원인 모형

해설

수레바퀴 모형은 숙주인 인간과 환경의 상호작용에 의해 만성병이 발생하는 것을 설명하는 모형이다. 수레바퀴 모형은 다른 두 모형과는 달리 병원체 요인을 배제하고 질병의 발생을 설명하였다.

질병발생 모형

모형	설명
역학적 삼각형 모형 (생태학적 모형)	• 고든(John Gordon)의 지렛대 이론(lever theory)이 대표적이며 질병은 숙주(인간), 환경, 병원체의 세 요인 사이의 상호작용에 따라 결정된다는 모형 • 질병 발생의 원인이 병원체로 명확하게 알려진 감염병의 발생에는 적합하나, 선천성 질환 등 유전적 소인이 있는 질병이나 비감염성 질환 설명에는 한계가 있다.
거미줄 모형 (다요인 모형, 원인망 모형)	• 질병의 발생은 한 가지 원인에 의해서는 이루어질 수는 없으며 사람의 내부와 외부의 여러 환경이 서로 얽히고 연결되어 발생됨을 설명하는 모형 • 질병의 예방대책 수립 및 비감염성 질환 예방 및 이해에 효과적인 모형이다.
수레바퀴 모형	• 숙주인 인간과 환경의 상호작용에 의해 만성병이 발생하는 것을 설명하는 모형 • 수레바퀴 모형은 인간 숙주를 중심으로 인간의 유전적 소인과 생물학적·물리적·사회경제적 환경과의 상호작용에 의하여 질병이 발생한다. • 수레바퀴 모형은 다른 두 모형과는 달리 병원체 요인을 배제하고 질병의 발생을 설명하였다.

정답 056 ③

057 ★★★

「감염병의 예방 및 관리에 관한 법률」상 보건복지부장관, 시·도지사 또는 시장·군수·구청장이 강제처분권을 가지고 감염병이 의심되는 주거시설, 선박, 항공기, 열차 등의 운송 수단 또는 그밖의 장소에 들어가 필요한 조사나 진찰을 할 수 있는 감염병에 포함되지 않는 것은?

[15 서울(수정)]

① 제1급 감염병
② 제2급 감염병 중 결핵, 홍역, 콜레라, 장티푸스
③ 제2급 감염병 중 급성호흡기 감염증, 사람유두종바이러스 감염증
④ 세계보건기구 감시대상 감염병

해설

「감염병의 예방 및 관리에 관한 법률」 제42조(감염병에 관한 강제처분)

① 질병관리청장, 시·도지사 또는 시장·군수·구청장은 해당 공무원으로 하여금 다음 각 호의 어느 하나에 해당하는 감염병환자등이 있다고 인정되는 주거시설, 선박·항공기·열차 등 운송수단 또는 그 밖의 장소에 들어가 필요한 조사나 진찰을 하게 할 수 있으며, 그 진찰 결과 감염병환자등으로 인정될 때에는 동행하여 치료받게 하거나 입원시킬 수 있다.

강제 처분 감염병	제1급 감염병	
	제2급 감염병	결핵, 홍역, 콜레라, 장티푸스, 파라티푸스, 세균성이질, 장출혈성대장균감염증, A형간염, 수막구균 감염증, 폴리오, 성홍열 또는 질병관리청장이 정하는 감염병
	제3급 감염병	질병관리청장이 정하는 감염병(엠폭스)
	세계보건기구대상감염병(두창, 폴리오, 신종인플루엔자, 중증급성호흡기증후군(SARS), 콜레라, 폐렴형 페스트, 황열, 바이러스성 출혈열, 웨스트나일열)	

② 질병관리청장, 시·도지사 또는 시장·군수·구청장은 제1급감염병이 발생한 경우 해당 공무원으로 하여금 감염병의심자에게 다음 각 호의 조치를 하게 할 수 있다. 이 경우 해당 공무원은 감염병 증상 유무를 확인하기 위하여 필요한 조사나 진찰을 할 수 있다.
  1. 자가(自家) 또는 시설에 격리
  1의2. 제1호에 따른 격리에 필요한 이동수단의 제한
  2. 유선·무선 통신, 정보통신기술을 활용한 기기 등을 이용한 감염병의 증상 유무 확인이나 위치정보의 수집. 이 경우 위치정보의 수집은 제1호에 따라 격리된 사람으로 한정한다.
  3. 감염 여부 검사
③ 질병관리청장, 시·도지사 또는 시장·군수·구청장은 제2항에 따른 조사나 진찰 결과 감염병환자등으로 인정된 사람에 대해서는 해당 공무원과 동행하여 치료받게 하거나 입원시킬 수 있다.
④ 질병관리청장, 시·도지사 또는 시장·군수·구청장은 제1항·제2항에 따른 조사·진찰이나 제13조제2항에 따른 검사를 거부하는 사람(이하 이 조에서 "조사거부자"라 한다.)에 대해서는 해당 공무원으로 하여금 감염병관리기관에 동행하여 필요한 조사나 진찰을 받게 하여야 한다.

정답 057 ③

058 지역사회간호사가 지역주민 600명을 대상으로 유방암검진을 실시한 결과 다음과 같은 결과를 얻었다면 민감도와 특이도는?

[15 서울]

구분		유방암 있음	유방암 없음	계
유방암 검진	양성	96	2	98
	음성	5	497	502
계		101	499	600

① 민감도 = 96/98, 특이도 = 497/502
② 민감도 = 96/101, 특이도 = 497/499
③ 민감도 = 2/98, 특이도 = 5/502
④ 민감도 = 5/101, 특이도 = 2/499

해설

- **민감도**: 질환에 걸린 사람에게 검사를 통해 양성으로 진단하여 질병이 있다고 확진할 수 있는 확률
- **특이도**: 질환에 걸리지 않은 사람에게 검사를 통해 음성으로 진단하여 질병이 없다고 확진할 수 있는 확률

▶ 민감도와 특이도

구분		확진에 의한(실제결과)		계
		질병(+)	질병(−)	
검사결과	양성(+)	a(진양성)	b(가양성)	a + b(총검사양성수)
	음성(−)	c(가음성)	d(진음성)	c + d(총검사음성수)
계		a + c(총환자수)	b + d(총비환자수)	a + b + c + d(총계)

- 민감도(sensitivity)

$$민감도 = \frac{검사양성수}{총환자수} \times 100 = \frac{a}{a+c} \times 100 = \frac{96}{101}$$

- 특이도(specificity)

$$특이도 = \frac{검사음성수}{총비환자수} \times 100 = \frac{d}{b+d} \times 100 = \frac{497}{499}$$

정답 058 ②

059 역학 연구 방법에 관한 설명으로 옳은 것은? [15 서울]

① 기술역학은 질병과 특정 노출요인에 대한 정보를 특정한 시점 또는 짧은 기간 내에 얻는 방법이다.
② 단면조사 연구의 주요 변수는 인구학적 특성, 지역적 특성, 시간적 특성이다.
③ 후향적 코호트 연구는 연구시작 시점 훨씬 이전으로 거슬러 올라가 '요인 노출'과 '질병 발생' 간의 관련성을 추적하는 방법이다.
④ 이중맹검법(double blind method)은 환자-대조군 연구에서 정보 편견을 최소화하는 방법이다.

해설

① 단면조사 연구는 질병과 특정 노출요인에 대한 정보를 특정한 시점 또는 짧은 기간 내에 얻는 방법이다.
② 기술역학의 주요 변수는 인구학적 특성, 지역적 특성, 시간적 특성이다.
④ 이중맹검법(double blind method)은 실험역학(실험연구)에서 정보 편견을 최소화하는 방법이다.

060 다음에 해당하는 역학 연구 방법은? [15 지방]

> 건강한 지역주민 중 표준체중과 과체중을 가진 사람을 대상으로 일정한 시간이 경과한 후 고혈압 발생과의 관계를 알아보고자 한다.

① 코호트 연구
② 환자-대조군 연구
③ 단면적 연구
④ 기술역학

해설

전향적 코호트 연구
연구자들이 연구를 처음 시작할 때 집단을 선정하여 질병발생의 원인으로 가정한 요인의 노출여부를 자료로 수집하여 노출군과 비노출군을 구분한다. 이후 일정 기간 계속 추적관찰하여 질병발생 여부를 확인하는 연구방법이다. 현시점에서 앞으로의 결과를 검토하는 것이다.

정답 059 ③　060 ①

061

자궁경부암 조기검진을 위한 자궁경부세포진검사(Pap Smear Test) 결과에서 특이도(%)는?

[15 지방]

자궁경부 세포진검사	생검에 의한 확진		계
	자궁경부암 환자	건강한 사람	
양성	188	72	260
음성	12	488	500
계	200	560	760

① 188/200 × 100
② 188/260 × 100
③ 488/560 × 100
④ 488/500 × 100

해설
특이도는 질환에 걸리지 않은 사람에게 검사를 통해 음성으로 진단하여 질병이 없다고 확진할 수 있는 확률을 의미한다.
특이도
= (검사 음성수 / 환자가 아닌 사람수) × 100
= (488 / 560) × 100
① 민감도
② 양성예측도
④ 음성예측도

062

흡연에 의한 폐암 환자의 상대위험비(비교위험도, RRR; Relative Risk Ratio)로 옳은 것은?

[14 서울]

	폐암 있음	폐암 없음	총합
흡연함	100	50	150
흡연하지 않음	50	100	150
총합	150	150	300

① 1
② 2
③ 3
④ 4
⑤ 5

해설
특정 위험요인에 노출된 사람들의 발생률과 노출되지 않은 사람들의 발생률을 비교하는 것이 상대위험비(비교 위험도)이다.

	폐암 있음	폐암 없음	총합
흡연함	100(a)	50(b)	150(a+b)
흡연하지 않음	50(c)	100(d)	150(c+d)
총합	150(a+c)	150(b+d)	300(a+b+c+d)

상대위험비 = $\dfrac{\text{노출군에서의 발생률}}{\text{비노출군에서의 발생률}}$

= $\dfrac{\frac{a}{a+b}}{\frac{c}{c+d}} = \dfrac{\frac{100}{150}}{\frac{50}{150}} = \dfrac{100}{50} = 2$

정답 061 ③ 062 ②

063 숙주의 면역에 대한 설명으로 옳은 것은?

[14 지방]

① 인공수동면역은 감마글로불린이나 항독소 등의 인공제제를 투여하는 것이다.
② 인공능동면역은 각종 질환에 이환된 후 숙주 스스로가 면역체를 형성하여 생기는 면역이다.
③ 인공능동면역은 인공수동면역에 비해 면역 효력이 빨리 나타난다.
④ 인공수동면역은 인공능동면역에 비해 효력 지속기간이 길다.

해설

② 자연능동면역은 각종 질환에 이환된 후 숙주 스스로 면역체를 형성하여 생기는 면역이다.
③ 인공수동면역은 인공능동면역에 비해 면역 효력이 빨리 나타난다.
④ 인공능동면역은 인공수동면역에 비해 효력 지속기간이 길다.

면역의 종류와 예

구분			내용
선천면역			종간 면역, 종족 간 면역 및 개인 간 면역의 차이
후천면역	능동면역 (효과가 늦게 나타나지만 장기간 지속)	자연능동면역	두창, 홍역, 수두, B형간염 등
		인공능동면역 — 백신	두창, BCG, 홍역, B형간염, 디프테리아, 인플루엔자 등
		인공능동면역 — 독소	파상풍, 보툴리눔 등
	수동면역 (효과는 빠르나 지속기간은 짧음)	자연수동면역	경태반 면역(홍역, 소아마비, 디프테리아 등)
		인공수동면역	B형간염 면역글로불린, 파상풍 항독소 등

정답 063 ①

064 다음 글에서 설명하는 법정(지정)감염병에 해당하는 것은? [14 지방(수정)]

> 그 발생을 계속 감시할 필요가 있어 발생 또는 유행 시 24시간 이내에 신고하여야 하는 감염병이다.

① 탄저
② A형간염
③ 장티푸스
④ 신증후군출혈열

해설
① 제1급 감염병
②, ③ 제2급 감염병
④ 제3급 감염병

▶ 제3급 감염병

특성	질환	신고주기
그 발생을 계속 감시할 필요가 있어 발생 또는 유행 시 24시간 이내에 신고하여야 하는 감염병 (다만, 갑작스러운 국내 유입 또는 유행이 예견되어 긴급한 예방·관리가 필요하여 질병관리청장이 보건복지부장관과 협의하여 지정하는 감염병을 포함 – 엠폭스)	가. 파상풍(破傷風) 나. B형간염 다. 일본뇌염 라. C형간염 마. 말라리아 바. 레지오넬라증 사. 비브리오패혈증 아. 발진티푸스 자. 발진열(發疹熱) 차. 쯔쯔가무시증 카. 렙토스피라증 타. 브루셀라증 파. 공수병(恐水病) 하. 신증후군출혈열(腎症侯群出血熱) 거. 후천성면역결핍증(AIDS) 너. 크로이츠펠트-야콥병(CJD) 및 변종크로이츠펠트-야콥병(vCJD) 더. 황열 러. 뎅기열 머. 큐열(Q열) 버. 웨스트나일열 서. 라임병 어. 진드기매개뇌염 저. 유비저(類鼻疽) 처. 치쿤구니야열 커. 중증열성혈소판감소증후군(SFTS) 터. 지카바이러스 감염증 퍼. 매독	24시간 이내

정답 064 ④

065 다음 표는 역학조사를 위한 환자-대조군 연구의 결과이다. 야간근무로 인한 수면장애의 발생 가능성에 대한 교차비(Odds Ratio)는? [14 지방]

구분		수면장애		계
		있음	없음	
야간근무 실시여부	실시	70	10	80
	미실시	30	90	120
계		100	100	200

① 3　　　　　　　　② 3.5
③ 7　　　　　　　　④ 21

해설

특정 질병이 있는 집단에서 위험요인에 노출된 사람과 그렇지 않은 사람의 비, 특정 질병이 없는 집단에서의 위험요인에 노출된 사람과 그렇지 않은 사람의 비를 구하고, 이들 두 비 간의 비를 구한 것을 교차비라고 한다.

구분		수면장애		계
		있음	없음	
야간근무 실시여부	실시	70(a)	10(b)	80(a+b)
	미실시	30(c)	90(d)	120(c+d)
계		100(a+c)	100(b+d)	200(a+b+c+d)

교차비 = $\dfrac{\text{환자군에서의 특정 요인에 노출된 사람과 노출되지 않은 사람의 비}}{\text{대조군에서의 특정 요인에 노출된 사람과 노출되지 않은 사람의 비}}$

$= \dfrac{a \times d}{b \times c} = \dfrac{70 \times 90}{10 \times 30} = 21$

정답 65 ④

066 당뇨환자 발견 검사에서 공복 시 혈당이 126mg/dL수준에서 115mg/dL로 변경된다면 민감도와 특이도는 어떻게 되는가? [13 서울]

① 민감도는 증가하고 특이도는 감소한다.
② 민감도와 특이도 모두 증가한다.
③ 민감도와 특이도 모두 감소한다.
④ 민감도는 감소하나 특이도는 증가한다.
⑤ 민감도, 특이도 모두 변함이 없다.

해설
당뇨의 진단 기준을 낮추면 해당 대상자의 수가 증가되고 이는 민감도 증가와 특이도 감소를 의미한다.

민감도와 특이도

구분		확진에 의한 결과		계	진단기준 ↑↓ (한계치)
		질병(유)	질병(무)		
검사 결과	양성	a(민감도)	b	a + b	
	음성	c	d(특이도)	c + d	
	계	a + c	b + d	a + b + c + d	

←— ↓ 유병률 ↑ —→

- 진단기준을 높일 때: 민감도 ↓ 특이도 ↑
- 진단기준을 낮출 때: 민감도 ↑ 특이도 ↓
- ☞ 이해 tip) 표의 가로 굵은선을 진단 기준으로 보고 선의 이동에 따라 해당 영역의 공간이 좁아지면 ↓, 공간의 넓어지면 ↑

067 국가 간에 1인당 평균 소금섭취량과 해당 국가의 고혈압 발생률 간의 관련성을 연구한 결과 소금섭취량이 높은 국가에서 고혈압 발생률이 높은 경향을 보였다고 한다. 이와 같이 집단의 평균적인 속성 간의 상관성을 보는 연구방법을 무엇이라고 하는가? [13 서울]

① 코호트 연구
② 실험 연구
③ 사례 연구
④ 환자 – 대조군 연구
⑤ 생태학적 연구

해설
다른 목적을 위해 생성된 기존 자료 중 질병에 대한 인구 집단 통계자료와 해당 질병의 요인에 대한 인구 집단 통계자료를 이용하여 상관분석을 시행하는 것이 생태학적 연구이다. 소금섭취량과 고혈압 간의 관련성 연구는 대표적인 생태학적 연구이다.

정답 066 ① 067 ⑤

068
홍역과 백일해는 2년에서 4년 주기로 발생률이 증가 감소를 반복한다. 그 이유는?

[13 경기]

① 자연면역이라서
② 자연피동면역이라서
③ 인공능동면역이라서
④ 집단면역이라서

해설
홍역과 백일해는 집단면역이라 백신 접종과 관련된 발생률이 증가 또는 감소를 반복할 수 있다.

069
측정검사의 정확도 평가를 위한 지표인 특이도가 높다는 것의 의미는?

[13 경기, 11 지방]

① 실제 질병이 없는 사람을 질병이 없다고 측정해내는 비율이 높다.
② 실제 질병이 없는 사람을 질병이 있다고 측정해내는 비율이 높다.
③ 실제 질병이 있는 사람을 질병이 없다고 측정해내는 비율이 높다.
④ 실제 질병이 있는 사람을 질병이 있다고 측정해내는 비율이 높다.

해설
특이도(specificity)는 질환에 걸리지 않은 사람에게 검사를 통해 음성으로 진단하여 질병이 없다고 확진할 수 있는 확률을 의미한다. 특이도가 낮은 검사는 수검자에게 불필요한 걱정을 끼치며, 힘들고 돈이 많이 드는 다음 단계의 검사를 유도한다.
② 가(위)양성률
③ 가(위)음성률
④ 민감도

070
보건소에서 관리하는 당뇨병 진단기준으로 옳은 것은?

[13 인천]

① 임의시점 혈당 측정 시 200mg/dL 이상
② 임의시점 혈당 측정 시 126mg/dL 이상
③ 경구 당부하 검사상 2시간 후 혈당 120mg/dL 이상
④ 경구 당부하 검사상 2시간 후 혈당 126mg/dL 이상

해설
당뇨병의 진단 기준
- 평소(임의시점 또는 식후 2시간) 200mg/dL 이상
- 공복 시(8시간 이상 금식 후) 126mg/dL 이상

정답 068 ④ 069 ① 070 ①

071 감염병의 신고를 받은 보건소장은 그 내용을 누구에게 보고하여야 하는가?

[13 인천]

① 보건복지부장관
② 시·도지사
③ 보건복지부장관 및 시·도지사
④ 특별자치도지사 또는 시장·군수·구청장

해설

「감염병의 예방 및 관리에 관한 법률」 제11조~제13조
감염병 환자 또는 의심자 발견 시 의료인은 해당기관의 장에게 보고하고, 의료기관의 장은 관할 보건소장에게 신고한다. 신고를 받은 보건소장은 그 내용을 관할 특별자치도지사 또는 시장·군수·구청장에게 보고하여야 하며, 보고를 받은 특별자치도사사 또는 시장·군수·구청장은 이를 질병관리청장 및 시·도지사에게 각각 보고하여야 한다.

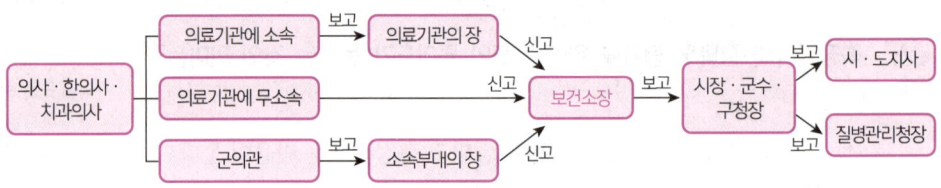

072 질병의 역학적 특성에 대하여 바르게 설명한 것은?

[13 대구]

① 발생률은 동적이며 유병률은 정적이다.
② 급성감염병은 발생률이 낮고 유병률이 높다.
③ 만성감염병은 발생률이 높고 유병률이 낮다.
④ 유행기간이 짧을 때 발생률이 유병률보다 낮다.

해설

② 급성감염병의 발생률은 높고 유병률은 낮다.
③ 만성감염병의 발생률은 낮고 유병률은 높다.
④ 유행기간이 짧을 때 발생률과 유병률은 거의 같다.

정답 071 ④ 072 ①

073 불현성감염을 유발하는 경우로 옳은 것은? [13 대전]

① 소량의 병원체
② 부적절한 침입로
③ 숙주의 높은 감수성
④ 숙주의 낮은 면역력

해설
소량의 병원체 이외에 약한 병원력, 적절한 침입로, 숙주의 부분면역 등이 불현성감염을 유발하게 된다.

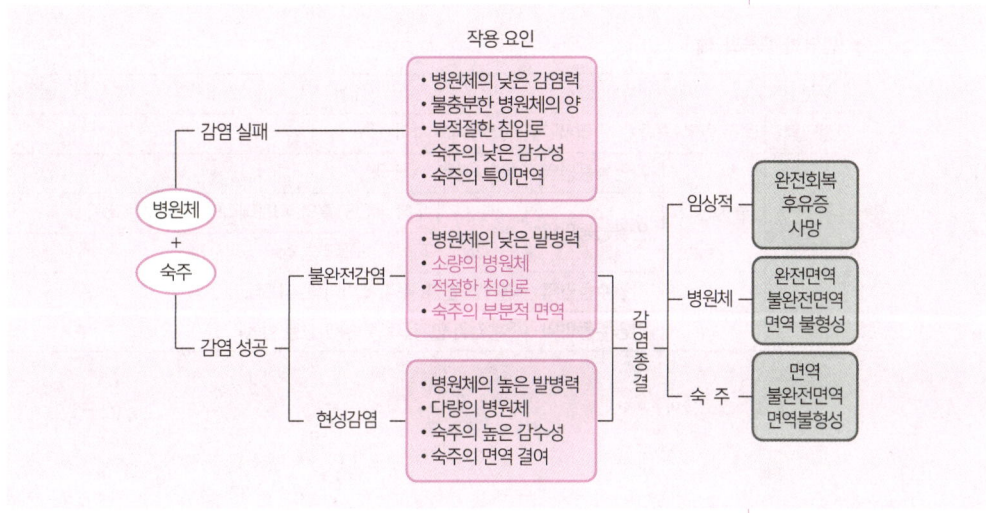

074 다음 중 법정(지정)감염병 분류가 다른 것은? [13 경북(수정)]

① 탄저
② 홍역
③ 폴리오
④ 풍진

해설
탄저는 제1급 감염병이고 홍역, 풍진, 폴리오는 제2급 감염병이다.

075 감마글로불린과 혈청제제 등의 접종으로 얻어지는 면역은? [13 경북]

① 인공능동면역
② 인공수동면역
③ 자연능동면역
④ 자연수동면역

해설
인공수동면역은 감염자 자신이 아닌 다른 숙주나 생물이 만든 항체나 항독소를 이용한 면역으로 효과가 빠르게 나타나지만 지속 기간이 짧아서 치료 및 응급처치용으로 사용한다.

정답 073 ① 074 ① 075 ②

076 면역에 관한 설명으로 옳지 않은 것은? [13 경남]

① 면역혈청 – 인공수동면역
② 모유수유 – 자연능동면역
③ 생균백신 – 인공능동면역
④ 질병을 앓은 후 획득 – 자연능동면역

해설
모유수유는 자연면역으로 태어날 때 모체로부터 받은 자연수동면역에 속한다.

면역의 종류와 예

구분			내용
선천면역			종간 면역, 종족 간 면역 및 개인 간 면역의 차이
후천면역	능동면역	자연능동면역	두창, 홍역, 수두 등
		인공능동면역	백신: 두창, BCG, 홍역, 디프테리아, 인플루엔자 등
			독소: 파상풍, 보툴리눔 등
	수동면역	자연수동면역	경태반 면역(홍역, 소아마비, 디프테리아 등)
		인공수동면역	B형간염 면역글로불린, 파상풍 항독소 등

077 비만여성의 유방암 발생률이 20, 비만이 아닌 여성의 유방암 발생률이 2라고 하면 비만으로 인한 유방암 발생의 상대위험도는? [13 경남]

① 0.1
② 0.05
③ 10
④ 20

해설
특정 위험요인에 노출된 사람들의 발생률과 노출되지 않은 사람들의 발생률을 비교하는 것이 상대위험비(비교 위험도)이다.

$$\text{상대위험비} = \frac{\text{위험요인에 노출된 군에서의 질병 발생률}}{\text{비노출군에서의 질병 발생률}} = \frac{20}{2} = 10$$

정답 076 ② 077 ③

078 일정한 인구집단을 대상으로 특정한 시점이나 기간 내에 그 질병과 인구집단이 가지고 있는 속성과의 관계를 찾아 조사하는 방법은? [13 경남]

① 단면조사 연구
② 환자 - 대조군 연구
③ 전향적 코호트 연구
④ 후향적 코호트 연구

해설

특정한 시점 또는 기간 내에 어떤 질병상태 유무를 관찰하여 인구집단의 속성과 질병과의 상관관계를 규명하는 것은 단면조사 연구(상관관계 연구)이다.

역학연구방법

연구방법		장점	단점
생태학적 연구	다른 목적을 위해 생성된 기존 자료 중 질병에 대한 인구 집단 통계자료와 해당 질병의 요인에 대한 인구 집단 통계자료를 이용하여 상관분석을 시행	• 기존의 자료를 이용할 수 있다. • 비교적 단시간 내에 결과를 얻을 수 있다. • 비교적 비용이 적게 든다.	• 시간적 선후관계에 의한 오류가 있을 수 있다. • 생태학적 오류가 발생할 수 있다.
단면 연구	• 일정한 인구 집단을 대상으로 특정한 시점이나 일정한 기간 내에 질병을 조사하고 각 질병과 그 인구 집단과의 관련성을 보는 방법 • 상관관계 연구(correlation study)라고도 하고, 대상 집단의 특정 질병에 대한 유병률을 알아낼 수 있어 유병률 연구(prevalence study)라고도 함	• 해당 질병의 유병률을 구할 수 있다. • 동시에 여러 종류의 질병과 요인의 관련성을 연구할 수 있다. • 비용과 시간적 측면에서 경제적이다. • 질병의 자연사나 규모를 모를 때 첫 번째 연구로 시행할 수 있다. • 지역사회 건강평가를 위해 보건사업의 우선순위를 정하는 데 도움이 된다. • 질병 발생 시점이 불분명하거나 진단까지의 시간이 많이 걸리는 질병에 적합하다.	• 질병과 관련요인의 선후관계가 불분명하다. • 복합요인들 중에서 원인에 해당하는 요인만을 찾아내기 어렵다. • 유병률이 낮은 질병과 노출률이 낮은 요인의 연구는 어렵다. • 연구대상이 연구시점에 만날 수 있는 환자로 제한되며 유병 기간이 긴 환자가 더 많이 포함될 가능성이 있어 문제가 된다. • 치명률이 높은 질병 연구에 적합하지 않다.
환자 - 대조군 연구	• 질병에 이환된 환자군과 질병이 없는 대조군을 선정하여 질병 발생과 관련이 있다고 의심되는 요인들과 질병 발생의 원인관계를 규명하는 연구 • 교차비를 산출	• 코호트 연구에 비해 비교적 경제적이다. • 필요한 연구대상자의 숫자가 적다. • 단기간 내에 연구를 수행할 수 있다. • 희귀한 질병 및 잠복기간이 매우 긴 질병에 대한 연구가 가능하다. • 한 질병과 관련 있는 여러 위험요인을 동시에 조사할 수 있다. • 연구를 위해 피연구자가 새로운 위험에 노출되는 윤리적 문제가 없다.	• 위험요인과 질병 간의 시간적 선후관계가 불분명하다. • 위험요인에 대한 노출이 드문 경우 수행하기 어렵다. • 과거 노출에 대한 정보수집이 제한되어 있다. • 적절한 대조군 선정에 어려움이 있을 수 있다. • 위험도의 직접적인 산출이 어렵다.
코호트 연구	연구하고자 하는 질병(또는 사건)이 발생하기 전에 연구대상에 대하여 원인으로 의심되는 요인들을 조사해 놓고 장기간 관찰한 후, 발생한 질병의 크기와 의심되는 요인의 상관성을 비교위험도(상대위험비)로 제시하는 연구	• 위험요인 노출에서부터 질병 진행의 전 과정을 관찰할 수 있다. • 위험요인 노출수준을 여러 번 측정할 수 있다. • 위험요인과 질병 간의 시간적 선후관계가 비교적 분명하다. • 질병의 발생률과 비교위험도(상대위험비)를 구할 수 있다. • 노출과 많은 질병 간의 연관성을 볼 수 있다. • 위험요인에 대한 노출이 드문 경우에도 연구가 가능하다.	• 비용(경비, 노력, 시간)이 많이 든다. • 장기간 계속 관찰하여야 한다. • 추적불능의 연구대상자가 많아지면 연구 결과에 영향을 줄 수 있다. • 진단방법과 기준, 질병 분류 방법이 변경될 가능성이 있다. • 질병 발생률이 낮은 경우에는 연구의 어려움이 있다.

정답 **078** ①

079 다음 중 수학적 분석을 토대로 상호관계를 수리적으로 규명하는 3단계 역학은?

[13 전북]

① 기술역학
② 실험역학
③ 이론역학
④ 분석역학

해설

수학적 분석을 토대로 상호관계를 수리적으로 규명하는 3단계 역학은 이론역학이다.

기술역학	• 역학적 방법의 제1단계로 현실적으로 일어나는 건강현상의 빈도를 있는 그대로의 모습으로 관찰하고 그 특성을 기록, 관찰하는 방법 • 시간, 장소, 인구학적 특성이 고려됨
분석역학	역학적 방법의 제2단계로 기술역학적 방법에 의해서 제기된 가설을 음미, 검토하는 것
이론역학	역학적 방법의 제3단계로 질병의 발병과정에 관한 몇 개의 기본적 전제를 수식을 이용해서 모델화하고, 그 질병이 어느 집단 내에서 발생하는 이론적 예측치를 실측시와 비교해서 모델의 유효성을 검증하는 방법
실험역학	어떤 역학적 사실을 검증하기 위해 일정한 조건을 설정해서 실험하는 방법

080 제1급 법정(지정)감염병에 대한 설명으로 옳은 것은?

[13 강원(수정)]

① 모두 필수예방접종 감염병에 해당된다.
② 발생 또는 유행 즉시 신고하여야 한다.
③ 발생 후 7일 이내 방역대책을 수립하여야 하는 감염병이다.
④ 유행 여부를 조사하기 위하여 표본감시 활동이 필요한 감염병이다.

해설

감염병 분류에 따르면 1급 감염병의 특성은 다음과 같다.
① 1급 감염병 중 디프테리아만 필수예방접종에 해당된다.
③ 발생 후 유행 즉시 신고하여 방역대책을 수립하여야 하는 감염병이다.
④ 생물테러감염병 또는 치명률이 높거나 집단 발생의 우려가 커서 발생 또는 유행 즉시 신고하여야 하고, 음압격리와 같은 높은 수준의 격리가 필요한 감염병이다.

정답 079 ③ 080 ②

081 임상적 증상을 전혀 나타내지 않고 보균상태를 지속하고 있는 자로 보건학상 관리가 가장 어려운 보균자는? [13 부산]

① 건강보균자　② 회복기 보균자
③ 잠복기 보균자　④ 불현성 감염자

해설
증상이 없으면서 균을 보유하고 있는 자를 건강보균자라고 하며 보건학상 관리가 어렵기 때문에 역학적으로 가장 중요하다.

> **보균자의 종류**
> (1) 회복기 보균자: 질병 이후 보균자로 임상증상은 없으나 병원체를 배출하는 보균자(예) 장티푸스, 이질)
> (2) 잠복기 보균자: 발병 전의 보균자로 잠복기간에 전염성을 가지는 보균자(예) 홍역, 디프테리아, 수두, 유행성이하선염, 백일해)
> (3) 건강 보균자: 병원체에 감염되었으나 처음부터 증상을 나타내지 않는 환자로 관리가 힘든 보균자(예) 디프테리아, 소아마비, 일본뇌염)
> (4) 만성 보균자: 보균기간이 3개월 이상이 되는 보균자(예) 장티푸스)

082 집단을 대상으로 질병의 발생, 분포, 발생경향 등에 대하여 사람, 장소, 그리고 시간의 세 가지 측면에서 기술하는 1단계적 역학은 무엇인가? [12 서울]

① 기술역학 연구　② 단면조사 연구
③ 환자대조군 연구　④ 임상실험 연구
⑤ 코호트 연구

해설
질병의 발생, 분포, 발생경향 등에 대하여 사람, 장소, 그리고 시간의 세 가지 측면에서 기술하는 1단계적 역학은 기술역학 연구이다.

083 유방암 자가검진 후 조직검사를 실시하였다. 유방암 자가검진의 민감도는? [12 지방]

유방암 자가검진	조직검사		계
	양성	음성	
양성	20	40	60
음성	10	150	160
계	30	190	220

① 20/30　② 150/190
③ 20/60　④ 150/160
⑤ 10/30

해설
민감도는 질환에 걸린 사람에게 검사를 통해 양성으로 진단하여 질병이 있다고 확진할 수 있는 확률을 의미한다.
민감도
= (검사 양성수 / 총환자수) × 100
= (20 / 30) × 100

084 평균 발생률이나 누적 발생률을 계산할 수 없는 연구에서 요인과 질병과의 관계를 알아보고자 할 때 사용하는 수치는? [12 충남]

① 비교위험도
② 귀속위험도
③ 발생률의 차
④ 교차비

해설
교차비는 평균발생률을 계산할 수 없는 환자-대조군 연구에서 요인과 질병과의 관계를 알아보고자 할 때 사용된다. 교차비는 특정 질병이 있는 집단에서 위험요인에 노출된 사람과 그렇지 않은 사람의 비, 특정 질병이 없는 집단에서의 위험요인에 노출된 사람과 그렇지 않은 사람의 비를 구하고, 이들 두 비 간의 비를 구한 것이다.

085 다음 중 코호트 조사 연구의 장점이 아닌 것은? [12 충남]

① 다른 질병과의 관계를 파악할 수 있다.
② 질병발생 위험률을 직접 구할 수 있다.
③ 조사 연구 때 편견이 발생할 확률이 적다.
④ 발생률이 낮은 질병에 적용할 수 있다.

해설
연구하고자 하는 질병(또는 사건)이 발생하기 전에 연구대상에 대하여 원인으로 의심되는 요인들을 조사해 놓고 장기간 관찰한 후, 발생한 질병의 크기와 의심되는 요인의 상관성을 비교위험도(상대위험비)로 제시하는 연구이다. 연구 시 편견이 발생할 확률이 적다.

코호트 연구의 장·단점

장점	단점
• 위험요인 노출에서부터 질병 진행의 전 과정을 관찰할 수 있다. • 위험요인 노출수준을 여러 번 측정할 수 있다. • 위험요인과 질병 간의 시간적 선후관계가 비교적 분명하다. • 질병의 발생률과 비교위험도를 구할 수 있다. • 노출과 많은 질병 간의 연관성을 볼 수 있다. • 위험요인에 대한 노출이 드문 경우에도 연구가 가능하다.	• 비용(경비, 노력, 시간)이 많이 든다. • 장기간 계속 관찰하여야 한다. • 추적불능의 연구대상자가 많아지면 연구 결과에 영향을 줄 수 있다. • 진단방법과 기준, 질병 분류 방법이 변경될 가능성이 있다. • 질병 발생률이 낮은 경우에는 연구의 어려움이 있다.

정답 084 ④ 085 ④

086 역학조사에서 원인적 연관성을 확정짓는 데 필요한 조건이 아닌 것은?
[11 서울]

① 시간적 독립성
② 통계적 연관성의 정도
③ 예측가능한 특이성
④ 기존 지식과의 일치성
⑤ 실험결과에 의한 증거

해설
원인적 연관성의 확정조건
(1) 시제의 정확성(시간적 속발성)
(2) 통계적 연관성의 정도
(3) 기존지식과의 일치성
(4) 연관성의 특이도(예측가능한 특이성)
(5) 실험결과에 의한 증거(생물학적 공통성)

087 유방암환자 100명과 대조군 100명을 대상으로 조사한 결과, 유방암환자 중 50명이 고지방식이를 섭취하였고, 대조군에서는 20명이 고지방식이를 섭취하였다. 이때 대응위험도(OR)는?
[11 서울]

① 0.25
② 0.4
③ 1.94
④ 2.5
⑤ 4.0

해설
특정 질병이 있는 집단에서 위험요인에 노출된 사람과 그렇지 않은 사람의 비, 특정 질병이 없는 집단에서의 위험요인에 노출된 사람과 그렇지 않은 사람의 비를 구하고, 이들 두 비 간의 비를 구한 것을 대응위험도(교차비)라고 한다.

	유방암환자	대조군	합계
고지방식이 섭취	50(a)	20(b)	70(a+b)
일반식이	50(c)	80(d)	130(c+d)
합계	100(a+c)	100(b+d)	200(a+b+c+d)

교차비 = $\dfrac{\text{환자군에서의 특정 요인에 노출된 사람과 노출되지 않은 사람의 비}}{\text{대조군에서의 특정 요인에 노출된 사람과 노출되지 않은 사람의 비}}$

$= \dfrac{a/c}{b/d} = \dfrac{a \times d}{b \times c} = \dfrac{50 \times 80}{20 \times 50} = 4$

정답 086 ① 087 ⑤

088 병원체가 병원소로부터 탈출하는 경로에 해당하지 않는 것은? [11 지방]

① 소화기계를 통해 탈출이 이루어진다.
② 내분비계를 통해 탈출이 이루어진다.
③ 개방병소를 통해 탈출이 이루어진다.
④ 기계적 탈출방법에 의해 탈출이 이루어진다.

해설
병원체의 탈출경로는 호흡기계, 소화기계, 비뇨생식기계, 기계적 탈출, 개방병소, 태반이다.

089 검역감염병 의심자 격리기간으로 옳은 것은? [11 경기]

① 황열 – 10일
② 콜레라 – 5일
③ 페스트 – 5일
④ 동물인플루엔자인체감염증 – 14일
⑤ 중증급성호흡기증후군 – 14일

해설
검역감염병 의심자 격리기간
① 황열 – 6일
③ 페스트 – 6일
④ 동물인플루엔자인체감염증 – 10일
⑤ 중증급성호흡기증후군 – 10일

검역감염병
- 콜레라(5일)
- 페스트(6일)
- 황열(6일)
- 중증 급성호흡기 증후군(SARS)(10일)
- 동물인플루엔자 인체감염증(10일)
- 신종인플루엔자(최대잠복기간)
- 중동 호흡기 증후군(MERS)(14일)
- 에볼라바이러스병(21일)
- 그 외 외국에서 발생하여 국내로 들어올 우려가 있거나 우리나라에서 발생하여 외국으로 번질 우려가 있어 질병관리청장이 긴급 검역조치가 필요하다고 인정하여 고시하는 감염병(최대잠복기간): 신종인플루엔자

정답 088 ② 089 ②

090 감염성질환을 발생하게 하는 6가지 요소에 포함되지 않는 것은?

[10 서울]

① 병원체
② 병원소로부터 병원체 탈출
③ 병원소의 감수성
④ 병원소
⑤ 전파

해설

감염성 질환의 발생과정은 '병원체 → 병원소 → 병원체 탈출 → 전파 → 침입 → 숙주의 저항성(감수성)' 순서로 이루어진다.

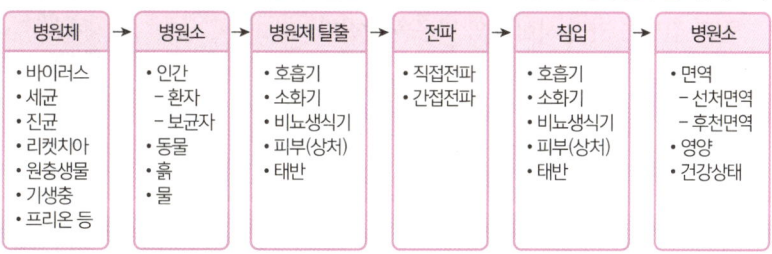

091 다음 표에서 교차비는 얼마인가?

[10 서울]

	폐암	건강한 사람
흡연	120	30
비흡연	10	90

① 8%
② 36%
③ 48%
④ 68%
⑤ 80%

해설

특정 질병이 있는 집단에서 위험요인에 노출된 사람과 그렇지 않은 사람의 비, 특정 질병이 없는 집단에서의 위험요인에 노출된 사람과 그렇지 않은 사람의 비를 구하고, 이들 두 비 간의 비를 구한 것을 교차비라고 한다.

	폐암	건강한 사람	합계
흡연	120(a)	30(b)	150(a+b)
비흡연	10(c)	90(d)	100(c+d)
합계	130(a+c)	120(b+d)	250

교차비 = $\dfrac{\text{환자군에서의 특정 요인에 노출된 사람과 노출되지 않은 사람의 비}}{\text{대조군에서의 특정 요인에 노출된 사람과 노출되지 않은 사람의 비}}$

$= \dfrac{a/c}{b/d} = \dfrac{a \times d}{b \times c} = \dfrac{120 \times 90}{10 \times 30} = 36$

정답 090 ③　091 ②

092 역학적 검사방법에 대한 설명으로 옳지 않은 것은? [10 지방]

① 민감도란 질병이 있을 때 특정 검사방법이 질병이 있는 것으로 확인된 사례의 비율을 말한다.
② 특이도란 질병이 없을 때 특정 검사방법이 질병이 없는 것으로 확인된 사례의 비율을 말한다.
③ 타당도란 동일 대상에 대해 동일한 방법으로 반복 측정할 때에 얼마나 일치된 결과를 나타내느냐를 의미한다.
④ 양성예측도란 측정에 의해 질병이 있다고 판단한 사람들 중에 실제로 그 질병을 가진 사람들의 비율을 말한다.

해설
- 타당도란 측정하고자 하는 변인을 검사가 제대로 측정하였는지에 대한 정도이다.
- 신뢰도는 동일 대상에 대해 동일한 방법으로 반복 측정할 때에 얼마나 일치된 결과를 나타내느냐를 의미한다.

093 콜레라 유행조사의 역학적 과정에서 가장 먼저 실시해야 하는 것은? [10 지방]

① 유행병이 발생한 장소의 특성을 조사한다.
② 오염된 우물물의 공통 감염원을 파악한다.
③ 콜레라의 과거 발생률을 확인한다.
④ 재발을 예방하기 위해 즉시 주민교육 프로그램을 실시한다.

해설
③ → ① → ② → ④ 순으로 진행된다.
감염병 유행조사의 역학적 과정
(1) 유행의 발생과 규모 파악
　- 진단 확인
　- 유행 확인
　- 유행 규모의 측정
(2) 유행자료의 수집 및 분석
(3) 가설 설정 및 검정
(4) 방역대책 수립

정답 092 ③ 093 ③